하버드- C.H.베크
세계사

하버드
C.H.베크

세계사

A HISTORY OF THE WORLD

1750~1870
근대 세계로 가는 길

책임 편집 제바스티안 콘라트, 위르겐 오스터함멜 | 이진모, 조행복 옮김

An Emerging Modern World
Edited by Sebastian Conrad and Jürgen Osterhammel

민음사

GESCHICHTE DER WELT, 6 Volumes
Series General Editors: Akira Iriye, Jürgen Osterhammel
Co-published by Verlag C.H.Beck and Harvard University Press

GESCHICHTE DER WELT 1750-1870:
Wege zur modernen Welt
(Volume 4 of GESCHICHTE DER WELT)
edited by Sebastian Conrad, Jürgen Osterhammel

한국어판을 출간하며   8

서문   11
제바스티안 콘라트, 위르겐 오스터함멜

1 장기 19세기 정치사 속의 지역과 제국들   49
제밀 아이든

머리말   51

1 지역의 세계에서 세계화된 제국의 세계로   61

2 제국의 자기 강화 시대   111

3 제국 중심 세계 질서에서 다시 지역 중심 세계 질서로   166

4 제국 간 전쟁의 지역적·민족적·지정학적 근원과 결과   243

2 풍요의 가능성과 빈곤의 지속성: 산업화와 국제무역   305

로이 빈 웡

머리말	307
1 산업화 이전 정치 경제의 유산	313
2 19세기 산업화: 세계사에서 유럽의 세기를 만든 토대	336
3 아메리카 대륙의 19세기 경제 동향	359
4 대서양 세계의 19세기 말 산업자본주의	384
5 서양의 식민지가 된 세계의 19세기 경제	402
6 동아시아: 산업과 무역, 자본주의	426
7 19세기 말 산업자본주의하의 세계경제	446

3 세계적 변화의 문화사   487

제바스티안 콘라트

머리말	489
1 지역과 통합, 세계적 인식: 변화하는 세계 질서	505
2 계몽주의의 세계사	562
3 "있어야 할 것이 모두 사라졌다.": 시간의 조직	603
4 전 지구적 세계 속의 종교	658

4 위계와 연결: 세계적 사회사의 양상 735

위르겐 오스디힘멜

머리말 737

1 사회적인 것의 발견 762

2 세계 사회로 가는 길 803

3 위계질서 854

4 이동성과 네트워크 913

미주 967

참고 문헌 1088

저자 소개 1129

찾아보기 1131

한국어판을 출간하며

21세기 세계는 더욱 긴밀해지고 변화는 매우 빠르다. 인간의 삶은 더욱 불명료하고 문명의 방향은 가늠하기 어려워졌다. 동요하는 세계와 당혹스러운 삶에 직면해 고전에서 금빛 지혜를 찾아 되새기는 일이 잦다. 기술 발전에 의거해 문명의 향방을 과단하는 미래학도 성하다. 하지만 표피적 현재 진단과 추상적 개념 논의로 인식하는 세계는 '유리알 유희'에 지나지 않는다.

그동안 '세계사'는 전 세계의 역사를 논한다고 주장했지만, 실제로는 유럽이 중심이었다. 흥망성쇠의 철칙에만 매달려 세계의 일부분만을 담아냈다. 즉 우리는 아직 단일한 세계에 걸맞은 세계사를 갖지 못했다. 국제 역사학계는 시대의 요구에 부응해 역사 서술 방식을 일신했다. 각 지역의 역사 모음이 아닌, 전체를 조망하는 연결의 역사. 그 진지한 반성과 오랜 숙고의 묵중한 성취가 바로 『하버드-C.H.베크 세계사』시리즈다. 이 시리즈는 지난 20여 년간 진행된 새로운 역사 연구의 결산으로, 발간 당시부터 화제를 모았다. 하버드 대학 출판부와 C.H.베크 출판사라는, 미국과 독일을 대표하는 두 명문 출판사의 만남. 시리즈 전체의 구성을 맡은 두 세계적 석학, 이리에 아키라와 위르겐 오스터함멜. 여기에 더해 연구 관점과 주제 영역을 달리하는 저명한 역사가들의 협업 등이 만들어 낸 역사 서술의 찬연한 성취다. 역사 애호가라면 가슴이 설레고 탄성이 터질 수밖에 없는 세계사 프로젝트다.

선사시대에서 시작해 농경민과 유목민의 교류와 대립, 세계 제국의 등장을 거쳐 현재까지 이어지는 여섯 권의 책은 각각 1000쪽이 넘는 방대함으로 압도한다. 또한 국제 역사학계의 최신 연구 성과가 반영된 다양한 주제와 접근법으로 세계 인식의 새로운 차원을 제시한다. 『하버드-C.H.베크 세계사』 시리즈의 핵심 주제는 '연결'과 '상호작용'이다. 이 시리즈는 세계사를 중심과 주변으로, 또는 선진 지역과 후진 지역으로 위계화하지 않으면서도 국가 간 또는 지역 간의 불균등한 권력관계와 문명 전이의 여러 파괴적 양상과 역설적 결과들을 세밀히 살핀다. 특히 인종과 민족, 종교와 문화, 국민국가와 지역의 경계를 가로질러 연결을 중심으로 다원적이고 상호 의존적인 세계를 다룬다. 따라서 전쟁이나 정치 같은 국가 행위를 중심으로 하는 세계사와는 차원이 다르다. 경제와 문화의 여러 행위 주체와 현상들이 지닌 역동성도 놓치지 않았고, 이주와 젠더, 생태와 세대, 일상과 의식 등의 주제에도 적절한 자리를 마련함으로써 역사 서술이 새로운 단계로 진입했음을 과시한다.

21세기 세계의 혼재 상황과 가변성을 조금이라도 감지한 사람이라면 새로운 역사 인식이 필요함을 잘 알 것이다. 『하버드-C.H.베크 세계사』 시리즈는 단선적인 역사 인식에 기초한 모든 인문학 논의에 맞선 '역사의 응수'다. 이 시리즈는 세계 현실의 복합적 맥락과 근원에 주목하면서 역사적 시간과 문명적 공간의 다차원성과 차이들을 감당하도록 자극한다. 지적 지평을 넓히고 현실의 역사적 근거를 살피려는 독자들에게 진정한 '당대의 세계사'를 내놓는다. 돌이켜 보건대 '새로운 세계'란 항상 세계를 새롭게 인지한 사람들의 것이었다.

시리즈의 옮긴이들을 대신하여

이동기(강원대학교 평화학과 교수)

『하버드-C.H.베크 세계사: 1945 이후』 옮긴이

서문

제바스티안 콘라트, 위르겐 오스터함멜

A History of the World
An Emerging Modern World

1750~
1870

우리는 이 책에 '근대 세계로 가는 길'이라는 제목을 붙였다. 이 책에서 다루는 시기는 그 어떤 시기와도 다른 격동의 시기이자 변천의 시기로 불린다. 지구상의 여러 지역에 살던 수많은 사람은 자기들 삶의 모습이 이전보다 훨씬 빠른 속도로 바뀌었으며 자기들의 눈앞에서 많은 새로운 것이 등장하고 옛것은 사라졌다는 인상을 받았다. 여러 차례 발생한 혁명은 역사의 수레바퀴를 돌려놓았는데, 그것도 결국은 제자리에서 맴도는 방식이 아니라 아직은 불확실한 미래로 나아가는 방식이었다. 공장과 철도는 일시적으로 유행한 현상이 아니라 결코 다시는 사라지지 않을 물질적 실체였다.

이런 새로운 미래로 나아가는 길은 19세기에 여러 가지가 있었다. 바로 이 문제를 둘러싸고 당시 사람들은 논쟁을 펼쳤다. 새로운 미래는 어떤 전통과 연결될 수 있을지, 과감히 폐기해야 하는 전통은 어떤 것일지, 변화는 신속히 추진되어야 하는지 아니면 점진적이어야 하는지 같은 문제들이 쟁점이었다. 다양한 주체들은 이 문제들에 관해 전혀 다른 해답을 내놓았다. 공간적인 관점에서도 미래로 가는 길은 매우 다양할 수 있었다. 세계가 변했다는 사실은 추상적인 통찰 결과가 아니었다. 많은 개인과 집단들이 고향을 떠나 다른 지역으로 이동하면서 뚜렷한 변화를 두 눈으로 체험한 것과 훨씬 더 밀접한 관련이 있었다. 미래로 나아가는 길이 이렇게 보일 수 있다는 생각은, 미래로 나아가는 길이 저런 방식일 수 있다는 생각은 흔히 개인적인 삶의 과정이나 경계를 넘어서는 다양한 경험들을 토대로 생겨난 것이다.

이 당시에는 먼 지역으로까지 가는 인구 이동이 활발했는데, 이는 물론 새로운 현상이 아니었다. 어느 시대에나 동시대인들보다 먼 거리를 오간 사람들이 있었다. 상인과 선원, 순례자, 외교관, 연구자, 군인, 망명객, 노예, 끌려간 전쟁 포로들이 그들이다. 그들은 경계를 넘었으며, 그중 많은 사람은 낯선 문화와 낯선 사회를 만났다. 어떤 사람들은 고향으로 되돌아가거나 서로 다른 두 세계 사이를 오갔으며, 또 다른 사람들은 새로운 환경에 들어가 적응하고 동화되었다. 이러한 사람들 대부분의 운명은 기록되어 있지 않다. 하지만 적지 않은 사람이 뚜렷한 역사적 족적을 남겼는데, 그중 몇몇은 시대의 아이콘과 같은 지위를 얻었다. 헤로도토스Herodoros(기원전 490/480~424), 중국의 순례자 법현法顯(337~422 무렵), 마르코 폴로Marco Polo(1254 무렵~1324), 이븐 바투타Ibn Battuta(1304~1368/1369)가 그들이다.[1]

오늘날에는 국경을 넘는 것이 일상적으로 일어나는 경험이 되어서, 하루에도 수백만 명이 '여러 문화 사이'를 오가며 두 개의 국적 혹은 복수국적을 가진 채 살고 있다. 과거에는 이런 식으로 세계를 오가는 인생 역정이 매우 드물었으며, 오늘날보다 더 많은 거부감과 위험 부담을 안고 있었다. 그래서 이런 인생 역정은 많은 사람의 눈에 유별나게 보이기도 했다. 세계사는 이런 삶의 방식에 특히 주목한다. 궁극적으로 세계사가 규명하고자 하는 거대한 구조와 상호 연관 관계는, 앞서 간단히 언급한 것과 같이 전 세계를 오간 인물들의 전 지구적 전기傳記들을 짜 맞추는 작업을 통해서만 파악될 수 있는 것은 아니지만 말이다. 18세기와 19세기에 북아메리카에는 인디언에게 포로로 잡혀갔다가 귀환한 사람들이 있었는데, 바로 이들이 앞서 언급한 것과 같은 집단이다. 이들은 다른 그 어떤 지역에서도 찾아볼 수 없으며, 당시에 일시적으로 존재했다가 훗날 다시 사라져 버렸다.[2] 기독교의 선교 활동이 절정에 도달했던 1900년 무렵에 선교사로 파송되는 것은 다른 문화와 접촉하는 방식 중 하나로 당시에 널리 퍼져 있었다. 물론 오늘날에도 해외로 진출하는 선교사들이 있지만, 그들의 활동은 일반적인 사람들의 의식에서 이미 사라진 지 오래이며, 오늘날 특징적으로 나타나는 전 지구적 활동은 그와는 전혀 다른 방식으로 이루어지고 있다. 한 시대의 특징은 인구 이동성이나 월경越境이 각각 어떤 방식으로 나타나는지에 따라 구별될 수 있을 것이다.

슈발리에 드 생조르주Chevalier de Saint-Georges라는 이름으로 알려진 조제프 볼로뉴Josep Bologne(1745~1799)는 프랑스 절대왕정 말기와 혁명기의 운동선수이자 음악가였다. 그는 음악과 스포츠에서 탁월한 능력을 발휘했는데, 유럽 최고의 펜싱 선수 중 한 사람으로서 유명한 선수들과 수많은 시범 경기를 펼치며 실력을 과시했다. 그가 보인 펜싱 기술은 너무도 유려해 심지어 청중이 그가 패배한 경기를 보면서도 열광하지 않을 수 없을 정도였다. 또한 생조르주는 당대에 이름난 바이올린 연주의 대가이기도 했는데, 전문가들의 견해에 따르면 프랑스 최고의 바이올린 연주자였다. 그는 통상적인 레퍼토리들뿐 아니라 자기가 직접 작곡한 작품들도 연주했던 것 같다. 그의 주요 작품은 대표적인 열네 개의 바이올린 협주곡 외에도 수많은 오페라와 교향곡, 관악곡, 그리고 다양한 악기로 구성된 실내악에 이르기까지 매우 광범위했다. 우리 시대에 와서 콤팩트디스크CD로 만들어지기도 한 몇몇 바이올린 협주곡과 바이올린 소나타, 현악 사중주곡들은 우아하고 독특하며 작곡 기법으로 볼 때 수준이 매우 높은 음악들이다.[3]

볼프강 아마데우스 모차르트Wolfgang Amadeus Mozart(1756~1791)와 같은 시대에 살았던 생조르주는 로코코식 분장을 했지만, 그 분장 밑으로는 검은색 피부의 얼굴을 갖고 있었다. 다시 말해 그는 아프리카 출신 유럽인으로 당시에는 물라토[1]로 불렸다.[4] 그는 1745년에 카리브해에 있는 프랑스 식민지인 과들루프섬에서 태어났다.[5] 그의 부친은 부유한 농장주로서 많은 노예를 소유했으며, 모친 나농Nanon은 세네갈 출신 노예였다. 1753년에 일곱 살 소년이었던

_____ **1** 흑인과 백인의 혼혈이라는 뜻으로, 라틴아메리카에서 널리 쓰인 용어다. 주로 백인 남성과 흑인 여성 사이에서 태어났다.

생조르주는 교육을 받기 위해 프랑스로 보내졌으며, 2년 후에는 나머지 가족들도 프랑스로 이주했다. 이때 볼로뉴 부인 외에 나농도 함께 이주했다. 아들을 매우 아껴 항상 그의 재능을 기꺼이 뒷바라지했던 부친은 왕실 시종으로 임명되었으며, '드 생조르주'라는 성과 함께 귀족 지위를 부여받았다. 조제프는 왕립 아카데미에서 펜싱과 승마를 포함해 귀족 가문 자제들에게 시행되던 최고의 교육을 받았다. 이 교육을 성공적으로 마친 후 1766년에 그는 왕궁 근위대에 임명되어 국왕을 호위하는 친위 기병이 되었다. 당시의 파리 사회에서 그는 놀라운 실력을 가진 검술가로 알려졌다.

생조르주가 받은 음악 교육에 관해서는 믿을 만한 정보가 별로 남아 있지 않다. 아마도 그는 당시의 저명한 음악가인 프랑수아조제프 고세크François-Joseph Gossec(1734~1829)에게서 작곡을 배웠을 것으로 추측된다. 그는 1772년에 독주자로 나서 자기가 작곡한 두 개의 바이올린 협주곡을 훌륭하게 연주해 청중을 놀라게 했다. 1773년에는 파리에서 가장 중요한 오케스트라인 콘세르 드 아마퇴르Concert des amateurs의 지휘봉을 고세크에게서 물려받았는데, 이 오케스트라는 최근에 작곡된 음악의 초연이 전문이었다. 바이올린 연주자이자 지휘자이며 작곡가로서까지 탁월한 실력을 발휘한 생조르주는 급기야 1776년에 왕립 음악원, 즉 왕립 오페라단 단장으로 추천되었다. 그러나 최종적으로 단장에 임명되는 데는 실패했는데, 오페라단의 여자 가수 두 명이 왕비인 마리 앙투아네트Marie Antoinette에게 청원서를 제출했기 때문이었다. 이 여자 가수들은 물라토 밑에서 활동하는 것이 자기들의 명예를 손상시킨다고 생각했다. 하지만 그 뒤로도 왕비는 베르사유에서 생조르주와 함께 그의 바이올린 소나타를 연주하기도 했다.

그 후에도 생조르주는 이러한 상황에 굴하지 않고 작곡에 매진했는데, 특히 오페라를 점점 더 많이 작곡했다. 그런데 대본의 수준이 낮은 경우가 많아 오페라 분야에서는 별 영향을 발휘하지 못했다. 그는 1777년 무렵에 오를레앙 공작을 위해 활동하는 음악가가 되었으며, 1778년에는 당시에 파리를 방문했던 모차르트와 교류했던 것 같다. 생조르주는 1785년에 요제프 하이든Franz Josef Haydn의 여섯 개 '파리 교향곡'의 초연을 지휘했는데, 이 공연은 형가리의 에스테르하지 궁전에 머물던 저명한 작곡가가 생조르주가 속한 파리 프리메이슨에 의뢰한 공연이었다. 1785년에 공작이 죽은 후 생조르주는 부르봉 절대왕정의 적이었던 새 오를레앙 공작의 지시에 따라 잉글랜드로 건너가 무엇보다 펜싱 전문가로서 활동하며 주목받았다. 동시에 그는 윌리엄 윌버포스William Wilberforce와 토머스 클라크슨Thomas Clarkson, 그리고 기타 노예제 폐지론자들과 교류하며 그들과 파리에 있는 노예제 폐지론자 모임인 흑인 친구 협회Amis des Noirs을 연결해 주는 중재자 역할을 수행했다.

생조르주는 제때 파리로 돌아와 1789년 5월 5일에 청중석에서 역사적인 삼부회의 개막식을 지켜볼 수 있었다. 두 번째로 런던을 장기간 방문했을 때 그는 런던에 있던 노예제 폐지론자들과 연계를 강화했다. 1792년에 혁명전쟁이 발발하자 그는 혁명과 조국 프랑스의 방어를 자기의 임무라고 보았다. 그는 노예제를 폐지할 것으로 기대하며 새 정부를 지지했다. 그는 흑인 자원병으로 구성된 최초의 유럽 군대인 일명 '생조르주 부대'를 대령이자 여단장으로서 지휘했다. 이 부대는 북프랑스와 네덜란드 지역에 투입되었다. 혁명의 혼란으로 인해 생조르주는 개인적으로 어려운 결정을 내려야 하기도 했다. 위기의 순간에 그는 혁명적 대의에 충성을 다하기로 하고, 예전에 함께 포르테피아노를 연주하기도 했던 마리 앙투아네트를 다시 옹립하려는 세력들을 진압하기로 결정했다.

하지만 그 또한 테러의 소용돌이 속에 빠져들었다. 그 결과 1793~1794년에 그는 재판도 없이 13개월 동안 투옥된 채 언제 교수형에 처해질지도 모르는 위험에 직면해 있었다. 다행히도 파리 혁명정부가 1796년에 노예해방을 촉진하기 위해 프랑스 식민지 생도맹그(훗날의 아이티)에 사절단을 파견했을 때, 그 구성원 중에 생조르주가 있었다. 당시에 사절단을 이끈 것은 레제펠리시테 송토나Léger-Félicité Sonthonax(1763~1813)였으며, 그는 생도맹그를 처음 방문했을 때 노예제 폐지를 시작한 인물이었다. 그런데 이번 생도맹그 여행은 뚜렷한 증인이 없기 때문에 추측할 수밖에 없지만, 생조르주에게 커다란 실망을 주었던 것이 틀림없다. 한 가지 예를 들어 보면 그는 생도맹그 식민지 남부에서 앙드레 리고드André Rigaud(1781~1811)가 이끄는 유색인(즉 물라토) 정권하에

서 백인과 흑인 모두가 얼마나 잔인하게 억압받는지를 생생하게 목도할 수 있었기 때문이다.[6]

생도맹그에 머무는 동안 생조르주는 정치가나 군인으로서의 활동도, 펜싱 선수나 음악가로서의 활동도 하지 않았다. 그러다가 1797년에 파리로 돌아왔으며, 또다시 총감독으로서 교향악단을 설립하려는 마지막 시도를 한 후인 1799년 6월 10일에 그곳에서 세상을 떠났다.

그의 일대기는 이렇게 그 누구와도 비교할 수 없을 정도로 특이하지만, 사실 식민지의 노예제도와 파리의 계몽주의 귀족 문화, 인종주의와 관용 등 그가 살았던 시대의 특성과 모순들을 적나라하게 포괄한다. 여기서 관용이란 유색인이 전위적 음악에서, 그리고 저물어 가는 봉건시대의 전형적인 육체 운동인 펜싱에서 최고의 전문성을 발휘해 문화계의 지도적 인사로 성장하게 한 것까지를 말한다. 나아가 조제프 볼로뉴는 프랑스 혁명의 소용돌이 안으로 빠져들어 갔으며, 그 밖에도 당시와 같은 혁명적인 시대에 두 차례에 걸친 거대한 정치적 운동에 지엽적으로나마 관여했다. 첫 번째는 아이티에서 일어난 유색인 자유민들, 즉 흑인들의 혁명이었으며, 두 번째는 잉글랜드를 중심으로 대서양 저편에서 조직되었던 노예제 폐지 운동이었다. 기사에서 시민으로 변신한 볼로뉴는 나폴레옹 보나파르트Napoléon Bonaparte가 제1집정관으로서 권력을 장악하기 몇 개월 전에 사망했다. 하지만 더 생존했더라면 노예제에 우호적이었던 나폴레옹의 정치에 불만이 대단히 많았을 것이다. 그의 수명이나 사회화 과정을 볼 때 그는 혁명 전의 옛 왕정(앙시앵레짐)에 속하는 인물이었지만, 다른 한편으로는 나폴레옹 시대의 특징적 징후가 될 프랑스 사회의 군사화 현상도 몸으로 직접 체험했다.

중국인 우팅팡伍廷芳(1842~1922)도 옛 왕정의 인물이었다. 볼로뉴와 마찬가지로 우팅팡은 당대의 대단한 유명 인사는 아니었지만, 그렇다고 사료에 거의 언급되지 않는 평범한 절대다수의 남녀에 속하지도 않았다. 우팅팡과 볼로뉴 두 사람은 오히려 당시에 그들이 속한 엘리트 환경에서는 인정받았지만, 오늘날에는 거의 잊힌 것이나 다름없다. 두 사람에게 공통되는 것은 그들이 수행했던 사회적 역할인데, 이는 당시와 같은 시대에도 그들이 보였던 '전 지구적'

_____ 두 사람의 상이한 인생 역정은 각각 이 책에서 다루는 시대의 특이성과 모순, 양면성을 포괄한다. 왼쪽은 카리브해 출신 유럽인 음악가이자 펜싱의 대가였던 슈발리에 드 생조르주 (1745~1799, 출생 당시의 이름은 조제프 볼로뉴)이고, 오른쪽은 중국의 법률가이자 외교관인 우팅팡이다. 두 사람은 모두 엘리트적 환경에서 출생해 다양한 대륙에 걸친 '전 지구적' 인생 역정을 보였으며, 다양한 방식으로 정치적·사회적 문제에 가담했다. (Wikimedia Commons)

인생 역정을 특징짓는 역할이었다. 두 사람은 모두 서로 매우 다른 방식으로 아웃사이더, 즉 주변적 인물이었다.

　　우팅팡의 인생 역정은 지구의 정반대편 끝에 있는 중국에서 시작했다. 한때 과들루프 출신의 '검은 모차르트'로 불리기도 했던 볼로뉴가 파란만장한 인생 역정을 시작한 지 아주 정확하게 100년 후였다. 우팅팡은 자기가 이전과는 다른 세계에, 즉 세계적 네트워크로 연결된 새로운 세계에 태어났다는 것을 깨달았다. 그는 영국과 치른 아편전쟁에서 당한 극적인 패배를 중국이 공식적으로 확정하면서, 이 패배에 뒤따라 중국과 서구 열강들 사이에 체결된 수많은 '불평등'조약의 시초가 된 난징(남경) 조약이 체결된 바로 그해에 태어났다. 그로부터 80년 후, 마침 반反제국주의를 표방하는 중국 민족주의의 첫 물결이 강하게 일어날 무렵에 그는 세상을 떠났다. 우팅팡의 인생 역정에도 대혁명이 발발했다. 이른바 신해혁명이다. 1911년 가을에 발발한 이 혁명은 기원전 221년 이래 오랜 세월에 걸쳐 지속되어 왔던 중국의 제정 체제를 무너뜨렸다.[7]

과거 시험에서 많은 합격자를, 나아가 많은 공직자를 배출해 온 전통적인 가문에서 태어난 1842년생 중국 남성은 보통 정기적으로 전국에서 치러지는 과거에 응시할 준비를 했을 것이다. 아마 그는 잘되었으면 다양한 수준과 난이도를 가진 시험의 사다리를 계속 타고 올라가 심지어 제국의 수도에서 치러지는 최종 시험에 합격하고, 북경(베이징)에 있는 황궁 또는 한림원에서 근무하거나 제국의 어딘가에서 지방관으로 근무함으로써 학식을 갖추고 다양한 행정 임무를 수행하는 고위 관리mandarin이자 학자의 삶을 살았을 것이다. 과거가 1905년에 전면적으로 폐지될 때까지 상류층 구성원들은 거의 모두 이러한 경력을 추구했다. 이렇게 볼 때 우팅팡은 볼로뉴와 달리 앞서 언급한 것과 같은 출세 가도가 더는 존재하지 않는, 혁명적으로 달라진 환경 속에 태어났다. 우팅팡은 제국의 영토에서가 아니라, 싱가포르에 사는 재외 중국인의 환경에서 태어났기 때문이다. 그래서 우팅팡의 전 생애는 영국의 아시아 식민주의에 강한 영향을 받았다. 그는 1819년에 건설된 영국의 식민지 싱가포르에서 태어났으며, 그가 태어난 지 1년 후인 1843년에 남중국 해안에 건설된 영국의 또 다른 왕령 식민지인 홍콩에서 성장했다.

훗날 여러 장관직을 수행하게 될 사람으로서 우팅팡의 출신 가문은 지역적으로뿐 아니라 사회적으로도 통상적이지 않았다. 그의 부친은 상인이었지만, 동남아시아의 중국인들 가운데에 존재하던 부유한 명문가 출신이 아니었다. 사업 반경이 제한적이어서, 그렇게 부유하지는 않은 일반적인 소상인이었던 것이다. 하지만 이것은 전통적인 중국에서조차 사회적 상승에 걸림돌이 될 정도의 장애는 아니어서, 우팅팡의 유년 시절과 소년 시절에 새로운 사회적 상승의 기회가 주어졌다. 1845년에 그의 가족은 고향인 광주(광저우)로 돌아왔다. 그곳에서 소년 우팅팡은 전통적인 방식으로 교육받았다. 마을의 개인교수에게 유교 경전들을 배운 것이었다. 훗날 우팅팡은 당시의 경전 암송이 사실상 시간 낭비였다고 판단했다. 하지만 이후 그의 모든 행동이 당시에 배운 유교적 원리들에 크게 영향을 받은 것은 분명한 사실이다. 훗날 그가 기독교도가 된 후에도 유교 교육의 흔적은 사라지지 않았다. 그가 이해한 기독교는 개인적 신앙과 영성을 전면에 내세우는 경건주의적인 종교가 아니라, 엄격하게 현세적인 유교와 같은 차원에 자리 잡고 있었다. 그래서 그에게 기독교는 유교와 충분히 연결될 수 있었던 일종의 윤리학이자 사회철학이었다.

그 이후 우팅팡의 직업 경력은 기독교 선교사들 덕분에 쌓을 수 있는 것들이었다. 우팅팡은 지역에서 활동하던 선교사의 소개로 1855년에 (13세의 나이로) 신생 식민지인 홍콩에 설립된 세인트폴 칼리지에서 공부할 기회를 얻었다. 원래 중국인 목사를 양성할 목적으로 설립되었지만, 곧 홍콩 시민들의 자녀를 위한 일반 학교로 허가된 이 명망 있는 선교사 학교에서 우팅팡은 4년 동안 수준 높은 영어를 배웠다. 그 결과 그는 중국의 해안 지방에서 활동하며 사업용 피진 잉글리시pidgin english[2]로 유럽 상인들과 소통하던 무역 중개상 세대가 아니라, 중국이 새로운 외부 세계와 접촉하고 국제 무대에서 소통하는 데 언어적으로 적합한 실력을 갖춘 중국인 제1세대가 되었다.

그가 1862년에 홍콩의 최고 갑부에 속하는 한 가문과 혼인으로 연결될 수 있었던 것은 개인적으로 행운이었다. 영국의 왕령 식민지였던 홍콩에는 불과 몇 년 안에 중국인 부르주아지 계층이 형성될 수 있는 토대가 만들어졌는데, 이는 황제 치하에서는 도저히 불가능했던 변화였다. 그런데 그들이 부를 축적한 근원은 서로 달랐고, 그 근원은 예전부터 보유하던 재산(특히 해외 중국인 가문의 경우), 장사, 은행, 부동산업, 자리 잡고 있던 식민지 행정기관에서 중급 공직자로 재직하는 것 등 여러 가지 방식으로 혼합되어 있었다. 그리고 새로 떠오르던 이 홍콩의 부르주아지 가문들은 중국 본토뿐 아니라 초기에는 싱가포르 또는 말라야, 네덜란드령 동인도, 나중에는 미국에 거주하던 해외 중국인들과도 연결되는 폭넓은 네트워크를 보유하고 있었다.

───── **2** 영어가 다른 언어와 섞여 만들어진 언어로, 여기서는 중국어와 포르투갈어, 말레이어 등이 뒤섞인 영어를 가리킨다.

우팅팡의 장인은 저명한 선교사이자 여러 중국 고전을 영어로 번역한 중국학자인 제임스 레게James Legge 박사의 조수였다.[8] 그는 목사로 안수받았으며, 부업을 통해 큰 재산을 모았다. 우팅팡의 장모는 관료 가문 출신이어서 제국의 관료 엘리트들과 폭넓은 교분이 있었기 때문에 우팅팡의 가족은 홍콩에 거주하면서도 이를 잘 활용할 수 있었다. 이렇듯 우팅팡은 결혼과 함께 2개국어에 능통한 가문에, 기독교도이지만 중국식 유교 세계관에 견고하게 머물러 있던 식민지 부르주아지 계층인 가문에, 홍콩의 중국인 사회를 위한 문화적 관심과 애국적이라고까지 부를 수 있을 만큼 책임감을 갖고 박애 정신으로 활동하며 중국인 공동체의 지도자 역할을 떠맡았던 가문에 편입되었던 것이다.[9] 그리고 이 가문이 보유한 거대한 네트워크가 자연스럽게 우팅팡에게 주어졌다. 사실 이런 현상은 당연한 일이었다. 아들뿐 아니라 사위에게도 가능한 한 최상의 교육 기회를 제공하는 것은 분명히 프로테스탄트적 전통일 뿐아니라 유교적 전통이기도 했다.

우선 우팅팡은 통역가로 활동하면서 식민지 행정기관에 들어갔지만, 비교적 낮은 지위까지만 올라갈 수 있었다. 관료제 내부에 존재하는 유색인에 대한 장벽 때문이었다. 이러한 차별은, 그리고 중국인들에게 지급되는 현저히 낮은 수준의 임금은 처음부터 우팅팡의 불만을 자극했다. 이러한 상황에서 우팅팡은 그의 생애에서 가장 중요한 직업적 결단을 내렸다. 법률가 교육을 받기 위해 잉글랜드로 유학을 떠나기로 결정한 것이다. 당시 중국에는 완결된 법체계와 독립적인 사법부가 없었기 때문에 우팅팡의 결심은 중국의 문화적 배경에서 볼 때 엄청나게 파격적이었다. 단순하게 말하면 당시 중국 사회에서 발생하는 법적 문제는 유교 교육을 받고 다방면의 문제를 담당하는 관료가 그저 부수적으로 처리하는 문제였다. 런던으로 건너간 우팅팡은 1874년에 실무 중심의 변호사 교육기관인 링컨스 인Lincoln's Inn 법학원에 입학했다. 교육과정을 누구보다 빨리 이수한 그는 1877년에 법정 변호사 면허를 취득했다. 이미 예전에 영국의 많은 섬과 유럽 대륙을 두루 여행한 바 있던 그는 당시에 반反중국적 인종주의가 기승을 부리던 미국을 거쳐 홍콩으로 귀향했다. 그 후 우팅팡은 홍콩에서 특히 중국인들의 권리를 지켜 주는 변호사로 활동했는데, 여러 대륙을 두루 여행했다는 사실이 그에게 매우 유익하게 작용했다.

우팅팡의 이후 경력을 간략히 서술하면 다음과 같다. 그는 왕령 식민지 홍콩의 정치 무대에서 특히 총독의 허물없는 자문관으로 활동했으며, 입법 위원회에서는 최초의 중국 측 위원으로도 활동했다. 물론 이 위원회는 영향력 있는 기구라기보다는 상징적 기구였다. 그는 1882년에 청 왕조로 진영을 바꾸었으며, 그 후 짧은 여행을 제외하면 다시는 홍콩으로 복귀하지 않았다. 그리고 미국과 에스파냐, 페루의 주재 대사를 연달아 역임했는데, 특히 페루는 많은 중국인이 노동자로 이주해 갔기 때문에 외교적으로 중요한 나라였다. 또한 그는 세계 도처에서 중국과 중국 문화를 홍보하고, 중국인 이주 노동자들에게 우호적인 분위기를 조성하기 위한 강연 활동도 했다.[10] 그는 생조르주와 비슷하게 앙시앵레짐의 인물이면서도 혁명의 편에 섰다. 물론 말기에 접어들었던 중국의 앙시앵레짐은 루이 16세Louis XVI보다 개혁에 한결 우호적이었다. 1912년에는 공화국 초대 정부에서 짧은 기간 법무부 장관을 지내면서 신생 공화국의 헌정 질서 안에 독립적인 사법부를 구축하기 위해 노력했다. 훗날 외무부 장관과 총리를 짧게 역임하기도 했다.

우팅팡의 인생은 훨씬 짧았던 슈발리에 생조르주의 인생처럼 그렇게 파란만장하거나 극적으로 펼쳐지지는 않았다. 그의 삶은 19세기 말의 과도적 시기에 아시아와 아프리카에서 흔히 찾아볼 수 있는 전형적 삶의 유형을 보여 주었다. 당시에는 아시아와 아프리카 어디서나 상이한 문화 사이를 이어 주는 지극히 적은 수의 전 지구적인 중재자 집단과 환경이 등장했다.[11] 그들은 부르주아지적 삶의 방식을 추종했으며, 유럽-아메리카 문명의 많은 성과에 대해서, 특히 국가의 모든 구성원에게 동일하게 적용되는 인간의 권리, 국가권력으로부터 독립적인 법정에 의해 보호되는 권리뿐 아니라 국가행정의 효율성에 대해서도 경이감을 갖고 있었다. 이들 중재자 집단은 요구하는 바가 많고 소란스러우며 대중 동원 성향이 있는 민족주의가 등장하기 바로 전인 앙시앵레짐 시대의 마지막 세대 인물상을 구현했다. 그들은 유색인종을 잠재적인 범죄자로 보고 일상적으로 멸시하는 차별적 분위기 아래에서 고통을 겪으면서도, 그에 맞서 그저 부드럽고 선한 방식으로만 저항했을 뿐이다. 그들의 내면에는 서양식 뿌리와 토착적 뿌리를 동시에 가진 이상적인 새로운 사상이 녹아들어 있었다. 그들은 모든 영역에서 포괄적인 서구화를 옹호하는 입장은 아니었으며, 서로 존중하고 배우면서 다양한 문화들이 조화를 이룰 수 있다는 희망을 지니고 있었다. 그들은 필연적으로 엘리트주의적이었고 개혁된 국가의 힘과 지혜를 신뢰했기 때문에, 국가와 '보통 사람들' 사이에 가부장적 관계를 장려하는 입장을 보였다. 하지만 대중이 정치에 참여하는 비중이 점차 커지면서 그들의 역할은 빛을 잃어 갔고, 그로써 19세기도 저물어 갔다.

시대구분

이 책을 구성하는 각 부는 이미 서술된 두 사람의 인생 역정을 통해 대략 그 윤곽이 잡히는 시대를 다룬다. 이런 시대구분을 택한 이유는 무엇일까? 이 문제에 답하기 위해서는 이 책 전체를 포괄하는 몇 가지 설명이 필요하다.

시대구분의 유용성과 필요성에 관해서는 역사가들 사이에 지금까지 단 한 번도 의견의 일치를 이룬 적이 없다. 어떤 역사가들은 대부분 시대구분 문제가 본질을 벗어난 '외관상'의 문제에 지나지 않으며 그리 중요하지 않다고 간주한다.[12] 반면에 다른 역사가들은 "시대구분은 근대적인 역사 연구의 방법론적 기반"이라고 역설한다.[13] 이 문제가 어떻게 이론적으로 해결될지도 모르지만, 세계적 시야로 특정 시기를 다루는 책을 집필하는 역사가들은 그 시대의 특징이 무엇인지, 왜 다른 시기와는 차이를 보이는지, 연대기적 연속성 속에서 왜 다른 방식으로는 시대구분을 할 수 없는지에 관해 설명해야 한다. 특히 이 책처럼 긴 세계사를 다루는 프로젝트의 부분으로서 이전 시대나 이후 시대와 중첩되는 시점에 있는 경우, 시대구분의 이유를 설명해야 할 책임은 더욱 크다고 할 수 있다. 그런 차원에서 우리가 기획한 '하버드-C.H.베크 세계사' 시리즈에서 각 권을 구별하는 시기는 역사의 흐름에서 특히 뚜렷한 단절이 일어난 시점이나 시대의 전환점이라고, 즉 한 시대가 급격하게 끝나고 뚜렷하게 새 출발이 진행된 시기라고 말하고 싶다. 1789년의 프랑스 혁명으로 시작해 1914년의 제1차 세계대전까지 지속된 장기 19세기[3]는 이러한 개념이 적용되는 전형적 사례일 것이다. 그리고 이런 시대구분은 수많은 역사서에서 사용되고 있다.

시대구분을 사용하는 또 다른 전략은 앞선 경우처럼 뚜렷한 단절과 전환점을 설정하기보다는 부드럽고 융통성 있게 개관하는 방식이다. 이 전략은 한 시대를 "의미로 가득 찬 시공간적 단위"[14](지크프리트 크라카우어Siegfried Kracauer)로 규정하는 방식을 불신한다. 또한 역사를 진화론적 흐름으로 여기기 때문에 몇몇 사건을 통해 말끔하게 분절적으로 매듭지을 수 있다는 사실을 거부한다. 어떤 역사 이론이 그 바탕에 있는지와 상관없이 이런 입장도 두 가지 실질적인 단점이 있다. 첫 번째 문제는 우선 역사가 주로 '큰' 정치와 전쟁들에 의해 갑작스럽고 급격한 변화를 겪으며 진행되기도 하지만, 경제 제도나 사회구조, 종교, 예술 양식의 역사는 그렇게 진행되지 않는다는 사실이다. 물론 이들 영역에서도 때때로 급속하고 압축적인 변화와 진전, 흐름의 전환이 있었다. 7세기에 일어난 이슬람의 대두나 그로부터 정확하게 9세기 후에 이루어진 마르틴 루터Martin Luther의 종교개혁, 1907년에 회화 양식에서 일어난 큐비즘(입체파)의 갑작스러운 등장 등을 떠올릴 수 있다. 그러나 이러한 극적인 사건들이 일어나게 된 바탕에는 정확한 연도로 구별할 수는 없지만 지속적으로 작용하던 배후의 과정이, 예를 들면 새로운 사회 환경의 등장이나 오래된 예술적 표현 양식의 소진 등이 숨겨져 있다.

두 번째 문제는 오늘날에 이르기까지 모든 시대를 포괄하는 세계사적 시각은 수많은 고유한 시간이나 지역적 연대기들과 관련되어야 한다는 사실이다. 그런데 이렇게 상이한 시간들을 단 하나의 도표로 환산해 나타낼 수 있는 단일한 시점의 세계시는 19세기 말까지 존재하지 않았다.[15] 또한 수많은 사회가 보유하고 있는 다양한 역사적 기억들은 (그들이 가진 역사적 기억이 그들에게 중요하고, 그것이 단순히 신화적인 사고로 흐르지 않았다고 해도) 각각 특수한 과거를 만들어 냈다. 예를 들어 20세기 이전에는 제2차 세계대전의 종식처럼 전 인

_____ **3** 'long nineteenth century'는 '긴 19세기'로 번역하는 것이 좀 더 정확하나, 기존에 나온 책들의 번역과 통일성을 기하고자 이 책에서는 '장기 19세기'로 표기했다.

류에 적용되면서 시대적인 변화로 인정될 만한 사건이 없었다. 오늘날에는 많은 사람에게 보편사적인 돌출로 보이는 사건도, 예를 들어 수천 년에 걸친 '경험과 인식'이 뭉쳐져 발생한 1776년의 미국독립선언[16]조차도 지루하고 기나긴 수용과 지속적인 전통 만들기 과정을 거친 후에야 비로소 전 지구적인 영향력을 발휘할 수 있었다.[17] 따라서 세계 각지에 존재하는 대부분의 연대기는 단순히 서로 합산하거나 겹칠 수 없으며, 특정 시기에 전체적으로 적용될 수 있는 시대구분 모델은 이렇게 지역적으로 제한된 시간들의 산술적 평균을 계산해 나오는 것이 아니다.

그렇기 때문에 세계사의 시대구분 문제에 관해서는 신중하고 조심스럽게 접근하는 것이 좋다. 세계사의 시대는 유동적인 시대구분선을 둘러싸고 논쟁하는 힘겨루기의 지점이 아니라, '1789년'이나 '1914년'처럼 분명한 의미를 담은 중요한 시점들 사이에 펼쳐진 구간으로 이해해야 한다. 그 밖에도 세계사에 관한 시대구분은 특정 지역의 연대기를 다른 지역보다 더 중요하게 평가하는 위험을 전혀 피할 수는 없을 것이다. 그렇다고 해서 이것이 유럽의 시대구분 개념을 느슨하게 나머지 세계 전체에 씌우는 것을 뜻하는 것은 절대 아니다. '중세'나 '근대 초' 같은 개념들은 아무리 진지하게 수정한다고 해도 비유럽 세계에 단순하게 적용할 수는 없다. 반면에 아무리 주변 지역들을 세계사에 연관시키고자 하는 열린 자세를 취한다고 해도, 이스터섬이나 중앙아프리카 열대우림에서 얻은 경험을 기준으로 세계사의 시대구분을 할 수도 없을 것이다.

'하버드-C.H.베크 세계사' 시리즈 가운데 우리보다 앞선 시대를 다룬 제3권[18]은 1500년과 1800년 사이의 시기를 통상적인 '근대 초' 개념으로 칭하지 않으며, 1000년(또는 심지어 800년)에서 1800년까지의 전체 기간을 포괄하는 긴 '옛 유럽Old Europe'이라는 개념도 사용하지 않는다.[19] 제3권은 오히려 14세기에, 즉 흑사병에, 또는 중국과 중앙아시아에 지정학적으로 새롭고 이후 시대에 지대한 영향을 미친 새로운 질서가 형성된 시기에 주목한다. 그리고 그곳에서 발전된 광역적인 역사를 18세기 중반에 마무리한다. 다시 말해 보스턴 차 사건이나 바스티유 진격으로 극적으로 끝나게 하지 않는 것이다. 달력상 18세기는 우리의 '하버드-C.H.베크 세계사' 시리즈에서 연대기적으로 과도기를 형성한다. 즉 이 세기는 야누스적인 시대로, 다시 말해 거대한 역사적 아치의 종식일 뿐 아니라 무언가 새로운, 사람들이 대부분 '근대'로 지칭하는 시대가 나타나는 잉태기로 이해된다.

동시에 18세기는 우리에게 역사 서술 방식의 급격한 변화를 보여 주는 실험 무대이기도 하다. 늦어도 18세기 중반에 대륙들 사이의 접촉이 양과 질 모두에서 일정 규모를 넘어섰는데, 이러한 변화는 지역적 네트워크에 중점을 두고 서술하던 방식에서 서서히 벗어나 전 지구를 포괄하는 체계적 관점을 추구하도록 촉구하기 때문이다. 우리는 이미 '하버드-C.H.베크 세계사' 시리즈 제3권 '1350~1750: 세계 제국과 대양'에서 멀리 떨어진 나라들 간의 접촉과 그러한 접촉이 상호 간에 미친 다각적인 영향에 큰 관심을 기울인 바 있다. 몇몇 거대 문명을 비교적 독립적으로 배치해 나란히 서술하던 이제까지의 일반적인 세계사 서술과는 뚜렷한 차이를 보이는 방식이었다.

우리가 앞으로 서술할 '하버드-C.H.베크 세계사' 제4권은 지구상의 몇몇 거점을 중심으로 점차 통합되어 가던 광대한 지역권이 18세기에 서로 접촉하게 되었다는 관찰에서 출발한다. 이 책의 각 부가 모두 이 주제를 다룰 것이므로 서문에서는 그저 이러한 변화를 보여 주는 몇 가지 측면만을 사례로 언급하는 데 그치고자 한다. 대서양에서는 노예무역이, 그리고 대농장에서 생산된 농산물 교역이 절정에 도달했다. 유럽의 산업화가 막 시작되기 직전에 노예무역에 토대를 둔 농장 경영은 이제 서서히 그 모습을 드러내던 세계경제를 움직이는 가장 중요한 동력 가운데 하나가 되었다. 두 번째 동력은 아시아에서 펼쳐진 활발한 해양 무역이었는데, 여기에는 동인도회사와 같은 유럽 각국의 특허 회사들이, 그리고 아시아의 상인과 선원들이 함께 영향을 미쳤다. 특히 일본이나 베트남처럼 지나치게 고립되거나 배제되지 않았기 때문에 유럽 상인들이 적극적인 활동을 펼칠 수 있었던 아시아 국가들에서 팽창적인 식민 지배 체제가 등장할 수 있었다. 이전에 이미 유럽인들이 장악했던 거점 지역들을 넘어 영국인들은 뱅골 지방에서, 네덜란드인들은 인도네시아에서 식민 지배 체제를 구축해 갔다. 유럽인들은 아시아 지역의 해양을 계속 탐험하면서 태평양의 수많은 섬을 개방함으로써 그들의 제국과 무역에 연결했다. 1788년에는 영국의 첫 선박이 오스트레일리아에 상륙함으로써 당시까지 알려지지 않았던 한 대륙이 전 지구적 네트워크에 연결되는 결과를 초래했다. 사실상 1788~1789년에 우연히 이후 역사에 지대한 영향을 미친 몇 가지 역사적 사건이 동시에 발생했다. 첫째는 오스트레일리아의 식민화였고, 둘째는 프랑스 혁명 발발(1792년부터는 혁명전쟁이 발발해 국제사회에 엄청난 영향을 초래했다.)이었으며, 셋째는 효율적인 미합중국 정부의 등장을 의미했던 초대 대통령 조지 워싱턴George Washington의 집권이었다.

프랑스 혁명은 주로 국내적 원인에서 발발한 것이기 때문에 국제적 맥락은 혁명 발발의 원인을 규명할 때 중요한 고려 대상이기는 해도 결정적 요소는 아니었다.[20] 반면에 영국 왕실에 속해 있던 북아메리카 열세 개 식민지가 일으킨 봉기는 바로 대서양을 넘어서는 통합 현상이 위기에 처한 결과였다. 유럽에서 발생한 계몽사상이 신대륙에 확산되지 않았다면, 그리고 식민 제국 영국이 북아메리카에 대한 자국의 통제력을 강화하려고 하지 않았다면 식민지인들이 영 제국에서 이탈하는 사태는 그리 쉽게 일어나지 않았을 것이다. 독립 전쟁 이후 얼마 지나지 않아 라틴아메리카에서 일어난 독립 운동에도 이와 유사한 정황이 적용된다. 같은 시기에 유라시아 대륙에서도 매우 광대한 지역에 걸쳐 통합 과정이 일어났다. 차르의 러시아 제국은 흑해 방향으로 남진을 계속하는 동시에 시베리아 지방에 대한 연구와 식민화를 적극 추진했다.[21] 만주족이 세운 청 왕조가 이끄는 중국은 이보다 더욱 큰 군사적 행동을 통해 몽골족, 티베트족, 무슬림 부족들이 거주하는 아시아 내륙 지방을 장악했다.[22] 다민족 제국 중국은 1750년대에 이르면 제국 시대 전체를 통틀어 가장 광대한 영토를 장악했다. 일반적으로 당대의 제국들이 가진 전형적인 '호전성'에서 예측할 수 있던 것과는 달리, 팽창적인 두 제국인 중국과 러시아는 1727년에 상호 공존을 추구하는 타협안을 체결하고 이를 1850년대까지 유지했다. 18세기 말에 아시아 대륙에서 4대 제국, 즉 중국, 오스만, 러시아, 영국이 그럭저럭 평화롭게 공존하는 상황은 유럽 대륙에서 5대 강국인 프랑스, 영국, 러시아, 오스트리아, 프로이센이 상호 공존하던 상황과 비슷했다.

이러한 경제적·지역적 통합 과정 외에도 계몽 시대에는 역사상 처음으로 전 지구적인 맥락에서 지역적 경계를 넘어 각 종교가 추구해 온 (세계시민주의 cosmopolitanism라는 개념 아래에) 보편적 가치를 체계적으로 고찰했다. 이 모든 변화를 종합적으로 고려할 때, 각각 고립된 지역들의 개별적 시각에서 벗어나 지역 간의 '횡적' 접촉과 비교에 더욱 무게를 두려는 미래 전망이 등장하게 된 근거들이 발견된다.[23]

이 책에서 서술하려는 시기가 끝날 무렵에 도달하면 이와 같은 논지가 더는 필요하지 않다. 오늘날 세계화의 전형으로 인식되는 많은 특징(집단 이주, 신속한 통신, 대륙 간 대규모 원자재 교역, 원거리 여행, 국경을 넘어서는 규격의 표준화, 헌법 사상과 같은 정치적 질서 개념의 확산, 세계종교의 팽창, 전 지구적 학문 교류 네트워크의 구축 등)이 이미 감지되기 시작했던 19세기의 마지막 30년 동안 수많은 교류 관계가 형성되면서 초국적 사고와 전 지구적 비전을 갖지 않을 수 없게 되었기 때문이다. 그리고 이러한 국제적 연관 관계는 금본위제도의 시행에서 최초의 국제기구 창립(1863년에 설립된 국제적십자위원회)에 이르기까지 점차 구체적인 제도로 자리를 잡아 갔다.

하지만 바로 이렇게 넓은 지역을 포괄하고 국경을 넘어서는 무수한 교류와 긴밀한 연관 관계 때문에 시대구분을 단순하고 통일된 방식으로 하기가 어렵다. 구체적인 예로 역사가들이 이 시기에 세계화의 시작에서 '본격적인' 세계화 국면으로 접어드는 과정을 규명하려고 할 때 큰 어려움에 직면하게 된다. 늦어도 세기 중반부터는 시간이 점점 빨라지기 시작한다는 느낌과 '새로운 시대'로 진입한다는 분위기가 유럽에서만 확산된 것이 아니었다. 지구상 여러 지역에서 비슷한 변화가 진행되었기 때문에 역사가들은 이를 두고 '전 지구적인 1860년대'라고 언급했다.[24] 하지만 1870년대나 1880년대도 마찬가지로 '전 지구적인 시대'라고 이야기할 수 있다. 1870년대는 특히 이런 변화를 관찰하기 좋은 시점이다. 1866년과 1871년 사이의 기간에 일어난 독일 제국의 수립이나 1878년의 베를린 회의로 유라시아와 아메리카가 지정학적으로 재편되는 과정(1868년 이래 일본의 메이지 유신, 1864년 태평천국의 난 평정 이래 청 제국의 회복, 1865년의 내전 종식 후 미국의 재건 등)이 일단 마무리되었지만,

1881~1882년에 시작된 아프리카의 정복과 식민화는 이제야 비로소 다가오고 있었기 때문이다. 1870년대는 대륙 간 통신케이블 연결이 적극적으로 추진된 시대이기도 하며, 영웅적인 기업가와 은행가가 선구적으로 세운 자본주의적 형태의 기업과 은행들이 개인을 초월하는 거대한 기업연합(재벌)으로 전환하기 시작한 시기이기도 했다.

역사가 빠른 속도로 변화하며 진행될 경우 한 시대와 다른 시대를 선명하게 나누는 경계선이 어디인지 깨닫고 표시하기는 어렵다. 그렇기 때문에 우리가 맡은 '하버드-C.H.베크 세계사' 시리즈 제4권의 여러 부는 이 뒤에 이어지는 제5권인 '1870~1945: 하나로 연결되는 세계'와 서로 맞물려 있다.[25] 제5권을 집필한 몇몇 저자가 사실 관계를 명확히 하기 위해서는 19세기 안으로까지 깊숙이 들어가는 것이 불가피하다고 판단한 것처럼, 제4권 저자들의 서술도 미래의 소용돌이 속으로 따라 들어갔다. 예를 들어 거의 누구도 예측하지 못했던 전쟁조차, 즉 1914년 8월에 거의 모든 유럽 국가의 대규모 군대가 가담한 세계대전 같은 역사상 유례없는 극심한 갈등조차 이러한 시대의 장기적인 흐름을 중단시키지 못했다. 제국이나 국민국가의 역사에서는 극심한 혼란으로 점철된 1870년대의 10년 동안이나 유럽에서 일어난 세계대전도 시대의 전환을 보여 주는 특징적 요인이 아니었다. 1919년과 1923년에 베르사유와 로잔에서 전후 질서가 정착되면서부터 비로소 유럽 제국들 사이의 관계가 초래한 장기적인 사이클이 마무리되었다.[26] 그렇기 때문에 각 분야에서 발견되는 개별적인 발전 논리를 주어진 시대의 전체 프레임에 억지로 끼워 맞추어서는 안 된다. 전 지구적인 역사 해석은 그것에 적합한 자체적인 시간적 편차를 만들어 내는 것이지, 엄청난 양의 데이터를 사전에 만들어 놓은 시대구분의 틀 안에 억지로 밀어 넣는 것이 아니다.

근대성으로 가는 길

이 책에서 다루는 시기는 기존의 세계사 서술에서 대개 '근대' 세계로 넘어가는 이행기를 형성한다. 이 이행기는 흔히 과거 시대와의 뚜렷한 단절, 즉 혁명으로 이해되었는데, 한 영향력 있는 저서에서는 이를 심지어 '이중 혁명'

이라고까지 표현했다. 프랑스 혁명으로 인해 시작된 정치적·문화적 변혁은 산업혁명이 초래한 물질적·경제적 격변과 함께 근대를 열었다.[27] 이로써 (처음에는 서유럽과 북아메리카에서, 그 후에는 점차 전 세계에서) 다른 사회들이 모범으로 삼고 따라가야 할 발전의 표준이 자리를 잡았다. 이런 방식으로 역사를 읽을 경우, 세계사의 논리는 프랑스 혁명과 영국혁명으로 이루어진 이중 혁명의 성과를 뒤늦게 뒤따라가는 변화 과정이 된다. 예를 들어 이중 혁명에는 훨씬 못 미치지만 1848년에 유럽 대륙에서 발발한 혁명들, 1868년의 일본 메이지 유신, 1898년에 중국에서 일어난 개혁 운동과 실제 개혁, 1905년의 러시아 혁명에 이르는 이 모든 역사는 말하자면 프랑스 혁명의 재현이었다. 그 결과 근대라는 이미지가 형성되었는데, 이는 장소에 따라 서로 다른 시점에 대두한 한 시대였으며, 이러한 이미지로서의 근대는 본질적으로는 각 사회 내부에서 실현되었다. 물론 이 근대화 과정에 역할 모델 효과와 제국들의 강제적 압박이 늘 부분적으로 영향을 미친 것은 사실이다.

앞서 간략하게 도식적으로 요약한 근대화 이론을 세계사에 적용할 경우 심각한 문제가 있다는 비판이 오래전부터 제기되었다. 근대화에 필요한 요소들이, 즉 그것들이 축적되면 그 어떤 조건하에서도 근대사회를 달성하게 하는 표준화된 요건들이 있다는 생각은 실제 현실과 맞지 않는다는 지적이다. 다음에서도 근대화라는 목적론적 관점(특히 제국에서 국민국가로의 변천, 귀족에서 시민으로의 사회적 권력 이동, 핵가족 출현, 점차 세속화된 사회에서 종교의 역할 축소)은 19세기의 현실에 적합하지 않은 부분이 많다는 사실을 지적할 것이다. 단순한 구조를 갖고 있던 전통 사회에서 분화된 근대사회로의 전환을 뜻하는 '근대'라는 개념은 이제 분석적 도구로서 그 수명을 다했다고 할 수 있다.[28]

하지만 19세기를 살았던 많은 동시대인은 자기들이 근본적인 변화의 산 증인이라고 확신했다. 당시 세상은 부단한 변화를 겪었으며, 그들에게 그 변화는 매우 급진적인 것으로 보였다. 그래서 이제 한 시대가 완전히 끝나고 새로운 시대가 열린다는 인상이 광범위하게 확산되었다. 물론 '근대'라는 명사는 오랫동안 그리 일상적으로 사용되지는 않았다. 그것이 처음 등장한 것은 사실 19세기 후반부였다.[29] 이 새로운 용어를 처음 만들어 낸 것은 프랑스 시인 샤를 보들레르Charles Baudelaire(1821~1867)였다. 그는 '근대'라는 용어를 통해 도시적 삶의 일시적이고 덧없음을 표현했으며, 그 과정에서 과거와 미래 사이의 급격한 단절을 특징으로 하는 새로운 시간 개념을 탄생시켰다. 하지만 수많은 동시대인들은 보들레르보다 훨씬 먼저, 그리고 '근대성' 개념(독일에서는 이 개념이 1895년에 처음으로 『브로크하우스 백과사전Brockhaus-Enzyklopädie』에 수록되었다.)이 확립되기 훨씬 전에 매일의 일상 속에서 근대 세계를 접하고 있었다.[30]

따라서 '근대적'이라는 것은 역사를 살아가는 행위자 자기의 생각, 곧 자기 자신을 이해하는 개념이었다. 나아가 자기들의 위상을 입증하는 데 쓰일 수 있는 개념이기도 했다. 따라서 이 개념은 가톨릭에 맞서는 프로테스탄트들의 사회적 우월성을 지칭하기도 했고, 인문학적 교육 규범에 맞서는 자연과학과 공학의 경쟁력을 지칭하기도 했으며, 중국의 관리 등용 시험 폐지를 정당화하는 근거로, 수단에 대한 이집트의 군사적 팽창까지도 정당화하는 근거로 사용될 수 있었다. 이 개념은 이전 시대와 구별하기 위해서뿐 아니라, 시대에 뒤떨어지고 (동일한 사회 내부에서 혹은 그 사회를 벗어나서도) 후진적이라고 판단되는 사회 집단에 거리를 두기 위해서도 사용되었다. 근대를 구현하면서 개인이 근대를 경험할 수 있는 장소와 기관들이 만들어졌다. 박물관과 철도역, 백화점 등이 그 사례다. 또한 식민 정부들은 식민화된 백성들에게 석조 건축물과 학교, 공공 보건의 장점을 부각할 목적으로 시범 마을들을 조성했다. 예를 들어 일본 정부는 1872년에 도쿄에서 북서쪽으로 100킬로미터 떨어진 도미오카라는 곳에 효율적이고 체계적인 산업 시스템을 활용해 비단을 생산하는 모델 공장을 건설했다. 세기 전환기 무렵에 중국의 학자이자 관료이며 보수적인 개혁가이자 기업가였던 장젠張謇은 장강(양쯔강) 삼각주에 위치한 남통(난통)시를 근대적인 공장과 극장, 운동장과 공원을 가진 모델 도시로 건설했다.[31]

발전의 방향성과 진보의 유형, 다양한 사회적 공간의 기능적 연관성을 내세우던 사회과학적 근대화 이론은 이제 낡은 이론으로 간주된다. 하지만 그렇다고 해도 역사 속의 행위자들은 자기들이 생각한 근대화 개념에 따라 움직였다.[32] 이런 관점에서 우리는 심각한 사회적 위기를 겪으면서 19세기 내내 이루어진 다음과 같은 개혁 논의기 바로 당시에 나타난 근대화 이론의 유형이었다고 이해할 수 있다. 근대적인 국가는 의회와 민주적 선거, 헌법을 보유해야 하는가? 자기 나라를 개혁하는 데 외국의 것을, 예를 들어 벨기에의 은행, 프로이센의 군대 조직, 프랑스의 법원과 법률, 일본의 노사 관계 규정을 자유롭게 수입해도 괜찮은가? 경제성장과 강한 군사력은 문화적 변화 없이도 얻을 수 있는가? 기독교를 수용하거나 서방세계에 지배적이던 개인주의를 받아들이지 않고도 한 사회가 근대에 적응할 수 있을까? 또한 세계 거의 모든 지역에서 다음과 같은 문제를 둘러싸고 뜨거운 논쟁이 불붙었다. 근대화를 추진하면 자기들의 고유 문화가 얼마나 살아남을 수 있을 것인지, 1860년대에서 1880년대까지 진행된 중국의 자강 운동 옹호자들이 주장한 것처럼 한편에 중국의 문화적 규범과 가치를, 다른 한편에 서구적인 실용적 지식을 엄격히 분리하는 것이 과연 유의미한 전략일지 등과 같은 논쟁이었다.

18세기 후반부터 활발하게 진행되었던 정치와 사회의 개혁 논의를 돌이켜 보면 근대를 이루기 위한 수많은 비전이 파노라마처럼 나타난다. 이 개혁 프로젝트들은 자기가 속한 사회를 변혁해 넓은 근대적 세계에 합류시키려고 했던 근대화 운동가들의 작품이었다. 한국의 유길준兪吉濬이나 벵골의 람 모한 로이Ram Mohan Roy, 이집트의 리파 알타흐타위Rifa'a al-Tahtawi, 일본의 후쿠자와 유키치福澤諭吉는 흔히 지배적인 문명 담론을 자기 동족들에게 전해 주는 국가의 교육자이자 스승으로 나섰다. 이집트 민족주의자이자 카이로 대학의 설립자 중 한 명인 카심 아민Qasim Amin이 보기에 이집트 농민들은 "한 걸음 한 걸음 느릿느릿 걸어가면서 물레방아를 돌리는 당나귀처럼 어리석었다."[33] 이들과 같은 자칭 개혁가들은 눈코 뜰 새 없이 바빴다. 토론은 장소에 따라 다르게 진행되었으며, 각 지역의 상이한 환경을 전제로 이루어졌다. 따라서 토론은 당연히 그 어디서도 획일적이지 않았으며, 거의 모든 문제에서 뜨거운 논란과 갈등이 불붙을 수 있었다. 관세의 높고 낮음이나 토지 소유와 투표권의 관계뿐 아니라 돼지고기 소비, 여성과 소녀를 위한 학교 설립, 머리를 적절히 기르는 법 같은 문제에 관해서도 마찬가지로 열띤 논쟁이 이어졌다.

이 토론들은 전 세계에서 동시에 일어나지 않았으며, 지역의 사회적 위기가 전 지구적 과정에 연결되면서 더욱 심각한 상황이 전개될 때 발생했다. 그렇기 때문에 근대화에 관한 토론은 한국이나 필리핀에서보다 벵골이나 이집트에서 훨씬 일찍 일어났다. 한국이나 필리핀에서는 제국의 지배나 자본주의적 생산이 팽창함으로써 문제가 발생한 19세기 말에야 비로소 이 토론이 등장했다. 토론의 주제와 양상은 지역에 따라 다르게 보였으며, 강조하는 주제에도 차이가 있었다. 그때마다 근대화론자들은 각각 다른 모델을 참고할 수 있었기 때문인데, 그 모델들은 시대와 함께 변했다. 19세기 초에는 잉글랜드와 프랑스를 바라보았다면, 1870년 이후에는 프로이센·독일이, 1895년 이후에는 일본이 모델이 되었다.

어떻게 하면 근대 세계에 가장 잘 적응할 수 있을지를 둘러싼 토론이 동시성이라는 조건하에 진행되기는 했지만, 이 토론이 여러 지역에서 동시에 발생한 것은 아니었다. 이 말은 역설적으로 들릴 수도 있을 것이다. 하지만 여기서 문제의 핵심은 근본적으로는 전 지구적으로 생각하면서 그들 시대에 존재하나 자기네와는 다른 사회들을 모델로 삼았던 활동가들에게서 개혁 구상이 나왔다는 점이다. 사실 여기서 무엇이 근대적이고 무엇이 후진적이라고 판단해야 하는지에 관한 기준이 국경을 넘어서는 시선에, 주제를 지구적 연관 관계 속에서 파악하는 자세에 얼마나 크게 영향을 받았는지 보면 놀라울 정도다. 물론 근대와 후진의 차이를 지나치게 과장해서는 안 된다. 19세기에도 정치적·사회적 변화는 흔히 황금시대로 돌아가는 것, 잃어버렸던 고전 세계를 회복하는 것으로 해석되었다. 하지만 전체적으로 변화의 정당성을 입증하는 패턴이 분명히 변했다. 전근대사회에서와는 달리 자국의 과거사와의 관련성이나 자기들의 과거에서 얻은 교훈은 이제 더는 중요하지 않았고, 타자와의 비교나 현재의 지정학적 현실에 대한 관심이 중요해졌다.

고전적인 근대화론이 각 사회가 반드시 거쳐야 하는 여러 발전 단계의 장애물 코스를 뜻한다면, 19세기의 수많은 개혁가가 볼 때 근대 세계는 이와 달리 서로 순서에 따라 긴밀하게 연결된 전체와 같았고, 그렇기 때문에 앞으로 나가려면 이전 코스를 진행하는 것이 반드시 필요한 현 상태와 같았다. 이 근대 세계는 비대칭형이어서 세계 그 어디서도 같은 모습이 아니었지만, 그 누구도 피해 갈 수는 없는 세계였다. 또한 이 세계는 그들이 원하든 원치 않든 행동가들이 움직이는 환경이었다. 20세기 말의 사회학자들에게 보였던 '공간으로의 전환'은, 다시 말해 내적 발전 대신에 공간 안에서 동시에 작용하는 여러 요인을 강조하는 경향은 19세기 활동가들의 일상적 행위에서 이미 전제되어 있었던 것이다. 사회를 변혁하고 새로운 도전에 적응하는 것이 문제가 되었을 때 이 문제를 시급히 해결해야 한다는 느낌은 대부분 당시 활동가들의 전 지구적인 인식 지평에서 나왔다. 지체할 시간이 더는 없다는 것을 주지시킨 것이 바로 전 지구적인 동시성에 관한 인식이었다.[34]

전 지구적 변화에 관한 동시대인들의 서사

전 지구적인 동시성의 형성을, 전 세계에 적용되는 표준과 규범의 형성을 어떻게 설명할 수 있는지에 관해서는 의견이 분분하다. 당시에 수많은 다른 해석이 있었는데, 이들 가운데 적지 않은 해석이 이념적 성격을 지녔으며 정치적 논쟁에서 무기로 사용될 수 있었다. 많은 해석은 근대사회가 형성되는 과정이나 세계가 전 지구적으로 통합되어 가는 과정이 각각 동시에 진행되면서 서로 연관된 과정이라고 보았다.[35] 이를 좀 더 일반화해 표현하면 이 두 가지 과정은 19세기에 서로 경쟁하면서 수많은 영역에 흡수되어 서로 중첩되고 보완되었던 두 개의 핵심 서사였다. 근대화로 가는 길을 한편에서는 친숙한 것과 낯선 것의 교환으로 인식했던 반면에, 다른 한편에서는 불가피하게 지구상의 모든 사회에 도달하게 될, 이미 정해진 방향성을 가진 시간의 화살과 같다고 생각했다.[36]

첫 번째 해석 모델(친숙한 것과 낯선 것의 대비)은 어디서나 사회 발전 모델을 둘러싼 논쟁에서 근본적 요소가 되는 것들이다. 근대 세계로 진입하는 것은 낯선 외래문화의 유입을 통해 고유한 전통과 문화를 변형시키거나, 고유한 전통과 문화를 사회에서 분리시키는 고통스러운 과정으로 인식되었다. 이 문제에 관한 토론은 다양한 모습을 띠었는데, 그 가운데 동양과 서양을 이분법적으로 구분하는 패러다임이 19세기에 가장 강한 영향력을 행사했다. 이 모델은 식민지화된 지역에서는 물론이지만, 유럽과 북아메리카에서도 함축적인 영향을 미쳤다. 많은 관찰자는 근대 세계의 형성을 서구적 성과의 확산과 동일시했다. 그 가운데 20세기로 전환하는 시기에 '서구 문화 특유의 합리주의'가 근대사회의 근본적 재구성에 책임이 있다고 주장한 독일의 사회학자 막스 베버Max Weber(1864~1920)의 분석은 널리 알려져 있다. 특히 베버는 전통적이고 신비주의적으로 또는 종교적으로 채색된 세계관에 대한 거부(이마누엘 칸트Immanuel Kant의 유명한 문구 "스스로 초래한 미성숙으로부터 인간의 탈출"[37]로 요약된다.)를, 그리고 자본주의적 생산양식을 가능하게 하고 확립하려면 그에 적합한 문화가 필요한데, 이것이 바로 유럽의 역사와 아메리카의 역사가 이룩한 업적이라고 해석했다.[38] 이렇게 근대 세계의 형성을 유럽-아메리카의 독자적 업적으로 보는 견해는 나아가 다양한 문명화 이론의 핵심이 되었다. 유럽 열강들은 이 견해를 근거로 자기들의 식민지 팽창을 정당화한 것이다. 따라서 유럽이 건설한 식민지의 행정 당국들은 식민지의 지역 문화와 사회질서에 적극 개입해 일부다처제, 미망인 화형, 남녀 혼욕, 오두막 거주 등 근대적 사회질서와 어울리지 않아 보이는 관습들을 제거했다. 그 결과 근대화 담론은 보편적인 정당성을 갖는 프로그램이 되었다. 이 근대화 프로그램은 국가 간 관계를 묘사할 뿐 아니라 한 사회 내부의 위계질서도 설명하고 정당화할 수 있었으므로 어디서나 막강한 영향력을 발휘했다.[39]

사실 다른 사회를 '문명화'한다는 담론은 서방측에서 일방적으로 제기한 자화자찬이었다. 그런데 문제는 그 담론이 여기서 그치지 않았다는 것이다. 비서구의 수많은 군주와 통치 가문들은 (1846년에 파리를 방문한 튀니스의 아마드 베이Ahmad Bey에서 1901년에 잉글랜드를 방문한 일본의 고마쓰노미야 아키히토小松宮彰仁 친왕에 이르기까지) 유럽을 여행하면서 근대적인 제도와 기술이 주는 매력이 단지 유럽인들의 자기최면만은 아니라는 사실을 확인했다. 이란의 군주인 나시르 알딘 샤Naser al-Din Shah는 1878년에 자기가 독일을 여행하는 목적이 "이란의 정부와 국민들에게 중요할 수 있는 모든 정보와 경험"을 수집하는 것이라고 보았다.[40] 일본 정부는 학교와 병원, 공장에서 극장과 휴양지, 심지어는 베를린 모아비트에 있는 감옥에 이르기까지 수많은 근대의 현장을 직접 관찰하기 위해 1871년과 1873년 사이의 1년 반 동안 미국과 유럽을 시찰하러

나섰다.[41]

　특히 아시아에서는 근대적인 유럽이나 아메리카가 아시아와 만나는 것이 동양 문화와 서양 문화의 대비라는 형태로 인지되었다. 이와 같은 이원적 전망을 대표하는 가장 유명한 사람이 벵골의 시인 라빈드라나트 타고르 Rabindranath Tagore(1861~1941)였다. 물질주의적인 서양과 영적이고 정신적인 동양을 대비시킨 타고르의 시각은 19세기 후반의 시대정신을 그대로 보여 주어, 그는 문화 영역에서 세계적인 스타 반열에 올랐다. 그 결과 타고르는 중국과 일본, 동남아시아를 여행할 때 미국이나 유럽을 여행할 때와 마찬가지로 수많은 대중에게서 열렬한 환영을 받을 정도였다. 하지만 그 어느 사회에나 각각 자기들의 타고르가 있었는데, 이들의 언어는 새로운 것을, 근대가 가져다준 충격을 침략으로 보이게 했다.

　우선 세계를 동양과 서양으로 구분하는 이원론은 이제 더 이상 결정적인 의미를 가진 범주가 아니었다. 이 이원론이 어떤 구체적 내용으로 채워지는지는 전적으로 그 개념을 사용하는 사람들의 입장과 어젠다에 달려 있었다. 널리 알려진 첫 번째 입장은 단순하게 서구를 근대와 동일시하며 서구가 아닌 다른 모든 것을 낡은 전통으로 격하했다. 이러한 경우에 '동양 대 서양'은 본질적으로 '옛것 대 새것'이 되었다. 두 번째 입장은 서구의 우월성을 통째로 인정하기를 거부했다. 예를 들어 타고르는 서양과 동양은 서로를 보완하므로 서로가 서로에게 유익하다는 희망을 품고 있었다. 그 어떤 쪽도 상대방 없이는 발전하기 어렵다는 생각이었다. 그가 벵골의 샨티니케탄에 설립한 비스바 바라티 대학은 이미 그 이름('인도와 세계의 교감'으로 번역된다.) 안에 이러한 상호 보완성을 표현했다. 이러한 시각도 널리 퍼졌으며, 심지어 문명 비판의 측면에서 아시아를 바라보는 새로운 시선이 필요하다는 주장이 제기된 유럽과 아메리카에서도 영향력이 있었다. 문명 비판적 시각을 주장하던 서양인들에게 아시아는 "우리의 내적 삶을 좀 더 완벽하고 충실하고 보편적이면서 사실상 진정하게 인간적으로 만드는 데 최고로 유익한 교정 수단"이었다.[42]

　그 밖에 자기와 타자를 대비시키는 또 하나의 해석이 있었다. 유럽과 아메리카를 지나치게 모방하려는 자세에 경고를 보내는 해석이었다. 이러한 해석의 주창자들은 서구 모델의 우월성에서 출발하지 않고, 무조건 유럽-아메리카를 따라 하고자 할 때 발생하는 문화적·사회적 비용이 적지 않음에 주목했다. 이들은 근대화가 약속이 아니라 부담이라고 보았다. 그렇게 볼 때 식민정부나 지역의 개혁 정당들이 추진한 근대화 계획은 진보가 아니라, 오히려 전통적인 사회제도와 문화적 가치 체계를 축출하는 것이었다. 이러한 해석에서 제기되는 서구화에 대한 비판은 흔히 근대적 기술과 물질적·군사적 압박이 세련된 전통문화를 축출하는 현상에 대한 비판으로 표현되었다. 세기 전환기의 일본인 철학자 오카쿠라 덴신岡倉天心(1862~1913)은 다음과 같이 탄식했다. "서구의 평범한 사람들은 일본이 유순한 평화의 예술 안에 머물러 있는 한 일본인들을 야만적인 나라로 보는 데 익숙했다. 그런데 일본이 만주의 전쟁터에서 대규모 학살을 감행하기 시작하자 그들을 문명화된 나라로 보기 시작했다." "문명에 대한 우리의 욕구가 전쟁터에서 얻는 명성 위에 성취되는 것이라면 우리는 기꺼이 야만인에 머무르고 싶다. 그리고 우리의 예술과 사상이 정당하게 평가되는 그 순간까지 기꺼이 기다리고 싶다."[43]

이러한 세 번째 시각에는 훗날 포스트 식민주의 연구에서 시도된 해석이 부분적으로 예시되었다. 19세기를 보내는 마지막 해에 다다바이 나오로지Dadabhai Naoroji와 마하데브 고빈드 라나데Mahadev Govind Ranade, 라메시 찬드라 더트Romesh Chunder Dutt 같은 인도의 역사가들은 식민 지배의 결과로서 인도의 산업화가 오히려 퇴보했다는 매우 영향력 있는 이론을 발전시켰다. 그리고 얼마 후에 모한다스 카람찬드 간디Mohandas Karamchand Gandhi(마하트마 간디Mahatma Gandhi, 1862~1913)도 서구 제국주의와 보편적 '문명화'라는 범주 속에 숨어 있는 사상을 거부하는 문화 투쟁을 선언했다. 그가 볼 때 인도의 문화와 사회를 몰락하게 만든 것은 다름 아닌 영국의 남아시아 개입이었다. 이 해석에 따르면 인도에 구현된 이른바 근대적인 제도와 가치는 경제적 수탈과 발맞추어 불가피하게 비서구의 사회질서와 생활양식의 몰락을 초래한 문화적 변형의 결과였다.[44]

19세기에 동시대인들이 근대 세계의 출발을 해석하기 위해 사용했던 해석 모델은 진보 서사였다. 이 서사는 자기와 타자를 단순하게 대비한 해석과 달리 역사에 보편적인 발전 과정이 있다는 전제하에 성립되었다. 진보는 특정한 문화나 사회에서 발생하는 특수한 발전이 아니라는 것이다. 동양-서양 패러다임은 세계에는 다양한 문화들이 나란히 공존하며, 동시에 이 세계는 서로 다른 공간들을 토대로 작동한다는 시각을 보여 주었다. 반면에 진보 서사는 선구자와 낙오자, 시차, 후진성과 같은 시간성을 가진 개념을 토대로 성립되었다.

시간 개념을 동원해 근대화 문제의 틀을 짠 것 자체는 새로웠다. 현재와 과거 사이에 경계를 표시한 것은 19세기 말 이래 관철되기 시작한 근대사상의 뚜렷한 징후였다. 18세기 중반에 독일의 고대 연구자 요한 요아킴 빙켈만 Johann Joachimm Winkelmann(1717~1768)은 "우리가 위대해지고, 될 수 있는 한 타의 추종을 불허할 정도로 발전하는 유일한 길"은 고대를 모방하는 것이라고 생각했다.[45] 물론 이후 몇십 년이 지나자 고대사를 발전 모델로 내세우는 주장은 더는 찾아보기 어려워졌다. 그러나 당시의 동시대인들은 근대적인 사회를 언급할 때, 무엇보다 시간적 간격을 먼저 떠올렸다. 그들은 오래되고 전통적인 것들을, 지금 돌이켜 보면 경직되고 정적으로 보이는 것들을 현재와 구분했다. 일본의 철학자 후쿠자와 유키치는 전통 일본에서 근대 일본으로 변천하는 과정을 '불에서 물로 변화하는 과정'으로 표현했다. 과거와 현재 사이의 차이가 그만큼 크게 보였던 것이다.[46]

그런데 이런 주장은 흔히 허구(픽션)였거나, 적어도 일종의 추상화였다. 이전 시대와의 거리가 멀게 보이면 보일수록 현재의 근대성을 부각하는 것이 더욱 쉬웠다. 따라서 '근대'는 무엇보다 발전은 역동적이며, 미래는 과거와 근본적으로 다르다는 것을 암시하는 시간 개념이었다.[47] 전반적으로 근대 세계에 대한 생각은 새로운 시간 경험과 밀접하게 연결되었으며, 속도나 가속과 결부되었다. 증기선과 철도, 릭샤(인력거), 전신과 같은 기술의 발전은 도시의 일상생활에까지 이르는 모든 사회생활 영역이 새롭고 점점 더 빠르게 움직이도록 리듬을 부여했다. 이런 인상은 당시에 널리 퍼져 있었던 확신과 맞아떨어졌다. 즉 자기들이 지금 숨 가쁘게 전개되는, 상상을 초월하는 광범위한 사회 변화를 겪고 있다는 확신과 맞아떨어졌다. 너무 늦게 오는 자들은 지체된 시간을 회복할 전망이 거의 없다고 느꼈다. 예를 들어 1870년대 일본의 개혁 지향 그룹들은 근대적인 서구를 따라잡기 위해서는 일요일을 폐지할 필요가 있다고 외쳤다. "우리가 일본인들을 밤낮 없이 계속 달리게 한다고 해도 수십 년 안에 서구를 추월할 수는 없기 때문이다. 그런데 우리가 매주 하루를 온종일 낭비한다면 도대체 얼마나 오래 걸려야 서구를 추월할 수 있겠나?"[48] 뒤처짐에 대한 염려는, 지각에 대한 우려는 당대인들에게 조급함을 자아냈고, 이는 칠레의 발파라이소에서 베트남의 하노이에 이르기까지 세계 각지의 수많은 개혁가의 주장에서 드러났다.

시간 개념으로서의 '근대'는 동시에 세계 각국을 시간 순서에 따라 줄 세우는 데 기여했다. 아일랜드 출신의 영국 철학자이자 하원 의원인 에드먼드 버크Edmund Burke(1729~1797)는 1777년에 스코틀랜드의 역사가 윌리엄 로버트슨William Robertson(1721~1793)에게 보낸 서신에 이렇게 기록했다. "인류의 거대한 지도가 우리 앞에 놓여 있다. 이 세상에서 우리 시야에 들어오지 않는 야만적 단계나 점진적 발전, 세련된 문명은 없다. 유럽과 중국이 보이는 완전히 다른 행동 양식(품위), 페르시아와 아비시니아의 야만성, 타타르와 아라비아의 예측 불가능한 태도, 북아메리카와 뉴질랜드의 거친 상태에 이르기까지."[49] 근대적이고 문명화되었다는 것이 한 사회가 세계적 질서의 어느 단계에 위치하는지를 측정하는 하나의 잣대가 되었다. 그리고 19세기가 지나면서 진화론적인 시간 이해가 점차 확산되었다. 1826년에서 1831년까지 프랑스에 머물렀던 이집트의 번역가이자 개혁가인 알타흐타위는 "과거를 멀리 돌이켜 볼수록 근면과 문화라는 측면에서 인간의 후진성을 발견한다. 하지만 앞을 바라보면 볼수록 진보와 발전이 점점 더 뚜렷해진다. 이러한 진보는 원시적인 상황으로부터 얼마나 멀고 가까운지를 측정함으로써 인간이 어느 단계에 도달해 있는지 확인할 수 있다. 이런 식으로 전 인류는 상이한 여러 단계로 구별될 수 있다."[50]

이렇게 이해할 때 근대 세계는 예로부터 물려받은 모든 것과 낡은 것들을 극복하는 것을, 그 어느 사회도 피할 수 없는 미래로 도약하는 것을 뜻했다. 근대적인 제도와 해석 모델(예를 들면 정치적 참여, 법치국가, 초월적이지 않은 자연과학적 세계관)은 외부로부터 수입하는 것이나 외부의 침략이 아니라, 무엇보다도 어느 사회에나 동등하게 열려 있는 발전 기회로 여겨졌다. 많은 지역에서 개혁가들은 국가를 재건하기 위해 '새로운 것'을 칭송하면서 전통과 결별하자고 외치기 시작했다. 예를 들어 19세기의 마지막 해에 중국에서는 신新이라는 문자가 도처에서 그야말로 지나칠 정도로 빈번하게 사용되었다.[51]

근대가 보편적 성격을 지닌다는 사상은 유럽과 미국을 넘어 전 세계의 개혁가들에게 널리 확산되었다.[52] 하지만 두 개의 핵심적인 해석 모델(한 해석은 근대를 낯선 것으로, 다른 하나는 근대를 새로운 것으로 본다.)조차도 이론에서는 정반대를 이야기했는데, 실제에서는 서로 흔히 중첩되기도 하고 보완하기도 했다. 근대사회의 형성을 보편적인 진보의 역사의 한 단계로 해석했던 사람들도 자국의 전통에서뿐 아니라 그 밖의 다른 곳에서도 근대를 향한 영감이나 거기에 적합한 구체적 요인들이 존재한다는 사실을 확인하려고 애썼다. 알타흐타위는 그가 살았던 프랑스 사회에서 그에게 가치 있고 모방이 필요하다고 보인 모든 것이 이슬람 전통에서도 발견된다고 확신했다. 예를 들어 자유의 개념은 전통적인 이슬람 사상이 강조했던 정의와 정직의 개념과 유사했다.[53]

시간-화살 모델은 그것이 국내의 전통 혹은 외국의 전통과 관련되어 있다는 사실을 반복적으로 언급했다. 하지만 이 모델은 동양 대 서양이라는 경직되고 변치 않을 카테고리를 동원해 사고하는 것을 거부함을 의미했다. 분명히 서구 사회는 현재의 진보를 옹호하고 있을 수 있지만, 그렇다고 해서 그런 상황이 영원히 유지되지 않을 수도 있는 것이다. 프랑스는 이집트가 근대 문명에 도달할 수 있게 할 기술 문명을 보유하고 있을지도 모른다. 하지만 알타흐타위가 볼 때 프랑스의 과학적 지식은 그저 이집트가 자기들의 잃어버린 위대함을 되찾게 해 줄 여러 수단 가운데 하나에 지나지 않았다. 그리고 학문에 관한 한 아랍 세계는 오랜 역사 속에서 유럽을 가르쳐 온 스승이었다.[54]

다른 사람들은 근대로 가는 지정학적이며 문화적으로 중립적인 길이 있다는 주장에서 한 걸음 더 나아갔다. 다음은 20세기 초의 한 사례다. 인도 사회학자 비노이 쿠마르 사카르Benoy Kumar Sarkar는 1922년에 베를린 대학의 한 공개 강연에서 "나는 여러분에게 독일이 인도나 동양의 자연학을 수입해야 한다고 조언하러 온 것이 아니다. 나는 사회과학의 개혁은 오직 평등이 모든 (사회)과학 연구의 첫 번째 기본 전제로 인정될 때만 가능하다는 것을 세계에 알리기 위해 여기 왔다."[55]라고 말했다. 이는 동양과 서양을 본질적으로 구별하는 견해에 대한 거부였으며, 인도에서뿐 아니라 타고르가 유럽에서도 인기를 얻게 했던 동양-서양이라는 틀에 대한 거부이기도 했다. 그 대신에 사카르는 세계의 경제적·정치적·문화적 질서를 설명할 수 있는 어떤 다른 대안이 있는지 논의하고자 했다.[56]

사카르 혼자 이런 입장을 제시한 것은 아니었다. 몇 년 전에 일본의 기독교도 에비나 단조海老名彈正 역시 타고르나 동양-서양 패러다임에 반대하는 입장을 밝혔다. "오늘날 세계의 지배적인 경향은 세계를 매일매일 변화시키고 있는 문화와 문명을 통해서 결정되고 있다. (……) 그렇기 때문에 문화와 문명을 동양과 서양 두 부분으로 구분하는 것은 옳지 않다. 차라리 문명을 옛 문명과 새 문명으로 나누는 것이 더 적절할 것이다."[57] 범이슬람주의 학자 자말 알딘 알아프가니Jamāl al-Dīn al-Afghānī(1838/1839~1897)도 근대를 특정한 문화적 전통과 동일시하는 세계관을 단호하게 거부했다. "잉글랜드인들은 아프가니스탄에 왔고, 프랑스인들은 튀니지를 점령했다. 그러나 사실상 아프가니스탄과 튀니지를 찬탈하고 침략하고 정복한 것은 잉글랜드인이나 프랑스인들이 아니었다. 그것은 세계 도처에서 그 힘과 위대함을 입증한 학문이었다. 무지하면 학문 앞에 굴욕적으로 무릎 꿇고 종속을 인정할 수밖에 없다. 진정 권력이 학문의 근거지를 떠난 적은 한 번도 없었다. 하지만 이 진정한 통치자는 늘 그 수도를 옮겨 왔다. 어떤 시대에는 동쪽에서 서쪽으로, 다른 시대에는 서쪽에서 동쪽으로 이동했을 뿐이다."[58]

동양과 서양, 옛것과 새것, 이 두 해석 모델은 각각 당시의 역사적 행위자들이 세계 여러 지역 사이에 전 지구적인 관계가 증가하는 문제에 반응하면서 이와 연관된 급격한 변화를 분석하고자 했던 담론이었다. 그들은 다가오는 근대 세계와 연관된 것으로 보이는 어떤 측면들을 거부하는 입장이었지만,

이 근대 세계를 단순히 피할 수는 없다는 것을 분명히 인식했다. 대부분의 개혁가는 정치적·사회적 변화가 19세기 말에 나타난 범세계적 현상의 일부라는 전제에서 활동했다. 근대 세계로 가는 길은 국가 안정, 영토 확장, 공적 영역과 정치에 대한 대중의 참여, 산업자본주의적 생산, 세계적인 교역 확대 등 여러 가지 특징으로 각인되었다. 그 길은 세계 어디서나 같지는 않았고 심지어 뚜렷하게 비대칭적이기도 했다. 하지만 서로 아무런 관계없이 독립적으로 근대로 여행할 수는 없었다.

이 책에 관하여

전 지구적인 역사는 더 많은 세계사를 만들어 낸다. 세계사라는 장르는 자기만이 가진 특징을 만들어 내며 과거가 지닌 전 지구적 성격에 주의를 기울인다. 국제 관계, 종교, 원거리 교역, 전 지구적인 사고방식의 등장이 그 전면에 등장한다. 그래서 세계사 서술에서는 전 세계로부터 수집된 통계와 사실의 축적이 아닌, 전 지구적 비전이 기대될 수 있다. 지역별·국가별 발전이 각각 나란히 서술되는 방식은 이미 한 국가나 한 지역에 국한된 수많은 기존의 역사 서술에서 찾아볼 수 있다. 따라서 '하버드-C.H.베크 세계사' 시리즈 전체와 마찬가지로 제4권이 추구하는 목적은 기존의 역사서들에 누락되었던 상호 연관성과 접점을 규명하는 데 있다.

제4권의 각 부는 전 지구적인 상호 연관에, 즉 시장의 전 세계적 통합, 초국적인 집단과 정치적 운동의 등장, 국경을 넘어서는 인구와 자본의 이동, 대제국들과 그들의 정복지 사이에 이루어진 세계적 네트워크와 문화적 차용 및 번역 과정에 주목한다. 이때 보이는 상호 연관에 대한 관심은 현재 진행 중인 세계화에 맞서기 위해 과거의 유사한 형태나 선례를 찾는 회고적 방식이나 특수하고 독자적인 목적론에(그리고 대안적인 모델이나 논리에) 입각한 것이 아니다. 오히려 이 책에서 다루는 동시대인들은 세계가 점점 더 가까워지고 있다는 견해에 (어떤 때는 만족스럽게, 어떤 때는 걱정에 가득 찬 채) 공감했다.

의사이자 시온주의 정치가인 막스 노르다우Max Nordau(1849~1923)는 전 지구적인 소통이 점점 밀접해지면서 초래할 문제에 관해 1892년에 다음과 같이 경고했다. "촌락에 사는 마지막 거주자들은 (……) 오늘날 지구 전역에서 벌어지는 수많은 변화를 호기심을 가진 채 계속 관찰하면서 이를 받아들이는 자세로 임하고 있다."[59] 반면에 아프리카계 미국인 사회학자이자 작가, 인권 운동가인 윌리엄 에드워드 버가트 듀보이스W. E. B. Du Bois(1868~1963)는 1898년에 전 지구적 상호 연관은 인류사의 새로운 단계라고 예찬했다. "매일매일 우리의 아침 식탁에는 유럽과 아시아, 아프리카, 대양의 섬들에서 온 노동의 산물들이 놓인다. 우리는 낯선 수백만 명의 인간을 위해 씨를 뿌리고 바느질을 한다. 수많은 사람은 우리를 위해 천을 짜고 식물을 심는다. 지리적인 거리를 무의미하게 만들고 인간의 목소리와 별들을 크게 만듦으로써, 우리는 세계를 작게 만들고 삶의 영역을 넓히며 국가와 국가를 연결했다. 그 결과로 오늘날의 인류 문화에는 역사상 최초로 오직 하나의 표준만 존재한다. 이 표준은 뉴욕이나 런던, 케이프타운, 파리, 뭄바이(봄베이), 베를린 모두에 마찬가지로 적용된다."[60]

동시대인들의 이러한 진단에는 무언가 중요한 것이 들어 있지만, 동시에 분명 과장된 것도 있다. 증기선을 타고 세계를 여행하거나 전신을 이용해 지구 반대편에 소식을 전할 수 있었던 사람들에게조차 지리적인 거리는 결코 '소멸'하지 않았다. 본질적으로 태어난 곳에서 평생을 보내며, 그 어떤 전 지구적인 인생 경험도 갖지 못한 대다수 주민의 사례는 말할 필요도 없다. 1890년에 간행된 『마이어 백과사전Meyers Konversations-Lexikon』에 "지구 전체를 도는 여행"은 어느덧 "일상적인 현상이 되었다."라고 기록되었을 때, 이는 지극히 일방적인 표현이었다.[61] 전 지구적인 것들이 커다란 충격을 가져다주었기에 초국적인 네트워크와 관계들이 실제에서보다 더 중요하고 불가피한 것으로 보이게 한 것이다. 연결성은 19세기에 이미 일종의 이데올로기였고, 이동성 또는 네트워크 형성은 산업적 근대성을 보여 주는 증명서처럼 여겨졌다.

상황이 이렇기 때문에 역사 서술에도 전 지구적인 네트워크 형성의 정도를 과장할 위험이 있다. 무조건적으로 열광한 것은 아니라고 해도, 세계사를 연구하는 역사가들은 거대한 제국, 광범위한 교역망, 여행자와 이주자, 번역 프로젝트, 그리고 처음에는 특이하고 특수하게 보였던 사상들에 전 세계가 보이는 반향을 보고 사실 큰 매력을 느꼈다. 그러나 이 매력은 흔히 이동성이 약한 영역이나 인간들은 그저 주변에서만 언급되는 결과를 초래했다. 선원들에 대한 세계사는 번성한 반면에, (제4권에서 다루는 시기 동안 수많은 사회에서 여전히 전체 주민의 90퍼센트 이상을 차지했던) 농민들은 세계사 연구에서 거의 주목받지 못했다.

이 책의 각 부도 앞과 같은 편견을 갖고, 세계사가 어떤 맥락 안에서 이해될 수 있는지에 관한 문제에 특히 관심을 기울인다. 다양한 지역에서 진행된 발전들을 어떻게 비교할 수 있을까? 그들 사이에는 어떤 관계와 접촉이 있었으며 그 관계와 접촉들은 각 지역의 발전에 어떤 영향을 미쳤을까? 각 사회는 전 지구적인 도전에 어떻게 반응했을까? 그리고 조망할 수 있는 거리 안에서 발생한 여러 사건과 과정들은 어느 정도로 세계가 전 지구적으로 통합한 결과였을까? 이러한 접근법은 교환, 네트워크 형성, 전 지구적 맥락에 주목한다. 우리가 이 책을 집필할 때 선택한 특별한 문제 제기와 특수한 관심사가 수반한 결과다. 물론 이와 같은 연구 방식 때문에 과거의 다른 차원들이 가려질 수 있다는 사실을 잊지 않는 것도 중요하다. 물론 이 사실은 기존의 다른 역사 서술들을 통해 충분히 조명되어 왔다.[62]

이 책의 각 부는 집필자와 연구 현황에 따라 다양한 영역을 전혀 새롭게 강조할 수 있다는 사실을 보여 준다.[63] 각 부는 서로 통일성 있는 목차를 갖고 있지 않다. 어떤 부들은 전체를 개괄하는 성격을 보이며, 다른 부들은 심층 탐구의 성격을 지녀 독특한 해석 논제를 제시하는 방식으로 서술되었다. 하지만 모든 부는 18세기 중반에서 19세기 말에 이르는 시기에 세계의 발전을 어떻게 해석하고 설명할 수 있는지 나름대로 해석을 제시하고 있다. 제4권은 백과사전적 완벽성을 추구하지 않으며 역사 연구에 단지 참고할 사항을 제시하려고 기획된 것도 아니다. 우리가 다루는 시기에 전 세계에서 전개된 역사에 관한 사실적 정보를 찾고자 하는 사람들은 기존의 수많은 문헌과 인터넷 자료를 조사하면 될 것이다. 마지막으로 제4권의 집필자들의 연구 경험과 관심사가 각각 특이하다는 사실을 부정한다면 그 또한 옳지 않을 것이다. 그들 모두는 각각 아시아의 서로 다른 지역사를 연구해 왔다. 물론 세계사 서술을 지역적 관점으로 축소한다면 문제가 있을 것이다. 하지만 이 책에서 기획된 시선에 따르면 그동안 유럽사의 확장으로 인식되고 구성되어 온 세계사가 달리 보일 것이다. 멕시코 역사학자나 오스트레일리아 전문가가 이 책의 집필에 참여했다면 분명히 그들 역시 자신들의 지역적 관심을 강조했을 것이다.

정치와 경제, 사회, 문화로 구성된 주제별 목차는 전통적인 구성을 따르고 있다. 이 방식은 근대에 관한 초기 사회학적 연구에서 기원한 것이며, 관례를 넘어서는 해석을 서술하는 방식으로 자리 잡았다. 이러한 형식적 범주는 세계사적인 시대 서술을 지리적으로 나누어 진행하는 것이 아닌 대안적 서술을 할 수 있게 해 주지만, 그렇다고 모든 것을 포괄하는 일반적인 테제를 떠올리지는 않게 해 준다. 초기 사회학적 연구들은 원칙적으로 서로 구분된 채 각각의 원칙과 법칙에 따라 전개되는 삶의 다양한 영역을 세분화하는 것으로 연구를 시작했다. 전근대사회에서는 정치적 권위와 사회적 명망, 경제력이 흔히 한 몸이었으며, 대개 종교 담론이 그것을 이념적으로 뒷받침했다. 그런데 1800년 무렵의 전환기 이래로 개별 영역이 다른 영역과 밀접하게 연결되어 있던 관계에서 점차적으로 더 많이 독립하고 발전하는 사회가 태동하기 시작했다. 예를 들어 정치적 권위나 종교적 금지 조항을 고려하지 않고도 경제 분야에 관한 결정을 내릴 수 있었던 것이다.

이러한 사회학적 연구 방식 자체가 이 책이 조망하는 시대가 낳은 산물이었다. 그러므로 각 부에서는 사회학적 연구 방식 자체도 최종적인 분석 도구가 아니라 끝없이 조밀하게 구성된 수많은 주제로 이루어진 우주에 접근하는 아주 실용적이고 체계적인 접근법으로 간주될 것이다. 집필자들은 각 영역을 서로 엄격하게 분리해 다루지 않는다. 따라서 모든 대륙의 항구도시들에서 근대적인 중산층이 성장한 것은 자본주의의 발전과 분리될 수 없다. 마찬가지로 세계화가 역동적으로 진행되면서 새로운 지역 간 연결이 대두한 것은 정치적 차원에서뿐 아니라 문화적 차원에서도 입증된다. 또한 기독교의 팽창은 서구의 제국주의 없이는 거의 설명될 수 없을 것이다. 물론 기독교 팽창의 원인을 제국주의라는 한 가지로 제한해 설명할 수는 없지만 말이다.

나아가 우리는 이전 세기와 비교할 때 19세기에 사회 영역이 점점 더 뚜렷하게 자체적인 원칙에 따라 조직되는 것을 관찰할 수 있다. 하지만 다양한 근대화 이론들이 예측했던 것과는 달리, 사회의 기능적 세분화는 지구상의 그 어디서도 동일한 방식으로 발전되지 않았다. 예를 들어 (종교를 엄격하게 종교 영역에만 국한시키는 현상인) 세속화 과정은 프랑스에서 잘 관찰할 수 있다. 반면에 인도와 말레이반도 혹은 미국에서는 유사한 세속화 현상이 프랑스보다 훨씬 드물게 일어났다. 그러므로 이 책을 네 개의 부로 구분한 것은 인식론적인 의도에서였으며, 그 자체로 폐쇄적이고 모든 것을 포괄하는 하나의 분석 체계가 아니라 오히려 과거를 보기 위해 설치된 네 개의 창문으로 이해해야 할 것이다.

장기 19세기 정치사 속의
지역과 제국들

제밀 아이든

1750~1870

1

머리말

유럽과 서구의 헤게모니가 아시아와 라틴아메리카의 신흥국들에 의해 도전받은지 이미 오래인 21세기 초에 '장기 19세기'의 정치사를 쓰는 작업은 새로운 전망을 열어 주는 동시에 새로운 의문을 제기한다. 찰스 컵천Charles Kupchan이 지적하듯이 21세기 초의 국제 질서는 유럽과 아메리카가 중심이었던 체제에서 다중심적인 체제로 바뀌고 있다. 컵천은 이를 "그 누구도 지배자가 아닌 세계"로 묘사한다.[1] 그렇다고 제1차 세계대전 이후 유럽의 몰락이라는 비관적 전망이 그대로 현실이 된 것은 아니다. 하지만 이전에 유럽과 대서양 지역이 차지했던 전 지구적 헤게모니가 물러남으로써 지역 간의 세력균형을 특징으로 하는 세계 질서로 대체된 것은 사실이다. 그리고 점진적으로 다중심적 세계로 전환해 가는 과정에서 각 문명이 세계 질서의 새로운 구조 안에서 갖는 정치적 의미가 무엇인지에 관한 토론이 전개되었다. 예를 들어 냉전기에 아널드 토인비Arnold Toynbee의 문명론적 접근을 계승한 새뮤얼 헌팅턴 Samuel Huntington은 문명을 냉전이 종식된 후의 국제 질서를 구성하는 정치적 지역 집단의 구성 요소로 보았다.[2]

하지만 21세기 초의 다중심적 국제 질서가 (물론 뚜렷한 차이가 있지만) 지역들로 이루어졌던 18세기 중반의 세계와 유사하다고 할지라도, 그 유사성은 수백 년 동안 유럽이 장악했던 전 지구적 헤게모니에도 불구하고 살아남은 비서구 사회의 전통인 문명적 연속성에서 비롯된 것은 아니다. 오늘날 역사가들이 지역이나 문명이라고 지칭하는 것은, 다시 말해 '백색'의 서구 세계, 무슬림 세계, '황색'의 아시아 세계, '흑색'의 아프리카 세계는 19세기 말에 그려진 지정학적 상상의 결과로서 등장했다. 그러므로 장기 19세기 동안 발생한 변화를 전 지구적 규범의 등장이라는, 그리고 제국과 지정학적 지역들 사이의 상호 연관 증가라는 두 가지 잣대로 이해한다면 20세기 탈식민화의 본질뿐 아니라 21세기 초 세계 질서의 본질을 규명하는 데 유익할 것이다.

세계사 연구는 19세기 역사에서 제국들이 수행한 역할을, 그리고 제국이라는 비전이 행사했던 중대한 역할을 강조해 왔다. 그 과정에서 이제까지 관례적으로 민족 단위에 집중해 오던 연구의 초점을 수정함으로써 역사 속에서 발견되는 전 지구적 경향을 뚜렷하게 규명했다. 제국에 대한 관심은 세계사에 관한 문명사적 시각이 가진 매력도 바로잡게 해 준다. 지금까지 세계사에 관한 문명사적 접근은 국제 질서를 문화적 또는 종교적으로 비슷한 성향을 가진 구역들로 구분한 반면에, 그러한 문화 구역 내부에 혹은 그 구역 저편에 존재하는 제국들에는 주목하지 않았다. 하지만 수많은 대학에서 진행되는 역사 입문 강의들은 여전히 이전과 다름없이 유럽사, 동아시아사(혹은 아시아사), 근동사와 중동사(혹은 이슬람 세계의 역사)로 구분되어 있다. 근동의 근대사에 관한 교과서에는 초기 이슬람에 관한 서술이 들어 있으며, 근대 동아시아사 입문서에는 유교와 불교에 관한 소개가 빠지지 않는다. 그리고 근대 유럽에 관한 서술은 늘 기독교에 대한 서술로 시작하지는 않는다고 해도, 바로 유럽이 오늘날 지배적인 전 지구적 규범의 출생지라는 내용을 암시하며 서술한다. 반면에 제국을 향한 관심은 문명 실재론이 가진 오류를 밝혀냈다. 물론 중국과 같은 몇몇 제국의 역사에서는 문화 서사(문명의 형성과 확산)가 국민국가로 가는 길과 중첩되었다. 사실상 제국의 역사는 20세기 동안에 민족주의와 국민국가의 승리 서사에 의해 위기에 직면했다. 과거에 뚜렷하게 인식될 수 있었던 제국이 점차 몰락하면서, 제1차 세계대전 이후 1960년대에 이르기까지 민족주의는 국제법과 제도들로 새롭게 규정된 글로벌 거버넌스에서 지배적인 정치 형태로 발전했다.

19세기는 '근대 세계가 탄생한 시기'였을 뿐 아니라 수많은 새로운 문화적·지역적·민족적 정체성이 형성된 시기이기도 했다.[3] 그러므로 이 장기 19세기의 정치사는 제국, 국가, 국제기구, 전 지구적 세계 공동체에만 집중해서는 안 되며, 여러 국가로 구성된 지역들에도 주목해야 한다. 지역은 그 형성 배경이 지정학적이든 문화적이든, 인종적이든 종교적이든 새로운 세계사가 전개되는 과정에 지속적으로 영향을 미친 중요한 요인이었기 때문이다.

각 지역이 갖고 있던 지정학적 비전과 제국주의 프로젝트는 흔히 서로 밀접하게 연관되었다. 그러므로 1부에서 장기 19세기의 정치사를 서술하면서 지역들에 주목할 때, 이는 제국을 중심으로 진행된 역사 서술을 보완하려는 것이지 부정하려는 것은 아니다. 문화적 특성이나 지정학적 특성을 가진 지역들에 주목할 때, 흔히 그들이 추구했던 종교적·'인종적' 실재론 혹은 이념적 프로젝트를 떠올릴 수 있다. 하지만 그렇다고 해서 이들이 갖는 문화적 특성이나 지정학적 특성을 역사적 흐름 속에 적절하게 자리매김하려고 할 때 지역이라는 범주를 사용해서는 안 된다는 것을 뜻하지는 않는다. '지역'(지역 정체성과 연관된 종교적·'인종적' 측면) 문제를 전적으로 간과한다면 우리는 제국과 민족주의 시대에 이루어진 세계의 정치적 변천을 제대로 파악하지 못하는 위험에 빠지게 될 것이다.

특히 1880년대에서 1920년대에 이르는 세계 제국과 제국주의의 시대에는 다양한 범민족주의들이 영향력을 행사했다. 범유럽주의, 범이슬람주의, 범아시아주의, 범아프리카주의가 그것이다. 그런데 이 범민족주의들이 갖는 중요성은 제국의 세계에서 민족국가의 세계로 옮겨 가는 전환기라는 직선적인 서사 안에서는 제대로 파악될 수 없다. 예를 들어 제1차 세계대전이 발발하기 직전에 무슬림 세계의 결속이라는 이상과 환상은 하나의 중요하고 진지한 정치적 동력이었고, 제국적인 정치뿐 아니라 탈식민화나 세계 통합주의 같은 비전에 대한 관심을 일깨웠다. 극동 지역에서는 범아시아주의 이념이 지역 주민의 정체성을 '황색인종'으로 규정하면서, 그 근거로 18세기 중반의 동아시아에 있던 조공 제도의 가치와 전통을 내세웠다. 그리고 범아시아주의는 훗날 일본 제국이 아시아 대륙을 침략할 때 그 전략에서 중요한 부분으로 채택되었다. 아프리카의 일체감, 유럽의 공동 유산, 라틴아메리카의 협력, 혹은 범불교적 결속감 같은 개념과 담론들도 마찬가지로 20세기 초에 제국과 민족주의, 국제주의 정치에서 뚜렷한 영향을 행사했다. 나아가 장기 19세기를 뚜렷하게 각인한 지역 문화적인 정치적 상상력은 후기 제국주의 시대를 위한 중요한 유산으로도 작용했다. 유럽 연합과 아프리카 연합뿐 아니라 현재 논의 중인 이슬람 연대 같은 프로젝트들이 바로 그 좋은 예다. 지정학적인 상상력을 역사적으로 조명하는 작업은 문화와 지역, 인종 같은 사상이 19세기 후반에 다양한 세계 제국의 새로운 자의식에 얼마나 결정적인 영향력을 행사했는지, 그리고 탈식민화 과정에도 어떤 영향을 미쳤는지 이해하는 데 도움을 줄 수 있다. 특히 세계화가 진행되고 제국주의가 팽창하던 19세기에 지역들이 서로 아무런 소통도 없는 섬이 아니었다는 것은 이제 자명한 사실이 되었다. 이보다 더 중요한 것은 19세기 말 무렵의 지정학적인 지역들은 그 자체가 세계화의 산물이었다는, 다시 말해 그들 지역의 인프라에서뿐 아니라 세계 제국과 제국적인 경쟁을 통해 형성된 네트워크 측면에서도 세계화의 산물이었다는 사실이다. 따라서 근대에 관한 지역 프로젝트와 담론이, 서구와 아시아, 아프리카, 무슬림 세계, 라틴아메리카의 상호 연결이 어떻게 그리고 왜 형성되었는지, 당대 제국들의 정치와 민족주의 정치에 어떤 영향을 주었는지를 이해하고 탐구하는 것은 매우 중요하다.

무슬림 세계, 아시아, 아프리카, '황색인종' 또는 '흑색인종'이라는 지역적 범주는 제국으로 이루어진 세계 질서를 부정하려는 충동에서 생겨난 것이 아니다. 사실 이슬람 세계나 아시아 세계 같은 다양한 지역적·문화적 상상체는 타 지역의 제국주의 질서와 공생하는 관계에서 등장한 것이다. 어떤 경우에는 인도양에서 영국이 제국의 네트워크를 구축한 것처럼 제국이 적극적으로 나서서 지역적인 연결을 구축하기도 했다. 하지만 제국이 보유한 인프라가 이동성과 상호 교류 가능성을 증대했다는 사실은 범이슬람적·범아프리카적·범아시아적 지역이 형성되는 과정에 한 가지 요인을 차지할 뿐이었다. 지역의 형성에서 이보다 더 중요했던 것은 세계화된 제국 안에서 지역주의 프로젝트를 떠받치던 인종적 긴장감의 구조 및 인종적 분열, 그리고 이 프로젝트를 관철하고자 하는 정치적 의지였다. 따라서 세계 제국이던 영국과 프랑스, 러시아, 네덜란드의 대도시들에서 반反이슬람 담론과 반反유색인 담론이 일어나자, 이 제국의 교육받은 주민들 한 세대는 '타자'를 배척하는 이러한 담론에 문제를 제기하기 시작했다. 그리고 제국에 속하는 모든 시민에게 평등한 시민권을 부여하도록 요구하기 위해, 또는 기존의 비유럽 왕국과 비유럽 제국들을 대등하게 취급하도록 요구하기 위해 그들의 아프리카적·무슬림적·아시아적 유산과 정체성을 부각하기 시작했다.

1750년대에서 1920년대 사이의 기간을 다루는 우리의 연구는 세계의 모든 지역에 전 지구적으로 동일한 시간성을 부여하는 것을 피하기 위해서라도 분석 단위로서 지역에 집중할 것이다. 대서양 혁명은 유럽과 서반구에서 중요했지만, 동아시아에서는 그렇지 않았다. 이와 마찬가지로 아편전쟁은 동아시아의 정치 엘리트들에게 매우 중요했지만, 서아프리카나 북아프리카의 무슬림 엘리트들에게는 별로 중요하지 않았다. 그들에게는 오스만 제국의 탄지마트 개혁이나 무함마드 알리Muhammad Ali 치하의 이집트에서 시도된 개혁이 더 중요했다. 이처럼 장기 19세기 동안에 제국들이 처한 다양한 상황과 지정학적 지역에 따라 근대로 가는 전환점이 서로 다르다는 사실을 발견할 수 있다. 그렇다고 해서 제국들 사이의 연결과 지역들 사이의 연결이 갖는 의미뿐 아니라 다지역적·국제적이고 전 지구적인 추세가 갖는 무게도 마찬가지로 과소평가되어서는 안 된다. 초제국주의 시대에 다양한 지정학적·지역적 상상력들 사이에 연결 관계가 형성된 것은 전 지구적인 규범과 권력 구조가 갖는 유럽 중심적 성격에 관해 공유하는 선입견 때문이었다.

이 책의 각 부는 18세기까지를 다루었던 '하버드-C.H.베크 세계사' 시리즈의 제3권에서 보여 준 지역적 접근법이 1870년 이후 세계화된 세계를 다룬 제5권과 제6권에서 사용된 지역을 가로지르는 방식과 연결되는 지점에 있다. 1350년과 1750년 사이의 시기를 다루는 제3권에서는 세계의 다섯 개 지역을 대상으로 세계 제국들의 역사를 논의했다. 러시아와 일본 사이에 위치한 유라시아, 오스만 제국과 페르시아 제국으로 구성된 이슬람 세계, 인도의 무

굴 제국, 인도양과 동남아시아, 오세아니아로 이루어진 해상 교역권, 새로 등
장한 대서양 연안 지역이 그 지역들이다. 제3권 '세계 제국과 대양'의 여러 부
는 전체적으로 각각 제국의 지배하에 있는 다양한 지역들이 점차 전 지구적
으로 함께 연결되어 가는 경향을 제시하지만, 각 지역의 정치 전통과 구성은
각각 따로따로 서술한다. 반면에 시대순으로 볼 때 이 책에서 이어지는 시대
를 다루는 제5권에서는 지역에 맞추어진 초점을 과감하게 포기한다. 1870년
대 이후로 세계화가 진행되면서 세계가 점차 작아진 것이 그 본질적인 배경이
다. 찰스 마이어Charles Maier의 '리바이어던 2.0: 근대국가의 발명', 토니 밸런타
인Tony Ballantyne과 앤트와넷 버턴Antoinette Burton의 '제국들과 세계의 범위', 에밀
리 로젠버그Emily S. Rosenberg의 '좁아지는 세계의 초국적 흐름'은 19세기 중반
에서 20세기 중반 사이의 세계화와 초국적 네트워크, 제국들에 관한 최근의
역사 서술을 분석적으로 요약해 준다. 세계화하는 세계에서 동시에 진행 중
인 지역화를 주제로 하는 이 1부에서 필자는 19세기 후반의 점점 강력해지는
전 지구적 연결과 제국의 발전이 왜 지역적 연결, 지역 정체성, 지역 형성과 같
은 새로운 국면을 만들어 냈는지 설명하려고 노력할 것이다.

　여기서 사용되는 지역 개념은 비판 지리학에서 영감을 얻었으며, 1770년
대에서 1920년대에 이르는 파란만장한 역사적 흐름에 토대를 두고 있다. 따
라서 '유럽'과 '이슬람 세계', '아시아', '아프리카', '이베로아메리카' 같은 핵심적
인 지역적 상상체는 그 용어들이 연상시키는 지리적 결정론과 아무런 상관없
이 오직 정치적 정체성과 지정학적 상상력의 네트워크들에 따른 것이다. 1부
에서는 이러한 정치적인 지역 명칭을 고도로 통합된 제국적 세계 질서 안에
존재하는 다양한 영역들을 구분하는 경직되고 선명하게 표시된 경계선으로
사용하지는 않을 것이다. 당시의 지역 명칭들은 서로 중첩되어 제국의 경계와
개념에 명확하게 적용할 수 없는, 사실 애매모호하고 가변적인 지형도와 관
련되어 있었기 때문이다. 심지어 당시의 행위자들조차 역사적 상황의 변화에
따라 이들 정치적 지역이 갖는 의미와 파급 효과에 관해 다른 생각을 갖고 있
었다. 하지만 이 모든 문제점에도 불구하고 기존의 지역 개념들이 주요한 역
사적 이행기를, 즉 19세기 말의 유럽 중심적인 제국적 질서에서 제1차 세계대

전 이후의 국민국가를 토대로 한 국제 질서로 전환하는 시기를 확인하는 데 적합하다는 것은 분명하다.

이 책의 1부에서 밝히고자 하는 지역적인 접근법은 위르겐 오스터함멜 Jürgen Osterhammel이 19세기의 세계사를 위해서 설정한 '비대칭적 참조 밀도 asymmetrical reference density' 개념을 역사적 맥락 속에 폭넓게 적용하고 이를 역사화하는 데 이용할 것이다.[4] 19세기 말에 정보와 물자, 인간의 이동이 점차 증가하면서 비유럽 사회의 엘리트들은 유럽을 하나의 정치적 모델로 바라보기 시작했으며, 그 결과 유럽을 근대를 향한 참조 밀도의 허브로 만들기 시작했다. 여기서 20세기 초에 '서구'로 지칭된 지역은 유럽 전체를 뜻한 것이 아니고, 주로 잉글랜드와 프랑스, 독일에서 나온 아이템들을 절충해 융통성 있게 모아 놓은 집합체를 상징하기 시작했다. 그리고 기타 유럽과 심지어 미국도 각각 역사적 맥락이 다르고 그 주체들도 상이하지만 '서구'가 형성되는 데 기여했다. 유럽 제국이 전 세계에 걸쳐 보유하던 권력 외에도 특정 인종주의와 문명론이 이러한 '서구'(그리고 '유럽')라는 메타 지리학에 뚜렷한 영향을 미쳤다. 그 결과 서구는 단순히 지리적인 개념의 지역이 아니라 그곳에 사는 주민들을 넘어 비유럽 지역 엘리트의 행동에도 마찬가지로 영향을 주는 정치적 지역이 되었다.

'서구와 나머지 세계'의 역사는 근대 역사 서술에서 이미 주목받는 주제였다. 하지만 서구에 초점을 집중하다가 아프리카와 아시아, 무슬림 세계와 같은 비서구 세계의 지정학적 상상체가 형성되는 과정을 간과하는 일이 발생해서는 안 된다. 그러므로 이러한 여러 지역에 대한 우리의 관심은 특히 각 지역 내의 정치 중심지를 살펴보면서 지역 내부의 참조 밀도와 정치적 교류 과정에 집중해 주목하고자 한다. 예를 들어 이스탄불 혹은 오스만 제국의 발칸 지역에서 전개된 발전은 범이슬람적 네트워크를 통해 남아시아 무슬림들의 정치에 커다란 영향을 주었다. 마찬가지로 20세기 초에 도쿄에서 일어난 일들은 동남아시아에 매우 중요한 의미를 지녔다. 물론 물자와 자본, 사상과 정보, 인간의 전 지구적 이동성이 이제까지 알려지지 않은 엄청난 규모와 전례 없이 빠른 속도로 진행되는 것이 특징이었던 세기에 지역적인 정치적 상상체가 등장한 것은 어쩌면 모순으로 보일수도 있다. 사실 19세기의 세계화는 제국과 지역, 종교의 모든 경계뿐 아니라 지역성과 문화의 한계를 넘어서는 사물과 사상의 이동성을 매우 인상적으로 경험하게 했다. 물론 그 경험의 강도는 지역에 따라 다양했다. 하지만 정치적 상상체에 관한 한, 각 정치적 지도안에서는 세계적으로 공유하는 사상들이 지닌 의미와 무관하게 정치적 유형화, 교환과 상상이 복합적으로 뒤섞인 회로가 대두했다. 따라서 우리가 이 시대를 바라보는 방식은 특정 규범들이 세계화되는 과정에 각 지역이 기여한 바를 인식하고, 나아가 이 사실을 통해 국제적이고 세계적인 가치들은 모두 지리적으로 유럽과 미국에서 기원한다고 보는 시각을 피하도록 도울 것이다.

다음 부분에서 서술하겠지만, 1770년대에서 1920년대에 이르는 장기 19세기 동안에 세계화된 세계 질서는 지역적·문화적 독자성의 지속과 모순 관계에 있지 않다. 새로운 지정학적 정체성들은 옛 종교적·지역적 네트워크들이 서로 만나는 회로를 토대로 성립되었다. 장소, 문화적 문맥, 종교적 전통, 지역적 공간은 그들이 갖고 있던 의미를 계속 보존했는데, 이는 단순히 세계화에도 불구하고가 아니라 바로 세계화를 '토대'로 이루어진 것이었다. 19세기 중반에 지역들의 세계가 점차 더 밀접하게 서로 연결되기 시작하자, 제국들로 이루어진 세계 질서와 동시에 일련의 지정학적 지역들이 등장했다. 그리고 아시아와 아프리카에서 유럽 제국들의 정치적 헤게모니가 절정에 도달했던 19세기의 마지막 사분기에는 세계의 재지역화re-regionalization가 일어났다. 식민주의에 대한 전반적인 비판의 결과로서가 아니라, 제국 내부 시민들의 노력, 제국들 사이의 경쟁, 점차 확산되던 전 지구적 이동성 때문이었다. 이런 현상은 '서구'의 헤게모니가 절정에 있던 시대에 아시아 내부, 아프리카 내부, 이슬람 세계 내부에서 상호 연결과 결속이 최고조에 이르렀다는 모순을 설명해 준다. 이렇듯 전 지구적 통합의 시기에 각 지역이 보여 준 지속성을 설명하려면 특히 장기 19세기에 어떻게 범민족주의 프로젝트가 이슬람 세계, 아시아 세계, 아프리카 세계에서 자기를 지킬 수 있었는지, 그리고 유럽과 라틴아메리카 내부에서 지정학적 지역들이 어떻게 목소리를 낼 수 있었는지에 주목해야 한다.

연대순으로 볼 때 1부는 7년 전쟁에서 제1차 세계대전까지의 150년 역사를 네 단계로 나누어 서술한다. 첫 단계인 1750~1815년은 과도기다. 다시 말해 18세기 중반에 이슬람 세계, 동아시아, 유럽-대서양 영역이 서로 상대적으로 독립해 존재한다는 전제하에 대서양 혁명을 통해 유럽의 질서가 재조직된 후, 지역들이 서로 연결되었던 세계에서 유럽과 이슬람 지역이 점차 밀접하게 연루되어 가는 세계로 전환하기 시작한 시기다. 또한 대서양 혁명 이후에는 라틴아메리카의 국가들을 포함하는, 그리고 초기에는 그리 분명치 않았지만 미국도 포함하는 새로운 지역이 등장했다. 두 번째 단계는 유럽이 지배하는 제국적 세계에 동아시아 지역이 통합된 1830년대에서 1880년대까지를 다루는데, 이 시기에 다양한 제국과 왕국, 국가들의 국력이 강화되었다. 이러한 왕국과 제국의 자기 강화에는 왕실 간 방문, 양자 조약, 메달 교환, 국제 협회 참여와 같은 국제 외교와 국제법의 새로운 관행을 통해 정당성을 얻으려는 시도가 동반되었다. 이슬람 세계도 대부분 1880년대 중반까지는 유럽 제국의 지배하에 들어갔다. 이는 여러 유럽 제국의 기독교적 정체성과 무슬림 백성 사이에 장기간에 걸친 긴장을 초래했는데, 오스만 제국을 통치하는 무슬림 왕조와 유럽 제국 사이의 복잡한 대립 관계가 여기서 강한 영향을 미쳤다.

　　이어지는 세 번째 단계는 1880년대에서 제1차 세계대전 전야에 이르는 시기인데, 이 시기의 특징은 세계 질서가 지정학화하고 재지역화했다는 사실이다. 이 시기에 제국들은 '인종'과 문화를 서열화해 자기들의 지배를 정당화했던 반면에, 다양하고 범민족적인 인종적·종교적·문화적 상상력은 이슬람, 아프리카, 동아시아 세계에 대한 유럽 열강의 제국적 지배를 통제하고 수정하며 종식시키는, 새로운 세계 질서를 향한 비전을 제시해 주었다. 이러한 배경에서 아프리카의 정체성이 등장했을 뿐 아니라 오스만 술탄과 결합된 칼리파의 사상이 세계화하는 이슬람 세계의 공적 영역에서 중요한 역할을 수행하게 되었다. 세계화하는 이슬람 세계의 공적 영역은 비록 제국의 세계를 무너뜨릴 수는 없었다고 할지라도 이 제국의 세계를 새롭게 배치하려는 협상에서 참고 지점이 되었다. 마지막 네 번째 단계는 이탈리아의 리비아 침공에서 시작해 제1차 세계대전으로 발생한 다양한 역사적 사건에까지 집중한다. 볼셰비키 혁명, 파리 강화회의, 오스트리아-헝가리 제국과 러시아 제국의 해체, 오스만 칼리파의 축출이 그중 중요한 사건들이다. 이 시기는 한편에는 유럽 제국의 엘리트들을, 다른 한편에는 민족주의적이고 지역적·문화적 소속감으로 결합된 세력들을 새롭게 형성했지만, 매우 불안정했던 제국적 세계 질서를 둘러싸고 대립과 경쟁, 치열한 협상이 이루어진 시기다. 우리가 시도하는 지역적인 접근법은 결국 제1차 세계대전 이후의 시기에 민족자결주의 사상과 범아시아적·범이슬람적·범아프리카적 사상들이 중요해진 역사적 배경뿐 아니라 세계에서 유럽의 정치적·문화적 헤게모니를 연장하고 재생시키려는 프로젝트가 대두한 배경도 파악할 수 있게 해 줄 것이다.

1   지역의 세계에서 세계화된 제국의 세계로

19세기의 세계 질서가 세계화되어 가는 모습을 다루기 전에 18세기 중반의 상황을 제국이 중심이던 세 지역의 질서와 함께 이해하는 것이 중요하다. 사실 이 시기에는 몇몇 제국이 전 세계에 걸쳐 정치를 주도했는데, 당시의 정치 무대는 대체로 지역이자 문화권인 세 곳으로 구분할 수 있다. 동아시아권, 유라시아와 북아메리카에 광대하게 뻗어 있는 이슬람권, 유럽과 서반구를 포괄하는 기독교적 유럽권이다. 하지만 이 세 지역 혹은 세 문화권이 서로 뚜렷하게 구별된다고 보기는 매우 어렵다. 그들은 상호 연관성과 공통점뿐 아니라 차이점도 보여 준다. 예를 들어 그 어떠한 이슬람식·기독교식·중국식 조공 제도에도 폐쇄되고 고립된 명백한 국경선은 없었다. 오스만 제국과 중국, 러시아 같은 몇몇 제국에서는 전통적으로 제국으로서 지닌 정당성과 지역적 질서가 나란히 공존했다. 이 모든 지역은 서로 중첩되거나, 다른 지역들뿐 아니라 초지역적인 전 지구적 네트워크와도 연결된 구조를 갖고 있었다. 그러므로 우리는 18세기와 19세기의 지역 질서들 사이의 관계나 이들 지역이 세계화되는 과정을, 유럽 중심주의적 서사를 넘어서는, 즉 유럽에서 형성되고 (포괄적인 범주로 설정된) 문화적인 표준을 토대로 해서 점차 전 세계로 확산되었던 단일한 국제 질서라는 서사를 넘어서는 새로운 관점에서 조망할 필요가 있다.[5] 또한 우리는 이 시기에 '문명화된' 유럽의 국제 질서와 이슬람이나 동아시아에 있던 유럽의 라이벌들 사이에 투쟁이나 충돌이 있었다고 추정하기 어렵다. '무슬림 세계'와 아프리카, 아시아, '황색인종'의 새로운 문화적·지정학적 정체성은 18세기가 아니라 19세기 후반부에 형성되었다.

지역적인 정치 질서, 정당성의 구조, 교류 네트워크를 만들어 낸 과정은 제바스티안 콘라트Sebastian Conrad나 프라센지트 두아라Prasenjit Duara가 입증했듯이 "다양하고 치열한 투쟁을 수반했다. 그 어떤 경우에도 그들은 지리적이거나 문화적인 지형도에서 초래된 자연스러운 결과가 아니었으므로, 사회적 행위자들의 이해관계에 의해 추진된 프로젝트로 이해될 수 없다."[6] 게다가 18세기 중반의 세계에서 세 개의 거대한 지역-문화권들은 각각 외부에 개방되어 있어 전 지구적 네트워크뿐 아니라 다양한 타 지역 집단과 맺은 관계로부터 서로 큰 영향을 받았다. 나아가 문화적·지리적 지역들이라는 개념을 동원해 18세기 중반의 세계 정치를 조망하는 것이 유익하기는 하지만, 전쟁과 평화, 외교의 문제가 관건이 될 때는 사실 그 핵심 주체가 제국이다. 그러나 이들 제국은 기존의 지역과 종교, 문화의 개념을 확대하거나 초월하는 경우가 많아, 혼합적이면서 동시에 보편적으로 그 정당성을 인정받는 형태였다.[7] 중국 청 왕조(1644~1911)의 황제는 불교와 도교, 이슬람교, 샤머니즘을 믿는 백성들을 모두 보호하고 통치하면서 동시에 유교적으로 조직된 관료제와 조공 제도를 장려했다. 오스만 제국과 무굴 제국 역시 무슬림이 아닌 백성들을 보호하고, 무슬림적이지 않은 제국적 전통을 종합적인 세계관으로 포용하는 보편주의적 원칙을 갖고 있었다. 러시아의 황제인 차르는 기독교 정교회의 수장일 뿐 아니라 무슬림과 유대인, 몽골인 등의 지도자이기도 했다. 기독교를 믿는 유럽의 다른 군주들 역시 다른 종교를 믿는 백성들에게 종교적 관용을 점차 확대해 갔다. 그러므로 장기 19세기의 국제정치사를 다루기에 앞서 18세기 중반의 중요한 세 지역에, 즉 유럽과 이슬람 세계, 동아시아에 존재했던 제국적 권력과 문화적 가치, 외교적 전통을 전반적으로 살펴보는 것이 중요하다.

유럽-기독교 지역

유럽의 제국과 국가들은 활발한 교역 관계와 외교, 전쟁을 통해 주변 지역과 해외 영토까지를 포함한 개념으로 유럽이라는 지역 질서를 형성했다. 이러한 유럽 지역의 경계는 유연하고 가변적이었다. 유럽 지역은 러시아 정교회에 속한 군주가 다스리는 영토와 오스만 제국의 무슬림 술탄이 다스리는 영토를 포괄했으며, 유럽의 해외 제국들은 서반구에서 인도양에 이르기까지 세계 전역에 함대와 정착민, 군인들을 보냈다. 잉글랜드와 프랑스, 에스파냐, 포르투갈, 오스트리아, 러시아뿐 아니라 네덜란드와 오스만 등 유럽의 왕조들 사이에 상호 교류가 점차 증가하면서 외교적 관습과 무역 제도, 통치 방식과 전쟁 기술에서 오랜 전통이 만들어졌다.[8] 유럽에는 동아시아의 중국과 비교될 만큼 단일하고 안정적인 제국 블록을 만들어 낼 수 있는 강력한 헤게모니 세력이 없었다. 그렇게 된 배경에는 부분적으로 근대 초의 오스만 제국과 차르 제국이 결정적인 역할을 수행했는데, 두 제국은 끊임없이 유럽 대륙에서 한 국가가 다른 국가들을 상대로 중국과 같은 절대적인 헤게모니를 장악하지 못하도록 방해했다.[9] 일부 유럽 제국은 해외, 특히 서반구에 중요한 영토를 보유했는데, 이는 제국들에 추가적인 재정 자원과 여러 가지 가능성을 가져다주었지만, 제국들은 이를 유지하기 위해 막대한 행정적인 비용도 부담해야 했다. 나아가 여러 유럽 제국은 해양 세력이어서 아프리카와 아시아의 해안에 무역 거점을 운영했는데, 주요 섬들과 대륙 내부에 몇몇 무역 거점을 설치했다고 해서 유럽 제국들이 그 지역의 헤게모니 세력이 된 것은 아니었다.

18세기 유럽의 지리적 정체성은 인쇄된 서적이나 지식인 그룹을 통해 촉진되었다. 하지만 기독교회도 여전히 많은 유럽 군주국, 제국, 왕국들에 중요한 문화적 정체성의 토대를 제공하고 있었다. 예를 들어 모든 비기독교도를 뜻하는 '이교도'들과 맺은 동맹을 신뢰할 수 있는지를 둘러싼 유럽 내의 신학적 논쟁에 기독교의 정신적 유산이 적지 않게 영향을 미쳤다는 사실을 확인할 수 있다. 하지만 현실 정치는 많은 기독교도 군주가 그런 동맹을 맺게 했다.[10] 사실 비기독교도들과 동맹을 체결하기는 했지만, 18세기까지는 특히 이들 동맹이 다른 기독교도들과 맞서게 되면 이 동맹을 거부하는 목소리가 지배적이었다.[11] 당시의 유럽 기독교 세계는 가톨릭, 프로테스탄트, 정교회로 나뉘어 있었기 때문에 어떤 군주들은 여러 분파에 속한 기독교도들을 통치하는 경우도 있었다. 남동유럽과 동유럽, 북아프리카에 거주하는 무슬림은 경우에 따라 유럽 기독교 세계의 동맹이 될 수도, 이교도가 될 수도 있었다. 다른 기독교 분파의 구성원들도 이와 유사하게 어떤 때는 동맹이 될 수 있었던 반면에, 다른 어떤 때는 불신자나 이단자로 취급될 수 있었다. 그 결과 프로테스탄트 군주들은 오스만 무슬림과 맺은 동맹을 가톨릭 '우상숭배자들'에게 맞서는 연대라고 주장할 수 있었다.[12] 러시아 차르 제국의 기독교 정교회와 중부 및 서부 유럽의 가톨릭, 프로테스탄트 사이에는 문화적 간격이 있었다. 하지만 러시아의 왕조들은 18세기 내내 결혼이나 외교관 파송, 관료 교환이나 학자들의 연구 여행을 통해 유럽의 다른 왕조들과 맺은 관계를 점차 강화했다. 예를 들어 독일 프로테스탄트 제후의 딸이 러시아의 제후와 결혼한 후 기독교 정교회로 개종해, 대제 예카테리나 2세Catherine II처럼 훗날 러시아의 황제가 될 수도 있었다.

한편 서반구의 에스파냐와 포르투갈, 영국, 프랑스의 군주 치하에서는 유럽과 아메리카 사이에 놓인 대서양을 횡단하는 다양한 네트워크들이 발전했다. 유럽 기독교도들에게 비기독교 지역으로 이주하고 정착하고 그곳을 정복할 권리가 있다는, 당시의 포르투갈인과 에스파냐인들의 생각은 어느 정도는 자기들이 이 지역들을 기독교로 교화할 의무가 있다는 믿음에 토대를 두고 있었다. 영 제국에서도 프로테스탄트 기독교에 내재된 종교적 보편성이 이와 비슷하게 중요한 역할을 수행했다. 아메리카의 영국 식민지가 서반구의 프로테스탄트들에게 이주할 기회와 장소를 제공해 준다는 것이었다. 북아메리카의 프랑스 식민지에서도 토착민들을 가톨릭으로 교화시킨다는 믿음이 중요한 역할을 수행했다. 오스만 제국에서는 기독교 교육기관 네트워크가 차지했던 위상 덕분에 특히 그리스인과 아르메니아인, 기독교계 아랍인들이 유럽과 교역 관계를 주도했으며, 지적 교류를 촉진한 경우도 빈번했다. 그 결과 유럽 제국에 살던 유대인과 무슬림들은 유럽을 기타 지중해 세계와 연결하는 역할을 담당하기도 했다.

18세기 중반의 유럽 제국들 사이의 관계는 매우 소란스럽게 진행되어, 여러 제국 사이의 군사적 경쟁은 일상사였으며 막대한 손실을 초래한 전쟁이 빈번하게 발생했다. 가장 격렬한 분쟁이 있었던 경계선은 세 제국, 즉 오스만 제국과 합스부르크 제국, 러시아 제국이 팽팽하게 대치한 동유럽에 있었다. 이들 사이의 분쟁에는 스웨덴과 폴란드 같은 다른 지역의 왕국들도 자주 연루되었다. 동유럽에서 발발한 수많은 전쟁의 결과 엄청난 영토 변화가 일어났는데, 특히 18세기 중반에 러시아는 흑해로 통하는 항구를 장악하기도 했다.[13] 그뿐만 아니라 러시아와 프로이센은 1875년까지 군사 강국으로 발전해 그 이후 유럽의 지역 질서에서 막강한 지위를 확보했다.[14] 오스만 제국과 러시아 제국, 합스부르크 제국 사이의 전쟁 외에 유럽 제국들 사이에서 가장 중대한 의미를 지닌 군사적 충돌은 7년 전쟁(1756~1763)이었다. 이 전쟁은 처음에는 영국과 프랑스 사이의 갈등으로 시작했는데, 곧 거의 모든 유럽 국가가 이 전쟁에 연루되었고 심지어 북아메리카와 아시아로까지 분쟁이 확산되었다. 유럽에서 발발한 빈번하고 소모적인 전쟁들은 더 큰 제국들을 형성하고 작은 정치 단위들은 사라지는 결과를 초래해, 19세기 중반까지 유럽 국가의 수는 몇 개 안 되는 제국과 조직된 국가들로 줄어들었다.[15] 전쟁에 연루된 국가들은 군대를 운영하고 비싼 전쟁을 하는 비용을 마련하기 위해 예산 확보에 관한 고도의 경험을 축적했는데, 이 경험들은 궁극적으로 해외 식민지에서 유럽 제국들에 매우 적절하게 활용되었다. 나아가 몇몇 강한 제국과 국가들의 존재는 유럽 국가들이 세력균형과 동맹 정책에 좀 더 큰 관심을 기울이게 만들었다. 계속 변했던 동맹과 적대 관계는 그 반대급부로 제국 내의 네트워크 형성을 촉진했는데, 그 토대 위에서 서로 경쟁적이거나 심지어 전쟁까지 치르는 세력들 사이의 관계가 점차 장기간 지속되기도 했다.

18세기에 유럽에 형성된 국가 체제는 영토에 대한 실질적인 지배에 토대를 둔 것이었다.[16] 1750년은 1648년에 중부 유럽에서 30년 전쟁을 종식시킨 베스트팔렌 조약이 맺어진 지 약 100년이 되는 해였다. 또한 합스부르크 제국이나 러시아 제국과의 관계에서 오스만 제국이 외교적인 동등성과 세력균형을 달성하게 한 1699년의 카를로비츠 조약이 체결된 지 겨우 50년이 되는 해였다. 카를로비츠 조약이 성사되는 데 결정적인 역할을 수행한 것은 볼로냐 대학에서 공부했던 그리스 출신의 오스만 외교관 알렉산드로스 마브로코르다토스Alexandros Mavrokordatos(1636~1709)였다. 이는 오스만 제국과 오스트리아가 갖고 있던 제국적 비전 사이에 문화적·법적으로 중첩되는 것이 있었다는 것을 의미한다.[17] 카를로비츠 조약이 일차적으로 무슬림과 기독교 사이의 조약은 아니었지만, 두 제국 사이에 평화가 지속될 것이라는 전망은 무슬림 전통뿐 아니라 기독교 전통 안에서도 전쟁과 평화라는 측면을 새로 해석하게 만들었다.[18] 오스만 제국은 18세기 내내 이스탄불에 상설 대사관을 설치하는 데 동의했다. 그 보답으로 상대 국가에 대사를 파견하지 못했다고 해도, 이것은 양측의 정치적 불균형이나 종교적 우려 때문이 아니라 오스만 제국의 엘리트들이 외교와 정보원, 교역의 가치를 실용적으로 생각했기 때문이었다. 1793년 이후에는 오스만 제국도 타 제국들의 수도에 상설 대사관을 설치하기 시작했다.[19]

간단히 말해 18세기 말에는 유럽의 제국들 사이에 지역적인 정치 문화에 관한 의식뿐 아니라 실천이 이루어졌다. 그 토대 위에서 상이한 왕국의 귀족들 사이에 결혼이 성사되었으며, 한 왕가를 다른 왕가가 보호했다. 스웨덴 왕 칼 12세Karl XII가 이스탄불에서 피난처를 찾았던 것은 그 좋은 예다. 유럽의 군주들은 프랑스어나 궁정 생활양식을 공유했을 뿐 아니라 서로에 관해 많은 것을 알았다. 그 결과 그들은 서로 소통할 줄 알았으며, 그 바탕에서 기독교에는 그저 부분적으로만 토대를 둔 유럽식 제도가 만들어졌다.

동아시아 및 유교의 지역 질서

동아시아의 지역 질서는 오늘날의 한국과 중국, 일본, 베트남으로 이루어졌으며, 나아가 동남아시아와 중앙아시아에까지 뻗쳐 있었다. 공동의 문화적 가치가 그 기본 토대였지만, 육로나 해상로를 통해 연결된 소수의 국가와 제국들이 지리적으로 가까이에 위치한 점도 이 지역 질서의 토대였다. 하지만 동아시아 정치권 혹은 중국식 유교 정치권은 확고하게 정해진 지역도 아니었고, 그 정치 질서나 국제 관계가 불변의 원칙을 토대로 이루어진 지역도 결코 아니었다. 동남아시아까지 확장되는 동아시아 지역의 여러 정치 중심지 사이에는 특별한 관계가 있었는데, 그곳에서 합법성에 관한 개념을 공유하고 좋은 통치와 윤리, 도덕적 가치에 관한 옛 경전의 규범들이 두루 회자된 것이 그 토대가 되었다. 유럽 지역이나 무슬림의 정치 네트워크와 유사하게 동아시아는 경쟁적인 프로젝트나 문제를 내포한 세력균형이 펼쳐진 현장이었다. 나아가 이 지역은 지리적·기술적 한계에 직면해 있었으며, 제국적 세력들 사이에는 여기서도 전쟁과 갈등이 있었다.[20]

동아시아의 조공 제도는 특히 강력한 유교적 정치 문화가 지배적인 곳, 즉 한국과 중국, 일본, 베트남에서 유지되었다. 이 네 나라는 모두 중국의 문자를 사용했으며, 중국식 국가 모델을 추구했다.[21] 중국의 수도를 방문한 한국 조공 사절단의 임무에는 도서 구입, 학자들 간의 대화, 만찬, 의례화된 조공품 교환 등이 포함되어 있었다. 유교적 가치가 지배적이었다고 해서 그들의 정치제도가 같은 것은 아니었다. 예를 들어 도쿠가와 막부(바쿠후) 시대의 일본은 한국이나 중국과 비교할 때 매우 상이한 국내 정치제도를 운영했다. 예를 들어 국가는 전수된 사무라이 전통을 고수했으며, 고위 관료를 선발할 때 그들의 유교 지식을 시험하지 않았다. 그렇지만 일본은 한국이나 중국과 유교 경전의 규범이나 사상을 공유했으며, 불교의 종교적 네트워크도 공동의 지역 질서를 형성하는 데 일정한 역할을 했다. 중국(또는 한국과 베트남)과의 모든 외교 관계가 조공 제도를 통한 것은 아니었다. 예를 들어 중국은 러시아와의 관계에서뿐 아니라 자국과 마찬가지로 유교 문화로 각인된 이웃 국가 일본과의 관계에서도 조공의 논리를 따르지 않았다. 그러나 특히 한국과 중국, 일본, 베트남 사이에는 하나의 공통되고 유교적으로 각인된 문화적 배경과 평화적인 외교 관계가 존재했다. 공유된 유교적 가치는 이들 주요 국가 외에 두 번째 단계에서 시암(오늘날의 태국)과 자와(자바), 앙코르, 태국, 버마같이 유교 지역이 아닌 곳과의 관계를 위해 중요했다.[22] 때에 따라 중국을 중심으로 하지 않는 조공 관계가, 예를 들어 베트남과 라오스 사이에, 또는 한국과 일본, 아이누족의 거주지, 류큐 제도(오키나와) 사이에도 조공 관계가 존재했다.[23] 또한 동남아시아와 중국의 연결은 중국이 지역의 불교와 이슬람, 기독교의 종교적 전통 및 네트워크와 밀접하게 연관되어 있음을 보여 주었다. 그런 맥락에서 동남아시아의 무슬림 술탄 왕국은 서방과 동아시아 사이에서 중국과 다른 무슬림 술탄 왕국 사이의 관계를 중계할 수 있었다. 이렇게 다양한 조공 관계는 "주권이 서로 중첩된 복잡한 세계"[24]를 만들어 냈는데, 그 세계 안에서 류큐 제도 같은 지역은 중국뿐 아니라 일본의 봉신인 사쓰마와도 조공 관계에 있었다.[25]

동아시아의 조공 제도는 18세기 동안에 비교적 지속적이고 안정된 국가 질서를 만들어 냈으며, 청 제국이 중앙아시아에서 계속 팽창하게 하는 데 유익하게 작용했다.[26] 남아시아와 유럽, 러시아 지역에서는 지속적인 군사 충돌이 수없이 발생했는데도, 군사적으로 고도로 무장한 동아시아 국가들 사이에 이렇게 평화로운 공존을 유지한 것은 뛰어난 성과였다. 그리고 이러한 성과는 강력한 경제적·사회적·문화적 연결이 이루어질 수 있는 전제 조건을 만들어 냈다. 이렇게 역동적이고 안정된(하지만 고립되거나 폐쇄되지 않은) 지역 질서에 16세기부터 제국적인 포르투갈과 네덜란드, 영국의 무역선단이 들어왔다. 새로운 참여자들은 우선 동아시아 조공 제도의 규칙들을 배우고 받아들이며 준수해야 했다. 유럽 열강들이 19세기 후반에 아편전쟁이 끝난 후 정치적 압박과 군사적 수단을 통해 동아시아 조공 제도의 규범을 위반하고 바꾸는 데 성공했지만, 새로운 권력관계의 논리와 옛 조공 질서 사이에는 한동안 밀고 당기는 협상 기간이 있었다. 요약하면 동아시아 지역과 기타 지역(남아시아와 인도양, 무슬림 네트워크, 유럽 해양 세력) 사이의 전 지구적 관계가 변화했다고 해서, 19세기 초에 일어난 현상을, 즉 유교적 조공 제도가 가진 옛 가치들의 몰락과 유럽적 가치관의 승리를 목적론적으로 해석해서는 안 된다.[27]

한국과 일본, 중국의 고립과 쇄국에 관한 기존 연구들에서는 오랫동안 유럽 중심적이고 민족주의적인 시선이 지배적이었지만, 최근 연구들은 이를 대폭 수정했다. 치밀한 기록 분석 작업과 이론적 전환을 통해, 동아시아가 유럽에 자신을 개방했는지가 전반적으로 동아시아 지역이 개방적이었는지 고립적이었는지를 판단하는 결정적인 범주라고 보았던 해석에 거리를 둔 결과였다.[28] 분명히 한국이나 일본으로 향하던 아랍인 여행객 또는 이탈리아인 여행객이 어려움이나 장애에 직면했을 수 있다. 하지만 한국인이나 일본인, 중국인, 베트남인이 다른 동아시아 지역을 방문하는 데는 별다른 어려움이 없었다. 만약 여행에서 나타난 장애를 지역의 폐쇄성을 평가하는 범주로 삼는다면, 당시에 유럽 대륙을 여행하거나 심지어 정착해 살던 무슬림 혹은 중국인들이 마주했던 수많은 장애물을 고려할 때 중세 기독교적인 유럽도 마찬가지로 '폐쇄적'이었다고 간주해야 한다.

나가사키만에 있는 작은 섬 데지마에 정착하도록 허락받았던 프로테스탄트교도인 네덜란드 상인들은 도쿠가와 막부의 일본이 가톨릭 제국인 에스파냐와 포르투갈의 선교사와 상인들에게 내렸던 입국 금지 조치를 긍정적으로 바라보면서 그 조치를 현명한 결정이라고 평가했다. 일본이 (미국과 유럽의 군함들에 의해) 자유무역에 관한 기존의 제한 조치를 철회하도록 압박받았던 19세기 중반에야 비로소 무역 장애에 관한 이전의 긍정적인 생각은 서구적 경향에 맞서는 쇄국에 대한 부정적 평가로 돌아섰다. 물론 도쿠가와 막부나 사쓰마 번의 다이묘 같은 그 밖의 영주들은 한국이나 중국과 계속 교역했다. 다른 한편으로 그들은 이 해역에 유럽인들이 위세를 떨치고 있다는 사실을 인식하고 있었다.²⁹ 데지마섬에 정착한 네덜란드 상인을 통해 유럽과 제한적으로 진행해 온 무역을 고립의 상징으로 보았던 19세기의 견해와는 대조적으로, 동시대 일본의 관찰자들은 이러한 무역 활동을 세계를 향한 일본의 개방으로 보았다.³⁰

18세기에 동아시아는 중앙아시아와 동남아시아의 무슬림 지역과 맺은 관계에서도 고립되지 않았다. 청 왕조 때 강화된 조공 제도하에서 18세기 내내 전체 동아시아에서, 그리고 유라시아 내부에 이르기까지 활발한 문화적·정치적 교류가 있었다. 조공 제도는 무역 관계의 확대뿐 아니라 관련 지역들 사이의 이주도 촉진했으며, 더 나아가 국가들 사이의 관계를 조정하기도 했다. 조공 제도의 배후에 유교 문화가 작용하고 있었지만, 이 사실은 만주족 출신 청 황제가 불교나 이슬람교와 같은 다른 문화적·종교적 전통을 활용하는 데 걸림돌이 되지 않았다.³¹ 사실 중국 청 왕조 치하의 모든 백성이 유교주의자는 아니었으며, 이슬람의 영향이 강한 중앙아시아에도 속국이 있었다. 그래서 만주의 황제는 중앙아시아의 속국을 상대할 때 자기를 칸으로 칭했다. 중국의 황제가 만주족 왕조 출신이라는 사실, 그리고 중국이 이미 이전에 몽골 황제의 통치를 받았다는 사실은 중국의 정치 문화와 중앙아시아의 정치 전통이 서로 견고하게 연결되어 있다는 사실을 분명하게 해 준다. 중국 제국은 중앙아시아의 속국이나 백성들을 상대할 때 전혀 다른 일련의 개념과 가치, 호칭을 동원했다. 하지만 동아시아 지역에서 몇몇 사회는 바람직한 통치와 국제 질서의 이상과 관련한 문화적 가치를 더 폭넓게 공유했다.

동아시아의 조공 제도에서 공유된 유교적 가치 위에 형성된 국가행정의 전통은 18세기 중반까지 한국과 중국, 일본에서 중앙집권화되고 군사 조직을 갖추었으며 내정이 안정적인 국가를 건설했다. 유교적인 이 세 나라는 모두 질서 정연한 관료제를 건설하고 경제 관계를 보호하며 그들의 지배권 내에서 문화 교류를 촉진했을 뿐 아니라 안정적인 인구 증가를 달성했다. 미타니 히로시三谷博가 지적했듯이 동아시아 국가들에서 관료주의 국가의 전통은 어떤 면에서는 19세기 후반의 제국 세계를 형성하게 한 원시 국가적 토대를 구축했다.[32] 그러므로 이 지역에서 19세기에 일어나는 변혁과 함께 제국의 형성과 탈식민화, 민족주의 같은 세계적 현상과의 연관성을 조망하기 위해서는 18세기 동아시아의 조공 제도를 함께 언급해야 한다.

정치적으로 분열된 무슬림 공동체

18세기 중엽의 무슬림 세계에는 동아시아의 조공 제도나 유럽의 왕조와 국가, 사회 사이의 관계에, 그들의 동맹과 갈등에 비교할 만한 특정한 지역적 질서가 존재하지 않았다. 유라시아 공간이나 아프리카에서 무슬림 왕조가 통제했던 영역은 유럽-기독교적 질서나 동아시아-유교적 질서와 같은 일치된 지역이나 문화적 질서를 형성하지 않았다. 말리와 나이지리아에서 동남아시아에까지 이르는 지리적 공간은 하나의 완결된 정치제도가 형성될 수 있기에는 지나치게 넓고 이질적이었다. 16세기 초부터 18세기 초까지 무슬림 사회의 중심지를 지배했던 광대한 세 제국(오스만 제국, 페르시아 제국(사파비, 아프샤르, 카자르), 무굴 제국) 외에 수많은 중소 규모의 술탄국과 토후국 또는 왕국들이 있었다. 하지만 3대 제국의 지배 영역에서조차 무슬림계보다는 비무슬림계 주민이 훨씬 많았으며, 거꾸로 더 많은 무슬림계 주민이 제국 바깥에 널리 흩어져 살고 있었다.

유럽이나 동아시아와 비교할 만한 지역 질서가 없었지만, 무슬림 지역에는 수많은 전통과 규범, 가치들이 존재했다. 이들은 대부분 무슬림의 법적·종교적 전통에서 도출된 것으로 인간과 물자, 사상의 이동성을 원활하게 해 줄 뿐 아니라, 각각 존재하는 왕조가 처했던 상황에 관계없이 무슬림 주민들 사이의 밀접한 관계와 활발한 교류를 촉진했다. 예를 들어 모든 술탄국이나 제국에 사는 무슬림들은 메카를 순례하거나, 고향을 떠나 외국의 마드라사[1]에서 유학할 권리를 갖는 것이 상식으로 통용되었다. 물론 이를 실행할 수 있는 사람은 극소수에 지나지 않았다. 무역과 산업뿐 아니라 사회생활과 관련된 이슬람의 법규범은 다양한 해석의 여지와 지역에 따른 차이가 있기는 했지만, 거의 모든 무슬림 군주가 존중했다. 심지어 군사적인 갈등과 충돌이 발생한 시기에조차 무슬림 지휘관들에게는 전쟁을 지휘하고 포로와 민간인에 대한 처우를 결정할 뿐 아니라 문화적인 관심사를 조율하는 거역할 수 없는 법칙과 원칙이 있었다. 유라시아와 아프리카의 넓은 지역에서 무슬림 사회들은 마드라사의 교육과정과 종교의식을 공유했으며, 나아가 수피파의 네트워크와 전통은 제국의 국경을 넘어 널리 펼쳐 있었다.

무슬림 문화는 학자와 학생, 순례자, 상인, 탐험가, 이주자들의 매우 높은 이동성을 촉진하는 데 그치지 않고, 세계의 다양한 지역, 즉 유럽에서 아프리카, 중앙아시아에서 동남아시아와 아나톨리아에 이르는 지역들을 서로 연결해 주었다. 존 볼John Voll이 언급했듯이 세 대륙에 걸쳐 살던 무슬림 사회들은 단일한 경제 제도도, 하나의 제국이나 하나의 정치제도도 형성하지 않았다. 하지만 그곳에는 하나의 '담론 공동체'가 있었다. 이들은 법적 정당성이나 도덕적 생활에서 준수해야 할 가치에 관한 생각을 공유했다.[33] 이슬람 세계의

---

1 이슬람의 학교를 지칭하는 용어로, 여기서는 신학 등을 가르치는 고등교육기관을 가리킨다.

문화에는 서로 다른 사회들을 결합시키는 수많은 구조가 있었다. 수피파, 교역망, 순례자나 교육 네트워크, 문학이나 종교 서적의 확산 등이 그 좋은 예다. 유럽 제국들이 무슬림 사회를 지배했던 시기에도 이들 구조의 중요성은 쇠퇴하지 않았다. 오히려 정반대로 점점 더 많은 순례자가 메카를 방문하고, 무슬림 학생들이 점점 더 자주 먼 외국의 학교에 유학해 종교를 공부하고 영적 수행을 할수록, 그리고 무역 네트워크가 점점 더 조밀해질수록 그 구조들의 중요성은 더욱 확산되고 커졌다.

유라시아와 아프리카에 있던 무슬림 왕조를 중심으로 형성되었던 문화적 세계 체제 안에는 독자적인 정치적·제국적 전통을 가진 지역적 하부 체제가 다수 존재했다. 근대 초에 세 개의 거대한 제국(오스만 제국, 사파비 제국, 무굴 제국)을 배출해 냈던, 이슬람 전통을 가진 튀르크-페르시아-몽골 혼합 체제는 그들이 군주제의 정당성에 관한 보편적 의식을 공유하고 있음을 보여 주었다.[34]

특히 페르시아어와 오스만의 언어는 이 세 대제국에서 문화적 다양성을 창출하는 데 중요한 역할을 했으며, 아랍어는 북아프리카에서 동남아시아에 이르는 지식층 엘리트들이 소통하는 데 쓰는 공통 언어였다.[35] 힌두교를 믿는 백성이 다수를 구성하고 있었기 때문에 무굴 제국은 비무슬림 관료들을 포함하는 세계시민주의적 엘리트들을 통합하고 지원해 주었으며, 그 과정에 무슬림적 요소로 축소시킬 수 없는 다양한 주요 문헌들, 역사 인식, 행정적 비전 등을 동원했다.[36] 페르시아적 전통을 특히 강조하는 사파비와 무굴 황제의 궁정 문화도, 그리고 출신 가문과 전통, 특히 티무르Timur와 칭기즈 칸Genghis Khan의 유산에 뿌리를 둔 공동의 정통성도 이러한 하위 체제를 보여 주는 또 다른 좋은 사례다.[37] 18세기 동안에 이란과 아프가니스탄, 중앙아시아, 인도의 무슬림 군주들은 각각 다른 군주들의 영토를 자기들이 팽창할 수 있는 지역으로 여겼다. 그들이 정치적 배경을 공유했기 때문이다. 예를 들어 1737년에 인도에서 눈부신 군사적 승리를 달성했던 페르시아 제국이 1747년 이후에는 아프가니스탄의 두라니 왕조에 지배받는 사태가 발생했다. 아흐마드 샤 두라니Ahmad Shah Durrani(재위 1747~1772) 치하에서 아프가니스탄은 이란과 중앙아시아, 인도의 일부를 장악했을 뿐 아니라, 중국의 청 왕조가 통치하는 여러 무슬림 지역을 탈환하려고 시도했다.

오스만 제국도 어떤 면에서는 튀르크-몽골 제국 전통의 일부였다. 이 사실은 적어도 가끔 발견되는 티무르에 대한 예찬 외에 페르시아의 위대한 시 작품 안에 자신감 있게 표현되어 있다. 동시에 오스만 제국의 엘리트들은 비잔티움-로마의 전통과 유럽식 제국 전통에 속하는 특정한 요소들을 수용해 자기들의 고유한 정당성을 만들어 냈다.[38] 그래서 오스만 술탄들은 자기들을 로마 제국의 후예로 보고, 카이사르라는 칭호를 사용하겠다고 주장했다. 물론 이 주장은 자기들의 제국적 유산이 몽골이나 무슬림의 정치적 전통에 소급된다는 사실을 고려하지 않았다.[39] 오스만 제국처럼 통치자가 무슬림 왕조 출신인 제국은 튀르크-몽골과 로마, 이슬람이라는 제국의 전통을 계승하는 동시에 지중해와 동유럽, 캅카스 지역, 서아시아에서 이웃 국가나 경쟁국들과 창조적으로 교류할 수 있었다.[40] 게다가 오스만 제국 정부에는 행정 부서와 외교 부서뿐 아니라 군대와 함대에서도 기독교도인 중개인들과 엘리트들이 활동하고 있었다. 1711년에 오스만 제국과 러시아 사이에 전쟁이 발발했을 때 몰다비아의 기독교도 군주 디미트리에 칸테미르Demetrius Cantemir가 오스만 제국에 등을 돌리고 러시아 쪽으로 동맹을 바꾸자, 오스만 제국은 조공 실적을 토대로 시행해 왔던 남동유럽 제후국에 대한 간접 통치를 철회하고 이스탄불에서 총독을 직접 파견하는 정책으로 전환했다. 그리고 오스만 제국 정부는 현지 출신의 기독교도 귀족이 아니라, 이스탄불에 거주하는 그리스 출신 기독교도 엘리트인 파나리오테스Phanariots[2] 출신의 남자들을 총독으로 임명했다.[41] 이 무렵에 오스만 제국의 기독교도나 무슬림 백성들은 유럽의 학자나 문화계, 정치권과 매우 긴밀한 관계를 유지하고 있었다. 이와 유사하게 아르메니아 출신 기독교도들은 인도양에서 지중해까지 걸쳐 있던 세 대제국, 즉 오스만 제국과 사파비 제국, 무굴 제국 사이에서 광범위하게 형성되어 있

___ **2** 콘스탄티노폴리스의 파나르(오늘날 이스탄불의 페네르) 지역에 거주했던, 주로 그리스인으로 구성된 가문과 집단들이다. 헬레니즘에 기반을 둔 세계시민주의적 성격을 갖고 있었으며, 오스만 제국 시기에는 오스만 궁정의 통치에 협력해 관료나 상인으로 활약하며 번영했다.

던 무역과 문화의 교류 네트워크에서 중요한 역할을 담당했다.[42]

18세기에 문화적 공통점이나 서로 공유하고 있던 일련의 법적·종교적 가치가 있다고 해서 이들을 범이슬람적 결속감이나 단일한 이슬람 문화의 존재를 보여 주는 증거로 보아서는 안 된다. 당시에는 비무슬림에게 맞서는 집단적인 성전, 즉 지하드와 같은 비전은 없었으며, 비무슬림을 개종하게 하려는 조직적인 노력조차 찾아보기 어려웠다. 그런 유형의 결속감을 갖기에는 무슬림 제국과 술탄국들이 지역적 이해관계나 극심한 상호 경쟁 때문에 지나치게 분열되어 있었다. 예를 들어 사파비 제국은 오스만 제국과 분쟁을 겪으면서 유럽 내 기독교 제국과 제후국들 가운데 오스만 제국에 맞서 자국과 동맹을 맺을 수 있는 나라를 물색했다. 역으로 오스만 제국은 페르시아 영토로 침략해 오는 러시아 제국에 맞서는 이웃 국가와 무슬림 왕조들을 지원할 하등의 필요성을 느끼지 않았다.[43] 영국 동인도회사EIC도 무슬림 술탄국인 마이소르와 전쟁을 벌이면서 다른 무슬림 제후국들의 지원에 의지할 수 있었다.[44] 하지만 무슬림의 종교적 자유가 근본적으로 위협받는다고 느끼면 무슬림 또는 수니파의 공통점과 연대감에 대한 각성을 촉진하는 상황도 종종 있었다. 그 결과 18세기 말의 인도에 있던 무슬림 학자들은 오스만 제국의 술탄에게서 그들의 종교적 권리를 보호해 줄 잠재적 후견인의 모습을 보기 시작했다. 이와 유사하게 중앙아시아의 몇몇 무슬림 칸국과 오스만 술탄국 사이의 결합도 있었는데, 무슬림 사이의 연대감이 그 토대였다.[45] 하지만 18세기 중반에는 공동의 적, 주로 기독교 세력에 맞서는 무슬림 연합에 관한 논의가 19세기 말의 범이슬람적 연대에 관한 담론보다 훨씬 드물었다. 그들에게는 1870년대 이후로 점차 뚜렷하게 드러난 전 지구적인 지정학적 함축성이 결여되어 있었다.

18세기 중반에 무슬림 네트워크들은 무슬림 제국 또는 다양한 무슬림 제후국들의 동맹에 의지하지 않으면서 문화와 학술을 육성할 뿐 아니라, 인간의 이동성도 촉진했다. 이렇게 하나로 통합되어 있지 않은 무슬림 문화 세계의 질서는 유럽의 해양 강국과 대륙 강국들이 여러 지점에서 무슬림 통치자들의 영역에, 예를 들어 동남아시아(믈라카, 자와)와 남아시아(벵골), 크림반도, 캅카스, 동아프리카에 침범해 정착하는 것을 용이하게 만들었다. 18세기 말 무렵에 무슬림계 국가인 크림 칸국이 몰락하고 러시아 제국이 크림반도를 합병하자, 무슬림 학자들 사이에서는 기독교도 군주의 지배하에서 무슬림의 종교적·세속적 의무와 과제가 무엇인지에 관한 토론이 시작되었다.[46] 러시아-튀르크 전쟁에서 1774년에 오스만 제국이 패배한 후 체결된 큐추크 카이나르지Gücük Kaynarca 평화조약[3]은 러시아에 사는 무슬림에게는 오스만 술탄에게 도움을 요청할 권리를 인정해 준 반면에, 오스만 제국에 사는 정교회 기독교도들은 러시아 황제의 보호를 받을 수 있게 해서 문제를 부분적으로 해결했다. 무슬림을 믿는 타타르인들이 기독교도의 지배를 받게 되면, 그들은 정치적 비전을 현실에 맞추어야 했다. 그들의 신앙생활을 비무슬림 통치자에 대한 충성과 조화시켜야 했다는 말이다. 포르투갈과 네덜란드의 공격에 직면하거나 다른 유럽의 무역 회사 또는 중국의 조공 제도와 공조해야 했던 무슬림 술탄국들은 이미 혼합된 정당성과 새로운 정치적 현실을 재검토하고 조화시킬 전략을 개발했다.[47]

1750년 무렵에는 무슬림 세계에 속하는 여러 나라를 통치하는 서른 개 정도의 왕조가 있었다. 오스만 제국 지배하의 크림 칸국이나 북아프리카의 자치령 튀니지와 트리폴리(리비아) 같은 몇몇 지역은 대제국의 일부를 차지하고 있었다.[48] 예를 들어 모로코의 샤리프인 알라위Alaouite 왕조, 니제르 지역의 보르누 제국, 중앙아시아의 히바 칸국이나 코칸트 칸국, 동남아시아의 반튼 술탄국이나 아체 술탄국 등은 높은 수준의 국가 건설 전통과 정당성을 가진 무슬림 술탄국이었다. 반면에 에티오피아와 소말리아 주변의 지리적으로 비교적 작은 지역에만 다섯 개의 무슬림 왕조가 있었다. 18세기 후반기의 운송 수단과 통신 기술을 감안할 때에 이들 왕조를 모두 연결하는 하나의 국제적인 무슬림 국가 시스템을 구축하기란 불가능했다.

─── **3** 1774년에 다뉴브강 하류 남쪽의 큐추크 카이나르지에서 체결된 조약이다. 그 결과 오스만 제국은 영토와 항구, 요새 등을 러시아에 양보해야만 했다.

아프리카에 하나의 지역 질서가 있었는가?

아프리카 대륙에는 다양한 형태의 제국과 왕국들이 있었지만, 몽골 제국이 유라시아 지역에서, 로마 제국이 지중해에서 이룩했던 것과 같은 결속을 다지는 사례가 아프리카 전체에는 없었다. 19세기 말에 인종주의로 각인된 '검은 대륙'이라는 지정학적 이미지가 등장했기 때문에, 18세기 동안에 아프리카 대륙에서 형성된 다양한 공동체들의 정치적 경험을 살펴보는 것은 중요한 의미를 갖는다. 아프리카 대륙은 단일한 정치적 지역을 구성하지 않았지만, 근대 초에 일종의 검은 아프리카적 정체성 같은 것이 존재했다. 북아프리카는 대부분 오스만 제국이나 무슬림인 모로코의 알라위 왕조의 분권적 통치하에 있었다. 역사적으로 아프리카 대륙에는 송가이 제국과 카넴 보르누 제국, 펀즈 술탄국Funj Sultanate처럼 왕조가 통치하던 국가들이 더 있었다. 이들은 교역로나 순례길을 통해 느슨하게 서로 연결되어 있었다. 여러 측면에서 아프리카 대륙의 무슬림 제국들은 아프리카적 문맥 안에서 무슬림의 문화적 관계가 갖는 특이성을 보였다.[49] 아프리카의 무슬림 왕국이 가진 특이한 측면은 비무슬림 국가나 다른 무슬림 국가를 적으로 여기는 지하드(성전)에 초점을 둔 종교적 성격이 매우 뚜렷하다는 점이었다. 소코토 칼리파국(1809~1906)은 우스만 단 포디오Usman Dan Fodio(1745~1817)의 영도하에 다른 무슬림 공동체들을 성공적으로 정벌한 후에 추진한 정화주의 운동으로 수립되었다. 이렇게 지하드를 지향하는 정화주의 운동은 아라비아의 와하브 운동[4]처럼 아프리카 외부에서도 발생했지만, 대제국들의 탄압을 받는 경우가 빈번했다.

사하라 사막 이남의 아프리카에는 이와 다른 왕국과 부족국가들이 있었는데, 그 가운데 일부는 유럽 상인들과 교역 관계를 유지해 왔다. 1652년부터는 네덜란드 동인도회사VOC가 아프리카 대륙의 남쪽 끝에 정착촌을 설치했다. 네덜란드 정착민들이 1795년까지 그곳에 건설된 케이프 식민지를 지배했는데, 1795년이 되자 영국인들이 그곳의 권력을 장악했다. 1800년 무렵에 남

---

4 이슬람의 타락을 비판하며 예언자 무함마드와 꾸란의 순수한 가르침으로 돌아가자고 주장한 수니파 운동이다. 무함마드 이븐 압둘 알와하브가 제창했으며, 사우드 가문이 이에 호응함으로써 훗날 사우디아라비아의 건국으로 이어졌다.

아프리카 식민지는 주목할 만한 규모에 도달해 유럽 정착민의 수기 2만 명을 넘었는데, 이보다 더 많은 수의 노예가 있었다. 케이프 식민지에 정착했던 유럽인들이 코이코이족이나 코사족과 군사적으로 충돌했을 때 초기에는 보어인[5]들이 아프리카 부족들의 전투력을 군사적으로 제압하지 못했지만, 결국은 백인 정착민들이 그 지역에 대한 지배권을 확고하게 다지는 결과를 가져왔다. 1795년 이후에 남아프리카에서 정착민들과 교역했을 뿐 아니라 그들의 보호를 강화했던 것은 다름 아닌 영국의 무역선들이었다. 네덜란드인과 영국인들의 출현이 케이프 식민지에 집중되었던 반면에, 포르투갈 제국은 아프리카 루안다에 있던 노예 수출 센터 같은 일련의 항구 식민지를 보유하고 있었다. 이들은 카산제, 마탐바, 오빔분두처럼 포르투갈을 지원했던 여러 아프리카 왕국에 의존했다.

아프리카에 있던 다른 정치 집단들도 노예무역에 연루되었다. 요루바족의 오요 왕국(오늘날의 나이지리아 지역 근처), 다호메이 왕국(오늘날의 베냉 지역), 아샨티 왕국(오늘날의 가나 지역)이 그 예다. 사하라 남부 지역에는 그 어디에도 광대한 대륙의 헤게모니를 장악할 수 있는 세력이 없었다. 오늘날의 가나 지역에 부뇨로와 부간다 같은 몇몇 강한 국가가 있었지만, 그들의 권력은 제국적 체제로 무장한 지배 구조를 구축하기에는 역부족이었다. 대륙에서 가장 오랜 역사를 가진 군주국인 기독교 국가 에티오피아조차 내부 갈등으로 분열되었으며, 1855년까지 오랜 세월을 중앙정부 없이 분권적으로 통치되었다.

남아프리카 지역에서는 1770년대 무렵에 지배적이었던 농부들의 작은 공동체들이 1830년대에 이르러 규모가 크고 중앙집권화된 몇몇 왕국에 점차 자리를 내주었다. 아마줄루amaZulu, 아바콰가자abakwaGaza, 아마은데벨레amaNdebele가 그들이다.[50] 예를 들어 줄루 왕국은 부족 공동체에 토대를 둔 포괄적인 군사 제도를 구축했다. 나아가 그들은 샤카Shaka 왕의 통치기(1818~1828) 동안 새로운 군사기술을 개발하는 데 성공해 넓은 방목지와 농경

<hr />

5 남아프리카로 이주해 정착한 네덜란드계 주민과 그 후손들을 가리킨다. 보어는 네덜란드어로 '농부'라는 뜻이다.

지를 장악했다. 줄루 왕국에 인접해 있던 레소토와 스와질랜드 두 나라도 마찬가지로 국가와 유사한 통치 구조를 개발해 우세한 이웃 왕국에 맞서 자국을 지키고자 했다.

18세기 중반의 전 지구적 경향

18세기 중반의 세계에 형성된 세 개의 주요 국제적·제국적 체제가 서로 더욱 밀접하게 통합되도록 촉진한 구조적이고 장기적인 경향으로는 무엇이 있었을까? 우리는 18세기 중반의 정치 질서가 19세기 후반에 세계화한 기원을 발견할 수 있을까?

복합적인 지역적 구성에서 세계화된 제국적 질서로 변천해 가는 과정은 1750년대에서 1880년대 사이에 이루어졌다. 한 세기 이상의 기간이었다. 그 결과 19세기 말까지 생존한 모든 왕국과 제국들 사이에는 무역과 외교, 조약과 전쟁으로 이루어진 공동의 세계화 시스템이 작동하면서 서로 긴밀하게 연결되었다. 하지만 1750년의 시점에서 바라볼 때 동아시아 문화권과 무슬림 문화권 안에 있는 공동체와 국가들에 대한 유럽 제국들의 지배를 촉진한 과정을 예측하기란 분명 불가능했다. 사실 18세기 중엽에 동아시아 지역과 중동 지역은 각각 중국의 청 왕조와 오스만 제국의 지배하에 견고하게 통합되어 있었으며, 이들 제국뿐 아니라 다른 제국들도 자국의 지배권을 계속 유지하고 심지어 확장할 잠재력을 보였다. 특히 중국은 17세기 후반 이래로 중앙아시아 지역으로 계속 팽창해 왔다.[51] 한족 엘리트들뿐 아니라 한족이 아닌 대부분의 주민 사이에서도 만주족 출신 중국 황제의 정통성은 의문시되지 않았다. 그리고 청 제국은 결국 중앙아시아 출신의 유목민들로 구성된 마지막 세력인 준가르(중가르) 제국을 무너뜨리는 데도 성공했다. 중국의 청 왕조는 60여 년에 걸친 건륭제乾隆帝 통치기(1735~1796)에 정치적·군사적 '쇠퇴' 조짐을 전혀 보이지 않았다. 18세기에 한국과 베트남, 일본의 학자와 엘리트들은 오히려 중국의 지적 전통과 정치적 능력에 지속적으로 관심을 기울였다.

18세기 전반부에 이란의 나디르 샤Nader Shah는 인도를 침공해 그 지역에 이란을 위하, 확대된 제국적 조공 제도를 구축했다. 무굴 제국의 해체를 촉발한 것은 유럽의 해양 강국들이 아니라 나디르 샤의 침공과 여러 차례에 걸친 아프가니스탄의 군사적 도발이었다. 무굴 제국이 근본적으로는 분열되고, 델리에 계속 거주하던 무굴 황제가 대부분의 권력을 상실했다고 할지라도, 이러한 분권화 과정에서 등장한 지역 왕국들은 막강한 정치적 조직이어서 유럽의 왕국이나 심지어 제국들과도 비교될 수 있을 정도였다. 이란이나 인도의 무슬림-페르시아적 제국의 전통이나 중국에 기반을 둔 유교적이고 만주적인 국제질서의 시각에서 볼 때 그들의 영역으로 진입해 오던 유럽 해양 제국들은 그리 심각하게 여길 만한 위협적 세력이 아니었다.

산자이 수브라마니암Sanjay Subrahmanyam이 자기 연구에서 인상적으로 밝혔듯이, 근대의 국제적인 정치체제의 역사와 유럽에서 일어난 특별한 발전(베스트팔렌 조약, 대서양 혁명, 근대 등)은 서로 분리될 수 있다. 이는 수많은 상이한 원인과 변화들이 이러한 시대의 전환에 함께 기여하게 만든 일종의 전 지구적 변화가 있었다는 사실을 깨닫기 위해서인데, 이러한 전 지구적 변화는 긴 변혁의 세기 동안에 세계 질서가 점차 세계화되어 간 사실에서 분명히 관찰될 수 있다.

18세기에 세계의 여러 지역을 서로 연결시키고 변화시킨 세 가지 주요한 전 지구적 발전 경향이 있었다. 첫째, 18세기 중엽에 이르러 세계에 대한 지리적 탐험 과정이 이미 그 마지막 단계에 도달했다. 증기선과 전보가 널리 사용된 19세기 중반이 되기 100년 전에 이미 전 세계적으로 지역들 사이의 무역이 대폭 증가했다. 바로 이것이 새로 대두된 커피와 차, 담배, 아편의 소비와 무역에 관한 새로운 문화를 설명해 준다. 이 무역과 소비는 동시에 근대 초의 세계화 과정에서 문화적·정치적 교류를 촉진했다. 크리스토퍼 베일리Christopher Bayly가 '근세 초 세계화'로 지칭한 과정이 18세기에 멀리 떨어진 지역들을 서로 긴밀하게 연결했다.[52] 영국인과 프랑스인, 네덜란드인들의 해외 팽창이, 그리고 제임스 쿡James Cook 선장의 항해가 그 상징적 이미지를 제공해 주는 유럽의 해외 탐험은 당시 세계화의 중요한 측면이었다. 여기서 유럽인들이 차지한 비중이 양적으로 크기는 하지만, 여행이나 번역, 지적 탐구를 통해 오스만인과 일본인, 인도인, 중국인들이 축적한 적지 않은 중요한 경험도 마찬가지로 탐험의 시대에 속하는 것이었다.[53] 여행 관련 서적의 출간과 다른 언어의 번역이 증가한 것도 매우 중요했다. 이들은 새로운 세계에 대한 호기심을 자극할 뿐 아니라 그 지역들에 관한 지식을 전달해 주었다.

무슬림인 오스만 제국의 학자 이브라힘 뮈테페리카Ibrahim Müteferrika(1674~1745)가 운영한 인쇄소는 18세기 전반에 종교 관련 서적보다 훨씬 많은 수의 세계 지리 관련 서적을 출판했다. 심지어 아시아의 맨 끝, 극동에 위치한 일본에서조차 학자들은 외부 세계에서 오는 자국에 대한 위협 앞에 쇄국과 자국의 보존을 옹호하면서도, 세계 지리와 제국, 종교에 관한 깊은 지식을 갖고 있음을 보였다.[54] 18세기 중엽 이래로 지구의 끝까지 아우르는 세계 지리에 관한 지식이 점차 확산되고 있었던 것이다.

둘째, 세계 지리에 관한 지식과 사진의 확산 및 이동 수단의 발전은 거대한 제국들이 가진 기존의 관념을 강화하는 데 기여했다. 그것은 옛 중국이나 로마 제국, 티무르 및 칭기즈 칸, 혹은 무슬림의 유산을 넘어서는 것이었다.[55] 1750년 무렵에는 합스부르크 제국과 영국, 프랑스뿐 아니라 오스만 제국과 러시아 혹은 청 제국 등 세계의 모든 제국에서 세계무역량과 세계 지리에 관한 지식이 증가하면서 그때까지 전해 내려온 세계 제국의 사상을 새롭게 해석했다. 확대된 세계무역을 통해 얻을 제국의 부에 관한 비전을 갖게 되면서, 그리고 훗날 '전 지구적 계몽'으로 지칭되었던 새로운 지적 세계가 개막된다는 비전을 갖게 되면서 이전의 세계 제국 사상은 수정되고 보완되었다. 1750년 무렵에는 이전 세기에서 물려받은 다양한 제국적 비전들이 단순히 사라지지는 않았지만, 새로운 해석 모델과 새로운 경제적 전망이라는 관점 안에 배치되어 새로운 의미로 번역되었으며, 경우에 따라서는 이들과 하나로 결합되었다. 권력의 분산이나 정당성 모색 구조, 중재자들에 대한 접근법 등 새로운 전략을 모색하는 다양한 종류의 제국들이 있었다. 제국 자체는 여전히 견고하고 자신만만해 보였다.

셋째, 빅터 리버먼Victor Liebermann이 근대 초기의 동남아시아를 염두에 두고 제시했듯이, 대략 1750년까지 세계 각지에서는 작은 지역공동체들이 분열되어 있던 지역에서 그들을 통합하는 정치적 중심이 등장하는, 권력 지형의 뚜렷한 변화가 발생했다. 중앙집권화된 국가로 가는 전반적인 경향은 국가행정을 집행하는 강제적인 수단을 통해 뒷받침되었다.[56] 기술 발전과 전쟁 형태의 변화, 행정 모델의 개선도 제국적인 중앙집권화 경향을 강화해 주었다. 다시 말해 제국들 사이의 긴밀한 상호 협력 때문에, 그리고 빈번하게 발생한 전쟁과 증가된 전쟁 비용 때문에 제국들은 전보다 더 많은 세금 수입이 필요했으며, 그렇기 때문에 어떻게 하면 백성들에게서 더 많은 세금을 징수할 수 있을지 배워야 했다. 전쟁과 증세, 제국적 중앙집권화로 이어지는 순환 구조는 모병 분야와 징세 분야에서 좀 더 효율적이고 강력한 수단을 개발했던 러시아와 영국, 합스부르크 같은 대제국들에 근소한 이점을 제공했다. 해외 식민지를 보유했던 유럽 제국들도 경쟁 국가들보다 재정적 이점을 갖고 있었다. 식민지가 식민세 같은 추가 세입과 원자재를 제공해 주었기 때문이다. 각각 상이한 정당화의 전통과 제국적 경험을 갖고 있던 제국들은 군대와 함대의 무장을 고도화하기 위한 재정을 확보하기 위해 서로 상대국으로부터 자기들이 갖지 못한 노하우를 배웠다. 각 지역에서 발생한 역사적인 돌발 사건들도 국가의 강화와 제국의 재탄생을 위해 중요한 역할을 했다. 7년 전쟁의 경험은 영 제국이 세계 최강의 함대를 건설하도록 촉구했으며, 이는 이후에 발생한 군사적 충돌에서 영 제국에 대단히 유익하게 작용했다. 러시아 제국은 대제 표트르 1세Peter I 이래로 세금 수입의 증대와 군사력 증강을 위해 각별한 노력을 기울여 커다란 성과를 올렸다. 예니체리[6]와 지역 맹주들의 도전 때문에 발생한 국내 위기를 여러 차례 겪으면서도 오스만 제국 또한 18세기의 첫 사분기에 제국을 재편하고 중앙집권을 강화하는 데 성공했다.

제국의 중심들은 동요하고 분열될 수도 있었고 스스로 재조직할 수도 있었다. 그들은 군사적으로 약화될 수도, 강화될 수도 있었다. 여기서 결정적인 것은 그들의 군사력과 공격력을 시험할 수 있는 경쟁국이 존재하는지였다. 예

_____ **6** 튀르크 귀족 세력을 견제하기 위해 결성되었으며, 기독교도 노예들 및 이슬람으로 개종한 비튀르크인들을 주축으로 구성한 보병 부대. 오스만 술탄의 친위대 역할을 하며 많은 전장에서 활약했으나, 나중에는 권력을 장악하고 정치에 관여하며 개혁에 반대하는 세력이 되었다.

를 들어 폴란드 국가연합은 국내 정치적 이유에서 주권을 상실한 것이 아니었다. 그들이 폴란드의 분할을 공동으로 추진하는 세 개의 경쟁적인 제국에 둘러싸여 있었기 때문이었다. 페르시아의 국력은 오스만 제국보다 약했다. 하지만 오스만 제국은 강대하고 막강한 경쟁국들과 마주하고 있었기 때문에 페르시아보다 더 많은 영토를 상실할 수밖에 없었다.

앞서 서술한 세 가지 근본적인 발전 경향 외에는 18세기에 특정 지역, 문화권이 다른 지역, 문화권보다 경제적·군사적·정치적 가능성에서 유리하게 만들어 주었을 일반적인 발전 경향은 없었다. 유럽 지역의 제국들은 무엇보다 서반구에서 확보한 엄청난 자원 때문에 주목할 만한 경제적·군사적 능력을 발전시킬 수 있었다. 그러나 이것은 그들이 18세기 내내 세계의 다른 지역에서 확실하게 헤게모니를 장악했다는 것을 뜻하지는 않았다. 동아시아와 이슬람 세계는 정체되지 않았으며, 유럽과 맺은 관계에서도 마찬가지였다. 세계 무역에서 유럽 제국들이 성장하고 앞서게 된 것이 아시아 제국들의 몰락을 전제로 한 것은 아니었다. 이러한 주장은 유럽과 아시아 제국 사이의 관계가 일종의 제로섬게임이라는 견해에서 나온 것이다. 하지만 사실상 18세기 말에는 대륙 간 경쟁을 토대로 한 지정학적 전망이 아직 시기상조였다.

아시아에서의 제국: 퇴화인가, 진화인가?

오스만 제국과 페르시아 제국, 청 제국, 무굴 제국과 같은 비유럽 제국들 사이에는 커다란 차이가 있는데, 많은 역사가가 이들의 분열 시점과 몰락 시점을 거의 같은 시기, 즉 18세기 말 무렵으로 규정할 때 놀라움을 금치 못하게 된다. 아시아 제국들이 직면했던 문제와 도전들은 그 당시에 유럽 제국들이 갖고 있던 문제나 도전들과 다르지 않았다. 18세기에 그들이 마주했던 과제들은 16세기나 17세기의 과제들과 비교할 때 그리 특별한 것이 아니었다.[57] 아시아의 두 제국은, 즉 페르시아 제국과 인도의 무굴 제국은 모두 18세기 중반에 심각한 위기에 빠졌다. 페르시아는 1722년에 사파비 제국이 몰락하고 종식됨으로써 왕조적 연속성에서 급격한 변화를 겪었다. 결국 1796년에 카자르 왕조가 새 수도인 테헤란에서 지배자로 정착할 때까지 정통성을 둘러싼 두 왕조의 오랜 경쟁이 지속된 것이다. 하지만 이러한 질풍노도의 시기에도 페르시아는 이웃 국가들과 벌인 분쟁에서 일련의 놀라운 군사적 승리를 달성했다.

무굴 제국은 1739년에 있었던 나디르 샤의 침략에서 회복할 수 없었다. 수도 델리가 정복되고 화염에 휩싸였으며, 황제의 보물 창고가 약탈당하는 악몽 같은 경험이었다. 그 결과 제국은 분권화되었고 지역 국가들이 탄생했다. 무굴 제국의 중앙 권력이 점차 해체된 이유는 역사학의 뜨거운 논쟁 주제로서 아직도 최종적인 결론은 나지 않은 상태다.[58] 분명한 것은 18세기 초의 무굴 제국 권력자들이 그들이 보유한 무한한 보물과 재산에도 불구하고 마라타 군주의 도전, 라지푸트족의 반란 또는 시크교도들의 종교적 움직임 같은 새로운 도전에 제대로 대응하지 못했다는 사실이다. 물론 국가 중앙 권력의 와해와 분권화를 인도아대륙의 강점으로 볼 수도 있다. 유럽도 여러 왕국과 제국으로 분열되어 있었지만, 그것이 유럽의 발전 동력이 계속 증가하고 세계에 대한 유럽의 영향력을 확대하는 데 장애가 되지는 않았다. 인도 제국이 분권화된 결과 탄생한 국가들은, 다시 말해 니잠[7]의 하이데라바드, 마이소르 술탄 왕국, 마하라자 란지트 싱Maharaja Ranjit Singh의 시크 제국은 영토의 크기나 인구 규모에서 프로이센이나 영국, 프랑스보다 큰 나라였다. 예를 들어 편자브 지역의 시크 왕국(1799~1849)은 무슬림인 사이이드 아흐마드 칸Syed Ahmad Khan의 지하드 운동과 벌인 전투에서 무슬림 주민과 힌두교 백성들의 지원을 받을 수 있었는데, 이 전쟁은 1831년의 발라코트 전투에서 시크 군대가 승리함으로 끝났다. 또한 중앙집권화된 무굴 제국이 몰락했다고 해서 인도아대륙 자체가 몰락한 것은 아니며, 무굴 제국의 몰락 때문에 그 당연한 결과로 인도가 훗날 영국의 식민지가 된 것도 아니었다.

영국 동인도회사가 1750년대에 벵골 지방을 장악했을 때, 그들은 영국과 경쟁 관계에 있는 여러 제국이 지배하던 드넓은 아시아 대륙에서 여전히 작

---

7 오늘날 인도의 하이데라바드를 중심으로 하는 왕국을 18세기부터 다스린 통치자의 칭호다. 초대 통치자의 직함인 '니잠울물크Nizam-ul-Mulk'에서 유래했다.

_____ 마하라자 란지트 싱. 란지트 싱의 통치기(1801~1839)에 펀자브 지방에 건설된 시크 연합 왕국은 19세기 초에 등장한 제국들의 포괄적인 성격과 보편주의를 잘 보여 주는 적절한 예다. 이 왕국에서 무슬림과 힌두교도 모두 다양한 임무를 지닌 충성스러운 공무원과 군인으로 통치자에게 봉사했다. (Wikimedia Commons)

은 집단에 지나지 않았다. 권력의 중심이 세계 여러 곳에 흩어져 있던 18세기 중반에는 영 제국도 중요한 역할을 수행했지만, 지배적인 세력은 절대 아니었다. 동인도회사가 벵골 지역에서 무역 활동을 확대하고 군대를 창설할 공간을 발견할 수 있었던 것은 무굴 제국이 위기를 겪으면서 제국적 통치의 중심이 와해되었기 때문이었다.[59] 이 위기는 불과 20여 년 전인 1738~1739년에 나디르 샤가 델리를 정복함으로써 초래되었다. 이로 인해 남아시아에 지역 국가들이 등장했지만, 무굴 황제의 문화적 명망은 여전히 지속되었다. 이러한 상황에서 영 제국은 자기들의 경쟁 상대이자 유럽의 다른 해양 세력인 프랑스와 네덜란드, 포르투갈에 비해 더 다양한 지역 국가들과 동맹을 체결하고 무역 네트워크에 점차 침투함으로써 (특히 인도 해안 지역의) 행정 분야나 재정 분야에서, 무역에서 특권을 얻어 내는 데 더 성공적이었다. 18세기 후반기에는 영국 동인도회사가 벵골 지방에서 권력을 더 강화할 수 있었는데도, 영 제국은 그 지역에서 무굴 제국이 보유한 명목상의 주권이나 제국적 권력을 계속 인정하지 않을 수 없었다.[60]

나디르 샤가 추진한 극적인 군사적 팽창과 후퇴 후에 인도양 지역에는 발루치스탄, 신드, 바레인, 오만 같은 몇몇 준국가적 조직과 왕조가 등장했으며, 마이소르나 하이데라바드 같은 제후국들도 명맥을 유지했다. 칸Khan(칼호라Kalhora), 탈푸르Talpur, 알할리파al-Khalifa, 알 부 사이드Al Bu Said같이 이 지역에서 새로 떠오르던 왕조들[8]은 자기들의 권력을 유지하고 강화하기 위해 무역 관계뿐 아니라 군사기술 발전 그리고 지역의 제국적 네트워크가 만들어 낸 새로운 환경에 적응하지 않을 수 없었다. 이 왕조들 가운데 몇몇 왕조는 이후 200년 동안 국가를 유지하는 데 성공했다. 1783년에 바레인에 와서 권력을 장악한 후, 지역의 모든 강대국과 이웃의 소규모 왕조들에 맞서 자신들을 지킬 수 있었던 알할리파 왕조가 좋은 사례다. 오만의 왕조도 나디르 샤 이후의 시대에 성장했다. 인도양과 페르시아만에 세워진 작은 국가들은 고립된 지역 세력도, 대제국들이 내세운 허수아비도 아니었다. 그들은 서로 연결된 독립체로서 페르시아와 오스만 제국, 아프가니스탄뿐 아니라 영국과 포르투갈 같은 대규모 국가나 제국들과 다양한 관계를 맺으면서 신중하게 자기들의 이해관계를 실현하고 미래의 비전을 관리했다.

18세기 내내 동아시아의 왕조 국가들은 안정적이고 생존력이 있어 보였다. 중국의 만주 제국은 건륭제 치하(1735~1796)에서 중앙아시아를 향해 서

_____ **8** 칼호라는 신드를, 탈푸르는 발루치스탄을, 알할리파는 바레인을, 알 부 사이드는 오만을 다스리는 지배 가문이었다. 이 중에서 바레인과 오만의 왕조는 오늘날에도 이어지고 있다.

진을 거듭했다. 유럽에서 빈 회의[9]가 진행되던 시기에 이르기까지 18세기의 중국에서 거듭된 위기로 몰락해 가는 국가의 모습은 전혀 찾아볼 수 없었다. 유럽 상인들은 중국에서 통용되는 공물 개념을 토대로 중국과 사업을 추진했으며, 군사적 위협으로 여겨지지 않았다. 그렇기 때문에 제1차 아편전쟁 (1839~1842)에서 중국이 영국 함대에 예상 밖의 패배를 당하자 그 충격은 훨씬 컸다. 18세기 중반의 일본은 고도로 군사화된 나라인 동시에 세계에서 가장 안정되고 평화로운 나라 가운데 하나였다. 한국의 조선 왕조는 18세기 중엽의 세계에서 가장 오랜 역사를 가진 군주제 국가 중 하나였다. 베트남은 국가를 통일해 가고 있었는데, 이 과정은 1802년에 완료되었다. 유교 국가의 전통을 매우 신뢰하면서 동시에 중국식 통치 모델을 적용한 결과였다.[61] 어떻게 보면 일반적으로 아시아에서 유럽의 헤게모니가 점차 관철되었다고 여겨지는 이 시대에 베트남에서는 강력한 왕조가 고도로 조직된 관료 기구를 갖추고 경제적 번영을 달성하고 있었다.

전쟁의 비용, 제국 국경의 변화

1770년대와 1815년 빈 회의 사이의 기간에 유럽-아시아의 정치 질서를 거세게 뒤흔들고 엄청난 변화를 촉발한 것은 과연 무엇인가? 이 해답을 찾기 위해 우리는 먼저 결정적인 추진력을 발휘해 장기적인 구조 변화를 초래한 지속적인 요인들이 무엇인지에 집중해야 한다. 이들 요인 가운데 가장 중요한 것으로는 새로운 기술로 개발된 무기를 토대로 한 전쟁 기술을, 그리고 (고비용이 드는) 전쟁이 제국의 정당성과 조직 형태, 행정에 미친 영향을 들 수 있다. 18세기의 전쟁 비용 상승과 빈번하게 발생한 전쟁이 세계의 제국적 질서를 급격하게 변화시키고 대서양 혁명을 촉발시킨 배경이었다. 전 지구적으로 살펴볼 때 대서양 혁명 이후에 형성된 제국적 질서의 변화는, 그리고 유럽 내부와 유럽 주변에서 진행된 제국 간의 경쟁 관계는 유럽 제국이 전 세계적인 경쟁

_____ **9** 프랑스 혁명과 나폴레옹 전쟁의 사후 수습을 위해 1814년 9월에서 1815년 6월 사이에 오스트리아의 빈에서 열린 국제회의다. 이 회의를 통해 복고적인 빈 체제가 성립되었다.

력을 키우는 데 유리하게 작용했다.

18세기 내내 동유럽과 캅카스 지방에서 맞부딪힌 3대 제국인 러시아와 오스만 제국, 오스트리아-합스부르크 제국 사이에는 전쟁이 빈번했는데, 당시에 전쟁은 엄청난 전쟁 비용과 손실을 수반했다.[62] 러시아 제국과 오스만 제국 사이에 또는 합스부르크 제국과 오스만 제국 사이에 적어도 일곱 차례 이상의 대규모 군사적 충돌이 있었다. 그 밖에도 오스트리아 왕위 계승 전쟁(1740~1748)과 7년 전쟁이 있었기 때문에 18세기는 동유럽에서 그야말로 극도로 빈번한 전쟁으로 얼룩진 시대였다. 기나긴 전쟁을 겪으며 관련 제국들은 모두 그동안 자기들이 갖고 있던 외교적 비전과 국가의 구조를 수정하거나 개혁했다. 18세기의 전쟁은 러시아와 오스만 제국, 합스부르크 제국의 지배를 받던 주민들에게도 심대한 변화를 가져다주었다. 증세와 모병이 제국과 백성의 관계에 근본적인 변화를 초래한 것이다. 18세기 중반까지 오스만 제국과 이란 사이에 발발한 전쟁들도 앞선 전쟁들과 마찬가지로 빈번했고, 엄청난 비용과 손실을 초래했으며, 백성들의 공감을 얻지 못했다. 여러 국경 도시의 주인이 계속 바뀌었지만, 결국은 18세기 이전의 상태로 돌아갔다.[63] 제국들 사이에 발발한 이들 전쟁은 기독교와 무슬림 공동체 사이 또는 시아파와 수니파 사이의 문화 투쟁이 절대 아니었다. 더 중요한 것은 전쟁이 확고하게 구축된 이 제국들의 관계를 보여 준 유일한 방식이 아니었다는 사실이다. 그들 사이에는 강도 높은 문화 교류와 경제 네트워크, 외교술이 발전했다.

이러한 맥락에서 거의 '6년 전쟁'이라고 할 수 있는 러시아-튀르크 전쟁(1768~1774)은 오스만 제국의 패배로 끝남으로써 양대 제국 사이의 세력균형을 바꾸어 놓는 매우 중요한 역할을 한 일종의 전환점이었다.[64] 초기에 오스만 제국은 폴란드를 지원해 폴란드 왕국의 분할을 막으려는 의도로 전쟁에 뛰어들었다. 하지만 전쟁의 결과로 동유럽의 전체 지정학적 지형이 바뀌었다. 무슬림이 주민 다수를 이루던 크림 칸국은 큐추크 카이나르지 평화조약을 통해 러시아 제국의 지배하에 들어갔을 뿐만 아니라, 오스만 제국의 기독교 정교회 주민들은 이제 러시아의 보호를 받게 되어 러시아 함대가 흑해에 접근할 수 있었다. 러시아 제국은 결국 1783년에 크림반도를 합병했다.[65] 전쟁의 패배 때문에 오스만 제국의 무슬림 백성들이 지배 왕조의 정통성을 부인하는 사태는 일어나지 않았다. 오히려 정통성이 한층 강화되었다. 하지만 패배로 인해 오스만 제국의 지배 엘리트들은 경쟁하는 제국들에 맞서 자국의 세력을 지키려면 행정과 군대를 구조적으로 개혁해야 한다는 사실을 깨달았다. 나아가 패전으로 인해 오스만 제국에 속해 있던 세르비아와 그리스의 기독교계 백성들 일부에게는 자기들이 앞으로 다른 제국의 지배를 받거나 독자적인 왕국을 세울 수도 있다는 대안적 비전이 등장했다. 거의 같은 시기에 아메리카 대륙에 있던 영국 식민지의 주민 일부도 이와 비슷한 미래를 꿈꾸기 시작했다.

세계로 확산된 7년 전쟁은 이미 그렇게 확산되기 이전에도 지속적인 변화를 촉발했다. 연쇄적인 반응이 이어졌는데, 미국독립혁명과 프랑스 혁명, 아이티 혁명뿐 아니라 나폴레옹 전쟁도 그 결과였다.[66] 1750년에는 프로이센과 영국이 오스트리아와 프랑스, 러시아, 스웨덴에 맞서 동맹을 체결했다. 유럽 대륙에서는 프로이센이 초기에 오스트리아에 맞서 승리를 거두었지만, 나중에는 프로이센 군대가 러시아와 오스트리아의 군대에 포위되는 결과가 뒤따랐다. 치명적인 패배에 직면해 있던 1762년에 대왕 프리드리히 2세Friedrich II를 구한 것은 러시아의 여제 엘리자베타Elizabeth의 죽음이었는데, 그의 후계자인 표트르 3세Peter III가 프리드리히 대왕을 존경하는 추종자였기 때문이었다. 이런 우여곡절 끝에 프로이센은 7년 전쟁에서 크게 패했는데도 영토의 상실 없이 전쟁 전의 상황을 회복할 수 있었다. 그 후 프로이센 왕국은 군사적으로, 외교적으로 여전히 건재함을 과시해 불과 몇 년 후인 1772년에 러시아 및 오스트리아와 함께 폴란드를 분할해 점령하기로 합의할 수 있었다. 오스만 제국과 러시아, 오스트리아 제국은 7년 전쟁을 전후해 동유럽에서 이와 비슷한 분쟁을 겪으면서 전쟁을 위한 재정 조달과 군대 동원, 그리고 전쟁 수행을 위한 관료제 정비 문제와 씨름해야 했다. 달리 표현하면 동유럽에서 맞부딪힌 이 네 제국이 국가행정과 조세, 병역, 교육의 분야에서 적극적으로 개혁을 추진할 수밖에 없게 된 것을 의미한다. 그런데 이는 다양한 구성원들에게서 불만을 초래했다. 1773년에 러시아에서 일어난 푸가초프 봉기

(1742~1775)는 그 좋은 사례라고 할 수 있다. 러시아 농민들은 자기가 차르 표트르 3세라고 주장하는 탈영병 예멜리얀 푸가초프Emelian Pugachev(1742~1775)의 지도하에 누적된 불만을 터뜨렸다. 오스만 제국에서 일어난 예니체리들의 봉기도 마찬가지로 신설된 세금과 징집 정책으로 인해 백성들의 불만이 폭발한 것이었다.

7년 전쟁의 중요한 맞상대였던 프랑스와 영국은 전쟁 무대를 북아메리카와 동남아시아에 있던 식민지까지 확대함으로써 양측 모두 막대한 전쟁 비용을 감당해야 했다. 그들의 분쟁은 사실상 전 세계에 걸쳐 반세기 정도 지속되었다. 유럽 제국들이 느리지만 점진적으로 개발한 군사기술이 성과를 거두기 시작한 것이 이 시기였다. 강력한 함대를 보유했을 뿐 아니라, 의회가 승인한 조세정책 덕분에 안정적인 재정을 확보한 것은 애초부터 영국이 가진 이점이었다. 영국의 조세수입은 프랑스나 그 어떤 다른 제국들보다 많았으며, 게다가 그 많은 수입은 대부분 간접세를 통해 조달되었기 때문에 백성들은 늘어난 조세 부담을 직접적인 압박으로 느끼지 못했다. 어쨌든 7년 전쟁이 끝나자 그동안 수많은 전쟁에서 승리한 영국 함대는 활동 무대가 대서양에서 인도양까지 펼쳐진 전 지구적 세력으로 등장했다.[67] 예를 들어 다수가 인도인 용병으로 구성되었던 영국 동인도회사의 군대는 1757년에 돌발적으로 일어난 플라시 전투에서 수적으로 훨씬 우세했던 벵골 나와브[10]의 군대를 격파할 수 있었다. 특히 인도양을 둘러싸고 경쟁하던 프랑스를 격퇴하려고 노력해 온 동인도회사는 이렇게 해서 1764년에 벵골 지방의 주민 4000만 명 이상을 지배하고 조세수입에 관한 통제권을 차지하기 위한 초석을 놓았다.

대서양 혁명
유럽 제국들과 서반구에서 그들이 장악한 지역의 정치제도는 18세기 중엽에 서로 연결된 일련의 사건으로 인해, 특히 미국독립혁명과 프랑스 혁명,

---

10 인도의 무굴 제국 시기에 무굴 황제가 지방의 토착 제후나 태수에게 수여한 직책 이름이다.

아이티 혁명으로 인해 매우 극적인 변화를 겪었다. 7년 전쟁을 치르기 위해 엄청난 비용을 사용했기에 런던은 고삐를 조이고 북아메리카와 인도에 있는 해외 식민지에서 더 많은 재원을 끌어오기로 결심했다. 왕실의 입장에서 볼 때 영국군이 캐나다에서 프랑스 군대에 맞서 싸우다가 발생한 비용을 북아메리카 식민지가 부담하는 것은 정당했다. 이 전쟁 비용은 결국 북아메리카 식민지도 돕는 것이기 때문이었다. 1765년의 인지세법은 조세 부담의 형평성을 목적으로 한 것으로, 식민지인들이 납부하는 세금을 본토인들의 납세 부담과 대등한 수준으로 만들기 위해 식민지인들에게 추가적인 납세 의무를 부과했다. 이 계획은 북아메리카 영국 식민지의 정치 여론에서 뜨거운 논란을 불러일으켰다. 그들의 불만은 아메리카 정착민들이 법안을 심의하는 영국 의회에 대표자를 파견하지 못하는 한 추가적인 조세 부담은 불법이라는 논지에 잘 압축되었다.

대륙회의로 조직된 식민지의 정치 지도부와 런던 사이에 초래된 긴장은 점차 고조되어 결국 군사적 충돌로 발전했고, 식민지는 1776년에 아메리카 합중국의 독립을 선언했다. 이 과정에서 프랑스가, 그리고 이보다 다소 약하지만 에스파냐와 네덜란드도 주로 영 제국을 약화시키려는 목적으로 아메리카 식민지인들을 지원해 주었다. 미국독립혁명은 독립 전쟁이 끝나면서 영국으로부터 독립한다는 정치적 목표를 달성했으며, 1783년에 제국 정부와 체결한 평화조약은 신생국 미국에 국제법적인 합법성을 부여해 주었다. 1787년에서 1790년까지 미합중국 헌법의 비준이 완료되자 비교적 강력한 중앙정부를 가진 공화국이 탄생했으며, 군주제로 복귀할 가능성은 사라졌다.

아메리카에서 1776년 세대는 7년 전쟁 이후의 세계와 다양한 방식으로 연결되었다. 그들이 보유한 무역 네트워크는 전 세계로 확대되어 인도와 중국에까지 도달했다. 이른바 보스턴 차 사건에서 영국의 지배에 항의하는 표시로 바다에 던졌던 중국의 차가 그 상징적인 사례다. 또한 영국의 정치철학 같은 계몽사상과 지적 교류도 했는데, 이 사상들은 아메리카 정착민들이 자기들의 요구 사항을 권리와 의무, 주권 같은 근대적 정치 개념으로 표현하게 해 주었다. 물론 이것이 반드시 반反제국적인 행위는 아니었다. 오히려 아메리카에는 영 제국으로부터 독립된 자유롭고 자기 책임히에 평화를 칭조하며 전쟁을 수행하고 또 다른 결정들을 내릴 수 있는 열세 개 주가 존재한다는 것이 강조되었다. 이런 입장과 정반대로 영 제국의 지배가 계속되기를 바라는 충성주의자들도 적지 않았다. 그들이 보기에 자유와 평등, 정치적 권리를 대표하는 것이 영 제국이었다.[68] 미국독립선언은 국제적인 법적 문서로서 미합중국이 세계의 다른 국가들로부터 대등한 파트너로 인정받는 것을 목적으로 했다. 이 선언서는 민족 정체성이나 통일성을 전제 조건으로 하지 않았다. 사실 선언서의 내용은 아메리카 민족에 관해 전혀 언급하지 않았다. 단지 한 국가가 자국의 독립을 선언한 것이며, 부분적으로는 미국독립선언에 의해 영감을 받았던, 이후에 이어진 많은 독립선언도 이와 동일한 목표를 추구했다. 그것은 다른 국가들로부터 인정받는 국가의 건설이었다.[69]

　　프랑스 혁명이 일어나게 된 배경도 7년 전쟁과 관련되어 있었다. 프랑스는 이 전쟁을 통해 캐나다와 인도양에 있던 식민지를 상실했다. 반면에 서인도제도에 있던 식민지는 외교적으로 영리하게 대처한 결과 계속 유지할 수 있었다. 식민지의 상실로 인한 수입 감소와 전쟁 부채, 게다가 미국독립전쟁에서 영국에 맞선 미국을 지원하면서 발생한 막대한 재정 유출은 1787년에 프랑스 왕실의 재정을 파탄 지경에 이르게 했다. 프랑스는 본국에서 세제를 개혁해 수입을 늘리는 동시에 유일하게 남아 있는 수익성이 높은 식민지 생도맹그에 더욱 의지하지 않을 수 없었다. 에스파냐도 영국이나 프랑스처럼 아메리카에 있던 식민지에 관한 지배를 '개혁'하고 강화해야 할 필요성을 인식했다. 특히 이제까지 제국과 식민지를 중재하던 중간 집단들과의 관계가 동요하고 있었기 때문이었다. 제인 버뱅크Jane Burbank와 프레더릭 쿠퍼Frederick Cooper가 주장했듯이 "제국들 사이의 전쟁에 간섭하는 문제에서 1756년의 외교관들이 좀 더 신중하게 행동했다면 영 제국과 프랑스 제국, 에스파냐 제국에서 혁명은 아예 발생하지 않았을지도 모르고, 발생했다고 하더라도 그렇게 좋지 않은 시점에 그런 심각한 양상으로 발생하지는 않았을 것이다."[70] 프랑스의 재정 위기는 삼부회의 소집으로 이어지고, 이는 주민들 사이의 전반적인 불만과 결합해 급기야 1789년에 군주제의 위기를 촉발했으며, 결국 혁명으로 폭발했다.

이 사건들이 이후 어떤 장기적인 결과를 가져다줄지 당시에는 아무도 예측하지 못했다.

7년 전쟁과 대서양 혁명의 제국적 배경에 초점을 맞춘 이러한 관심이 이 혁명의 사상사와 국내 정치적·문화적 뿌리가 갖는 중요성을 과소평가하게 해서는 안 된다. 예를 들어 7년 전쟁을 아무리 분석해 보아도 인권선언이 나오게 된 지적 전통은 설명되지 않는다. 인권선언의 지적 전통은 프랑스 외부의 많은 계몽사상가와 관련되어 있으며, 그들이 주창한 자연법과 인권의 이론에 관한 성찰 등을 보여 주는 유럽의 여러 지역적 배경을 갖고 있다.[71] 어쨌든 오스만 제국과 합스부르크 제국, 러시아 제국 사이에서 엄청난 비용을 소모하며 진행된 전쟁 역시 재정 위기와 국가 부채를 초래했지만, 정치사상에서는 급격한 혁명을 불러오지 않았다. 이들 제국은 내적 개혁을 통해 그들에게 밀어닥친 도전을 성공적으로 극복해서, 1830년 무렵에는 모두 비교적 중앙집권화된 제국의 행정 기구를 보유하게 되었다.

프랑스 혁명은 '혁명'이라는 표현에 새로운 의미를 부여해, 훗날 옛 구조를 복원하는 대신에 새로운 구조 창출을 추구하는 개혁 운동을 위한 성공적인 모델로 자리 잡았다. 그와 함께 의식적인 정치적 변혁 프로그램을 뜻하는 '이데올로기'라는 새로운 개념이 생겨났다. 자유주의와 보수주의, 민족주의, 사회주의, 공산주의 등 이데올로기의 계보학은 프랑스 혁명과 나폴레옹 전쟁이라는 격변에 어떻게 대응할 것인지에 관한 문제의 다양한 해답에 그 기원을 두고 있다. 나아가 점점 더 많은 사회운동이, 특히 19세기 후반의 사회운동들이 프랑스 혁명을 그들의 모델로 삼았다는 사실도 분명히 프랑스 혁명이 남긴 장기적인 영향에 속한다. 하지만 전 유럽에 걸친 전쟁을 촉발하지 않았다면, 단기적으로 보았을 때 프랑스 혁명은 국제사회의 영향 없이 프랑스만의 사건으로 남았을 것이다. 1792년 이후에 프랑스 혁명의 운명을 둘러싼 전쟁이 발발하자, 신설된 프랑스 혁명군은 혁명을 반대하는 경쟁국들에 맞서 대중을 동원해 공화국의 가치를 수호해야 했다.

프랑스의 번창하던 사탕수수 식민지인 생도맹그에 살던 노예들이 1791년 8월에 일으킨 봉기는 우선은 본국에서 혁명이 일어났다는 소식에 대한 반응이었지만, 동시에 지역적이고 아프리카에 뿌리를 둔 자유의 전통에서 일어난 것이었다.[72] 1804년에 아이티로 이름을 바꾼 노예 식민지에서 발발한 봉기는 거꾸로 프랑스 본국에 영향을 미쳐 노예제 폐지로 이어졌다. 아이티 혁명은 카리브해 연안과 미합중국에 살던 다른 주민과 자유민뿐 아니라 노예들에게도 영향을 주었고, 절대주의를 강화했다. 노예해방이 자국에 가져올 후유증을 우려했던 미국과 잉글랜드, 프랑스의 엘리트들 사이에 '백인의 연대 의식'이 널리 성장했는데, 이는 아이티 혁명에 관한 그들의 대응이었다.[73]

　프랑스 혁명에 뒤이어 전 유럽 대륙과 지중해 지역에서 전쟁이 발발했다. 혁명을 지키기 위해 창설된, 민병으로 이루어진 효과적인 프랑스 군대는 옛 제국적 질서를 지키려는 경쟁적인 유럽 제국들과 전쟁을 벌였다. 프랑스 혁명군은 자기들이 지배하게 된 주민들을 해방할 것이라고 외쳤지만, 그들은 곧 맞서 저항해야 할 외국의 압제자로 여겨졌다. 네덜란드 공화국에 대한 프랑스군의 침공은 네덜란드가 동남아시아에 갖고 있던 무역 거점을 상실하는 결과를 초래했다. 그 결과 영국 함대는 옛 네덜란드 식민지에 대한 그들의 지배를 더욱 확대할 기회를 갖게 되었다. 1799년에 자코뱅파의 공포정치가 끝나고 혁명 지도부가 개편된 후, 나폴레옹이 권력을 장악해 우선은 제1집정관이 되었고, 1804년부터는 프랑스의 황제로 등극하면서 프랑스 혁명의 역사는 급격한 변화를 겪었다. 나폴레옹의 황제정은 프랑스 혁명의 요소와 이상을 추구하면서 전 유럽 대륙의 지배라는 제국적 비전을 통합한, 제국적이면서 공화주의적인 혼합된 정당성에 토대를 두고 있었다. 로마 시대의 아우구스투스Augustus, 그리고 카롤루스 대제Carolus Magnus가 그 모델이었다. 반면에 이집트에서는 나폴레옹이 공화국이라는 이념적 프로그램이 아니라 실용주의적인 제국의 전략을 추구한 결과, 자칭 이집트 무슬림의 수호자로서 이집트인들의 충성을 확보하기 위해 필요하다면 무슬림으로 개종할 수도 있다는 인상마저 남겼다.[74] 물론 나폴레옹의 자문관들이 황제가 이슬람으로 개종할 조건에 관해 카이로에서 무슬림의 정신적 지도자들과 함께 협상할 때, 파리에서는 나폴레옹의 이미지와 정당성이 의심받지 않게 할 수 있었다는 사실을 지적할 필요가 있다. 파리의 여론은 카이로의 여론과 가깝게 연결되어 있지 않아 나폴레옹이 어떤 경우에는 무슬림으로, 다른 경우에는 프랑스의 혁명가로 나설 수 있다고 자문관들이 믿었기 때문에 이런 협상이 가능했던 것이다. 나폴레옹은 이와 동시에 가장 중요한 경쟁자인 영 제국에 맞서는 군사동맹을 체결하기 위해 무슬림인 인도의 마이소르 술탄과도 교류했다.

나폴레옹 통치하의 프랑스 제국은 정치적으로 의지할 만한 새로운 중재자를 찾았다. 그 결과 가톨릭교회를 프랑스 시민 다수의 종교로 규정하며 가톨릭교회를 상대로 화해를 모색했다.[75] 프랑스는 그 구성원들이 옛 귀족계급 출신이 아닌 새로운 귀족 신분을 만들어 냈으며, 국가를 중앙집권화하고 혁명 초기 공화주의 체제가 갖고 있던 시민 참여적 요소를 제거했다. 나폴레옹은 군사적인 성과를 토대로 대륙 전역에 펼쳐진 유럽 제국을 건설했는데, 직접 통치 지역과 위성국가, 조공 국가뿐 아니라 동맹국들도 여기에 포함되었다.[76] 다만 러시아와 영국, 오스만 제국은 프랑스의 통치 영역 밖에 있었다. 나폴레옹이 모스크바까지 군사적으로 정복하고자 결심하고 러시아를 침공했을 때 나폴레옹의 군대를 격퇴한 것은 결국 러시아 황제의 군대였다.[77] 프랑스가 패배하자 영국과 러시아가 이끈 반反나폴레옹 동맹은 유럽의 군주국들 중에서 동맹 세력을 확보하는 데 성공했다. 그들은 유럽에서 나폴레옹의 지배를 종식하고 프랑스에서 나폴레옹을 축출하기 위해 결집했다. 1815년 6월의 워털루 전투에서 나폴레옹이 최종적으로 패배했을 때, 오스트리아 빈에서는 모든 유럽 국가 대표들의 회의가 끝나고 있었다. 제국들이 나폴레옹 전쟁 이후의 대륙에서 새로운 세력균형을 구축하고자 모인 회의였다.

빈 회의와 다중 제국적 유럽 질서의 재언명

나폴레옹을 물리친 후, 나폴레옹 전쟁에 참전했던 유럽 제국의 대표들이 파리에 모였다. 제국들 사이의 국경선을, 그리고 각 지역에서 서로 협력하기 위한 가이드라인을 논의하기 위해서였다.[78] 프랑스 혁명의 경험은 유럽의 외교와 국제정치에서 돌이킬 수 없는 변화를 촉진해, 향후 제국 엘리트들의 거대 전략과 세계관에 뚜렷한 흔적을 남겼다. 영국과 오스트리아, 러시아, 프로이센, 프랑스의 왕조 수장들은 자기들이 유럽에 새로운 세력균형과 평화 체제를 구축할 필요성을 인식하고 있다는 사실을 명백하게 천명했다. 새로운 세력 균형과 평화 체제의 구체적 내용은 나폴레옹 전쟁 이전의 것과는 분명히 달라야 했다. 그들이 추구한 목표는 상호 협의하에 유럽 제국들이 유럽 외부 영토로 계속 팽창하는 데 필요한 안정과 번영을 유지하는 것이었다. 유럽의 5대 제국(오스트리아, 영국, 러시아, 프로이센, 프랑스)은 부르봉 왕조가 복귀함으로써 루이 18세Louis XVIII가 왕위에 오른 프랑스에 징계를 부과하지 않기로 합의했다. 프랑스 왕국의 대표가 빈 회의에 참가했다는 사실 자체가 이미 집단적인 평화 체제를 구축하기 위한 노력을 보여 주는 단서였다. 반면에 무엇보다 러시아와 전쟁 중이었던 오스만 제국은 빈 회의 참가국에 속하지 않았다. 하지만 오스만 제국이 실질적으로 유럽의 세력균형에서 여전히 중요한 나라라는 사실에는 의심의 여지가 없었다.

프랑스를 제외한 모든 제국은 새로운 영토를 얻었으며, 네덜란드에서는 빌럼 1세Willem I(재위 1815~1840)가 통치하는 새로운 왕조가 수립되었다. 1830년에는 네덜란드 왕국으로부터 분리되어 독립한 벨기에 왕국이 수립되었다. 그러나 이보다 더욱 중요한 것은 빈 회의에서 신성 로마 제국을 재건하려는 시도가 없었다는 사실이다. 신성 로마 제국의 자리에는 서른여덟 개에 달하는 크고 작은 국가로 구성된 독일연방이 탄생했는데, 그중에는 나폴레옹 전쟁 이전에 존재했던 300개가 넘는 군소 국가와 달리 프로이센 같은 막강한 국가가 있었다. 최고 기관이 프랑크푸르트암마인에 있는 연방의회였던 독일연방에서 주도적인 역할을 수행한 것은 프로이센과 오스트리아였다. 폴란드의 미래에 관해서는 빈 회의에서 격렬한 논쟁이 있었다. 어려운 협상 끝에 나폴레옹이 세웠던 바르샤바 공국에서 폴란드 왕국이 탄생했다. 러시아는 핀란드에 대한 지배를 공고히 했으며, 노르웨이는 스웨덴에 넘어갔다. 영 제국은 유럽 대륙에서 영토를 확대하려고 하지 않고, 이미 존재하는 해외 식민지에, 그리고 프랑스를 봉쇄함으로써 확보하게 된 안정감에 만족했다.

빈 회의를 통해 만들어진 질서는 동맹 체제와 합의 제도로 이어졌다. 국제정치는 기독교의 기본 정신 위에 구축되어야 한다는 러시아 황제 알렉산드르 1세Alexander I의 사상에서 탄생한 신성동맹은 특히 중요했다. 이 동맹은 프로이센과 오스트리아, 러시아를 포함했다. 반면에 영 제국은 유럽 대륙의 보수적인 기독교적 가치를 토대로 구축된 동맹에 거리를 두었다. 1823년에 신성동맹이 프랑스의 협조를 얻어 자유주의적인 입헌군주주의자들에게 맞선 에스파냐 왕 페르난도 7세Ferdinand VII의 지배를 복원하려고 했을 때, 영국은 서반구에 팽창하려는 에스파냐 왕국의 보수주의적인 비전이 확산되는 것을 막기 위해 개입했다. 이것은 유럽 대륙의 제국들에 맞서 자유주의적 가치에 토대를 둔 영국과 아메리카가 공조한 첫 사례였다. 하지만 제국의 힘과 능력에 관한 한, 빈 회의 이후의 영국과 러시아는 나폴레옹 군대를 패배시킬 때 자기들이 수행한 결정적 역할에서 나온 막강한 자신감을 갖고 있었다.

빈 회의에서 합의된 사항은 무엇보다 나폴레옹 전쟁에 연루된 제국과 지역에 해당했다. 어떤 면에서는, 다시 말해 평화와 안정이라는 측면을 고려할 때 유럽은 동아시아와 비교할 만했다. 관련 국가들 사이에 군사적인 충돌이 발생할 위험이 줄어들었기 때문이었다. 유럽 내부나 유럽을 둘러싼 지역에서 조약국 사이에 전쟁이 발발하는 것을 억제할 수 있었던 빈 체제의 협약은 유럽 외부에서 유럽 제국들의 위상 및 관계에 관한 한, 부분적으로는 그것이 의도된 것이 아니라고 할지라도 장기적으로 엄청난 영향을 남겼다.[79] 유럽 국가들의 협의 체제는 유럽 내의 평화와 결속을 다진다는 목적을 우선적으로 추구했지만, 이와 동시에 유럽 국가들 사이에 발생할 군사적 충돌을 조정함으로써 유럽 제국들이 식민지를 얻기 위해 세계로 팽창할 때 배후를 튼튼하게 해 주었다. 유럽의 평화는 유럽 제국들이 아시아와 아프리카로 팽창할 때 매우 유리한 분위기를 만들어 주었는데, 이러한 제국적 역동성에서 가장 크게 혜택을 받은 것은 영 제국이었다. 영국은 자와섬을 네덜란드에 돌려주었지만, 케이프 식민지나 믈라카, 실론에 관한 통제권을 확보해 이들을 1824년에 싱가포르처럼 새로운 무역 거점으로 구축했다. 그리고 오스트레일리아와 뉴질랜드의 식민지에 정착한 영국인의 수가 지속적으로 증가한 결과, 영국은 인구밀도가 조밀한 인도양과 동남아시아 지역에 대한 지배력을 포기하지 않고도 오스트레일리아와 뉴질랜드의 정착민들을 통해 인구밀도가 낮고 비옥한 이 지역의 토지를 차지할 수 있는 능력을 갖추게 되었다. 간단히 요약하면 대서양 혁명과 나폴레옹 전쟁의 시기에 일부 제국이 서반구에서 식민지 지배권을 상실했다고 할지라도, 바로 이 시기에 유럽 제국들의 지역 질서는 좀 더 뚜렷하게 형성되었다.[80]

빈 회의 이후에 대두한 새로운 질서는 이후 50년 동안 무엇보다 다음 두 가지 문제에 직면했다. 학계에서 이미 충분히 논의된 한 가지 문제는 이데올로기와 여론이었는데, 이데올로기나 여론의 눈으로 볼 때 유럽의 지역 정치 질서는 독재적으로 통치하는 제국적 귀족주의 사이의 협의에 토대를 두고 있지 않았다. 유럽의 도시와 마을들에는 어디나 시민들이 신문과 서적을 읽음으로써 활발하게 여론을 형성하고 있었으며, 이는 옛 스타일의 제국적 통치를 통해 봉쇄할 수 있는 것이 아니었다. 따라서 민족주의와 보수주의, 자유주의, 사회주의처럼 이념적 토대를 가진 정치 프로젝트는 유럽 내 제국들 사이의 질서에 관해 심각하게 의문을 제기했다. 앞서 언급한 문제와 마찬가지로 중요했던 또 한 가지 문제는 이 체제를 비유럽 세계로 확대하면서 발생했다. 오스만 제국을 유럽의 빈 회의에 참여시키지 않은 것은 처음부터 문제의 소지가 있었다. 이 문제는 크림 전쟁 이후에 이스탄불을 공식적으로 유럽 제국의 구성원으로 받아들임으로써 부분적으로 해소되기는 했다. 그런데 유럽 제국의 협의 체제와 동일시되는 제국들 사이의 평화는 그 밖의 비교적 안정적인 비유럽 제국 및 왕국들이 존재했기 때문에 가능했다. 나폴레옹 전쟁 이후에 유럽 제국들 사이의 타협을 시도했던 빈 회의에서 탄생한 체제는 1880년대까지 오랜 세월에 걸쳐 (오스만 제국, 이집트, 페르시아, 중국, 일본, 오만, 태국에 이르기까지) 유럽의 주변 지역 혹은 비유럽 지역에서 다양한 제국과 왕조의 재건과 부흥을 수반했다. 유럽에 바로 인접한 제국들은 빈 체제로부터 혜택을 보았으므로 빈 체제에 동참하기를 원했다. 예를 들어 오스만 제국의 엘리트들은 처음부터 유럽 대륙의 주요 세력으로서 빈 체제에 참여하려고 노력했다. 반면에 동아시아에서 빈 체제가 만든 제국의 질서는 인도양 영역에서 유럽 해양 세력의 제국적 정치를 강화하는 한도에서만 제 역할을 수행했다. 예를 들어 당시에 통일되어 있던 베트남은 예전과 다름없이 유럽이 아닌 중국에서 자기들이 따라가야 할 모델을 보고 있었다. 이러한 지역적 차이는 빈 체제 안에 구현된 제국 간 협조 원칙이, 유럽 제국이 아프리카와 동아시아, 무슬림 세계를 정복했던 19세기 하반기에 이르러서야 비로소 점차 보편적인 규범이 될 수 있었다는 사실을 보여 준다.

이베리아 혁명과 라틴아메리카 지역의 대두

라틴아메리카에서 15개국이 독립을 쟁취하자 서반구의 많은 지역이 유럽 제국의 지배에서 해방되었으며, 이는 아메리카라는 지역 정체성의 형성을 촉진했다. 물론 아메리카 대륙의 신생 독립국가들은 문화적 가치와 네트워크 측면에서 유럽과 계속 연결되어 있었다. 19세기 동안에 아메리카에서 주도적인 국가로 등장한 미국과 브라질은 제국이 갖는 특징을 보였다. 아메리카 대륙에서 국민국가가 형성되고 다양한 정치적 집단들을 묶는 새로운 비전으로서 민족주의도 대두했지만, 기타 세계 제국들의 안정과 강세를 위협할 수는 없었다.

나폴레옹 전쟁의 결과로서 아메리카에서 포르투갈 제국과 에스파냐 제국이 해체되고 새로운 이베로아메리카 국가들이 수립된 것은 제국의 시대에서 국민국가 시대로의 변천이라는 관점에서 볼 때, 우선은 세계사적인 경향의 변이 현상처럼 보였다. 이베로아메리카의 이러한 변화는 민족자결주의가 국제법에서 정당성을 부여받았던 제1차 세계대전 이후의 시대보다 약 100년 전에 이루어졌다. 서반구의 수많은 신생국가는 심지어 유럽에서 제국으로부터 나와 국민국가를 성공적으로 건설한 최초의 국가들 중 하나였던 독립국 그리스보다 먼저 수립되었다. 제1차 세계대전 전야인 1914년에조차 아프리카 대륙 전체에는 독립국가가 에티오피아와 남아프리카, 라이베리아 이렇게 세 나라뿐이었다. 그리고 두 독립된 제국으로 무슬림 군주국인 페르시아와 오스만 제국이 있었다. 하지만 아메리카 대륙에는 이미 1830년대 이래로 열다섯 개가 넘는 독립국가가 존재하고 있었다. 물론 라틴아메리카에서 제국적 지배가 일찌감치 종식된 것은 나폴레옹의 군대가 에스파냐 제국과 포르투갈 제국의 심장부를 침공한 직접적 결과이지, 서반구 국가들에서 국민국가 이념이 승리한 결과는 아니었다.[81]

1763년 이후에 제국의 권력을 중앙집권화하려는 절대왕권의 노력은 그리올[11]들의 정치적 정체성이 탄생하는 데 기여한 듯하다. 하지만 서반구에 있던 이베리아 제국에서 국민국가의 형성은 "즉흥적이고 반동적인" 성격을 지녔으며, 그 결과 논리적으로 일관적이지도 않았고 불가피하지도 않았다.[82] 에스파냐 제국과 포르투갈 제국은 이로 인해 몰락하거나 붕괴할 운명에 처하지도 않았고, 분리와 독립이라는 명분으로 제국에 맞서는 도전에 직면하지도 않았다. 유럽에서 발발한 혁명전쟁이 에스파냐 제국 및 포르투갈 제국과 라틴아메리카에 있는 그들의 식민지 사이의 관계를 무너뜨렸다고 해도, 그것이 독립한 국가들에 자동적으로 주권을 보장해 준 것도 아니고, 제국에 대한 그들의 소속감과 충성심이 완전히 막을 내린 것도 아니었다. 제러미 애덜먼Jeremy Adelman이 보여 주었듯이 라틴아메리카에서 국민국가가 탄생하는 과정은 단계마다 정치적 결단에 따른 것이었으며, 민족주의적 목적론을 통해 단순히 설명할 수 없다.[83] 나폴레옹의 군대가 에스파냐와 포르투갈로 진격해 들어왔을 때, 제국의 엘리트들은 나폴레옹이 모든 식민지 백성들에게 평등과 성문화된 헌법, 자유를 약속한다고 할지라도 아메리카에 있는 그들의 식민 제국에 대한 지배를 계속 유지할 수 있다고 믿었다. 에스파냐 왕은 라틴아메리카를 향한 프랑스의 계획에 맞대응하고자 식민지인들에게 의회 소집뿐 아니라 헌법 제정을 약속했으며, 서반구의 제국적 지배 형식과 그 정당성 문제에서 일대 전환을 추진할 것임을 내비쳤다. 포르투갈의 왕과 궁정, 정부는 그동안 브라질의 리우데자네이루를 직접 방문해 그곳을 중심으로 포르투갈의 식민 제국을 유지하려는 의도를 보였다. 식민 제국이 위기에 직면하면서 에스파냐와 포르투갈의 모든 도시에서는 언론과 출판, 집회의 자유가 중요하다는 의식이 확산되었다. 그 결과 제국 정부들은 제헌의회를 위한 선거를 (에스파냐는 1808년에, 포르투갈은 1820년에) 시행했는데, 이는 무엇보다 식민지인들에게 그들도 제국의 중요한 구성원이며 단지 제국에 속하는 부속물이 아니라는 것을 과시하려

————— **11** 식민지 태생의 유럽인을, 특히 서인도제도에 사는 유럽인과 흑인의 혼혈을 가리키는 말이다.

는 의도에서였다. 이러한 대의제 시행은 제국의 정당성을 사실상 강화했지만, 동시에 선출된 식민지 대표들이 선출되지 않은 본국의 대표들에게 의회에서 차별받는다는 사실을 몸소 체험하는 계기가 되었다. 유럽 내의 전쟁과 타 제국의 도전에 직면해 제국을 재조직하려는 에스파냐 왕실과 포르투갈 왕실의 노력은 이렇게 새로운 긴장과 마찰로 이어졌다. 식민지에 있던 이베리아 제국의 개혁가들조차 전혀 예상하지 못한 사태였다.

나폴레옹의 패배 이후에 권력을 회복한 제국의 수도에서 식민지와 맺은 관계를 이전 방식대로 정상화하려는 노력이 진행되었을 때, 이베리아 제국의 식민지에서는 역설적으로 분리주의 운동이 강화되었다. 봉기가 일어나고 국가는 분리 독립을 쟁취했는데, 반식민주의적 민족주의에서가 아니라 단지 주권을 확보하려는 복잡하고 막연한 욕구에서였다. 그 결과 빈 회의 이후에 전개된 유럽 외교의 새로운 화합 국면에서 유럽 제국들이 재건을 시도하던 바로 그 시점에 그동안 서반구를 제패했던 이베리아반도의 제국은 결국 해체되었다. 브라질은 포르투갈 왕가의 후손을 수장으로 하는 왕국이 되었다.[84] 자기들의 권위를 헌법 제정 이전의 수준으로 되돌리려는 에스파냐 궁정의 시도는 결국 그동안 중립적이던 많은 사람을 분리 독립주의자들의 편에 가세하게 만들었다.

지역에서 신생국가가 탄생하도록 촉진한 것이 본질적으로 민족주의는 아니었지만, "'아메리카를 아메리카인에게'라는 정체성 정책"이 독립을 가능케 한 것은 사실이다.[85] 이 과정에서 가장 이름을 날린 시몬 볼리바르Simón Bolívar(1783~1830)는 당시에 국가적 정체성과 지역적 정체성이 얼마나 애매모호했는지 잘 보여 준다. 즉 왕당파를 굴복시킨 에스파냐령 아메리카 군대의 통수권자로서 볼리바르는 1819년에 그란콜롬비아[12]의 초대 대통령이 되었고, 신생 공화국 볼리비아의 독립을 이끌었으며, 페루의 독립에 앞장섰고, 새로운 남아메리카 공화국들의 결속을 촉구했다. 유럽의 제국과 왕국들에 저항한 후

_____ **12** 오늘날의 콜롬비아를 비롯해 베네수엘라와 에콰도르, 파나마 등을 아울렀던 국가다. 건국을 주도한 볼리바르가 사망한 후 1831년에 각국이 독립하면서 해체되었다.

에 이베로아메리카의 신생 공화국들은 새로운 형태의 주권을 확립하려고 시도했다.[86] 이들 라틴아메리카 신생 공화국의 자주권이 훗날 유럽 열강들에 의해 무시되고 침해되었다거나, 그들이 수립한 정치체제가 초기 이상주의자들이 바랐던 정도의 참여적 성격을 실현하지 못했다고 할지라도, 라틴아메리카 국가들은 유럽 제국들의 지배와는 뚜렷하게 차이를 보였으므로 자주권 행사는 라틴아메리카의 정치가 본질적으로 계속 준수하고자 했던 약속이었다.

20세기까지 독립을 선언한 국가들의 리스트에서 아메리카의 국가들은 단연 두각을 드러내, 세계의 모든 지역 중에서 이베로아메리카는 제1차 세계대전까지 제국에서 독립한 국가(베네수엘라(1811), 누에바그라나다(1811), 아르헨티나(1816), 칠레(1818), 코스타리카(1821), 엘살바도르(1821), 과테말라(1821), 온두라스(1821), 멕시코(1821), 중앙아메리카(1821), 페루(1821), 니카라과(1821), 브라질(1822), 볼리비아(1825), 우루과이(1825), 에콰도르(1830), 콜롬비아(1831), 파라과이(1842), 도미니카 공화국(1844))가 가장 많은 지역이었다.[87] 이러한 사실은 신생 독립국들이 미국독립혁명과 연결되었다는 것뿐 아니라, 이베로아메리카 지역에서 정치적 정당성과 국가 건설에 관한 비전이 계속 확산되었다는 사실을 암시해 준다. 분명 여기에서 국가적 주권에 대한 비전이 지역적으로 갖는 중요성뿐 아니라 그 한계를 간과해서는 안 된다. 주세페 가리발디Giuseppe Garibaldi와 같은 유럽의 지지자들 혹은 람 모한 로이 같은 인도의 학자에게는 라틴아메리카에서 일어난 독립 투쟁이 가진 의미가 상당히 컸는데도, 서반구에서 독립한 국가들이 아시아나 아프리카의 정치 엘리트나 교양 시민층에게 행사했던 영향력은 그저 제한적이었다.[88] 자유라는 이상 그리고 헌법을 위한 투쟁은 1870년에야 비로소 무슬림 사회 내의 범세계주의적인 집단에서, 구체적으로는 청년 오스만Young Ottomans, 우라비 혁명(아흐마드 우라비Ahmed Urabi 대령을 중심으로 이집트의 독립을 추진했던 민족주의 운동), 또는 자말 알딘 알아프가니의 추종자들(유대인과 기독교계 아랍인들도 포함)에게서 호응을 얻었다. 그런데 그들조차도 각각 자기들이 처한 지역적 맥락에 따라 자유라는 이상과 헌법을 위한 투쟁을 나름대로 재해석해 적용한 것이었다. 한마디로 말해 이베로아메리카의 독립을 독재와 자유 사이의 갈등에 관한 보편적인 서사의 일부로서 간주하기는 하지만,

(베네딕트 앤더슨Benedict Anderson이 "민족주의로 나아가는 크리올 개척자"로 표현했던) 신생 아메리카 국가들의 출현이 갖는 지역적 성격이 19세기 전반부에 전 지구적인 민족 독립 운동의 물결로 이어지지는 못했다.[89]

이러한 맥락에서 볼 때 볼리바르의 정치적 행동주의뿐 아니라 대륙의 '젊은 공화국들' 가운데 가장 강력하고 오래된 공화국인 미국의 정치 엘리트들에게서도 라틴아메리카를 위한 새로운 비전이 발전해 간 것을 언급하는 것은 중요하다. 19세기 초에 연방 공화국이었던 미국은 정치적 출발점이나 비전에 관한 한 라틴아메리카의 신생국가들과 매우 비슷한 유형의 국가로 분류되었다. 라틴아메리카 국가들이 이베리아 제국들과 갈등을 겪은 것처럼 미국은 1812년에서 1814년까지 영 제국과 군사적 갈등을 겪었기 때문이기도 했다. 1823년에 미국 대통령 제임스 먼로James Monroe는 유럽 제국주의 열강으로부터 서반구를 지키는 것이 미국이 추구하는 정치적 원칙이자 관심사라고 밝힌 바 있다. 이는 훗날 19세기 후반에 가서 먼로 독트린으로 명명되었다.[90] 먼로 독트린은 사실상 유럽 제국주의 열강을 상대로 서반구에서 더는 식민화를 하지 말라고 요구했으며, 나아가 신생국가들(그중 하나는 왕국)로 이루어진 현재 상태를 공식적으로 인정해 이전 이베리아반도의 제국들이 이 국가들을 위협하지 못하도록 보호하겠다고 천명한 것이었다. 미국이 이들 기본 원칙을 내세운 배경에는 유럽 제국들이 나폴레옹 전쟁의 후유증에서 서서히 회복하면서 특히 이베리아 제국들이 아메리카 대륙에서 자기들이 차지했던 과거의 상태를 회복하려고 한다는 판단이 있었다. 먼로 독트린은 여기서 더 나아가 미국은 유럽 제국의 영토에 대해서는 그 어떤 간섭도 하지 않을 것임을 천명했다. 예를 들어 미국 내에서 그리스에 우호적인 여론이 그리스의 독립을 지지했지만, 미국은 그리스의 반란 세력을 지원하지 않겠다는 입장을 표명한 것이다. 미국의 국제 정책을 제시한 이와 같은 포괄적 원칙은 그것이 천명된 초기 단계에서는 미국의 해군력이 강했기 때문이라기보다는 영 제국이 정책적으로 다른 전략을 추구했기 때문에 유지될 수 있었다. 즉 영국은 라틴아메리카 지역에 옛 제국적 질서를 회복하는 정책보다는, 긴밀한 무역 관계에 기초한 비공식적 제국에 더 무게를 싣는 정책을 추진했다. 그것이 오히려 자국의 경제적 이해관계에 더 유익하다는 판단에서였다. 라틴아메리카에 옛 제국적 질서를 회복하려는 에스파냐와 포르투갈의 움직임에 맞섰던 미국과 영국의 현실 정치적 비전은 볼리바르 같은 이상주의적인 라틴아메리카 건국의 아버지들이 내놓은 구상과 잘 맞아떨어졌다. 물론 그 어떤 방식이든 양자 사이에 협약이 있었던 것은 아니다.[91] 멕시코와 미국 사이에 전쟁이 발발한 끝에 멕시코 영토의 절반을 미국에 넘겨주게 했던 과달루페 이달고 조약(1848) 이후에야 비로소 미국과 라틴아메리카 사이에 정체성의 차이가 점차 커지기 시작했다. 이런 추세는 계속되어 미국은 20세기 초에 결국 남부의 라틴아메리카적 정체성과 대조되는 '백색'의 북부 권력으로 우뚝 섰다.

독립을 달성한 후 수년간 라틴아메리카의 신생국가들에서는 이베로아메리카라는 지역적 정체성이 강하게 형성되었는데, 이는 서반구 내에 작동하는 다양한 경제적·문화적 네트워크를 통해 촉진되었다.[92] 공동의 문화적 배경과 공동 언어(에스파냐어 혹은 포르투갈어), 종교적 네트워크, 대륙을 관통하는 무역 루트와 관광 루트뿐 아니라 공동 운명체라는 의식도 이러한 지역 정체성이 대두하는 데 기여했다. 하지만 가톨릭을 통해 유럽과 연결된 라틴아메리카의 지역 정체성은 앞서 서술한 바와 같이 이슬람 세계의 지역주의와 달리, 유교의 영향이 강했던 동아시아의 지역 정체성과 달리 유럽 제국주의와 문화적으로 비슷한 특성을 보였다. 나아가 식민지의 권력자들이 낯선 '외래' 문화권 출신이 아니었기 때문에 범아메리카주의나 라틴아메리카적 결속감 같은 느낌은 19세기의 마지막 25년 동안 반제국주의적 성격을 갖고 있던 범이슬람주의와 범아시아주의, 범아프리카주의와는 다른 길을 갔다.

존 채스틴John Chasteen이 이른바 '아메리카노스Americanos'라고 부른 것에서 잘 표현되듯이 19세기 중엽에는 이미 라틴아메리카라는 정체성이 존재했으며, 이 새로운 지역적 정체성은 서반구에 존재하는 유럽 제국의 백성이라는 이전의 정체성을 대체했다.[93] 왈테르 미그놀로Walter Mignolo는 라틴아메리카를 서양의 일부이자 그에 속하는 주변부로 보는 사고에, 단적으로 앵글로아메리카와 라틴아메리카라는 구분이나 미국 독립 후의 시기에는 북아메리카와 남아메리카라는 구분에 모순이 있다고 지적했다. 특히 미그놀로는 신생 독립국가들에서 에스파냐어나 포르투갈어를 사용하는 크리올 엘리트들이 매우 복잡한 상황에 있었다는 사실을 강조했다. 그들은 아프리카에서 끌려온 노예나 토착민들에 대한 자기들의 지배를 계속 유지하기 위해 프랑스가 라틴아메리카에 관해 구상했던 계획을 자기들의 것으로 받아들이는 동시에 이 지역을 근대화하려는 유럽의 프로젝트에 가담했던 것이다.[94] 하지만 브라질과 아르헨티나, 멕시코 같은 주요 라틴아메리카 국가들은 19세기 동안에 서로 다른 길을 갔다고 할지라도, 모두 기타 라틴아메리카 국가들과의 문화적·정치적·경제적 네트워크를 통해 주권국가로서 안정적인 위상을 확보할 수 있었다.

대서양 혁명이 전 세계에 미친 영향

최근에 역사가 데이비드 아미티지David Armitage는 "1776년의 미국독립선언이 세계 역사에서 처음으로 독립과 주권을 동일시했다."라고 주장했다.[95] 하지만 우리는 미국독립혁명이, 아니면 좀 더 넓은 의미에서 대서양 혁명이 다양한 지역에 미친 영향을, 그리고 그 결과 그곳에 각각 다른 시대적 프레임을 설정하게 한 맥락을 밝혀내고 그 역사적 의미를 규정할 필요가 있다. 북아메리카에서 식민지인들이 독립한 것이 훗날 다른 지역에 국가를 세운 건국자들에게 법적 선례가 되었다는 것은 사실이다. 그들은 국제법에 따라 다른 나라들로부터 인정받기 위해 독립을 선언했다. 그리고 그것은 하나의 독립체로서 주권 문제에 관해 협상할 수 있게 하는 전제 조건이었다. 프랑스가 미국의 주권을 인정하자 독립선언문은 국제법에서 가장 중요한 문서 중 하나가 되었으며, 그 결과 영 제국도 결국 1783년에 미국의 독립과 주권을 인정하지 않을 수 없었다. 그렇지만 미국독립혁명과 미국독립선언은 세계의 다른 지역에 즉각적인 영향을 미치지는 않았다.

라틴아메리카에서 혁명이 발발하기 전에 미국독립혁명은 가까운 아이티에조차 별다른 영향을 미치지 않았다. 오히려 게리 내시Gary Nash가 지적하듯이 노예제에서 해방되기를 희망했지만 그들의 꿈이 실현되지 않는 것을 본 아프로아메리카인들뿐 아니라, 미국의 독립을 지지했지만 미국독립혁명이 노예제를 고수하는 것을 보고 계몽사상에 대한 배신이라고 느꼈던 유럽의 미국

독립 지지자들에게도 미국독립혁명은 "기다린 실망"이었다고까지 말힐 수 있다.[96] 훗날 미국독립혁명을 모델로 삼았던 정치 운동들은 인민의 권리나 노예제 종식을 추구하고 민주화를 쟁취하고자 했던 운동의 일부가 아니었으며, 미국독립혁명가들이 내세웠던 급진적인 어젠다의 그 어떤 부분도 고려하지 않았다. 영 제국의 입장에서 볼 때 미국의 독립은 해외 영토를 계속 확장하고자 하는 그들 제국의 비전에 그 어떤 걸림돌도 되지 않았다.[97] 다른 제국들 역시 미국독립혁명이나 프랑스 혁명을 자국의 제국적 팽창에 근본적 의문을 제기하는 도전으로 여기지 않았다. 두 혁명이 끝난 후인 1795년에 폴란드 연합이 인접한 제국들에 의해 완전히 분할된 것은 이러한 상황을 보여 주는 좋은 사례다. 제국의 백성들은 제국에 대한 자기들의 불만을 표현하고자 할 때 미국 독립이라는 사례를 거의 언급하지 않았다. 적어도 1820년 이전에는 그러했다.

서반구와 그 외연이 확대된 유럽에서 제국과 국가로 이루어진 세계 질서를 재구성하도록 자극한 것은 나폴레옹 전쟁이지 미국과 프랑스, 아이티의 혁명이 아니었다.[98] 나폴레옹 치하의 프랑스 제국은 유럽에 프랑스 중심적인 새로운 제국 시스템을 구축했는데, 이는 제국 간의 새로운 연합 구도와 동맹, 미래 구상을 가능하게 했다. 그렇게 볼 때 대서양 혁명은 사실 유럽에서 많은 것을 변화시켰다고 할 수 있다. 즉 프랑스 제국과 영 제국, 러시아 제국, 에스파냐 제국, 포르투갈 제국, 네덜란드 제국 사이의 실질적인 군사적·경제적 관계가, 그리고 비유럽 영토에서 혁명적 봉기를 통해 변화되었던 그들의 잠재력이 이제 예전과는 다른 새로운 기반 위에 서게 되었다.

미국독립선언이 선구적인 모델로 활용된 것은 단지 프랑스 혁명전쟁 동안이었고, 혁명 직후였다. 거의 10여 개국(아이티(1804), 세르비아(1809), 베네수엘라(1811), 아르헨티나(1816), 칠레(1818), 중앙아메리카(1821), 멕시코(1821), 페루(1821), 브라질(1822), 그리스(1822))에서 미국독립선언을 닮은 내용이 선포되었다. 이들 가운데 8개국은 라틴아메리카에 속하며, 2개국은 오스만 제국이 지배하는 남동유럽 지역이었다. 이들의 독립선언이 대서양 혁명과 뚜렷한 연관성이 있다는 사실을 보여 주는 대목이다. 모든 선언문은 그 어떤 제국이나 다른 정치

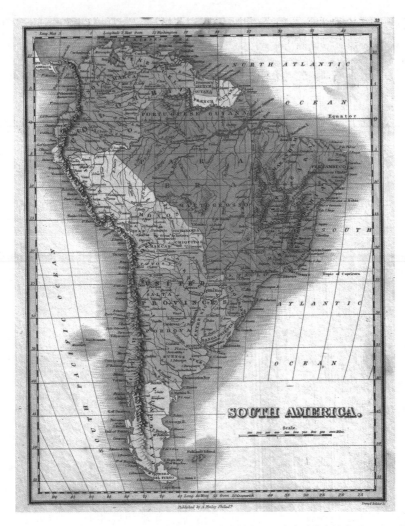

—— 1827년 판 남아메리카 지도. 산과 강이 표시되어 있고, 국가의 경계에 따라 색으로 구분되어 있다. (Wikimedia Commons)

적 실체에도 구속되지 않는 자유를 천명했다. 결국 1830년까지 브라질과 그리스가 독립을 쟁취했는데, 공화국이 아니라 왕 또는 황제의 지배하에서였다. 물론 앞서 언급된 독립선언들의 내용과 세계사적 의미가 무엇인지는 19세기 초의 많은 사람에게 그리 명확하지 않았다. 아이티의 독립선언이 미국의 선례를 예찬하고 그 모델을 지향했지만, 미국독립선언의 설계자였던 토머스 제퍼슨Thomas Jefferson 대통령 정부는 아이티 독립선언을 인정하기를 거부 했다. 아이티 사태를 계기로 미국에서 노예들의 봉기가 일어날까 봐 우려해서였다.[99] 신생 공화국 미국의 정치 지도자들은 그들이 추구한 자유의 이념이 노예제가 지배하는 타 제국의 지역으로 수출되기를 원치 않았다. 그곳에서 노예제가 철폐될 경우에 미국 내의 노예제도 역시 위험에 빠질 것이기 때문이었다.

노예제 폐지 운동은 아메리카뿐 아니라 대서양 지역에서 거세게 일어났지만, 그것이 법적 규범으로까지 자리 잡는 진보를 달성하는 데는 기나긴 세월이 필요했다. 심지어 1808년에 미국에서 노예무역을 금지하는 조치가 취해진 후에도 불법적인 거래가 계속되었으며, 1865년에 남북전쟁이 종식된 후에야 비로소 미국에서 노예제가 막을 내렸다. 미국 내의 노예들에게 노예해방이 실현된 사회에 관한 비전을 갖게 해 준 것은 영 제국이 통치하는 캐나다 지역이었다. 유럽 출신의 관찰자에게조차 미국은 시대착오적인 나라로 보이기 시작했다. 예를 들어 1824~1825년에 미국을 여행했던 라파예트La Fayette 후작은 자기를 초청했던 미국 사회에서 커다란 영향력을 갖고 있던 미국인에게 노예제를 유지하는 것은 미국독립혁명의 가치에 어긋난다는 사실을 여러 차례 주지시켰다.[100] 대서양 혁명의 여파로 변화를 겪게 된 것은 유럽과 서반구뿐이 아니었다. 서아프리카에서도 정치 구조에 중대한 변화가 일어났다. 특히 지하드, 즉 성전을 외치며 자기들의 정당성을 주장하는 무슬림 왕조들이 등장한 것은 의미심장한 변화였다. 유럽에서 나폴레옹 전쟁이 절정에 도달했을 무렵에 서아프리카에서는 소코토 칼리파국(지도자가 명명한 대로 흑인의 땅에 세워진 칼리파국)이 등장해 오늘날의 나이지리아와 카메룬, 말리에 이르는 광활한 지역을 장악하고, 1840년에는 결국 요루바족의 오요 왕국마저 통합했다. 무엇보다 무슬림들을 노예에서 해방한 것은 소코토 칼리파국이 지하드를 성공적으로 수행하는 데 기여했다. 하지만 칼리파국은 비무슬림들을 노예로 삼는 것에는 반대하지 않았다. 서아프리카에서 칼리파국이 등장하던 것과 같은 시기에 영 제국은 시에라리온에 해방된 노예를 위한 '프리타운'(식민지의 수도에도 같은 이름을 부여했다.)이라는 정치 프로젝트를 후원했다. 이 프로젝트의 결과로 서아프리카 해안 지방에서 수공업자와 상인, 선교사로 활동하는, 영어를 사용하는 아프리카인 집단들이 형성되었다. 대서양을 횡단하는 노예무역과 기타 무역 관계를 통해 형성된 유럽과 서반구, 서아프리카 사이의 이러한 네트워크는 서아프리카의 지하드 칼리파국의 출현과 대서양 혁명처럼 겉으로는 전혀 상이하게 진행된 발전이 사실상 공동의 경제적·정치적 맥락하에 전개되었음을 보여 주었다. 이는 지금까지 충분히 연구되지 않은 분야다.[101]

세계가 1805년에 프랑스를 바라보았을 때, 그곳에 혁명 이념을 가진 공화국은 존재하지 않았다. 그들이 발견한 것은 조공국으로 둘러싸인, 나폴레옹 지배하의 제국이었다. 따라서 프랑스 혁명이 대서양 지역 내에서 미친 영향은 제한적이었다. 새로운 사상이 유럽-대서양 지역을 넘어 미친 영향은 더욱 적었다. 무슬림 지식인과 지중해 동부 세계의 주민, 심지어 인도인들도 미국과 프랑스, 아이티의 혁명을 촉발한 사상에 관해 들었을 것으로 추정된다. 하지만 그들이 갖고 있던 정의나 합법적 지배에 관한 생각을 바꾸게 할 정도로 커다란 영향을 행사하지는 못했다. 프랑스의 혁명가들이 왕을 단두대에서 처형했을 때, 오스만 제국이나 중국 제국의 엘리트, 심지어 백성들조차 별로 감탄할 이유가 없었다. 사회계약론이나 자연권 사상이 제국의 시대가 맞이할 필연적인 종식을 뜻하는 것도 아니었다. 인민의 권리에 대한 주장 역시 제국적 배경을 가질 수 있어 민족주의적으로 해석되지 않을 수 있었다. 그런데도 이들 이념은 오스만 제국이 지배하는 지역뿐 아니라 그리스나 세르비아, 루마니아의 여론에도 분명히 영향을 미쳤다. 그들 지역과 러시아나 서유럽, 남서유럽의 도시들을 연결하는 네트워크가 이미 작동하고 있었기 때문이었다. 따라서 대서양 혁명이 세르비아나 그리스의 변혁에 분명히 영향을 주었다고 말할 수도 있을 것이다. 또한 오스만 제국의 개혁 조치에서도 사회계약이나 자연권에 관한 언급이 발견된다. 예를 들어 1839년의 선언에는 그 누구도 자기의 종교적 신념 때문에 차별받지 아니한다는 조항이 있으며, 소유권이나 국가에 의한 처벌 이전에 재판받을 권리 같은 규정도 있었다. 이는 전 세계에 확산된 대서양 혁명의 가치를 반영해 오스만 제국의 옛 통치 제도를 수정한 원칙들이었다.

전 세계 여러 지역의 정치적 구상에서 자주 등장한 수많은 레퍼토리 안에서 입헌주의나 주권재민론 같은 사상이 단지 그림자 같은 허망한 역할에 머물렀다고 할지라도 독립과 주권, 헌법 혹은 권리나 제국에 대한 의무 같은 원칙들은 19세기 전체를 통해 동유럽과 인도, 라틴아메리카에 확산되면서 열띤 반응을 일으켰다.[102] 장기적으로 볼 때 당시에 이 사상들이 제국이나 왕조의 정당화 시도나 정치 구상들과 동시에 존재했다고 해서 그들이 갖는 중요성이 줄어들지는 않았다. 19세기 내내 권리와 시민 의식, 헌법이 제국의 다양한 구조들에 생산적으로 적응하는 현상이 있었다. 따라서 우리는 이러한 협상과 타협, 종합 현상이 자유주의적 정치사상과 제국의 지배 사이의 대립적인 이원성을 넘어서는 것이었다고 간주해야 한다. 권리 개념은 점차 변화를 겪어, 권리는 정점에 있는 권력자에게서 나와 주어지는 것이 아니라 인민 자신이 권리를 보유하며, 주권 역시 인민에게서 나오는 것이기 때문에 통치자의 결정권은 법을 통해 제어된다는 의식이 점차 형성되었다. 재건된 프랑스 제국은 헌법을 갖고 있었으며, 기존의 질서는 자연적인 질서가 아니기 때문에 정치제도 역시 인민이 원하면 바꿀 수 있다는 사상이 확고하게 사회에 뿌리내렸다. 그러나 이런 정치 이념은 유럽-대서양 지역에 이미 풍부하게 존재하던 정치 강령들과 합류해 그 어떤 우위도 얻지 못했고, 왕국과 주권, 제국, 정의의 혼합적인 개념에 적용할 수 있게 되었다.

해방과 자유라는 새로운 사상은 억압이나 제국적인 통치에도 이용될 수 있었다. 예를 들어 어떤 곳에서는 식민 지배가 노예해방이나 여성해방 혹은 무역의 자유라는 이름으로 정당화되었다. 이러한 맥락에서 볼 때 국가나 제국뿐이 아니라 당시에 서서히 형성되던 사회 여론(예를 들어 국가나 제국과 결속된 인쇄 문화) 같은 공적 영역도 마찬가지로 중요한 정치적 주체로 인식되어야 한다. 베일리는 나폴레옹 이후 시대의 국가들이 '혼합된 정당성hybrid legitimacy'에 토대를 두었다고 적절히 표현한 바 있다. 다양한 백성들을 통치할 왕조의 지배권에 관한 옛 사상이 헌법과 권리, 주권 등 새로운 사상과 혼합된 정당성이었다.[103] 물론 어떤 면에서는 몽골 제국 이후 여러 유라시아 제국도 이미 혼합된 정당성에 토대를 두고 있었다. 권리와 의무를 적당히 혼합하고, 다양한 종교적·문화적·인종적 전통에 호소해 백성의 충성심을 강화하는 방식이었다. 이와 유사하게 옛 법규범과 새로운 법규범이 공존하는 형태는 오스만 제국이나 차르 제국처럼 개혁이 이루어진 제국에서뿐 아니라, 제국주의 이후의 신생 라틴아메리카 국가 등에서도 발견되었다.[104] 대서양 혁명은 이렇듯 정치적 용어와 정치적 미래 세계의 목록에 옛것들을 제거하지 않으면서 매우 중요한 새로운 항목들을 추가했다. 그렇기 때문에 어떤 면에서 제국은 프랑스 혁명과 나폴레옹 전쟁 이후에 하나의 선택지였다. 그러나 그것은 그 어떤 방식으로든 민족주의에 의해 가려지지 않는 매력적인 선택지였다. 권리를 향한 수많은 외침이 제국의 틀 안에서 가능했던 것이다.

"17세기의 유럽에서는 주권을 부르짖는 혁명이 없었다."[105]라는 버뱅크와 쿠퍼의 주장은 전적으로 옳다. 17세기 이후에도 통치자와 백성, 영토의 관계는 애매하고 가변적이었다. 1789년 이후의 한 세기 동안 프랑스는 3분의 1에 해당하는 시기만 공화국이었으며, 3분의 2에 해당하는 나머지 60여 년 동안은 자기를 황제나 왕으로 지칭한 남자들이 통치했다. "제국은 18세기와 19세기 초에 혁명이 펼쳐진 무대였지, 혁명의 제물은 아니었다."[106] 이처럼 사실상 19세기 후반부에 지배적인 정치 형태는 여전히 제국이었다. 독립선언과 함께 독자성을 천명했던 신생국가들의 역사를 살펴본다고 해도 1849년(유럽에서 1848년의 혁명이 좌절한 이후)과 1919년(제1차 세계대전 이후 시기)의 사이에는 역사적인 공백기가 존재한다. 이 당시의 신생국가인 루마니아(1878)와 몬테네그로(1878), 세르비아(1878), 불가리아(1908), 알바니아(1912)는 과거 오스만 제국의 발칸반도 영토에 속했던 지역인데, 그중 몇몇 나라는 독립선언도 없이 수립되었다. 70년이라는 이 세월 동안에 민족 통일 혹은 민족주의적 독립의 기치를 높이 들었던 운동들이 전 세계에서 활발히 일어났는데도 제국은 전 세계에서 위력을 떨쳤다. 그리고 모든 신생국가도, 예를 들어 독일과 이탈리아, 일본, 심지어 미국 같은 나라도 국민국가를 기반으로 하는 세계를 꿈꾸기보다는 독자적인 제국을 수립하기 위해 노력했다.

2 제국의 자기 강화 시대

빈 회의 이후의 세계 질서에서는 제국들 사이의 관계가 더욱 중요해졌다. 기존의 제국과 왕국들은 새로운 통치술과 다양한 정당화 명분을 동원해 자국의 세력을 강화하려고 노력했다.[107] 1820년대에서 1880년대 사이에 세계 곳곳에 형성되어 있던 지역 질서가 점차 유럽 중심적인 제국의 질서 아래로 포섭되었다. 그러나 우리는 전체적인 발전 과정의 복잡성을 신중히 고려하지 않은 채, 유럽 제국들이 비유럽 세계에 패권을 행사하는 과정이 아무런 문제없이 직선적으로 이루어졌거나 불가피한 것이었다고 서술해서는 안 된다. 유럽 제국들이 오랜 세월에 걸쳐 아시아와 아프리카의 다양한 집단들에 대한 지배를 견고하게 구축하는 반세기 동안에 제국들은 서로 경쟁하면서도 협력하는 관계를 유지했다. 점차 세계화하는 세계에서 국가를 초월하는 제국적 질서의 정당성은 이로써 새로운 도전에 직면했다. 이렇게 국제적이고 제국들 사이의 관계에 토대를 둔 질서가 전 세계로 확산되면서 세계의 새로운 지형도가 형성되었기 때문이다. 유럽 제국들의 점진적인 팽창은 각 지역이 보유하던 경제적·문화적 네트워크를 무너뜨리고 그들을 유럽식으로 변형시켰다. 그런데 역설적이게도 유럽 제국의 지배는 18세기 이전의 다양한 옛 관계들을 보존하고 강화하면서도 이슬람 세계와 아시아 세계, 아프리카 세계 내의 사회들에서 새로운 네트워크의 교류 및 교환 관계를 형성하게 만들었다.

1815년, 유럽에 평화가 오고 제국들 간에 세력 조정이 이루어지자 유럽 제국들은 당시의 세계에서 차지하던 정치적 입지를 강화해 아프리카와 아시아에 대한 그들의 지배를 확대할 기회를 갖게 되었다. 이후에 유럽 제국들이 유라시아 지역과 아프리카에 점점 더 적극적으로 진출하면서 유럽의 왕조가 기독교도도 '백인'도 아닌 백성들을 지배하는 상황이 증가했다. 그리고 이런 상황은 유럽 제국들이 세계에 대한 그들의 제국적 지배를 새롭게 정당화하고, 나아가 새로운 통치 전략을 택해야 할 상황에 직면하게 했다. 이런 맥락에서 유럽 제국이 마주한 가장 중요한 과제는 무슬림이 강세인 지역을 어떻게 제국 안에 통합하는지에 관한 것이었다. 1880년대 중반까지 영 제국과 러시아 제국, 네덜란드 제국, 프랑스 제국은 그 어떤 무슬림 군주보다도 더 많은 수의 무슬림 백성을 지배하고 있었다. 문제는 기독교도인 영국 여왕이 어떻게 인도의 힌두교도와 무슬림 백성의 왕이 될 수 있는지였다. 오스만 제국의 황제에게는 이와 정반대의 문제가 발생했다. 어떻게 무슬림 술탄이 아르메니아 및 그리스 기독교도들의 군주가 될 수 있을 것인가?

기존의 제국들은 자기들이 지배하는 백성들이 다양한 그룹들로 구성되어 있다는 현실에 직면해 제국의 정당성에 우선권을 부여함으로써 왕조의 정당성을 확보하려는 정책을 채택했다. 이렇게 만들어진 혼합된 정당성은 무슬림 백성들이 기독교도 군주에게 충성을 바치고, 반대로 기독교도 백성들이 무슬림 군주에게 충성하는 것을 가능하게 만들었다. 예를 들어 러시아 차르는 정교회의 백성들뿐 아니라 무슬림 백성들에게도 자기가 정당성을 가진 군주라는 것을 보이려고 노력했다. 하지만 인쇄물의 확산으로 말미암아 여론 형성이 활성화하고 네트워크화되어 공적 영역이 증대하자, 이러한 혼합된 정당성을 유지하는 것이 전혀 불가능하지는 않다고 해도 매우 어렵다는 사실이 드러났다. 아편전쟁 이후 동아시아의 지역 질서가 유럽 중심적인 세계 질서에 통합되자, 세계로 뻗어 나가던 유럽의 전성기는 일련의 새로운 도전에 부딪혔다. 유럽 제국들이 광대한 비유럽 세계를 지배하게 되자 유럽에 관한 '추상적인' 이미지가 탄생했는데, 유럽이 제국을 역사상 최고로 잘 운영한 모델일 뿐 아니리 세계에서 유일한 전 지구적 문명이라는 보편주의적 주장이 등장한 것이다.

포괄적이면서도 국제법을 통해 조정된 제국적 세계 질서가 등장하는 데 가장 문제가 되었던 장애물은 (제국 간의 경쟁 외에) 민족주의가 아니라, 유럽의 해외 제국이 가진 문화적·종교적·인종적 다양성이었다. 제국의 정당성을 둘러싼 경쟁적인 주장들이 서로 충돌했으며, 19세기 중반에 수많은 전쟁과 정치적 위기를 겪은 후에 전 세계에 대한 유럽 제국의 지배를 정당화하려는 시도는 결국 인종과 문명, 종교에 관한 담론으로 귀착되었다. 제국적 보편주의가 등장하고 제국들 사이에 통용되는 세계적인 규범도 등장했지만, 1880년대 이후에는 그동안 세계화된 세계가 다시 재지역화하는 현상이, 즉 세계가 다시 지역 중심으로 재편되는 현상이 발생했다. 그러므로 우리는 19세기 후반에 형성되었던 지정학적인 지역 구도가 유럽 제국의 팽창에 대한 이슬람 지역과 아시아 지역, 아프리카 지역의 전통적이고 보호주의적인 도전이 아니라, 제국적 질서의 세계화 과정에 통합되는 것이라는 사실에 주목해야 한다. 지정학적으로 이 지역들이 다시 주목받게 된 것은 오히려 나폴레옹 전쟁에서 이른바 아프리카 쟁탈전에 이르는 시기에 유럽 제국들이 전성기에 도달하면서 부딪혔던 정당성 위기가 낳은 변증법적 결과였다.

제국적·종교적 정체성의 재구성: 이슬람 세계

19세기 동안에 다양한 지역에서 이루어진 제국들 사이의 접촉과 관계는 결국 1880년대에 유럽 제국들이 아시아와 아프리카를 장악하는 형태로 종식되었다. 그런데 앞서 대체적인 윤곽을 언급했듯이 이 과정은 각 지역의 역사적·문화적 특수성에 주목하면서 다음에 서술될 것이다. 예를 들어 유럽의 여러 제국이 무슬림에 속하는 제국이나 제후국에 맞설 때 보인 행동 양식은 무슬림이 아닌 아시아 및 아프리카 지역에 대한 대처 방식과 비교할 때 뚜렷한 시간적·논리적 차이를 보였다. 물론 지역적 특성에 주목한다고 해서 국제 관계에서 점차 형성되던 전 지구적 패턴과 지역을 넘어서는 규범을 간과해서는 안 된다. 이슬람 사회에서 제국 간의 질서에 대해 생겨나던 비전은 그것이 내포한 내적 모순과 마찬가지로, 동아시아 지역에서 유럽 제국의 팽창에 보인 지배적인 반응과 커다란 차이를 보였다. 지역 간의 관계라는 관점에서 바라볼 때, 1815년에서 1880년대 중반까지 유럽 제국들과 이슬람 세계의 접촉과 뒤섞임은 특별히 주목할 가치가 있다. 나폴레옹 전쟁이 끝난 후 유럽이나 라틴아메리카가 아닌 지역에서 국민국가가 수립된 첫 사례인 1830년의 그리스 독립과 같은 전형적인 사건이 바로 이 시기에 일어났는데, 그리스 독립은 무슬림의 지배에서 기독교 소수파가 해방된 사건이었다. 나아가 이슬람 세계와 유럽 사이의 관계를 잘 살펴보면 제국 우선 정책이 뚜렷할 뿐 아니라, 제국들이 서로 갈등을 겪는 과정에서 기독교나 무슬림의 정체성을 정치적으로 이용했다는 사실도 파악할 수 있다.

1815년에서 1882년까지는 훗날 이슬람과 기독교가 충돌하는 시기로 서술되었는데, 이들 사이의 갈등은 이미 예정된 것으로 추정되었다. 그러나 사실상 제국 간 합법성interimperial legitimacy이라는 원칙은 기독교도 백성을 가진 무슬림 국가뿐 아니라 무슬림 백성을 가진 기독교 국가를 포괄하는 혼합된 지역을 만들어 낸 잠재력을 갖고 있었다. 보편화된 제국적 비전이 당시에 얼마나 막강한 힘을 발휘했는지는 1867년에 오스만 제국의 술탄 압뒬라지즈Abdülaziz가 유럽을 방문했을 때, 프랑스 제국과 영 제국, 오스트리아-헝가리 이중 제국뿐 아니라 벨기에 왕국과 프로이센 왕국의 군주들이 무슬림 지역에서 온 귀빈에게 의전상 최고의 예우를 베푼 사실에서 너무나도 뚜렷하게 드러났다. 심지어 두 제국의 강력한 결속을 견고하게 만들기 위해 오스만 제국의 황태자와 영국 공주 사이의 혼인을 추진할 의사를 내비쳤다는 소문이 돌았을 정도였다.[108] 장기 19세기 동안에 무슬림 군주가 유럽을 공식적으로 방문한 사례는 더 있었다. 이 방문들을 통해 제국들이 상호 간의 존중과 인정을 토대로 (분쟁이 발생할 경우) 서로 정치적으로 협상하고 조정할 수 있는 가능성이 커졌다. 1846년에 튀니스의 아메드 베이는 파리를 방문한 최초의 무슬림 군주가 되었고, 1867년에는 이집트의 케디브 이스마일 파샤Ismail Paşa가 유럽 여행길에 올랐으며, 1873년과 1878년, 1889년에 카자르의 샤들이 그 뒤를 이었다. 1879년에는 조호르의 술탄 아부 바카르Abu Bakar가 그의 술탄국을 보호해 주었던 제국의 중심인 잉글랜드를 방문했다. 1875년 한 해에만 해도 오스만 제국과 페르시아, 이집트, 튀니지, 잔지바르의 통치자들이 잇달아 런던을 방문했는데, 이것은 '무함마드Muhammad'의 왕조가 전 세계에서 얼마나 그 명망과 권력을 인정받고 있는지 보여 주는 상징적 사건이라고 당대의 범아프리카주의자였던 에드워드 윌멋 블라이든Edward Wilmot Blyden은 기록했다. 앞서 언급한 통치자 가운데 세 명은 아프리카 출신이었다.[109]

이들 군주가 유럽 제국의 수도를 방문한 기록을 살펴보면 각국이 이들의 지위와 신분을 의전상 어떻게 평가했는지 잘 드러나며, 그렇게 볼 때 의식에 사용된 상징들도 대단히 중요하다. 오스만 제국의 술탄이나 이란의 샤에게 모두 가터 훈장이 수여되었는데, 영국 왕이 외국 원수에게 수여할 수 있던 가장 명예로운 훈장이었다. 나아가 훈장의 수여는 오스만 제국과 페르시아 제국을 막강한 유럽 제국의 공동체에 받아들이며 당시의 유럽 제국들이 이를 함께 축복한다는 상징이기도 했다. 1866년에 브라질을 방문했던 오스만 제국의 아브두라흐만 에펜디Abdurrahman Efendi는 오스만 제국이 유럽 제국들과 비교될 만한 대제국이므로 브라질 같은 작은 제국보다 중요한 나라라는 시선으로 브라질을 바라보았다.[110] 1869년에 이집트가 수에즈 운하 개통을 기념해 성대한 파티를 개최했을 때, 이스마일 파샤는 유럽의 왕가를 초청했으며, 이제 오스만 제국의 자치국인 이집트는 유럽의 일원이 되고 있다고 선언했을 때 그도 아브두라흐만 에펜디와 비슷한 생각을 갖고 있었던 것으로 보인다. 같은 해에 인도아대륙에서 가장 영향력 있는 개혁주의자이며 무슬림 수도자였던 사이이드 아흐마드 칸이 런던을 방문했다. 그는 이 방문을 통해 영국적이며 인도적인 무슬림 정체성을 형성하려는 자기의 노력을 한층 심화했다.[111] 오스만의 페스fes[13]를 인도 무슬림에게 소개해 널리 사용하게 했던 사이이드 아흐마드 칸이 보기에 무슬림인 오스만 술탄은 영국 여왕에게 더할 나위 없는 동맹 상대였다. 기독교도와 무슬림을 동시에 다스리는 술탄과 마찬가지로 영국 여왕

_____ **13** 페스fez라고도 하며, 원통형 모자의 한 종류로 오스만 제국에서 애용되었으나, 터키 공화국이 성립한 후에는 금지되기도 했다.

도 무슬림과 힌두교, 기독교도 등 다양한 백성들로 구성된 제국을 다스리고 있었던 것이다. 이 사례들은 자기 본국의 보수주의에 맞서 유럽의 근대 프로젝트에 뒤따르려는, 다시 말해 세속화되고 자기 신앙에 등을 돌린 무슬림을 보여 주는 것이 절대 아니다. 오스만 술탄과 이집트 케디브 혹은 페르시아 샤에 대한 무슬림의 충성에는 그 어떤 의문의 여지도 없었으며, 그 누구도 술탄과 케디브, 샤가 추구한 제국 정책이 이슬람 지역주의에 대한 배신이라고 비판하지 않았다. 이들 군주는 공식 행사 때 거리낌 없이 그들의 가슴에 십자가 모양의 메달을 달았지만, 이는 유럽 제국과 협력한다는 것을 뜻할 뿐이었으며 그들은 자부심에 찬 무슬림이었다.

1880년대까지 유럽과 무슬림 지역의 경계 지방에서는 서로 다른 제국적·종교적 정체성 사이에 교류가 증가하고 다양한 형태의 관계가 발전했다. 그러나 영국과 프랑스, 네덜란드, 러시아, 오스만 등 유럽 제국들은 종교적 정체성보다 제국적 정체성을 우선시하려고 시도했다. 러시아 제국과 프랑스 제국, 영 제국, 네덜란드 제국이 될 수 있는 한 무슬림 백성들을 통제하고 통합할 방법을 모색하는 동안에 오스만 제국의 군주는 아르메니아 및 그리스 백성과 유대인 백성들의 충성심을 강화할 새로운 방안을 찾으려고 했다. 무슬림 백성을 상대로 기독교도 군주의 정당성과 제국의 지배권을 확립하려는 노력이 성공한 정도는 제국에 따라 달랐다. 1870년대에는 기독교도 군주에 대한 무슬림 백성의 충성 의무에 관한 전례 없는 논쟁이 펼쳐졌다. 그렇게 된 배경은 다양해 궁극적으로 같은 맥락에서 진행된 것은 아니었다. 예를 들어 몇몇 제국의 경우 본국에서 기독교적 정체성의 강화가 관찰된 것이, 어떤 경우는 무슬림의 여론과 신문이 확산된 것이, 또 다른 경우는 고학력 무슬림들이 여러 제국을 여행하는 기회가 많아진 것이 그 배경이었다. 거의 비슷한 시기에 오스만 제국에 속한 유럽 기독교도들도 무슬림 왕조가 지배하는 오스만 제국을 향해 분리주의적 요구를 제기하기 시작했는데, 유럽 사회의 여론은 대체적으로 이를 지지하는 입장이었다. 러시아 제국과 네덜란드 제국, 프랑스 제국, 영 제국의 내부에 거주하던 무슬림 주민들은 한편의 기독교적 구원과 다른 한편의 무슬림이 겪는 식민지적 억압 사이에서 모순을 깨닫기 시작했고, 그 결과 오스만 제국이 당시의 전 세계 무슬림의 공동체를 잠재적으로 대표한다고 생각하기 시작했다.[112] 1880년대에는 유럽-무슬림 지역에 있던 제국의 정당성이 모순을 드러내고 위기에 직면하면서 제국의 정당성과 세계 도처에서 새로 형성되기 시작한 종교적 정당성이 언제 뒤바뀔지 모를 정도로 위험하게 공존하는 상황이 전개되었다. 그리고 유럽의 문화적 정체성과 무슬림의 문화적 정체성에서 개혁이 이루어지도록 재촉했다. 모국의 여론은 유럽 제국을 좀 더 적극적인 의미로 해석한 기독교 세계와 동일시하고 있었지만, 한편에서는 영 제국과 러시아 제국, 네덜란드 제국, 프랑스 제국에서 무슬림 주민이 차지하는 비중을 존중한다는 명분으로 이들 유럽 제국이 '무함마드의 세력'을 더 많이 포함하게 하려는 시도가 있었다.

나폴레옹의 이집트 침공에서 1840년대의 알제리 저항운동 진압까지 약 40년 동안 지중해 인근에서 이슬람에 속한 지역과 기독교에 속한 지역 사이에 상호작용이 점차 강화되면서, 프랑스에서 나온 유토피아적 혁명 사상뿐 아니라 민족주의나 종교적 동기를 가진 지하드같이 상상할 수 있는 모든 정치적 비전이 모여 고도로 혼성적이고 양면적인 모습을 띠게 되었다. 이 시기에 주목할 만한 사실은 (물론 그런 단서가 발견되기는 했지만) 인종적 민족주의나 범이슬람적 지역주의 혹은 범유럽적 지역주의가 주도권을 장악한 것이 아니라는 점이다. 오히려 '문명화된 제국'이라는 새로운 세계적 규범을 핵심으로 하는 제국적인 보편주의가 대두했다. 1853년에 오스만 제국과 영국, 프랑스가 연합해 러시아 제국에 맞서 싸웠던 크림 전쟁이 바로 이러한 제국적 보편주의의 상징이었다. 그러므로 1857년에 인도 독립 전쟁이 발발했을 때 오스만 제국의 엘리트들은 무슬림의 연대감 같은 것은 아예 고려하지 않았고, 무슬림 반란군에 맞서는 영 제국을 지원했다.

유럽 지역에서는 이미 나폴레옹 전쟁 시기에 다수의 무슬림 주민으로 구성된 이슬람 세계를 유럽 제국이 지배한 사례가 있었다. 예를 들어 크림반도에 대한 러시아의 지배, 무슬림 인도네시아에 구축했던 네덜란드 제국의 거점, 벵골 지역의 무슬림에 대한 영국의 지배다. 하지만 이집트에 있던 오스만 제국 영토에 대한 나폴레옹의 1798년 원정은 그 기간이 짧고 결국 실패로 끝나기는 했어도, 제국을 향한 유럽의 비전이 급격히 팽창하고 있음을 보여 주었다.[113] 나폴레옹의 이집트 원정을 통해 우리는 당시의 세계에서 유럽이 가진 힘과 영향력을 자리매김할 수 있다. 자기의 문화적 우월성을 과시하는 것에서 나타난 망설임은, 그리고 상상된 무슬림 문화를 기꺼이 받아들이려는 노력은 유럽의 지역적 정체성이 약화되었음을 잘 드러내 준다. 나폴레옹은 문명화를 위한 '백인'의 사명을 언급하지 않으면서 이집트 무슬림의 보호자를 자처함으로써 전 세계를 다스릴 보편적인 황제의 이미지를 제시했다. 적어도 이집트의 일부 울라마[14]가 보기에는 이슬람으로 개종한 프랑스 장군이 이집트의 지배자로서 더 정당성을 갖는다고 생각했다. 이렇듯 나폴레옹이 이집트에서 갖는 정당성을 바라볼 때 이슬람 세계가 갖는 정치적 가치는 중요하지만, 결국 제국적 보편주의가 그보다 더 중요했다. 나폴레옹은 혁명 프랑스를 가톨릭교회의 적인 동시에 무슬림의 친구로 내세웠다. 이집트의 엘리트들에게는 프랑스 점령자들을 상대로 느끼는 열등감 같은 것이 없었다. 프랑스인들이 이집트 원정을 도덕적으로 정당화하는 논리는 문제없이 반박할 수 있었고,[114] 프랑스인들이 서적과 아랍어, 학문에 보인 관심은 어느 정도 존중해 주었다.[115] 나폴레옹의 계획이 실패로 끝난 후 수백 명으로 이루어진 한 아랍인 집단은 나폴레옹과 함께 프랑스로 건너갔다. 그곳에서 아랍적·프랑스적 정체성이 혼합된 세계시민주의적 정체성을 만들려는 의도였다. 이런 의도는 이후 프랑스가 알제리에서 신제국주의적 본성을 보임으로써 결국 양자 사이에서 선택의 기로에 놓일 될 때까지 지속되었다.[116]

　　나폴레옹의 이집트 원정을 계기로 대두한 제국 간 동맹 체제는 국제정치에서 무슬림 문화 지역주의나 기독교 문화 지역주의가 아니라 제국이 중요한 시대가 도래했음을 보여 주었다. 오스만 제국은 프랑스에 맞서기 위해 영 제국뿐 아니라 오랜 세월 경쟁자이자 적이었던 러시아 제국과도 주저 없이 견고한 동맹을 체결할 수 있었다. 이오니아해 해역에서 오스만 제국과 러시아의 함대는 연합해 프랑스를 성공적으로 물리칠 수 있었다.[117] 인도의 제후국 마

―――― **14** '학자'라는 뜻으로, 이슬람의 신학자이자 법학자를 가리킨다.

이소르의 술탄이 영 제국에 저항하기 위해 프랑스의 지원을 이미 확보한 후에 오스만 술탄에게 원조를 청했던 것도 이러한 맥락에서였다. 티푸 술탄Tipu Sultan이 오스만 술탄에게 보낸 서신은 인도의 제후국을 다스리던 무슬림 통치자, 즉 무슬림의 정치적 정체성에 굳게 뿌리를 두었지만, 동시에 유럽 열강의 세계 함대에 직면해 주저 없이 튀르크-페르시아의 제국적 유산에 도움을 요청할 수 있던 혼합 정체성이 통합된 사례를 잘 보여 준다.[118] 티푸 술탄이 영 제국에 맞서 프랑스 혁명정부와 조약을 체결한 것은 무슬림적 정체성이나 보편주의에 대한 거부가 아니었다.[119]

이스탄불로 보낸 한 전보에서 통치자 티푸 술탄은 마이소르와 오스만 제국 두 나라가 이슬람이라는 공동의 가치를 추구해 왔다고, 지금 자기의 투쟁은 무슬림 주민들이 추구해 온 종교적인 가치와 전통을 훼손하는 '불신자' 영국에 맞서는 투쟁이라고 적었다. 그런데 이에 대한 답신에서 오스만 제국의 술탄은 제국의 비전을 강조하면서 티푸 술탄에게 전쟁보다 평화를 우선시해 영국 동인도회사와 외교적인 협상을 통해 문제를 해결하라고 압박했다.[120] 나아가 이스탄불에서 티푸 술탄에게 보낸 서신은 영 제국이 아니라 프랑스 공화국을 무슬림의 적으로 여겨야 한다는 점을 강조했다. 베네치아 공화국에 대한 원정에서 프랑스가 국제법을 어겼기 때문이라는 주장이었다. 따라서 오스만 제국의 칼리파-술탄은 티푸 술탄에게 영국 군대와 평화를 체결하라고 압박하는 동시에 자기가 인도에서 마이소르와 영국 사이의 중재 역할을 할 수 있다고 제안했다.[121]

혁명 프랑스와 오스만 제국, 오스만 제국의 이집트 영토, 인도에 있던 마이소르 술탄국 사이의 관계와 그들이 각자 보인 복잡한 행동 방식은 18세기 말에 '문명화된' 세계와 '문명화되지 않은' 세계, 기독교 세계와 무슬림 세계, 공화국과 제국 사이의 경계가 결코 뚜렷하게 확정되지 않았다는 사실을 분명히 보여 준다. 20세기 초의 관계도 한 세기 후에 드러나게 될, 다시 말해 '기독교적인 서방'과 '무슬림적인 근동' 사이의 뚜렷하고 확고부동한 경계선과는 다른 관계를 여전히 내포하고 있었다. 프랑스 군대를 영국 함대와 오스만 제국이 연합작전으로 격퇴한 것은 이러한 맥락에서였다.[122] 허레이쇼 넬슨Horatio

Nelson 제독은 오스만 제국으로부터 최고 훈장을 받았으며, 영국 여론뿐 아니라 오스만 제국의 무슬림 엘리트들에게도 영웅으로 평가되었다.

본래는 알바니아 출신인 무함마드 알리(재위 1770~1849)가 이끄는 세습 정권하에서 나폴레옹 전쟁 이후의 이집트가 오스만 제국의 자치령으로 재건된 것 역시 문화적·민족적·지정학적 비전이 아니라 제국적 정치가 우선시되었음을 보여 주었다. 무함마드 알리의 개혁 조치는 이집트를 오스만 제국에서 군사적으로나 경제적으로 가장 강한 지역으로 만들었다.[123] 하지만 오스만 제국 내부에서 이집트가 비교적 독립적인 지위를 갖게 되고, 그 결과 19세기에 아랍어를 말하는 주민들 사이에서 이집트의 위상이 강화되었다고 해서 무함마드 알리의 개혁으로부터 민족주의적 발전의 초기 징후를 찾는 것은 옳지 않다. 이스탄불에 맞서는 무함마드 알리의 도전은 그가 의존했던 오스만 왕조의 정통성을 부인하지 않으면서 오스만 제국 안에 부속 제국을 건설한 것에서 보이듯이, 제국적 논리 안에서 이루어졌다.[124] 이런 면에서 무함마드 알리는 유럽의 군사정책과 재정 정책을 다른 무슬림 국가나 오스만 제국의 선례들과 적절하게 조합해 근본적인 개혁을 추진할 수 있었던 인도의 티푸 술탄과 비교될 수 있다. 예를 들어 무함마드 알리는 강력해진 군사력을 동원해 남쪽으로 팽창해 1822년에 수단이 공식적으로 오스만 제국의 지배하에 들어오게 했다.[125] 이집트에서 진행된 무함마드 알리의 개혁에 힘입어 오스만 제국은 유럽 제국의 아프리카 쟁탈전이 전개되기 전에 아프리카의 새로운 지역으로 일찍 진입할 수 있었다. 수단에 대한 거의 70년간에 걸친 지배의 시작을 장식한 이집트의 팽창뿐 아니라, 1829년에 잔지바르로까지 지배 권역을 확대했던 오만 술탄국의 무슬림 가문의 존재도 서방 제국의 지배가 19세기 초에 유일한 패턴이 아니었다는 사실을 분명하게 보여 준다. 무스카트에 거주하던 알부 사이드 왕가는 이집트의 무함마드 알리와 마찬가지로 독자적인 제국을 건설할 야심을 드러내서, 잔지바르섬 외에 몸바사에 이르는 해안 지방을 그들의 왕국에 병합했다. 오만의 술탄은 1856년에 사망할 때까지 무스카트와 잔지바르의 실질적인 술탄으로서 두 지역을 계속 오갔다. 심지어 술탄의 두 아들이 술탄국을 잔지바르와 오만으로 분할한 후에도 잔지바르 술탄국은 동아프리

카의 해안 지방까지 지배 영역을 확대할 수 있었다.[126]

　무함마드 알리는 이집트의 성공적인 군주였을 뿐 아니라 1818년에 아라비아에서 일어난 정화주의적인 와하브 운동을 진압해 오스만 제국에 기여하기도 했다. 이 봉기는 오스만 제국의 정통성을 부정하고 메카에 이르는 순례 길을 장악했다. 무함마드 알리의 이집트 군대는 그리스에서 반란이 일어났을 때도 오스만 군대를 지원했다. 이렇게 군사적으로 혁혁한 성과를 거둔 것에서 자신감을 얻은 무함마드 알리는 시리아와 레반트로 자기 세력권을 확장하려고 시도했다. 그 결과 1839년에 이집트의 군대는 오스만 제국의 군대와 결전을 치르게 되었다. 영 제국과 러시아 제국은 이스탄불의 편에 서서 결국 협상이 이루어지도록 중재했다.(반면에 프랑스는 이집트를 지원했다.) 그 결과 무함마드 알리의 후손들은 왕과 총독 사이의 지위를 상징하는 케디브라는 칭호하에 이집트에 대한 세습적 지배권을 얻었다. 이후 이스탄불과 카이로가 계속 제국 간의 관계를 유지한 것은, 그리고 1867년에 오스만 제국의 술탄이 카이로를 방문하거나 케디브 가족의 여름 궁전이 이스탄불에 있었다는 사실은 제국적인 협상 논리가 여전히 유효했음을 잘 보여 준다. 그런데도 나중에 대두한 민족주의적 역사 서술은 무함마드 알리가 이집트의 독립을 위한 길을 개척했다고 해석한다.

시험대에 오른 제국적 보편주의의 한계: 그리스의 독립 대 알제리의 식민지화

　이슬람 세계와 유럽에서 작동하던 제국적 비전은 그리스 독립 전쟁과 프랑스의 알제리 침공에서 한층 심각하게 시험대에 올랐다. 하지만 결과적으로 제국적 논리가 한층 더 보편주의적인 형태로 재차 강조되었다. 종교적 지역주의나 민족주의적 분리 경향에 자리를 내주는 일은 일어나지 않았다. 사실 그리스는 지중해 지역에서 제국으로부터 벗어나 독립된 민족국가를 수립한 최초의 사례였지만, 유럽의 여론은 그리스의 독립 과정을 무슬림인 오스만 제국이 부분적으로 축소된 사태로 보았다. 제국적 보편주의가 부분적으로 약화된 것이지 1840년대에 다시 고개를 들었던 문화 간 투쟁이 아니라는 것이었다. 1820년대와 1830년대에 무슬림과 기독교도 사이에 분열을 자극한 위기는 범이슬람주의적 연대를 외치는 방향으로 나아가지 않고, 오스만 제국의 정치적 개혁기인 탄지마트 시대로 이어졌다.

그리스는 거의 400년 동안 오스만 제국의 지배를 받았으며, 주민들은 다양한 인종에 속하는 기독교도와 무슬림으로 구성되었다.[127] 그리스 정교에 속하는 그리스 기독교도들은 오스만 제국에서 가장 특권적인 집단이었다. 그리스인 엘리트 집단은 남유럽이나 서유럽뿐 아니라 러시아에도 네트워크로 이어진 독자적인 교육기관과 문화센터를 보유했으며, 계몽주의 사상과 계몽적 민족주의의 영향도 뚜렷했다. 그리스인 엘리트들과 유럽의 기타 지역 지식인들 사이의 관계는 반드시 반反오스만적 성격을 보이지는 않았기 때문에, 그리스인들이 가진 폭넓은 네트워크는 이스탄불 정부에 유익했다.[128] 여기서 분명히 해야 할 점은 그리스인들이 오늘날 그리스의 지정학적 국경선 부근에만 있었던 것이 아니라, 오스만 제국 도처에 흩어져 거주했다는 사실이다. 많은 그리스인은 이스탄불과 서아나톨리아에 살았다. 게다가 19세기 초에 몇몇 그리스인 가문 출신이 외교 분야와 공직 분야에서 오스만 제국 엘리트의 일부로 성장해 힘을 갖게 되었다.[129] 그러면서 오스만 제국의 무슬림 통치에서 해방된 그리스를 추구하는 비전이 등장하기는 했지만, 이는 전제주의에 대항하는 자유라는 논점으로, 세계 문화사에서 그리스가 차지하는 높은 위상에 관한 수많은 낭만적인 그림 형식으로 나타날 뿐이었다.[130] 오스만 제국의 지배를 전제적이라고 일컫는 것은 제국의 일부 백성에게 드문 일이 아니었다. 궁극적으로 무슬림 예니체리나 기타 무슬림 백성들이 봉기를 일으킬 구실을 준 것은 술탄의 전횡이나 관료들의 부정이었다. 하지만 당시의 오스만 제국에 관한 묘사들이 현실을 객관적으로 표현한다고 보아서는 안 된다. 조지 고든 바이런 George Gordon Byron 경의 동시대인인 토머스 호프Thomas Hope의 보고서 같은 다양한 문헌들은 오스만 제국이 당시의 유럽 국가들보다 훨씬 덜 전제적이었다고 기록했다.[131] 그렇지만 오스만 제국에 대한 그리스의 민족주의적 비판에서 새로운 것은 독자적이고 자유로운 그리스 국가 또는 그리스 왕국을 추구하는 비전이 이 비판과 연결되어 있었다는 점이다.

그리스의 봉기는 초기에 루마니아 지방에서 러시아의 지원을 받아 일어났으니, 곧 (당시에 펠로폰네소스로 불린) 모레이에 살던 농민과 주민들의 불만과 연결되었다. 민족주의적 봉기는 봉기가 일어난 지역에서 급속히 기독교도와 무슬림 사이의 분쟁으로 변모했는데, 여기서 무슬림은 이스탄불의 앞잡이로, 오스만 제국에 대한 충성파로 간주되어 학살되었다. 그리스인 중재자들을 늘 신뢰해 왔던 술탄이나 제국 엘리트들은 봉기 이유를 납득할 수 없었다. 따라서 그들은 수많은 충성스러운 그리스인 관료 및 외교관들을 처벌하고 요직에서 파면하는 방식으로 대응했다. 이보다 훨씬 심각한 문제는 오스만 제국의 그리스인 기독교도 백성의 충성을 이끄는 책임을 다하지 못했다는 이유로 술탄의 명령에 따라 그리스 정교회의 총대주교를 처형한 것이었다. 봉기 세력이 그리스 정교의 색깔을 강하게 지닌 언어를 사용하고, 지역 사제들이 봉기에 가담하기는 했지만, 총대주교와 민족주의적 봉기 사이에 관련성이 있음을 입증하는 자료는 없었다.[132]

처음에는 오스만 제국이 그리스 봉기를 진압하는 데 성공했다. 1825년에는 특히 이집트 총독 무함마드 알리의 아들인 이브라힘 파샤Ibrahim Pasha가 이끄는 이집트 군대의 개입이 진압 작전을 성공으로 이끄는 데 기여했다. 1826년에, 즉 그리스 독립 전쟁이 한창 진행 중이던 무렵에 오스만 술탄 마흐무드 2세 Mahmud II가 이스탄불에 있던 예니체리 집단을 해체할 수 있었던 것도 결국은 그가 무함마드 알리 휘하 이집트군의 충성심에 의지할 수 있었기 때문이었다. 사실 예니체리의 해체는 오스만 사회의 미래를 위해서는 민족주의 봉기보다 더 의미심장한 변화였다. 결국 그리스의 독립 투쟁은 영국과 프랑스뿐 아니라, 미국과 러시아의 엘리트 지식층에게도 열렬한 지지를 얻었다.[133] 이와 같은 유럽 각국 여론의 뜨거운 지지는 바이런 경의 낭만적인 시와 논평, 그리고 그가 그리스에서 맞이한 죽음에 상징적으로 잘 표현되었다. 유럽 제국 열강들은 그리스 민족주의를 지원한다는 부분에서 의견의 일치를 보았는데, 이로써 빈 회의의 반민족적 기본 방침을 위반하는 행동을 보였다. 이렇듯 외부에서 온 외교적·군사적 간섭이 결국 그리스 독립 전쟁의 성패에 결정적인 영향을 미쳤다. 그리스는 결국 1830년에 독립을 달성했는데, 이는 세계사적 의미를 지닌 승리였다. 전쟁이 지속되는 동안에 러시아의 차르 니콜라이 1세

Nicholas I(재위 1825~1855)는 발칸 지역에서 러시아가 모든 정교회 기독교도들을 보호할 권한이 있다는 제국적 입장을 재차 주장했다. 오스만 제국 지배하에서 점차 발전하는 기독교-슬라브 민족주의적 비전에 장기적인 제국적·지정학적 측면을 추가한 것이었다. 오스만 제국이 그리스의 독립을 인정하도록 만든 마지막 행위는 1827년에 영국·프랑스 함대의 해상 공격으로 오스만·이집트 함대가 파괴된 것이었다. 마지막으로 러시아가 1828년에 오스만 제국에 선전포고한 후 발칸반도에서 공세를 시작했으며, 캅카스 지방에서 오스만 제국의 영토로 진입했다. 전쟁이 종식되면서 오스만 제국은 그리스의 독립을 수용할 뿐 아니라 세르비아와 루마니아의 자치권도 인정해야 했으며, 고액의 배상금까지 지급할 수밖에 없었다.[134]

이스탄불이 결국 1830년의 런던 협정으로 그리스의 분리와 독립을 인정한 후에도 오스만 제국 영토 내에는 여전히 수많은 그리스인이 거주하고 있었다. 사실 새로 분리되어 독립한 그리스 왕국에 사는 그리스인과 거의 같은 수의 그리스인이 오스만 제국 안에 있었던 것이다. 그리고 독립한 그리스 영토 안에도 수많은 무슬림이 살고 있었다. 따라서 런던 협정은 오스만과 그리스가 다인종·다종교 국가임을 분명히 했다. 독립 직후에 그리스 국민의회가 바이에른의 오토Otto 왕자를 그리스의 왕 오톤Otto으로 추대한 상황도, 그리스 왕국을 결코 인종적·종교적으로 단일한 국가로 보아서는 안 된다는 주장을 뒷받침해 준다.[135] 그러므로 우리는 그리스 봉기를 통해 제국의 범위 안에서 무슬림과 그리스가 공존해 오던 시대가 끝났다고 보아서는 안 된다. 초대 아테네 주재 오스만 제국 대사는 그리스 출신 외교관인 코스타키 무수루스 파샤Kostaki Musurus Paşa였다. 그는 그리스 출신으로 오스만 술탄에게 변함없는 충성을 바쳤다는 것 때문에 살해 대상이 되기도 했지만, 암살 시도는 실패로 끝났다. 그리스 봉기를 무력으로 진압한 때와 같은 시기에 오스만 제국에서 유럽식 유니폼과 바지를 입게 한 오스만 관료의 새로운 복장 규정에서 그리스의 전통 모자인 페스가 공식적인 모자로 채택되었다.

그리스 왕국은 프랑스가 오스만 제국의 분권화된 한 지방이었던 알제리에 침입한 것과 같은 시기에 독립을 달성했다. 프랑스의 알제리 침공과 그리스의 독립이라는 두 가지 사건은 빈 회의 이후의 시기에 기독교 정체성과 무슬림 정체성이 민족주의 운동이나 제국적 정당성의 발전을 위해 수행한 양면적인 역할을 잘 보여 준다. 처음에는 프랑스의 군사력이 월등하다고 주장했지만, 알제리 무슬림들이 장기적인 저항으로 프랑스의 군사력에 맞서자 그 주장의 신빙성에 의문이 제기되었다. 저항운동을 이끈 가장 중요한 지도자가 세계시민주의적 수피였던 에미르 압델카데르 알자자이리Abdelkader al-Jazairi였다.[136] 나아가 프랑스가 알제리에서 압델카데르가 이끄는 군대와 전쟁을 치르는 동안에 레반트 지역에서 영토 팽창을 시도하던 무함마드 알리를 지원해 줌으로써 오스만 제국에 부담을 주었다는 사실에도 주목할 필요가 있다. 에미르 압델카데르는 성지 메카를 순례하고 돌아오는 길에 이집트를 지나면서 그곳에서 진행 중이던 무함마드 알리의 개혁에 관해 알게 되었다. 이집트에서 그는 훗날 캅카스 지방에서 러시아 제국에 맞선 무슬림 저항운동의 상징이 된 젊은 이맘 샤밀Imam Shamil을 만났다. 압델카데르는 서알제리에 독자적인 국가를 건설하고자 했는데, 아마도 무함마드 알리의 이집트가 모델이었던 것으로 추정된다. 하지만 프랑스는 1847년에 결국 압델카데르를 굴복시키는 데 성공했다. 프랑스군에 맞서 알제리인들은 무장 투쟁 외에 지적 투쟁도 전개했다. 알제리 지식인들이 프랑스의 침략에 저항하면서 계몽사상과 국가, 자유라는 보편적 가치를 내세운 것이다. 알제리계 오스만 도시 엘리트 중 한 사람인 함단 코자Hamdan Khodja는 1833년에 프랑스 여론을 상대로 한 반제국적인 글을 프랑스어로 발표했는데, 그 논점은 알제리에서 프랑스가 보인 행동은, 특히 무슬림에 대한 폭력 행사와 무슬림 기관들의 파괴는 프랑스가 추구해 온 가치와 모순된다는 것이었다. 그는 알제리의 역사와 민족지학民族誌學, 그리고 프랑스의 지배가 알제리에 초래한 비극을 서술한 후, 계몽사상의 자유주의에 따라 프랑스는 그의 고향인 알제리에서 제국주의를 끝내라고 열정적으로 호소했다. 한걸음 더 나아가 그는 프랑스가 그리스와 벨기에, 폴란드의 민족운동을 지원한 사실을 환기하면서 프랑스의 우방이자 문명의 진보를 보여 주는 모델인 나라, 민족적이고 자치적인 국가 알제리는 왜 그와 유사한 지원을 받을 수 없는지 되물었다.[137]

그리스 해방과 알제리의 식민화가 보이는 뚜렷한 대비는 훗날 오스만 제국의 지배에서 독립하려는 루마니아와 불가리아의 투쟁에서, 그리고 러시아 제국과 프랑스 제국, 영 제국에 의한 중앙아시아와 튀니지, 이집트의 식민화에서 그대로 반복되었다. 한편에서는 무슬림 왕조의 지배로부터 기독교도 백성을 해방하고 다른 한편에서는 기독교도 군주가 무슬림의 영토를 정복하는, 이 두 가지 사이의 모순은 19세기의 제국들 사이에 발생한 여러 갈등뿐 아니라 민족주의 역사에서 기독교 정체성이나 무슬림 정체성이 갖는 의미를 잘 반영해 준다. 이렇듯 상황에 따라 무슬림 정체성과 기독교 정체성이 다른 의미를 보인다는 사실에도 제국의 엘리트들은 다양한 민족들에 대한 자국의 지배가 보편적인 정당성을 갖는다고 옹호했다. 예를 들어 오스만 제국의 엘리트들은 특히 문명화된 기독교 유럽과 이슬람의 야만주의가 서로 마주하는 지역에서 유럽의 여론이 어떤지를 중시했다. 그에 대한 대응으로 오스만 제국의 엘리트들은 유럽 지역과 이슬람 세계 사이의 경계 지역에서 제국 간의 관계를 어떻게 한층 더 체계적으로 정립할 수 있을지에 관한 비전을 모색했다. 특히 빈 회의를 통해 달성된 국제 질서가 지닌 가치를 확인하는, 즉 '문명' 담론을 강조하는 입장이었다.[138] 이 비전은 종교나 인종적 차이를 고려하지 않고 모든 백성의 법적 평등과 안정을 보장한다는 내용뿐 아니라, 오스만 제국을 유럽 제국의 일원으로 인정하고 나아가 유럽적 가치를 강조하는 일련의 외교적 규범을 받아들인다는 내용을 포함하고 있었다. 훗날 탄지마트 선언으로 알려진 1839년의 하티 샤리프 칙령은 유럽에 수립된 새로운 국제 공동체에 관해, 그리고 그 공동체를 정당화해 주는 보편적 문명 담론에 관해 오스만 제국이 어떤 입장을 갖고 있었는지를 분명히 보여 주었다. 무슬림 백성을 종교적으로 관용하고 자기들의 제국에 수용해 흡수하는 비전은 자기들의 지배 영역에서 다양한 전략과 통치 패턴을 추구해 온 러시아 제국과 프랑스 제국, 네덜란드 제국, 영 제국에서도 마찬가지로 관심사였다.

1840년대에서 1870년대까지는 제국적 보편주의가 부활하는 것처럼 보였다. 오스만 제국의 엘리트들은 알제리를 프랑스에 빼앗긴 것이나 그리스의 독립에 그리 앙심을 품지 않았다. 영토를 얻거나 잃는 것은 오스만과 같은 제국에 늘 발생히는 일상적인 현상이었기 때문이다. 사실 그들은 다른 유럽 제국들 사이에도 국경선의 변동이 항상 있다는 사실을 잘 알고 있었다. 오스만 제국의 엘리트들은 종교적인 공통점이 아니라 제국 사이의 관계라는 원칙을 토대로 한 외교를 선호했다.[139] 심지어 알제리에서 무슬림의 저항 투쟁을 이끌다가 패배한 후 오스만 제국의 다마스쿠스에서 대부분의 시간을 보낸 에미르 압델카데르 알자자이리조차도 탄지마트 개혁과 보편적 문명 원칙을 확고하게 추종하게 될 터였다. 예를 들어 다마스쿠스에서 기독교도와 무슬림 사이에 지역적 충돌이 발생했을 때 압델카데르는 기독교도의 편을 들었으며, 문명화된 행정 원칙을 명분으로 그들을 보호했다. 이러한 행동 때문에 그는 프랑스 황제 나폴레옹 3세Napoléon III와 미국 대통령 에이브러햄 링컨Abraham Lincoln에게서 표창장을 받았다. 또한 오스만 제국의 영토에 아랍 왕국을 세우려는 계획이 있었던 1878년에 프랑스는 이전의 적이었던 압델카데르를 시리아와 이라크, 아라비아반도에 걸친 새 제국의 군주로 세우려는 계획을 검토할 정도였다. 그러는 동안에 오스만 제국은 특히 다양한 교파에 속하는 기독교도 백성들의 충성을 얻는 데 성공했다. 이후 오스만 제국 정부는 그리스 출신 혹은 아르메니아 출신으로 저명하고 영향력 있는 인물을 연속해 장관과 관료에 임명했다. 기독교계 아랍인도 이 기간에 제국에 대한 충성심이 증가했다. 예를 들어 개신교로 개종했던 마론파 레바논인 아흐메드 파리스 알치디아크Ahmad Faris al-Shidyaq(1804~1887)도 1860년대에서 1870년대까지 오스만 제국의 관료로 존경받는 인물이었다. 알치디아크는 이스탄불에서 범오스만적인 아랍어 잡지 《알자와이브al-Jawaib》를 발간했다. 그는 오랫동안 외국에, 특히 프랑스와 영국에 체류하면서 성경Bible을 아랍어로 번역하는 작업에 참여했고, 파리에서는 사회주의 운동에도 관여했다. 알치디아크는 탄지마트 개혁이 오스만 제국의 부흥에 기여한다고 믿었던 것 같다. 그는 기독교계 아랍인을 포함한 아랍인을 통합하는 것도 오스만 제국의 미래를 위해 필요하다고 믿었다. 앞서 나가는 유럽의 제국들과 벌어진 거리를 회복하려면 개혁을 통해 스스로 강해지는 것이 필요하다고 보았기 때문이었다.[140]

오스만 제국이 개혁을 통해 스스로 강해지는 길을 가는 동안에 다른 무슬림 왕가들도 이와 비슷한 과정을 걸었다. 그 가운데 가장 광범위한 개혁을 시행한 곳이 이집트였다. 그들은 이집트를 세계적으로 가장 부유한 국가 가운데 하나로 만들었다. 그래서 이집트는 수에즈 운하와 같은 엄청난 인프라 건설 프로젝트에 착수하거나, 찰스 포메로이 스톤Charles Pomeroy Stone 장군처럼 남북전쟁에 참전했던 미국 장군들을 새롭게 근대화된 이집트군의 장교로 초빙할 수 있었다.[141] 이집트의 국내 정치 개혁은 광범위한 사회 변화를 초래했는데, 예를 들어 콥트파 기독교도들이 더 많이 참여하고 더 강한 권력을 갖게 되었다. 오스만 제국의 또 다른 자치주인 튀니지에서도 체르케스 출신 대재상grand vizier인 하이레딘 파샤Hayreddin Pasha의 치하에서 주목할 만한 개혁을, 예를 들면 헌법 계약을 시도했다.[142] 튀니지는 무슬림 법률가의 지원을 얻어 노예무역을 폐지한 첫 번째 무슬림 국가가 되었다. 의회가 견제하는 정부와 근대 유럽이 나아간 길이 무슬림 전통과 양립할 수 있다는 확고한 믿음을 갖고, 튀니지의 통치자는 무슬림의 사상을 추구하면서 자기들이 이룩한 제국 개혁이 문명화되고 보편적인 성격을 지닌다고 강조했다.[143] 페르시아에서는 카자르 왕조가 독자적인 개혁 과정을 걸었다. 오만과 잔지바르의 술탄도 자기들의 권력을 계속 키웠다. 잔지바르의 개혁은 탄지마트의 무슬림 개혁과 같은 방향으로 나아가면서 자기들의 세력 강화를 추구했다. 여기에 공공 시계와 전차, 전신국 네트워크 같은 공공사업이 추가되었다. 잔지바르의 술탄 바르가시 빈 사이드Barghash bin Said(재위 1870~1888)는 동아프리카 군주로는 처음으로 영국을 공식적으로 방문했다.(물론 그가 첫 무슬림 군주는 아니었다.) 유럽으로 가는 도중에 그는 무엇보다 이집트에 들러 이스마일 파샤를 만났다. 이집트에서 추진 중인 개혁에 관해 알아보기 위해서였다. 모로코의 왕조들, 중앙아시아의 여러 칸국, 인도의 제후국들도 다양한 개혁 정책을 추진했다.[144] 이들이 추진한 모든 개혁은 권력의 중앙 집중화와 함께 백성의 부와 복지에 최고의 우선권을 부여했다. 개혁의 속도와 성과는 사례에 따라 상이했지만, 개혁을 추진한 모든 무슬림 왕국과 무슬림 제후국들은 기존의 정치제도를 재조직하고, 세계화 시대의 변화된 요구에 적응하며, 무엇보다 새로워진 유럽이 보여 주는 현실적 조건에도 적응해야 한다는 사실을 분명히 인지했다.

오스만 제국은 개혁의 성과뿐 아니라 국제 무대의 외교적 명망이라는 측면에서 다른 모든 나라보다 앞서서, 다른 무슬림 왕조들이 흠모하는 좋은 모델이었다.

탄지마트 개혁 모델을 뒤따랐던 이스탄불과 카이로, 튀니지의 무슬림 엘리트들은 자기들이 아웃사이더로서가 아니라 협력자로서 새로운 유럽적 지역 질서라는 비전을 함께 만들어 간다고 생각했다. 새롭고 유럽적인 제국적 질서라는 비전을 공유한다는 것은 페스를 쓴 지중해 지역의 무슬림 엘리트들이 이슬람 세계에 있던 문화적·정치적 네트워크를 포기한다는 것을 뜻하지 않았다. 1840년대는 아직 확고한 유럽적·기독교적 정체성이 형성된 시기도, 무슬림 정체성과 뚜렷한 경계를 지은 시기도 아니었다. 그러므로 유럽적 의미의 정치적인 재조직과 개혁은 무슬림 엘리트들에게 그들이 가진 신앙의 전통과 전혀 모순되는 것으로 보이지 않았다. 영국의 외무 장관 파머스턴Palmerstone 경도 탄지마트 개혁에 지지를 표명하면서 "평화로운 개혁과 재조직을 10년간 지속하면 튀르크가 존중할 만한 국가가 되지 않을 아무런 이유가 없다."라고 분명히 주장했다.[145] 오스트리아 제국의 외무 장관 클레멘스 폰 메테르니히Klemens von Metternich 후작은 보수적인 유럽 질서의 옹호자였고 파머스턴 경은 자유주의자였지만, 파머스턴 경은 오스만 제국을 유럽 제국 체제의 일원으로 취급한다는 점에서 메테르니히와 생각이 같았다.[146] 아마도 두 정치가의 주장이 이슬람에 대한 유럽 기독교 세계의 우월감에서, 혹은 미래에 펼쳐질 기독교 유럽 세계에 관한 전망에서 나온 것일 수 있다. 하지만 그들이 유럽의 기독교 왕조와 무슬림 오스만 제국 사이에는 그 어떤 확고한 경계도 존재하지 않는다고, 오스만 제국이 유럽 제국 질서의 부분이라고 생각한 것은 분명하다.

무슬림 정치 엘리트들은 자기들이 복합적인 지역 질서에, 즉 유럽적 질서와 이슬람 세계 모두에 속한다고 보았다. 그들이 보기에 두 세계는 문명화된 제국이라는 초지역적인 가치로 연결되어 있기 때문이었다. 오스만 제국, 이집트, 튀니지에서 추진된 개혁 운동의 성과는 지방에 대한 중앙집권화된 통제의 강화, 군사적 인프라의 개선, 교육기관뿐 아니라 유럽 모델에 따른 행정 부처와 관료 기구의 구축에서 잘 드러났다.

크림 전쟁

이와 같은 제국적 비전을 갖고 있었기 때문에 오스만 제국의 엘리트들은 1840년대 초에 아프간 무슬림들이 영 제국과 전쟁을 치를 때 별 관심을 기울이지 않았다.[147] 심지어 캅카스 지방에서, 다시 말해 오스만 제국과 러시아 사이 국경선의 다른 편에서 러시아 제국에 맞서 무슬림 저항운동이 일어났을 때, 무슬림 진영은 오스만 제국의 그 어떤 직접적인 원조도 기대할 수 없었다. 캅카스는 지정학적으로 가깝고 사적으로도 관계가 있었기 때문에 오스만 제국의 대중은 아프간인들의 전쟁보다는 캅카스에서 발생한 백인 무슬림의 투쟁에 관해 더 많이 알고 있었다. 물론 1860년대까지는 인도와 아프가니스탄, 캅카스, 북아프리카에는 무슬림들의 경험과 요구 사항을 전달하고 표현할 수 있는 식자층과 여론층이 거의 존재하지 않았다.

1853년에서 1856년까지 벌어진 크림 전쟁 당시에 오스만 제국이 영국, 프랑스와 동맹을 맺고 실제 전쟁에 성공적으로 참가한 것은 나폴레옹 전쟁 당시에 유럽 제국의 일원으로서 외교적 인정을 받은 것과 마찬가지로 탄지마트 개혁이 성공했음을 입증하는 확실한 증거가 되었다. 크림 전쟁이 있기 불과 몇 년 전에 오스만 술탄은 코슈트 러요시Kossuth Lajos를 포함해 폴란드와 헝가리에서 온 1848년의 혁명가들에게 피난처를 제공해 잉글랜드 자유주의 여론의 칭송을 받은 바 있었다. 잉글랜드에서는 1840년대 말에 반이슬람 정서보다는 반러시아 정서가 우세했다. 이들 헝가리와 폴란드의 혁명가 가운데 다수는 망명지를 영국으로 옮기기 전에 탄지마트 개혁기의 이스탄불에 널리 확산되어 있던 문명 담론의 영향을 받았음이 틀림없다. 이들은 런던에서 존 스튜어트 밀John Stuart Mill이나 주세페 마치니Giuseppe Mazzini를 둘러싼 자유주의자 단체의 환영을 받았으며, 그 결과 러시아의 차르 제국에 맞서는 오스만 제국을 지원하도록 여론이 형성되게 하는 데 기여했다.

크림 전쟁은 러시아 차르가 오스만 제국에 사는 정교회 기독교도의 보호자로 인정받기를 요구하면서 발발했다. 러시아의 요구는 오스만 제국을 밀어

내면서까지 영토를 확장하고자 하는 장기적인 제국적 목표뿐 아니라, 정교회 기독교의 세계주의가 성장하고 있음을 보여 주었다. 1853년에 시노프에서 러시아의 흑해 함대가 오스만 해군에 승리를 거둔 후인 1854년 3월에 영국과 프랑스는 러시아에 선전포고를 했으며, 얼마 후에는 이탈리아의 사르데냐 왕국도 이들에 합세했다.[148] 1년간 포위 끝에 연합국은 결국 1855년 9월에 러시아의 군항인 세바스토폴을 점령했다. 장기간 계속된 전쟁은 무엇보다도 군사기술에서 이루어진 수많은 발전 때문에 커다란 인적 손실을 초래했고, 결국 러시아의 패배로 끝났다. 크림 전쟁에 패배함으로써 러시아가 연합국보다 약세임이 드러났다. 오스만 제국은 성전을 부르짖지 않았던 크림 전쟁에서 승리한 것에 커다란 자부심을 보였다. 영국과 오스만 제국의 엘리트들은 러시아는 유럽 문명의 일원이 아니라는 관점에서 이 전쟁을 문명 대 야만의 전쟁으로 보았다. 일부 비판자는 오스만 제국과 영국, 프랑스의 동맹이 실수라고 생각했다. 예를 들어 처음에는 영국국교회였다가 나중에 가톨릭으로 개종한 영향력 있는 지식인 존 헨리 뉴먼John Henry Newman은 러시아를 기독교의 보호자로, 오스만 제국은 무슬림 야만주의와 사탄의 세력으로 보았다. 하지만 압도적 다수는 오스만 제국과 영 제국의 동맹이 문명을 진전시켰다고 생각했다. 예를 들어 데이비드 어쿠하트David Urquhart 같은 반러시아적이고 친튀르크적인 성향을 가진 저명한 지식인들은 저술 활동을 통해 영 제국과 오스만 제국의 동맹을 정당화하는 데 기여했다. 러시아는 전체 분쟁 기간에 기독교적인 상징과 언어를 사용했지만, 크림 전쟁은 종교적 정체성보다 문명에 관한 보편주의적 언어를 동원해 제국적 이해관계를 우선시한 대표적 사례였다. 유럽의 국제 질서는 크림 전쟁이 끝난 후인 1856년의 파리 회의에서 새로 정립되었다. 회의 참가국들은 예전의 신성동맹 때와 마찬가지로 기독교가 아니라 문명을 새로운 질서의 기반으로 삼았으며, 오스만 제국을 새로운 유럽 질서의 일원이라고 밝혔다. 한편 러시아가 제국의 향후 팽창 방향을 남쪽이 아니라 중앙아시아 쪽으로 잡게 된 것은 부분적으로는 크림 전쟁의 패배 때문이었다.

인도 독립 전쟁

크림 전쟁이 끝난 지 불과 1년 후인 1857년에 발발한 인도 독립 전쟁은 유럽과 이슬람 지역을 통합하는 기반이었던 제국의 원칙을, 좀 더 정확하게 표현하면 제국 간 정체성과 종교적 정체성 사이의 애매한 관계를 다시 한번 시험대 위에 올려놓은 사건이었다. 결과적으로 점차 중요해지던 종교적 정체성보다 제국의 원칙이 매력적이고 강력한 힘을 발휘한다는 사실이 입증되었다. 명목상 여전히 델리에 있던 무슬림 무굴 제국 황제의 영토였던 인도에서 일부 제후는 영국에 저항하고 일부 제후는 협력하는 입장이었는데, 영국의 팽창은 한 걸음 한 걸음 계속되었다. 영국이 인도에서 사용했던 간접 통치 방식이나 지역 제후국과 맺은 조공 동맹 방식은 아프리카와 동남아시아, 페르시아만 지역에서도 시행되었다. 그 결과 인도양 지역에는 영 제국과 동맹을 체결한 왕조 국가들의 네트워크가 등장했다. 동인도회사가 그들의 지배권을 확장하는 동안에 수많은 힌두교도와 무슬림, 시크교도들이 영국과 협력했는데, 그중에는 종교 지도자나 고위 군사 지도자들도 있었다. 이 과정에서 영국이 펀자브 지방에서 란지트 싱이 건국한 시크 제국을 장악하자, 인도에서 영국이 대적해야 할 가장 강력한 경쟁국이 사라졌다.

이렇게 동인도회사는 인도에서 성공적으로 팽창했지만, 1857년에 인도에서 대규모 봉기가 일어났을 때 영국의 제국적 지배는 거의 막다른 골목으로 몰렸다. 봉기를 촉발한 직접적인 원인은 돼지나 소의 기름으로 칠한 새로운 탄약통의 도입이었다. 새 탄약통을 만지고 여는 것을 동인도회사의 힌두교도 병사와 무슬림 병사들이 자기들의 종교적 감수성에 대한 모욕으로 느껴 봉기를 일으킨 것이다. 하지만 봉기의 근본적인 원인은 더 깊은 곳에 있었다. 예를 들어 동인도회사는 그동안 중재자 역할을 수행해 온 여러 제후국을 무너뜨림으로써 영국의 제국적 지배를 노골적으로 강화했다. 그 결과 점차 나머지 제후국들과도 갈등이 증가했으며, 세금 압박에 관한 전반적인 불만도 고조되었다. 여기에 무슬림뿐 아니라 힌두교도들 사이에도 영국의 지배에 항의하는 여론이 점점 뚜렷하게 성장했다.[149]

1857년 5월 10일에 봉기가 발발한 후 혁명 진영이 가장 먼저 취한 조치는 무굴 제국의 지속적인 정통성과 영향력을 보여 주는 상징적 행위로서 연로한 무굴 제국 황제 바하두르 샤 2세Bahadur Shah II에 대한 지지를 확인한 것이었다. 뒤이어 많은 무슬림 학자는 성전을 외쳤으며, 수많은 힌두교도도 힌두교의 종교적 이상을 내세워 봉기를 정당화했다. 무슬림의 정신적 지도자들이 영국을 상대로 성전을 외치면서도 그 대상에서 힌두교도를 제외했다는 사실은 그들이 힌두교도든 무슬림이든 상관없이 백성을 존중한다는 반反제국적 비전을 보여 주었다. 1857년의 봉기에서 힌두교도와 무슬림의 단결에 반대하는 내부 목소리는 없었다. 이 사실은 훗날 두 공동체가 서로를 배척하게 된 것에는 다른 역사적 조건이 작용했음을 보여 준다. 그들이 이룩한 성공에도 불구하고 1857년의 인도 봉기에는 몇 가지 지리적·이데올로기적 한계가 있었다. 봉기 진영은 당시에는 아직 존재하지 않았던 민족, 즉 '어머니 인도'의 이름으로 일어난 것이 아니었다. 그들은 자기들을 종교적·지역적 공동체의 옹호자로 느꼈을 뿐, 무굴 제국의 재건에 관해서는 서로 모순되고 상반된 견해를 갖고 있었다. 다양한 봉기 단체와 군대들 사이에는 지역을 넘어서는 협력이 충분히 이루어지지 않았던 반면에, 영 제국은 여전히 무슬림과 힌두교도, 시크교도를 막론하고 영국에 충성하는 수많은 지역 중재자를 보유하고 있었다. 무굴 제국의 지도력은 다른 지역 봉기의 통제권으로 이어지지 않았다. 게다가 봉기를 진압하는 과정에서 영국 군대가 가한 잔혹 행위는 특히 지역 주민들을 경악하게 했다. 봉기에 대한 가담이 개별적인 죽음뿐 아니라 마을 전체의 초토화를 의미했기 때문이다. 봉기가 시작된 지 4개월 후인 1857년 9월에 영국군은 델리를 탈환했다. 영 제국이 결국 인도아대륙 전체를 장악한 것은 1858년 3월이었다.

1857년에 인도에서 일어난 독립 전쟁은 다른 무슬림 왕조 국가들로부터 그 어떤 원조도 받지 못했다. 오스만 제국은 영국의 편에 섰고, 봉기군과 전투를 벌이다가 부상당한 영국인 희생자들을 돌보는 지원대를 보냈다. 크림 전쟁 동안에 작동했던 영 제국과 오스만 제국의 동맹을 돌이켜 볼 때, 이러한 제국 간의 협력과 비전은 현실적으로 그리 놀랄 만한 것이 아니었다. 사실 영국은 어느 시점에서 자기들의 인도 지배를 정당화하기 위해 오스만 칼리파나 영국과 오스만 칼리파국의 우호 관계를 이용하려고 했다.[150] 어쨌든 1857년의 사태에 내놓은 대응으로 영 제국은 인도 전체를 영국 정부가 직접 관할하는 구역이자 통치하는 영역으로 만들었으며, 1876년에는 빅토리아Victoria 여왕에게 인도 황제라는 칭호를 부여했다. 이로써 역사상 처음으로 영국 군주가 공식적으로 제국의 통치자로 등극했다. 하지만 인도에 있던 영 제국은 자국의 통치하에 600여 개의 제후국이 여전히 준자치국으로 존재한다는 것을 인정했다.

영 제국과 인도 백성 사이의 관계에서 가장 핵심적인 문제는 영국인과 토착민 사이에 존재하는 종교적·문화적·인종적 정체성의 차이를 어떻게 균형 있게 조정할지에 관한 것이었다. 영국인 식민 관료들은 '무함마드주의자들'도 자기들과 마찬가지로 제국의 충성된 백성이 될 수 있는지 물었던 반면에, 무슬림 지식인들은 자기들이 왜 제국의 충성된 백성이 되어야 하는지 의문을 제기했다. 대부분의 영국 신문의 관점에 따르면 1857년의 반란은 무슬림이 일으킨 것이었고, 그 결과 윌리엄 윌슨 헌터William Wilson Hunter의 『인도의 무슬림: 그들은 여왕에게 대항해 반란을 일으키려는 의식에 사로잡혀 있는가?The Indian Musalmans: Are They Bound in Conscience to Rebel against the Queen?』(1871) 같은 책이 발간되었다. 압박감을 느끼는 식민지적 시선에서 제국에 대한 무슬림의 충성심을 불신하는 내용이었다.[151] 사이이드 아흐마드 칸이 인도 무슬림들에게 최고의 영향력을 가진 지도자의 하나로 등장한 것이 바로 이런 분위기에서였다. 개혁가로서 그는 인도에 대한 영국의 제국적 지배를 수용하는 근대적인 무슬림 정체성을 외쳤다. 그가 가졌던 꿈의 하나는 영 제국을 무굴 제국처럼 무슬림을 종교적 차별 없이 행정에 참여시키는 보편적인 제국으로 바꾸는 것이었다. 사이이드 아흐마드 칸이 영 제국에 충성한 무슬림으로 여겨지기는 하지만, 영국 출신의 선교사와 관리들이 반이슬람적 발언을 할 때 즉각 이에 맞서 반응한 경우가 적지 않다는 사실을 간과해서는 안 된다. 기독교도 군주의 우산 아래에 사는 무슬림이라는 정체성에서 출발한 사이이드 아흐마드 칸은 인도의 영 제국을 더 포용적이고 보편주의적으로 건설하는 목표를 추구했다.

사이이드 아흐마드 칸이 구상한 제국적 세계 질서는 영 제국이 무슬림이 다스리는 오스만 제국 편에 동맹국으로 서는 질서이자 제국 간 세계에서 두 나라의 동맹이 인도적·무슬림적 정체성으로 통합되는 질서였다. 1880년대에 영국과 오스만 제국의 지정학적 관심이 각기 다른 방향으로 나아갔을 때, 사이이드 아흐마드 칸은 두 제국 사이에 갈등이 발생하면 인도 무슬림들은 이스탄불의 칼리파가 아니라 기독교 지도자에게 복종할 종교적 의무를 지닌다는 점을 지적했다.[152] 오스만 제국의 엘리트들은 지금 소개한 바와 같이 제국 간 충성의 논리를 한 제국의 백성은 서로 동맹 관계에 있는 다른 제국에도 충성해야 한다는 방식으로 이해했으며, 따라서 오스만 제국과 차르 제국 사이에 분쟁이 발생했을 때 기독교 정교도들에게도 동일한 충성을 기대했다. 사이이드 아흐마드 칸이 과장되게 표현했던 영 제국에 대한 무슬림의 충성 의무는 1920년대에 이르러 인도 무슬림에게서 점차 거부되기 시작했지만, 1860년 이래로 제국적인 비전이 인도 무슬림에게 얼마나 매력적이었는지를 주목할 필요가 있다. 남아시아 지방의 수많은 무슬림 백성을 지배했던 영 제국의 비전은 점차 제국이 '세계 최대의 무함마드 세력'이라는 언급으로 합류했다. 영국의 다양한 식민지 전략을 구상한 전략가들은 심지어 전 세계의 절반을 지배하기 위해 아시아의 무슬림과 동맹한 영 제국을 상상했다.[153]

동아시아 지역 체제하의 제국적 재구성

7년 전쟁에서 1830년대에 이르기까지 유럽과 대서양 지역뿐 아니라 서아시아와 인도양 지역에서 발생한 변화는 공통의 유교적 유산을 가진 네 개의 동아시아 제국, 즉 한국과 일본, 중국, 베트남(1802년에 응우옌 왕조에 의해 안정을 찾았다.)에 직접적인 영향을 미치지는 않았다. 하지만 이러한 사실은 동아시아 네 제국의 사회 엘리트들이 국경선 저편 세계에서 발생한 변화에 대해 전혀 모르거나 아무런 관심도 없었다는 것을 뜻하지는 않는다. 대부분 유럽 상인들에 의해 이루어진 활발한 국제 교역은 인도양과 동남아시아를 동아시아와 연결했다. 강력한 유럽 제국이었던 영국은 인도양에 있던 막강한 해군을 통해 남아시아에 괄목할 만한 세력 거점을 마련하고 중국을 상대로 무역 관계를 계속 확대할 수 있었다. 중국이 동아시아에 보유하던 조공 제도의 중심에 가까이 접근하면서 영국은 중국과 갈등할지 협력할지를 두고 기로에 서게 되었다.[154] 유럽과 서반구에서 대서양 혁명이 일어나 엄청난 변화가 발생했지만, 청 제국은 아편전쟁에서 패배할 때까지 제국 영토에서 자기들의 권력과 정통성을 계속 유지할 수 있었다. 농업 생산성이 증가하고 인구가 성장했으며 무역과 제조업은 번성해 제국 정부는 높은 세금 수입을 달성할 수 있었다. 중국의 많은 학자는 예수회 신부들과 접촉해 천문학과 언어학, 수학, 지리학의 분야에서 서양이 이룩한 지식을 인지하고 있었지만, 유럽 모델에 기초한 개혁을 추진해야 할 필요성을 느낀 사람은 없었다. 18세기 동안에 한국과 일본의 식자층과 지배 엘리트들은 여전히 중국의 문화적·정치적 권력을 존중했다. 1750년대에서 1840년대 사이의 기간에 중국에서는 세상사가 별다른 격변 없이 조용히 진행되었기 때문에 미국독립혁명과 아이티 혁명, 프랑스 혁명이나 영국의 산업혁명처럼 대서양 지역에서 발생한 그 어떤 혁명이나 격변도 중국의 지식인들에게 급격한 변화나 개혁이 필요하다는 사실을 깨닫게 하지 못했다. 중국의 국내 경제나 대외무역은 번성했으며, 백련교도의 난(1794~1803)과 같은 몇몇 소요를 제외하면 청 제국에서는 높은 수준의 질서와 평화가 지배적이었다. 백련교도 사건은 과중한 세금 부담에 대한 불만과 새로운 종교적 공동체의 비전을 결합한 것으로, 다른 시대에도 충분히 발생할 수 있는 사건이었다. 따라서 담배의 수입이나 널리 확산된 아편의 소비를 19세기 중반에 제국 전체를 뒤흔든 위기의 원인으로 보기는 어려울 것이다.

청 제국은 자체적인 제국의 논리에 따라 아편 무역을 금지해 아편 문제를 해결하려고 시도했다. 하지만 중국 관리와 중간상인, 판매상들은 아편을 수입해 중국에서 판매하기 위해 영국 상인들과 계속 협력했다. 그러다가 1838년에 황제의 특사인 흠차대신 임칙서林則徐가 대량의 아편을 몰수해 바다에 폐기했다. 이에 영국 상인들은 손해배상을 요구했으며, 그 과정에서 충돌이 발생하자 영국 정부는 이들을 지원하기 위해 해군을 파견했다. 1839~1842년의 아편전쟁에서 신형 증기선으로 구성된 영국 함대는 중국의 정크선과 광동(광둥) 근처의 해안에 대대적인 포격을 가해 중국군에 심각한 패배를 안겨 주었다. 결국 체결된 난징 조약에서 영국은 홍콩을 차지하고, 그 밖에 다섯 개의 항구를 개방하게 했으며, 중국이 영국에 전쟁 보상금을 지급할 뿐 아니라 상인에게도 손해배상을 하도록 강제했다. 후속 조약은 항구도시에서 영국 상인들에게 치외법권을 보장해 주었다. 이후 이와 유사한 일련의 불평등조약이 체결되어, 인종적으로는 백인으로 구성되었으며 종교적으로는 기독교도 유럽의 다른 제국들에서 온 상인들에게도 연이어 특권이 부여되었다.[155]

전쟁과 군사적 패배가 제국들에 늘 파괴적인 결과를 초래한 것은 아니었다. 주요 유럽 국가들은 대부분 장기 19세기 동안 이런저런 패배를 겪어야 했다. 경우에 따라 전쟁은 제국을 개혁해 재건할 기회를 주기도 했으며, 정부들에는 철저한 구조 개혁을 추진할 수 있게 해 주었다. 청 제국의 엘리트들은 1842년의 난징 조약을 통해 크게 체면을 구겼지만, 개혁을 통해 이를 회복하고 강한 국가를 재건하려고 시도했다. 그러나 1860년대에 제국 내부에서 여러 봉기가 발생해 청 제국을 커다란 혼란에 빠지게 했기 때문에 개혁 프로그램을 실천하는 데 어려움이 발생했다. 특히 메시아적 비전을 제시한 지도자 홍수전洪秀全이 이끈 태평천국의 난(1851~1864)은 청 제국의 부와 안정을 크게 훼손했다. 당시에 중국을 위협했던 그 어떤 외부의 위협보다도 더욱 심각한 위협이었다. 홍수전은 자기가 기독교에서 받은 인상을 다양한 중국의 종교와 전통 철학과 결합해 1851년에 태평천국을 건설했다. 과거 시험에서 네 번째로 낙방한 후 자기를 신의 아들이자 예수Jesus의 형제라고 생각한 그는 대중에게 설교하기 시작했으며, 추종자들과 함께 유교의 상징과 사원들을 파괴하기 시작했다. 태평천국의 난은 한족이 아닌 만주족 출신 청 왕조의 정통성을 부인했다. 이 운동에 기독교의 메시아적 모티브가 강한 영향을 미쳤다는 것은 당시의 종교적 사상이 전 지구적으로 확산되고 상호 연결되는 현상이 어느 정도였는지를 다시 한번 뚜렷하게 보여 주었다. 난리는 여러 해 지속되어 중국의 중앙정부가 결국 난리를 진압할 때까지 엄청난 물질적 손실을 초래했으며, 인적 희생도 헤아릴 수 없을 정도였다. 평등하고 사회정의가 지배하는 새로운 세상을 건설한다는 홍수전의 약속은 농촌의 추종자들에게 커다란 영향을 주었고, 인종적으로 만주족 출신인 청 왕조를 악마화하는 그의 담론은 중국 전역에 확산되었다. 반란군은 남경을 점령한 후에 그곳의 만주족들을 학살했으며, 그 후 남경을 그들의 천상의 수도(천경天京)로 만들었다.[156]

이후 청 제국은 만주족 엘리트와 한족 엘리트들의 동맹을 이끌어 내고, 대토지 소유 귀족들의 지지를 얻어 반격을 시작하는 데 성공했다. 태평천국의 난뿐 아니라 거의 비슷한 시기에 일어났던 무슬림 반란(1855~1873)도 성공적으로 진압한 후 청 제국의 엘리트들은 자체적인 개혁을 통해 제국을 강화하는 계획을 도입했다. 제1차 아편전쟁에서 1870년대 후반에 이르는 시기에 태평천국의 난과 기타 반란들이 서유럽 면적의 몇 배가 되는 넓은 지역의 일상적 삶을 파탄지경에 이르게 했지만, 청 제국 정부는 지역 엘리트들의 도움으로 이들 지역에 대한 지배권을 다시 정상 상태로 회복했다. 1861년에서 1880년대까지 군대와 해군의 전력을 강화하기 위해 개혁하고 철도와 해운, 전신 같은 분야에 새로운 운송 수단과 통신수단을 도입했으며, 방위산업체와 경공업을 육성했다. 청프 전쟁(1884~1885)에서 결국은 베트남 북부(통킹)의 지배권을 프랑스에 넘겨주어야 했지만, 중국 군대는 프랑스군에 여러 차례 승리를 거두었다. 프랑스군이 대만에서 철수하는 문제에 관한 협상에서 중국 외교관들은 그들이 국제법에 정통하다는 사실을 잘 입증했으며, 세력균형을 이룩하는 데 성공했다. 중국의 제국 개혁이 가져온 낙관적인 경향은 1894년에 일본을 상대로 당한 패배가 가져온 충격을 넘어 지속되었다.[157]

다른 제국들과 비교할 때 중국 제국의 힘과 정통성이 다시 강화되었다는 사실은 무슬림 주민이 다수를 차지하는 위구르 지방을 탈환한 것에서 가장 잘 드러난다. 이 지역은 제국 서부에 있어 러시아 제국 영역과 영 제국 영역의 경계에 있는 지역이었다. 19세기 중엽에 청 제국은 일련의 위기로 혼란에 휩싸였다. 아편전쟁과 태평천국의 난에 이어 여러 무슬림 지역에서도 반란이 일어났다. 이러한 상황에서 러시아가 지배하는 중앙아시아 출신의 노련한 장군 야쿱 벡Yakub Beg은 1870년에 청 제국의 군대를 물리치고 러시아 제국, 영 제국, 오스만 제국과 외교 관계를 수립함으로써 동투르키스탄에 독자적인 제국을 건설하는 데 성공했다.[158] 그러나 청 제국은 그들의 군사력과 제국적 정통성을 토대로 해서 돌아왔다. 무슬림 장군이 이끄는 중국 군대는 카슈가르에 거점을 둔 야쿱 벡의 무슬림 제국을 무너뜨렸다. 야쿱 벡은 지역의 무슬림 정체성을 내세웠지만, 지역에 사는 모든 무슬림의 지지를 이끌어 내는 데 실패했다. 결과적으로 청 제국은 자칫 러시아에 넘어가거나 아니면 독립된 무슬림 왕국이 탄생했을지도 모르는 지역에 대한 지배권을 되찾을 수 있었다.

메이지 시대로 가는 과도기의 일본

막부가 매슈 페리Matthew C. Perry 제독이 이끄는 미국 함대의 압박하에 일본의 항구를 개방하는 조약을 맺기 이전에도, 일본은 중국과 마찬가지로 전혀 내향적이거나 '폐쇄된' 나라가 아니었다.[159] 일본의 엘리트들은 중국에서 진행된 발전과 아편전쟁이 초래한 상황에 관해 잘 알고 있었다. 그들은 외국 선박의 입항을 금지하는 이유로 중국에서 외국 선박 때문에 초래된 위험을 지적했다. 외국과 무역하기 위해 항구를 개방하는 문제에 관해 미국, 영국, 러시아와 협상하는 동안에 일본 측 협상 대표는 아편 거래 금지를 요구해 관철할 수 있었다. 그들이 중국에서 발생한 사태에 관해 충분한 정보를 보유했었다는 뚜렷한 증거다.[160] 하지만 중국의 사례와 비슷하게 일본도 항구를 개방할 뿐 아니라 보호받는 항구도시에서 유럽인과 미국인들에게 치외법권을 부여하는 불평등조약을 수용하지 않을 수 없었다. 물론 유럽 제국들이 일본에 강요한 불평등에도 불구하고 이 조약 체결과 함께 일본은 국제법상 주권국가로 인정되었다.

당시에 일본을 지배하던 도쿠가와 막부는 곧 외세에 맞서 외교적·군사적으로 자기들의 지위를 강화하기 위해 개혁 작업에 착수했다. 그런데 이는 내부적으로 혼란과 저항에 부딪혔다. 도쿠가와 막부의 적들은 이러한 내적 갈등 상황을 이용해 명목상 외세에 대항하는 운동을 통해서 천황을 중심으로 하는 구체제로 돌아가려는 시도를 감행했다. 이는 당시에 교토에 머물면서 의례적이거나 종교적인 분야에서만 활동하던 천황의 권력을 복원할 것을 내세운 일종의 쿠데타였다. 근대화와 국력 강화를 추구하는 도쿠가와 정부에 대한 그들의 선전포고는 목적을 달성해, 1868년에 도쿄로 거주지를 옮긴 천황을 중심으로 하는 새로운 정치체제가 탄생했다.[161] 그러나 새로 메이지 정부로 명명된 정부는 "야만적인 외세(서구)를 몰아내자!"라는 반서구적 구호를 내걸었는데도 도쿠가와 막부가 추진하던 개혁을 더욱 커다란 열정과 추진력으로 계승하고 발전시켰다. 메이지 시대의 개혁은 천황인 덴노를 중심으로 저력 있는 일본국을 만들어 냈다. 새로운 국가를 강화하기 위해 필수적인 변화를 주저 없이 적극 추진했다. 메이지 개혁은 일본 엘리트들이 제국들이 지배하는 세계에서 경쟁력을 갖기 위해서는 일본을 강하게 만들 필요가 있다는 사실을 잘 인지했음을 보여 준다. 이런 맥락에서 1872년에 일본이 국제무역을 위해 한국에 항구를 개방하도록 군사적으로 개입해야 할 것인지를 둘러싸고 논쟁을 벌인 사실이 주목된다. 이때는 한국에 대한 군사적 개입에 반대한 진영이 결국 이겼지만, 이런 문제가 제기되었다는 사실만으로도 제국들이 지배하는 새로운 시대가 열렸으며 유교적인 동아시아 문화 공간에서 제국의 팽창이나 균형에 관한 이제까지의 비전이 물러갔음이 분명해졌다.[162] 일본이 먼 유럽이나 미국에서 온 열강들의 자유무역 압력에 맞서 자국을 지킬 수 있도록 일본의 엘리트들이 국가를 개혁할 뿐 아니라 한반도를 향해 스스로 제국적 팽창을 꿈꾸고 실천할 수 있었다는 사실은 매우 주목할 만하다. 메이지 정부의 엘리트들은 일단 자기들의 제국적 팽창 정책을 1876년의 무역 협정을 통해 한국이 개방하도록 압박하는 선에서 멈추었지만, 이후 북부의 홋카이도로, 나중에는 오키나와로 세력권을 확대했다.[163] 나아가 일본 엘리트들은 천황으로 대표되는 전통적인 신토神道 상징주의를 변형해 당시의 유럽 군주국들과 닮은 근대적인 군주국을 만들었다.[164]

메이지 정부는 일본에서 '부국강병'이라는 이상을 내걸고 '위로부터' 광범위한 개혁을 시행하는 데 성공했다. 일본 주민들은 이러한 새로운 시대의 이상을 내면화했지만, 동시에 좀 더 민주적인 정치제도에 대한 희망을 품었다. 그 결과 1870년대에 '자유 민권 운동'이 대두했는데, 이는 같은 시기에 오스만 제국에서 진행되던 청년 오스만 운동과 비슷했다. 한편으로는 주민들의 요구사항이 반영된 결과로, 다른 한편으로는 일본 엘리트들이 일본을 국제 여론에서 문명화된 나라로 과시하고 싶은 희망에서 일본 정부는 1881년에 입헌군주제의 도입을 공표했는데, 1890년에야 의회가 구성되고 최초의 헌법이 제정되었다.[165] 국가권력뿐 아니라 입헌군주제에 찬성하는 야당 진영도 신성불가침과 무오류의 국가수반으로서 천황에게 강력한 헌법적 권력을 부여하는 데

_____ 제국을 강화하기 위한 오스만 제국과 일본 제국의 개혁 정책은 군주의 의복에도 뚜렷이 반영되었다. 술탄 마흐무드 2세(위)는 1826년에 유럽식 복장을 입고 페스를 쓰기 시작했다. 메이지 천황(아래)은 자기가 입던 전통적인 신토 의상이 너무 여성적이라고 느껴 1870년대부터 서구식 군복을 입었다. (Wikimedia Commons)

동의했다. 일본의 근대화와 서구화, 국력 강화 과정은 이렇게 천황제를 유지한 정치제도를 만들어 냈다. 유럽식 군주제와 신토 전통에 따른 신적 존재로서의 천황을 결합한 특이한 제도였다. 1890년대 초에 일본은 서구식 개혁 프로그램을 시작해 근대적인 군대와 새로운 교육제도, 철도와 통신 체계, 신속히 발전하는 경제를 보유하게 되었다. 그 결과 친서구적인 엘리트들은 언젠가 불평등조약을 파기하고 일본을 국제 무대에서 유럽 국가들과 대등한 제국으로 만들 수 있다는 생각을 품게 되었다. 그리고 1894년에 중국을 상대로 승리해 대만을 자국의 식민지로 만듦으로써 일본은 공식적으로 근대적인 제국이 되었다.

아편전쟁 이후에 동아시아에서 발생한 변화는 중국과 일본 외에 다른 두 개의 중요한 정치 중심지인 한국과 베트남에도 커다란 영향을 미쳤다. 두 나라에서는 유교적 전통과 중국식 모델이 19세기 하반기까지 중요한 역할을 했다. 베트남에서는 응우옌 왕조(1802~1945)의 민망 황제明命帝(재위 1820~1841)가 19세기 초에 도입된 과거 시험제도를 포함해 중국식 관료제 전통의 이상을 고수했다. 아편전쟁에서 중국이 패배하자 베트남은 무엇보다 중국이 서구에서 온 야만인들에게 중국 땅에 들어와 무역하도록 허락한 것이 잘못이라는 식으로 대응했다. 한국이나 일본에서도 널리 퍼져 있던 비난이었다. 이후 베트남 정부는 유럽 제국들에서 오는 잠재적인 위협을 막기 위해 해안 방어 기지의 건설을 추진했다. 하지만 그들의 노력은 프랑스의 침공을 막기에는 역부족으로 드러났다. 1859년에 프랑스 군대가 사이공에 상륙했는데, 그들의 목표는 가톨릭 선교사들을 보호하고 남쪽에서부터 중국으로 향하는 루트를 확보하는 것이었다. 베트남은 점차 프랑스의 보호령이 되었다가 결국은 식민지로 전락했다.[166]

동남아시아에서는 짜끄리 왕조 치하의 시암이 장기 19세기의 제국 시대를 국가가 해체되거나 유럽 제국의 보호령이 되지 않은 채 견뎌 냈다. 시암은 1853년에 마지막으로 청 제국에 조공을 바쳤으며, 1882년에는 공식적이자 일방적으로 조공 관계가 종식되었음을 선언했다.[167] 라마 5세Rama V(재위 1868~1910, 쭐랄롱꼰Chulalongkorn 대왕으로도 알려져 있다.) 치하에서 태국은 개혁 지향적인 독립 왕국을 지킬 수 있었다. 예를 들어 짜끄리 왕조는 유럽의 구상인 불평등조약과 유럽적 문명 규범에 맞서 식민화되지 않으면서도 국력을 강화한 아시아 지배 왕조의 사례가 되었다.

버마(오늘날의 미얀마)는 1885년에 영국이 식민화하기는 했지만, 꼰바웅 왕조의 통치하에서 근대국가의 토대를 마련했다. 꼰바웅 왕조는 국가를 강화하는 시기에 자기들의 지배권을 공고히 했다. 19세기로 넘어가는 시기에 꼰바웅 왕조는 뚜렷한 팽창 정책을 추진해 아라칸(1784), 마니푸르(1814), 아삼(1817) 같은 인접 왕국과 영토들을 제국에 합병했다. 이 과정에서 인도에 있던 영국과 갈등을 겪게 되었다. 19세기 동안에 영국과 버마 사이에 몇 차례에 걸친 전쟁이 발발했으며, 결국 왕실은 인도로 망명하고 버마는 1886년 1월에 영제국으로 합병되었다.[168] 빅토리아 여왕에게 바치는 신년 선물이었다.

반면에 한국은 500년 동안 명맥을 유지해 온 조선 왕조 치하에서 유교 제도를 간직하고 청 제국과 긴밀한 결속을 유지했다.[169] 1894년에 종교적 색채를 가진 (규모는 작지만, 태평천국의 난과 비슷한) 농민 봉기가 발생했을 때 한국의 지배 왕조는 청 제국에 군사적 지원을 요청했다. 유럽 열강들과 미국이 한국의 '개방'을 요구했지만, 결국 강제로 한국을 개방한 것은 일본과 중국이었다. 그러나 1894년의 상황에서 일본이 한국을 장악하기 위해 중국을 군사적으로 공격함으로써 청일전쟁이 발발한 것은 근대화를 추진하는 청 제국이 당시까지의 조공 제도 때문에 한국에서 유리한 지위를 갖고 있다는 사실 때문이었다. 이 전쟁에서 예상 밖에 일본이 승리한 후 체결된 평화조약은 한국과 중국 사이의 조공 관계를 폐지할 것을 지시했으며, 한국을 비공식적으로 일본 제국의 지배하에 있게 했다. 베트남이 프랑스 제국의 지배하로 전락한 반면에, 한국은 유교적 전통이 강한 두 국가의 경쟁 관계 사이에 끼어 결국은 일본의 식민지가 되었다.

유럽 제국들의 민족주의

빈 회의 이후에 유럽 제국들은 그 활동 범위와 효율성에서 엄청난 발전을 이룩했으며, 전 세계를 누비는 전 지구적 세력으로 팽창했다. 제국들이 세계로 팽창하는 시기에 유럽에서는 도처에서 다채로운 참여 방식으로 민족주의나 애국주의의 이름을 내세우는 여론이 역동적으로 성장했다. 제국주의적·민족주의적 이상과 비전이 만나면서 시너지 효과도 있었지만, 둘 사이에 긴장도 발생했다. 문맹률이 감소하고 인쇄된 언론이 발전한 덕분에 유럽 여론에서는 민족 통일 담론이나 제국주의 세력에 대한 예찬이 강화되었다. 민족주의나 애국적인 이상을 북돋움으로써 1848년 혁명 이후 제국의 중심들은 더욱 안정되고 질서 잡힌 사회가 되었다. 이와 동시에 제국 정부들은 한편에 있는 제국 심장부의 민족적 자부심, 그리고 다른 한편에 있는 아시아와 아프리카의 제국 백성들이 요구하는 다양한 권리와 평등 사이에서 균형을 잡아야 할 과제에 직면했다. 유럽 제국들은 점차적으로 모국의 민족주의를 제국의 발전에 더는 장애가 되지 않고 오히려 제국 중심부의 여론에서 제국의 정당성을 뒷받침해 주는 한 기둥으로 전환하는 데 성공했다. 특히 19세기 후반에 민족적 위대함과 인종적 우월감, 제국의 영광이라는 비전은 기독교적 가치와 결합해 제국의 힘을 강화해 주었다. 반면에 유럽 외부에서 제국의 정당성을 과시하기 위해 동원된 민족주의와 기독교, 인종 이데올로기는 동시에 새로운 문제를 초래했다. 예를 들어 영 제국은 한편에 있는 제국 중심부의 백인과 기독교적 정체성, 그리고 제국 지배 영역의 백인과 기독교도보다 많은, 다른 한편에 있는 유색인과 비기독교도, 특히 무슬림과 힌두교도들이 산다는 현실 상황 사이에서 균형을 잡아야 했다. 제국의 이중적인 도덕심은 제국의 중심부를 지배하는 민주적인 정치 질서와 식민지에서 나타나는 억압적·독단적·인종주의적인 지배 사이의 극단적인 대조를 통해 한층 뚜렷해졌다. 어떤 면에서 제국주의 모국의 민족주의 문화와 인종주의 문화는 그들이 아시아와 아프리카에서 주장한 제국적 보편주의가 거짓에 지나지 않는다는 사실을 폭로했으며, 그 결과 비유럽 세계에서 제국에 맞서는 불만과 저항이 폭발하는 데 기여했다.

유럽 제국들 가운데 가장 크고 부유했던 영 제국에서는 민족주의가 우선은 그리 커다란 역할을 하지 않은 듯하다. 어쨌든 영국은 전체 유럽 대륙을 뒤흔들어 놓은 1848년 혁명을 피할 수 있었다. 하지만 면밀히 관찰해 보면 프로테스탄트적 소명감과 자유 무역 사상을 녹여 낸 제국적 민족주의기 주목된다. 영 제국은 미국의 독립으로 아메리카 대륙의 식민지 대부분을 잃었지만, 이는 서반구에 남아 있는 식민지와 제국 간의 충성 관계가 안정됨으로써 대체되었다. 우선은 캐나다에, 그다음에는 다른 '백인' 점령지인 오스트레일리아와 뉴질랜드에 자치를 허용한 것이 그 배경이었다. 더럼Durham 경은 「영국령 북아메리카에 관한 보고서Report on the Affairs in British North America」에서 이주 식민지들이 자치를 할 수 있도록 개혁을 시행하자고 제안했다. 영 제국의 본국과 이주 식민지의 지도자들 사이에 이해관계가 균형을 이룰 때 영 제국은 더욱 발전할 수 있다는 것이었다.

캐나다의 자치권 증진은 19세기 중반에 시작되어 웨스트민스터 헌장(1931)으로 절정에 이르렀다. 캐나다와 오스트레일리아, 뉴질랜드의 탈중앙화와 자치권 획득에 관한 영 제국의 정책은 이 지역들이 영 제국을 백인 기독교도의 업적으로 칭송하게 되면서 성공했다. 19세기 중반에 루마니아와 불가리아, 세르비아같이 오스만 제국에 속했던 자치령들이 불과 수십 년 안에 완전히 독립한 사실과는 대조적이다.[170]

19세기 유럽에서 진행된 민족 통일 과정과 민족주의적 흐름이 중요한 의미를 가지는데도 제국과 제국주의는 유럽뿐 아니라 유럽의 해외 영토에서 계속 발전의 동력이었다. 게다가 독일과 이탈리아가 각각 민족 통일을 달성한 이후에 유럽 제국의 기존 경쟁 구도에 뛰어들었다. 아시아와 아프리카에서 유럽 제국이 팽창한 것은 유럽이 다른 문명보다 예외적이고 우월하다는 주장을 등장하게 했다. 유럽 제국들의 민족주의와 유럽의 문명적·인종적 정체성 형성 사이에 긴밀한 관계가 만들어졌다. '백인의 문명사적 사명'을 언급한 연설이 그 좋은 예인데, 이 주장은 아시아와 아프리카에서 유럽인들의 활동과 정책을 정당화해 주었다. 민족주의와 계몽사상의 전통 안에 있던 정치사상은 제국주의에 대한 비판도 포함했지만, 유럽이라는 상상된 지역과 유럽이 지배한 전 세계 지역에서 제국주의의 도구로 이용되었다.[171]

영 제국과 네덜란드 제국, 러시아 제국, 프랑스 제국은 특히 새로운 문화를 가진 새로운 영토와 백성들에 대한 지배를 공고화하기 위해 자기들이 사용해 온 통치 전략을 개선해야 했다. 그래서 그들은 과거의 잘못으로부터 배우면서 새로운 도전에 임했다. 예를 들어 러시아는 무슬림 국가나 제국으로 둘러싸인 조지아나 아르메니아 같은 기독교 지역에서는 기독교라는 공통된 기반을 강조함으로써 그들의 지지를 확보할 수 있었다. 페르시아의 지배를 받던 아르메니아를 러시아가 장악했을 때, 아르메니아의 엘리트들은 기독교도의 연대라는 명분하에 문제없이 새로운 상황에 적응했다. 독립 운동은 일어나지 않았다.[172] 하지만 러시아 제국은 캅카스 지방의 새로운 무슬림 백성들을 지배하기 위해 새로운 언어뿐 아니라 군사력도 동원할 수밖에 없었다. 저항운동이 계속 일어났기 때문이다. 러시아 군대는 다게스탄에서 일어난 무슬림 반란을 상대로 길고 소모적인 전쟁을 벌인 후에야 비로소 북캅카스 지방에서 활동하던 이맘 샤밀(1797~1871)의 병력을 물리치고 이 지역 무슬림에 대한 지배권을 확립할 수 있었다. 수많은 사람이 사망하고 수백만 명의 무슬림이 추방되거나 오스만 제국으로 망명했지만, 지역에 남아 있던 무슬림들은 그들에게 종교적 자유를 허용하는 새로운 제도하에서 기독교도 군주와 협력하는 새로운 길을 찾았다.

1848년 혁명

유럽에서는 제국을 중심으로 하는 질서가 확고하게 자리 잡은 듯 보였다. 하지만 새로운 세력들이 유럽 정치의 판도를 새로 편성하고 정통성의 기본 원칙을 새로 수립할 것을 요구하고 나섰다. 1848년 혁명을 일으킨 일련의 소란스럽고 다양한 주장을 담은 여론의 요구와 민족주의의 참여적 목표에 따르는 세력들이었다. 유럽 전역에서 동시다발적으로 일어난 혁명은 유럽 전역에 걸쳐 지식인 그룹과 여론 사이에 점차 밀접한 네트워크가 형성되었음을, 그리고 이러한 관계가 얼마나 중요한지를 잘 보여 주었다. 1848년에 발생한 여러 봉기와 혁명들은 모두 기근이나 굶주림(대도시에서 점점 더 심각하게 체감되었다.) 같은 지역적인 이슈를 제기한 것처럼 보였지만, 자치 또는 민족 통일 같은 민족주의적인 요구들도 여러 제국에서 제시되었다. 물론 여러 나라 여론 사이의 네트워크가 작동하면서 비로소 여러 지역적 혁명이 유럽사의 전환점으로 발전할 수 있었다. 사실 이미 유럽 사회에는 늘 가난과 기아, 도시와 연관된 다양한 형태의 불만뿐 아니라 정치제도에 참여하고자 하는 요구들이 있었다. 하지만 유럽에서 1848년에 일어난 사건들이 추구한 정치적 전망에는 의심의 여지없이 무언가 새로운 것이 포함되어 있었다.[173]

이런 맥락에서 민족주의는 유럽에서 새로운 정치적 비전으로 대두했는데, 이는 이전의 제국적이고 왕조적인 정치제도에 문제를 제기할 수밖에 없었던 것이 아니라 이들 제도와 공존할 수 있는 비전이었다. 민족의 독립을 향한 강력한 운동이 1830년과 1848년, 1867년에 왕국의 전통이 강했던 폴란드와 헝가리에서 일어났는데, 오스트리아와 러시아 제국은 서로 다른 방식으로 이들을 제어하는 데 성공했다. 훗날 가리발디와 마치니에 관한 영웅적이고 낭만적인 이야기에 반영된 민주적인 민족주의가 국제화된 버전이 1848년에 전 유럽에 걸쳐 발생한 사태의 상징이었다.[174] 바이런 경에 관한 이야기에서 보이듯이, 이미 1848년 이전에 그리스와 발칸반도에서 낭만적 민족주의가 고무된 현상은 특정 사상을 유럽 전역에 확산시키는 것에 인쇄된 미디어와 여론이 수행하는 역할이 얼마나 중요한지를 보여 주었다. 게다가 민족 해방을 이루려는 폴란드의 노력은 민족 통일에 관심이 있는 이탈리아와 독일의 운동 세력들에 영향을 주었던 것으로 보인다. 청년 폴란드 운동과 카르보나리Carbonari[15]에서 출발해 베를린과 파리, 헝가리, 시칠리아, 포젠(포즈난), 바덴에서 발생한 급진파 운동을 거쳐 1871년의 파리 코뮌에까지 도달했던 폴란드 민족주의자 루드비크 미에로스와프스키Ludwik Mierosławski의 역정은 세기 중엽의 민족주의가 가진 국제주의적 성격을 잘 보여 준다. 더블린과 프라하, 부다페스트에서처럼 각 제국 내부에서 일어난 민족운동은 더 많은 자치와 존엄성을 추구하는 외침에 합류했다.

1848년 혁명을 촉발한 사건들은 파리에서 시작되었다. 제국의 위대함이나 국가적 명예를 중시했던 좀 더 광범위한 프랑스적 맥락에서 소요 사태를

—— **15** '숯장이'라는 뜻의 이탈리아어로, 주로 19세기 초의 이탈리아에서 이탈리아 통일을 지지하며 비밀리에 활동하던 혁명 조직이다.

자극할지도 모른다는 우려 때문에 정치 집회를 금지하고, 시위하는 군중에게 총격을 가했다. 프랑스에서 일어난 사태에 뒤이어 프로이센과 기타 독일 국가들에서도 헌법과 개혁을 향한 요구가 분출했다. 프로이센 왕 프리드리히 빌헬름 4세Friedrich Wilhelm IV(재위 1840~1861)는 초기에는 사태를 진압하기 위해 군대를 투입했지만, 다른 독일 군주들처럼 다양한 요구 사항들을 수용하고 나아가 국민의회의 소집을 약속했다. 다른 독일 국가들에서도 개혁이 이루어지면서 1848년 5월에는 독일통일을 이룩하기 위한 헌법 초안을 제정할 국민의회가 프랑크푸르트에서 소집되었다. 프랑크푸르트에 모인 약 800명의 잘 교육된 대의원 중에는 독일인뿐 아니라 다양한 독일 국가가 지배하던 지역에 거주하는 체코인과 슬로베니아인, 네덜란드인, 이탈리아인, 폴란드인, 그리고 독일 국가 영토 바깥에 거주하던 독일인들도 있었다. 이들이 언어와 인종에 기초해 독일통일을 규정할 수 있었을까? 치열한 토론 끝에 오스트리아 제국 영토에 거주하는 독일인을 제외하는 하나의 독일 방안이 남았다. 프랑크푸르트 의회는 프로이센 왕 프리드리히 빌헬름 4세를 새로 통일된 독일의 황제로 추대했지만, 그는 이 제안을 수용하지 않아 의회에서 작성한 독일통일 방안은 무산되었다.

1848년 혁명이 지닌 (민족 통일을 향한) 국가주의적 측면은 억눌리고 좌절된 듯 보였다. 부분적으로는 내적 분열 때문이었고, 부분적으로는 군주제적 정통성이 여러 유럽 제국에서 여전이 살아 있기 때문이었다. 그런데 이보다 더 중요한 것은 1848년 혁명에는 전 지구적으로 확산된 민족주의 이데올로기가 일관성 있게 작동하지 않았다는 사실이다. 예를 들어 오스트리아 제국에서 제기된 수많은 요구 사항은 옛 봉건 제국과 봉건 왕국들이 보유한 역사적 권리라는 미명하에 민족주의를 자극하는 언어로 포장되고 표현되었다. 헝가리에서는 1848~1849년의 혁명이 단지 민족주의에 의해 촉발된 것이 아니었고, 오히려 혁명의 결과가 이후 헝가리 민족주의의 대두에 기여했다. 그렇기 때문에 민족주의는 유럽의 봉건제적 배경을, 그리고 '복합 군주제'라는 전통과의 관계를 고려해 분석되어야 한다. (복합 군주제에서는) 다양한 인종으로 구성되고 다양한 언어를 사용하는 많은 지역이 자기들의 옛 왕국에 관한 기억올 보존하면서도 현재의 군주에 대한 관계도 계속 유지하고 있었기 때문이다.[175] 제국에 대한 비전은 1848년 운동에 스며 있던 민족주의가 떨쳐 버리기에는 너무 강하고 끈질겼다. 민족주의적 비전은 1850년대의 보수적인 국가 형성 과정에 다시 등장해 유럽의 중심지metropole에 존재하던 민족주의적 감정과 영광스러운 해외 제국에 대한 비전을 융합했다. 1848년 혁명은 이런 방식으로 유럽의 미래에 장기적인 영향을 미친 것이다.[176] 반면에 1848년 혁명은 1815년의 빈 체제를 근본적으로 변혁하는 것이 필요하다는 사실을 분명하게 만들었다. 오스트리아는 민족주의적 도전을 진압하는 데 다시 한번 성공했지만, 그들의 권력은 과거보다 퇴색했으며 이 사실은 점점 강해지는 프로이센과 비교할 때 특히 분명했다.

전체적으로 1848년 혁명은 정당성에 관한 새로운 개념을 예시했다. 역동적인 유럽인들이 제시했듯이 제국의 공권력은 자기들의 국가를 새로 정비해 더 많은 국민을 포괄하는 더 참여적인 국가로 만들라는 요구였고, 이를 추구하는 과정에서 더욱 국가 중심적으로 나아가라는 요구였다. 민족적인 정체성과 정당성을 제국적인 국가 구조와 연결하려는 시도는 결국 실패로 끝났다. 제국의 엘리트들은 더 많은 참여에 관한 요구와 제국적 비전을 통합하는 새로운 길을 모색한 결과 정당성을 규정하는 새로운 원칙을 발견했다. 1850년대에는 우선 독일 민족주의를 채택했다가, 1870년대에 와서는 제국의 이상을 채택했던 프로이센 국가가 좋은 사례를 보여 주었다. 자유주의적 민족주의는 이런 방식으로 효율적인 통치를 위한 도구로 전환될 수 있었다. 훗날 독일 총리 오토 폰 비스마르크Otto von Bismarck의 정치적 경력이 그 좋은 사례. 이런 측면에서 볼 때 독일과 이탈리아에서 나타났던 통일 민족주의 비전은 유럽 내 제국의 결속 원칙과 충돌하지 않았다.[177]

프랑스와 이탈리아, 독일의 발전

프랑스에서는 1848년에 루이 나폴레옹Louis Napoléon 왕자가 노동자와 농민뿐 아니라 부르주아지와 왕당파들에 이르는 모든 국민에 의해 제2공화국 대통령으로 선출되었다. 루이 나폴레옹은 그의 삼촌이 했던 것을 모방해 새로운 황제로 등극하면서 프랑스에 옛 제국의 영광을 되돌려 주겠다고 약속했다.[178] 나폴레옹 3세 치하의 제2제국(1852~1870) 시기에 프랑스는 그 어떤 경우에도 영 제국과 충돌하는 것을 피하면서도 군사적·경제적으로 강대국이 되려는 노력을 경주했다. 이러한 맥락에서 프랑스는 영국과 오스만 제국의 편에서서 크림 전쟁에 참전해 러시아에 맞섰으며, 이탈리아 독립 전쟁에도 개입했다. 이보다 더 중요한 것으로, 프랑스와 영국의 자유무역협정과 협력은 이집트에 수에즈 운하를 건설하는 사업에 프랑스가 참여하는 일에도 반영되었다.

프랑스 제2제정이 멕시코에서 무모한 외교정책을 펼치며 나폴레옹 3세가 합스부르크 가문의 막시밀리안Maximilian 대공을 멕시코의 황제로 세우려고 했을 때, 이 역시 영국 및 에스파냐와 맺은 동맹을 강화하려는 의도에서 나온 것이었다. 실제로 막시밀리안은 현지인들이 대대적으로 저항했는데도 3만 명을 파병한 프랑스의 군사적 지원을 받아 1863년에 멕시코 황제로 즉위했다. 그러나 4년도 지나지 않아 막시밀리아노 1세Maximiliano I의 적대 세력들은 황제를 폐위하고 처형함으로써 멕시코에 제국적 질서를 구축하려는 유럽의 마지막 시도를 수포로 돌리는 데 성공했다.[179] 이처럼 멕시코에서 실패하고, 1870년의 프로이센-프랑스 전쟁(보불전쟁)에서 나폴레옹 3세가 패전하면서 프랑스 제2제정은 막을 내렸다. 프로이센의 승리는 프로이센 군주제 치하에서 타의 추종을 불허하는 강력한 독일제국이 탄생했음을 의미했다.

이탈리아 통일에 해당했던 특별한 낭만주의적 이상에 대한 국제적 공감과는 무관하게, 이탈리아와 독일의 통일은 일차적으로 전쟁터에서 거둔 승리에, 그리고 현실 정치적 계산에 기인한 것이며, 결과적으로 유럽에 두 개의 새로운 제국을 탄생시켰다. 이탈리아 통일의 배후에는 마치니와 가리발디, 카밀로 벤소 디 카보우르Camillo Benso di Cavour(1810~1861) 같은 중요한 정치적 인물들의 활동이 있을 뿐 아니라, 유럽 내의 변화된 권력관계가, 특히 프랑스와 오스트리아-헝가리, 그리고 강력해진 독일 사이에 형성된 세력균형도 자리하고 있었다. 예를 들어 비토리오 에마누엘레 2세Vittorio Emanuele II가 통치하던 사르데냐 왕국이 크림 전쟁에 참전한 것은 참전이 사르데냐의 외교적 위상을 높일 것으로 판단한, 당시 왕국의 총리이던 카보우르의 신중한 계산에 따른 것이었다. 프랑스는 이탈리아 통일 과정의 초기인 1859년에 사르데냐가 합스부르크 치하의 롬바르디아를 차지하도록 도왔으며, 로마에 주둔시켰던 프랑스 군대를 1870년의 프로이센-프랑스 전쟁을 통해 약화된 프랑스가 철수시키자 사르데냐는 로마를 정복함으로써 이탈리아 통일의 마지막 단계를 마무리할 수 있었다.[180] 이탈리아 통일은 국제화되었던 민족주의라는 비전에 의해 추진되었지만, 궁극적으로는 이탈리아 제국이 탄생했다. 이렇듯 통일된 이탈리아를 창조한 것은 (민족주의를 고무한) 낭만적 명성을 가진 가리발디 같은 정치가가 아니라 카보우르처럼 제국을 추구한 정치가였다.[181]

독일통일의 과정은 다양한 현실 정치의 단계를 거쳤으며, 이 단계들은 프로이센의 애국주의와 독일 민족주의의 이상을 혼합한 비스마르크(1815~1898)의 주도하에 진행되었다. 비스마르크는 영국과 프랑스, 사르데냐 왕국, 러시아와의 관계를 영리하게 관리함으로써 1866년에 오스트리아를 굴복시켰으며, 그 결과 독일통일 과정에서 오스트리아를 배제할 수 있었다. 결과적으로 합스부르크 제국은 통일 독일의 주도권을 장악할 수 없었으며, 1867년 이후에는 한 명의 황제 아래에 두 개의 독립적이고 동등한 권력을 가진 국가가 연합한 이중 제국인 오스트리아-헝가리 제국으로 변모했다. 1870년에 시작된 전쟁에서 프로이센이 프랑스에 승리를 거두고, 나머지 독일 국가들이 프로이센에 충성을 바침으로써 독일통일이 완성되어 1871년에 독일제국이 선포되었다. 독일통일이라는 첫 단계가 이루어진 후, 독일제국이라는 새로운 민족국가가 독일 시민들에게 정통성을 인정받기까지는 이로부터 10년의 세월이 걸렸다.[182]

남북전쟁

유럽에서 독일과 이탈리아가 통일을 달성한 10년 동안 미국은 남북전쟁(1861~1865)과 재통일, 노예제 폐지라는 굵직굵직한 사건을 겪었다. 남부 주들이 연방으로부터 분리되겠다고 선언하고 독자적인 수도와 행정조직, 군대, 화폐를 보유한 남부 주 연합으로 독립하기로 한 선언은 미국을 거의 두 공화국으로 바꾸는 것이나 마찬가지였다. 내전 기간에 북부에 자리하던 미국 정부가 달성한 최대 성과는 외교 분야에서 이루어졌다. 그들은 그 어떤 외국 정부도 남부 연합의 주권을 공식적으로 인정하지 않게 하는 데 성공했으며, 동시에 해상봉쇄를 통해 남부 주들의 국제무역을 중단시킬 수 있었다. 25만 명이나 되는 많은 희생자를 만들어 낸 4년간의 유혈 내전은 75년 동안 공화국으로서 유지되어 왔던 미국의 통일성을 시험대에 올려놓았다. 관심을 가진 유럽인들이나 서반구의 여론은 남북전쟁의 진행 상황을 주의 깊게 바라보면서, 점차 이 내전이 남부에 자리 잡은 보수적이고 군주제적인 경향과 북부에 중심을 둔 민주적이고 공화제적인 경향 사이에 벌어진 갈등으로 발전하고 있다고 파악했다.[183] 북부가 승리하고 미국이 재건되면서 결국 미국이 서반구와 태평양 지역에서 제국으로 발돋움할 수 있는 길이 열렸다. 내부적으로 공화정 제도를 택하고 있다는 사실은 여기에 아무런 걸림돌이 되지 않았다. 내전 후에 미국은 재건되고 이어서 서부로 팽창했으며, 미국의 국제정치적 전망도 유럽 제국들의 비전과 닮아 갔다. 문화적 정체성이나 지역 통합에 관해 먼로 독트린이 갖는 지정학적 중요성에도 불구하고 라틴아메리카와 미국 사이의 간극은 깊어져 갔다. 미국의 국제정치적 함수가 된 것은 대서양을 가로지르는 유럽 제국들, 특히 영 제국과의 관계였고, 경제 발전이나 군사력 측면에서 서반구 국가들을 상대로 주장한 주도권이었다.[184]

유럽: 강한 국가와 팽창, 정체성 문제

1815~1880년의 시기에 유럽을 특징짓는 또 하나의 결정적인 요소는 국가권력의 지속적인 강화와 눈부신 경제성장이다. 특히 경제성장은 유럽 내에서 진행된 갈등에도 불구하고 이제까지 전례 없는 규모의 식민지 팽창과 함께 진행되었다. 인도를 영 제국에 편입하고, 영국 여왕이 모국보다 열 배나 되는 대륙의 황제로 등극한 것은 영국이 아시아와 아프리카에 걸쳐 식민지와 보호령들의 긴밀한 네트워크를 구축하는 작업의 서막이었다. 이집트를 영 제국의 보호령으로 만든 것은 바로 이러한 범세계적 네트워크 구축의 절정이었다. 영국과 비슷하게 프랑스도 아프리카와 동남아시아에서 팽창을 계속했으며, 1881년에 튀니지를 자국의 세력권에 편입함으로써 제국으로서 새로운 자신감을 얻었다. 한편 러시아는 캅카스 지방에서 일어난 무슬림의 반란을 진

압했을 뿐 아니라 주민 대부분이 무슬림인 중앙아시아 지빙으로 진출함으로써 크림 전쟁에서 잃어버린 제국의 체면을 되찾았다. 농노제 폐지를 통해 동력을 얻은 러시아 제국은 직접 합병하거나 부하라와 히바의 사례처럼 보호령을 만드는 방식으로 중앙아시아의 광대한 영토를 장악하는 데 성공했다.[185] 또한 1877~1878년에 오스만 제국과 벌인 전쟁에서 승리함으로써 러시아는 남동유럽 지역에 영향을 미칠 수 있는 중요한 교두보를 갖게 되었다. 그러는 동안에 유럽의 네덜란드 제국과 에스파냐 제국은 동남아시아의 넓은 지역을 장악했다. 심지어 그동안 민족주의적인 도전에 직면해 국력이 약화된 오스트리아-헝가리조차 1870년대에는 여전히 밝은 미래를 가진 듯 보였다. 다뉴브 제국은 1878년에 발칸반도에서 주민 다수가 무슬림인 보스니아를 보호령으로 만들었는데,[186] 어떤 면에서 이는 유럽의 다른 제국들과 달리 아프리카와 아시아에 식민지를 갖지 못한 것에 대한 보상과도 같았다.[187]

1842~1878년의 시기는 유럽 제국들이 치열한 전쟁을 빈번하게 치른 시기였다. 전쟁을 치른 것은 제국들이었지만, 제국들이 오랜 전쟁에 병사들을 동원하기 위해서는 종교적·민족적·문화적 명분(이상)을 내걸어야 했다. 제국들이 민족주의화되었을 뿐 아니라 여러 제국이 자국의 주민들을 동원하기 위해 지정학적·인종적 담론을 내걸었던 대체적인 이유가 바로 여기에 있었던 것 같다. 19세기에 발발한 전쟁들은 궁극적으로 유럽에서 제국들을 강화했지만, 동시에 전쟁은 제국들이 주민을 동원하기 위해 이전보다 더욱 민족주의적이고 종교적인 측면에 의존하도록 만들었다. 하지만 이러한 변화는 해외 영토에 대한, 그리고 다른 인종과 종교에 속하는 그곳 주민들에 대한 식민 지배의 성격에 본질적으로 영향을 줄 수밖에 없었다. 유럽 제국이 공통된 언어와 교육제도, 가치를 지닌 강력한 국가가 되는 방향으로 이동함에 따라 식민지에 대한 지배도 중간 대리인을 동원한 느슨한 방식 대신에 본국에서처럼 견고한 방식으로 강화하려는 경향이 강해졌다. 그런데 여기에는 중심부와 주변부 사이에 있던 기존의 균형을 깨뜨릴 위험이 잠재해 있었다.

유럽의 지역적·문화적 정체성은 주요한 국제주의 운동 세 가지, 즉 기독교 복음 운동에 근거한 노예제 폐지, 마치니 방식의 민주적 민족주의, 사회주의에 의해 강화되었다. 이 정체성이 가진 위력과 영향력이 어느 정도인지를 평가할 수 있는 또 하나의 길은 이들 유럽 국제주의가 지닌 한계를 살펴보는 것이다. 유럽에서 선포되고 미국의 영향이 강하게 반영된 노예제 반대와 평화의 헌장들은 흔히 기독교와 (세계를 지배하는) 유럽 제국 당국들의 배타적인 언어를 사용했다.[188] 마치니의 국제주의적 민족주의는 유럽 지식인 사회에서 커다란 인기를 끌었다. 하지만 향후 전망이나 앞으로 나아갈 방향의 측면을 볼 때 그것은 본질적으로 유럽 기독교 사회와 서반구에 머무르는 한계를 갖고 있었다. 식민화된 아시아와 아프리카의 비기독교 국가들은 그의 시야에서 완전히 벗어나 있었다. 예를 들어 마치니는 통일을 달성하고 나면 이탈리아가 언젠가 오스만 제국이 차지한 튀니지를 식민화하기를 희망하기까지 했다. 마치니에게서 국제주의와 유럽 중심적인 국제주의가 어떻게 뒤섞여 있는지를 적나라하게 보여 주는 대목이다. 노동자계급의 연대에 기초한 카를 마르크스Karl Marx의 사회주의 비전은 유럽에 적용될 때 그보다는 더 평등주의적이고 민주적인 것으로 보였다. 하지만 인도와 같은 비유럽 국가에 관해 저술할 때는 마르크스 역시 진보와 근대라는 명분을 내세우며 유럽의 식민지 프로젝트를 쉽게 승인했다. 게다가 19세기 중반의 유럽에 대두했던 다양한 국제주의 경향들은 19세기 후반이 되면 한층 더 국가주의적이고 인종적인 색채를 띤 제국적 정체성에 의해 점점 뒷전으로 밀려났다.

제국의 시대에 나타난 국제법의 보편화

세계의 여러 지역으로 팽창한 제국들이 점차 통합되고 서로 얽히면서 범세계적인 제국 내 질서가 형성되기 시작했다. 그러자 다양한 국제 협력 메커니즘을, 특히 국제법을 동원해 제국 내부의 관계를 조정할 필요성이 대두되었다. 이런 맥락에서 상이한 문화로 구성되고 서로 다른 법적 배경을 가진 지역들로 구성된 제국이 어떤 규범과 원칙, 가치관 위에 하나의 공동체를 형성할 수 있을지에 관한 문제가 제기되었다. 이미 1880년대에 광대한 제국 내 세계 질서와 지역 간 세계 질서에 적용될 수 있는 전 지구적 규범이 등장하고 있음을 보여 주는 징후가 있었다. 백성들에게 평화와 번영을 촉진하고 제국 내 다양헌 집단들의 권리를 보호해 주는 문명화된 제국에 관한 언급이 그 좋은 사례다. 제국에 관한 이러한 구상은 실재했던 제국들이 보여 준 구체적인 행적과 오랜 전통에 토대를 두고 있었다. 고위 법률가와 국제법 전문가들은 자기들의 학문을 활용해 기존 제국들 사이의 관계를 조정해서 전쟁이 발발하기 전에 갈등을 예방하는 전 지구적 법질서를 수립하려고 시도했다. 국제법학자들의 이런 노력은 20세기로 넘어가는 세기 전환기에 소집된 헤이그 만국평화회의에서 절정에 도달했다. 이 회의에서 참가국 다수는 외교 및 전쟁 수행과 관련된 규정들을 명시한 협약에 합의했다.

국제법은 유럽의 제국들을 위한 국제주의의 도구로 성과를 거두기는 했지만, 대등한 지위를 요구하는 다양한 비유럽 제국들의 주장에는 그 어떤 비전도 제공해 주지 않았다. 따라서 이들이 등장시킨 국제법은 국제법의 전 지구적 확대보다는 국제법의 재지역화를 촉진하는 것에, 다시 말해 '지역적 이해관계 추구'를 방지하기보다는 촉진하는 데 기여했다. 19세기의 국제법은 기존의 모든 제국에 대등한 법적 지위를 부여하는 대신에 비유럽 세계에 강요되었던 치외법권과 불평등조약 및 다양한 형태의 비대칭적인 법적 관계를 정당화해 주었다. 역설적으로 국제법이 가진 유럽 중심적 시각은 그것이 이룩한 모든 성과에도 불구하고 제국들로 이루어진 세계 질서의 한계를 드러내어 오히려 지역적 일체감을 강화했다. 이들 국제법 전문가들이 가진 인종 이데올로기와 인종 인식은 스스로 성장하던 비유럽의 제국과 왕국들에 대등한 법적 지위를 부여하지 못하도록 막았으며, 국제법은 이 제국들을 인종 집단에 따라 (예를 들면 황인종과 흑인종, 무슬림으로) 서열화해, 세계를 인종에 따른 지정학적·문화적 지역으로 구별함으로써 비유럽 제국 엘리트들에게 적대감을 불어넣는 결과를 초래했다.

19세기 이전에도 이미 세계 여러 지역에 서로 다른 법 전통이 있었기 때문에 유럽에서 만들어진 법 전통을 세계 다른 지역에서 우선적으로 적용해야 할 아무런 이유가 없었다. 하지만 로런 벤턴Lauren Benton이 적절하게 지적했듯이 "유럽 국가를 위해 일하는 유럽의 국제법학자들은 (……) 유럽 바깥 지역을 중심으로 하는 전 지구적 법질서를 만들어 내고자 하는 의지도 없었고, 국제법 질서 안에서 국민국가가 아닌 다른 형태의 정치체제에 우위를 부여할 준비도 되어 있지 않았다. 유럽에 중심을 둔 국가 간 관계로서 세계 질서를 묘사하려는 유럽인들의 경향은 자기들이 제시한 국제법이 이론으로서 유용하지 못하게 할 뿐 아니라, 실제 역사를 표현하는 서사로서도 부적절하게 만들었다."[189] 그러므로 비유럽의 엘리트들은 왜 그리고 어떻게 유럽에서 만들어진 국제법 원칙이 전 세계에서 통용되게 되었는지 문제를 제기할 필요가 있다. 물론 식민 정부나 보호령을 통해 유럽의 헤게모니가 전 세계로 팽창했기 때문에 유럽식으로 각인된 법질서를 비유럽 국가들에 관철하는 것이 어렵지 않았다는 사실은 의심할 여지가 없다.[190] 그런데 다음 사실은 이보다 더 중요하다. 유럽 국가들은 일본과 중국, 오스만 제국 같은 나라들이 유럽 중심적인 문명 기준들을 자기들의 사회에도 수용하고 충족했을 때 비로소 그 국가들을 자기들의 구성원으로 받아들였으며, 이를 통해 국제법의 전 지구적 확산에 기여했다.[191] 하지만 19세기 내내 비유럽 사회가 제국들의 공동체에서 대등한 구성원으로 대우받을 수 있게 하는 문명의 기준들을 지속적으로 제시하고 채택하려는 노력은 없었다.

유럽 중심주의적인 국제법이 아무런 갈등 없이 전 세계에 확산된 것은 절대 아니었다. 유럽 중심주의적인 국제법의 전 세계 확산은 유럽 제국들이 비유럽 제국들에 치외법권 지역을 설정하도록 무력으로 강압하고, 비유럽의 국가와 제국의 주권을 손상시키는 일이 빈번하게 발생하면서 이루어졌다. 게다가 이것은 법적 모순을 내포하고 있었기 때문에 결국 비유럽 국가의 정치 엘리트들이 유럽 제국들의 군사적·정치적 간섭이 자국의 주권을 침해한다고 저항하면서 바로 유럽 중심주의적인 국제법을 들고 나서는 상황까지 발생했다. 그들은 자국의 법적 이익을 옹호하고 보호하기 위해 국제법을 받아들여 재해석한 것이다. 유럽 중심주의적인 국제법은 이렇게 비유럽 전문가들에 의해 점점 더 전 지구적으로 확산되었다. 이 과정에서 비유럽 정치 엘리트들은 유럽 제국의 이데올로기적·군사적 힘에 밀려 굴복하기도 했지만, 국제법을 동원해 유럽의 패권에 맞서는 데 성공하기도 했다. 비유럽 엘리트들에 의한 국제법 재해석이나 그들에게 유리한 국제법 판례 제시는 역설적으로 문화적 격차를 명분으로 세우며 법적 차별을 정당화해 왔던 유럽 제국들에 맞서는 데 기여한 것이다. 그러나 동시에 국제법을 둘러싼 담론에서 문명적 가치, 평등, 비교 가능성과 같은 개념들이 자주 등장했는데, 여기서 다시 이집트와 튀르크에서 인도와 중국에 이르기까지 펼쳐 있는 비유럽의 문화적·종교적·지적 전통이 유럽 중심적으로 재해석되었다.[192]

유럽 제국들의 패권이 전 세계의 다른 지역으로 확산되었던 1870년 이후의 과도기에 아프리카와 아시아에는 불과 몇 안 되는 자주적인 제국이 있었을 뿐이었다. 동아시아와 동남아시아에는 한국과 중국, 일본, 시암이, 이슬람권에는 페르시아와 아프가니스탄, 오스만 제국, 모로코가, 아프리카에는 에티오피아와 라이베리아가 있었다. 오만-잔지바르와 하와이, 마다가스카르도 마찬가지로 비유럽 세계에 속한 자주 국가였지만, 각각 1886년과, 1893년, 1896년에 주권을 상실했다. 한국과 모로코는 이로부터 몇 년 후인 1910년과 1912년에 각각 주권을 상실해 제1차 세계대전 전야에 비유럽 지역에 비백인으로 구성된 비기독교 주권국가는 더욱 적어졌다.[193] 일본과 중국, 시암에서 페르시아와 모로코, 오스만 제국에 이르기까지 명목상 주권을 보유한 국가들 역시 치외법권을 행사하는 제국들의 지배를, 즉 사실상 치외법권을 허용하거나 행정부 또는 군주제의 권력을 대폭 제한하는 불평등조약의 지배를 받는 상황이었다. 이렇게 치외법권적 지배를 보여 주는 가장 좋은 사례는 오스만 제국과 중국에 설치된 외국인 법정이었다. 이 법정은 현지인들을 위한 법정이 유럽 출신 주민들을 제대로 판결할 만큼 충분히 '문명화'되지 않았다는 판단에서 설치된 법정이었다. 예를 들어 1900년 무렵에 오스만 제국에 거주하는 영국인이나 다른 유럽인들의 범죄와 관련된 소송은 오스만 제국 안에 설치된 예순여섯 개의 영국 법원에서 다루었다. 영국이 이스탄불이나 상해(상하이)에 설치했던 최고 법원은 오스만 제국과 중국 내에 있던 최상급 재판소에 속했으며, 그 지역에 거주하는 유럽인이나 기독교도들이 연루된 사건들을 취급했다.[194] 본래 오스만 제국이나 중국의 치외법권은 18세기 이전의 다원주의적 법 전통하에서 이들 제국의 다른 배경으로부터 비롯되었다. 하지만 국가들의 문명화 정도가 유럽 중심적인 기준에 따라 전 지구적으로 서열화된 19세기 후반부가 되면 중국과 오스만 제국 중 어느 나라도 이 불평등조약들에 대한 재협상을 요구할 수 없었다. 여기서 조약 사항에 얼마나 비판할 사항이 많은지, 그 협약 사항이 얼마나 굴욕적인지는 전혀 중요하지 않았다.

이들 법정에 정당성을 부여한 근본적인 측면은 서구 문명이 우월하다는 사고였다. 지구상의 그 어디에서도, 심지어 훨씬 취약한 라틴아메리카나 유럽 국가에도 이와 비교할 만한 법정은 없었기 때문이다. 유럽과 강한 네트워크를 가진 백인 기독교도가 통치하던 라틴아메리카 국가들은 그들이 얼마나 작고 국력이 약한지와 무관하게 치외법권적 지배를 받지는 않았다. 역으로 벨기에나 그리스 같은 유럽 국가의 시민들은 그들의 모국이 얼마나 작고 약하든지 간에 상관없이 오스만 제국과 중국에서, 다시 말해 그 군사력이 앞서 말한 유럽 약소국과 비교되지 않을 만큼 압도적으로 강했던 제국에서 치외법권의 혜택을 누렸다. 예를 들어 1897년에 크레타를 둘러싼 전투에서 오스만 제국이 그리스 군대를 굴복시켰지만, 그리스인들은 오스만 제국에서 여전히 치외법권을 누렸다. 반면에 오스만 제국 백성들은 발칸반도의 신생 기독교 독립국인 불가리아나 루마니아에서 이런 특권을 누리지 못했다.[195] 일본은 기독교 국가도 '백인' 국가도 아니면서 한국이나 중국 같은 다른 나라에서 자기들의 치외법권을 관철했던 유일한 나라였다. 하지만 이 경우에조차 비대칭성은 명확하다. 일본은 기독교 국가나 '백인'이 지배하는 국가에서는 그러한 특권을 한 번도 관철할 수 없었기 때문이다. 크고 작은 유럽 국가들은 아프리카나 아시아에 거주하던 자기들의 국민들이 치외법권의 혜택을 누릴 수 있게 하기 위해 서로 공조하고 결속하는 경우가 많았다. 그런데 20세기 초에 일본 제국이 오스만 제국과 외교 관계를 체결하면서 이곳에 온 일본 국민들에게 치외법권을 부여하려고 시도하자 오스만 제국은 거부했다. 비유럽 제국이 그런 불평등조약을 요구한다는 사실을 모욕으로 느꼈기 때문이었다.[196]

비유럽 지역이 유럽 제국의 식민지나 보호령이 되면 치외법권 조항은 즉시 효력을 상실했다. 마치 기독교 제국의 보호령이라는 것만으로도 그 지역은 문명화되었기 때문에 그들의 법체계를 충분히 신뢰할 수 있다는 논리였다. 프랑스의 점령은 알제리(1830)와 튀니지(1881), 마다가스카르(1896), 모로코(1912)

에 적용되던 불평등조약을 종식시켰던 반면에, 영국의 보호령이 되는 것은 잔지바르(1890)와 통가(1890), 이집트(1914)에서 이러한 법적 제국주의를 제국의 공식적인 직접 지배로 전환했다. 벨기에의 콩고 점령, 독일제국의 사모아 점령, 일본의 한국 점령(1910) 이후에는 이 지역들에서도 치외법권 제도가 종식되었다.

그런데도 튀르크와 이집트, 이란, 일본, 중국 등 불평등조약에 조인하도록 강요받았던 나라들은 자국의 법 제도를 개혁하고 국제법상 평등을 실현하기 위해 재협상하며 훼손된 주권을 바로잡기 위한 노력을 전개했다. 성문화된 법적 제국주의에 맞서고자 하는 이러한 투쟁은 전 지구적으로 통용되는 국제법의 제정, 민족주의의 대두, 국제기구의 창설로 나아가는 추동력이 되었다. 하와이는 완전한 법적 평등과 중립국 지위를 획득했던 최초의 비유럽 왕국이었는데, 아마도 이는 그들이 기독교로 개종한 데 힘입은 것이었다. 또한 하와이는 일본과 평등한 법적 관계를 맺었던 최초의 나라이기도 했다. 1899년에 일본은 비기독교 왕조가 통치하면서 제1차 세계대전 이전에 불평등조약을 파기한 처음이자 마지막 국가가 되었다. 물론 어느 규칙에도 예외는 있다는 원칙을 입증하는 예외였다. 제국들 사이의 관계를 조정하고 표준화할 수는 있었지만, 국제법은 문명화된 제국과 반#문명화된 제국의 합법적 위계를 만들어 내는 데 기여했을 뿐 아니라, 제국적인 권력을 갖지 못한 지구상 절대다수의 주민들이 자기들의 요구 사항 또는 불만을 표현하기 위해 국제법에 호소하는 것을 거부했다.

이슬람 세계에 속하는 다른 제국들은 오스만 제국의 사례와 유사하게 국제법을 채택했다. 오스만 정부는 탄지마트 개혁의 일환으로 비무슬림에 대한 인두세를 폐지하고, 점차 그들의 신분을 이른바 '치외법권capitulations'으로 일컬어진 불평등조약에 맞게 재조정했다. 오스만 제국 정부는 형법에서 국가 주권을 부분적으로 약화시키는 중재안을 도입했는데, 유럽 국적의 체류자들이 연루된 사건은 유럽과 무슬림의 법 전통을 모두 적용하는 '혼합 법정'에서 다루게 한 것이었다. 훗날 자기들에게 부과된 불평등조약에 문제를 제기하고자 한 일본의 법 전문가들은 이러한 혼합 법정 방식을 탐구했다.[197] 오스만 제국 정부는 19세기 중반에 전통적인 이슬람법을 현실에 맞게 보완해 성문화하는 작업을 시작했다. 그들은 이 과정에서 무슬림의 가족법을 체계화했는데, 이에 무슬림 사회는 별다른 이의를 제기하지 않았다. 이러한 법체계의 현실화나 성문화는, 그리고 프랑스 법의 여러 요소를 차용한 가족법 체계화는 무슬림의 종교적 감수성을 훼손하지 않는 듯 보였다.

중국도 오스만 제국과 마찬가지로 이미 정착된 국제법의 언어와 규범을 받아들이는 혼합된 국내법 체계를 제정했다. 오스만 제국뿐만 아니라 중국이나 일본도 외국의 시민이나 상인들에게 생명과 재산의 자유 또는 평등권을 보장해 주는 것에, 관련 조항을 문명화된 법체계의 핵심으로 제정하는 일에 심각하게 반대하지 않았다. 자유와 노예제 폐지 역시 다른 보편주의적 전통에 의거해 순탄하게 시행될 수 있었다.[198] 다시 말해 새로운 법 규범을 시행하는 데 어떠한 어려움도, 어떠한 국내 정치적 저항도 없었다. 중국이나 오스만 제국에서 실제로 문제를 촉발한 것은 유럽 제국들의 압박에 따라 주권국 내에 강요되었던 복수의 법체계였다. 오스만 제국 정부와 중국 정부는 완전한 주권을 보장하지 않고 단일한 법체계를 갖추지 않게 했다는 비난을 받았다. 어떤 면에서 세력균형과 유럽의 경제적·제국적 이익은 '문명화된' 새로운 법 규범을 완벽하게 이행하고 개혁하며 새로 제정할 가능성을 제한했다. 그들이 지원하는 외국인이나 소수집단에 예외적 특권을 부여해야 했기 때문이다. 그 결과 단일한 법체계가 아닌 복수의 법체계가 등장했고, 이들이 구체적인 사안들에서 서로 충돌하는 현상이 자주 발생했다.[199] 개항장을 설치하기로 한 불평등조약인 난징 조약과 톈진(천진) 조약이 발효됨에 따라 중국은 점차 심각한 문제에 직면했다.

중국과 오스만 제국, 일본, 라틴아메리카의 국제법학자들도 한 세대에 걸쳐 유럽 중심적인 국제법을 재해석해 이들이 전 세계에서 보편화하는 데 기여했다. 그들은 유럽 중심적인 국제법의 차별적인 법 적용을 비판하고 자기들의 이해관계를 관철하려는 목적으로 법체계를 개혁했다.[200] 이 과정은 전 세계에서 국제법학자들이 전문화하면서 이루어진 결과이기도 했다. 국제법학자들의 전문화와 함께 국경을 초월하는 초국적인 법 담론이 진행될 수 있었으며, 이는 결과적으로 유럽 제국들의 세력을 제한하는 데 이바지할 수 있었다. 아르눌프 베커Arnulf Becker의 연구에 따르면 국제법의 발전에 특별하게 기여한 것은 카를로스 칼보Carlos Calvo(아르헨티나, 1822~1906)와 에티엔 카라테오도리Etienne Caratheodory(오스만 제국, 그리스 태생, 1836~1907), 표도르 표도로비치 마르텐스Fyodor Fyodorovich Martens(러시아 제국, 에스토니아-발트 독일 태생, 1845~1909), 센가 쓰루타로千賀鶴太郞(일본 제국, 1857~1929) 같은 비유럽 세계의 국제법학자들이었다.[201] 이들 국제법학자는 전 세계의 다양한 법 전통과 학파, 그리고 실증주의와 자연법, 문명화에 관한 다양한 해석들에 해박한 지식을 갖고 있었다. 이에 따라 그들은 비유럽 국가의 법적 평등권의 인정과 보장을 강조하는 법 해석을 제시했다. 전체적으로 그들은 법실증주의를 대변하면서 완전한 국가 주권을 옹호하는 입장을 표명했다. 그들이 봉사하던 국가의 국제법적 이익을 보호하는 입장이었다. 그들은 자기들의 국가가 문명의 보편적 이상과 프로테스탄트-가톨릭 기독교 또는 유럽 문화 사이에 형성된 고리를 해체함으로써 '진정한' 문명을 실현했다고 주장했다.

국제법이 보편화된 것은 유럽 제국들의 헤게모니가 전 세계의 다른 식민지로 확장된 결과가 아니었다. 식민 통치는 국제법 조항으로 이의를 제기할 수 없었기 때문이다. 오히려 국제법의 보편화가 먼저 진행된 곳은 중국과 페르시아, 오스만 제국, 아르헨티나처럼 식민지는 아니면서 주권을 가진 비유럽 국가들이 유럽 제국들과 유지하던 국제 관계에서였다. 이들의 관계는 여전히 불평등이 지배적이었는데도 말이다. 이들 국가의 국제법 전문가들은 국제법의 언어를 동원해 자국의 이익을 옹호하면서 반론을 전개했다. 주변국들 가운데 러시아 제국은 1899년의 헤이그 만국평화회의 동안에 자국의 충분한 문화적 자산과 자신감을 바탕으로 유럽에서 인도주의적인 국제법을 만드는 데 리더십을 발휘했다.[202] 제1차 헤이그 만국평화회의에는 이미 중국과 일본, 오스만 제국, 시암, 페르시아, 멕시코 같은 많은 비유럽 국가가 참가했다. 1907년에 개최된 제2차 헤이그 만국평화회의에는 총 열일곱 개의 아메리카 국가를 포함해 전 세계에서 거의 모든 주권국인 44개국이 참가했다. 훗날의 국제연맹을 연상시킬 정도로 명실상부한 국제회의였다. 페르시아 대표단은 자국의 주권

───── 제1차 헤이그 만국평화회의는 1899년에 열렸다. 러시아의 차르 니콜라이 2세(Nicholas II)의 촉구로 소집되었으며, 26개국에서 온 대표들이 네덜란드의 정부 소재지에 모였다. 20세기 전야에 열린 이 회의는 참가국과 제국 세력 사이에 안정적이고 평화로운 질서의 전망을 지원했다. (Wikimedia Commons)

을 침해하고 분할하려는 계획을 세운 영 제국과 러시아 제국을 상대로 약세인 상황에서도 이 회의에서 인상적인 활약을 펼쳤다. 일본은 이번 회의의 중요성을 인식하고 자국의 보호국인 한국의 대표들이 참석하지 못하도록 막았다. 헤이그 만국평화회의의 노력에서 가장 모범이 된 성과였던 보편적인 국제법의 개발과 병행해, 일종의 초제국적 국제 협력이 가능해진 많은 기회가 있었다. 제국이나 왕국, 국민국가들은 해외여행을 위한 비자 제도를 도입하는 데 합의했으며, 우편 분야의 협력을 위한 규정을 제정했고, 적십자나 적신월 혹은 민간 기구들의 인도주의적 구제 활동을 가능하게 해 주었다. 이 모든 것에는 기본적으로 국제법을 다루는 새로운 기구의 승인이 필요했다.

　일본이 비유럽·비기독교 국가 가운데 최초로 기타 유럽 제국들과 대등한 국제법적 지위를 획득한 것은 외국에, 특히 유럽의 식민지에 거주하던 일본인들에게 지대한 영향을 주었다. 예를 들어 네덜란드령 인도에서 일본 여권 소지자들은 인종차별적이고 서열화된 법 체제 안에서 1899년 이후에는 '백인'과 동등한 지위를 부여받았다. 이러한 맥락에서 인도네시아에 살던 하드라마우트 아랍인들도 자기들에게 평등한 권리를 달라고 요구했다. 이때 그들은 자기들이 오스만 제국이 지배하는 지역 출신이지만, 그 지역은 현재 유럽 제국 체제의 일부분이지 식민지가 아니라는 것을 근거로 내세웠다. 그들은 오스만 제국의 술탄에게도 이 문제에 개입해 도와줄 것을 요청했다. 그러자 오스만 제국 정부는 네덜란드령 인도에서 오스만 제국의 여권을 소지한 아랍인들이 어떤 지위를 갖게 되는지 문의했다. 오스만 제국 관청에 보내온 답변에서 이스탄불 주재 네덜란드 대사는 오스만 제국의 여권을 소지한 아랍인들에게는 일본인과 마찬가지로 법적으로 대등한 지위를 부여한다고 밝혔다. 하지만 네덜란드령 인도에 거주하는 아랍인의 대부분은 하드라마우트 지역 출신인데, 이 지역에는 사실상 오스만 제국의 행정력이 미치지 않으므로 이들은 오스만 제국의 여권을 소지하고 있지 않다는 사실도 전해 왔다.[203] 한편 일본이 문명화된 제국으로서 대등한 지위를 부여받았는데도 미국으로 건너온 일본 이주민들은 중국인이나 다른 아시아인과 마찬가지로 분류되어 시민권을 받을 자격에서 배제되었다. 이는 미국에서는 이주민들의 인종적 정체성이 그들의 출생지가 가진 국제법적 지위보다 중요하게 평가되었다는 사실을 잘 보여 준다.

일본이 큰 갈등 없이 문명화된 국제사회의 클럽에 진입해 완전히 법적으로 평등한 지위를 갖게 된 것은 제국의 시대에 나타난 법 보편주의의 아이러니 가운데 하나를 분명히 보여 준다. 일본의 이러한 진입은 일본 제국주의가 대만, 그리고 나중에는 한국을 정복하는 데 성공함으로써 비롯된 것이었기 때문이다. 일본은 국제법을 매우 영리하게 활용해 자기들의 식민 사업을 국제적으로 정당화했다. 또한 일본의 식민 사업은 다시금 국제적 정당성을 뒷받침하고 '문명화된' 일본의 특성을 입증하는 전략이기도 했다.[204] 일본의 사례는 국제법의 지배적 규범이 갖는 이중적이고 양면적인 본성을 잘 드러내 주었다. 구체적으로 국제법의 지배적 규범이 문명화되었다고 평가되는 정치조직에는 관용과 존중을 보인 반면에, 반半문명화된 주민들에게 가해지는 폭력과 차별, 억압은 지지했다. 게다가 현실적으로 기존의 국제법에는 서구 세계에 속하지 않는 국가들이 객관적으로 충족할 수 있는 통일된 규정과 규범이 하나도 없었다. 메이지 시대 초기의 일본 지식인들은 기독교로 개종하면 일본이 불평등조약을 극복할 수 있을지에 관해 토론했다. 하지만 하와이와 마다가스카르, 다시 말해 통치 엘리트들이 이미 기독교로 개종했던 두 나라는 1890년대에 그들 국가의 주권과 독립을 지킬 수 없었다. 사실상 하와이는 1850년대 이래로 세계 주요 국가들로부터 완전한 국제적 인정을 받았는데도 주권을 상실했고, 결국 1898년에 이르러 미국에 합병되었다.

오스만 제국과 페르시아의 엘리트들은 외교와 문명 평등의 규칙이 끊임없이 변화하고 있다는 것을 발견했다. 19세기 중엽의 이 규칙에는 무도회에서 남성 관료들이 여성 동반자들과 공개적으로 춤추는 것과 같은 기대가 포함되어 있었고, 시간이 더 지나서야 헌법과 의회의 존재 여부, 소수자 보호, 문명화된 전쟁 규칙 등이 포함되었다. 나아가 오스만 제국의 사례는 모든 좋은 규정이 유럽 제국들의 국제 공동체와 규범에서 출발한 것은 아니라는 사실을 보여 준다. 예를 들어 오스만 제국 지배하의 루마니아에 살던 유대인들은 훗날 유럽 열강들이 지원했던 독립된 루마니아에서보다 더 많은 권리를 보유했고 더 폭넓은 관용을 받았다. 중국에서도 무슬림 백성들은 18세기와 19세기의 유럽에 살던 유대인이나 무슬림보다 더 좋은 대우를 받았다. 게다가 오스만 제국과 중국, 일본의 엘리트들이 몇몇 국제법 원칙을 거리낌 없이 수용할 수 있었던 데는 자국의 법규범 및 전통과 유럽식 국제법전에 내포된 새로운 가치 사이에서 아주 유사한 점을 발견할 수 있었다는 사실도 부분적으로 작용했다. 예를 들어 헨리 휘턴Henry Wheaton이 쓴 국제법 교과서의 중국어 번역본은 일본인들에게 깊은 인상을 주었다. 이 번역본이 법적 평등에 관한 영어 용어를 전달하기 위해 수많은 전통적 유교식 표현을 사용했기 때문이기도 했다. 이 모든 사실에도 불구하고 일본이나 중국의 지식인들은 전함을 앞세운 제국의 강압적 외교와 문명화된 국제법이 내세우는 명분 사이에 존재하는 모순을 그대로 지나치지 않았다.[205]

간단히 요약하면 19세기의 국제법이 가진 문제는 비서구에 속하는 국가와 제국들이 분명한 '문명화의 기본'에 따르기를 원치 않았다거나 따를 능력이 없었다는 것이 아니었다. 전체적으로 이들 국가의 정치 지도자들은 유럽 국가들이 바로 그 기본을 훼손한다는 사실을 비판하면서 그러한 기본을 실천했다. 이보다 더 중요한 것은 유럽식 문명화 개념이 가진 유럽 중심주의 자체가 지닌 한계였다. 유럽식 정치 질서에 관한 관념은 유럽 문명과 무슬림, 흑인, 인도, 중국 사이에 존재하는 경계가 점점 더 확고해지면서 등장했다. 이러한 맥락에서 볼 때 문명화라는 범주는 배타적이고 보편화될 수 없는 기독교적인 백인의 우월성을 내포했기 때문에 한 번도 명확하게 정의된 적이 없다고 할 수 있다.[206]

19세기의 마지막 25년은 여전히 제국의 시대였다. 새로운 통치 기술은 전신과 증기선, 철도 등 기술의 혁명적인 발전에 힘입어 제국의 결속을 다지고 그 세력을 강화했다. 제국적 지배의 범위와 강도는 유럽 열강들이 아프리카를 완전히 식민화하면서 막강하게 확대되었으며, 그 결과 자기들의 권력이 미치는 지역에서는 더욱 많은 수의 다양한 주민 집단을 다루어야 했다. 잠재적으로 모든 제국은 다양한 인종과 종교, 사회계급, 집단에 속하는 주민들로 이루어진 오스트리아-헝가리식 혹은 영국식 모자이크였으며, 이들은 제국 안에서 다양한 인종과 종교적 전통이 공존하는 공동의 미래를 희망했다.

그러나 1880년대에서 제1차 세계대전에 이르는 30년 동안 유럽과 아시아, 아프리카의 적극적인 시민들이 제국의 정당성과 안정성에 문제를 제기하며 거센 비판에 나섰다. 나아가 제국화가 진행되면서 전체적으로 주민들의 이동이 빈번해지고 내적 통제가 점점 강화됨으로써 제국들은 인종적·종교적·지역적 정체성 문제에 직면했다. 아시아와 아프리카의 유럽 제국들은 제국 구성원들이 주장하는 다양한 요구 사항 때문에 새로운 전략을 개발하려고 애썼다. 그들은 아시아와 아프리카의 비판 세력과 저항을 억압하기 위해 결국 군사력과 행정력을 동원했는데, 이는 그들이 식민지 백성들에게 얼마나 자주 무력을 행사했는지를 통해 질 입증된다. 하지만 제국의 지도자들은 무력 진압을 줄이기 위해 지배를 정당화하는 이데올로기의 모델이나 상징들을 찾으려고 고심하기도 했다.

20세기 초의 아시아와 아프리카에서 등장한 인종적·종교적·지역적 연대를 향한 비전은 여전히 백인에 의한 문명화 사명을 내세우는 이데올로기를 토대로 하던 유럽의 제국 통치에 기본적인 도전장을 내밀었다. 이처럼 급속한 세계화와 함께 여러 제국이 세계 질서를 인종에 따라 구별하자, 제국의 개혁이나 세계 질서에 대한 대안으로 여러 종류의 범민족주의·지역주의 비전이 등장했다. 이렇게 유럽 중심주의적 질서가 정점에 도달하면서 동시에 아시아인과 아프리카인, 무슬림의 결속감이나 정치적 연대 의식도 그 극에 도달했다. 이러한 상황으로 인해 발생한 제국 중심에서 지역 중심으로의 변화(재지역화)가 반드시 민족주의적 성격을 갖게 된 것은 아니었고, 마찬가지로 제국 개혁의 출발점이나 도구가 될 수도 있었으며, 제국적 공동체를 꿈꾸는 세계시민주의적 비전이나 제국 내 범민족적 연대 같은 비전의 출발점이나 도구가 될 수도 있었다. 제국적 세계가 재지역화하는 시기에서 제2차 세계대전 이후 민족주의 시대까지의 발전도 어떤 직선적인 논리에 따른 것은 아니다. 하지만 20세기 제국이 어떻게 국가로 전환되었는지에 관한 문제를 더 잘 이해하기 위해서는 제국과 인종, 지역 같은 정치 언어들이 복잡하게 뒤얽힌 현상에 관해 상세히 연구할 필요가 있다.

제국의 세계 질서가 다시 지역 중심으로 옮겨 가고 인종 문제가 부각되게 만든 것은 결국 서로 연결된 다음 세 가지 변화였다. 첫 번째 변화로는 운송과 통신수단의 혁명적 발전 덕분에 사람과 물자, 정보의 이동이 전 세계적 규모로 증가한 것을 들 수 있다. 수백만 명이 자발적으로 또는 강제로 이주자와 예속 노동자, 노예, 여행자, 군인, 탐험가, 상인, 학생, 순례자로서 여러 제국과 지역, 대륙 사이를 오갔다. 자본주의 세계경제의 전개와 제국적인 교통 인프라의 확대가 그것을 가능하게 했다. 1869년의 수에즈 운하 개통은 근대적인 무역로를 구축하기 위해 제국 내에서 원활하게 진행된 협력을 보여 주는 상징이 된 동시에 아시아와 아프리카, 유럽 사이에 점점 긴밀하게 진행된 전 지구

―――― 1869년 11월 17일의 수에즈 운하 개통식. 행사에 초대된 손님은 대부분 유럽인이었다. 그
들은 사업을 위한 자금을 제공했으며, 운하 관리 회사의 지분을 보유했다. 호화스러운 행사를 주
관한 것은 이스마일 파샤(재위 1863~1879)였는데, 그는 운하 개통으로 이집트의 미래를 위한 자기
의 야심 찬 목표가 눈앞에 다가왔다고 보았다. (Wikimedia Commons)

적 교류의 절정을 보여 주었다.

두 번째 발전은 전 지구적으로 연결된 세계 안에 있는 다양한 집단들을
인종과 종교, 민족이라는 소속감의 범주로 분류하는 경향이 강화된 것이다.
유럽 열강에 의한 식민 지배가 있기 전의 비유럽 사회는 인종적·민족적인 조
화와 평등이 이루어진 곳은 아니었다. 그곳에도 다양한 형태의 배척과 차별
이 있었다. 하지만 인문학이나 역사학에서 인종과 종교, 민족에 대한 유럽 중
심적 지식 범주가 전 세계에 확산되면서 여러 지역 사이에 새로운 결합과 소
통의 관계가 형성되었다. 예를 들어 수에즈 운하가 개통되어 유럽과 아시아가
연결되자, 이스마일 파샤는 이제 운하로 인해 이집트는 유럽의 일부가 되었다
고 발표했다. 하지만 동시대의 지적·정치적 담론에서 이집트는 사실상 아시아
나 무슬림, 아프리카로 분류되었다. 또한 세계 질서가 지역화하면서 유럽 제
국의 본토와 제국의 점령지 사이에는 더욱 견고한 경계가 구축되었다. 근대

초의 이집드 무슬림들은 중국인과 일본인에 관한 고정관념을 갖고 있었을지도 모르지만, 20세기 초의 그들은 중국인과 일본인 같은 '황인종'을 아시아의 무슬림과 동맹을 맺은 동양인으로 바라볼 수 있었다.

세 번째 변화는 제국 정부들이 자존감과 참여, 평등을 향한 제국 백성들의 요구에 적절히 대응하지 못한 결과 제국의 정당성이 사라져 간 것이었다. 무굴 제국과 오스만 제국, 청 제국처럼 몽골 제국 이후에 수립된 후속 제국들과 달리 저물어 가는 19세기 유럽의 세계 제국들은 다양하게 서로 연결된 수많은 공적 영역에 직면했다. 그런데 이들은 유럽 제국들의 혼합된 정통성에 의문을 제기했으며, 백성들의 통합을 더욱 어렵게 만들었다. 영 제국의 빅토리아 여왕은 칭기즈 칸이나 대제 쉴레이만 1세Süleyman I같이 신성한 통치자로 받아들여지기가 훨씬 어려웠다. 영국을 대제국으로 만들었던 증기선과 전신, 신문, 철도 같은 기술적 성과는 제국 백성들에게 자기의 주장과 요구 사항을 작성해 군주에게 제시할 수 있는 능력도 키워 주었기 때문이었다. 빅토리아 여왕은 그 어떤 다른 군주보다 많은 수의 무슬림을 다스렸기 때문에 세계 최대 무슬림 제국의 통치자로 지칭되었다. 그런데 그녀는 인도의 황제이면서 영국국교회인 성공회의 수장이기도 했다.

그런데도 1906년에 영국 식민 법정이 딘샤웨이라는 한 작은 마을에서 비둘기를 사냥하던 한 영국 병사의 사망에 이집트인 여러 명의 책임이 있다고 보아 사형선고를 내리고 집행했을 때, 제국 당국은 식민 정부에 분노하는 이집트인들의 민족주의적 열풍을 통제할 능력이 없었다. 사건 진행에 대한 서로 다른 설명을 둘러싼 논란이, 누가 죄인이며 누구를 처벌해야 하는지를 둘러싼 논란이 계속되었다. 민족주의적인 이집트 여론에서는 이집트 주민을 부당하게 괴롭혔던 백인 영국 장교와 식민 법정을 비난하는 목소리가 높았다. 반면에 영국 언론에서는 마을에서 그저 비둘기에게 총을 쏘았을 뿐인 명예로운 제국 대리인에게 현지인들이 아무 이유 없이 폭력을 행사한 것이라는 주장이 지배적이었다. 영 제국 당국은 딜레마 앞에 섰다. 한편으로 그들은 백인 기독교도 백성들을 다른 (식민지) 주민들보다 특별하게 대우해 모국 여론에 민족주의적 자부심을 부여해야 했다. 그러나 다른 한편으로는 딘샤웨이 사건 이

후 불붙고 있는 엄청난 민족주의적 분노 및 운동의 뿌리가 무엇인지 파악해야 했다.[207]

국제적인 정치 비전이 지역 중심으로 이동하게 된 것은 주로 한편에 있는 기독교도 백인 통치자를 가진 유럽이라는 좁은 지역에서 등장한 제국들과 다른 한편에 있는 지구상에 존재하는 다른 모든 국가와 정치체들 사이에 비대칭성이 점차 증가하고 권력 배분이 불평등하게 이루어진 것 때문이었다. 상호 긴밀하게 연결된 세계가 한편으로는 제국이라는 정치체제에 따라, 이와 동시에 다른 한편으로는 인종적·종교적 집단에 따라 분열되는 현상이 발생했는데, 아이러니하게도 이러한 변화는 비유럽의 개혁적인 정치가와 지식인의 새로운 세대가 유럽에서 태동한 보편주의적 비전을 수용하고 토론을 거쳐 재구성하는 시점에 발생했다.[208] 19세기 말에는 법의 지배뿐 아니라 인종적·문화적·문명적 평등도 제국의 안정과 결속을 위해 중대한 문제가 되었다. 법 앞의 평등같이 널리 선언되는 보편적인 원칙과 이 원칙에 대한 일상적인 위반과 침해 사이의 모순을 경험하면서 점점 더 많은 사람이 제국의 정당성에 의문을 제기하기 시작했기 때문이다.

분명히 19세기의 마지막 25년 동안에 반식민 민족주의의 씨앗은 점차 국경을 넘어 전 지구적으로 확산되었다. 하지만 그렇다고 해서 이 시기의 제국을 자기들의 민족적 정체성 추구라는 자연권을 되찾기 원했던 다양한 민족들이 갇혀 있던 감옥으로 규정하는 것은 적절하지 않아 보인다. 특정 영토에 대한 지배로서 민족적 주권을 요구하는 주장은 아직 그 정당성을 국제적으로 널리 인정받지 못했다. 협상을 통해 혹은 무력을 동원하면서 제국들은 다양한 민족주의적 도전에 맞서 적절하게 대응하는 데 성공했다. 오스트리아는 헝가리의 요구를 수용했으며, 러시아는 폴란드와 협상했고, 영국은 보어인들과 협상했다. 식민 지배에 불만을 품고 있던 역동적인 여론에서는 더 나은 세계로 가는 많은 방법이 논의되었다. 구체적으로 그들은 자기들이 일부를 차지하고 있는 제국을 개혁하거나 더 나은 제국을 찾을 가능성을 고민했고, 아니면 지역 연대를 통해 제국의 식민 지배를 무너뜨리는 방안을 모색했다. 예를 들어 1885년에 인도 국민회의가 창당되었을 때, 그들의 주된 목표는 인도

———— '문시(Munsh)'라는 별명으로 불린 압둘 카림(Abdul Karim). 많은 무슬림 충성주의자는 빅토리아 여왕이 무슬림 남성을 하인으로 두었다는 사실을 무슬림 백성에 대한 신뢰의 표시이자, 그들이 영 제국에 통합된 증거로 해석했다. 압둘 카림은 궁전 안에 자기의 기도실을 갖고 있었으며, 여왕에게 우르두어를 가르쳤다. (Wikimedia Commons)

의 독립이 아니었다. 심지어 1916년에도 라라 라즈파트 라이Lala Lajpat Rai는 자기의 책 『젊은 인도Young India』의 서문에서 민족주의적인 의회 운동의 목표는 반드시 영 제국과 모든 관계를 단절하는 것이 아니라, 캐나다와 오스트레일리아, 남아프리카에서 시행된 것처럼 영 제국 체제 안에서 '자치'를 달성하는 것이라고 저술했다.[209] 인도의 지식인 사회는 '백인'으로 이루어진 식민지에는 자치를 허용하면서도 힌두교도 주민이나 무슬림 주민들에게는 허용해 주기를 거부하는 영 제국 엘리트들의 인종주의를 비판했다. 여기에서 한 걸음 더 나아가 인도 국민회의 지도부는 인도의 공공 부문에서 시행되는 인도인 고용

제한도 철폐할 것과 기타 요구 사항들을 제시했는데, 이들은 모두 영 제국의 체제 안에서 해결될 수 있는 것들이었다. 여러 측면에서 볼 때 이들의 정치적 목표는 비백인을 좀 더 많이 고용하고 비백인들의 요구 사항을 좀 더 많이 고려하게 하는 방식을 통해 인도 안에서 영 제국을 개선하는 것이었다. 유럽 제국이 인도양에 형성한 인프라는 제국에 속한 백성들의 이동성을 촉진하고 그들 상호 간의 소통도 강화했다. 이렇게 아시아 대륙에서는 다양한 민족주의가 일어났을 뿐 아니라 무슬림과 힌두교도, 시크교도들 사이에서도 다양한 개혁 운동이 일어났다. 여기서 범이슬람주의자나 힌두교 재건주의자들은 영 제국에 위협으로 여겨졌지만, 자기들이 영 제국이 보유한 인프라에 의존하고 있다는 사실을 의식하고 있었다. 그러므로 이 시기에 발생한 사건들의 본질은 단순히 낡은 제국에 맞서는 정당한 민족주의의 투쟁이라는 서사로 파악될 수 없다.

범민족주의

1880년대에서 1910년대까지 민족주의뿐 아니라 범민족주의 노선들도 아시아와 아프리카에 건설된 유럽 제국들의 정당성에 심각한 의문을 제기했다. 아시아와 아프리카의 3대 주요 범민족주의, 즉 범아시아주의와 범아프리카주의, 범이슬람주의는 식민지 사회와 비유럽 제국들의 지식인들 사이에서뿐 아니라, 유럽 지식인 그룹들과도 미래 사회와 제국적 세계 질서의 도덕적 근거에 관한 열띤 토론이 진행되도록 촉진했다. 이런 맥락에서 볼 때 범민족적인 지역 정체성의 대두를 오리엔탈리스트적 근본주의가 승리한 결과로 보면 안 된다. 여기서 오리엔탈리스트적 근본주의는 유럽인들이 아프리카인과 무슬림, 아시아인에게 부여한 정체성으로, 이와 관련된 유럽인들의 서적을 읽은 아시아와 아프리카의 독자들이 그대로 도입하고 수용해 온 정체성을 의미한다.[210] 사실 아시아와 아프리카, 유럽의 지식층은 궁극적으로 그들의 전통을 본질화하고 기독교적인 백인의 서양을 전략적으로 본질화하는 데도 적극적으로 관여했다. 이러한 상황에서 세계화된 지역적·문화적·인종적·종교적 정체성이 발전했다. 지역 정체성은 극동과 아시아, 무슬림 세계, 서양같이 전 지구에 확산된 지정학적 범주뿐 아니라 점점 밀접한 아시아 내적 결속과 아프리카 내적 결속에 의해 형성되었다. 그런데 이 과정은 아이러니하게도 제국의 인프라를 통해 촉진되었다.[211]

더욱 중요한 것은 범민족주의의 사상가와 운동들이 제국이나 제국적 세계 질서 자체에 원칙적으로 반대하는 입장은 아니었다는 사실이다. 예를 들어 라시드 리다Rashid Rida 같은 이집트인 범이슬람주의자는 빅토리아 여왕에게 바치는 감동적인 추도사에서 여왕의 덕성을 칭송했으며, 그가 인도로 여행할 때 승선했던 영국의 증기선을 예찬하기도 했다. 많은 저명한 범이슬람주의자는 오스만 제국의 유산뿐 아니라 영 제국의 유산을 보존하는 데 열정적으로 참여했다. 이와 반대로 일본인들은 범아시아주의를 제국주의적으로 받아들였는데, 이는 제국의 권력과 범민족주의적 사상의 양면적 관계를 보여주는 사례다. 독일제국은 범이슬람적 연대라는 대의명분을 옹호했으며, 러시아 제국에는 유럽적·아시아적 지역주의를 유라시아적 비전으로 통합해 자국의 제국적 정체성에 적용하려는 경향이 있었다.[212] 게다가 제1차 세계대전 이전의 범민족적 비전이 불가피하게 반식민적 민족주의의 도구였다고 주장하는 것은 잘못일 것이다. 나중에는 상황이 변했을지도 모르지만, 그 당시에는 제국이 여전히 세계의 정치 무대를 장악하고 있었기 때문이다. 제1차 세계대전은 제국적·지역적·민족적 비전 사이에 유지되던 균형을 뒤흔들어 놓은 사건이었는데, 그것은 제국들의 분열, 윌슨주의, 볼셰비키 혁명 덕분이었다. 하지만 전쟁 전에 제국을 상대로 제기된 모든 종류의 비판에서 전쟁 이후에 대두한 민족주의 운동의 뿌리를 찾는 것은 잘못일 것이다.[213]

세계화의 지정학화 덕분에 1880년에서 1914년까지의 시기는 예기치 않게 여러 범민족주의적 노선이 세계 질서와 문명, 인종적 차이에 관해 각각 독자적인 주장을 펼치는 지적 논쟁의 시기가 되었다. 여기서 우리는 지역의 재생과 연대에 관한 무슬림식·아시아식·아프리카식 계획을 서구 보편주의에 대한 독특하고 전통적인 반응이었다고 보아서는 안 된다. 지역적 전망은 독자적인 보편 가치와 세계시민주의를 포함하고 있었으며, 간혹 타 지역의 유사한 보편주의 담론과 연관되어 있었다. 그리고 유럽 지역이 가진 막강한 힘, 제국적 패권, 군사적 우위, 그들이 가진 사상의 매력에도 불구하고 유럽 역시 여러 지역 가운데 한 지역으로 관찰되어야 한다. 사실 1905년의 러일전쟁과 제1차 세계대전 사이의 시기에 '문명화 사명'과 '백인의 짐'이라는 사상에 맞서는 지적 냉전에서 승리한 것은 비유럽인이었다. 이러한 지적 냉전은 아시아와 아프리카에서 유럽 제국의 정당성이 위기에 처했다는 사실을 더욱더 명백하게 만들었으며, 기존의 제국 체제 안에서 수많은 수정주의 프로젝트가 제기되도록 고무했다.

문명화되고 인종적으로 우월한 유럽의 서사

서양의 패권이 절정에 도달한 시기는 대략 유럽 제국들이 아프리카 대륙에 대한 식민화를 마무리하고, 아프리카와 아시아에서 몇 차례 군사적 승리를 거둔 20세기 초 무렵이었다. 프랑스의 알제리 점령, 1843년에서 1849년까지 진행된 영 제국의 신드와 펀자브 지방 침략, 뉴질랜드의 식민화, 캅카스와 중앙아시아로 팽창한 러시아 등에서 보이듯이 빈 회의 이래로 유럽 제국들은 계속 팽창을 거듭했다. 1857년에 영국이 인도에서 발생한 대규모 봉기를 진압하는 데 성공한 것은 유럽 제국들의 자신감을 강화해 주었다. 물론 이 봉기는 제국의 취약성을 노출하기도 했다. 아편전쟁 같은 특별한 사건은 제국의 팽창 초기에 속하지만, 아프가니스탄에서 영국이 거둔 패배(1839~1842)나 멕시코에서 프랑스가 거둔 패배(1867) 같은 유럽 제국의 실패도 제국의 팽창 초기에 일어났다. 아직 아프리카가 완전히 식민화되기 이전에 발칸반도에서는 기독교 국가들이 새로 건국되었다. 군사적 충돌이, 그리고 무슬림과 기독교의 정체성들을 양극화했던 여론전이 이에 앞서 진행되었다. 세르비아와 불가리아, 루마니아가 무슬림 군주의 지배로부터 독립을 달성했을 때, 유럽인들은 그들의 투쟁을 열등한 무슬림이 기독교도들을 희생시킨 상징적 사건으로 해석했으며, 이는 무슬림에 대한 그들의 부정적 인종관을 강화했다.

1881년에서 1889년까지 아프리카를 식민화하는 데 걸린 짧은 10년은 유럽 식민주의의 역사에서 질적인 변화를 보여 주었다. 에티오피아와 라이베리아, 모로코를 제외한 아프리카 대륙 전체가 이제 유럽 제국의 지배하에 들어

왔다.[214] 같은 시기에 동남아시아에서, 즉 아체와 버마, 말라야, 베트남, 라오스, 캄보디아에서 유럽 제국들의 승리가 이루어졌다. 나아가 1895~1905년에는 중국에서 불평등조약을 토대로 반식민적 점령이나 무역 사무소 설치 또는 광산 채굴과 선박 운항, 철도 교통의 특권을 차지하기 위한 열띤 경쟁이 일어난 시기였다. 일본과 러시아, 독일은 청 제국의 영토인 대만과 남만주, 청도(칭다오)에 식민지를 건설했다. 이런 발전이 끝나 갈 무렵인 세기말이 되자 '백인'이라는 정체성과 (아시아, 무슬림 세계, 아프리카와 다른) '서양'이라는 지정학적 비전이 서로 겹치기 시작했다. 그리고 유럽 제국들 사이에 치열한 경쟁이 있었지만, 이 두 가지 비전은 강력하고 전 지구적으로 작동하는 정치 비전을 만들어 냈다. 유럽이라는 이미지는 인종적 내용을 담게 되었지만, 지정학적으로 하나의 지역이 되었다.[215]

짧은 시간에 기록한 수많은 군사적 승리로 인해 전 유럽에 자신감이 형성되었으며, 전 세계의 거의 3분의 1을 장악한 영 제국의 세력은 서구 문명의 우월성을 과시하는 상징으로 여겨지기 시작했다. 1850년대에서 1890년대까지 영국은 매년 다양한 규모의 군사적 분쟁에 연루되었다. 일부 패배가 있었지만, 전 지구에 펼쳐 있던 군사적 활동 반경과 압도적인 기술은 수단 사막에서 버마의 열대우림 지역에 이르는 세계 구석구석에서 궁극적인 승리를 가져다주었다. 수많은 식민지 전쟁을 위해 물류와 필요한 인적자원을 적절히 조정하는 능력은 행정 업무와 군사 업무를 배분하는 복잡한 메커니즘을 동원해 식민지와 보호령에 배치된 공무원과 장교들을 이 지역에서 저 지역으로 이전하고 배치했다. 모든 군사적 승리와 사업은 본국의 언론에 상세하게 보도되었다. 그 결과 영국의 여론은 전 세계에서 얻은 경험을 하나의 해석 틀 안에 배열해서, 제국의 우월성뿐 아니라 자기가 속한 인종과 종교의 뛰어남을 입증하는 증거로 삼을 수 있었다.[216]

문명화되고 우월한 유럽과 나머지 유색인 세계를 뚜렷하게 경계 짓게 된 것에는 비유럽 제국들이 개혁을 시도하면서 여러 문제점에 직면하고 있다는 사실을 보며 얻은 확신도 일정 부분 역할을 했다. 오스만 제국과 이집트, 이란, 일본, 시암, 중국처럼 자강의 길을 시작했던 제국의 개혁 세력과 지식인들은 앞으로 제국으로 이루어진 새로운 세계에서 군사적 위협을 받지 않거나 불평등조약을 통한 굴욕을 느끼지 않으면서 대등한 권력을 누릴 수 있다는 희망에 가득 차 있었다. 개혁이 성공할 것이라는 믿음은 세계 도처에서 감지되었다. 1839년 이후 오스만 제국의 개혁에서, 1865년 이후 중국의 개혁에서, 1830년대 이후 이집트의 개혁에서, 1881년 이전 튀니지의 개혁에서, 1868년 이후의 시암과 메이지 유신에서 그러했다. 이 모든 사례에서 개혁 시도는 재정 문제, 국내 정치적 갈등, 실망한 여론, 외적인 저항에 직면했지만, 각 정부는 전체적으로 포기하지 않고 개혁을 계속 추진했다. 아시아와 아프리카의 독립국가들에서는 실제로 자강이 이루어지고 있다는 징후도 있었다. 유럽 제국의 엘리트들은 이러한 개혁의 움직임을 교만한 자세로 바라보거나 위협으로 인식했다. 하지만 고비용이 드는 인프라 구축 사업이나 1870년대의 원정 활동 때문에 발생한 오스만 제국이나 이집트의 재정 문제를 무슬림 세계의 몰락 원인으로 보지는 않았다.[217] 게다가 당시에 대부분의 무슬림은 전 세계에 걸쳐 유럽 제국의 지배하에 살았으므로, 그들에게는 교육과 무역, 이동성에서 폭넓은 기회가 주어져 있었다. 오스만 제국은 결국 간접세 수입을 채무 변제에 우선적으로 쓰도록 의무화하는 데 패권자들과 합의함으로써 국가 부도를 막는 데 성공했다. 그리고 이를 시행할 목적으로 국가 채무를 관리하는 관청을 설립해 오스만 제국의 국가 신용도를 향상시켰다. 이 과정에서 재정 문제에 대한 주권이 일부 훼손되었지만, 결과적으로 오스만 제국은 경제적으로 유럽에 이전보다 더 강하게 통합되었다. 1890년대에서 1910년대 사이에 오스만 경제는 점차 화폐경제와 시장경제로 진입했으며, 같은 기간에 국민의 생활수준도 향상되었다.[218] 하지만 오스만 제국은 군사적 패배와 강압적으로 제한된 주권 때문에 받게 된 '유럽의 환자'라는 손상된 이미지를 더는 떨쳐 버릴 수 없었다. 이집트와 튀니지에서는 유럽 제국의 개입과 보호령 설치 때문에 자강을 위한 개혁이 위기에 빠졌다.[219] 1895년 이후에 일본은 유일하게 성공적인 비유럽 제국으로 발전했다. 이 나라의 발전은 물론 위협으로, 눈앞에 다가온 '황화黃禍'로, 혹은 예외적 현상으로 인식되었다. '동양'이 전반적으로 몰락하자 일본은 예외라는 주장이 사실로 입증되었다.

오스만 제국이나 중국의 발전 과정은 당시의 사회진회론적 잣대로 측정되어, 군사적 패배나 재정 적자를 각 지역이나 인종 혹은 문명이 타락하거나 잘못 작동된 결과로 해석했다. 물론 중국이나 오스만 제국의 군사적 패배의 원인에 관한 다른 수많은 설명이 있었지만, 문명 몰락에 관한 사회진화론적 서사가 전 세계적으로 확산되었으며 가장 설득력 있는 것으로 입증되었다. 그 결과 설명 모델로서 '무슬림의 패배'나 '중국의 좌절'은 전 세계적으로 순환하는 개념적 틀로서 권력을 유지했다.[220] 또한 오스만 청년들이나 인도의 무슬림들도 무슬림 공동체가 후진적인 이유가 무엇인지 고민하기 시작했고, 유럽에서 유입된 인종주의적·오리엔탈리즘적 편견을 불식하려고 애썼다. 유럽적 편견은 종교인 이슬람에서 실패의 주된 원인을 보았다. 중국에서는 중국이 일본에 패배한 후 자강 운동이 실패한 원인을 설명하기 위해 민족주의자들 사이에서 중국적 특성 또는 황색인종, 중국의 제국적인 전통과 문화를 비난하며 중국 문명 몰락의 책임을 전가하는 서사가 널리 확산되었다.[221]

유럽에서는 독일과 이탈리아의 통일과 함께 정치 지형도가 근본적으로 재형성되고 확고해졌으며, 동시에 전 대륙이 급속한 경제성장을 경험했다. 1848년 이후에 유럽의 중심적인 도시들에서 감지되었던 애국적이고 민족주의적인 정서는 독일과 이탈리아의 통일 과정에서 절정에 도달했으며, 유럽의 폭넓은 여론에서 발견되던 민족 정체성의 개념과 가치가 제국의 엘리트들에게까지 전파되었다. 유럽 제국들 사이에 협력 시스템이 잘 작동했다는 사실은 베를린 회담에서 뚜렷하게 드러났는데, 벨기에 같은 신생 유럽 국가조차 이 회담에서 자기들도 아프리카에서 식민지 영토를 차지할 권리가 있다고 에둘러 주장할 정도였다. 독일과 이탈리아는 영국과 프랑스, 러시아, 포르투갈, 에스파냐, 네덜란드 같은 유럽 제국의 대열에 합류해, 이제 제국으로서 아프리카와 아시아에 식민지를 거느렸다. 유럽의 제국적 확장은 여러 식민지의 여론이 옛 이데올로기나 새 이데올로기에 의지해 제국 통치의 본질에 의문을 제기하기 시작한 시점에, 하지만 그렇다고 해서 그 어떤 경우에도 제국의 폐지를 요구하는 것은 아닌 어정쩡한 입장이었던 시점에 이루어졌다. 하지만 식민지 백성들의 요구를 더 많이 포용해야 한다는 주장은 제국의 중심 도시들에서 저항에 부딪혔다. 이런 상황은 또다시 제국 식민지 곳곳의 지식인 사회가 제국의 정당성에 대한 압박 강도를 점점 더 높이게 했다. 영 제국과 프랑스 제국, 러시아 제국, 네덜란드 제국의 식민지 지식인들은 제국 자체에 문제를 제기하지는 않았지만, 더는 침묵하지 않고 더 많은 참여를 요구했다. 제국이 식민지에 세운 학교에서 교육받거나 제국 본토에 유학해 제국의 모국어를 유창하게 구사하는 사람들조차, 즉 친제국적인 중간자 집단들조차 제국을 위해 봉사하면서도 제국의 차별적인 정책은 비판하고 나섰다. 대중에게 호소력 있는 연설 능력을 가진 식민지 지식인들은 그들의 의도와 아무 상관없이 그 존재만으로도 제국 본국의 엘리트들에게 공포심을 불러일으켰다. 제국의 식민 지배가 근대 유럽의 가치와 비유럽의 종교적·문화적 전통을 모두 수용하는 이들에게 위협받을 수 있다는 불안감이었다. 이에 맞서 유럽 제국 본토에서는 무엇보다 여론의 압박 아래에 자기들의 민족적이고 종교적인 정체성을 전면에 부각했다. 이런 맥락에서 (물론 이것이 유일한 정치적 비전은 아니었지만) 앵글로·색슨족이나 백인의 우월성에 관한 담론은 유럽 제국의 정당성을 뒷받침하고 옹호하는 주요 방식이 되었다.

20세기로 전환하는 시기에 각 제국의 정당성뿐 아니라 유럽 중심적 제국주의 세계 질서 자체가 유럽의 인종적·종교적·문명적 우월성을 환기함으로써 정당화되었다. 물론 이러한 유럽의 인종적·문화적 지역주의는 나중에 세계에 대한 백인의 사명이라는 구호로 표현되었는데, 이는 역설적으로 제국의 정당성을 유지하기 어렵게 만들었다. 인종 담론과 문명 담론은 제국 식민지의 지식인들에게 바로 제국의 패권에 문제를 제기할 수 있게 하는 초대장이었기 때문이다. 19세기 후반의 제국주의 시대를 비서구의 도전에 대한 반작용으로 규정하는 것도 이 시기의 짧음을 설명할 수 있다. 백인 우월주의는 처음부터 도전받았고, 따라서 더 많은 무력과 인종 담론을 요구했는데, 이는 나미비아와 콩고 등지에서 벌어진 식민지 정책의 폭력에서 가장 잘 드러난다.

유럽 안에서는 제국들이 식민지에서 발생한 상호 경쟁 문제를 협의를 통해 조정하는 데 성공했던 것으로 보인다. 아시아와 아프리카에서 각 유럽 제국의 이해관계가 충돌한 사례가 무수하고 지정학적인 경쟁 관계와 적대적인 동맹들이 빈번하게 형성되었지만, 크림 전쟁 이후 19세기 내내 유럽 열강 사이에는 놀랍게도 직접적인 전쟁은 일어나지 않았다. 아프리카 식민화와 관련된 수차례의 회의 개최, 국제기구 설립이나 국제법의 발달 등은 제국 사이의 치열한 경쟁이나 적대적인 동맹 체제에도 불구하고 제1차 세계대전 이전에 아시아와 아프리카의 식민지에서 여러 유럽 제국이 상호 문화적 연대감과 공동의 세계관을 촉진하는 데 기여했다.

20세기 초에 서양과 '백인종'의 정치적 지역주의는 본국에서 통용되던 문명화된 정치 규범들보다 제국의 현실적 권력에 토대를 두고 있었다. 입헌주의는 교육받은 관료층이나 지식인 사회에서 군주의 막강한 권력을 제어하고 순화하는 수단으로 지대한 의미를 갖고 있었지만, 장기 19세기 동안에 공화주의와 자유 민주주의는 핵심 규범이 아니었다. 물론 공화주의 정부 형태는 제1차 세계대전 이전에는 일반적이라기보다는 아직 예외적 현상이어서, 전쟁 말기에 여러 군주제가 붕괴한 후에야 비로소 새로운 공화국이 등장하고 독립을 선언한 새로운 민족국가들이 수립되었다. 게다가 공화주의도 무조건적으로 제국이나 제국적 야망을 비판하는 입장이 아니었다. 1870년 이래로 프랑스 제3공화국은 마다가스카르와 인도네시아, 튀니지 등에서 식민지 팽창을 계속했기 때문에 해외 영토에 관한 한 군주제 제국과 별로 구별되지 않았다. 입헌주의는 제국 권력의 헌법성에 대한 비판 근거와 제국 개혁을 위한 착안점을 제공했지만, 무조건적으로 반제국적이지는 않았다. 더 중요한 것은 오스트레일리아와 뉴질랜드, 남아프리카 같은 영 제국의 자치적인 백인 민주주의를 뒷받침하는 분리주의적(차별적) 인종주의였는데, 이는 19세기의 민주주의와 인종주의 사이에 밀접한 연관성이 있다는 것을 잘 보여 준다. 미국뿐 아니라 남아프리카에서도 유색인에게 맞서는 백인의 인종주의적 연대는 백인 주민들 사이의 군사적 갈등을 해결하는 데 기여했다.[222]

유럽-아메리카의 세계화된 백인·기독교도 지역주의

장기 19세기 동안에 유럽이 가진 정치적 의미가 무엇이었든 20세기 초에 제국의 패권, 백인, 기독교는 세계에서 유럽의 이미지를 결정하는 것과 동시에 진보나 계몽을, 다시 말해 다른 사회가 모방하고 적용하고자 했던 유럽의 측면을 퇴색시킨 세 개의 기둥이 되었다. 백인과 서양의 전 지구적 패권과 우월성에 관한 서사는 세기 전환기에 미국에도 전파되었다. 제2차 세계대전 이후에 서양의 사상은 일본 같은 발전 선진국까지 확산되었지만, 20세기 중반까지 백인과 기독교 서양의 사상은 아시아와 아프리카를 원론적으로 배제했다. 적어도 19세기 말에는 오스만 제국을 포함해 유럽 국가들이 자리 잡은 지리적 윤곽, 진보, 문명화 혹은 주민 다수가 믿는 기독교와 같은 의미 있는 역사적 특징이 유럽의 이미지에 속했다. 그러나 20세기 초의 인종 담론과 지정학적·제국적 내용들이 이 모든 특징을 뒤덮었다. 앵글로·색슨족의 연대에 관한 주장은 오스트레일리아와 미국, 남아프리카의 백인 정부가 자기들이 종교와 제국, 이주를 통해 운명 공동체로서 유럽과 연결된 서양의 일부라고 생각하게 만들었다. 유럽에서 러시아와 발칸 국가들의 지위, 서구 문명과 라틴아메리카의 관계 혹은 유럽 내에서 그리스나 스웨덴 같은 작은 국가들의 역할 등의 문제에서 드러난 애매모호함은 20세기 초에도 여전히 지속되었다. 하지만 결국 유럽의 여론과 비유럽의 정치 비전 모두에서 나온 전략적 본질주의는 유럽과 서양, 백인이 지닌 서로 겹치는 의미를 계속 고착화했으며, 거의 동시에 이에 대응하는 아시아와 무슬림 세계, 아프리카라는 개념들이 등장했다.

1880년 이후에 제국들 사이에 형성된 세계 질서로 인해 전 세계의 지역들이 서로 겹칠 뿐 아니라 매우 불균형한 상황이 펼쳐졌는데, 이 세계 질서를 뒷받침한 지역 논리와 인종 논리는 아시아와 아프리카에 대한 백인과 기독교 유럽의 지배에 특권을 부여했다. 밸런타인이나 버턴이 지적했듯이 19세기 후반에 유럽의 패권이 형성된 것은 '서양의 발전'과 기타 세계의 몰락이라는, 장기간에 걸쳐 지속된 한결같은 패턴의 결과라기보다는, 불확실한 여러 요인이 뒤섞여 빚어낸 결과였다.[223] 사실상 1880년대에서 제1차 세계대전까지 단기간에 걸쳐 전 세계적인 유럽의 패권을 만들어 낸 것은 단일한 모델이나 원인이 아니었다.[224] 하지만 유럽 제국들의 군사적·경제적·정치적 패권이 서양의 역사적인 도약으로 서술되기 시작하자마자 백인 국가에 생기를 불어넣고 분리와 추방, 차별의 전략을 시행하도록 고무한 것은 초국적인 여론과 사상, 국민, 출판, 인종 이론, 기술의 합주였다.[225] 지구상의 전 지역에, 즉 남아프리카와 오스트레일리아에서 미국과 영국에 이르기까지 백인의 우월성을 입증하고 고착시키는 초국가적이고 세계적인 내용을 담은 도서와 이론, 정서들이 출현했다. 이때 제기된 백인의 정체성은 백인에게만 제한된 제국의 일등 시민권을 만들어 낸 동시에 유색인 백성들은 배제했기 때문에, 제국의 공공선을 외쳤던 영국의 약속을 배신했다. 유색인이자 비기독교도였던 영 제국의 백성 다수가 이에 실망하면서, 제국 백인들의 연대는 장기적으로 보아 영 제국의 생존 능력을 약화시켰다. 프랑스 제국과 러시아 제국, 독일제국, 벨기에 제국, 네덜란드 제국이 서로 다른 제국 정책을 시행하기는 했지만, 모든 제국의 엘리트들은 '백인의 짐'이나 '문명화 사명'에 관해 점차 유사한 주장을 펼치기 시작했다. 그리고 이 주장들은 제국 중심 도시들의 민족주의화와도 밀접하게 연관되었다. 유럽 출신 이민자가 다수이고 그 엘리트들이 유럽의 지식인 및 정치 집단과 밀접하게 교류하던 미국의 백인 다수도 백인의 사명이나 서구 문명의 우월성에 관한 정치적·문화적 감수성을 공유하고 있었다.

제국주의의 전성기에 이베로아메리카는 엘리트들이 교육과 무역, 종교를 통해 유럽과 밀접하게 연결되어 있으면서도 백인의 정치적 정체성에 어느 정도 거리를 둔 중간자적 지위에 머물러 있었다. 이베로아메리카는 한 번도 불평등조약을 통해 구속된 적도, 식민주의가 추구한 문명화 사명의 대상이 된 적도 없었다. 독립을 달성한 이래로 이베로아메리카 21개국은 지역 안에서 비교적 평화를 유지하며 존재했다. 유럽 열강들 사이에 갈등을 방지하기 위해 운영되었던 국가 간 조정 메커니즘에 비교할 만한 기구가 존재하지 않았는데도 말이다. 물론 몇 차례 전쟁이 있기는 했지만 다른 지역에서처럼 자주 일어나지는 않았다. 1864~1870년의 파라과이 전쟁에서 브라질과 우루과이, 아르헨티나가 동맹을 맺고 파라과이에 맞서 싸웠는데, 이때 약 40만 명의 사망자가 발생했다. 전쟁은 프란시스코 솔라노 로페스Francisco Solano Lopez가 이끄는 파라과이가 지역의 패권을 장악하려고 시도한 것에서 시작했다. 전쟁 초기에는 파라과이 군대가 거대한 이웃 국가들에 맞서 승리를 거두었으나, 결국은 삼국 동맹에 무릎을 꿇었다. 무엇보다 브라질이 가진 압도적인 인적·물적 자원이 그 배경이었는데, 이 전쟁에서 파라과이는 인구의 절반 이상을 잃었다. 전쟁 결과 파라과이를 대신해 브라질이 지역 패권을 장악하게 되었다. 19세기에 라틴아메리카 국가들 사이에 발생한 또 다른 대규모 전쟁은 1879년과 1883년 사이의 기간에 벌어진 태평양 전쟁[16]이었다. 이 전쟁에서는 칠레가 페루와 볼리비아에 맞서 싸워 승리를 거두었는데, 그 결과 볼리비아는 태평양에 접하는 해안 지역을 빼앗겨 내륙 국가가 되고 말았다. 하지만 유럽과 같은 국가 간 협력 구조나 국제기구가 없었는데도 전체적으로 20여 개 독립국가가 존재하는 라틴아메리카에서 전쟁이 몇 차례밖에 일어나지 않은 것은 놀라운 일이다. 대륙을 제패하고 막강한 패권을 휘두르는 국가의 부재나 유사한 제국주의 세력의 부재는 포스트 식민주의하의 라틴아메리카에서 비교적 오랜 평화기를 지속하게 했다. 1842년에 평화롭게 국경선을 확정한 미국과 캐나다의 관계가 남아메리카의 상황과 비교될 수 있다.

중앙아메리카와 북아메리카에서는 이보다 빈번하게 전쟁이 발발했다. 미국과 멕시코 사이에 존재했던 국력의 불균형과 경쟁은 1846년에 전쟁으로 이어졌다. 멕시코-미국 전쟁이 끝나고 1848년에 체결된 과달루페 이달고 조약에서 미국은 오늘날의 캘리포니아와 애리조나, 네바다, 유타뿐 아니라 뉴멕시코와 콜로라도, 와이오밍의 일부 지역을 포함한 광대한 영토를 확보했다. 중앙아메리카에서도 미국 사업가와 영국 사업가들 사이의 이해관계가 충돌했는데, 결국 미국이 (1906년과 1914년 사이의 기간에 완성된) 파나마 운하와 콜롬비아에서 분리되어 독립한 신생국가 파나마를 통해 이 지역에 대한 헤게모니를 장악했다. 파나마는 운하에 대한 법적 관할권을 미국에 부여했다. 여기서 더 나아가 미국은 먼로 독트린을 공격적으로 적용해 중앙아메리카에 대한 패권을 확고하게 구축했다. 미국의 이익을 방어한다는 명분으로 중앙아메리카 소국들에 대한 일방적인 군사적 간섭도 빈번하게 자행했다. 하지만 이것이 공공연한 미국 제국주의로 발전하지는 않아 서반구에서 미국의 패권은 당시에 아시

---

16 제2차 세계대전의 일부였던 태평양전쟁과는 다른 전쟁이다. 페루 아타카마 사막의 초석 지대를 두고 일어난 분쟁으로, 초석 전쟁으로도 불린다.

아와 아프리카에 구축된 세계 제국들과는 거리가 멀었다. 물론 이는 북아메리카가 아메리카 전 지역과 맺은 긴밀한 관계에도 불구하고 이베로아메리카 국가의 엘리트들이 미국을 앵글로·색슨 백인의 제국주의 국가로 보는 것을 막지 못했다.[226]

유럽의 여론이 중앙아메리카를 장악한 미국의 패권을 긍정적으로 인식한 반면에, 이와 같은 시기에 일본 제국의 부상을 '황화'처럼 부정적으로 묘사한 것은 세계 정치에서 인종과 문명의 담론이 어떤 영향을 미쳤는지 잘 드러내 준다. 미국은 서부 개척과 이주, 멕시코에 대한 승리와 광대한 멕시코 일부 영토의 합병을 통해 이미 강력한 지역 세력이 되었다. 1898년의 미국-에스파냐 전쟁(미서전쟁)에서 거둔 미국의 승리는 결국 미합중국이 세계 제국들의 클럽에 가입했음을 확인해 주었다. 미국은 이제 필리핀과 푸에르토리코, 괌처럼 본국에서 멀리 떨어진 지역에 식민지를 보유할 뿐 아니라 쿠바를 보호령으로 가진 명실상부한 제국이었다.[227] 1899년에 러디어드 키플링Rudyard Kipling은 자주 인용되는 "오, 동양은 동양이고 서양은 서양이니, 이 둘은 결코 서로 만나지 못하리라."라는 구절을 포함한 「동양과 서양의 발라드Ballade of East and West」를 썼는데, 마침 미국이 에스파냐에 승리를 거두고 전 세계에 걸친 '서양' 패권의 일부가 되었던 순간이었다. 1898년의 미국-에스파냐 전쟁은 유럽 제국들과 경쟁하려는 미국의 노력뿐 아니라 먼로 독트린을 견지한다는 의지도 보여 주었다.[228] 이 전쟁에서 승리해 아시아-태평양 지역에 제국 영토를 보유한 제국의 지위를 갖게 되자, 미국은 백인의 문명화 사명을 주장하는 유럽과 비슷한 국가가 되었다.[229]

거의 비슷한 시기에 미국은 1895년에 미국 사업가들이 왕조를 무너뜨리고 영향력을 행사하던 하와이 공화국도 합병했다. 하와이 왕국의 몰락은 비공식적인 제국이 어떻게 미국의 공화제와 공조하면서 작동했는지를 보여 준 명백한 사례다. 독립적인 하와이 왕국을 무너뜨린 것이 바로 미국과 긴밀한 관계를 갖고 있던 사업가 집단이었기 때문이다. 하와이 왕국은 국제적으로 인정된 국가여서 왕과 왕비는 1886년과 1887년에 각각 유럽 여러 나라의 수도들을 공식 방문했다. 유럽 순방 여정 중에 하와이 국왕 칼라카우아Kalakaua

는 술탄 왕국인 조호르도 방문했다. 이때 술탄은 칼라카우아를 환영하면서 아시아인들의 연대를 언급하고, 말레이인과 하와이인이 서로 유사하다는 점을 강조했다.[230] 여행 도중에 하와이 국왕은 시암의 왕이나 이집트의 케디브 같은 다른 비유럽 국가의 군주들도 만났다. 여러 측면에서 하와이는 당시 문명의 평균 수준을 충족하고 있었으며, 국제 질서에서 주권과 평등을 주장하기 위한 필수 조건이었던 유럽 중심적인 기독교성도 보유하고 있었다. 1895년 이전에 하와이가 세계의 모든 주요 국가와 외교 관계를 맺고 있었는데도 독립 국가였던 하와이의 주권은 미국에 의해 무력으로 종식되었으며, 하와이에 대한 미국의 점령을 국제사회는 그대로 수용했다.

미국은 제국들의 그룹에서 자국의 입지를 확립하기 위해 1900년 무렵에 중국에서 의화단 사건이 발발했을 때 이를 진압하기 위해 8개국이 구성한 정벌대에도 참가했다. 1905년의 러일전쟁 직후 시어도어 루스벨트Theodore Roosevelt 대통령은 일본과 러시아의 대표단을 뉴잉글랜드에 있는 작은 도시로 초청해 평화조약을 체결하도록 중재자 역할을 하기도 했다. 1914년의 파나마 운하 완공으로 미국은 중앙아메리카와 카리브해에서 다시 한번 제국적 패권과 막강한 경제력을 과시했다. 간단히 말해 제1차 세계대전이 발발했을 때 미국은 이미 지역을 초월하는 전 지구적 백인 정체성의 부분이 되어 있었으며, 이는 유럽과 미국을 하나로 만들었다.

앵글로·색슨 인종의 업적을 언급하는 각종 서적과 사상, 교육과정 등을 통해 한편으로는 미국과 영국의 자치령(오스트레일리아, 뉴질랜드, 남아프리카), 영국 본토가 밀접하게 연결되었지만, 다른 한편으로는 이와 동시에 미국과 히스패닉 라틴아메리카가 더욱 멀어졌다. 앵글로·색슨족의 우월성을 주장하는 이론가들은 백인이 스스로 다스리는 국가들은 모두 법치국가이자 학문적 진보와 경제 발전을 달성한 민주주의국가라는 점을 자랑스럽게 이야기했다. 그들이 보기에 아시아와 아프리카뿐 아니라 라틴아메리카의 '유색인들'도 이러한 수준의 자치나 진보를 이룩하지 못했다.

종교와 세계적 서양 정체성

전 세계에 걸쳐 발전한 다양한 기독교 네트워크들은 '서양'의 전 지구적 정체성에 문제를 제기하기보다는 오히려 강화했다. 서양이라는 개념은 프로테스탄트와 가톨릭, 정교회의 공동체들과 그들이 전 지구에 걸쳐 보유한 민간 조직들을 서로 공조하게 만들었다. 무슬림이나 불교, 흑인이나 아시아 국제주의와 달리 그들의 국제주의는 세계적으로 확산된 백인에 의한 서양의 제국적 패권에 아무런 문제도 제기하지 않았다.

프로테스탄트 진영의 네트워크는 이주나 선교 여행과 순례 여행, 교육 여행을 통해 확대되면서 유럽 교회를 서반구에 새로 설립된 교회나 전 세계의 선교 공동체들과 연결했다. 철도와 전신, 증기선 등의 발전에 힘입은 프로테스탄트 교회의 세계 선교 활동은 20세기 전환기에 절정에 이르렀다. 그들의 활동은 주로 영어권 지역에 집중되었기 때문에 지역을 장악한 유럽 제국들로부터 보호와 후원을 받았다. 프로테스탄트 선교 단체들은 제국의 지원을 받으며 전 세계에 걸쳐 병원과 학교를 세웠다. 고아와 환자, 죄수, 매춘부, 빈곤층들을 위한 자선 및 박애 단체들의 활동은 프로테스탄트 활동주의가 전 세계로 확산되는 새 시대를 기록했다. 물론 미국의 남부 주에서처럼 종교적 명분을 들며 노예제를 옹호했던 프로테스탄트들도 적지 않았지만, 수많은 프로테스탄트 선교사와 공동체는 노예제 폐지 운동에 적극적으로 개입했기 때문에 도덕적으로 정직하며 신뢰할 만하다는 평판을 누렸다. 프로테스탄트 국제주의가 가진 복음주의 정신이 여전히 강세이기는 했지만, 1893년의 시카고 세계 종교 의회를 조직한 자유주의 프로테스탄트 비전에서 드러나듯이 프로테스탄트 진영 내에서 종교적 다원주의가 등장하는 징후도 있었다.[231] 그러나 전체적으로 19세기 후반에 프로테스탄트 국제주의는 전 세계에 걸친 유럽-아메리카의 정치적 패권과 화합하는 자세를 보였다.

가톨릭 국제주의도 마찬가지로 활발한 활동을 전개했는데, 경우에 따라서는 로마 교황청과 무관하게 움직이기도 했다. 전 세계 가톨릭 인구들 사이에 관계가 증가하고 유럽과 미국에 있는 가톨릭교회의 부가 증가한 덕분이었다. 전 지구적으로 가톨릭의 공적 영역이 증가했지만, 교황청은 비오 9세^{Pius}

IX(1792~1878)의 재위 기간에 교황령을 강화하려는 프로젝트를 추진했다. 교황 비오 9세는 유럽 중심적인 제국적 질서가 형성된 30년 동안, 즉 1846년에서 1878년까지 교황직을 수행했다. 이 시기에 그는 일련의 중대한 정치적 실수를 범했는데, 가장 결정적인 실수는 이탈리아가 가톨릭인 오스트리아에 맞서 독립 전쟁을 일으켰을 때 이에 대한 지지를 거부하고 가리발디의 이탈리아 통일 운동에 점점 더 거리를 두었던 것이었다. 결국 피에몬테 왕국이 교황령을 침략했을 때, 전 세계의 가톨릭 여론이 교황을 위한 기금 모금, 서명운동, 순례, 성전을 향한 외침 등 열렬한 지원을 보냈다. 이러한 현상은 교황의 리더십과 무관하지만, 궁극적으로는 그와 연관을 갖고 전 세계 가톨릭 주민들 사이에 국경을 초월하는 연대가 형성되었음을 보여 주었다. 이 운동은 거액의 기부금을 모으고 자원병을 모집했으며, 출판물 발간과 재정 지원 캠페인으로 이어졌고, 가브리엘 가르시아 모레노Gabriel García Moreno 치하의 에콰도르 가톨릭 공화국을 위한 지원도 시행되었다.[232]

1870~1871년의 전쟁에서 프랑스가 독일에 패배한 후, 교황은 로마가 이탈리아의 수도가 되는 것을 수용해야 했다. 교황은 1871년에 바티칸 시국이 설립될 때까지 모든 세속적 권력을 상실했기 때문이었다. 뱅상 비아네 Vincent Viaene가 보여 주었듯이 비오 9세는 사실상 이탈리아의 국내 정치 상황에 집착하던 입장에서 벗어나 전 세계에 확산된 가톨릭의 공적 영역과 국제적 활동에 점점 더 주목하기 시작했다. 그의 후계자인 교황 레오 13세Leo XIII(1878~1903)는 가톨릭 여론의 급진주의를 진정시키면서 화해 노선을 추구했다. 레오 13세 치하에서 전 세계에 걸친 가톨릭 여론은 프로테스탄티즘, 이슬람, 사회주의와 경쟁하며 예를 들어 노예제 반대나 평화운동에 앞장서는 '거대한 도덕적 세력'으로 변화했다. 물론 가톨릭 국제주의는 아시아와 아프리카에서 유럽 제국의 동맹 세력이었다. 예를 들어 콩고에서 무슬림이나 프로테스탄트 경쟁자에게 맞서기 위해 가톨릭은 벨기에 왕 레오폴 2세Leopold II(1835~1909)의 편에 섰다.[233] 가톨릭 국제주의는 점차 바티칸에 있는 교황 중심의 위계질서에 통합되어 교황을 둘러싼 보수적인 집단의 간섭을 받게 되었으며, 결국 세계적인 가톨릭 국제 공동체는 풀뿌리 운동의 성격을 상실해 갔다.

동유럽과 러시아, 오스만 제국 레반트 지역에 있던 정교회는 이스탄불(콘스탄티노폴리스), 다마스쿠스(안티오키아에서 이전), 예루살렘, 알렉산드리아, 모스크바의 총대교구가 서로 다르게 발전했는데도 지역적·초국가적 연대를 발전시켰다. 오스만 제국 치하에서 이스탄불 총대주교는 남동유럽과 아나톨리아, 레반트에 걸친 넓은 지역의 예배를 담당했다. 정교회 공동체들 사이의 네트워크는 19세기에 예루살렘이나 그리스 아토스 수도원으로 가는 순례 여행이 점차 용이해지고 가격도 저렴해지면서 현저하게 개선되었다. 특히 19세기 초반에는 이런 방식으로 정교회 국제주의가 발전했던 반면에, 20세기 후반부에는 인종과 민족주의적 경계에 따라 정교회가 분열되었으며, 그 결과 불가리아, 루마니아, 세르비아의 총대교구가 이스탄불로부터 이탈하는 일이 발생했다. 그 밖에 다른 지역에서도 민족에 따른 예민한 구별이 뒤따랐으며, 이런 현상은 심지어 예루살렘에 있던 순례자와 성직자들, 아토스 수도원에 있던 수도사들에게서도 나타났다.[234] 오스만 제국과의 국경 지대에서 무슬림을 상대로 갈등이나 전쟁이 발생했을 때 정교회 국제주의는 유럽 여론에 호소했고 그들의 지지를 얻었다. 예를 들어 토인비는 발칸 전쟁 이후에 튀르크인과 무슬림들이 상상 속의 기독교 유럽에서 밀려나자 환호했으며, 제1차 세계대전 동안에 아나톨리아에서 그리스인들을 해방함으로써 이 과정을 끝낼 수 있다고 생각했다.[235] 여기서 더 나아가 기독교 정교회 국제주의는 무슬림 지역인 중앙아시아와 캅카스에서 러시아의 문명화 사명을 지원했으며, 이로써 전 세계에 걸친 백인과 서양의 정체성에 힘을 실어 주었다.

유대교 국제주의는 유럽과 서양의 정체성에 대단히 양면적인 입장을 보였다. 19세기 말에 '유대인 공동 운명체' 의식이 형성되는 과정은 무슬림의 경험과 비교할 만하게 진행되었다. '유대인 공동 운명체'라는 의식의 형성을 통해 그동안 다양한 자선사업이나 정치 프로젝트를 추구하면서 전 세계에 흩어져 사는 유대인 집단들이 하나가 될 수 있었기 때문이다.[236] 유럽에서 점차 강화된 반유대주의는 근대적인 유대인 정체성을 확고하게 만들어 주었으며, 범이슬람주의와 범아시아주의의 저자들은 전 세계에서 유럽의 인종 이론에 맞서고자 할 때 유대인들을 잠재적인 동맹군으로 바라보았다. 반면에 유대교 국제주의는 유럽에 주재하는 몇몇 단체에 중심을 두고 있었는데, 이 사실은 유대교 단체들이 유럽 제국주의의 잠재적인 동맹이 되게 만들었다. 그렇기 때문에 유대인들의 정치적 비전이 유럽 인종주의의 일종인 반유대주의에 맞서는 방향으로 움직였는데도 유대교 국제주의는 대안적인 국제 질서를 세우는 데 힘이 될 수 없었다. 반유대주의나 세계 유대인 같은 친유대주의적 비전, 전 세계적인 유대인 자선단체나 교육 네트워크, 시오니즘 등은 모두 매우 다양한 현상이었으며, 이들은 1917년의 밸푸어 선언[17] 때까지 서로 밀접하게 맞물려 있었다.

간단히 요약하면 문명화 사명이나 인종적 우월성을 느끼는 유럽 사회의 인식은 그 정체성의 구체적인 내용에 관해 다양한 의견이 존재했고 제국들 사이에 경쟁 관계도 존재했지만, 20세기 초 무렵에 이르러 그 절정에 도달했다. 시칠리아인 같은 남유럽인이나 동유럽인들은 식민화된 유색인이거나 반문명화된 야만인으로써 부정적 묘사의 대상이 되는 일도 가끔 있었다.[237] 또한 범게르만주의나 범슬라브주의에서 뚜렷하게 드러나듯이 여러 제국 사이의 경쟁 구도를 반영한 내부적인 지정학적 구분선도 있었다. 사실 독일통일 이후에는 세계 제국인 영국이나 프랑스에 맞서는 독일제국의 경쟁을 통해 유럽 내부의 분열이 훨씬 강화되었다. 비유럽인이 저술한 유럽 관련 서적들은 정치적·문화적 측면에서 유럽 내부에 존재하는 경계선을 잘 인지하고 있었다. 하지만 전략적 본질주의로 인해 서양이 백인과 기독교 인종의 중심지라는 추상적인 사고가 태동했다. 우월한 기독교 백인의 지역으로서 서양의 이미지는 유럽의 정치 엘리트와 지식인들 사이에서 확산되었지만, 이와 마찬가지로 서양의 전 지구적 패권에 맞서는 지역적 연대를 달성하기 위해 고심했던 비유럽의 지식인 사회에서도 등장했다.

—— **17** 1917년 11월 2일에 영국의 외무 장관 아서 밸푸어Arthur Balfour가 제1차 세계대전 당시에 세계 유대인의 여론을 연합국 측으로 유도하고, 향후 중동 정책의 포석을 굳히기 위해 팔레스타인에 유대인 민족국가를 수립하는 데 동의한다고 발표한 선언이다.

'무슬림 세계'의 다중 제국적 공동체

전 세계 질서가 지역 중심으로 재편되면서 '무슬림 세계'는 독특한 지정학적 지역으로 대두했다. 오리엔탈리스트와 선교사, 근대화론자들의 담론 속에서 구성된 이 '무슬림 세계'는 아이러니하게도 제국적 세계화가 조성한 운송과 무역, 의사소통의 인프라를 통해 견고해졌다. 심지어 유럽의 제국적 지배와 인프라가 인도양의 무슬림들을 단결하도록 돕고 그들의 네트워크를 강화했다. 무슬림 백성들도 전체적으로 여러 유럽 제국에 충성심을 보였지만, 식민지 관리나 유럽 본국 여론의 생각에는 무슬림이 제국 통치에 불복종하고 폭동을 일으킬지 모른다는 과장된 두려움이 있었다. 이러한 막연한 두려움은 시간이 흐르면서 이른바 무슬림에 대한 공포가 되었다. 그 좋은 예로 네덜란드의 식민지 관리인들은 유럽으로 가는 길에 이스탄불에 머물렀던 식민지 상류층 가족들조차 불신의 시선으로 바라보았으며, 순례자로 메카를 찾거나 학생으로 카이로를 방문하는 인도네시아 무슬림의 수가 증가하는 것을 근심 어린 시선으로 관찰했다.[238] 그런데 이와 동시에 무슬림 지식인들도 통일된 무슬림 세계에 대한 사상을 받아들여 무슬림의 연대를 선전했다. 하나 된 무슬림 세계에 대한 비전은 여러 측면에서 세계시민주의적 성격을 지니고 있어 비무슬림도 동맹이나 동반자로 보았으며, 그 결과 무슬림 여론에서 하나의 정치적 정체성으로 받아들여지면서 폭넓은 공감을 얻었다. 빈번한 여행, 활발하게 작동하는 언론, 개선된 의사소통 수단은 무슬림 세계의 네트워크를 현저하게 활성화했다. 이와 동시에 무슬림과 비무슬림들은 기차 객실에서 직업 세계에 이르기까지 일상생활뿐 아니라 모든 생활 영역에서 마주쳤다. 전 지구적인 무슬림 세계라는 정체성이 형성되고 확산되는 데 결정적이었던 요인은 오스만 칼리파국뿐 아니라 오스만 제국의 운명과 정치적으로 밀접하게 연관되었다는 사실이었다. 이들은 상상 속의 무슬림 공동체를 옹호하는 목소리가 되었으며, 동시에 여러 유럽 제국에 거주하는 무슬림에게 평등권과 대등한 지위를 보장하라는 요구를 표현했다.

유럽 제국들이 무슬림 국가들의 영역으로 팽창하는 동안에 다양한 무슬림 문화 주창자들은 서로 연대할 수 있는 새로운 길과 방법을 모색했다. 인도인 무슬림 학자가 메카와 이스탄불을 여행한 이야기는 이러한 새로운 연결점을 잘 보여 준다. 무굴 제국이 무너진 후인 1857년에 무슬림을 믿는 인도인들 사이에서는 오스만 제국의 술탄이 칼리파로서 성지인 메카와 메디나, 예루살렘의 수호자일 뿐 아니라 모든 유럽 제국과도 광범위한 외교 관계를 유지해 온 문명화된 제국의 술탄이기 때문에 가장 중요한 무슬림 군주라는 것은 의심할 여지가 없다는 인식이 점차 확산되었다. 인도에서 발생한 봉기와 연루되었기 때문에 1857년 이후에 인도를 떠나야 했던 많은 인도인 무슬림 학자가 오스만 제국의 지배를 받던 메카에 정착했다. 이러한 인도인 무슬림 학자 가운데 한 사람인 라마툴라 카이라나비Rahmatullah Kairanawi(1803~1868)는 1857년의 봉기 이전에 아그라와 델리에서 독일 프로테스탄트 선교사였던 카를 고틀리프 판더Karl Gottlieb Pfander와 종교 문제를 둘러싸고 펼친 토론 때문에 널리 알려졌다. 이로부터 약 10년이 지난 후인 1864년에 이스탄불에 머물던 판더는 인도에서 카이라나비를 상대로 벌인 토론에서 자기가 이겼다고 주장하고 다녔다. 이 이야기를 듣고 관심을 보인 오스만 술탄 압뒬라지즈가 카이라나비에게 이스탄불에 와서 판더와 벌인 토론에 관한 자기의 입장을 표명해 달라고 초청장을 보냈다. 당시에 카이라나비는 망명 학자로서 메카에 머물면서 인도 무슬림의 재정적 지원을 받아 이슬람 고등교육 시설인 마드라사를 설립해 운영하고 있었다. 초대에 따라 그는 곧 이스탄불을 방문했으며, 술탄의 격려에 고무되어 기독교나 유대교보다 이슬람이 우월한 종교라는 논지를 정리한 저서 『진실의 증명Izhar ul Haq』을 집필했다. 술탄 압뒬라지즈와의 만남에서 카이라나비는 술탄에게 영국 빅토리아 여왕의 백성이 된 인도 무슬림이 처한 상황에 대해 보고했다. 기독교 선교에 맞서 집필된 카이라나비의 저서 『진실의 증명』은 서아프리카처럼 멀리 떨어진 곳에서조차 교재로 사용되었다는 보고가 남아 있다.

무슬림의 새로운 세계적 정체성의 뿌리를 이해하기 위해서는 전성기에 도달한 유럽 제국주의가 인도양에서 무슬림들 사이의 네트워크와 소통, 이동성을 증가시켰다는 모순된 사실을 언급해야 한다. 점점 더 많은 수의 인도 무슬림이 성지를 순례하기 위해 메카나 메디나를 방문했으며, 그 과정에 토머스 쿡Thomas Cook 해운 회사 같은 '비무슬림'의 선박을 이용했다. 영국의 백성들은 이렇게 최대 규모의 이슬람 성지순례단이 되었다. 또한 네덜란드령 인도에서는 학생과 학자들이 카이로의 알아즈하르 대학에서 연구하기 위해 장거리 여행에 나섰다. 서아프리카와 북아프리카에서도 메카에 갈 때 이제는 프랑스나 영국의 증기선을 이용하지, 옛날에 만사 무사Mansa Musa나 이븐 바투타가 지났던 멀고 힘든 육로를 이용하지 않았기 때문에 순례 여행의 비용이 점점 저렴해지고 점점 빨라지며 덜 힘들어졌다.[239] 시베리아 횡단철도의 건설도 무슬림의 네트워크와 관계를 촉진했다. 점점 더 많은 수의 러시아 무슬림이 점점 더 편안하게 기차와 증기선을 타고 메카로 여행할 수 있었기 때문이었다. 반면에 편리한 교통수단을 이용해 오스만 제국의 메카를 방문하는 순례자가 늘어날수록 유럽 식민 관리들의 신경도 점차 예민해졌다. 그들은 무슬림들이 기독교도들은 진입할 수 없는 도시에 모이면 유럽 제국에 대항하는 음모를 꾸밀 기회를 갖게 될 수도 있다는 점을 우려했다.[240] 물론 당시에 새롭게 형성되던 무슬림 네트워크는 무조건 정치적으로 유럽 열강에 반대하는 입장은 아니었다. 빅토리아 여왕은 오스만 칼리파보다 여섯 배나 되는 무슬림 백성을 거느리고 있었으므로, 영 제국이 '세계 최대 무함마드 추종자들의 제국'으로 불린 것은 우연이 아니었다.[241] 이에 따라 영 제국에서는 영국과 무슬림 세계의 동맹이 필요하다고 주장하는 목소리가 있었다. 이러한 동맹이 영국에 전 세계의 절반에 대한 지배권을 확보해 줄 것이기 때문이었다.[242] 오스만 제국 정부 역시 영국과 오스만 제국의 동맹을 희망했다. 여왕과 칼리파 사이의 협력이 전 무슬림 공동체인 움마 가운데 가장 재정적으로 부유하고 수적으로도 가장 많은 비중을 차지하는 공동체를 보유한 인도에 평화와 안녕을 가져다줄 것이라는 판단에서였다.

　무슬림 세계에 속하는 제국들 사이에 공동체가 형성되고 발전하면서 일련의 모순점이 드러났다. 첫 번째 문제는 식민 정책이 기본적으로 "분리해 통치한다.divide and rule"라는 원칙을 추구하는 것으로 명성을 누렸지만, 19세기 말 제국의 전 지구적 확산은 무슬림 세계의 통일을 촉진했다는 사실이다. 의도한 것은 아니지만 식민 정책은 강력했고, 전 무슬림 세계를 연결하는 교육·소통·출판·교통·무역·순례자의 네트워크가 형성되는 것을 촉진했기 때문이다. 두 번째 문제는 무슬림 네트워크는 종교적인 성격이었지, 무조건 반제국주의적은 아니었다는 점이다. 따라서 많은 무슬림은 자기들의 일상생활에서 기독교도 군주의 지배에 적응하는 길을 택했다. 기독교도 군주의 통치에 대한 무슬림의 충성심을 보여 주는 여러 형태의 행동과 이유가 있었지만, 분명한 것은 그런 충성심이 존재했다는 사실이다. 세 번째 문제는 영국과 프랑스, 러시아, 네덜란드의 식민 관리들이 앞서 언급한 두 가지 사항에도 불구하고 무슬림들이 시위나 반란을 일으킬지 모른다고 노심초사했다는 점이다. 그렇기 때문에 그들은 무슬림들의 활발한 이주와 출판 활동, 학교 건립, 순례 여행 등을 무슬림의 위협이 증가하는 것으로 인식했다. 그러나 1857년 이후에 영 제국이 무슬림에 의한 대규모 무장 폭동에 부딪힌 것은 단지 인도 북서부 국경 지대의 몇몇 작은 마을 또는 소말리아나 나이지리아에서였다. 그리고 이 무장 폭동은 큰 문제없이 진압될 수 있었다. 그런데도 식민지 관청은 힌두교도보다는 무슬림에게 더 커다란 두려움을 표시했다.

　여기서 유럽 제국의 통치에 장애가 된 것은 오히려 무슬림 공동체가 성격상 폭력적이며 반서구적이라고 보는 유럽적 편견이었다. 유럽인들은 무슬림들이 애초부터 전통적인 종교적 신앙심에 의해 움직이며 철두철미하게 반기독교적이고 반제국적이라고 여겼다. 하지만 사실 영 제국 치하에서 살던 무슬림들은 기독교 선교사들이나 윌리엄 글래드스턴William Gladstone같이 인종적인 주장으로 무슬림들에게 모욕을 주는 영국의 정치 지도자들을 무슬림이 품고 있는 영 제국의 이미지를 더럽히는 배신자로 인식했다. 예를 들어 인도인 무슬림 작가이자 활동가인 자파르 알리 칸Zafar Ali Khan은 범이슬람주의라는 표현은 "기독교도 외교관들이 쇠약한 이슬람 국가를 무너뜨릴 구실로 이용하기 위해 만들어 냈다."라고 저술했다. "(……) 아직 모로코나 트리폴리, 페르시아, 마케도니아를 정복하고자 했을 때 범이슬람주의라는 허수아비는 매우 유용한 도구였다. 그 허수아비는 기독교 세계의 충복들에게 상상 속 이슬람의 공포를 지속적으로 직시하게 해 주는 수단을 제공해 주었다. 그런데 상상 속에 존재했던 무슬림의 공포는 그들을 가정과 고향에서 쫓아내면 해결되는 것이었다."[243] 물론 시간이 지나면서 무슬림의 개혁가와 왕당파들은 범슬라브주의 연대가 제기하는 상상된 위험을 받아들이면서 이를 그들의 정치적 비전 중 하나로 삼기 시작했다. 예를 들어 1906년 이후의 런던 범이슬람주의 협회에는 수많은 왕당파와 반제국주의적 과격파, 영국 무슬림 등 다양한 회원들이 뒤섞인 채 가입해 있었다. 이 협회는 이슬람 공포증에 사로잡힌 서적과 사상에 맞서기 위해 만들어진 조직이었을 뿐, 정치 문제에 관해서는 아무 조건 없이 일치된 입장을 갖고 있지는 않았다.

무슬림 백성들이 여러 기독교 제국에 충성을 바친 것이 강요된 것인지 자발적인 것인지에 관한 문제를 제외하면, 제국주의의 전성기는 오스만 칼리파의 명망과 정당성이 강력하게 성장한 시기였다. 칼리파의 사상이 전 세계에 확산되고, 오스만 제국이 500년 역사에서 단 한 번도 주권을 장악하지 않았던 지역에서 기독교 제국의 지배를 받던 무슬림들에게 커다란 호응을 얻었다. 그런데 그 배경에는 종교적 동기와 함께 유럽 제국에 맞서는 오스만의 외교적·전략적 이해관계를 이용하고자 하는 전략적 관심이 뒤섞여 있었다. 예를 들어 예전에는 이스탄불과 별다른 관계가 없었지만, 이제 오스만 술탄의 보호를 요청했던 무슬림의 첫 사례가 발생한 것은 1870년대 초였다. 1873년에 아체에서 온 사절단은 오스만 제국의 술탄 압뒬라지즈에게 네덜란드의 공격에 처한 아체의 술탄을 지원해 줄 것을 요청했다.[244] 수백만 기독교도의 지배자로서 압뒬라지즈는 1857년의 인도 독립 전쟁 당시에 영 제국의 편에 섰다. 하지만 그는 1873년에 아체에서 봉기가 일어났을 때는 단순히 네덜란드를 지원할 수 없었다. 왜냐하면 첫째, 이스탄불에서 그는 무슬림을 지원하는 적극적인 무슬림 언론과 마주해야 했다. 둘째, 그는 먼 나라들에 사는 무슬림들 사이에서 자기 위신이 올라가는 것에 흡족해하고 있었다.[245] 아체 외에 오스만 제국과 외교 관계를 수립하기 위해 애쓰는 소규모 무슬림 술탄국들이 있었는데, 오스만 제국의 지원과 보호를 확보하려는 목적에서였다. 하드라마우트 출신 아랍인이었던 압두라만 알자히르Abdurrahman al-Zahir는 아체 술탄의 특사로서 이스탄불을 방문했을 때, 그곳에서 동투르키스탄 카슈가르 에미리트의 대표단과 중앙아시아의 히바와 부하라의 에미리트 대표단도 만났다. 카슈가르의 야쿱 벡은 러시아와 중국 청 제국 사이에 놓인 독립 무슬림 왕국에 대한 외교적 인정과 군사적 지원을 요청하기 위해 이스탄불에 외교사절단을 보냈다. 오스만 제국의 술탄은 야쿱 벡의 사절단에 국가 메달을 수여하고 외교적 인정과 재정 지원을 제공했지만, 동시에 이웃 국가, 즉 중국과 러시아 그리고 인도의 영 제국과 군사적 충돌은 피하라고 조언했다.[246] 여기서 한 가지 더 추가로 언급해야 할 사항은 아체나 카슈가르가 네덜란드나 중국 제국에 맞서는 투쟁에서 오스만 제국뿐 아니라 영 제국에도 지원을 요청했다는 사실이다.

문화적 질서와 정체성 형성

무슬림 주민들 사이에 네트워크가 증가하는 것과 동시에 거의 19세기 이전 동아시아의 유교적 질서와 비교할 만한 일종의 문화적 질서가 점진적으로 형성되었다. 각종 문제가 발생할 때마다 무슬림들이 오스만 칼리파에게 의지하면서 일어난 일이었다. 여러 무슬림 술탄국과 지배 엘리트들은 그들에 대한 유럽 제국의 식민 지배가 절정에 도달했던 시기에 오스만 제국과 더 강력한 종교적·외교적 관계를 체결했다. 칼리파는 여러 유럽 제국과도 중첩되는 무슬림 국제 공동체를 상상하게 하는 상징적 구심점이 되었다. 예를 들어 무슬림 정체성에 관한 지정학적 성찰을 초래한 이런 변화는 오만-잔지바르의 알 부사이드 왕조와 오스만 칼리파 사이의 관계에서 뚜렷하게 드러났다. 1877년에 잔지바르의 술탄 바르가시 빈 사이드가 메카 순례를 계획했을 때, 오스만 술탄 압될라지즈는 그에게 마지디야Majidiyya라는, 오스만 제국의 특별한 호칭을 부여했다. 훗날 잔지바르와 오스만 제국은 공식 성명에서 기독교 유럽의 아프리카 식민 지배를 비판한다는 점을 강조하면서, 국제적인 사안에서 무슬림이 상호 협력할 필요가 있다고 주장했다. 오스만 제국과 잔지바르 사이의 관계는 잔지바르 술탄 알리 빈 하무드Ali bin Hamud의 통치기(1902~1911)에 그 절정에 이르렀다. 당시에 잔지바르는 영 제국의 보호령이었는데도 술탄은 오스만 제국식 스타일에 따라 페스와 코트를 술탄국의 공식 제복으로 도입했다. 페스는 잔지바르의 지식층에 정치적 의미를 함축한 스타일의 모자가 되었으며, 나아가 남아프리카와 인도에서 북아프리카에 이르기까지 근대적인 무슬림 정체성

———— 20세기 초에 근대 무슬림 정체성의 상징이 된 페스를 쓰고 제복을 입은 잔지바르 술탄 알리 빈 하무드(1884~1918). 술탄은 제복에 계급장과 훈장을 달았는데, 그중에는 에드워드 7세 (Edward VII)의 대관식 기념 메달(1902), 오스만 제국의 오스마니에 기사단 메달(1905), 이탈리아 왕의 대십자 훈장(1905), 붉은 독수리 대십자 훈장 1등급(프로이센, 1905), 빌라 비소자 무염시태 성모 기사단 대십자 훈장(포르투갈, 1905)도 있다. (ⓒ The National Archives)

의 상징이 되었다. 잔지바르의 지식층은 오스만 제국에서 오는 뉴스에 관심을 기울였으며, 오스만 제국 관련 사안에 지지를 표명하기 위해 다양한 보이콧운동에도 동참했다. 예를 들어 1911년에 이탈리아가 리비아를 침공했을 때, 잔지바르에서는 이탈리아 상품 불매운동이 벌어졌다.[247]

잔지바르는 예전에는 오스만 제국과 전혀 관계가 없거나 느슨한 관계만을 갖고 있다가, 유럽 기독교 제국의 지배를 받게 되자 오스만 칼리파와 외교관계를 강화해 갔던 유일한 무슬림 국가가 아니었다. 예를 들어 모로코에서도 지식인들이 오스만 제국의 개혁에 관심을 기울였다.[248] 조호르의 술탄 아부 바카르는 이스탄불을 두 번 방문했다. 첫 번째는 런던을 국빈으로 방문하고 귀향하는 길에, 두 번째는 메카를 순례한 후였다. 아부 바카르는 오스만 제국 술탄의 영접을 받은 후 훈장을 받았으며, 방문 때마다 궁전에서 훈련받은 하렘 여성들에게 칭송을 받았다.(술탄은 그 가운데 한 여성을, 술탄의 남동생은 다른 여성을 아내로 삼았다.)[249] 이스탄불에서 귀국한 후 술탄 아부 바카르는 무슬림의 민법과 가족법을 법전화한 오스만의 민법전 『메젤레*Medjelle*』를 조호르에 도입했다.[250]

동남아시아 지역의 무슬림들은 더 자주 이스탄불을 향해 외교적 지원을 요청했다. 예를 들어 1888년의 반튼 봉기와 1891~1895년의 파항 전쟁Pahang War 때였으며, 잠비Jambi와 리아우Riau의 술탄(1904~1905)도 유사한 지원을 요청했다. 시아크Siak의 술탄이 네덜란드와 독일을 방문하는 길에 이스탄불을 방문하고, 동보르네오 쿠타이Kutai의 술탄과 형제인 소스로네고로Sosronegoro 왕자가 이스탄불을 방문하는 것을 보고 네덜란드 대사가 우려를 표명하자, 오스만 제국의 술탄은 자기가 인도네시아 무슬림들이 네덜란드 여왕 빌헬미나Wilhelmina에게 충성을 맹세하게 만들 것이라고 확신시킴으로써 이 우려를 불식시켰다. 네덜란드 왕국이 자국 백성에 관한 사안을 오스만 제국 술탄과 의논한다는 사실만으로도 크리스티안 스나우크 휘르흐론여Christiaan Snouck Hurgronje 같은 식민주의 사상가들을 더욱 두렵게 만들었다.[251] 차르 제국의 기차와 증기선을 타고 메카행 순례길에 올랐던 러시아 무슬림들도 이스탄불을 중간 경유지로 삼는 경우가 점차 많아졌다. 제1차 세계대전 전야에 메카로 가는 순례자 그룹 가운데 세 번째로 큰 그룹이 러시아인 그룹이었다.[252] 게다가 러시아 상류층은 근대화주의자든지 전통주의자든지 간에 모두 자녀를 이스탄불로 유학 보내는 일이 많았다. 반면에 네덜란드 식민 관청에서는 네덜란드령 인도에서 작은 그룹의 무슬림 대학생들이 이스탄불로 갈 때조차도 범이슬람의 위험에 대한 두려움으로 대소동이 일어났다. 그 결과 네덜란드 사절단이 오스만 궁전을 방문해 공식으로 항의를 제기했다. 19세기 말에 전 세계의 여러 무슬림 공동체가 오스만 제국과 맺은 이러한 정치적 결속을 보여 주는 유산은 바로 그들 국가가 오스만 제국의 국기에 새겨진 초승달Hilal을 무슬림 정체성의 상징으로 삼은 것이었다. 그 결과 초승달은 무슬림의 종교적 전통에서 별다른 신학적 의미를 갖고 있지 않는데도 오늘날 식민지에서 독립한 10여 개 무슬림 국가의 국기를 장식하고 있다.

그런데 유럽 제국 당국들도 점차 오스만 칼리파에게 자문을 구하는 일이 많아졌다. 해외 식민지에서 무슬림들과 갈등이 벌어졌을 때 중재를 요청하기 위해서였다. 예를 들어 필리핀에 있던 미국 식민 관청은 필리핀에서 무슬림의 저항에 부딪히자 이스탄불의 칼리파에게 자문을 요청했다. 그들은 오스만 제국의 무슬림 개혁주의자들이 문명화 프로젝트에 대한 경험이 있어 이를 토대로 중재자나 화해자의 역할을 잘 수행할 수 있을 것으로 생각했기 때문이었다. 그리고 사실상 이스탄불 주재 미국 대사인 오스카 스트라우스Oscar Strauss의 요청을 받은 술탄 압뒬하미드 2세Abdülhamid II는 필리핀에 있던 여러 무슬림 지도자에게 특사를 보내 미국이 종교적으로 무슬림을 존중하는 한 그들과 평화를 유지하고 될 수 있으면 미국의 지배에 저항하지 말라고 조언했다. 미국 대통령 윌리엄 매킨리William McKinley는 대사에게 보내는 편지에서 압뒬하미드 2세가 미국을 지지하도록 움직여 필리핀의 질서를 안정적으로 유지하는 데 기여한 스트라우스의 능력을 높이 평가했다.[253] 남아프리카에서도 영국의 식민 관리들이 교육 계획에 대한 지원이 필요하거나 무슬림 사이의 분쟁을 조정해야 하면 오스만 제국의 종교 지도자들에게 자문을 구하는 일이 점차 증가했다.[254] 중국에서 의화단 사건이 발발했을 때는 독일 황제 빌헬름 2세Wilhelm II가 오스만 술탄 압뒬하미드 2세에게 특사를 파견해 중국 무슬림들이 의화단 측에 가담하지 않도록 영향을 행사해 달라고 요청하기도 했다.

이슬람 세계라는 정체성하에서 이슬람 지배적 사회의 재지역화가 가져다 준 매우 중요한 결과 중 하나는 오랜 역사 속에서 전통적으로 라이벌이던 두 제국, 즉 페르시아(다수가 시아파에 속한다.)와 오스만 제국 사이가 가까워지고 매우 확고해진 것이었다. 그런데 1878년의 러시아-튀르크 전쟁 기간에 오스만 제국이 '붉은 초승달'을 민간인을 보호하기 위한 안전 표식으로 사용하기 시작하고, 붉은 초승달이 적십자와 유사한 국제적 표식으로 인정받은 후에도 이란은 이 표식을 무슬림 사회의 보편적 상징으로 수용하기를 거부했다. 사실 초승달은 오스만 제국의 국기에 들어 있는 상징이었지, 기독교의 십자가처럼 종교적 의미를 지닌 표식은 아니었다. 국제적십자의 페르시아 지부는 사자와 붉은 태양(즉 이란 국기의 상징)을 그들의 표식으로 사용했다. 그러다가 19세기 말이 되면서 양 제국 사이에 전통적인 경쟁 구도나 신학적 차이는 여전히 존재했지만, 무역과 지적 교류가 빈번해지면서 이란과 오스만 제국의 관계는 급격하게 강화되었다. 이란의 시아파 헌법학자들은 오스만 제국과 이란 제국 사이의 동맹을 옹호했으며, 이란 사회의 여론은 수니파와 시아파 사이의 분열을 넘어서는 범이슬람적 비전에 관심을 기울이기 시작했다.[255] 게다가 이라크와 인도의 시아파 무슬림들조차 카자르 왕조가 지배하는 이란보다는 오스만 제국의 리더십에 더 큰 관심을 표명했다.

그동안 학계에서 암묵적으로 지속되어 온 해석에, 다시 말해 무슬림들이 무슬림 정체성을 강조하는 정치와 범이슬람주의를 옹호하게 된 것은 어느 정도 지극히 자연스러운 일이었다는 주장에 맞서기 위해, 19세기 후반에 세계적인 근대적 무슬림 정체성을 탄생하게 한두 가지 중요한 세속적·제국적 뿌리를 면밀하게 살펴볼 필요가 있다. 사실 탄지마트 개혁으로 근대화 노선을 걷기 시작했고 기독교도 주민 비중이 크며 유럽 열강들의 무대에서 입지를 확보하고 있던 오스만 제국이 갑자기 범이슬람주의의 중심으로 자리를 이동하는 것은 절대 불가피한 과정이 아니었다. 나아가 유럽의 제국 엘리트들이 오스만 제국이나 무슬림의 전 세계적 연대를 자기들 혹은 유럽 제국 전체에 대한 위협으로 느끼는 것은 합리적인 일도 자연스러운 일도 아니었다. 그들은 오스만 제국과의 지정학적 동맹 관계를 자기들에게 유리하게 이용할 수도 있었다. 사실 술탄 압뒬하미드 2세는 사람들의 상상 속에 존재하는 무슬림 세계를 범이슬람적으로 통일하면 그것이 오스만 제국과 영 제국의 동맹을 구축하기 위한 토대가 될 수 있다고 생각했다. 술탄이 판단하기에 영국의 여왕이나 왕은 전 세계 무슬림의 절반 이상을 다스리는 통치자이므로, 무슬림에게 영적·도덕적 권위를 행사하는 오스만 칼리파와는 특별한 관계를 맺어야 했다. 이렇듯이 19세기 말에 세계적인 무슬림 세계의 지역적 중심이 대두한 상황에서 핵심적인 역할을 한 것은 오스만 제국이 갖고 있던 실용적인 판단이었다.[256]

이런 점들을 고려할 때 제국주의의 전성기에 하나의 무슬림 세계가 존재한다는 생각의 배후에는 전 세계 무슬림 주민들의 보호자로서 오스만 제국과 영국의 동맹을 강화하려는 구상이 자리하고 있었다. 이러한 지역주의는 분명히 제국 사이에 갈등과 대립도 촉발할 수 있었다. 제국과 지역, 종교가 서로 복잡하게 얽혀 있다는 사실은 1877~1878년의 러시아-튀르크 전쟁의 사례에서 잘 드러났다. 이 전쟁은 불가리아와 루마니아, 세르비아가 오스만 제국으로부터 독립을 쟁취하고자 할 때 이들을 러시아가 지원하면서 발발했다. 남동유럽에 있는 오스만 제국에 거주하는 기독교도들의 자치 독립 요구는 영국 자유주의자들의 지지를 받았다. 그 대표적인 인사는 무슬림의 억압에서 기독교도들을 구원해야 한다고 외친 글래드스턴이었다. 영국에서 이와 다른 제국적 비전을 제기한 것은 벤저민 디즈레일리Benjamin Disraeli였다. 그는 그 지역의 기독교도들에게 종교의 자유를 부여하는 것을 전제로 오스만 제국의 영토 주권은 존중되어야 한다고 주장했다.[257] '무슬림 제국'에서 기독교도들을 해방해야 한다는 글래드스턴의 비전은 점점 더 많은 무슬림이 기독교도 군주가 다스리는 유럽 제국의 지배를 받게 되던 상황에서 널리 확산되었다. 심지어 아일랜드 가톨릭조차도 아일랜드에서는 가톨릭을 억압하면서 먼 해외 지역에서는 기독교도들을 해방해야 한다는 영국 자유주의자들의 주장이 얼마나 모순에 찬 것인지 비판했다. 그러나 더 중요한 것은 글래드스턴의 반무슬림적이면서 기독교적인 군건한 입장이었다. 그는 오스만 제국의 무슬림 엘리트들을 가리켜 '인간애의 반인간적 표본'으로 표현했다. 이런 주장은 민족주의화하던 당시의 유럽 여론에서 주류를 형성했으며, 동시에 기독교적 지역주의로 돌아가던 당시의 상황을 반영했다.[258] 물론 수백만 무슬림을 통치하던 제국의 총리가 보기에 글래드스턴의 이런 주장은 지나치게 비이성적이었다.

1877~1878년의 전쟁 기간에 러시아 제국이나 오스만 제국 모두 병사를

모집하거나 전쟁 선전을 펼칠 때 종교적인 정체성을, 즉 한 나라는 기독교 정체성을, 다른 한 나라는 무슬림 정체성을 동원했다. 두 제국의 주민들은 모두 종교적으로 다양하게 구성되어 있었는데도 말이다. 러시아는 무슬림 병사들을 데리고 있었고 새로 점령한 지역에서 무슬림 주민들을 보호해야 했지만, 이 전쟁을 기독교와 이슬람 사이의 전쟁인 것처럼 보이게 하면서 아야 소피아 성당을 무슬림의 지배로부터 되찾아 정교회의 중심으로 재건하자는 목표를 내세우고 기독교 정교회의 연대에 호소했다. 반면에 이 전쟁은 사실 발칸 지역의 기독교 주민들을 오스만 제국의 헌법적 틀 안에, 다시 말해 다양한 종교적·인종적 정체성과 자율성이 인정되는 헌법적 틀 안에 지키는 것을 목적으로 하고 있었는데도 오스만 제국은 전쟁에서 지하드를 비롯한 무슬림의 상징들을 동원했다. 또한 차르 제국은 발칸 지역과 그곳의 기독교도들을 해방하겠다고 주장하면서 폴란드의 민족주의는 억압하고 있었다. 유럽의 언론과 여론은 전쟁의 추이를 주의 깊게 관찰했으며, 영국령 인도에서는 오스만 제국을 편드는 첫 소설인, 라탄 나트 다르 사르샤르Ratan Nath Dhar Sarshar의 『아자드 이야기Fasana-e-Azad』가 출간되기도 했다. 이 전쟁 기간에 영국 여론의 일부는 러시아에 맞서 영국과 오스만 제국이 동맹을 지속할 것을 지지했으며, 오스만 제국의 군대가 전투에서 승리했을 때 함께 환호했다. 하지만 전체적으로 영국의 정치권은 특히 복음주의 기독교의 영향하에서 오스만 제국에 대해 중립적 입장을 유지했다. 결국 러시아가 오스만 제국에 확실하게 승리를 거두면서 전쟁이 끝나자 영국과 독일, 프랑스는 유럽에서 세력균형을 유지하는 쪽으로 개입했으며, 1878년에 베를린 회의에서 조인된 평화조약을 통해 발칸반도에서 불가리아에 대해서는 오스만 제국의 주권을 계속 유지하게 해 준 반면에, 몬테네그로와 세르비아, 루마니아에 대해서는 완전한 독립을 인정해 주었다. 이와 동시에 오스트리아-헝가리는 무슬림 주민들이 오스만 제국으로부터 독립하기를 원치 않았던 오스만 제국 지배하의 보스니아를 점령하고 보호령으로 만들었다.

오스만 제국이 지닌 무슬림적 특성은 전쟁 기간에 거의 스스로 예언하고 스스로 그것을 성취하는 방식으로 발전했다. 무슬림이 주민 다수를 형성하는 오스만 제국이 될 수 있는 한 내적 결속을 화립하기 위해 오스만 술탄의 무슬림적 정체성을 강조했기 때문이다. 이는 결과적으로 오스만 제국의 이슬람화와 동시에 유럽 제국들의 민족주의화를 초래했다. 발칸 지역에서 오스만 제국이 패배한 후 오스만 제국 영토 내에 거주하는 기독교도의 비중은 20퍼센트 정도에 지나지 않았다. 1877~1878년의 러시아-튀르크 전쟁이 남긴 트라우마는 기독교도가 다수를 차지하는 영토를 상실한 것뿐 아니라, 새로 독립한 기독교 국가들에서 무슬림 난민들이 오스만 제국 내부로 이주해 온 것이었다. 이러한 대규모 이주로 인해 인구정책적 조치가 취해지고 소수민 인권에 관한 새로운 개념이 등장했다. 초기 제국이 내세우던 세계시민주의를 의문시하게 하는 변화였다.[259] 도미닉 리븐Dominic Lieven이 지적했듯이 이제 무슬림 주민이 다수를 차지하는 오스만 제국은 고민 없이 이슬람을 제국적 민족주의의 추진력으로 이용할 수 있었다. 오스만 제국 안에 여전히 수백만의 아르메니아인과 그리스인들이 거주하고 있었다는 사실은 더는 심각한 고려 대상이 아니었다.[260]

1881~1882년의 기간에 북아프리카의 주요한 무슬림 지역 두 곳, 즉 튀니지와 이집트가 보호령이라는 구실하에 유럽 제국인 프랑스와 영국의 지배하에 들어갔다. 그러자 몇 안 되는 기독교 제국과 수많은 무슬림 백성 사이에 뚜렷하게 존재하는 전 지구적 불균형 문제가 무슬림 사회와 무슬림 언론에서 뜨겁게 토론되었다. 결국 제국들은 주도권을 장악했고, 20세기로 전환하는 시기 무렵의 수많은 무슬림 사회는 유럽 제국의 지배를 받는 삶에 그럭저럭 적응했다. 하지만 영국과 프랑스가 이집트와 튀니지를 침략한 직후, 기독교 제국의 지배를 받게 된 무슬림 사회의 여론에서는 오스만 제국 바깥에서 범이슬람주의의 새로운 비전을 찾고자 하는 의식이 형성되었다. 최초의 범이슬람주의 잡지인《확고한 연대Al-Urwa al-Wuthqa》(1838~1897)가 1884년에 파리에서 출간되었다. 영국이 이집트를 침공한 직후 자말 알딘 알아프가니(1838~1897)와 무함마드 압두Muhammad Abduh(1849~1905) 두 편집자가 만든 이 잡지는 강경한 반영국·반제국주의 노선을 표방했다.[261] 영국은 영국 식민지에 이 잡지가 배포되는 것을 금지했지만, 프랑스는 북아프리카의 다른 무슬림 지역을 점령

했으면서도 반영국적인 범이슬람주의 잡지가 파리에서 발간되게 하는 것이 자기들에게 정치적으로 유익하다고 판단했다. 이 범이슬람주의 잡지가 이집트와 인도에서 이루어진 영국의 식민 지배를 공개적으로 신랄하게 공격했지만, 북아프리카에서 보인 프랑스의 제국주의 정치에는 스스로 과도하게 자기 검열을 했다는 사실은 그리 놀라운 일이 아니다.

전 세계에 걸쳐 초제국적인 무슬림의 지정학적 정체성이 형성된 것은 한편에는 기독교적인 백인 유럽, 다른 한편에는 무슬림 세계와 유색인종이라는 양 진영 사이에 끊임없이 새로 구축된 정체성의 장벽과도 밀접한 연관성이 있다. 이 문제는 알아프가니가 자기의 범이슬람주의 잡지 출간 때문에 파리에 머물렀던 1883년에 에르네스트 르낭Ernest Renan과 펼쳤던 논쟁에서 뚜렷하게 드러났다. 무슬림 인종의 문명적 열등성을 주장한 르낭의 강연이 논쟁의 계기였다.[262] 앞서 서술했듯이 알아프가니의 범이슬람적 연대에 관한 호소는 영국에 대항하는 것이었고, 알제리와 튀니지의 무슬림에 대한 프랑스의 제국적 지배에는 침묵했다. 그런데 무슬림 신앙의 열등성에 관한 르낭의 주장은 모든 종류의 유럽 제국주의를 일종의 문명화 사명으로 정당화하는 것이었다. 그리고 르낭의 강연과 거의 동시에 무슬림 사회에 후진성이 내재되어 있다고 일반화하면서 공격적인 선교를 통해 무슬림을 개종시키려고 하는 기독교 운동 단체들이 등장했다.[263] 그렇기 때문에 1880년대 초에 프랑스와 영국이 튀니지와 이집트를 점령한 것에 대한 무슬림의 반응은 50년 전의 알제리 침공에 대한 반응과 차이를 보였다. 1880년대 초의 무슬림들은 유럽의 팽창과 헤게모니를 문명 세계들 사이에 존재하는 불평등하고 비대칭적인 관계를 보여 주는 전 지구적 패턴으로 보았기 때문이다.[264] 발칸 지역의 기독교도들이 무슬림의 지배에서 해방된 지 불과 몇 년 안 지난 시점에 무슬림이 주민 다수를 차지하는 국가들이 새로 기독교 제국들의 지배를 받게 되자 세계 여러 지역의 무슬림 지식층 사이에서는 무슬림의 종교적 연대감과 지정학적 정체성 의식이 강하게 형성되었다.[265] 잔지바르의 아랍인 공주인 사이이다 살메 빈트 사이드 Sayyida Salme bint Said가 독일인 사업가와 결혼하고 기독교로 개종해 유럽에서 거주한 지 20년 만에 자기의 회고록을 저술했을 때, 그녀는 무엇보다 유럽의 여론에는 무슬림 여성들이 억압받고 있다는 편견이, 무슬림이 열등한 종교라는 잘못된 인식이 퍼져 있다고 주장했다. 사이이다 살메 빈트 사이드(에밀리 뤼테Emilie Ruete로도 불린다.)는 제국주의의 전성기에 기독교로 개종한 가장 저명한 무슬림이었으며, 유럽의 오리엔탈리즘뿐 아니라 이슬람과 무슬림 여성에 대한 유럽적 시각을 단호하게 비판한 인물이었다. 하지만 이와 동시에 그녀는 서양의 세계시민주의와 여성의 권리 신장을 강조했고, 베이루트 같은 아랍의 지역에서 오스만식 탄지마트 개혁이 달성한 성과에 자부심을 표명했다. 유럽 사회를 지배하는 이슬람에 대한 편견을 비판하면서도 사이이다 살메 빈트 사이느는 농양의 삶을 서양의 삶보다 선호할 뿐, 동양 사회와 서양 사회를 이분법적으로 구분하는 입장을 수용하고 재생산했다.[266]

남아시아와 중앙아시아, 동남아시아, 다시 말해 단 한 번도 오스만 제국의 지배를 받지 않았던 지역에서 모든 무슬림의 칼리파로 인정받으며 오스만 술탄의 명망이 높아지게 된 것은 본질적으로 종교적 성격이나 신학적 성격의 문제가 아니라 제국과 관련된 정치적 배경에서였다. 당연히 식민 지배를 받고 있던 무슬림에게는 다른 선택지가 있었다. 예를 들어 1880년대에 수단의 마흐디Mahdi가 이끌었던 메시아적 반식민주의 운동을 선택할 수도 있었다. 하지만 그들은 오스만 칼리파와 그가 가진 근대화론적 제국 프로젝트를 선택했는데, 이는 진보, 종교의 자유, 소수민 인권, 입헌주의처럼 전 세계에 확산되는 세계적인 규범들과 조화를 이루고 있었다. 예를 들어 1883년에 인도의 무슬림 개혁주의자 체라그 알리Cheragh Ali는 영 제국에 사는 무슬림이나 힌두교도 백성들은 공무원이 될 수 없다는 사실을 비판하면서, 아르메니아인이나 그리스인과 같은 기독교도들이 이미 오래전부터 행정 분야나 외교 분야에서 최고위직까지 승진할 수 있었던 오스만 제국의 상황과 비교했다. 체라그 알리의 비판은 무엇보다 영 제국이 무슬림에게 좀 더 우호적이고 개방적이 되게 하려는 의도에서였다. 체라그 알리는, 그리고 이후 사이이드 아흐마드 칸의 많은 제자는 오스만 제국에 대한 그들의 연대감을 영 제국에 대한 충성과 결합했는데, 그들은 여기서 다시 한번 후자를 '세계 최대의 무함마드 제국'으로 묘사했다.[267] 예를 들어 인도의 무슬림들이 이스탄불을 바라보았을 때는 두

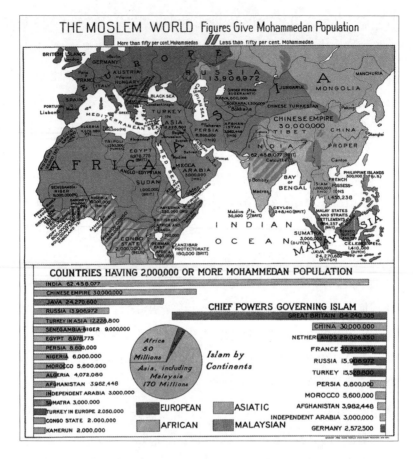

THE MOSLEM WORLD Figures Give Mohammedan Population

COUNTRIES HAVING 2,000,000 OR MORE MOHAMMEDAN POPULATION

CHIEF POWERS GOVERNING ISLAM

_____ 이 지도는 프로테스탄트 선교사 새뮤얼 즈웨이머(1867~1952)의 저서 『무슬림 세계(*The Moslem World*)』(1908)에서 가져왔다. 무슬림 사회가 다양한 제국들의 지배하에, 특히 대부분 유럽에 속하는 제국들의 지배하에 있다는 사실에도 불구하고 이 지도는 전 세계에 살고 있는 무슬림을 지정학적 통일체로 묘사하고 있다.

가지 이유가 있었다. 첫째는 인도에 대한 영국의 지배British Raj를 될 수 있는한 효과적으로 압박하기 위해서였으며, 둘째는 거대한 무슬림 세계의 부분이라는 의식이 인도에 사는 무슬림과 힌두교도들의 인구 불균형을 가릴 수 있었기 때문이었다. 즉 네덜란드령 인도에서 중동에 이르는 거대한 무슬림 세계는 인도아대륙에 사는 힌두교도들을 둘러싸고 있어, 인도의 무슬림들이 소수라는 의식을 축소할 수 있었다.

유럽에서 '동방문제' 담론이 오스만 제국의 개혁은 부질없고 비효율적이라고 자인하고 오스만 제국은 문명화된 제국을 건설할 수 없다는 주장을 제기하자, 오스만 제국을 옹호하는 무슬림 지지자들은 정반대 주장을 펼쳤다. 그에 따르면 오스만 제국의 칼리파는 개혁가이자 문명화된 정치가이며 그의 통치를 받는 기독교도들은 점점 더 잘 살게 되었지만, 영국과 프랑스, 러시아의 지배를 받는 무슬림들의 생활은 점점 악화되었다.[268] 유럽의 여론이 오스만 제국을 '유럽의 환자'로 보았다면, 인도와 동남아시아의 무슬림들은 오스만 제국을 전 세계적인 무슬림 공동체의 문명화된 지도자로서 전 지구적으로 확대된 제국적 세계 질서 속에서 그들의 자존감과 평등을 존중한다고 보았다.[269]

결국 '무슬림 세계'라는 새로운 지정학적·문명적 개념이 등장하면서 칼리파가 갖는 종교적 의미도 증대했다. 오스만 제국의 술탄이 수니파의 칼리파 지위를 갖겠다는 주장이 신학적 근거가 있는지를 둘러싼 토론이 가끔 벌어졌다. 윌리엄 블런트William Blunt는 1883년에 출간된 『이슬람의 미래The Future of Islam』라는 저서에서 관련된 주장들을 정리했다.[270] 블런트는 전 세계에 걸쳐 무슬림의 정체성이 점차 형성되어 가는 과정을 주의 깊게 관찰했다. 물론 그는 오스만 제국이 아니라 영 제국이 정치적 이상을 모색하는 아시아 무슬림과 아프리카 무슬림들의 관심의 중심에 서기를 희망했다. 블런트는 심지어 1798년에 이슬람으로 개종하려고 했던 나폴레옹의 의도를 언급하면서, 강력한 유럽의 군주가 이슬람으로 개종함으로써 오스만 제국의 술탄을 대신해 '무함마드의 세계'를 통일할 수 있을지에 관한 문제를 논의했다. 블런트의 주장에서는 이스탄불의 칼리파 없이도 영국 여왕이 무슬림 세계의 수장 자리를 차지할 수 있다는 점을 주목해야 한다. 그러나 이러한 지적 논쟁에서는 친오스만 진영이 결정적으로 우세했다. 제1차 세계대전이 발발할 때까지 오스만 칼리파의 정당성이 실제로 의문시된 적은 거의 없기 때문이었다.[271]

오스만 칼리파와 연관된 '무슬림 세계'라는 정체성이 점차 확산되면서 오스만 제국 내에서 기독교도들에게 시행했던 탄지마트 개혁 정책은 모순에 빠지게 되었다. 사실 19세기 말 무렵의 오스만 제국 내에 사는 무슬림은 전 세계 무슬림의 20퍼센트가 안 되었다. 영 제국과 러시아 제국, 네덜란드 제국, 프랑스 제국은 각각 오스만 제국보다 많은 수의 무슬림 백성을 갖고 있었으며, 이들을 사회에 통합하고 그 요구를 수용하는 다양한 정치적 전략을 시행하고 있었다. 게다가 이들 유럽 제국에 대한 무슬림의 충성심을 입증하는 뚜렷한 증거들이 있었다.[272] 반면에 오스만 제국에서는 칼리파 칭호가 전면에 부각되면서 아르메니아인 백성이나 그리스인 백성들이 보기에 제국의 군주인 술탄의 정통성이 약화되었다. 오스만 제국의 술탄이 동시에 인도 무슬림의 칼리파이자 아나톨리아 아르메니아인들의 문명화된 통치자일 수 있었을까? 당시 유럽의 기독교 자유주의자들에게는 아르메니아가 자치로 가야 할지 해방되어야 할지가 중요한 사안이었던 반면에, 기독교도들, 특히 아르메니아인 백성들이 충성을 바치지 않거나 반란을 일으킬지 모른다는 우려는 오스만 제국 당국을 점차 두려움에 빠뜨렸다.[273] 여기서 분명한 것은 자유주의적인 기독교도인 글래드스턴 진영과 오스만 제국을 옹호하는 범이슬람주의 무슬림 지식인들이 서로 야만이나 무례에 관한 비난을 주고받을 때는 양 진영이 인정하는 공동의 가치가, 예를 들어 소수민 보호나 문명화된 통치 원칙 같은 가치가 전제되었다는 사실이다. 게다가 양 진영에서 진행된 토론 전체를 관찰해 보면 이 문제에 관한 전 지구적 여론이 형성되고 있음이 드러났다. 압델카데르가 프랑스의 침략에 대항해 저항하던 시기나 러시아의 침략에 맞서 셰이크 이맘 샤밀이 투쟁하던 시기에는 양측이 상호 공유하는 가치 규범 같은 것이 없었다.

오스만 제국에 중심을 두는 재지역화는 유럽 기독교 제국의 지배를 받던 무슬림들에게도 그들의 제국적 정체성에 관한 딜레마를 초래했다. 만일 그들이 구체적으로 더 많은 평등과 사회 통합을 통해 무슬림을 강화하려고 투쟁한다면, 그들은 제국 내에서 제국적 정체성과 소속감을 갖고 투쟁하는 것이었다. 이런 측면에서 볼 때 영 제국은 무슬림들이 인도 군대에 입대할 수 있게 함으로써 사회 통합의 가능성을 열어 두었다는 점에서 성과를 거두었다.[274] 메카로 가는 순례길에 있던 무슬림들은 점차 무슬림도 고용하기 시작했던, 제다에 있는 영국 대사관과 네덜란드 대사관의 지원과 물자 공급을 기대할 수 있었다. 물론 이런 방식을 통해 그들의 지역을 지나는 메카 순례자들을 감시할 수도 있었다. 그러나 다른 한편으로 영국의 지배하에 있던 무슬림들은 항의나 불만을 표현하기 위해 영국과 오스만 제국, 또는 영국과 러시아 제국 사이의 경쟁 관계를 이용할 수도 있었다. 그러므로 어떤 면에서 인도 무슬림들의 친오스만적 언행은 아마도 불이익을 받는 식민지 백성으로서 자기들의 지위를 강화하려는 의도에서 나온 것일 수 있다. 무슬림들이 반란이나 반역의 음모를 꾸밀지 모른다는 두려움은 늘 있었지만, 러시아 제국과 프랑스 제국, 네덜란드 제국들 또한 제국에 충성하는 무슬림 중재자 집단을 만들기 위해 개혁을 시도하고 정책에 변화를 주었다.[275] 물론 전체적으로 볼 때 이런 작은 개혁이나 불만 해소 정책으로는 무슬림 백성들이 하나로 통일된 무슬림 세계에 연대감을 느끼고 무슬림 세계와 자기를 동일시하는 자세가 증가하는 것을 막을 수는 없었다. 무슬림들은 오스만 제국의 술탄인 칼리파와 결속할 것을 맹세했으며, 이는 기독교 제국들에 편집증적 공포심을 유발했다. 오스만 제국의 전략적 의도에 대한 불신이 증가했고, 동시에 유럽 제국들의 중심 도시에서는 이슬람 공포증이 커졌다. 이슬람 공포증은 다시 식민지에 사는 무슬림들이 오스만 칼리파에게서 자기들의 요구 사항에 힘을 실어 주는 든든한 지원자의 모습을 보도록 이전보다 더욱 재촉했다. 식민지에 사는 무슬림들에게 오스만 제국의 칼리파는 전 세계에 걸친 유럽 제국의 수도와 여론에서 늘 무슬림의 이해관계를 대변할 능력이 있는 문명화된 술탄이었다. 이처럼 제국들의 이슬람 공포증과 친오스만적인 범이슬람주의는 서로의 존재 의미를 입증하면서 서로를 강화하는 관계를 형성했으며, 그 결과 오스만 제국과 영국의 우호 관계를 위해 제기되었던 명분들은 신속히 퇴색하고 오히려 갈등을 촉발하게 되었다. 그리고 이 갈등은 각각 무슬림 세계와 기독교 서양을 대변하는 투쟁의 형태를 지닌 채 진행되었다.

19세기 내내 제국의 논리가 영향을 미쳤는데도 제국의 전 지구적 확산이 가진 본성 때문에 아시아와 아프리카의 무슬림 국가들에서는 1880년대 중반 이래로 '무슬림 세계'라는 정체성하에 새로운 형태의 재지역화가 일어났다. 18세기 중반에 나타났던 이슬람 사회의 지역주의와는 확연하게 다른 지역화였다. 흔히 범이슬람주의 담론과 동일시되는 19세기 말의 무슬림 지역주의는 제국의 위력이나 의미에 관해서는 언급하지 않았다. 사실 그들이 내포한 정치적인 구상이나 계획 속에서 '무슬림 세계'는 술탄이나 칼리파가 지배하는 오스만 제국의 안정과 지속성을 전제로 했던 반면에, 유럽 제국의 지배하에 살고 있는 무슬림의 위상을 강화하려는 지속적인 노력도 있었다. 결국 오스만 제국은 '무슬림 세계'라는 아이디어와 그 세계에서 자국의 리더십을 주장하는 이론을 고도의 제국적 목표를 추구하는 데 이용하기 시작했다. 구체적으로 영국과 오스만 제국의 동맹이라는 비전을 촉진하는 것이, 그리고 유럽 제국들과의 외교적 협상에서 유리한 고지를 차지하는 것이 그 목표였다. 더 중요한 것은 칼리파의 정치적 이상이 전 세계 무슬림 사이에 확산된 것이, 유럽 중심적이 아니라 전 지구적인, 무슬림 세계 지역의 정치적 요구와 가치들을 반영한다는 점이었다. 그들의 요구 사항에는 유럽 제국 치하의 무슬림에 대한 차별 철폐와 실질적인 평등 실현, 식민지에서 무슬림의 관습과 전통의 존중, 기독교의 후견이나 선교 활동으로부터의 보호, 다른 무슬림에게서 오는 인도주의적인 도움과 지원 허용 등이 있었다. 이들 가운데 일부 원칙은 유럽에 존재하는 다양한 보편주의나 인도주의적 사상과도 일치했지만, 무슬림 정체성이라는 틀 안에서 작성되었다. 예를 들어 붉은 초승달은 제국의 시대에 무슬림의 인도주의적 원조를 뜻하는 상징이 되었다. 유럽의 여론이 오스만 제국 안에서 기독교도를 해방하기 위해 인도주의적 간섭을 해야 한다고 요구한 반면에, 인도와 중앙아시아, 동남아시아의 무슬림들은 기독교 식민 권력에 맞서 무슬림들을 지원하기 위해 오스만 제국이 이와 비교할 만한 인도주의적 개입을 해 주기를 희망했다.[276]

범아시아주의 정치사상

무슬림 세계의 정체성이 등장하는 데 영향을 미쳤던 전 지구적인 현상은, 예를 들어 '유색인종'에 대한 오리엔탈리즘이나 식민주의 담론, 근대적인 교통 인프라와 통신 인프라의 발전은 새로운 형태의 아시아적 지역주의가 등장하는 것에도 기여했다. 중국의 옛 조공 제도가 남긴 역사적 유산과 19세기 말 동아시아 지역의 특수한 상황이 이러한 아시아적 사상의 내용을 만들어 냈다. 다수의 무슬림과 힌두교도, 아프리카인이 유럽 제국의 지배를 받는 동안에 동아시아의 주민 다수에게는 유사한 일이 일어나지 않았다. 인도아대륙과 중앙아시아, 동남아시아가 대부분 식민화되었지만, 예전에 조공 관계를 형성했던 세 개의 정치 단위, 즉 한국과 중국, 일본은 태국과 마찬가지로 독립을 유지하고 있었다.[277] 따라서 아시아 지역의 정치 프로젝트는 식민화된 아시아 국가들과 아시아 디아스포라를 위한 평등을 추구했지만, 실상은 기존의 아시아 제국들을 국제법적으로 유럽 제국들과 대등하게 취급하라는 요구가 전면에 놓여 있었다. 기존의 아시아 제국들 사이에 형성되어 있던 권력 지형을 요동치게 한 것은 제국주의 세력으로서, 일본이 중국을 밀어내고 국제법상 독립국가였던 한국을 점령해 식민지로 만듦으로써 지역 패권을 장악한 것이었다. 한국은 일본과 중국에 양다리를 걸치는 방식으로 어느 한쪽의 지배도 받지 않으면서 중립을 유지하는 동아시아의 벨기에가 될 수도 있었다. 하지만 한국은 일본이 중국과 러시아와 맞서 군사적 승리를 거둔 결과로서 1910년에 일본에 합병되었다. 일본의 한국 점령은 기본적으로 예전의 이상주의적인 범아시아주의에 대한 배신이었는데도 '황인종의 연대'라는 비전을 종식시키지 않았다. 오히려 과거에 유교를 통해 각인되었던 동아시아 조공 지역의 경계를 훨씬 넘어서는, 아시아주의라는 깃발 아래에 지역을 탄력적으로 이해하는 사고가 전개되었다. 그 비전이 처음에는 동남아시아와 인도의 공통된 불교 유산의 이름으로 이루어졌다면, 나중에는 서아시아의 무슬림 사회를 포함한 전체 아시아 대륙에 영향을 주었다. 어쨌든 제1차 세계대전 전야에 경쟁적인 제국들이 등장했지만, 이미 정착되어 있던 아시아적 정체성을 토대로 해서 정치적으로 매우 파괴력 있는 반反식민지 연대가 형성되었다.

무슬림 세계나 아프리카의 정체성과 비교할 만한 아시아 정체성이 형성되도록 자극한 것은 인구이론이나 인문지리 같은 유럽 중심적인 학문 범주의 세계적 확산 외에, 지역의 다양한 역사적 행위자들이 여행이나 소통을 통해 상호 결속을 강화했으며 유럽의 지배에 맞서 지역 연대를 구축하는 정치 프로젝트를 실천했다는 사실이다. 유럽이 패권을 장악한 시대에 특히 한국과 중국, 일본의 상류층 엘리트들에게는 여행과 소통의 기회가 일반인들보다 더 많이 주어졌다. 일본과 중국에서 인도와 스리랑카에 이르는 불교 국가 여행은 이미 출간된 불교 서적들과 함께 전 세계에 아시아적·불교적 정체성을 형성하는 데 기여했다.[278] 이러한 아시아권의 불교 여행과 소통을 배경으로 일본에서 스리랑카까지 불교 신자들은 근대적인 불교 규범을 만들어 냈으며, 1893년에 시카고에서 개최된 세계 종교 의회에서 잘 드러났듯이 이를 통해 새로운 범아시아적 불교 정체성의 형성을 촉진했다.[279] 불교 네트워크는 합병 전뿐 아니라 합병 후에도 한국 사회와 일본 사회의 결속을 강화해 주었다.[280] 그러나 종교를 통해 결정된 무슬림 세계의 지역 정체성과 달리 동아시아에서 형성된 정치적 비전의 프레임은 폭넓게 범아시아적으로 설정되었으며, 불교 네트워크에 국한되지 않으면서 불교 네트워크를 포함했다. 불교나 힌두교 혹은 유교 같은 종교적 정체성 또는 윤리적 정체성 대신에 대륙을 포괄하는 공통점으로서 '황색인종' 같은 정체성이나 '동양 문명' 같은 양면적인 개념이 나타나 1880년대 이래로 범아시아적 지역주의를 태동시켰다. 최초의 범아시아적 조직인 흥아회興亞會는 1880년에 설립되었다.[281] 범아시아 사상이 등장한 초기에 아시아적 연대 사상은 한국과 일본에서 일어난 개혁 운동을 토대로, 아시아의 통일을 주창했던 다루이 도키치樽井藤吉의 저서 『대동합방론大東合邦論』 (1885)에 매우 우아하게 표현되었다.[282] 다루이는 이 저서의 수정 작업을 청일전쟁에서 일본이 군사적으로 승리하기 2년 전인 1893년에 완료했는데, 수정본에서는 한국과 중국에서 더 많은 독자층을 확보하기 위해 전통 중국어를 사용했다. 중국의 개혁가 량치차오梁啓超는 이 책의 서문에서 다루이의 아시아 연방에 관한 제안을 높이 평가했다. 이후 1894년의 청일전쟁에서 절정에 도달했듯이 동아시아에서는 제국 열강들 사이에 갈등이 계속 일어났지만, 여러 정치가와 지식인들이 아시아 연대라는 새로운 지정학적 비전을 옹호하기 시작했다.[283] 청일전쟁에서 일본이 승리한 후 청 제국에서 자강 개혁 운동가들에 대한 신뢰가 무너졌는데도 일본과 중국의 지도적인 지식인들은 동아시아에서 전개되는 백인종과 황인종 사이의 인종 전쟁에서 중국과 일본이 연대하자고 계속 호소했다. 제1차 세계대전이 발발할 때까지 범아시아적 연대론은 국제 관계에 대한 학문적·지적 토론에서 자주 등장하는 주제가 되었다. 예를 들어 일본 작가 고데라 겐키치小寺健吉는 자신이 제1차 세계대전 전에 조지 워싱턴 대학(당시에는 컬럼비언 칼리지)에 제출한 박사 학위논문을 토대로 쓴 1000쪽이나 되는 저서 『대아시아주의론大亞細亞主義論』에서 동아시아를 하나의 정치 단위로 보아야 한다는 주장을 뒷받침하기 위해 영어와 프랑스어, 독일어로 작성된 수백 개의 지정학 관련 사료와 범민족주의 관련 사료를 제시했다.[284]

아시아 지역주의를 내세운 정치 프로젝트는 유럽 제국들이 아시아에 만들어 놓은 현실뿐 아니라 한국과 일본, 중국 사이에 변화하는 권력 지형도에 의해 만들어졌다. 동아시아 지역을 스스로 강화하는 개혁은 중국에서 전통적인 유교적 질서를 계속 약화시킨 끝에 결국은 사라지게 만들었다. 하지만 1911년의 혁명 때까지는 여전히 반복해 전통 유교적 가치를 기준으로 삼았다. 국제적인 네트워크로서 유교는 불교와 달리 재생을 경험하지 못했다. 유교의 제도적 토대인 서당이 사라졌기 때문이었다. 태평천국의 난이 진압된 후에 중국에서는 자강 개혁 운동이 엄청난 진전을 이룩했다. 국가가 핵심 산업과 함대를 새로 건설하는 데 성공했으며, 외교 분야에서도 성과를 올릴 수 있었기 때문이었다. 하지만 중국은 과거에 조공 제도가 부여했던 중심적인 지위를 상실했으며, 만주 황제의 정치적·이데올로기적 권력은 오스만 칼리파의 근처에도 다가가지 못했다. 게다가 일본은 성장을 거듭한 끝에 1894~1895년의 청일전쟁에서 승리함으로써 중국 제국의 위신을 크게 추락시켰다. 근대와 진보, 아시아의 자강을 보여 주는 상징으로서 존경받기 시작한 것은 이제 일본의 메이지 천황明治天皇이었다. 이런 상황에서 일본의 엘리트들은 신토를 기독교의 대안이 될 수 있는 보편적 종교로 내세우지 않으려고 매우 조심했다. 신토에서 천황의 지위는 기독교에 대한 도전이라는 의미를 얻지 않았으며, 동시에 동아시아에서 칼리파와 비교할 만한 지위를 차지하지도 않았다.

1890년대에 널리 확산되었던 중국 몰락론과 일본 부상론은 동아시아 지역주의의 정치적 운명을 결정지었다. 1894~1895년의 전쟁에서 예기치 않게 일본에 패배한 후 중국은 엄청난 배상을 해야 했다. 이 배상은 일본의 경제 발전을 촉진했던 반면에, 중국의 국가 재정에는 커다란 부담을 초래했다.

1895년의 승리는 일본 지도부에 향후 국내 개혁을 추진하기 위한 자신감을 주었으며, 외국에서 일본의 위상을 높여 주었다. 그리고 이것은 일본의 주권을 침해해 오던 서구 열강의 치외법권을 철폐하게 해 주었다. 1899년에 일본은 비유럽 국가 중에서 유럽 제국과 체결한 불평등조약을 협상을 통해 무효화한 첫 번째 국가가 되었다.[285] 청일전쟁이 끝나자마자 러시아와 독일, 프랑스는 외교적으로 개입해, 시모노세키 조약으로 일본이 중국과 체결한 평화조약의 조건을 중국 측에 유리한 방향으로 수정하도록 승전국인 일본을 압박했다. 이에 일본은 분노했으며, 러시아와 일본 사이에 갈등이 고조된 결과 1905년에는 군사적 충돌로까지 발전했다.

중국의 정치 엘리트들은 일본에 치욕스러운 군사적 패배를 당하고 불평등조약 체결과 치외법권 허용이라는 수치를 당했는데도 자강 개혁 노선을 계속 유지했다. 하지만 개혁 과정에 대한 실망은 전 세계에 퍼져 있던 몰락과 재생이라는 사회진화론 사상과 함께 만주족 국가에 반대하는 중국 민족주의의 발전을 촉진했을 뿐 아니라 의화단의 봉기를 야기했다. 의화단운동은 외국인들에게 맞서는 메시아적이고 반기독교적이며 반제국주의적인 운동이었다. "청 왕조를 지키고 외래 악마를 파멸시키자."라는 의화단의 슬로건은 메이지 유신 당시에 나온 슬로건인 '존왕양이尊王攘夷', 즉 "천황을 받들고 야만인들을 몰아내자."와 비슷했다. 하지만 두 슬로건 사이에 놓인 32년이라는 시간은 국제 정세를 근본적으로 바꾸어 놓았기 때문에 20세기 전환기에는 메시아적 성격을 지니고 외국인에게 맞서는 봉기가 불가피하게 국제적인 간섭을 초래했다. 한때는 개혁주의자였던 서태후西太后가 폐위된 황제를 대신해 섭정하면서 의화단을 지원하기로 결정하자, 의화단의 봉기는 전국으로 확산되었고 모든 다른 제국과 열강들의 이해관계를 위험에 빠뜨렸다. 미 공화국과 일본 제국은 봉기를 진압하기 위해 1900년에 북경을 향해 공동으로 군사 원정대를 파견했던 유럽 6개국(영국과 프랑스, 독일, 러시아, 오스트리아-헝가리, 이탈리아)의 동맹에 가담했다. 유럽 제국들의 연합군이 봉기를 군사적으로 진압하고 약탈을 자행했으며, 이후 치러야 했던 막대한 배상과 보상 때문에 결국 청 제국에서 시도했던 개혁은 수포로 돌아갔다. 새로운 세대의 중국 개혁가들에게는

새로운 굴욕감이 확산되었다.[286]

　1880년대에서 1920년대에 이르는 제국주의 시대에 동아시아의 내적 결속과 연대에 관한 비전은 한국과 중국, 일본에서 추종자를 얻었다. 중국이 의화단 봉기 당시에 서구 열강의 개입 때문에 큰 혼란을 겪고 정치적 무정부 상태에 빠진 듯 보였을 때조차 그 비전은 지정학적인 역사적 유산과 지역 최대의 인구라는 두 가지에 뿌리를 둔 중국의 국제적인 지위를 유지해 줄 수 있었다. 인구 3억 명의 중국인은 4억 명에 달하는 '황색인종'의 심장이어서 현실적으로 두려움뿐 아니라 존중심도 자아냈다. 마치 범이슬람주의가 3억 명에 달하는 많은 무슬림에 토대를 둔 것과 유사했다. 특히 1905년의 러일전쟁에서 일본이 러시아를 물리침으로써 동아시아를 둘러싼 제국들의 세력균형에 예기치 못했던 변화가 생기자, 범아시아 연대 담론에서는 일본이 아시아의 정치적 결속을 이끌 수 있는 새로운 리더로 거론되기 시작했다. 한국이나 중국과 맺은 관계를 통해 입증된 일본 제국주의의 성장은 아시아 지역주의 비전의 종식을 뜻하는 것이 아니었다. 아시아 지역주의 비전은 최근에 발생한 백인과 황인의 대립 구도뿐 아니라 유교와 불교, 한자 문화라는 공동의 문화적 전통에 뿌리를 두고 있었다. 중국의 신세대 민족주의자들은 패배의 책임을 일본이 아니라 청 제국의 지배 엘리트들에게 돌리면서 자강과 근대화에 관한 일본의 사례에 지대한 관심을 보이기 시작했다. 심지어 한국의 애국자들조차 한반도에 수립된 일본의 식민 지배 체제를 공격했지만, 아시아 연대와 황인종의 결속에 대한 비전은 내려놓지 않았다.[287] 국가의 군사력과 경제력이 거대해져 갔지만, 어쩌면 바로 그 때문에 일본의 정치 엘리트들 가운데서도 아시아 연대의 비전에는 점점 더 많은 지지자들이 생겨났다.

　일본의 세력이 점점 강해지고 개혁이 성과를 가져오자, 이를 '황화'의 상징으로 표현하는 경우가 증가했다. 독일 황제 빌헬름 2세가 러시아 차르에게 사용했던 표현이었다.[288] 그리고 일본 엘리트들 사이에서는 중국과 새로운 지역적 연대를 체결해야 한다는 목소리가 커졌다. 예를 들어 메이지 시대 일본의 지도층 지식인인 고노에 아쓰마로近衛篤麿는 1898년에 발간한 한 에세이를 통해 예언하기를, 동아시아에서 백인과 황인은 결국 충돌을 피할 수 없을 것이며 이때 일본인과 중국인은 백인의 숙명적인 적으로서 힘을 합쳐야 한다고 주장했다.[289] 고노에는 서구 열강이 중국을 분할해 점령할지도 모른다고 우려했다. 아프리카 분할이나 중국에서 조차租借 구역을 장악하기 위한 치열한 경쟁에서 뚜렷하게 드러나듯이 서구 열강이 전 세계적으로 전개하는 제국주의적 활동을 관찰한 결과, 고노에는 동아시아를 장악하려는 백인에게 맞서기 위해 앞으로 중국과 맺을 동맹을 준비하라고 일본 정부에 촉구했다.[290] 여기서 주목할 점은 인종적이고 공격적인 서양에 대비해야 한다는 경고가 서구 세계의 수많은 지도적 정치가들과 개인적으로 친분을 맺고 있던 메이지 시대 최고위 엘리트층 지식인에게서 나왔다는 사실이다. 고노에의 에세이는 즉각 일본과 동아시아 전역에서, 그리고 유럽에서까지 열띤 토론을 불러일으켰다. 이어 고노에는 당시 일본의 많은 고위급 정치가와 마찬가지로 자기의 논지에 포함된 반서양적 인종 동맹의 의미를 축소하고, 동아시아에 대한 일본의 실용적이고 친서구적인 제국·전략적 관심에 초점을 맞추려고 시도했다. 하지만 인종과 인종적 차이에 대한 견해는 제국적인 외교정책에서 핵심적인 요인으로 자리 잡았다. 고노에는 1898년 동문회同文會를 설립했으며, 같은 해에 동아회東亞會와 통합해서 동아동문회東亞同文會로 이름을 변경했다. 장기적으로 일본과 중국의 동맹을 추구하기 위해 중국을 심층적으로 연구하고 문화 정책을 개발하는 것이 이 단체의 설립 목적이었다.

　인종에 기반을 둔 새로운 범아시아 정체성에는 미국이나 유럽 식민지에서 발견되는 동아시아 디아스포라들에 대한 차별이 중요한 역할을 수행했다. 개선된 교통수단과 통신수단을 토대로 해서 중국인 디아스포라와 중국의 관계는 이전보다 긴밀해졌다. 게다가 여행자와 노동자, 학생들이 미국이나 유럽의 백인들에게서 차별받았던 경험이 인종적·지역적 연대감을 강화했다.[291] 미국 정계를 시끄럽게 만들었던 '황화론'은 중국인과 일본인을 주요 대상으로 한 반反이민법에 그대로 반영되었다. 제국주의의 전성기에 중국인 약 5000만 명과 인도인 약 3000만 명이 다른 세계에서 일자리를 찾기 위해 고국을 떠났다. 그 밖에 수백만 명의 아시아인이 학생이나 사업가, 순례자로서 외국에 체류했다. 예를 들어 일본에서 유럽으로 가는 증기선 여행에서 탑승객들은 상해와 홍콩, 싱가포르, 실론, 포트사이드 등 여러 도시를 경유하면서 특히 유럽 제국의 식민 지배를 받고 있거나 제국들의 조차 지역인 개항장에 살던 아시아인 사회의 상황을 깊이 들여다볼 기회를 가졌다. 중국인과 인도인, 일본인 등의 막노동꾼이나 노동자들에 대한 열악한 처우는 자기들이 비서양인 아시아인종에 속한다는 느낌을 강화해 주었다. 이런 상황은 무엇보다 일본과 미국의 관계에 부담이 되었다. 미국에서는 아시아인을 대상으로 한 인종주의가 증가하고 있었고, 일본인의 미국 이민을 금지하려는 정치적 움직임이 있었기 때문이다. 일본인들은 '황화'라는 표식에 대해 분노를 표하면서, 그들과 똑같은 방식을 사용해 서양의 아시아 지배를 '백화白禍'로 낙인찍는 경향이 있었다.[292] 이런 상황에서 지정학적이고 제국적인 해결책이, 즉 아시아에 적용된 일종의 일본식 먼로 독트린이 개발되었다. 이 정책은 두 가지 목표를 추구했는데, 하나는 도덕적 토대 위에서 중국을 보호하고자 하는 이상주의적 임무이고, 다른 하나는 동아시아에서 장기적으로 일본의 민족적 이해관계를 추구하려는 임무였다.[293] 그러나 1902년에 영일동맹이 체결되면서 일본의 제국적 행보는 새로운 단계에 진입했고, 이로써 일본의 안보 정책과 외교정책은 영국과 같은 편에 있을 뿐 더는 아시아 '황색인종'의 구성원들과 연대하는 동맹 안에 있지 않다는 것을 명백하게 보여 주었다.

인도

남아시아 지역과 동남아시아 지역에 사는 역동적인 주민들은 그들의 정치적 목표를 추구하는 데 범이슬람적 민족주의나 범아시아적 민족주의, 경우에 따라서는 둘 다에 의지할 수 있었다. 당시에 아시아에는 점점 조밀해지는 무슬림 네트워크 외에 중요한 의미를 지닌 또 다른 발전이 있었다. 즉 힌두교 성향이 강한 인도 민족주의의 대두인데, 이것은 아시아 연대라는 세계시민주의적 비전을 포함하고 있었다.[294] 1880년대 이전에 영국의 식민 관리들은 인도에는 무슬림보다 힌두교도가 더 많은데도 인도 무슬림을 제국에 더 큰 위험이라고 보았으므로, 동아시아와 유럽 사이에 살고 있는 '무함마드파 대중'에 대한 보고가 많았다. 무슬림을 위협으로 보는 영국의 시선의 배경에는 부분적으로 힌두교도를 무슬림에게 맞서는 동맹으로 삼으려는 전략적인 판단이 있었다. 인도 민족주의는 반식민적이며 보편적인 다양한 정치사상들과 함께 등장했지만, 이와 동시에 제국의 통치하에서 발전된 강력한 공동체 정체성은 인도 주민들을 힌두교도와 무슬림, 시크교도, 파르시(조로아스터교도)로 분열시켰다. 제1차 세계대전 이후에는 새로운 민족주의가 특히 산스크리트 문명이나 힌두교의 뿌리를 강조하면서 인도의 힌두교적 측면을 부각하고, 무슬림 정치 엘리트들이 갖고 있던 역사적 의미와 역할은 이후의 담론에서 더욱 경시될 것이었다.

인도의 힌두교도와 무슬림 활동가들은 정치적 투쟁을 전개하면서 범아시아주의와 범이슬람주의적 비전을 추구했다.[295] 인도 무슬림들이 보유한 범이슬람적 네트워크는 무슬림의 연대라는 명분하에 이스탄불의 칼리파뿐 아니라 메카나 카이로와도 중요한 소통 창구를 갖고 있었다. 반면에 힌두교나 불교의 유산을 강조했던 인도 지식인들은 아시아의 결속이라는 명분하에 동아시아와 연결되는 네트워크를 추구했다. 도쿄에 자리 잡은 옛 범아시아 조직의 한 역사 문헌에서 인도인과 중국인, 일본인으로 구성된 저자들은 무슬림을 힌두교와 불교로 이루어진 아시아 세계에 대한 침입자로 표현했다.[296] 남아시아 지역주의에서는 예로부터 내려오던 이슬람 네트워크와 동아시아 네트워크가 인도를 새로운 중심으로 삼으면서 아시아 지역에 대한 새로운 세계적 비전을 부여했다. 이 과정에서 인도양과 아프리카를 잇는 네트워크뿐 아니라 벵골만과 태평양을 잇는 네트워크도 동원되었다. 이렇듯 불교와 힌두교의 보편주의에 기초해 인도에 중심을 두면서 동서로 널리 확대된 지역으로서 아시아라는 새로운 비전이 등장했다. 인도의 지도층 지식인인 아우로빈도 고시 Aurobindo Ghosh와 아나가리카 다르마팔라Anagarika Dharmapala, 라빈드라나트 타고르 이 세 사람은 이 지적·정치적 비전의 상징이었다. 세 지식인은 인도가 전개하는 투쟁에는 그것을 정당화해 주는 견고한 지적·철학적 근거가 있으며 불교와 힌두교, 신지학神智學이 서양의 지적 전통과 비교해 문명적으로 대등하다는 사실이 바로 그 근거라고 서술했다.[297]

동아시아적 비전과 동남아시아적 비전이 함께 만나 범아시아 지역주의로

통합되는 과정은 20세기 초에 인도의 타고르와 일본의 오카쿠라 덴신이 창조적이면서도 변화를 추구하는 협력을 시도한 것을 보면 가장 잘 이해할 수 있다. 오카쿠라는 매우 수준 높은 국제주의적 범아시아주의 비전을 제시했는데, 이는 영일동맹뿐 아니라 일본의 서구화에도 비판적인 입장이었다.[298] 그는 아시아주의와 반식민 민족주의를 처음으로 연결한 상징적 존재이면서, 서양에서는 '아시아 문명'의 예찬자였다. 첫 문장 "아시아는 하나다."에서 일본의 범아시아주의를 압축적으로 잘 표현한 오카쿠라의 책『동양의 이상東洋の理想』은 1902년에 인도의 한 지식인 그룹과 지내면서 완성되었다.[299] 오카쿠라의 책『동양의 이상』에 서문을 쓰고, 이 책을 반식민 민족주의이자 서구에 대한 친아시아주의적 비평이라는 지적 프레임 안에 자리 잡게 한 것은 스와미 비베카난다Swami Vivekananda의 제자로 훗날 열렬한 인도 민족주의자가 된 아일랜드 출생의 니베디타Nivedita 수녀(마거릿 엘리자베스 노블Margaret Elizabeth Noble, 1867~1911)였다.[300] 오카쿠라의 범아시아주의는 황인종이라는 인종주의나 중국 문명, 동아시아 지역에 기초한 것이 아니라 인도와 중국, 일본의 공동 문화에, 다시 말해 불교와 '아시아적 예술'에 뿌리를 둔 포괄적인 아시아 이해에 기초한 것이었다.[301]

1905년 무렵에 아시아에는 여러 가지의 지역주의 비전이 경쟁적으로 존재했다. 하지만 아시아는 존재한다는, 아시아가 '백인'에게 억압받고 있다는, 아시아에는 진보와 재건을 위한 개혁이 필요하다는 사실에는 공감대가 형성되어 있었다. 아시아의 정치적 비전에 관한 이러한 인식론적인 기반은 수백만 아시아인이 자발적으로 혹은 떠밀려 전 세계로 이주하면서, 그리고 자기를 아시아인으로 규정하게 만든 법적·정치적·경제적 변화 과정 때문에 점차 강화되었다. 결국 아시아 지역주의는 일본과 그들의 제국주의 프로젝트를 위해서만이 아니라 반제국적 민족주의 투쟁을 위해서도 사용될 수 있었다. 물론 19세기 말에 아시아 지역주의가 대두한 역사적 시점은 지구상 여러 지역에서 지역주의가 대두한 시점과 거의 같았다는 사실을 간과해서는 안 된다. 아시아 연대라는 정치적 비전은 식민 당국들이나 영 제국과 프랑스 제국, 네덜란드 제국, 러시아 제국의 지식인들에게 두려움을 일으켰다. 일본은 동아시아에서 영국의 동맹이었지만, 일본과 인도의 관계는 영국의 외교관이나 관리들의 불신을 야기했다. 영국 대사관뿐 아니라 프랑스 대사관에서도 인도와 베트남의 학생과 상인들이 일본에 체류하며 여행하고 활동하는 것을 면밀히 주시하고 기록으로 남겼으며, 자기들의 제국에 속하는 일부 백성의 일본 내 활동을 제지하거나 그들을 일본에서 추방해 줄 것을 일본 당국에 요청하기도 했다. 범아시아 지역주의적 관점이 대두하면서 이것이 자기들의 식민 통치를 위험에 빠뜨릴 수 있다는 심각한 우려에서였다.

'흑인'과 아프리카 지역의 지정학

19세기 말에 아프리카인들은 모든 지역과 인종 집단 가운데 가장 열등한 집단으로 여겨졌다. 수 세기에 걸친 노예화와 해방 후 형성된 디아스포라에서 인종차별이 자행된 이후, 1878년부터 몇몇 제국이 아프리카 대륙 전체를 급격하게 식민화하자 아프리카 대륙과 흑인들은 굴욕과 희생의 대상으로 확정되었다. 제1차 세계대전 전야에 아프리카 지도는 아프리카를 여러 유럽 제국에 속하는 30여 개의 정치 단위로 구분했다. 아프리카 전체가 이들 기독교 유럽 제국이 구성하는 클럽에 속한 상황이었다. 그 결과 디아스포라의 아프리카 지식인들이나 식민지의 아프리카인들은 범이슬람적 민족주의 및 범아시아적 민족주의와 비슷한 범아프리카적 민족주의 운동을 결성했다.

1880년대까지 유럽 열강은 아프리카의 지극히 일부만을 장악하고 있었다. 주로 앙골라나 모잠비크(포르투갈), 케이프 식민지(영국), 알제리(프랑스) 같은 해안 지역이었다. 1881년에 프랑스가 튀니지를 침공하고, 1882년에 영국이 이집트를 보호령으로 만들면서 아프리카 각축전이 개시된 후, 유럽 제국들은 1884~1885년에 베를린에 모여 아프리카 대륙을 어떻게 분할할 것인지를 둘러싸고 논의했다. 심지어 벨기에나 이탈리아 같은 작은 나라들도 지분을 요구하며 여기에 참가했다. 영국이 남아프리카 해안 지방과 이집트에서 아프리카 내륙 방향으로 진출하면서 도중에 독일이 차지했던 탕가니카에 의해 단절된 부분만 제외한 채 남북으로 연결되는 영토를 차지하려고 시도한 반면에, 프랑스는 알제리에서 세네갈, 차드, 적도아프리카로 이어지면서 통합된 거대한 영토를 장악했다. 아프리카 대륙 중부에는 벨기에 왕 레오폴 2세익 개인 소유지인 '콩고 자유국'이 자리하고 있었다. 마다가스카르섬의 메리나 왕국(1540~1897)이나 오만-잔지바르처럼 오랜 왕조적 전통을 가진 예전의 독립 왕국들조차 유럽 열강의 보호령으로 전락했다. 마다가스카르는 1896년에 프랑스의 보호령이 되었다가 1897년에 결국 합병되었다.[302] 잔지바르는 1890년 무렵에 영 제국의 보호령이 되었다.[303] 이탈리아는 1911년에 오스만 제국령 리비아를 침공했으며, 모로코는 1912년에 프랑스의 보호령이 되었다. 이렇듯 제1차 세계대전 전야에는 아프리카 대륙 거의 전체가 유럽 제국의 지배하에 있었다.

유럽의 군사기술이 앞서 있었기 때문에 아프리카나 아시아의 국가나 부족들은 유럽의 전함과 군대에 맞서 싸우는 데 커다란 어려움을 겪었다. 영 제국에 맞섰던 줄루 제국이 패배한 것이나 수단의 마흐디 봉기가 실패로 끝난 것이 그 명백한 증거였다. 19세기 후반에도 비유럽 사회가 유럽 제국의 병력을 군사적으로 제압한 사례는 있었다. 예를 들어 1879년에 줄루 왕국의 군대가 영국군에 맞서 초기에 승리를 거두었다. 하지만 그들은 결국 영국군의 압도적인 군사기술에 밀려 완벽하게 패배하고 말았다.[304] 수단에서는 마흐디 봉기가 오스만 치하 이집트의 지배에 맞서 승리를 거둘 수 있었다. 1882년에 영국이 이집트를 보호령으로 만든 후 수단에 개입했을 때, 마흐디의 군대는 영국인 장군 찰스 고든Charles Gordon 휘하에 있는 이집트 무슬림과 영 제국 군대의 혼성부대를 물리쳤고, 심지어 1885년의 하르툼 전투에서는 고든의 목숨을 빼앗는 데 성공하기도 했다. 그 후 마흐디의 후계자들이 10여 년 동안 수단을 지배했으나, 1898년에 영국의 장군 허버트 키치너Herbert Kitchener가 지휘하는 이집트-영국 연합군이 훨씬 막강한 군사기술로 무장한 채 복귀해 수단을 다시 장악했다. 옴두르만 전투에서 영국-이집트 연합군은 군사기술에서 보인 엄청난 우세를 바탕으로 1만 명 이상의 수단 병사를 사살하면서도 자기들은 불과 수십 명의 사망자만을 기록할 정도였다.[305] 그 밖에 또 다른 봉기들이 사모리 투레Samory Toure(1830~1900)의 지도하에 프랑스 식민지인 기니와 말리에서, 모하메드 압둘라 하산Mohammed Abdullah Hassan(1864~1920)의 지도하에 영국 식민지 소말리아에서, 그리고 은데벨레족과 쇼나족의 지도하에 1896~1897년에 짐바브웨에서 발생했다. 이 모든 군사적 충돌에서 봉기를 일으킨 아프리카인들은 초기에는 식민 군대를 물리치는 데 성공했다. 그러나 유럽 제국의 군대들은 뛰어난 군사기술에 힘입어 이들을 물리침으로써 식민 지배를 회복한후 확고하게 정착하는 데 성공했다. 하지만 이와 동시에 아프리카인들의 봉기는 식민 당국이 무슬림과 흑인들이 또다시 봉기할지도 모른다는 두려움에 사로잡히게 만들었다. 무슬림이나 아프리카 흑인의 다수가 그들을 지배하는 유럽 식민 당국에 협조적이었다는 사실에도 불구하고, 20세기 초에 이 두려움은 식민지 관리들에게는 거의 편집증 수준을 넘어설 만큼 심각했다. 사하라 사막 남부의 아프리카 대륙에서는 기독교가 추종자를 얻었으며 식민지에 설립된 교육제도는 아프리카 지식인을 배출했는데, 이 아프리카 지식인들은 제국의 틀 안에서 자기들의 종족적·인종적 정체성을 지키는 문제를 강조하면서도 식민지를 지배하는 유럽 제국과 더욱 통합하는 데 관심이 있었다.[306]

20세기로 넘어가는 전환기에 아프리카에서는 더 큰 규모의 전쟁들이 발생했다. 그동안 유럽으로부터 근대적인 무기 기술을 도입한 지역 세력들의 군사력과 유럽 제국의 우월한 군사력이 힘을 겨루었다. 1899~1902년에 벌어진 제2차 보어 전쟁을 통해 영 제국은 남아프리카에서 유럽 출신 백인 정착민들이 결성한 잘 무장된 공화국 군대와 맞서면서, 영 제국이 얼마나 가공할 만한 군사력을 동원할 수 있는지를 제대로 보여 주었다. 수단을 점령한 직후 보어 공화국이 백인 정착민들에게 단지 제한적인 자치를 허용하는 방식으로 영국의 식민 제국에 흡수되었다는 사실은 분명해졌다. 유럽 제국의 막강한 군사적 지배는 결코 돌이킬 수 없다는 사실을 다시 한번 보여 준 사례였다. 나아가 제국을 건설하고 확장하는 문제에 관한 한 영 제국은 백인 정착민조차 기꺼이 군사력을 동원해 제거할 준비가 되어 있다는 사실을 만천하에 과시한 사례이기도 했다. 물론 백인 정착민들과 벌인 전쟁으로 인해 런던에서는 영 제국의 미래를 둘러싼 논쟁이 시작되었으며, 제국 군대가 백인들을 유색인과 마찬가지로 취급한 것에 관해 비판의 목소리가 일어났다. 인종 정체성이 지닌 의미가 무엇인지, 그리고 그것이 제국이라는 틀 안에 뒤얽혀 있는 현실을 어떻게 다룰 것인지에 관한 논쟁이었다.[307] 중국의 지식인들은 영 제국군에 맞선 보어인들의 저항에 공감을 표시했다. 그들은 억압받은 민중들의 전 지구적 연대라는 공통분모를 앞세워서, 아시아 밖의 지역에서 일어나는 반제국주의 투쟁을 지지한다는 입장을 드러냈다. 하지만 중국 민족주의들과 달리 범이슬람주의자였던 이집트인 라시드 리다 같은 무슬림 지식인들은 보어 전쟁에서 영국 편에 섰다.[308]

잔지바르-오만과 라이베리아, 남아프리카, 마다가스카르, 에티오피아처럼 아프리카에서 국가를 건설하려던 여러 정치 프로젝트 가운데 19세기 말에는 황제 테오도로스 2세Tewodros II(1818~1868) 치하의 에티오피아가 유일하게 스스로 개혁해 국력을 강화하는 정치체제를 갖춘 국가로 남았다. 물론 국가권력을 중앙집권화하려는 노력은 내부 저항에 부딪혔으며, 엎친 데 덮친 격으로 여기에 외부, 즉 영국과 이탈리아, 그리고 수단에 자리 잡고 있던 이집트-오스만 세력의 방해가 더해졌다. 외부의 지원을 받은 여러 분파와 오랜 세월 투쟁한 끝에 메넬리크 2세Menelik II(1844~1913)는 결국 자기의 지배와 정당성을 공고히 하는 데 성공했다. 메넬리크 2세가 에티오피아에 세운 기독교 제국은 아프리카에서 찾아보기 어려운 예외적인 성공 사례로 여겨졌으며, 이후 1890년대에 이루어진 점진적인 개혁의 성과는 범아프리카주의 개혁가들에게 희망의 토대를 제공해 주었다. 나아가 에티오피아는 아디스아바바 주변에 있던 여러 독립적인 무슬림 술탄국을 국가에 통합하는 데 성공했다. 그 결과 에티오피아는 비유럽 국가가 소규모 제국으로 팽창한 사례가 되었다.[309] 에티오피아는 1877년에 하라르 술탄국의 권력을 장악했으며, 하일레 셀라시에Haile Selassie 황제의 부친이 훗날 이 도시를 통치하는 첫 기독교 지배자가 되었다. 1866년에 메넬리크 2세는 무슬림 왕국 곰마도 정복했다.

이탈리아 왕국은 특히 1880년대에 튀니지를 정복하려던 계획이 수포로 돌아간 이후 에티오피아에 커다란 관심을 기울였다. 이탈리아는 우선 1898년에 메넬리크 2세와 협상해 한편으로는 황제의 통치를 공식적으로 인정하고 다른 한편으로는 이탈리아에 경제적 특권을 허용하게 하면서, 에티오피아 남부의 젤레디 술탄국이나 소말리아의 마제르틴처럼 무슬림 주민이 다수를 차지하는 지역을 이탈리아의 보호령으로 만드는 데 성공했다. 그런데 점차 이탈리아가 에티오피아 전체를 보호령으로 만들려고 시도하자 메넬리크 2세는 이탈리아에 전쟁을 선언했다. 에티오피아는 1896년의 아두와 전투에서 이탈리아 군대를 섬멸하는 데 성공했다. 에티오피아의 승리는 1905년의 러일전쟁에서 일본이 거둔 승리처럼 전 지구적으로 영향을 미치지는 않았다. 하지만 범아프리카주의 활동가들은 이 승리를 백인에 대한 흑인의 열등성을 명백하게 반증하는 사례로 주목했다.[310] 에티오피아 황제가 지닌 기독교적인 정체성과 전통은 문제 삼지 않은 반면에, 이탈리아에 대한 그들의 군사적 승리는 기독교의 승리가 아니라 아프리카 흑인이 이룩한 진보의 표식으로 해석했다. 에티오피아는 범아프리카주의 후속 세대 지식인들에게도 자각한 흑인의 상징으로 전해졌다. 1913년 무렵에 완전하게 유럽 제국의 지배하에 들어간 아프리카 대륙에서 에티오피아는 유일하게 예외로 남아 있었다. 라이베리아와 남아프리카도 아프리카에 있는 독립국이었지만, 범아프리카주의자들은 두 나라 모두 모델로 여기지 않았다.[311]

식민화된 대륙에서 아프리카인들은 일찍부터 제국이라는 조건하에서 권리를 획득하려고 했지만, 이것이 반드시 민족이나 문명의 이름으로 제국 열강에 맞서는 투쟁의 선언인 것은 아니었다. 1880년대부터 흑인으로서 지닌 정체성을 토대로 해서 범아프리카주의를 추구하는 지적 담론이 형성되기 시작했다. 주로 아메리카와 유럽에 있던 아프리카인 디아스포라가 커다란 비중을 차지했다. 사실상 이들 아프리카 디아스포라의 대표적인 인물들이 초기 범아프리카주의를 대표하는 가장 뚜렷한 목소리였다. 1900년에 개최된 범아프리카 의회는 흑인과 백인의 인종적 평등을 확인하면서, 빅토리아 여왕에게 아프리카에 있는 유색인 백성들의 고통에 관심을 기울여 줄 것을 청원하는 서신을 보내기로 결의했다.[312]

범아프리카주의는 모든 아프리카인에게 서로 연대해 될 수 있는 한 아프리카 디아스포라로 살고 있는 모든 아프리카인이 돌아올 수 있도록 단일한 연합체를 구성하자고 호소하는 정치 프로젝트로 시작했다. 범아프리카 통일의 비전을 가장 먼저 제안한 것은 마틴 로빈슨 딜레이니_{Martin R.}

—— 식민화된 아프리카.

Delany(1812~1885)와 알렉산더 크룸멜Alexander Crummell(1822~1898), 블라이든
(1832~1912) 같은 디아스포라 출신 아프리카 지식인들이었다. 그들은 듀보이스
(1868~1963)가 자기의 저서에서 정리했듯이 아프리카의 정체성과 통일성에 관
해 훨씬 체계적인 내용을 구상하고 있었다. 블라이든의 경력은 여러 제국에
걸쳐 전 지구적으로 형성되어 있던 아프리카 디아스포라 네트워크를 잘 보여

준다. 카리브해 지역에서 태어난 블라이든은 검은 피부색 때문에 미국 대학에 입학이 거부된 후 시에라리온으로 건너가 영국령 서아프리카의 여러 지역에서 일했다. 그의 여정은 런던과 카이로, 예루살렘으로 이어졌으며, 여러 무슬림 사회에 교육기관을 설립한 공로로 오스만 제국 술탄에게서 훈장을 받았다. '니그로 인종'에 초점을 맞춘 아프리카 디아스포라의 검은 범아프리카주의는 대부분 백인 우월주의에 대한 비판에서 출발했다.[313] 비서구 지식인 혹은 비백인 지식인들이 범민족주의 프로그램을 비전으로 갖게 된 전제 조건은 자기들이 단일한 흑인종 혹은 황인종의 구성원이라는, 단일한 동양이나 이슬람의 구성원이라는 자화상이었다. 이렇듯 전 지구적 차원의 초국가적인 정체성은 서로 중첩되며, 때로는 서로 충돌할 수 있었다. 예를 들어 초기 범아프리카주의 사상가들은 일차적으로 '인종'을 기반으로 정체성을 규정함으로써, 그들보다 피부색이 밝고 아랍어를 말하며 다수가 무슬림인 북아프리카 지역의 주민들을 범아프리카주의 비전에서 배제했다. 다른 범아프리카주의자들은 인종적으로 서열화된 제국주의 질서에 맞서 아프리카에 한층 강력한 통일성을 부여하려면 흑인은 모두 이슬람으로 개종하고 기독교에 등을 돌려야 한다고 주장했다.[314]

범아프리카주의는 진정한 탈민족적 지식 영역에서 아프리카 흑인들에 관해 공유된 문학을 출판하고 예술 프로젝트를 추진하며 역사를 서술하도록 고무하고 영감을 주었다.[315] 이때 범아프리카주의 지식인들의 인종주의 비판은 특히 지대한 영향을 미쳤는데, 아프리카 디아스포라의 대변인으로서 그들 대부분은 영어로 저술했기 때문이었다. 미국에서 가장 영향력이 컸던 듀보이스 같은 인물 외에 제1차 세계대전 이전에 범아프리카주의에 관해 많은 글을 쓰고 활발한 정치적 활동을 전개한 사람은 무엇보다 영국에 있던 아프리카 유학생들이었다. 이들 운동 가운데 한 조직은 자기들을 '에티오피아주의'로 칭했는데, 이는 1911년에 런던에서 출간된, 조지프 에프라임 케이슬리 헤이퍼드J. E. Casely Hayford(1866~1930)의 자전적 소설 『해방된 에티오피아Ethiopia Unbound』에서 유래한 것이었다.[316] 이 모든 행동은 '인종 해방'을 추구했으며, 자부심을 갖고 아프리카가 '문명의 요람'이었다는 사실을 기억했다.[317] 듀보이스가 1903년에 말한 "20세기의 문제는 인종 구별의 문제"라는 구절은 인종주의적인 제국, 완전히 식민화된 아프리카 대륙의 상황, 이 두 가지 문제에 대한 비판으로서 범아프리카주의의 토대가 무엇인지를 잘 요약해 주었다.[318]

지역 사이의 전 지구적 네트워크

식민주의에 관한 역사 서술에서는 19세기 말과 20세기 초의 초국적 네트워크가 반제국주의적인 지식인과 운동가들을 연결했다는 사실이 전반적으로 언급된다. 이번 글에서 시도되는 지역적 접근은 지역 사이의 네트워크가 더 중요한 역할을 했으며, 나아가 19세기 말의 세계 질서에 대한 비판은 결코 불가피하게 민족적 성격을 지니거나 제국에 대항한 것이 아니었다는 근거를 제시함으로써 이러한 일반적인 역사 서술을 보완하려고 한다. 사실상 유럽의 패권에 대한 어떤 종류의 비판도 민족주의적이었던 것으로 규정하는 것이나, 그 비판들이 제2차 세계대전 이후에 민족국가를 설립하려는 비전으로 이어졌다고 해석하는 것은 적합하지 않을 것이다. 비판자 중에는 전혀 다른 지역적 비전과 정체성을 추구했던 사람이 적지 않았으며, 심지어 기존 제국의 개혁을 추구하는 비판자들도 있었다.

19세기 말에는 제국적 세계의 유럽·백인·서양 중심국들에 의해 똑같이 정복과 배제, 차별을 당한 경험을 토대로 그 경험을 공유하는 지역들을 연결하는 새로운 형태의 네트워크도 등장하기 시작했다. 범이슬람주의·범아시아주의·범아프리카주의 지식인들의 지역 간 연대는 역사상 그리 밀접한 관계를 갖지 않았던 사람과 사회 사이에 그들에게 밀려오는 '서양' 문제를 공유하는 일종의 초기적인 '제3세계' 공감대를 만들어 냈다. 나아가 다양한 보편적 가치관이 전 지구적으로 전파되면서 진정한 초국적 공동체가, 즉 초국가적인 동시에 다양한 지역에 뿌리를 가진 공동체가 형성되는 데 도움을 주었다. 제국들에 의한 억압과 인종차별을 둘러싼, 그리고 동양과 서양에 관한 유럽적 관점이나 인종 서열 문제를 둘러싼 논쟁을 통해 다양한 범민족주의의 옹호자들이 서로 결합하게 되었으며, 그 결과 아시아적·동양적 비전 혹은 비서양적이면서 전 지구적인 정체성과 대안적인 국제주의를 추구하는 비전이 등장했다.[319]

범아시아·범이슬람 지식인들이 식민화된 아프리카 사회에 갖고 있던 공감대는 일본뿐 아니라 오스만의 여론에서도 에티오피아에 관심을 갖게 했다. 지식인들은 무슬림이 아닌 아시아인과 유색인의 운명을 주의 깊게 관찰했다. 1890년대에 이르기까지는 무슬림 정체성을 아시아화 또는 동양화한다는 비전이 중국이나 일본의 운명을 그들 자신의 운명과 연결할 수 있게 했다.

제국들은 수많은 복잡한 방식으로 문화적·인종적 정체성과 교차되었다. 때때로 유럽 식민 제국은 범아프리카적 접촉 또는 범이슬람적 접촉이 이루어지도록 촉진했다. 토고의 농업 생산성을 높여야 했을 때, 독일제국 당국은 미국의 앨라배마주 터스키기에서 부커 T. 워싱턴Booker T. Washington이 이끄는 유색인 교사를 위한 세미나(오늘날 터스키기 대학)로부터 아프로아메리카인 전문가를 초빙하는 방안을 모색했다.[320] 러시아의 시베리아 횡단열차는 러시아 전역에 거주하던 무슬림들이 서로 네트워크를 구축하게 하고, 나아가 몽골의 불교도들과 소통할 수도 있게 해 주었다. 런던이나 파리 같은 도시는 범아프리카 네트워크와 범이슬람 네트워크가 서로 만나는 장소가 되었다. 유럽의 모든 식민지 출신의 수많은 지식인과 학생, 이주자와 운동가들이 이들 도시에 모였기 때문이다. 또한 도쿄와 이스탄불, 바쿠, 카이로, 싱가포르 같은 유럽 외부의 수많은 대도시에서도 여러 지역에서 온 정치 운동가들이 모여 지역 간 정보를 교환하고 소통하는 기회가 있었다.[321] 19세기 말에 진행된 이러한 발전은 무슬림과 불교, 무슬림과 힌두교 사이의 연대와 토론을 촉진했다. 아시아와 아프리카의 지식인들은 모두 유럽-아메리카 제국주의와 갈등을 겪고 투쟁하고 있다는 사실을 토대로 공동의 정체성을 갖고 있다고 느꼈으며, 이러한 전 지구적 연대 의식은 멕시코와 전 라틴아메리카에까지 확산되었다. 미국을 유럽이나 백인과 동일시하면서 멕시코를 서반구 제3세계의 부분으로 볼 수도 있게 되었다. 1910년의 멕시코 혁명 이후에 많은 인도 혁명가는 멕시코를 망명지로서 자기들의 정치 활동을 위한 새로운 고향으로 삼았다.[322]

제국들이 지배하는 세계 질서에 대한 지역 간 정치적 소통에서 유럽은 무엇보다 모든 세계에서 온 정치 활동가와 망명자들이 교류하는 장소로서 여전히 핵심적인 역할을 수행했다. 예를 들어 런던에서 지도적인 범아프리카 운동가인 마커스 가비Marcus Garvey가 이집트-수단의 범아프리카주의자 듀세 무함마드 알리Dusé Mohamed Ali와 만났으며, 그가 발행하는 신문에 기고했다. 듀세 무함마드 알리는 제1차 세계대전 이후 미국에 있는 가비를 방문해 세계 흑인 지위 향상 협회UNIA의 설립을 지원했다. 훗날 그는 영국령 서아프리카 라고스에서 살았다. 또 다른 사례도 있다. 펀자브 지방 시크 왕국의 마지막 마하라자의 후손인 딜립 싱Duleep Singh은 영 제국에 맞서는 민족주의 운동을 펼치면서 러시아 제국의 지원을 요청했을 때, 인도에서 아프가니스탄을 거쳐 중앙아시아와 러시아에 이르는 무슬림 네트워크를 동원할 수 있었다. 유럽 중심지에서 활동한 비유럽 출신 정치 운동가들은 사회주의자나 무정부주의자, 실증주의자와 같은 유럽의 국제주의 단체와 협력하는 일이 빈번했다. 유럽이라는 장소는 제국주의와 무관하게 '보편적인 서양'이라는 추상적인 개념이 갖는 진보적인 의미를 상징하기도 했다.

아시아와 아프리카의 지도층 지식인들은 유럽 사상의 흐름뿐 아니라 유럽 내 반제국주의·반인종주의 비판도 주의 깊게 관찰했다. 따라서 반식민주의 그룹과 서양 혹은 백인의 제국적 헤게모니를 비판하는 유럽 및 미국의 네트워크들 사이에도 교류가 있었다. 인도와 아일랜드의 민족주의자들은 각각 상대방의 경험으로부터 서로 배웠다. 사회주의나 독일의 반계몽적 낭만주의는 유럽 사상의 또 다른 흐름으로서 반제국주의 지식인들에게 영향을 미쳤다.[323] 나아가 친아시아적이고 반계몽적인 비판은, 특히 신지학자들의 비판은 인도 민족주의자들이 내세우는 보편적 명분을 강화해 주었다.[324] 신지학자들은 인도 민족주의자와 아시아 재건주의자들뿐 아니라 범이슬람주의 사상가나 이미 1884년에 파리에서 신지학을 접했던 무함마드 압두 또는 알아프가니 같은 이집트 민족주의자에게도 영향을 주었다. 이슬람과 불교, 힌두교로 개종했던 몇몇 적극적인 유럽인과 미국인들도 그들의 보편주의적 종교와 철학 전통에는 인종 장벽 같은 것이 없으며 학식이 많은 백인들조차 그들 사상에 동조한다는 사실을 밝힘으로써 범이슬람주의적 정치사상과 범아시아주의적 정치사상에 자의식을 부여하는 데 기여했다. 우리는 압둘라 퀼리엄Abdullah Quilliam 같은 영국인 무슬림의 저작이 미친 영향을 제대로 알지 못하면 범이슬람주의를 이해할 수 없다. 이와 마찬가지로 헨리 스틸 올컷Henry Steel Olcott이나 노블(니베디타 수녀)이 미친 영향을 모르면 범아시아주의를 이해할 수 없었다.

　지역과 문화권은 그들이 범민족주의적 언어를 사용했다고 할지라도 전 지구적으로 통용될 규범과 보편적 가치를 표명하는 지적 회로와 정치 비전을 담고 있었다. 특히 이러한 범민족주의들은 반식민주의적 저항 여론을 만들어 내는 데 성공했다. 무슬림 지식인들은 무슬림의 열등성을 주장하는 유럽 학자들의 담론에 맞서기 위해 유럽에서 개최된 오리엔탈리스트 학술 대회에 참가했다.[325] 범아시아주의 지식인들은 유럽인과 미국인들의 담론에서 '황인종', 유교, 불교, 아시아에 보이는 편견에 비판의 목소리를 높였다.[326] 범아프리카주의를 표방하는 그룹들이 남긴 집단적 성과는 아프리카와 흑인 문명의 위대함에 관한 새로운 서사를 통해 흑인과 백인의 평등뿐 아니라 정치적 자치를 시행할 권리를 주장한 데 있었다. 범아시아주의와 범이슬람주의의 비전은 인류의 역사와 지구의 미래를 바라보는 유럽 중심적 시각에 맞서는 서사를 제시하는 것뿐 아니라, 비서구 사회의 문명적 열등성을 주장하는 담론에 맞서는 설득력 있는 논지를 개발하는 것에도 매우 중요한 영향을 미쳤다. 1893년에 시카고에서 열린 세계 종교 의회나 1911년에 런던에서 열린 제1차 세계 인종 회의는 무슬림·아시아·아프리카 지식인들이 이슬람·아시아·아프리카 문명에 관한 독자적인 서사를 동원해 서구의 우월성에 대해 유창하게 반박하는 포럼이 되었다.[327] 이렇게 문명이나 인종에 따라 지역들이 세계의 중심으로 대두하면서(재지역화하면서), 전 지구적 통치 제도와 공동의 정치적 가치를 창출하려는 노력뿐 아니라 이에 관한 동의를 이끌어 내려는 시도들이 힘을 얻었다. 그들은 이러한 규범을 둘러싼 전 지구적인 토론을 촉진했으며, 여기에는 이슬람과 힌두교, 불교, 유교의 전통에 관한 역사적 기억과 지적 유산을 토대로 해서 새로운 인식론적 논지가 동원되었다. 간단히 표현하면 19세기 후반과 20세기 초반의 아시아와 아프리카의 무슬림 지역들이 제시한 비전은 보편주의와 국제주의의 세계관을 구성하며 강조하고 나아가 확대했으며, 결코 이를 거부하지 않았다.

제국과 지역, 인종, 보편주의

19세기 말에 세계의 중심이 다시 지역으로 돌아가는 현상이 발생했다고 할지라도 제국의 지붕 아래에서 종교와 인종의 장벽을 넘어서는 이해와 연대가 형성되게 만들었던 제국의 엄청난 업적을 간과해서는 안 된다. 돌이켜 보면 세계 제국이던 유럽의 수도와 식민지에서 발생한 인종적·종교적 분열 문제에 관해서는 많은 서적이 출간되었다. 하지만 우리는 유럽 제국에 살던 무슬림과 힌두교도나 오스만 제국에 살던 기독교도를 주제로 한 담론이 가진 복잡성과 다양성에도 주목해야 한다. 예를 들어 유럽에는 무슬림과 힌두교도, 불교도 또는 아시아인 전반에 관해 긍정적으로 인식하는 수많은 저서와 사상들이 있었다. 식민지 관리들은 범이슬람주의나 범아시아주의에 두려움을 갖고 있었지만, 무슬림이나 중국인, 일본인에 관한 한 낭만적 시선과 공감, 연대감을 보여 준 많은 사례도 있다. 신지학 운동이 가진 친아시아적 낭만주의는 아시아의 역사와 문화, 종교에 관해 전반적으로 긍정적인 이미지를 바탕으로 했다. 따라서 이슬람적이거나 힌두교적인, 불교적인 아시아에 관한 주장들은 늘 무지하거나 부정적인 이미지로 각인된 것은 아니었다. 유럽이나 미국의 여론은 결코 한 목소리가 아니었으며, 비유럽 사회에 관한 지배적인 견해를 비판하는 소수파의 의견을 넘어 유럽 백인의 우월성을 주장하는 사람들 사이에도 색조와 음영의 차이가 있었다. 예를 들어 '아리아인'에 관한 인종 이론은 힌두 문명에 대한 낭만주의적 서술과 혼합되어 갈색인종인 힌두교도들에 대한 긍정적인 시각을 만들어 냈다. 불교나 유교를 존중하는 자세로 다루었던 많은 문헌에 관해서도 동일하게 이야기할 수 있다. 무슬림과 힌두교도, 불교도를 바라보는 오리엔탈리스트적 시각도 두 가지 측면을 갖고 있었다. 그들은 한편으로는 서구 문명의 궁극적인 우월성을 제시하면서, 동시에 이들 사회를 인정하고 그들에 대한 이해와 국제주의적 공감을 증진했다. 서구의 패권에 대한 범민족주의적 도전이 절정에 이르렀을 때 동양과 서양, 백인과 유색인에 대한 다양한 지정학적·문화적 본질주의는 세계시민주의적인 문화 교류나 타자에 관한 사려 깊은 서술을 무색하게 만들었지만, 그들을 완전히 제거하지는 않았다.

문화 사이에 문명에 관한 이해와 대화가 이루어질 수 있었던 중요한 배경 가운데 하나는 제국의 중심과 주변부(식민지) 사이에 권력관계가 불평등하기는 했지만, 유럽 제국들이 자국에 속한 백성들에게 서로 소통하고 연결할 수 있는 다양한 가능성을 제공했다는 사실이다. 아시아와 아프리카의 수많은 지식인은 파리와 모스크바, 런던 같은 제국의 수도들에서 진행된 토론에 적극 참여해 고정된 편견을 비판하고 수정함으로써 자기들의 사회에 대한 이해를 증대하는 데 기여했다.[328] 전 세계의 많은 지역에서 온 무정부주의자와 사회주의자, 실증주의자, 민족주의자들은 여러 제국의 중심 도시들에서 상호 네트워크를 구축하고 정치 문제와 사회 문제에 관해 의견을 교환했는데, 이때 그들은 서로 공유하는 정치적 어휘를 사용할 수 있었다. 비유럽 식민지 지식인들은 비유럽 세계에 대한 세분화된 그림을 제시해 아시아와 아프리카에 대한 언론의 무지를 지적하고 정정하고자 노력하는, 중심 도시들의 지식인들과 교류했다. 예를 들어 런던에 거주하면서 케임브리지에서 강의하던 지도적인 오스만 범이슬람주의 사상가인 할릴 할리드 베이Halil Hâlid Bey는 이러한 목적을 위해 다양한 영국 신문사와 서신을 교환하고 오리엔탈리스트 학회에 참석하는 데 엄청난 시간을 투자했다.

프랑스 식민 당국은 북아프리카에서, 훗날에는 레반트 지역에서 자기들의 식민주의 지배를 정당화하기 위해 이슬람 광신주의자나 셈족 아랍인들의 저급하거나 덜 문명화된 특성을 보여 주는 정보를 수집하려고 노력했다. 제국 측에 이런 종류의 개괄적인 인종 편견이 있었다면, 식민지에는 이와 정반대로 무슬림 동양의 재건을 주장하는 소수파의 담론이 있었고, 북아프리카 산악 지대에 살면서 고도의 문명을 보유했다가 사라진 베르베르인에 관한 애도가 있었다. 셈족 무슬림 아랍인들 한가운데에 방치되었던 옛 기독교 유럽인으로 추정되는 베르베르인들의 품위 있는 유목민 문명을 희생시키면서까지 이슬람 문명을 폄하하려고 시도하는 것은 분명히 역설적이라고 할 수 있다. 하지만 이와 동시에 파리에는 1906년 이래로《이슬람 세계 잡지Revue du monde musulman》를 발간했던 지식인들도 살고 있었다. 이 잡지의 필진들은 1906년에서 1914년에 이르는 시기에 입헌제를 추구하는 다양한 혁명이 일어나고 적극적인 언론이 등장

하며 무슬림의 이동성이 증가하는 현상을 보면서 무슬림의 봄이 다가오고 있다고 확신했다.[329]

특히 사회학과 지리학, 지정학, 그리고 이와 관련된 인접 분야에 관한 저술에서는 인류와 제국에 관한 더욱 견고한 인종주의가 발견되었다. 오리엔탈리스트나 역사가들이 이런 이론에 배경 자료와 논지를 제공해 주었다. 비유럽 세계를 내려다보는 자세를 가지기는 했어도, 그들은 자기들이 연구한 문화와 종교를 한층 세심하게 구별하면서 더욱 이해하려는 경향이 있었다. 하지만 더 엄격한 것은 제국주의의 전성기에 사회과학에서 광범위하게 인정된, 서열화된 인종 이론이었다. 우리가 일반적으로 오리엔탈리스트로 부르는 학자들, 즉 동양의 언어와 역사에 관한 전문가들과 일반적인 사회진화론 인종 이론가들 사이에는 갈등이 자주 발생했다. 찰스 다윈Charles Darwin과 허버트 스펜서Herbert Spencer, 귀스타브 르봉Gustave Le Bon의 저술을 따르는 유사 '과학적' 이론들은 지식인들의 사회나 여론에 새로운 인종 담론을 고착시키는 데 지대한 영향을 행사했다. 반면에 토머스 아널드Thomas Arnold와 알프레드 르 샤틀리에Alfred Le Chatelier, 루이 마시뇽Louis Massignon, 골드지혜르 이그나츠Goldziher Ignác 같은 오리엔탈리스트나 새뮤얼 즈웨이머Samuel Zwemer 같은 기독교 선교사들이 남긴 세분화된 연구는 등한시되었다.

제국들은 다양한 백성들이 서로 소통하고 교류하면서 뒤섞이는 공간을 만들었다. 인종주의가 제국 역사의 한 측면이라면 인종 간 이해와 문화적 소통은 다른 측면이었다. 제1차 세계대전 동안에 프랑스군에는 약 20만 명의 알제리 병사가 참전했으며, 제국을 위해 국가기관에서 근무하던 인원까지 모두 합친다면 그 수는 훨씬 많았다. '이슬람 공포증'이라는 표현이 최초로 등장한 책은 프랑스인 무슬림 두 사람이 쓴 무함마드 전기였다. 제1차 세계대전에서 식민 제국 프랑스를 위해 목숨을 바친 무슬림 병사들에게 헌정된 이 책은 프랑스에 유통되던 무함마드에 대한 부정적 이미지를 비판했다.[330] 영국군에는 특히 많은 힌두교도와 무슬림들이 있었던 것처럼, 오스만 제국 군대에는 많은 아르메니아인과 그리스인들이 있었다. 다른 한편으로 인종 이론과 우생학은 독일과 프랑스의 경쟁 관계를 뒷받침해 주는 이론으로도 영향력을 발휘했다. 인종 이론과 우생학은 비유럽 지식인들에게 아시아와 이슬람, 힌두교, 서양 사이의 문명적 평등을 주장할 때 발생하는 복잡한 문제를 피하면서 민족 통일과 평등으로 나아가는 지름길을 제시했다. 결국 인종 이론은 유럽의 중심 도시들에 적용되면서 유럽이 전 세계적 인구 혼합으로 몰락할 것이라는 예언으로 이어졌다. 하지만 백인의 순수성 소멸을 예언하는 회의적인 우생학적 인종 이론은 어떤 면에서는 제국적인 세계시민주의가 달성한 성과를 뚜렷하게 보여 주었다.

종교·민족·인종·지역 정체성은 계속 존재했는데도 제국주의 전성기의 지식인들은 전 지구적으로 서로 소통하고 연대하던 열린 인류에 관한 인상적인 그림을 만들어 냈다. 하지만 우리는 여전히 국제화와 협력으로 나아가는 경향에 한계가 있었다는 사실을 주목해야 한다. 예를 들어 19세기가 저물어 갈 무렵에 가장 성공적이던 비정부 국제기구는 적십자였는데, 다양성이나 각 지역의 문화적 맥락에 잘 적용한 것이 성공 배경이었다. 예를 들어 그들은 무슬림 국가들에서는 조직의 명칭을 적십자에서 적신월로 개명했다.

사회주의자와 무정부주의자, 평화주의자, 실증주의자, 민족주의자, 생시몽 주의자 등 많은 사상가는 자기들의 사상이 보편적인 성격을 지닌다고 주장했다. 그들은 모두 유럽에서 발생했지만, 신기하게도 다른 지역으로 널리 확산되었다. 무정부주의 사상과 사회주의 사상에 바탕을 두었던 지중해 동부 지역의 급진주의는 일함 쿠리 막디시Ilham Khuri-Makdisi가 보여 주었듯이 동시에 무슬림-아랍적 맥락에 그 사회적 뿌리를 두고 있었으며, 그곳에서 커다란 호응을 얻었다.[331] 아흐메드 르자Ahmed Riza 같은 청년 튀르크 운동 출신 망명자는 프랑스 파리에 있던, 오귀스트 콩트Auguste Comte까지 거슬러 올라갈 수 있는 실증주의 단체에 우호적으로 받아들여졌다. 이들 실증주의 단체는 인종 서열을 명백하게 반대했으므로 무슬림 상류층에서뿐 아니라 브라질 가톨릭에도 영향을 미쳤다.[332] 국제 여성운동은 원래 기독교 사회에 집중되어 있었지만, 무슬림 사회나 불교 사회에도 자기 사회에서 여성의 지위를 개선하기 위해 나섰던 활동가나 여성 지식인들이 있었다.[333]

이슬람 사회와 힌두교 사회, 불교 사회에서 만들어진 지적이고 정치적인 비전들은 전 지구적으로 구획된 공동체 정체성을 재생산해 냈다. 그러나 이들 정체성은 신학적이거나 지역적인 성격을 지니지 않았다. 반대로 그들은 세계시민주의적이고 보편적인 이데올로기들과 만나 새로운 영감을 제시했다. 그 결과 국제 문제에서, 혹은 인종 범주에서 여전히 무슬림이나 힌두교도, 아시아인 혹은 아프리카인으로 여겨지면서도 신념에 찬 무정부주의자나 사회주의자가 될 수 있었다.

러일전쟁과 비유럽 지역의 '각성'

제국주의의 전성기에 범민족주의적 '냉전'이 갖는 국제정치적 차원은 1905년에 러시아를 상대로 일본이 거둔 승리에서 가장 뚜렷하게 읽을 수 있다. 1905년의 러일전쟁은 동아시아에서 러시아와 영국, 일본 제국의 이해관계가 충돌한 제국주의 전쟁이었다. 하지만 인종과 문명, 세계 질서에 관한 전 세계적 토론을 통해 드러난 내용과 정치적 특성 때문에 일본의 승리는 전 세계에서 '황인종'에 속하는 아시아 제국이 '백인'과 '기독교', '서양' 제국에 맞서 거둔 최초의 승리로 해석되었다. 일본의 승리가 무슬림 세계뿐 아니라 동아시아와 동남아시아에서도 열광적으로 받아들여졌다는 사실은 이 모든 지역이 서로 연결되어 있었으며, 인종이나 문명, 진보 같은 정치적 의미를 가진 주제를 중요시하는 세계 여론이 존재했다는 것을 보여 주었다. 그에 따라 러시아에 대한 일본의 승리가 가지는 세계사적인 의미는 바로 전쟁 직후 그것이 미칠 영향에 관해 논평했던 폭넓은 동시대 관찰자들이 언급했다. 일본의 승리가 제국 간 관계의 차원보다 오히려 인종적·문명적 관점하에서 토론되었다는 사실은 지역적인 지정학이 제국 사이의 세력균형 변화보다 훨씬 중요했다는 사실을 잘 보여 준다.

제국적 관점에서 살펴볼 때 일본 제국은 한국과 만주에 대한 패권을 둘러싸고 러시아와 다툰 것이었다. 일본의 군사적 승리는 적어도 부분적으로는 당시에 서양에서 최강의 제국이자 일본 제국의 전략적 동반자였던 영 제국이 제공한 지원 덕분이었다. 일본 지도층은 일본 제국의 문명화된 상황을 입증해 주는 상징으로서 영일동맹에 매우 자부심을 갖고 있었다. 반면에 영일

동맹에 관해 잘 인지했던, 이집트의 지도적 인물인 무스타파 카멜 파샤Mustafa Kamil Pasha 같은 무슬림 지식인들은 일본의 승리가 영국의 이해와 맞물려 있다는 사실을 잘 알면서도 '일본의 승리'를 영 제국에 대항하는 '황인종의 승리'로 주장했다.[334] 유럽 제국이 아시아와 아프리카를 지배할 정당성은 늘 세계의 다른 지역에 대한 유럽의 인종적 우월성과 밀접하게 연관되어 있었기 때문에, 비서구에 속하는 지식인인 무스타파 카멜 파샤가 보기에 비유럽 제국에 대한 러시아 제국의 패배는 지역과 문명, 인종의 평등을 내세울 명분으로 사용될 수 있었다.

아시아와 이슬람, 아프리카의 논평자 대부분뿐 아니라 미국의 아프로아메리카인 논평자들조차 일본의 군사적 승리를 통해 자기들의 투쟁 명분이 도덕적으로 강화되었다고 느꼈다. 반면에 유럽의 관찰자들은 일본의 국력이 지속적으로 강화되면 서양의 이해관계에 잠재적인 위협이 된다고 판단했다. 이란과 튀르크, 이집트의 신문에는 일본에 관한 수많은 글이 게재되었는데, 그들은 일본의 군사적 승리가 아시아의 '각성'에 미칠 긍정적인 영향에 관해 의견을 개진했지만, 여기서 머물지 않고 다른 아시아 사회들이 일본의 개혁으로부터 교훈을 도출해야 한다는 주장도 제기되었다. 훗날 인도의 총리가 된 자와할랄 네루Jawaharlal Nehru는 자서전에서 러일전쟁에 관해 어떤 소식이 왔는지 보기 위해 그날 아침에 초조하게 영자 신문을 기다렸으며, 일본의 승리 소식을 얼마나 열렬히 기뻐하고 자부심에 찬 채 받아들였는지 적었다. 일본의 승리가 인도의 국민운동을 위해 지니는 의미에 대해 열정적으로 토론했을 때, 네루도 예외는 아니었다.[335] 훗날 유네스코 창설에 동참했던 앨프리드 치메른Alfred Zimmern은 진행하던 옥스퍼드 대학 고대 그리스사 강의를 도중에 중단하고, 그 대신에 학생들에게 아마 "우리 시대에 발생했거나, 앞으로 발생할지도 모를 사건 가운데 가장 중대한 사건", 다시 말해 '비백인이 백인을 물리친 사건'에 관해 강의했다.[336] 중국의 민족운동 지도자 쑨원孫文은 수에즈 운하를 통과하는 선상에서 이집트인들에게서 일본의 승리 소식과 함께 축하 인사를 받았을 때 마찬가지로 놀라고 기뻐했다. 중국 민족주의자였던 쑨원은 평범한 이집트인들이 중국인 승객에게 일본의 승리 소식을 전하며 기꺼이 축하해 주었을 때 그들과 생생한 연대감을 느낄 수 있었다.[337] 베트남 혁명가 판보이쩌우潘佩珠도 이와 유사하게 러일전쟁이 베트남의 민족적 자각을 위해 미친 영향을 강조했다.[338] 버마의 민족주의 지도자인 바 모Ba Maw도 회고록에서 일본의 승리가 어린 시절 자기의 심리에 남긴 강한 영향을 언급했다.[339] 일본의 승리가 지니는 의미에 관해 튀르크와 아랍, 페르시아, 인도, 베트남, 중국의 민족주의자들이 쓴 수많은 기사와 논평들은 인종적으로나 문화적으로 자기들이 영원히 우월하다는 서양의 주장이 좌절된 것으로 평가하면서 전쟁의 결과가 아시아인의 각성을 보여 주는 증거라고 보는 해석을 널리 전하고 일반화하는 데 기여했다. 1905년 이후에 나타난, 수많은 비서구 사회의 지식인과 여론의 일본 모델 언급은 여러 지역의 다양한 정치적 비전들이 공유하는 전 세계적 보편 가치를 보여 주었다. 아시아와 아프리카의 논평자들이 일본 모델에서 강조한 것으로는 약소민족과 국가의 자강, 외부 세력의 지배로부터의 독립, 인종 평등, 사회적 진보, 입헌적 권리, 대중 교육 등이 있었다.

러일전쟁과 같은 전 지구적 사건은 국제 관계사에 지대한 영향을 주었다. 그것은 아시아 지역들과 무슬림 세계, 아프리카 여론이 한 목소리를 낸다는 사실뿐 아니라, 유럽이 주장하는 기존의 서열화된 인종 이론을 러일전쟁이 산산조각 냈다는 사실도 분명히 했다. 결과적으로 그것은 기존 세계 질서의 정당성을 뒤흔들고 새로운 대안적 비전을 모색하도록 촉진했다. 예를 들어 지도적인 오스만 서구주의자였던 아브둘라흐 제브데트Abdullah Cevdet는 1905년에 르봉을 만났을 때 유럽 사상가들은 어떻게 해서 일본을 인종 서열에서 가장 밑바닥에 배치하는 실수를 범할 수 있었는지 물었다.[340] 일본의 사례는 1905년의 세계 정치에 관한 그 어떤 토론에서도 빠질 수 없었다. 유럽의 인문과학자들과 언론들이 19세기의 마지막 25년 동안 널리 확산시킨, 인종주의적이고 천부적이라고 여겼던 문명의 서열이 일본의 사례로 말미암아 의문시되었기 때문이다. 동양의 첫 강대국으로 급격히 성장한 일본의 사례는 아시아가 식민지를 벗어나 서양과 대등한 파트너가 되는 새로운 세계 질서에 대한 비전을 고무했다.

하지만 러일전쟁 직후에 백인과 기독교 서양 문명의 우월성에 맞서는 정신적 대결에서 승리했다는 비서구 지식인들의 느낌은 국제 질서의 주축으로서 제국이 갖는 현실적 의미를 축소시키지 않았다. 타 문명의 정체성과 몰락, 열등성을 주장했던 유럽인들의 이론에 대한 비서양인들의 비판과 수정은 제국들을 포함한 세계 질서를 창조하는 데 필요했지만, 충분한 전제 조건은 아니었던 것이다. 일본의 승리는 각 지역에 남아 있는 독립적인 제국들이 열등한 문명이 아니라는 것을 증명하기 위해서는 무엇보다 강한 군사력이 필요하다는 사실을 분명히 보여 주었다. 적지 않은 아시아주의자는 동아시아 지역 혹은 인도를 위해서 일본의 군사력을 사용하는 것을 꿈꾸었다. 따라서 무슬림 지식인들은 오스만 제국이 자국의 개혁 자강 프로그램을 통해 군사 강국으로 거듭나 식민 지배하의 무슬림들을 도덕적으로, 외교적으로 지원해 그들이 해방을 달성하는 데 기여할 수 있기를 희망했다. 어떤 무슬림 지식인들은 심지어 황인종과 무슬림의 동맹을 계획하거나, 일본 천황을 무슬림으로 개종시켜 그가 무슬림 문제를 더 잘 이해할 수 있게 만들기를 희망했다. 이런 희망은 오스만 칼리파뿐 아니라 친서구적인 일본 지도부에 모욕적으로 여겨질 수도 있었지만, 강한 제국의 이미지가 무슬림 여론에 지속적으로 영향을 준다는 사실을 보여 주었다. 그러나 더 많은 무슬림은 청년 튀르크당의 주도하에 강력한 지역 세력으로서 무슬림 제국이 부활하기를 희망했다. 사람들은 청년 튀르크당이 오스만 튀르크를 '근동의 일본'으로 전환할 수 있을 것으로 믿었다.[341] 아직 영국의 보호령에 머물러 있는 하이데라바드 번왕국도 이와 비슷한 기대를 받았다.

러일전쟁은 제국들이 지배하는 세계 질서와 관련해 인종과 문명화의 논리가 재지역화된 세계에서 갖는 힘을 분명히 드러냈다. 러시아에 대한 일본의 승리가 제국들 사이의 국제적인 권력 지형도라는 관점에서 보면 별로 특이한 사건이 아닐지도 모르지만, 1905년은 지역주의의 힘, 제국의 정당성과 문화적·인종적 정체성의 결합이라는 측면에서 세계사적인 전환점이었다. 일본의 승리는 정치적 자치와 평등을 요구하는 비유럽 지역의 지식인들과 정치 운동 그룹이 더 단호하게 자기들의 입장을 제시하고 더 강한 자신감을 갖게 했다.

세기 전환기에 그토록 완강해 보였던 유럽 중심적인 세계 질서는 시험대에 올랐고 새로 협상되어아 했다. 유럽 제국을 띠받드는 엘리트들은 지역주의적인 요구를 자기들의 헤게모니에 대한 위협으로 보아 무슬림의 위험성과 흑화黑禍, 황화라는 담론을 만들어 냈는데, 이에 맞서 비서구 지식인들은 즉각 '백화'라는 담론으로 반응했다. 동시대인들도 전 지구적인 두 가지 공포 담론이 동시에 공존한다는 사실을 인지했다. 그렇다고 이런 상황이 제국들의 비전에 막대한 장애를 초래한 것은 아니었다. 제국들은 새로운 상황에 적응할 능력을 갖고 충분히 있었으며, 필요하면 다양한 식민지 백성 그룹들을 적극적으로 제국에 연계해 그들의 충성을 확보할 수 있었다. 제국의 지배력을 강화하기 위해 식민 제국들은 한편으로는 그들을 제국 체제에 더욱 통합하거나 민주화하는 전략을 채택했으며, 다른 한편으로는 강한 탄압 정책을 시행했다. 이런 방식으로 입헌주의 혁명이나 자유주의는 대량 학살이나 인종 학살과 공존했다.

인도에서 일어난 스와데시 운동과 이집트에서 일어난 딘샤웨이 사건은 러일전쟁 이후의 시기에 반식민 민족주의 운동의 상징이 되었다. 스와데시 운동은 1905년에 영국 식민 관리들이 벵골 지역을 힌두교 지역과 무슬림 지역으로 분리한 것에서 촉발됐다. 투쟁 도중에 힌두교도들이 대부분 주도했던 분리 반대 저항운동은 영국 식민지 관리들에 대한 민족적 저항으로 변화했다.

1906년의 딘샤웨이 사건은 영국 식민 당국이 이집트 마을 주민을 부당하게 처벌한 것을 계기로 이집트의 반식민 민족주의를 불붙게 한 사건이었다. 영국 식민 당국은 오스만 제국의 술탄 압뒬하미드 2세가 영국 편에 서서 사태를 진정시키기 위해 개입해 줄 것으로 기대했지만, 술탄은 식민 당국의 판결을 지지해 주기를 거부해 오스만 제국과 영국의 관계는 한층 긴장에 휩싸였다. 오스만 제국이나 이집트의 민족운동에서 영국이 압뒬하미드 2세에게 품었던 앙심은 시나이반도를 둘러싼 국경분쟁에서 이집트 민족주의자들이 오스만 측의 주장을 지지한 후에 더욱 증폭되었다.

20세기의 첫 10년 동안 다른 유럽 식민 제국들에 대한 저항도 점차 증가했다. 제국 열강들은 자기들을 위협하는 이러한 도전에 맞서 막강한 군사력을 동원했다. 나미비아에 있던 독일제국의 식민지에서 헤레로족과 나마쿠아

족을 상대로 자행된 인종 학살은 자유주의적인 제국 세계에서 결코 독일제국만이 보인 특수한 사건이 아니었다. 자기들 스스로 문명화되었다고 자칭했던 제국들이 스스로 야만적이라고 보았던 수단을 동원했다. 그리고 그들은 단지 '야만적인' 상대방이 동원한 수단을 그대로 사용한 것뿐이라는 식으로 자기들을 정당화했다. 1900년에 의화단 봉기를 진압하기 위해 8개국이 개입했을 때 자행된 북경 약탈은 국제법이 불법으로 규정하고 금지하는 행위를 묵인하기로 제국들 사이에 모종의 합의가 있었다는 사실을 잘 보여 주었다. 유럽 식민 제국들은 식민지 당국들이 해외에서 교양 있게 (문화적 수준을 유지하면서) 처신하기를 요구하는 여론의 압박을 의식해서, 자기들은 다른 제국들보다 더 품위 있게 행동한다는 점을 강조했다. 벨기에 왕 레오폴 2세의 소유지였던 콩고 자유국에서 원주민들에게 자행된 야만적 행위가 알려지자 여론이 경악하고 국제사회의 압력이 있었지만, 식민 지배는 종식되지는 않고 관할이 국왕의 지배에서 벨기에 국가의 지배로 이양되었다. 영국 식민 관료들의 실제 행태는 식민지 주민들의 시선에서 볼 때 독일이나 러시아의 식민 당국과 비교해 질적으로 별다른 차이를 보이지 않았지만, 영 제국은 자국이 독일제국 또는 러시아 제국, 벨기에 제국보다 훨씬 문화적으로 수준 있게 통치한다고 생각하는 경향이 있었다.

제국들을 계급에 따라 분류하려는 시도도 제국 간 경쟁에 해당하는 일이었다. 일본 제국이 1910년에 한국을 병합했을 때 유럽에서는 일본이 과연 한국을 문화적 수준을 지키면서 다스릴 수 있을지 회의적으로 보는 시선이 있었다. 이에 일본은 자국과 한국 사이에 유사점이 있다는 점을 제시하며 대응했다. 일본 제국 지도부는 인종 서열에 기반을 둔 유럽 제국들과 달리 다양한 백성 사이에 인종적인 조화가 이루어지도록 노력한다는 것을 부각했던 것이다.[342] 오스만 제국은 자국과 아랍 지역이 연결되어 있다는 점을 강조하고, 자기들이 무슬림의 제국이라는 점을 과시하기 위해 튀르크인과 아랍인들이 같은 종교를 갖고 있다는 점을 지적했다. 그들에 따르면 아랍 지역은 오스만 제국이 아니면 기독교와 백인들의 지배를 받게 될 텐데, 그렇게 되면 아랍인들의 삶은 훨씬 악화될 수 있다고 보았다.[343] 일본이나 오스만 제국이 보인 행태는 범아시아주의 개혁이나 범이슬람주의 개혁을 내세우는 경쟁자들을 뒷받침해 주는 모델이 되었다. 이와 비슷하게 아프리카에서 에티오피아 제국의 대두는 흑인의 부활을 기대하게 하는 모델이 되었다.

러일전쟁 이후에 얼마 지나지 않아 유라시아 공간에서는 네 개의 중요한 입헌주의 혁명이 일어났다. 1905년의 러시아 혁명과 1906년의 이란 혁명, 1908년의 튀르크 혁명, 1911년의 중국 신해혁명이다.[344] 특히 주요 비유럽 제국에서 일어난 마지막 세 혁명은 교육받은 청년 세대가 주도했던 혁명으로서 비유럽 제국이 스스로 개혁에 성공한 모델로 여겨졌다. 그래서 이 세 혁명은 '동양의 각성' 시대가 왔다는 자부심을 불러일으켰다. 기존의 비유럽 제국이 개혁에 성공하고 새로운 자부심을 갖게 되는 변화 외에 아시아와 아프리카에서 유럽 제국이 맞이할 미래와 관련된 또 다른 지적·정치적 도전이 일어났다. 하지만 아시아 제국의 재건과 반식민주의 운동의 대두가 필연적으로 유럽 중심적인 세계 질서의 종식을 뜻하는 것은 아니었다. 정반대로 유럽 식민 제국들은 반식민주의 운동을 진압하기 위해 우월한 군사력과 강력한 국가 공권력을 동원했다. 물론 이런 통치 전략 때문에 문명화 사명이라는 이데올로기는 그 신뢰성을 잃게 되었다. 비유럽 지역에서 민족주의가 강화되고 개혁이 시도되었는데도 19세기 후반과 20세기 초에는 전 세계에 존재하는 국가의 수가 계속 줄어들었다. 소규모 국가들이 제국 열강에 의해 보호령이나 직할 식민지로 계속 흡수되었기 때문이다. 1913년은 근대사에서 독립된 정치체의 수가 가장 적었던 해다. 아메리카 대륙을 제외한다면 이들 가운데 제국이 가장 많은 수를 차지하고 있었다. 당시의 많은 활동가가 보기에 이렇듯 제국으로 구성된 세계 질서는 1913년에 절대적으로 안전해 보였다. 제1차 세계대전이 발발하기 전의 10년 동안에 타 지역에 대한 유럽의 문명적·지역적 헤게모니와 정당성은 급격히 부식되었던 반면에 유럽의 제국적 권력은 여전히 확고했다.

제1차 세계대전 이전에 무슬림과 아시아인, 아프리카인의 '각성'이라는 생각 속에는 분명히 아시아인과 아프리카인, 무슬림의 쇠락과 후진이라는 사회진화론적 사고가 스며 있었다. 1905년 이후의 청년 튀르크당이나 그와 비슷한 인도와 중국의 개혁 운동들은 다윈의 이론에 대한 스펜서식 해석을 선호해 자국의 후진성은 일시적인 현상이며 이제 아시아인과 아프리카인, 무슬림의 세계가 깨어나고 있다고 믿었다. 비유럽 지역들이 이제 깨어나고 있다는 주장과 연결되어 있던 것이 바로 입헌주의와 의회, 무정부주의, 사회주의, 인종 평등이라는 보편주의적이고 국제주의적인 비전이었다. 오스만 제국과 이란, 중국에서 입헌주의 운동을 주도했던 인물들은 다른 지역에서 진행 중인 발전을 주의 깊게 관찰했으며, 무정부주의나 사회주의, 실증주의같이 지역 경계를 넘어 전 지구적인 성격을 지닌 여러 사상과 비전, 운동에 관해 잘 인지하고 있었다. 이것이 바로 지역과 제국의 서사를 보완하는 차원이었다. 중국에서도 1911년의 혁명으로 1912년에 청 제국이 무너졌을 때 새로 건국된 입헌 공화국은 중국의 몰락을 보여 주는 징후가 아니라 한 문명에 속하는 다섯 민족으로 구성된 제국을 재건하는 수단으로 인식되었다. 1906년의 이란 입헌주의 혁명은 국경을 넘어 많은 혁명적 지식인에게 영감을 불어 넣었다. 오스만 제국에서는 헌법을 보유하고 제국을 중심으로 결속한 오스만 제국의 세계 시민주의적 전통이 기독교에 속하는 주민들 사이에서 민족주의가 가져올지도 모르는 위기를 극복할 수 있다는 사실을 보여 주었다. 혁명은 제국에 속한 모든 인종과 종교의 열광적인 지원을 받았기 때문이었다.

기존의 문명 담론과 인종 담론에 맞섰던 이슬람과 아시아, 아프리카의 지식인들이 내세운 반대 담론 전략은 유럽과 아메리카의 지식인들에게도 정치적 사고를 새롭게 하도록 자극을 주었다. 1910년에 창간된 미국 잡지인 《인종 개발 잡지The Journal of Race Development》(훗날 《포린 어페어스Foreign Affairs》와 합병되었다.)의 제목에서 보이듯이 국제 관계에 대한 토론이 사실상 인종 관계 토론으로 재구성된 것도 바로 이런 맥락에서였다. 국제 질서 분야에서 전 지구적으로 지식의 근본 패러다임에 관해 새롭게 사고하기 시작하는 뚜렷한 변화를 보여 주는 또 다른 중요한 사례는 1911년에 런던에서 개최된 제1차 세계 인종 회의였는데, 이 행사는 비서구 지식인들의 비판이 세계적으로 성공을 거두었다는 사실을 잘 드러내 주었다.[345] 이 회의에 앞서 1907년에 러시아의 지도적인 무슬림 지식인 이스마일 가스프린스키Ismail Gaspirali가 함께 조직해 카이로에서 열렸던 범이슬람 회의처럼 여러 지역적인 모임이 있었다.[346] 지식인과 정치 활동가들의 네트워크가 형성되면서 국경을 초월히는 소통과 연대의 장이 생겨났으며, 런던이나 파리 같은 유럽 제국들의 수도에서도 유사한 운동과 단체들이 생겨났다. 세계 인종 회의는 민족주의와 범이슬람주의의 무기로 등장한 문명, 동서양의 조화, 협력에 관한 새로운 담론이 국제정치적으로 어떤 의미를 갖는지 잘 드러내 주었다. 그 담론들은 제국 중심의 세계 질서에 변화를 초래할 수 있을 만큼 충분히 탄력적이고 융통성이 있었다. 이 회의는 영 제국의 진보적인 단체가 조직했으며, 런던에서 1000여 명의 대표가 모였는데, 그중에는 영 제국에 속하는 전 세계의 저명한 무슬림 개혁가들도 있었다. 회의는 세계 질서가 겪고 있는 정치적·경제적 위기 사이의 긴장 관계를 해소할 방안을, 그리고 이 위기를 분석해 낼 수 있는 지식의 카테고리를 찾고자 했다. "이 회의의 목적은 학문과 근대적 양심에 비추어 서양인과 동양인, 이른바 백인과 유색인 사이의 전반적인 관계에 관해 토론하고, 그것을 기반으로 이들 사이에 완전한 상호 이해와 친밀한 느낌, 따뜻한 협력을 촉진하는 것이다."[347]

런던에서 열린 세계 인종 회의는 한편으로는 유럽의 지식층과 이슬람, 아시아, 아프리카의 지식층 사이에 존재하는 전 지구적인 불평등과 비대칭성을 지적했지만, 다른 한편으로는 제국의 중심 도시들에는 민족주의 진영과 범민족주의 진영으로부터 오는 신랄한 비판에 직면해 백인·기독교 제국이 전 지구를 지배하는 것이 정당한지 검토하고 변화를 시도할 필요가 있다는 의식도 존재한다는 것을 보여 주었다. 이런 종류의 회의에서 가장 중요한 점은 비서구 제국이나 자강 운동과 마찬가지로 비서구의 여론과 지식인들의 단호하고 적극적인 목소리가 유럽 중심적인 세계 질서에 강력하게 문제를 제기했다는 깨달음이었다. 동시에 유럽 제국이 가진 문명화 사명이라는 이데올로기에 대한 비판은 국가 관계의 구조나 국제법의 보편성이 국가 주권에 대한 보편적인 존중 위에 성립된다는 사실을 확증해 주었다. 사실 유럽 제국들이 문명화나 인종적 우월성을 내세우면서 비유럽의 제국과 국가들의 주권을 침해했다는 비판은 비유럽인 국제법학자들이 가장 자주 제기해 온 비판 가운데 하나였다.[348] 제1차 세계대전 전야에 비서구의 지식인과 엘리트들은 서양의 문화적 우월성에 대해, 그리고 그것이 국제법에 미친 영향에 대해 강력하게 문제를 제기했다. 제1차 세계대전 동안에 유럽과 식민지에서 펼쳐진 유럽 제국들 사이의 각축전은 제국으로 이루어진 옛 세계 질서를 근본적으로 바꾸고, 문명화 사명에 대한 서양의 자신감을 심각하게 뒤흔들어 놓았다. 하지만 우리는 1905년에서 1914년에 이르는 시기에 유럽 제국에 밀려왔던 전 지구적인 변화와 도전을 주시하고, 그것을 세계대전이 촉진한 일대 변화와의 연관성 속에서 바라보아야 한다.

러일전쟁과 제1차 세계대전 사이에 지역 중심의 비전이 무게를 얻게 된 결과, 처음에는 유럽 제국들 사이에서 촉발되었던 전쟁이 빠른 시간 안에 범민족적 연대의 논리 속으로 빠져들어 갔다. 지역들은 군대도 정부 기구도 없었다. 제국들만 군대를 보유했으며, 1914년에 전투를 시작한 것은 오직 그들이었다. 그러나 지역적·인종적·문화적 정체성이 의사 결정 과정과 국제적인 사안에 대한 이해, 미래의 세계 질서에 대한 새로운 비전에도 영향을 미쳤다. 1914년에서 1924년 사이에 세계 질서를 변화시킨 지역적 배경에는 제1차 세계대전뿐 아니라 볼셰비키 혁명과 윌슨주의, 일본 제국주의의 대두, 오스만 제국의 몰락 등도 포함된다. 물론 그렇다고 제국들 사이의 관계와 반식민주의 민족운동이 가진 의미가 줄어들지는 않는다. 제국 서사와 민족 서사 각각의 문제점을 보완하고 두 서사가 서로 충돌하는 모순된 측면을 해결하려면 이 두 가지 측면을 모두 고려해야 한다.

제1차 세계대전이 임박했을 때 제국들의 세계 질서는 견고한 듯 보였다. 하지만 이와 동시에 다양한 민족적·범민족적·인종적 정치 운동들은 전 세계를 지배하는 제국들을 개혁하고 변화시키며 그 권력을 제한하거나 심지어 다른 체제로 대체하려고 투쟁하고 있었다. 제국들은 여전히 전 세계의 수많은 주민을 지배하면서 그들의 충성을 얻어 낼 수 있었는데, 이를 위해 점차 강화된 국가 공권력과 관료 조직을 동원했다. 하지만 제국들이 점점 자기들의 민족적·인종적 성격을 강조하면서 당시의 주요 제국들은 그들의 정당성을 수호하기가 어려워졌다. 더욱 중요한 것은 제1차 세계대전이 임박했을 무렵에 유럽 제국들이 내세웠던 문명화 사명은 이미 수많은 식민지의 언론이나 활동가들의 여론에서 그 신뢰를 상실했다는 사실이었다. 제국의 미래에 회의를 품은 수많은 정치적 흐름이 있었다. 사회주의와 무정부주의, 민족주의, 사회진화론 같은 보편 사상이 그들에게 이론적 배경을 제공해 주었다. 이와 동시에 제국의 시민권을 누구에게나 부여해 달라는 목소리도 점차 높아졌다. 특히 제국을 연결하는 네트워크와 연대는 범민족주의 운동 진영에서 중요한 정치 프로젝트로 발전했는데, 이들은 한편으로는 중심 질서에 도전장을 내밀면서도 다른 한편으로는 제국이 보유한 이동 인프라에 의지했다.

제국 간의 경쟁과 갈등은 세계를 하나로 만들고자 하는 보편주의적 정치 프로젝트나 각 지역의 자치와 특성을 존중하는 지역적 정치 프로젝트 모두에 걸림돌이 되었다. 예를 들어 어떤 뱅골 민족주의자는 영 제국에 대적하는 자기의 정치적 비전과 적대감을 힌두교 단어나 아시아 정체성을 동원해 표현하는 동시에 독일제국을 잠재적인 서방 동맹국으로 보기도 했고, 유럽 열강 사이의 갈등을 보면서 그것이 인도에 긍정적인 영향을 줄 것으로 기대하기도 했다.[349] 영국이나 네덜란드의 식민지로부터 메카를 방문한 수많은 무슬림 순례자는 오스만 제국에 속한 도시에서 교육기관이나 자선단체를 통해 서로 연대하고 조직을 구성했지만, 그들 가운데 어떤 사람들은 여행 도중에 귀국 여비가 없어서 난감한 지경에 빠지면 제다에 있던, 자기들을 지배하는 영 제국이나 네덜란드 제국의 대표부인 대사관을 찾아가 보호나 귀국 여비 지원을 요청했다. 이와 유사하게 독일 황제 빌헬름 2세는 1898년에 예루살렘을 방문해 그곳의 첫 독일 개신교회의 헌당 예배에 참석했을 때, 자기가 무슬림 세계의 수호자라고 선언했다. 독일이 러시아와 프랑스, 영국과 전략적으로 경쟁하는 상황에서 유럽 제국들에 대한 무슬림들의 적대감을 자기에게 유리하게 이용하려는 의도에서였다. 물론 그는 자기가 백인이고 유럽인이며 기독교도라는 데 자부심을 갖고 있었다.[350] 오스트리아-헝가리 제국의 보호령에 살던 보스니아 무슬림들은 20세기 초에 그들이 오스만 제국으로 돌아갈 수 있을 것이라는 희망을 접고, 민족주의보다는 그들의 새로운 다인종 제국에 더 많은 희망을 부여했다.

　　1914년에 '일어날 것 같지 않았던' 거대한 전쟁이 제국 간 동맹에 뿌리를 둔 유럽 전쟁으로 발발하자, 그 전쟁은 순식간에 민족주의적이고 범민족주의적인 정치 비전과 깊숙하게 연루되었다.[351] 전쟁의 배경과 진행, 결과에 관한 인종 담론과 지역 구성, 정치 프로젝트들은 전혀 예상치 못했던 모순된 결과를 초래했다. 제1차 세계대전의 결과 동유럽과 근동이 재편되었고 아시아와 아프리카에서는 제국들의 정당성이 붕괴했지만, 라틴아메리카에 미친 영향은 그리 크지 않았다. 당시에 수많은 주요 사건과 정치적 변화가 전 지구적으로 거의 동시에 일어났는데도 세계대전이 미친 영향은 지역에 따라 차이를 보였다. 동유럽에서는 우드로 윌슨Woodrow Wilson의 민족지결주의에 따라 열 개의 새로운 민족국가가 독립했다. 반면에 무슬림이 다수를 차지하는 지역들은 제국들이 새로운 비율로 나누어 식민지로 삼았다. 마치 식민지 시대 아프리카를 둘러싼 쟁탈전이 이제 근동 지역과 중동 지역으로 확산된 것처럼 보였다. 이보다 더 중요한 것은 밸푸어 선언과 이스탄불 점령에서 나타난 영국의 팔레스타인 정책이 영 제국의 지배를 받던 무슬림들의 소외와 과격화를 촉진했다는 것이다. 영 제국 치하의 무슬림들은 영 제국이 1억 명에 달하는 무슬림을 다스린다는 사실에 비추어, 영 제국의 이러한 정책을 자기들의 정당한 요구에 대한 모욕으로 느꼈다. 비서구 사회의 지식인들은 전쟁을 통해 유럽이 파괴되는 양상에 주목하면서 '서구 문명'의 업적에 회의를 제기했고, 아시아와 아프리카, 무슬림 세계의 각성에 관한 기존의 담론에 서구의 몰락이라는 새로운 서사를 추가했다. 종전 후 터키와 중국의 발전에서 전형적으로 드러나듯이 당시에는 국가 중심적이고 친서방적인 개혁 프로젝트들이 강력해진 아프리카, 아시아, 무슬림 세계의 통일이라는 명분으로 제기된 서구 비판과 공존하고 있었다.

제1차 세계대전이 끝난 후 러시아 제국과 독일제국, 오스트리아-헝가리 제국, 오스만 제국은 해체되었지만, 영 제국, 프랑스 제국, 일본 제국, 이탈리아 제국은 자국의 제국주의 정책을 중단할 이유가 없었다. 따라서 민족자결주의나 국가의 자치라는 사상은 국제적으로 그 정당성을 인정받았으면서도, 이 사상의 미래는 한편에서는 제국이라는 현실과 충돌하고 다른 한편에서는 지역 간 연대에 기초한 범민족적 정치 프로젝트와 충돌했다. 1914년에서 1924년에 이르는 10년간의 전환기는 전체적으로 제국적·민족적·지역적 정치 비전 사이의 균형에 큰 변화를 초래했다. 이들 가운데 어느 한 측면도 그 중요성을 잃지 않으면서 새로운 타협을 이루고 새로운 관계를 맺었다. 따라서 지역적 정치 비전에 초점을 맞추면 지금까지 제1차 세계대전과의 맥락에서 민족주의와 탈식민화가 전 세계에 미친 영향을 강조하면서 지역적인 차이를 충분히 주목하지 않았던 기존 역사 서술을 보완하게 된다. 볼셰비키 혁명이 미친 극적인 영향에도, 그리고 사회주의적 국제주의를 촉진한 러시아의 출현에도 불구하고 아시아와 아프리카, '무슬림 세계'의 범민족적 지역주의는 전쟁 중이나 종전 후에도 여전히 그 중요성을 잃지 않았다.

돌이켜 볼 때 각 제국의 소수 책임자 집단이 내린 여러 정치적 결정이 전세계에서 6000만 명을 전쟁터로 몰아넣어 그 가운데 800만 명 이상을 죽음으로 이끌면서 세계 질서를 바꾸어 놓았다는 것은 역설적으로 보인다. 정치적 결정을 내린 사람들은, 그리고 그들을 뒷받침하는 여론은 전쟁이 오래 가지 않을 것이며 당시까지 추진해 온 외교 동맹의 연장선상에서 제국 사이의 문제가 해결될 것으로 생각했다. 크리스토퍼 클라크Christopher Clark는 "이렇게 볼 때 전쟁 발발은 비극이었지 범죄는 아니었다."라고 주장한다.[352] 아마도 제1차 세계대전은 사실상 '일어날 것 같지 않았던' 전쟁이었다. 전쟁은 명백히 빈과 런던, 베를린, 모스크바에 있던 정책 결정자들이 잘못 판단한 결과로 발발했다. 제국의 정책 결정자들은 이 전쟁이 4년 동안 여러 대륙에 걸쳐 전개될 것이라는 사실을 전혀 예측하지 못했던 것이다. 유럽 강대국의 협력 체제[18]를 대체했던 동맹 체제에 따라 각 제국은 연쇄적으로 반응했으며, 외교적인 판단 착오가 줄줄이 이어졌다. 게다가 세계에 대한 유럽 여론의 인식을 특징짓는 방식인 '감성, 정체성, 두려움'을 포함해 제임스 졸James Joll이 '암묵적 추정 unspoken assumptions'으로 묘사한 것도 있었다.[353] 당시에 유럽 제국 최고 지도층의 머릿속에는 두려움과 자기 인식, 이해관계 분석이 복잡하게 얽혀 있었기 때문에, 그들이 내린 결정은 궁극적으로 심사숙고한 일관성 있는 결정이 아니라 시간의 흐름에 따라 우발적으로 내린 판단 결과였다.[354] 1914년 여름에는 이 전쟁이 윌슨이 이끄는 미국의 참전이나 러시아의 볼셰비키 혁명으로 이어지는 거대한 변화를 초래할 것으로 예측한 사람은 아무도 없었다. 특히 볼셰비키 혁명은 그동안 확립되어 있던 유럽 제국들의 정당성을 산산이 무너뜨렸다. 혁명은 수백 년 동안 지속되어 온 러시아 차르의 지배를 붕괴시켰으며, 급기야 1917년 10월에는 볼셰비키당이 제국 정부의 권력까지 장악했다.

제국 간의 거대한 전투가 시작되자 전 세계적으로 진행된 군사동원은 영

_____ **18** 프랑스 혁명 이후 유럽의 정치 지형도를 결정지은 빈 체제를 가리킨다.

국과 프랑스, 오스트리아-헝가리, 러시아, 오스만 제국 등 관련 국가들의 위세가 어느 정도인지 드러내 주었다.[355] 제국은 본국과 식민지의 도시와 촌락에서 수백만 명의 청년을 동원해 제국의 군복을 입히고 전선에 보내 서로 싸우게 할 수 있었다. 참전국들은 이미 견고하게 확립된 근대국가 체제를 보유하고 있어서, 총동원을 통해 자기들의 힘을 마지막 한 방울까지 투입할 수 있다는 사실을 보여 주었다. 하지만 제1차 세계대전에서 제국의 정치가 일차적으로 중요하다는 사실을 부인하지 않는다고 해도, 세계대전이 지닌 지역적 차원의 의미를 강조할 필요가 있다. 세계대전 전야에 제국의 정책 결정자들은 지정학적이고 지역적인 관점에서 세계를 관찰했는데, 여기서 그들이 갖고 있던 과도한 희망과 두려움은 인종과 종교, 문명의 연대와 연관되어 있었다.[356] 제국들의 전쟁이 시작되면서 전쟁에 대한 두려움, 감정, 상황 인식과 행동뿐 아니라 지역과 종교, 인종에 토대를 둔 정체성이 한층 중요해지기 시작했다. 이들이 전쟁을 장기화했으며, 결국 전쟁의 결과를 각인했다. 오스만 제국은 지하드, 즉 성전을 선언하면서 제국의 경계를 넘어 무슬림의 문화적·종교적 정체성에 호소했고, 인도와 중국의 범아시아 운동가들은 제국 간의 갈등 상황을 이용해 자기들의 이해를 관철하려고 노력했으며, 영 제국은 새로운 아랍 왕국과 술탄국의 건국을 명분으로 해서 아랍인들이 오스만 제국에 맞서 저항하도록 부추겼다.

유럽 지역주의 관점에서 바라본 세계대전

세계대전의 유럽적 차원은, 특히 영국과 러시아, 프랑스, 오스트리아-헝가리, 독일제국 사이의 역사적 관계와 관련된 유럽적 차원은, 전쟁 발발의 배경과 결과를 이해하기 위해서뿐 아니라 타 대륙에 있던 유럽 식민지의 동원을 통해 전쟁이 전 지구적 성격을 띠게 되었다는 사실을 이해하기 위해서도 중요하다. 유럽은 1815년의 빈 회의에서 1914년의 제1차 세계대전 발발에 이르기까지 놀라우리만큼 평온했다. 간헐적인 전쟁, 민족주의적인 봉기와 혁명 시도가 일어났지만 대부분 매우 제한적인 규모였다. 이러한 안정된 세기로 인해 유럽 대륙은 크게 번성했다. 프로이센-프랑스 전쟁으로 1871년에 독일에 빼앗긴 영토에서 프랑스의 실지 회복 운동이 일어났고, 이탈리아와 오스트리아의 국경에서도 영토 분쟁이 있었지만, 장기간에 걸친 군사적 충돌은 유럽에서 찾아볼 수 없었다. 미국의 남북전쟁이나 식민지 전쟁들과 비교할 만한 파괴적인 사태는 유럽 땅에서 일어나지 않았다. 최고로 확대된 전쟁은 오스만 제국과 러시아의 경계 지방인 발칸반도와 크림반도에서 발생했다.

유럽 대륙이 안정되었다고 해도 유럽 제국들은 상호 간에 갈등이 발생하고 이해관계가 충돌할 때 이를 식민지와 해외의 다른 대륙에서 분출하는 데 주저하지 않았다. 국제적인 경쟁 구조 안에서 유럽 제국들이 아시아와 아프리카로 팽창하면서도 그들 사이의 위태로운 세력균형을 그런대로 유지하는 데 기여한 것은 백인 우월성 담론에 뿌리를 둔 가족 의식과 협조 체제였다. 하지만 식민지에서 제국들의 경쟁이 일단 과열되자, 그 경쟁은 유럽 안에서도 계속 치러져야 했다. 궁극적으로 유럽 내부의 세력균형은 아슬아슬한 외교를 통하거나 유럽 바깥의 식민지에서 갈등을 분출함으로써 겨우 유지될 수 있었기 때문이다. 오스만 제국의 아나톨리아 지방으로 진격하는 것이 러시아의 전쟁 목표에 속해 있던 것처럼, 독일제국이 러시아나 영 제국과의 지정학적인 갈등을 근동에서 시도했던 것도 우연이 아니었다. 인종의 범주에서 유색인에 대한 백인의 전쟁으로 파악된 광범위한 지정학적 차원의 저편에는 결국 세계대전으로 치닫게 한 '백인' 제국들의 내적 경쟁이라는 차원이 있었던 것이다. 모든 종류의 인종 담론과 전 세계에 걸쳐 벌어진 지정학적 경쟁에도 불구하고 1914년의 세계대전은 피할 수도 있었다. 하지만 갈등의 폭발과 함께 이전에 등장했던 모든 인종적·민족적·문명적·지정학적 공격 명분들이 일거에 전면적으로 활용되고 동원되었다.

제국 체제가 내포하고 있던 장기간에 걸친 구조적 긴장과 제국 간 경쟁 외에 제1차 세계대전 발발에 기여한 일련의 돌발적인 요인과 결정들이 있었다. 그 시작은 발칸반도에서, 즉 오스만 제국의 옛 영토였던 보스니아의 수도 사라예보에서 발생한 사건이었다. 1914년 6월 28일에 그곳에서 한 세르비아 민족주의자가 오스트리아-헝가리의 황태자인 프란츠 페르디난트Franz Ferdinand 대공과 그의 부인을 살해했다. 이런 맥락을 통해 발칸반도에서 일종의 완충

지대를 형성하고 있던 작은 나라 세르비아 왕국이 수행한 역할에 주목할 필요가 있다. 제국 간의 동맹과 경쟁이 펼쳐지는 세계는 세르비아 같은 작은 나라에 강대국들의 두려움과 야망을 적절히 이용해 자국의 이해를 관철할 기회를 제공해 주었다. 이미 이전에도 세르비아는 자국을 위해 오스만 제국과 러시아 제국, 합스부르크 제국 사이의 경쟁 관계를 이용한 적이 있었다. 그래서 세르비아의 지도부는 독일과 러시아의 지정학적 경쟁 관계를 이용해 남동유럽의 슬라브 민족을 통일하고 크로아티아와 보스니아에 대한 자기들의 지역 패권을 확대할 수 있다고 판단했다. 다인종 제국이었던 오스트리아-헝가리 제국은 세르비아의 이러한 야심이 자기들에게 위협이 된다고 보았다. 특히 옛 오스만 제국에 속했던 보스니아를 1908년에 합병한 후에 그런 위기감이 대두했다. 오스트리아-헝가리는 무슬림이 다수를 차지하면서도 세르비아 주민이 주도권을 보유하는 이 지역에 이미 1878년 이래로 지배권을 행사하고 있었다. 하지만 이 지역에 대한 공식적인 합병은 러시아의 동의가 필요한 복잡한 외교 문제로 비화했고, 세르비아는 이에 격앙된 반응을 보였다. 오스트리아-헝가리 당국은 당연히 러시아의 제국적 전략과 발칸반도에 있는 슬라브 민족의 통일 운동 사이의 관계를 잘 파악하고 있었다. 이 관계는 100년이 넘게 동유럽을 둘러싸고 전개되어 왔던 거대한 힘겨루기의 일부였다. 결국 오스트리아-합스부르크 측은 자기들이 '발칸반도의 환자'가 될지 모른다는 사실을, 다시 말해 러시아의 지원을 받은 세르비아 민족주의가 발칸반도에서 슬라브족을 지배하던 다뉴브 제국을 와해하는 데 성공할지도 모른다는 점을 두려워하고 있었다. 페르디난트 황태자가 암살된 후 세르비아에 오스트리아-헝가리가 보인 날카로운 반응은 러시아가 세르비아를 지원하러 오고 독일이 반反러시아 동맹인 오스트리아 제국을 지원하기 위해 나서면서 동맹 체제에 속한 모든 제국의 총동원령으로 이어졌다. 그리고 이런 상황은 독일에 맞서는 프랑스의 총동원령으로, 결국 영 제국의 참전으로 확대되었다. 클라크에 따르면 "제1차 세계대전은 사실 엄밀히 말하면 제3차 발칸 전쟁이었는데, 그것이 세계대전으로 발전했다."[357]

영국 지도부가 참전하기로 한 결정이 과연 현명한 것이었나 하는 토론은 여전히 계속되고 있다. 토론의 핵심은 궁극적으로 독일이 영국을 직접 위협하지 않은 상황에서 영국이 참전한 것이 현실적으로 영 제국의 이해관계에 도움이 되었는지에 관한 문제다.[358] 독일과 러시아는 모두 인도양에서 아라비아와 동아프리카의 거대한 지역을 지배하는 영 제국에 맞서기 위해 아프가니스탄과 이란, 아나톨리아를 포함하는 유라시아 대륙의 지배권을 장악하려고 했다. 그런 측면에서 볼 때 베를린에서 바그다드에 이르는 철도망을 건설하려는 독일의 계획은 수에즈 운하에서 싱가포르에 이르는 영국의 해양 증기선 연결망에 맞서고자 하는 대안 프로젝트였다. 나아가 오스만 제국과 협력해 이 철도망을 건설하려는 프로젝트를 추진함으로써 독일은 전 세계의 무슬림 여론을 자기편으로 유인하려고 시도했다. 영 제국과 밀접하게 연결된 인도양 지역 범이슬람 네트워크를 영 제국으로부터 분리시킬 수 있다는 희망에서였다. 지정학적인 이해관계와 동맹국에 대한 의무 조항 등이 형성한 분위기에, 그리고 유럽 대륙의 모든 열강의 동원령에 직면해 영 제국도 결국 전쟁에 참전하지 않을 수 없었다. 그렇지만 독일제국에 맞서는 영국과 러시아의 동맹은 대단히 모순이었다. 19세기 중반에 영국과 러시아는 아프가니스탄과 튀르크에 대한 전략적 패권을 둘러싸고 지정학적인 숙적 관계에 있었다. 1914년에 이스탄불과 아나톨리아에 대한 러시아의 관심은 그 어느 때보다 컸다. 그러나 영국은 러시아의 이러한 야망을 더는 위협으로 간주하지 않았다. 사실 전쟁이 발발하자 러시아의 정책 결정권자들은 매우 기회주의적이고 위험한 행보를 보였지만, 동맹인 영국이나 프랑스를 설득해 오스만 지역, 특히 이스탄불을 차지하고자 하는 자기들의 주장이 정당하다는 입장을 관철하는 데 성공했다. 1890년대라면 러시아가 런던에서 이러한 목적을 달성하는 것은 완전히 불가능했을 것이다.[359]

　　1914년 중반에 이르자 유럽의 모든 열강이 전쟁에 뛰어들었다. 10월 중순에 오스만 제국이 독일과 함께 전쟁 무대를 근동으로 확대했다. 이와 동시에 전쟁을 위한 프로파간다(선전전)는 상상된 '무슬림 세계'에 속해 있던 여러 지역을 전쟁에 끌어들였다. 오랜 협상 끝에 불가리아는 삼국협상 편에, 이탈리아는 삼국동맹 진영에 합류했다. 오스만 제국의 참전은 실제 전쟁의 범위를 근동으로 확산했지만, 전쟁을 위한 선전전은 이를 넘어 남아시아에까지 확대되었다. 앞서 언급했듯이 술탄 압뒬하미드 2세가 통치하던 시기에는 오스만 제국이 무슬림 세계에서 차지하는 특별한 위치를 고려해 영국 왕실과 오스만 칼리파의 동맹을 선호하는 신중한 입장이 있었다. 하지만 제1차 세계대전 이전의 10년 동안에는 이와 반대되는 노선이 우세해졌다. 영국의 이해관계를 견제하기 위해 오스만 술탄은 영 제국에 속한 무슬림들에게 영향력을 행사해야 한다는 전략이었다. 크림 전쟁이 발발한 1850년대와 달리, 20세기 초에는 무슬림 세계의 지역화(지역적 결속)로 인해 오스만 제국과 아시아·아프리카 무슬림 사이에 견고한 네트워크가 형성되었고, 이들은 오스만 술탄을 자기들의 칼리파로 여기고 있었다. 따라서 영국과 러시아는 이러한 지정학적인 네트워크와 종교적 정체성 때문에 자국 군대에 소속된 무슬림 병사들이 적국 군주의 명령에 따를지 모른다는 문제를 인식해야 했다. 양대 제국이 1870년 이전에는 마주하지 못했던 심각한 문제였다. 오스만 제국의 참전을 통해 세계대전의 지정학적인 영향권이 지중해를 넘어 이미 인도양까지 이르렀다. 동아시아에서 일본이 영국의 동맹국으로 참전하고, 1917년에는 결국 미국도 독일을 비롯한 삼국동맹 진영에 선전포고함으로써 전 세계가 전쟁 무대가 되고 말았다.

유럽 대륙에서 전개된 전쟁은 수백 킬로미터에 걸쳐 구축된 서부전선의 기나긴 방어선과 참호를 중심으로 한 전투 양상 때문에 전례 없이 오래 지속되었고, 이로써 대륙에서 발발한 전쟁의 역사에서 최대 규모의 인적 희생과 물적 파괴를 초래한 최악의 전쟁이 되었다. 특히 서부전선의 베르됭과 솜에 구축된 참호를 중심으로 한 전략은 최대의 물량을 투입하면서 서로 진퇴를 거듭한 전례 없는 소모전으로, 미국의 남북전쟁보다 더 오래 걸린 진지전이었다. 전선의 양 진영은 당시에 발명된 최신식 무기와 가장 잘 개발된 전술을 동원했지만, 결과적으로 당시까지 전혀 상상할 수 없었던 최악의 악몽과 같은 전쟁을 겪었다. 오스만 제국과 영국군 사이에 치러진 갈리폴리 전투는 전체 세계대전 기간 중에 양측에 가장 많은 인명 피해를 초래한 전투의 하나였다. 동부전선에서는 러시아가 삼국동맹의 진격을 멈추게 하는 데 성공했다. 러시아 군대는 캅카스 산악 지방에서 겨울의 극심한 추위에 많은 병력을 잃었던 오스만 제국 군대를 격퇴했다. 오스만 제국군과 독일군은 러시아에서 볼셰비키 혁명이 발발함으로 인해 비로소 그 지역에서 자기들의 전략적 목적을 달성하는 데 성공했지만, 전쟁의 성패에 영향을 미치기에는 너무 늦은 상황이었다. 미국의 참전으로 인해 전쟁의 향방은 이미 삼국협상 쪽 진영에 유리하게 전개되었다.

삼국협상과 삼국동맹, 이 양대 제국주의 진영이 추구했던 전쟁 목표는 아시아와 아프리카에 있던 유럽의 식민지를 그대로 유지하는 것을 전제로 유럽 내 세력 관계를 재편하는 것이었다. 그러나 양대 제국 진영은 적대 진영 내에서 민족주의 운동과 소수민족 봉기가 일어나도록 조장하는 것을 새로운 전략으로 채택했다. 삼국동맹 세력은 폴란드에는 독립을 약속하고, 러시아에 맞서는 우크라이나 민족주의자들을 지원했다. 나아가 그들은 벨기에에서는 플랑드르 민족운동을 부추겼으며, 아일랜드에서 소요가 일어나도록 노력을 기울여 1916년의 부활절 봉기가 촉발되게 했다. 심지어 독일 정부는 그 유명한 치머만 전보를 통해 미국이 삼국협상 측에 서서 참전할 경우에 맞서 멕시코가 독일 진영에 가담하면 오래전에 미국에 빼앗겼던 텍사스와 뉴멕시코, 애리조나 지역을 돌려주겠다고까지 약속했다. 물론 삼국협상 진영도 폴란드에 독립뿐 아니라 오스트리아와 프로이센에 속한 폴란드 영토를 약속했으며, 오스트리아-헝가리 제국에 속한 체코와 슬로바키아, 기타 소수민족에도 독립을 약속했다. 나아가 그들은 오스만 제국 안에 살던 아르메니아인들이 봉기를 일으키도록 부추겼고, 오스만 제국 내 그리스인들에게는 오스만 제국이 곧 해체될 것이며, 그렇게 되면 오스만 제국 내 그리스인들은 그리스 모국의 동포들과 통일될 수 있다는 무지갯빛 전망까지 제시했다. 유대인들에게 팔레스타인 지방에 유대인들의 모국을 건설해 줄 것을 약속했던 1917년의 밸푸어 선언도 제1차 세계대전 동안에 제국주의 국가들이 민족주의를 부추기며 전쟁 놀음을 한 좋은 사례로 보아야 한다. 그러나 독일제국은 아프리카와 아시아의 식민지에 독립을 약속하지 않았다는 사실을 간과해서는 안 된다. 그 대신에 독일은 전쟁에서 승리하면 이들 식민지를 삼국동맹에 가담한 제국들에 선물로 주겠다는 전망을 제시했다. 독일과 오스만 제국의 전쟁 프로파간다에는 적국의 지배하에 있던 식민지의 무슬림과 힌두교도들의 해방을 전면에 내건 반제국적 항목도 들어 있었다. 이러한 선전에 맞서 삼국협상 진영도 오스만 제국 치하의 기독교도나 아랍인들에게 오스만 제국으로부터 해방해 줄 것을 약속하는 맞불 선전을 전개했다.

전쟁 초기에 양 진영은 모두 이 영웅적인 전쟁 노력이 결국은 승리나 패배가 아닌 양자 사이의 타협을 이끌어 낼 것으로 생각했다. 그들은 각각 백성의 충성심과 이들을 동원할 수 있는 국가의 능력을 믿었다. 사실 이러한 가정에는 틀림이 없었다. 마하트마 간디는 영국을 지원했으며, 수백만 명의 인도인 힌두교도와 무슬림, 시크교도들이 영국의 군복을 입고 싸웠다. 프랑스는 세네갈과 같은 아프리카 식민지에서 병사를 동원했다. 합스부르크 제국의 군대는 다뉴브 제국의 인종적 다양성을 그대로 반영했다. 영 제국에 속한 백인 자치령들은 자발적으로 파병했으며, 오스트레일리아와 뉴질랜드의 군인들(이들을 줄임말로 앤잭ANZAC으로 부른다.) 일부는 갈리폴리 전투에서 전사했다. 사실상 제국 관청들은 수많은 식민지 백성들이 참전하도록 동기를 유발할 수 있었지만, 강제로 동원된 경우도 있었다. 이로써 제국적 비전과 인종적 편견 사이에 모순이 뚜렷해지기 시작했다. 한 가지 예를 들면 영국이 통치하던 이집트에 배치되었던 오스트레일리아 병사들이 이웃에 살던 아랍인들을 모욕하기 시작하면서 모순이 드러나기 시작했다. 영국은 여전히 힌두교도와 시크교도, 아랍인, 나이지리아인, 앤잭으로 구성된 병사들을 갈리폴리의 전장으로 데리고 와 오스만 제국의 아랍인과 튀르크인, 쿠르드인, 아르메니아인, 그리스인으로 구성된 병사들과 싸우게 하는 데 성공했지만, 전쟁이라는 환경은 결국 양 진영에서 제국적 정체성의 취약점을 노출했다.

전쟁 초기의 첫 2년 동안 합스부르크 제국이나 오스만 제국, 프랑스나 영국의 백성 가운데 민족주의적 분리 운동을 위해 전시 동원에 저항한 것은 극소수에 지나지 않았다. 오히려 많은 사람은 자기들이 각각 제국을 위해 제공하는 희생을 동등한 시민권을 요구하기 위한 담보물로 생각했다. 바로 이 점이 민족화·인종화된 제국이 향후 직면하게 될 최대의 도전을 담고 있었다. 식민지 백성들이 유럽 열강을 위해 참전했다는 사실이 제국을 덜 '희게', 덜 '기독교적으로', 혹은 덜 '유럽적으로' 만들 수 있었을까? 그리고 오스만 제국은 덜 '무슬림적이' 될 수 있었을까? 러시아군 지도부는 차르 군대에 편성된 무슬림 병사들을 오스만 제국과 싸우는 전투에 투입하지 않으려고 했으며, 오스만 군대 안에서 그리스인이나 아르메니아인들은 실전보다는 공병대나 배급 임무에 배치되었다. 물론 그들이 이들 병사를 자국 군대를 위해 동원한 것은 사실이었다. 그러나 오스만 제국은 제국의 민족적·종교적 핵심 가치와 제국에 속한 백성의 다양성 사이에 균형을 유지하는 데 실패한 첫 번째 제국이 되었다. 1915년에 삼국협상 측의 지원으로 반에서 일어난 아르메니아인의 봉기를 진압한 이후, 오스만 제국 당국은 아르메니아인들을 아나톨리아에서 아랍인들이 다수 거주하는 시리아 지방으로 강제로 이주시킬 것을 결정했다. 그리고 강제로 이주하는 과정에 수십만 명의 아르메니아인이 사망했다.[360] 당시에 그들의 인척 일부는 오스만 제국 군대를 위해 봉사하고 있었다. 오스만 제국에 저항하거나 삼국협상 진영에 협력했던 무슬림 집단에는 이와 유사한 인종 청소 조치가 취해지지 않았다. 이렇듯 오스만 제국은 전쟁 중에 제국을 이제까지보다 더 강하게 무슬림 지향적으로 만드는 결정을 내렸다. 이 결정은 결과적으로 글래드스턴 시대 이래로 유럽에 존재해 왔던 반오스만 여론이, 즉 무슬림을 믿는 오스만 제국은 결국 기독교도들을 억압할 것이라는 예측이 옳았음을 입증해 주었다. 그리고 이와 마찬가지로 중요한 것은 근대적인 기독교-무슬림 갈등이 아시아와 아프리카의 수많은 무슬림이 보기에 탄지마트 개혁이라는 무슬림의 세계시민주의적인 모델을 추진하는 것으로 보였던 지역인 오스만 제국에서 발생했다는 사실이었다.

유럽 지역주의와 국제연맹

세계대전은 누군가 예측했던 것보다 훨씬 오래 지속되었으며, 1918년의 휴전과 1919년의 파리 강화회의 이후에도 여러 나라에서는 내전의 형태로 1923년까지 후속 전쟁이 이어졌다.[361] 전쟁 자원의 총동원은 전쟁에 참여한 제국들이 보유한 전 지구적이고 지역적인 한계를 보여 주었으며, 제국주의 전쟁에 이어 발발한 내전은 여러 민족이 전후의 새로운 세계 질서를 만들어 내는 데 적극적으로 참여했음을 뚜렷하게 과시했다. 전쟁은 독일과 그 동맹국들이 경제적·정치적으로 붕괴함으로써 종식되었기 때문에 한편이 전선에서 군사적으로 패배해서가 아니라 윌슨의 민족자결주의식 해결 방안을 약속함으로써 끝났다고 할 수 있다. 전쟁 결과 유럽에서는 차르 제국과 오스트리아-헝가리 제국이 무너지고 중유럽과 동유럽에 10여 개의 신생국이 탄생했는데, 그들 사이의 국경선은 애매했으며 뒤섞인 인종 문제와 소수민족 문제를 포함하고 있었다. 전후 새로 만들어진 유럽의 정치 지형도는 무너진 제국 영토가 재배치되었음을 보여 주었을 뿐이지, 모든 세계 제국의 종말을 보여 준 것은 절대 아니었다. 이제 유럽에는 영국과 프랑스, 이탈리아, 네덜란드, 벨기에와 같은 제국과 옛 오스트리아-헝가리 제국 및 러시아 제국의 영토에 새로 수립된 민족국가들이 혼재하게 되었다. 동유럽의 정세는 일련의 지역적인 전쟁과 대륙을 횡단하는 거대한 인구 이동이 이루어진 후 점차 안정되었다. 전쟁을 끝내면서 파리 강화회의는 당시까지의 제국 중심의 세계 질서에 관한 재협상을 시도했다. 결과는 미국 대통령 윌슨이 제시한 새로운 비전인 민족자결주의 원칙에도 불구하고 최소한의 타협에 그쳤다. 파리 강화회의는 당시까지 익숙했던 국제적인 통치 구조가 이제 부분적으로는 전 지구적 차원으로 확대되었음을 보여 주었다. 라틴아메리카의 11개국(브라질, 쿠바, 볼리비아, 에콰도르, 과테말라, 파나마, 우루과이, 페루, 온두라스, 니카라과, 아이티), 아시아 3개국(일본, 중국, 시암)이 회의에 참가했다. 광대한 '무슬림 세계'에서는 유일하게 히자즈(헤자즈)가 참가했는데, 이 나라의 대표는 에미르 파이살 1세Faisal I였다. 그는 파리 강화회의 직후에 시리아의 왕이 되었는데, 시리아는 얼마 후 사이크스-피코 협정[19]에 의해 프랑스 제국에 복속되었다. 아프리카 전체는 라이베리아 대표 한 사람이 대표했다. 회의 전체를 주도한 것은 영 제국과 영국의 자치령인 남아프리카와 캐나다, 오스트레일리아, 뉴질랜드, 인도였다. 유럽 대륙을 대표한 국가는 루마니아와 벨기에, 폴란드, 체코슬로바키아, 세르비아, 포르투갈, 그리스, 그리고 두 제국인 이탈리아와 프랑스였다.

_____ **19** 1916년 5월에 영국 대표인 마크 사이크스Mark Sykes와 프랑스 대표인 프랑수아 조르주 피코François Georges-Picot가 오스만 제국의 영토인 중동 지역을 양국이 어떻게 분할할지 결정한 비밀 협정이다.

새로 창설된 국제연맹은 본질적으로 유럽과 라틴아메리카를 중심으로 하는 국제 질서를 창설해 이미 낡은 것이 되어 버린 빈 체제를 대체했다. 국제주의와 국제연맹을 추구한 윌슨의 비전은 대부분 1870년 이래로 서반구에 정착된 국제적인 정치적 협력 형태에서 착안한 것이었다. 사실상 국제연맹에 대한 아이디어는 근본적으로 서반구와 범아메리카의 협력에서 나온 것임을 간과해서는 안 된다. 범아메리카 연합Pan-American Union은 1889~1890년에 워싱턴 D.C.에서 개최되었던 제1차 범아메리카 회의Pan-American Conference 이후에 설립되었다.[362] 이 범아메리카 회의에는 총 21개국이 참가했으며, 대부분 당시의 타 대륙이나 유럽에서는 상상하기 어려웠을 공화제 국가들이 모여 만든 조직이었다. 미국 국무 장관 제임스 블레인James Blaine은 10년 이상 범아메리카적인 비전을 준비했는데, 기본적으로 이와 같은 서반구의 협력 체제가 미국의 국익에 도움이 될 뿐 아니라 제국 간 경쟁 때문에 분열된 유럽에도 하나의 모델이 될 수 있을 것으로 확신했다. 그런데 제1차 세계대전과 유럽의 파괴를 목도하면서 윌슨과 그의 많은 동료 정치가는 유럽 제국들과 맺은 공격적인 동맹에서 벗어나기 위한 길로서 먼로 독트린과 국가 주권에 대한 불간섭주의로 복귀하는 것을 선택할 수 있었다. 나아가 남아프리카의 보어인 출신 정치가인 얀 스뮈츠Jan Smuts 같은 인물들이 해석했던 방식의 윌슨주의는 유럽과 서반구 사이의 새로운 연대를 통해 백인이 전 세계의 패권을 장악할 수 있다는 전망을 제공해 주었다.

윌슨주의는 우선 유라시아에 제국적 세계 질서를 수립하려는 유럽 제국들의 시도가 실패한 상황에서 미국이 주도권을 장악하고자 개입한 것으로 볼 수 있다. 미국은 식민지를 거느린 역사적 경험이 짧았지만, 유럽 제국들보다 민주주의와 정치 참여를 확산하는 데 커다란 관심을 갖고 있었다. 한국과 베트남, 이집트, 인도의 민족운동 지도자들을 포함해 반식민주의를 표방하는 일부 지식인은 윌슨의 민족자결주의 원칙이 유럽의 식민지로부터 독립하기를 원하거나 더 많은 자치를 요구하는 자기들에게 국제법적 명분을 제공하는 것으로 해석했다.[363] 윌슨주의는 범이슬람주의와 범아시아주의의 지도자들에게서도 분명히 인기를 누렸다. 그들은 윌슨주의가 유럽 제국의 패권과 아시아 및 아프리카 백성들의 정당한 요구 사이에서 양자를 중재하는 도덕적 가능성을 품고 있다고 보았기 때문이었다. 하지만 발칸반도에서 슬라브 민족의 자치를 향한 세르비아의 비전이 수행한 역할은 이미 제1차 세계대전 초기에도 윌슨주의 사상의 씨앗이 발견될 수 있었다는 사실을 보여 주었다. 또한 "아시아를 아시아인에게"나 "아프리카를 아프리카인에게"와 같은 구호와 함께 비유럽인들은 이미 1880년대 이래로 일종의 지역적인 자치를 추구하고 있었다. 그렇기 때문에 그들은 국제법적인 문제에 관한 한 윌슨의 주장을 별 문제없이 수용할 수 있었다. 하지만 궁극적으로 국제연맹의 정관에 민족자결의 원칙을 채택했다는 사실은 유럽인들에게 윌슨주의 원칙이 제국이 주도하는 국제 질서의 위기를 극복할 수 있는 하나의 해결 방안을 제시해 줄 수 있다는 믿음을 강화해 주었다. 대서양을 넘나드는 교류가 도덕적 가치와 국제기구들을 개선하고 개조하는 데 기여할 것이라는 믿음이었다. 국제연맹은 서구 제국들의 방패일 뿐만 아니라 유럽 제국들이 지배하는 세계 질서에 도덕적인 원칙이 결여되어 있다고 비판해 온 범이슬람주의자와 범아시아주의자, 범아프리카주의자들에게 맞서는 대응 전략이기도 했다. 그런데 미국이 결국 국제연맹에 가입하지 않기로 하자 이 기구는 영국이 말하는 제국적 국제주의에, 그리고 미국이 추구했던 대안보다는 현 제국주의 질서를 수정해서 지속해 나가고자 하는 프랑스와 영국의 프로젝트에 접목하게 되었다.[364]

특히 영 제국의 지도적인 엘리트들의 머릿속에서 국제연맹을 탄생시킨 주요 동력으로는 윌슨의 이상주의 외에, 라틴아메리카 모델이나 사회주의적 국제주의가 제시한 매력에 대한 두려움뿐 아니라 유럽의 식민지에서 민족운동이 강화되고 반식민지 여론이 고조되는 것에 대한 두려움도 작용했다. 여기서 인종주의와 제국적 이해관계를 융합한 스뮈츠의 비전이 국제연맹의 표상이 되었다. 영연방과 유럽의 연대를 향한 그의 구상이 제1차 세계대전 이후에 대두한 자유주의적 국제주의에 강한 영향을 미쳤기 때문이었다. 마크 마조워Mark Mazower는 이렇게 간략하게 요약했다. "화이트홀[20]이 인도 때문에 고심

_____ **20** 영국 정부를 가리킨다. 영국 런던의 화이트홀 거리에는 총리 관저를 비롯해 의회와 주

하는 동안에 지식인과 정치 전략가들은 백인들의 연대에 미래가 걸려 있다고 보았다. (……) 그들이 두려워했던 위협은 독일이 아니라 동요하는 아시아와 아프리카의 민족들로부터 오는 것이었다. 그들의 수는 엄청나지만 세계를 문명화할 능력에 관해서는 의심이 가는 민족들이다."[365] 백인의 자존심으로 내세운 이러한 국제주의가 국제연맹의 태동에 본질적인 영향을 미쳤다.[366] 이렇듯 인종주의에 뿌리를 둔 현실적 국제주의를 동원해 국제연맹은 스스로 초래한 유럽 내전인 제1차 세계대전의 후유증으로부터 유럽을 재건하고, 아시아와 아프리카에서 유럽의 제국적 패권을 강화하며, 영 제국과 미국 사이의 결속을 공고히 하고자 했다. 유럽 지역주의라는 명분을 내세워 제국 간 협력 체제를 구축하려고 시도한 국제연맹의 혼합 모델은 유럽과 대등한 권리를 주장하는 기타 지역들의 요구를 만족시킬 수 없었다. 그리고 제1차 세계대전 이전에 수많은 문제점을 드러냈던 제국 중심의 세계 질서는 전쟁 후에도 그대로 계승되었다.

전후 유럽에 구축된 타협적인 질서는 유럽 대륙을 제2의 라틴아메리카로 만들었다. 유럽에는 영토에 대한 역사적인 뿌리나 관련 지역에서 다수를 차지하는 주민을 토대로 해서 여러 민족국가가 수립되었다. 오스트리아와 헝가리, 폴란드, 리투아니아, 라트비아, 에스토니아, 체코슬로바키아, 핀란드 등이다. 세르비아는 전후에 크로아티아와 슬로베니아, 몬테네그로, 마케도니아, 보스니아에 대한 통치권을 장악해 (훗날 유고슬라비아로 개칭된) 세르비아인과 크로아티아인, 슬로베니아인의 왕국을 수립했다. 제1차 세계대전이 발발하지 않았다면 이들 국가는 탄생할 수 없었을 것이다. 예를 들어 다수의 체코인은 1914년에는 민족의 독립을 생각하지 않았다. 그런데 전쟁이 지속되면서 적대 제국들이 펼친 선전전은 동맹을 얻기 위해 또는 자국에 속한 백성들의 충성을 확보하기 위해 민족 문제를 부각했다. 결국 합스부르크 제국이 몰락하자 제국에 속했던 다양한 인종 집단에 남은 유일한 길은 민족주의였다. 몰락한 다민족 제국으로부터 민족자결주의 원칙에 따라 민족국가를 수립한다는

요 관청이 밀집해 있어, 화이트홀은 영국 정부를 지칭하는 대명사로 자주 쓰인다.

것은 주민과 영토를 일치시키는 것을 의미했는데, 이는 당시까지 동유럽 시역에 존재하던 인종의 다양성과 혼합 때문에 절대 아무런 문제도 없이 달성할 수 있는 것이 아니었다. 그 결과 대규모의 난민과 이주가 발생했으며, 소수민의 권리를 보장하기 위한 국제적인 노력이 전개되었다.

중부와 동부의 유럽에서 국경선이 새로 그어지는 동안에 볼셰비키 혁명 정부는 몰락한 러시아의 차르 제국이 과거에 지배했던 광대한 영토 대부분을 장악하는 데 성공했다. 볼셰비키 지도부가 이끌었던 소비에트 사회주의공화국연방(공식적으로 1922년 건국)은 처음에는 민족 공화국 모델을 기반으로 하는 공산주의 국가를 추진했으나, 모스크바에 있는 중앙 본부가 통제하는 공산당이라는 새로운 중간 기구를 통해 통치했다. 볼셰비키 정부는 보편주의 원칙에 따라 러시아 제국에 속한 모든 인민은 평등하다고 선언했다. 그런데 혁명의 혼란 속에서 아제르바이잔과 조지아, 아르메니아, 우크라이나, 벨라루스뿐 아니라 중앙아시아 무슬림 주민 등 과거 차르 제국에 속했던 여러 지역과 민족은 독립을 쟁취하려고 시도했다. 볼셰비키들은 독립을 향한 이러한 시도를 과거 러시아의 제국적 통치에 대한 민족주의적 불신의 표현으로 해석했다. 따라서 볼셰비키들은 그들에게 새로운 사회주의 소비에트 체제 안에 머무는 것을 조건으로 민족적 자치를 허용해 주면 이들 비러시아계 민족의 충성을 되찾을 수 있을 것으로 희망했다. 신생 소비에트 연방이 과거 러시아 제국의 통치를 받던 민족들을 군사적으로 장악하고 그 상태가 공고해지면서, 공산당 중앙정부는 진보와 발전, 사회주의적 보편주의라는 이름하에 수많은 조치를 관철해 나갔다.[367] 1917년 혁명 이후의 권력 공백기에 캅카스 지방에 수립되었던 조지아 공화국과 아제르바이잔 공화국, 아르메니아 공화국은 소비에트 연방에 흡수되었으며, 중앙아시아에 새로 건국되었던 카자크인과 우즈베크인 타지크인, 투르크멘인, 키르기스인의 공화국이 여기에 추가되었다. 이로써 모스크바는 과거에 러시아 제국이 지배하던 전체 영토를 공산주의 체제하에 다시 장악했다. 단지 유럽에만 소비에트 연방이 회복하지 못한 과거 러시아 제국의 영토가 있었다. 폴란드 영토를 장악하고자 했던 시도는 폴란드의 군사적 저항에 직면해 좌절되었던 반면에, 핀란드와 발트해 삼국은 볼셰비키와 독일제국 사이에 체결된 평화조약을 통해 독립을 유지했다. 캅카스 지방에서도 터키 측에 유리한 약간의 국경 변경이 있었지만, 전체적으로 보아 소비에트 연방은 러시아 제국의 광대한 영토를 거의 계승했다.

중부 유럽과 동부 유럽의 재편, 신생 10개국의 건국, 러시아 제국의 잔여 영토에 대한 소비에트 연방의 사회주의적 통치 체제 인정 등으로 인해 전후에 도 여전히 제국을 유지할 수 있었던 나머지 유럽 열강들의 세계적인 위상은 강화되었다. 특히 전쟁의 결과로서 기존의 영토에 더해 새로운 영토를 위임받 았기 때문에 해외 영토가 더욱 확대되었다. 제국의 정치 엘리트들뿐 아니라 유럽의 지도적인 지식인들마저도 방금 종식된 제국들 사이의 세계대전 때문 에 전반적으로 유럽 열강의 세력과 패권이 약화되었다고 보았다. 하지만 국제 연맹은 아시아와 아프리카에 대한 유럽 제국들의 지배를 유지하기 위해 그들 사이의 문제를 서로 조정할 기회로 여겼다. 사실 국제연맹을 통해 제국 사이 의 평화와 연대를 창조하는 메커니즘이 만들어졌는데, 국제법적 기구로서 국 제연맹은 영 제국과 프랑스 제국, 이탈리아 제국, 벨기에 제국, 네덜란드 제국 의 세계 지배를 보장해 주었다. 그런 측면에서 보면 새로운 국제기구가 추구 한 국제주의는, 그리고 합법적인 규범으로서 정착된 국제법과 외교 규칙은 서 양 문명과 기독교 문명이 세계의 비유럽 지역에 대해 가졌던 우월성 인식과 전혀 충돌하지 않고 그 연장선상에 있었다.

이처럼 유럽-아메리카의 '백색' 지역주의는 국제연맹의 기본 원칙에 속해 있었는데, 아프리카와 아시아의 지도적 인물들은 이를 비판했다. 예를 들어 일본에서 간행된 범아시아주의 잡지《아시안 리뷰*Asian Review*》에 실린 한 기고 문은 『위대한 환상*The Great Illusion*』(1909)의 저자이자 1933년 노벨 평화상 수상 자인 노먼 에인절Norman Angell의 다음과 같은 주장을 길게 인용했다. 독자들을 열광시킨 유럽 평화주의자조차 이 글에서 놀라울 만큼 공공연하게 백인 지 상주의의 추종자임을 드러내고 있다는 사실을 강조하기 위해서였다.

우리는 이것이 민주주의와 법 앞의 평등을 위한 전쟁이라는 사실을, 다시 말 해 모든 인간을 위한 전쟁이라는 사실을 끊임없이 강조해 왔다. 우리가 강조하는 바에는 비유럽인들도 예외가 아니다 우리는 일본인과 중국인, 인도의 어러 부족도 우리의 동맹으로 환영한다. 아프리카의 몇몇 부족은 특별히 말할 필요도 없다. (……) 만약에 일본인과 중국인, 인도인, 다른 아시아인들이 민주주의에 대한 우리의 이상을 잘못 이해해 자기들을 진정 동등한 인간으로 느끼게 된다면 과연 어떤 일이 일어날지 상상해 보라. (……) 따라서 우리는 아마도 통일된 아시아와 분열된 서양으로부터 그리 멀리 떨어져 있지 않은 것 같다.[368]

《아시안 리뷰》는 에인절의 주장을 빌미로 삼아 국제연맹이 '백인주의의 옛 정치'를 계승하고 있다고 비난했다. 국제연맹이 인종의 평등과 국제적인 정의에 토대한 세계를 창조하는 대신에, 이제 깨어나는 오리엔트 세계에 맞서 서양의 새로운 패권을 구축하려고 한다는 비판이었다.

유럽 사회의 눈에서 살펴볼 때뿐 아니라 반식민주의 민족운동의 시각에서 바라볼 때도 유럽에서 시작된 제국 간 전쟁이 유럽의 지역 정체성을 강화해 주었다는 사실은 매우 역설적으로 보인다. 서부전선에서 진지전이 전개되면서 베르됭과 솜, 마른의 양편에서 혹은 파스샹달에서 사망한 수백만 명의 병사조차 나중에 유럽 문명이 공동으로 처한 위기를 보여 주는 상징이 되었다. 한편 유럽에서 펼쳐진 전쟁이 보여 준 끔직한 근대적 야만성은 유럽에 백인의 문명화된 인도주의가 실현되었다는 주장에 대한 믿음을 뒤흔들어 놓았다. 그리고 당시에 이미 존재하던 서구의 도덕적 추락에 대한 비판의 목소리에 힘을 실어 주었다.[369] '문명화된' 유럽의 땅 한복판에서 수년간 대량 살상을 계속한 세계대전을 겪으면서 백인 지역인 유럽의 정치적 존재에 대한 믿음은 '서구의 몰락'에 대한 사상으로 반전되었다.[370] 과거에 벨기에가 콩고에서, 또는 독일이 나미비아에서 저지른 것과 같은 유럽인들의 잔혹한 행위는 제1차 세계대전 후에 일어난 것과 같은 정도로 유럽 문명의 우월성에 대한 회의를 불러일으키지는 않았다. 결정적인 문제는 유럽 안에서 자행된 야만적 행위였다. 타고르와 간디, 에메 세제르Aimé Césaire, 레오폴 세다르 상고르Léopold Sédar Senghor, 장준마이張君勱, 량치차오, 아흐메드 르자 등은 인도인과 중국인 혹은 아프리카인들을 위해 자치를, 그리고 유럽인과 동등한 처우를 요구하면서 제

1차 세계대전에서 드러난 유럽 문명의 자기 파괴를 지적했다.[371] '서구의 몰락'
이라는 표현은 1905년에서 1914년에 이르는 시기의 특징인 '동방의 각성'이라
는 사실과 대비되면서 그 정치적 의미를 갖게 되었다.[372] 하지만 제1차 세계대
전을 바라보는 지역적 시각은 유럽 내부를 향한 본질주의적 토론에서도 뚜렷
하게 드러났는데, 이 토론에서 전간기의 수많은 유럽 지식인은 '서구의 몰락'
과 유럽 정체성의 몰락에 관해 깊이 있게 논의했다. 하지만 이런 회의에도 불
구하고 유럽 지식인들은 서양의 대학에서 자기들의 주장을 전개했으며, 유럽
제국들은 그들의 지배를 공고히 했고, 식민지에서는 인적자원에 대한 착취를
계속했다. 민족운동이 일어나 유럽 제국의 지배에 대한 비판이 가열되었는데
도 제1차 세계대전에서 세력을 보존한 유럽 제국들은 전간기에 아시아와 아
프리카에 대한 통치의 절정기에 도달했다.

   이러한 맥락에서 볼셰비키 혁명이 전 지구적으로 유럽의 긍정적인 이미
지를, 다시 말해 유럽 대륙이 많은 규범적인 가치의 고향이라는 이미지를 강
화하는 데 기여했다는 사실도 주목해야 한다. 예를 들어서 혁명 초기에 볼셰
비키 지도부는 각 민족이 존중받는 비제국주의적이고 새로운 세계 질서를 약
속했으며, 반식민지 민족운동 단체들과 전략적인 동맹을 맺었다. 이 약속은
제국의 중심부였던 한 나라에서 유럽 제국들을 비판하는 내부적 비판의 신
호로 해석되었다. 그래서 범아시아주의 지식인과 범아프리카주의 지식인, 범
이슬람주의 지식인들뿐 아니라 적극적인 민족운동 진영들도 커다란 희망과
관심을 갖고 볼셰비키 혁명에서 날아온 새로운 소식을 주목했다. 혁명 초기
였던 당시에 볼셰비키들은 스스로 전 지구적으로 누적된 범민족주의적·범아
시아적인 경향들이 가진 반서구 정서를 이용하려고 시도했다. 예를 들어 볼
셰비키는 1920년에 바쿠에서 '동양 민족 회의'를 조직했는데, 거기에는 엔베
르 파샤Enver Pasha 같은 영향력 있는 범이슬람 지도자들이 참석했다.[373] '동양
의 민족들'을 바쿠 회의에 초대했던 볼셰비키 헌장은 영국의 제국주의를 통해
인도인과 튀르크인, 페르시아인, 아랍인이 억압받는다는 사실을 밝혔다는 점
에서 오스만과 독일의 선전 내용과 매우 비슷하게 보였다.[374] 볼셰비키가 당시
의 범이슬람주의 정치나 독일제국의 (무엇보다 영국을 겨냥한) 반제국주의 선전

과 거의 유사한 노선을 채택하고 청년 튀르크당 지도자들과 협력했다는 사실은 그들이 적어도 초기에는 무슬림 세계의 통일성과 오스만 제국의 지도력을 얼마나 신뢰했는지 보여 준다.[375] 하지만 1923년에 볼셰비키는 범이슬람주의 진영이나 범아시아주의 진영과 협력을 중단한다고 선언하며, 그 대신에 기존의 세계 질서에 내놓을 대안으로 코민테른을 토대로 한 체계적인 세계 질서에 관한 구상을 밝혔다. 그러자 세계 도처의 식민지에서는 공산주의 세력의 침투가 이스탄불과 베를린이 배후에 있는 범이슬람주의 혹은 오스만의 침투를 대체하고 있다는 두려움이 점차 커졌다. 식민지에서 활동하던 정치가들에게는 사회주의 국제주의가 자기 민족의 독립과 존엄을 회복하기 위한 투쟁에서 매력적인 길로 보였다. 물론 아시아와 아프리카에서 유럽의 지배를 통해 발생한 문제를 해결하려는 이 방안도 유럽에서 나온 것이었다. 사회주의는 사회주의적 계몽이라는 유럽 중심주의적 비전을 통해 정치적인 탈식민화를 약속했다. 블라디미르 레닌Vladimir Lenin과 윌슨의 사상으로 상징되는 볼셰비키주의와 자유주의적 국제주의는 제국 중심의 세계 질서를 위한 두 개의 비전으로서 결국 서로 간의 경쟁이나 상대방에 대한 경고를 통해 자기들을 정당화하고 있었다. 볼셰비키 정부가 후원한 제3인터내셔널은 국제연맹에 대한 대안이었다. 현실 정치에서 확대되고 규범으로서 영향을 키워 간 유럽 중심주의적인 두 개의 국제주의는 서로 닮은꼴이었다. 영국식 제국적 국제주의가 국제연맹을 출범시켰다면, 제3인터내셔널은 소비에트 정권의 외교정책을 뒷받침하는 수단이 되었다. 예를 들어 같은 시점인 1925년 무렵에 소련은 외교 무대에서 국제연맹의 기구들과 협력하기 시작했다.(물론 소련이 공식적으로 국제연맹에 가입한 것은 1934년이었다.)

제1차 세계대전 이후에 유럽은 여전히 이념적 대립과 제국적인 갈등이 있었지만 이런 식으로 복구된 제국과 민족국가, 왕국들로 구성된 지역 질서를 재구축했다. 그리고 이 지역 질서는 아프리카인과 아시아인, 무슬림의 사회에서 유럽의 식민 지배를 영속화하는 데 기여했다. 새로운 세계 질서에 대한 비전으로 민족주의가 대두했는데, 민족주의는 인구정책상 다수 인종을 토대로 국가를 구축하는 것을 목표로 했다. 앞으로 백성과 시민의 다양성 보호를 추구했던 제국적 비전과 공존해야 할 비전이었다.

제1차 세계대전 시기의 무슬림 세계 지역

세계대전이 중동과 근동 그리고 광대한 무슬림 사회에 미친 영향은 유럽에 미친 영향과 마찬가지로 엄청난 것이었다. 전쟁 전야에는 여러 가지 측면에서 '무슬림 세계'와 흔히 동일시되는 범이슬람적인 지역 정체성이 여러 제국이 지배하는 현실과 공존 관계를 유지하고 있었다. 즉 범이슬람적인 지역 정체성은 한편으로는 제국들과 경쟁하면서도 다른 한편으로는 제국 열강이 구축한 인프라에 의존하고 있었다.[376] 전쟁이 지속되었던 기간에 제국 열강은 무슬림 세계를 지배하던 감정과 정체성, 네트워크를 자기 진영에 유리하게 이용하거나 관리했다. 수백 년 동안 중동 지방의 아랍계 주민들을 지배해 온 오스만 제국의 무슬림 왕조가 전쟁이 발발한 지 불과 10년 안에 무너졌던 반면에, 메카와 메디나의 성지는 아랍 왕의 지배하에 들어가고 이슬람의 세 번째 성지인 예루살렘은 영국의 관리하에 유대인들의 고국이 되었다.

제1차 세계대전이 무슬림 사회에 미친 영향을 좀 더 잘 평가하기 위해서는 전쟁 이전에 무슬림 네트워크와 정체성이 생겨난 맥락, 그리고 그들이 추구한 정치 프로젝트에 결정적인 영향을 준 다양한 사건들을 함께 고려해야 한다. 특히 1911년에 이탈리아가 리비아를 침공한 사건과 1912~1913년의 발칸 전쟁은 아프리카에서 남아시아를 거쳐 인도네시아에 이르는 범이슬람 세계를 움직인 사건이었다. 오스만의 영토인 리비아에 대한 이탈리아의 침략은 좀 더 확대된 의미로 보면 유럽 내부에서 제국 사이에 벌어진 갈등으로 파악될 수 있다. 하지만 이 사건은 얼마 가지 않아 이탈리아 상품에 대한 범이슬람적 불매운동을 촉발했으며, 인도와 이집트뿐만 아니라 남아프리카와 잔지바르의 무슬림들도 여기에 동참했다. 1912~1913년의 발칸 전쟁도 이와 유사한 지역적·문화적 영향을 미쳤으며, 특히 인도양에 있던 영국 식민지의 무슬림 여론을 움직여 영국이 오스만 제국의 편에서 군사적으로 개입해야 한다는 요구가 터져 나왔다. 영국-인도 연합군에 속한 무슬림 병사들이 발칸 전쟁 희생자를 위한 기부금을 모으고, 동시에 영국 정부에 오스만 칼리파에 대한 지원을 요청했다는 사실은 영국과 오스만 제국의 협력이라는 비전과 범이슬람주의가 뒤얽히면서 나타난 양면성을 보여 주었다. 오스만 제국이 발칸 전쟁에서 영토를 잃었는데도, 혹은 바로 그렇게 영토를 잃었기 때문에라도 아시아와 아프리카의 무슬림 여론이 전 세계적으로 오스만 제국을 위해 감정적이고 인도주의적으로뿐 아니라 물질적으로 연대까지 선언했다는 사실은 매우 인상적이었다. 이런 과정을 보면서 독일제국은 하나의 '무슬림 세계'가 존재하며 독일이 경쟁국에 맞서 제국 간 전쟁을 치를 경우 이를 잘 활용해야 한다고 확신했다. 사실상 전쟁 전야에 무슬림 언론과 그 집필진의 네트워크뿐 아니라 오스만 칼리파를 상대로 한 감정적 연대 의식에 토대를 둔 초국적인 무슬림 연대는 현대 세계사에서 그 절정에 도달했다. 전간기에 힌두교도가 이끄는 인도 민족운동이 출현하기 전에 '무함마드의 세계'는 당시 세계사의 흐름을 지켜보던 관찰자들이 볼 때, 아시아와 아프리카 사이의 광대한 지역을 연결하면서 중국과 유럽 사이에 있는 가장 중요한 지정학적 세력인 것으로 보였다.

당시의 상황은 사실상 매우 복잡하게 얽혀 있었지만, 발칸 전쟁은 무슬림에 대항하는 새로운 십자군처럼 영향을 미쳤다. 탄지마트 개혁에서 1910년대에 이르기까지 오스만 제국의 개혁가들은 현실 정치적으로 제국적 이해관계에 우선권을 부여했기 때문에 기독교도 백성들의 충성심을 범이슬람적 이미지보다 더 중요하게 평가했다. 그 밖에 범민족주의적 비전이 존재했는데 이는 러시아의 무슬림 지식인인 유수프 악추라Yusuf Akçura가 1904년에 흥미롭게도 영국이 지배하던 카이로에서 출간한 자신의 저서 『원대한 정치의 세 가지 방법Three Methods of Grand Politics』(오스만주의와 범이슬람주의, 범튀르크주의를 다루었다.)에서 오스만 제국을 위한 대전략으로 제안한 것이었다. 이 저서에서 그는 오스만 제국의 세계시민주의적 제국 정책이 실패한 이유를 기독교도 백성들의 불충성에서 찾았다. 반면에 그는 범이슬람주의는 하나의 강력한 비전을 제공해 주지만, 결국은 비현실적이라고 주장했다. 범이슬람주의는 당시 세계에서 가장 막강한 영 제국에 맞서는 것이었기 때문이다. 악추라는 당시 세계 무슬림의 다수가 영국의 지배하에 있으며 영국은 그들의 충성을 확보할 것으로 보았다. 그러므로 오스만 제국은 영 제국과 협력하면서 지역주의적인 범튀르크주의를 동원하는 현실주의적인 노선을 추구해야 했다. 이 노선은 차르 제국에만 위협으로 보일 수 있었기 때문이었다.[377] 그는 결국 오스만 제국이 두 강력한 제국에 도전했기 때문에 이 두 정책 모두 비현실적으로 보이기는 하지만, 범이슬람주의와 범퀴르크주의를 세계 정치에서 여전히 사용할 수 있다고 보았다. 오스만 제국의 외교관들과 지식인들은 제국적 외교정책과 지역주의 정체성을 혼합한 이러한 비전에 비판적인 입장이었다. 악추라의 저서를 비판한 한 비평가는 이렇게 경고했다. "오스만 제국이 인도를 영국의 지배에서 해방시키는 꿈을 꾸면서, 수도에서 50마일밖에 떨어져 있지 않은 발칸반도의 서트라키아를 잃게 될 위험이 있다."[378] 사실 오스만 술탄은 이러한 제국적 관점 때문에 1907년에 카이로에서 개최된 범이슬람 회의에 대한 지원을 거부했다. 압뒬하미드 2세가 보기에 영국과 오스만 제국의 협력을 추구하는 전략이 범이슬람주의보다 더 중요했다. 카이로에서 열린 범이슬람 회의는 러시아의 근대주의 지식인 이스마일 가스프린스키가 라시드 리다 같은 이집트 범이슬람주의자와 협력해 조직했다.[379] 카이로 회의에 대한 신중한 거리 두기에서 드러났듯이 오스만 제국은 유럽 제국들과 직접적으로 충돌하는 것을 피하고, 그 대신에 제국의 안정과 지역적 통합성을 중시하는 정치 노선을 택하고 있었다. 1910년대까지 이러한 정치 노선은 오스만 제국의 제국 간 외교가 남긴 유산에 속했는데, 이는 공개적인 범이슬람주의가 그리스인 백성이나 아르메니아인 백성들의 충성을 확보하려는 이스탄불의 노력에 장애가 될 것이라는 우려와 맞닿아 있었다. 발칸 전쟁이 발발하기 직전에 기독교 국가인 세르비아와 그리스, 불가리아, 몬테네그로가 오스만 제국에 대항하는 동맹을 결성했을 때조차도 오스만 외교관들은 세르비아와 그리스, 루마니아와 함께 불가리아에 맞서는 동맹을 구축하려고 노력했다.

그러나 발칸 전쟁은 결국 오스만 제국이 유럽에 보유하고 있던 영토를 거의 완전히 상실하는 결과를 초래했으며, 유럽 제국들은 이러한 강제적인 국경 변화를 찬성했다. 상황이 이렇게 되자 오스만 제국의 엘리트들은 비로소 제1차 세계대전이 마지막 무슬림 제국에 대항한 새로운 근대 십자군 전쟁이었으며, 제국을 수호하기 위한 지렛대로 범이슬람의 네트워크와 여론을 이용해야 한다고 확신하게 되었다. 또한 그들은 기독교 국가의 군대가 발칸반도에서 무슬림을 추방한 것이 앞으로 제국 간의 국제 관계에서 발생할 인구정책이 될 것이라는 사실을 깨닫게 되었다. 1915년에 아르메니아인에 대해 행한 인종 청소 정책에 결정적인 영향을 미치게 했던 진단이었다.[380] 발칸 전쟁 기간에 범이슬람 인도주의는 중앙아시아와 남아시아, 동남아시아에 이르는 지역에서 적신월사에 대한 매우 높은 수준의 기부와 인도 출신 무슬림 의사들의 자원봉사를 통해 작동했다. 세계 각지에서 보낸 기부금은 이 단체가 여러 제국의 지배를 받던 범이슬람 지역의 상징이 되었다는 사실을 보여 주는 절정이었다.

제1차 세계대전에 참전하자마자 오스만 제국은 범이슬람주의를 선전 도구로 동원하기 시작했다. 범이슬람주의 전략이 동맹국인 독일이나 오스트리아-헝가리와의 협력을 포함하는 한, 이스탄불의 정치 엘리트들은 제국 사이의 협력을 시도하는 전통적인 외교를 완전히 포기하지는 않았다. 범이슬람주의 사상은, 특히 당대 제국들의 국제 관계는 무슬림 세계에 맞서는 서구의 근대적 십자군과 같다는 평가는 오스만 제국의 여론에 커다란 영향을 미쳐서, 독일 편에 서서 참전하면서 백성들의 지지를 확보하는 데 지대한 역할을 수행했다.[381] 이스탄불의 정치 엘리트들은 참전 당시에 대중에게 인기가 있는 범이슬람주의의 비전을 활용해 제국주의적인 세계 질서의 정당성 문제에서 드러난 모순과 약점을 심화하는 길을 모색하면서 유럽 제국에 대한 무슬림들의 불복종을 고무했으며, 가능한 곳에서는 노골적으로 봉기를 촉진했다. 독일제국의 최고 지도부도 마찬가지로 '무슬림 세계'의 존재와 그들의 반식민적 정서를, 그리고 전체 무슬림의 칼리파로서 오스만 술탄이 가진 종교적 지위를 전제로 한 전략을 공유했다. 따라서 지역 간 관계를 조망하면서 독일제국은 유럽의 경쟁 국가들에 맞서고자 하는 자기들의 제국적 목표를 위해 이슬람 세계와 유럽 기독교 지역의 갈등을 이용할 수 있다고 판단했다.[382]

반면에 제1차 세계대전에서 범민족주의 선전은 곧 지역이나 문명은 군대를 동원할 수 없다는 것을, 오스만이나 독일의 비밀 정보부가 아무리 활동해도 무슬림이 유럽 식민주의에 맞서 대규모의 반란을 일으키도록 부추길 수도 없다는 것을 보여 주었다. 더욱 중요한 것은 범이슬람주의 선전은 오스만 제국이 여전히 아르메니아인과 그리스인, 유대인처럼 무슬림이 아닌 시민들을 군대에 모집하고 있다는 사실과 충돌했다. 마이클 레이놀즈Michael Reynolds가 적절히 표현했듯이, 오스만 제국과 러시아가 그들의 불안한 상황을 인식하고 전쟁을 통해 문제점을 해소할 수 있다고 본 것은 제1차 세계대전을 통해 제국의 파멸로 이어졌다. 그 결과 두 제국과 그 국경 지역에 살던 수백만 명의 목숨도 마찬가지로 파멸을 경험했다.[383]

오스만 제국 정부와 독일제국 정부는 식민지화된 무슬림 국가들의 해방을 전쟁 목표로 설정하고, 인도의 무슬림에게 영국의 지배에 맞서 봉기할 것을 호소했다. 하지만 그들은 곧 지하드를 위한 그들의 호소가 범이슬람주의의 본성을 근본적으로 잘못 평가했다는 사실을 깨달아야 했다. 범이슬람주의의 토대가 되었던 무슬림 네트워크와 영국의 제국적 인프라 사이에는 분명한 공존 관계가 있었다. 또한 영 제국에 저항해 봉기하라는 요구는 힌두교도가 다수인 대륙에서 무슬림이 차지하던 소수민 지위를 간과하고 있었다. 이처럼 오스만 제국과 독일의 지하드 호소는 여러 제국의 지배하에 있던 상상된 전 지구적 공동체로서 '무슬림 세계'가 지닌 본성에 대한 환상을 드러냈다.

식민화된 세계 여러 지역에서 친오스만적 표현이 등장한 것은 당국에 불안감을 줄 정도여서 그들도 반대 선전전을 펼치기 시작했다. 오스만 제국과의 연대감은 인도와 말레이시아, 러시아, 네덜란드령 인도뿐 아니라 오스트레일리아와 남아프리카, 싱가포르, 마다가스카르 등에서도 표현되었다. 그러나 독일 정부와 오스만 제국 정부는 여러 식민지의 무슬림 여론에서 밝힌 이런 정도의 연대감이 그곳의 제국 권력에 맞서 봉기하도록 고무하고 조직화하기에는 충분치 않다는 사실을 곧 깨달았다. 리비아나 아프가니스탄처럼 독일과 오스만 제국의 첩보원들이 군사적 수단 또는 재정적 수단을 동원해 무언가를 이룰 수 있던 지역에서는 동맹 세력이나 잠재적인 지지 세력을 발견할 수 있었다. 1915년에 싱가포르에서 반란이 일어났을 때도 지하드를 향한 칼리파의 호소가 무슬림 병사들에게 영향을 주었으며, 인도인 병사와 가다르당 Ghadar Party의 연결도 마찬가지였다.[384] 그러나 독일과 오스만 제국의 기대와 달리 사태의 진행은 실망스러웠으며, 인도에서 무슬림의 봉기는 일어나지 않았다. 오히려 러시아와 영국, 프랑스, 네덜란드가 지배하는 지역에서 수많은 무슬림 유명인사와 제후들뿐 아니라 무슬림 종교 지도자들이 제국에 대한 충성을 맹세하고 연대를 표명했다. 수많은 인도 무슬림은 인도를 통치하는 영국 당국에 충성을 맹세하는 동시에 무슬림들에게 오스만 칼리파가 가지는 중요성을 강조하는 것이 모순이라고 생각하지 않았다. 상황이 이러했으므로 영국 측 선전기구들은 자기들의 진영을 더욱 강화하기 위해 인도와 말레이시아의 무슬림 백성을 대상으로 오스만 제국 지도부가 비무슬림인 독일의 지배 하에 있으며, 영국은 무슬림 성지의 존엄성과 칼리파 제도, 성지순례길을 존중할 것이라는 점을 강조했다.[385] 한편 인도 무슬림들은 일종의 새로운 제국 사회계약서를 작성했다. 이 계약에서 그들은 자기들이 무슬림으로서 영국 왕실을 위해 싸우고 죽을 것이지만, 이에 대응하는 조치로 영 제국 당국은 그들의 종교적 감수성을 존중해 줄 것을 기대한다고 밝혔다. 오스만 칼리파와 아라비아 성지들의 안전이 거기에 속하는 것이었다.

유럽 제국 열강들과 전 세계 무슬림 여론 사이의 관계에 관한 한 오스만 제국과 독일제국의 전쟁 선전은 근본적으로 혼란에 빠졌던 것이 분명하다. 기대했던 바와 달리 양 진영이 아무 조건 없이 적대적 입장을 보이지 않았기 때문이었다. 분명히 어떤 면에서 유럽 제국주의는 아시아와 아프리카의 무슬림 사회를 통일해 동일한 정체성을 갖도록 만들었다. 특히 싱가포르에서 제다에 이르는 인도양 지역에 대한 영국의 지배는 범이슬람 네트워크의 연대를 촉진했다. 영 제국에 속한 다수 무슬림은 여러 차원에서 자기들의 충성 대상을 결정하는 경향이 있었다. 영국 왕실과 새로 정의된 무슬림 움마(공동체), 오스만 칼리파 모두가 그 대상이었다. 독일과 오스만 제국 당국은 인도인 무슬림 또는 나이지리아인 무슬림, 튀니지인 무슬림이 기독교 제국의 지배에 맞서 봉기하도록 고무하는 것을 너무 쉽게 생각했으며, 제국적인 범이슬람 정체성이 가진 복잡성을 오판했다. 유럽 식민지의 관리가 모든 범이슬람 네트워크를 잠재적인 위협으로 간주하는 경향이 있었다면, 이와 마찬가지로 오스만 당국과 독일 당국은 식민 지배하에 있는 모든 무슬림의 세계적 네트워크가 기독교 지배자에게 맞서 봉기를 일으키도록 선동될 수 있다고 오판했다. 예를 들어 제1차 세계대전 당시에 영국의 비밀 정보국 요원이었던 토인비는 오스만 제국 과 '무슬림 세계'를 동일시했던 반면에, 같은 기관을 위해 일했던 저명한 인도 무슬림 압둘라 유수프 알리Abdullah Yusuf Ali는 영 제국에 대한 무슬림의 충성을 무슬림 세계가 가진 정체성의 일부로 규정하려고 노력했다.[386] 식민지 당국이 나 대도시의 여론에서 '백인' 기독교 담론에 대한 인도 무슬림들의 불만이 발 견되었지만, 이러한 불만은 그들이 제국을 철저히 거부한다는 것을 의미하지 는 않았다.

　무슬림적이면서 기독교적인 지역 정체성은 제1차 세계대전에 참전한 모 든 제국이 신중히 주목해야 할 중요한 문제가 되었다. 영국의 장군 에드먼드 앨런비Edmund Allenby가 1917년 12월에 예루살렘 옛 시가지에 진입했을 때 영 국 신문들은 이제 비로소 기독교 군대의 십자군이 성공적으로 종료되었다고 보도했다. 하지만 사실 앨런비 장군은 말을 타거나 군용차를 이용하지 않고 걸어서 야파 문을 통해 예루살렘에 들어갔는데, 이것은 성스러운 도시에 대 한 존중심을 보여 주기 위해서였다. 그는 십자군 이래로 예루살렘을 통치하게 된 첫 기독교 장군이었다. 영국 총리 데이비드 로이드 조지David Lloyd George는 예루살렘의 장악을 '영국민을 위한 크리스마스 선물'로 표현했다.[387] 1917년 겨울, 예루살렘이 함락되던 날에 베를린에 체류하던 무스타파 케말 아타튀르 크Mustafa Kemal Atatürk는 아랍-오스만계 지식인이던 샤키브 아르슬란Shakib Arslan 과의 대화에서 거듭해 예루살렘을 탈환하고 싶다는 의사를 밝혔다.[388]

　전쟁 동안에 발생한 또 다른 중요한 사건은 영국 첩보원들과 협력한 샤리 프 후세인 빈 알리Hussein bin Ali가 오스만 통치에 저항해 일으킨 반란이었다. 이는 1880년대에 수단에서 마흐디 무함마드 아흐마드Muhammad Ahmad가 일으 킨 반란 이래로 무슬림이 무슬림 군주에게 저항해 일으킨 최초의 반란이었 다. 후세인 빈 알리는 신속하게 성지인 메카와 메디나를 장악하는 데 성공했 는데, 이로써 당장은 전 세계 무슬림들에게 혼란스러운 상황이 전개되었다. 후세인 빈 알리의 아들은 (아라비아의 로렌스로 알려진) 영국 정보국 장교 토머 스 에드워드 로렌스T. E. Lawrence의 지원을 받아 다마스쿠스와 메카를 잇는 범이슬람의 상징이었던, 오스만 제국의 히자즈 철도에 공격을 감행했다. 어떤 면에서 이는 메카로 가는 길은 영국이 관리하는 증기선 항로가 오스만 제국과 독일이 통제하는 철도 노선보다 우월하다는 것을 입증하려는 상징적 행위였다. 제1차 세계대전에서 영 제국은 특히 무수한 무슬림 왕국과 무슬림 제후국을 보호하는 제국으로서 여전히 '세계 최대의 무함마드 세력'이었다. 그러한 측면에서 후세인 빈 알리는 영국과 동맹한 다른 여러 무슬림 군주와 같은 길을 걸었으며, 그에 대한 보답으로 중동 지방에서 거대한 아랍 왕국의 군주가 될 것이라는 거창한 약속을 얻었다. 그가 일으킨 봉기는 메카에서 드라마틱한 사건이었지만, 인도의 제후국 보팔의 군주였던 술탄 카이쿠스라우 자한 베굼Kaikhusrau Jahan Begum이 차분하게 확인한 것처럼 결국은 무슬림 군주가 성지를 계속 통치한다는 사실이 중요했다. 그 밖에 언젠가 아랍인이 오스만 왕조와 칼리파의 임무를 떠맡는다면 무슬림은 그것을 수용할 수 있다는 입장을 밝혔다. 하지만 이와 동시에 그에게는 이스탄불에 있는 세속적인 권력을 가진 칼리파가 유럽 제국들의 클럽에서 무슬림을 대변하는 것도 중요했다. "이슬람은 튀르크의 술탄을 유럽 왕궁에 파견한 일종의 바킬vakil(대사)로 간주하며, 만약 유럽에서 이 바킬이 사라지면 매우 고통스러울 것이다. 하지만 이슬람은 이스탄불에서 술탄이 사라지고 한 아랍인이 그 자리를 차지한다고 해도 조금도 개의치 않을 것이다."[389] 전쟁이 절정에 도달하고 성지를 아랍인 제후가 점령했을 때조차 (그리고 (간접적으로) 영 제국의 지배하에 들어갔을 때조차) 이미 서술되었듯이 인도의 무슬림들은 그들의 다각적인 충성을 유지할 수 있었다.

아랍의 여론이 오스만 제국에 보였던 충성심은 제1차 세계대전 초기에 영 제국에 속했던 인도 무슬림의 행동과 비교할 수 있다. 전쟁 기간에 오스만 제국은 아랍 지역에서 인종적으로 정의되지 않은 민족주의를 추구했으며, 샤리프 후세인 빈 알리가 일으킨 반란도 넓은 의미의 아랍 민족주의 경향에 포함되지 않았다. '오스만주의에 대한 무슬림식 해석'은 1923년 이후에 일어난 터키 민족주의나 아랍 민족주의와 뚜렷하게 달랐다. 그것은 수정된 오스만 연방의 틀 안에서 아랍과 쿠르드 그리고 기타 인종에 속한 무슬림에 대한

_____ 보팔의 술탄 카이쿠스라우 자한 베굼(1858~1930)의 초상화. 영국령 인도에 속하는 한 제후국의 무슬림 군주였던 그는 제1차 세계대전에서 영 제국에 속한 무슬림 백성들이 영국에 갖고 있던 충성심을 보여 준다. 이 그림에서 그는 예복에 인도의 별이라는 훈장과 휘장을 달고 있다. (Wikimedia Commons)

오스만의 제국적 지배를 계속하는 비전을 포함하고 있었다.[390] 오스만 제국의 패배가 확정되고, 아랍 민족이 다수인 지역에 대한 영 제국과 프랑스 제국의 지배가 확정된 후에야 비로소 아랍 민족주의의 요구가 강하게 대두했다. 하지만 전쟁 이후에도 아랍 민족운동은 앙카라의 민족운동과 긴밀한 관계를 유지했으며, 오스만 제국을 이어받은 터키를 동맹이자 지역에서 잠재적으로 더 중요한 형제국으로 간주했다. 이런 맥락에서 국제연맹은 이전에 오스만 제국의 지배를 받던 아랍 지역의 식민 국가들에 적용할 수 있는, 그리고 이전에 독일이 점령했던 아프리카 지역과 아시아 지역에 적용할 수 있는 국제법적으로 설득력 있는 식민 지배 형태가, 즉 민족자결 원칙과 조화될 수 있는 방식이 필요했다. 이 목적을 위해 스뮈츠의 아이디어에서 나온 이른바 '위임통치 제도'가 탄생했다.

국제연맹 규약 제22조는 위임통치의 원칙을 규정했다. "전쟁 결과 이전 지배국의 주권하에 속하지 않게 된 식민지와 지역에 대해, 그리고 특별히 어려운 조건하에서 오늘의 세계를 스스로 헤쳐 나갈 능력이 없는 주민이 거주하는 지역에 대해서는 다음과 같은 기본 원칙이 적용된다. 이들 민족의 안녕과 발전은 문명 세계의 신성한 과제이므로, 기존의 국제연맹 규약에 이 과제의 이행을 위한 위임 조항을 삽입해야 한다."[391] 이전의 오스만 제국에서 일어난 아랍 민족운동 지도자들은 영국과 프랑스의 옛 식민주의가 이제 새로운 이름을 부여받았다는 사실을 충분히 파악했다.

거의 한 세기 동안 오스만 제국의 지배하에서 근대를 추구하는 무슬림들이 세계의 역사, 문화, 정치 질서에 대해 토론하고 교육해 왔는데, 1919년에 새삼 유럽의 문명화 사명과 백인의 짐이라는 새로운 이데올로기를 아랍 여론에서 불러일으키는 것은 거의 불가능했다. 너무 늦은 것이다. 그런데도 일부 아랍 진영과 터키 진영은 미국이 위임통치권을 실행할 수 있는 적당한 국가라는 견해를 밝혔다. 하지만 터키나 아랍의 민족주의자들이 희망했던 것과 달리, 미국은 자국의 기독교 정체성을 고려해서 동아나톨리아 지방의 아르메니아에 대한 위임통치에 관심을 보였다. 물론 미국 상원이 베르사유 조약에 대한 비준을 거부해 국제연맹 회원국이 되지 못했기 때문에 결국 영 제국이나 프랑스 제국만 위임통치국이 되었다. 국제연맹은 위임통치 제도의 진행과 실현을 관리하고 감시하기 위해 상임위원회를 설치했다. 소수민족 위원회와 마찬가지로 상임위원회도 과거의 제국주의 체제에서 벗어날 것을 선언했지만, 이 주장은 위원회의 작동 방식이나 기존 열강의 현실적 세력에 마주해 아무런 효력을 행사하지 못했다. 영국과 프랑스, 이 두 제국주의 세력은 위임통치 지역에 자기들의 지배를 관철하기 위해 무자비하게 군사력을 투입했다. 이렇게 볼 때 아랍 출신으로 옛 오스만 제국의 병사였던 이들은 제2차 세계대전이 발발할 때까지 그저 이름만 바꾼 채로 영국군이나 프랑스군과 전쟁을 계속했다고 할 수 있다.

오스만 제국의 엘리트나 무슬림 지도부가 보기에 세브르 조약은 제1차 세계대전 승전국이 일방적으로 지시한 조약으로, 특히 남은 오스만 영토를 여러 위임통치 지역으로 분할하는 것을 예정하고 있기 때문에 결코 수용할수 없는 평화조약이었다. 무엇보다 이 조약은 무슬림이 주민 다수를 구성하는 아나톨리아에 민족국가를 수립하기로 한 윌슨의 원칙도 위배하고 있었다. 세브르 조약은 아나톨리아 지방을 그리스와 아르메니아, 이탈리아, 프랑스, 영국, 쿠르드, 터키의 구역으로 조각조각 분할했다. 아르메니아인들은 자기들의 역사적인 고향을 요구했고, 그 요구를 뒷받침하기 위해 최근에 자행되었던 인종 청소 경험을 근거로 제시했다. 그리스인들도 역사적인 논지를 전개했으며, 서아나톨리아에 살던 그리스 소수민들의 강력한 지지를 동원할 수 있었다. 그런데 세브르 조약이 채 조인되기 전에 그리스 군대가 아나톨리아에 진주하기 시작했고, 이로써 여전히 윌슨식의 타협안을 선호하던 무스타파 케말의 지휘하에 무슬림의 조직적인 저항운동이 촉발되었다.

파리 강화회의에서 오스만 제국을 위한 윌슨식 해결 방안이 무산되고 오스만 칼리파 국가의 미래가 불확실해지자, 인도에서 범이슬람적인 이른바 킬라파트Khilafat 운동이 전개되기 시작해 1920~1923년에 그 절정기에 도달했다. 킬라파트 운동은 주권과 독립을 쟁취하기 위한 오스만-터키의 투쟁을 지원했으며, 따라서 세브르 조약에서 결정한 것처럼 아나톨리아를 여러 위임통치구역과 작은 규모의 터키 구역으로 분할하는 것을 거부했다. 이 운동은 당시영국령 인도에서 최대의 정치·사회 운동으로 발전했으며, 간디같이 힌두교도가 다수를 차지하던 민족운동의 지도자들도 이 운동을 지원했다.[392] 힌두교 민족주의자들이 무슬림 킬라파트 운동 진영의 요구에 연대를 표명하자, 영국 식민 당국은 자기들이 전쟁 기간에 무슬림의 성지와 칼리파 기구들을 보호하기로 약속했던 사실을 깨닫게 되었다. 하지만 영 제국은 이 약속을 이행하는 대신에 이스탄불을 점령했고, 예루살렘을 유대인들의 고국에 속하는 부분으로 지정했으며, 성지에서 칼리파 제도에 맞서는 봉기를 일으키도록 선동했다. 1857년의 사건이 발생한 지 꼭 60년 만에 영국은 인도에서 힌두교도와 무슬림이 연대한 새로운 대중 운동에 직면했다. 킬라파트 운동은 진정성 있게 세계시민주의적으로 행동할 것을, 영 제국에 속한 무슬림 백성들의 어려움과 희망 사항을 대변할 것을 제국 당국에 요구하는 운동이기도 했다. 그런 측면에서 킬라파트 운동은 제국의 경계를 넘어 무슬림 터키와 칼리파 제도를 위한 정의로운 미래를 요구한 것인데, 이는 제국 내 무슬림들에게 평등한 시민권을 달라는 무슬림들의 요구를 확인한 것이었다. 그렇기 때문에 초지일관하게 영국에 대한 충성파의 한 사람이었던 이슬람 이스마일파의 종교적 지도자 아가 칸Aga Khan조차 이러한 상황에서는 킬라파트 운동을 옹호할 수 있었다.

터키 해방전쟁을 위한 물질적·정신적 지원을 넘어서, 킬라파트 운동은 주민 다수가 무슬림이어서 '무슬림 세계'로 간주되는 아시아와 아프리카의 지역을 위한 '집단적인 해결 방안'을 요구했다. 그 해결 방안의 핵심은 제국의 지배하에 있는 전 세계 무슬림에게 정의를 실현하고 존엄성을 부여하는 것이었다. 그렇기 때문에 인도 무슬림의 강화뿐 아니라, 그들의 강화를 상상된 공동체로서 '무슬림 세계'의 미래와 결부하는 것이 관건이었다. 전 세계적으로 영향력 있는 인도의 범이슬람주의자 사이에드 아미르 알리Syed Ameer Ali는 파리 강화회의에서 국제연맹 설립을 논의하면서 한 연설에서 이 문제를, 즉 전 세계에서 무슬림 주민들에게 자행되는 차별과 멸시, 탄압의 문제를 공개적으로 비난했다.[393] 킬라파트 운동의 범이슬람 캠페인은 자기들의 요구 사항을 주로 혼합된 언어로 표현했다. 아나톨리아 지방의 무슬림 다수 지역에 대한 오스만 제국의 주권을 옹호하기 위해 윌슨식 논지를 활용하면서도, 동시에 킬라파트 운동은 다른 제국에 속한 무슬림 백성들이 오스만-터키의 투쟁을 지원하기 때문에 수많은 무슬림 백성을 거느린 영 제국이 터키를 굴복시켜 여러 지역으로 분할하는 것은 대단히 심각한 문제가 될 수 있다고 경고하기도 했다. 영 제국과 범이슬람주의, 국제주의, 윌슨주의에 대한 충성은 킬라파트 운동의 세속적 언어에 모두 반영되어 있었다.[394] 이러한 맥락에서 미국의 인종 이론가이자 백인 지상주의자인 로스롭 스토더드Lothrop Stoddard같이 당시의 세상사에 관심을 갖던 많은 작가는 민족주의를 통한 무슬림 세계의 파편화가 아니라 제1차 세계대전 이후 무슬림 지역주의의 재건과 무슬림 세계의 통일에 커다란 관심을 보였다.[395] 스토더드의 저서 『이슬람의 신세계The new world of Islam』의 아랍어 번역본에는 저명한 범이슬람주의 지식인 샤키브 아르슬란이 이 책의 문제점을 상세히 지적한 것이 수록되었다. 하지만 샤키브 아르슬란은 많은 무슬림이 여러 유럽 제국의 식민지에서 변함없이 충성을 보이는데도 세상사는 무슬림 세계와 서방 사이의 갈등을 통해 이루어진다고 보는 저자의 기본 사상에는 공감을 표했다.[396]

터키 독립 전쟁 기간에 앙카라에 본부를 둔 무슬림 민족주의 정부는 남아시아에서 전개된 범이슬람적 원조 캠페인과 중동의 아랍 민족으로부터 온 도덕적 후원을 통해 큰 도움을 얻었다. 킬라파트 운동은 영국이 주도하는 연합국이 점령하고 있던 이스탄불에 있는 칼리파 제도의 기관들을 지키는 것이었다. 터키 민족운동은 그리스 군대에 맞서 군사적 승리를 달성했으며, 동시에 볼셰비키 및 프랑스 정부와 조약을 체결하는 등 외교적 성과도 기록할 수 있었다. 그들이 군사적으로 승리를 거두자 영 제국은 로잔에서 열린 평화협상에서 이전의 세브르 조약에서 합의한 조건들을 수정하는 데 동의할 수밖에 없었다. 결국 로잔 조약은 앙카라에 남아 있는 오스만 제국 영토에 대한 완전한 주권을 보장했다. 그 대신에 터키 정부는 이라크와 시리아에서 이집트에 이르는 옛 오스만 제국 영토 및 그와 관련된 모든 권리와 요구, 특권을 포기했다.[397] 로잔 조약은 영 제국과 신생국 터키의 무슬림 엘리트들 사이에 이루어진 일종의 거래였다. 영 제국이 무슬림이 다수를 형성하는 아나톨리아에 대한 터키의 주권을 인정하는 대신에, 터키는 오스만 제국이 보유하던 네트워크와 범이슬람 네트워크를 포기하고 영국령 인도의 무슬림에게 더는 영향력을 행사하지 않기로 했다.

당대의 여러 필자는 지정학적으로 보아 로잔 조약이 백인 지상주의에 맞서 유색인종이 각성해 가는 또 하나의 걸음이라고 보았다. 예를 들어 미국인 선교사였던 배질 매슈스Basil Mathews는 저서 『색의 충돌The Crash of Color』(1924)에서 "로잔 조약은 인도의 모든 장터에서, 아랍 족장의 야긴 등불 밑에서, 카이로에서 델리와 베이징, 도쿄에 이르는 대학생들의 토론에서 논의되었다."[398] 쑨원은 1924년에 일본의 고베에서 범아시아주의에 관한 연설을 시작하면서 자기의 연설이 터키 민족운동의 성공에서 영감을 얻었다고 언급했다.

앙카라의 민족주의 정부는 1923년 10월에 공화국을 건국하고 술탄국을 폐지한 후, 우선 5개월 동안 이스탄불에 있는 칼리파 제도를 유지했다. 칼리파가 시아파와 이스마일파까지 포함해 아시아와 아프리카, 중앙아시아의 무슬림에게서 대단한 명성을 누리고 존경을 받았기 때문인데, 그 토대는 국경을 넘어서는, 새로운 근대적 무슬림 정체성이 미치는 힘이었다. 오스만 왕조의 수장이었던 압뒬메지드 2세Abdülmejid II가 칼리파가 되었는데, 그는 그저 영적 권위를 부여받은 채 이스탄불에 있는 일디즈 궁전에 거주했다. 하지만 로잔 조약으로 인해 신생 터키 공화국 지도부는 그들의 범이슬람적 비전과 관련 네트워크 안에 있는 핵심적인 지위들을 포기하기로 결정했다. 그 대신에 무슬림이 다수인 다른 지역들에 대한 유럽의 식민 지배에 직접적으로 문제를 제기하지 않으면서 국가의 주권을 지키는 정치를 추구하기 위해서였다. 터키 의회는 1924년 3월 3일에 오스만 칼리파의 폐지를 공식 선언했다. 터키를 지지했던 많은 범이슬람주의자에게는 이러한 조치가 일종의 충격이었으며, 이는 전간기 무슬림의 정치적 비전에 뚜렷한 영향을 미쳤다.[399]

물론 앙카라 정부는 칼리파 제도의 유지가 짐이 될지 아니면 기회가 될지에 관한 문제를 결정할 때 현실 정치적인 측면을, 즉 영국 식민주의뿐 아니라 터키의 초국적인 힘과 영향력 두 가지를 모두 고려해야 했다. 터키의 무슬림 지도부에는 종교적 이유뿐 아니라 현실적 이유에서 칼리파 제도의 유지를 선호하는 영향력 있는 목소리가 있었다. 즉 무슬림 사회의 명성과 영향력을 지킴으로써 유럽 열강을 상대로 영향력을 발휘할 수 있다는 입장이었다. 하지만 국가 주권에 초점을 맞추었던 로잔 조약의 새로운 타협안은 이미 문제를 노출했다. 새로운 근거로 무장된 유럽 제국주의와 강화된 민족주의의 시대에 칼리파 제도의 초국적인 요구와 충돌하게 되는 문제였다. 나중에 무스타파 케말이 지적했듯이 영국이 통치하는 이집트와 인도가 터키보다 더 많은 무슬림을 거느리고 있는데, 그들을 보호한다는 명분으로 1억 명 이상의 무슬림이 거주하는 영국 식민지에 개입할 수 있을 만큼 국제적으로 비중 있는 칼리파 자리를 터키의 800만 무슬림이 보유한다는 것은 모순이었다.[400] 터키 공화국이 던지는 함축적인 메시지는 '무슬림의 해방'은 순전히 무슬림 주민으로 구성되어 있으며 완전한 주권을 보유하는, 치외법권을 두지 않는 국가에서 가능하다는 것이었다.[401] 무스타파 케말이 추진한 개혁은, 그리고 오스만 제국으로부터 탄생한 터키 민족국가는 다른 무슬림 사회의 정치적 비전에 큰 영향을 주었다. 예를 들어 인도네시아 무슬림들은 터키에서 진행된 변화를 매우 주의 깊게 관찰해, 수카르노Sukarno 같은 지도적인 정치가는 1924년 이후 터키의 변화를 모델로 한 세속화된 무슬림 국가 모델을 지지했다. 아마 이스탄불에서 칼리파 제도를 폐지한 이후에도 터키 공화국이 그 밖의 무슬림 사회가 추구하는 정치적 비전에서 핵심적인 역할을 수행했다는 것이 모순으로 보일지 모른다. 하지만 이는 바로 범이슬람의 네트워크와 사상, 국제적 전망이 여전히 존재했다는 사실을 보여 준다.[402]

오스만 제국의 칼리파 제도가 폐지된 후 여러 무슬림 지도자는 제국을 넘어서는 무슬림 공동체의 상상적 구심점으로서 이 기구를 재건하려고 노력했다. 인도에서 이집트, 메카에서 베를린에 이르기까지 수많은 무슬림 지식인은 터키 의회의 결정에 대해 항의를 표시하면서 즉각 새로운 칼리파를 추대하기 위한 국제 모임을 모색했다. 하지만 폐지된 오스만 칼리파 제도를 계승할 새로운 칼리파 제도를 설립하려는 노력이 겪은 운명은 전간기처럼 제국의 모순이 중첩된 시기에 범이슬람 연대가 가진 문제점이 무엇인지 적나라하게 드러내 주었다. 1924년 3월 5일에, 다시 말해 터키 의회의 결정이 내려진 지 겨우 이틀 후에, 메카에 있던 샤리프 후세인 빈 알리는 자기가 새로운 칼리파라고 선언했다. 그러나 그는 과거에 오스만 제국에 등을 돌리고 영 제국 군대에 협력했다는 사실 때문에 다른 무슬림 지역으로부터 뚜렷한 지지를 얻지 못했다. 같은 해 3월 10일에 이집트의 종교 지도자들은 칼리파 제도 문제를 논의하기 위해 무슬림 대회를 소집할 필요가 있다고 공표했다. 폐위된 칼리파인 압뒬메지드 2세도 무슬림 대회를 소집하자는 제안을 지지했으며 한 걸음 더 나아가 민주적인 선거 방식까지 제안했다.[403] 샤리프 후세인 빈 알리가 1925년의 순례기와 시기를 맞추어 또 다른 킬라파트 대회를 계획하고 있었지만, 그 사이에 메카는 사우드 가문의 와하브파 국가가 점령했다. 이집트 왕 푸아드 1세Fuad I의 후원을 받아 결국 1926년 5월에 카이로에서 개최된 무슬림 대회조차도 단일한 의견을 도출하는 데 실패한 채 막을 내렸다. 최근에 아라비아의 성지에 대한 통치권을 장악한 사우드 왕조가 같은 해에 메카에서 무슬림 대회를 열었지만, 그들은 와하브파였기 때문에 사실 킬라파트 사상에 관해 그리 진정성 있는 관심을 보이지는 않았다. 게다가 그들은 이렇다 할 초국적인 무슬림 네트워크를 보유하고 있지도 않았다. 무슬림 대회를 주최하고자 했던 이 모든 주체가 전 세계 다양한 지역에 흩어져 있는 수백 명의 대표에게 초청장을 보낼 수 있었다는 사실은 초국적인 무슬림 사회(공적 영역)가 있음을 보여 주었다. 반면에 초대받은 모든 인사가 실제로 카이로와 예루살렘, 메카로 여행할 수는 없었다는 사실은 대표들의 이동을 제한하는 제국의 현실적인 지배 관계가 작동하고 있음을 보여 주었다. 라시드 리다처럼 이전에 오스만 제국을 지지했던 범이슬람주의자들은 제1차 세계대전이 끝나자 우선 다마스쿠스에 있는 파이살 1세의 아랍 왕국에 희망을 걸었다. 하지만 아랍 왕국의 독립은 곧 끝났고, 그들의 영토는 제국들 사이에 체결된 비밀 협약인 사이크스-피코 협정에 따라 프랑스의 행정구역으로 편입되었다. 그러자 라시드 리다는 통일된 아랍 세계의 잠재적 우두머리로 리야드에 있는 사우드 가문의 왕에게 희망을 걸었다. 이와 비슷하게 오스만 제국 말기에 또 다른 저명한 범이슬람주의자였던 샤키브 아르슬란은 1920년대 중반에 이라크와 사우디아라비아, 예멘 사이의 동맹을 통해 새로운 아랍 군주 연합을 창설하고자 했다.[404] 한편 영국이 이라크에 옹립했던 파이살 1세는 아랍 민족주의의 한 변형으로 영 제국의 후견하에 하심 가문의 아랍 왕국을 건설하고자 하는 전망을 제시했다. 하지만 이 모든 노력이 수적으로나 재정적으로 풍부한 남아시아의 무슬림을 배제한 채 아랍 왕국에 시선을 집중했다는 사실은 근본적인 모순을 드러내 주었다. 영 제국에 속한 무슬림을 새 칼리파로 추대해야 그것이 사실상 의미를 가질 수 있었기 때문이다. 인도의 제후국인 하이데라바드의 니잠이 이 아이디어를 발전시켰다. 그는 전간기에 자기 아들들과 오스만 마지막 칼리파의 두 딸 사이에 결혼을 성사시킴으로써 자기 후손들이 모계의 조부가 보유하던 작위를 이어받을 수 있게 했던 인물이었다. 하지만 하이데라바드는 주권이 제한되어 있었고, 영 제국에 종속되어 있었기 때문에 무슬림 사회에서 평판이 좋지 않았다. 따라서 하이데라바드의 니잠이 실제로 오스만튀르크 제국의 칼리파 칭호를 주장할 기회는 오지 않았다.

칼리파 제도의 폐지가 미친 놀라운 결과 중 하나는 역시 터키의 발전 과정을 주의 깊게 바라보았던 나라에서, 즉 시아파 무슬림이 다수를 차지한 이란에서 관찰할 수 있었다. 카자르 왕조를 무너뜨린 장군인 무함마드 리자 Muhammad Riza는 처음에는 터키 모델에 따르는 공화국을 건설하려는 구상을 갖고, 무스타파 케말이 이끄는 터키 민족운동의 발전과 그들이 로잔에서 달성한 외교적 성과를 주의 깊게 관찰했다. 그는 당시에 총리였으며, 페르시아 공화국의 대통령이 될 수도 있었다. 하지만 1924년 3월에 터키 민족운동이 칼리파 제도를 폐지한 후 이란의 일부 여론은, 특히 성직자들은 터키 모델이 가져올 결과를 우려의 시선으로 바라보았다. 그 결과 많은 이란인이 세속적인 공화국을 세우기보다는 무함마드 리자를 페르시아의 새로운 군주국의 샤로 옹립하는 쪽을 지지했다.[405] 이와 비슷하게 아프가니스탄에서도 칼리파 제도의 폐지는 아프가니스탄의 왕 아마눌라 칸Amanullah Khan의 정통성을 약화시켰다. 아마눌라 칸은 그동안 오스만 제국이 말기에 축적한 경험에서 영감을 받고 터키 자문위원들의 자문을 통해 다양한 근대화 개혁을 시도했었다.

아라비아반도의 중심인 네지드 지역에 수립된 사우드 가문의 국가가 1924년에 메카와 메디나에 대한 통치권을 장악한 것은 칼리파 제도의 폐지나 상상된 '무슬림 세계'에서 터키가 철수한 것과 마찬가지로 중요한 사건이었다. 영국의 식민지 관리들은 거의 100년 동안 아시아와 아프리카에 있는 자기들의 통치 구역에서 발생한 모든 무슬림 반란이 와하브파의 영향 때문이라고 보아 이들에게 적대감을 갖고 있었다. 그런데 이제 이집트와 인도의 식민 당국은 이제까지 영 제국에 협력해 왔던 샤리프 후세인 빈 알리의 하심 왕국과 적대적인 사우드 가문의 국가와 우호 관계를 맺었다. 샤리프 후세인 빈 알리는 이후에도 계속 영국의 위임통치 지역인 요르단과 이라크에서 중재자로서 영국의 간접 통치를 위해 중요한 역할을 수행했다. 하지만 하심 가문의 주도 하에 거대한 아랍 왕국과 칼리파 국가를 세우려고 했던 그의 비전은 압둘아지즈 이븐 사우드Abd al-Aziz ibn Saud의 군대가 히자즈에 있는 성지인 메카와 메디나를 정복하면서 이미 물거품이 되었다.[406] 사우드 가문의 신생 국가가 메카와 메디나를 장악했다는 사실은 인도양과 아프리카의 많은 무슬림에게 충격을 주었다. 세계 여러 지역의 무슬림들이 설립했던 수많은 수피 수도회와 자선단체가, 메카와 메디나에 있는 마드라사의 존폐가 위협받게 되었기 때문이었다. 실제로 성지를 통치하는 와하브파는 전 세계 무슬림 연방의 주요 네트워크와 맺은 관계를 극적으로 제한했을 뿐 아니라, 성지에서 진행되던 다채로운 종교 행사도 대폭 축소시켰다. 급기야는 사우드 가문의 국가를 지배하던 무자비할 정도로 엄격한 도덕률 때문에 아라비아로 여행하는 순례자의 수가 줄어들기도 했다. 처벌을 두려워했기 때문이었다. 아랍-사우디 왕국이 두 성지의 보호자로 정착하고 메카로 이어지는 무슬림 네트워크가 새로 형성되기까지 10여 년의 세월이 걸렸다.

전체적으로 보아 1914~1924년의 시기에 무슬림이 정치적 비전을 확립하기에는 너무 많은 모순된 사건과 예기치 못한 반전이 일어났다. 무슬림의 지역주의적 전망은 여전히 살아 있었지만, 이제 그 구심점이 되었던 칼리파 제도나 오스만 제국의 상징적인 지도력이 결여된 채였다. 따라서 오스만 제국의 몰락은, 그리고 지역적 민족주의 모델로서 터키 공화국의 수립은 무슬림 세계에서 무슬림 지역주의의 민족주의적 버전을 촉진했다. 또한 칼리파 제도의 종식은 당시까지 유지되어 오던 경쟁 제국들과의 공생 관계도 생생하게 노출했다. 칼리파 제도의 종식과 함께 영 제국이나 네덜란드 제국에 맞서는 무슬림의 민족주의적 대안이 힘을 얻었다. 예를 들어 인도네시아에서는 칼리파 제도의 종식으로 인해 세속적인 민족주의의 비전이 범이슬람적인 비전보다 강세를 보였다.[407] 지역 연대와 민족주의를 새롭게 연결하려는 다양한 노력이 있었지만, 이렇게 시작된 민족주의 시대는 제국적인 세계 질서와 마찬가지로 무슬림의 지역 네트워크에게 유익하지 않았다. 가말 압델 나세르Gamal Abdel

Nasser와 수카르노가 탈식민화의 절정기인 1955년에 반둥에서 만났을 때, 두 사람은 무슬림 연대의 민족주의적 비전을 대표했다. 이는 여러 측면에서 범이슬람적이었으며, 칼리파 제도와 연결되었던 제국주의 시대의 비전과 차이를 보였다. 의심할 여지없이 오스만 칼리파 제도가 폐지된 후에 누군가 전 이슬람의 이름으로 말해야 한다고 느꼈으면서도 그것은 사실상 매우 어려운 일이었다. 따라서 제1차 세계대전이 무슬림 주민이 다수인 국가들에 미친 영향에 관해 묻는다면, 세계대전이 민족자결주의의 이름으로 정치적 정당성에 대한 요구를 강화했으면서도 포괄적인 종족 공동체와 문명 공동체의 이름으로 무슬림들이 작성한 평등권에 대한 요구는 결국 억압하거나 축소한 채로 끝났다는 사실을 보여 준다.

세계대전이 아시아에 미친 영향

동아시아의 지역주의는 제1차 세계대전이 임박했을 무렵에 새로운 절정에 도달했다. 사람들은 커다란 낙관론에 휩싸인 채 연대 의식을 갖고 공화주의 혁명 이후 중국의 재건을, 그리고 두 신생국인 티베트와 몽골의 탄생을 지켜보았다. 당시에 다양한 범아시아주의 작가들은 아시아에서 펼쳐진 영 제국과 러시아 사이의 돌출 작전이나 대규모 전략적 게임을 보면서 심각한 우려를 표명했다. 이들 때문에 1911년에 새로 이루어진 (어떤 면에서는 제국주의 시대에 예외적 현상이었던) 몽골의 독립이나 영국의 제국적 이해관계 때문에 위협받던 티베트의 자주성이 무너질 수 있었기 때문이었다.[408] 물론 제1차 세계대전 전야에 범아시아 네트워크의 관심이 서구 제국주의 열강들의 위협에 집중되었다고 할지라도, 이것은 독립을 회복하려는 한국과 일본의 식민 지배 사이에 형성된 긴장을, 다시 말해 동아시아의 내적 갈등을 숨길 수는 없었다. 반면에 이 시기에 일본과 중국 사이에서는 그 어떤 갈등도 발생하지 않았다. 중국의 민족주의 담론은 제1차 세계대전 이후에야 비로소 일본에 대한 저항을 그들의 정치적 과제의 하나로 삼았다.

제1차 세계대전이 아시아에 미친 영향은 1905년 이래로 발생한 사건들을 배경으로 해야 제대로 평가할 수 있다. 1911년의 신해혁명 과정에서 이루어진 청 왕조의 최종적인 붕괴는 중국의 몰락이 아니라 중국의 각성을 보여 주는 징후로 해석되었다. 쑨원이 이끈 중국 혁명은 분명히 통일된 중국 공화국을 탄생시키는 데 실패했다. 오히려 중국은 수많은 군벌이 통치하는 여러 지역으로 분열되었으며, 여기에 불평등조약을 토대로 서구 제국주의 열강이 관할하는 조약항들도 출현했다. 중국의 지식인과 엘리트들이 일본의 근대화에서 향후 중국이 추구해야 할 발전 모델을 찾게 된 것은 이러한 상황에서였다. 일본에서는 이와 반대로 통일되고 강화된 중국을 보면서 범아시아주의적 관심이 등장했다.

한편에서는 일본과 중국의 연대에 관한 담론이 형성되었지만, 그 뒤편에서 일본은 1910년에 한국을 완전히 합병했다. 그리고 다른 제국주의 열강들은 국제법의 이름으로 정당화된 이 식민지 점령을 외교적으로 승인해 주었다. 유럽 제국이 아니라 이웃 국가 일본이 수백 년 동안 자주성을 유지해 온 동아시아의 전통적인 한 왕국을 합병한 것이다. 일본 제국은 이 지배를 문명의 차이를 강조하지 않고 오히려 한국인과 일본인 사이의 문화적·인종적 공통점을 강조함으로써 정당화했다.

제1차 세계대전 동안에 일본뿐 아니라 중국도 영국이 포함된 삼국협상 편에 섰다. 전쟁 초기에 일본은 중국의 산둥반도에 있던 항구도시 칭다오를 포함해 동아시아에 있던 독일의 옛 식민지를 점령했다. 전쟁 기간 내내 아시아의 여러 지식인과 활동가들은 범아시아적 연대와 일본의 제국주의 정책 사이의 긴장 관계에 관해 거듭 지적했으며, 이것은 일본 여론에서도 토론의 쟁점이었다. 일본 민족이 아시아와 '황인종'에 속하는 것은 부정할 수 없는 사실이었다. 무엇보다 백인 지상주의에 입각한 미국의 제한적인 이민정책이 일본인들도 차별했다는 사실이 이를 입증했다. 하지만 일본 제국은 자기들의 지위가 1등급 제국주의 국가로서 동맹인 영국과 같은 계단에 서 있다는 점을 강조했다. 인도 민족운동의 대표도 포함된 범아시아주의 그룹에서는 일본 제국주의가 자기들의 국력을 영 제국주의를, 일반적으로 백인의 식민 지배를 강화하는 데 투입해서는 안 된다고 비판했다. 그 대신에 이제 일본이 독립적인 새로운 아시아에서 지도적 역할을 짊어질 때가 되었다고 주장했다. 일본에 있던 인도 민족주의자와 범아시아주의 활동가들은 일본의 여론을 상대로 하는 열정적인 선전을 펼치면서, 일본이 떠오르는 아시아의 범민족주의 운동을, 특히 인도의 민족운동을 적극적으로 지원하고 영국과 맺은 동맹을 포기하면 영 제국과 맺은 동맹을 계속 유지하는 것보다 현실 정치적으로 유익한 점이 더 많을 것이라는 점을 강조했다. 그 밖에 영일동맹이라는 프레임 안에서 일본과 기타 아시아 사이에 점차 긴밀해지는 관계에 대해 환호하는 범아시아주의의 제국적 버전도 있었다. 이 버전은 일본 총리 오쿠마 시게노부大隈重信가 일본-인도 협회의 공동 창립자가 되었다는 상황에서 잘 드러났다. 한국에서는 대중주의 단체인 일진회一進會가 진보와 문명, 발전을 명분으로 내세우면서 일본 식민 지배에 대한 협력이 정당하다는 주장을 펼쳤다.[409] 그러나 전쟁 기간 중에 범아시아주의 지식인들은 일본인이나 일본 제국은 '황인종'에 속하기 때문에 결코 백인 제국주의 세력으로부터 대등한 세력으로 취급받지 못할 것이며, 따라서 유럽 제국의 클럽에서 2등급 회원이 되는 대신에 자유로운 아시아를 이끄는 지도적 국가의 역할을 짊어지는 것이 나을 것이라는 사실을 일본 여론에 환기시켰다. 이런 주장은 일본 여론에서 폭넓은 지지를 얻었다. 이는 무엇보다 전 세계적으로 노골화하는, 특히 일본인들이 미국뿐 아니라 백인이 지배하는 영 제국에서 경험한 인종차별과 거리를 두기 위해서였다.

인도의 저명한 인도주의자 중 하나인 타고르는 이러한 견해에 공감을 표현하면서 각성하는 아시아에 도덕적 리더십을 제공할 수 있는 일본의 잠재력에 관해 이야기함으로써 이 캠페인에 참여했다. 제국 열강의 클럽에서 찬밥 신세를 당하지 말고 이 잠재적인 역할을 담당하라는 호소였다. 타고르가 1916년에 《맨체스터 가디언Manchester Guardian》과 한 인터뷰에서 밝힌 이 친일본적인 주장은 당시의 범아시아주의 그룹들 안에서 널리 회자되었다. 무엇보다 이 인터뷰에서 타고르는 정치적으로 독립된 아시아 국가들이, 즉 시암과 일본, 중국이 앞으로 서로 협력하기를 희망한다고 밝혔다.

일본이 아시아를 통일하고 이끄는 것이 자기들의 과제라고 생각한다는 것을 알게 될 때 놀라워하는 사람은 거의 없다. 서로 수많은 차이가 있지만 유럽 국가들은 근본적인 사상과 전망에 관한 한 하나다. 비유럽 국가들에 대한 처신에서 그들은 마치 한 대륙이 아니라 한 나라인 것처럼 행동한다. 예를 들어 몽골이 유럽 영토를 한 치라도 점령하려고 위협했을 때 모든 유럽 국가는 힘을 합쳐 맞섰다. 일본은 홀로 존재할 수 없다. 연합한 유럽과 맞설 때 일본은 몰락할 것이며, 유럽에서 그 어떠한 지원도 얻지 못할 것이다. 그러므로 일본은 아시아에서 동맹을 찾는 것이 너무도 당연하다. 자유로운 중국과 시암, 그리고 아마 상황이 허락한다면 자유로운 인도와 맺을 동맹 말이다. 셈족에 속한 서아시아를 포함하지는 않는다고 해도, 힘을 합친 아시아는 막강한 통일체가 될 것이다. 분명히 거기까지는 머나먼 길이며, 도중에 수많은 장애가 있다. 언어 다양성도 상호 소통을 어렵게 한다. 하지만 내 생각에 시암에서 일본 사이에는 수많은 닮은꼴이 있으며, 인도에서 일본 사이에는 종교와 예술, 철학 등에서 서로 공유하는 많은 것이 있다.[410]

훗날 타고르가 일본을 방문했을 때 그의 환상은 깨졌으며, 그는 아시아에서 일본이 맡을 역할에 관한 자기의 생각을 수정해야 했다. 하지만 그가 이와 같은 과감한 테제를 제시했다는 사실은 제1차 세계대전이 한창 진행 중인 때에 지역적 상상력이 가진 위력이 어느 정도였는지 잘 보여 준다. 일본 정부는 분명히 전쟁에서 자국의 제국적 책임을 앞세웠으며, 경우에 따라 영 제국에 저항하는 인도 민족주의자들을 여러 차례 추방하기도 했다. 이미 전쟁 발발 이전에도 일본 제국 당국이 프랑스 대사관의 압력에 밀려 일본에 거주하는 베트남 학생들에게 추방 조치를 내린 사례들이 있었다. 하지만 반제국주의적인 범아시아주의자들이 여론에서 성과를 올리는 경우도 자주 있었다. 아시아인(혹은 황인종)이라는 공동의 인종 정체성이나 일본의 국가적 이익을 환기시킬 경우였다. 게다가 왕족 출신을 포함한 많은 반식민주의적 민족주의 지식인과 활동가들은 일본에서 피난처와 후원자를 발견할 수 있었다. 예를 들어 일본 제국의 성공을 보고 독립 베트남이라는 비전에 대한 영감을 얻었던 베트남 왕자 끄엉데彊柢는 일본을 망명지로 선택할 수 있었고, 그곳에서 안전을 기대할 수 있었다.[411] 인도 민족주의자들은 공동의 아시아적 가치를 언급하면서 일본에서 여론과 정부가 아시아적 가치에 따라 행동할 것을 호소했다. 사실 인도의 반식민 활동가들은 인도에 기반을 둔 아시아의 지역적 비전이 매우 복잡한 측면을 내포하고 있음을 보여 주었다. 그 비전은 반식민지적일 뿐 아니라 아시아의 힌두교적·불교적·무슬림적 전통과 정체성을 인도에 중심을 둔 급진주의로 결합하고 있었다. 마나벤드라 나트 로이M. N. Roy에 관한 한 연구에서 크리스 만자프라Kris Manjapra는 반식민적이지만 그렇다고 해서 편협한 민족주의자는 아니었던 벵골 지식인들이 투쟁하면서 보유했던 세계적인 네트워크를 보여 주었다. 전쟁 기간에 그들은 거의 전 세계를 두루 돌면서 일본과 미국, 멕시코, 독일, 볼셰비키 러시아, 중앙아시아를 거쳤다.[412]

일본 대표단은 제1차 세계대전 승전국의 일원으로 1919년의 파리 강화회의에 참가했으며, 그 결과 국제연맹 창설국의 일원이 되기도 했다. 일본인들이 당한 인종차별 경험을 토대로 해서 일본 대표단은 국제 관계 업무에서 인종차별 철폐를 추구하는 규정을 제정하자고 파리 강화회의에 제안하기도 했다. 범아시아주의자들은 인종 평등을 위한 일본의 이 제안이 유색인종에 대한 차별에 맞서는 일반 협정을 맺자는 자기들의 요구를 반영한다는 사실을 알았다.[413] 범아프리카주의 운동에서도 동의를 얻었기 때문에 이 제안은 일본 여론에서도 커다란 기대를 불러일으켰다. 하지만 이 제안을 지지하는 국가가 너무 적었고, 특히 영 제국의 백인 자치령에서 격렬한 반대에 부딪혀 결국 다수결로 부결되었다.

일본의 제안이 부결된 후 제국적 논리에 따라 행동하던 열강들은 중국에 있던 독일의 옛 식민지 통치권을 일본 제국에 넘겨주었다. 일종의 보상이었다. 일본에 대한 이런 방식의 양보는 중국 대표단뿐 아니라 중국의 여론까지도 실망시키고 분노하게 만들었다. 무엇보다 독일의 옛 식민지는 중국 영토에 속하며, 중국도 제1차 세계대전에 참전해 희생을 치렀기 때문이었다. 중국 민족주의자들은 전쟁 기간에 일본에 주어진 양보 때문에, 특히 1915년에 '21개 조항'이라고 명명된 합의문을 수용한 것 때문에 분노하고 있었지만, 인종 평등에 관한 일본의 제안을 지원했으며, 이 제안이 부결된 것을 모욕으로 느꼈다. 파리 강화회의와 동아시아에서의 일본 제국주의에 맞서 중국에서 일어난 저항은 이른바 5·4운동에서 절정에 도달했다. 근대화론에 입각해 중국의 전통을 거부하고 이를 반제국주의 노선과 결합했던 운동이었다. 그리고 한국에서도 3·1운동이라는 집단 봉기가 발생했는데, 윌슨의 민족자결주의에서 영향을 받은 이 봉기는 일본 식민 지배를 공격한 결과 일본이 식민 정책을 재조정하게 만들었다.[414]

　　제1차 세계대전이 끝날 무렵에 일본과 중국뿐 아니라 한국과 일본 사이에 생긴 정치적 틈새는 전체적으로 동아시아가 내적으로 심각하게 분열되는 결과를 초래했다. 아시아 지역주의가 점점 고조되던 연대 의식과 서구 제국주의에 맞서는 통합 정신에 의존할 수 있었지만, 역부족이었다. 전후의 동아시아는 제1차 세계대전 이후의 세계 질서에서 제국주의와 민족주의가 어떤 위상을 차지해야 할지에 관해 양면적인 태도를 보였다. 동아시아에 있는 자국의 제국적 미래가 제1차 세계대전 전보다 더 확실해 보였기 때문에 일본의 정치 엘리트들은 영국이나 프랑스와 유사한 태도를 보였다. 일본 제국은 유럽 제국이나 미국과 협력을 지속했다. 1921~1922년에 워싱턴에서 열린 해군 회의에서 일본은 영국이나 미국의 함대와 비교될 만한 막강한 함대를 보유한 제국 열강의 일원으로 인정받았다.

　　1924년에 일본인과 기타 아시아인들의 미국 이민을 금지하는 이민 제한법이 미국 의회에서 통과되기 전날 밤에 일본과 미국은 매우 친밀한 외교 관계를 유지하고 있었다. 심지어 이민법 초안에 관해 주미 일본 대사관이 입장을 작성할 때 미국 외무성이 도움을 제공할 정도였다.[415] 그런데 이민 제한법 제정을 통해 일본 국민의 미국 이민을 그것도 인종 원칙에 따라 완전히 차단한 것은 당장 일본과 미국의 외교 관계에 변화를 가져다주지는 않았지만, 아시아인이며 황인종으로서 일본의 정체성을 재확인해 주는 상징적 사건이었다. 같은 해 중국 민족운동의 지도자 쑨원은 일본의 고베에서 '대아시아주의'라는 제목의 연설을 해서 전 세계의 주목을 받았다. 이 연설에서 쑨원은 일본을 상대로 아시아에서 제국주의적인 행보를 중단할 것과 그 대신에 아시아의 리더로서 도덕적인 역할을 짊어질 것을 요구했다. 쑨원의 주장은 일본 제국주의가 맹위를 떨치는 시기였는데도 아시아 지역주의의 비전이 여전히 살아 있다는 사실을 보여 주었다. 고베 연설은 지역 정체성의 지속성과 안정성을 보여 준 것인데, 특히 쑨원은 일본의 대중국 정책을 비판하기 위해 아시아주의라는 지역 정체성을 환기시킨 것이었다. 쑨원은 대아시아주의에 관한 연설을 미국의 인종주의자 스토더드가 수년 전에 출간한 책의 제목을 언급하며 시작해 전 세계에서 "백인의 세계 지배에 맞서는 유색인들의 밀물"이 시작되고 있다는 표현으로 주의를 환기했다.[416] 1924년은 중국에 이미 마오쩌둥毛澤東이 이끄는 막강한 공산당뿐 아니라 여전히 강세를 보이는 민족주의 정부가 들어서면서 반일본적인 노선에 관한 한 공동의 입장을 견지하던 때였다. 하지만 쑨원은 중국에 대한 일본 제국주의 정책을 비판하면서 일본에 좀 더 도덕적 지향성을 갖는 정치를 촉구하고, 아울러 중국의 이러한 투쟁에 여론의 관심을 집중시키기 위해 일본과 중국이 여전히 공유하는 역사적 유산과 가치를 부각했다.

요약하면 1911년의 신해혁명에서 시작해 제1차 세계대전을 거쳐 파리 강화회의와 5·4운동에 이르기까지 아시아 지역주의는 지적 비전으로서 정치적인 대안의 세계에 줄곧 영향을 미쳤다. 하지만 1905년에 대두한 아시아 연대라는 낙관주의는 물거품처럼 사라졌고, 제1차 세계대전 이후의 정치적 스펙트럼은 수많은 방향으로 분열되었다. 전후 국제 질서의 재편에 따라 아시아의 지역주의적 비전은 다양한 모습으로 변형되기는 했지만, 전간기에도 계속 유지되었다. 무엇보다도 '백인' 국가와 자치령에서 시행된 이민정책이 계속 유색인종에 대한 차별을 자행했기 때문이었다. 게다가 제국적으로 변형된 아시아 지역주의는 제2차 세계대전 기간에 일본의 전쟁 수행과 선전전에서 핵심적인 역할을 수행했다.

제1차 세계대전의 격변이 스스로 제국주의 국가 가운데 하나였던 중국에 반식민주의적 민족주의를 불러일으켰지만, 전 세계와 아시아에서 팽창하는 일본 제국의 위력은 대등한 권력을 기반으로 하는 아시아의 내적 결속과 연대라는 비전에 커다란 걸림돌이 되었다. 하지만 일본이 1930년대 중반까지 아시아·태평양 지역에서 유럽이나 미국과 협력하고 있었는데도 동아시아는 일본 제국주의의 우산 아래에서 지역주의를 강화하는 모습을 보였다. 동아시아에서 미국이나 오스트레일리아로 건너간 이민자들에 대한 차별은, 그리고 남아시아와 동남아시아에서 계속된 유럽과 미국의 식민 지배는 아시아와 서양(혹은 유색인과 백인)의 대립 구도가 지속되는 데 기여했다. 지역주의는 인종적 사고나 제국주의 정책 때문에 더욱 굳어졌지만, 다른 한편으로 점차 민족주의 비전이 대두함으로써 내부적 도전에 직면했다.

세계대전 이후의 '흑인'과 아프리카

전체적으로 볼 때 제1차 세계대전의 경험이 아프리카에서 지역주의를 탄생시켰다. 물론 독립을 달성하고 국제연맹에 가입한 아프리카 국가는 오직 에티오피아뿐이었다. 아프리카의 탈식민화까지는 머나먼 길이어서, 많은 범아프리카주의자는 여전히 기존의 제국적 질서 안에서 인종 평등과 민주적 자치를 실현하는 것을 미래의 비전으로 인식하고 있었다. 미국이나 남아프리카에서 정착된 것과 같은 제도화된 인종주의와 인종 분리는 다양한 인권 운동 단체들이 결성되게 했다. 1909년에 조직된 전미 유색인 지위 향상 협회NAACP나 제1차 세계대전이 임박했을 무렵인 1912년에 결성된 남아프리카 공화국 원주민 국민회의(나중에 아프리카 국민회의로 개칭했다.)가 좋은 사례다. 아프리카인 디아스포라가 전개한 인종 평등 투쟁은 아프리카 대륙에서 흑인들의 존엄성과 자치를 추구하는 정치적 비전과 결합해 범아프리카 국제주의의 출현을 고무했다.

지역주의와 제국주의, 민족주의가 제1차 세계대전과 파리 강화회의가 제시한 약속과 변화에 의해 동력을 얻은 범아프리카적 경향에 미친 영향은 양면적이고 특이했다. 1919년 2월에 듀보이스가 파리에 소집한 범아프리카 대회에는 아프리카와 카리브해 지역, 미국에서 약 쉰 명의 대표가 참가했는데, 이들은 과거에 독일 식민지였던 아프리카 지역에 새로운 국가를 건설할 것, 나아가 국제연맹이 다양한 유럽 식민지에 사는 아프리카인이나 아프리카 출신자들의 인권을 보장해 줄 것을 제안했다.[417] 여기서 그들의 요구가 옛 독일 식민지 영토에 독립국가 신설과 인종이나 문화적 편견 없는 인권 보장에 대한 일반적인 요구에 그친 것은 당시에 아프리카 민족운동이 채택한 현실주의를

_____ 1919년 2월 19~22일에 파리에서 개최된 범아프리카 대회의 참석자들. 1번이 과들루프 대표 그라시앵 캉다(Gracien Candace), 2번이 세네갈 대표 블레즈 디아뉴(Blaise Diagne), 3번이 라이베리아 대표 찰스 킹(Charles D. B. King), 4번과 5번이 회의를 주최한 W. E. B. 듀보이스와 아이다 기브스 헌트(Ida Gibbs Hunt), 6번이 마르티니크 대표 그로실리어(Grossilliere), 7번이 과들루프 대표 아실 르네부아뇌프(Achille René-Boisneuf)다. (Wikimedia Commons)

잘 드러내 주었다. 바로 그 현실주의 노선 때문에 그들은 완전한 탈식민화라는 요구 앞에서 주저하고 있었다. 범아프리카 대회의 대의원들은 국제연맹을 상대로 식민지 아프리카인들의 권리를, 특히 교육받을 권리를 보장해 줄 것을 호소했다. 이런 종류의 호소는 근본적으로 백인 제국들이 지배하는 기구에 얼마나 희망에 가득 찬 기대를 갖고 있었는지 보여 주었다. 범아프리카적 지역주의 진영에서 볼 때 아프리카 대륙에서 유럽 제국주의 시대는 아직 끝날 기미가 거의 보이지 않았기 때문에 그들은 작은 걸음의 정치를 통해 흑인들의 존엄성과 자주권, 그리고 자치 정부로 나아가는 점진적인 길을 택했던 것이다. 나아가 1919년의 파리에 모였던 범아프리카주의 대표들은 인종 평등에 관한 일본의 제안을 적극 지지하며 일본 대표단과 회동하기도 했다.[418] 그러나 파리에 모인 범아프리카 대회에서 미국 외교관들은 국제연맹과 관련해 영국의 제국적 관점이나 남아프리카의 인종적 관점에 가담했으며, 아메리카의 흑인 지식인이나 흑인 활동가들이 제시한 범아프리카 프로젝트를 지지하지 않았다. 파리 강화회의는 사하라 남쪽에 있는 독일의 옛 식민지를 자치적인 위임통치 지역으로 만들어 달라는 범아프리카 대회의 호소를 무시했다. 아프리카는 제1차 세계대전 이후에도 백인 유럽 제국이 가장 철저하게 식민화한 대륙으로 계속 머물렀다.

전간기의 범아프리카 운동이 보여 준 역동성과 운동에 대한 인기가 높아진 것은 세계 흑인 지위 향상 협회의 발전도 반영하고 있었다. 이 협회를 창립하고 의장이 된 인물은 자메이카에서 미국으로 이주한 가비였다. 그는 제1차 세계대전 이전에 런던에서 보낸 학창 시절을 통해 큰 영향을 받았다. 런던에서 그는 《아프리칸 타임스 앤드 오리엔트 리뷰*African Times and Orient Review*》라는 잡지를 발간한 이집트-수단계 지식인 듀세 무함마드 알리의 신뢰하는 직원이었으며, 잡지에 직접 기고하기도 했다. 가비가 미국에 돌아온 후 자기의 조직을 구축하는 활동을 시작하자, 제1차 세계대전이 끝난 후에 듀세 무함마드 알리는 가비를 돕기 위해 직접 미국으로 와서 1920년대 초에 세계 흑인 지위 향상 협회를 위해 일했다. 이로써 그는 이집트의 무슬림 지식인이 범아프리카 운동을 위해 기여한 좋은 사례가 되었다. 1920년대 초의 전성기에 가비가 이끈 세계 흑인 지위 향상 협회는 200만 명의 회원과 지지자가 있었으며, 43개 국에 거의 1000개에 달하는 조직을 보유했다. 이로써 세계 흑인 지위 향상 협회는 아프리카인 디아스포라가 이끈 가장 거대한 흑인 운동이며 세계 역사상 흑인이 주도한 최대 규모의 운동이 되었다. 가비가 전개한 범아프리카 운동은 아프리카 흑인들이 스스로 아프리카 대륙을 통치할 권리를 물려받았다고 선언하면서, 아프리카 대륙에 흑인의 독립국가를 수립하는 방안을 모색했다. 이를 위해 전 세계 디아스포라의 아프리카인들이 아프리카로 돌아올 수 있다는 생각이었다. 아프리카의 문화와 사회가 대단히 다양하고 커다란 차이를 갖고 있었기 때문에 세계 흑인 지위 향상 협회가 추구한 목표는 놀라울 만큼 커다란 무지와 불확실성을 내포하고 있었지만, 이 조직은 아메리카 디아스포라뿐 아니라 아프리카, 특히 남아프리카에도 추종자가 있었다.[419]

세계 흑인 지위 향상 협회 외에 1920년대와 1930년대에 특히 카리브해 지역에서, 그리고 프랑스어를 사용하는 서아프리카 지역에서 나온 문화적 경향이 주목을 끌었다. 이들은 흑인성(네그리튀드Négritude)으로 널리 알려졌으며, 초국적인 아프리카 흑인 의식을 정립하는 데 크게 기여했다. 네그리튀드 사상으로부터 그 어떤 공식적인 조직이 결성되지는 않았다. 문화 프로젝트로서 네그리튀드는 식민지적 배경을 공유하는 초국적인 아프리카 대학생 그룹들에서 나왔다. 이들은 상고르와 세제르, 레옹공트랑 다마스Léon-Gontran Damas의 지적 저술에서 가장 잘 표현되었다.[420] 아프리카인과 아프리카 대륙을 위한 자치를 요구했던 세계 흑인 지위 향상 협회와 달리, 네그리튀드 운동은 제국의 틀 안에서 아프리카인들의 일반적인 평등과 동등한 시민권을 추구했다. 또한 국제 공산주의 운동과 소비에트 방식에 영감을 얻은 반제국주의적 작가들이 범아프리카 운동에 강한 영향을 미쳤다. 1920년대에 볼셰비키 정권과 코민테른이 범이슬람주의와 범아시아주의와는 갈등을 겪었던 반면에,[421] 범아프리카 운동과의 관계는 계속 별 문제없이 유지하고 있었다.[422] 조지 패드모어George Padmore의 지도하에 코민테른과 연계된 범아프리카 운동 진영은 아프리카 활동가들이 국제적으로 활동을 전개할 때 지원했으며, 나아가 탈식민화 문제를 위해 지적·도덕적 지원 활동을 전개했다. 가비와 상고르, 패드모어 이 세 사람은 아프리카 디아스포라에 있던 정치적으로 활동적이고 잘 네트워크화된 공동체를 지원했는데, 이들은 민족의식을 가진 새로운 정치가 세대가 등장하는 데 크게 기여했다. 이들 새로운 민족주의 지도자 세대는 서양의 패권에 도전장을 제시하면서 인종 이론에 맞서 아프리카의 평등과 아프리카 문명의 유산, 아프리카의 근대화 가능성을 제시했다.

제1차 세계대전 후의 민족주의와 제국, 세계 질서

제1차 세계대전은 대개 식민주의 역사의 전환점이자 제국의 시대에서 민족주의 시대로 넘어가는 과도기적 사건으로 여겨진다. 주로 유럽에서였지만, 전쟁 결과 10여 개 국가가 독립을 달성한 것은 사실이다. 아일랜드가 당시 세계 최강의 제국주의 국가로부터 결국 독립을 달성했을 때, 이는 엄청난 성공 스토리였다. 간디, 아타튀르크, 호찌민胡志明, 상고르, 마오쩌둥의 전기가 보

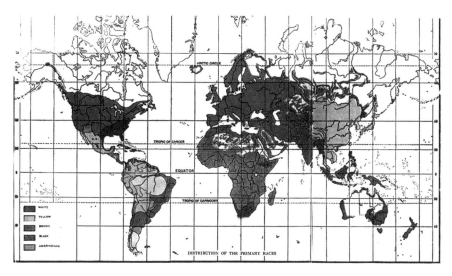

───── 『백인의 세계 지배에 맞서는 유색인들의 밀물(*The Rising Tide of Color Against White World-Supremacy*)』(1920)에 수록된 세계의 주요 인종 분포도. 저자인 스토더드(1883~1950)는 1914년에 하버드 대학에서 역사학 박사 학위를 취득했다. 세계 정치에 대한 그의 인종주의적 관찰 때문에 제2차 세계대전 이후에 그는 세계적으로 폄하되었지만, 그가 내세운 인종관과 문명관은 국제정치에서 오랜 세월 동안 기본적 규범이었다. 스토더드는 무슬림과 힌두교도를 '갈색인종'으로 표현했는데, 피부색을 근거로 한 것은 아니었다. 지도에 표기된 기타 인종으로는 '백인'과 '황인', '흑인', '아메리카 원주민'이 있다. (Wikimedia Commons)

여 주듯이 아프리카와 아시아의 수많은 국가에서 민족운동이 강세를 보였으며, 그들의 정당성이 강화되고, 대중 동원 능력이 성장했다. 하지만 민족주의는 늘 그것이 대두한 지역적·제국적 배경과 이미 양면적인 관계에 있었다. 때때로 급진적인 인종적 민족주의의 징후도 있었다. 예를 들어 발 강가다르 틸라크Bal Gangadhar Tilak가 주도한 인도인 힌두교도 서클은 영 제국으로부터 완전히 독립한, 힌두교도가 이끄는 인도를 추구했다. 물론 이들의 비전은 다수 대중의 생각과는 거리가 있었다. 인도의 온건파 정치 지도자들은 인도에 자치 정부를 약속했던 영국이 약속을 이행하지 않은 것에 크게 실망했다. 하지만 영 제국에 대한 그들의 비판이 국가적 분리 독립을 추구한 것은 아니었다. 그러다가 1919년 4월에 인도에서 식민 당국이 인도인 약 1000명을 부당하게 살해한 암리차르 학살이 일어나 제국 내부의 개혁보다 민족 독립을 추구하는 투쟁이 시작되는 전기가 되었다. 1920년대 후반과 1930년대에 와서야 비로소 간디가 이끈 인도 국민회의는 민족주의적인 노선을 선명하게 강조하면서 이에 대한 대중의 지지를 호소했다.

제1차 세계대전 말기에 주권을 가진 민족국가를 수립하겠다고 주장했던 인종적 민족주의는 "제국적 질서가 무너진 결과이자 그 토대"였다.[423] 전후에 여러 제국이 해체된 그 순간에 중요했던 사실은 이제 제국이라는 선택지가 사라진 대신에 민족주의가 유일한 대안으로 떠올랐다는 것이었다. 전쟁이 발발하기 전인 1911년에서 1914년 사이에조차 오스만 제국과 중국 제국이 부분적으로 해체되면서 세 개의 신생국가(티베트, 몽골, 알바니아)가 등장한 사례가 있었다. 티베트와 몽골은 청 제국이 몰락한 후에 등장했는데, 그들은 새 공화국 중국의 일부가 되기를 거부했고 인접한 제국들의 지원에 힘입어 독립을 선언할 수 있었다. 지역의 세력균형을 이루고 자국의 안전을 확보하기 위해 러시아 제국은 몽골을 지원했으며, 영 제국은 티베트를 도왔다. 오스만 제국의 영토에 속하면서 주민 다수가 무슬림이었던 알바니아 지역도 발칸 전쟁에서 제국이 패배한 후 독립을 선언하기로 결의했다. 알바니아 민족운동의 지도부는 인접한 세르비아의 팽창주의적 움직임에 직면해 러시아의 반대에도 불구하고 오스트리아-헝가리와 이탈리아에 자기들의 독립을 지원해 달라고 요청했다. 새로 독립을 달성한 이들 세 나라 가운데 어느 나라도 다른 제국에 합병되지 않았다. 이들 신생국가는 자치를 요구하는 근거로 과거 왕국(알바니아의 국기는 변형된 형태로 중세 왕국의 깃발을 채택했다.)의 역사적 뿌리를 제시하거나 티베트의 라마 불교 같은 종교적 전통, 혹은 몽골에서처럼 그 지역에서 다수를 차지하는 인종적 근거를 제시했다.

아직 윌슨의 민족자결주의가 전 세계적으로 확산되기 전에 독립국가 알바니아와 몽골, 티베트의 출현은 제국들과 인종-민족 국가의 새로운 비전 사이에 드러난 양면적 관계를 보여 주었다. 1870년대 이래로 세계의 대제국들에서 진행된 인종 중심의 결집 또는 민족 중심의 결집 과정은 한 국가의 틀 안에 다양한 백성 집단을 포괄적으로 통합하거나 대등한 시민권을 부과하는 정책을 추진하는 것을 점점 더 어렵게 만들었다. 게다가 제국적인 보편주의는 전 세계적으로 제국들의 여론에서 위기에 처했다. 전 세계는 이제 출판 저널리즘의 역동성으로 인해 점점 더 긴밀하게 연결되고 있었다. 에를 들어 1830년대에 이집트의 무함마드 알리는 오스만 제국 중앙정부에 맞서 하위 제국을 건설하거나 대안 제국을 건설하는 양자택일을 해야 했다. 당시에 하나의 이집트 민족국가를 건설하는 것은 생각조차 할 수 없었다. 1857년에 인도에서 일어난 봉기 기간에 영국 군대에 맞서 싸웠던 힌두교 진영와 무슬림 진영이 갖고 있던 전망은 서로 모순적이어서, 차라리 무굴 제국을 재건하자고 요구할 정도였다. 그러나 1919년에는 이제 더는 제국이 존재하지 않는 상황이어서, 그동안 안전과 존엄, 해방을 요구했던 주민들에게 정당성을 가질 수 있는 설득력 있는 선택지는 민족국가의 수립, 즉 특정 인구 집단이 다수를 이루는 자주적인 민족국가의 수립이었다. 물론 이와 동시에 참여와 평등, 존엄성에 대한 요구는 제국 내에서 개혁 과정을 작동하게 할 수 있었다. 제국 내부의 개혁도 적극적인 여론에 여전히 하나의 유효한 선택지였다는 말이다.

어떤 민족주의 이론이 과연 당시 상황에 적합했을까? 민족의 통일이나 정체성뿐 아니라 민족의 독자성 이론도 19세기가 시작된 이래로 회자되고 있었다. 그런 구상들은 제국이나 왕국을 건설하려는 정치 프로젝트와 복잡하게 얽힌 관계에 있었다. 왕조의 정당성과도 마찬가지 관계였다. 모든 민족주의 구상이 결과로 이어지지는 않았다. 민족들은 때로는 오랜 세월 민족주의적으로 숙성되지 않고도, 예를 들어 우발적인 사태나 지정학적인 역동성으로 인해, 혹은 벨기에나 요르단처럼 전쟁 결과로 인해서도 탄생했다. 따라서 정치적 선택지를 제국에 대한 충성인지, 아니면 다수 인종이 주도하는 민족국가인지의 양자택일로 좁힌 요인이 무엇인지 살필 때, 지정학과 국가권력, 제국 간 경쟁, 종교적 정체성, 정의에 대한 사상, 인구정책 등 여러 측면도 고려할 필요가 있다. 의심할 나위 없이 민족주의는 실현 가능한 대안을 보여 주는 '개념 지도'를 제시했다. 하지만 이 개념 지도가 장기 19세기의 주민과 정치 활동가들에게 주어졌던 유일한 지도를 뜻하는 것이라는 오류를 범해서는 안 된다.[424] 정치적 대안을 보여 주는 개념 지도에는 제국 외에 종교적·인종적·문화적 정체성도 중요한 자리를 차지하고 있었다.

제1차 세계대전 이후에 제국의 요구와 민족주의 진영의 요구 사이에 이루어진 타협은 물론 다양한 인종 집단과 문화 집단, 종교 집단의 요구에 대한 대답이 절대 아니었다. 범이슬람적·범아시아적·범아프리카적인 국제주의 운동은 자유주의적·사회주의적·유럽적 국제주의의 파시즘적 경향 옆에서 중요한 경향으로 계속 존재했다. 다양한 권리에 대한 요구들과 민족주의 운동의 도전에 맞서 계속 자기를 보존하기 위해 제국주의와 제국 비전도 새로운 전략과 담론을 개발했다. 모든 다양한 요구들이 새로운 국제적 시스템인 국제연합으로 흘러들어 가게 한 것은 또 한 번의 세계대전, 그리고 국내 사안에서 완전한 주권을 가진 민족국가들 사이의 타협이었다. 하지만 이전의 국제연맹이나 그 후속으로 새로 설립된 국제연합조차도 마조워가 밝혔듯이 제국적 세계에 맞서 민족국가로 이루어진 세계 질서를 정착시키려는 비전의 결과가 아니라 제국들이 펼친 결승전에서 나온 결과였다.

세계의 재지역화(지역별 재편)는 세계화하는 세계 질서의 다양한 비전들을 영토적 주권국가인 현재의 체제로 좁히는 데 중요한 역할을 수행했다. 제국의 세계에서 민족국가 시대로 가는 직선 도로는 없었다. 고도로 세계화된 사회들은 19세기 중반 이래로 국제적인 공간에서 그들의 권리와 목소리를 요구해왔다. 따라서 제1차 세계대전, 그리고 제2차 세계대전의 결과 발생할 최종적인 결과를 예측할 수 있는 사람은 아마 거의 없었다. 이러한 발전에서 제국만유일하게 패자라고 볼 수는 없다. 운송 분야와 통신 분야, 인간의 이동성 분야에서 제국적인 인프라와 긴밀하게 연결되어 있던 19세기 후반의 지역주의도 마찬가지로 패자였다.

우리가 이미 앞서 살펴보았듯이 영 제국은 인도양에서 무슬림과 힌두교도, 불교도 사이에 네트워크를 심화하는 것뿐 아니라, 범이슬람적·범아시아적지역주의를 촉진하는 것에도 기여했다. 이러한 패러독스는 왜 아시아와 아프리카의 대륙 내 네트워크와 관계가 절정에 이르렀을 무렵에 유럽 제국이 아시아와 아프리카에서 장악했던 패권이 붕괴했는지 설명해 준다. 달리 표현하면유럽과 비유럽 사이의 기울어진 관계는 지역의 중심과 불균형에 관한 신중한관찰을 통해 재조명해야 한다. 지역화의 허브로서 도쿄와 봄베이, 카이로, 메카, 이스탄불, 바쿠, 상하이가 차지하는 비중이 증가했다는 사실을 강조하면

19세기 말에 파리와 런던, 베를린, 상트페테르부르크와 연결된 제국적 네트워크에 대한 우리의 이해가 보완될 것이다. 사실 이러한 제국적 세계가 민족 중심이나 인종 중심으로 나아간 것에 대한 신랄한 비판이 범민족주의적 지역 비전으로부터 나온 것이기는 하지만, 범민족주의적 지역 비전은 역설적으로 제국적인 세계 질서에 의존하고 있었다.

우리가 제국, 보편적 이데올로기, 지역주의로 이루어진 복잡한 삼각형을 통해 제1차 세계대전 이후의 혼합된 국제 질서를 바라본다면, 우리는 탈식민화 과정이나 제국의 종말과 연결된 '역사의 종말'이라는 서사 저편에서 국제적인 역사가 어떤 역동성을 갖고 발전했는지 파악할 수 있게 될 것이다. 전쟁이 끝난 후 수년간 억압되거나 제거되고, 중단되고, 단순히 거부되었던 수많은 보편주의적 요구와 희망, 인정받기 위한 투쟁이 있었다. 몇몇 새로운 문제와 부담들이 발생했으며, 잔혹한 행위와 인종 청소, 부당한 행위도 있었다. 하지만 세계대전이 끝날 무렵에 분명해진 한 가지 사실이 있다면, 그것은 당시까지 여전히 기울어져 있고 지역화되기는 했지만, 전 세계에서 발발한 운동과 투쟁, 요구들을 서로 연결했던 세계적인 여론과 국제적인 정치 무대가 이제 전 세계적으로 연결되었다는 것이다. 그런 맥락에서 지역주의적 경향은 어디서나 서양의 행동가나 기구에 우선권을 부여했던 유럽 및 아메리카 중심적인 서사를 종식시키는 데 기여하고 있다. 또한 유럽 바깥에서 이루어진 정치적인 비전과 모델이 특정한 지역 혹은 여러 지역에서 정치적 상상력에 큰 영감을 주었다. 아시아 전 지역에 영향을 주었던 메이지 후기 일본의 모델이나 범이슬람 지역권에서 강력한 영향력을 발휘했던 오스만-무슬림 개혁이 그 좋은 예다. 페스는 오스만-무슬림 개혁의 상징이었다.

제국의 시대에서 민족국가의 시대로 이행하는 세계 질서의 전환을 지역 관점에서 바라본다면, 국제 질서와 정치적 정당성이 새롭게 형성되면서 그곳에서 자기의 자리를 찾을 수 없었던 인간과 사상, 비전들을 더욱 잘 이해할 수 있다. 예를 들어 남아시아의 범이슬람 킬라파트 운동은 명예와 정의에 대한 그들의 희망을 인도와 파키스탄의 민족주의가 처해 있던 현실에 맞추어 조정해야 했고, 그래서 일부 행동가는 밝아 오는 새 시대에 사회주의자가 되기로 결심했다. 많은 범아시아주의자는 일본 제국주의와 힘을 합쳐야 할지, 아니면 경우에 따라 중국 민족주의의 이름으로 일본 제국주의에 저항해야 할지 선택해야 했다. 어떤 정치적 비전은 고사했고 행동반경이 사라졌다. 역사적 행위자들과 개별 활동가들은 자기들의 역사를 정신분열증적인 여러 시기로, 예를 들어 제국의 세계시민주의를 위해 싸웠던 초기로, 문명과 연관된 범이데올로기의 영향을 크게 받았던 중기로, 지역적 민족주의에 속하는 후기로 구분해야 했다.[425] 어떤 것들은 여전히 남아 있고, 어떤 것들은 과거 속에 버려졌지만, 장기 20세기의 정치 운동과 투쟁들은 다양한 국제주의와 정의를 둘러싼 다툼을 전유하고 활용했다.

세계의 지역화가 남긴 20세기의 유산

지금까지 우리는 주로 제국의 확산, 탈식민화, 민족주의라는 관점뿐 아니라, 전 지구적인 규범의 형성이라는 관점에서 19세기 정치사의 서술을 보완하려고 시도했다. 그래서 우리는 역사를 형성하는 핵심적인 요소로서 지역과 인종, 종교가 갖는 의미를 부각시켰는데, 제국적 세계 질서의 지속을 뒤흔든 도전이 무엇인지 설명하려는 의도에서였다. 이슬람과 아시아, 아프리카뿐 아니라 서구 세계가 지역화된 것은 단지 종교적·인종적 정체성이 정치화된 결과만은 아니었다. 그것은 지역 사이의 관계 강화, 지역 네트워크의 재건, 기존 '백인' 유럽 제국들의 편견과 차별에 맞서 형성된 지역적 결속과 연대라는 비전이 초래한 결과이기도 했다. 지역주의 비전과 제국주의 프로젝트가 서로 밀접한 연관 속에서 진행된 경우가 흔했다. 그렇기 때문에 지역 차원에서 진행된 상황을 자세히 살펴보는 작업은 제국에만 초점을 맞출 때 나타날 결과를 대체하는 것이 아니라, 그에 대해 추가적인 의문을 제기하거나 보완하고 수정해 준다. 지역적인 관점은 제국이라는 단위와 민족국가 두 가지에 뿌리를 둔 국제 질서가 19세기 동안에 지역주의적·인종적·종교적 비전에 의해 도전받고 의문시되는 시점이 언제인지, 그 이유는 무엇인지, 그 과정이 어떻게 진행되었는지에 관한 문제들에 대해 확실한 답을 준다. 이 글에서 시도된 지역적 관점에서의 접근법은 토인비나 헌팅턴의 저서에서 발견되는 것과 같은 비역사적인 문화 본질주의를 피하고 있다. 우리가 종교와 문명, 인종이라고 보는 프레임들이 대부분 제국주의와 세계화의 영향을 받은 19세기 후반의 시대적 산물이라는 사실을 낱낱이 제시하기 때문이다. 동시에 우리의 접근법은 '역사의 종말'이라는 일반적인 발견에 거리를 둔다. '역사의 종말'론은 일련의 서유럽 국가에서 그 모범 사례를 찾는 유럽 중심적인 민족주의가 제국 중심의 세계에서 민족국가 시대로 넘어가는 과도기에 유일한 모델이었다는 주장에서 출발하고 있다. 이 글에서 우리는 19세기의 마지막 25년 동안에 제국 중심의 세계 질서가 지역 중심으로 재편된 결과 1905년의 러일전쟁이나 제1차 세계대전이 세계와 그 정치 질서의 변화에 미친 영향들을 새롭게 해석할 수 있는 길을 열었다.

지역주의와 제국 프로젝트, 민족주의는 많은 모순점을 계속 포함하고 있었다. 제1차 세계대전 이후에도 지역주의는 아시아와 아프리카, 이슬람 세계라는 지정학적 지역에 적용되었을 때 자동적으로 반식민주의 정책의 도구가 되지 않았으며, 상황에 따라 새로 형성된 제국주의 세계 질서에 문제없이 적응할 수 있었다. 예를 들어 북아프리카와 서아프리카에 많은 식민지와 보호령을 보유했던 프랑스 식민 제국은 자국이 한편으로는 무슬림 국가이기도 하고 다른 한편으로는 유럽-아프리카 제국이기도 하다고 밝힐 수 있었다. 하지만 이 모든 사실에도 불구하고 지역적인 비전이 존재한다는 사실만으로도 제국적 정체성은 도전받고 어려움을 겪었다. 프랑스 식민 제국이 택할 수 있는 미래 비전은 아프리카에서 더욱 포괄적인 성격을 갖는 지배 체제를 구축하고 그 틀 안에서 유럽적·아프리카적인 통합체, 즉 일종의 프랑스 연방을 건설하는 것이었다. 하지만 프랑스 본토의 대도시가 갖고 있던 백인의 서구적 정체성에 대한 자부심을 식민지의 아프리카적 흑인의 정체성과 화해시키는 것은 지난한 일이었다. 게다가 가톨릭의 우월 의식과 기독교도들의 이슬람 공포증은 무슬림들이 식민 제국에 충성하게 하는 데 도움이 되지 않았다. 국제연맹의 위임통치 형식으로 밸푸어 선언을 이행하고자 추진되었던 1917년 이래로 영국의 팔레스타인 지배도 기독교적 호의를 수반했지만, 수백만 무슬림 백성이 보기에는 영 제국의 정당성을 더욱 무너뜨리는 일이었다.

전 지구적으로 진행되는 변화를 관찰하는 것에서 지역적 접근법은 피상적으로 볼 때 보편적인 비전과 전 지구적 규범을, 예를 들어 국제주의나 국제법, 주권이나 민족주의 등을 구체적인 역사적 맥락 안에서 자리매김하는 데기여한다. 예를 들어 오스트리아-헝가리 제국의 종말은 동유럽 지역에서 독립국가의 시대가 열림을 고했다. 오스만 제국이 지배하던 남동유럽 지역에서는 그런 발전이 이미 1913년에 완료되었다. 제국에서 민족국가로의 이행이라는 측면에서 볼 때 남동유럽 지역은 이로써 제2의 라틴아메리카가 되었다. 반면에 1923년의 시점에 전 세계적으로 주민 다수가 무슬림인 독립국가는 단네 곳, 즉 터키와 이란, 아프가니스탄, 알바니아뿐이었다. 아프리카에는 비교적 독립적인 정치체가 심지어 세 개(에티오피아, 영 제국의 자치령인 남아프리카, 라이베리아)에 지나지 않았다. 이런 상황에 국제연맹은 초기에 마치 유럽 국가들혹은 라틴아메리카 국가들의 클럽처럼 보였다. 1920년대에 국제연맹 전체 회원 52개국 가운데 43개국(유럽 26개국, 라틴아메리카 17개국)이 두 대륙에 속해있었기 때문이다. 주민 다수가 무슬림이었던 두 나라인 알바니아와 터키는유럽 중심적인 국제연맹에서 자기들의 입지를 강화하기 위해 문화적으로 서구화를 촉진했다. 두 나라의 정치 엘리트들은 무슬림 세계에 속하는 지역을뒷전에 밀어 놓고 유럽적 비전을 추구해 자국에 유럽적 문화가 정착했음을입증하는 것이 중요한 과제였다. 이는 무엇보다 전후 세계의 국제기구에 의해동등한 국가로 인정받기 위해서였다.

민족주의도 1920년대 중반의 식민 지배에 저항하는 무슬림 운동 진영이동원할 수 있는 가장 적합한 정치사상으로 여겨졌다. 하지만 민족주의는 범민족적인 무슬림 정체성이나 연대에 대한 호소와 여전히 연결되어 있었다. 그결과 이러한 노력은 제1차 세계대전 이후에 위임통치 지역이라는 방식으로 제국주의의 지배를 새롭게 강화하면서 그 파도에 의해 억압되었다. 이와 마찬가지로 범아프리카주의나 기존의 제국 내 동등한 제국 시민권 획득을 위한 투쟁, 이 두 가지는 1945년에 제2차 세계대전이 종식될 때까지 아프리카의 정치엘리트들이 선택할 수 있는 유일한 비전이었다. 간단히 요약하면 장기 19세기라는 관점에서 볼 때, 1920년 무렵에 제국이나 지역적·문화적 비전 대신에 민족국가라는 비전이 승리할 가능성은 아직 그리 확실한 것이 아니었다. 동아시아에서는 역사적으로 19세기 초까지 그 뿌리가 거슬러 올라갈 수 있는 제국이라는 정치 단위가 놀랍게도 20세기 초에 일본 제국이 한반도를 합병할 때까지 굳건하게 작동했다. 범아시아주의에 입각한 지정학적 비전은 (나중에는 인도와 인도네시아도 포함한) 한국이나 중국의 민족주의자들만 제시한 것이 아니었다. 역설적이지만 그것은 일본이 품고 있던 제국적 비전의 부분이기도 했다.

장기 19세기의 정치사를 지역적 관점에서 조망할 때 우리는 전 지구적 규범과 상상된 전 지구적 공동체가 공유하는 가치가 어떻게 형성되었는지에 관해 이론적으로 이해하는 데 도움을 받는다. 만약 오스만 제국에 거주하던 기독교도들이 자기들을 위한 소수자의 권리 혹은 인권을 요구했다면, 거기에는 우선 기독교도로서 지닌 특정한 이해관계와 유럽 여론의 지역적 정체성이 반영되었다고 볼 수 있다. 하지만 이들 요구 사항이 세계적인 규범의 이름으로 제기되었다면, 그것은 예를 들어 무슬림 지식인과 무슬림 개혁가들이 공유할 수도, 옹호할 수도, 거부할 수도 있었다. 불평등조약을 종식시키고 인종차별을 극복하려는 중국 정부 또는 일본 정부의 노력에도 대단히 보편적인 가치뿐 아니라 특수한 동기가, 예를 들어 위대한 문명의 유산에 대한 지역적 자부심이 잘 드러나 있었다. 그들이 유럽인이나 미국인들에게 대등하게 대접받기를 기대했던 것이 그 때문이었다. 어떤 규범들은 그것이 특정 지역에서 나왔는데도 전 지구적으로 관철될 수 있었다. 문화는 종교적·인종적 배경을 갖고 있지만 모든 문화는 대등한 가치를 지닌다는 생각은, 혹은 모든 다양한 인종은 평등하다는 생각은 전 세계에 통용되는 규범이 되었다. 하지만 이런 규범들은 본래 20세기 초에 다양한 비유럽 지역 지식인들의 집단적인 요구와 그들의 담론 네트워크에서 나온 것이었다. 서양이 내세우는 계몽의 가치를 반영한 것이 절대 아니었다. 달리 표현해 지역이나 지정학적 통일성, 문명, 인종의 이름으로 제기된 정치적 요구들은 특정한 규범을 제시하고 이를 보편화하는데 기여했다. 그 특정한 규범들은 특정 지역에 사는 많은 수의 다양한 사람이 보유했던 집단적인 힘 때문에 세계적인 규범의 형성에 영향을 미쳤던 것이다. 만약 어떤 인도 지식인이 영국(흔히 '백인의 짐'이나 '유럽이 짊어진 문명화 사명'을 내걸면서 자신을 정당화해 온 제국)에 자치령 설립이나 독립, 혹은 대등한 제국 시민권을 요구할 때, 무슬림 세계와 아시아, 힌두교를 대신해 제국의 지배를 받고 있는 모든 백성을 위한 평등한 권리를 주장했다면 이것은 중요한 것이었다. 나아가 지역 정체성과 지역 프로젝트, 지역의 발전은 제국적 지배에서 민족국가로 전환해 가는 형태에 큰 영향을 주었다. 예를 들어 로잔 조약에서 국가적 주권을 인정받음으로써 신생 공화국 터키가 얻은 외교적 성과는 제국적인 타협도, 지정학적 타협도 아닌 타협 논리, 즉 터키를 오스만 제국이나 넓은 의미의 무슬림 세계와 결합하던 연결고리에서 분리해 낸 타협에 힘입은 것이었다. 이와 달리 중국에서는 제국적 비전이나 지역적 비전이 민족운동 진영의 담론에서 여전히 영향을 행사하고 있었다.

불평등한 권력관계, 정치성을 띤 정체성, 국제기구의 작동 방식에 대한 불만, 지역 동맹 모색, 종교적·인종적 정체성과 외교정책 사이의 관계 등 현대의 국제 질서가 던지는 수많은 도전은 장기 19세기에 그 뿌리를 갖고 있다. 그렇기 때문에 이 글에서 제시한 지역적 관점은 앞으로 이어질 20세기 초 제국적 세계 질서에서 민족국가에 토대를 둔 세계 질서로의 전환과 관련해 아직 해결되지 않은 채 남아 있는 문제들에 빛을 던진다. 지정학적 프로젝트가 제국, 지역, 민족 세력들과 어떻게 서로 소통했는지 주의 깊게 살펴보면 이러한 전환이 어떤 조건하에서 진행되었는지 더 잘 이해할 수 있을 것이다. 그것은 집단적인 지정학적 협상 노력과 수많은 프로젝트의 실패, 세계적인 규범과 가치를 둘러싼 갈등과 대립을 해결하지 못한 많은 협상을 포함한 매우 혼란한 과정이었다.

세계가 서양과 아시아, 이슬람 세계, 아프리카, 라틴아메리카라는 몇 개의 정치 블록으로 구분된 것은 18세기 이래로 이어져 온 현상이라기보다는 오히려 20세기 초의 제국적 질서가 세계화되는 과정에 발생한 위기를 반영한 것이었다. 오늘날 우리가 알고 있는 문화적으로나 대륙별로 구분된 지역들은 이미 이전에 존재했던 지역으로 이루어진 세계의 유산이라기보다 19세기 말의 제국적 세계화의 결과였다는 말이다. 법 앞의 평등, 주권, 자치, 소수자의 권리 같은 규범의 세계화는 '역사의 종말'로 이어지지 않았고, 정치적 가치의 수렴을 초래하지도 않았다. 그러한 전 지구적 규범들은 지역적 요구와 제국 정부 사이의 타협과 협상을 통해 탄생했다. 지적 합의의 결과가 아니었다.

이 글은 지역의 중요성, 비서구적인 보편주의의 역사적 전통, 제국적 비전의 의미에 초점을 맞추면서 정치 모델과 정부 형태(제국, 왕국, 제후국, 식민지, 보호령, 공화국, 민족국가 등), 법 제도(입헌주의, 소수자 권리, 국제법 등)에 관한 한 더 역사적인 접근법을 사용했다. 기존의 문헌들에서는 세계화된 유럽 제국주의의 헤게모니에 대한 대안이 민족주의나 입헌주의 같은 일련의 유럽 사상에서 나온 것으로 언급하고 있다. 나아가 이 사상들은 간디나 인도 국민회의 혹은 무스타파 케말과 터키 민족운동 같은 비유럽의 인물이나 운동을 통해 실천되었다. 물론 유럽 바깥의 지식인들과 정치 엘리트들이 유럽에서 지배적인 가치를 포함해 보편적이고 전 지구적으로 적용될 수 있다고 판단한 수많은 가치와 프로젝트들을 공유했다는 것은 의심할 여지없는 사실이다. 반면에 이 글에서 세계의 재지역화에 초점을 맞추어 살펴본 결과, 그 밖에 유럽의 제국적 지배에 다른 제국으로 맞서려는 프로젝트가, 또는 유럽과 아무 관련 없이 이전부터 존재하던 다른 중요한 사상과 비전들이 있었다. 이러한 접근법을 택한 것은 장기 19세기의 역사에서 유럽 지역이나 유럽 제국이 차지하는 비중을 부정하기 위해서가 아니라 오히려 유럽을 지방화해, 세계의 여러 지역이 서로 연결되어 가는 역사적인 과정을, 그리고 비유럽의 정치적·지적 전통이 수행한 영향력을 밝히기 위해서였다.

그래서 이 글은 민족주의라는 유럽 중심적인 이데올로기를 이 시기 정치사의 주요 동력으로 다루지 않았다. 제국이라는 맥락, 지역들의 초국가적인 비전들이 제1차 세계대전을 넘어 전간기까지 남아 있었다. 나아가 유럽 제국이 세계를 지배하던 시기이지만 유럽에서 나온 것이 아니면서 마찬가지로 세계화되었던, 정치적 무게를 지닌 가치와 비전들이 있었다. 제국 열강에 맞서는 민족주의적 정치 프로젝트의 도전이 서로 경쟁하는 제국들과 범민족주의적 지역주의에 의해 중재되는 경우도 드물지 않았다. 지역적 접근법은 제국이 지배하는 세계에서 인간의 존엄과 자유, 자치를 위해 투쟁하는 정치 엘리트들에게 제국적 세계시민주의나 지정학적 지역의 연대 프로젝트가 모두 실패한 이후 마지막으로 남은 가장 실행 가능한 프로젝트가 민족주의였다는 사실을 분명히 보여 준다. 이런 배경에서 형성된 민족주의의 매력은 제1차 세계대전이 끝난 후 무너진 제국적 질서를 재조정하는 문제가 발생하면서 더욱 상승했다. 따라서 지역에 초점을 둔 접근법은 장기 19세기 후반부(1873~1924)에 민족주의 이데올로기가 매력을 얻게 된 역사적 맥락을 파악하고 경쟁적인 정치 비전과 어떤 관계에 있는지를 자리매김하게 해 준다.

마지막으로 장기 19세기에 대한 지역적 접근법은 이 시대의 유산이 20세기를 위해 갖는 의미를 더 잘 이해하게 해 준다. 제국의 세계에서 민족국가의 세계로의 전환이라는 추상적인 서사는 1880년대에 시작된 세계의 재지역화가 남긴 정치적 결과와 유산을 제대로 평가할 수 없다. 나중에 등장한 모든 민족국가는 19세기 말의 거대한 갈등에 대한 역사적 기억뿐 아니라 서양과 무슬림 세계, 아시아, 아프리카라는 초국적으로 정치화된 정체성 위에 수립되었다. 이 정체성과 인종주의적·문화적 모멸감뿐 아니라 명예를 위한 노력, 서양과 대등한 지위를 얻기 위한 투쟁에 연결되어 있다. 사실 19세기에 대한 수많은 해석은 여전히 구원을 가져다준 반식민적 민족주의 서사를 제시하고 있다. 18세기 중반에서 1920년대에 이르는 시기를 살펴본 지역적 접근법은 세계의 정치사가 왜 탈식민화나 민족국가에 입각한 세계 질서의 수립으로 끝나지 않았는지 더 잘 이해하게 도와준다.

풍요의 가능성과 빈곤의 지속성: 산업화와 국제무역

로이 빈 윙

1750~1870

2

머리말

　19세기에 시작된 전 세계의 경제적 변화는 현재까지 계속되고 있다. 제1차 세계대전 전야에 유럽과 미국의 국민경제는 앞선 세기 동안에 견고하게 자리 잡은 많은 산업 분야를 보유하고 있었다. 그러나 이후 100년이 지나는 동안에 동아시아의 산업 생산은 크게 성장해 당시까지 수익성이 좋던 유럽과 미국의 생산자들을 시장에서 밀어내는 수준에 도달했다. 하지만 과거와 마찬가지로 오늘의 세계에서도 산업화와 국제무역을 통해 전 세계에서 절대적인 생활수준은 향상되었지만, 동시에 빈부의 격차도 커졌다. 19세기에는 새로운 기술을 적용함으로써 생산과 교역의 규모가 극적으로 증가했다. 이 새로운 기술에는 막대한 자본과 그 자본을 효과적으로 운용할 수 있는 경영 기법이 필요했다. 전 세계 여러 지역 사이의 국제무역이 이 시기에 처음 시작된 것은 아니지만, 산업화는 세계무역의 경제적 성격을 크게 바꾸어 놓았다. 그리고 이러한 변화 때문에 각 정부는 당시에 자기들에게 주어진 전례 없는 경제적 가능성을 계속 촉진하고 잘 관리할 수 있기 위해 새로운 방식의 정치 전략을 모색하지 않을 수 없었다. 19세기 말의 서양 국가들은 해외무역을 촉진하고 경기 하강이 많은 주민에게 미칠 영향을 줄이기 위해 자국 화폐를 국제적으로 안정시켜야 하는 과제 앞에 서 있었다.

국민경제에서 앞서 있던 유럽 국가들은 이미 17세기와 18세기에 자기들의 정치적 성공을 국제무역에 종사하는 상인들의 경제적 운명과 연계하는 정치 전략을 갖고 있었다. 하지만 근대 초 유럽에서 나타났던 부와 권력의 결합은 이제 한편에는 산업화를 통해 가능해진 새로운 형태의 부, 다른 한편에는 19세기 말의 주요 국가들이 행사하는 다른 형태의 권력과 통제, 이 둘 사이의 관계로 대체되었다. 18세기 말과 19세기 초에 시작된 산업화가 초래한 경제적 결과가 국제무역에서 감지되기까지는 한 세기가 걸렸다. 1830년대 말에 영국은 아직 그들이 즐겨 수입하는 중국산 차와 비단, 도자기의 대금을 지급하기 위해 그들의 산업 생산품을 중국에 수출할 능력이 없었다. 그런데도 17세기와 18세기에 무역 대금을 정산하기 위해 사용했던 것처럼 은을 중국에 보내고 싶지도 않았다. 그렇기 때문에 영국은 그들이 중국에서 매입하기 원하는 물품의 대가로 은 대신에 지급했던 아편을 중국인에게 판매할 권리를 계속 확보하기 위해 전쟁을 일으켰고, 결국 중국을 굴복시켰다. 이로부터 수십 년 후 영국은 드디어 경제적 경쟁력을 가진 산업 생산품을 판매할 수 있는 처지가 되었다. 하지만 그 순간은 영국 군대가 무력으로 개입해 중국과 유럽의 국제 관계를 강제로 개방한 후에야 비로소 왔다.

전 세계적으로 국제무역이 발전하게 된 것은 1850년 이후에, 특히 1870년 이후에 무엇보다 산업혁명과 새로운 운송 기술을 통해서였다. 유럽과 미국의 산업 생산자들은 자기들이 생산한 물건을 세계 다른 지역의 농산물이나 원자재와 교환했다. 이 경제 논리는 정치적 맥락에서, 즉 유럽과 세계 다른 지역 사이에 형성된 관계 안에서 작동했다. 다시 말해 이 관계를 뒷받침하는 토대는 정치권력과 군사력 행사라는 원칙이었으며, 그 뿌리는 사실 이전의 수 세기에 놓여 있었다. 여기에서 가장 성공적인 나라는 바다 건너 여러 지역에 살던 주민들을 자국이 생산한 상품을 위한 시장으로 여겼던 영국이었다. 그들은 18세기에 도덕적으로 심각한 문제가 있던 사업을, 즉 인도에서 생산된 아편을 중국에 판매하는 사업을 시작했으며, 20세기에는 우월한 군사력을 동원해 이 사업을 지켜 냈다. 영국식 상업자본주의는 영국 정부와 상업 엘리트들이 부와 권력을 추구함으로써 등장했는데, 그들은 함께 손을 잡고 아시아를 상대로 무역을 추진했으며 아메리카 식민지를 자기들의 필요에 맞는 방식으로 경제적으로 통합시켰다. 경제적 성공을 보장하고 촉진하는 수단으로 국가권력과 군사력을 사용하는 것을 특징으로 하는 영국식 상업자본주의의 승리는 국가와 경제가 여러 측면에서 밀접하게 공조하는 관계 구조를 결정했다. 그리고 이 관계 구조는 19세기 서양의 정치력과 경제력을 전 세계에 확대하기 위한 이데올로기적 토대와 제도적 토대를 제공했다. 산업화의 발전은, 그리고 그것이 국제무역에 미친 경제적 영향은 경제 논리에 따라 이루어졌다. 경제적 변화가 초래한 사회적·정치적 결과가 어떤 의미와 중요성을 지니는지는 이데올로기 원칙에 의해, 그리고 점차 제도화된 산업자본주의에 의해 결정되었다. 산업화 시대와 그 이전 시대의 국민경제 사이에는 큰 차이가 있지만, 19세기 산업자본주의와 전근대 상업자본주의는 몇 가지 중요한 공통점을 갖고 있었다. 두 경우 모두 경제적으로 부유하고 정치적으로 강력한 권력을 가진 소수의 자본주의자가 경제 분야에서 핵심적인 지위를 차지했다. 그들은 이러한 지위를 활용해 자기들의 부를 축적하고 잠재적인 경쟁을 봉쇄할 수 있었다.

산업화가 어느 정도로 상업자본주의의 몰락과 그 이후 산업자본주의의 대두를 가능하게 했는지 이해하기 위해 이 글에서는 세계 여러 지역에서 활동했던 상업 조직들 사이의 관계를, 그리고 서로 네트워크는 형성하고 있었지만 당시에 전 지구적으로 변하고 있던 경제 분야에서 각자 다른 길을 걸었던 지역들 사이의 관계를 살펴보고자 한다. 우리는 우선 다양한 지역에서 산업화 시대 전의 생산과 근대 초기의 무역이 보여 준 몇 가지 특징을 살펴본 후, 산업혁명의 선구로 일컬어지는 18세기 말과 19세기 초의 '근면 혁명'의 일부로 설명되는 소비 행태의 변화로 눈길을 돌릴 것이다. 중국의 국민경제와 근면 혁명이 일어난 유럽 국민경제가 가진 상이한 성격은 왜 한 지역에서는 산업혁명이 일어났고 다른 지역에서는 그렇지 않은지를 이해하는 데 도움을 줄 것이다.[1] 이 주제는 우리가 유럽의 산업화와 국제무역이 세계 여러 지역의 사회와 경제에 어느 정도 영향을 미쳤는지, 그 결과 어떻게 19세기 말에 세계사에서 처음으로 전 지구적인 자본주의경제가 펼쳐지도록 유도했는지를 측정하기 위한 출발점이다.

잉글랜드의 철학자 토머스 홉스Thomas Hobbes는 17세기 중엽에 "외롭고 거칠고 한계가 있는 인간은 서로를 파멸시킬 수 있는 폭력을 통제할 수 있는 효율적인 정부와 능력을 고대하고 있다."라는 유명한 표현을 사용해 당시 인간의 삶을 특징지었다.[2] 교육을 받고 권력을 가진 유럽인을 괴롭혔던 공포를 그렇게 표현한 것이다. 잦은 전쟁은 많은 생명을 빼앗아 갔고, 살아남아 전쟁이 초래한 고통을 겪어야만 했던 사람들의 인생에 결정적인 영향을 미쳤다. 하지만 평민들은 오히려 자연재해가 초래하는 불확실성을 두렵게 느꼈던 것처럼 보인다. 나쁜 날씨 때문에 흉작이 발생하고 식량난이 초래된 것이었다. 수년간 이어진 흉작은 17세기 유럽을 불가피하게 파국으로 몰아넣었다. 수많은 사람이 전염병과 질병으로 희생되지 않은 해조차 경제활동은 침체되어 있었다. 곡물 가격이 상승해 사람들은 식량 외에 다른 물건을 소비할 능력이 없었다. 결과적으로 수공업자들은 자신들이 제작한 물건에 대해 주문을 거의 받지 못했다. 상업 경제는 그 능력에 커다란 한계가 있어 보통 사람들에게 적절하고 믿을 만한 생계를 제공할 수 없다는 사실이 뚜렷하게 드러난 것이다. 그런데도 상업 경제는 이 시기에 유럽과 아시아의 다른 지역에서 번성하고 있었다.

역사적으로 흔적을 남긴 대부분의 교환 방식은 원거리에 걸쳐 이루어졌으며, 상인들의 네트워크를 통해 조직되었다. 서유럽의 경우 도시에 필요한 식량은 생산지에 쌓여 있던 곡물을 수송할 수 있도록 집산하는 기구가 발전하는 데 자극을 주었다. 반면에 도시 수공업자의 조직인 동업조합들은 직물 제품과 철제 제품, 가죽 제품 등을 생산했다. 그러나 유라시아의 반대편에 위치한 중국에서는 시장이 농업 지역과 도시 지역을 서로 연결해 수공업 제품과 곡물이 서로 교환되게 하는 중첩된 위계질서를 형성했다. 일부 수공업 분야는 장인과 도제라는 직업교육 관계를 통해 작업 능력을 습득하도록 요구했던 반면에, 다른 경우에는 그 직업 능력이 한 가족이나 촌락 안에서 폐쇄적으로 세습될 수 있었다. 15세기와 16세기의 중국 농촌에서는 면직업이 확대되었는데, 유럽에서는 다른 종류의 직물을 만드는 목면이 우선은 도시에서 생산되었다. 많은 차이점에도 불구하고 수공업과 농업이 발달한 장소와 조직에 관한 한, 중국과 마찬가지로 유럽 경제에서도 생산과 물자 교환이 증가했으며,

19세기의 산업화는 노동자들의 생산성을 한층 향상시켰다.

상업이 번성하기 위해서는 구매자와 판매자 모두 상대방이 주어진 거래에 대한 기대를 충족시킬 것이라는 확신이 있어야 한다. 생각의 차이나 문제점을 극복해야 할 경우, 양측이 서로를 잘 알면 알수록 이를 극복할 전망이 더욱 분명해진다. 따라서 거래 당사자들이 상대방에 관해 잘 알수록 그들은 거래에서 무엇을 얻을 수 있는지 더욱 잘 알게 되고 교역 비용은 더욱 덜 들게 된다. 유럽인들은 계약 사항에 관해 분쟁이 발생하면 이를 해결하기 위해 공식적인 법원에 의존하는 경향이 중국인들보다 강했다. 하지만 두 나라는 거래를 더 쉽게 만들기 위해 공식적인 국가적 조치나 비공식적 메커니즘을 많이 사용했다. 그러나 거래가 드물어질수록, 그리고 계약 당사자들 사이의 거리가 가까울수록 세계의 양편에서 공식적인 메커니즘이 작동할 가능성이 높았다.[3] 유럽의 관료들은 중국의 관료들이 중국 상인들에게 하는 것보다 더 적극적으로 유럽 상인들에게 도움을 주었는데, 중국 관료들에게는 일반 농민들의 복지가 더 중요했음을 시사한다. 유럽 정부와 중국 정부가 사용한 정치적 수사와 실제 정치를 살펴보면, 중국 정부는 농민들의 물질적 조건을 개선하기 위해 많은 노력을 기울였다. 유럽에서와 달리 그들에게는 상인들이 정치적으로 별로 중요하지 않았다는 사실이 여기서 잘 드러난다.

두 지역에서 상인과 국가 관료들이 발전시킨 관계는 두 나라의 정치제도가 결정했다. 근대 초 유럽은 부와 권력을 둘러싸고 다른 유럽 국가들과 경쟁해 이기기 위한 수입원이 필요했다. 유럽에서는 상업이 바로 이 경쟁을 위해 군대와 관료제를 구축하고자 했던 국가의 주요 수입원이었다. 그러나 근대 초기의 중국에서는 토지와 농업에 종사하는 사람들에게 부과된 세금이 국가의 재정적 기반이었다. 유럽에서처럼 중국도 전쟁을 치르기 위해 군대가 필요했는데, 그 군대는 팽창하면서 생기는 변경 지역에서 추가로 동원되었으며, 유럽의 군대처럼 작전을 수행하려면 엄청난 세금 수입이 필요했다. 하지만 중국 정부는 유럽 정부들이 사용했던 재정 수입원들을 사용하지 않았다. 중국은 19세기 중반까지 유럽 국가들처럼 상업 분야에 대한 세금에 크게 의존하지 않고 계속 농업 분야에 대한 과세에 의존했으며, 지방 차원에서 수입원을 동원해 다양한 형태의 인프라를 개척하고 유지하는 전략을 개발했다. 농사와 해상 교통에 이용되는 수자원 통제, 또는 흉작과 기아 사태에 대비하기 위한 곡식 저장, 사찰이나 교량, 기타 공용 공간의 보수가 그 좋은 예다.[4] 나쁜 날씨와 흉작 때문에 경제가 뒤흔들릴 수 있었던 세상에서 어떤 사회는 국가가 일으킨 전쟁 때문에 끊임없이 위협 받았던 반면에, 다른 사회는 국가가 진지하게 백성들의 기본적 필요를 충족시키기 위해 노력하고 있었다. 세상에는 이렇게 서로 다른 사회가 있었지만, 우리는 어디서나 상업용 제품을 생산하려는 노력이 점점 증가했다는 증거를 발견한다. 필요와 희망보다는 취향과 욕망에 따라 선택적으로 소비되는 상품이었다. 19세기의 산업 생산에서 변화가 발생하기 전에 유럽의 서쪽 끝에서, 그리고 아시아의 동쪽 끝에서 소비혁명이 일어난 것이다.

1   산업화 이전 정치 경제의 유산

북서유럽은 일본과 매우 멀리 떨어져 있지만, 학자들은 18세기에 두 지역에 살던 보통 사람들이 그 이전의 몇 세기보다 훨씬 많이 일했다는 테제를 제시했다.[5] 유럽에서는 일상적인 필수품이나 새로운 유행을 따르는 시장의 수요를 충족시키기 위해 사람들이 의식적으로 더 열심히 일하는 현상이 뚜렷했다고 강조되었다. 아직 산업혁명이 발발하기 훨씬 이전이지만, 당시 시장에는 이미 새로운 상품과 유통수단이 등장했다. 동아시아에서도 사람들이 소비하는 상품의 종류가 다양해졌다. 곡물 경작과 수공업을 동시에 하던 농가에서는 사람들이 이차 작물을 재배하고 수공업자로서의 활동을 강화함으로써 계절에 따른 실업을 줄여 갔다. 산업화가 물질적 가능성의 세계를 근본적으로 변화시키기 이전에 유라시아의 양편에서 생산과 소비의 행태가 이미 유사한 방식으로 변하고 있었던 것이다.

유럽에서 소비혁명은 농촌의 주민보다 형편이 좋았던 도시민들에게서 일어났다. 반면에 중국에서는 수공업 상품의 소비자가 주로 농촌에 살고 있었다. 필요한 거의 모든 상품을 구매하기 위해 시장이 필요했던 도시민과 달리, 농촌 가구들은 식량을 스스로 경작했으며 필요한 단순 도구들도 스스로 제작할 수 있었다. 그렇기 때문에 중국의 경우 상업 활동과 소비가 점차 증가했을 때 이러한 변화로부터 심각하게 영향을 받은 사람들은 유럽보다 적었다. 그들은 일부 상품은 시장에서 구매했지만, 자기들이 소비하는 더 많은 물건은 여전히 스스로 생산했기 때문이다. 반면에 유럽의 소비혁명은 무엇보다 주민 수가 적은 도시에서 일어나 그들에게 강력한 영향을 행사한 변화였기 때문에 쉽게 눈에 띄었다. 또한 새로운 물건들이 세계의 여러 다른 지역에서 수입되었기 때문에 사람들은 소비혁명에 관해 잘 인지하고 있었다. 유럽은 아메리카를 식민지화하고 아시아와 해양 무역을 하면서 설탕과 향신료, 커피, 차뿐 아니라 중국산 비단과 도자기, 인도산 면직물처럼 중요한 수공업 상품들을 유럽으로 들여왔다. 그리고 유럽인들은 그 아시아 상품을 구매하기 위해 신대륙에서 채굴된 은을 대금 지급 수단으로 사용했다. 그러므로 유럽의 근면 혁명과 상업혁명은 근대 초에 유럽의 정치 경제가 세계의 다른 지역으로 확산되면서 그 전체적인 맥락 안에서 일어난 것이었다. 그러나 중국의 경우 아시아를 넘어서는 무역 네트워크가 아시아 해역을 넘어 활동한 중국 상인들에 의해서가 아니라, 중국 해안에 등장한 유럽 상인들에 의해 만들어졌다. 중국인들이 외국 상품에 매력을 느끼기 시작한 것은 15세기 말부터이며, 이후 꾸준히 계속되었다. 유럽의 시계와 클래식 악기, 가구들이 황궁에 공급되었으며, 특히 강남과 광주의 부호들과 북경 황궁은 시계에 관심을 보였다.[6] 중국에 거대한 사회적 파장을 일으켰던 영국의 수입 상품은 아편이었다. 유럽인들이 18세기의 국제무역을 통해 설탕과 커피, 차를 좋아하게 되었던 반면에, 중국인들은 아편의 맛을 발견했다. 근대 초에 새로운 입맛과 그에 대한 바람을 일깨워 준 상품이 오고 가면서 중국인과 영국인들은 서로 교류하는 새로운 공동의 세계를 함께 만들어 가고 있었다. 물론 훗날 이들 상품이 미친 사회적 영향에는 차이가 있었다.

유럽에는 중국보다 소비 행태 변화가 기록으로 더 잘 남아 있지만, 사람들이 더 부지런해지게 된 직접적인 증거는 별로 남아 있지 않다. 유럽에서는 사람들이 하루에 몇 시간을 더 일하는지, 일주일에 며칠을 더 일하는지, 1년에 몇 주를 더 일하는지 입증할 수 없었다. 반면에 중국(그리고 일본)의 경우 농가에서 이루어진 활동이 다양해지는 뚜렷한 변화를 추적할 수 있는데, 이는 사람들이 이전보다 더 많이 일해 더 부지런해졌다는 것을 의미했다. 동아시아에서 더 부지런해진 사람들은 유럽에서 부지런해진 사람들과 달랐다. 유럽에서 부지런해진 사람들은 주로 노동자였는데, 그들은 자신이 소비할 물품의 구매 비용을 벌기 위해 시장에 매달려야 했다. 더 열심히 일하면 그는 아마도 시장에서 더 많이 구입할 수 있었다. 반면에 중국과 일본의 농민들은 자기들이 수행하는 작업의 종류를 다양하게 늘리고 더 열심히 일했다. 이전에는 한 가지 특정 작물만 경작하다가 이제 다양한 곡물을 추가로 경작하고, 물고기 양식과 직물 제작도 했다. 이러한 추가적인 활동으로 인해 그들은 더 많은 상품의 생산자가 되었으며, 그 결과 소득이 증가해 새로운 상품과 서비스를 구매할 수 있었다.

농가에서 생산하는 상품이 다양해졌다는 것은 유럽에서는 농가가 아닌 곳에서 이루어진 생산이 중국과 일본에서는 농가에서 이루어졌다는 것을 의미한다. 따라서 유럽에서는 노동자를 고용하는 것이 필요했을 일부 상품 생산이 중국이나 일본에서는 노동시장 없이 이루어질 수 있었다고 말할 수 있다. 그러나 자기들의 노동력을 다양한 작업에 사용할 수 있었던 중국의 농가와 개인이 노동자로서 임금노동시장에 들어가게 되었던 유럽의 개인들과 차이가 있었다고 해서, 이들 중 어느 한쪽이 다른 쪽보다 경제적으로 합리적이었다고 말할 수는 없다. 물론 노동시장은 근대 국민경제에 필수적인 현상이다. 하지만 중국의 대가족 안에서 노동을 분배한 것보다 유럽의 핵가족 사이에서 노동을 분배한 것이 경제적으로 더 효과적이었는지는 절대 분명하지 않다. 중국의 대가족은 산업화 시대 이전의 환경에서 일종의 기업처럼 작동했다. 그러나 (점차) 노동시장에 의존해서 여기저기 일터를 옮겨 다니는 사람들이 생겨났다는 것은 농촌에 임금노동자가 출현했다는 것을 의미한다. 그리고 이들은 수요와 공급의 원칙에 따라 공장노동자가 필요한 도시로 쉽게 이동할 수 있었다. 사람들이 부지런해지면서 그 사람들을 조직하는 방식은 이후 뒤따른 발전에 결정적인 영향을 미치게 되었다. 물론 이러한 변화가 무조건 이전 단계보다 우월했다는 것은 아니다. 동아시아와 유럽에서 전개된 근면 혁명과 상업혁명이 보여 주는 특징들은 서로 차이를 보였다. 그리고 그 차이는 근대 초 유럽의 변화가 이후 유럽에서 산업화가 일어나는 데 얼마나 유용했는지를 추측케 한다. 나아가 유럽과 동아시아의 비교는 설사 완전히 확실하지 못한 부분이 있다고 할지라도 적어도 중요한 두 가지 교훈을 제시한다. 하나는 분석적인 교훈이고 다른 하나는 경험적인 교훈이다. 첫째, 분석적인 교훈은 사실 근면 혁명도 소비혁명도 산업혁명을 촉발하는 데 충분치 않았다는 것이다. 만약 근면 혁명이나 소비혁명이 산업혁명을 촉발했다면, 유럽보다 이미 수백 년 전에 동아시아에서 산업혁명이 일어났을 것이기 때문이다. 둘째, 경험적인 교훈은 그리 뚜렷하게 겉으로 드러나지는 않는다. 근면 혁명과 소비혁명이 19세기 초 유럽에서 산업혁명이 일어나는 방식에 영향을 주었던 것처럼, 근대 초 동아시아의 경제적 작동 방식은 19세기 말에 동아시아에서 일어난 산업혁명의 방식에 영향을 주었다. 근면 혁명과 상업혁명이 유럽의 산업화에 미친 경험적 연관성에 관해서는 2장에서, 그리고 동아시아의 산업화에 미친 경험적 연관성에 관해서는 4장에서 상세히 다룰 것이다.

상업 제국의 정치 경제

매우 오래전부터 여러 세대에 걸쳐 모든 초등학생은 크리스토퍼 콜럼버스Christopher Columbus가 원래는 인도로 가는 항로를 찾다가 우연히 아메리카를 발견했다고 배웠다. 콜럼버스는 큰 장사가 되는 유럽의 아시아 무역을 확대하기 위해 저렴하고 짧은 항로를 찾고 싶어 했던 여러 항해사 가운데 한 사람이었다. 그런데 유럽은 신대륙을 발견하면서 의도치 않았던 결과를 초래했다. 유럽인 이주민들이 신대륙을 무리하게 혹사시키고 착취한 것이었다. 그들은 유럽인들의 새로운 소비 욕구를 충족시키기 위해 아프리카에서 수많은 노예를 데려다가 개척한 대농장에서 노동력으로 사용했다. 에스파냐인들이 아메리카에서 은광을 개발하기 시작한 것도 대농장을 경영한 것과 마찬가지로 중요했는데, 이 혹독한 광산 노동에는 원주민들이 강제로 동원되었다. 이렇게 개발된 아메리카의 은은 아시아 상품을 구매하기 위한 교환 수단으로 사용되었는데, 만약 이 은을 발굴해 사용하지 않았다면 유럽에서 소비혁명을 일으키는 데 필요한 한 가지 중요한 요소가 없는 상황을 만들었을 것이다. 그러한 상황에서 과연 소비혁명이 일어날 수 있었을지 의문을 제기할 수 있다. 에스파냐가 아메리카에서 채굴한 은은 상인들에게서 유럽산 상품을 구입하는 데 사용되었으며, 상인들은 상품 대금으로 받은 은을 중국과 무역하는 데 사용할 수 있었다. 근대 초 유럽 상업 제국들의 정치 경제는 이런 식으로 유럽의 소비자들과 아시아 생산자들 사이의 관계에 중요한 영향을 행사했다. 하지만 여기서 한 가지 주목할 점은 유럽 소비자들과 아시아 생산자들의 관계는 유럽인들이 아프리카와 아메리카의 원주민들에 대한 또 다른 관계를 구축했기 때문에 비로소 가능했다는 것이다. 이 관계는 아프리카와 아메리카의 원주민들을 자기들의 대농장과 광산에 노동자로 강제로 투입하는 방식이었다. 국제무역이 이렇게 진행되는 것을 바라보면서 자유무역을 주창했던 초기 이론가 가운데 한 사람으로 유명한 애덤 스미스Adam Smith는 잉글랜드가 그들이 보유한 식민지의 해외무역에 대해서는 중상주의적 통제를 계속할 수밖에 없다는 사실을 깨달았다. 당시에 유럽의 다른 국가들이 이미 그런 통제를 시도하는 상황에서 잉글랜드가 다른 길을 택할 여지가 없다고 본 것이다.[7]

유럽 정부들은 금과 은을 확보하기 위해 뜨거운 경쟁을 펼쳤다. 정부의 자문위원들은 자국민들이 수입하는 것보다 더 많은 상품을 생산해 다른 나라 사람들에게 판매해서 수익을 남기기를 희망했다. 여기서 수입품과 수출품의 가치 차이는 은의 유입량을 통해 조정해야 했다. 통치자들은 국가가 운영하는 금융기관을 설립하려고 애쓰고 있었기 때문에 엄청난 양의 금과 은이 필요했다. 전쟁을 수행하기 위해 필요한 군대, 그리고 그 군대를 유지하는 데 드는 비용을 확보하기 위한 대출을 위해 금융기관을 설립하려고 시도했던 것이다. 전쟁에서 이긴 국가들은 나중에 부채를 상환할 수 있었지만, 패배한 국가들은 그 비용을 쉽게 만회할 수 없었다. 전쟁은 경쟁 국가들 사이에 자원을 재분배하는 데 기여했지만, 새로운 재원을 직접 창출하지는 못했다. 전쟁이나 전쟁 위험은 보유 자원이나 비교 우위에 따른 노동 분업을 토대로 한 경제 교류에 장애가 되기 때문에 경제에 직접적으로 부정적인 결과를 초래했다. 하지만 전쟁은 국가가 무기 개발에 투자한 결과로서 의도치 않게 기술 발전을 가져왔다. 그렇게 볼 때 근대 초 유럽 국가들이 일으킨 방식의 전쟁은 결과적으로 경제에 긍정적인 영향을 미쳤다.[8] 물론 경제적 가치 때문에 이런 전쟁이 펼쳐진 것은 아니었으며, 경제에 미친 긍정적인 영향은 전쟁이 가져다준 의도치 않았던 부수적 현상에 지나지 않았다.

전쟁 자금을 동원하려는 국가의 노력도 의도치 않게 긍정적 결과를 가져다주었다. 전쟁을 수행해야 한다는 국가의 정치적 필요성이 영국의 금융정책과 신용기관 발전에 촉매가 된 것이다. 특히 신용기관은 국가의 재정 능력을 대폭 확대하고 보완했다. 이렇게 노력한 결과 영국은 경쟁국인 프랑스보다 국가의 장기 부채를 효과적으로 운용할 수 있었다. 프랑스는 1789년에 혁명을 겪었는데, 혁명을 초래한 원인 가운데 적지 않은 비중을 차지하는 것이 1760년대로 거슬러 올라가는 전쟁 부채 문제였다. 그런데 영국인들은 이미 일찍이 1688년에 명예혁명을 겪었으며, 그 결과 정부가 새로운 세금을 부과할 때 의회가 이를 통제하는 제도를 시행하고 있었다.[9] 이러한 제도적 발전 중 그 어느 것도 개인 사업자들의 이익을 위해 도입한 것은 아니지만, 국가 재정의 발전은 재정의 체계와 은행 제도를 만들어 냈고, 그 토대 위에서 19세기 영국의 금융제도를 구축할 수 있었다. 결국 이 제도는 영국이 초기에는 국내 프로젝트에, 나중에는 점차 외국, 즉 영국 식민지와 아메리카 대륙에서 발생한 자본 수요를 충족시키는 증권에 투자하도록 유도했다.

19세기 이전에, 근대 초기의 공공 금융 경제가 경제에 미친 영향이 아직 감지되기 전에, 영국 정부는 즉각적인 경제적 목적을 갖고 의도적인 결과를 추구하기 위해 해상무역을 지원했다. 그들은 자국 상인들이 유럽에 판매할 수 있는 아시아 상품의 시장을 장악할 수 있기를 희망했다. 이 목적을 달성하기 위해 상인들에게 무기가 주어졌다. 다른 유럽 회사들의 경쟁에 맞서 자기를 지키고 해외무역 거점을 구축하기 위해 수립한 다양한 전략을 무력으로 뒷받침하기 위해서였다. 그렇게 볼 때 근대 초 유럽의 해상무역이 아시아에 정착하는 과정은 정치적 활동이자 경제적 활동이었다. 그래서 17세기의 아시아 무역을 주도했던 네덜란드 동인도회사는 전쟁을 치르고 계약을 체결하며 자체적인 주화를 만들어 식민지와 무역 거점을 구축할 수 있었다. 그런데 전쟁과 계약 체결, 주화 제조 등은 유럽적 맥락에서 볼 때 주권국가가 보유한 속성들이었다. 유럽의 동인도회사들은 한편으로는 자국 정부의 이익에, 다른 한편으로는 상인 집단의 이익에, 즉 특정 아시아 상품을 수입해 본국이 아닌 다른 유럽 국가에 판매하고 재분배하는 독점권을 가진 특정 상인 집단의 이익에 동시에 봉사하는 조직이었다. 결국 영국 동인도회사는 18세기에 무굴 제국이 남아시아에 대한 통제권을 상실한 이후에 점차 그 지역에서 권력을 행사하던 다른 정권들과 경쟁하는 일종의 준국가가 되었다.[10]

아메리카 대륙에 식민지를 건설하고 아시아에 무역 거점을 구축하려는 유럽 국가들의 노력은 둘 다 마찬가지로 부와 권력을 둘러싼 유럽 내적 경쟁의 일부였다. 유럽 국가와 그 국가에 속한 상인들은 공동 목표를 추구했기 때문에 한 국가의 정치적 목표는 특정 상인 집단의 경제적 성공과 밀접하게 결합되어 있었다. 정치권력과 경제적 부 사이의 이러한 결합은 아메리카에서 정치적 존재감을 강화하고 아시아에 경제적 거점을 구축하려는 통치자들의 노력에서 가장 분명하게 드러났다. 근대 초 유럽 국가들은 재정적으로 아메리카 식민지와 아시아를 상대로 한 무역에서 발생하는 수입에 의존하고 있었다. 이렇듯 근대 초 유럽의 상업자본주의는 해상무역 제도를 통해 구체적으로 실현되었는데, 이 무역 제도를 추진하기 위해 소수의 상인이 수익성 높은 사업과 점차 규모가 커지는 경제 분야에 대한 통제권을 부여받았다. 그리고 그들은 이러한 특권적 지위를 이용해 이익을 창출했다.

이전 세기와 마찬가지로 18세기 유럽에서 수공업 생산은 대부분 도시에서 이루어졌으며 동업조합(길드)이 조직하고 있었다. 17세기에 원거리 무역은 오늘날의 벨기에와 네덜란드의 도시들이 설립했던 법적 기관과 경제 기관, 금융기관을 통해 도움을 얻은 상인들이 주도했다.[11] 개별적인 무역 활동의 규모는 다양했다. 이 개별 상인들은 17세기와 18세기에 활동한 유럽 최대의 동인도회사인 영국 동인도회사나 네덜란드 동인도회사와 달리 무역 특권이나 시장을 통제할 수 있는 권한을 갖고 있지 않았다. 이처럼 19세기 전야에 유럽의 상업 경제는 극도로 다양하게 조직된 두 개의 지리적 영역으로 구성되어 있었다. 유럽 내에서 정부들은 경제와 금융, 법 제도를 통해 개별적인 행위자들의 시장 활동을 용이하게 만들어 주었다. 유럽 바깥에서는 동인도회사의 상인들에게 일련의 의무와 권리를 부여하는 다른 제도가 만들어졌다. 이 제도들을 통해 정치적 기능과 경제활동이 서로 결합되었으며, 유럽 열강이 세계의 다른 지역으로 팽창해 가는 과정 안에 유럽식 상업자본주의를 심어 넣었다.[12] 영국 동인도회사와 네덜란드 동인도회사의 성공은 그들이 특히 수익성이 높던 시장에 통제력을 행사할 수 있는지에 달려 있었다. 특히 동인도회사 구성원 외에 다른 상인들도 접근할 수 있었던 시장의 경우에는 시장 통제권이 문제가 되었다. 그들이 독점하던 시장의 수익성은 19세기 말에 많은 개별 상인이 진출하기 시작하면서 점차 낮아졌다. 동인도회사는 경제적으로 더는 수익을 올리지 못하고 정치적으로도 동인도회사라는 방식이 시대 상황에 적합하지 않다는 사실이 드러나면서 19세기에는 노골적인 지배를 관철하는 식민 정부 방식으로 대체되었다. 식민 정부 역시 수익을 계속 확보하려고 애썼지만, 그들의 정치적 포부를 달성하기 위해서는 아시아와 유럽의 무역을 통제하는 것만으로는 충분치 않았다.

농업 제국의 정치 경제

18세기에 농업 제국이었던 중국의 정치 경제는 유럽의 중상주의나 해양 상업자본주의의 정치 및 경제와 확실하게 달랐다.[13] 지역적 관점에서 보면 브리튼섬에서 러시아에 이르는 전체 유럽과 비교할 만한 공동체였던 중국의 청 왕조는 낮은 통행세를, 그리고 무역 활성화를 위한 안전한 제도를 구축하려고 노력했다. 그리고 이러한 노력을 통해 제국 내 상품의 상업적 교환 활동을 촉진했다. 동시에 국가는 시장 권력이 가격을 조작할 수 있는 소수의 손에 들어가지 못하도록 억제했다. 소수 집단이 국내시장으로 들어가는 상품을 통제하는 방식으로 시장가격을 좌우할 수도 있었기 때문이다. 중국 관리들은 외국 상인들, 특히 유럽 상인들의 중국 내 거주와 활동을 철저하게 통제하고자 했지만, 중국 상인들의 해외무역은 거의 아무런 통제도 하지 않고 허용했다.

생산에 관한 한 1300개가 넘는 지방의 행정 관청은 곡물의 종류와 경작 및 추수 기술에 관한 지식이 서로 순환되도록 촉진했다. 제국 정부는 농업 기술과 상업 기술을 집대성한 안내서를 제작하고 인쇄해 제국 전체에 있는 도서관에 두루 배치하게 했다. 징부 관리들이 관여했던 중요한 경제 분야는 벼의 습식 경작에 필요한 관개시설을, 그리고 교역 상품이 제국 전체로 수송될 수 있게 해 주는 수로를 건설해 유지하고 보수하는 일이었다. 18세기에 국가가 노력을 기울였던 두 번째 중요한 분야는 수십 만 톤의 곡식을 저장하고 전국에 분배할 수 있는 곡물 창고 시스템을 구축하는 일이었다. 이는 필요할 경우 식량을 저렴한 가격으로 판매하거나 빌려주고, 경작 상황이 나쁠 경우에는 직접적인 기아 지원 제도를 통해 도시와 농촌의 주민들에게 식량을 공급하기 위한 것이었다. 또한 국가는 자기의 고향 지역에 소유한 토지가 없어 가난에 시달리던 농민들을 제국의 다른 지역으로 이주시켜 그곳에서 토지를 개간하고 생활을 개선할 수 있도록 촉진하기도 했다. 경제의 토대로 농업을 촉진하는 것은 중국의 관리들에게 중요해 보였는데, 이는 프랑스 중농주의자들이 농업을 그들의 경제 이론의 핵심으로 내세웠던 것과 마찬가지 이유에서였다. 19세기 이전 시대에 중국과 유럽의 대부분 사람들은 세계의 다른 지역 주민들과 마찬가지로 농업에 종사하고 있었다. 생산을 촉진하고, 특히 흉년이 들었을 때 생산물의 효과적인 유통과 그 유통을 보장하기 위한 전략을 고안하는 것이 중국에서는 우선순위에 있었고, 이것이 두 지역의 정치 경제에서 주요한 차이였다. 유럽의 많은 강대국이 식민지와 해상 무역에 그들의 정치 경제를 건설했던 반면에, 중국은 농업을 기반으로 한 상업의 토대 위에 정치 경제의 기초를 두었다.

앞서 살펴보았듯이 18세기에 중국의 수공업 생산은 도시뿐 아니라 농촌에서도 100년 넘게 번성하고 있었다. 일부 정부 관리는 농가가 다양한 수공업 제품을 생산하는 데 신경을 써서 농업에 의존하던 그들의 수입을 보완하기를 원했다. 하지만 이 문제를 19세기, 특히 20세기의 관점에서 살펴보면, 어떤 종류든지 간에 농가에서 수공업 생산에 신경을 쓰는 것은 그저 아주 조금 의미를 갖거나 아무 의미가 없었다. 당시 농가에서 사용되던 기술은 특별한 것이 아니어서 차라리 공장제 생산이 이보다 훨씬 효율적이고 생산적이었기 때문이다. 물론 아직 기술 수준이 낮은 세계에서는 많은 산업 부문에서 공장제 생산이 농가의 수공업 생산보다 더 효율적이고 더 생산적이라는 논리가 적용되지 않았다. 특히 전 세계적으로 가장 널리 확산되었던 수공업 분야인 면직물 생산의 경우가 그러했다. 18세기의 중국에서는 수많은 가계의 경제적 생산에서 기본 요소를 구성했던 수공업과 농경 모두를 농업경제를 구성하는 주요 요소로 파악했다. 그리고 상업적 교환을 통해 널리 확산되었던 그 생산품들이 중요한 의미를 갖는다고 인정하고 있었다.

18세기의 중국 관리들은 정기적으로 근무처를 옮겨 다니면서 제국의 여러 지역에서 근무했고, 그들이 근무하지 않은 다른 지역에 관한 보고서도 읽을 수 있었기 때문에 지역에 따라 환경적·경제적 조건이 커다란 차이가 있다는 사실을 너무 잘 알고 있었다. 바위투성이로 이루어진 중국 북서부 지역 주민들의 물질적 안녕을 촉진하려면 남동부 해안 지방과는 다른 문제들을 해결해야 했지만, 그곳에서 새로운 가능성을 발견하기도 했다. 예를 들어 습식 농법으로 벼를 경작하는 제국의 남부 지역은 오직 건식 농법만 가능했던 북부 지방과는 뚜렷하게 달랐다. 제국 전체에 해당하는 농업경제라는 비전은 이렇게 지역적으로 다양한 조건을 고려했으며, 관리들은 각 지역의 상이한 조건을 고려한 정책을 만들어 내려고 노력했다. 그리고 이런 방식으로 제국 전체에 균형과 안정을 달성하려고 했다. 동시에 제국 정부는 제국 전체에서 물자의 흐름이 장애 없이 원활하게 유통되도록 지원했다. 물론 그들은 변경 지역이 제국 전체에서 진행되던 교역의 흐름에 완전히 통합되지 못했다는 사실을 인지하고 있었다. 변방 지역 주민들은 상업적인 곡물 수입 과정에 연결되지 못했기 때문이다. 따라서 관리들은 이런 지역에서는 곡물을 잘 저장해 흉년이 들면 비축된 식량을 사용할 수 있게 하려고 노력을 기울였다. 물론 부유하고 경제적으로 잘 나가는 지역에도 농사지을 토지가 적거나 아무 토지도 갖지 못한 빈곤 계층이 있었다. 그들을 제국의 다른 지역으로 이주하게 해서 그곳의 토지를 개간하게 하고 농사를 지을 수 있게 함으로써 그들의 생활을 개선할 수 있었다. 그렇기 때문에 18세기의 관리들은 제국 내 이주를 장려하는 경우가 많았다. 그런 방식으로 인구와 토지 사이의 균형을 개선할 수 있다고 믿었기 때문이다.

당시에 중국의 관리들은 서로 다른 자원을 가진 다양한 지역을 포괄하는 농업 기반의 상업 경제를 활성화하기 위해 많은 노력을 기울였는데, 그들역시 18세기 유럽의 수많은 왕국과 제후국, 공작령들이 직면했던 것과 같은의문점과 문제를 겪었다. 물론 인력과 자원을 필요에 따라 제국 전체에 이동시키고 배치하려는 노력을, 빈곤층을 돕기 위해 정치적으로 개입하려는 중국의 노력을 유럽 지역에 적용해 중국이 시도한 것과 비슷한 방식으로 문제를해결하려고 한다면, 유럽에서는 여러 나라의 국경을 넘어서는 국제적인 협력이 필요했다. 하지만 유럽의 경제는 각국의 국민경제 사이의 경쟁을 강조했는데, 이는 중국에서는 지역 간 경쟁에 해당했다. 중국의 정치 경제는 이러한 지역 간 경쟁을 통합하고 균형을 이룰 방안을 모색했다. 중국의 사회적 안정과정치적 정통성의 기반은 농경과 수공업에 동시에 종사하던 농민층의 안녕이었다. 이들의 안녕을 촉진하려는 다양한 정치 전략들은 생산이 증가하면 백성들에게 직접 유익을 가져다주면서도 다른 사람들의 물질적 조건을 악화시키지 않는다는 인식에 뿌리를 두고 있었다. 수요와 공급이라는 기본 원칙이 각자 전문화된 능력에 따른 노동 분업을 촉진해 생산성을 높이면 판매자와 구매자 모두 거래에서 전반적으로 이득을 보았다. 따라서 중국 관리들은 일상적으로 상품의 상업적 유통을 지원했으며, 만약 소수의 개인이 물자 공급을 통제하는 방식으로 가격을 조작해 개인적인 이익을 추구하면 이를 받아들일 수없는 상황으로 간주했다. 물론 이런 국가의 방침이 있다고 해서 중국의 상업경제에 부유한 상인 계층이 존재하지 않았던 것은 아니다. 예를 들자면 18세기의 최고 부자에는 소금 판매에 관한 독점권을 갖고 있던 소금 상인들이, 그리고 유럽 상인들과 거래할 수 있는 특권을 보유하던 상인들이 포함되어 있었다. 그들은 정치로부터 혜택을 입었기 때문에 특정 상품과 교역로를 통제했다. 당시의 공식적인 '시장 철학'은, 그리고 상품 비축이나 가격 조작에 대한제재 정책은 분명히 인간 사이의 불평등을, 제국에 속한 지역 사이의 불균형을 될 수 있는 한 최소한으로 유지한다는 포괄적인 기본 원칙들의 일부 측면이었을 뿐이다.

생산 가능성이 제한된 것처럼 보이는 세계에서의 자본주의

18세기에 중국과 무역을 하러 오는 유럽 선박, 특히 영국 선박들은 광주로 가야 했다. 또한 1757년 이후에 광주에 온 유럽 선박들은 청 제국 정부가 유럽과 무역을 하도록 승인한 열세 개 중국인 상인 단체 가운데 하나와만 거래할 수 있었다. 이렇듯 중국 정부의 통제를 받는 상인 단체를 통한 무역 방식은 흔히 중국 정부가 대외무역을 억제하는 정책을 추진했다는 식으로 해석되었다. 하지만 학자들은 유럽에서도 국가가 구상한 동인도회사 중 한 곳에 회원으로 가입한 상인들만 중국과 무역을 할 수 있게 제한했다는 사실에는 별로 주목하지 않았다. 사실 대외무역에 대한 국가의 조정 제도는 세계 여러 지역의 수많은 무역 중심지에서 발견되는 공통된 현상이었다. 또한 중국과 유럽 사이의 18세기 무역 관계의 특징은 상호 정치적 동등성이었다. 어느 한쪽이 일방적으로 무역에 일정한 체계를 부과할 수도 없었고, 그렇게 하려고 하지도 않았다. 어느 쪽도 상대방에 관해 잘 알게 될 만큼 경험이 누적되거나 서로 신뢰할 수 있는 충분한 근거가 없었던 시대에 상인들은 처음에는 현금 지급이나 물물교환 방식을 사용하다가 점차 다양한 형태의 신용 수단을 수용하는 쪽으로 넘어갔다. 신용 수단은 구매, 구매한 상품의 판매, 이전에 구입한 상품 대금의 결제를 용이하게 해 주었다.[14]

중국과 유럽의 상인들 사이에 형성되었던 무역 관계가 각 지역의 정치와 경제에서 차지했던 가치는 지역에 따라 커다란 차이가 있었다. 이 차이를 측정하기 위해 우리는 먼저 19세기에 산업 경제와 세계경제가 등장하기 직전에 '국내'와 '대외'라는 범주가 어떻게 구별되는지 밝혀야 한다. 중국인 관리들이 볼 때 국내 사안과 대외적 사안 간의 차이는 어떤 기관이 이 다양한 관계를 다루는 책임 기관인지에 달려 있었다.[15] 중국에서 제국과 외국 사이의 정치적 관계뿐 아니라 경제 교류를 포괄하는 외교 관계를 관할하는 주무 부처는 수백 년 전부터 중앙정부를 구성했던 여섯 개 부서 중 하나인 예부였다. 만주족은 그들이 명 제국을 물리치기 전에 이미 소수민족 문제를 다루는 이번원理藩院이라는 기구를 설치했는데, 명을 정복한 후에는 이 기구가 몽골 및 러시아, 기타 아시아 국가와 만주 사이의 관계를 담당했다. 나중에 영국인과 네덜란드인 등 유럽인들이 중국에 와서 교역을 원했을 때 이들과의 관계를 담당한 것도 바로 이번원이었다. 따라서 중국과 유럽 사이의 무역 관계 업무는 제국 내의 경제 문제를 주로 담당했던 호부나 공부에 속해 있지 않았다. 이는 무엇보다 유럽과 맺은 무역 관계가 제국 전체의 경제에서 주변적인 사안으로 여겨졌다는 것을 의미한다. 그런데 무역 상대인 유럽에서는 이와 정반대였다. 유럽 국가들이 세운 동인도회사의 성공과 실패는 각국 정부와 유럽의 정치 경제가 돌아가는 과정에 중국보다 훨씬 더 중요한 영향을 미쳤다.

만약 해양 무역을 통한 유럽의 상업자본주의를 당시 유럽 국가들이 채택했던 중상주의적 관점에서 자리매김하려면, 우리는 18세기 유럽의 군주들도 당시의 중국 제국과 마찬가지로 그들의 정치적 활동 공간을 세 부분으로 구분했다는 사실에 주목해야 한다. 우선 유럽에서는 자국 백성들을 통치하기 위한 일련의 정치 전략이 있었으며, 이와 별도로 유럽의 이웃 국가와의 관계에 관한 원칙과 관례가 있었고, 마지막으로 세계 다른 지역 국가들과 교류하기 위한 규칙들이 있었다. 유럽의 관점에서 볼 때 중상주의는 유럽 국가들 사이의 관계를 결정했으며, 나아가 세계 다른 지역에서 유럽의 경쟁자들이 서로 어떤 관계를 맺어야 하는지에 영향을 준 이론이었다. 18세기에 영국 정부는 이전 세기 동안에 상품 거래에서 중요한 부분이 되기 시작했고 특히 아시아 상품을 수입할 때 결제 수단이 되었던 금과 은의 유출이 어떤 문제를 가져올지에 관해 별 고민을 하지 않았다. 아시아 상품의 구매자로서 동인도회사가 누리던 독점적 지위가 서양의 개별 상인들을 통해 점차 무너지면서 영국 정부의 관리들은 은의 유출이 심각한 문제를 초래한다는 사실을 점차 깨닫기 시작했고, 은을 대체할 수단을 찾기 시작했다. 이때 인도산 아편이 특히 유용한 대체 수단으로 등장했다. 그런데 여기서 아편은 은을 대체하는 유용한 교환 수단일 뿐 아니라 새로운 수익 모델도 되었다. 영국 정부는 인도에서 여러 정치권력과 경쟁하던 영국 동인도회사의 정치적 입지를 강화하기 위해 막대한 비용을 지출했는데, 아편 무역은 이를 상쇄할 만한 수익을 창출해 준 것이다.

아편전쟁(1839~1842)은 중국과 서양의 관계에 전면적인 변화를 초래한 사건(서구적 관점에서 보면 중국의 '개방'을 초래했다.)이므로 흔히 중국 근대사의 출발점으로 여겨진다. 하지만 사실상 아편전쟁은 중국과 유럽 사이에서 진행되어 온 국제무역의 기존 논리를 입증한 사건으로 보아야 한다. 당시까지도 중국과 유럽의 무역은 중국은 유럽에 중국산 상품을 판매하고, 그 대가로 유럽으로부터 유럽산이 아닌 상품을 구매하는 방식으로 이루어졌다. 그런데 이 방식은 19세기의 마지막 30년 동안에 영국과 중국 사이에 진행된 무역 방식과는 분명히 달랐다. 이때는 영국에서 직접 만든 산업 생산품이 중국에 들어왔으며, 수공업 제품과 농산품, 천연자원 등이 중국을 떠났다. 유럽에서는 상품이 점점 산업적으로 생산되고, 이 상품들이 세계 여러 지역으로 수출되어 그 지역의 천연자원이나 곡물과 교환되는 방식으로 세계무역은 진행된 것이다. 그 결과 서방세계 밖에서 산업화를 시작한 나라는 몇 안 되었다. 산업화가 가져다줄 수 있는 물질적 부를 희망하면서도 새로운 경제적 가능성을 이용할 수 있었던 나라는 불과 몇 나라 밖에 없었다. 물론 중국의 일부 지역은 이러한 가능성을 포착할 수 있었지만, 역사가들은 중국 제국이 광대한 영토를 보유하고 있었기 때문에 일부 지역에서 일어난 이 정도의 변화는 그렇게 중요하지 않았다고 보고 이를 간과하는 경우가 많다. 그렇지만 만약 중국의 거대한 영토를 유럽 국가 크기 정도로 분할해 관찰했다면, 이 지역에서 발생한 변화는 훨씬 더 의미심장하게 보였을 것이다.

아직 산업화가 인간의 생산능력을 근본적으로 바꾸어 놓기 전에 사람들은 지구 전체에서 각각 제한된 지역 안에 살고 있었다. 그래서 유럽의 통치자들은 자기들이 추구하는 상업자본주의를 일종의 제로섬 게임으로 생각했다. 예를 들어 윌리엄 파커William Parker는 이렇게 표현했다. "서구 자본주의의 발전은 확대된 도시국가(잉글랜드, 네덜란드 등)들이 펼친 국제적인 경쟁을 기반으로 일어났다. 무역이나 시장 확대를 통해 상호 이익이 증가한다는 그 어떤 비전도 서구 자본주의 발전에 영향을 미치지 않았다. 한쪽이 이익을 보면 다른 쪽은 손실을 입는 그저 단순한 논리가 지배했다. 잉글랜드 해군은 잉글랜드의 무역을 위해 세계를 열었고 에스파냐인과 프랑스인, 네덜란드인의 세계 진출은 막았다. 애덤 스미스는 이런 무역 원리가 분명하게 정착된 후에야 비로소 국가 간 자유무역이 가진 장점을 발견했다."[16] 상업자본주의가 대두하면서 세계 여러 지역에서 유럽 쪽으로 진행되는 해상무역의 패권을 장악하기 위한 정치적 경쟁도 사라졌는데, 이러한 사실 또한 잘 알려져 있지 않다. 면직물 분야에서 일어난 산업혁명은 영국 동인도회사를 통해 영국과 유럽, 서아프리카로 수입되던 인도산 면직물에 대한 수요를 감소시켰다. 동시에 그동안 동인도회사가 갖고 있던 독점적 지위는 개인 상인들에 의해 점차 약화되었다.

19세기의 경제 변화와 그 정치적 의미에 대한 저울질

경제적 측면에서 바라본 18세기 말의 세계는 뒤따른 19세기보다는 차라리 이전 세기의 세계와 비슷했다. 1800년 이전의 세계는 주로 농업경제와 수공업 경제로 구성되어 있었다. 물론 세계 여러 지역은 지역 사이에 이루어진 무역 규모에 따라, 목축업과 농경의 규모나 비중에 따라, 수공업의 경우에는 도시 생산인지 농촌 생산인지에 따라 차이가 있었다. 하지만 이러한 차이에도 불구하고 어느 곳에서나 사람들은 똑같은 한계에 직면해 있었다. 산업화가 되지 않을 경우 기술적으로 더 가능한 것이 무엇일지에 관한 한계였다. 의심할 바 없이 환경적·경제적 조건에 따라 사람들의 생활수준과 삶의 질은 차이가 있었지만, 부유한 사회와 가난한 사회 사이에 간격이 극적으로 벌어지기 시작한 것은 19세기 말 이후에 와서였다. 그때가 되자 도시와 산업 지역에 사는 주민들은 이전에 손에 넣을 수 있었던 것보다 더 풍부하고 저렴하게 상품과 서비스를 즐길 수 있게 되었고, 돈으로 측정하기 어려운 수준의 일상적인 삶에 도달했다.

예를 들어 길가에 가스등이 설치되자 사람들은 전혀 새로운 모습으로 밤을 지낼 수 있게 되었다. 이로부터 수십 년 후에 전등이 사용되기 시작하자 노동과 여가의 시간뿐 아니라 공공장소나 사적 공간의 성격도 바뀌었다. 하지만 이들 변화는 얼마나 가치 있는 일이었을까? 이러한 서비스를 실현하기 위해 낸 비용을 기준으로 평가한다면 이들 변화는 그렇게 높은 가치를 지니는 것이 아니었다. 사실 사람들은 도시의 거리 조명을 위해 한 번도 직접 돈을 내거나 다른 눈에 띄는 방식으로 비용을 내지 않았다. 또한 이러한 변화로 인해 사람들이 받는 임금이나 수당이 인상된 것도 아니었다. 전등의 발명은 발전發電뿐 아니라 전구 발명 같은 기술 발전에 달려 있었다. 그리고 발전은 새로운 동력 기관과 기계에 달려 있었는데, 이 기관과 기계들은 철보다 내구성이 강하고 대량으로 생산될 수 있었던 강철로 만들어졌다. 이런 강철의 대량생산은 1850년대와 1860년대에 베서머Bessemer법[1]이 개발되고 현장에 투입되면서 가능해졌다. 물론 이 모든 제품과 서비스는 비용이나 가격과 연결되어 있었다. 그러나 그것들이 일상적인 삶의 분위기와 구조에 얼마나 변화를 가져다주었는지 그 가치를 측정하는 것은 대단히 어려운 일이다. 통계 수치는 실제 일어난 변화에 관해 아무것도 말해 주지 않기 때문이다.

통계 수치가 실제로 무엇을 측정할 수 있고 무엇은 측정할 수 없는지에 관한 문제와는 별개로, 통계 수치는 제2차 세계대전이 종식된 후에, 그리고 20세기 후반에 전 세계의 경제 상황을 평가하는 데 점점 중요해졌다. 사람들은 수많은 나라를 여러 측면에서 구체적으로 비교할 수 있을 만큼 충분한 통계자료를 보유하고 있었다. 하지만 제2차 세계대전 이전의 시기에 관한 한 구체적인 통계를 포함한 신뢰할 만한 사료가 없는 세계의 여러 지역이 있는 것도 사실이다. 19세기로 거슬러 올라가면 사료의 상황은 더욱 좋지 않다. 통상적으로 경제사가들은 유럽이나 미국의 몇몇 지역에 있는 특정 기업이나 시장에 관한 유용한 통계자료를 수집한다. 이 자료를 기반으로 그들이 생산한 상품들의 시장가치를 고려해 몇몇 국민경제의 전체 규모와 성장률에 관한 믿을 만한 통계를 산출해 낸다. 이렇게 만들어진 통계를 토대로 할 때, 서로 비슷한 형태의 국민경제나 성공을 보인 국민경제들이 어떻게 전개되고 발전했는지 비교할 수 있다. 예를 들어 이런 방식으로 우리는 19세기 후반에 미국 경제가 어느 시점에 세계 최대의 국민경제가 되었는지 분석할 수 있으며, 독일이 어느 시점에 영국의 경제성장을 추월했는지도 알 수 있다. 하지만 유럽과 미국이 아닌 세계 여러 지역의 경제에 관한 유사한 통계를 수집하는 것은 대단히 어렵다. 그런데도 비서구 세계에 속하는 거의 모든 지역의 국민경제는 산

---

[1] 베서머 전로轉爐를 써서 쇠를 제련하는 방법으로, 녹은 선철에서 강철을 저렴한 비용으로 대량생산하는 제강법이다. 현재는 잘 쓰이지 않는다.

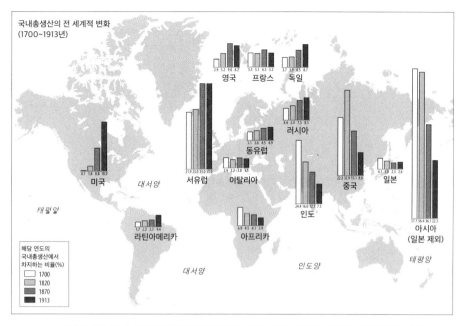

국내총생산의 전 세계적 변화
(1700~1913년)

영국 2.9 5.2 9.0 8.2
프랑스 5.3 5.1 6.5 5.3
독일 3.7 3.9 6.5 8.7
러시아 4.4 5.4 7.5 8.5
동유럽 3.1 3.6 4.5 4.9
미국 0.1 1.8 8.8 18.9
대서양
서유럽 21.9 23.0 33.0 33.0
이탈리아 3.9 3.2 3.8 3.5
중국 22.3 32.9 17.3 8.8
일본 4.1 3.0 2.3 2.6
태평양
인도 24.4 16.0 12.3 7.5
라틴아메리카 1.7 2.2 2.5 4.4
아프리카 6.9 4.5 4.3 2.9
아시아
(일본 제외) 57.7 56.4 36.1 22.3

해당 연도의
국내총생산에서
차지하는 비율(%)
☐ 1700
▨ 1820
▧ 1870
■ 1913

태평양   대서양   인도양   태평양

_____ 국내총생산의 전 세계적 변화(전 세계에서 차지하는 비율), 1700~1913년. 이 도표는 앵거스 매디슨(Angus Maddison)의 통계와 추정에 근거한다. 이 도표는 흐로닝언 성장 개발 센터(Groningen Growth and Development Centre: GGDC)가 시행한 매디슨 프로젝트의 웹사이트에서 열람할 수 있다.(http://ggdc.net/MADDISON/other_books/HS-8_2003.pdfp. 261, table 8b: Share of World GDP, 20 Countries and Regional Totals, 1–2001 ad.)

업 생산과 교역의 분야에서 유럽 세계보다 뚜렷하게 낮은 수준을 보였기 때문에, 이런 사실은 역사가들이 직접투자와 생산, 거래량을 재구성하게 할 수 있을 만큼 뚜렷한 기록으로 남아 있다. 또한 농산물에 관해 평가하려면 산업 생산이나 무역과는 다른 평가 방식이, 특히 경작 면적과 평균 수확량, 거래 가격 등에 관한 복합적인 계산 방식이 필요하다. 따라서 이러한 경제는 우리가 거대한 문제 앞에 서게 한다. 19세기 서구의 경제를 파악하기 위해 보유한 자료들과 직접적으로 비교할 만한 통계자료가 없기 때문이다.

물론 19세기 말에 산업화와 국제무역에 의해 전 지구적인 산업 경제가 등장하게 되었다는 주장을 입증하기 위해 반드시 통계자료가 필요한 것은 아니다. 게다가 세계적인 산업 경제는 많은 사람의 물질적 삶의 질을 개선했지만, 동시에 전 세계 다수 사람의 삶은 그대로 방치했다. 이러한 차이를 만들어 낸 경제적 이유는 간단하다. 포괄적으로 말해 한 개인이 생산할 수 있는 양은 그가 보유한 기계의 양과 질에 달려 있다. 트랙터를 보유하고 있다면 그 농부는 쟁기를 끼운 소나 말을 사용할 때보다 하루에 더 넓은 면적을 개간할 수 있다. 방직공은 수동으로 움직이는 베틀보다 기계화된 베틀에서 시간당 더 많은 직물을 제조할 수 있다. 우리는 중국의 농민과 방직공이 여전히 수작업으로 일하는 동안 미국 농업이 19세기 말에 점차 기계화되었고 영국 직물 회사가 기계화된 베틀인 방직기를 보유했다는 사실을 잘 알고 있다. 따라서 그들의 생산성이 보여 준 근본적인 차이를 측정하는 데 구체적인 숫자가 필요하지는 않다. 물론 오늘날 우리가 관련 분야에 관해 갖고 있는 다양한 통계들처럼 부와 가난을 보여 주는 양적인 지표가 있다면 매우 유익할 것이다. 하지만 그런 통계들은 우리가 아직 알지 못하는 근본적인 차이에 관해, 즉 미국 농부와 영국 방직공이 중국의 농부와 방직공보다 더 생산적이었다는 사실에 관해 과연 무엇을 말해 줄 수 있을까?

관련된 구체적인 수치를 갖고 있지 않지만, 우리는 기계화가 생산성을 높였으며 전반적으로 생산성이 상승하는 비율은 기술 투자의 정도와 밀접한 관련이 있다는 사실을 알고 있다. 하지만 가난한 지역에서는 경제성장을 촉진하기 위해 우선적으로 기술에 투자하는 것이 경제적으로 합리적이라는 주장과 실제로 가난한 지역 주민들의 소득을 증가시키기 위해서는 경제적 기준으로 더 합리적인 방식을 동원해야 한다는 주장 사이에 흥미로운 모순이 있음을 발견한다. 사람들이 낮은 임금을 받는 지역에서는 높은 임금을 받는 지역에서보다 자본을 구하기가 어렵다. 따라서 기업가들에게는 일정 물량을 생산하기 위해 기술 투자를 하지 않고 더 많은 노동과 더 적은 자본을 사용하는 것이 중요하다. 이러한 판단은 저임금을 촉진하고 부유한 사회와 가난한 사회 사이의 격차를 고착화했다. 하지만 19세기 말에 북서유럽과 아메리카 동부 지역 외에 세계의 다른 지역에서는 사업가들이 서양 모델을 따라 할 때조차도 당시의 첨단 기술을 거의 사용하지 않았다. 그리고 그들이 세기 전환기의 방직기처럼 이미 서양에서 오래전부터 사용해 온 기술을 뒤늦게 투입한다고 해도, 노동자들의 수입은 새로운 기술을 사용하는 공장에서 일하는 것보다 더 적었다. 이 사실은 부유한 국가와 가난한 국가의 격차는 각 사회가 산업화를 시작했다고 할지라도 계속 커질 수 있다는 것을 뜻했다. 하지만 공장으로 갈 수 있는 노동인구가 없는 경우는 상황이 더 나빴다. 산업 분야의 노동생산성은 경제적으로 덜 진보된 지역이라고 할지라도 (적어도 기계화된 농업이 확대되기 전에는) 농업 분야의 노동생산성보다는 더 높았기 때문이다. 그러므로 한 사회는 당시의 비교적 관점에서 볼 때 선진사회보다 훨씬 뒷전에 밀려 있다고 할지라도, 그들의 절대적인 생활수준을 향상시킬 수 있었다.

늦어도 스미스가 1776년에 『국부론The Wealth of nations』을 출간한 이래로 경제학자들은 상업이 가진 장점을 강조했다. 상업은 인간이 자기를 전문화해 자기와 자기가 처한 조건에 가장 적합한 상품을 생산할 수 있게 하고, 나아가 그것을 같은 원칙에 따라 다른 사람이 생산한 상품과 교환하게 하기 때문이라는 주장이었다. 이 논리는 산업화가 시작되자마자 특히 강하게 대두했다. 기계화된 산업과 기계화되지 않은 농업 분야 사이의 노동생산성 격차가 수공업 생산과 농업 생산 사이의 격차보다 훨씬 컸기 때문이다. 19세기 후반에 새로운 산업 분야가 발전하면서 비로소 전 지구적인 노동 분업이 이루어졌다. 누군가는 유럽이 세계에서 비교 우위를 차지하게 된 이유로 유럽이 세계 다른 지역을 정복하고 그곳에서 부를 이끌어 냈으며 그 부를 세계의 다른 지역들로부터 그들이 원하는 상품을 구입하는 대금으로 지급하는 것에 있었다는 견해를 제시할지도 모른다. 하지만 근대 초의 세계무역은 그런 단순한 의미에서 나타난 비교 우위를 기반으로 한 것이 아니었다. 유럽이 비교 우위를 차지하게 된 이유를 그렇게 설명한다면 이는 비교 우위라는 개념을 우리 대부분이 경제라고 일컫는 영역을 넘어 널리 확대하는 것이 될 것이다. 물론 18세기 후반과 19세기 후반의 세계무역이 보여 준 모순적인 특징은 19세기 말의 산업자본주의에서 이루어진 세계적인 노동 분업이 사실상 노동의 분업을 가져다주었다고 할지라도, 해양 상업자본주의가 스미스식의 자유로운 시장 교환 원칙을 기반으로 한 것이 아니라는 사실을 환기시킨다. 이런 모순은 자본주의가 19세기의 산업화나 국제무역과 어떤 관계에 있는지에 관해 과연 무엇을 말해 주고 있나?

자본주의: 경제적 변화의 창조자인가, 그 결과물인가?

20세기 초의 시점에서 바라볼 때 산업자본주의와 금융자본주의의 체제는 세계경제를 좌우했다. 이 체제의 위력은 매우 인상적이어서 수년간 많은 사람은 바로 이 체제가 부와 빈곤을 만들어 낸 책임이 있다고 주장하는 반면에, 어떤 사람들은 빈곤은 자본주의의 성공을 모방하는 데 실패했기 때문이라는 견해를 고집하고 있다. 많은 학자는 근대 초에 산업자본주의에 앞서 전개되어 산업자본주의의 전신이 된 경제체제가 있다는 테제를 제기한다. 그중 일부가 앞에서도 언급되었는데, 특히 상업자본주의가 이에 해당하며 동인도회사가 그 좋은 사례였다. 해양 상업자본주의의 몰락은 유럽의 경제조직이 갖고 있던 특이하고 중요한 특징의 소멸을 의미했다. 그렇다고 이것이 반드시 유럽의 즉각적인 정치적 몰락을 가져오지는 않았다. 특히 영국 동인도회사는 개인 사업자들의 경제적 팽창에도 불구하고 살아남아 독자적인 군대와 행정조직을 갖춘 채 인도아대륙에서 점점 더 중요한 정치적 활동을 펼쳤다. 동인도회사의 활동은 인도에서 1857년의 봉기가 일어난 지 1년 후인 1858년에 영국 왕실이 인도를 직접 통치하고자 나섬으로써 비로소 대체되었다. 이와 대조적으로 영국 동인도회사의 주요 경쟁자였던 네덜란드 동인도회사는 18세기 말에 거대한 부채와 심각한 부패 때문에 어려움을 겪었다. 네덜란드 동인도회사는 결국 1800년에 공식적으로 문을 닫았으며, 19세기에 인도네시아 군도 도처에서 활동 영역을 확대하던 네덜란드 정부가 이를 대체했다. 이 두 사례 모두를 통해 우리는 동인도회사 체제에서 공식적인 식민 정부 체제로의 정치적 전환을 본다.[17]

해양 상업자본주의가 가져다준 경제적 측면을 관찰할 때, 영국은 사실상 산업혁명의 산실이 되었던 반면에 네덜란드에서는 상업자본주의로 인한 고임금 경제가 새로운 산업 기술을 도입하는 데 오히려 장애가 되었다. 해양 상업자본주의는 두 나라에 같은 방식으로 긍정적인 유산을 남기지는 않은 것이다. 따라서 두 나라가 산업화로 나아간 상이한 궤적을 고려할 때, 산업자본주의가 상업자본주의에서 발전되었다는 테제는 적어도 불완전하다고 할 수 있다. 그들의 차이는 단지 근대 초 유럽에서 발견되는 두 개의 중요한 성공 사례

사이에 나타난 차이가 아니다. 아마도 상업자본주의는 산업화의 필요조건이 었을지도 모르지만 충분조건은 아니었던 것이다. 영국의 경제 제도가 새로운 기업의 성장과 면직물 생산, 증기기관 개발에 유리한 조건을 창출했다는 것에는 의심의 여지가 없다. 하지만 이들 기업은 영국에서 일어난 산업자본주의를 구성하는 중요한 요소일지는 모르지만, 상업자본주의가 낳은 후예도 아니었고 산업자본주의를 이끌어 낸 직접적인 선도자도 아니었다. 즉 산업혁명의 첫 단계를 이끈 것은 몇몇 기업으로 이루어진 집단이 아니었다. 오히려 이와 정반대로 산업혁명이 확산될 수 있게 한 것은 시장이 확대되자 수익을 창출하기 위해 적극적으로 움직인 소규모 회사들이 점점 증가해 이들이 결과적으로 상업자본주의뿐 아니라 산업자본주의를 형성했다는 사실이다.

몇몇 대기업이 산업 경제를 장악하는 현상은 산업화가 미국과 유럽 국가들의 국민경제 발전에 동력이 되기 시작한 19세기 말에야 비로소 일부 산업 영역에서 일어났다. 유럽뿐 아니라 미국에서도 시장에 힘을 행사하려고 하는 거대 기업들이 등장했다. 그러나 유럽과 미국에서는 국가가 대기업이라는 새로운 조직 형태에 대해 서로 다른 정책을 선택했고, 대기업과 관련된 정책은 자주 변했다. 특히 미국 정부는 특정한 소수에 의해 통제되지 않는 시장의 원칙에 따른다고 선언했지만, 적어도 현실에서는 대기업들을 이미 적극적으로 지원하지는 않아도 그들의 성공은 인정했다. 19세기 말에 일부 기업의 규모가 상대적으로 커지는 것과 동시에 구조적으로 발전하고 팽창하는 산업 경제에서 중요한 비중을 차지하는 기업의 수가 점차 감소했다고 해서 그것이 19세기 내내 소기업들이 산업 경제에서 중요한 자리를 유지하지 못했다는 것을 뜻하지는 않는다. 하지만 우리가 근대 초 유럽의 상업자본주의 시대를 근대의 산업자본주의와 연결 지으려면 19세기 말과 20세기 초의 개별 생산품 시장을 통제할 수 있는 소수 생산자가 등장하기 이전에 수많은 중소기업을 탄생시켰던 산업화 과정을 좀 더 면밀히 살펴보아야 한다.

우리의 시야를 세계로 넓혀 산업이 어떤 방식으로 국민경제와 사회에 영향을 미쳤는지 혹은 미치지 않았는지를 살펴본다면, 우리는 산업화를 촉진하면서 각 정부가 보인 행동이 서로 차이를 나타낸 사실을 깨닫게 될 것이다. 어떤 정부는 산업화를 촉진하기 위한 '아무런 노력도 하지 않기로' 결정했으며, 어떤 정부는 산업화를 촉진하기 위해 노력했지만 그들이 목표했던 결과를 얻지 못했다. 산업자본가들은 자기들이 원자재를 구입하고 노동력을 들여오는 시장이 원활하게 작동하도록 보장해 주는 정치 전략을 옹호했다. 또한 점차 세계시장에 연결되면서 정부가 각 지역의 화폐가 안정을 유지하도록 보장해 줄 것을 요구했다. 미래 사업을 위해 필요한 비용과 그 사업에서 발생할 수익을 정확하게 예측하기 위해서였다. 그들의 요구는 그동안 기업에서 거대한 투자 지분을 보유하고 자본 증식을 원하는 기업의 주식 발행을 조절했던 은행과 금융가들의 요구 사항이기도 했다. 19세기 말에 이런 식으로 산업자본주의 옆에 금융자본주의가 등장했다.

　금융자본주의가 동원한 신용 수단과 화폐 조절 수단 가운데 일부는 이미 근대 초에 등장했다. 그 발전에 연루된 것이 동인도회사였다. 근대 초에 설립된 유럽의 몇몇 은행은 오늘날에도 여전히 활동하면서 유럽 왕실의 재산을 관리하고 있다. 물론 유럽의 왕실과 부가 아직도 여전히 존재한다는 사실이 오늘날에도 300년 전에 그들의 조상이 했던 것처럼 정치적·경제적으로 중요한 역할을 한다는 것을 의미하지는 않는다. 이와 마찬가지로 상업자본주의 시대에 중요한 역할을 했던 금융 자본가들이 오늘날에도 중요한 지위를 차지하고 있다고 보아서도 안 될 것이다. 그들은 19세기 말에 탄생해 20세기의 자본주의 제도를 만들어 낸 산업자본주의와 더불어 발전한 금융자본주의의 세계에 여전히 존재한다. 이 글에서 다루려는 것이 바로 이 자본주의 체제와 그것이 19세기에 미친 세계적 영향이다. 그러나 자본주의는 그것이 갖는 근본적인 중요성에도 불구하고 19세기 지구상의 대다수 인간의 삶을 개선하는 데 실패했다. 물론 오직 이 자본주의 체제가 인간의 빈곤에 전적인 책임이 있다는 주장은 지나친 견해이며, 오늘날 자본주의에 관한 우리의 평가는 아마 이와 다를 것이다. 분명히 자본주의 체제는 지난 몇 세기 동안 예기치 않은 방식으로 급격히 변화했으며, 국가 기금이나 중국의 국영기업 같은 중요한 주체들이 시장에 새로 등장하기도 했다. 이것은 우리가 지금 다루는 변화의 서사로서 전 지구적 자본주의의 지속적 발전에서 완전히 새로운 현상이다. 우리 이야기의 흐름은 중상주의적 상업자본주의의 몰락에서 제1차 세계대전 전야에 이르는 시기에, 그리고 산업적 변화가 시작되어 그것이 유럽과 세계 다른 지역에 영향을 미치기 시작하는 시기에서 20세기의 정치와 경제의 토대가 된 산업자본주의와 금융자본주의가 확립될 때까지의 장기 19세기에 초점을 맞추고 있다.

2   19세기 산업화: 세계사에서 유럽의 세기를 만든 토대

21세기 초에는 세계사를 쓰는 것이 매우 민감한 일이어서 세계사가 지구 상에 사는 인간의 삶에 어떤 영향을 미쳤는지 서술하면서 조금이라도 유럽 중심주의적 냄새가 나면 심지어 알레르기 반응을 보이기까지 했다. 이 글 역시 유럽인과 유럽 국가, 유럽에서 진행된 과정에 특권을 부여하지 않으려고 노력하지만, 19세기가 유럽이 전 세계에 최대의 영향력을 미친 시대라는 것은 인정한다. 만약 유럽이 세계를 경제적·정치적으로 지배한 시기가 있다면 바로 19세기였다. 따라서 이 글에서 필자는 세계 여러 지역에서 경제가 어떻게 전 개되었는지 서로 비교하고, 지역 간 다양성을 강조하며, 이들 지역이 서로 어 떤 관계를 맺어 갔는지 확인하고자 한다. 이는 전 세계 사람들이 각각 생산과 교환, 소비를 조직하는 서로 다른 방식들을 분류하기 위해서다. 이런 방식으로 우리는 세계 여러 지역에서 실제로 진행된 경제적 변화의 차이를 좀 더 면밀하게 파악할 수 있을 것이다. 이는 세계 여러 지역에서 나타난 서로 다른 결과를 보여 주기 위해서뿐 아니라, 다른 방식으로도 유사한 결과를 초래했던 사례를 보여 주기 위해서이기도 하다. 예를 들어 우리는 동아시아와 유럽이 서로 다른 농업 체제에도 불구하고 유사한 산업혁명을 겪었다는 것을 이미 보았다. 이 과정에서 사람들을 별개의 일자리로 옮기기 위해 노동시장에 대한 다양한 의존도와 함께 기계 전문회외 다양회의 뚜렷한 패턴이 장려되었다.

장기 19세기 동안에, 즉 프랑스 혁명의 시대에서 제1차 세계대전 전야에 이르는 동안에 일어난 산업화 과정을 살펴보려면 유럽에서 시작하는 것이 가장 좋을 것이다. 산업화가 그곳에서 시작되었으며, 나아가 유럽은 산업화를 통해 사회적·정치적으로 가장 광범위하고 가장 깊은 변화를 겪은 세계의 두 지역 가운데 하나이기 때문이다. 또한 산업화의 경제적 과정이 시작된 곳이 유럽일 뿐 아니라 19세기 말까지 아프리카와 아시아의 대부분을 정복해 다양한 형태의 식민지나 보호령으로 만들었던 것도 유럽의 정치권력과 군사력이었기 때문이다. 유럽인의 아메리카 대륙 이주는, 그리고 이와 연결된 기독교의 전 세계 확산은 이미 19세기 이전에 시작된 과정을 계승한 것이지만, 19세기 이후에 초래한 영향은 이전보다 훨씬 강력했다. 그러므로 20세기가 아메리카의 시대이고 21세기가 아시아의 시대라면, 19세기는 유럽의 시대로 보아야 할 것이다.

19세기의 산업화는 두 세기 전에는 상상하기 어려웠을 경제적 가능성의 세계를 만들었다. 각 개인의 생활수준을 크게 향상시킨 높은 경제성장률은 19세기의 약속이었으며, 그것은 20세기에도 오랫동안 근대가 가져다준 지속적인 업적으로 여겨진다. 오늘날 우리는 컴퓨터에 기반을 둔 기술에 의해 끊임없이 변화하는 세계에 살고 있다. 이 기술은 늘 새로운 방식으로 적용되면서, 앞으로도 더 커다란 혁신과 더 높은 생산성을 초래해 이전 세기에는 볼 수 없었던 새로운 상품과 서비스를 가져다줄 것이라는 기대감을 높여 준다. 하지만 이와 동시에 인간의 행위가 환경을 심각하게 훼손하고 있다는 의식이 증가하면서 기술 발전이 경제성장을 가져다준다는 19세기식 공식은 오늘날 그렇게 확실해 보이지 않는다. 두 세기 동안 산업화를 겪은 이후의 시대를 살고 있는 우리는 이제는 미래에도 경제가 성장할 수 있을지에 관해 불안함을 갖고 있다. 그동안 일부 사회가 탈산업화되었지만, 우리는 산업사회를 특징지었던 화석 에너지에 대한 만성적 의존 상태에서 여전히 벗어나지 못하고 있다. 19세기 초기에는 석탄으로, 그리고 점차 석유와 천연가스로 추진되는 기계가 등장했으며, 20세기 말의 경제 발전 수준도 매일의 소비 욕구와 인간의 욕망을 채워 주는 데 사용될 에너지의 양에 달려 있었다.

공장 기반의 산업 생산이 처음 시작된 곳은 영국이었으며, 방적기와 직조기가 가장 뚜렷한 사례였다. 이전 세대의 역사가들은 직물 산업을 이른바 제2차 산업혁명과는 다른, 엄밀한 의미에서 산업혁명의 사례라고 간주했다. 제2차 산업혁명의 중심에는 19세기 중반의 기술적 변화와 노동조직의 변화가 자리 잡고 있었으며, 구체적으로 새로운 제철 기술, 전기를 사용하는 새로운 방식, 거대하고 복잡해진 기업 형태가 등장했는데, 이들 가운데 일부는 대량생산과 새로운 판매 네트워크를 활용했다. 면직물은 공장에 설치된 기계와 임금노동을 통해 생산된 최초의 상품이었으며, 영국이 19세기 내내 전 세계의 시장에서 가장 성공적으로 판매한 상품이 되었다. 물론 공장제 직물 생산은 수십 년 동안 주로 수력에 의존하면서 확산되었으며, 석탄을 사용하는 증기기관으로 넘어가는 과정은 매우 느렸다. 이러한 기계들과 많은 다른 기계는 본래의 공장제 직물 생산에 뒤따라 주철 기술이 발전하면서 비로소 작업 현장에 투입될 수 있었다. 이처럼 기계화된 직물 생산이 그 상징이었던 제1차 산업혁명은 기계와 노동의 생산성을 향상시키기 위한 지속적인 혁신과 개선에 의존하고 있었다.

에너지원으로 석탄을 사용하면서 양질의 철과 강철을 대량으로 생산할 수 있게 되었다. 이들이 없었다면 교량이나 선박, 기차는 거의 보기 어려웠을 것이다. 19세기가 지나면서 유럽 도처에 산업 생산의 중심지가 형성되어 20세기 초에는 영국에서 모스크바와 상트페테르부르크까지 이르는 유럽의 풍경이 굴뚝에서 검은 연기를 뿜어내는 공장들로 뒤덮였다. 산업화는 유럽의 국민경제와 사회뿐 아니라 자국 백성이나 타국과의 관계에서 국가가 수행하는 역할도 변화시켰다. 하지만 유럽 외에 세계의 많은 지역은 생활수준이나 생활 습관과 관련해 이전과 다른 그 어떤 뚜렷한 변화도 겪지 않았다. 20세기 초까지 수백 만 주민이 있는 거대한 지역으로서 유럽을 뒤따른 곳은 미국뿐이었다. 유럽과 마찬가지로 그곳에서도 산업화는 경제와 사회를 전반적으로 바꾸어 놓는 변화 과정을 초래했으며, 주민 대부분의 일상적인 삶을 바꾸어 놓았다.

1800년에 살았던 그 누구도 산업화가 1900년에 유럽과 미국에 어떤 영향을 미칠지 상상할 수 없었다. 하지만 20세기를 살았던 관찰자에게는 19세기를 돌아보며 실질적인 변화가 어떤 순서로 전개되었는지를 확인하는 것이 그리 어렵지 않았다. 그리고 그러한 확인을 기반으로 해서 훗날 서구의 국민경제를 뒷받침했던 산업적 토대가 없던 세계 여러 지역에서는 어떻게 경제 발전이 추진되었는지를 설명하는 여러 이론이 제기되었다. 어떤 관찰자들은 19세기에 서구 열강이 산업화를 추진하면서 세계 다른 지역에서 생산되는 곡물과 천연자원에 대한 수요가 증가했다고, 그리고 이런 방식으로 세계적인 노동 분업이 진행된 결과 비서구 지역들은 세계경제 내에서 종속적인 지위로 전락했다고 주장한다. 그들은 비서구 지역의 경제적 열세가 공식적인 식민주의나 보호령(내정에서는 자주적이지만 서구의 외교적·군사적 보호를 받는 지역)을 통해 서양 국가들에 정치적으로 종속되면서 더욱 악화되었다고 주장한다. 이와 반대로 시장의 합리성을 옹호하는 사람들은 농산물이나 원자재 수출이 비산업국가가 국제무역을 통해 수익을 올릴 수 있는 최선의 길이었다고, 나중에 이루어진 산업화를 위해 자본을 축적할 수 있는 원천이 될 수 있었다고 주장한다. 이런 상황에서 19세기 유럽의 산업화가 어떻게 전개되었는지를 면밀하게 살펴보는 것은 산업화가 유럽에 어떤 영향을 미쳤는지를 이해하기 위해서만 중요한 것이 아니다. 산업화의 규모와 확대는 특히 19세기 후반의 경우에 철도나 증기선을 통해 시장 관계가 엄청나게 확산되었다는 사실과 밀접한 관련이 있었다. 국내시장의 통합뿐 아니라 국가 간 시장의 결합도 증가했기 때문이다. 전 지구적 차원에서 진행된 상품과 인간, 자본의 흐름은 당시까지 유례없는 수준에 도달했다.

이 글의 2장에서 우리는 유럽의 산업화가, 특히 경제적 변화와 정치적 변화의 밀접한 관계 그리고 이 변화가 유럽 사회에 미친 영향을 살펴보고자 한다. 3장에서는 아메리카 대륙에서 진행된 산업화에, 4장에서는 아메리카와 유럽을 서로 연결하는 '대서양 경제'의 형성에, 그리고 대서양 경제와 세계 다른 지역들과의 관계에 초점을 맞출 것이다. 먼저 산업화가 왜 바로 영국에서 시작했는지를 설명하고자 할 때, 당시에 영국이 갖고 있던 경제적·사회적 기본 조건을, 그리고 영국과 아시아의 국제무역을 살펴보아야 한다. 유럽 국가들은 사회적 특징이 서로 비슷하고 상호 간에 경제 관계를 유지해 왔기 때문에 산업 생산이 유럽 대륙으로 확산된 것은 그리 놀라운 일로 보이지 않는다.

또한 정부 정책이 유럽 국가들에서 산업화를 채택하도록 촉진하고 영향을 주며 조정하고 유도했다는 사실을 상상하는 데 그리 커다란 환상이 필요하지도 않다. 이 유럽 국가들은 이전에 이미 중상주의 경제를 내세우면서 경제적으로 치열하게 서로 경쟁해 왔기 때문이다. 산업화를 통해 가능해진 새로운 상품과 서비스는 개인별·가족별 소비재의 범주를 크게 확대했으며, 도시의 풍경과 일상적인 삶의 틀을 바꾸어 놓았다.

산업화가 어떻게 시작되었는지는 다양한 방식으로 설명되어 왔다. 20세기의 초반과 중반을 살았던 관찰자의 시선에서 볼 때 18세기 말에 공장제 직물 생산이 시작된 것은 '혁명'이었다.[18] 물론 훗날의 경제학자들은 당시에 시작된 산업화로 인한 경제성장률은 그저 천천히 상승했다는 것을 밝혔고, 그에 따라 역사가들은 경제가 하루아침에 근본적으로 변한 것은 아니라는 사실을 깨달았다. 이 사실을 토대로 어떤 역사가들은 경제적 변화의 진행 순서를 볼 때 유럽이 세계의 다른 지역들과 차이를 보인 것은 사실이지만, 산업화 자체는 16세기로 거슬러 올라가는 여러 경제적 발전의 하나에 지나지 않는다는 주장을 제기했다. 반면에 앞서 살펴보았듯이 근대 초의 경제학 연구들은 적어도 경제적 변화를 초래한 일부 동력에 관한 한 유럽과 비유럽 세계 사이에 훨씬 유사점이 많다고 주장한다.[19] 이 주장들을 검증하려면 우리는 세계의 다양한 지역들이 가지고 있던 경제적 잠재력에서 결정적인 차이가 무엇인지 한층 더 면밀하게 살펴보지 않을 수 없다. 필자는 중상주의적 상업자본주의가 특히 유럽적 현상이기는 하지만, 이것이 즉각적이고 직접적으로 산업자본주의를 초래하지는 않았다고 이미 지적한 바 있다. 하지만 그렇다고 해서 상업자본주의가 유럽에서 산업혁명이 먼저 일어날 가능성을 매우 높이지 않은 것도 아니라는 입장이다. 경제적 산출을 보여 주는 양적 지표들은 산업화가 시작되면서 다만 천천히 성장했다. 그러나 19세기 전체를 한 단위로 파악할 때, 우리의 목표는 장기적인 결과를 추적하는 것이지, 즉각적이고 단기적인 영향을 살펴보려는 것이 아니다.

산업화가 시작되는 과정을 좀 더 세계적인 관점에서 바라보면, 옛 생산방식에서 공장제 산업이 자연스럽게 성장하는 모습이 새롭게 조명된다. 특히 각각 다른 방식으로 발전된 다양한 지역의 상업 경제는 모든 지역이 유럽에서 처럼 특이한 순서로 진행되고 변화되지 않았다는 사실을 고려할 때 더욱 그렇다. 여기서 유럽의 경제사가들이 산업화의 시작이 미친 혁명적 영향에 관해 토론할 때 그 핵심 쟁점은 단기적인 결과와 장기적인 결과를 어떻게 평가할 수 있는지다. 따라서 세계사라는 프레임 안에서 볼 때, 직물 생산 분야의 산업화가 보여 준 특수성은 세계적 관점과 지역적 관점이라는 두 가지 관점에서 자리매김할 필요가 있다. 전자는 혁신이 왜 이 분야에서 계속 진행되었는지를 설명하는 데 도움을 준다. 반면에 후자는 잉글랜드 내부에서, 그리고 나아가 전반적으로 유럽의 일부 지역에서 직물 산업이 아닌 분야까지 변화가 일어나도록 촉진한 더욱 일반적인 조건들이 무엇인지를 제시해 준다. 산업혁명이 왜 직물 분야에서 시작되었는지 설명해 주는 경제적 논리에는 유럽과 아시아 사이의 무역, 특히 영국과 인도 사이의 국제무역과 관련된 의문도 포함된다. 유럽인들이 어떻게, 그리고 왜 다량의 석탄을 에너지원으로 사용하고 증기기관을 개발할 수 있게 한 다양한 기술혁신을 이룩했는지 그 전반적인 맥락을 파악하려면 우리는 생산수단을 개발하고 그것을 현장에 적용하는 유럽인들의 능력을 더욱 세밀하게 살펴보아야 한다. 여기서 기술은 직물 외에 산업 생산의 새로운 형태와 차원, 입지에 결정적인 의미를 지니는 것이었다.

19세기 유럽에서 일어난 산업화를 관찰할 때 먼저 두 개의 커다란 질문이 제기된다. 첫 번째 질문은 산업화가 왜 유럽에서, 구체적으로 영국의 직물 분야에서 시작했는지다. 그리고 두 번째 질문은 산업화가 왜 19세기가 지나면서 유럽 전역에 확산되었는지다.

산업화의 발전과 확산, 유럽 교역의 팽창

영국의 산업혁명을 연구하는 역사가들은 다양한 사회적·정치적 상황 속에서 공장제 생산이 출현했다고 파악한다. 노벨상 수상자인 더글러스 노스 Douglas North가 이끄는 새로운 제도 경제학은 지난 수년간 제3자를 통해 계약을 공식적으로 관철하는 방식이 교환 비용을 줄임으로써 이전에는 불가능했던 저렴한 비용의 대량생산과 무역을 가능하게 만든 결정적인 수단이었다고 지적했다.[20] 패트릭 칼 오브라이언Patrick K. O'brien이 이끈 다른 학자 그룹은 유용하고 신뢰할 만한 지식의 발전을 강조했다. 오브라이언과 그의 동료들은 당시의 유럽인들은 만들어 내고 있었지만 세계의 다른 지역에서는 그렇지 못했던 유용하고 신뢰할 만한 지식들이 수행한 역할을 강조한 것이다. 이 주장에 따르면 특히 영국인들은 경제적으로 쓸모 있는 지식을 유익한 방향으로 축적해 경제적 이익을 창출하는 데 사용했다.[21] 새로운 형태의 유용한 지식이 왜 다른 유럽 국가가 아닌 영국에서 등장했는지 밝히고 싶다면, 우리는 영국과 마찬가지로 유용한 지식의 네트워크에 참가했던 다른 유럽 국가들이 처한 조건과 영국이 처한 조건이 어떻게 다른지 비교해야 한다.

1장에서 살펴보았듯이 잉글랜드인들은 네덜란드인의 모델을 따라 해양 상업자본주의를 개척했으며, 이 해양 상업자본주의를 통해 두 나라의 도시에는 부가 새롭게 집중될 수 있었다. 두 나라는 해양 상업 제국을 만들었다는 사실 외에도 엘리트 집단을 위한 정치적 대의제도와 대도시, 생산성 있는 농업 같은 여러 공통점을 갖고 있었다. 노동자들은 높은 실질임금을 받았는데, 이는 일정 부분 해상무역과 생산성이 높은 농업에 의해 가능했다. 이러한 상황은 소수에게 부를 가져다주고 부자들이 새로운 상품을 소비할 수 있도록 촉진해 준 것만이 아니었다. 이는 어떻게 두 나라의 아주 평범한 사람들도 특히 무역 중심지에서 다양한 상품을 접하고 높은 임금을 받으며 다른 유럽 국가의 사람들보다 많은 것을 구매할 수 있었는지를 설명해 줄 수도 있다. 그런데 여기서 네덜란드 경제사가 얀 라위턴 판잔던Jan Luiten van Zanden은 이 높은 임금 때문에 네덜란드에서 산업 생산이 뒤늦게 시작되었다고 주장하기도 한다. "해안 지대의 높은 임금처럼 산업화에 장애가 된 요인들은 17세기에 대두했던 사회경제구조와 깊은 관련이 있다. 즉 19세기의 느린 산업화는 궁극적으로 17세기의 상업자본주의 구조에서 산업자본주의로 넘어가는 것이 어려웠다는 사실과 관련이 있는 것이다. 그 이유는 당시의 노동시장과 상품 시장, 국가 기구가 이러한 이행에 제도적으로 장애가 되었기 때문이다."[22] 판잔던은 네덜란드에서 상업 주도 경제가 산업 생산으로 넘어가는 이행 과정이 순탄하게 진행되지 않았으며, 그 이유는 높은 임금 때문에 다른 유럽 국가들보다 생산 비용이 높았기 때문이라고 본다. 사실 20세기 말에 유럽의 기업들이 임금 수준이 낮은 동유럽으로 이전한 것을 보면 기업가들이 자기들의 회사를 임금 비용이 낮은 지역으로 이전하는 사례는 매우 빈번하다는 사실을 알 수 있다. 하지만 이러한 사실은 왜 영국에서는 같은 특성이, 즉 고임금이 산업화가 발전하는 토대가 되었는지를 설명해 주지 않는다. 만약 고임금이 산업화를 지체하게 만든 원인일 수 있다면, 영국이 산업화의 선두 주자가 된 원인은 어떻게 설명할 수 있을까?

사실 동일한 기술을 사용하지만 임금이 낮은 경제와 비교할 때 고임금은 국민경제에 불리한 영향을 준다. 하지만 경쟁 상황에서 서로 다른 기술이 투입된다면 임금의 차이가 반드시 장애가 되지 않을 수도 있다. 오히려 고임금은 어떻게 하면 노동생산성을 높여서라도, 즉 다른 기술을 사용해서라도 동일하거나 유사한 상품을 생산하는 저임금노동보다 경쟁력 있게 만들 수 있을지 고민하게 하는 경제적 촉진제가 될 수도 있다. 18세기 말에 영국의 직물산업은 수공업 방식으로 생산되는 고품질의 인도산 수입 직물과 경쟁해야 하는 상황에 처해 있었다. 이러한 상황의 압박에 직면한 영국 정부는 처음에는 수입 상품에 관세를 부과해 최종 소비자가격을 높여야 한다고 확신했다. 하지만 관세 부과에도 불구하고 영국산 상품은 영국의 높은 임금 때문에 아직도 여전히 시장 경쟁력을 갖지 못했다. 경쟁력을 갖추게 된 것은 일련의 기술혁신이 이루어지면서였다. 직물 생산을 기계화하면서 영국의 노동력은 인도의 노동력보다 생산성이 향상되었고, 그 결과 두 나라의 임금 차이가 있다고 해도 그것이 더는 인도의 저렴한 노동력이 유리하다는 것을 뜻하지 않게 된 것이다. 그리고 새로운 기술을 통해 노동을 대체하기 위해서는 자본이 필요했지만, 영국은 이를 성공적으로 달성했다. 물론 이 과정은 그렇게 단순하게 진행되지 않았다. 19세기에 미국 남부 지방에 투입된 아프리카인 노예노동에 의해 생산된 저렴한 원면이 영국에 대량으로 공급될 수 있었다는 사실도 이러한 성공과 관련이 있었기 때문이다. 따라서 노동의 생산성을 향상시킨 기술혁신이 가장 중요한 요인이기는 했지만, 이를 포함한 여러 요인 덕분에 영국은 직물 생산을 전 세계에서 최초로 기계화된 분야로 만들었다. 인도산 수입

직물을 대체하려는 자극제 없이 직물 산업 분야에서 기술혁신이 발생했을지는 절대 확실하지 않음.[23] 이처럼 산업화에서 직물 산업이 핵심에 서게 된 것은 영국의 초기 국제무역의 패턴, 그리고 수입품의 구성을 바꾸려는 의욕과 밀접하게 연관되어 있었다.

제2차 세계대전 이후의 개발도상국들을 연구한 경제학자들은 그들이 추구한 두 가지 대조적인 전략이 있었다는 사실을 발견했다. 한편에는 국제무역을 추진하는 개방적인 국민경제가, 다른 한편에는 자국의 산업화를 뒷받침하기 위한 보호관세정책이 있었다. 산업화를 추진한 후자는 흔히 수입 대체 정책으로 불린다. 이 정책은 영국의 산업혁명에서 그리 빈번하게 채택되지는 않았지만, 인도에서 수입되는 직물을 자국에서 생산되는 소재로 대체하려고 한 기업가들의 노력은 기본적으로 같은 목표를 추구했다. 수입 대체 정책을 추구하는 최근 개발도상국들의 사례에 대해 일부 경제학자는 비판적인 입장을 제기한다. 그것이 자유무역의 원칙을 의도적으로 훼손한다는 것이다. 하지만 영국이 당시에 취했던 직물 산업 육성 방안이 자유무역 원칙을 훼손했다고 비판하는 주장은 지금까지 나오지 않았다. 물론 이 경우에 영국은 기술 개발을 통해 인도의 저렴한 노동이 가진 장점을 능가할 수 있었기 때문에 단지 시장경제적인 논리로만 비판하는 것은 부적절해 보인다. 제2차 세계대전 이후에 그 누구도 개발도상국들이 서양 선진국의 생산자들에게 맞서 경쟁력을 갖게 될 것으로 기대하지 않았다. 하지만 바로 한국과 일본의 기업들이 그런 경쟁력을 달성했다. 중요한 몇 가지만 언급하면 자동차와 철강, 조선, 가전제품의 분야에서다. 19세기에는 영국 외에 다른 유럽의 국가기업들이 영국산 직물을 대체하기 위한 수입 대체 전략을 채택했다. 이것이 유럽에서 산업화가 확대되도록 만든 촉진제였다. 수입 대체 전략은 각각 주어진 조건에 따라 성과에서 차이를 보였다. 여기서 주목을 끄는 것은 영국의 직물 산업에서 일어난 산업혁명 사례를 포함해서, 당시에 산업화를 추진한 일부 국가들은 자국산 생산품 수출을 위한 해외시장을 개척할 수 있는 국가들이었다는 사실이다.

인도산 수입 직물을 국내 제품으로 대체하려는 영국의 희망은 영국에서 노동생산성을 높이기 위해 기술을 개발하게 하는 경제적인 자극제가 되었다.

그리고 영국은 이러한 변화, 즉 기술 개발을 통해 직물 분야에서 인도산 제품과 더욱 효과적으로 경쟁할 수 있게 되었다. 하지만 이런 특별한 종류의 수입대체 그 자체가 산업혁명은 아니었다. 혁명적인 측면은 화석 에너지를 에너지원으로 사용하기 시작하면서 비로소 등장했다. 석탄을 태워 발생하는 증기를 사용할 수 있게 하는 적절한 기술이 없었다면, 공장 생산은 강이나 호수에 인접한 지역에서만 가능했을 것이다. 방직기를 움직이려면 수력으로 작동되는 물레방아가 필요했기 때문이다. 즉 산업혁명에서 결정적으로 중요한 부분은 방직 기술이라기보다는 새로운 생산방식과 새로운 운송 방식에 광범위하게 사용된 증기 에너지였다. 면직물 자체는 산업혁명을 일으키기 위해 반드시 필요한 것이 아니었다. 면직물 생산과 관련된 중요한 발명은 없었어도 증기기관이 철강 생산을 개선하고 선박과 철도에 사용되자마자 곧바로 산업혁명이 일어나는 세계를 상상할 수 있기 때문이다. 그러므로 우리는 영국이 직물 생산을 최초의 산업 생산으로 발전시키기 위해 필요했던 경제적 조건이 무엇인지, 그리고 왜 세계의 다른 지역이 아닌 유럽에서 산업혁명이 시작되었는지에 관한 문제는 별개라는 사실을 인식해야 한다.

근대 초 세계무역이라는 맥락이 영국이 직물을 생산하기 위한 새로운 기술을 개발하도록 커다란 영향을 미쳤다는 사실을 인정하고, 유럽이 왜 새로운 기술을 개발할 수 있었는지에 관심을 집중한다면, 우리는 기술적인 도약의 원인을 설명해 주는 여러 요인이 있음을 깨닫게 된다. 여기서 기술적인 도약은 기계 작동을 위한 에너지원으로 증기를 사용할 수 있게 하기 위해 필요한 것이었다. 그 여러 원인 가운데 핵심은 근본적인 학문적 문제를 해결하고 전문적인 기술적 문제를 해결하기 위해 시간과 에너지, 능력을 투자했던 유럽인들이다. 세계적 관점에서 볼 때 근대 과학의 지적 토대 일부는 근대 초 유럽에서만 발견되었으며, 유럽은 과학과 기술 발전을 지원해 준 정치제도와 사회제도들을 보유하고 있었다. 그것들은 세계의 다른 지역에서는 발견할 수 없는 것이다.[24] 물론 과학적인 발명과 기술적 성과가 오직 유럽에서만 일어날 수 있었다는 것을 입증하기는 매우 어렵다. 유럽이 보유하고 있던 조건들은 그러한 변화를 설명하기에 충분했지만, 과연 어떤 측면에서 봤을 때 그런 조건들이 필수적이었을까? 과학과 기술의 발전이 성공적이었던 두 번째 사례가 없다면, 우리는 그런 조건들이 필요했다는 사실을 확실하게 주장할 수 없을 것이다. 하지만 유럽이 존재하지 않는 상상 속의 어떤 우주를 생각해 본다면, 그런 우주 속 어딘가에서는 실제 유럽에서 일어난 것과 유사한 발전은 결코 일어날 수 없었을까? 물론 이 질문에 최종적으로 대답하는 것은 불가능하다.

　우리가 경제적으로 유용한 새로운 기술을 개발하게 한 조건 가운데 공급 측면으로부터 수요 측면으로 넘어가 영국뿐 아니라 네덜란드도 시야에 넣는다면, 석탄 사용에서 돌파구를 발견하게 한 기술적 변화가 일어날 가능성이 세계 다른 지역에서보다 유럽의 이 지역들에서 더 컸다는 사실을 깨닫게 된다. 이 지역의 고임금은 노동에 드는 비용이 자본과의 관계에서 다른 지역보다 비쌌다는 것을 의미한다. 그런 현상은 특히 영국이나 네덜란드 같은 상업자본주의에서 발견되는데, 이는 두 나라가 다른 나라들보다 자본의 이동을 쉽게 만드는 발전된 금융기관을 보유했기 때문이었다. 기술 발전은 보통 거대한 자본 투자가 필요한 새로운 기계 설비를 포함하므로 대개 고임금 사회에서 이루어지는 경향이 있다. 실제로 유럽의 경험은 다음과 같은 사실을 보여 준다. 새로운 생산방식은 등장하자마자 그다음 단계의 기술 발전을 요구했다. 기업가들이 증기를 얼마나 다양하게 활용할 수 있는지 깨달았기 때문이다. 영국의 직물 생산이 오두막의 수동식 직조기에서 거대한 공장으로 옮겨 가자, 석탄을 태워 움직이는 증기기관이 중요한 동력원이 되었다. 그 공장에서는 더 많은 노동력이 기계화된 직조기를 갖고 일했다. 도자기 제조공들도 증기를 이용하기 시작했으며 개별 작업장의 수도 많아졌는데, 이 경우에 대개 100여 명의 노동자가 한 명의 장인(마이스터) 밑에서 일했다. 그러나 가장 중요한 것은 증기력을 사용하면서 수많은 새로운 기계를 발명하는 데 중요했던 철과 강철의 생산이 확대되었다는 사실이다. 이어서 1850년대와 1860년대에 야금 기술이 발전하자 더 강력한 증기기관과 터빈, 보일러가 개발될 수 있었다. 공급 측면과 수요 측면 모두에서 확인된 요인들을 배경으로 살펴볼 때, 경제적으로 유용한 기술은 아시아가 아니라 유럽에서 대두할 가능성이 높았던 것으로 보인다. 새로운 제품과 서비스를 만들어 내기 위해 증기력과 새로운 기계를 개발한 산업혁명은 이런 조건에서 성장했고, 19세기 동안에 생산과 판매에서 광범위한 변화를 초래했다. 하지만 증기기관이 산업 생산에 폭넓게 사용된 것은 19세기의 마지막 10년에 이르러서였다. 다시 말해 최초로 효율적으로 작동하는 증기기관을 발명하고 이에 관한 특허를 신고한 제임스 와트James Watt의 뒤를 이어 기술이 혁신된 결과 등장한 물질적인 가능성이 작업 현장에서 경제적으로 활용되기까지는 100여 년이 걸린 것이다.

1850년 이후의 유럽에서 나타난 산업화의 확산

설사 영국의 직물 생산이 극적으로 증가하지 않았다고 할지라도, 영국에서 철과 금속가공과 같은 다른 용도에 석탄을 사용하기 시작한 것은 산업혁명의 초기적 성과였으며, 이는 유럽 대륙에서, 특히 벨기에에서, 나중에는 독일에서도 모방되었다. 즉 직물 산업이 없었다고 해도 산업혁명은 유럽의 다른 나라가 아니라 영국에서 시작되었을 것이라는 점이다. 물론 석탄을 이용해 기계를 작동하고, 철과 금속가공 산업을 발전시킬 가능성은 영국이 아닌 나라들에도 있었다. 직물 분야에서 발견되는 것처럼 수입 대체를 촉진한 경우와 달리, 영국의 전례 없이도 석탄과 철, 금속가공의 장점을 잘 인식하고 이용했던 나라들이 있었던 것이다. 따라서 영국이 시작하지 않았다고 할지라도 산업혁명은 세계의 다른 지역이 아니라 유럽에서 일어날 가능성이 대단히 높았다는 것 또한 사실이다. 물론 산업혁명은 일단 영국에서 시작되었으며, 선구자들은 그들이 이룩한 성과를 다른 사람들이 따라 하는 것을 원하지도 않았다. 그래서 영국인들은 그들이 보유한 기술과 전문가들이 유럽 대륙으로 옮겨 가는 것을 막으려고 애썼던 반면에, 다른 유럽인들은 영국의 성공을 모방하려고 노력했다. 어쨌든 기술과 기업가, 노동력 모두 도버 해협을 건너 유럽 대륙으로 갔으며, 그 결과 산업혁명은 유럽적 현상으로 확산될 수 있었다.

프랑스는 지리적으로 영국과 가까웠기 때문에 영국의 기업가와 기술자, 정비공이 많이 이주해 와서 이로부터 직접적인 혜택을 보았다. 이들 이주자는 프랑스에서 일련의 소비재, 즉 양초와 종이, 세라믹, 유리, 비누, 사탕무 설탕 등의 생산이 확대되는 데 기여했다. 하지만 석탄 채굴이 쉽지 않아 증기력

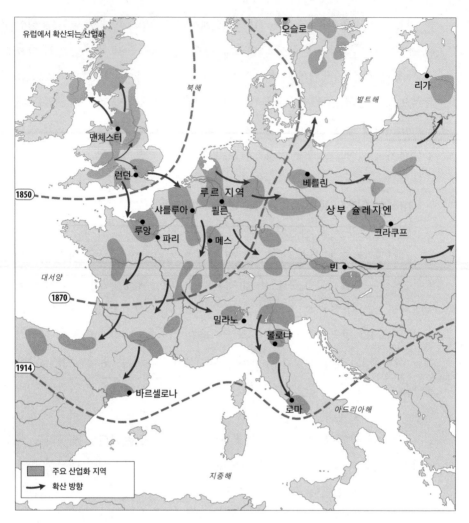

—— 유럽에서 확산되는 산업화.

개발은 더디게 진행되었다. 그래서 공장은 소규모 상태를 벗어나지 못했고, 철 생산과 증기력의 동원에서 영국의 성공 모델을 따라 했던 유럽의 다른 지역보다 오랫동안 수력에 의존했다. 반면에 벨기에는 철강 산업을 발전시키고 증기기관과 기관차, 기타 기계들을 개발했다. 중공업을 육성하기 위해 필요한 자본은 새로운 상업용 은행에서 동원되었는데, 이 은행들은 중공업 발전에 필요한 기계화 분야에 적극적으로 투자했다.[25]

근대 초 유럽에서 또 하나의 경제 중심지로 등장했던 네덜란드는 천천히 성장했다. 앞서 언급했듯이 네덜란드 국민경제는 무엇보다 고임금 때문에 어려움을 겪었는데, 이는 이전의 100년 동안 성공적이었던 무역이 물려준 유산이었다. 본격적인 산업화는 동남아시아의 자와에 수출용 농산물 경작 시스템을 구축한 후인 1831년에야 비로소 시작되었다. 정부는 네덜란드령 동인도에서 생산된 농산물을 들여올 뿐 아니라 네덜란드에서 생산된 상품을 수입하도록 그곳 식민지에 압력을 넣었다. 이로써 네덜란드는 지난 세기에 다른 유럽 국가들이, 특히 프랑스와 영국이 개척했던 것과 비슷하게 식민지 시장을 만들었다. 분명히 네덜란드의 산업화는 벨기에나 영국보다 늦게 이루어졌지만, 세기말 유럽에서 가장 역동적인 경제 강국이 된 독일보다는 빨랐다. 네덜란드와 벨기에는 거대한 중공업을 보유했는데, 특히 네덜란드는 금속가공, 기계 제작, 조선의 분야에서 강세를 보였다. 반면에 스위스 지역에서는 국제시장에서 경쟁력을 가진 몇몇 경공업 분야가 발전했는데, 특히 1860년대 이래로는 식품 가공업, 나중에는 화학적 공정 공학과 기계공학 분야가 경쟁력을 보였다.[26]

프로이센-프랑스 전쟁 이후인 1871년에 독일제국으로 통일된 독일어권 지역에서는 이들 국가보다 약간 뒤늦게 산업화가 시작되었지만, 훨씬 큰 규모의 국민경제를 형성했다. 독일에서 중공업 분야에 대한 최초의 투자가 이루어진 것은 1830년 말이었지만, 통일을 달성한 후에야 비로소 강철 생산 분야와 화학 분야, 중공업 분야를 장악할 수 있었던 대기업들이 이 분야에 적극적으로 신기술을 적용했다. 새로 설립된 은행들을 통한 투자는 주식회사였던 대기업들의 합병과 강화를 촉진했다. 이 주식회사 방식은 좀 더 많은 투자자가 단순한 형태의 사기업보다 조직적인 방식으로 효과적인 자본 투자를 하도록 유도할 수 있었다. 독일 회사들은 사업 경험을 가진 재능 있는 기업가와 양질의 교육을 통해 복잡한 기계 설비를 잘 사용하고 유지할 수 있는 기술력을 습득한 사람들을 잘 결합했다. 그 결과 제1차 세계대전 전야에 독일은 유럽에서 가장 큰 규모의 국민경제를 가진 나라가 되었다.[27]

지중해 연안 국가들은 북부의 이웃 국가보다 산업 발전이 뚜렷하게 진행되지 않았다. 이탈리아는 1861년에 통일 왕국이 되었는데, 이 나라는 공적 부채를 동원해 경제 인프라를 구축했으며 철강 제조 산업이나 자전거 산업, 자동차 산업을 육성하는 후속 조치를 통해 산업 발전을 촉진하려고 노력했다. 반면에 에스파냐와 포르투갈은 산업화에서 이들 국가보다 한참 뒤처졌다. 북유럽에서 스웨덴은 1880년대에 급격한 속도로 중공업과 경공업을 모두 발전시키기 시작했다. 직물 산업과 신발 산업 외에 철과 강철 관련 산업이 등장했으며, 이를 토대로 다양한 기계 제조업이 발전했다.[28] 이와 대조적으로 동유럽에서는 거의 산업화가 진행되지 않아 서유럽과 비교할 때 농업 분야가 여전히 경제의 중심을 형성했다. 오스트리아 동부 지방과 보헤미아, 모라비아, 슐레지엔(실레시아) 지방에만 산업화된 몇 개의 '섬'이 있었을 뿐이다. 러시아는 1890년대에 정부 관료들이 산업을 촉진하려고 노력한 결과, 1913년 시점에 미국과 독일, 영국에 이어 네 번째로 큰 국민경제를 보유하게 되었다. 차르 정부는 외국 자본과 전문 지식을 끌어오는 데 성공했는데, 여기서 프랑스의 자본은 특히 기계 제조업에, 독일 자본은 화학 산업과 전기 산업에, 영국 자본은 석유 채굴에 주로 투자했다. 벨Bell과 에릭슨Erickson이 러시아의 전화 시장을 나누어 가졌으며, 싱거Singer(싱어)는 러시아의 재봉틀 시장을 장악했다.[29]

20세기로 전환하는 시기에 러시아가 시도했던 산업 활동의 스펙트럼은 한 세기 전에 산업화가 시작될 무렵에 동원할 수 있었던 기술보다 훨씬 많은 기술 영역을 포함했다. 기술혁신은 더는 기계 생산과정에 대두된 특수한 문제를 해결하려고 애썼던 개인적 노력이 가져온 결과가 아니었다. 이제 기술혁신에서 큰 비중을 차지하는 것은 새로운 제품을 개발하기 위해, 그리고 실험실에서 우연히 발견한 가능성을 현장에서 활용하기 위해 계획적으로 추진한 본격적인 기초과학 연구였다. 화학공업은 처음에는 직물 염색에 사용되는 염료에 집중했다. 영국과 독일은 모두 처음부터 화학 분야에 적극적인 관심을 기울였는데, 독일인들은 관련된 합성물에서 산출될 수 있는 화학비료와 화약 개발로 영역을 넓혀 갔다. 독일인들이 기초과학 지식을 산업에 잘 활용할 수 있었던 것은 독일의 고유한 교육제도와 관련이 있었다. 독일의 교육제도 안에서는 기초과학 지식을 토대로 응용된 지식을 교육하기 위한 교육과정이 잘 개발될 수 있었다. 영국인과 미국인들은 전구 개발에서 앞서 나갔지만, 독일인들은 제약 분야에서 선도적 역할을 했다. 여러 나라에서는 건전지와 터빈을 사용한 전기 실험이 진행되었다. 그리고 이 모든 변화와 다른 수많은 변화는 결국 증기력의 생산에 달려 있었다. 기술사가들은 19세기의 증기력을 '만능 기술'로 칭했다. 증기력 사용은 경제 분야에 큰 영향을 주어 수많은 신제품과 새로운 생산 공정을 가능하게 했으며, 이들은 경제의 여러 근본적인 측면을 뒤바꾸어 놓았다. 예를 들어 공장은 더는 강이나 호숫가에 만들어질 필요가 없었고, 에너지 생산은 주요 지역에 더 집중될 수 있었다.[30] 20세기 말과 21세기 초에 '만능 기술'은 실리콘칩이었다. 19세기의 증기, 20세기의 실리콘칩, 이 두 가지 만능 기술이 사용되면서 경제활동은 재조직되고, 그 결과 생산성이 향상되었으며 경제성장기가 지속되었다. 19세기에 증기가 없었다면 산업혁명은 일어나지 않았을 것이다. 석탄을 태움으로써 생산된 증기가 수력을 대체하자마자, 19세기의 만능 기술인 증기로부터 직물 생산이 혜택을 입었다. 또한 이 만능 기술은 19세기 후반에 철강 생산, 철도망 확장, 공작기계 산업과 화학 산업의 대두, 석유 사용, 도시 사회의 전기화 등으로 시작되어 언제 멈출지 알 수 없는 지속적인 기술 발전을 촉발했다.

이른바 제2차 산업혁명은 증기기관을 통한 에너지 생산에 크게 의존했다. 제2차 산업혁명은 과학적 연구 결과를 비용 투자가 필요했던 기술적 문제를 해결하는 데 활용하기 시작한 출발점이기도 하다. 예를 들어 1856년에 윌리엄 헨리 퍼킨William Henry Perkin이 최초의 합성염료인 모베인mauveine을 발견했다. 당시에 18세로 왕립 화학 대학에 다니던 그는 방학 중에 집에서 말라리아 예방약인 퀴닌을 화학적으로 합성해 내려다가 모베인을 발견한 것이다. 그는 지도 교수의 조언을 어기고 아버지의 건설 회사에서 나온 수익을 동원하면서 1년 후에 이미 염료를 상업적으로 생산하기 시작했는데, 이 염료가 직물 산업에서 사용된 것이다. 이런 식의 우연한 발견으로 화학이 염료와 비료, 화약의 개발에 중요한 역할을 하게 되었다. 이러한 점에서 독일 회사들은 유럽에서 앞서 나갔다. 그들은 높은 지식 교육 수준을 기반으로 과학적 지식을 산업 생산에 적극 활용함으로써 수익을 올릴 수 있었던 것이다. 나아가 화학과 야금

학, 물리학이 산업 생산에 활용되면서 사람들은 전반적으로 기술에 대해 새로운 자세를 갖게 되었으며, 그 결과 인간이 학문을 통해 기술을 발전시킬 수 있다는 확신을 갖게 되었다. 생산과 생산 공정에 대한 평가와 측정, 분석이 실험실에서 이루어진 결과, 1870년대와 1880년대에는 기초과학 지식을 더 많이 수록한 교재들이 널리 확산되었다. 이처럼 독립적인 연구소뿐 아니라 대기업들이 운영하는 실험실들도 산업 경제에 중요한 요소가 되었다.[31]

유럽의 산업 경제가 성장하면서 새로운 생산방식을 도입한 회사들도 그 규모가 점점 커졌다. 중공업이나 화학공업, 철도의 분야에서 공장을 건설하기 위해 필요한 자본의 규모는 직물 회사를 지을 때보다 훨씬 커졌기 때문에 철도 분야에서는 정부가 철도 건설에 드는 재정과 조직을 담당하는 경우도 있었다. 경제적 수익을 즉각 올리려고 철도를 건설하기에는 시장 상황이 적합하지 않은 곳에 철도를 건설하려면 무엇보다 국가의 참여가 필요했던 것이다. 수로가 닿지 않는 곳에 새로운 생산 거점들과 무역 모델을 촉진할 수 있는 교통 인프라를 구축하는 데는 철도가 대단히 중요했다. 벨기에는 1830년에 네덜란드에서 분리되자마자 철도망을 구축했다.[32] 프로이센은 1871년에 독일제국으로 통일되기 전에 이미 독일어권 소국들이 철도 건설 사업과 네트워크 구축 사업에 참여하도록 유도했다.[33] 인프라 구축 사업을 위해 필요한 재정을 확보하는 데 정부가 차지하는 역할이 점차 증가한 것은, 그리고 새로운 산업 분야에 참여하는 사기업 규모가 증가한 것은 유럽에서 산업자본주의가 대두하는 데 중요한 역할을 담당한 두 가지 측면이었다.

19세기 초에는 직물 회사와 같은 소규모 기업들이 수많은 생산자와 더 많은 소비자로 구성된 시장에서 경쟁을 펼쳤다. 이제는 몇 안 되는 자본가가 인도산 면직물이나 중국산 제품 시장을 통제했던 지난 세기의 해양 상업자본주의 시대처럼 어떤 개인 기업가나 소규모 기업가 단체가 시장가격을 마음대로 지시할 수 없었던 것이다. 이것은 19세기 말에 독일에서 산업 카르텔로 뭉쳤던 독일 회사들이 행사했던 시장 통제와도 달랐다. 19세기 말에는 상업자본주의의 일부 특징을 모방한 산업자본주의가 그 선명한 모습을 드러냈지만, 특혜를 받은 경제 엘리트들과 국가 사이의 관계는 이 두 가지 형태의 자본주의하에서 각각 서로 다른 모습을 보였다. 시간이 흐르면서 유럽에서는 사회의 조직이나 정치적 현실이 뚜렷한 변화를 겪었기 때문이다. 상업자본주의와 산업자본주의, 두 시대를 구분하는 경계는 상업자본주의가 쇠퇴하기 시작하고 산업화로 인해 영국과 유럽 대륙, 그리고 특히 미국에서 소규모 기업가들이 경제적으로 성장할 가능성이 뚜렷해졌던 19세기의 첫 수십 년이었다. 산업화는 유럽의 경제뿐 아니라 사회도 바꾸어 놓았다.

유럽 사회의 변화: 도시화, 계급 형성, 정치 활동

유럽에서는 산업화가 확산되면서 새로운 생산과 상업의 중심지뿐 아니라 새로운 소비 형태도 만들어 냈다. 아이작 싱어Isaac Singer가 만든 재봉틀이든 아니면 알렉산더 그레이엄 벨Alexander Graham Bell과 다른 기업가들이 개발한 전화와 전보든, 20세기의 첫 10년에 유럽인들은 100년 전에 그들이 소비할수 있었던 것보다 훨씬 폭넓은 종류의 상품과 서비스를 누릴 수 있었다. 새로운 상품은 대부분 새로운 도시적 공간을 창조하려고 했던 정부 관리들이 재건한 도시들에서 소비되었다. 이러한 도시 재건 사업에서는 1853년에 파리의 옛 시가지를 허물고 도로를 확장하고 공원을 건설하며 도시 외곽을 연결하기시작했던 조르주외젠 오스만Georges-Eugène-Haussmann의 계획이 모델이 된 경우가 많았다. 오늘날 파리 도시의 기본 구조에는 당시에 오스만이 실행한 도시 재건 사업이 남긴 흔적이 뚜렷하다. 파리에서뿐 아니라 다른 유럽의 많은 도시에서도 개선과 혁신 사업들이 진행되었는데, 이는 산업혁명의 확산이 없었다면 실현될 수 없었을 것이다. 예를 들어 19세기 말에 파리와 런던의 하수도 건설은 국가적인 사업이었는데, 이는 산업화를 통해 필요한 양의 하수관과 공사에 필요한 기술을 공급할 수 있었기 때문에 가능했다. 도시에는 수많은 사람이 모여 살았기 때문에 쓰레기 처리 시설과 하수 시설은 공공 위생과 건강을 위해서라도 국가 주요 과제의 하나가 되었다.[34]

도시에 사는 사람들은 하수 시설의 혜택뿐 아니라 가스등의 혜택을, 그리고 세기 전환기 이후에는 전등의 혜택도 누릴 수 있었다. 공공 조명 시설은 도시에서 밤에도 활용할 수 있는 공간을 만들어 내서 어떤 사람들은 야간에도 일할 수 있었고, 또 다른 사람들은 새로운 형태의 야간 여가 활동과 유흥을 즐길 수 있었다. 전기 조명은 발전기를 영국의 조지프 스완Joseph Swan이나 미국의 토머스 에디슨Thomas Edison이 개발한 전구와 연결함으로써 이루어졌다. 전깃불은 이전의 가스등보다 훨씬 밝은 빛을 제공해 주었으며, 전등을 켤 때나 끌 때 손을 사용할 필요도 없었다. 도시의 전차 그리고 훗날의 지하철 시스템(런던에서 최초로 운행한 지하철은 증기기관으로 움직이며 가스등을 가진 목재로 된 열차였다.)은 도시에서의 이동을 쉽게 만들어 주었던 반면에, 철도는 여러 도시를 연결해 인접 지역을 넘어 멀리 떨어진 지역에서도 도시에 들어올 수 있도록 도시를 열어 주었다. 사실 철도를 통한 도시의 연결은 한때 성벽을 통해 외부의 침입으로부터 보호받던 공간이 이제 사람과 물자가 서로 오갈 수 있는 공간이 되었다는 것을 의미했다. 교통수단의 변화로 도시나 국가라는 공간이 이전보다 밀접하게 통합되고 네트워크화했을 뿐 아니라 유럽의 국가 경계를 넘어서는 여행도 가능해졌다. 1883년에는 오리엔트 급행의 첫 열차가 파리에서 이스탄불로 출발했다.[35]

유럽의 대도시들에서는 시민들이 산업화와 어떤 관계인지에 따라 다양한 계급이 형성되었다. 이들을 구별하는 기본적인 구분선은 부르주아지의 부와 프롤레타리아트의 가난이었다. 파리에 사는 프랑스 부르주아지들에게는 노동자와 실업자, 불법 노동자가 모두 비슷해 보였다. 그들 모두는 '위험한 계급'이었다. 파리 경찰청 본부의 공무원이었던 오노레앙투안 프레지에Honoré-Antoine Frégier는 1840년에 출간되어 상을 받은 자기 저서에서 노동자계급을 '위험한 계급'으로 보아 유명해졌다. 그는 당대인들이 새로운 도시 중심의 사회에서 사회적 주변부로 여기는 사람들 앞에 있을 때 느끼는 두려움을 그렇게 표현한 것이었다. 그들은 도시의 성장과 범죄율 증가 사이에 직접적인 관련이 있다고 생각했다. "외국의 수도나 주요 도시들에서 이런 저급하고 범죄적인 현상이 누적되고 있다."[36] 하지만 도시에 거주하는 부유층과 빈곤층 사이의 사회적·물질적 격차가 아무리 크다고 해도 공장주와 노동자들은 식량을 저렴하게 구매하는 데 공동의 관심을 갖고 있었던 반면에, 식량을 공급하는 농민들은 자기들이 생산한 농산품이 높은 가격을 받기를 원했다. 이렇듯 농업 분야와 산업 분야의 경제적 이해가 서로 충돌했기 때문에 각 유럽 국가는 무역에 대해 서로 다른 입장을 표명했다. 식량을 저렴하게 구매하기 위해 산업 종사자들은 곡물 가격을 상승시키는 관세가 없는 곡물 수입을 선호했다. 반면에 국내 농산물 생산자들은 자기들이 경작한 곡물의 판매 가격을 높이기 위해 곡물에 대한 수입관세를 높이 부과하기를 원했다.

따라서 영국 산업계는 수십 년 동안 국내 농업의 이해관계를 보호해 왔던 곡물법을 폐지해야 한다고 정부를 압박했다. 결국 1846년에 곡물법이 폐지되자, 1860년에 영국과 프랑스 사이에 자유무역협정이 체결될 수 있었다. 그리고 유럽 전체에서 여러 나라 사이에 이와 같은 협정이 연이어 체결되었다.[37] 하지만 유럽에서 농업의 이해관계를 대표하는 단체들은 농산물에 대한 수입관세를 부과하라고 계속 압박했다. 그리고 이는 공장노동자들에게 식품비 상승을 초래했다. 나아가 고용주들은 자유로운 시장에서라면 낮출 수 있었을 식품비 상승분을 상쇄하기 위해 임금을 상승해 달라는 압박을 받게 되었다. 산업적 이해관계와 농업적 이해관계 사이의 경쟁 때문에 발이 묶이자, 유럽의 정부들은 자유무역을 제한적으로 허용하는 길을 택했다. 정부는 수입 제한이 관세장벽의 보호하에 생산되는 국내 대체 상품의 가격을 상승시킨다는 사실을 너무나 잘 인지하고 있었기 때문이다. 관세 부과는 당연히 국제무역을 감소시켰지만, 관세를 통해 신생 산업을 보호했던 유럽 국가들로서는 관세 부과가 높은 성장률을 가져왔다.[38] 자유무역은 후발 국가들보다는 이미 산업화를 이룩하고 있던 선진 국가들에 한층 유리하게 작용한 것이다.

물론 이 모든 정치적인 우왕좌왕에도 불구하고 국제무역은 증가했다. 국제무역을 팽창하게 한 실질적인 동력은 기술 발전이었다. 선박 운항에서 이룩한 기술적 발전을 토대로 미국(1870년부터)과 캐나다, 아르헨티나, 오스트레일리아(1890년부터)에서 유럽으로 들어오는 밀 수입량이 대폭 증가했다. 밀의 수입량이 증가한 결과 밀 가격이 하락하자 유럽 내 농산물 생산자들이 저항했다. 이 저항이 관세에 영향을 주었지만, 관세장벽은 결코 이제 합리적인, 다시 말해 저렴한 운송 비용으로 먼 지역까지 수송될 수 있었던 수입 농산물의 가격 경쟁력을 상쇄할 만큼 높게 설정되지는 않았다.[39] 경제적으로, 정치적으로 강대국이 되기 위해 관세정책을 가장 효과적으로 시행했던 나라는 오토 폰 비스마르크 치하의 독일이었다. 사실 경제적 측면에서 볼 때 독일제국의 통일은 국가가 바로 관세를 통해 외국 경쟁자들에게서 산업적 이익과 농업적 이익을 모두 지켜 냄으로써 달성될 수 있었다.

보호관세의 토대가 된 민족주의는 산업 엘리트와 농업 엘리트들에게서 정치적으로 지지를 얻었기 때문에 국내에서 경제적 통합도 촉진했다. 당시에 독일은 다양한 이해관계가, 특히 동부의 농업적 이해와 서부의 산업적 이해가 정치적으로 연결되고 경제적으로 통합되었다. 이를 모방하고자 했던 프랑스와 이탈리아의 시도는 실패로 끝났지만, 정치권력과 경제 번영을 함께 달성하려는 논리는 국가의 부유층과 정부의 권력을 서로 연결해 주었던 중상주의 사상의 기본 개념을 연상시킨다.[40] 경제와 정치의 엘리트들이 중요한 정책 결정을 내릴 때 동원했던 각별한 확신은, 그리고 부와 권력의 실질적인 네트워크는 여전히 유럽의 정치와 경제의 질서에서 기본적인 토대를 이루었다. 자기들의 자유와 권력을 행사하기 위해 경제와 정치의 엘리트들이 보유하던 제도는 200~300년 전과 똑같지는 않았지만, 유럽 국가들은 다른 유럽 국가들과 경쟁하기 위해 국가적 차원에서 힘을 합쳤던 것이다. 그리고 이러한 유럽 내 경쟁은 이미 19세기 초에 유럽을 넘어 세계의 다른 지역으로 확산되었다. 그리고 이번에는 아프리카와 아시아를 식민지로 만드는 경쟁이 되었다.

중상주의 시대에 떠오르던 경제 강국은 영국이었고, 19세기 말에 떠오르던 산업 강국은 독일이었다. 이 두 나라는 상업자본주의와 산업자본주의의 영역에서 볼 때 유럽의 국민경제 가운데 가장 성공적이었다. 두 나라는 모두 소규모 자본가 집단을 보유하고 있었는데, 영국은 동인도회사였고 독일은 산업 카르텔이었다. 이들은 정부 고위 관료들과 밀접한 관계를 갖고 있었으며, 그 결과 특권적 지위를 갖게 되어 수많은 공급자와 소비자로 이루어진 자유 시장에서 얻을 수 있는 것보다 확실히 높은 수익을 달성할 수 있었다. 사실 근대 초의 원거리 무역에 드는 고비용이나 19세기 말 시장의 크기에 맞는 효율적 생산을 위해 필요했던 기업 규모를 고려한다면, 시장경제 원칙이 홀로 생산과 판매를 결정할 수 없는 것은 분명했다. 상업자본주의와 산업자본주의에 중요했던 이 두 가지 요소 중에서 영국인들이 널리 선전했던 자유무역이라는 이상은 훨씬 충실하게 작동했다. 영국의 경우 자유무역 사상의 성공은 수입을 통해 저렴한 식료품을 기대했던 소비자들에게, 그리고 자기들의 제품을 수출하기 위해 더 많은 주문을 기대했던 기업가들에게 달려 있었다. 하지만 다른 유럽 국가들이 영국처럼 일관성 있게 보호관세를 내리지 않자, 자유무역 옹호자들은 자기들이 도덕적 행동 원칙을 표방하고 있으며, 다른 사람들은 자유무역이 도덕적으로 바람직한 것이라는 사실을 깨닫지 못한다고 해도 그것을 따라야 한다고 주장한다는 사실을 볼 수 있었다. 물론 많은 후진국은 자유무역이 선진사회의 원칙이라는 사실을 받아들일 수 없었다. 하지만 19세기 중엽에 영국 정부의 엘리트들과 영국 사회는 자유무역 원칙을 자유와 사회정의, 평화라는 보편적인 사상과 연결했다.[41]

자유무역이 사회적으로 서로 대립하는 계층들 사이에서도 설득력 있게 옹호될 수 있었던 순간은 매우 짧았다. 그 이유는 근대 초의 상업자본주의와 19세기 말의 산업자본주의가 국가권력과 어떤 관계를 갖고 있었는지와 적지 않게 관련되어 있다. 그러므로 상업자본주의나 산업자본주의의 아래에서 부와 권력을 향한 유럽인들의 노력이 어떤 정치적 함의를 가지는지를 주목해 관찰할 필요가 있다. 그것은 유럽 국가들이 부와 권력을 추구하는 데 보인 정치적 역동성과 경제적 논리가 어떻게 유럽을 경제적으로 변화시켰는지 그 영향을 파악하는 데 중요하기 때문이다. 상업자본주의나 산업자본주의가 진행된 두 시기에 유럽 각국의 정치적 경쟁에서는 전쟁이 지대한 역할을 수행했다. 그리고 유럽 국가들 사이에 벌어진 정치적 각축전은 세계의 다른 지역으로까지 계속 확산되었다. 유럽인들은 무력을 수출했을 뿐 아니라 상대방에게 무력을 행사하기도 했다. 일부 관찰자가 비교적 평화적인 시기로 보았던 19세기에 유럽에서는 사실 30년도 안 되는 기간에 다섯 차례나 되는 큰 전쟁이 발발했다. 크림 전쟁(1853~1856), 이탈리아 영토를 둘러싼 프랑스 및 피에몬테·사르데냐와 오스트리아 사이의 전쟁(1859), 덴마크와 프로이센의 전쟁(1864), 오스트리아와 프로이센의 전쟁(1866), 프랑스와 프로이센의 전쟁(1870~1871)이다. 이들 가운데 세 차례 전쟁에 프로이센 군부가 참여했으며, 독일통일의 주도권을 둘러싸고 프로이센과 경쟁했던 오스트리아도 마찬가지로 세 차례 전쟁에 참여했다. 이들 전쟁은 민족국가라는 공간을 새롭게 정의하려고 했다. 그리고 국민들은 그 공간 안에서 지정학적인 권력을 강화하고 적어도 다른 나라의 침략에 맞서 영토를 지키려는 국가의 노력과 자기들을 동일시했다. 물론 17세기의 전쟁들이나 유럽 내의 갈등에서 시작된 20세기의 비극적인 세계대전과 비교한다면 조금 전에 언급된 19세기의 전쟁들은 평화적이었던 것으로 보일 수 있다. 하지만 19세기의 유럽에서는 근본적으로 전쟁과 국가 간 경쟁 사이에 밀접한 관계가 있다는 사실이 잘 드러난다. 정치적 경쟁과 경제적 경쟁 사이에 밀접한 관계가 있었다는 사실도 마찬가지다. 그런데 각국이 부와 권력을 증식하기 위해 한참 경쟁하던 시기에 전 유럽에 걸쳐 산업화가 확산된 것은 앵글로·색슨 아메리카(미국과 캐나다)와 라틴아메리카(멕시코, 중앙아메리카, 남아메리카)라는 세계의 두 지역에서 산업화가 진행된 맥락과는 모순 관계에 있다. 전자에서는 산업화가 극적인 성공을 거둔 반면에, 후자에서는 산업화가 제대로 발전하지 못했기 때문이다. 물론 이 두 지역 가운데 그 어떤 곳도 각 지역 내 산업의 물리적 배분이나 상업의 형태를 살펴볼 때 유럽과는 달랐다. 그런데도 두 지역은 모두 핵심적인 측면에서 유럽과 연결되었고, 여기서 19세기 말의 세계경제가 탄생했다. 다음 3장에서 우리는 아메리카의 두 지역, 즉 북아메리카와 남아메리카에서 진행된 발전을 서로 비교하고, 4장에서는 그들이 어떻게 유럽과 연결되어 19세기 말 세계경제의 핵심을 형성한 대규모의 대서양 경제를 만들어 내는지 살펴볼 것이다.

3   아메리카 대륙의 19세기 경제 동향

1820년대에 북아메리카와 남아메리카는 이전에는 유럽의 식민지였지만 이제 대부분 공식적으로는 독립한 나라들로 구성되어 있었다. 이들 국가가 보유한 영토의 규모는 매우 다양했다. 영국인과 북서유럽인들이 가장 중요한 정치 세력을 구성하던 미국과 캐나다는 경제 발전을 위해 수많은 노동 이주와 자본 유입이 필요했던 대규모 국가가 되었다. 라틴아메리카에서 국가 설립을 주도했던 에스파냐 및 포르투갈 출신 이주민들은 브라질과 멕시코 같은 거대 국가뿐 아니라 파라과이와 우루과이 같은 소규모 국가도 통치했다. 이들 라틴아메리카 국가는 정치적으로 공화제를 채택했는데, 그 근본 원칙은 유럽의 정치 현실에서 도출된 것이었다. 경제적으로 보아 북아메리카의 미국은 지속적이고 눈부신 성장을 기록해 1900년이 되자 세계 최대의 국민경제를 달성했던 반면에, 라틴아메리카 주민들 가운데 산업화와 무역에서 혜택을 입은 사람은 단지 소수에 지나지 않았다.

두 대륙으로 이루어진 아메리카는 세계에서 유럽과 가장 긴밀한 관계를 가지면서 유럽의 영향을 가장 크게 받은 지역이었다. 아메리카 대륙의 원주민들은 대량으로 살상당하거나 새로운 정부와 지배 형태에 종속되었다. 그리고 1200만 명 정도의 아프리카인이 북아메리카와 남아메리카로 실려 와서 대부분 사탕수수와 커피, 목화 등을 재배하는 대농장에서 노예로 일했다. 이베리아 출신과 북서유럽 출신의 유럽인들이 지배하는 영역 사이의 경계는 시간이 흐르면서 영국 이주민의 후예들에게 유리한 쪽으로 변경되었다. 이전에 에스파냐령 아메리카였던 지역은 이제 미국의 남서부가 되어 원래 영국에서 형성되었던 사상과 제도에 토대를 둔 정치제도에 통합되었다.

라틴아메리카와 미국은 영국에서 만들어진 공화제라는 정치적 기본 원칙을 공유했지만, 정치와 경제에서 제도적으로 각각 독특하게 혼합된 형태를 갖추었다. 학자들은 이러한 제도적 차이 때문에 경제성장 분야에서 미국과 라틴아메리카 사이에 격차가 벌어졌지만, 라틴아메리카 내에서 차이가 나타난 데는 각국이 보유한 천연자원이 중요한 역할을 했다고 주장한다. 예를 들어 아르헨티나는 밀 생산과 가축 사육을 확대할 수 있는 충분한 영토를 보유했기 때문에 경제적인 번영을 달성할 수 있었다는 것이다. 라틴아메리카와 미국의 경제는 서로 다른 방식으로 조직되었고 보유한 자원도 상이했지만, 라틴아메리카는 유럽의 정치제도와 사상을 공유하고 있었으며, 당시의 거의 모든 아시아 국가나 아프리카 국가들과 달리 식민지가 되지 않고 정치적 독립을 달성했다. 아메리카의 지배 엘리트층은 대부분 유럽인들의 후손이었다. 두 대륙은 유럽에서 오는 수많은 이주자의 목적지였으며, 이들은 19세기 말에 아메리카 대륙의 경제 발전에 기여했다. 또한 그들은 유럽에서, 특히 런던에서 아메리카로 들어오는 거대한 양의 자본으로부터 혜택을 입었다. 나아가 유럽과 아메리카 대륙 사이에 이루어진 물자의 교환은 1870년대와 제1차 세계대전 사이에 점차 세계화되는 경제에서 핵심적 지위를 차지한 대서양 경제를 탄생시켰다. 간단히 말해 우리가 기꺼이 '서양'이라고 지칭하는 것이 대두한 것이다. 라틴아메리카는 아시아와 아프리카의 주민들이 만났던 서양의 일부는 아니라고 해도, 이탈리아 역사가 마르첼로 카르마냐니Marcello Carmagnani가 표현했듯이 '다른 서양'이었다.[42]

1800년 무렵에 아메리카 두 대륙에 있는 여러 나라가 처해 있던 경제적 조건은 유럽과 마찬가지로 매우 다양했지만, 그렇다고 아메리카 대륙과 유럽이 처한 조건의 차이가 전적으로 같다고는 할 수 없었다. 유럽에 형성되어 있던 대도시들이 아메리가 대륙에는 없었다. 또한 아메리카 농촌 지역의 인구밀도는 유럽보다 훨씬 낮은 수준이었다. 그 밖에 아메리카에는 어떤 물질적 삶의 방식이 가장 이성적이고 바람직한지 혹은 가장 이상적인지에 관해 서로 다른 생각을 갖고 있는 다양한 인간 집단들이 살고 있었다. 물론 남아메리카와 북아메리카 사이에만 차이가 있던 것이 아니라 남아메리카와 북아메리카의 내부에도 차이가 있었다.

먼저 미국을 살펴보자. 세계사적으로 보아 19세기 미국의 발전은 19세기가 보여 준 의외의 발전 가운데 가장 의외의 사례임이 틀림없다. 미국의 영토 팽창, 그리고 그 뒤를 이은 거대한 영토의 정치적 통합에 관한 한 1820년 혹은 1840년 무렵에는 이 지역이 국민경제로 발전해 세계경제와 연결되며, 그 세계경제의 중심이 될 것이라는 사실은 절대 누구도 예측할 수 없었다. 남북전쟁이 끝난 후 미국의 남부와 서부가 여러 가지 측면에서 북동부나 중서부와 그리 밀접하게 연결되지 않았는데도 중요한 제도적 개혁을 통해 하나로 통합된 국가 경제가 등장했다. 사실 북동부 지역이나 중서부 지역은 당시에 국제무역을 통해 오히려 유럽과 경제적으로 더 긴밀하게 연결되어 있었다.

라틴아메리카 내부를 살펴보면 각국의 국내시장에서 이루어지는 상업 활동은 그 규모나 제도적인 면에서 전반적으로 미국에서보다 훨씬 덜 발전했다. 물론 그곳에도 철도가 건설되면서 많은 내륙 지역이 해안의 항구나 해외 시장에 연결될 수 있었다. 아메리카 대륙에서 진행된 이러한 상이한 경제적 발전들을 종합해 볼 때, 경제활동을 조직하는 제도가 얼마나 중요한지, 그리고 만약 어떤 정책이 있었다면 정부가 경제 발전을 촉진하기 위해 채택한 정책이 얼마나 중요한지를 잘 보여 준다.

남북전쟁을 통한 미국 경제의 팽창

미국의 북동부 해안에 형성된 초기 아메리카 식민주의자들의 정착촌은 일련의 소규모 시장경제를 만들어 냈다. 이들은 영국식 사유재산과 상식법 제도를 추구하며 소유주들의 회의에 기초한 지역 정치제도에 토대를 두고 있었다. 영국에서 발견되는 것과 같은 계약과 변호사, 공증인을 포함하는 기본적인 경제활동들이 이들 식민지 사회에 이식되었다. 회사들은 사무원에게 임금을 지급하는 합명회사 방식으로 조직되었다. 섬유, 목재 및 금속가공, 석공의 분야에서 잘 교육된 수공업자들이 제작한 상품들은 그들의 출신 지역인 영국에서와 달리 계급 차이가 크게 구별되지 않는 사람들 사이에 시장에 기초한 거래 시스템을 형성하는 데 기여했다. 1800년까지 매사추세츠 동부와 로드아일랜드의 크고 작은 강가에 면직물 공장들이 들어섰다. 그리고 대서양 중부 해안 도처에는 금속가공 공장들이 건설되었다.[43]

의류와 신발, 가구, 마차, 금속 제품, 기타 소비재를 생산하는 소규모 수공업 회사들은 쉰 명 이상을 고용하는 섬유 공장처럼 일부 산업 분야에 대형 공장들을 건설하면서 그 성장세가 더욱 뚜렷해졌다. 그 밖에 매사추세츠주의 스프링필드 무기 공장도 생산을 늘려 갔다. 이 공장은 1820년대와 1830년대에 총기의 부품을 표준화해 생산하기 시작함으로써, 이후 공장제 생산을 위한 컨베이어벨트 시스템을 개발하는 데 기여한 곳 가운데 하나였다. 에너지 공급에 관한 한 1830년대까지는 대형 공장들조차 여전히 수력에 의존하고 있었다. 1830년까지는 산업 생산 공정에서 아직 석탄이 에너지원으로 폭넓게 사용되지 않았던 것이다. 1830년부터는 유럽에서와 마찬가지로 증기력을 생산하기 위해 석탄을 태웠다. 세기 중엽에는 석탄이 식료품의 제조, 소주와 맥주의 양조, 화학약품과 유리, 도자기의 생산에 사용되는 기계를 작동시키는 중요한 에너지원이 되었다.[44]

연방 차원과 주 차원에서 정부들은 경제 발전을 지원했다. 19세기 전반기에 미국 북서부에서 일어난 물질적 성장은 부분적으로는 수입품에 관세를 부과해 자국 상품을 보호하는 연방 정부의 경제 촉진 정책에 힘입은 바 컸다. 연방 정부의 보호관세정책은 영국 상품과 경쟁하는 것을 완화함으로써 갓 태어난 미국 산업이 성장할 수 있도록 도움을 주었다. 뉴욕과 오하이오, 펜실베이니아의 주 정부들은 운하를 건설해 시장이 성장하도록 유도했다. 1815년부터 1825년까지 건설된 뉴욕주의 이리 운하는 길이가 장장 600킬로미터로, 오대호에서 허드슨강에 이르렀다. 운하는 오하이오주 북부 지방과 인디애나, 일리노이를 북동부 지역과 연결해 북동부에서 생산되는 대량의 공장 제품과 중서부에서 생산되는 곡물을 서로 교환할 수 있게 해 주었다. 오하이오주 정부는 오대호를 미시시피 계곡과 연결하는 운하를 건설했으며, 펜실베이니아주 정부는 1500킬로미터가 넘는 수로를 포함하는 운하 시스템을 구축했다. 1840년까지 거의 5만 킬로미터에 달하는 운하가 건설됨으로써 중서부 지역이 발전했고, 그 결과 북동부 지역과 시장 관계를 형성하게 되었다. 정부가 촉진한 대규모 운하망 건설을 통해 지역 간에 상업적인 교류가 활성화됨으로써 이 두 지역에서 미국 경제의 산업 분야와 농업 분야가 성장했다.[45]

미국 중서부 지역에 정착지가 개척되고 농업이 발전하게 된 것은 연방 정부가 1862년에 홈스테드법Homestead Act[2]을 제정해 160에이커 단위로 땅을 구획한 후, 경매를 시행해 이 지역에 가족 단위로 정착하며 농사를 지을 사람들에게 땅을 판매했기 때문이었다. 이렇게 조성된 미국의 농촌에는 유럽의 대부분 농촌에서 흔히 볼 수 있고 세계 대부분 지역에서도 발견할 수 있는 마을과 같은 공동체를 형성할 수 있는 이웃이 없었다. 또한 이주 농민들 가운데 그 누구도 토지를 빌려주는 대토지 소유자에게 사회적으로 종속되는 일도 없었다. 그들 모두는 물리적인 독립을 토대로 강한 심리적 독립심을 갖게 된 독립 자영농이었다. 또한 가족들은 교회나 오두막, 또는 기타 자유로운 개인들의 자발적인 모임을 통해 고유한 공동체를 건설할 수 있었다. 그들은 서로 공동 관심사를 갖고 있다는 사실을 깨달아 가면서 자기들을 스스로 사회적으로 조직하기 시작했으며, 지역 정부가 자기들의 필요와 희망 사항에 봉사하는 정치적 도구가 되어 주기를 기대했다.[46]

경제적으로 볼 때 중서부는 북쪽에서 남쪽으로 흐르는 강에 크게 의존하고 있었다. 이들 강은 곡물과 돼지, 밀, 위스키를 뉴올리언스로 실어 날랐으며, 이 물품들은 그곳에서 더 남부로 가는 배에 옮겨 선적되었다. 도로나 운하 같은 방식으로 운송로가 개선되면서 상품들은 동부 지역으로 방향을 바꾸어 운송될 수 있었다. 1840년대에 미시간에서 구리가 발견되고, 1860년대

_____ 2 남북전쟁 때인 1862년에 제정된 미국의 자영농지법. 5년간 일정한 토지에 거주하며 개척한 사람에게는 160에이커의 토지를 무상으로 지급하고, 6개월을 거주하면 그 토지를 1에이커에 1달러 25센트의 염가로 구매할 수 있다고 규정했다.

에 펜실베이니아 북서부에서 석유가 발견되면서 이러한 경향은 더욱 뚜렷해졌다. 수공업이나 산업적 기술을 가진 사람들도 북동부 지역에서 중서부 지역으로 몰려들었다. 농민들은 수공업 작업장을 가진 사람들과 만나기를 원했다. 여기서 특히 세 부류의 수공업자는 대장장이와 목수, 방앗간 주인들로 주로 소도시에서 활동했는데, 이 소도시들은 점차 교역 중심지로 성장했고 교사들이 이주해 오면서 문화 중심지도 되었다.[47] 이러한 변화는 훗날 중서부 지역이 발전해 남북전쟁 이후에 미국 제2의 산업 중심지로 성장하는 배경이 되었다. 하지만 19세기 전반부에 중서부는 남부가 영국에 목화를 수출함으로써 축적한 부의 수준에는 아직 도달하지 못했다.

노벨상 수상자인 노스는 남부 지방은 전쟁 이전에 목화 수출을 통해 미국 경제의 견인차가 되었다는 테제를 제시했다. 여기서 수출된 목화가 영국 직물 산업이 급격히 성장하는 데 필요한 원자재를 공급했다는 것이다. 그에 따르면 남부의 대농장 소유주들은 이 무역에서 얻은 수익으로 북동부에서 생산된 산업 생산품과 중서부에서 생산된 곡물을 구입할 수 있었다. 이 주장은 이후 다른 학자들이 의문시했다. 하지만 아메리카에서 생산된 목화가 당시에 국제 무역을 지배했으며, 영국 직물 공장에서 사용된 목화의 약 4분의 3을 차지했다는 사실에는 의문의 여지가 없다. 물론 남부의 풍부한 목화 생산에서 나온 소득이 북동부의 산업 생산품에 대한 수요를 얼마나 많이 창출할 수 있었는지는 불확실하다. 목화 생산에서 나오는 부는 소수의 부유한 백인 농장주의 손에 집중된 반면에, 지역민의 다수를 형성하던 흑인 노예들은 비참하게 가난한 삶을 살고 있었기 때문이다. 어쨌든 우리는 남부에서는 중서부에서 일어난 것과 비슷한 과정을 발견하지 못한다. 중서부에서는 산업 생산품에 대한 수요가 충분해 소도시들에 많은 상점이 생겨났고, 상인들은 그 제품들을 시장에서 판매했다. 북동부에서 시작해서 중서부로 확대되었던 산업화의 동력은 19세기 초 이래로 목화를 영국으로 수출하면서 대서양을 통한 국제무역 세계의 일부를 차지했던 남부를 그대로 지나쳤다. 남부의 대농장주가 축적했던 거대한 부는 남북전쟁 이후에야 비로소 공장으로 투자되었다.[48]

19세기 초에 미국의 북동부와 중서부, 남부에서 일어난 경제적인 발전이 서로 연결되었을 뿐만 아니라 대서양을 건너 영국 국민경제와 연결되었다면, 아메리카 대륙의 태평양 연안에서 일어난 경제적인 변화는 이러한 연결 관계와는 상관없이 고립된 채 전개되었다. 이 지역의 경제 제도는 에스파냐식 식민지 모델에, 그리고 대서양이 아니라 태평양을 건너 전개된 국제적인 경제관계에 토대를 두고 있었다. 아카풀코에서 마닐라로 보내기 위해 배에 선적된 멕시코의 은은 에스파냐령 아메리카에서 생산된 가장 귀중한 산물이었다. 1800년 무렵에 에스파냐령 아메리카의 북쪽 경계 지방은 캘리포니아와 애리조나, 뉴멕시코, 텍사스 등이었는데, 이들은 훗날 미국의 서부 대부분을 형성한 지역이었다. 뉴멕시코는 1800년 무렵에 관개농업과 가축 방목을 연계한 에스파냐 출신 엘리트들이 정치적·경제적으로 지배했다. 19세기 중엽에 캘리포니아에서는 광산, 관개농업, 상업적인 방목처럼 에스파냐령 북아메리카 지역에서 발견되는 경제적인 특징들이 뒤섞여 나타났다.[49] 이 무렵에 미국은 멕시코 전쟁에서 승리함으로써 멕시코 북부 영토를 차지했으며, 그 결과 미국의 북동부나 중서부와는 다른 경제 시스템을 통합하게 되었다. 이 합병으로 멕시코 북부의 토지를 1803년의 루이지애나 매입 과정에서 프랑스로부터 얻은 200만 제곱미터의 토지에 추가했다. 당시 매입된 지역에는 훗날 미국의 열다섯 개 주와 두 개의 캐나다 주가 된 지역 일부가 속해 있었다. 아칸소주와 미주리주, 아이오와주, 오클라호마주, 캔자스주, 네브라스카주, 미시시피강 서쪽 미네소타 주의 일부, 북다코타주와 남다코타주의 대부분, 뉴멕시코주의 북동부, 텍사스주의 북부, 대륙 분수령 동쪽의 몬타나주, 와이오밍주, 콜로라도주의 일부, 미시시피강 서쪽의 루이지애나 주, 뉴올리언스, 나중에 캐나다의 앨버타와 서스캐처원의 일부가 된 작은 지역.[50] 이로써 돈과 군사력을 동원한 미국은 아메리카 대륙 전체에 세력을 떨치게 되었다.

미국 연방 정부는 19세기 전반기에 농업뿐 아니라 상업을 개발할 수 있는 수많은 기본 조건을 만들었다. 이와 동시에 각 주 정부의 정책과 연방 정부의 정책이 혼합되면서 이전에 유럽 국가들이 추구했던 경쟁적 중상주의와 유사한 발전을 보여 주었다. 연방 정부는 자체적인 세금을 징수하고 공채를 발행하며 기업들에 보조금을 지급하고 기업가들의 사업 구상을 촉진했는데, 이 모든 것은 유럽 중상주의 국가들이 사용했던 프로그램이었다.[51] 19세기 중엽에 2320만 명에 달하는 미국 국민은 광대한 영토에 넓게 흩어져 살았다. 물론 각 지역 사이에 경제적인 관계가 형성되었지만, 미시시피강 서쪽 지방은 수로를 통한 운송에 한계가 있었다. 이는 미국 동부의 3분의 1에 해당하는 지역에서는 서부 지역과의 교역보다는 북동부, 남부 그리고 중서부 지역과 교역 관계를 좀 더 쉽게 구축할 수 있었다는 것을 뜻한다. 생산의 조직과 형태라는 측면에서 볼 때, 19세기 중엽에 북동부와 중서부 지역의 경제는 남부 혹은 서부 지역 전체와 다른 면모를 보였다. 한편 미국에서 발생한 내전(1861~1865)은 통일된 하나의 국가 공동체가 계속 존속할 수 있을지 의문이 들게 했다. 또한 전쟁 결과는 이후 미국을 구성하는 여러 지역의 경제적 운명, 그리고 지역들 사이의 경제 관계의 미래에 결정적인 영향을 미쳤다.

남북전쟁 이후 미국의 정치적·경제적 통합과 국제 관계

남북전쟁은 미국 역사에 관한 모든 서술에서 중요한 역할을 하고 있다. 전쟁으로 인해 수많은 인적·물적 자원이 소실되었지만, 미국 거의 전역에서는 이미 전쟁 직후에 매우 빠른 속도로 경제가 회복되었다. 전황이 최고조에 달했을 무렵에 전쟁은 국민총생산의 거의 25퍼센트를 소모했다.[52] 양 진영 정부의 세금 수입은 전쟁 비용의 약 20퍼센트밖에 충당하지 못했고, 10퍼센트는 화폐를 추가로 발행해 보충했다. 그리고 그 이상도 이하도 아닌 나머지 70퍼센트는 채권을 발행해 지급되었다. 1820년대에 독립국가를 달성한 후 30년간 계속된 군사적 갈등 때문에 비싼 전쟁 비용을 치르면서 어려움을 겪었던 수많은 라틴아메리카 국가와 달리, 내전이 끝난 후 미국 정부는 1866년에서 1893년 사이에 매년 국가 예산에서 수입 초과를 기록했다. 그리고 이 기간에 전쟁과 관련된 부채를 23억 달러에서 6억 달러로 축소할 수 있었다.[53] 내전을 통해 발생한 재정적인 부담에도 불구하고 미 연방 정부가 이렇게 경제적으로 생존할 수 있었던 것은 부분적으로는 전쟁 이전의 수년 동안에 영토를 크게 늘릴 수 있었다는 사실 덕분이었다. 공격적인 노선을 추구하는 정부만이 대륙 규모의 거대 국가를 구상하고 몰수 방식을 통해 거대한 영토에 대한 통제력을 장악한 후 농장을 설립한 수많은 개인에게 땅을 분배할 수 있었다. 주 정부는 랜드그랜트 대학land-grant college[3]을 설립했고, 소수의 철도왕은 그들이 건설할 철길을 따라 광대한 토지를 구입해 개발했다. 이들 사업에서 이루어진 성과는 연방 정부가 공공의 이익을 어떻게 이해했는지를 잘 보여 준다.[54]

정부는 엄청난 면적의 영토를 획득하고, 땅을 경작하기로 약속한 개별 가족에 구획별로 불하했는데, 이는 정부에 매우 중요한 수입원이 되었다. 정치가들은 이 토지를 분배해 토지 소유자 계층이 미국의 새로운 영토 전역에 새로운 공동체를 구성하는 경제적·정치적 기반이 되게 만들었다.[55] 1850년에 연방 정부가 소유하고 있던 토지는 12억 에이커에 달했다. 홈스테드법이 통과되면서 1862년부터 160에이커씩 구획된 땅을 불하하기 시작했는데도 연방 정부는 20년 후에 여전히 9억 에이커의 땅을 보유하고 있었다. 또한 정부는 1862년에 모릴법Morrill Act을 제정해 농업 전문학교를 설립했는데, 이 학교들을 재정적으로 지원하기 위해 1740만 에이커의 토지를 배정했다. 그 결과 토지를 매매한 대금 750만 달러가 학교들에 기부되었다. 랜드 그랜트 대학 설립 프로그램은 남북전쟁 중에 시작했기 때문에 남부 연합 국가들은 여기에 포함되지 않았다. 그래서 1890년에 제정된 제2차 모릴법을 통해 남부에서는 연방주가 자체적으로 대학의 재정을 지원했다. 국가 소유의 토지가 이렇게 양도되고 매각되어 고등교육 증진에 투입되었고, 노동시장에 나오기 전 청년들의 업무 능력을 개선하는 데 활용된 것이다. 미국 법전에 따라 토지 불하는 "적어도 한 개 이상 대학의 설립과 후원, 운영이라는 목적을 추구했다. 이 대학의 우선적인 교육 목표는 과학 영역과 고전 탐구 영역은 물론 군사훈련도 포함하면서 농업이나 공업과 관련된 학과를 가르치는 것이고, 구체적으로는 국가의 입법자들이 명시한 대로 다양한 직업과 업무에서 활동할 수 있도록 노동자계급을 자유주의적이고 실질적으로 교육하는 것이었다."[56]

1862년부터는 철도 회사에도 연방 정부가 소유한 토지를 증여하기 시작

_____ 3 19세기에 미국에서 모릴법에 근거한 정부의 지원으로 땅을 불하받아 설립된, 전문성을 가진 대학의 일종이다. 오늘날 미국의 여러 주립 대학이 이때 설립되었다.

했다. 북태평양 철도 회사Northern Pacific Railroad는 거의 4200만 에이커, 유니언 퍼시픽 철도 회사Union Pacific Railroad는 거의 2000만 에이커, 센트럴 퍼시픽 철도 회사Central Pacific Railroad는 약 1200만 에이커의 땅을 증여받았다. 철도 회사들은 철도를 건설하기 위해 필요한 엄청난 자금을 충당하기 위해 이 땅을 매각했다. 대부분의 땅은 철도 구간에 따라 640에이커 단위로 할당되었는데, 이 땅은 연방 정부가 증여하지 않은 필지와 교대로 배치되어 있었다.[57] 철도가 건설되면 국가가 소유한 토지의 가치가 상승할 것이라는 전제하에 철도 회사에 토지를 불하한 것은 정부 입장에서 볼 때 그렇게 소모적인 것이 아니었다. 그 밖에 필요한 추가 자금은 뉴욕의 금융시장에서, 특히 미래에 만기가 되면 상환할 수 있는 철도 채권 판매를 통해 조달했다. 은행가들은 내전 후 신디케이트(기업연합)를 형성해 철도 채권을 한 상자씩 묶어 공동으로 판매하는 방식으로 거대한 규모의 자금을 조달했다. 이전의 회사 형태와 달리 철도는 지방이나 지역에서 동원할 수 있는 것보다 훨씬 거대한 규모의 자금이 필요했다. 그 결과 철도 건설은 국내뿐 아니라 국제적 차원에서 형성된 금융시장으로부터 자금이 순환되도록 촉진하는 역할을 수행했다.[58]

철도 건설은 규모가 방대하고 복잡했기 때문에 다방면에 걸쳐 경영상 수많은 문제가 발생했다. 건설된 철도 구간의 운행이 활성화되기 위해서는 노선들이 서로 연결되어야 했고, 운영자와 소유자가 다른 여러 철도 노선을 이동하는 화물들의 운송비를 정산하는 공동 정산 시스템도 구축되어야 했다. 화물의 분류와 요금 부과에 대한 통일된 원칙도 필요했다. 그래서 1880년대와 1890년대 초에 철도 궤도의 폭, 자금 정산과 경리, 여러 구간에서 부과되던 운임에 관한 협의가 이루어졌다. 1871년 이전에 완공된 7만 킬로미터 구간에 더해 1900년까지 17만 킬로미터가 건설되었다. 철도가 건설되는 속도는 사업적 관점에서 수익을 얻을 수 있는 수준을 훨씬 넘어 너무 느렸기 때문에 대규모 손실이 발생했다. 그 결과 1894년과 1898년 사이에 가치로 환산하면 25억 달러에 해당하는 6만 5000킬로미터 구간을 매각할 수밖에 없었다. 미국 역사상 최대 규모의 파산이었다.[59] 이렇듯 철도 산업은 물리적 규모가, 그리고 조직이나 재정적인 규모가 엄청나게 거대했기 때문에 투자은행들의 제휴가 일어났고, 자기의 경력을 철도 분야에 쏟아 붓는 전문 경영인이 배출되도록 자극을 주기도 했다. 철도 산업이 가진 이러한 경영적·재정적 측면은 19세기 전환기의 미국 자본주의가 매우 특이한 성격을 갖게 하는 데 영향을 주었다. 대규모 사업을 조직하는 데 이렇게 다양한 문제들이 발생하기는 했지만, 미국 전체를 연결하는 통합된 철도 노선 건설은 유럽에서는 불가능했던 방식으로 이루어질 수 있었다. 유럽에서는 각국이 개별적으로 철도 프로젝트를 추진했기 때문에 유럽 내에 통합된 노선을 건설하기가 매우 어려웠다.

철도가 건설되자 19세기 말에 중서부에서 생산된 밀의 수출량이 대폭 증가했다.[60] 철도는 운송비를 낮추어 주었고, 비교적 저렴한 운송 체계의 활용 반경을 확대해 주어서 지역에 따라 생산이 전문화되고 시장이 활성화되도록 촉진하는 결과를 초래했다. 나아가 철도는 증기선 건조 때와 마찬가지로 새로 교육받은 기술자들의 고용을 활성화하고 엄청난 양의 철강을 소비했다. 이런 것들은 철도 회사를 넘어 다양한 경제 분야가 활성화되게 하는 촉진제가 되었다. 철도 건설을 통해 중서부산 농산물을 거래하는 대규모 시장들이 형성되었는데, 이 시장은 식료품 가공업도 촉진했다. 식료품도 철도를 통해 먼 거리에 있는 시장으로 운반할 수 있게 되었기 때문이다. 그 결과 신시내티와 시카고, 세인트루이스, 오마하, 캔자스시티 같은 중서부의 신도시에는 곡물 제분업, 육류 가공업(정육업), 제혁업을 다루는 공장들이 생겨났다.[61] 철도와 증기선은 당시에 사람과 물자를 먼 거리로 실어 나르는 핵심적인 교통수단이었다. 같은 시기에 전차는 도시형 교통수단이 되었는데, 특히 중서부의 대도시와 소도시에서 그러했다. 예를 들어 19세기 말에 오하이오주에서는 1만 명 이상의 주민이 사는 모든 도시가 한 개의 전차 노선을 갖고 있었다. 모든 노선의 25퍼센트에 대해 오하이오주가 책임을 졌다.[62] 교통 분야와 운송 분야에서 이룩한 이러한 성과는 중서부에서 경제 발전이 일어나는 토대가 되었다.

오대호 주변 지역에서는 경공업과 중공업이 발전했다. 1850년대와 1860년대에 피츠버그는 가장 중요한 철강 생산 중심지 중 하나로 발전했다. 1870년대에는 기계 공장과 공구 공장들이 북동부나 영국에서 오는 상품을 대체하며 지역의 수요를 충족했다. 따라서 1900년 무렵에 오대호 주변 지역은 경공업 제품과 중공업 제품을 생산해 미국의 다른 지역에 공급했다. 시카고와 클리블랜드, 피츠버그에는 도시화된 거대한 인구 밀집 지역이 형성되었다. 그러므로 소비재 생산 분야에서는 자본 집약적인 생산방식이 발전함에 따라 중서부와 동부에 있는 공장들이 생산을 늘릴 수 있게 되었고, 국내적·국제적 차원에서도 이를 마케팅하고 판매할 네트워크를 구축하는 것이 좋겠다고 판단하게 만들었다. 신시내티의 비누 제조 업체 프록터 앤드 갬블Procter & Gamble: P&G이 우연히 물에 뜨는 비누 한 개를 생산했을 때, 회사는 이 비누가 사람들이 원하던 물건으로서 시장성이 있다는 사실을 깨달았다. 그러고는 하루에 20만 개를 생산하는 새로운 기계를 도입해 시장의 수요를 채울 수 있었는데, 이 상품들은 구체적으로는 전국에 걸친 영업소를 통해 수요자들에게 전달될 수 있었다. 비교적 대규모인 몇몇 산업 분야는, 즉 통조림 제조, 제분, 담배 제조업과 성냥 제조업 등은 1880년대에 새로운 생산방식과 판매 시스템을 결합했다.[63] 바야흐로 소비재의 대량생산 시대가 시작된 것이다.

회사들이 점점 대형화되고 내부 구조가 복잡해지는 동안 그들이 생산하는 제품들은 증기기관 기술 가운데 가장 최근에 개발된 제품, 특히 콜리스Corliss 증기기관에 의존했다. 콜리스 증기기관은 동력을 전달할 때 신속한 변속을 가능하게 해 주어 더욱 효율적인 압연기를 제작할 수 있게 했다. 그리고 이러한 압연기는 강철로 된 철로뿐 아니라 다양한 형태로 가공된 산업용 철강을 생산할 수 있었다. 1870년에 콜리스 증기기관에 대한 특허권이 소멸되자 이 기술은 유럽으로 확산되어 여러 지역에서 광범위하게 도입되었다. 경제사가들이 볼 때 이 특허제도는 미국에서 기술 시장이 발전하도록 제도적인 인프라를 구축해 준 많은 것 중 하나였다. 특허제도는 생산성을 향상할 뿐 아니라 새로운 상품과 서비스가 개발되도록 촉진해 주는 새로운 기술혁신에 대한 수요가 많았기 때문에 번성할 수 있었다. 그래서 20세기 초에 미국의 몇몇 회사는 자체적인 연구 시설을 설립하고 기술혁신에 투자했다. 대기업 내부에서 진행된 연구가 수많은 소기업이 기술을 혁신하도록 동기를 유발해 주는 시장과 연결되는 현상은 20세기에 계속 발전했다. 이렇게 기업의 자체적인 기술 개발과 시장에 기반을 둔 기술 개발이 혼합된 형태는 오늘날까지 미국 국민경제의 핵심이 되는 특징이다.[64] 이러한 기술 발전으로 인해 19세기 말에 기업의 규모가 뚜렷하게 커졌으며, 기술혁신이 낳은 생산은 이들 일부 대기업에 중요한 요소가 되었다.

미국에서뿐 아니라 유럽에서도 기술혁신뿐 아니라 기업합병이나 모회사혹은 카르텔 설립을 통해 대기업들이 등장했다. 기업합병은 무엇보다 두 가지를 달성했다. 하나의 대기업 내에서 행정 업무를 중앙 집중적으로 관리한 결과 한때 개별적으로 운영되던 기업들을 통합적으로 경영하는 것이 가능해졌으며, 이를 통해 생산과정을 효율화해서 비용을 절감하는 효과를 얻었다. 1890년대에 직물 산업이나 아마인유 산업, 석유 산업의 분야에서 합병이 진행된 결과 이들 분야에는 각각 서너 개의 대기업만 남게 되었다. 그리고 수많은 회사가 제1차 세계대전까지 수직적으로 통합된 소수의 대기업으로 합쳐졌다. 금속 및 기계 제조, 화학, 유리, 석유, 고무, 식료품, 담배 생산의 분야가 여기에 포함되었다.[65] 미국의 자본주의경제는 이런 식으로 수직적으로 통합된 핵심 기업들을 대거 태동시켰다. 이들 대기업은 규모가 크고 재산이 많아 시장 경쟁 원칙에 따라 움직이면서 기업의 생존과 경쟁력 강화를 위해 생산비를 최소화하려고 노력했던 수많은 소기업을 쉽게 물리칠 수 있었다. 역사가들은 주로 이들 대기업에 주목했고 지금도 주목하고 있다. 하지만 경제 번영을 유지하는 데 기여하는 소기업이나 조합들은 경제 영역에서 마치 민주주의 제도에 참여하는 개별 유권자와 비교될 수 있는 지위를 차지하고 있다. 19세기 말 이래로 미국의 정치 시스템 안에 권력과 영향력을 지닌 사람의 수는 점점 줄어들었으며, 경제를 지배하는 기업가의 수도 매우 적었다. 그런데도 민주주의 사회는 그 당시 이래로 수많은 개별 유권자로 구성되었으며, 이와 마찬가지로 수많은 소규모 개별 기업이 경쟁적인 시장경제를 형성했다.

대규모의 초국적 재벌들이 지배하는 현대의 세계적 자본주의로 이끈 기업 조직이나 시장의 변화는 19세기 말에 시작되었다. 물론 소수 기업이 특정한 산업 분야나 시장을 지배하게 된 것이 19세기 말에 처음 나타난 현상은 아니었다. 유럽에서 아시아 상품의 판매를 장악하고자 했던 영국과 네덜란드, 또는 근대 초 기타 유럽 열강의 해상무역 회사들은 당시의 자본가들이 세운 회사였다. 하지만 이들은 여러 가지 핵심적인 측면에서 19세기 후반의 자본가들과 많은 차이가 있었다. 첫째, 그들은 산업 생산에까지 종사했고, 그들이 구매한 상품을 어딘가 다른 곳에서 단순히 판매만 한 것이 아니었다. 둘째, 복잡한 생산과정을 마무리하기 위해 필요한 처리가 많았기 때문에 일부 기업가는 다양한 생산과정을 한 회사 안에 통합했다. 이들 기업은 여러 회사에서 진행되는 다양한 생산과정을 각각 다른 공장에 맡기지 않고 자기 회사 안에 그 생산과정들을 통합적으로 설치한 후 효율적으로 제어하는 시스템을 택한 것이다. 셋째, 규모가 크고 복합적인 이들 대기업은 새로운 형태의 분업 시스템을 시행했으며, 중간 단계의 경영자들이 이를 관리하게 했다. 중간 경영자들은 최종 생산물을 제조하고 시장에 보내는 거대한 생산과정에 연계되어 있는 특정한 생산 클러스터에 대한 책임을 짊어졌다. 넷째, 이들은 회사의 생산능력이 증가한 만큼 이에 적합한 규모의 새로운 시장이 필요했기 때문에, 자기들의 상품 판매를 위해 국제무역 시장을 개척하려고 노력했다.

미국의 국민경제는 남북전쟁 이후 국내적으로 견고하게 통합되었으며, 국제 네트워크도 확대되었다. 게다가 미국 경제는 미국 내 상품의 흐름 증가나 해외무역이 증가하면서 얻은 이익과 마찬가지로, 미국에 유입된 자본과 노동력으로부터도 혜택을 입었다. 19세기 말에 미국의 공장에서 일한 노동자들은 주로 유럽에서 미국의 북동부 지방이나 중서부 지방으로 건너온 이주민들이었다. 1910년에 미국 중서부 지방에서 주민 10만 명 이상인 도시에 살던 사람들의 25퍼센트는 미국 출생이 아닌 외국 출생이었다.[66] 또한 국제 자본은, 특히 영국에서 미국에 투자된 자본은 19세기 후반에 미국인 스스로 투자했던 상당한 양의 자금을 보완해 주었다. 제1차 세계대전 전야에 영국 투자자들은 적어도 열여섯 개의 철도 회사에 100만 달러에서 6000만 달러에 달하는 지분을 보유함으로써 그들이 보유한 주식 가치보다 2.5배 이상을 투자한 셈이었다.[67] 내전 후 미국 국민경제의 통합은 엄청난 규모로 확대된 철도 시스템과 오대호 주변에 조성된 중공업단지의 발전을 통해 가능해졌으며, 이러한 중공업 발전은 북동부의 경공업과 대초원 지대의 농업 생산을 보완했다. 미국의 태평양 연안 지대는 남부와 마찬가지로 20세기의 첫 수십 년에야 비로소 국민경제에 통합되었다. 미국에서 진행된 대규모의 경제적 통합은 유럽에서는 상상할 수 없을 정도였다. 유럽의 경우 미국과 비교할 만한 정도의 넓은 지역을 통합하려면 여러 개의 국경을 넘어서야 했다. 그런 과정은 제2차 세계대전후 유럽 경제공동체EEC가 수립됨으로써 비로소 현실에서 동력을 얻을 수 있었으며, 결국 오늘날 유럽 연합EU에 이른 것이다.

남북전쟁이 끝난 후에도 미국 남부가 가난에 계속 허덕인 것은 남부 주들이 미국의 국민경제에 제대로 통합되지 않았다는 사실을 보여 준다. 남부의 경제적 문제는 그곳에 산업 발전이 전혀 이루어지지 않았다는 사실과 아무 상관이 없었다. 사실상 1869에서 1909년까지 40년 동안 남부의 생산자들이 만들어 낸 경제적 가치는 매년 7퍼센트 상승했는데, 이는 초기 산업화 과정의 다른 단계와 비교할 만한 수준이었다. 문제는 이러한 성장이 지역의 인구 증가를 따라갈 수 없었다는 것이다. 남부의 노동시장은 북동부 지역이나 중서부 지역과 연결되지 않았기 때문에 노동자들은 남부를 떠나 북부의 공업지대로 이주할 수 없었다. 그 대신에 유럽으로부터 노동력이 유입되었다. 결국 남부의 노동자들은 북부의 공장보다 더 노동 집약적이며 생산성이 낮은 경공업에 종사했다. 그리고 북부의 공장에서는 신기술에 더 많은 투자가 이루어졌기 때문에 남부보다 생산성이 높았다. 그 결과 남부에서 절대적인 기준으로 보아 노동생산성이 상승했다고 할지라도 북부보다는 점점 더 뒤처지는 결과가 초래된 것이다.[68] 이처럼 경제 발전이 지향하는 목표치는 계속 '유동적'이었으며 지금도 그러하다. 미국 남부의 사례는 국가라는 단위가 경제적인 변천을 측정하는 적절한 토대가 아니라는 사실을 보여 준다. 국가의 규모가 거대할 경우 특히 그러하다. 그러나 미국 내부에서 드러난 이러한 경제적 격차는 미국의 경제 발전과 라틴아메리카의 경제 발전 사이에 드러난 훨씬 현격한 차이보다는 그리 크지 않다고 할 수 있다.

철도 건설 이전의 라틴아메리카

미국이 영국으로부터 독립을 선언한 후 수십 년 동안 라틴아메리카 역시 유럽의 식민 지배에서 해방되었다. 하지만 라틴아메리카의 독립은 미국처럼 자기들이 가진 경제적 가능성을 충분히 고려해 적극적으로 활용하는 결과를 가져다주지 않았다. 라틴아메리카의 많은 정부는 독립 후 수십 년 동안 상호 전쟁에 연루되거나 반정부 봉기 세력들을 진압하느라 국력을 소진했다. 거대한 부채를 짊어지고 제대로 작동하는 조세제도도 갖지 못한 정부들은 설사 그들이 원했다고 할지라도 경제 발전을 촉진하기 위해 할 수 있는 일이 별로 없었다.[69] 하지만 이 모든 국내적인 어려움에도, 그리고 라틴아메리카 내 다른 국가들과의 경쟁에도 불구하고 이 지역은 유럽과 미국이 라틴아메리카의 문제에 개입하지 못하도록 막을 수는 있었다. 그 결과 라틴아메리카 국가들은 유럽인들이 세계의 다른 지역에서 열띤 식민화 경쟁을 펼칠 때 아프리카나 아시아의 정치 엘리트들이 직면했던 문제들을 겪지 않을 수 있었다. 라틴아메리카 국가들은 미국과 마찬가지로 기독교나 공화주의 정치제도에 기초한 문화를 포함해 유럽적 뿌리를 갖고 있었다.

경제적으로 볼 때 라틴아메리카 국가들은 심각한 도전에 직면했다. 미국의 북동부 지방이나 중서부 지방과 달리 이곳에는 운송이나 수력 활용을 위해 사용할 수 있는 촘촘하게 이어진 수로가 없었다. 적도 양쪽의 기후와 토양은 사람을 거주할 수 없게 해서 브라질에 온 포르투갈인들은 주로 대서양 해안 지역에 정착할 수밖에 없었다. 여기에서 더 남쪽이나 서쪽으로 가면 페루와 아르헨티나가 있는데, 이 지역은 대부분 산악 지대였다. 배가 다닐 수 있는 강이 없는 지역에서는 육로로만 운송할 수 있었는데, 19세기 초에 육로 운송은 무엇보다 짐을 나르는 짐승을 통해 이루어졌다. 예를 들어 브라질에서는 주로 노새가 내륙 지방으로 짐을 실어 날랐다.[70] 이렇게 어려운 자연환경 때문에 사람들이 활용할 수 있는 경제적 가능성은 매우 제한되어 있었다. 게다가 이러한 자연적인 악조건은 이주해 온 유럽인과 그들의 후손들이 토착민들이나 수입되어 온 아프리카인 노예들을 지배하기 위해 확립한 계층적 사회관계 때문에 더욱 심화되었다. 이 지역들에서는 경제적으로는 광대한 토지에 노예 노동과 임금노동을 혼합해 투입한 방식 덕분에 부가 창출되었고, 이주해 온 유럽인들이 여기에서 우선적으로 이득을 보도록 조직되었다.[71]

물론 특이한 형태의 주민 혼합과 자연 자원, 경제체제는 라틴아메리카에서 지역마다 매우 다양하게 나타났다. 20세기의 저명한 브라질 경제학자인 세우수 푸르타두Celso Furtado는 라틴아메리카를 세 지역으로 구분했다. 첫 번째 지역은 유럽과 비슷한 기후를 갖고 있고 농산물을 유럽에 수출했으며, 그들이 가진 자원을 개발하기 위해 유럽 노동자들을 끌어들였다. 두 번째 지역은 커피나 설탕 같은 노동 집약적인 열대 농작물을 생산했던 지역이다. 그리고 마지막 세 번째 지역은 광산에서 광물을 채굴하고 이를 수출하는 데 의존했던 지역이다.[72] 스탠리 엥거먼Stanley Engerman과 케네스 소콜로프Kenneth Sokoloff는 이와 비슷한 구분이지만 보유 자원에 기초한 좀 더 체계적인 분류를 통해 라틴아메리카에서 세 가지 경제 형태가 발견된다고 제안했다. 그들의 관점에서 가장 중요한 요인은 토지의 형질, 기후, 그리고 원주민의 규모 및 인구밀도였다.[73] 그들은 이 요인들이 각각 지역에서 실현된 평등의 수준과 인적자원, 정치권력의 형태에 따라 라틴아메리카의 각 지역이 어떻게 발전할지를 결정했다고 주장했다. 열대작물은 본질적으로 대농장에서, 곡물은 작은 농장에서, 광물은 엘리트 집단의 통제하에 생산되었다. 라틴아메리카에 있었던 세 개의 중심적인 농업 제도 가운데 첫 번째 방식을 구성한 것은 원주민의 농업 공동체였다. 두 번째 농업 제도는 이주해 온 에스파냐인들이 구성했는데, 여기에는 두 가지 형태의 대토지 소유가 존재했다. 한 곳에서는 옥수수와 밀, 보리를 재배했으며, 다른 곳에서는 가축을 방목했다. 아시엔다hacienda로 불린 대토지 소유제는 마을에서 끌려온 원주민들의 노동에 의존했으며, 멕시코 북부의 광활한 평야, 베네수엘라의 야노스Llanos(사바나 초원), 아르헨티나의 팜파스pampas(대초원 지대)에서 가장 많이 발견되었다. 그리고 마지막으로 아프리카 출신 노예들을 동원해 커피와 설탕 같은 열대작물을 생산하는 플랜테이션 방식이 있었다. 특히 포르투갈인들은 브라질에서 이 세 번째 생산방식에 집중했다.[74]

대규모 아시엔다와 플랜테이션들은 상업적 판매를 위해 생산했다. 설탕과 커피 외에 양모와 가죽, 건어물들도 그곳에서 생산했다. 하지만 이들은 각각 다른 목적으로 생산되었다. 아시엔다에서는 아메리카 대륙 내의 원거리 무역으로 나아가는 상품이 생산되었던 반면에, 설탕과 커피, 담배는 북아메리카나 유럽으로 향하는 대서양 무역 네트워크로 공급되었다. 여기서 에스파 냐인과 포르투갈인들이 장악하고 있던 거래 경로는 당시까지 촌락공동체 사 이에 이루어지던 원주민들의 거래뿐 아니라 아즈텍 제국과 잉카 제국의 통치 자들이 정치적으로 관리하던 물자 유통로를 보완하거나 대체했다. 국제무역 에 종사했던 라틴아메리카의 에스파냐인들은 대서양을 건너는 길, 카리브해 로 가는 길, 태평양을 건너는 길이라는 세 가지 다양한 항로를 이용했다. 태 평양 루트는 누에바에스파냐(멕시코, 중앙아메리카, 에스파냐가 장악한 카리브 군도 로 구성되어 있으며, 1535년에 아즈텍 제국을 정복한 후 건설된 영역)와 페루를 동남아 시아의 필리핀과 연결했다. 태평양 루트는 후기 식민지 시대에 부르봉 왕조가 그들이 보유한 아메리카 식민지에 대한 통치를 강화함에 따라 대서양 루트보 다 그 중요도가 떨어졌다.[75]

18세기 라틴아메리카의 광산업은 16세기에 시작된 낡은 생산방식과 판 매 방식을 여전히 사용하고 있었다. 유럽에서는 중상주의적인 교환 원칙을 중 단하고 19세기 초에 아편이 은 수입을 대체하면서 유럽과 아시아 사이에 이 루어지던 무역 상품의 구성이 변화했지만, 라틴아메리카에서는 19세기 내 내 은을 계속 채굴했다. 대부분의 산업에서 옛 생산방식을 계속 유지했지만, 1830년대에 누에바에스파냐에서는 직물 생산에 신기술을 도입했다. 20개에 서 100개의 베틀을 가진 공장들이 맨 처음에는 멕시코에서, 그리고 시간이 흐르면서 브라질(1844)과 페루(1850)에서 기계화되었다.[76] 하지만 그렇다고 해 도 1850년 이전에는 정치적인 한계 때문에 시장이 성장하고 산업화가 진행될 가능성이 그리 크지 않았다. 지역 간 전쟁이나 국내 정치의 갈등은 사업에 큰 방해가 되었으며, 독립 이후 1870년까지 부과된 높은 관세는 무역 활동을 억 제했다. 그러다가 1850년대에 와서 국가에 의한 독점 산업이나 가톨릭교회와 군부에 대한 예외 조항들이 폐지되면서 상황이 개선된 것이다. 새로운 민법 과 상법이 제정되었을 뿐 아니라 일부 국영 토지가 민영화되면서 라틴아메리 카의 국민경제가 성장하기 시작했다. 하지만 철도가 건설되기 전에는 농업도, 산업도 내수 경제를 형성하거나 지역적인 시장 관계를 형성할 만큼 실질적인 발전을 이루지는 못했다.[77]

라틴아메리카의 철도와 산업, 금융

라틴아메리카에서 국내적으로 또는 국가 간에 반세기에 걸쳐 전개된 정치적 분쟁이 가라앉고 안정이 회복되자 자본과 노동력이 이 대륙으로 몰려들었다. 이것이 1870년 이후에 라틴아메리카의 경제 발전을 견인하는 동력이 되었다. 1880년대 이전에는 라틴아메리카 국가들이 들여온 차관 대부분이 각 정부에 돌아갔는데, 그들은 지급 의무를 제대로 이행하지 못했다. 1850년대에서 1870년대 사이에 사기업에 지급된 대출은 라틴아메리카에 지급된 전체 해외 차관의 3분의 1 이하(약 5600만 파운드)였던 반면에, 나머지 1억 2300만 파운드는 국채로 흘러들었다. 국채 대부분은 군부의 재정, 옛 부채의 상환과 철도 건설에 투입되었다. 그런데 이들 가운데 경제적으로 이익을 창출할 수 있는 분야는 오직 철도 건설뿐이었다. 경제성 있는 분야에서 생산이 증가했다면 조세수입이 증가해 외국 차관도 상환할 수 있었을 것이다. 하지만 현실은 그렇지 못했으므로 라틴아메리카 국가들이 1880년에 여전히 남아 있던 부채의 60퍼센트를 상환하지 못한 것은 그리 놀라운 일이 아니었다. 총 7100만 파운드에 달하는 엄청난 금액이었다.[78] 1880년대에서 제1차 세계대전 전야에 이르는 시기에도 경제적인 인프라를 구축하기 위해 상당한 양의 해외 차관이 라틴아메리카에 유입되었다. 이 자금을 기반으로 철도가 건설되면서 라틴아메리카의 교통망이 현저하게 개선되어 화물 운송 비용이 크게 절감되었다.

해외 차관을 들여온 것은 아르헨티나와 멕시코, 브라질, 칠레, 우루과이의 5개국이었다. 아르헨티나는 멕시코나 브라질보다 거의 두 배 정도, 멕시코와 브라질은 칠레나 우루과이보다 두배 이상의 차관을 들여왔다. 투자 자본은 대부분 영국과 프랑스, 독일에서 왔다. 전체적으로 볼 때 유럽인들은 이 자금을 기본적으로 철도 건설과 공공시설에 투자했다. 라틴아메리카에 유입된 유럽 자본이 실질적으로 현지의 금융시장이나 금융기관을 구축하는 데 투자되지 않았다는 사실은 매우 의미심장하다. 현지의 금융시장과 금융기관이 형성되었다면 그곳에서 동원할 수 있는 자본들이 그들 스스로 좀 더 광범위하고 안정적으로 자리 잡은 경제 인프라를 구축하는 데 사용될 수 있었기 때문이다. 이러한 금융기관이 없었기 때문에 산업 기반의 구축은 어려웠고, 멕시코 사례가 보여 주듯이 심각한 기업 집중 현상이 초래되었다. 오직 소수의 부자만이 공장을 건설할 자금을 모을 수 있었기 때문이다. 기업 집중 현상은 심지어 미국과 유럽이 앞서 나가던 제2차 산업혁명에 속한 산업 분야보다 훨씬 적은 자금이 필요했던 면직물 공장에서조차 발견되었다.[79]

라틴아메리카에는 해외에서 자본만 들어온 것이 아니라 19세기 말에는 대규모 이민도 유입되었다. 1880년에 페루의 구아노[4] 공장과 설탕 공장, 면직 공장에는 약 7만 5000명의 중국인이 일하고 있었다. 카리브해 지역에서는 영국령 인도나 네덜란드령 동인도에서 온 계약 노동자들이 플랜테이션 노동을 담당했다. 계약 노동자 제도는 식민지를 경제적으로 통합하는 한 방식으로서, 단순하게 본국에서보다 더 높은 임금을 받을 수 있었던 이탈리아·포르투갈·에스파냐 출신 유럽 이민자들의 행복한 이야기와는 본질적으로 다른 것이었다. 계약 노동자 외에도 유럽인들의 북아메리카 이주로 인해 유럽과 아메리카가 점차 긴밀하게 연결되면서 또 다른 인구학적 현상이 초래되었다. 아메리카에서는 원주민들이 차지하는 비중이 훨씬 컸고, 지역에 따라서는 심지어 본인이 아프리카 출신이거나 조상이 아프리카인인 사람이 많이 살고 있었기 때문이다. 사실 19세기 동안에 60만 명 또는 70만 명의 아프리카 출신 노예들이 에스파냐령 아메리카에 들어왔다. 브라질에서는 1870년에 노예무역이 금지될 때까지 이보다 거의 두 배 정도의 노예들이 유입되었다. 이들 아프리카인은 이미 산업혁명 이전에 처음 형성되었던 유럽인들의 소비 취향을 만족시키는 설탕과 커피, 목화의 플랜테이션에서 일했다.[80]

유럽 이주민들에게는 아르헨티나와 우루과이가 물질적으로 가장 매력적인 나라였다. 라플라타강 주변 지역의 임금은 이탈리아 또는 포르투갈, 에스파냐보다 거의 두 배 정도였다. 물론 이러한 임금 격차는 이들 유럽 국가와 미국 사이의 차이보다는 작았기 때문에 이주민을 끌어들이는 데 그렇게 중요하지는 않았다. 오히려 이곳에서는 유럽의 라틴계 국가들과 남아메리카 국가들

―――― 4 바닷새의 배설물로 조분석이라고도 한다. 질소나 인이 많이 함유되어 있어 비료로 쓰이며, 남아메리카와 태평양 연안에서 주로 발견된다.

이 언어적·문화적으로 많은 공통점을 갖고 있다는 사실이 단순한 경제적 매력보다 중요하게 작용했다. 그런데도 이탈리아 남부 출신 다수는 미국으로 가려는 경향이 강했지만,(65퍼센트가 미국으로 이주했다.) 그 밖에 북이탈리아 출신의 75퍼센트는 1881년에서 1911년 사이에 아르헨티나와 브라질로 건너갔다. 유럽에서 온 이주민 일부는 브라질 남동부의 커피 플랜테이션에서 일했지만, 그 외에 많은 다른 이주민은 미국에서와 마찬가지로 라틴아메리카 도시에 설립된 공장에서 노동에 종사했다.[81] 이렇듯 라틴아메리카에서는 19세기 말에 유럽에서 유입된 인력과 자본이 결합해 산업화와 국제무역을 촉진했다. 하지만 양자가 구체적으로 어떤 맥락에서 연결되었는지는 명확하지 않다. 20세기로 넘어가는 전환기에 라틴아메리카가 세계 자본주의에서 차지하는 위상을 살펴볼 때, 앞서 언급한 경제적인 변화가 여기에 어떤 영향을 미쳤는지에 관해서도 이견이 분분하다.

라틴아메리카가 19세기 말의 세계적인 노동 분업에 연계되었다는 사실은 무엇보다 라틴아메리카 지역 대부분이 유럽과 미국에 산업용 원자재와 소비용 농산물을 제공했다는 것을 뜻했다. 원자재나 소비용 농산물 생산은 전형적으로 산업 생산보다 노동생산성이 낮은 경제활동이었으며, 여기에 종사한 노동자들의 임금이 낮은 것은 당연한 결과였다. 따라서 라틴아메리카 국가들이 들여온 부채가 계속 누적되면서 부채 상환 요구를 받을 위험이 점점 커졌다. 결국 1901~1902년에 미국과 독일, 영국, 이탈리아가 부채 상환을 요구하면서 해상봉쇄를 감행했을 때 베네수엘라인들은 부채 미상환이 가져올 위험이 얼마나 큰지를 뼈아프게 경험할 수 있었다.[82] 물론 이와 동시에 라틴아메리카인들은 농산품 수출을 기반으로 해서 브라질의 상파울루나 아르헨티나의 부에노스아이레스 같은 도시에서 산업화를 추진하는 데 사용한 자본재[5] 대금을 지불할 수 있었다. 순수한 경제 논리에 따르면 라틴아메리카 국가들은 농산물 수출로 벌어들인 돈을 유럽산 산업 제품이나 미국산 산업 제품을 구

_____ 5 생산을 위해 사용하는, 토지 외의 물적 생산수단(기계 또는 원자재 등)을 뜻하는 경제 용어다.

매한 대금을 지급하는 데 사용해야 했다. 이들은 유럽인들이 할 수 있는 것보다 훨씬 저렴하게 농산품을 생산할 수 있었기 때문이다. 하지만 미국이나 유럽 내륙 국가들이 영국산 수입품을 대체하기 위해 자국 산업을 발전시킬 때 사용한 방법과 마찬가지로, 라틴아메리카 국가들도 보호관세를 통해 아직 초기 단계인 자국 산업을 보호하려고 했다.[83] 예전에는 라틴아메리카에서 외국 차관을 확보하는 데 도움이 되는 긴급한 국가 수입을 조달하는 데 관세 제도를 사용했다. 산업 육성을 위한 보호관세는 여러 라틴아메리카 국가에서 산업화를 추진하는 데 중요한 역할을 한 수많은 요인 가운데 하나였다. 국가에 의한 경제 촉진 정책, 유럽의 자금 투자, 유럽인 노동자의 이주, 이 세 가지 요인이 결합된 결과 19세기 말의 라틴아메리카에서는 농업 분야뿐 아니라 산업 분야에서도 생산이 증가했다.

　제1차 세계대전이 임박했을 무렵에 몇몇 라틴아메리카 국가의 경제는 잘 발전해 미래 전망이 매우 긍정적이었다. 미국이 급속히 세계 최대 규모의 국민경제로 성장한 것과 같은 시기에 멕시코와 브라질은 각각 국내 섬유공업을 발전시켜 국내 수요의 약 3분의 2 혹은 4분의 3 이상을 충당할 수 있었다.[84] 그러므로 19세기 동안에 라틴아메리카의 경제성장을 평가하는 데는 사실 어떤 척도를 사용하는지에 따라 성공과 실패를 달리 결정할 수 있다. 분명히 라틴아메리카는 서방의 식민지로 전락했던 아시아나 아프리카의 국가들보다 나은 발전을 이루었다. 아메리카 남부의 국가들은 세계 다른 지역에는 거의 존재하지 않았던 주권국가였다. 따라서 우리는 유럽이나 미국에 종속되지 않았던 나라는 어디든지 식민지가 되었던 나라들보다 경제적으로 잘 발전했을 것으로 추정할 수 있다. 사실 라틴아메리카 국가들은 주권국가였을 뿐 아니라 미국이 유럽이나 아프리카와 맺은 관계와 비슷하게 유럽이나 아프리카와 관계를 유지하고 있었다. 그런데 라틴아메리카는 미국이 성장한 것과 같은 방식으로 성장하지 않았다. 따라서 어떤 관찰자들은 아직도 그 이유가 무엇인지 의문을 제기한다. 그것은 자원이나 제도, 국가정책의 차이 때문이었을까? 아니면 이와 다른 어떤 원인, 혹은 이 모든 요인이 복합적으로 작용한 것이었을까?

아메리카 대륙: 다양성과 차이점, 유럽과의 관계

19세기의 미국과 라틴아메리카의 경제를 비교할 때, 우리는 아메리카의 한 광대한 지역을 간과하고 있다. 캐나다를 미국의 사례에 함께 추가한다면, 우리는 북서유럽식 모델에 따라 그들의 정치제도와 경제 제도를 형성했던 북서유럽 출신 이민자들의 두 번째 무대를 발견하게 된다. 캐나다는 1860년 이후에 정치적 독립을 달성했는데, 인구는 어림잡아 미국의 10분의 1 정도에 지나지 않았다. 도시화의 정도도 낮고 마을 사이의 거리는 너무 멀어 경제성장이 어려웠다. 철도 건설에 지나치게 많은 비용이 들어 리처드 화이트Richard White가 미국 철도 건설에 제기했던 것과 동일한 문제가 대두했다. 철도 건설을 통해 보통 주민들이 사실상 얻는 경제적 이익보다 철도 건설에 투자해야 하는 비용이 더 많다는 문제였다.[85] 그래서 캐나다 정부는 철도 건설에 투자한 자본가에게 1000만 헥타르의 토지를 증여하고 약 2500만 달러를 보조금으로 지급했다. 이러한 제도적 지원책은 특혜 받은 일련의 기업가를 큰 부자로 만들었다. 철도 체계의 일부가 건설되자, 캐나다의 대평원에서 수출하던 밀의 물량이 대폭 증가할 수 있었다. 미국에서 철도 건설을 통해 밀 농장주들이 생산한 곡물을 멀리 수출할 수 있게 된 것과 같았다. 이전에 캐나다는 캐나다의 대평원에서 생산된 밀을 세인트로렌스강과 운하를 통해서만 수출할 수 있었다. 그런데 미국 중서부와 달리 캐나다의 중서부 지역에는 중공업이 발전하지 않았다. 미국에는 중서부 지역의 산업 발전을 뒷받침할 만한 상업과 제조업의 전통을 가진 북동부 지역이 있었지만, 캐나다는 그렇지 않았기 때문이다. 그 결과 19세기에 캐나다 국민경제는 천연자원경제와 농업에 기반을 둔 경제에 머물렀지만, 이 분야의 상업화가 계속 진행되기는 했었다. 여기서 목재업과 어업도 점차 중요한 수입원이 되었다. 1860년대부터 캐나다는 유럽으로 밀을 수출했지만, 노동력은 남부 국경을 넘어 미국으로 이동했다.[86]

그렇기 때문에 어떤 면에서 보면 캐나다의 경제 발전은 미국보다는 차라리 아르헨티나와 유사했다. 이 나라는 곡물 수출국이 되었고, 인구가 적었기 때문에 일인당 농업 생산이 급격히 증가하면서 상당한 부를 축적했다. 물론 정치적 측면에서 보면 캐나다는 아르헨티나, 특히 전반적으로 라틴아메리카 국가들과는 크게 달랐다. 캐나다의 주민들은 많은 라틴아메리카 국가의 주민들이 갖고 있지 않은 몇몇 정치적·사회적 혜택을 누리고 있었다. 그리고 이러한 차이는 세계 자본주의경제에 통합되면서 발생한 경제적 이익의 규모에 영향을 주었고, 이 혜택이 사회의 다양한 집단에 분배되는 데 영향을 주었다. 캐나다도 19세기 전반부에 정치적 도전에 직면해 이후 어떤 길을 걷게 될지 결정적인 순간 앞에 서 있었다. 그러나 그들이 처한 상황은 라틴아메리카 국가들이 극복하기 위해 몸부림쳐야 했던 처절한 어려움과는 거리가 멀었다. 라틴아메리카에 성립된 전형적으로 위계적인 사회질서는 유럽 출신 엘리트와 그들의 후손이 정계와 경제계를 장악하는 모습을 보이게 하고 자원에 관한 관할권도 불평등하게 배분되게 했지만, 캐나다에서는 이런 현상이 그렇게 분명하게 드러나지 않았다.

하지만 이와 달리 라틴아메리카 사회는 독립 후 수십 년 동안 지속적으로 발생한 군사적 충돌 때문에 경제적으로 발전할 수 없었다. 전쟁 비용 때문에 발생한 엄청난 국가 부채는 국가가 경제 분야에 적극적으로 투자할 수 없게 발목을 잡았다. 그런데 만약 전쟁이 부채를 유발하고 국가 부채가 경제의 발목을 잡는 논리가 19세기 라틴아메리카의 상황에 들어맞는다면, 우리는 왜 라틴아메리카에서 발생한 치열한 정치적 경쟁은 근대 초 유럽에서처럼 국가 형성과 경제 발전에 동력이 되지 않았는지 문제를 제기해야 할 것이다. 많은 역사가가 볼 때 근대 초 유럽도 이와 비슷한 상황에 처해 있었기 때문이다. 두 경우 모두에서 군사적인 갈등은 순손실을 가져다주었을 것이 분명하다. 그런데 서유럽에서는 여기에 정치적·경제적 성과가 뒤따랐다. 그렇기 때문에 역사가들은 치열한 정치적 경쟁이라는 조건이 정치적·경제적 발전에 미친 영향을, 그런 조건이 없는 경우보다 더욱 긍정적으로 평가한다. 최근에 필립 호프먼Philip Hoffman이 주장했듯이 유럽 내의 정치적·군사적 경쟁과 대립은 다른 지역에서는 찾아볼 수 없는 특정한 조건들을 만들어 냈다. 그리고 그 결과로 유럽의 국가 건설과 경제 발전은 유럽과 마찬가지로 경쟁적인 국가들로 구성된 세계 다른 지역의 정치 및 경제와는 다른 결과를 초래했다.[87]

19세기 말에 유럽과 미국 동부에서 형성되었던 산업자본주의는 막강한 시장 지분을 보유하던 대기업들이 좌지우지했다. 그들은 카르텔을 형성하고 서로 합병하는 방식으로 시장 지배력을 더욱 강화했다. 제2차 산업혁명으로 이루어진 산업 생산의 많은 부분은 대기업들이 조직했으며, 이렇게 진행된 19세기 말의 자본주의는 산업혁명 초기의 자본주의나 근대 초 상업자본주의와 뚜렷하게 차이를 보였다. 하지만 유럽과 미국의 경제는 여전히 광범위한 상업적 기반을 보유하고 있었다. 그 기반 위에서 무수히 많은 소기업이 소수의 대기업이 장악하지 않은 시장에서 상품을 생산하고 교환하면서 이전과 다름없이 성공적으로 활동하고 있었다. 따라서 물질적 성공을 통해 산업자본주의의 경제적 성과를 가시적으로 보여 준 대자본가와 소규모 기업가, 중산층 자영업자 등 이 다양한 집단들의 정치적 야심과 경제적 이해관계가 어떻게 서로 조정될 수 있었는지에 관한 문제는 19세기 말과 20세기 초의 미국 정치에 관한 강도 높은 토론에서 핵심이 되는 주제였다. 미국 내에서 대다수 국민의 번영과 특혜를 받은 자본가들의 이익 사이의 관계에 관해 토론하는 동안에 미국 자본주의는 국제적으로 힘을 가진 강자의 지위에 올랐다.

4   대서양 세계의 19세기 말 산업자본주의

19세기 말에 아메리카와 유럽의 많은 지역에는 크고 작은 도시들과 수많은 공장이 있었다. 산업화 시대 초기에는 영국이 그 선두에 있었으며, 직물 공업과 새로운 에너지원인 증기기관이 그 중심에 있었는데, 증기기관은 계속 늘어나는 여러 제품을 생산하는 데 사용되었다. 유럽 대륙의 여러 국가는 영국의 성공 모델을 모방했으며, 몇몇 국가는 1850년 이후에 제2차 산업혁명이 일어나면서 중공업 분야, 특히 화학 분야와 전기 분야, 금속가공 분야의 특화를 추진했다. 산업화를 통해 상품의 종류가 매우 다양해졌으며, 점점 더 먼 지역으로 운송할 수도 있게 되었다. 1870년대부터는 기차와 증기선 덕분에, 그리고 수에즈 운하(1869)와 파나마 운하(1914)가 개통된 덕분에 훨씬 먼 지역까지 더 많은 상품을 수송할 수 있었다. 또한 자본과 노동도 점차 그 수요가 더 많은 지역으로 흘러들어 갔다. 19세기 말의 아메리카와 유럽을 살펴보면 각 대륙 내의 경제적 교류뿐 아니라 두 대륙 사이의 경제적 교류도 크게 성장했다. 그리고 아메리카 및 유럽과 세계 기타 지역 사이의 경제 관계도 이전보다 훨씬 긴밀해졌다. 철도망을 통해 국내 경제가 전반적으로 통합되자 생산품들은 가까운 항구로 운송되고 그곳에서 선적되어 바다를 건너 전 세계로 운반되는 과정이 확립되었다. 미국 내에서 진행된 경제 통합은 유럽에서보다 훨씬 광대한 면적에 걸쳐 진행되었다. 유럽 국가 사이에서는 수많은 국경이 무역에 걸림돌로 작용했지만, 미국에서는 그런 경계선이 별다른 방해가 되지 않았기 때문이다. 미국 정부의 수립 초기에 서로 경쟁 관계에 있던 연방주들은 내전 이후에 계속 확장된 철도를 통해 서로 긴밀하게 연결되었다. 철도 노선은 항구로 이어졌으며, 미국 전역에서 만들어진 상품은 항구에서 전 세계로 가는 선박에 실릴 수 있었다.

19세기의 경제 발전을 촉진한 것은 새로운 기술이었다. 사람들이 새로운 기술을 이용할 수 있는지는 이용 가능한 자원이 있는지, 그리고 거기에 적합한 경제 제도가 있는지에 달려 있었다. 이들 요소는 성장을 촉진하는 조건을 만들고 이를 유지할 수 있는 효율적인 국가가 있는지에 따라 크게 영향을 받았다. 국가의 정책과 국내의 경제 제도들이 어떻게 서로 적응하고 보완하는지가 19세기의 국가별 국민경제의 양상에 결정적인 영향을 미친 것이다. 하지만 경제적인 변화는 한 나라의 경제가 얼마나 국제무역과 연결되었는지, 그리고 자본이나 노동력의 유입과 어떻게 연관되었는지에 따라서도 영향을 많이 받았다. 그런데 얼마나 많은 경제 주체가 국제적인 경제 관계를 통해 혜택을 입을 수 있었는지는 한 나라의 전반적인 경제적 역량에 달려 있었다. 여기서 산업화와 국제무역은 긍정적인 요인으로 작용했지만, 얼마나 많은 사람이 그 변화가 유익하다는 사실을 깨달았는지에 따라 비로소 물질적인 개선과 사회 변화를 이룩할 수 있었다.

산업화와 국제무역이 19세기에 유럽과 미국의 국민경제에 다양한 영향을 미쳤지만, 그 가운데 특히 한 가지 측면이 중요했다. 대서양을 넘나드는 다각적인 경제 관계를 만들어 낸 것이다. 1장에서 간략하게 다루었던 18세기 후반의 대서양 경제는 식민지 무역 정책에, 그리고 아메리카에서 일하게 된 아프리카 출신 노예에게 의존했다. 반면에 산업자본주의와 금융자본주의로 이루어진 19세기 말의 대서양 경제는 식민지나 노예에 대한 의존도가 이보다 훨씬 낮았다. 1870년과 1913년 사이에 금융 제도의 확대, 산업의 성장, 무역의 증가가 서로 밀접하게 연결되었으며, 미국은 라틴아메리카와 유럽에 긴밀하게 연결되었다. 서구의 산업자본주의 시대에 발견되는 특이한 방식의 연결 관계였다.

대서양 경제: 통합과 성장

19세기 후반에 미국과 유럽에 거대한 규모의 시장들이 형성되면서 광대한 지역에 흩어져 살던 더 많은 사람이 시장에 접근할 수 있었다. 미국에서 내전이 발발하기 이전에 남부에서는 많은 노예가 스스로 소비할 수 있는 것보다 훨씬 많은 상품을 생산함으로써 시장에서 이른바 비대칭적인 관계에 있었던 것과 달리, 대부분의 미국인과 유럽인들은 생산자인 동시에 소비자로서 시장에 나왔다. 일반화해 말하면 그들이 생산하는 상품 가치가 높으면 높을수록 그들의 수입은 높아졌다.

상업적인 경제활동은 미국과 유럽 전역에 확산되었으며, 이는 새로운 기술과 혁신적인 공장 가동 방식이 도입될 뿐 아니라 농산물이 증가하고 무역 규모가 확대되면서 더욱 촉진되었다. 유럽 대륙에서 산업화가 서부에서 동부로 확대되면서 각국에서는 생산량이 증가하고 시장이 통합되는 현상도 발생했다. 스위스와 같은 몇몇 나라에서는 국내 소비용으로 이루어진 직물의 공장제 생산이 식료품 가공업이나 의약품 생산과 결합되었다. 그러면서 처음에는 이들 상품을 위한 유럽 시장이 등장하더니 나중에는 이를 수출하는 세계적 시장도 형성되었다. 게다가 유럽 국가들 사이에 관세장벽이 점차 사라지면서 시장 통합이 탄력을 받아 강화되었고, 무엇보다 운송 기술 부문에서 결정적인 발전이 진행되어 철도와 증기선이 출현했다. 2장에서 살펴보았듯이 영국은 유럽의 다른 국가로부터 수입되는 곡물에 세금을 부과했던 곡물법을 1846년에 폐지하면서 앞서 나갔다. 물론 곡물세에 대한 찬반을 둘러싸고 의회 내에서 논쟁이 전개되면서 영국의 농부들이 자본가나 그들이 고용한 노동자들과 대립하는 결과를 초래했다. 이렇듯 한편으로는 정치적 변화가 관세 폐지를 가져왔고, 자유무역 이데올로기를 널리 홍보한 것도 중요한 의미를 갖고 있었지만, 자국의 산업을 육성하고자 했던 유럽 대륙의 정부들은 아직 걸음마 단계에 있던 산업 분야를 보호하기 위해 수입관세를 부과하기도 했다. 이러한 보호관세정책은 각국의 산업화 진전에 기여한 것으로 보이기는 하지만, 유럽 국가들 사이의 국제무역 역시 증가했다. 물류 운송비가 저렴해지면서 관세장벽을 극복할 수 있게 여유를 만들어 주었기 때문이다. 달리 표현하면 관세 부과를 통해 산업 생산품의 국제무역을 축소시킨 정책이 오히려 유럽 내부에서 산업화가 확산되도록 만들어 준 것이다.

산업화와 국제무역은 19세기 후반에 유럽 전체에 걸쳐 증가했지만, 사실상 모든 측면에서 상호 보완적인 발전은 아니었다. 정부나 국내 기업가들은 자국 산업을 수입 상품으로부터 보호하기를 원했으며, 이는 어떤 면에서는 근대 초에 자국의 상품 생산을 촉진하고 이웃 국가들과의 경쟁에서 이들 상품의 수출을 증대하고자 했던 유럽 정부와 기업들의 노력과 매우 비슷했다. 19세기 후반과 근대 초 모두 국가 간 경쟁 상황은 그 당시에 성장하고 있던 국가의 경제력과 번영을 정치가 나서 촉진하도록 만들었다. 반면에 근대 초와 19세기 후반의 무역 환경은 전반적으로 차이가 있었는데, 그 차이는 운송 기술의 발전에 따른 것이었다. 특히 철도와 증기선은 국내 경제를 매우 긴밀하게 연결했을 뿐 아니라 국제적인 무역 네트워크도 대폭 발전시킬 수 있었다. 이렇듯 유럽 각국의 국민경제는 일부 산업에 토대를 두고 발전하면서 동시에 국경을 넘어서는 무역을 이전 세기보다 더욱 활발하게 추진할 수 있었다.

19세기 후반에 아메리카 대륙에서 진행된 산업 발전과 경제성장은 (특히 영국에서 오는) 자본과 (이베리아반도에서 라틴아메리카로, 그리고 남유럽과 동유럽에서 미국으로 건너온) 노동력의 유입 없이는 상상할 수 없었다. 자본은 다양한 시장에서 받을 수 있는 이율에 따라 옮겨 다녔다. 그리고 차관은 다양한 방식으로, 다시 말해 기업뿐 아니라 정부에 의해서도 도입되었다. 두 경우 모두 채무자들은 차관을 통해 이익을 올릴 수 있을 것이라는 전제에서 출발했지만, 정부와 기업가의 성과에는 각각 차이가 있었다. 이런 차이가 있었는데도 어쨌든 두 가지 형태의 차관은 모두 상환되어야 했다. 기업들은 사업적 성과를 통해 얻은 수익으로 상환금을 지급할 수 있었으며, 정부는 차관을 들여온 후 징수한 세금으로 이를 상환할 수 있었다. 산업에 투자된 자본과 생산된 상품이 흘러간 방향이나 규모를 살펴보면 뚜렷한 경제 논리가 대서양 경제를 매우 긴밀하게 통합시켰음을 확인할 수 있다. 정부에 차관을 줄 때는 평가 기준이 좀 더 복잡했다. 이 차관이 어떻게 상환될 수 있는지의 문제는 세금과 관련되어 있었는데, 세금 수입은 세율뿐 아니라 경제적 성과의 크기와 규모에 달려 있었기 때문이다. 정부에 대한 차관과 마찬가지로 노동 이민도 순수하게 경제적 측면에 대한 계산 결과로만 이루어진 것이 아니었다. 어떤 사람들은 무수히 많은 비경제적 이유 때문에 고향을 떠나기를 주저했던 반면에, 또 다른 비경제적 요인들은 사람들이 특정 지역을 선호해 이주하도록 부추길 수 있었다.

많은 유럽인은 이미 일찍부터 아메리카로 이주하기로 결심했으며, 아프리카인들이 노예로서 대서양을 건너가도록 강요했다. 하지만 이러한 인구 이동의 배경에 뚜렷한 경제적 동인이 있었던 것은 아니다. 19세기 말에 이주를 생각하던 유럽인들은 자기들이 고국에서 받던 임금을, 아메리카 여러 지역으로 이주해 일하던 그들의 이웃이나 친척들이 받았다고 말하는 임금과 비교할 수 있었다. 이탈리아인과 포르투갈인, 에스파냐인의 경우 고국의 임금과 라틴아메리카 도시의 임금 비율이 1 대 2 정도의 규모로 차이가 났다. 다시 말해 그들이 라틴아메리카로 이주하면 전보다 두 배 정도의 임금을 받을 수 있었던 것이다. 그들이 고국에서 받은 임금과 미국의 임금 간 비율이 심지어 1 대 4일 때도 있었다.[88] 그런데 만약 그들이 이주를 결심하는 데 순전히 경제적 고려가 결정적으로 작용했다면, 그들은 실제로 그들이 선택한 것보다 더 많은 경우에 라틴아메리카가 아니라 미국을 선택했어야 했다. 다시 말해 그들이 이주지를 선택하는 데 영향을 준 또 다른 요인들이 있었다는 것이다. 같거나 유사한 언어, 문화적 친근함 또는 종교적 친근함뿐 아니라 한 대륙에서 다른 대륙으로 이주할 때 도움을 줄 수 있는 인척 관계 네트워크들이 여기서 중요한 역할을 했다. 즉 우리가 이주 비용을 계산할 때 정착 비용도 함께 고려한다면, 그 비용은 라틴아메리카가 미국보다 저렴했던 것이다. 이렇게 본다면 이주지의 선택에는 사실상 경제적 이성이 작용했다고 할 수 있다.

대서양 경제가 가져온 이익과 위험

19세기 후반에 대서양 경제가 성장하고 점차 긴밀하게 통합될 수 있었던 것은 부분적으로는 거대 시장이 형성되고 새로운 상품이 개발됨으로써 발생한 수익에 힘입은 바가 크다고 할 수 있다. 여기서 거대 시장의 형성과 새로운 상품의 출현은 기술혁신에 따른 것이었다. 면직물 같은 일부 상품은 수많은 회사가 시장에서 경쟁하고 있었지만, 화학 산업이나 철도 산업처럼 고도의 자본 집중과 첨단 기술이 필요한 분야에서는 소수의 대기업이 시장을 지배했다. 서양 경제에서 산업 분야는 대기업과 소기업으로 이루어졌으며, 이들은 대서양 양편의 농업 분야와 함께 점점 긴밀하게 네트워크화된 시장경제를 구성했다. 나아가 이런 방식으로 구성된 서양 경제는 자본과 노동력이 유럽에서 아메리카로 이동하면서, 그리고 1870년 이후에는 점차 많은 농산물이 아메리카에서 유럽으로 이동하면서 서로 밀접하게 결합되었다.

새로운 회사의 설립, 그리고 이들에 의한 새로운 상품이나 서비스의 개발은 옛 회사들이 생산하던 상품이나 서비스의 몰락을 의미하기도 했다. 예를 들어 미국에서 철도는 운하를 대체했고, 석탄을 태워 추진되는 증기기관은 에너지의 원천이었던 물레방아를 대체했다. 신기술이 점점 빠른 속도로 개발되어 옛 방식을 무용지물로 만들었던 20세기에는 이러한 교체 과정이 더욱 빈번하게 발생했다. 이러한 경제적 논리는 19세기 말의 자본주의를 특징짓는 돌이킬 수 없는 현상으로 확고하게 자리 잡았다. 이제 더는 경쟁력이 없는 개별 기업들이 몰락하는 것은 자본주의의 일반적인 성과에 속하는 현상이었다. 이러한 몰락은 분명히 각 개인, 특히 노동자뿐 아니라 기업가에게도 의심할 여지없이 혹독한 시련이었다. 이런 기업들의 파산은 생산성과 이윤이 낮은 기업들을 시장에서 제거했으며, 새롭고 저렴한 상품을 생산하는 혁신적인 기업으로 대체했다. 그 결과 대량생산과 판매를 실질적으로 통합하는 시장들이 팽창할 수 있었다.

그런데 기업들은 자기들의 시장을 넓히려는 시도는 할 수 있었지만, 산업자본주의경제에서 전반적으로 끊임없이 일어나는 경기의 상승 주기와 하강 주기를 현실적으로 통제할 수는 없었다. 산업 경제는 19세기 전체를 통해 급속도로 성장했지만, 1890년대에 와서는 그 성장률이 떨어졌다. 미국에서 이런 현상이 발생하자 몇몇 정치가는 금본위제 때문에 노동자들이 고통을 겪게 되었다고 주장했다. 결국 1893년에 발생한 금융공황이 경제 위기를 촉발해 상품 수요가 줄어들자 고용주들은 임금 삭감을 지시했으며, 이는 대규모 실업 사태로 이어졌다. 농산물 가격이 하락했기 때문에 농민들도 손실을 입어야 했다. 윌리엄 제닝스 브라이언William Jennings Bryan은 자기가 민주당 대통령 후보로 나섰던 세 번의 선거 가운데 첫 번째였던 1896년 선거에서 1873년에 폐지된 (금과 은을 미국 화폐의 토대로 삼았던) 복본위제複本位制로 복귀하자고 주장했다. 브라이언과 일부 자유로운 은화 주조 옹호자들은 은화 공급을 훨씬 늘려 인플레이션을 자극하면 시장이 활성화될 것으로 희망했다. 그런데 이런 방식은 분명히 국내시장에서만 작동할 수 있었다. 만약 사람들이 금을 다양한 화폐에 대한 가치 평가 기준으로 사용하고 이를 통해 국제무역에서 가격을 측정할 수 있도록 보장해 주지 않으면, 그렇지 않아도 19세기 말에 위기에 처한 국제경제에서 산업자본주의 시대에 등장한 무역의 흐름은 더욱 위축될 것이 분명했기 때문이다.

19세기 말에 산업자본주의가 마주친 첫 번째 경제 위기에 어떻게 대응해야 할지를 둘러싸고 등장한 다양한 의견 차이를 보면서, 관찰자들은 역사상 처음으로 산업자본주의가 어떤 방식으로 19세기 이전에는 전혀 알지 못했던 규모의 부를 창출하고 동시에 불확실한 상황을 만들어 내는지를 진지하게 성찰하게 되었다. 그리고 20세기의 정부들은 자국 화폐에 고정 금리를 적용하면서 자본의 자유로운 유입과 유출을 허용하고 나아가 독자적인 통화정책을 추진하는 것이 불가능하다는 것을 깨달았다. 19세기 말의 산업자본주의하에서 국제무역이 증가하면서 개방된 자본시장과 그동안 금에 연결되어 있던 다양한 국내 화폐의 환시세에도 변화가 발생했다. 자유로운 은 주조의 옹호자들은 미국이 독자적인 통화정책을 계속 추진할 수 있기를 희망했다. 국제시장을 위해 생산하고 국제무역을 주도하는 자본가들이 개발한 원칙에 얽매이지 말자는 것이었다. 그리고 미국의 정치제도는 이런 목소리를, 즉 1900년에 금본위제를 미국의 공식적인 제도로 만든 것들에 반대하는 목소리를 쉽게 결집할 수 있게 해 주었다.

산업자본주의가 겪은 첫 금융공황은 19세기 초와는 뚜렷하게 다른 일련의 경제 제도의 영향을 받고 있던 대서양 양편에서 경제 위기로 이어졌다. 19세기 말에 산업 카르텔이 구성되고 기업합병이 이루어지면서 자본주의경제는 시장의 원칙에 따라 움직이지 않는 결과를 초래했다. 시장의 원칙을 소수 집단이 무력화했기 때문이다. 이러한 현상은 특히 19세기 말에 뒤늦게 성장해 영국과 함께 세계 자본주의의 중심으로 떠올랐던 독일과 미국에서 현저하게 드러났다. 어떤 이들은 새로 떠오른 두 경제 강국에 대해 비판적이었고, 어떤 이들은 이 두 강국을 옹호했는데, 사실 이런 현상은 그리 놀라운 일이 아니다. 노동자들이 노동조합을 결성하고 그동안 기업가들이 일방적으로 강요해 온 열악한 노동조건에 문제를 제기하기 시작하자, 각국 정부는 이 문제를 다루지 않을 수 없었다. 미국에서는 거대해진 대기업에 대해 일반인들이 갖고 있던 적대감이 커지면서 평범한 사람들의 희생 위에 끝없이 더 많은 부를 추구하는 자본가들의 파괴적인 탐욕을 억제하기 위해 국가의 조정 기능이 필요하다는 생각이 일반인들 사이에 확산되었다.

19세기 말에 미국 정부는 어떻게 해서든 실직을 피하고 엄청난 임금 삭감의 고통을 겪지 않으려고 애쓰는 보통 사람들, 궁극적으로는 대서양 양편에서 발생한 경제 위기의 부정적인 결과에 무력하게 서 있지 않으려는 보통 사람들의 목소리에 귀를 기울였다. 18세기 유럽의 정권들을 전반적으로 오직 귀족이나 종교 지도자, 상업적 이해를 대변하는 자들로 이루어진 엘리트들이 지배한 반면에, 19세기 말 미국의 정치가들은 선거권 확대를 통해 영향력이 강해진 농부나 산업 노동자들의 점점 더 커지는 목소리와 마주해야 했다. 물론 정부의 결정이 한 집단의 이해를 희생하면서 다른 집단의 이해를 대변하는 경우가 빈번했다. 19세기 말에도, 어쩌면 최근에도 산업자본주의하에 있던 서구의 정부들이 어떤 정치적 결정을 내려야 할 때, 사회 전반을 포괄하는 공동의 경제적 이해관계가 있었는지 늘 확실하지는 않다. 그렇기 때문에 다양한 이해관계에 자기들의 목소리를 제시할 기회를 주는 방식으로, 특히 미국의 경우 정부 정책을 개선하기 위해 대안적인 주장을 제시하고 이에 관해 토론할 수 있었다. 19세기 말에 자본주의가 야기하는 문제들에 관해 제시되었던 대안들은 이후 서방에서 경제정책을 둘러싸고 진행된 토론에서 매우 유익하게 활용할 수 있는 첫 정치적 청사진이 되었다.

아래로부터의 대서양 경제와 위로부터의 대서양 경제

19세기에 산업화와 경제성장을 겪었던 북대서양 지역의 서양 국가들도 경제 문제나 사회 갈등 문제에서는 자유롭지 않았다. 하지만 물질적 관점에서 볼 때 이 지역에 살던 사람들은 전반적으로 '다른 서양'에 살던 사람들보다 잘살았다. 라틴아메리카에서 진행된 산업화와 시장 통합은 대서양 경제 공간의 다른 지역보다 훨씬 뒤처져 있었다. 하지만 그곳에서도 철도가 건설되어 자기들의 농산품을 판매하기 위해 역까지 운반해 올 수 있을 만한 거리에 있던 농부들 또는 지역 경제와 국제무역을 연결하는 교차 지역에 발달한 허브 도시의 거주자들에게는 긍정적인 영향을 주었다. 그러나 라틴아메리카의 주민 절대다수는 실질적으로 산업자본주의나 대서양을 넘어서는 세계 다른 지역과의 국제무역으로부터 (긍정적이든 부정적이든) 그다지 영향을 받지 않았다. 라틴아메리카와 그 외의 서양이 처해 있던 상황에는 수많은 차이점이 있어서, 본질적으로 이들 가운데 어떤 차이 때문에 라틴아메리카와 그 외의 서양 사이에 경제적 격차가 생기게 되었는지는 쉽게 말하기 어렵다.

아메리카 대륙에서 초기에 발견되는 제도적인 차이는 시장이 발달한 정도, 다시 말해 시장에 의존하던 주민 수뿐 아니라 시장에서 이루어진 전체 거래량과 연관되어 있었다. 여기서 주민 수와 시장 거래량은 서로 연관되어 있었으며 지역 환경에 따라 차이가 있었다. 특정 지역에서 많은 사람이 시장을 사용하면 할수록 이 지역에는 노동 분업이 발달했는데, 이는 원거리에 걸쳐 이루어진 분업과는 차이가 있었다. 후자의 경우 무역에서 발생한 직접적인 이익은 아마도 지주들에게 돌아갔다. 지주들은 노예들을, 혹은 자기들에게 필요한 물건을 시장에서 충분히 구매하기에는 지나치게 가난했던 계약 노동자들을 노동에 투입해 노동 비용을 크게 절감할 수 있었기 때문이다. 이와 달리 미국의 직물 산업은 스스로 특정 상품과 서비스를 생산해 판매했던 사람들이 직물을 얼마나 소비하는지에 따라 발전했다. 19세기 초에 북아메리카 사회는 대개 소규모 지주와 수공업 장인, 농부로 구성되어 있었다. 그들이 상품을 생산하거나 거래하던 모델은 서로 유사한 사회구조가 형성되었던 중서부 지방에서도 확산되었다. 이들 모델은 영국에서 아메리카로 건너온 이주자들이 이전부터 알고 있던 제도에 토대를 두고 있었다. 물론 영국식 신분제는 아메리카 대륙에는 존재하지 않았다. 미국의 산업화는 아주 적은 자금과 몇 명의 노동자만 있으면 충분한 소규모 공장으로 시작했다. 북동부 지역의 경제 성장은, 그리고 남북전쟁이 발발하기 이전에 북동부에서 뒤따라 진행된 중서부의 발전은 대부분 독립적으로 일하며 국가의 개입 없이 금융과 생산, 거래에 대한 관리 및 감독을 스스로 조직했던 많은 사람이 노력한 결과였다. 19세기 말 이전의 시기에 은행은 각 연방주에서 사업 면허를 취득했으며, 그 결과 사업가들은 철도가 건설되기 전에는 대개 사업에 필요한 자본을 자기들이 속한 주 내부에서 조달할 수 있었다.

생산과 무역이 증가해 각 주의 경계를 넘어 확대되자 연방 정부에는 새로운 역할이 부여되었다. 정부와 은행, 기업들은 모두 그 규모가 점점 커졌고, 19세기의 미국 연방 정부는 산업과 무역이 성장하도록 촉진하는 정책을 추진할 능력이 있었다. 1870년대까지는 정책의 초점이 국내 무역에, 다시 말해 운송 방식을 개선하고 교통망을 구축해 북동부와 서서히 팽창하고 있던 중서부를 서로 네트워크화하는 데 놓여 있었다. 남북전쟁이 끝난 후에도 남부는 목화를 계속 생산했는데, 영국을 위한 생산보다는 미국의 섬유 산업을 위한 생산이 점점 증가했다. 당시에 아프리카 출신 아메리카인들은 농장이 기계화되어 수백만 명이 공장의 일자리를 찾기 위해 북부로 떠났던 1930년대까지 가난을 면치 못했다. 한편 지하자원이 풍부하게 매장되어 있던 머나먼 서부는 광산 붐이 일어나면서 짧은 시간에 갑작스럽게 폭발적인 번영을 누렸다. 서부로 가는 철도 건설 사업은 그럴 체력을 가진 중국인들을 고용하는 길을 열어 놓았는데, 그들은 험한 산악 지대에 철로를 설치하는, 위험하면서도 체력을 크게 소모시키는 작업에 투입될 준비가 되어 있었다. 하지만 철도 건설에는 너무 많은 비용이 들어 이미 건설비가 철도 건설을 통해 사회 전체가 얻을 이익을 초과하는 상황이었다. 따라서 철도 건설을 통해 결과적으로 철도 건설업자들은 부자가 되었지만, 나라 자체는 경제적으로 그리 실질적인 이득을 올리지 못했다.[89] 대륙을 횡단하는 철도 노선의 건설은 나라의 정치적 통합을 강화했지만, 과거에 국가가 추진한 인프라 개선 사업의 성과와 비교할

_____ 1860년대 전반, 버지니아주 아퀴아 크리크 앤드 프레더릭스버그 철도 건설 현장. 19세기 중반에 북아메리카 대륙에서 전개된 경제적 팽창은 주로 철도에 의해 촉진되었다. 새로운 철도 노선은 국내시장의 통합을 가능하게 만들었다. 동시에 수만 명의 노동력과 거대한 투자를 동반한 철도 건설은 그 자체가 경제 활성화 요소였다. 따라서 남북전쟁 기간에는 (이 사진에 나온 버지니아 노선과 같은) 일부 철도 노선을 둘러싸고 치열한 공방이 전개되었다. (Wikimedia Commons)

때 경제적으로 그리 의미 있는 성과를 남기지는 못했다.

철도가 경제 발전을 촉진할 것이라는 희망은 운송로 연결을 통해 새로운 시장이 개척되면 사람들이 새로운 생산 형식을 추가로 조직하게 될 것이라는 전제에 토대를 두고 있었다. 하지만 사실상 기업가들이 그런 활동을 전개할 가능성은 그런 활동을 뒷받침할 만한 실질적인 사업성이나 국가의 정책적 조치의 유무에 달려 있었다. 또한 철도가 예견된 수익을 가져다줄 것이라는 기대는 철도 건설을 통해 지역의 사람들이 추가적인 상업적 생산에 필요한 자본과 노동력에 접근하게 될 것이라는 가정에 기초하고 있었다. 나아가 사람들이 다른 생활 방식에 익숙해지다 보면 자기들의 습관을 바꾸려고 할 것이라는 가정도 작용했다. 그런데 철도가 애리조나와 뉴멕시코, 유타, 콜로라도 또는 워싱턴, 오리건, 캘리포니아에서 거대한 경제 발전을 촉진할 수 있기에는 아마도 서부에 거주하는 인구가 너무 적었던 것 같다. 미국의 서부에서 경제적 활동을 활성화하기 위한 법적·제도적 기초 작업은 에스파냐의 영향에서 벗어나 이미 동부와 중서부에서 시행된 것처럼 앵글로·색슨 방식으로 추진되었다. 하지만 지역 간 경제적 통합은 계속 지체되었다. 여기서 우리가 라틴아메리카로 시선을 돌려 보면, 철도가 건설된 이후에도 대부분 주민은 시장이 제공하는 새로운 기회를 이용하는 데 관심도 없고 그럴 능력도 없었다는 것이 분명히 드러난다. 라틴아메리카의 일부 지역에서는 산업화와 관련해서도 마찬가지 현상이 드러났다. 유럽의 노동력이 대거 유입되지 않았다면 과연 라틴아메리카의 사업가들이 산업화를 위해 필요한 노동력을 현지에서 충분히 확보할 수 있었을지 의문이다. 그러므로 북동부와 중서부가 점점 대서양 경제에 결합되었다고 할지라도, 단지 공동의 제도가 확립되고 물리적 인프라가 건설되었다는 사실만으로는 미국처럼 거대한 나라가 궁극적으로 경제적으로 통합되었다는 것을 의미하지 않았다.

우리가 아메리카 대륙 내부에서 드러난 차이점을 계속 살펴보면, 미국은 수많은 노동력을 유치하고 자본을 도입해 그들이 가진 엄청난 자원을 개발한 결과 거대한 영토를 포괄하는 통합된 시장경제가 등장하게 하는 탁월한 능력을 보여 주었다. 경제성장은 기술 개혁과 조직 혁신이라는 두 가지에 의해 추진되었다. 반면에 캐나다는 인구밀도가 현저히 낮아 전국에 걸친 시장을 개척하는 데 어려움이 있었기 때문에 아르헨티나처럼 무엇보다 천연자원 수출에 집중했다. 아르헨티나는 캐나다와 달리 어느 정도 산업을 발전시켰다. 바로 인접한 이웃 국가 미국에서 산업 생산품을 쉽게 수입할 수 있었던 캐나다와는 상황이 달랐기 때문이다. 이처럼 외국에서 생산된 산업 생산품에 대한 접근성, 천연자원의 보유, 인구 규모 등은 19세기에 아르헨티나와 캐나다가 겪은 경제적 경험의 유사점과 차이점을 설명해 준다. 아르헨티나는 원주민들의 규모가 매우 작았던 라틴아메리카 국가에 속했기 때문에, 원주민의 수가 많았거나 아프리카 출신 노예와 그들의 후손들이 많이 살고 있던 다른 라틴아메리카 국가들과 달리 캐나다나 미국과 유사한 조건을 갖고 있었다.

인구학적으로 볼 때 카리브해 연안과 브라질의 사회들은 뚜렷하게 위계화된 사회구조를 갖고 있어 인접한 라틴아메리카 지역보다는 차라리 미국 남부와 비슷했다. 이런 사회구조 때문에 이 지역의 모든 사회에서는 경제 발전 가능성에 장애가 되는 문제가 발생했다. 첫째, 두터운 빈곤층의 존재는 생산자이든 소비자이든 사회 구성원 대다수가 시장 거래가 발전한다고 해도 이익을 보지 못하거나 시장의 발전에 기여하지 못한다는 것을 의미했다. 농업 생산자들이 독자적인 농장을 운영하던 미국의 다른 지역이나 유럽 지역들과 달랐던 것이다. 둘째, 부유한 대토지 소유자들은 산업화된 공장을 건설할 동기가 없었다. 그들은 산업 생산품을 다른 사람들에게서 구매할 수 있었기 때문이다. 철도가 건설되고 증기선이 운행되면서 운송 비용이 낮아진 이후에조차 산업 제품을 비싸게 수입해야 했던 지역에서는 브라질의 상파울루처럼 매우 소박한 수준의 산업 분야가 등장할 가능성이 높았다.

많은 라틴아메리카 국가와 달리 유럽과 미국의 정부들은 이미 어느 정도 상업화를 달성한 지역사회들이 산업화를 추진하도록 촉진할 수 있었다. 그 결과 상업화와 산업화가 서로 긍정적으로 연계될 수 있었다. 미국 연방 정부는 19세기에 와서 경제적으로 점점 더 중요한 역할을 수행했다. 그들은 국가의 경제적 통합을 용이하게 만드는 규정을 제정했으며, 뒤이어 자본 집중이 대다수 보통 사람에게 초래할 문제들에 관해서도 고민했다. 미국 정부는 산업화와 시장 통합이 진행되면서 등장할 문제점뿐 아니라 산업화와 시장 통합이 제공해 줄 기회 모두를 인식했다. 미국 민주주의는 국제무역이 부분적으로 무너지자 자기들이 새로운 형태의 곤경에 직면했다는 사실을 신속히 깨달은 사람들에게 정치적 발언권을 부여했다. 미국과 달리 유럽에서는 국가의 경제정책이 현실 상황에 앞서 나가기보다는 그때그때 상황에 대응하는 방식으로 추진되었다. 하지만 각국이 다른 유럽 국가들의 국민경제와 서로 경쟁하는 상황은 각각 자국의 경제적 이익을 증진하는 정책을 추진하도록 자극했다. 이는 독일 비스마르크의 사례가 보여 주듯이 정부가 관세를 도입해 자국의 산업과 농업의 이익을 지원한다는 것을 의미했다. 그 결과 한편으로는 경제의 산업화를 추진하면서, 동시에 농업계는 적어도 부분적으로는 농산물 무역이 점차 국제화되면서 발생하는 부정적 영향에서 자기들의 이해관계를 보호받을 수 있었다.

19세기 말에 많은 유럽 정부와 미국 정부가 추진한 경제정책은 기존의 경제 관행에 영향을 행사해 성장을 촉진하고 경제 위기의 후유증으로 발생한 어려움을 완화하려는 목표를 추구했다. 라틴아메리카와 달리 19세기 말에 경제적으로 성공을 거두었던 서방의 정부들은 산업화와 무역 확대를 직접적으로 추진하려고 노력하기보다는 이런 발전이 일어나도록 자극하고 촉진하며 조정하는 데 노력을 기울였다. 그 결과 서방 국가들의 국민경제는 계속 성장했다. 국가의 정책과 경제 엘리트들의 사업 활동 사이에 긍정적인 관계가 계속 유지되었기 때문이다. 그렇다고 해서 국가의 정책이 늘 노동자를 희생해 자본가들만 도왔다는 것은 아니다. 분배 문제도 정부 정책에서 중요한 비중을 차지했기 때문이다. 정치적 논쟁은 전반적으로 시장이 경제적 성과를 거둘 수 있는 토대를 형성한다는 공동의 신념을 기반으로 진행되었다. 그리하여 19세기 말에 대두한 발전 모델은, 즉 국가가 정책을 수립하며 민간 기업이 경제적 결정을 내릴 때 서로 긍정적으로 협력하는 형태는 이후 20세기에 선진 산업사회에서 국가와 경제 사이의 관계 설정에 모델이 되었다. 어떤 정책들은 의심할 여지없이 친자본적이었지만, 다른 정책들은 반드시 그렇지는 않았다. 그런데 여기서 놀라운 사실은 19세기 말에 대서양 국가들이 추진한 경제정책이 실제로 그들이 구상했던 대로 경제에 유익한 결과를 가져다준 경우가 많았다는 것이다. 다시 말해 국가정책과 이미 추진되던 경제활동을 의도적으로 일치시키려는 계획은 없었으며, 정치는 사회 전체의 이익보다는 집단 이익의 표현인 경우가 많다고 의식하고 있었는데도 그런 결과가 나왔다.

대서양 경제를 구성하는 많은 정부 가운데 라틴아메리카 정부는 경제 발전을 가장 소극적으로 촉진했다. 라틴아메리카에서는 오히려 악순환의 구조가 자주 등장했다. 악순환의 구조 안에서 정부는 열악한 국가 재정 때문에 손발이 묶여 있으면서 동시에 국내외적인 위협에 직면해 있었기 때문에 족벌 경제를 운영했고, 그 결과 산업화나 국제무역으로 발전할 가능성을 약화시켰다. 라틴아메리카의 많은 사회에서 대토지를 소유하던 계층은 원주민과 노예들을 착취해 부를 축적한 유럽 출신 엘리트들이었다. 훗날 이 정부들이 산업화를 추진했을 때도 그들의 노력은 경제 변화의 선순환 구조로 이어지지 못했다. 정부의 노력이 폭넓게 상업화된 사회적 기반을 강화하지도, 스스로 그런 사회적 기반을 만들어 내지도 못했기 때문이다. 다시 말해 많은 사람이 비슷한 방식으로 시장에 접근하고 시장에 의존할 수 있는 사회가 존재하지 않았다. 일부 관찰자는 19세기 말에 라틴아메리카 경제가 갖고 있던 국제적인 경제 관계의 특별한 성격을, 즉 자본은 대부분 외국에서 들어왔으며 수출 상품은 대부분 농산물이었다는 특성을 강조한다. 하지만 미국 경제도 자본을 수입하고 농산물을 수출했기 때문에 이런 사실만으로는 라틴아메리카의 국민경제가 미국과 유사한 성공적인 경제성장률을 기록하지 못한 이유를 충분히 설명할 수 없다. 라틴아메리카와 미국이 19세기에 서로 다른 경제적 경험을 한 것에는 이 밖에 사회구조와 보유 자원, 경제 제도의 차이에도 책임이 있었다.

19세기의 아메리카 대륙에서 경제 발전이 서로 다르게 진행된 것을 보면 성공적인 경제 발전은 다음 두 가지에 달려 있다는 것을 짐작하게 한다. 하나는 인간이 경제적인 생산과 교환을 효율적으로 조직하기 위해 개발한 제도적 기반이고, 다른 하나는 정부가 의도적으로든 우연히든 경제 발전을 촉진하는 정책을 추진한 방식이다. 국가의 어떤 정책이 경제 발전에 가장 효과적이었는지는 그 사회가 처한 특수한 문맥에, 즉 모방하도록 자극을 줄 만한 사업적인 성공 모델, 그리고 이들 성공 모델과 지역적 조건 사이의 공조에 달려 있었다. 국가의 역할은 시간이 흐르면서 점점 더 중요해졌다. 경제적으로 뒤처져 있던 나라는 특히 그랬다. 그 나라들에서는 정부가 자원을 동원해 개발 쪽으로 유도할 수 있었으며, 다양한 생산방식과 교환 방식을 적절히 조직할 수도 있었기 때문이다.

19세기 동안에 정부의 역할이 경제 발전에 점점 더 중요해졌다는 사실이 책임 있는 정치가들이 그런 개발 계획을 우선 과제로 삼아야 했다는 것을 뜻하지는 않는다. 설사 그들이 그런 정책을 원했다고 해도, 경제적 변화의 전망에 지속적으로 영향을 미칠 능력이 결여된 경우도 많았다. 이 정부들은 두 종류의 경제적 도전에 마주해 있었다. 그중 한 가지 도전은 긍정적인 기회가 될 수 있었지만, 나머지 도전은 어쩌면 문제를 일으킬 가능성이 있었다. 이미 산업화가 시작되었던 곳에서는 농업 분야와 산업 분야가 서로 중첩되면서 특히 농업적인 경제 조건과 도시적인 경제 조건을 서로 구별하기가 어려워졌다. 또한 산업화가 이미 시작되었는지와 무관하게 19세기 아메리카의 정부들은 국내시장과 외국 시장이 서로 연결되도록 촉진해야 할지, 아니면 이를 억제하는 것이 더 나을지를 결정해야 했다.

대서양 경제의 경험과 그 너머의 세계

서양은 19세기에 대서양 양편에 사는 사람들 사이의 관계와 제도에 토대를 둔 대서양 경제가 형성되면서 세계의 다른 지역들과 뚜렷하게 구별되는 뛰어난 경제 발전을 이룩했다. 19세기 말에 대서양 경제는 본질적으로 산업자본주의경제였는데, 산업 생산품뿐 아니라 농산물도 시장가격에 따라, 즉 수요와 공급이 형성하는 조건에 따라 대서양을 건너 오갔다.

세계적 관점에서 볼 때 대서양을 건너 오고 가는 더 강력하고 더 다양한 결합으로서 대서양 경제가 등장할 수 있게 된 것은 대서양 양편의 지역이 서로 같은 이데올로기와 제도를 갖고 있기 때문이었다. 문화와 경제, 정치도 여기에 속했다. 다소 변형된 부분이나 차이점이 있었지만, 서로 어떤 연속성이 있다는 것을 인식할 수 있는 정도였으며, 비유럽 세계에서 발견되는 이데올로기나 제도와는 본질적으로 달랐다. 대서양 양쪽의 지역들은 이렇게 공통된 요소들을 기반으로 상대 지역에도 적용될 수 있는 기본적인 이데올로기와 제도들을 시행한 결과 비슷한 경제 발전을 이룰 수 있었다. 대서양 양쪽의 지역들이 이런 특성을 공유한다는 사실에 주목한 (그들 자신이 대서양적 과거의 산물이었던) 학자들은 여러 세대에 걸쳐 다음과 같이 주장했다. 19세기에 산업화와 국제무역이라는 두 가지 동력으로 추진된 자본주의의 발전에는 문화적·문명적 토대가 있다. 그러나 사실 자본주의로의 변화는 산업화와 국제무역이 '확산'하는 현상을 보여 주지, 그들이 초기에 어떻게 이루어졌는지를 보여 주지는 않는다. 예를 들어 산업혁명이 일어나게 한 요인들은 아주 특별한 지점에서 18세기 국제무역의 패턴과 접촉했다. 즉 영국이 인도에서 직물을 수입한 것이다. 그러나 유럽의 산업화가 전반적으로 국제무역에 의존해 전개되었는지, 그리고 이 국제무역이 산업화를 추동하기에 충분했는지에 관해서는 충분히 이유 있는 질문이 제기된다. 첫째, 우리는 유럽 산업화의 첫 무대가 직물 산업이 아니라 증기력을 사용하는 다른 분야에서 일어날 수도 있었다고 생각할 수 있다. 둘째, 새로운 기술을 공급하게 만든 요인은 유럽 세계에서 나타난 특이한 현상인데, 이것은 산업의 첫 단계 발전을 위해 커다란 역할을 수행했다. 그 효과는 적어도 인도산 면직물을 통해 유발된 수입 대체 효과와 마찬가지였다.

산업화는 문화나 문명 사이의 뚜렷한 경계선을 넘는 식이 아니라, 하나의 문화적 문맥 또는 문명적 문맥 안에서 쉽게 확산될 수 있었다. 신념과 사회 관습을 공유할 경우에는 상이한 이데올로기적·구조적 조건하에서보다 새로운 경제 제도를 만들어 내는 것이 분명 용이하기 때문이다. 물론 이러한 관찰이 비유럽 세계의 국민경제들이 전 산업적 단계에서 유럽보다 덜 발전할 수밖에 없었다는 것을 뜻하지는 않는다. 또한 이와 마찬가지로 우리는 비서구 세계의 국민경제들이 산업화된 대서양 경제와 실제보다 덜 강력하게 연결되었다면, 어쩌면 다른 발전 과정을 겪었을지도 모른다는 의문에도 쉽게 대답할 수 없다.

이러한 조건부적인 질문과 대답의 퍼즐을 배제하고 나면 우리는 19세기 말에 세계의 여러 경제 주체가 서로 어떤 규정이나 원칙에 따라 접촉해야 할지를 지정해 주는 아무런 권위체도 없이 직간접적으로 세계의 여러 지역을 서로 연결한 세계경제의 현실에 마주하게 된다. 이런 상황에서 대서양 경제에 속한 국가의 권력자들은 나름대로 자국의 국민경제를 주관했으며, 이는 국제적인 무역 관계의 안정이나 심지어 생존 능력에까지도 영향을 미칠 수 있었다.

대서양 경제에서 벗어나 있던 비유럽 세계의 사회와 정부들은 이와 동일한 정치적·경제적 문제에 매달려 있지 않았다. 대서양 경제와 맺고 있던 연관성도 국가마다 확실하게 차이가 있었다. 물론 대서양 외부의 지역은 그 면적이 광대하고 다양한 특성을 갖고 있기도 했다. 여기서 이 지역들에 대해 포괄적으로 서술할 수는 없기 때문에 필자는 아시아 지역과 아프리카 지역에서 나타난 원주민과 서양인들 사이의 관계, 그리고 각 지역의 정치적·경제적 주체들 사이에 형성된 다양한 관계를 보여 주는 여러 경우를 다음 장에서 살펴볼 것이다. 또한 필자는 우선 국민경제가 국내에서 어떤 방식으로 아래로부터 위로 조직되었는지, 정부가 주도해 위로부터 아래로 향했던 조치들은 어떤 내용이었는지, 그리고 유럽과 미국의 활동가들이 여기에서 영향력과 통제력을 행사할 수 있는 수단은 어떤 것이었는지를 탐구할 것이다. 이어지는 5장은 유럽 국가들과 연결되고 이들로부터 위협을 받았던 국가들의 사례(오스만 제국이 아마 가장 유명한 사례일 것이다.) 또는 남아시아나 동남아시아의 경우처럼 유럽의 식민 지배를 받았던 국가들의 사례를 살펴볼 것이다. 그러고 나서 6장에서는 동아시아 지역을 다룰 것이다. 동아시아에는 공식적으로 유럽의 식민지가 된 나라가 없었다. 지역의 제국인 중국은 오스만 제국이 유럽과 맺었던 것과 같은 관계를 유럽과 맺지 않았으며, 인도처럼 공식적으로 유럽의 식민 지배를 받지도 않았다.

아메리카의 북부와 남부에서 경제 발전이 서로 다른 운명을 겪은 것은 주어진 기회를 이용하고 문제를 극복하는 경제적 관행의 차이와 관련되어 있었다. 이 관행들은 개인으로서 혹은 다양한 집단이나 조직의 구성원으로서 인간이 보이는 노력을 통해 만들어졌다. 그리고 그들의 노력은 경제적인 결과를 가져오는 국가정책에 영향을 받았다. 물론 여기서 국가정책이 어떤 특정한 경제적 이해관계를 촉진하고 후원했는지, 아니면 그것이 국내 정치적·국제 정치적 전략과 연관된 것이기는 했지만 의도치 않게 경제에 영향을 미친 것이었는지는 중요하지 않다. 서양의 정부들은 19세기 말에 전반적으로 경제 변화를 용이하게 만들거나 조정할 수 있는 정책 수단들을 확대해 갔으며, 이때 관련된 다양한 사회집단들의 우려와 요구 사항들 사이에 형평을 맞추거나 그들을 분산시키기 위해 노력했다. 국민들의 경제적인 노력과 정부 정책이 얼마나 잘 조화되었는지가 결국 그 나라의 경제적 성과에 지대한 영향을 미쳤다. 결과적으로 대서양 지역의 정치 엘리트와 경제 엘리트들은 함께 협력해 산업화와 국제무역이 추진하는 역동적인 세계경제를 만들어 냈다. 19세기 말에 서양에 살던 수많은 아주 평범한 사람은 산업화와 국제무역을 통해 그들의 조부모들보다 훨씬 높은 물질적 생활수준에 도달했으며, 그 시대 세계 다른 지역의 평범한 사람들보다 훨씬 잘살게 되었다.

이러한 경제적 차이가 어떤 사회적 의미를 지니는지는 단순히 소득 통계를 통해서는 충분하게 파악될 수 없다. 두 가지 이유에서다. 첫째, 이들 통계에 따르면 서양의 보통 사람들은 이미 산업화가 있기 수백 년 전에 이러한 높은 물질적 생활수준을 누리고 있었다. 따라서 우리는 서양의 보통 사람들은 세계 다른 지역의 사람들보다 늘 잘살았고, 19세기의 경제 발전은 단지 이전부터 있던 차이를 그대로 계승한 것이라고 주장할 수 있을 것이다. 하지만 산업 기술은 삶의 방식을 바꾸어 놓았으며 단지 생활수준을 개선한 것에 그친 것이 아니므로 이러한 주장은 오해의 소지가 있다. 둘째, 이러한 새로운 생활 방식이나 일상 습관의 차이가 반드시 개인에게 많은 돈이 요구되지는 않았다는 사실이다. 전기 조명과 노면전차가 보여 주듯이 개인의 소비 성향이나 사회적 환경은 산업화로 말미암아 변해 갔다.

유럽이나 미국 외에 세계의 다른 지역에서는 산업의 확산이나 국제무역의 규모가 양적으로나 질적으로나 뚜렷하게 제한적이었다. 현재 통용되는 경제 이론에 따르면 상품의 전문화나 생산 활동을 자극하는 시장의 확산은 비교 우위의 원칙에 따라 진행되며, 시장에 참여한 모든 주체가 이로부터 이득을 얻는다. 물론 생산과 거래가 법에 따라 계약 사항을 관철하는 분명한 규칙에 의해 이루어질 때 이런 비교 우위 원칙이 제대로 작동할 수 있다. 만약 이러한 법적 제도가 없으면 성공적인 경제 발전이 이루어지지 않은 이유가 바로 거기에 있다고 설명할 수 있다. 하지만 우리가 이와 다른 방식으로 설명할 때, 다시 말해 정치적 요인이나 사회적 관습을 면밀히 고려할 때 비서구 세계에서 산업화와 국제무역이 이루어지지 않은 이유를 더 잘 설명할 수도 있다. 아마도 아프리카와 아시아, 중동의 사회들은 정치적 요인이나 사회적 관습 측면에서 서양 국가들보다는 라틴아메리카 국가들과 더 유사했을 수 있다. 그런데 서양의 정치적·경제적 세력들이 비서구 지역의 사람들과 불평등한 관계를 만들어 낸 결과, 비서구 지역의 국민경제가 서양 국가들과 같은 방식으로 발전할 가능성을 현저하게 제한했을 수도 있다. 사실 유럽과 미국을 제외한 다른 세계는 19세기에 대부분 서양의 정치적 지배를 받았고, 공식적인 지배를 받지 않은 지역들도 서양이 정치적·경제적으로 영향을 행사하고 통제하려는 대상이 되었다. 세계의 다른 지역에 대한 서양의 이러한 행동이 어느 정도로 그 지역이 보유했던 경제적 가능성에 본질적 영향을 미쳤는지는 이미 여러 세대에 걸쳐 논쟁이 벌어지는 주제다.

식민주의가 비서구 세계의 정부들이 지역민들을 위해 경제 발전을 가져올 수 있는 정치를 추진할 가능성을 얼마나 축소시켰는지 파악하는 것은 그리 어렵지 않다. 하지만 이들 국가가 식민지화되지 않았다면 그 국민경제에 과연 어떤 일이 발생했을지 예측하는 것은 훨씬 어렵다. 이런 추론에서 우리는 우선 식민 통치 체제가 관철되기 전에 그 사회에 지배적이었던 경제 행태를 살펴보고, 그 후 식민 지배가 (긍정적이든 부정적이든, 그 영향이 크든 작든) 초래한 결과가 무엇인지 물어야 한다. 이제 곧 우리는 19세기 말에 확실하게 식민지로 전락했던 아시아와 아프리카의 지역들을 살펴볼 것이다. 그런데 우리는 식민화되었던 아시아와 아프리카의 지역 가운데 서양의 정치적·경제적 세력이 그렇게 뚜렷하고 강력하게 침투하지 않았던 오스만 제국의 사례를 먼저 조사해 보려고 한다. 오스만 제국의 영토는 한 번도 전체가 식민화된 적이 없지만, 19세기 말에 제국의 일부 지역에서는 이미 외교권을 영국이 대리해 행사했다. 물론 국내 문제에 대한 주권은 여전히 오스만 제국이 보유하고 있었다. 이미 서술된 경우들에서 드러났듯이 19세기의 경제적 변화는 사람들이 생산과 교환을 어떤 방식으로 조직하는지, 그리고 정부가 경제활동에 어떤 영향을 미치는지에 달려 있었다. 하지만 오스만 제국의 경우 외부의 행위자들이 여기서 중요한 역할을 한 것으로 드러난다. 그들은 실질적인 통제권을 갖고 있지는 않았지만, 사회의 정치 영역과 경제 영역에 현저한 영향력을 행사했기 때문이다.

오스만 제국: 교역과 생산의 패턴 변화

15세기 말에 유럽인들은 육로로 이슬람 지역을 거쳐 가는 국제무역로를 대체하기 위해 바다를 통해 아시아로 가는 새로운 항로를 찾아 나섰다. 지중해 동부의 가장자리 지역에서 남아시아와 중앙아시아로 이어지는 지역 대부분은 이슬람 통치자의 지배를 받고 있었기 때문이다. 오직 우회로를 통해야만 이슬람이 지배하는 지역을 피해 갈 수 있었다. 사파비 제국과 무굴 제국, 오스만 제국은 16~17세기에 그들의 영토를 확장해 농업경제를 추진했기 때문에 유럽인들은 이 영토를 피해 가려는 생각을 더 강하게 할 수밖에 없었다. 18세기에 오스만 제국은 북아프리카 일부와 남동유럽, 서아시아처럼 다양한 자연조건을 지닌 광대한 지역을 지배하고 있었다. 그리고 그들이 지배하던 전체 인구인 약 3000만 명 가운데 적어도 절반이 유럽 지역에 살고 있었다. 오스만 제국 내의 지배 구조는 18세기에 와서 지역 관리들에게 더 많은 권력과 자치를 허용하는 개혁을 시행함으로써 변화를 겪었다. 이렇게 변화된 지배 구조는 지역 관리들의 이해관계가 제국의 이해관계와 일치할 때는 중앙정부에 유익했다. 하지만 이 경우 지역 권력과 중앙 권력이 경쟁하는 일이 발생할 수도 있었다. 오스만 제국은 유럽과 지리적으로 가까이에 있었고, 근대 초 유럽 국가들을 지배했던 경쟁적인 전쟁도 가까이서 지켜볼 수 있었기 때문에 제국 내부에서 이런 권력투쟁이 일어난다고 해도 놀라운 일이 아니었다. 대제국의 생존 능력은 권력이 얼마나 효율적으로 분권화되어 있는지에 달려 있었다. 앞서 언급했듯이 권력의 분권화는 지방 엘리트들의 지배권을 강화해 주면서 동시에 자칫 지역 세력가들의 도전을 통해 중앙 권력이 흔들릴 수 있는 위험도 내포하고 있었다. 그런데 지역 권력들로서는 중앙 권력에 의해 위협받을 가능성보다는 외부 세력의 직접적인 침입을 받을 위험이 더 컸다.[90]

1798년에 일어난 나폴레옹의 이집트 침공은 오스만 제국이 군대 제도를 개편하고 세금을 부과할 뿐 아니라 유럽 국가들로부터 외교적 인정을 받으려고 시도하도록 자극을 주었다.[91] 그런데 이런 계획은 기득권 세력들의 저항에 부딪혀 마흐무드 2세(재위 1808~1839)와 지방 군벌 사이에 갈등으로 이어졌다. 이스탄불에 있던 술탄과 이집트와 사이의 정치적 관계는 영국으로 수출되는 이집트의 목화가 경제적으로 중요한 의미를 갖게 되면서 점점 부담스럽게 되었다. 목화 무역을 계기로 영국인들이 이집트에 발을 들여놓았으며, 특히 오스만 제국에 경제적으로 중요한 지역에 프랑스가 진입하자 이러한 적대감은 커졌다. 이 사건은 옛 프랑스 외교관 페르디낭 드 레셉스Ferdinand de Lesseps가

지중해와 홍해 사이를 연결하는 운하를 건설해 유럽 선박들이 아프리카를 거치지 않고 아시아를 오갈 수 있게 만드는 사업에 대한 허가를 이집트에 있던 오스만 제국의 총독에게서 받았던 1850년대에 일어났다. 영국인들은 프랑스가 추진한 대형 프로젝트에 반대했다. 영국인들이 패권을 장악하고 있던 유럽의 인도 무역과 중국 무역은 범선에 의존하고 있었는데, 이들은 수에즈 운하를 통해 유럽으로 돌아올 수 없었기 때문이다. 지중해에서는 주로 바람이 서쪽에서 동쪽으로, 즉 서풍이 불었다. 하지만 영국은 증기선을 발명하면서 1869년에 수에즈 운하가 개통되었을 때 가장 이득을 본 나라가 되었다. 프랑스는 운하의 다수 지분을 보유하고 있었고, 이집트 역시 지분을 갖고 있었다. 그런데 이집트의 오스만 총독인 이스마일 파샤는 근대적인 국가행정 기구를 구축하는 비용을 조달하기 위해 그가 가진 지분을 영국에 매각해야 했다. 결국 이집트는 유럽 국가에 진 빚 때문에 영국과 프랑스가 이집트 재정을 감독하는 상황이 벌어졌다. 이집트인들은 이러한 굴욕에 저항했지만, 유럽인들이 이스마일 파샤를 퇴진하도록 압박하자 그는 결국 1879년 6월에 물러날 수밖에 없었다. 그리고 1882년에 영국은 이집트를 점령했다. 이로써 영국은 이집트뿐 아니라 이집트가 속해 있던 오스만 제국에 막대한 손해를 입히면서, 자국의 정치적·경제적 이해관계를 대변하는 제국주의 정책을 관철하는 데 얼마나 성공했는지를 확실하게 보여 주었다.[92]

오스만 제국이 유럽 국가들과의 관계에서 겪던 어려움은 제국 내 다양한 종교 공동체와 인종 공동체들 사이에 갈등이 발생하는 데다 일부 집단이 이스탄불로부터 독립을 원하거나 더 많은 자치를 추구하면서 더욱 악화되었다. 사람들은 이런 문제들을 종합해 이른바 '동방문제'로 불렀다. 오스만 제국이 유럽에 보유하던 영토에서는 인종적·종교적 자치와 독립을 달성하려는 요구들이 결국 세르비아의 자치(1815)와 그리스의 독립(1830), 기독교도와 무슬림 간의 갈등으로 발생한 크레타 봉기(1866~1869), 불가리아 봉기(1876)를 촉발했다.[93] 발칸 지역에서는 가톨릭과 기독교 정교회가 베들레헴에 있는 예수 탄생 교회의 열쇠를 둘러싸고 갈등을 겪었다. 오스만 제국 내에서 발생한 이런 갈등은 유럽 국가들의 개입을 초래했으며, 그 결과 오스만 제국은 국내 정치적·국제정치적으로 동시에 심각한 곤경에 처하게 되었다. 특히 러시아가 크림반도에 있던 정교회 형제들을 지원하자, 영국과 프랑스가 이에 맞서 군사적으로 개입했다. 이렇게 해서 발발한 크림 전쟁(1853~1856)의 결과로 오스만 제국은 유럽 국가들과 외교적으로 동등한 국가라는 국제적 인정을 얻어 내기는 했지만, 유럽 지역에 속한 제국 영토의 일부를 잃었다.[94]

오스만 제국은 19세기 내내 서로 밀접하게 연결되어 있는 두 가지 정치적 문제와 씨름해야 했다. 하나는 더 많은 자치나 독립을 원하는 백성들과 마주하는 문제였고, 다른 하나는 유럽에 속하는 오스만 제국 영토를 유럽 내 세력 균형 체제 안에 통합하려는 유럽 국가들에 맞서 자기를 방어해야 하는 문제였다. 오스만 제국은 또한 그들이 실질적으로 지배하는 유럽 지역이 점차 제국에서 떨어져 나가는 동안에 국가를 강하게 만들기 위해 지속적으로 노력해야 했다.

오스만 제국은 이런 (국내외적인) 두 가지 문제에 직면해 있었기 때문에 그들이 산업화를 직접 촉진한 것이나, 외국 경쟁자들에게 맞서 본국의 상인들을 보호하는 관세장벽을 설치하려고 애쓰지 않은 것은 그리 놀라운 일이 아니다. 오히려 오스만 제국은 유럽 상인들이 원활하게 무역 활동을 할 수 있도록 관대한 조건을 부여하는 데 동의했다.[95] 그 결과 영국산 수입품이 본국에서 생산된 면직물을 대체해 버렸다. 1820년대에는 아직 농촌의 직물 생산자들이 전체 판매량 가운데 97퍼센트를 자기들의 제품으로 충당하면서 국내시장을 지배했다. 그런데 1870년대가 되면 국내시장에서 판매된 제품 전체의 겨우 4분의 1 혹은 3분의 1이 국내산 제품이었다.[96]

아직 생긴 지 얼마 안 되는 산업을 보호하고 오스만 제국의 기업가들이 경쟁력 있는 산업을 건설하도록 과도기를 제공하기 위해서는 얼마나 높은 관세장벽을 세워야 했을까? 그리고 이런저런 관세장벽이 과연 영국산 직물의 수입을 막을 수 있었을까? 이들 질문에 분명하게 대답하기는 어려우며, 어떠한 대답도 최소한 부분적으로는 오스만 기업가들이 얼마나 저렴한 자본을 동원할 수 있었는지에, 그리고 그들이 근대적인 공장에서 일할 노동자들을 얼마나 잘 교육시키고 조직적으로 잘 배치할 수 있었는지에 달려 있었을 것이다. 아마도 그들은 19세기 후반이나 20세기 초에 인도 또는 일본, 중국에서 이루어진 것과 비슷한 정도의 노동생산성을 달성할 수 있었을지도 모른다. 하지만 오스만인들은 이들 아시아인보다 영국의 직물 생산자와 훨씬 가까운 위치에 살고 있었기 때문에 생산성 측면에서 영국인들보다 훨씬 더 높은 성과를 올려야만 했다. 게다가 오스만 제국은 유럽의 자본과 노동력이 산업 생산에 유입되었던 라틴아메리카와는 다른 상황에 있었다. 즉 오스만 제국의 경제적 상황이 영국의 상황과 유사했다고 할지라도, 제국이 19세기 중반 당시에 영국산 수입품에 맞서 경쟁력 있는 국내 산업을 구축하는 것은 특히 어려웠을 것이라고 짐작하게 하는 다양한 원인들이 있었다는 것이다.

이처럼 19세기 후반에 오스만 제국이 유럽산 수입품을 대체할 만한 산업을 발전시킬 가능성은 희박해 보였다. 하지만 이전 시대를 거슬러 올라가 살펴본다면, 우리는 유럽에서 이루어진 경제적 변화가 오스만 제국의 영역에서도 독자적으로 일어났을 가능성이 얼마나 될지 질문을 제기할 수 있다. 이 경우 오스만 제국 안에서 훨씬 이른 시기에 관개시설을 갖추고 생산성 있는 농업이 발전했던 지역, 다양한 수공업 공장들을 보유하던 지역, 근대 초에 아시아 항로가 개척되기 전에 유럽의 아시아 무역을 주도하는 번성하는 대상隊商, caravan 루트를 보유하던 지역들이 관심 대상이다. 오스만 제국이 서유럽에서, 뒤이어 유럽의 대부분 지역과 미국에서 발생한 경제적 변화를 겪지 않은 이유는 이슬람법과 이슬람 회사들이 19세기에 유럽과 아메리카에서 산업화를 촉진한 것으로 입증된 규정과 제도들과 충돌했기 때문이라는 설명도 있다.[97]

오스만 제국의 전통적인 제도가 경제 발전을 방해한 것인지, 오스만 정부가 발전을 촉진하는 데 실패한 것인지에 관한 문제를 다루기 전에 우리는 오스만 제국에 산업화와 국제무역을 발전시킬 수 있는 어떤 경제적 동인과 가능성이 존재했는지를 밝혀야 한다. 그 문제를 밝힌 후에야 비로소 우리는 전통적인 제도가 문제였는지, 아니면 정부가 발전을 촉진하는 데 무능했는지 정확하게 말할 수 있을 것이다. 만약 우리가 적절한 제도만으로는 경제적 변화가 일어나도록 자극하기에 충분치 않다는 사실을, 혹은 이런 제도가 없으면 정부가 그런 제도를 뒷받침할 환경을 만들어 낼 수 없다는 사실을 인정한다면, 경제 변화를 추구하기 위해서는 왜 그런 특정한 변화가 추구할 만한 것인지 설명해 주는 분명한 경제 논리라도 있어야 한다. 영국 직물 산업은 인도산 제품을 대체하기 위해 국내 제품을 개발해야 한다는 동기가 점점 커졌다. 그런데 영국 노동자들은 동일한 생산과정을 통해 작업할 경우 인도의 노동자들과 경쟁이 되지 않았다. 영국의 임금수준이 인도보다 분명히 높았기 때문이다. 따라서 경쟁력을 갖추기 위해 영국인들은 인도의 경우보다 노동생산성을 높여 주는 기술을 개발해야 했다. 그리고 노동생산성을 높여 주는 기술을 개발한 결과 경제적으로 생산비 절감을 달성할 수 있었다. 미국에서는 산업을 발전시키고자 하는 자극이 점점 성장했다. 미국이 가진 잠재력을 기반으로 영국에서 쉽게 수입할 수 없거나 미국 상품의 수출 대금으로는 구매할 수 없는 상품들을 생산하고 판매하는 국내시장을 개발할 수 있다는 판단에서였다. 유럽 대륙은 영국이 자국의 제품을 저렴한 비용으로 보낼 수 있는 시장이었다. 따라서 유럽 대륙의 생산자들은 영국산 제품이 충족시키지 못하는 틈새시장을 개척하거나 관세장벽의 도움을 얻어 자국 산업을 발전시켜야 했다. 아시아 시장도 미국 시장과 마찬가지로 영국에서 지리적으로 멀리 떨어져 있었기 때문에 유럽 대륙보다 영국산 수출품에 맞서 지역 시장을 보호하기가 더 쉬웠다. 하지만 오스만 제국은 지리적인 이유 때문에 아시아나 미국보다 영국산 면직물 수입으로 인해 타격을 받기가 쉬웠으며, 새로운 생산기술에 접촉할 기회도 적었다. 유럽 대륙의 국가들은 새로 개발된 기술을 반드시 자기들만 보유하고자 했기 때문이다.

오스만 제국에서 산업을 발전시키고자 하는 시도는 외국산 소비재를 국내 상품으로 대체하고자 하는 바람에서 나온 것이 아니라, 일반적인 정치 어젠다의 일부로 제기된 것이었다. 막강한 군사력을 보유하는 데 유익한 산업을 발전시켜 좀 더 강력한 국가를 건설하고자 하는 어젠다였다. 19세기로 전환하는 시기에 오스만 제국의 통치자는 과연 어떤 요인들이 유럽 국가들을 특히 부강하게 만들었는지에 관심이 있었다. 오스만 제국은 최근 유럽 국가들이 오스만 제국 영토에 다양한 군사적 위협을 가해 오면서 어려움을 겪어야 했기 때문이다. 오스만 제국 지도부는 행정 기구를 강화하고 세금을 징수한 후, 이를 기반으로 강력한 군대를 건설해 외국의 위협에 적절히 대응하는 데 관심이 많았다. 이집트와 시리아를 포함한 오스만 제국 내부에서 수십 년 동안 개혁을 시도해 본 후, 1839년에서 1876년 사이에 추진된 탄지마트('개혁')는 국가의 군사적·행정적 기능에서 경제적·종교적 영역까지를 포함하는 광범위한 프로그램이었다. 이 개혁 방안에 따라 국가가 주도해 무기 공장과 직물 공장을 건설했고, 광산을 개발하고 농업을 촉진했으며, 1866년에는 철도 건설에도 착수했다.[98]

이 무렵에 오스만 제국은 정치적으로뿐 아니라 경제적으로도 유럽의 세력균형 체제와 무역 관계에 점점 더 깊게 연루되었다. 그 과정에서 오스만 제국은 특별한 정치적 동력과 경제 관계를 기반으로 정치적·경제적 개편을 단행했다. 여기서 정치적 측면을 살펴보면 오스만 제국은 유럽 민족국가 규모의 영토를 다스리기에 적합했던 유럽식 국가로 변화하려고 시도하다가 영토의 크기도 줄어들고 영향력도 약화되었다. 경제적으로는 수공업에 기초한 직물 산업이 산업화되지 않았으면 산업화를 위한 노력이라도 등장했어야 하는데, 그렇지 못했다. 따라서 경제적 환경과 정치적 환경 어느 것을 살펴보아도 오스만 제국에서 유럽이나 미국에서 일어난 것과 유사한 경제적 변화가 일어날 가능성은 희박했다. 확실히 동부 유럽과 중부 유럽의 많은 지역에서는 산업과 국제무역이 제한적이었다. 라틴아메리카에서도 마찬가지였다. 그리고 남북전쟁 이후의 아메리카 남부같이 비교적 낙후된 지역에서 산업화를 이루었다고 할지라도, 그 지역들에서는 시장, 특히 노동시장이 아직 제대로 통합되지 않았기 때문에 그곳에서 이루어진 산업적 성과는 이미 이들보다 부유한 지역과의 격차를 해소하기에는 역부족이었다. 오스만 제국에서는 미국에서 진행된 것처럼 자본이나 노동력이 유입되어 제국의 여러 지역을 유럽의 경제 중심지들과 연결할 가능성이 거의 희박했다. 사실 그 가능성은 19세기 말에 라틴아메리카의 일부 지역에서 관찰될 수 있었던 만큼도 되지 않았다. 간단히 말해 오스만 제국의 백성들을 지배하던 국내 조건이나 오스만 제국이 처해 있던 외교 관계는 경제 발전이 일어나도록 뒷받침하는 데 사용할 수 있는 조건을 거의 갖추지 못했다. 국내적 환경과 국제정치적 맥락이 부정적으로 뒤섞인 상황에서 만약 다른 제도를 채택했다면 어떤 식으로든 근본적으로 다른 결과를 가져올 수 있지 않았을까에 관한 의문에는 분명하게 답변하기가 어렵다. 19세기 아프리카에서 경제적 변화가 가능했을지에 관한 문제에도 이와 똑같은 추론이 적용된다.

아프리카: 제한된 가능성의 대륙

지중해에 접해 있는 아프리카 지역을 지나 오스만 제국에서 벗어나면 우리는 중국이나 미국의 영토와 맞먹는 크기의 광대한 사하라 사막에 도달하게 된다. 사막을 횡단하는 것은 엄청난 도전이었지만, 낙타 대상들은 15세기 말에 포르투갈인들이 유럽과 서아프리카를 연결하는 해상 항로를 발견할 때까지 수백 년 동안 그 엄청난 일을 해냈다. 사하라 사막을 통한 무역은 19세기 이전에 세계의 다른 지역들에 있던 원거리 무역로와 마찬가지로 상업 경제가 번영하던 지역들을 연결하지 못했다. 아프리카의 지배자들은 더 큰 정부를 구성해 더 넓은 영토를 장악하는 데 도움이 될 재원이 필요했는데, 이 재원을 만들어 낼 활발한 농업경제를, 즉 많은 인구를 부양할 수 있는 농업경제를 가진 지역이 별로 많지 않았다. 활처럼 휜 나이저강 만곡부, 에티오피아, 동부 해안의 잠베지 계곡, 서아프리카 일부 정도가 그런 곳에 속했다.[99] 야망을 갖고 국가를 세운 자들은 자기들에게 패배한 사람들을 노예로 삼기 위해 전쟁을 치렀다. 그리고 이 노예들은 동부 해안을 따라 아프리카와 인도양을 연결하는 항로나 서부 해안을 따라 대서양과 아프리카를 연결하는 항로를 통해 판매되었다. 그런데 유럽인들이 아프리카 노예를 판매하는 시장을 크게 확대하자, 그 수요를 충족하기 위해 많은 아프리카 부족이 노예사냥에 나서면서 그들 사이에 뜨거운 전쟁이 불붙게 되었다.[100]

많은 수의 아프리카 노예가 아프리카 바깥 지역으로 반출됨으로써, 척박하나마 농업에 사용될 수 있는 광대한 토지가 있어도 이를 경작할 노동력은 현저하게 부족한 심각한 상황이 초래되었다. 게다가 땅은 충분히 많았지만 매우 척박해 농사를 지으려면 계절에 따른 우기를 기다려야 했다. 이처럼 아프리카에는 자연환경이 부여한 조건 때문에 생산력 있는 경제를 이루기에 뚜렷한 한계가 있었으며, 이런 상황은 왜 아프리카 대부분 지역에서는 경제 발전이 이루어지지 않았는지를 설명하는 한 가지 모델을 제시해 준다. 또 하나의 설명 모델은 앞서 언급한 노예제를, 그리고 19세기 말에 시행된 식민주의에 대한 유럽인의 책임을 지적한다. 식민주의는 서양에 필요한 천연자원과 농산물을 공급하는 기능을 하도록 일방적으로 유도했기 때문에 아프리카의 생산은 자기들이 실질적으로 발전하는 데 자극제가 되지 못했다는 것이다. 마지막으로 아프리카에서 경제 발전이 이루어지지 않은 이유는 유럽에서 경제 변화를 촉진했던 제도들이, 즉 형식법이나 계약 등이 아프리카에는 없었기 때문이라고 주장하는 학자들이 있다. 제도가 중요하다고 강조하는 이런 테제는 널리 인기가 있었지만, 열띤 논란을 불러일으키기도 했다.[101] 하지만 우리는 이미 19세기의 앵글로아메리카와 라틴아메리카의 경제적 경험을 비교하면서 부존자원이나 제도가 갖는 상대적 의미가 설명 모델로서 얼마나 문제가 있는지를 살펴본 바 있다. 아메리카 대륙의 경우 부존자원과 제도에서 차이가 있다고 해도 두 영역을 엄격하게 분리해 파악하기가 어려웠으며, 어떤 측면에 더 비중을 두어야 하는지도 분명하지 않았다. 북아메리카, 즉 앵글로아메리카의 정부들은 경제적인 생산과 교환을 활성화할 수 있는 제도적 조건을 만들어 낼 수 있는 정부의 능력과 노력이 라틴아메리카 정부들보다 강했다는 것은, 그리고 이러한 차이가 경제 발전 모델에 분명히 영향을 미쳤다는 사실은 의심의 여지가 없다. 아프리카는 자연조건 때문에 경제 발전에 커다란 한계가 있었다. 게다가 아프리카 지역을 정치적으로 장악하고 그곳의 자원을 약탈하려는 유럽 국가들의 노력은 19세기에 아프리카 대륙이 경제 발전에 착수할 수 있는 가능성을 추가적으로 제한했다.

1880년에서 1905년 사이에 이루어진 유럽의 '아프리카 각축전'은 비서구 세계의 식민화가 그 핵심은 유럽 국가들 사이의 경쟁이 유럽의 경계를 넘어 전 세계에 확산되었다는 사실을 확실하게 드러내 준다. 1884~1885년에 개최된 베를린 회담은 유럽 국가들의 아프리카 식민화 과정에서 발생한 문제들을 다소 조정했지만, 벨기에 왕 레오폴 2세의 착취와 개인적 축재같이 주목할 만한 문제들은 그대로 방치했다. 오히려 레오폴 2세가 장악한 '콩고 자유국'이 베를린 회담에서 레오폴 2세의 개인적인 이익을 위해 수탈한 지역과 주민에 대한 대표권을 획득함으로써 개인적인 토지 침탈이 국제적으로 공인되는 결과를 초래했다. 레오폴 2세는 처음에는 상아 무역에 뛰어들고, 나중에는 아프리카인 노동자를 강제로 동원해 천연고무를 채취하고 가공함으로써 막대한 부를 축적했다. 영국의 아프리카 제국주의를 전형적으로 보여 주는 좋은 사례는 사업가 세실 로즈Cecil Rhodes였다. 남아프리카에서 금과 다이아몬드를 찾아 헤매던 그는 짐바브웨를 식민지로 만들기 위해 영국 남아프리카 회사를 설립했다. 당시 24세였던 그는 "내가 일생을 바치고자 하는 일은 영 제국을 수호하고 확대하는 것"이라고 외쳤다. "이 일은 내게 매우 가치 있는 일로 보인다. 영 제국은 이 나라 모든 이의 생명과 자유, 재산, 공정 경쟁, 행복을 보호하기 위해 존재하며, 영 제국은 이러한 목적을 추구하기 위해, 그리고 인간의 행복을 위해 지금까지 전 세계에 존재했던 모든 나라 중에 가장 위대한 플랫폼이기 때문이다."[102] 영 제국의 미덕을 극찬하는 고귀한 선언, 그리고 남아프리카에 정치권력을 구축해 아프리카인들을 극도로 학대하고 멸시하면서 경제적 욕망을 추구한 제국주의자의 민낯 사이에는 너무도 극명한 차이가 있었다. 이러한 차이가 아프리카에서 유럽 제국주의를 특징짓는 현란한 수사와 적나라한 현실 사이의 간격을 보여 주는 심각한 사례였다는 사실에는 그 어떤 의심의 여지도 있을 수 없다.[103]

하지만 로즈나 레오폴 2세 같은 사람들이 아프리카인들에게 자행한 최악의 착취와 만행이 없었던 세계를 가상한다고 해도, 19세기의 아프리카 대부분 지역에서 어떻게 경제가 긍정적으로 발전할 수 있었을지는 상상하기 어렵다. 자연환경에 따른 한계나 희박한 인구밀도를 고려할 때 아프리카에서 생산이 증가하고 교환이 확대될 가능성은 매우 제한되어 있었다. 혹시 그런 가능성이 있었다면, 그것은 오직 수출용 농산물 영역에서였다. 그러나 수출용 농산물 생산은 오로지 농민들이 소규모 자작농을 할 수 있는 지역에서만 가능했기 때문에, 대부분의 아프리카인이 전혀 토지를 소유하지 못했던 남아프리카의 백인 거주 사회에서는 이마저도 불가능했다. 하지만 만약 로즈나 레오폴 2세 같은 사람들이 없고 아프리카인들이 그들의 자원을 스스로 통제할 수 있었다면, 평범한 아프리카인들이 소득을 점차 높였을 수도 있다. 가나와 나이지리아에서 카카오 원두를 심고 나이지리아 북부에서 땅콩을 경작했던 아프리카 농부들이 바로 그런 경우였다.[104]

그런데 이들 농산물이 어떻게 시장에서 판매되었는지 좀 더 자세히 살펴보면, 우리는 곧 유럽의 카르텔이 이들 아프리카산 농산물의 가격을 통제하고 있었다는 사실을 발견하게 된다. 그렇다고 해서 이 사실이 무역이 생산자에게 직접적으로 긍정적인 영향, 즉 이익을 가져다주지 않았다는 것을 뜻하는 것은 아니다. 논의된 바처럼 유럽이 치외법권을 누리는 상황에서도 오스만 제국의 생산자들이 국제무역으로부터 이득을 보았던 것과 마찬가지로, 아프리카도 아프리카 환금작물에 대한 유럽의 수요 때문에 일방적인 무역이기는 하지만 무역을 아예 하지 않을 때보다는 좋았다. 아프리카의 경우든 오스만 제국의 경우든 농산물 수출에서 발생한 수익은 산업화를 추진하는 자본이 된 것이다. 그러나 산업화와 노동생산성을 향상시키는 기술이 없이 무역만으로는 19세기 말에 많은 서양인이 일반적으로 향유했던 중요한 물질적 혜택을 얻지 못한다. 물론 원칙적으로는 그런 가능성이 없지 않았다. 아르헨티나와 브라질을 돌이켜 본다면 그곳에서는 농산물 수출이 실질적인 소득 증대를 가져왔고, 그 수익은 뒤이어 발생한 산업화에 투자되었다. 이들의 경우에 농산물 국제무역을 통해 수익을 얻은 농업 엘리트층이 그들의 사업 영역을 산업으로 확장했다는 사실은 의미심장하다. 보통 무역에서 발생한 흑자가 평범한 사람들에게 돌아간다면, 그 수입은 아마 소비재로 흘러들어 갈 가능성이 크다. 더 많이 저축하도록 유인하고 장려하는 제도가 없다면 저축된 자본을 산업에 투자할 가능성도 크지 않다. 그러므로 만약 아프리카가 농산물 수출을 통해 수익을 창출하고 그 수익을 산업에 투자하는 경제 엘리트층을 보유했다면 그곳에서는 라틴아메리카에서 이루어진 것과 같은 발전이 나타날 수 있었다. 하지만 아프리카에는 그런 조건이 없었다. 아프리카에서는 농산물 수출을 주로 소농이 추진했기 때문이다.

이렇듯 근동 지역과 중동 지역, 아프리카에는 많은 사람의 생활을 개선할 수 있도록 경제적 변화가 이루어질 가능성이 없었다. 그렇다고 근동이나 아프리카가 인관된 국세무역이 당시에 팽창하던 진 지구적 자본주의의 일반적인 모델에 스스로 적용하지 않았다는 뜻은 아니다. 하지만 세계적인 경제 변화가 이 지역 사람들에게 갖는 의미는 유럽이나 미국에 살던 사람들에게 갖는 의미와는 달랐다. 전 지구적인 경제 변화는 19세기 서양 세계에는 새로운 물질적 가능성을 열어 주었지만, 근동이나 중동에 사는 대부분의 사람에게는 그렇게 극적이고 새로운 기회를 제공해 주지 않았다. 만약 우리가 서구식 산업화 과정이 일어나지 않은 세계를, 그리고 유럽의 국제무역이 근대 초 유럽 상업자본주의의 수준과 비슷한 상태에 해당했던 세계를 상상한다면, 유럽 외에 세계의 다른 지역 주민들이 과연 얼마나 더 잘 살고 있었을지는 분명하지 않다. 식민화는 특히 야만적인 모습을 보이면서 의심할 여지없이 세계 여러 지역 사람들의 삶을 피폐하게 했지만, 식민화라는 짐이 없었다면 그들은 자체적인 경제적 장벽에 계속 갇혀 있었을 것이다.

인도: 몬순 아시아에서의 도전과 한계

18세기에 영국으로 수출된 인도산 면직물이 영국 산업혁명의 특별한 성격에 어떤 의미를 갖는지에 관해서는 이미 앞에서 여러 차례 언급했다. 인도에서는 수입해 들여온 영국의 면직물이 한동안 인도의 산업화에 걸림돌이 되었다. 오스만 제국에서 일어난 상황과 마찬가지였다. 인도의 수공업 제품 생산자들은 예전에 그들의 제품을 수출하던 영국 시장과 서아프리카 시장을 모두 잃었다. 영국에서 인도로 수출한 상품들이 인도의 내수 시장마저 장악하면서 인도의 면직물 생산은 마지막 타격을 입었다.[105] 이런 식으로 인도는 1870년대 말까지 국내시장의 약 60퍼센트를 영국산 수입품에 빼앗겼다. 물론 이것이 인도 직물 산업의 종말은 아니었다. 1850년대에 인도에 처음 나타나기 시작한 근대식 공장은 19세기 말 무렵에 점점 많이 건설되었고, 20세기가 되자 직물 산업은 다시 성장을 기록했다.[106]

인도의 직물 산업이 (멕시코나 브라질의 직물 산업과 마찬가지로) 다시 일어난 것이 어떤 의미를 가지는지 적절하게 평가하려면 다음 사실을 기억해야 한다. 면직물 생산은 19세기 초에는 산업을 이끄는 선도적인 분야였지만, 20세기로 전환하는 시기에는 선도적인 산업자본주의 국가들이 직물 외에 훨씬 다양한 상품들을 생산해 전 세계 수많은 지역에 판매했다. 한 세기 전에 공장 생산의 선두 주자였던 직물 산업은 이제 더는 그 선두 지위에 있지 않았던 것이다. 따라서 19세기에 영국 섬유 제품이 전 세계에서 판매되었다는 사실이 이제 더는 그 이전의 수십 년처럼 영국이 세계경제에서 지배적인 지위를 차지하고 있음을 보여 주는 표식은 아니게 된 것이다. 화학, 에너지 생산, 기계, 제철, 철강 등 다양한 산업들이 부의 새로운 원천이자 기술혁신의 전시장이 되었다. 미국과 독일의 국민경제는 이렇게 새로 떠오르는 산업 분야가 견인했다. 물론 산업 혁신의 최선두에 있는 나라가 아니더라도, 서양에 이미 튼튼하게 확립된 산업 생산방식을 개발하는 것이 경제적으로 아무런 의미가 없었던 것은 아니다.

20세기 초에는 인도의 국내 공장들이 자국의 수공업적인 직물 생산을 무너뜨렸던 영국산 수입품을 대체했다. 기계화된 직물 생산방식이 생산성이 높다는 사실은 일정량의 직물 생산에 필요한 노동력이 수공업적 생산방식보다 덜 필요하다는 것을 뜻하지 않았다. 인도에서 직물 분야를 넘어 등장하던 새로운 산업이 발전하려면 국내시장 또는 국제시장에서 수요가 증가해야 했다. 이는 국내 수요가 증가하면 사람들이 더 생산적으로 일해야 한다는 것을, 해외 수요가 증가하면 경쟁자들보다 더 저렴하게 생산해야 한다는 것을 의미했다. 그런데 두 가지 시나리오에는 모두 자본과 기술, 교육된 노동력이 추가로 필요했다. 당시 인도의 상황을 보면 현실적으로 매우 충족하기 어려운 조건이었다. 여기서 우리가 성공적이었던 서구 산업사회의 상황을 살펴보면, 영국은 19세기 내내 자기들의 직물 산업을 계속 경쟁력 있게 만들기 위해 수출 시장에 크게 의존했다. 반면에 미국은 산업 생산품을 판매하기 위해 국내시장을 키우는 데 훨씬 집중했는데, 그렇기 때문에 19세기의 마지막 10년 동안 미국에서는 농산물 수출이 차지하는 비중이 커졌다. 유럽 대륙에서는 몇몇 국가의 경우 산업화가 특정 상품에 대한 국내 수요를 충족시켰으며, 프랑스는 특정 직물을, 스위스는 가공식품 같은 상품을 수출할 수 있는 틈새시장을 찾으려고 노력했다. 인도에서는 농촌인구가 도시에 있는 공장에 계속 추가로 유입되다 보니 산업화가 도시에서 농촌으로 확산될 수 없었다. 국내 수요는 더는 증가하지 않았고, 국제적으로 경쟁력을 가질 수 있는 산업 생산품도 없었다. 국내적으로 볼 때 도시에서 생산된 근대적인 공장 생산품들은 주변 지역과는 단절되어 있었다. 도시와 농촌이 시장으로 연결되지 못한 상황은 직업 선택을 사회적으로 제한했던 이른바 카스트 제도 때문에 한층 더 악화되었다.

농촌 지역에서는 농업에 종사하는 노동자들이 점차 프롤레타리아가 되어 임금을 받으며 큰 농장에서 일했다. 그런데 이보다 더 중요한 사실은 농업의 노동생산성이 계속 매우 낮은 수준에 머물러 있었기 때문에, 도시의 공장 노동자들이 증가하면 이들을 먹여 살리는 데 필요한 잉여 농산물을 생산하기가 어려웠다는 점이다. 19세기의 인도에서 국제무역이 미친 긍정적 영향 또는 부정적 영향에 대한 토론이나, 산업 분야나 농업 분야에서 진행된 인도 노동자들의 프롤레타리아화에 대한 토론은 다음과 같은 근본적인 사실을 간과하고 있다. 산업화와 국제무역이 19세기의 인도에 얼마나 긍정적인(혹은 부정적인) 영향을 미쳤는지와는 무관하게, 경제에 중대한 구조적 변화를 일으키기에는 분명히 충분치 않았다는 사실이다. 인도의 경우 국제무역이나 산업화가 초래했을지도 모를 긍정적 경제 변화가 무엇이든지 간에 거기에는 뚜렷한 한계가 있었다. 그리고 19세기 후반에 식민 정부가 사회관계를 개선하고 급수 시설이나 철도를 건설하는 등 실질적인 노력을 했지만, 그 한계는 사라지지 않았다. 영국 식민 정부가 건설한 수리·관개시설은, 특히 운하나 우물, 저수지 등은 계절에 따른 강수량이 일정치 않아 발생하는 기아의 위험을 줄이기 위한 것이었다. 인도에서는 몬순으로 인해 엄청난 홍수나 극심한 가뭄이 발생했기 때문이다. 하지만 수리·관개시설은 물 부족이나 물 과잉을 초래하는 위험은 줄여 주었지만, 배수가 충분히 되지 않아 말라리아를 옮기는 모기의 서식 환경이 되었다. 철도 건설도 마찬가지로 물웅덩이 문제를 야기했지만, 수출용으로 지정된 다양한 종류의 곡물을 더 많이 경작할 수 있게는 해 주었다.[107] 물자를 시장으로 운반하는 것에서 철도가 긍정적인 가능성을 보여 주기는 했지만, 그렇다고 해서 인도산 상품이 증가된 시장 수요에 제대로 반응할 수 있었다는 것은 아니다. 노동생산성이 여전히 낮았기 때문이다. 인도에서 산업화와 국제무역이 잠재적으로 가져다줄 수 있는 물질적 수익은 제2차 세계대전

후에야 비로소 폭넓게 실현될 수 있었다. 그때야 비로소 새로운 산업 기술과 농업기술, 새로운 자본의 원천, 변화된 제도적 기반 등이 마련되면서 이제 인도 경제가 발전할 것이라는 희망을 일깨웠던 것이다. 19세기에 인도는 수적으로 많기도 하고 다양한 구성을 가진 사람들이 (메마르기도 하고 비옥하기도 한) 다양한 자연환경 구역에 걸쳐 살고 있다는 사실 때문에 어려움을 겪었다. 우리는 몇몇 항구도시에서 분명히 산업화가 일어나고 있음을 확인할 수 있었지만, 이러한 변화가 인접한 배후 지역을 넘어 농촌 지역까지 확산될 수는 없었다. 심지어 20세기 초에 인도가 기계화된 직물 산업을 자체적으로 발전시킬 수 있었는데도 이러한 변화는 외곽 지역에서 추가적인 노동력을 유인하거나 농업 생산성을 향상시킬 만큼 다음 단계의 경제 발전을 초래할 수 없었다. 인도가 직면했던 것과 비교할 만한 공간과 인구 문제를 극복하기 위해 분투해야 했던 유일한 나라는 중국이었다. 중국으로 시선을 돌리기 전에 우리는 또 다른 식민지의 생산과 교역을 살펴보고자 한다. 19세기에 중국이나 동아시아 어느 나라도 겪지 못했던 정치적 억압 형태가 경제 발전 가능성에 어떤 영향을 미쳤는지를 측정해 보기 위해서다.

동남아시아: 견고한 식민주의와 상업적 농업

19세기 후반에 영국과 프랑스는 이전에 네덜란드나 에스파냐가 장악하지 않은 거의 모든 동남아시아의 지역을 두 구역으로 나누어 식민지로 만들었다. 여기서 시암 왕국은 공식적인 식민화를 피한 유일한 나라였다. 유럽의 동남아시아 지역 팽창은 정치적·경제적 성격을 지닌 것이었다. 영국인과 프랑스인들이 버마와 말레이반도, 인도차이나에 식민 정부를 수립하기 전인 1830년대에 네덜란드인들은 이 지역에 '경작 체제'를 도입했다. 수출을 위한 농산물을 재배하도록 의무화하는 강제 경작 제도였다. 네덜란드인들은 이렇게 생산된 농산물에 대금을 지급하기는 했지만 그 가격은 네덜란드 정부에 막대한 이익을 주는 수준이었으며, 그로 인해 네덜란드령 동인도는 네덜란드산 공업 제품을 수입하는 시장이 되었다. 당시 네덜란드 국가 총수입의 무려 3분의 1이 이곳 식민지인이 커피와 설탕, 인디고의 생산에 강제로 동원되어 헐값으로 생산한 농산물을 유럽에서 비싼 가격으로 판매한 것에서 발생했다. 이때 강제로 동원된 인원이 식민지인 전체의 약 70퍼센트였다. 근대 초 네덜란드 동인도회사가 보여 준 해양 상업자본주의는 19세기에 정복된 주민들을 더욱 적극적으로 착취하는 식민 국가로 대체되었다. 에스파냐인들도 필리핀에서 생산되는 농산물, 즉 담배를 통해 수익을 올리려고 노력했다. 하지만 에스파냐인들은 네덜란드인들이 인도차이나 지역에서 한 것처럼 주민들에게 혹독하게 하지는 않았으며 그렇게 많은 수익을 기대하지도 않았다. 19세기 말에는 수입 및 수출 관세 외에 개인과 기업에 직접 부과한 세금도 동남아시아에서 중요한 수입원이 되었다.[108]

경제적으로 볼 때 동남아시아 일부 지역은 (인도의 특정 지역들과 마찬가지로) 서양의 산업을 위한 천연자원을, 특히 주석과 고무를 생산하기 시작했다. 하지만 이러한 생산 활동을 위해 자금과 노동력을 동원하는 방식에는 차이가 있었다. 1895년에 전 세계 주석 생산의 55퍼센트가 말레이 군도 서부에서 나왔으며, 거기에 필요한 노동력은 중국인 이민자들로 충당되었다. '서양인들'은 생산물을 인수하기 위해 그 어떤 실질적인 노력도 기울이지 않았다. 대부분의 고무 생산도 서양의 투자나 경영 없이 이루어졌다. 고무나무에서 고무를 채취하는 일은 말라야와 수마트라의 농부들이 담당했는데, 말라야에서는 19세기 말의 전 세계 고무 생산량 중 3분의 1을 생산했다. 필리핀에서는 설탕과 마닐라삼(바나나과의 일종으로, 그 섬유가 보통 밧줄이나 선박용 밧줄을 만드는 데 사용된다.)을 아시엔다(대농장)에서 가난하고 빚에 쪼들린 농민들이 생산했다.[109] 그들이 처해 있던 조건은 다양했지만, 서양의 산업과 무역을 위한 물자를 생산했던 사람 대부분의 생활수준은 거의 개선되지 않았다.

농산물에 대한 상업적 수요가 증가하게 된 또 다른 이유는 중국인들의 쌀 수요가 늘어난 탓이었다. 19세기 후반에 버마의 이라와디강 삼각주에서 습식 쌀농사 기술이 개발된 것은 배수 시설과 저수지 건설, 도로 개선에 영국인들이 투자했기 때문이었다. 그 결과 1885년에서 1900년 사이에 쌀 수출량이 열두 배로 증가했다. 베트남 메콩강 삼각주에서 습식 쌀 농사법이 개발된 것도 프랑스의 투자와 기술력이 베트남인의 강제 노역과 함께 만들어 낸 것이었다. 1860년에서 1900년 사이에 베트남의 쌀 수출은 열 배로 증가했으며, 뒤이은 30년 동안 또다시 두 배로 증가해, 쌀은 베트남의 전체 수출량에서 3분의 2를 차지했다. 시암 왕국에서도 쌀 수출이 극적으로 증가했는데, 1860년에서 1930년 사이에 무려 스물다섯 배로 증가했다. 이 나라에서는 식민 정부가 인프라 구축에 자본을 투자한 것이 아니었으므로 개인 기업들이 협력해 관개시설을 개발하는 한편, 시암의 귀족과 중국인 사업가들은 쌀의 도정과 무역, 운송을 조직했다. 여기서 중국인 중간상인과 서양인 중간상인들이 쌀 수출업계를 서로 분할해 장악했다.[110] 19세기 후반에 동남아시아가 수입원으로서 중요해지기 전까지 수백 년 동안 중국에서는 먼 지역에 수출하기 위해 소규모 경작으로 쌀을 생산해 왔다.

정치적·경제적 측면에서 볼 때 동남아시아에서 논을 발전시키는 데는 현지인과 외국인들이 함께 연관되었다. 농촌 가계와 중국 상인이 생산과 교환의 근본 요소를 형성하고 있었고, 동남아시아 각 지역의 상황에 따라 다양한 요인들이 보완하기도 했다. 인도에서와 마찬가지로 동남아시아를 장악한 식민 정부는 농업 분야에서 생산 잠재력을 개선하는 데 긍정적인 역할을 수행했다. 자연환경적(생태적) 조건이 유리하고 자유무역을 위한 제도도 이미 확립되어 있었기 때문에 동남아시아에서는 생산자들에게 돌아가는 물질적 소득이 확실하게 보장되었고 그 수준도 높았다. 하지만 남아시아나 동남아시아에서 생산된 천연자원이나 농산물과 마찬가지로 점점 증가한 국제 쌀 무역이 가져다준 자극도 산업화로 이어지지는 않았다. 산업화는 부유한 기업가들이 수익원을 다양화하기 위해 새로운 기술을 도입한 20세기 후반에 와서야 비로소 이루어졌다. 그리고 이러한 발전은 기업가들의 노력을 지원해 준 정부 관료들이나 정책과의 밀접한 관계하에 진행되었다.

장기 19세기가 지나면서 동남아시아의 국민경제는 상업적으로 생산하는 농산물의 양을 증가시켰다. 이것은 특히 중국으로 가는 쌀 수출이 늘어났기 때문이었다. 국내 사업가들은 무역에 계속 투자해 아시아 내부에 형성된 상업 경제에서 수익을 올렸다. 그런데 이러한 상업 경제는 광산에서 채굴된 자원이나 농산물 같은 분야의 발전으로부터는, 특히 유럽으로 수출되는 주석이나 고무 같은 상품 분야의 발전으로부터는 아무런 영향도 받지 않았다. 서양의 수요를 충족시키기 위해, 또는 중국 소비자들을 만족시키기 위해 국제무역용 농산물을 생산하던 농부들은 대부분 시장 교환에서 기껏해야 소박한 수준의 소득을 올렸을 뿐이다. 그들은 국제무역에서 분명히 수익을 올릴 수 있었지만, 이렇게 국제적으로 확대된 새로운 경제 관계가 농민들의 노동생산성을 실질적으로 증가시켜 주지는 않았다. 사실 다수 주민의 생활수준을 실질적으로 향상시킬 수 있으려면 그 물질적 토대인 노동생산성을 높이는 것이 필수적이었다.

정치적 종속의 경제적 결과

19세기에 동남아시아가 보유하고 있던 경제적 조건은 특수한 자연환경과 사회적 조직 형태 등에 의해 영향을 받았다. 이런 자연적이고 사회적인 요소 외에, 세계의 다른 지역에서 특징적이었던 것처럼 여러 상황이 다양하게 조합된 결과도 경제성장에 영향을 미쳤다. 이런 요소들이 함께 모여 동남아시아에 특수한 복합적 상황을 만들어 냈는데, 우리는 개별적인 요소들을 고려하면서 이 복합적 상황을 분석해 낼 수 있을 것이다. 이 복합적 요소들 가운데 공통점은 근대적인 경제성장을 초래하는 '화학적 요소chemistry'가 없었다는 것이다. 오스만 제국과 마찬가지로 동남아시아에서도 활기찬 무역 분야와 농업 분야를 포함한 경제적 다양성이 있었다. 하지만 농업은 중국이나 일본처럼 습식 농법에 기초하고 있었다. 그리고 농업인구의 규모가 엄청나게 컸던 중국이나 남아시아와 달리 동남아시아는 아프리카처럼 농업인구도 적었다. 19세기에 동남아시아 지역의 경제 발전은 중국에서 유입되는 자본과 노동력뿐 아니라, 산업에 필요한 자원에 대한 유럽인들의 투자 및 그곳에서 생산되는 상품에 대한 유럽 시장의 수요에 의존하고 있었다. 세계의 여러 지역은 나름대로 온갖 특성과 다양성을 갖고 있었지만, 대부분 경제 발전의 시나리오에는 한 가지 공통점이 있었다. '서양인'이라는 정치적·경제적 요소의 존재였다.

특히 서양학자들이 저술한 19세기 역사서에 '서양인들'이 비서구 세계의 여러 지역에서 눈에 띄는 활동을 했다는 사실이 서술된 것을 보면서, 사람들은 비서구 세계의 지역에서 경제 발전이 이루어지지 못한 책임이 서양인들에게 있다고 쉽게 주장할 수 있었다. 의심할 여지없이 서양의 정부와 사업가들은 이기적이었으며, 무엇보다 당시 유럽 내에서, 그리고 유럽 국가들 사이에서 과거부터 진행되어 왔던 치열한 정치적·경제적 경쟁에 관심이 있었다. 그렇기 때문에 우리는 19세기 후반에 서구 식민주의가 확대된 것을 근대 초의 식민지와 해상 왕국이 연장된 것이었다고 볼 수 있다. 이런 발전은 서양, 특히 영국에서 군사력과 (세계적 규모로 확대된 국제무역을 초래한) 산업자본주의의 확립이 합쳐지면서 한층 심각한 결과를 초래했다. 궁극적으로 서구의 산업자본주의가 19세기 말의 세계경제를 결정한 것이다. 하지만 그렇다고 이 사실이 20세기 초 세계의 많은 지역에서 산업화가 발생하지 않은 책임이 19세기 말의 세계경제체제에서 주도적으로 활동한 주체들에게, 그리고 경제 관계와 밀접하게 연결되어 있던 국제적인 정치 관계에 결정적인 영향을 주었던 주체들에게 있다는 것을 뜻하는가? 이 질문에 답하기 위해서 우리는 산업화에 필수적이었던 것으로 보이는 전제 조건들의 목록을 찾아내야 한다. 그러고 나면 우리는 서양의 주체들이 비서구 세계의 경제 발전을 어느 정도 촉진했는지, 아니면 방해했는지를 파악할 수 있을 것이다.

유럽과 미국에서 전개된 성공적인 산업화 과정과 경제 발전이 이루어지지 않았던 아프리카나 라틴아메리카, 오스만 제국에서 진행된 제한적인 발전을 나란히 펼쳐 놓고 살펴보면, 우리는 19세기에 훨씬 긍정적인 경제 발전을 경험한 지역들에서는 공통적으로 발견되지만, 생활수준이나 삶의 질에서 이와 비슷한 변화를 경험하지 못한 지역들에는 결여되어 있던 두 가지 전제 조건을 발견하게 된다. 첫째, 경제 발전을 위해서는 무역을 촉진하고 경제활동이 더 생산적인 방식으로 이루어지도록 만들어 주는 효과적인 사회제도가 필요했다. 둘째, 의도적이든 아니든 경제 발전을 뒷받침해 주는 국가의 정책과 그 정책의 관철이 필요했다. 이는 항상 기존의 사회제도나 실현 방식을 보완하거나 변화시켜 주었다. 그런데 이들 제도나 그 제도의 실행이 구체적으로 어떤 모습이었는지는 지역에 따라 매우 다양할 수 있다. 또한 아마 이것이 더 중요할 텐데, 경제 발전을 촉진하는 정부 정책은 유럽 내에서조차 다양했다.

19세기 초의 영국에서 중요한 역할을 했던 정책은 19세기 말의 독일에서는 아마도 전혀 적절하지 않았을 것이다. 미국의 경우 19세기 말에 개별 연방주에서 추진된 정책은 연방 정책에 의해 뒷전으로 밀려 났다. 철도 발전을 촉진하기 위해 미국 정부가 고를 수 있었던 선택지, 즉 철도 회사에 토지를 증여하는 방식은 캐나다에도 있었지만, 대부분 유럽 국가에서는 현실적으로 실현할 수 있는 선택지가 아니었다. 유럽에서 철도를 건설하려면 그 철도는 인구밀도가 조밀한 지역을 관통해야 했기 때문이다. 국가와 사회 사이에 존재하던 각각의 특별한 관계는 국가와 사회가 가진 능력이나 잠재력과 마찬가지로 중요한 역할을 수행했다.

우리가 대서양 경제를 떠나 세계의 다른 지역을 살펴보면, 외부에서 그 지역의 정부에 부과한 정치적 제한이나 현지 경제를 방해한 경제적 장애들이 19세기에 그 지역에서 경제가 긍정적으로 발전할 가능성을 축소시켰다는 사실이 드러난다. 그러나 이러한 외적 장애들이 만약 그런 장애가 없었으면 발전되었을지도 모를 무엇인가를 방해했는지는 앞서 언급된 두 가지 조건이 그곳에 존재했는지에 달려 있다. 라틴아메리카의 경우 정치적으로 독립한 후에도 경제 발전의 전개 과정은 나라마다 차이를 보였다. 아프리카와 아시아의 경우에는 유럽과 아메리카의 발전을 특징지었던 두 가지 전제 조건이 그곳에도 존재했었는지가 그리 분명하지 않다. 물론 이러한 유보 조건들이 식민지를 보유한 유럽 강대국들이 아시아와 아프리카에서 자행한 행위의 동기에 대한 도덕적 비판을 완화해 주지는 않는다. 그렇지만 유럽 열강들이 19세기에 아시아와 아프리카의 대부분을 정복하지 않은 상황을 가정한다고 해도, 이 지역들이 역사적으로 실제로 발전한 것보다 분명하고 자연스럽게 경제적으로 더 발전했을 가능성은 그리 높지 않다. 따라서 전체적 상황은 이렇게 정리할 수 있을 것 같다. 19세기 말에 유럽이 보인 경제적·정치적 역동성은 세계가 전 지구적인 산업자본주의의 첫 단계에 진입하게 만들었다. 그리고 이러한 변화는 서양 사회가 겪은 물질적 변화를 통해 기타 세계의 대부분이 이득을 얻는 것을 방해하지도, 촉진하지도 않았다.

경제적 측면에서 19세기의 산업화에는 새로운 기술, 기계 도입을 위한 자본, 그 기계를 다룰 수 있는 노동력이 필요했다. 라틴아메리카에서는 유럽이 19세기 말의 산업화를 위해 필요한 자본과 기계, 노동력을 제공한 원천이었다. 인도에서는 원주민들의 노동력과 국내외 자본이 서양 기술을 도입하고 산업 영역을 발전시키는 데 사용될 수 있었다. 이들 지역에서 산업화가 발전하고 확산되는 데 한계가 있었던 것은 서양인들 때문이 아니다. 많은 부분이 지역적 조건과 관계가 있다. 라틴아메리카에도 남아시아에도 수많은 지역을 광범위한 교역 네트워크로 통합하고 주민들을 거기에 많이 참여시킬 수 있는 기존의 무역 체계가 없었다. 해외무역과 지역 교역을 연결하는 구조도 유럽이나 미국보다 덜 발달해 있었다.

서양 기업가들은 제도적인 사업 방식을 스스로 개발했고, 서양의 정부들은 무역과 산업화를 촉진하는 정책을 추진했다. 이 정책 가운데 세 가지에 특히 주목할 필요가 있다. 첫째, 서양의 정부들, 특히 19세기 말의 미국 정부는 다양한 사회집단에 긍정적·부정적 영향을 미치는 여러 정책 중에서 특정 정책을 선택해야 하는 상황에 마주해 있었다. 자본주의를 지원할 것인지, 아니면 노동자와 농민을 도울 것인지에 관한 문제가 관건이었던 미국은 국제무역이 원활하게 진행될 수 있게 해 주는 구조를 보장할 것인지, 아니면 생산과 교역에서 발생하는 경기 침체로 인해 국제적으로 초래된 문제처럼 보통 사람들의 생계에 대한 위협을 줄여 줄 것인지 사이에서 선택해야 했던 것이다. 다시 말해 여기서는 자본주의를 촉진할지 말지가 아니라, 자본주의가 작동하는 조건이 무엇인지를 규정하는 것이 문제였다. 둘째, 국가정책이 경제 발전을 위해 제공한 지원은 원칙적으로 어떤 결과를 초래하려는 의도에서 나온 것이 아니었다. 그 정책이 가져다준 결과는 적어도 부분적으로는 의도되지 않은 것이었다. 예를 들어 19세기 초에 미국 연방 정부는 국가적인 은행 제도를 개발하려고 노력하다가 이러한 연방 정부의 움직임에 반대하는 정치적 압박 때문에 이를 포기했다. 하지만 산업과 상업을 위한 자금 수요가 개별 연방주 차원에서 충당될 수 있었기 때문에 그렇게 했어도 별 문제가 발생하지 않았다. 셋째, 이미 암시되었듯이 경제 발전을 지원하는 정책은 각국이 처한 특별한 상황에 달려 있었다. 유럽 국가 모두가 그런 정책을 시행한 것은 아니지만, 많은 나라는, 특히 서유럽 국가들은 경제 발전을 용이하게 해 주는 정책을 시행했다.

　19세기에 지금까지 살펴본 세계의 여러 지역에서 긍정적으로 진행된 경제적 변화를 종합해 보면 다음 두 가지 사실을 확인할 수 있다. 첫째, 많은 사람이 적극적으로 상업 활동에 참여한 국민경제는 적어도 부분적으로는 산업화를 위한 전제 조건을 보유하고 있다. 둘째, 국가의 정책은 각각 다양한 수준에서 이러한 변화를 촉진할 수 있다. 영국이 인도에서 관개시설이나 철도 건설을 위해 노력한 사례가 보여 주듯이 경제에 긍정적인 영향을 주려고 시도했어도 경제를 변화시키지 못할 수도 있는 것이다. 물론 정부는 경제가 발전하도록 지원하는 데 실패할 수도 있다. 동남아시아에서 나타난 것처럼 국내 경제에 더는 영향을 미치지 않는 수출 분야를 발전시키도록 외부 세력들에 허용하는 경우다. 또는 오스만 제국에서 발생한 것처럼 외국의 상인이나 기업에 유리한 조건으로 국민경제가 국제시장에 연결되게 하는 경우다. 비유럽적 맥락에서 이러한 사례와는 다른 발전을 보인, 그래서 적어도 부분적인 대안이 되는 모델을 찾기 위해 우리는 이제 동아시아를 살펴볼 것이다. 동아시아는 19세기 말에 산업화와 경제 발전을 달성할 수 있는 가능성을 구체적으로 실현하기 시작했던, 세계에서 유일한 비서구 지역이다.

수많은 이유 때문에 유럽이 보유한 백인 식민지와 유럽 외부의 세계 대부분에서는 1900년까지 긍정적인 경제 발전이 이루어지지 못했다. 물론 많은 지역에서 어떤 사람들은 상업 활동을 통해 이득을 보았다. 국제무역이 확산되고 산업자본주의가 발전했지만, 이러한 변화가 비서구 세계에 사는 많은 사람의 삶을 개선해 주지는 않았다. 그런데 우리가 아직 살펴보지 않은 유일한 지역은 그런 변화가 일어난 것으로, 즉 사람들의 삶이 개선된 것으로 기대되는 지역이다. 왜냐하면 그 지역은 이미 1800년 이전에 잘 발전된 시장 제도, 세분화된 수공업 경제, 높은 생산성을 지닌 농업 체계, 상품 생산과 교환을 촉진하는 데 관심을 갖고 있던 정부를 보유하고 있었다. 한국과 중국, 일본은 모두 농업적인 생산 체계를 갖고 있었으며, 그곳에서 습식 쌀농사가 핵심적인 비중을 차지했다. 그리고 농업 생산은 흔히 시장 판매를 목적으로 한 수공업적 생산과 연결되어 있었다. 상인들이 조직된 방식은 다양했으며 이들 국가 사이에 거래된 상품의 양도 다양했지만, 18세기에 동아시아의 여러 지역에서 원거리 무역이 번창했다. 그런데도 18세기에 한국과 중국, 일본에서 어느 것이든 새로운 기술적 도약이 이루어지지 않은 주요한 이유는 그 지역들에 저렴한 노동력이 풍부했기 때문일 것이다. 그들은 저렴한 노동력 덕분에 높은 임금을 지불하는 서양의 기계적 생산품과 경쟁할 수 있었다. 그런데 서양 기술이 동아시아에도 도입되자, 19세기 말과 20세기 첫 10년 동안에 산업이 발전하기 시작했다. 제1차 세계대전으로 장기 19세기가 끝났을 무렵에는 중국뿐 아니라 일본에도 산업화가 이루어질 가능성이 있었다. 일본에서 그 가능성은 중국에서보다 훨씬 강력하고 뚜렷했는데, 우리는 다음에서 그 이유가 무엇인지 상세하게 살펴볼 것이다.

중국: 새로운 세계의 옛 제국

18세기 중국의 농업식 상업 경제는 그 규모와 비중에 관한 한 앞서 1장에서 서술했던 근대 초 유럽의 상업자본주의와 대조된다. 다양한 수공업 제품과 농산물들이 지역과 광역을 넘어 제국 안에서 먼 곳까지 유통되었다. 이들 상품이 운송되었던 주요 경로는 장강이었다. 18세기에 장강의 중류 지방과 상류 지방에서 생산된 쌀이 수공업 중심지인 강남으로 흘러들어 왔다. 강남에서는 농민과 도시민들이 특히 수많은 면직물과 비단을 생산했다. 이들 상품은 장강 외에 다른 강들을 통해서도 제국의 남부 지방으로 판매되어 갔다. 상품 운송에는 물론 육로도 사용되었는데, 특히 강이 많지 않았던 제국의 북부 지방으로는 육로를 통해 운송되었다. 남북 방향의 상품 운송은 원칙적으로 강남과 수도 북경을 잇는 대운하를 통해 이루어졌다. 대운하는 정부가 건설해 운영했으며, 무엇보다 정부 관리나 수도에 주둔하는 군대에 공급할 식량을 운반하는 목적에 기여했다. 하지만 운하가 지나가는 도시와 촌락들을 위한 상업용 루트로도 사용되었다. 마지막으로 중국 상인들은 육로를 통해 제국의 북부와 북서부, 남서부를 넘어가거나, 북서부에서 남부 국경을 따라 뻗어 있는 해안을 따라 바닷길로 이루어지는 대외무역에도 종사했다.[11]

원거리 무역은 다양한 소규모 회사들로 구성된 상인 네트워크를 통해 조직되었다. 이들 일부는 서로 협력 관계였지만, 새로운 시장에서 독자적으로 사업을 추진할 수 있는 충분한 영역이 확보되면 많은 회사는 특정 상품으로 전문화함으로써 독립하기도 했다. 일부 상인 네트워크는 활동 무대가 지역이었지만, 다른 대규모 상인 집단들은 제국 전역에 걸쳐서 회원을 보유하며 전국적으로 활동하기도 했다. 국가는 수요와 공급의 원칙에 따라 움직이는 상품 교환이 갖는 경제적 이점을 인식하고 있었다. 상인들과 정부 관리들은 사업상 분쟁이 발생할 경우 이를 조정할 수 있는 관례를 만들었다. 그래서 상인들은 사업상 다른 사람에게 사기를 당하지 않을 수 있다는 기대를 품을 수 있었다. 상품의 질은 변하지 않았지만, 거래량은 양적으로 증가했다. 일부 상인은 다른 사람들을 속이고 싶은 충동을 느끼기도 했지만, 이는 세계 다른 지역의 상인들도 갖고 있던 문제였다. 물론 유럽인들이 개발한 무역 제도가 다른 지역에서 사용되는 제도들보다 우리에게 더 잘 알려져 있는 건 사실이다. 하지만 10세기와 11세기에 시작해 1000년이 넘게 지속되어 온 중국 상인들의 활동은 그들도 원거리 무역을 촉진하고 유지하는 데 도움이 되는 제도를 개발할 능력을 갖고 있었다는 사실을 잘 보여 준다.[112]

국내에 세분화된 상업 경제가 존재했을 뿐 아니라 유럽 전체에 맞먹는 제국의 거대한 영토에 뻗어 있는 다양한 무역로가, 인접 국가 특히 북동부의 한국과 일본, 남서부의 동남아시아뿐 아니라 근동과 중동, 아프리카와 유럽, 아메리카 대륙에까지 이르는 무역로가 존재했다는 사실은 중국의 국민경제가 무역을 통해 수익을 올릴 수 있었다는 것을 뜻한다. 하지만 상업 경제가 번성했다고 해도, 그것은 어느 정도 확실성을 갖고 산업화와 근대적인 경제성장을 가능하게 한 기술적 변화로 이어진 경제와는 전혀 다른 것이다. 18세기 중국에는 이러한 역동성이 없었다. 중국은 유럽인들이 장악한 남아시아를 경유해서야 비로소 서구의 새로운 산업 기술에 접근하게 되었다. 중국 경제는 기존의 생산방식을 점점 더 넓은 지역으로 확대해, 관개시설을 확충하고 토지를 개간할 뿐 아니라 상업 경제를 확대함으로써 성장했다. 그 과정에 제국의 여러 지역 내부뿐 아니라 여러 지역 사이에서 지역적인 노동 분업이 이루어졌다. 그런데 우리가 1장에서 살펴본 것처럼, 지역 차원에서 이루어진 노동 분업은 대부분 유럽에서처럼 가계들 사이에서 이루어졌다기보다는 한 가계 안에서 진행되었다. 노동력이 한 가계 안에 머물면서 생산적인 활동을 찾았는지, 아니면 집을 떠나 다른 곳으로 가서 일을 발견했는지 여러 가지 신중한 검토가 있었다. 가내 생산에 사용할 수 없는 기술이 도입되자, 비로소 중국 농가

_____ 장젠(1853~1926). 제국 말기에서 공화국 초기로 이어지는 과도기 중국의 정치가이자 기업가. 다양한 정부 관직에서 근무하면서 중국의 교육제도를 개혁하고 중국의 초기 산업화를 위한 종합적인 경제적 환경을 근대화하는 데 주도적 역할을 수행했다. 남통(강소성)에 있는 그의 대생(다성(大生)) 직물 공장은 근대적인 산업 관행으로 가는 길을 제시해 주는 모델이 되었다.

의 내부 장소가 아닌 외부 장소에서 작업하는 것이 유리하다는 사실이 뚜렷해졌다. 물론 이는 20세기 초에 등장한 상황이었다.

기계화된 공장 생산이 처음 도입되기 이전인 18세기에는 자연환경 때문에 안정적인 농업이 어려운 지역에서 인구가 증가하면 그 압박은 기아나 농민봉기를 일으키는 요인이 되었다. 19세기 말에 국제무역의 성장과 함께 점차 상해에 중심을 두고 있던 강남은 중국에서 경제가 가장 번성하는 지역의 하나였다. 강남 경제는 19세기 초에 발생한 경기 침체나 19세기 중엽에 그 지역에 잠시 나타났던 농민 반군들의 반란을 통한 지역 황폐화를 극복했으며, 19세기의 마지막 10년 동안은 경기를 다시 회복할 뿐 아니라 발전시켰다. 반란에 의한 정치적 혼란 이전에 통용되었던 생산 활동과 교환 활동을 복구한 것이 이러한 경제적 회복에 유익했다. 그리고 대외무역이 확대되면서 제2의 성장이 뒤따랐다.[113]

천진이나 광주 같은 중국의 북부와 남부의 항구들뿐만 아니라 강남, 그리고 장강을 거슬러 올라가며 있던 항구들은 19세기 말의 대외무역에서 수익을 올렸다. 그러나 이런 종류의 무역이 중국 경제에 새로운 시대를 열어 주었다고 중요한 의미를 부여하는 관찰자들도 대외무역과 중국 제국 내의 교역을 구별해 주는 차이가 무엇인지는 분명하게 설명하지 못했다. 수출품은 대부분 농산물이나 지하자원으로 구성되어 있었으며, 이들과 수공업 제품을 교환했으므로 결과적으로 여기서 발생한 노동 분업은 서양과 기타 아시아나 근동 및 중동 지역 사이에 이루어진 무역을 연상시키기 때문이다. 그런데 우리가 살펴보았듯이 이 지역의 천연자원과 농산물의 수출은 근대적인 경제성장으로 이어지지 않았다. 중국의 경우 기타 수출품이 이미 이전부터 외국으로 판매되었고 새로운 기술의 발전 없이 기존의 기술로 생산되는 수공업 제품이었다면, 이런 조건에서는 노동생산성이 높아질 수 없었다. 대외무역이 새로운 기술을 들여와 산업 생산의 많은 부분에 적용되고, 그 결과 소득이 증가했을 때에야 비로소 노동생산성이 상승하고 임금과 다수 대중의 생활수준이 상승할 수 있었다.

어쨌든 청 제국은 1870년대에 자강을 촉진하려는 노력을 시작했다. 이는 제국을 강하고 부유하게 만들거나 외국의 침략을 막아 내고 백성들에게 물질적 번영을 가져다주려고 하는 일련의 정책 프로그램이었다. 19세기 중반에 제국을 혼란에 빠뜨린 태평천국의 난과 기타 반란들을 성공적으로 진압한 후, 중국에서는 서양으로부터 배우자는 운동이 일어났다. 남북전쟁 이후에 미국 정부가 일부 정치적 신념과 관습을 재확인하고 연방 정부가 추진할 새로운 과제를 설정한 것처럼, 중국 정부도 재정 정책을 수정해 거래세를 인상하는 동시에 농업경제를 촉진하려던 경제정책의 어젠다를 새로운 산업 개발로 확대했다. 새로운 산입이 서양의 부와 권력의 원천이 되었다는 사실에 주목한 것이다. 경제적으로 볼 때 내전이 두 나라에 남긴 현실적 조건 때문에 정부는 생산과 국내시장, 해외무역을 재조정해야 했다. 18세기부터 내려오던 중국 제국 내의 원거리 무역 방식이 다시 활성화되지는 않았지만, 항구에 연결되는 지역에서 생산된 중국 상품들을 거래하는 대외무역의 규모는 19세기의 마지막 10년 동안에 뚜렷한 증가세를 보였다. 청 왕조는 농업경제의 전통을 상속했기 때문에 관료들은 농산물 생산 확대와 수공업 제품 확산을 촉진하는 수많은 정책 수단을 갖고 있었다. 이 정책들은 유복한 농촌 가계로 구성된 사회를 만들기 위한 것이었으며, 이런 사회는 정권의 안정과 성공을 보장해 주는 토대였다.[114]

중국 정부가 서양에서 온 상인과 선교사, 군대와 충돌했던 규모와 성격은 이전 정부들이 아시아의 이웃 국가들과 관계를 조정하기 위해 개발했던 선택들과는 전혀 다른 대응 방식을 요구했다. 그러기 위해서는 서양의 부와 국력의 원천이 무엇인지를 파악하는 것이 무엇보다 중요했다. 서양의 부와 권력의 원천에는 분명히 청 제국의 관료들이 보유했던 정치 경제의 풍부한 전통을 넘어서는 어떤 원칙과 관습들이 있었기 때문이다. 그래서 청 제국 정부는 우선 외국인들과 소통하기 위한 수단을, 그리고 예상되는 서양의 공격에 맞서 제국을 수호할 수 있는 군사력을 확충하기 위해 필요한 수단을 개발하는 데 집중했다. 즉 중국인들은 무엇보다 먼저 서양의 언어를 배우고, 법과 외교에 관한 서양 문헌을 번역해야 했으며, 새로운 조선소와 무기 공장을 건설해야 했다. 그런데 이런 방식으로 외국의 침입에 대응할 수 있으려면 새로운 수입원을 개발해야 했으며, 기존의 재원들은 지금까지의 사용처에서 옮겨 와야 했다. 추가적인 수입원이 필요해지고 지금까지 대운하 같은 특정 인프라 구축 프로젝트에 투입되던 재원을 이런 분야로 이전해 배치하자, 19세기 중엽에 전국적인 반란 때문에 촉발되었던 국가 재정 정책상의 비상 상황이 사실상 계속 이어졌다. 각종 반란을 진압하기 위해 군대를 동원하는 데 투입되었던 영업세라는 재정 수단이 이제는 각 성의 통치자들에게 배분되어 새로운 공장을 건설하는 데 투입되었다. 국가의 방어력을 강화하기 위해서였다.[115]

1900년 무렵에 중국의 관료들은 제국의 각 지역이 서로 다른 조건을 갖고 있지만 그곳에는 자기들의 경제적 환경을 개선하는 데 동원할 수 있는 수많은 산업 기술이 있다는 사실을 깨달았다. 관리들이 볼 때 '산업'은 기계를 사용하는 공장제 생산을 포함하는 것으로 세계의 다른 지역들에서도 통용되는 개념이었다. 하지만 당시에 '산업'은 중국인들에게 '산업 기술'의 촉진을 뜻하기도 했는데, 여기에는 이전에 중국 경제의 기반을 형성했던 수공업 기술도 분명히 포함되어 있었다. 이렇게 볼 때 중국인들에게 산업화는 옛 수공업 기술을 새로운 공장제 생산으로 완전히 대체하는 것이 아니라, 두 가지 기술 모두를 지역 상황에 따라 적절히 사용하는 것을 뜻했다. 그 결과 구체적으로 중국의 일부 도시에서는 개인 사업가와 관리들이 함께 근대적인 공장을 설립하는 일이 발생했다. 여기서 관리들은 농촌의 가계나 소도시의 수공업 작업장에 사용될 수 있는 기술을 도입하도록 촉진했다. 농촌의 직물 생산을 위해 철제 변속기를 가진 새로운 베틀이 그런 기술에 속했는데, 이 기계는 처음에는 일본에서 수입되다가 나중에는 중국인 기술자가 복제품을 생산했다. 산업화는 세기 전환기의 중국에서 다양한 가능성을 가진 과정으로 인식되었다. 이 과정은 도시와 농촌을 모두 포함했으며, 농촌 가계의 생활을 개선하는 동시에 도시 환경에 새로운 공장을 설립할 수 있었다.[116]

중국의 산업화 개념은 농촌이 보유한 엄청난 노동력을 더욱 생산적으로 일하게 만드는 경제적 장점이 있었다. 20세기 초에 중국의 농촌 경제 또는 인구가 많은 농촌 사회에서는 경제를 하룻밤 사이에 농경 사회에서 산업사회로 변화시키기 위해 필요한 자본을 축적하고 기술이전을 시행하는 것이 거의 불가능했다. 이런 정도의 대규모 프로젝트는 농업이 공장에서 일할 노동자들을 부양하기에 충분한 곡물을 제공할 만큼 생산적일 경우에만, 또는 식량 수입 증가분을 산업 생산품을 통해 지급할 수 있을 경우에만 가까스로 실현될 수 있었다. 그렇기 때문에 중국의 상황에서는 다양한 공장이나 가내수공업 생산 분야에서 산업 생산기술을 개선하는 것이 분명히 경제적으로 의미가 있었다. 인도 역시 그들의 직물 공장은 대부분 도시 인근에 있었지만, 중국의 직물업 산업화와 마찬가지로 그들의 생산방식은 자본 집약적이 아니라 노동 집약적이었다. 그 결과 자본 집약적이고 대규모로 조직된 산업 생산보다 노동 생산성이 떨어졌다. 하지만 기계에 기반을 둔 직물 생산은 새로운 기술을 도입하지 않았을 경우 가능했을 수준보다는 확실히 높은 생산성을 보장해 주었다. 따라서 풍부한 저임금 노동력이 존재하는 특수한 조건하에서는 변화가 유익한 결과를 가져다주었다.

19세기 말과 20세기 초의 중국 정부 관리들은 새로운 공장이 들어서기를 희망했지만, 수공업 생산에 기계 기술이라도 도입하는 것이 기계를 보유하지 않을 때보다는 좋다는 사실을 너무 잘 알고 있었다. 근대적인 경제성장을 촉진하기 위해 작은 규모에서 노동 집약적인 산업화를 추진하던 일본의 관리와 기업가들도 이와 유사한 희망을 품고 있었다. 인구 규모가 일본보다 훨씬 거대했던 중국이나 인도에서 이와 비슷한 변화가 일어날 가능성은 그리 높지 않았다. 이들의 산업화 노력을 아시아적 맥락에서 적절하게 관찰하려면 우리는 기존의 견해를 두 가지 측면에서 수정할 필요가 있다. 첫째, 우리가 유럽의 산업화를 중국이나 인도의 경우와 의미 있게 비교하려면, 분석 단위가 개별 국가가 아니라 유사한 규모의 지역 단위와 인구 규모여야 한다. 이는 유럽 전체를 중국이나 인도와 비교해야 한다는 것을 뜻한다. 그런데 그렇게 할 경우 19세기 동안에 유럽도 산업화는 매우 천천히 진행되었다는 사실이 더욱 뚜렷해진다. 이렇게 분석하지 않으면 중국이나 인도의 일부 지역을 개별 유럽 국가들과 비교해야 한다. 이와 마찬가지로 일본을 중국과 비교하기보다는 중국의 일부 지역과 비교하는 것이 의미 있을 것이다. 예를 들어 상해 주변의 강남 지역을 살펴보면, 20세기 초에 그 지역에서 측정된 경제성장률은 중국 전체 평균보다 50퍼센트가 높았다. 이 성장률은 일본보다는 낮았지만, 일본의 식민지였던 한국이나 만주국보다는 높았다.[117]

중국 경제는 20세기로 전환하는 시기에 서양에서 오는 수요에 발맞추어 수출용으로 천연자원과 농산물을 생산했다. 아프리카나 아시아의 일부 국가가 한 것과 마찬가지였다. 하지만 그들이 차와 비단, 도자기를 생산하고 유럽으로 수출한 것은 이미 수백 년 전부터 해 오던 일이었다. 물론 수출품도 다양해지고 그 양도 지속적으로 증가했지만, 이는 또한 수입품 증가와 병행해 이루어졌다. 옛 방식의 무역과 새로운 무역 모델을 보여 주는 지표들 한가운데에서 공장제 기반의 산업화가 시작되었다. 그리고 농촌 가계에서 이루어지던 상업용 직물 생산에 이제 기계적으로 작동하는 베틀이 도입되었다.[118] 하지만 부와 권력이 지속적으로 만들어지도록 촉진하려는 정부의 노력은 그들이 보유했던 가능성을 넘어섰다. 그들의 능력에는 한계가 있었다는 뜻이다. 1895년의 청일전쟁에서 일본에 패배했으며, 정부가 의화단이라는 비밀단체에 맞서 외국인들을 보호하는 데 실패했다는 것을 구실로 1900년에 8개국으로 구성된 군대가 북경에 들어왔을 때 이에 맞선 정부군이 패배한 후, 막대한 배상금의 부과로 새로운 지출을 할 수 있는 정부의 재정 능력은 심각하게 삭감되었다. 청 제국 정부는 경제 발전을 지원하려는 그 어떠한 계획도 더는 추진할 수 있는 상황에 있지 않았다. 하지만 일본은 이와 전혀 달랐다.

일본: 아시아의 식민 권력과 그 경제적 변화

서양인들에게 19세기의 일본은 오랫동안 서구식 제도가 변화를 위한 능력을 내포한다고 믿었던 서양인들의 신념이 옳았음을 확인해 주는 대단히 모범적인 사례였다. 일본에서는 메이지 유신 과정에서 의회와 내각이 설립되었는데, 이는 일본의 지도자들이 유럽과 미국을 방문해 보고 배운 모델에 기초한 것이었다. 일본 지도자들은 기업들이 국제적으로 합법적인 활동을 전개할 수 있게 민법과 상법을 제정했다. 대중을 위한 공원과 박물관도 건설했다. 공식적인 행사에서는 서양인들처럼 예복을 입고 원통형 모자를 썼다. 이 모든 것은 일본인들이 서양의 문화적 영향뿐 아니라 서양의 정치제도와 경제 제도도 받아들였다는 것을 보여 주는 뚜렷한 증거로 여겨졌다. 일본인들은 그들 자신의 전통 예술에서 창조적인 생산을 지속하면서 동시에 서양 문물을 수용하는 이 모든 것을 추진했다. 하지만 문화 영역에서는 독자성을 유지하면서 창조성을 발휘할 수 있었지만, 그것이 정치와 경제의 영역에서도 가능한지에 관해서는 뚜렷하게 인식되지 않았다.

19세기 일본의 산업화는 18세기의 일본식 제도와 관습 위에서 서구의 새로운 기술을 수용하고 자기 것으로 만드는 방식으로 진행되었다. 유럽, 특히 미국과 비교하면 일본의 공장들은 규모가 작고 노동 집약적이었다. 따라서 그들은 노동자들이 과거에 수공업 생산을 담당했던 농촌 가계에서 축적한 경험에 토대를 둔 작업 능력에 의존했다. 농촌 가계에서 일본인들은 유럽 농촌에서 노동자들이 통상적으로 습득할 수 있었던 것보다 훨씬 더 다양한 능력을 습득할 수 있었다.[119] 이러한 몇 가지 발전은 동시적으로 일어났는데, 정부가 근대적인 공장 산업을 건설하고 상업 활동을 계속하는 동시에 여기서 나오는 생산품을 산업 생산을 추진한 소수의 대규모 기업집단에 매각했기 때문이었다. 재벌(자이바쓰)들은 소규모 생산자와 대규모 생산자들을 서로 결합해 새로운 중공업을 발전시킨 후에 그 제품들을 국내시장에서 판매한 반면에, 경공업 상품(특히 직물)은 다른 아시아 국가들로 수출하도록 촉진했다.[120] 그리고 20세기 초에 일본 정부는 국내에 새로운 중공업을 육성하고 옛 경공업 상품의 수출을 확대하는 정책을 펼쳤다. 서양 국가들 수준의 부와 권력에 도달하려면 외국의 수많은 제도를 모방하는 것이 필요했지만, 이러한 제도들이, 그리고 정치와 경제의 주체들이 담당해야 할 역할이 적절히 배치된 것은 일본에서 발견되는 특수한 현상이었다.

20세기로 전환하는 시기에 일본이 경제적으로 발전할 수 있었던 것은 무엇보다 생산과 교환을 위해 노동과 자본을 동원할 수 있는 제도가 있었기 때문이다. 이런 제도는 19세기 말보다 훨씬 이전부터 있었으며, 그 덕분에 새롭고 작은 규모의 공장을 발전시키기 위해 새로운 기술을 활용할 수 있었다. 이들 새로운 공장에는 과거에 농촌의 수공업 분야에서 습득한 기술을 기반으로 새로운 공장의 일자리에 고용될 준비가 되어 있던 사람들이 고용되었다. 과거 농촌의 수공업에서 습득한 작업 능력과 산업화된 공장 노동 사이의 연결은 근대 초 일본에서 이루어진 근면 혁명과 산업화가 유럽의 경우와 차이가 있음을 보여 준다. 일본에서는 생산 패턴이 관건이었다면, 유럽에서는 소비 패턴이 중요했다. 즉 유럽에서는 아래로부터 위로 추진된 산업화가 특이한 방식으로 과거의 경제 방식을 동원한 것이었다면, 일본 정부는 새로운 위로부터 아래로 추진하는 방식을 채택해 경제 엘리트들과 협력하며 수입 대체 생산을 추진했다. 아래로부터의 노력과 위로부터의 노력이 보여 준 효율성과 양

방향의 협력이 가져다준 효율성은 경제 엘리트, 떠오르는 전문가 중산층, 산업 노동자를 서로 결합하는 특수한 일본식 경제 발전의 선순환 주기를 만들어 냈다. 그리고 이 과정은 이미 제1차 세계대전 이전에 시작해 장기 19세기 말을 넘어서까지 계속되었다. 그런데 일본이 아시아에 대해 품었던 정치적·경제적 야망이 점점 더 공격적인 방향으로 나아가면서 이 과정은 점차 더 군국주의적 성격을 띠어 갔다.

산업화된 서양 국가들과 일본 사이에 진행된 무역 관계는 다른 비유럽 국가들과 일본의 무역 관계와는 차이가 있었다. 후자의 경우에는 주로 농산물과 천연자원이 산업 생산품과 거래되었다. 일본은 자원이 부족한 데다 산업화된 국가들과 매우 멀리 떨어져 있었기 때문에 서구 자본주의의 관심 대상에서 벗어날 수 있었다. 그 대신에 일본 기업들은 아시아 시장을 대상으로 한 수출산업을 개발할 능력이 있었다. 일본인들은 그곳에서 유럽의 산업 기술을 도입하는 데 필요한 충분한 자금을 벌어들였다. 나아가 그들은 그 기술을 기반으로 해서 어떻게 하면 스스로 추가적인 산업 제품을 생산할 수 있는지를 터득했다. 20세기 초에 일본의 수출을 성장시켜 준 중심 분야는 섬유 산업이었다. 유럽 대륙 국가들의 섬유 산업이 주로 자국 시장의 수요를 충족시켰던 것과 달리, 일본의 섬유 제품은 다른 아시아 국가들로 수출될 수 있었다. 일본이 아시아의 이웃 국가들보다 이 제품을 효율적으로 생산했기 때문이다. 여기서 작은 공장을 가진 소규모 회사들의 제품이 해외에 수출되도록 시장을 조직한 것은 재벌들이었다. 그들은 여기서 벌어들인 수익으로 서구의 다른 기술을 들여올 수 있었다. 1899년에 관세 주권을 되돌려 받은 일본 정부는 이제 국내에서 화학공업과 기계 공업의 발전을 보호하기 위해 이 분야의 수입 상품에 높은 관세를 부과했다. 일본의 기업집단 혹은 재벌들은 영국의 경쟁사들보다 무역업에서 생산 분야로, 그것도 일본 내의 생산으로 팽창하는 경향을 뚜렷하게 보였다. 반면에 영국의 상인 집단들은 해외 여러 지역에 있는 광산에 투자하면서 영국 내의 공장 생산에는 별다른 관심을 보이지 않았다. 이와 달리 일본의 무역 회사 집단들은 대규모 회사와 소규모 회사들의 제품을 성공적으로 조합하고 연결해 동아시아와 동남아시아의 여러 지역에 수출했다.[121] 이렇게 볼 때 그 중심에 재벌이 있던 일본 자본주의는 19세기 초에 자국을 유럽의 주요 국가로 변모하게 한 영국의 성공을 단순하게 따라한 것이 아니었다. 일본은 다른 길을 따라가면서 19세기 후반과 20세기 초반에 동아시아에서 선도적인 경제가 되었지만, 영국과 유럽의 다른 지역에서 이전에 일어났던 것과 유사한 많은 경제 발전을 이루었다.

우리는 경공업과 중공업의 결합을 발전시키는 과정에서 산업화의 초기를 거친 일본과 영국의 산업화 과정의 공통점과 차이점을 구별하면서 동시에 일본의 경제 변화에서 중국과 유사해 보이는 특징도 발견할 수 있다. 공통점을 들면 중국과 일본에는 모두 많은 수의 소규모 회사가 있었는데, 이들은 될 수 있는 한 자본 대신에 노동력을 생산에 투입하려고 노력했다. 동원할 수 있는 노동력은 풍부하지만, 자본은 부족했기 때문이었다. 중국의 경우에는 농촌 가계를 토대로 한 수공업 생산이 계속된 점도 그 원인 가운데 하나였는데, 이러한 수공업은 개선된 장비를 동원하면서 점진적으로 발전할 수 있었다. 농촌 가계를 일종의 기업으로 본다면, 이런 상황은 수공업 생산이 점점 자본 집약적이 되게 만들었다. 사실상 수공업 생산과 공장 생산의 차이는 양방향에서 점차 줄어들었다. 수공업 생산은 점차 자본 집약적이 되어 간 반면에, 공장 생산은 점차 소규모로 노동 집약적이 된 것이다. 중국 정부와 일본 정부는 소규모의 노동 집약적인 공장 생산이 중요하다는 사실을 인식했으며, 중국은 여기에 기능이 개선된 기계를 농촌 가계에 도입하는 것이 필요하다는 점도 인식했다. 두 나라는 농촌에 노동력이 남아도는 상황에서 산업화가 초래할 문제를, 그리고 훗날 학자들이 이중경제dual economy로 지칭한 두 가지 경제가, 즉 근대적인 산업 경제, 그리고 이와 별도로 계속 존속하는 노동 집약적인 농업경제가 공존할 때 발생할 문제를 인식하고 있었다. 그래서 산업 생산과 농업 생산 사이의 격차를 될 수 있는 한 줄이기 위해 소규모의 노동 집약적인 수공업 공장에서는 될 수 있는 한 노동이 자본을 대체했다. 두 나라의 정부는 이와 비슷한 노력을 기울였다. 그런데도 두 나라에서는 서로 다른 결과가 나왔다. 일본의 섬유 생산은 더 효율적이었고, 일본의 회사들은 일본산 섬유제품을 다른 아시아에 수출해 판매하면서 더 나은 성과를 올렸다.

지하자원이 부족하고 경작할 만한 토지도 적었던 일본에서는 비서구 국가 가운데 유일하게 19세기 말과 20세기 초에 산업화와 국제무역이 뚜렷하게 전개되면서 일본 사회에 지속적인 영향을 미쳤다. 중국이나 인도는 출발 지점이 일본과 유사했지만, 경제성장에서 일본과 유사한 영향을 기대할 수 있기에는 그저 영토가 너무 넓고 인구는 너무 많았다.(물론 두 나라에도 무역 제도와 근대적인 공장 산업이 번성한 몇몇 지역이 있었다.) 비서구 세계의 다른 지역들은 자본과 노동력의 유입뿐 아니라 상품 수입을 통해 유럽과 연결되었다. 일본은 천연자원이 부족했기 때문에 다른 나라에 천연자원이나 농산물을 제공해 주는 원천이 될 수 없었으므로 산업화된 서양 세계와 그들 국가의 필요를 충족시켜 주는, 비서구 세계 사이에 형성된 노동 분업 체계에 분류되지 않는 특이한 상황에 처해 있었다. 이와 동시에 일본은 잘 발달한 상업 경제를, 그리고 번영과 국력을 특히 강조하며 미래 발전을 향한 비전을 가진 국가를 보유하고 있었다.

19세기에 경제를 변화시키려고 한 일본의 노력은 일본이 아시아를 떠나 서양에 합류한 것을 보여 주는 표시로 해석되기도 한다.『케임브리지 유럽사 *Cambridge History of Europe*』는 미국과 러시아까지 포괄해 서술하는 제7권의 2부에 일본을 서술함으로써 일본의 지리적인 '이탈'을 부각한다.[122] 러시아는 대개 그 영토가 아시아까지 이르는 유럽 국가로 간주된다. 그리고 미국은 정치 및 경제의 사상과 제도가 기본적으로 영국에 뿌리를 둔 백인 이주민들이 세운 나라다. 하지만 일본은 지리적으로 (유럽의 경계를 어떻게 규정하든) 유럽의 일부도 아니고, 유럽에 뿌리를 둔 백인 이주민 사회도 아니다.『케임브리지 유럽사』안에 새로 그려진 세계지도는 1885년에 '탈아脫亞'를 언급했던 19세기 일본의 사상가 후쿠자와 유키치를 연상케 한다. 학자들은 이 '탈아' 테제를 일본이 성공적인 사회를 발전시키기 위해서는 '서양인'처럼 행동하는 것이 필요하다는 사실을 인정한 것으로 해석했다. 하지만 19세기 일본의 경제 발전을 바라보는 이러한 시각에는 두 가지 측면에서 오해의 소지가 있을 수 있다. 첫째, 19세기 일본 경제의 변화에서 발견되는 독특한 점이 무엇인지를 오해한다. 둘째, 부와 권력을 쟁취하기 위해 일본이 서양을 모방하면서 드러낸 덜 유쾌하고 덜 평화적인 모습을, 결국 제2차 세계대전에서 침략국으로 등장하게 한 모습을 간과한다.

물론 일본은 물리적으로 아시아를 떠날 수 없었다. 일본의 일부 정치가나 지식인들이 상상 속에서 아시아를 떠났다고 해도, 이것은 부와 권력을 향한 노력에 집중했던 유럽인들의 원칙과 실제를 아시아에 옮겨 오기 위해서였다. 일본인들은 국가의 건설과 생산적인 국민경제의 구축이 서로 긴밀하게 연관된 목표라는 사실을 인식했다. 그리고 이 목표를 달성했을 때 그들은 결국 동아시아에서 지배적인 지위를 차지할 수 있었다. 중국과 정치적·군사적으로 경쟁을 펼친 결과, 일본인들은 대만(1895)과 한국(1905: 보호령, 1910: 식민지)에서 식민화 정책을 추진했다. 그들은 한국과 중국에서 일본산 직물의 생산과 판매를 조직하는 방식으로 무역을 확대하는 팽창 정책을 펼쳤다. 반면에 그들이 유럽이나 미국에서 수입하기를 원치 않는 산업 제품에 대해서는 수입 대체 생산을 추진했다. 그렇기 때문에 일본인들은 이미 제1차 세계대전 이전에 독자적으로 중공업을 육성하기 시작했으며, 전쟁 후에도 이를 계속했다. 영토의 규모로 볼 때 중국보다 작은 규모의 공간에서 활동하고 정치적·경제적으로 서양보다 강력한 지위에 있었던 일본인들은 자기들의 고유한 상업 제도를 중국의 그 어떤 정부도 할 수 없었던 정치적 방식으로 활용할 수 있었다. 중국의 경우에는 경제적·환경적으로 일본보다 훨씬 복잡하게 얽힌 상황과 투쟁해야 했다. 19세기의 마지막 10년 동안 일본의 통치자들은 자기들이 아시아를 떠날 생각이 없으며, 오히려 1895년에 (청일전쟁에서 일본이 승리한 후) 대만을 식민화하면서 일본의 국력을 동아시아의 이웃 국가로 확대하기를 원했다.

한국과 일본: 국내적·지역적·세계적 상황

세계적 관점에서 볼 때 한국 정부는 중국인이나 일본인들과 마찬가지의 도전에 직면했다. 그 도전에서 핵심은 무역을 위해 일부 항구를 개방하되, 외국인들에게는 유리한 조건을 제공하라는 서양 국가들의 압박이었다. 중국 정부나 일본 정부와 마찬가지로 한국 정부는 한편에는 외국의 경험을 보고 이에 고무되어 개혁 추진을 원하는 진영과 다른 한편에는 외부의 위협에 맞서 국가를 봉쇄하려는 진영으로 분열되어 있었다. 외부의 그 어떤 압박에도 저항하고자 했던 자들은 오랜 유교적 통치 원칙에 신뢰를 보냈다. 그런데 이 유교적 통치 원칙에서는 서양의 위협에 어떻게 대응해야 할지에 관한 지침은 차치하고라도 내부의 동요를 진정시킬 수 있을 그 어떤 정책도 나올 수 없었다. 한국의 개혁 진영에서 특징적이었던 것은 그들이 일본과 밀접한 관계에 있었다는 점이다. 메이지 시대 일본의 개혁은 중국의 지도적인 정치가들에게도 뚜렷한 영향을 주었지만, 일본 지도부가 청 왕조의 관료들에게 미친 영향은 중국보다 작은 한국에 미친 영향보다 훨씬 적었다.

한국 정부는 국내에서 발생한 일련의 저항운동에 부딪혀야 했다. 저항 세력은 대부분 전통적인 사회관계로 이루어진 사회로 복귀하고, 이상적인 물질적·감정적 안정을 달성하고자 꿈꾸었던 보통 사람들이었다. 19세기 말의 한국인들에게는 이런 것이 결여되어 있었기 때문이다. 이들의 저항은 중국과 일본이 한국에 대한 패권을 장악하기 위해 전쟁까지 불사하며 직접 충돌하는 것을 보고 한국이 과연 정치적 자주권을 계속 유지할 수 있을지 두려움을 느끼면서 이념적으로 변형되었다.[123] 일본에서는 1880년대 중반에서 1890년대까지 팽창주의적 경향이 계속 고조되었다. 일본 지도자들은 일본을 강하게 만들기 위해서는 일본이 보유한 국력을 애국주의적으로 입증하는 것이 필요하다고 생각했다. 그런데 그 국력은 일본이 동아시아 지역에서 더욱 커다란 역할을 수행함으로써 입증되는 것이었다. 어떤 이들은 한국에 대한 영향력 강화가, 심지어 직접 통치까지 거기에 포함된다고 보았다.

서구 모델에 따라 국가의 부와 권력을 키우려는 한국 정부의 노력은 이웃 국가들과의 관계에서 열세에 있다는 점 때문에 제대로 뜻을 펼칠 수 없었다. 중국과의 관계는 수백 년 동안 안정되고 평화로운 상태를 유지하고 있었던 반면에, 일본은 16세기 말에 한반도를 침략했으며 그 후 300년이 지난 19세기에 한반도는 또다시 일본 팽창주의의 목표가 되었다. 한국의 관료들은 근대화에 나서야 한다는 압박을 느꼈다고 하더라도, 새로운 유형의 국가와 근대적인 경제를 만들어 낼 능력이 없었다. 18세기 한국의 국민경제는 어떤 면에서는 중국이나 일본의 국민경제와 비슷했다. 역사가들은 한국, 특히 농촌 가계에서 농사와 수공업을 동시에 수행하기 위해 노동시간을 늘렸던 이른바 근면 혁명의 증거를 발견했다. 그리고 이러한 근면 혁명을 통해 상업적으로 교환될 수 있는 상품의 양도 현저하게 증가했다.[124] 중국이나 일본과 마찬가지로 한국도 보유한 자원이 충분치 않다는 문제를 갖고 있었다. 산이 많은 지형도 일본에서 발견되는 자연환경적 조건과 같은 한계를 드러냈다. 하지만 19세기 말에 한국의 국민경제는 일본과 새로운 경제 관계를 발전시켰다.

1880년대에 한국과 일본 사이에는 무역이 증가했다. 한국의 전체 수출품을 차지하는 쌀과 콩의 90퍼센트는 일본으로 건너갔으며, 그 대신에 일본과 서양의 상품이 수입되었다.[125] 당시에 일본은 소규모로 노동 분업의 형태를 만들어 가고 있었다. 산업자본주의하에서 유럽이 비서구 세계의 다른 지역과 국제무역을 하는 데 기본이 된 방식이었다. 그러면서 일본은 산업 생산품을 수출하고 농산물이나 천연자원을 수입했다. 한국의 기업가와 정부 관료들은 일본이 추진하는 이러한 경제적 변화에 맞설 능력이 없었다. 결국 한국이 일본의 식민 지배를 받게 되자, 한국이 가지고 있던 발전 가능성은 일본의 경제적·정치적 세력이 강압적으로 부과한 여러 조건에 의해 더욱 강력하게 제한되었다.

일본의 팽창에 맞서는 한국인들의 저항은 공식적인 식민화가 이루어지기 전인 1882년에 이미 최고조에 도달했다. 반외세적인 수구파 집단이 개방 정책을 지지하던 왕비와 신식 군대를 훈련하던 일본 장교에 맞서 봉기를 일으킨 것인데, 이 봉기로 인해 한국 정부는 일본에 사절단을 파견해 공식적으로 사죄해야 했다. 일본이 한국을 본격적으로 침략할 기회는 1894년에 한국 정부가 국내 소요를 진압하기 위해 청 제국에 군사 지원을 요청했을 때 주어졌다. 일본인들은 여기서 1885년에 일본과 청 제국 사이에 체결된 합의에 대한 위반 사항을 발견했다. 그 합의에 따르면 청 제국이나 일본은 사전에 상대 국가에 서면으로 통보하지 않고 군대를 파견해서는 안 되었다. 이를 근거로 발발한 일본과 청 사이의 전쟁에서 일본 해군은 청의 함대를 격파했으며, 1895년에 청일전쟁의 종식과 함께 체결된 시모노세키 조약으로 일본은 요동반도와 대만

섬에 대한 소유권뿐 아니라 약 3억 엔에 달하는 배상금을 받게 되었다. 이로써 일본은 비서구 국가 가운데 최초로 제국주의 세력으로 자리 잡았다.[126]

청일전쟁에서 거둔 일본의 승리는 이미 1894년의 영일 무역 조약을 통해 불붙었던 민족적 자부심을 뜨겁게 달구었다. 이 조약은 일본 도시 내에 특별히 조성된 영국인 거주 구역을 금지했으며, 1899년에는 영국인에 대한 치외법권을 완전히 폐지하도록 명시했다.[127] 이로써 일본인들은 거의 반세기 동안 유지되었던 서양과의 불평등한 외교 관계를 종식시켰으며, 동시에 일본 정부는 동아시아에서 외교적·군사적으로 주도적인 위치를 차지하게 되었다. 일본은 동아시아에서 다른 국가들에 대해 전례 없이 우월한 지위를 확립하게 된 그 바로 순간에 정치적·경제적으로 서구 열강과 대등한 지위를 갖게 된 것이다.

서양이 지배하는 전 지구적 경제에서 동아시아가 산업화로 가는 길

19세기에 동아시아에서 진행된 경제 변화를 서양과 서양 식민지의 관점에서 바라보면, 우리는 동아시아와 세계의 다른 지역을 서로 비교하면서 그들 사이에 어떤 관계가 있었는지 파악할 수 있다. 서구 산업국가들에는 동아시아가 아프리카와 남아시아, 동남아시아나 근동 및 중동 지역에 있는 서구의 식민지와 마찬가지로 서구에서 생산된 상품을 판매하는 시장이자, 서구가 필요한 농산물이나 천연자원을 공급해 주는 시장이었다. 이런 관계는 특히 영국이나 미국에 중요했다. 영국은 19세기 동안에 그들이 생산한 직물을 판매하기 위한 세계시장을 만들어 냈으며, 19세기 말에는 싱거의 재봉틀 공장이나 프록터 앤드 갬블 같은 미국 회사들도 전 세계에 시장을 구축해 잘 활용하고 있었다. 그런데 서구의 많은 다른 나라에는 이렇게 영국이나 미국처럼 전 세계로 무역을 확대하는 것이 별로 중요하지 않았다. 그들의 산업은 각각 자국 시장이나 그들이 장악한 세계의 특정 지역을 위해 생산했다. 동아시아와 서구 국가들 사이에 거래된 상품 가운데에는 18세기와 마찬가지로 여전히 차와 비단이 있었다. 이 두 상품은 이미 오래전에 기술적 변화를 겪으면서 수공업 제품에서 경공업적으로 생산되는 소비재가 되었다.[128] 이미 예전부터 동아시아와 서양 사이에 거래되어 왔던 이들 상품은 19세기적 상황에 특징적으로 등장한 동서 무역의 새로운 요소들을 보완해 주었다. 산업회 그리고 지역적·전 지구적 차원에서 전개된 국제무역은 동아시아의 국민경제를 비서구 세계의 다른 지역보다 훨씬 광범위하게 변화시키기 시작했다. 동아시아에서, 특히 일본에서 산업화가 뚜렷하게 시작되면서 이와 연관된 새로운 모델의 무역이 전개된 것을 어떻게 설명할 수 있을까? 동아시아에서 일어난 경제 변화는 서양에서 일어난 경제 변화 또는 서양과 세계의 기타 지역 사이에서 일어난 경제 변화와 어떻게 구별되는가?

이미 언급했듯이 일본과 중국의 일부 지역에서 일어난 산업화는 서구에서 개발된 기술을 사용했다. 하지만 동아시아에서는 서양에서 (그리고 라틴아메리카에서도) 통상적으로 사용되던 동일한 기계와 생산 공정에 서양인들보다 더 많은 노동력을 투입했다. 달리 표현하면 동아시아와 마찬가지로 잉여 노동력이 존재하던 라틴아메리카에서는 공장제 생산 모델이 유럽에서 전형적으로 사용하던 패턴을 따라 진행되었다. 이는 아마도 라틴아메리카의 기업인들 자신이 유럽 출신이라는 사실, 혹은 유럽과 밀접한 관계를 갖고 있다는 사실 때문일 것이다. 그런데 20세기의 첫 10년 동안 성공을 거두기 시작한 중국과 일본의 노동 집약적인 소규모 공장들은 제1차 세계대전 후 10년간은 이들보다 더 나은 성과를 이룩했다. 이전보다 더 거대해진 중국 경제와 일본 경제의 부분이 되었기 때문이다. 중국에서는 상해와 같은 대도시뿐 아니라 장강 북부 연안을 따라 위치한 남통 같은 소도시에도 섬유 공장이 설립되었다. 중국 농촌의 농가들에서는, 특히 하북(허베이)성의 고양(가오양)현과 같은 곳에서는 점차 철제 변속기를 장착한 베틀을 사용해 직물을 생산한 후 이를 광범위한 무역 네트워크를 이용해 판매했다.[129] 일본에서는 소규모 공장이 점점 많아지면서, 그곳에서 생산된 직물들이 국내 수요를 충족시키는 동시에 한국과 중국, 동남아시아로 수출되기도 했다. 물론 중국과 일본에서 경공업은 서로 다른 특이한 모습을 보여 주었고, 그곳에서 생산된 상품을 해외에 수출하는 무역 제도도 차이를 보였다. 하지만 그들은 새로운 산업 생산을 기존의 생산방식 및 무역 방식과 연결했기 때문에 새로운 산업 생산이 국민경제의 나머지 영역과 고립된 채 별개로 진행되는 것을 막을 수 있었다. 이런 현상은 19세기 후반에 발전하기 시작한 산업이 당시에 이보다 훨씬 큰 규모를 갖고 있던 농업경제와는 거의 제도적으로 연계되지 않았던 라틴아메리카나 러시아의 상황과 전혀 달랐다.[130] 분명히 중국이나 일본에서도 도시와 농촌에서 진행된 발전에는 격차가 있었다. 두 나라는 1920년대와 1930년대에 각각 농업 분야에서 어려움을 겪었지만, 산업적 변화는 공장의 수는 적고 규모가 크며 지역으로 편중되어 있던 세계의 다른 많은 지역과 비교할 때 사회와 훨씬 밀접하게 연계되어 있었다.

중국과 일본의 기업가들은 19세기 말과 20세기 초에 경공업 분야를 개척했다. 이후 수십 년 동안에 새로운 공장을 건설할 기회가 늘어나자 서양에서 일본과 중국으로 외국 자본이 들어왔다. 하지만 중공업의 경우는 사정이 전혀 달랐다. 19세기 말에 중국이나 일본에서는 정부가 서양의 잠재적인 침입에 맞서서 국가를 방어하고 강한 군사력을 보유하려면 중공업이 얼마나 중요한지 인식하고 있었다. 일본은 훗날 동아시아에서 세력을 확장하기 위해, 중국은 동아시아에서 일본의 팽창에 맞서기 위해서이기도 했다. 물론 여기서 재벌이 중공업을 육성하도록 지원해 준 일본 정부의 산업 정책이 훨씬 효과적인 것으로 드러났다. 중국에는 1911년에서 1949년 사이에 그들이 가진 에너지와 관심의 대부분을 산업 발전에 집중할 수 있는 적절한 능력을 가진 기업가 집단이나 중앙정부가 없었다. 전쟁으로 인한 위협과 두려움이 민족주의자들에게 수많은 기업에 대한 지배력을 장악하게 했던 전쟁 기간만 예외였다.[131]

19세기 말과 20세기 초에 산업화와 국제무역은 일본을 전 세계에서 유럽과 미국 외에 경제 발전을 경험한 유일한 나라로 만들었다. 이런 경제 발전은 당시 서양의 정치 지도자들이나 관찰자들에게는 익숙한 것이었다. 이런 변화를 가능하게 한 요소에는 무엇보다 사람들이 생산과 교환을 조직했던 방식, 정치 지도자들이 추구했던 전략, 간혹 겉으로 보이는 것보다 더 중요한 것으로서 아래에서 위로 진행된 경제적 실무와 위에서 아래로 진행된 국가정책 사이의 관계 등이 있었다. 정책과 경제적 실무 사이에 협력이 잘 이루어지는 것에는 정부의 긍정적인 역할이 중요하게 작용했다. 일본인들은 자체적인 중공업을 육성하기 위해 수출 주도 성장을 경공업 제품이나 수입 대체 효과를 가진 소비재 구입과 효과적으로 결합했다. 이렇게 육성된 중공업을 기반으로 해서 정부는 군사력을 강화했으며, 아시아를 향한 그들의 정치적 야망을 펼치는 데 이를 사용했다. 이렇게 볼 때 아시아에서 일본의 발전은 독일 산업의 성장, 그리고 유럽에서 독일의 정치적 야망과 부분적으로는 같은 방향으로 나아갔다. 경제력과 정치권력이 얼마나 긴밀하게 연결되어 있는지를 환기해 주는 발전이다.

19세기 말에 동아시아의 국민경제는 근대 초의 근면 혁명이 남긴 유산을 바탕으로 발전했다. 동아시아인들은 이미 있었던 무역 제도를 활용했으며, 서구에서 진행된 경제 변화와 점차 강해지는 그들의 정치권력이 자기들에게 문제와 동시에 기회를 줄 것이라는 사실을 깨달은 정부도 있었다. 중국이나 일본의 기업가들은 초기에 서구의 산업 기술을 도입해 소규모의 노동 집약적인 환경에 적용했던 반면에, 이와 동시에 그들의 정부는 근대적인 군대를 무장하는 데 필요한 중공업을 육성하려고 노력을 기울였다. 특히 일본 정부는 기업가 집단과 효과적인 관계를 유지하는 데 성공해서, 산업화와 국제무역은 정부가 지원하고 통제하는 잘 조율된 프로젝트가 되었다. 학자들이 훗날 정부가 경제 발전을 주도적으로 이끌어 가는 일본식 발전 국가라고 명명한 제도의 토대가 이렇게 만들어진 것이다. 일부 학자의 평가에 따르면 20세기 중반 이후에 한국의 경제성장을 가능케 한 기반도 일본식 발전 국가 모델에서 나온 것이다. 이러한 국가 주도 발전 프로젝트는 중국의 마지막 왕조나 후속 정권이 보유한 가능성을 능가했다. 물론 20세기 말에 중국은 사회주의적 성격을 지닌 독자적인 발전 국가 모델을 보유하게 되었다. 이 모델은 광범위한 차원에서 소규모 산업과 노동 집약적인 산업을 위한, 아래로부터 위를 향하는 노력을 촉진했다. 이와 동시에 대규모 국영기업과 합작 기업, 사기업들이 혼합되어 자본 집약적인 발전에 기여했고, 처음에는 기술의 차용을 통해, 그 다음에는 더 나아가 국내적으로 산업 기술과 후기 산업 기술을 개발했다.[132]

유럽과 미국의 산업화로 인해 서양인들은 낯선 사회의 특징들을 바라보는 새로운 관점을 갖게 되었다. 이러한 상황을 마이클 애더스Michael Adas는 안타깝게도 "기계가 인간의 척도가 되었다."라고 표현했다.[133] 산업화가 가진 가능성을 낙관적으로 해석한 사람들은 그들의 기술이 비유럽 세계에도 확산되어 그곳에도 번영을 가져다줄 것으로 희망했다. 만약에 새로 발명된 생산력을 사용하는 기술에 관한 지식이 없어 산업화가 지체된 것이라면, 공장과 철도 건설에 필요한 지식과 기계가 제공될 경우 그곳에도 산업사회의 혜택이 널리 확산될 수 있었을 것이다. 그런데 이 기술들이 세계의 다른 지역에 신속히 도입되지 않았다면, 그 이유는 어쩌면 새로운 기술을 제공받은 사람들이 그 기술을 사용하는 법을 몰랐기 때문일 수도 있다. 의심할 여지없이 19세기에 새로운 기술이 유럽과 미국을 벗어나 세계의 다른 지역에 전해졌던 많은 사례가 있다. 라틴아메리카에서는 유럽의 자본과 기술, 노동력이 특히 아르헨티나와 브라질로 흘러들었다. 인도에서는 1850년대에 아시아에서 처음으로 직물 공장이 건설되었다. 동아시아에서는 중국의 일부 사업가가 새로운 공장에 중국인 노동력을 고용하고 서양 회사나 일본 회사와 경쟁하기 위해 필요한 기술을 도입해 설치할 수 있었다. 그런데 19세기에 비서구 세계에 공장이 설립되기 시작했다면, 그것이 계속 확산되는 것을 방해한 요인은 과연 무엇이었을까? 유럽과 미국이 아닌 세계의 이곳저곳에서 산업화가 그저 제한적으로 진행된 것은 비서구 세계의 사람들이 산업화의 장점을, 즉 산업화가 더 많은 사람에게 생활수준을 한층 더 향상시켜 주는 과정이라는 사실을 깨닫지 못했기 때문일까? 아니면 경제와 정치가 뒤섞여 만들어 낸 여러 원인이 서양과 비서양 사이에 존재하는 차이에 책임이 있는 것일까?

이 질문들에 대한 해답을 찾기 위해 우리는 이 7장에 거듭해 등장하는 경제적 원리를 사용해야 할 것이다. 노동이 저렴하고 자본이 비싼 곳에서는 기계에 투자하는 것이 의미가 없었다. 물론 적은 자본과 많은 노동력을 동원해 유사한 상품을 생산할 수 있다는 조건에서다. 비서구 지역의 사업가들이 어떤 식으로든지 기계적 생산방식을 도입하기로 결심했다고 해도 그것이 효과적으로 작동해 서구에서 수입되는 동일한 상품과 경쟁할 수 있기까지는 어느 정도 시간이 필요했다. 게다가 서구의 식민지나 중국, 일본, 오스만 제국과 무역계약을 맺은 나라에서 발생한 것처럼 정부가 수입되는 산업 제품에 적절한 관세를 부과할 수 없었던 경우, 자체적인 산업을 육성할 수 있는 가능성은 희박했다.

서구의 산업은 개방된 시장에서 수익을 올렸다. 그들은 그런 조건하에서 그들의 생산품에 대한 수요를 증가시킬 수 있는 동시에 천연자원과 농산물에도 더 쉽게 접근할 수 있었기 때문이다. 비서구 세계의 사람들이 서양인들과 마찬가지로 번영을 누리고 권력을 보유할 수 있는 미래를 맞이하려면 번영과 부를 추구하는 조건을 만들어 낼 수 있는 정부가 필요했다. 그러나 그런 조건은 서구의 정치적·경제적 관심이 비교적 덜 미치고, 현지 엘리트들이 정치 및 경제 분야에서 효과적으로 조직되고 잘 협력한 곳에서만 주어질 수 있었다. 일본의 특이한 성공 사례를 자세히 살펴보면, 일본이 처해 있던 조건은 영국을 산업혁명의 첫 무대로 만든 조건과 마찬가지로 다른 곳에서는 발견될 수 없는 특이한 것이었다.

산업자본주의는 전 지구적으로 노동 분업이 이루어지게 했다. 이는 19세기 후반 이전과는 뚜렷하게 다른 현상이었다. 공장제 생산방식은 비교적 소수의 노동자가 많은 양의 상품을 생산할 수 있게 만들어서, 회사들은 대량으로 생산된 상품을 판매할 시장을 찾아 해외로 나갔다. 비서구 세계의 국민경제는 작은 유럽 산업국가들에 필요한 농산물과 산업용 원자재를 생산하기 시작했다. 작은 유럽 국가들은 미국 같은 국가와 달리 광대한 농경지가 부족했기 때문이다. 캐나다는 세계적인 밀 무역에서 그들이 차지하는 비중이 새롭게 기록을 경신하면서, 미국에 이은 거대한 밀 수출국이 되었다. 이렇게 전 지구적인 노동 분업 속에서 기업가들이 서구 제조업자들에게서 산업 생산품들을 훨씬 저렴하게 수입할 수 있다면, 이를 자체적으로 투자해 생산하는 것이 별 의미가 없었다. 그러나 상대적인 수익성에 따라 선택하는 경제 논리는 산업화된 경제와 여전히 대부분 농산물에 의존하는 경제 사이에 점차 소득 격차가 커진다는 사실은 간과했다. 상대적으로 높은 노동생산성을 보여 주는 일자리는 노동자 1인당 더 많은 자본을 투자해야 하는 산업 분야에 있었기 때문이다. 산업화와 근대적인 경제 발전을 촉진할 조건을 만들어 내고 싶어 할 경우, 어떤 특정 조건하에서 내리는 가장 합리적인 결정이 전략적으로도 늘 의미 있는 것은 아니었다.

이미 살펴보았듯이 기업가들과 정부는 서구에서든 세계의 다른 지역에서든 산업을 경제적 부와 정치적 권력에 도달하는 열쇠로 생각했다. 서양 국가들에 관한 19세기 후반의 통계는 수입되는 산업 제품에 대한 관세가 인상되었을 때 국내의 산업 생산성이 증가한 것을 보여 준다. 그런데 아프리카와 근동, 중동뿐 아니라 아시아 국가들 가운데에서도 오직 일본만이 20세기 초에 조세 주권을 돌려받을 수 있었다. 그 결과 일본 정부는 수입을 희생하면서 의도적으로 국내 산업 생산력을 증진하도록 지원했다. 일본은 제도적으로 소규모의 노동 집약적 경공업 회사들이 가진 효율성을 적극 활용했다. 그들이 생산한 일부 상품은 제도적으로 다른 나라의 국민경제와 관계를 맺고 있던 일본의 대규모 기업집단들에 의해 아시아에 판매되었다. 또한 이들 기업집단은 자체적으로 산업 생산에도, 특히 막대한 자본 투자가 필요했던 중공업 분야에도 진출했다. 일본인들은 지정학적으로나 경제적으로나 그 어떤 세력의 방해나 경쟁 없이 활동할 수 있는 공간을 확보하고 있었다. 서양 각국의 정부들은 세계의 다른 지역에 더 집중해 활동하고 있었으며, 서양의 자본주의자들은 그들에게 필요한 자원과 농산물을 일본에서 충당하지 않았기 때문이었다.

미국인과 유럽인들이 기계를 인간의 척도로 삼아 다른 사회를 바라보았다면, 그런 측면에서 가시적인 성과가 이루어진 곳은 일본 외에는 거의 없었다. 중국에서 일어난 경제적 변화는 이 나라가 너무 거대한 영토를 보유해 농업에서는 다양한 문제와 씨름하고 정치적으로는 혼란을 겪고 있었기 때문에 그리 분명하게 눈에 띄지 않았다. 서양의 선교사와 상인, 군인들은 그들이 세계의 어디로 가든지 일본 외에는 산업 문명의 영향을 뚜렷하게 받은 사회를 발견하지 못했다. 미국 본토의 노동자들은 공장에서 기계를 작동하기 위해 미국으로 건너온 이주민들과 마주했기 때문에 새로운 노동력이 자기들의 생계에 미칠 위험에 맞서 저항했다. 그 밖의 세계에 대한 서양인 관찰자들은 기계에 대한 지식을, 그리고 경제적 생산을 위해 그 지식을 적용하는 것을 문명의 차이를 측정하는 척도로 사용할 수 있었다. 그러는 동안에 세계적 자본주의가 제공하는 경제적 인센티브 때문에 세계 여러 지역의 사람들은 산업 분야의 일을 얻고 더 많은 임금을 받기 위해 서양으로 이주했다. 그들은 기계가 다른 문화에 속하는 사람으로서 지니는 가치를 측정하는 것이 아님을, 경제적 기회와 더 높은 임금의 원천임을 깨달았다.

기계를 인간의 척도로 바라본 사람들은 물질문화의 기술적 측면을 기준으로 해서, 긴 역사를 갖고 세계 여러 지역에 살고 있는 인류 문명에 관한 일반적인 견해를 이끌어 냈다. 그리고 19세기에 일어난 경제적인 변화는 서구의 문화적 관습과 신념을 받아들이면서 접하게 될 새로운 기술들이 각 지역의 옛 사회들을 새로운 삶에 대해 각성하게 해서 변화를 꾀하게 할 것이라는 기대감을 품게 했다. 물론 19세기 후반에 유럽이나 특히 비유럽 세계의 지식인들은 이러한 기대감에 단호하게 의문을 제기했다. 하지만 서구에서 근대사회를 형성한 문화적 토대는 기타 사회에서도 수용되어야 할 일련의 관습을 포함한다는 신념이 일종의 규범적인 기대가 되어 20세기까지 여전히 이어지는 것이 사실이다. 이런 기대감은 1992년에 '역사의 종말'을 이야기한 프랜시스 후쿠야마Francis Fukuyama의 테제에서 절정을 맞이했다.[134] 만약 (후쿠야마도 스스로 그렇게 했듯이) 역사의 종말 같은 시나리오를 거부한다고 해도, 우리는 여전히 19세기에 산업화와 국제무역이 실제로 그런 방식대로 일어난 특별한 이유가 무엇인지, 그리고 이런 변화에 대한 이해가 20세기에 뒤이어진 경제적 문제와 가능성들을 적절히 평가할 수 있는 일반적인 원칙을 어떻게 제시할 수 있는지에 관한 문제 앞에 서 있다.

상업자본주의에서 산업자본주의로: 19세기의 경제적 변화에 관한 설명

역사가들은 오랫동안 19세기 유럽에서 발생한 경제적 성과를 설명할 수 있는 특별한 현실적 요인들을 발견하기 위해 애써 왔다. 그리고 그 원인으로 수많은 문화적·경제적·정치적·사회적 요인이 언급되었다. 그 요인들 중 일부는 앞서 1장에서 '근면 혁명'이라고 규정한 이른 시기로까지 거슬러 올라간다. 그런데 비서구 세계의 다른 지역들에서 전개된 경제활동이 가진 고유한 특성과 나름대로의 의미를 고려할 때, 앞서 언급한 요인들 가운데 그 의미를 어느 정도 조건부로 규정하지 않으면서 설득력이 있다고 입증될 수 있는 것들은 그리 많지 않았다. 여러 경제활동이 뒤섞인 커다란 복합체로서 유럽의 예외적인 발전을 설명해 주는 영원한 해석 모델이 자본주의다. 하지만 유럽 자본주의에서 무엇이 특별한지를 엄밀하게 측정하는 것은 쉬운 일이 아니라는 것이 드러났다. 자본주의를 폭넓은 의미로 단순하게 정의할 경우, 그것은 여러 시대에 세계의 여러 지역에서 발견된다. 『케임브리지 자본주의사*Cambridge History of Capitalism*』 제1권(2014)은 편집자 래리 닐*Larry Neal*이 자본주의의 핵심적인 특징으로 언급한 네 개 요소 가운데 전부 또는 대부분을 보여 주는 사례가 고대에서 1850년에 걸쳐 유럽과 비유럽 세계에서 발견된다는 사실을 분명히 보여 주었다. 그가 언급한 네 가지 요소는 (1) 사유재산권, (2) 강제력 있는 계약, (3) 수요와 공급에 반응하는 가격 시스템을 가진 시장, (4) 이 모든 요소를 촉진하는 정부였다. 그 사실을 분명히 언급한 후 『케임브리지 자본주의사』 제2권은 1850년 이후의 세계적 차원을 살펴보면서, 유럽에서 등장한 후 점차 제1권에서 자본주의의 초기 무대로 분류했던 지역의 대부분을 포괄하게 된 하나의 체제로서 자본주의에 관련된 의문들을 다루었다. 여기에서

사본주의의 조기 무대였던 지역에서 역사적으로 발생한 사건들은 19세기의 경제 변화에 어떤 분명한 역할을 한 것으로 드러나지 않는다.[135] 따라서 이 장에서는 근대 초 유럽의 상업자본주의경제뿐 아니라 농업에 토대를 둔 근대 초 상업 제국인 중국의 정치 경제를 포함하는 세계, 그리고 세계적인 산업자본주의로부터 경제적 영향을 받은 세계가 서로 어떻게 연결되었는지를 살펴볼 것이다.

19세기의 산업자본주의를 이끌었던 선구자들은 유럽에서 가장 쉽게 찾을 수 있다. 1850년 이후에 경제 변화의 속도와 방향을 결정한 유럽이나 유럽인이 아메리카 대륙에 건너가 세운 백인 이주민 사회가 바로 산업자본주의의 선구자들이었기 때문이다. 필자가 해양 상업자본주의와 농업 제국 중국의 정치와 경제를 구별하는 차이점은 세계경제의 관계가 근대 초와 근대 사이의 변화와 어떤 맥락에서 연결되는지를 살펴볼 때 대단히 잘 적용된다. 그래서 우리는『케임브리지 자본주의사』의 주제와 내용을 이매뉴얼 월러스틴Immanuel Wallerstein이 제안한 세계 체제, 즉 유럽에서 대두해 15세기 후반에서 19세기 말 사이에 세계 다른 지역의 경제 시스템을 흡수해 버린 세계 체제라는 전반적인 범주에 적용해 볼 수 있다.[136] 월러스틴과『케임브리지 자본주의사』의 많은 집필자는 몇 가지 주제와 설명들에서 서로 다른 생각들을 수정할 수 있다는 입장을 보이지만, 그들 모두는 암암리에 하나의 근본적인 서사를 전제로 한다. 근대 초 유럽의 상업자본주의에서 19세기 말의 세계적인 산업자본주의가 태동했다는 서사다.

앞으로 이 장에서 서술하겠지만, 유럽의 산업자본주의에서 세계적인 산업자본주의로 가는 길을 살펴볼 때 우리는 월러스틴이나『케임브리지 자본주의사』와는 조금 다른 평가에서 출발한다. 우리는 유럽의 산업자본주의에서 세계적인 산업자본주의로 가는 과정에서 정치적 문제와 경제적 가능성 사이에 19세기 산업자본주의가 초래했던 것과 같은 근본적인 긴장이 작용했다는 사실을 인식한다. 필자가 앞서 특히 강조했던 근대 초 유럽 상업자본주의의 근본적인 특성은 소수의 인간 집단이 역동적인 경제 분야를 장악하는 능력을 보였다는 점이다. 이러한 지배력은 그들과 정부 사이에 형성된 특별하면서도 서로에게 유익한 관계에 따른 것이었다. 그런데 산업혁명은 동인도회사 내에 영국 상업자본주의자들이 차지하던 입지를 무너뜨린 핵심 요소 가운데 하나였다. 산업혁명은 그동안 수입되던 인도산 면직물을 이제 영국의 국내 생산품으로 대체했으며, 이 영국산 면직물이 19세기에 영국의 중요한 수출 상품으로 성장했기 때문이다. 결국 많은 수의 소규모 섬유 공장이 수요와 공급의 원칙에 따라 가격이 결정되는 열린 시장에서 열띤 경쟁을 벌였다. 그 어떤 소규모 기업가 집단도 직물 생산에서 독점적으로 이익을 얻을 수 없었다. 산업적인 시장경제가 그동안 헤게모니를 장악하고 있던 상업자본주의를 밀어낸 것이다.

19세기 초에 경제적 팽창이 일어난 지점은 발전을 시작한 영국 직물 산업, 그리고 다양한 생산방식에 대한 증기기관의 도입이었다. 그리고 이 지점은 노동 집약적인 수공업 생산방식을 대체한 기계적 공장 생산의 새로운 시대로 이어졌으며, 생산량이 증가된 다양한 소비재가 무역 네트워크에 진입했다. 그 결과 영국 동인도회사와 네덜란드 동인도회사의 대규모 상업자본주의자들이 주도하던 시대는 막을 내렸다. 우선은 산업화를 기반으로 영국 국민경제와 다른 유럽 국민경제의 총생산 역량에서 변화가 발생했다. 그리고 그 변화는 국제무역의 새로운 패턴과 이 무역 과정을 조직하는 새로운 제도를 가능하게 했다. 영국 동인도회사가 수적으로 증가한 개별 상인들에게 맞서 자기들이 보유하던 독점적 지위를 방어하는 데 실패하자, 여러 가지 측면에서 수공업 직물 공장이 등장할 때 나타났던 것과 유사한 시장 상황이 전개되었다. 두 가지 경우 모두 사업가들은 시장이 자기들에게 주는 기회에 적극적으로 반응했다.

수공업 제품을 기반으로 한 시장경제에서 공장제 산업 생산품을 기반으로 한 19세기 경제 시스템으로 가장 뚜렷하게 발전해 간 곳은 미국이었다. 남북전쟁이 발발할 때까지 북동부와 중서부에서 산업이 팽창한 것은 새로운 지역을 개간하고 산업 입지로 만드는 전반적인 이주 계획의 일부였다. 이 새로운 공장 주인들에게 자금을 공급하는 데 필요했던 은행 제도는 연방주 차원에서 만들어졌다. 다시 말해 산업화를 위해 필요한 자본은 외부가 아니라 현지에서 직접 동원될 수 있었다. 미국이 중산층 사회로 변모하기 시작한 것은 19세기 전반으로, 새로운 농장과 공장을 건설할 기회가 많아지면서였다. 팽창을 거듭하던 중서부를 지나 북동부에 이르는 지역에서 이루어진 경제성장은 미국 북동부에서 이루어진 경제활동과 유럽 이주민이나 그들의 조상이 미국에 가져온 유럽식 경제활동을 토대로 농업 생산방식과 공업 생산방식을 모방하고 개선한 데 근거하고 있었다. 미국에서 누릴 수 있는 자유는 고된 노동과 창의력을 동원해 경제적 번영을 이루어 낼 기회를 제공했다. 19세기 초에 미국 경제를 변화시킨 활력은 특권을 가진 소수 자본주의자 집단에 의존하지 않았다.

미국 전역을 관통하도록 수십 년에 걸쳐 건설된 철도는 국가의 교통 인프라를 완전히 바꾸어 놓았으며, 남북전쟁이 끝난 후 미국 대부분 지역이 시장에 연결되도록 통합해 주었다. 고기와 과일, 채소를 신선하게 운송할 수 있는 냉장 시설을 갖춘 화물차까지 개발되자, 이제 쉽게 부패할 수 있는 상품들도 곡물과 함께 철도 노선을 따라 동부와 북부로 운송될 수 있었다. 철도는 거대한 시장을 만들어 냈을 뿐 아니라, 철도를 건설하고 효율적으로 운영하는 데 필요한 수많은 업무를 종합적으로 관장하는 수많은 부서 조직을 가진 최초의 근대적 콘체른[6]이 출현하게 했다. 철도를 건설하고 운영하는 회사들은 당시까지 존재하던 그 어떤 기업보다도 막대한 양의 자금이 필요했다. 유럽에서 철도 건설 계획을 수립하고 재정을 동원하는 업무는 주로 정부가 담당했다. 개인 기업들은 이 사업에서 경제적 매력을 느끼지도 못했고, 매력을 느꼈다고 해도 필요한 엄청난 자금을 동원할 능력이 없었기 때문이다. 반면에 미국의 철도 회사는 산업자본주의가 전개되면서 설립된 최초의 민영기업이자 자본주의적 회사였다. 물론 연방 정부가 토지 증여를 통해 사업 추진을 위한 결정적인 재원을 제공했다. 이 토지를 매각한 수입으로 철도를 운영할 수 있는 자본을 조달하고 확보할 수 있었기 때문이다. 그러므로 철도는 소수의 기업가

───── **6** 법률적으로는 독립적인 여러 기업이 지배 기업 또는 은행을 중심으로 긴밀하게 결합한 기업집단을 가리킨다. 독일에서 흔히 볼 수 있으며, 한국이나 일본의 재벌도 콘체른의 일종으로 볼 수 있다.

가 중요한 경제 영역을 지배해 성과에 대한 가격을 특정할 수 있었던 첫 산업 분야였다. 대규모의 토지 증여를 통해 철도 건설에 필요한 재정을 지원하기로 했던 연방 정부의 결정은 동인도회사의 상인들과 영국 정부 및 네덜란드 정부 사이에 성립된 상부상조 관계를 연상케 한다. 두 경우 모두 부와 권력 사이에 분명하고 밀접한 관계가 작동했다.

19세기의 마지막 10년 동안에 미국과 유럽에서 소수의 콘체른이 생산을 통제하는 새로운 산업 분야가 발전했다. 당시에 정부는 몇몇 콘체른이 이들 새로운 산업 분야에서 카르텔을 형성하도록 용인해야 할지 말지를 결정해야 했다. 그런데 카르텔을 불법으로 선언하자, 일부 회사는 합병을 통해 수는 더 적어지고 규모는 더 거대해진 기업을 만들었다. 콘체른들은 연관된 생산 라인과 서비스 분야로 사업의 중심을 이전하고 확대하거나 생산과 판매의 일부를 서로 연계하는 방식으로, 혹은 생산 단계가 다양하다는 점을 활용해 원자재 도입을 수직적으로 통합하는 방식으로 점점 팽창해 갔다. 두 가지 방식의 팽창을 통해 기업들은 점점 국제화되었으며, 그 결과 국제무역과 금융 문제에 점점 민감하게 반응했다. 영국의 경우 국제무역과 금융은 특히 긴밀하게 결합되었다. 무역 회사들이 투자한 곳이 세계에 널리 퍼져 있었기 때문이다. 어떤 팽창 방식을 선택하는지는 높은 수익을 보장해 주는 사업을 외국 정부가 허용하는지에 달려 있었다. 영국의 무역 회사들은 아시아에서 조선업과 보험, 금융업에, 다시 말해 무역에 도움이 되는 서비스 분야에 투자했다. 반면에 아프리카에서는 대부분 무역업에 계속 머물렀다. 기름야자를 경작해 비누를 생산하고 비누 제조에 필요한 주요 원자재까지 역방향의 통합적 생산을 하려고 시도했던 레버 브러더스Lever Brothers는 여기서 유일한 예외였다.[137]

1890년대와 산업자본주의하에 세계 금융공황이 처음 발생할 때까지 서구의 산업자본주의와 금융자본주의는 국내 화폐의 가치를 공동으로 정한 금 가치에 따라 조정하는 금본위제를 통해 안정적인 무역 환경을 유지하는 데 집중해 왔다. 그런데 이런 활동은 국제무역에 개방된 경제체제 안에서 일하는 사람들의 경우, 국제 수요가 심각하게 감소하면 발생할 가격 디플레이션에 취약하게 만들었다. 이런 상황은 국내 물가를 하락시켜 보통 사람들의 소득

감소를 초래했고, 이는 기대 위축으로 이어졌다. 산업자본주의자와 금융자본주의자들은 정치와 경제의 엘리트들이 서로 밀접한 관계를 구축하고 있는 부와 권력의 세계에 살고 있었다. 그들은 성장을 촉진하고 경기 침체 앞에서 자기들을 보호할 수 있도록 함께 결정을 내려야 했다. 하지만 서구 세계의 보통 사람들은 부와 권력에 맞서 자기들의 이해관계를 스스로 방어해야 하는 세계에 살고 있었다. 따라서 유럽에서 등장하던 노동조합운동은 열악한 노동조건에 맞서 항거했으며, 카를 마르크스는 산업자본주의에서 사회주의로 이행해가는 역사적인 비전을 제시할 수 있었다. 하지만 미국에서는 노동자들이 잘 조직되지 못했고, 마르크스주의도 정치적으로 별다른 반향을 일으키지 못했다. 사회적으로 미국의 노동자들은 대부분 미국이 자유와 풍요의 국가이며, 미국 사회의 이상적 비전을 수호하기 위해 자기들의 요구 사항을 정치적으로 제시할 수 있는 나라라고 믿는 다수 미국인 집단의 일부였다. 사실 19세기 말에 미국 노동자들은 이주민이거나 이주민의 자녀였다. 그들의 삶은 대개 농부이거나 소규모 사업가로서, 그 직업은 이미 한두 세대 전부터 시작한 것으로 이제 그들의 후손이 물려받았으며, 미국 경제가 성장하면서 그곳에서 혜택을 입고 있었다. 이들뿐 아니라 거의 모든 미국인의 후속 세대는 상업자본주의를 중심으로 하던 유럽식 세계에서 미국식 산업자본주의 시장경제 세계로 넘어가면서 이득을 보았다.

소수의 부유하고 막강한 권력을 가진 사업가가 통제하던 19세기 말의 산업자본주의는 상업자본주의에서 직접 확립된 것이 아니었다. 근대 초의 상업자본주의자들은 대부분 다양한 협력 조직에 가입한 사업가들이었다. 개별 기업의 규모는 작았으며 조직도 단순했다. 반면에 산업자본주의자들은 대규모이고 복잡한 구조를 가지면서 대개 소유자와 경영진이 구별된 회사의 정상에 앉아 있었다. 한 회사에서 경제적인 결정을 내리는 결정권은 더는 회사의 소유권을 가진 사람이 있지 않았고 회사를 경영하는 사람에게 있었다. 19세기 말에 가장 부유한 산업자본주의자 계층은 여전히 몇몇 개인으로 이루어져 있었으나, 뒤이은 수십 년 동안은 자본주의자로서 전문성을 가진 경영자 계층이 등장해 기업 경영을 주도했다. 산업자본주의는 19세기 전반에 산업적인 토대가 형성되어 새로운 공장들이 계속 생산을 늘리고 시장을 확대하면서, 이전의 산업 공정보다 더 많은 자본이 필요했던 유럽 사회와 미국 사회에 등장했다. 제2차 산업혁명을 통해 주어진 새로운 기회를 활용한 것이 바로 산업 자본주의자들이었던 것이다. 그들이 가진 부와 권력은 17세기와 18세기의 상업자본주의자들을 연상케 했다.

상업자본주의에서 금융자본주의로

산업자본주의의 발전은 상업자본주의의 실제와는 크게 구별되는 수많은 요소에 달려 있었다. 그런데 만약 상업자본주의의 주역들과 그 실제가 산업 자본주의라는 새로운 형태의 자본주의를 만들어 낸 것이 아니라면 그후 상업자본주의는 어떻게 되었는가? 상업자본주의자들은 원거리 무역을 가능케 한 중요한 금융 분야 활동을 개발했으며, 이들은 19세기에 새로운 금융 수단으로 확대되고 계속 발전하거나 다른 금융 수단으로 대체되었다. 주식회사는 새로운 형식의 산업 생산을 위해 필요한 자본을 네덜란드와 잉글랜드의 상인들이 아시아 무역을 위해 설립했던 과거의 무역 회사와 비슷한 방식으로 끌어오는 새로운 형태의 기업이었다. 상업자본주의자들이 자금을 끌어왔던 환어음(물건 값을 치르는 상인에게 일시적으로 제공하는 신용으로, 물건을 산 상인이 그 물건을 판매해 대금을 받을 때까지 구입 대금 지급을 유예해 주는 제도다. 최종적으로 물건을 구매한 사람이 최초 판매자에게 환어음에 기재된 대금을 지급한다.) 같은 방식은 단기 신용을 제공해 주는 은행으로 대체되었다. 이전에는 원거리 무역을 재정적으로 지원했던 은행은 19세기에 다른 금융 상품을 개발해 단기 신용을 제공할 뿐 아니라 유가증권을 발행하고 판매함으로써 장기적인 투자에도 참여했다. 19세기 말의 산업체들에 자금을 공급해 준 이들 유가증권에는 두 가지 형태가 있었다. 그 하나는 채권(소액 대출을 상환할 시점과 상환 시점까지 정기적으로 지급할 이율을 기재한 유가증권)이고, 다른 하나는 주식(소유 지분)이었다.[138]

그들이 저축한 금액을 투자하고 싶어 하는 개인들은 대개 높고 안전한 수익률에 관심이 있었다. 하지만 그들은 이율은 낮지만 안전하거나 이율은 높지만 위험부담이 큰 투자 가운데 하나를 선택해야 했다. 주식을 보유한 사람

_____ 19세기에 대기업에서 소유와 경영이 분리됨으로써 한 회사나 생산품에 대한 개인적 소속감이 더는 아무런 영향도 미치지 않는 새로운 기업 형태를 만들어 냈다. 그리고 주식의 매수와 매도를 통해 높은 수익을 얻으려는 노력이 전통적인 전(前) 산업적 가치와 충성을 대체했다. 1869년에 발생한 한 스캔들이 그 좋은 사례다. 이 그림은 1869년 9월 24일(검은 금요일)에 투기꾼 제이 굴드(Jay Gould)와 짐 피스크(Jim Fisk)가 한 무더기의 금을 통해 금 시장을 장악하려고 시도한 후의 뉴욕 증권회의소(Gold Room)를 보여 준다. 이 사건 자체는, 그리고 이와 연관된 부패의 거미줄은 미국의 금융계를 거의 붕괴 직전까지 몰고 갔다. (Library of Congress)

들은 자기들이 수많은 주주의 일원으로 속하는 그 회사가 생산하는 특정 상품이나 서비스에 무조건적으로 관심을 보이거나 책임을 지지 않았다. 그들은 주식시장에서 자기 지분을 매수하기도 하고 매도하기도 했다. 이런 방식의 기업 소유 제도는 점차 전문 경영인의 손에 들어간 회사 경영과는 아무 관련이 없게 되었다. 전문 경영인들은 회사 안에서 다양한 직무와 책임을 담당하는 데 필요하고 바람직한 다양한 전문 지식을 보유하고 있었다. 대기업들은 소유와 경영을 분리했기 때문에 회사 내에서 각각의 이해관계는 쉽게 구분될 수 있었다. 회사는 될 수 있는 한 여러 해에 걸쳐 수익성을 향상시키고자 했던 반면에, 주식 보유자(주주)들은 주로 신속하고 높은 배당금에 관심이 있었다. 그들은 자기들이 언제든지 주식을 매각하고 더 높은 수익을 약속하는 다른 회사 주식을 매수할 수 있다는 것을 잘 알고 있었기 때문이다.[139] 이렇듯 산업 자본주의와 금융자본주의는 서로 일정 부분 연관되어 있었지만, 잠재적으로 는 비교적 분리되어 있었다.

금융자본주의는 자본의 흐름을 적절하게 중재하고 조정해 한 나라의 국민경제 안에서 수많은 대기업에 자금이 흘러들어 가게 했을 뿐 아니라, 한 국민경제에서 다른 국민경제로 자금이 흘러가게 하기도 했다. 이미 앞서 언급했듯이 19세기 말에 미국 경제의 발전은 영국인들의 투자에 크게 의존했다. 영국인들의 투자는 아르헨티나와 오스트레일리아, 캐나다처럼 자원이 풍부한 다른 백인 이주민 사회에도 중요했다. 영국의 해외투자가 절정기에 도달했을 무렵, 투자액은 자그마치 영국인들의 총저축액(여신)에서 40~50퍼센트를 차지했다. 그 가운데 42퍼센트가 영 제국에 속한 식민지로 흘러갔으며, 나머지 38퍼센트는 아메리카 대륙에 투자되었다.[140] 이러한 엄청난 해외투자는 두 가지 목적을 갖고 있었다. 첫 번째 목적은 토지 개발과 원자재 획득이었다. 두 번째 목적은 천연자원에 접근하고 무역을 통해 농산물을 판매할 수 있게 해줄 인프라 구축이었다. 그리고 이는 철도와 정부, 즉 경제에 투자하는 정부에 대한 투자를 의미했다. 그런데 이러한 투자는 아르헨티나의 역사가 보여 주듯이 늘 성공적이었던 것은 아니다.

19세기 말에 아르헨티나는 경제적 성공 사례였으나, 자기들이 심각한 위기에 직면하고 있음을 보았다. 1880년대 말에 이 나라는 엄청난 호황을 누려 수많은 이민자(주로 이탈리아 출신)와 자본이 유럽에서 이곳으로 흘러들었다. 이는 인구의 이동과 자본의 흐름 사이에 밀접한 관계가 있다는 사실을 보여 준다. 1857년에서 제1차 세계대전 전야까지 300만 명이 넘는 이주민이 아르헨티나로 건너왔다. 또한 라틴아메리카 전체에 투자된 해외 자본의 3분의 1, 영국이 라틴아메리카에 투자한 자본의 40퍼센트 이상이 아르헨티나로 유입되었다.[141] 하지만 1890년 무렵에 이르자 대부분 정부에 대한 대출 형태로 들어온 외국인 투자는 더는 이런 규모를 유지할 수 없었다. 국채를 발행한 은행들은 더는 이들을 판매할 수 없었고, 그 결과 런던의 상업은행 베링스Barings는 상당한 손실을 기록했다. 정부가 스스로 채권을 매입하기 위해 화폐의 양을 늘리려고 시도한 것을 보면 자본시장이 개방되고 고정된 환시세가 시행되는 상황에서 정부가 독자적인 통화정책을 추진하는 데 얼마나 무능했는지를 잘 보여 준다. 정부와 은행들은 모두 외국 자본이 아르헨티나에 투자하도록 유인하는 데 관심을 갖고 있었다. 하지만 외국 투자자들은 수익을 확신할 수 있을 때만 움직일 수 있었다. 즉 자본의 흐름은 금융시장을 하나로 통합할 수 있었지만, 투자자들에게 수익을 보장하지 못하면 자본이 고갈될 위험도 있었던 것이다.[142]

　　19세기 말에 세계경제는 역사상 그 어떤 시대보다도 밀접하게 통합되어 있었다. 산업 제품의 생산자와 농산물 또는 천연자원의 공급자들 사이에 이루어진 경제적인 노동 분업이 이러한 통합의 토대였다. 또한 생산과 천연자원 획득, 무역을 촉진하기 위해 자본이 전 세계로 이동했다. 이러한 자본의 흐름이 세계적으로 확대되려면 각국 정부가 각각 무역 파트너들이 사용하는 화폐의 상대적 가치를 인정하는 정책을 시행해야 했다. 각 화폐가 가진 가치를 측정할 수 있는 기준으로 금본위제를 채택함으로써 이 조건은 충족되었다. 그리고 이 제도 덕분에 국제무역에서 관련 국가의 화폐가치가 동요한다고 해도 그것이 국제무역을 방해하는 심각한 불안 요소가 되지는 않았다. 하지만 서구 산업국가의 정부들은 19세기 말에 경기가 침체되었을 때, 일부 국민에게서 정부가 화폐 공급을 늘려 수요를 진작하고 시장을 활성화해야 한다는 강한 압박을 받았다. 그러나 안정된 국제무역에 그들의 이해관계가 걸려 있던 다른 국민들은 화폐 공급을 늘릴 경우 금융시장을 혼란에 빠뜨릴 것이라는 이유에서 이에 반대했다. 오스트리아 출신 경제학자인 루돌프 힐퍼딩Rudolf Hilferding 같은 관찰자들이 볼 때, 금융자본주의는 중상주의하에서 국제무역을 중시했던 것과 같은 국가의 역할을 기대했다. 1910년에 출간된 저서『금융자본론Das Finanzkapital』에서 힐퍼딩은 카르텔이나 독점 기업이 주도하는 자본주의는 수많은 기업이 서로 강력하게 경쟁하게 했던 이전의 자본주의와 다르다고 주장했다. 이전의 자본주의 시대에는 수많은 기업이 다양한 생산품을 위한 시장을 형성하고 있었다.[143] 그런데 고도로 카르텔화된 오스트리아와 독일의 산업을 보면서 힐퍼딩은 산업과 금융의 이해관계가 서로 결합되고 있다는 사실을, 그리고 그렇게 결합된 산업과 금융은 국가가 정책적으로 자기들을 지원할 필요가 있다는 의식을 공유한다는 사실을 깨달았다. 심지어 금융 위기나 주기적인 경기 침체와 불황이 일어날 경우, 그들에 대한 정부의 지원 정책이 보통 국민들에게는 시련을 뜻한다고 해도 상관없었다. 이런 상황에서 19세기 말과 20세기 초의 서방 국가들이 금융자본주의와 산업자본주의에 제공했던 정책적 지원은 근대 초에 특히 영국이나 네덜란드가 중상주의 정책을 통해 상업자본주의를 촉진했었던 사실을 연상시켰다.

국가의 경제정책이 산업자본주의 및 금융자본주의의 발전과 이해관계에 기여했다고 보는 힐퍼딩의 시각은 브라이언이 미국에서 선전했던 견해와는 근본적으로 차이가 있었다. 브라이언은 국내 수요와 생산을 촉진하기 위해서는 느슨한 통화정책이 필요하다고 보았던 미국의 노동자와 농부들의 입장을 대변했다. 그는 느슨한 통화정책이 국제무역과 자본의 유통을 일시적으로 혼란에 빠뜨린다고 해도 이를 감수해야 한다는 입장이었다. 힐퍼딩과 브라이언은 훗날 학자들이 '경제의 세 가지 딜레마'로 부른 상황에서 서로 다른 결정을 옹호했던 것이다. 여기서 세 가지 딜레마는 경제를 위해서는 자본의 자유로운 이동, 여러 화폐 사이에 교환가치를 조정하는 메커니즘, 주권국가의 자율적인 화폐 정책, 이 세 가지 요소가 필요한데, 이 가운데 두 가지를 동시에 추구하고 달성할 수는 있지만 세 가지를 동시에 달성할 수는 없다는 것이었다. 1890년에 아르헨티나에서 발생한 것이 바로 이러한 상황이었다. 아르헨티나에서는 이 문제 상황이 금융공황과 경제 위기를 일으켜 부정적인 후유증이 널리 확산되었다. 평범한 아르헨티나인들은 정부의 금융정책에 그 어떤 영향력도 행사할 수 없었던 반면에, 미국의 노동자와 농부들의 저항은 19세기 말에 전 세계적으로 통합되었던 경제의 기반을 무너뜨렸다. 미국의 노동자와 농부들은 미국의 민주주의 제도 안에서 자기들의 정치적 입장을 표명하고 국제적인 자본과 상품의 흐름에 문제를 제기할 수 있었다. 브라이언은 결국 미국 대통령으로 선출되지 못했지만, 미국 사회에서 대단히 인기가 높아 세 번이나 대통령 선거에 후보로 출마할 수 있었다. 이러한 그의 인기는 화폐 정책과 국제무역에 관한 그의 대중 영합주의적인 정치적 입장이 얼마나 많은 지지자를 갖고 있었는지를 잘 보여 준다.[144] 그러나 19세기에 서구에서 발생한 경제 변화가 정확하게 어떤 특성을 지녔는지, 그리고 그 경제 변화가 전 세계 인들에게 어떤 메시지를 보냈는지는 아직 분명치 않았다.

19세기 경제사: 자유와 풍요의 시대인가, 부와 권력의 시대인가?

자유무역에 대한 브라이언의 선전은 상업자본주의가 몰락하고 산업자본주의가 차츰 무르익어 가던 수십 년 동안 몇 가지 성과를 거두었다. 문화적 가정으로 이루어진 일반적이면서 깊이 있는 프레임 안에 자유무역이 경제 원칙으로서 자리 잡은 것이다. 여기서 문화적 가정은 자유무역을 공정한 원칙으로, 그러므로 다른 유럽인들도 따라야 할 원칙으로 조명했다. 이때 영국인들은 자유무역이 도덕적으로 우월한 제도라는 것을 중국 정부나 일본 정부에 설득하려고 시도하지 않았다. 영국인들은 그저 해외무역에 관세를 부과하지 못하게 하는 불평등조약을 비서구 국가들과 체결하는 방식으로 중국 정부와 일본 정부에 자유무역을 강요했다. 1960년대에 하버드 대학의 존 킹 페어뱅크John K. Fairbank 교수가 이끈 미국 역사가들은 중국이 당시의 국제 질서를 인정하고 나아가 그곳에서 통용되는 경제적·정치적 원칙을 수용하게 하기 위해서는 영국을 통한 중국의 '개방'이 불가피했다고 주장했다. 또한 중국은 이를 위해 그들이 갖고 있던 문화적 우월감을 버려야 했다. 페어뱅크는 여기서 한 걸음 더 나아가 만일 아편이나 영국군의 침략이 없었다고 해도 두 나라 사이에는 결국 갈등이 발생했을 것이라고 주장했다. 페어뱅크는 중국이 아편 무역의 희생자로서 오직 마약 수입을 중지시키기 위해 영국에 맞서 싸운 것이라는 중국의 문헌들을 비판하면서, "당시 상황을 자세히 살펴보면 아편전쟁은 단순한 흑백논리로 파악하기가 어렵다."라고 주장한다. 그는 결론적으로 아편 거래가 없었다고 할지라도 영국과 중국 사이에는 결국 적대 행위가 일어났을 것이며, 만약 영국이 하지 않았다면 다른 서양 국가가 중국을 공격했을 것이라고 주장했다. "만약 당시에 중국과 서양 사이에 아무런 전쟁이 일어나지 않았다고 해도, 중국의 애국주의자들은 오늘날 서양에 대해 앙심을 품었을 것"이라고 본 것이다.[145] 이후의 연구 결과들은 '문명의 충돌'을 이야기했던 페어뱅크의 테제와 늘 일치하지는 않는다. 하지만 우리는 영국인이나 다른 '서양인들'이 접촉했던 중국인이나 그 누구도 자유무역 원칙을 받아들이는 데 아무런 근본적인 어려움을 느끼지 않았다는 사실은 충분히 강조할 필요가 있다. 오히려 이미 1장에서 강조했듯이 근대 초 중국인들은 유럽보다 훨씬 광대한 면적의 영토를 보유하고 있었으며 이 영토에서는 영업세의 장벽 없이 자유무역이 번성하고 있었다. 중국인들은 경제적 원칙으로서 자유무역에 대해 그 어떤 원칙적인 반대도 하지 않았으며, 서양 국가들이 무역이라는 경제행위를 넘어서는 어떤 다른 행동을 할 수 있다는 것에도 별다른 관심을 보이지 않았다. 반면에 일본인들은 영국인들이 싱가포르에 작전 기지를 구축하는 것과 아편전쟁에서 중국을 물리친 후 체결된 남경조약의 한 조항에 따라 홍콩을 장악하는 것을 보고 중국보다 훨씬 우려를 품게 되었다. 유럽인들과의 무역은 상호 혜택과 마찬가지로 상호 경쟁을 수반했던 것이다.

아시아와 유럽에는 19세기에 산업화와 산업자본주의로 인해 국제무역에서 변화가 이루어진 시기보다 이미 수백 년 전부터 정교한 시장 제도와 상인 조직, 근거리 및 원거리 시장을 위해 생산된 상품 거래 활동이 있었다. 수많은 장인과 수공업 생산자들이 도시와 농촌에서 상품을 생산했다. 물론 근대 초 유라시아에서 나타난 수공업 생산과 상업 제도가 모두 같은 방식으로 조직된 것은 아니며, 지역에 따라 서로 다른 방식으로 조직되었다. 하지만 아시아와 유럽의 모든 국가 사이에서 발견되는 공통점은 (미국의 경우와 달리) 그것이 유럽식 상업자본주의든 아니면 농업 제국인 중국식 내부 무역이든 상관없이 오랜 역사를 가지고 있었다는 사실이다.

미국에서는 식민지 시대에 시장을 운영하는 회사가 등장해 1820년대에 널리 확산되면서 산업 생산을 발전시키는 토대를 만들었다. 또한 이렇게 산업 생산이 발전하면서 1850년대까지 상업 활동이 북동부 지역에서 중서부 지역으로 계속 팽창했다. 이러한 팽창은 공장을 확산시키고, 또다시 새로운 회사가 설립되게 했으며, 이와 함께 규모와 조직 형태가 전혀 새로운, 철도를 건설하고 운영하는 데 필요한 기업을 탄생시켰다. 이렇듯 처음에는 철도 산업의 틀 안에서 등장한 기업 형태가 19세기 말이 되면서 다른 새로운 산업으로 확산되었고 그 내용도 수성되었다. 자본주의 기업들이 등장해 시장을 지배하는 일이 빈번하던 그 시기에도 여전히 소규모이면서 농업에 종사하는 가족회사가 계속 존재했다. 이 회사를 운영하는 사람들은 중산층 사회를 형성했고, 민주주의 제도 안에서 자기들의 정치적 이해관계를 주장할 수 있었다. 점차 폭넓은 중산층을 기반으로 하는 상업 경제와 동일한 사회적 기반을 갖는 정치적 민주주의가 확대되면서 정치적 자유와 경제 번영을 이념적으로 결합할 수 있게 되었고, 그것은 누구에게나 바람직한 일이 되었다. 같은 시기에 선거를 통해서가 아니라 개별적으로 정치적 영향력을 행사하면서 정부에 정치적 지원을 요구했던 경제적으로 막강한 자본주의자들은 부와 권력을 결합한 형태의 산업자본주의를 만들어 낸 것이다. 근대 초 유럽의 중상주의적 경제가 구축했던 것과 같은 정치와 경제의 결합 맥락을 갱신한 형태였다.

19세기의 미국에서 정치적 자유와 경제적 번영이 결합하는 현상은 이주민 개인이 처음에는 북동부 지역과 중서부 지역에, 나중에는 점차 서부에 정주하면서 그들에게 무한해 보이는 천연자원을 사용할 수 있게 해 준 사회적 논리에 따른 것이었다. 많은 사람이 가정을 꾸미고 작은 공동체를 형성했다. 점점 더 큰 도시를 만들어 갔던 사람들 역시 주로 이주민이었으며, 미국의 도시는 그들에게 자기들이 떠나온 곳보다 훨씬 커다란 경제적 기회를 제공해 주었다. 사회적인 네트워크를 통해 결합되고 주거 지역에서 서로 긴밀하게 연결되면서, 그들은 정치적 자유와 경제적 번영을 연결해 주는 사회적 논리를 사상적으로 깨달을 수 있었다. 그들의 새로운 고향이 제공해 주는 거대한 가능성이 그 기반이었다. 고된 노동을 통해, 그리고 자기들이 보유한 엄청난 자원을 잘 활용해 번영으로 나아갈 수 있는 자유였다.

자유와 풍요의 결합은 프랑스 혁명 과정에 이루어졌던 자유와 평등, 우애의 결합과는 분명히 성격이 달랐다. 프랑스에서 개인의 자유는 정치적으로 평등한 존재들의 공동체 안에서 누릴 수 있는 것이었다. 그리고 자유는 시민으로서의 개인과 국가 사이에 형성되는 제도적 관계를 규정하는 이념의 일부였다. 반면에 19세기의 미국식 자유 개념은 개인과 국가 사이의 관계보다 개인이 과연 경제적 풍요에 접근할 수 있었는지에 따라 규정되었다. 정부는 지역 차원 또는 기껏해야 연방주 차원에서만 존재했다. 연방 정부는 멀리 떨어진 곳에 있어 사실상 평화 시에는 이론과 실제 모두에서 존재감이 없었다. 이러한 상황은 19세기 마지막 수십 년 동안에 와서야 비로소 달라졌다. 이때 중산층들이 화폐 공급을 어떻게 조절할 것인가, 연방주들 사이에 이루어지는 교역에 관해 어떤 규정을 만들 것인가, 대규모 콘체른들을 어떻게 제어한 것인가에 관해 생각하기 시작한 것이다. 자유와 풍요에 관해 나름대로 생각을 갖고 있던 중산층들은 국민경제를 산업자본가들이 점점 장악하는 현실을 심각하게 깨달았다. 자본주의를 앞에서 이끌었던 산업자본가들은 부와 권력이 서로 매우 밀접한 관계에 있다는 사실을, 그리고 그 부와 권력이 밀접한 관계에 있기 때문에 개인으로서 그들이 워싱턴에서 어떤 중산층 시민보다도 더 많은 권력을 갖게 되었다는 사실을 너무나 잘 알고 있었다. 물론 자본주의자들의 집단적인 목소리가 언제 어떻게 정치를 장악하게 될지, 그리고 그들의 이해관계가 중산층의 이해관계에 의해 언제 어떻게 제한될지는 아직 그렇게 확실치 않았다. 금본위제에 대한 반대 여론을 토대로 1896년에 브라이언이 대통령 선거 후보자로 지명된 것은 미국 중산층이 부유층과 권력층의 이해관계에 맞서 승리할 것처럼 보이게 한 역사적인 순간이었다.

한편에는 자유와 풍요가, 다른 한편에는 부와 권력이 19세기의 경제 변화를 바라보는 서로 경쟁적인 두 가지 관점이었다고 본다면, 여기서 당시 미국적 상황이 갖고 있던 몇 가지 특이점이 분명하게 드러난다. 그리고 우리는 19세기의 산업화와 국제무역이 가져온 많은 경제적인 비전과 사실상의 어려움 사이에 몇 가지 팽팽한 긴장이 존재한다는 사실을 깨닫게 된다. 19세기 전반기에 미국 경제의 팽창은 미국에 이주해 온 많은 수의 개인과 그들의 가족이 광대한 토지를 개간하고 풍부한 천연자원을 활용하면서 이루어졌다. 그들은 초기에 막대한 부를 축적했지만, 이런 상황은 유럽 사회에서 발견되는 것과 같은 두텁고 날카로운 계급 장벽이나 뚜렷한 신분 구별을 초래하지 않았다. 그러면서 유럽적 원칙과 실상에 토대를 두던 시장 제도는 미국인들이 정치적으로 어떤 전략을 선택할 때 다양한 가능성을 열어 주었다. 어떤 정책은 지방 차원에 집중했던 반면에, 다른 정책은 연방 차원에서 추진되었다. 기술적으로 기계에 기반을 둔 산업 생산이 가능해진 시대에 이러한 제도가 발전했다는 것은 공화국 초기의 경제가 상업적으로 조직되었으며 농업 분야뿐 아니라 (수공업과 기계공업을 포함한) 제조 분야를 포괄했다는 것을 뜻했다. 그리고 이 모든 변화는 개인적으로 부를 증식할 기회가 모두에게 공통되게 주어진다고 믿는 사람들에 의해 이루어졌다. 서로 간의 차이에 더 많은 의미를 부여하기 위해 각자가 가진 사회적 특징을 더욱 강조할 수도 있었지만 그러지 않았다는 뜻이다. 19세기 후반의 미국 국민경제가 점차 복잡해지게 된 것은 철도를 통해 시장이 물리적으로 확대된 것뿐 아니라 상업 경제에 참여하는 기업의 규모가 점차 성장한 것 때문이었다. 이렇듯 19세기의 마지막 수십 년 동안 이루어진 성장에서 미국 산업자본주의가 태동했다.

미국 경제의 규모와 복잡성이 커지면서 조정 문제를 다루는 주요 현장 두 곳이 등장했다. 그 가운데 한 장소는 회사였는데, 그들은 서로 연관된 수많은 측면의 문제들에 관해 결정을 내려야 했고, 다양한 지역에서 여러 과제를 해결하기 위해 더 많은 자본과 노동력이 필요했다. 이런 회사들이 점점 커지면서 근대적인 콘체른이 등장했다. 두 번째 장소는 경제 생산 문제를, 그리고 연방주의 경계를 넘어서는 교환 문제를 관장했던 워싱턴 연방 정부였다. 연방 정부가 이러한 업무를 수행하는 과정에 비용을 절감하는 확실한 규정이 있으면 원칙적으로 모두가 이득을 보았다. 그렇기 때문에 연방 정부는 국제무역에서 기업들의 활동에 관한 규정을 제정했지만, 문제는 외국 기업들이 기준으로 삼는 무역 규범에는 그 어떤 영향도 미치지 못했다는 것이다. 그것뿐이 아니었다. 미국 정부나 외국 정부가 국제무역에 관해 내린 결정들은 미국 국민들에게 부정적인 영향을 줄 수도 있었다. 국제무역에 종사하는 자본주의자들의 이해관계와 일반 미국인들의 번영 문제가 충돌하자, 사람들은 이것을 계기로 미국 달러화에 금본위제를 받아들이게 되었다. 그런데 국제무역에서는 이렇게 합리적인 원칙이 인플레이션이나 경기 하강, 디플레이션으로 인해 수입이 줄어들거나 최악의 경우에는 심지어 일자리를 잃을 수도 있는 보통 사람들에게는 별 의미가 없었다. 하지만 금본위제를 채택하는 다양한 화폐제도는 국제시장을 위해 생산하고 그곳에서 거래하는 사업가들에게 가장 확실하고 직접적인 이익을 가져다주었다. 그렇기 때문에 금본위제에 의해 소득과 일자리를 위협받는 많은 보통 사람은 이 사업가들을 쉽게 비판할 수 있었다. 미국적 맥락에서 이러한 비판의 목소리는 자유와 풍요를 촉진하는 경제 제도와 정치 제도를 만들어야 한다고 외쳤으며, 이런 외침을 통해 부와 권력의 끔찍한 동맹이라고 명명된 집단에 저항하는 여론을 결집할 수 있었다.

한편에는 자유와 풍요, 다른 한편에는 부와 권력이 공존하는 현상은 특이하게 미국적인 현상이었다. 19세기의 유럽에는 미국의 상황과 비슷한 경제적 가능성, 즉 미국에서처럼 부와 풍요를 연결할 수 있는 경제적 가능성이 없었다. 영국이 자유무역에 관해 선전했지만, 자유무역은 기타 유럽 국가들에서 그저 부분적으로만 공감을 얻었다. 기타 유럽 국가의 관료들은 수입되는 산업 상품으로부터 자국의 국민경제를 보호하는 것이 더 중요했다. 그래야 자국 생산자들이 발전할 수 있다는 판단에서였다. 독일에서는 비스마르크 정부가 시행한 보호관세정책이 이제 막 통일된 신생 제국의 여러 지역에 있는 농업 엘리트와 산업 엘리트들에게서 지지를 얻었다. 두 이익집단은 보호관세정책으로 인해 이득을 본 것이다. 유럽의 여러 국가가 영국 정부의 자유무역 사상에 대해 매우 회의적인 입장이기는 했지만, 그렇다고 해서 경제적인 부와 정치권력이 긴밀하게 결합하는 것 또한 높이 평가할 생각은 없었다. 사실 유럽인들은 강한 국가에 대해 우려를 표명했다. 역사적으로 입증된 바와 같이 강력한 국가는 무력을 행사하는 위협적인 능력을 보유했기 때문이었다.[146] 근대 초 해상 제국의 시대에 중상주의와 국가가 서로 긴밀하게 협력한 것과 달리, 19세기 유럽의 정치와 경제는 국가와 경제의 분리를 강조했다.

동아시아가 유럽의 경제를 이해하는 방식은 여러 측면에서 19세기에 공개적으로 주장된 산업자본주의의 논리보다는 근대 초기의 중상주의적 감성을 중시했던 것 같다. 중국의 통치자는 거대한 영토를 지배하고 있었기 때문에 여러 가지 골치 아픈 정치적 문제에 직면해 있었다. 이러한 지정학적인 상황 때문에 중국의 정부와 경제계는 유럽인들이 부와 권력을 얻기 위해 사용했던 전략을 그대로, 그리고 효과적으로 모방하기가 어려웠다. 반면에 일본인들은 중국인들보다 더 성공적으로 그들의 국민경제를 발전시켰다. 일본인들은 유럽의 대륙 국가들이 영국의 성공을 모방한 방식을 그대로 따라 해서 성공을 거두었다. 물론 유럽 국가들과 달리 일본은 정치 지도자들이 강한 국가를 만든다는 말을 피하지 않고 실제로 강한 국가 전략을 추구했다. 유럽 정부들과 비교할 때 일본 정부는 아마도 대규모 기업집단들과 점점 더 긴밀한 관계를 발전시켰으며, 수입 대체 정책을 적극적으로 추진했다. 여기에서 미국이나 일본의 산업화 모델에 한 가지 공통점이 있다는 사실이 주목된다. 두 나라모두 시장경제를 구성하는 수많은 소규모 기업을 산업의 핵심 영역을 지배하던, 특히 비교적 대규모 자본이 필요했던 새로운 중공업 분야를 지배하던 대기업들과 성공적으로 조합했다는 사실이다.

그러나 미국인과 일본인들은 성장하는 산업 경제를 정치 이데올로기나정치제도와 연결하는 문제에서 차이를 보였다. 미국인들은 특이한 방식으로자유와 풍요, 부와 권력 사이에 긴밀한 관계가 있다는 의식을 고무시켰다. 하지만 그들은 정치와 경제 사이에 긴장 관계를 조성하기도 했다. 공동의 경제적 목표가 있다는 일본인들의 감성은 크고 작은 기업들을 모두 포괄했는데, 이들 기업은 일본의 대규모 기업집단인 재벌에 서로 결합되어 있었다. 일본과미국 두 나라의 정치체제는 제도적으로 매우 유사했지만, 일본에서는 특별한경제적 이해관계가 미국에서와는 다른 모습으로 표현된 것이다. 자유와 풍요를 결합하는 미국식 정치적 논제에 포함된 정치 이데올로기와 정치제도는 궁극적으로 미국식 시스템을 만드는 재료를 제공했다. 동시에 유럽인들은 부와 권력의 밀접한 관계를 과시하는 정책을 제시하는 데 관심이 없었다. 권력은 전쟁 가능성을 줄이기 위해 유럽 국가들 사이에서 조정되어야 하는 어떤것이었다. 그러나 중국인과 일본인들은 강한 국가의 필요성을 제기하고, 국가가 부를 축적하는 것과 강한 국가를 건설하는 것 사이에 밀접한 관계가 있다는 사실을 확인하는 데 그 어떤 망설임과 두려움도 없었다. 서양과 동아시아에 속하지 않은 정부들 가운데 자유와 풍요 또는 부과 권력을 추구하면서 경제적·정치적 원칙과 현실 사이의 긴밀한 관계가 있다는 사실을 분명하게 인지한 정부는 별로 없었다.

19세기 말의 산업과 무역은 대개 국내 사업가와 외국의 사업가들이 함께 어울려 이끌었다. 국가는 이들을 서로 다른 수준에서 지원하거나 억제했다. 19세기의 식민 지배는 근대 초와 마찬가지로 식민 제국들 사이의 관계뿐 아니라 식민지에 대한 통치 문제와도 관련되어 있었다. 근대 초에 유럽 국가들은 우선 유럽 국가들 사이의 관계를 조정하는 국가 체제를 구축했다. 그리고 유럽 국가들 가운데 일부는 아메리카 대륙에 식민지를 건설했는데, 이들 식민지는 19세기 초까지 독립을 달성하고 국가로서 그들의 뿌리인 유럽식 발전 모델을 지향했다. 19세기에 유럽인들은 강도 높게 서로 경쟁을 계속 펼쳤고, 그 경쟁의 결과로 아프리카와 남아시아, 동남아시아가 식민화됨으로써 서구가 지배하는 정치 질서가 세계에 확산되었다. 그러는 동안에 산업자본주의도 국제무역을 넘어 확산되었으며, 그 결과 서구 세계는 산업 생산품을 생산해 비서구 세계로 수출했고, 비서구 세계는 1차 산업 생산품을 생산해 서구 세계로 수출하는 식으로 전 지구적인 노동 분업이 자리를 잡아 갔다.

정치적으로 볼 때 19세기에 유럽 국가 체제가 전 세계로 확산되었지만, 아직은 자주적인 국가로 구성되는 세계적 체제가 아니라 오히려 새로운 식민 질서를 만들어 냈다. 그리고 경제적으로 볼 때 서구의 산업화는 산업 기술을 통해 비서구 지역을 경제적으로 변화시킴으로써 그들이 서구의 경제적 성공을 따라가게 하기보다는, 오히려 천연자원과 농산물에 대한 수요가 급격히 증가하게 만들어 비서구 세계가 농업에 계속 머물게 했다. 성장하는 시장들을 소수 대기업이 장악하는 산업자본주의가 대두하면서 이들은 근대 초에 특권을 부여받은 동인도회사의 상인들이 한 것과 비슷한 역할을 수행했다. 19세기의 자본가들은 근대 초의 자본주의자들과는 차이를 보였다. 근대 초의 자본주의자들은 100년 전에는 상상할 수 없을 만큼의 잠재적인 생산성을 가진 산업들을 지배했으며, 엄청난 자금을 모아 전 세계에 투자해 산업 생산과 농업 생산뿐 아니라 비서구 세계 정부의 재정을 지원해 주는 방식으로 새로운 금융 질서를 구축했기 때문이다. 그리고 국제무역으로 이루어진 세계경제는 19세기 말의 세계경제를 중요한 산업을 보유한 지역과 그렇지 않은 지역으로 분할했다. 이는 마치 정치제도가 민주화된 지역과 그렇지 않은 지역으로 구분될 수 있었던 것과 마찬가지다. 수많은 비민주적 정부는 민주주의의 '모국'

이 보유한 식민지에서 발견되었디. 물론 아메리가에시는 자유와 풍요가 결합되었지만, 이것은 유일한 사례는 아니어도 보통은 찾아보기 어려운 일이었다. 부와 권력을 얻으려는 전략이 지역에 따라 차이가 있고 시간이 흐르면서 변화했다고 할지라도, 부와 권력을 향한 이중의 노력은 이보다 훨씬 넓게 확산되었다. 식민지들에는 부와 권력을 추구할 기회가 독립을 달성한 후에야 올 수 있었는데, 그 기회는 대부분 제2차 세계대전 이후까지 달성되지 못했다.

19세기 산업자본주의와 국제무역이 남긴 경제적 교훈

처음으로 산업화를 시작하고 전 세계에 확산시킨 서유럽 사회는 모두 잘 발달된 상업 제도와 시장경제를 보유하고 있어 그 안에 새로 등장한 산업 부문의 회사들이 잘 통합될 수 있었다. 유럽 각국은 상업 제도가 유사하고 공동의 지식 순환 네트워크를 보유하고 있었기 때문에 유럽인들은 공급 측면에서 장점을 갖고 있었다. 산업을 통합하고 발전시킬 수 있는 많은 요인을 보유하고 있었다는 것이다. 이와 동일한 공급 측면의 요인들은 영국식 원칙과 관습이 확산되고 점차 발전되었던 미국의 백인들이 세운 정착촌에서도 발견되었다. 짧은 역사를 감안할 때, 공장이 설립되기 이전의 미국의 식민지 시대나 공화국 초기에는 시장이 발전할 수 있는 기간은 짧았다. 하지만 이 기간은 먼저 작은 산업들이 순탄하게 발전할 수 있도록 제도들을 만들기에는 충분했다. 반면에 다른 많은 비서구 사회에서는 발전된 상업 제도가 없거나, 있다고 해도 일부 제한된 지역에만, 예를 들어 항구도시에만 제한적으로 존재했다. 사실 직물 생산기술이나 증기기관은 발전된 상업 제도가 없는 곳에서도 사용될 수 있었다. 하지만 상업 제도가 없는 곳에서는 공장 생산이 발전한다고 해도 이것이 기타 경제 분야와 연결될 수 있는 가능성은 적었다.

이런 상황을 종합해 학자들은 법과 계약, 기업 형태, 신용기관 분야에서 유럽 국가들이 시행했던 것들이 발전된 상업 제도의 존재 여부를 규정하는 범주라는 결론을 내렸다. 그런데 19세기 말과 20세기 초의 일부 비서구 세계에서 진행된 산업화를 살펴보면, 서구식 상업 제도가 없었는데도 그곳의 일부 산업 생산이 이미 현지에 있던 상업 네트워크에 원활하게 통합될 수 있었던 사례들이 발견된다. 유럽에서 형성되었던 제도와는 다른 제도들이 적절하게 활용된 것이다. 물론 유럽 각국에서는 거의 유사한 경제 제도가 형성되어 시행되고 있었기 때문에 유럽 대륙 내에서 산업 생산이 확산되는 것이 다른 비서구 세계로 수출되는 것보다 훨씬 용이했다는 데는 의심의 여지가 없다. 그렇다고 이것이 다른 비서구 세계의 발전된 상업 경제가 산업 생산의 이점을 사용할 기회가 있어도 그것을 사용할 수 없었다는 것을 뜻하는 것은 아니다. 특히 일본의 국민경제나 중국 일부 지역, 특히 상해와 그 주변의 지역 경제는 소비재의 산업 생산이 이미 이전부터 원활하게 작동되고 있던 상업 네트워크에 접속되었던 분명한 사례다. 어쨌든 유럽과 동아시아에서 발견되는 경험들에 따르면, 폭넓은 기반을 가진 산업 생산은 이미 잘 발전된 상업 제도가 있던 경제체제 안에서 발전했으며, 이는 그 상업 제도가 어떤 형태였는지와는 전혀 상관이 없다.

옛 세대의 학자들은 무엇보다 독일과 러시아를 정부 정책이 산업화를 촉진했던 사례로 간주했다. 여기서 독일은 산업화가 내부에서 시작되었던 반면에, 러시아에서는 무엇보다 세기 전환기에 서유럽에서 도입된 자본과 기술이 산업화를 일으킨 동력이었다. 하지만 이후의 연구 성과들은 여기서 국가의 역할이 과대평가되었다는 사실을 밝혀냈다. 사실상 실질적으로 사업적인 노력은 민간 부문에서 달성되었기 때문이다.[147] 따라서 산업화의 구분 방식을 한편에는 국가가 촉진하고 실현시켰던 산업화로, 다른 한편에는 민간 부문이 자체적으로 주도한 산업화로 구분하는 것은 19세기에 진행된 산업화를 충분히 포괄적으로 파악하지 못한다. 유럽 국가들에서 진행된 거의 모든 산업화를 특징짓는 것은 각국이 처한 특수한 상황에 따라 서로 다른 방식으로 진행되기는 했지만, 기업가와 국가 관료들 사이의 적절한 협력이었다. 그런데 1830년대의 영국에서 정부와 기업가의 경제적 역할과 관련해 필요하고 적절했던 조치들이 1870년대의 독일이나 러시아에서는 전혀 그렇지 않을 수도 있었다. 하지만 1830년대의 영국, 1870년대의 독일이나 러시아에서 공통되게 발견되는 것은 국가정책과 기업가들의 역량이 효과적으로 연결되었다는 사실이다.

제2차 산업혁명이 산업 생산과 교역에 가져다준 기술적·조직적 변화는

19세기 말 산업자본주의의 발전을 촉진했다. 그리고 산업자본주의의 빌진은 서양 국가들에서 부와 시장 권력을 소수 산업자본가나 은행가 집단에 집중시키는 특성을 보여 주었다. 대기업의 설립과 성장에 필요한 자금을 공급해 준 대형 은행들은 산업자본주의와 나란히 발전한 금융자본주의의 제도적인 심장부를 형성했다. 산업자본주의와 금융자본주의, 이 두 가지 유형의 자본주의는 서로 긴밀하게 결합되었지만, 서로 경쟁하고 대립하는 산업자본가와 금융자본가들의 이해관계를 어떻게 조정하고 어디에 우선권을 부여할 것인지에 관해서는 서로 차이를 보였다. 개별 기업들은 성장과 몰락을 경험할 수 있다. 사실 새로운 생산 가능성을 찾고 시장을 개척해야 한다는 요구 때문에 기업가들은 다양한 종류의 성공과 실패를 경험할 수 있었다. 조지프 슘페터Joseph Schumpeter는 이런 혼란한 과정을 '창조적 파괴'라는 유명한 단어로 표현했다. 슘페터가 볼 때 새로운 기술과 상품, 서비스를 제공하는 새로운 기업의 등장은 기존의 기업들이 가진 가치뿐 아니라, 처음에는 자신들의 수입원을 지키려고 발버둥 치던 기업가와 노동자의 이해관계도 파괴한다. 이런 주기적인 변화 때문에 개인들은 고통을 겪어야 하지만, 경제는 전체적으로 이득을 본다. 물론 슘페터 자신도 제2차 세계대전 이전과 전쟁 동안에 분석한 자본주의경제가 이후에도 이러한 창조적 파괴 과정을 계속 유지할 능력이 있는지 확실히 알지는 못했다. 그런데 후대의 경제학자들 일부는 슘페터의 주장을 옹호하며 이 '창조적 파괴' 원칙이 스스로 위기를 만들어 내고 스스로 이를 짊어져야 하는, 그래서 그런 위기를 계속 반복해 극복할 수 있는 자본주의의 능력을 보여 주는 핵심 열쇠라고 보았다.[148]

19세기에 진행된 경제적 변화 과정을 평가하려면, 한편에 과정으로서의 산업화와 다른 한편에 경제적인 제도와 실제를 구성하는 프레임으로서의 자본주의를 분명하게 구별하는 것이 필요하다. 자본주의는 이미 산업화 이전부터 있었지만, 과정으로서의 산업화가 수십 년 동안 진행된 후에 다시 중요해졌다. 산업화 과정은 영국 직물 산업에서 진행된 일대 변화보다 훨씬 많은 것을 포함하고 있었다. 영국 직물 산업에서 일어난 변화가 영국을 최초의 산업 경제로 이끌고 19세기의 선도적인 직물 수출국으로 만드는 데 매우 중요하게 작용한 것은 사실이지만, 만약 산업혁명이 본질적으로 그저 직물 산업에서 일어난 일부 커다란 변화만을 의미한다면 그것은 혁명이라고 말할 수 없을 것이다. 물론 직물은 영국 상인들에게 중요했으며 그들이 달성한 사업 이익은 은행을 키웠다. 그리고 은행들은 영국 금융자본주의가 식민지와 아메리카 대륙에 투자할 때 그 핵심을 이루었다. 직물은 영국의 상인 단체들이 세계에 진출해 판매했던 다양한 상품 목록 가운데 중요한 자리를 차지했다. 19세기 영국의 전체 수출 상품 가운데 30~40퍼센트가 직물이었다. 그리고 직물업이 이미 쇠락하고 있었던 1913년에조차 직물은 영국의 전체 수출품 가운데 여전히 4분의 1을 차지하고 있었다.[149] 하지만 19세기 말의 자본주의경제에서 영국이 중요한 지위를 차지하게 된 것은 독일이나 미국에서 대두한 산업자본주의를 기반으로 이루어진 것이 아니라, 영국이 금융자본주의에서 차지했던 핵심적인 역할 때문이었다. 또한 면직물 자체는 지속적인 과정으로서의 산업화에서 증기기관의 발전이 차지하던 비중처럼 중요하지도 않았다. 증기기관은 결국 직물 생산뿐 아니라 다른 많은 생산 분야와 운송 형태에서 필요한 에너지를 생산하는 데 기여했다.

호프먼은 최근에 흥미로운 테제를 제시했다. 만약 영국이 아메리카 대륙에서 식민지를 둘러싼 프랑스와의 전쟁에서, 그리고 아시아에서 네덜란드와 벌인 무역 전쟁에서 이기지 못했다면 18세기 말에 유럽을 주도하는 강대국이나 중요한 경제 국가로 성장할 수 없었을 것이라는 주장이다.[150] 호프먼은 다음과 같은 가상의 시나리오를 그렸다. 두 전쟁에서 영국이 승리하지 않은 상황을 가정할 때, 그렇다고 영국 외에 어떤 다른 나라(예를 들어 18세기 말에 영국의 주요 라이벌이었던 프랑스)가 영국의 자리에 등장하지도 않았을 것이기 때문에 산업혁명은 수십 년 혹은 100년 이상 지체될 수 있었을 것이라는 시나리오다. 당시에는 유럽의 그 어떤 나라도 영국을 유럽에서 선도적인 국가이자 가장 중요한 국민경제로 만드는 데 기여했던 것과 비슷한 수준의 높은 임금을 갖고 있지 않았고, 영국과 비교할 만한 도시화 수준을 보이지 않았기 때문이다. 좀 더 설명하면 이렇게 높은 임금과 도시화가 어우러짐으로써 도시에서 임금이 계속해 빠른 속도로 상승하는 상황이 발명가들을 자극해 새로운 기계를 발명하게 함으로써 고비용의 노동력을 대체하도록 자극할 수 있던 나라가 없었다는 것이다. 이 시나리오를 보면 19세기에 기계화와 산업화를 통해 경제성장을 촉발하는 데 영국이 차지한 비중은 결정적이었다고 할 수 있다. 호프먼의 테제에 따르면 기술 발전을 촉진하는 경제적 수요가 산업화의 핵심이었다. 그리고 이는 앞부분에서 최초의 발명이 왜 직물 산업에 집중되었는지를 설명할 때 사용된 테제였다.[151]

만약 우리가 호프먼의 테제를 따라 기술 발전에 경제적 수요라는 측면이 얼마나 중요했는지를 살펴본다면, 우리는 좀 더 포괄적인 가상의 시나리오를 그려 볼 수 있다. 그에 따르면 전쟁은 10세기의 중국 제국을 그토록 지속적으로 분열시켜, 몽골의 대대적인 정복 활동조차도 이 분열을 극복할 수 없었다. 그 결과 치열한 정치적 경쟁 상황이나 군사적 적대 행위의 위험이 계속 진행되었기 때문에 수공업 생산이 점차 농촌 지역에서 도시로 옮겨 갔다. 따라서 수공업 생산이 도시에 집중되고 임금도 농촌에서보다 높아지자, 새로운 기술에 대한 경제적 수요가 발생하게 되었다. 이렇게 보면 유럽의 북서부 지역에서 산업화가 일어났던 것과 똑같은 경제 논리가 전혀 다른 상황에서도, 즉 정치적으로 대단히 분열되어 있던 중국의 일부 지역에서도 작동될 수 있었다는 것을 알 수 있다. 이처럼 우리는 경제 발전이 이루어지는 대안적인 맥락을 상상해 볼 수 있다. 하지만 이러한 대안적인 맥락은 유럽이 이미 존재하고 있던 현실 세계에서는 그렇게 설득력을 갖기 어렵다. 학문과 기술의 발전을 초래했던 공급 측면의 요소들이 두 나라에서 서로 같지 않았다는 사실만으로도 설득력을 갖기 어렵다. 물론 조지프 니덤Joseph Needham이 동료들과 함께 저술한 기념비적인 저작『중국의 과학과 문명Science and Civilization in China』에서 풍부하게 설명한 것처럼 중국은 수많은 학문적·기술적 성과를 보유하고 있었다. 그런데도 우리는 유럽의 학문이 도출해 낸 사회적·문화적 문맥에 해당하는 중국의 대체물을 발견하는 데 어려움이 있다.[152]

하지만 다시 19세기의 세계경제로 눈길을 돌려보자. 산업 생산과 서비스 분야가 점점 더 확장되고 학문과 기술이 널리 사용되면서 추진된 세계경제에서 세기말에 시작된 산업화는 미국과 서유럽 국가들을 심각하게 바꾸어 놓왔다. 서양의 경제적 실천을 모방하고, 서양의 지정학적 논리와 그에 적합한 전략들을 따라 이웃 국가들과의 관계에 적용했던 비서구 세계의 국가는 오직 일본뿐이었다. 19세기 말과 20세기 초에 서양을 모방하는 방식으로 구축했던 경제적 기반은 일본이 20세기에 제국으로 수립되는 데 결정적인 영향을 미쳤다. 수많은 산과 강으로 구성된 이 섬나라에는 천연자원이 충분치 않았으며, 수백 년에 걸친 정치적 분열과 군사적 갈등 끝에 17세기에야 비로소 연합된 국가 일본이 등장했다. 19세기의 마지막 30년 동안에 새로운 기술적 가능성과 상업적 도전에 대응하는 경제 제도를 기반으로 일본의 기업가들이 조직한 경제성장을 촉진하기 위해 정치제도를 근본적으로 변혁하고 정부 정책을 개발할 수 있었다. 유럽에서 산업화가 시작된 이래로 전개된 100년의 역사를 돌아보면서 일본 정부의 지도자들은 경공업뿐 아니라 중공업을 개발할 필요가 있다는 사실을 신속히 깨달았다. 그래서 정계와 산업계의 지도자들은 함께 19세기 말의 경제가 어느 방향으로 변화해야 할지 결정했으며, 20세기가 되자 그것이 동력을 얻었다.

일본의 산업화는 이미 이전 시대에 있었던 효과적인 경제 제도들의 혼합에 토대를 두고 진행되었으며, 이는 다시 상업 활동을 촉진했다. 그리고 이 상업 활동은 새로운 형태의 산업 생산과 함께 경제활동을 구성하는 새로운 제도로 발전할 수 있었다. 여기서 국가정책은 이러한 변화에 결정적인 역할을 수행했다. 국가는 국가의 부와 권력을 증가시키기 위한 정치 전략을 개발하면서 서양 국가에 파견했던 일본 관료들이 서구 선진 국가에서 관찰했던 제도들을 의식적으로 모방하는 데 심혈을 기울였다. 서양의 정부들은 19세기 말과 20세기 초에 일반적인 의미에서 이와 비슷한 일을 했었다. 그들은 국민경제를 조정하려고 했지만, 많은 경우에 이들의 활동은 경제 발전을 촉진하는 정치를 뜻하지는 않았다. 그것은 자본과 노동, 상품, 서비스의 국제적인 이동에서 변화가 발생할 경우에 이것이 자국 사회에 미치는 영향을 주도적으로 관리하려는 데 주안점이 있었다. 그 어떤 정부도 자국민과 다른 나라 국민 사이에 발생할 수 있거나 실제로 발생한 경제적 불균형에 관해서는 고민하지 않았다. 하지만 자국민 사이에 발생한 경제적 번영의 차이에는 관심을 기울였다. 특히 수많은 평범한 사람이 정치적 발언권을 보유하고 있던 사회에서는 그런 모습을 보였다.

19세기 말의 산업 노동자들이 산업국가와 농업 국가 사이에 이루어진 국제무역에서 얻을 수 있었던 이익은 무역이 침체되면서 물가와 임금에 미친 부정적인 영향 때문에 그들이 겪어야 했던 고된 환경보다 눈에 잘 보이지 않았다. 노동자들에게는 산업화가 가져다주는 이익보다 부자들에게 권력을 주는 자본주의의 폐해만 보였다. 이 시기에 경제학이 새로운 학문 분야로 등장하면서, 우선 산업 경제의 작동 방식에 관련된 기술적인 문제를 다루었다. 그런데 여기서 중요한 한 가지 문제가, 오늘날까지 근본적으로 명확한 해답이 나오지 않는 문제가 대두했다. 경제에서 어떤 측면이 기술적인 성격을 가진 문제이며 정치적 전략이나 그 실천이 좋고 나쁨과 무관하게 모든 사람에게 비슷하게 영향을 주는 문제인지, 또 어떤 측면이 정치적 결정을 요구해 국가의 정책과 그 실천에 따라 이익과 비용이 다르게 분배되게 만드는지에 관한 문제였다. 이것이 정치적 문제인지 기술적·행정적인 문제인지는 사실 명확하지 않다. 그렇기 때문에 어떤 정부가 효과적인 정부인지 (실제는 차치하고라도) 그 개념을 확실하게 규정하는 것은 19세기의 경제적 변화가 형성한 자본주의 세계에서 지속적으로 제기되는 정치적 문제 가운데 하나가 되었다.

영국에서 산업혁명이 일어나기 전에 중국과 유럽에서 경제성장이 일어날 것으로 예측하게 하는 단서가 있었다는 사실은 어느 정도 분명했다. 유럽의 중상주의는 국내 생산의 확산을 그 상품의 해외 판매와 연결하고, 이를 판매해 받은 대금으로 금과 은을 축적하는 능력과 연결했다. 농업 제국인 중국의 행정 관료들은 제국에서 특히 번영을 누리던 지역의 경제적 성과를 제국 도처에서 따라 할 수 있게 하기 위해 그 지역들의 경제 전략을 집대성했다. 자국의 경제를 번영시키려는 유럽 정부의 노력은 자국의 물질적 성과를 이웃 국가들의 성과에 대비시켰던 반면에, 거대한 영토를 다스려야 했던 중국 지도층은 유럽 국가와 비슷한 규모의 지역과 주민들 사이에 경쟁을 자극할 생각이 전혀 없었다. 유럽과 마찬가지로 중국의 정치 엘리트와 경제 엘리트들은 인간이 만들어 낼 수 있는 경제적 팽창과 부에 한계가 있다는 사실을 인식했던 것이다. 하지만 유럽인들은 중국인들과 달리 인간이 전 세계에서 다른 나라 사람들의 희생을 토대로 부를 창출해도 괜찮다는 신념을 갖고 활동했다.

해양 상업 제국을 건설하고 식민화를 추진한 유럽적 발전 논리는 유럽 국가들 사이의 경쟁 구도에 따라 전개되었다. 유럽 국가들의 치열한 경쟁전은 경제적 성격뿐 아니라 정치적 성격을 지녔으며, 외교와 군사적 충돌이라는 구체적인 방식으로 표현되었다. 경제적으로 볼 때 유럽인들은 경쟁을 통해 부를 축적할 수 있었는데, 새로운 부를 창출하는 그들 사회의 능력은 중국과 마찬가지로 일반적인 장벽에 부딪혔다. 그런데 영국에서 산업혁명이 일어나면서 장기 19세기가 물질적으로 제한된 세계에서 벗어나기 시작했다. 이후 계속된 기술 개혁의 파도를 통해 석탄을 태우는 화로를 사용하는 공장제 생산이 등장했다. 이 화로는 기계를 활용해 생산하는 공장제 상품과 서비스를 만드는 데 필요한 증기력을 생산해 냈다. 이는 대부분 19세기 이전에는 볼 수도, 상상할 수도 없던 현상이었다.

산업화는 지금까지 수력을 이용하거나 나무 또는 목탄을 태워 얻은 힘으로, 아니면 인간이나 짐승의 직접적인 힘으로 작동되는 기계를 사용해야 했던 사람들을 한계로부터 해방시켰다. 산업 기술은 개별 노동자의 노동생산성을 향상시켜서 前 산업 시대에 가능했던 생산성을 넘어서게 했다. 이는 노동자들이 취급하는 기계에 더 많은 자금이 투자되었기 때문에 가능했다. 그 결과 산업화된 경제에서는 많은 노동자가 더 생산적으로 작업하게 되었기 때문에 일인당 소득이 상승할 수 있었다. 그리고 산업화를 통해 생산량 증가가 가능해졌으므로 이제 생산의 한계는 수요에 따라 결정되었다. 따라서 새로운 소비자를 발견하는 한 생산은 계속 확대될 수 있었다. 거의 19세기 전체에 걸쳐 전 세계에서 수공업적으로 생산된 직물을 점차 대체했던 영국 직물 산업의 팽창은 산업 분야의 선구자들이 이룩했던 성과를 대표한다. 이는 20세기 초의 일본뿐 아니라 인도와 중국에서도 자체적인 직물 생산기술이 확산되면서 경쟁력을 가진 생산 중심지들이 등장하기 전의 일이다.

유럽 대륙 전역에 걸쳐 산업화가 확산되고 미국의 동부와 중서부에서 산업 발전이 이루어지면서 새로운 형태의 도시적 삶을 위한 경제적 토대가 구축되었다. 새로운 형태의 도시적 삶은 점점 더 다양하고 많아진 소비재, 전기 조명, 새로운 형태의 여가, 오락 생활과 서비스로 이루어졌다. 이러한 사회적 변화와 동시에 국제무역이 증가하면서 전 세계를 포괄하는 경제 관계도 증가했다. 운송 기술이 개선되면서 무역량도 증가했다. 철도와 증기선으로 인해 공동의 시장으로 서로 연결되었던 원거리 무역 관계도 더욱 활기를 띄게 되었다. 그러나 19세기가 흐르면서 세계무역량이 증가했다는 사실보다 더 중요한 것은 아마도 이 무역의 내용이 질적으로 달라졌다는 사실일 것이다. 구체적으로 세계무역이 증가하면서 비서구 세계에서는 농업 생산과 지하자원 개발이 증가했는데, 이는 서구 산업사회의 수요를 채우기 위한 것이었다. 동남아시아에서 유럽으로 수출하려고 생산된 고무와 주석 같은 천연자원이 그것이다.

주석은 산업화와 국제무역이 어떻게 연결될 수 있었는지 그 여러 가능성 가운데 하나를 잘 보여 준다. 주석의 사용은 1850년 이후에 뚜렷하게 증가했는데, 일용품, 즉 식료품 가공을 위한 기계 또는 식품 보존 분야에 사용되는 깡통 제작을 위한 기계들을 모두 주석으로 코팅해야 했기 때문이다.[153] 주석의 수요가 늘어나면서 중국인 광부를 모집하는 인력 시장이 형성되었고, 이런 상황으로 인해 주석 생산은 말레이반도의 여러 지역으로 확산되었다. 하지만 이 지역의 주석 생산은 19세기 말의 국제무역에 통합되면서, 전 세계에서 필요한 주석의 대부분을 공급하던 영국의 대규모 주석 광산의 생산량을 그저 보완하는 기능을 수행하게 되었다. 영국인들이 동남아시아에서 주석을 수입했다는 사실은 그들이 19세기 말까지 세계의 선도적인 산업 경제 지위를 유지하기 위해 더는 스스로 주석을 채굴하지 않았다는 것을 뜻하지는 않았다. 중국인 광부나 그들이 일부를 차지했던 광범위한 경제의 관점에서 볼 때, 이렇게 주석 생산이 세계 여러 지역 사이의 세계적인 노동 분업이 이루어진 산업자본주의경제에 연결되었다는 사실은 해당 지역에 근본적인 경제적 변화가 일어났음을 뜻하는 것은 아니었다.

무역은 상호 교환에 참여한 양측 모두에게 유익하다. 만약 그렇지 않으면 무역은 이루어지지 않는다. 그렇기 때문에 중국인 광부가 영국인들을 위해 주석을 생산했을 때, 그것을 생산하지 않았을 때보다 더 많이 벌었다는 것은 그렇게 놀라운 일이 아니다. 이렇게 19세기 말의 산업자본주의와 관련해 작동한 경제 논리가 상업적 차원을 보여 주었지만, 그런 현상은 19세기 말에 새롭게 등장한 것이 아니었다. 시장 교환이 사람들에게 경제적으로 유익하다는 사실은 이미 수백 년 전에 입증되었다. 사실상 이 장의 서두에서 서술했듯이 상업 경제가 번성한 것은 18세기 중국의 국민경제와 유럽 국민경제에 공통되는 특징이었다. 그러나 노동 분업과 생산 분야의 전문화를 통해 진행된 무역은 당시 생산자들에게 그렇게 커다란 이익을 가져다주지 못했다. 다시 말해 19세기에 이루어진 경제적 변화와 이전 역사에서 이루어진 경제적 변화를 구별하게 하는 것은 국제무역이 아니라 산업화였던 것이다. 산업화가 이루어지지 않은 상태에서 무역만으로는 국민경제에서 지속적인 발전을 달성하는 것이 대단히 어려웠다. 따라서 19세기 산업자본주의하에서 세계적인 무역 네트워크에 통합되었던 수많은 지역에서 경제 발전이 이루어지지 않은 것은 그들이 국제무역에 참여했다는 사실과는 아무런 상관이 없었다. 그것은 단지 그들이 자국의 경제를 개혁하기 위해 필요한 기술을 도입하고 효과적으로 이용하지 않았기 때문이었다. 그리고 기술 이전이 효과적으로 이루어지지 않은 것은 기본적으로 경제적인 원인 때문이었다.

비서구 세계를 여행한 서양인들은, 애더스가 언급했던 "기계는 인간의 척도다."라는 구절이 암시하듯이, 기계를 사용하는 능력에 따라 그곳에 사는 사람들을 평가하는 경향이 있었던 것 같다. 그러나 이런 논리는 기껏해야 기술 이전을 어렵게 했던 경제적 원칙이 있었다는 사실을 제대로 이해하지 못한 것에서 나온 것이었다. 기계를 새로 도입할 수 있으려면, 그 기계가 기존의 작업 방식으로 생산하는 데 드는 비용보다 더 낮은 비용으로 생산할 수 있게 해야 했다. 그리고 상품의 가격은 그 제품을 외국에서 수입할 때보다 저렴해야 했다. 노동 집약적인 방법으로 생산되는 일부 상품은 노동이 비교적 저렴하고 자본이 비교적 비싼 곳에서 값싸게 생산될 수 있었기 때문에, 이런 경우에 생산 수단을 기계로 대체하는 것은 경제적으로 의미가 없었다. 어떤 사업가가 어떤 상품을 생산하고자 하는데, 만약 동일한 외국산 제품이 수입되고 있으면 그는 이 상품들과 경쟁해야 했다. 하지만 그는 후발 주자여서 이미 생산된 외국산 제품을 즉시 모방하고 개선할 수 있었다. 따라서 자기가 그 상품을 더 효과적으로 생산할 수 있다는 사실도 인식하고 있었다. 여기에 필요한 것이 새로운 기계였다. 그렇기 때문에 기계는 사람들이 이를 즉각적으로 이용하는 방법을 알고 있던 나라에, 정부가 적어도 수입 상품을 상대로 어느 정도 보호 정책을 실시할 수 있는 나라에 도입될 수 있었다. 오직 상향식 전략과 하향식 전략을 혼합한 전략만이 산업화를 추진하는 데 발생하는 문제점들을 완화할 수 있었다. 19세기에 성공적인 산업화를 보여 주는 가장 분명한 사례는 유럽, 그리고 유럽 이주민들이 세운 몇몇 백인 정착촌(특히 미국), 일본이었다. 일본, 그리고 거대한 중국 제국의 일부 지역에서는 산업화를 촉진할 수 있는 경제 제도나 국가정책이 있었고, 그 정책은 성과를 거두었다. 중국의 일부 지역은 일본보다 부분적인 성과에 그치기는 했다. 반면에 중국인들이 영국에서 오는 수요에 따라 주석을 생산했던 영국 식민 지배하의 말레이반도와 같은 지역에는 이런 제도와 정책이 없었다. 따라서 산업화의 핵심적인 관건은 단순히 산업화가 약속하는 물질적 부의 가능성을 인식하는지와 같은 단순한 문제가 아니었다는 것이다.

산업화는 수많은 새로운 경제 관계가 생겨나도록 촉진했고, 그 결과 국제무역의 성격을 변화시켰다. 일본에서 섬유산업이 급속하게 발전하고 동아시아에 걸친 수출 시장이 성장하자, 그들에게는 중공업 육성을 위한 새로운 기술을 도입할 수 있도록 자원을 개발할 기회가 생겨났다. 이어서 일본 정부는 국가정책을 통해 중공업을 보호하고 육성했다. 경공업 생산품의 수출과 중공업을 육성하기 위한 수입 대체는 경제적으로 서로 다른 길을 가는 전략이었지만, 경험적으로는 서로 연결된 전략이기도 했다. 자유무역의 원칙은 단지 일정한 시기 동안에만, 그리고 국제무역에 관련된 일부 상품의 경우에만 적용될 수 있었다. 이러한 현상을 보여 주는 전혀 다른 사례는 산업화가 일본 경제를 변화시키기 시작한 바로 그 시기에 세계의 다른 쪽에서 발견된다. 그 중심에는 산업화를 원했던 나라가 아니라 농업 생산을 증대했던 여러 나라 가운데 한 나라인 미국이 있었다.

19세기의 마지막 30년 동안 미국과 아르헨티나, 오스트레일리아, 캐나다에서 생산된 밀이 유럽으로 수출되어 유럽인들을 먹여 살렸다. 그런데 유럽인들은 근대적인 도시 사회를 등장하게 만든 산업 제품과 서비스를 생산했기 때문에 더 많은 식량을 수입할 수 있었다. 19세기 말에 비서구 세계의 여러 지역은 이러한 유럽 사회와 미국 사회를 열심히 연구하고 따라 했다. 이런 상황은 동아시아에서도 분명하게 확인될 수 있다. 그들은 오스만 제국처럼 유럽에 가까이 있으며 더 효율적인 국가를 건설하기 위해 유럽의 행정 기구와 조직들을 그대로 모방했던 국가들의 노력을 따라 했던 것이다. 밀의 수출은 유럽인들을 위한 식량 자원을 확보해 준다는 면에서 중요했다. 하지만 밀의 수출 증가는 이와 함께 아르헨티나(주민 550만 명)와 오스트레일리아(400만 명), 캐나다(580만 명)의 국민경제가 발전하는 데도 기여했다. 왜냐하면 이들 국가는 주민 수가 비교적 적어 밀의 수출량이 늘어나자 일인당 소득이 대폭 상승했던 것이다. 반면에 미국에는 밀의 수출 증가가 다른 의미를 가지고 있었다. 여기서는 밀의 수출 증가가 훨씬 많은 수의 국민(7600만 명)을 가진 나라에서, 그리고 북동부 지방과 중서부 지방에서는 산업이 발전하는 국민경제를 가진 나라에서 일어난 것이었다. 미국의 경우 늘어난 농산물 수출은 지속적인 산업의 성장을 보완해 주었고, 농산물 수출과 산업 성장 이 두 가지는 효율적인 경제 제도와 풍부한 자원을 토대로 해서 성취될 수 있었다.

　미국이 농산물 수출을 확대한 것은 앞서 서술했던 상황에 두 가지 측면에서 대비된다. 말레이반도에서 주석을 채굴한 경우와 대비되게, 미국은 세계적인 산업자본주의 체제에서 그들이 차지하는 중요성에도 불구하고 계속해서 농산물을 수출한 대규모 산업국가였다. 이 두 가지 경우를 종합하면 산업 생산자들을 부양했던 국제무역은 산업화 지역으로의 수출을 촉진하지도, 경제 발전을 뒷받침하는 추진력으로서 산업화를 대체하지도 않았다. 19세기 말 미국의 사례를 세계의 다른 3대 밀 수출국과 비교한다면 이와 비슷한 차이점이 분명해진다. 4개국 모두 밀의 수출을 통해 수익을 올렸지만, 그중 산업화가 제한적으로 진행되었던 3개국에서는 밀의 수출이 산업 경제로의 구조적 변화를 거의 촉진하지 못했다. 그렇기 때문에 국제무역의 증가와 산업화 사이에는 어떠한 단순한 인과관계도 성립하지 않는다. 국제무역은 산업화를 통해 변해 갔다.

부와 권력, 자유와 풍요의 시나리오

만약 우리가 국제무역과 산업화 사이에 그리 단순하지 않은 다각적인 관계가 있었다는 사실을 인정하고, 나아가 산업화가 국제무역에 미친 인과론적 영향을 명백하게 인정한다면, 그것은 의심할 여지없이 우리가 19세기에 세계적으로 펼쳐진 경제사적 경험에서 이끌어 낸 하나의 교훈이다. 그런데 우리가 부와 권력의 관계, 자유와 풍요의 관계를 다시 한번 고찰한다면 그곳에서 또 하나의 교훈이 나온다. 이미 제시했듯이 필자는 이 두 가지 개념 쌍을 경제 번영을 인식하고 거기에 도달하기 위해 미국과 동아시아에서 시도되고 이를 구현한 대안적 개념으로 이해하고 있다. 이제부터 필자는 이 개념 쌍을 구성하는 개별 요소들이 서로 어떤 관계에 있는지에 관해 좀 더 상세히 언급하고자 한다.

먼저 일본의 사례다. 19세기에 이 나라가 부와 권력을 얻으려는 노력을 시작하면서 걸어간 길은 20세기 전반기에 이웃 국가들을 정치적으로 장악하고 자기의 영향권에 넣는 상황으로 이어졌다. 군사력을 통한 위협이나 군사력의 실질적인 동원을 통해, 그리고 행정적 통치와 이념적 호소를 통해 결국 성공에 도달한 일본의 정치적 팽창은 부와 권력을 향한 일본의 본래 노력의 연장선상에 있었다. 경제적 측면에서 이러한 팽창은 이웃 국가의 경제활동을 상호 역할 분담의 구조로 통합하는 결과를 초래했다. 여기서 역할은 일본의 정치 지도자와 경제 지도자들이 매우 바람직하다고 생각하는 방향으로 분담되었다. 예를 들어 대만산 설탕이나 대만산 쌀 같은 농산물뿐 아니라 일본의 산업에 필요한 한국산 지하자원 등이 그 역할 분담 과정에 속했다.[154] 일본의 정치권력이 거대해진 것은 경제성장 없이는 거의 상상하기 어렵다. 경제가 성장하면서 경제적 목적을 달성하기 위해 정치권력을 움직일 수도 있게 되었다. 일본인들은 서양 각국에 관한 연구를 통해 어떻게 하면 부와 권력을 서로 연계할 수 있는지를 배웠다. 어떻게 하면 서양과 경쟁할 수 있는지뿐 아니라, 어떻게 하면 이웃 국가를 장악할 수 있는지도 배웠다. 부와 권력을 추구하면서 이웃 국가들과 정치적·경제적 관계를 맺을 때, 일본인들은 19세기의 유럽인들이나 20세기의 미국인들이 자국의 영향권 바깥에서 구축했던 관계와 유사한, 불평등한 관계를 만들었다.

이미 오래전부터 상호 경쟁 관계에 있던 유럽 국가들은 19세기에 그들 사이의 정치적 경쟁과 군사적 충돌을 대부분 유럽 안에서가 아니라, 유럽 바깥 지역으로 옮겨 시행했다. 유럽 안에서의 힘거루기는 중부 유럽 지역이나 동남부 유럽 지역에서만 제한적으로 이루어졌다. 유럽 대륙 안에서는 상호 공존과 세력균형이 지배했다는 말이다. 이와 달리 동아시아에서 일본은 중국이 중심적인 역할을 수행했던 지역의 옛 질서를 무너뜨리고, 일본이 중심이 되는 새로운 정치 질서를 관철하고 싶어 했다. 이렇게 동아시아와 유럽의 지정학적 차이는 20세기 말에 유럽과 동아시아의 상황이 어떻게 전개될지에 결정적인 영향을 미쳤다. 제2차 세계대전 이후에 일본이 동아시아와 동남아시아에서 일시적으로 경제적 패권을 장악했던 것은 경제를 통해서였으며, 이는 이전 정부가 정치적으로는 달성하지 못한 것이었다. 하지만 20세기 말에 세계 제2의 국민경제라는 일본의 지배적인 지위는 중국의 경제성장과 정치적 자부심에 의해 도전받았다. 이와는 대조적으로 이 시기에 유럽 식민지 열강들은 그들이 보유하고 있던 식민지(그 가운데 많은 식민지는 19세기에 획득한 곳이었다.)를 포기했다. 그리고 제2차 세계대전 이후에 자기들을 스스로 정치적으로 재조직하고 통합할 뿐 아니라 경제적으로도 통합하기 위해 몰두했으며, 20세기가 끝날 무렵에는 어떻게 하면 미국과 동아시아 국가들과 경제적으로 경쟁할 수 있을지를 고민하게 되었다.

만약 우리가 부와 권력을 향한 일본의 노력이 갖는 의미를 19세기의 맥락에서 관찰한다면, 우리는 산업화에 성공한 유일한 비서구 세계의 국가인 일본의 경제적 성공이 유일한 비유럽 국가로서 일본이 동아시아 지역을 정치적으로 지배한 것과 밀접한 관련이 있는지를 물어야 할 것이다. 만약 우리가 경제 발전이 가장 빠른 속도로 진행된 다른 두 나라도, 즉 독일과 미국도 그들의 국제적인 정치 관계와 정치적인 야망을 확대했다는 사실을 고려하면, 19세기 말의 부와 권력 사이에 밀접한 관계가 있었다는 주장은 더욱 설득력을 얻는다.

19세기에 경제적 변화가 이루어진 각국의 방식과 정치적 맥락이 각각 특수한 요인들에 의해 영향을 받았다고 할지라도, 이들 사례는 부와 권력이 서로 연결되는 경향이 얼마나 강했는지를 입증해 준다.

한편 최근에 유럽에서 일어난 정치적 관심사와 우선순위의 역사적 변화는 이 지역이 중국이 가진 것보다 훨씬 더 큰 부를 통해 중국의 인구통계학적·영토적 규모에 도달하려는 열망을 품을 수 있게 했다. 이러한 움직임은 유럽이 중국과 미국 모두를 상대로 정치적·경제적 중요성을 주장할 수 있는 가능성을 더 높게 만든다. 유럽 국가들은 이제 더는 19세기에 그랬던 것처럼 세계 무대에서 개별 국가로서 부와 권력을 추구할 수 없다. 이러한 정치적·경제적 변화들은 19세기에 유럽과 유럽이 지배했던 세계가 그 이후에 얼마나 달라졌는지를 보여 준다. 그러나 부와 권력의 동일한 결합은 여전히 작용하고 있다.

만약 부와 권력 사이에 명백하게 지속적인 관계가 있다면 자유와 풍요 사이에도 그와 같은 관계가 존재할까? 자유와 풍요라는 개념 쌍은 19세기의 미국인들에게서 가장 뚜렷하게 드러난다. 20세기 말에 주목 받은 경제사 연구의 한 영역은 자유와 풍요의 연관성을 일반화했다. 19세기의 미국인들이 민주주의의 정치제도와 경제 발전 사이의 일반적 관계에 관한 명제화를 중요하게 여겼다는 것이다.[155] 이러한 맥락을 가장 뚜렷하게 보여 주는 경험적인 사실은 (별로 놀라운 일이 아니지만) 서구 국가에서, 특히 미국과 영국에서 발견된다. 자유와 풍요 사이에서 작동하는 인과적 메커니즘이 특정 서구 국가들의 역사적 맥락에만 특별하게 적용된다는 것은 자유 혹은 민주주의 제도가 실질적으로 그렇게 견실하지 않았지만, 의심할 바 없이 경제가 발전했던 시대와 지역이 있다는 사실에 의해 분명히 입증된다. 예를 들어 20세기 후반의 짧은 기간에 전례 없이 높은 경제성장률을 기록한 중국이 그 좋은 사례다. 우리가 살펴본 19세기적 맥락에서 일본의 경우는 자유와 풍요 사이의 관계를 보여 주는 긍정적인 증거로 여겨진다. 일본인들은 사실 정치적 대의제를 받아들였기 때문이다. 물론 우리가 이러한 정치제도가 경제 발전에 결정적인 영향을 준 증거를 찾고자 한다면, 양자 사이에 명백하고 직접적인 연관성이 있다는 사실을 밝히기는 그리 쉽지 않을 것이다. 그 대신에 여기서 우리는 중요한 역할을 수행했던 다른 경제 제도를 발견할 수 있다. 19세기 후반의 일본에서 나타난 부와 권력에 대한 의식적인 추구는 미국에서 나타난 자유와 풍요의 연합보다 더 두드러진다. 그러나 우리가 풍요를 창출하는 데 필요한 자유가 많은 사람에게 정부 정책에 대한 발언권을 제공하는 특정한 정치 기관들보다는 시장과 자유 무역에 대한 접근에 있다고 생각한다면, 자유와 풍요의 연관성은 다른 동아시아의 사례와 마찬가지로 일본에서도 중요했다.

일본의 경제사가들은 생산과 교환의 영역에서 19세기의 산업화와 자본주의 발전을 가능하게 한 17세기와 18세기의 일련의 경제생활을 발견했다.[156] 그것은 국가적인 정책, 특히 산업화를 촉진했던 메이지 정권의 정책과 뚜렷한 차이를 보였다. 이 경우에는 하향식 정책과는 달리 수공업 제품을 생산하고 국내에서 장사를 하던 농촌 가계와 상인들의 상향식 전략을 통한 과정이 핵심이었기 때문이다. 이와 유사한 생산방식은 20세기 말에 중국이 산업화하는 데도 중요한 역할을 한 것으로 입증되었다. 물론 중국의 경우는 개방된 사회가 존재하지 않는 공산주의 정권 치하에서 산업화가 이루어졌다. 그런데 정치제도와 경제 변화 사이에 밀접한 관계가 있다고 주장하는 학자들은 개방된 사회가 경제 발전에 중요하다고 주장한다.[157] 그런데도 19세기 말의 중국과 일본에서도 자유와 풍요 사이의 연결을 강화해 주는 요소들이 발견된다. 기업이나 시장들이 가진 특수한 성격들이 결코 같지는 않았다고 해도, 아래로부터 출발하는 상향식 전략을 취한 효과적인 경제 제도가 있었다는 것이다. 물론 중국의 경우 위로부터 추진된 국가정책 안에는 민간 부문의 산업화에 동력을 줄 수 있는 상향식 전략의 경제 제도가 없었다. 그런 정책은 20세기 말에야 비로소 수립될 수 있었다. 중국의 경우 자유와 풍요 사이의 연관성은 부와 권력 사이의 관계보다 덜 견고하게 작용했다.

19세기가 20세기에 물려준 산업자본주의와 금융자본주의는 대부분 물질적으로 좋아 보이지만, 많은 사람은 도덕적으로 나쁘다고 판단할 야누스와 같은 얼굴을 갖고 있었다. 20세기 사회는 사람과 정부들이 이렇게 두 가지 자본주의가 서로 밀접하게 연결된 가능성을 어떻게 다루어야 할지 심각하게 고민해 왔다. 이 가능성들은 여전히 21세기 세계의 근본적인 경제적 특징으로 남아 있다. 21세기 세계에는 한 사회 내의 물질적 격차와 사회 간의 격차가 줄어드는 현상과 마찬가지로 커지는 현상도 빈번하게 발생하고 있으며, 개발도상국가뿐 아니라 선진국 경제에서도 전체적인 경제적 파이에서 부자들이 차지하는 비중은 늘어났지만, 수많은 가족이 누리는 물질적 번영은 증가하지 않고 있다.

우리는 19세기 말과 20세기 초에 미국에서 일어난 세계경제에 관한 정치적 토론을 부와 권력인지, 자유와 풍요인지를 둘러싼 서로 대립되는 시나리오 사이의 토론으로 바라볼 수 있다. 이 토론은 사람들이 자유로운 자본의 흐름과 화폐의 교환가치를 조정하는 메커니즘, 주권국가의 화폐 정책의 자치, 이 둘 사이에서 어떤 것을 결정할 수 있을지에 관해 서로 다른 선택지를 제공해 주었다. 이러한 관심사는 한 세기 후에도 여전히 중요한 문제가 되었으며, 세계경제의 정치적 차원과 관련되어 있다. 21세기 초에 경제학자 대니 로드릭 Dani Rodrik은 이 문제를 거론하면서 이것이 세계화와 민주주의, 국민국가 사이의 정치적 트릴레마[7]라고 칭했다.[158] 만약 사람들이 세계화를 추구한다면, 민주주의 아니면 자주적인 정치체로서의 국민국가를 포기해야 한다. 그런데 들이 민주주의를 강화하기를 원한다면, 국민국가를 계속 보존하기를 원하는지 아니면 국제적인 경제통합을 수용할 것인지 결단해야 한다. 그리고 사람들이 국민국가를 유지하기를 원한다면, 민주주의와 세계화 가운데 하나를 선택해야 한다. 이것이 오늘날 우리 앞에 놓여 있는 정치적 선택지다. 이 정치적 선택지는 19세기의 경제 변화를 통해 만들어졌다. 부와 권력의 추구, 자유와 풍요를 향한 노력, 이 두 가지는 결코 동시에 만족시킬 수 없는 욕망을 가진 채 우리의 꿈속을 배회하고 있다. 하지만 이 꿈은 너무 강하고 고집스러워 포기하기가 절대 쉽지 않다. 우리가 깨어 있는 순간에도 그중 한 조각 이상은 실현할 수 없는데도 말이다.

풍요로운 사회를 달성한다는 약속을 실제로 성취해 가난으로부터 탈출

_____ **7** 받아들이기 어려운 선택지 세 가지를 놓고 고민하는 상황을 가리킨다. 딜레마는 선택지가 두 가지라는 점에서 차이가 있다.

하는 데 성공할 수 있었던 곳은 바로 산업화가 일어난 곳이었다. 풍요로운 사회를 이룩할 가능성은 기술 변화에 달려 있었다. 이 기술 변화를 통해 자원 집약적인 산업 방식이 도입되면서 인간의 노동생산성이 향상될 수 있었기 때문이다. 그런데 19세기의 산업화와 함께 환경 파괴 과정이 시작되었다. 그리고 20세기가 흐르면서 그 속도는 점점 빨라졌다.[159] 분명 19세기에 시작된 산업화는 서구 세계의 많은 사람, 그리고 많은 비서구 세계, 특히 아시아의 많은 사람에게 20세기 말까지 물질적으로 더욱 풍족해진 삶을 선사해 주었다.

하지만 우리가 19세기와 20세기의 경제적 변화가 가져다준 결과를 산업화가 초래한 극심한 환경 파괴라는 관점에서 바라본다면, 19세기에 시작된 경제 변화는 인류 역사상 여섯 번째 멸망으로 이어질지도 모르는 기나긴 그림자를 드리운다.[160] 이제야 우리는 물질적 가능성의 한계를 깨달아 가고 있는 것이다. 이 한계는 우리가 19세기의 경제 변화 덕분에 극복할 수 있었던 그 한계와는 성격이 다르다. 하지만 동시에 19세기 이래로 산업자본주의가 형성한 세계경제사가 우리에게 남겨 준 유산의 일부다. 어떤 종류의 경제가 앞으로 수 세기 동안 존재할 것인지에 관한 문제는 부와 권력의 관계, 자유와 풍요의 관계를 새롭게 규정할 대안을 찾을 수 있는지에 달려 있을 것이다. 물질세계에 관한 경제적·정치적 결정을 내리고자 할 때 우리가 의지할 수 있는 길잡이가 될 그런 대안 말이다.

세계적 변화의 문화사

제바스티안 콘라트

1750~1870

머리말

1890년에 영국의 일본 전문가 배질 홀 체임벌린Basil Hall Chamberlain은 이렇게 썼다. "근대 일본의 이행기를 경험한 사람이라면 초자연적으로 늙는다는 느낌을 받을 것이다. 때는 근대여서 자전거와 세균, '세력권'의 이야기가 사방에서 들려오지만 중세를 분명하게 기억할 수 있기 때문이다." 발파라이소와 파리부터 다르에스살람과 사이공까지 당대의 많은 사람이 18세기와 19세기에 일어난 변화를 과거와의 근본적인 단절로 보는 체임벌린의 견해를 공유했다. 사회질서는 변하고 있었고, 거리는 축소되고 있었으며, 1900년 전후의 세계는 더는 이전 세대의 경험이나 그들이 미래에 기대했던 바와 어울리지 않았다. "옛것은 하룻밤 사이에 사라진다."[1]

그 시대의 특징은 다른 무엇보다도 이전까지는 볼 수 없었던 국경과 문화, 대륙을 넘나드는 교류의 증대였다. 세계가 서로 연결된 것은 결코 새로운 현상이 아니었지만, 이 시기에는 이미 매우 오랫동안 진행되었고 16세기 이래로 더욱 가속된 여러 발전이 서로 연결되었다. 18세기 중반부터 이 연결 과정은 강화되었고, 동시에 새로운 근대의 증인이라는 보편적인 인식이 한층 더 널리 확산되었다. 이 책에서 다루는 시기의 초기에 발생해 역사상 세계적인 차원에서 전개된 첫 번째 분쟁이 된 7년 전쟁은 이 새로운 단계의 상호 연결성을 상징적으로 보여 준다. 이 전쟁은 유럽 대륙 곳곳에서 벌어졌지만, 서아프리카와 여러 대양은 물론 북아메리카와 인도, 카리브해, 필리핀에서도 전개되었다. 7년 전쟁은 그때까지 닫혀 있던 시장에 침투했으며, 몇몇 주역으로부터는 세계적 패권을 차지하려는 충돌로 여겨졌고, 당시에 명백히 그렇게 묘사되었다. 그 싸움 중에 뉴캐슬 공작은 이렇게 경고했다. "세계 곳곳이 이러저러한 방식으로 우리에게 영향을 미치므로 이 나라의 장관들은 지구 전체를 염두에 두어야 한다."² 멀리 남아시아에서도 이 전쟁은 사람들에게 세계적 연결을 생각하게 했다.³ 150년 후에 영국을 비롯한 유럽의 강국들은 아프리카 전체와 아시아의 넓은 영역을 지배했다. 그때쯤이면 정치는 '세계 정치'가 되어 있었다. 전신이 산티아고에서 요코하마까지 공중 영역들을 연결했고, 유럽의 군사적 충돌은 세계대전으로 비화했다.

18세기 중반부터 20세기 초까지 이어진 세계적 변화는 여러 가지 다양한 양상과 특징을 지녔다. 사회사의 관점에서 말하자면, 근대 산업사회의 시작은 물론이고 우선은 유목 생활의 중요성 감소가, 바로 뒤따라 농업 생활의 점진적인 중요성 감소가 그 특징이었다. 사회적·정치적 개혁으로 사회구조가 바뀌었다. 봉건적 관계는 사회적 분화와 계급 관계로 대체되었는데, 이는 시장의 발달에 적응했으며 적어도 도시 중심지에서는 그 기본적인 유형이 점차 서로 비슷해졌다. 지정학적으로 보면 7년 전쟁과 제1차 세계대전 사이의 세계는 서구 제국의 전례 없는 팽창과 세계 여러 지역의 지속적인 상호 연결을 목도했다. 이는 1850년대 이래로 공간과 시간의 제약을 극복하는 데 이바지한 교통 방식과 통신 방식의 기술혁신과 혁명으로 가능했다. 마지막으로 경제적인 관점에서 보면 세계의 상호 연결은 시장의 연결과 여러 교역망의 통합으로 달성되었다. 19세기 말이 되면 통합된 세계경제가 출현했다. 자본 투자는 이제 국경의 제한을 받지 않았으며, 경제 위기는 종종 멀리 떨어진 곳에도 파괴적인 영향을 미쳤다.

이러한 차원들은 18세기와 19세기의 세계화한 경제의 형성을 논의할 때면 늘 관례적으로 전면에 등장한다. 문화적 차원은 보조적인 역할만 수행하는 경우가 흔하다. 경제나 기술, 제국주의가 움직이는 근저의 과정에 붙은 단순한 부가물로 보이는 것이다. 그러나 주로 이 과정의 물질적 차원에만 집중하는 시각은 여러 곳에서 문화적 변화가 정치적 변화나 경제적 변화보다 훨씬 더 깊고 지속적인 영향을 미쳤다는 사실을 가린다. 인간의 시간관념과 공간 관념에 나타난 혁명적 변화, 수백 년간 존속한 세계관과 우주관에 대한 의심(몇몇 경우에는 통째로 내버리기), 종교적 확신에 대한 비판적 이의 제기, 보편 타당성을 주장하는 이론의 정립, 개인의 역할에 대한 인간의 견해에 나타난 변화, 세계적 의식의 출현, 이 모든 것은 1900년의 세계가 더는 1750년의 세계와 비슷하지 않음을 의미했다. 대양 항해 증기선을 타 보지 않고 전보를 보내 보지 않고 쥘 베른Jules Vern의 소설을 읽어 보지 않은 사람에게도.[4]

그렇다면 이 세계적 변화는 어떻게 해석되고 어떤 의미를 부여받았나? 변화 과정 자체가 다양했던 만큼 반응과 해석 모델도 다양했다. 확신에 찬 식민지 관리들은 자기들이 거의 자연스러운 점진적 유럽화 과정의 주역임을 당연하게 여겼다. 따라서 지나치게 열성적인 근대화 인자, 예를 들면 인도의 헨리 데로지오Henry Derozio와 그의 유별난 돼지고기 소비나 1870년대 도쿄의 로쿠메이칸鹿鳴館에서 펼쳐진 대중 무도회와 춤 경연 대회에 대한 당대의 항의는 대체로 문화적 변화가 일종의 서구화로 실행되었다고 비판했다.

그러나 매우 상이한 해석 모델도 있었다. 많은 평자가 변화의 원인을 유럽이 아니라 자기들의 문명과 역사 속에서 찾았다. 따라서 그들이 19세기 유럽의 일시적인 우위일 뿐이라고 보았던 것은 빌려 온 헤게모니로, 즉 서구가 원래는 비서구 사회가 세운 모델을 차용한 행위로 생각했다. 예를 들면 이집트의 번역가이자 근대화론자인 리파 알타흐타위에게 탐구심과 여행, 문명화 사명은 결코 서구의 전유물이 아니었다. "아랍의 무슬림은 새로운 나라를 발견하고 그 백성을 최고 인간(예언자 무함마드)의 종교로 인도하기 위해 여행하곤 했다. 이들은 수많은 땅과 바다를 발견했고, 대양의 여러 섬과 그 해변에 사는 무수히 많은 사람에게 문명을 전파했다. 그 후에 기민하고 주의 깊은 유럽인들이 전례를 따라 이전에 고대인이 알지 못했던 새로운 세계를 발견했다."[5] 비슷하게 일본의 역사가 시게노 야스쓰구重野安繹도 근대의 과학적인 지식 창출 방식은 유럽인이 채택하기 전에 이미 동아시아에서 고안되었다고 강경하

_____ 로쿠메이칸의 춤추는 남녀, 도요하라 치카노부(豊原周延, 1838~1912)의 천연색 목판화. 로쿠메이칸은 1883년에 영국인 건축가 조사이아 콘더(Josiah Conder)가 도쿄에 세운 2층짜리 서양식 건물이다. 일본 정부의 영빈관으로 건축된 로쿠메이칸은 곧 유럽식 무도회와 여타 축제 행사로 유명해졌다. 이러한 판화는 서양식 정장과 무도복에 돈을 쓰고 왈츠와 폴카를 추며 유럽인 춤 선생을 고용하는 일본인의 이미지를 널리 퍼뜨렸다. 특히 비평가들 사이에서 이 건물은 나라의 급속한 서구화를 보여 주는 상징물이 되었다. (Wikimedia Commons)

게 주장했다. "증거에 의거한 학문은 중국에서는 약 2000년 전에, 일본에서는 약 100년 전에, 서구에서는 약 50년 전에 시작되었다. 무슨 말인가 하면 세계 여러 곳의 학문은 약간의 시차를 두고, 그리고 문명의 진보를 따라 결국 같은 경로로 들어갔다는 것이다."[6] 시게노도 문화적 관행의 수렴을 일종의 동질화로 해석했지만, 그것이 서구에서 일방적으로 전해진 것이라고 보지는 않았다.

그러므로 더 자세히 들여다볼 필요가 있다. 문화적 관행과 그 근저의 논리는 이 시기에 어떤 방식으로 변했나? 국지적 유형과 광역권 유형이 계속 타당성을 유지했는가? 그러한 유형은 세계 전체에 영향을 미친 포괄적 규범에 어느 정도로 자리를 내주었나? 이 시기에 세계 관념은 어떻게 변했나? 이러한 질문이 이 글에서 주된 역할을 할 것이다. 여기서 문화를 마치 다른 것과 분리된 영역인 듯이, 예를 들면 정치나 경제와 구분되는 영역인 듯이 취급하지 않을 것이다. 문화를 고급문화와 동일시하지도 않을 것이다. 문학과 음악, 연극은 부차적으로만 논할 것이다. 요한 고트프리트 헤르더Johann Gottfried Herder

의 문화 개념이나 총체적 문명으로 여겨진 문화들 간의 병존이나 충돌이라는 관념을 출발점으로 삼지도 않을 것이다. 그 대신에 필자는 세계적 상호 의존의 문화사를 제시하겠다. 다시 말해 점차 강화되는 세계의 통합에 의미가 부여되는 방식과 이러한 의미의 생산이 물질적 과정과 연결되는 방식을 탐구하겠다.

몇 가지 단서가 준비되어 있다. 첫째, 필자의 접근 방식은 백과사전적이지도 포괄적이지도 않다. 네 가지 주제를 예시적으로 취할 것이다. 이 주제들은 공간 개념과 시간 개념의 변화, 세계관의 변화, 신앙 체계의 변화, '세계'와 세계적 연결에 대한 이해의 변화에 관련되어 있다. 둘째, 그러한 문제들을 논할 때 늘 이를 유념할 것이다. 문화사적 발전은 특정한 내적 논리를 따르지 않고 그것이 전달하면서 촉진하는 경제적·정치적·사회적 변화와 조화를 이룬다. 셋째, 필자는 변하지 않는 것보다는 변한 것에 더 집중함으로써, 새로운 발전에는 더 집중하고 관성과 과거와의 연속성에는 덜 집중함으로써 주로 변화의 과정과 방향에 관심을 둘 것이다. 이런 식으로 이 글은 새로운 것에 편중되어 있다. 넷째, 이 글은 또한 도시 엘리트, 특히 남성에게 치중하는 경향을 보인다. 비록 실제로 나타난 세계적 변화를 심지어 일상생활에서도 경험한 이들은 압도적 다수가 민중이었지만, 도시의 남성 엘리트가 기존 자료와 문헌의 핵심이기 때문이다. 다섯째, 결국 세계에 관한 시각은 엄청나게 다양할 수 있음이 명백해질 것이다. 이를테면 하와이의 설탕 플랜테이션 농장에서 일하는 중국인 노동자와 인도 심라의 산장에서 시원한 여름을 즐기는 영국인 식민지 관료는 세계적 과정을 매우 다르게 경험했다. 역사의 주역들에게 진실인 것은 이 글에도 똑같이 해당된다. 이 글의 설명은 전부 특정한 제도적·지적 배경에서 나왔다. 우리가 아무리 다중적인 시각에서 접근하려고 해도 설명은 그러한 배경을 결코 완전히 벗어날 수 없다.

전 지구적 문화사: 세 가지 서사

세계사의 서술은 지금까지 저마다 문화적 변화를 더 큰 맥락 속에 두는 세 가지 표준적인 담론을 탄생시켰다. 이러한 담론에 다소 도식적으로 '근대화론', '탈식민주의', '복수의 근대성'이라는 꼬리표를 달아 줄 수 있다. 각각의 담론 유형은 서로 다른 특징을 강조한다. 나는 세 가지 시각에 다 의지하겠지만, 세 가지 전부 한계도 지닌다. 근본적으로 문화적 변화를 내재주의적 방식으로, 다시 말해 전적으로 사회 내부에서 발생한 것으로 해석하기 때문이다. 나는 이러한 방식과는 달리 19세기를 바라보는 진정으로 세계적인 시각은 어떤 것일지 탐구하려고 한다. 우선 세 가지 표준적인 담론을 간략히 살피면 이러한 목적에 도움이 될 것이다.

첫 번째 해석은 역사의 개관을 제공하는 교과서와 연구서에 곧게 뿌리 내린 것으로서 근대의 문화적 변화를 계몽된 세계관의, 합리적이고 세속적이며 개인주의적인 세계관의 점진적 완성으로 이해한다. 그 세계관과 그에 뒤따른 결과는 18세기 중엽 이래로 유럽이 먼저 경험했다. 막스 베버의 유명한 설명에 따르면 '세계의 각성'인 이 변화는 이성이 우세를 쥐고 미신과 종교적 세계관을, 전통적 질서와 우주관을 극복한 시기를 가리킨다. 근대 인류가 제 모습을 드러낸 순간이다. '각성'이라는 개념은 사회생활과 문화생활의 광범위한 합리화, 비판적인 공중 영역의 출현, 종교적 구원이라는 관념으로부터 세속적 진보라는 관념으로의 이동을 의미한다.[7] 이러한 해석에 따르면 문화적 근대성의 탄생은 철저히 유럽의 일이었고, 서구만의 독점적인 성취였다. 이들이 성숙한 단계에 도달한 이후에야 이러한 문화적 업적은 더 넓은 세계로 퍼졌으며, 시간이 흐름에 따라 그 빛은 아프리카와 아시아의 전통적인 사회에도 도달했다. 이와 같은 문화적 변화와 사회적 변화의 전파론적 해석은 베버의 보편사적 비교와 윌리엄 맥닐William H. McNeill의 『서구의 발흥The Rise of the West』과 그 밖에 세계사의 전통에 있는 여러 저작의 토대가 되었다. 데이비드 랜디스 David Landes는 이 승리주의적 관점을 이렇게 요약했다. "유럽(서구)은 발전과 근대성의 원동력이었다."[8] 오늘날 그렇게 노골적인 유럽 중심주의적 시각은 확실히 평판이 나빠졌다. 유럽-아메리카 밖의 문화적 발전은 이제 단순히 '서구'를 따라잡기 위한 근대화나 서구를 복제하거나 모방한 것으로 여겨지지 않는다. 그 대신에 역사가들은 토착 주역이라는 작인과 모든 문화적 전파에 뒤따를 수밖에 없는 변용과 적응을 강조한다. 이러한 수정과 무관하게 근대화 담론의 기본적인 가정은 여전히 영향력이 크다. 이 해석에 따르면 문화적 혁신의 원천은 유럽에서 찾을 수 있고, 문화의 세계사는 본질적으로 전파의 역사다.[9]

두 번째 해석은 이 모델과는 대조적으로 지금까지 지지를 받았다. 그 해석은 근대적 세계관의 확산을 긍정적인 업적으로서, 그리고 은혜로운 근대화 과정의 일부로서 축하하는 대신에 비판적이고 더 부정적인 그림을 도드라지게 보여 주었다. 이러한 시각에서는 문화와 제국주의 사이의 연관성이 중심을 차지한다. 그러나 이러한 탈식민주의적 해석에서도 문화적 근대성은 여전히 나머지 다른 세계로 점차 영향력을 확대하는 유럽의 발전이었다. 그렇다면 이 시각에서도 그 현상은 보편적 합리성의 멈출 수 없는 전진과 대체로 동일시된다. 그러나 이 해석은 근대성의 확산을 해방의 과정으로, 이마누엘 칸트의 표현을 빌리자면 "인류가 스스로 초래한 미성숙으로부터의 탈출"로 보지 않는다.[10] 그 대신에 이 시각은 계몽운동의 보편주의적 세계관이 제국주의와 식민주의의 역사와 밀접한 연관이 있다고 보고, 이에 대해 철저히 비판적인 태도에서 출발한다.

이 담론에는 서로 연결된 두 가지 요소가 있다. 첫 번째 논제는 서구 제국주의 팽창의 밑바탕에 이미 문화적 경향이 자리 잡고 있다고 주장한다. 달리 말하면 서구 근대성의 문화적 프로그램 속에 제국주의의 인식론적 전제와 존재론적 전제가 이미 깔려 있다는 것이다. 특히 계몽운동의 보편주의는 이 비판의 표적이다. 보편적 규범(실제로는 흔히 유럽적 가치관과 동일한 것으로 여겨진다.)을 가정하면 다른 사회를 무엇인가 모자라고 후진적인 사회로 보이게 하는 척도가 만들어지는 것으로 추정된다. 이 비판에 따르면 보편적으로 적용할 수 있는 표준이 있다고 가정했을 때, 필요하다면 폭력을 써서라도 이러한 표준을 온정주의적인 문명화 사명의 일부로 강요하는 정책을 이행하기는 손쉬운 일이었다. 이런 비판의 더 극단적인 어느 형태는 이렇게 주장한다. "17세기 이후 유럽이 계몽운동의 가치관이라는 이름으로 행사한 새로운 형태의 인위적 폭력"은 제국주의뿐만 아니라 "제3제국, 굴라크, 두 차례의 세계대전, 핵에 의한 절멸의 위협"도 초래했다.[11]

두 번째, 이 담론의 배후에는 유럽인의 세계 관념을 강압적으로 확산시킨 것은 다른 우주관을 파괴한 일종의 문화적 제국주의라는 믿음이 놓여 있다. 이 해석에서 영토의 지배는 식민지 피지배자들이 제국주의적 시각과 진보의 약속을 내면화하는 과정의, 따라서 식민지의 자기 인식을 이식하는 과정의 출발점이었을 뿐이다. 식민지 지배는 상상력의 식민화와 같았던 것이다. 비판자들의 주장에 따르면 식민자의 개입은 하나의 세계관을 만들어 냈고, 식민지 사회는 심지어 공식적인 영토 지배가 끝나 식민지 해방이 이루어진 지 오래 지났을 때도 그 세계관에서 벗어나기가 어려움을 깨달았다. 그러므로 유럽의 팽창은 다른 대안적인 우주관을 희생시킨 광범위한 문화적 파괴의 원인이었다.[12]

탈식민주의적 비판은 식민지 상황에서 일어난 문화적 변화의 복잡성을 드러내는 데 결정적 도움이 되었다. 여기에는 특히 교류 관계의 비대칭적 조건이, 즉 "근대의 승리에 그 수사학적 전략의 설득력만큼이나 도움이 되는 억압과 폭력"에 대한 인식이 포함된다.[13] 문화적 교섭 과정은 대등하지 않은 세력 관계라는 지도 위에 표시해야 한다. 특정한 세계화 이데올로기에 기여하고 싶지 않은 비판적 세계사는 이러한 시각 없이는 가능하지 않으며, 따라서 지식의 생산과 제국주의적 기획과 담론 사이의 밀접한 관계를 무시할 수 없다.

그렇지만 제국주의적 기획을 단순히 문화적 모델과 자유주의적 보편주의로부터 이끌어 낼 수는 없다. 이러한 사고 유형이 식민지 지배를 정당화하는 수단으로 쓰인 것이 분명하다고 해도 그렇다.[14] 결국 제국주의는 수많은 구조적 요인으로부터 탄생한 복잡한 결과물이었다. 반면에 역으로 보편주의적 원리는 반식민지 진영에도 수단을 제공했다. 그러나 특히 탈식민주의적 비판은 전적으로 양립할 수 없는 문화 체제 간의 갈등을, 즉 대화가 사실상 배제된 상이한 문명 체제 간의 충돌을 단정하는 경향이 있다. 이러한 단정은 '토착 전통'(때때로 문화 교류의 상황에서 새롭게 형성된 것이기도 하다.)과 서구 근대성이 제공한 명백히 보편적인 형태의 지식 둘 다 어느 정도는 복잡한 상호작용과 상호 간 영향의 결과물이라는 사실을 놓칠 위험성이 있다. 여러 경우에 유럽에서 온 문화적 자원에 친숙해졌다는 사실이 기존 우주론의 근본적인 가치 저하를 초래하지는 않았다. 그 대신에 그러한 지식으로부터 새로운 관행과 담론이 출현했고, 새로운 관행과 담론은 전통적 문화 자원을 자체의 구성 성분으로 이용했다.

지금까지 논의한 두 해석(해방적 근대화와 문화적 제국주의)은 문화적 근대성의 유럽적 기원에서 출발하는 전파론적 접근법을 취한다. 또한 두 견해는 근대성이 세계의 다른 곳에서는 유사한 것을 찾을 수 없는, 유럽 특유의 현상이라는 가정에 토대를 둔다. 세 번째 표준적인 담론은 다른 논리를 따른다. 그 담론은 문화적 발달의 유사성을 추적하고 유럽과 무관하게 진행되었으되 비슷한 결과를 낳은 자생적 합리화 과정을 찾는 데 관심을 둔 최근 연구에 의존한다. 이러한 연구들은 전파론 모델에 대한 근본적인 불만과 아프리카와 라틴아메리카, 아시아의 사회에 보이는 사회적이고 문화적인 활력의 중요성을 인정할 필요성 둘 다에 의해 알려진 근대성의 기원에 관한 더 폭넓은 논의의 일부를 이룬다. 이 세 번째 담론은 전통에 갇힌, 정체된 '역사 없는 사람들'의 이미지를 버리고 세계 곳곳의 다양한 형태의 근대화와 세계적 '초기 근대성'의 형성에 주의를 집중한다.[15]

'초기 근대성'에 관한 논쟁은 주로 아시아사 분야에서 나타났다. 초기의 사례를 보면 도쿠가와 막부의 종교에 관한 로버트 벨라Robert Bellah의 1957년 연구를 들 수 있다. 책에서 저자는 유교 사상의 전통에서 근대 일본의 뿌리를 확인했다. 벨라는 일본의 근대화가 1868년의 메이지 유신과 더불어, 다시 말해 유럽과 미국과 접촉을 재개한 후에 시작되지 않았으며 그 뿌리가 전근대 일본까지 거슬러 올라간다는 점을 증명하려고 했다. 특히 벨라는 이시다 바이간石田梅岩(1685~1744)의 심학心學(신가쿠) 운동을 세속사로의 전환으로 보았고, 이것에 베버가 서구 자본주의 형성의 배후 동력으로 판단한 "프로테스탄트 노동 윤리와 유사한 기능"을 부여했다.[16]

벨라의 분석은 근대성 기원의 복수성을 구호로 삼은 후속 연구들의 준거점이었다. 이러한 연구는 대다수가 유사하게 베버에게서 실마리를 끌어왔고, 명시적으로나 암묵적으로나 토착 자본주의의 문화적 뿌리를 찾으려고 했다. 이슬람 세계에 관해서는 논란이 있기도 하지만 강한 영향력을 행사하는 피터 그랜Peter Gran의 연구를 생각해 보라. 그 연구는 18세기의 이집트에서 '문화적 재각성'의 작동을 보았다. 그랜은 이집트의 이슬람 율법학자 집단인 울라마의 저작들에 세속적 경향이 보인다고 설명했다. 그들은 당대의 폐해를 비판하면서 중세 이슬람의 저작들을 언급했다. 그랜에게 이 신고전주의는 이슬람 고유의 근대화 잠재력을 대표했다. 1798년에 시작된 나폴레옹의 이집트 원정이 나일강 유역에 유럽의 사상을 전하기 훨씬 전의 일이었다.[17] '이슬람 계몽운동'에 관한 라인하르트 슐체Reinhard Schulze의 고찰도 비슷한 방향을 가리킨다. 슐체는 17세기와 18세기의 이슬람 사회의 역사에서 종교의 자율화 경향을 확인한다. 그의 주장에 따르면 이후 종교를 사회생활의 다른 영역과 확연히 구분할 수 있는 독립적인 지식 분야로 생각하기 시작한 청교도적인, 프로테스탄트적인 집단들이 생겨났다. 이를 바탕으로 슐츠가 내린 결론은 18세기에 "수많은 이슬람 사상가가 경험과 이성을 통해 진리를 드러내는 자율적인 사고방식이라는 관념"의 토대를 놓았다는 것이다.[18] 학자들은 또한 18세기의 동아시아에서 문화적 역동성을 보여 주는 사례를 지적했으며, 이를 유럽의 발전과 유사한 것으로 해석했다. 예를 들면 마크 엘빈Mark Elvin은 18세기의 중국에서 "용과 기적을 점점 덜 목격하는 경향"에 주목했는데, 이는 "계몽운동 시대에 유럽 전역에 서서히 퍼진 각성과 다르지 않은 것"이었다.[19] 이와 비슷하게, 경제사가 조엘 모키르Joel Mokyr는 이렇게 확신했다. "우리가 유럽의 계몽운동과 연결하는 몇몇 발전은 중국의 사건들과 놀랍도록 닮았다."[20]

'복수의 초기 근대성' 개념과 이에 연관된 질문들이 문제를 해결하는 데 유익하며 혁신적이면서도 자극이 되는 많은 연구를 낳았다는 점에는 의심의 여지가 있을 수 없다. '초기 근대성' 개념에 대한 이론적 반대가 많았지만, 그 개념은 하나의 시대로서 실용적으로 이해하면 전근대사회와 식민지 이전 사회의 다양한 문화적·사회적 활력을 파악하고 이것을 세계적 맥락과 연결하는 방법으로 계속 중요성을 간직할 것이다. '서구'는 문화적 변화와 지적 역동성을 결코 독점하지 않았다. 근대성으로 이어진 길은 많았고, 상이한 사회들이 '복수의 근대성'을 만들어 냈다.[21]

그러나 이 구도에도 문제가 없지는 않다. 이 시각은 결국 표준적인 역사와 동일한 목적(근대 자본주의 사회)을 가정하지만 이를 유럽-아메리카와 접촉한 결과가 아니라 도처에 있는 토착의 자원과 문화적 유산에서 출현한 것으로 본다. 달리 말하면 이 담론은 각각의 사회 안에서 독립적으로 실현된, 그렇지만 전 세계적으로 실현된 보편적 '각성'이라는 목적론을 내세운다. 병렬과 유사성의 유령("인도의 잠바티스타 비코Giambattista Vico, 중국의 르네 데카르트René Descartes, 아랍의 미셸 드 몽테뉴Michel de Montaigne를 찾는 것")[22]은 이러한 해석의 틀 안에 늘 있으며, 이러한 해석의 틀은 근대의 역사를 서로 유사한 자생적 문명들의 체제로 만듦으로써 이 세계의 뒤얽힘과 체계적인 통합의 장구한 역사를 무시한다.(실로 지워 버린다.) 따라서 지역 특유의 복잡한 문화적 변화의 역사를 근대에 앞선 토착의 역사로 격하하는 것은 근대 세계를 탄생시킨 더 큰 구조들과 세력 비대칭을 흐릿하게 만드는 경향이 있다.[23] 우리는 그러한 목적론을 뛰어넘을 필요가 있다. 그럴 때만 근대 초에 존재한 다양한 문화적 활력의 진가를 다시 평가할 수 있을 것이다. 그렇지 않으면 '초기 근대성' 계획은 단순히 오늘날의 세계화를 위해, 모든 사회는 이미 내부에 근대성의 씨앗을 담고 있다고 추정된다는 이유로 세력과 제국주의의 역사가 배제되는 과거를 구축할 위험이 있다.[24]

전 지구적 관점

앞에서 개관한 세 가지 담론(근대화, 탈식민주의, '복수의 근대성')은 방법론상 국가와 문명이라는 틀에 치우친다는 점에서 수렴한다. 세 담론 사이에 많은 차이가 있지만, 그것들은 전부 실제로 세계적 차원을 갖는 과정을 설명하려고 할 때 내재주의적 논리에 의존한다. 그러므로 아래에서는 세계 전역의 여러 사회를 변화시키고 형성한 상호작용을 중점적으로 다룰 것이다. 산자이 수브라마니암은 이렇게 주장했다. 근대성은 "역사적으로 세계적이고 결합적인 현상이다. 한 곳에서 다른 곳으로 전파되는 바이러스가 아니다. 그것은 지금까지 비교적 고립되어 있던 사회들을 서로 만나게 한 일련의 역사적 과정 안에 있으며, 우리는 다양한 현상에서 그 뿌리를 찾아야 한다."[25] 그러한 시점에서 보면 (유럽적인 기원이든 그렇지 않든) 문화적 발전의 기원을 찾기보다는 근대 세계가 출현하며 지나온 세계적인 상황과 상호작용에 초점을 맞추는 것이 더 도움이 된다.

물론 상호작용과 교류는 전혀 새롭지 않았다. 역사를 멀리 거슬러 올라가도 찾을 수 있다. 변한 것은 세계적 통합의 수준이었다. 19세기가 지나면서 연결망은 더 빽빽해져 정치권력과 상업상의 거래, 지식의 유포가 전부 세계적 차원으로 퍼져 나갈 수 있었다. 그 결과로 (모방해야 할 모델이나 위협으로 이해된) 다른 곳의 발전은 이제 더는 개별 사회들과 무관한 외부 현상이 아니었고, 점차 그들에게 직접적으로 영향을 미치는 것으로 인식되었다. 그러므로 이러한 형태의 통합은 세계적 연결이 작동하는 기반을 변화시켰다. 차후로 이러한 연결은 장식이나 여러 대안 중 하나가 아니었고 형성하는 역할을 수행하게 되었다.

변화는 갑자기 일거에 이루어지지 않았고 폭넓게 진행되지도 않았다. 세계적 상황 속으로의 통합은 시대의 세력 구조가 만들어 낸 점진적 과정이었다. 유럽 세력, 특히 영국 세력의 성장은 18세기 말부터 조금씩 다른 사회에 이 도전에 응할 것을 강요했다. 이 과정은 이집트에서는 일찍이 1790년대에 시작했으나 한국에서는 1880년대에 가서야 뿌리를 내렸다. 아리프 딜리크 Arif Dirlik는 이 과정을 다음과 같이 설명했다. "유럽 중심적 관행의 보편화는 그저 아무런 획일성의 암시 없이 여러 사회를 유럽과의 만남 이전의 역사적 궤적에서 끌어내 새로운 궤적 위로 올려놓는 것을 의미한다. (……) 그것은 또한 (……) 점차 서로 얼마나 다르든지 이제는 이러저러한 성격의 유럽-아메리카 세력을 역동적인 구성 요소로 포함한 영역들에서 이러한 싸움들이 벌어졌음을 의미한다."[26]

이후 사회적이고 문화적인 변화는 세계적인 상황에서 이루어졌다. 역사가에게 이는 세계적 상황의 맥락 속에서 이러한 변화를 해석한다는 의미다. 정치 개혁 같은 사건들을 시간을 거슬러 그 진정한 '기원'을 찾는 방식이 아니라 동시대에 작동하는 힘들을 주시함으로써 설명할 필요가 있다. 예를 들면 1889년의 메이지 헌법 채택은 그 시기의 사회적 환경과 국제적인 세력균형에 기인했다. 메이지 헌법을 제정한 자들은 전략적으로, 또한 적절한 모델을 찾는 과정에서 1871년의 독일 헌법까지 참조했지만, 자기들이 살던 시대의 상황에서 그렇게 한 것이다. 그리고 튀르크의 개혁가들이 1908년에 자국 헌법을 수정하면서 메이지 헌법의 사례를 참조한 이유는 몇 년 전에 일본이 러시아 제국에 거둔 승리에 비추어 볼 때 그렇게 하는 것이 적절하게 보였기 때문이다. 메이지 헌법이 어떤 식으로든 이를 미리 결정했기 때문이 아니다. 두 사례에서 공히 전파의 논리는, 즉 다른 곳에서 연이어 영향력을 행사하거나 세계적 차원에서 효력을 갖는 모델의 고유한 매력이라는 논리는 그다지 도움이 되지 않는다.

　다음의 각 장은 문화적 변화의 네 가지 중심 분야를 세계적 시각에서 고찰한다. 1장은 공간의 문제를 다루는데, 1750년에서 1900년에 이르는 시기에 서로 멀리 떨어진 사회와 문화들 사이의 거리가 가까워지고 새로운 연결이 만들어지는 방식을 논의한다. 여행과 만남, 다양한 매개어와 번역 형태를 세계적 의식의 출현을 촉발한 중요한 매체로서 살펴볼 것이다. 19세기 통신수단의 혁명은 세계적 의식을 촉진했다. 이 첫 장의 기본적인 질문은 세기말에 (지정학적 실체로서, 또한 문화적 개념으로서) '서구'의 적절성 증대와 새로운 지역적 친화력 및 충성심의 형성 사이에 드러난 긴장에 관한 것이다. 1장의 끝에서는 '세계'에 관한 여러 가지 다양한 시각을 소개하고 '세계'에 대해 자신의 위치를 정하는 전략이 시간이 지나면서 얼마나 많이 변했는지를 논의할 것이다.

　2장은 계몽운동의 역사와 그 세계적 영향력을 다룬다. 계몽운동은 여기서 세계의 나머지 지역으로 영향력을 확대한, 순전히 유럽적인 현상으로 해석되지 않는다. 계몽운동 자체는 세계적 도전에 대한 대응을 대표한다는 점을 보여 주는 것이 2장의 의도다. 필자는 대서양 양편으로 오간, 부분적으로는 그 너머까지도 전해진 18세기의 계몽운동 논쟁을 우선 살펴보겠다. 그다음으로 19세기에 더 진전된 계몽운동 논쟁을 따라갈 것이다. 그때 아시아 전역에서 통치 엘리트가 그 원리와 사상을 채택했다. 장기적인 관점에서 본 계몽운동의 역사는 세계 곳곳의 수많은 행위자가 개입한 결과물이었다. 그들은 점차 세계적 관점에서 생각하고 행동하게 되었다. 이 시각 덕분에 우리는 관습적으로는 서유럽과 미국에 관해서만 논의되는 주제의 시간적 변수와 공간적 변수를 변경할 수 있으며, 계몽운동 보편주의의 역사를 탈중심화해 세계적 맥락 속에 둘 수 있다.

3장은 18세기 말부터 근본적인 변화를 겪은 시간관념을 살핀다. 과거와 미래라는 관념이 서서히 갈라졌고, 자연 세계를 참조해 시간을 측정하던 오랜 관습은 점차 근대적 시간 측정 방법으로 대체되었다. 이 시간 혁명에는 시간의 표준화, 세계 표준 시간(그리니치 표준시)의 발명, 역사적인 심층 시간의 발견, 진보 개념의 네 가지 차원이 있었다. 그 결과로 나타난 텅 빈 획일적 시간의 세계적 헤게모니는 역법과 시간 측정, 시간의 문화적 의미에 연결된 전통적인 우주관과 문화 체제에 근본적인 도전을 제기했다. 그렇지만 그러한 지역적 개념들이 간단히 사라지지는 않았다. 그레고리력과 철도, 공중 시계가 점차 세계의 동시화를 강행했어도, 대다수 사람은 1900년에도 여전히 복수의 시간 체제 속에 살았다.

4장은 세계화하는 지구에서 종교가 수행하는 역할에 초점을 맞춘다. 19세기의 근대화 엘리트들의 가정과는 달리, 종교는 세속화와 '세계의 각성'에 직면해서도 사라지지 않았다. 오히려 세계적 차원에서 변신해 새로운 방식으로 중요성을 획득했다. '세계종교'의 창안뿐만 아니라 신앙부흥 운동과 종교적 개혁 사업, 세계적인 선교 같은 온갖 종류의 종교운동이 신과 신앙의 지평을 다시 그렸다. 종교적 변화의 사례는 1장에서 다룬 한 가지 주제를 잘 설명한다. 특정한 개별 세계관은 유럽-아메리카의 헤게모니와 세계적 통합의 압박을 받으면 우선 보편적 모델에 준해 개조되었고, 그다음 단계로 19세기 말에 출현한 지역주의에 맞추어 정렬하는 중에 그러한 보편적 목표는 내버려졌다.

이 네 개의 장이 이 시기에 이루어진 문화적 발전의 범위를 남김없이 논하는 것은 전혀 아니다. 다만 18세기 세계와 19세기 세계의 특징인 공통의 추세와 유형 중 몇몇을 일별하게 해 줄 뿐이다. 우선 다음 네 가지를 간략하게 언급하겠다. 첫째, 세계의 경제적·정치적 통합은 세계적 의식의 출현과 조화를 이룬다. 통신이 공업화하고 공중 영역들이 서로 연결되는 정도에 따라, '세계'는 점차 무시하기 어려워지는 준거점으로 보이기 시작했다. 이는 세계관들이 동질적이었다거나 특정 형태의 세계적 문화가 출현했음을 암시하지 않는다. 오히려 상이한 시각들이 나란히 존재했고, 각 시각은 현지의 지역적 상황에 의해 만들어졌다. 역사의 행위자들은 상황과 자기의 사회적 위치에 따라 세상을 '해석'하고 자기가 인식한 차이를 이해할 독자적인 전략을 개발했다.

둘째, 지금 논의 중인 모든 분야에서 지역적인 것과 세계적인 것 사이에는 분명한 긴장이 있었다. 내부적으로 커다란 광역권으로 조직된 근대 초의 세계는 19세기가 지나면서 서로 한층 더 긴밀히 연결된, 여러 점에서 하나의 체제처럼 서로 중첩된 전 지구적 공간에 점차 자리를 내주었다. 이 변화는 지역이 지구 전체와 무관하게 발전하는 것이 점점 더 드문 일이 되었음을 의미했다. 그러나 이후로 지역의 활력이 무의미했다는 뜻은 아니다. 오히려 그 반대였다. 19세기 말에는 지역의 회귀를 확인할 수 있었는데, 이는 점차 오늘날의 서로 경쟁하는 '문화들'로 표현되었다. 이와 같은 지역적 맥락의 회복은 연속성의 표현이나 앞선 과거 전통의 지속이 아니었다. 세계적 상호 연결에 대한 대응이었고 그 자체로 여러 점에서 하나의 혁신이었다.

셋째, 1750년에서 1900년 사이에 곳곳에서 주민의 대다수는 수많은 문화 체제와 우주론에, 그 복수성을 모순이나 문제로 경험하지 않고 대처했다. 전통적 세계관은 자연과학의 최신 성과와 경쟁했다. 그레고리력은 관습적인 축일을 상대로, 국가와 제국의 통치 제도는 지역적 충성심을 상대로, 지역의 관습은 공중 영역에서 요구되는 의사소통 방식 및 의복 양식을 상대로, 농업 노동이 결정한 생활 리듬은 공중 시계탑과 세계표준시의 도입을 상대로 경쟁했다. 대부분의 사람은 상이한 언어와 법률제도, 시간 체제, 가치관 안에서 동시에 움직였다. 세계적 규범과 지배적인 담론의 확립이 서로 경쟁하는 의미 체계와 질서를 소멸시키지는 않았다. 오히려 많은 경우에 그 형세를 강조했고 나아가 그 매력을 강화하기도 했다.

마지막으로 네 번째, 그 시기의 문화적 활력은 보편적 규범에 의존하는 서구의 가치관과 지역적 전통에 맞물린 배타주의적 반대 모델 사이의 충돌로 단순화할 수 없다. 한편으로 계몽운동 담론과 결부된 보편타당성의 주장은 협소한 기원을 갖는 원리에 의존한다. 그 원리가 '지방적인 유럽'의 역사에 깊이 닻을 내리고 있기 때문이다. 그 원리가 널리 수용되고 전 세계에 전파된 것은 정치적 규범이나 문화적 규범에 내재된 힘 때문이 아니었다. 그 폭넓은 반향은 오히려 세계 곳곳의 사람들이 그것을 받아들이고 자기의 주장과 의제를 그것과 연결한 결과였을 뿐이다. 다른 한편으로 계몽운동의 교리에 대응하고 명백히 부정적으로 반대하는 (그곳이 프리타운이든 리마든 테헤란이든 벵골의 샨티니케탄이든) 태도와 문화적 주장이 근본적인 차이나 나아가 문화적 비교 불가능성을 강조한 경우는 예외적이었다. 그러한 태도와 주장은 대부분의 경우에 탈제국주의 세계에서 자기들만의 보편적 인식을 내세우며 대안이 될 만한 다른 형태의 세계시민주의로서 경쟁했다.

1   지역과 통합, 세계적 인식: 변화하는 세계 질서

1793년에 조지 3세George III라는 서양 지방의 미개한 통치자가 보낸 대사인 제1대 매카트니 백작 조지George Macartney는 청나라의 건륭제에게 알현을 청했다. 중국 문명의 축복을 구하고 건륭제의 팔순을 축하하고자 함이었다. 강희제康熙帝(재위 1661~1772)와 옹정제雍正帝(제위 1722~1735), 건륭제(재위 1735~1796)의 오랜 치세에 청은 상당한 세력을 확보하고 번영했으며, 18세기까지는 아마도 세계에서 가장 강력한 경제 대국이었을 것이다. 청나라는 널리 찬탄을 받는 대상이었다. 유럽의 비판적 지식인들은 청나라를 칭찬 받아 마땅한 합리적인 정부의 모델이라고 선언했으며, 중국풍 예술의 유행은 런던 큐 국립 식물원의 탑과 포츠담 상수시 궁전 마당의 중국 찻집 건축에서, 그리고 유럽 지주 귀족 주택들의 화려한 내부 장식에서 분명하게 드러났다. 아시아에서는 150여 개 민족국가와 제후국이 해마다 사절단을 보내 청나라에 조공을 바침으로써 자기들이 청나라 세력권에 있는 종속국임을 확인했다.

그래서 매카트니 경의 영국 사절단도 1000년 넘게 지속된 중국 조공 제도의 관행에 물려 들어갔음을 깨달았다. 영국 대사와 사절단을 북경 외곽까지 태우고 온 정크선에 중국 관리들은 이렇게 쓰인 깃발을 매달았다. "천자에게 조공을 바치는 영국 대사."[27] 건륭제는 영국 대사의 유순한 태도에 크게 기뻐했다. "왕이여, 그대의 나라는 대양 멀리 있으면서도 문명에 머리를 숙여 특별히 사절을 보내 예로써 국서를 전했고, 그는 우리의 궁에 와서 고두하고 천자의 생신을 축하하러 바다를 건너왔구나. (……) 국서의 내용을 살피니 자구가 그대의 진심을 전한다. 글에서 그대의 진정한 겸양과 복종을 분명하게 읽을 수 있다."[28]

철학자 버트런드 러셀Bertrand Russel은 언젠가 이 사건을 언급했는데, 황제의 답변을 특별히 길게 논하며 이 문서가 더는 불합리하게 보이지 않을 때까지는 중국을 완전히 이해하기가 어려웠다고 주장했다.[29] 실로 서구 역사가들은 종종 건륭제의 태도를 완전히 불합리하거나 순진한 것까지는 아닐지언정 이상하다고, 성장하는 영 제국에 대한 자국의 힘의 균형을 오판한 것이라고 설명한다. 그러나 1790년대 세계의 정치 상황을 고려하면, 그것은 결코 어리석은 짓이 아니다. 어쨌든 청나라의 상황 판단이나 매카트니 경이 자기의 방문을 평가한 것이나 정치적 현실에서 한참 벗어나기는 매한가지였다. 영국식 자기표현에 따르면, 그는 "영국과 프랑스, 아일랜드의 신성한 왕, 사해의 주권자, 신앙의 수호자의 은총으로 가장 성스러운 폐하 조지 3세"의 대사가 되었고 특별한 권한을 부여받아 외교 관계를 수립하고 무역을 열라는 지시를 받고 청나라로 파견되었다.[30]

이전의 역사가들은 두 나라가 이 만남에서 서로를 이해할 수 없었다거나 서로 알아들을 수 없는 언어로 이야기했다고 추정하는 경향이 있지만, 우리는 그래서는 안 된다. 고두 의식을 둘러싼 갈등(건륭제는 방문자가 이마를 바다에 대는 고두를 세 번 하기를 기대했지만, 매카트니 경은 한쪽 무릎을 구부리는 예를 갖출 준비만 되어 있었다.)은 두 사람 모두 상징적 몸짓이 나타내는 세력 정치적 함의를 잘 알고 있었음을 분명하게 보여 준다. 그러나 이렇게 공통의 기반이 있었다고 해도, 두 개의 뚜렷한 세계관이 여기서 충돌했다. 영국은 자기들이 가져온 물건을 '선물'이라고 언급했던 반면에, 청나라 조정은 '조공'이라는 용어로 이야기했다. 그러나 진실을 말하자면 영국이 생각한 것은 그 둘 중 어느 것도 아니었다. 그 물건들은 수요를 촉발하고 시장을 창출하기 위한 의도를 지닌 공산품의 견본이었다. 그래서 영국 사절단은 과학적인 측정 도구와 지구의, 쇠를 잘라도 날이 무뎌지지 않는 칼, 만드는 데 꼬박 30년이 걸린 천체 투영관을 가져왔다. 그렇지만 청나라 조정은 이 물건들을 단순히 진귀한 물건으로만 보았고, 이미 갖고 있는 이국적인 물건들의 명성을 더 빛내 줄 새로운 취득물로만 취급했다.

결과적으로 영국은 더 개방적인 무역 정책의 이행을 간절히 원했지만, 청나라는 그것에 관해 논의하기를 분명하게 주저했다. "사해 안의 모든 것을 지배하는 천조天朝는 조정의 업무를 적절히 수행하는 것에만 집중할 뿐, 희귀한 물건들의 가치를 따지지 않는다. (……) 우리는 이제껏 독창적인 물건들의 가치를 평가하지도 않았고 그대 나라의 공산품이 조금도 필요하지 않다."[31] 1816년에 애머스트 경Lord Amherst이 영국의 요구를 되풀이했을 때, 그는 전임자보다 더 운이 나빴다. 황제를 알현하지도 못한 것이다. 가경제嘉慶帝는 그에게 이렇게 알렸다. "우리 왕조는 외국 산물을 높이 평가하지 않는다. 그대 나라가 교묘하게 만든 기이한 상품들은 조금도 내 마음에 들지 않는다."[32]

19세기가 한참 지났을 때, 영국 대표단이 청 조정의 칙령을 따라야 하기는 했지만, 청나라와 영국은 대등한 입장에서 교섭했다. 1839~1842년과 1856~1860년에 아편전쟁을 치르고 난 뒤에야 상황은 근본적으로 영구히 바뀌었다. 영국은 청나라에 점진적으로 항구와 무역로를 개방하도록 무력으로써 강요했다. 제1차 아편전쟁이 끝나고 몇 해 지났을 때, 청나라에 처음으로 새로운 상황을 평가한 책이 나왔다. 책은 서구 자료에 의존해 중국 문명 밖의 세계를 파악하려고 했다.[33] 그러나 지도층의 대부분이 유럽 강국들의 요구에 단순히 부분적으로만 순응하는 것으로는 충분하지 않다고, 중국은 이제 세계적인 질서 안에서 움직일 수밖에 없다고 확신하게 된 것은 1895년에 일본과 벌인 전쟁에서 궤멸적인 패배를 당한 이후였다.

지역들의 세계에서 통합된 세계로

이 사례는 장기 19세기의 특징적인 과정을 보여 준다. 거대한 광역 지역들로 조직된 18세기의 세계는 조금씩 세계적으로 서로 맞물린 세계로 변했다. 근대 초기에는 대부분의 사회에 여전히 지역적 활력이 가장 중요했다. 주요 제국들의 세력권, 주요 교역로, 문화적 교류의 가장 중요한 과정은 기본적으로 지역적 맥락에서 이루어졌다. 그렇다고 전근대 시대에 세계적 과정이 없었다는 말은 아니다. 세계는 노예제와 대륙 간 교역을 통해, 아메리카의 식민 통치와 중국의 중앙아시아로의 팽창, 기독교와 이슬람교의 선교를 통해 서로 긴밀히 연결되어 있었다. 그 결과 자율적인 발전은 대체로 과거의 일이 되었다. 그러나 이렇게 강도 높은 상호 연결이 있었지만, 1840년 무렵까지도 국지적이고 광역적인 결합이 여전히 대체로 현저했다.

19세기부터 이러한 유형은 점차 바뀌었다. 1830년 무렵부터 50년간에 일련의 획기적인 변화가 일어났다. 유럽 제국들이 팽창하고 이에 동반되어 교역망이 연장되고 자본주의적 형태의 조직이 성장한 여파로, 마지막으로 기술혁명과 증기선 및 전신 같은 교통 및 통신 기반 시설의 혁명이 가져온 결과로서, 그때까지 세계를 조직한 지역적 체제는 꾸준히 포기되었다.

확실히 이러한 변화는 여러 면모를 띠었고 한결같이 한 방향을 가리키지는 않았다. 이러한 변화들을 성급히 '세계화'와 동일시한다면, 이는 그것들이 전부 동일한 과정의 일부라고 추정하는 것만큼이나 오해의 소지가 있다. 그 결과물은 모두가 서로 연결되어 있는 세계화한 세상이 아니었다. 1750년부터 1880년까지를 하나의 시기로 고려하면, 교역된 물품의 양과 대양 항해의 횟수, 사람들의 이주 규모가 전부 증가한 것은 의심의 여지가 없는 사실이다. 그러나 이러한 발전은 부분적으로는 매우 상반되는 논리들이 지배하는 상이한 중심으로부터 유래했다. 실제로 일어난 일은 강조점과 상호작용 유형에 나타난 변화였다. 말하자면 원래는 지역적 관심사를 향해 늘어진 쇠 줄밥이 새로운 자기장이 추가되면서 돌연 방향을 바꾼 것과 같다.

그렇게 나타난 그림은 한편으로는 매우 혼란스럽지만, 두 가지 일반적인 발전이 분명하게 드러난다. 새롭게 구성된 세계의 첫 번째 특성은 역사적 행위자들이 유럽(나중에는 '서구')을 거론하는 방식이었다. 1750년 무렵에는 아프리카와 아시아의 대부분 지역에서 유럽을 무시해도 여전히 아무 탈이 없었지만, 19세기가 지나면서 이러한 상황은 근본적으로 변했다. 청나라 황제의 조정에 파견된 영국 사절은 정확히 이 이행기에 속했다. 이 새로운 구성의 한 가

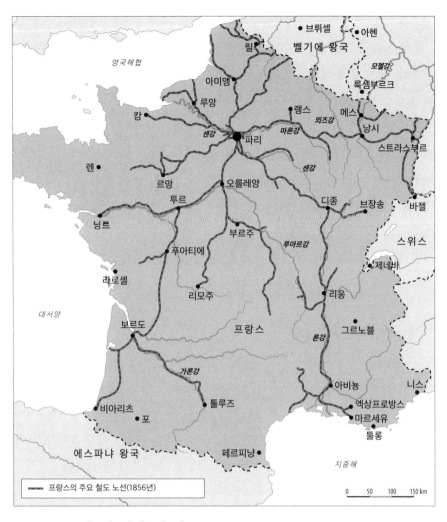

―――― 1856년 프랑스의 철도 네트워크.

지 잠재적인 결과는 기존 경로의 단절이었다. 예를 들면 프랑스에서는 파리를
중심으로 철도망이 발전했고, 이전에 낭트에서 렌까지 100킬로미터의 여정을
말을 타고 고생스럽게 간 경험이 있는 자라면 누구든 이제 수도를 경유하는
훨씬 더 긴 길을 택해야 훨씬 더 빨리 도착하는 것을 알게 되었다. 마찬가지
로 라틴아메리카 내부의 연결이나 인도양을 가로지르는 다른 지역적 연결도
이제는 런던 같은 금융 중심지나 마르세유나 로테르담, 리버풀 같은 교역 중

심지를 향한 방향으로 대체되었다.

이 장에서 개관할 두 번째 발전은 19세기 후반에 출현한 지역과 지역적 구조다. 이는 얼핏 역설적으로 들릴 수도 있다. 어쨌거나 19세기에 '세계의 변화'(위르겐 오스터함멜의 표현)가 가져온 가장 가시적인 효과는 전통적인 지역적 유형의 파괴였기 때문이다. 전통적인 지역적 유형은 수백 년간 유지되었으나 이제는 훨씬 광범위한 세계적 네트워크에 연결되고 그것으로 대체되었다. 그러나 1880년대에 교역과 상업에 적합했던 지역들은 이제 18세기에 존재했던 것들과 때로는 닮았다고 해도 동일하지 않았다. 그 대신에 지역적 활력은 새롭게 발전했다. 그러므로 이를 전통적 관계의 회복으로 여겨서는 안 된다. 지정학적 혁신으로 보아야 한다. 이 장에서 차츰 분명해지겠지만, 새로운 지역주의는 옛 문명의 부활이 아니라 19세기에 나타난 세계적 통합 과정에 대한 대응이었다.

18세기: 지역들의 세계

18세기까지, 그리고 여러 경우에는 19세기 중반까지, 이 세상은 지역들의 세계였다. 훗날 오스발트 슈펭글러Oswald Spengler와 아널드 토인비 같은 역사가는 지역을 종교와 공통의 세계관에 기반을 둔 문명으로 묘사했지만, 지역은 그렇게 단순하지 않았다. 오히려 지역은 문화적 교류는 물론 교역망과 이주의 흐름을 포함한 다양한 차원의 상호작용을 중심으로 발전했다. 이 지역들의 세계를 간략히 살피면 우선 아메리카를 들 수 있다. 라틴아메리카에서는 해안 도시들을 벗어나면 접촉이 제한적이기는 했지만, 아메리카는 이미 얼마간은 대서양 세계에 통합되어 있었다. 서유럽도 대서양 세계에 포함되어 이익을 얻었다. 동시에 서유럽은 교역로를 오가는 무장 선단의 형태로 인도양으로 진출하기 시작했다. 교역로는 처음에는 포르투갈이, 뒤이어 네덜란드가, 18세기 말에는 점차 영국이 통제했다. 방대한 러시아 제국은 상트페테르부르크와 나르바, 탈린, 카잔, 아스트라한 같은 주요 무역 중심지를 제외하면 여러 점에서 여전히 동떨어진 세계였다. 아프리카에서는 마그레브가 아랍 세계의 이슬람 사회와 연결되었지만, 사하라 사막 이남 아프리카와는 대체로 무관했다. 그런데도 사하라 사막 이남 아프리카는 사하라 사막을 오가는 무슬림 대

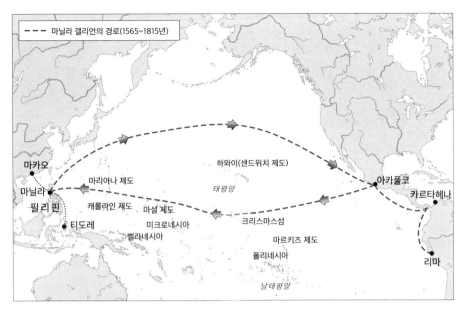

마카오
마닐라
필리핀
티도레

마리아나 제도
캐롤라인 제도
미크로네시아
멜라네시아

마셜 제도

하와이(샌드위치 제도)

태평양

크리스마스섬

마르키즈 제도
폴리네시아

남태평양

아카풀코
카르타헤나

리마

—— 마닐라 갤리언의 경로.

상과 대서양을 가로지르는 삼각무역을 통해 다른 지역들과 연결되었다. 아프리카 동해안은 멀리 동남아시아까지 뻗은 인도양 지역의 경제적·문화적 네트워크의 일부였다. 육지를 기반으로 한 세 개의 거대한 이슬람 제국, 즉 오스만 제국과 인도의 무굴 제국, 페르시아의 사파비 왕조를 계승한 제국들도 인도양 세계와 긴밀히 연결되었다. 한편 중국과 그 문명은 동쪽의 한국과 일본, 남쪽의 안남(베트남)과 시암(태국)으로 확장되었다.

　이러한 지역들의 세계는 복수의 네트워크를 통해 서로 다소 긴밀히 연결되어 있었다. 그 네트워크로는 제일 먼저 초지역적 교역로를 꼽을 수 있다. 몇몇 교역로는 생산자와 소비자 사이에 여러 중간 기지를 갖추어 작은 단계로 조직된 간접적인 교역로였다. 그러나 이때쯤이면 인도네시아의 말루쿠(몰루카)를 유럽의 시장과 직접 연결한 포르투갈과 네덜란드의 인도양 상선단처럼 대규모 체계도 발전했다. 그렇게 광범위한 다른 네트워크는 아카풀코와 필리핀을 오간 마닐라 갤리언선들이 구축했다. 이 교역망 덕분에 1821년에 멕시코가 독립할 때까지 아메리카의 농산물과 은은 동아시아에서 쉽게 시장을 찾왔다. 이러한 교역의 와중에, 결코 그것에만 국한되지는 않았지만, 초국적 이동의 형태들이 발전해 커다란 지역들과 그 문화들의 상호 접촉을 초래했다. 그 결과로 18세기가 되면 완전히 고립된 지역은 더는 존재하지 않았다.

거대 지역 내부의 이동

그렇지만 오랫동안 이동은 주로 지역 안에서 이루어졌다. 이미 다른 곳의 사회들과 상시로 접촉하던 지역에서도 그러했다. 19세기 초에 이르기까지 여행은 압도적으로 정치적·경제적·문화적 거대 지역 내부에서 발생했다. 이 지역적 편향성은 노예제의 경우에 가장 덜 두드러졌다. 그러나 강제 이주의 경우에도 근대 초기의 노예 경제는 별개의 거대 영역 내부에서, 이를테면 대서양 경제의 일부분으로서나 아프리카와 인도양의 이슬람-아랍 교역망의 토대 위에서 작동했다. 고향인 거대 지역에 대한 강한 애착은 상인과 선교사, 학자에게서 훨씬 더 분명했다. 교통망 내부에서 더 종속적인 위치에 있던 대상의 몰이꾼과 선원 등의 대다수도 마찬가지였다. 도로와 통행로의 사정을 감안하면 이는 전혀 놀랄 일이 아니었다. 불과 몇 킬로미터 떨어진 읍내에 가는 여정도 모험이 되는 경우가 빈번했기 때문이다. 긴 여행이 제기하는 비용이나 언어상의 어려움, 안전의 문제에 비추어 보아도 그렇다. 결과적으로 언어와 민족, 종교의 공통성이 여행의 반경을 결정하는 경향이 있었다. 레반트 지역과 남아시아 사이의 넓은 이슬람 지역에서는 그런 식으로 안내인과 중개인들이 촘촘한 네트워크를 이루어 상업과 기타 일들에 관한 정보를 전달하고 번역했다. 국경 통제가 허술했고 근대 초기의 국가는 간헐적으로만 권력을 행사했기 때문에, 그러한 인자들은 종종 국경보다 더 중요한 역할을 수행했다.[34] 예를 들면 남아시아의 파르시인, 지중해 지역이나 오스만 제국의 유대인, 비단길(실크로드)의 아르메니아인 같은 몇몇 집단은 국경을 통과하는 특별한 권리를 부여받았다.

선교의 임무나 민족지학적 목적으로, 국가의 공무(토지 측량 등등)로 돌아다닌 사람들도 비슷하게 대체로 정치적·문화적 거대 지역 안에서 활동했다. 따라서 교통의 흐름은 러시아에서 파리로, 서유럽에서 대서양 건너편으로,

중동에서 인도로 이어졌다. 언어와 종교, 역사와 정체성의 이해를 공유한 인도-페르시아 세계 안에서는 학자와 시인, 궁정 신하, 관리가 일상적으로 국경을 넘었다.[35] 극동에서도 이동과 문화적 교류의 범위는 주로 지역 내부에 국한되었다.[36] 그러므로 거대 지역 내부의 여행과 상호작용은 근대 초 세계의 공통된 특징이었다. 그렇더라도 몇몇 곳에서는 이러한 월경을 통제하거나 막으려는 시도가 있었다. 예를 들면 일본에서는 19세기 중엽까지 나라를 떠나는 것이 금지되었다. 이를테면 배가 난파해 중국이나 러시아의 해안에 내린 일본인도 귀국이 허용되지 않았다. 이런 입국 금지는 1850년대에 가서야 해제되었다. 그 후 중국 여행은 한 번 더 가능해졌고, 여행객이 받은 인상은 종종 여러 해 동안 실제로 여겨진 가상의 이미지나 선입견을 확증했을 뿐이다. 1867년에 수백 년 만에 처음으로 실제의 중국을 다시 본 일본인 중 한 사람이 된 후치베 도쿠조淵辺德蔵는 이렇게 감격했다. "마치 풍경화를 보는 것 같다!"[37]

그러나 이와 같은 지역의 강조가 지역 간의 경계를 넘을 수 없었다는 뜻은 아니다. 역사의 행위자들은 시시때때로 물리적인 장벽이나 행정적인 장애를 극복했고 충성의 대상을 바꾸기도 했다. 1760년대에 이스탄불을 떠나 인도를 방문한 무슬림 하지 무스타파Haji Mustapha가 좋은 사례다. 그는 프랑스의 교육을 받는 혜택을 누렸고, 상황에 따라 자기를 '므시외 레몽Monsieur Raymond'으로 불렀다. 캘커타(콜카타)에 도착한 하지 무스타파는 먼저 영국의 벵골 정복 영웅인 로버트 클라이브Robert Clive의 통역으로 일했다. 이후에는 인도아대륙에서 영 제국의 경쟁국인 프랑스를 위해 일했다가 메카로 순례를 떠났고, 그 덕분에 '하지'라는 명예로운 이름을 얻었다. 1780년대에 하지 무스타파는 캘커타에서 인쇄소를 운영해 페르시아어 서적의 영어 번역본을, 종국에는 '1800년 유럽의 상황'에 관한 미래학적 연구를 출간했다. 그를 오스만 제국의 무슬림으로 보든 '므시외 레몽'으로 보든, 메카 순례자로 보든 아니면 그가 때때로 자칭했듯 '절반의 영국인'으로 보든, 하지 무스타파의 생애는 이동과 문화적 전환, 정체성 개념이 현장의 상황과 권력관계에 따라 얼마나 다양하고 쉽게 변했는지를 증명한다.[38]

자기들의 거대 지역에 집중한 것은 유럽도 마찬가지였다. 그곳에서도 개

인 간의 접촉은 일반적으로 경계가 명확하게 정해진 대륙 내부의 길로 제한
되었다. 이러한 상호작용은 고유의 공간적 유형을 따랐으며 대체로 대륙 전체
를 포괄하지 않았다. 떠돌이 노동자들이 에스파냐에서는 갈리시아에서 카스
티야로, 프랑스에서는 마시프상트랄에서 파리 분지로 이동했으며, 영국 귀족
들은 도버에서 배를 타고 파리와 피렌체, 로마로 여행하는 '그랜드 투어Grand
Tour'를 시작했다. 그러나 유럽은 온갖 부류의 여행객이 지구의 거의 모든 구석
까지 모험을 떠난 장소라는 점(광범위한 자본 투자와 아시아로의 점진적인 팽창의
본질적인 부분)에서 예외적이었다. 그러한 이동의 출발점은 현저히 정확하게 서
유럽이었고, 여성의 선박 여행은 허용되지 않았기 때문에 거의 남자만 움직였
다. 1760년대에 세계를 일주한 최초의 여성 잔 바레Jeanne Baré는 루이앙투안
드 부갱빌Louis-Antoine de Bougainville의 태평양 원정대에 식물학 조수로 합류했을
때 남자로 위장해야 했다. 과학 탐구 여행은 범위가 넓었다. 일찍이 1750년에
유럽의 식자층은 아시아를 철저히 조사했다고 생각했다. 이스탄불과 레반트
지역은 '다소 평범한 주제'로 여겨졌고, 1800년이 되면 페르시아는 지구상에
서 가장 많이 방문한 곳 중 하나로 인식되었다.[39] 중국에 파견된 예수회 선교
단은 인쇄물을 쏟아냈는데, 일찍이 1735년에 장바티스트 뒤 알드Jean-Baptiste
Du Halde가 이를 모아 네 권짜리 백과사전으로 편집했고 책은 독일어와 영어,
러시아어로도 출판되었다. 작가 렝글레 뒤 프레누아Lenglet Du Fresnoy는 1742년
에 쓴 글에서 강경하게 주장했다. "이제 우리는 프랑스와 다른 유럽 국가를
아는 것만큼이나 중국을 상세하고 정확하게 알고 있다."[40]

여행기와 조사 탐험대

앞에서 언급한 지식은 수행된 탐험의 수뿐만 아니라 대중매체가 이를 처
리하는 방식과도 관련이 있었다. 인쇄기의 보급과 수용 능력이 있는 대중의
성장은 이 점에서 핵심적인 역할을 수행했다. 예를 들면 페르시아어권 세계에
서 1800년 이전의 여행담은 수기 원고가 몇 편 유포되기도 했지만, 대부분 구
전되었다.[41] 중국은 상황이 매우 달랐다. 그곳에서는 여행기의 유서 깊은 전통
이 있었다. 중국에서는 발견이나 식민지 사업을 위한 항해에 관심이 크지 않

_____ 주로 귀주(구이저우)성과 호남(후난)성에 거주한 중국 남서부의 소수민족 묘(먀오)족의 전통
과 관습을 다룬 민족지 화첩. 묘족의 특징을 보여 주는 일상생활 관습의 차이점과 특이점을 강조
하려는 의도로 묘사되었다. (Wikimedia Commons, ⓒ Wellcome Images)

았지만, 중국의 여행 기록은 외국 것에 대한 기본적인 관심이 지속되었음을
증언한다. 많은 기록이 나라의 여러 지방에, 특히 '야만족'으로 여겨진 제국
변방의 유목민 무리에 집중했다. 중국의 여행 기록에서 민족들과 그 관습의
묘사보다 한층 더 두드러졌던 것은 여행자가 지나가며 목격한 풍광과 그러한
장소의 이국적인 자연에 대한 묘사였다.[42] 여행 기록은 다른 곳에서도 인기가
있었지만, 유럽에서 가장 폭넓은 대중적 관심을 받았다. 17세기와 18세기에
유럽에서는 여행기가 가장 널리 보급된 문학 장르가 되었다. 18세기에만 외국
의 땅과 문화를 주제로 삼은 책이 3500종 이상 인쇄되고 출판되었다.[43]

18세기에 이루어진 많은 탐험 여행의 특징은 대규모의 국가 후원 사업으
로 조직되었다는 데 있다. 그러므로 지식의 보고가 탄생한 것은 제국주의적
의도와 밀접한 연관이 있었다. 에스파냐 왕정은 16세기부터 지도 제작을 제
도화해 제국을 뒷받침했다. 이는 해외 영토의 모든 관리가 참여한 사업이었
다.[44] 나폴레옹의 이집트 모험, 제임스 쿡의 남태평양 탐험대, 조지 보글George

Bogle의 티베트 파견 등 18세기에 유럽 열강은 경쟁적으로 탐험과 조사를 위한 항해에 나섰다.[45] 그러나 국가가 지식의 습득을 조정하는 것은 서유럽의 전유물이 아니었다. 러시아의 대제 표트르 1세는 대규모 시베리아 원정과 한층 더 광범위했던 캄차카 탐험에 착수했다. 캄차카 탐험의 주된 목적은 아시아와 북아메리카를 잇는 길을 탐색하는 것이었다. 청나라도 제국주의적 사업의 일환으로 내륙을 개발하는 사업에 폭넓게 투자했다. 지방을 상세하고 정확하게 기술한 것은 그 거대한 제국을 중앙에서 효율적으로 통제하고 관리하기 위해서였다. 수많은 삽화를 곁들여 완성한 여러 민족 집단의 민족지도 중국에서 18세기에 활발히 이루어진 작업으로, 청나라가 더 효과적으로 통치하는 데 도움을 주었다.[46] 이 모든 사업은 광범위한 차원에서 이루어졌지만, 근본적으로 자기들의 문화적·정치적 지역에 국한되었다.

유럽 탐험

아프리카 사회와 아시아 사회의 유럽에 대한 관심은 오랫동안 아주 미미했다. 그러한 관심이 부족한 주된 이유는 단순했다. 유럽은 자기들과 관련성이 없었기 때문이다. 예를 들면 오스만 제국 사람들은 유럽의 장소와 제도보다는 중국과 인도에 관해 훨씬 더 많이 알았다. 15세기에서 19세기 사이에 기독교 대륙을 묘사한 아랍어 저작은 단 하나뿐이었다.[47] 18세기에 라틴아메리카에서 얼마간의 사람이 유럽으로 들어갔지만, 아프리카에서 온 이는 소수에 불과했고 아시아에서 온 이는 더 적었다. 반면에 1602년에서 1795년까지 네덜란드 동인도회사의 선박으로만 약 100만 명의 유럽인이 아시아로 갔다. 이 시기에 외국인이 유럽에 체류한 극소수의 사례에 관해서는 아무런 기록도 남아 있지 않다. 유럽으로 간 이 예외적인 외부인 집단에는 개별 상인과 뱃사람, 도망친 노예, 오스만 제국과의 전쟁에서 사로잡힌 포로가 있었다. 이들과 더불어 약 100명의 중국 기독교도도 있었는데, 이들은 1649년에서 1780년 사이에 유럽의 가톨릭 국가로 들어갔다. 영국이 벵골을 식민화한 이후 영국으로 간 소수의 외교관과 이들의 부인, 하인을 여기에 더할 수 있다.

그러나 유럽을 방문한 몇몇 사람은 상징적 지위를 획득했다. 그중 한 사람은 18세기 초에 지금의 가나에서 태어나 짐작컨대 노예로서 유럽으로 보내진 안톤 빌헬름 아모Anton Wilhelm Amo였다. 아모는 브라운슈바이크-볼펜뷔텔 공작의 궁성에 도착했고, 그곳에서 인문주의 교육을 받았다. 훗날 그는 할레 대학과 비텐베르크 대학에서 공부했으며 유럽 흑인의 법적 지위를 고찰한 박사 학위논문을 썼다. 뒤이어 정규 교수 자격을 획득하고 할레 대학과 비텐베르크 대학에서 여러 해 동안 가르쳤다. 1747년에 아모는 마침내 서아프리카로 돌아갔다.[48] 똑같이 비전형적인 사례였던 다른 유명 인사는 올라우다 에키아노Olaudah Equiano(1745~1797)다. 에키아노도 노예로서 버지니아로 끌려갔다. 그곳에서 자유를 매입한 뒤 잉글랜드로 이주해 결혼했고 1789년에 자서전을 출간해 유명해졌다. 이 책은 노예제 폐지 운동에서 중요한 역할을 하게 되었다.[49] 1774년에 쿡이 잉글랜드로 데려온 폴리네시아인 오마이Omai의 도착도 비슷하게 흥분된 관심을 불러일으켰다. 그는 학술원 회원들 앞에 내보여졌으며 국왕 조지 3세를 알현하기까지 했다. 이국적인 것에 대한 당대의 열망 덕분에, 오마이는 2년 뒤 타히티로 돌아가기까지 남태평양에서 온 '고귀한 야만인' 대접을 받았다.[50]

그러나 18세기에 유럽으로 온 자들은 대부분 기록으로 흔적을 남기지 않았으며, 각각의 사회적 영역이 달랐음을 고려할 때 그들의 경험은 좀처럼 널리 알려지지 않았다. 이 점에서 유일한 정보의 원천은 시암과 페르시아, 오스만 제국에서 온 공식 대표단이 이따금 남긴 것이다.(인도나 중국은 아니다.)[51]

따라서 1800년 이전에 유럽인과 아시아인의 만남은 거의 대부분 아시아 땅에서 이루어졌다. 이 사실 때문에 오랫동안 수많은 역사가는 아시아의 여러 문화에 이른바 유럽만의 독특한 성격, 즉 호기심이 부족하다고 결론 내렸다. 그러나 유럽인을 만나기 위해 꼭 리옹이나 밀라노로 여행할 필요는 없었다. 18세기가 지나는 동안 유럽인은 한층 더 빈번히 아시아에 모습을 드러냈기 때문이다. 상인과 학문적 탐구자, 관료, 선교사가 들어왔기에 힘들게 서유럽으로 여행하지 않아도 지식을 교환하고 그곳의 상황에 관한 정보를 얻을 수 있었다. 남아시아에서는 교육받은 토착 엘리트의 대표자들이 바르톨로메우스 치겐발그Bartholomäus Ziegenbalg(그는 남부 인도 서해안의 작은 덴마크 식민지 타

랑감바디에서 타밀어를 배웠다.)라는 루터교 선교사를 현지 정보 제공자로 이용했고, 종교 문제와 사회 문제에 관해 그와 서신을 교환했다.[52] 일본의 쇼군처럼 중국 황제들은 유럽과 라틴아메리카에 관해 정기적으로 보고를 받았다. 1773년 건륭제와 프랑스 예수회 선교사 미셸 브누아Michel Benoît는 길게 토론했다. 이 유명한 토론에서 청나라의 통치자는 당시 유럽에서 벌어진 많은 전쟁과 또 다른 충돌에 놀라움을 표시했다.[53] 그러나 남아시아를 제외하면 유럽인들은 오랫동안 그 대륙의 다른 지역에 대해서는 단순히 외국인 방관자로 남았으며, 흔히 불신과 의혹의 대상이었다. 1820년까지도 일본의 애국자 아이자와 세이시사이会沢正志斎는 이렇게 논쟁적인 글을 썼다. "최근에 혐오스러운 서구 야만인들이 이 세상의 가장 밑바닥에 있는 존재라는 자신들의 비천한 지위를 망각한 채 뻔뻔스럽게도 사해를 휘젓고 다니며 다른 민족들을 짓밟고 있다. 지금 저들은 심히 대담해 이 세상에 높이 솟은 우리의 지위에 도전하고 있다. 이게 도대체 무슨 오만한 태도인가?"[54]

고립 그리고 엄격하게 통제된 대외 관계

그렇지만 대체로 아직까지는 18세기에 나타난 이러한 연결이 매우 긴밀했다고 생각하는 오류를 범해서는 안 된다. 예를 들면 많은 사회에서 외국어는 여전히 일종의 비밀 지식으로 여겨졌다. 그래서 광동에서는 외국인이 중국어를 배우는 것을 엄격하게 금지했다. 따라서 통역은 일반적으로 정부의 고용인이었다. 그러나 언어가 유일한 장애물은 아니었다. 여러 지역에 아직 접근할 수 없는 곳이 있었다. 오스트레일리아를 포함하는 태평양 지역의 큰 부분처럼 대개 무역과 상업에서 절연된 곳이었다. 일반적으로 말해 많은 나라가 여전히 항구에서 멀리 떨어져 극도로 접근하기 어려운 위치에 있었다. 게다가 몇몇 사회는 경계를 넘는 교류를 위험한 일로 여겨 엄격히 규제했으며, 심지어 철저히 금하기도 했다. 17세기 이래로 일본은 외교 접촉을 제한하는 정책(쇄국)을 추구했으며, 소수의 네덜란드 상인만 나가사키 항구에 만든 인공섬에 살게 하고 엄히 감시했다. 쇼군 정부의 통제는 엄격했다. 선교 활동이나 기독교 사상의 전파처럼 보이는 행위는 명백히 금지되었고, 도쿠가와 정권의 검열관들은 기독교 교회의 위치가 표시된 중국 북경 지도의 유포까지 금지했다. 18세기 초에 하노버 인근 렘고 출신의 내과 의사로 네덜란드 동인도회사에서 일했던 엥겔베르트 켐퍼Engelbert Kaempfer는 이렇게 썼다. "일본은 왕국의 문을 꽉 잠가 외국인의 접근이나 외국인과의 교제를 막는다. 그들은 외부인을 물리치며 입국을 허용한 소수의 사람을 적대적인 시선으로 매우 엄격하게 감시한다. 바다에 폭풍이 몰아쳐 외국의 해변으로 떠밀려 간 자국인에게 도망친 범죄자의 낙인을 찍는다." 그러면서 "전적으로 자기들의 세계에만 갇혀 최고로 평화로운 중용과 행복의 삶을 누리며, 이웃 나라, 실로 나머지 세계 전체와 그 어떤 교류 없이도 매우 평온하게 지내는 일본인의 모범"을 권고했다.[55] 이 정책(칸트는 1795년에 『영구 평화론Zum ewigen Frieden』이라는 글에서 이 정책을 유럽의 평화를 위한 모범이자 필수 조건으로 치켜세웠다.)은 1853년 매슈 페리 제독이 지휘하는 미국 함대의 무력 개입으로 돌연 중단되었다. 중국도 외부인의 영토 진입을, 적어도 체계적으로 감시하기에 용이한 해안을 따라서는 엄격히 통제했다. 그러나 당시에 가장 완고하게 고립을 추구한 나라는 한국이었다. 통치 왕조인 조선은 유럽의 침입을 조직적으로 봉쇄했기 때문에 윌리엄 엘리엇 그리피스William Elliot Griffis는 1882년에 한국에 관해 쓴 책에 『은자의 나라The Hermit Nation』라는 제목을 붙였다.

달리 말하자면 상호 관계에 명백한 한계가 있었다. 그러나 역으로 완전히 폐쇄된 지역은 가치도 적었다. 고립의 관점에서 말하는 것은 유럽 중심적 견해를 취하는 것이다. 특정 지역에 유럽인이 존재하는지를 한 나라의 '개방'을 판단하는 척도로 만들기 때문이다. 그러나 한국이나 중국, 일본에서 유럽인은 예외적인 상황에서만 입국이 허용되었지만, 그런데도 동아시아와의 관계는 비록 엄격히 규제되기는 했어도 유지되었다. 고립을 이야기했던 켐퍼와 달리, 나가사키에 살았던 학자 니시카와 조켄西川如見은 중국 선박의 왕래를 묘사했으며, 자기가 목격한 소동과 생생한 교류에 흠뻑 빠져들었다. 그는 또한 기독교의 엄격한 금지뿐만 아니라 유럽 선박의 일본 입항을 막기 위한 칙령을 설명했다. 그러나 그에게 이 모든 것은 결국 폐쇄된 나라의 모습의 아니라 그 반대를 의미했다. "태평성대이고 나가사키의 명성은 널리 알려졌으며 (……)

해마다 오는 배는 여전히 무수히 많기 때문이다. (……) 야만인 선박과 중국 선박에 실려 들어오는 물품의 교역이 번창해 (……) 중국의 생선, 농산물, 가금과 마소, 과일과 채소, 야만인들의 기이한 과일이 풍부하고 (……) 한편 중국의 음악에 귀가 호강하고 보석과 화려한 수단에 눈이 즐겁다."[56] 니시카와에게 일본은 평화로운 아시아 교역망의 일부처럼 보였고, 나가사키는 고립의 상징이 아니라 세계로 열린 창이었다.

그러므로 통제와 규제가 있었으면서도 이동과 순환에서 철저하게 배제된 곳은 지구상에 한 곳도 없었다. 한국조차도 그렇지 않았다. 일본에서는 유럽과의 접촉을 심하게 규제한 상황에서도 자생적인 유럽학이 발전했다. 유럽의 오리엔탈리즘에 대응하는 이 학문은 18세기 세계에서는 이례적인 경우였다. 난학蘭學(란가쿠)을 연구하는 학자들은 유럽의 생활 방식에 관한 책뿐만 아니라 과학 서적에 관한, 즉 의학 논문 및 식물학 논문과 천문학 및 역법에 관한 책도 번역했다. 최초의 번역서는 1774년 스기타 겐파쿠杉田玄白가 번역한 것으로 유교의 전통적인 인체 이론에 도전한 해부학 서적이었다. 이와 같은 네덜란드어책들이 번역된 것은 1638년에 쇄국을 선포한 칙령에 뒤이어 일본이 자국인에게 접촉을 허용한 유일한 유럽 국가가 네덜란드였기 때문이다. 네덜란드어 서적을 읽을 수 있는 독자층이 성장했고, 시간이 지나면서 이 독자들은 유럽에서 전래되는 많은 지식에 정통하게 되었다. 그러나 네덜란드 것에 대한 몰입은 오래 가지 않았다. 1853년 이후에 일본의 권력자들은 네덜란드어권이 매우 좁다는 사실을 깨달았다. '난학'은 곧 영어 공부에 밀려났다.[57]

공중 영역과 번역

접촉이 제한되고 많은 경우에 상호 교류는 여전히 매우 간헐적이었지만, 18세기에도 몇몇 지역의 공중 영역은 이미 다른 지역의 공중 영역과 연결되었다. 공중 영역 개념은 보통 18세기와 19세기에 발생한 대대적인 사회적 격변과 연관이 있다. 그러나 그 단계에서 출현한 논의 집단과 공론의 장은 선구자가 없지 않았다. 여러 점에서 기존 의사소통 유형과의 연속성이 보였다. 중간 계급 문화의 살롱은 물론 극장과 커피 하우스 같은 특별한 제도가 등장해 국

가로부터 독립적인 논의를, 또한 적어도 부분적으로는 기존 권력 구조를 겨
냥한 논의를 촉진한 서유럽에서만 그런 것도 아니었다.[58] 예를 들면 영국령 인
도에서는 사람들이 기존의 종교적 공중 영역에 집착했지만, 종교 문제에 관
한 논의에만 제한되지는 않았고 몇몇 경우에는 식민지 통치자들의 정책에 대
한 비판적인 견해도 허용되었다. 19세기 초부터 북쪽 지방의 궁정에서 우르두
어가 채택되면서 지식 공동체는 확실히 통치 엘리트로만 국한되지는 않았다.
이러한 공중 영역은 엄격한 위계적 질서에서 작동했으나, 시장과 빵집, 축제
장(유럽의 살롱과 커피 하우스에 상응하는 곳)에는 다양한 주제에 관한 자유로운
토론의 공간이 일상적으로 발전했으며, 새로운 소식은 급속하게 퍼졌다.[59] 다
른 사례를 들면, 일본에서도 1870년에 최초의 신문인 《요코하마 마이니치 신
문橫浜每日新聞》이 출현하기 한참 전에 의사소통 공동체가 발달해 작동했다. 일
찍이 1700년에 교토 한 곳에만 약 100개의 출판사가 글을 읽을 줄 아는 많은
대중을 위해 소책자와 전단, 명함, 책을 만들어 냈다.[60]

　　이러한 공중 영역은 다양한 강도로 이미 서로 연결되었다. 앞서 논의한
여행과 다양한 형태의 이동과 더불어, 특히 공통의 언어와 번역을 토대로 그
러한 네트워크가 창출되었다. 대양과 문화적 경계를 넘는 의사소통은 중요
한 초지역적 언어들의 작품이었고, 지금까지도 그렇다. 18세기에 중국어책은
한국과 일본, 베트남, 시암에서 쉽게 습득하고 이용할 수 있었다. 마찬가지로
1830년대까지 페르시아어는 중앙아시아와 남아시아의 넓은 영역에서 관료
의 언어였으며, 남쪽 멀리 동남아시아의 도서 지역까지 상업 활동의 언어였
다. 남아메리카에서 에스파냐어는(어느 정도는 포르투갈어도) 티에라델푸에고에
서 멕시코에 이르기까지 공통된 의사소통 수단이었다. 포르투갈어도 이 시기
에 인도양의 공용어로 살아남았다. 유럽에서는 프랑스어가 18세기 내내, 그리
고 그 이후까지 교육받은 계급들의 언어였다.[61] 근대 초기의 이러한 표준 언어
들은 19세기에 들어서고 한참이 지난 뒤에도 그 역할을 계속했다. 에스파냐
어와 프랑스어 같은 몇몇 언어는 모국의 제국이 공고해지고 팽창한 결과로 새
로운 사용 영역을 찾아내기도 했다. 그러나 이 언어들은 부분적으로 다른 언
어에 밀려났다. 예를 들면 18세기 중엽 이후로는 포르투갈어와 영어, 말레이

어, 여타 언어에서 낱말을 가져와 중국어에서 빌린 문법과 결합한 피진 잉글리시가 이 언어들을 대체했다. 피진 잉글리시는 아시아의 여러 항구도시에서 다문화 언어가 되었다. 그러나 19세기 중반부터 영어가 꾸준히 발전해 일종의 표준 언어가 되었다. 영 제국의 정착 식민지와 기타 영토로 향하는 대량 이주가 이루어졌을 뿐만 아니라 전 세계적 세력균형에서 영국이 해군력으로 확실하게 우세를 차지해 영어의 확산이 보장되었다.[62]

표준어들이 도달하지 못한 곳에서는 번역이 다른 사회의 지식을 전달하는 역할을 했다. 통역은 이 과정에서 중요한 역할을 수행했다. 프랑스에는 1721년부터 튀르크어 통역 학교가 있었고, 빈에는 1754년에 동양어 연구소가 설립되었다. 이스탄불에서는 오랫동안 그리스 정교 집안이 독점한 이른바 테르쥐만tercüman('통역', 영어로 드래거먼dragoman)이라는 자들에게 통역 업무가 맡겨졌다. 테르쥐만은 유럽 대사관에 고용되었을 때도 오스만 제국 술탄의 신하였다. 이들은 오스만 제국에만 있었던 상설 외교 사절단의 구성 요소였다. 중국 조정은 중요한 번역 업무를 예수회 수사들에게 맡겼다. 그들은 외부 세력과의 협상에 청나라의 공식 대표자로 나갈 권한을 위임받았다. 일반적으로 유럽에 아시아 언어에 대한 지식이 퍼진 것보다 아시아에 유럽 언어에 대한 지식이 더 널리 퍼졌다. 19세기에 이르기까지 영국은 인도에서 현지 학자(문시munshi)에게 의존했다. 이들이 공식 언어인 페르시아어와 새로운 통치자들의 언어를 번역했다.[63]

전 지구적 인식의 초기 형태

이러한 상호작용 증대의 다른 결과는 초기 형태의 세계적 인식이 발전한 것이다. 사람과 물건, 사상의 순환은 이제 인식의 차원에 서서히 더 큰 영향력을 행사했다. 이러한 발전에 근본적으로 새로운 것은 없었다. 거주 공간의 경계 너머에 있는 세계에 대한 인식은 고대 이래로 지속적으로 관찰된다. 16세기의 에스파냐와 포르투갈의 세계적 팽창과 18세기에 유럽에서 중국의 차와 비단, 도자기가 수입되어 촉발된 소비자 혁명은 세계 인식의 추가적인 변화를 낳았다. 1850년 무렵에 이스탄불에서 유럽의 신세계 발견이 대표한 예기치 않은 시야의 확장과 우주론적 도전에 대처하려는 책이 『서인도의 역사*Tarih-i Hin-i garbi*』라는 제목으로 출간된 것도 그러한 변화의 결과물이다. 그 익명의 기록자는 이렇게 썼다. "예언자 아담이 세상에 나와 발을 내딛은 이래로 지금까지, 그렇게 이상하고 놀라운 일이 일어난 적은 없었다."[64] 멕시코에서 지도 제작자이자 우주지 학자 하인리히 마르틴Heinrich Martin(엔리코 마르티네스Enrico Martinez, 1632년 사망, 함부르크 태생)은 명확히 아메리카인의 시각으로 본 세계사를 제시하려고 했다. 그는 아메리카가 원래 아시아에서 온 사람들이 살았던 곳이라는 가정에서 출발했다. 아메리카 원주민을 보니 피부가 검은 쿠를란트(오늘날 라트비아 서부의 쿠르제메) 주민이 생각났기 때문이다. 두 책 모두 같은 사건에 대한 반응이었지만, 근본적으로 다른 '세계' 관념이 스며들어 있다. 세르주 그루진스키Serge Gruzinski는 이렇게 썼다. "이베리아에서 시작된 세계화는 어디서나 서로 화해할 수 없되 이 세상의 세계적 성격을 포착하려는 노력에서 서로 보완하는 여러 관점과 시각을 탄생시켰다."[65]

유럽 계몽운동의 상황에서는 세계의 모든 사회를 최대한 가장 정확하게 묘사하기 위해 한층 더 광범위하고 경험적으로 더 충실한 세계사가 연이어 출현했다. 대표적인 사례는 그 유명한 『보편사*Universal History*』다. 1736년에서 1765년까지 런던에서 총 65권으로 간행된 이 책은 이후 프랑스어와 독일어, 이탈리아어로 번역되었다. 이 책은 세계사로 기획되었지만 기본적으로 여러 문명을 병치했을 뿐 그 사이의 상호작용에는 큰 관심을 두지 않았다. 이 책은 18세기의 유럽에서 입수할 수 있는 수많은 여행 기록에서 자료를 모았다.[66] 중세에서 현재까지 다룬 『보편사』의 두 번째 부분에서는 텍스트의 절반가량이 동남아시아와 페루, 멕시코, 콩고 왕국과 앙골라 왕국에 할애되었다. 그러나 백과사전식 나열 때문에 즐겁게 읽을 수 있는 서사라기보다는 참고 도서에 더 가까웠다. 에드워드 기번Edward Gibbon은 이 책을 "철학이나 취향의 불꽃으로도 되살릴 수 없는 (……) 따분하고 두껍기만 한 것"에 지나지 않는다고 보았다.[67]

전체적으로 이러한 세계사 백과사전들은 유럽 문화의 관점에서 편집되었다. 종합적인 이해에서 그 책들은 18세기 말의 세계적 네트워크들의 구조를 반영했다. 그 세계 해석이 우선 세계가 상호 연결됨으로써만 가능해졌다는 것은 분명하다. 그러나 이 책들은 비교의 형식으로 제시되었고, 상이한 '문명들'이라는 개념으로써 구성되었다. 그 책들이 설명한 세계는 여전히 지역들로 이루어진 세계였다. 주로 문화의 관점에서 규정된 큰 지역들은 통일적이고 본질적으로 자율적인 실체로서 온전한 상태를 유지했다. 그 지역들은 서로 관계를 맺고 있었지만 여전히 별개의 발전 경로를 열망했다.[68]

대격변

19세기 말이 되면 그러한 고립은 더는 생각할 수 없었다. 1885년 일본의 철학자 후쿠자와 유키치(1835~1901)는 이렇게 썼다. "세계적 문명들의 활력은 아시아의 고립된 섬나라를 편히 잠들게 놓아두지 않을 것이다."[69] 세계의 여러 지역이 서로 점점 더 긴밀하게 엮였고, 당대인들은 세계적인 통합 경향의 심화를 더 자주 언급했다.

따라서 19세기가 지나면서 종교의 세계가 세계적으로 통합된 세계로 점차 바뀌었다. 앞으로 보겠지만, 이는 모두가 다른 누군가와 연결되었다거나 지역적 연결이 더는 중요하지 않았다는 뜻이 아니다. 그렇지만 이 시기에 네트워크들과 관계들은 한층 더 가까워졌으며, 사람들의 문화적·정신적 지도는 차츰 형태를 바꾸었다. 이러한 변화와 조정은 주로 서로 연결된 네 가지 거대 과정에 의해, 즉 유럽 제국들의 팽창, 교통과 통신의 혁명, 국제적 국가 체제의 확립, 자본주의적 형태의 생산과 조직의 확산에 의해 이루어졌다.[70] 차례대로 살펴보자.

유럽 제국들의 팽창

첫 번째 과정부터 시작하자. 유럽 제국들의 팽창은 새로운 현상이 아니었다. 이는 먼저 포르투갈과 네덜란드의 선박이, 그다음으로는 18세기에 점차 영국 선박들이 지배한 해상 교역로 통제에서 서서히 발전했다. 그러나 1760년에서 1830년 무렵에 이르는 국면에서 중앙집권화한 국가들의 군사 재정주의가 더 중요한 동인이 되면서 제국의 기획은 변화를 겪었다. 어쨌거나 이미 국가 지출에서 가장 큰 몫을 차지한 전쟁 비용은 18세기에 한층 더 급격하게 증가했다. 존 룰John Rule은 이렇게 말했다. "산업혁명에 드는 비용은 전쟁에 비하면 하찮다."[71] 무력에 의한 국가 팽창의 정책은 다른 무엇보다도 계속 성장하는 국제무역의 일부를 흡수하고 제한된 국가 재원을 확대하려는 시도였다.

7년 전쟁(1756~1763)은 유럽 제국들의 강화와 개조를 위한 발판이었다. 영국은 비록 1776년에 (이어 1812년의 전쟁 후에 완전히) 끝나기는 했지만 북아메리카에 진출했다. 에스파냐 제국은 18세기 말에 두 번째로 라틴아메리카 정복에 착수하며(달리 말하자면 대륙의 내부로 제대로 침투하며) 부활했다. 프랑스는 유럽과 북아메리카, 카리브해, 남아시아에서 제국의 사업을 추진했다. 영국은 플라시 전투(1757)에서 승리한 후 인도로 진입했다. 마지막으로 러시아는 시베리아와 만주, 극동의 태평양 연안으로 진출했다. 재정적 요구(때로 현지 주둔 군대의 재정적 요구)는 이러한 사업에서 종종 결정적인 역할을 담당했다.[72] 유럽 밖에서도 우세한 제국들은 (이집트나 마이소르처럼 상대적으로 힘이 떨어지는 나라들과 더불어) 재정-군사 국가 모델로부터 영감을 받은 여러 형태의 국가 형성에 의존했다.[73]

교통과 통신의 혁명

지역적 구조를 갖춘 세계의 와해와 새로운 세계적 연결의 미래상을 조장한 두 번째 요인은 1840년대에 시작된 교통과 통신의 혁명이다. 특히 철도는 원료와 제품, 인간, 정보의 신속한 이동을 크게 촉진했다.[74] 그러나 철도는 단순히 기술적·경제적 사업에 머물지 않았다. 정확히 말하면 문화적 의미를 지녔으며, 근대가 가져오리라고 예상된 진보를 상징적으로 구현했다. 일찍이 1843년 파리에서 루앙을 잇는 철도의 개통식 때 시인 하인리히 하이네Heinrich Heine는 "사회로부터 완전히 고립되어 있지 않은 사람이라면 누구나 느끼고 있을 충격"에 관해 썼다. "(……) 세계사의 새로운 시대가 열리고 있으며, 우리 세대는 그 시초에 임하고 있음을 자랑해도 된다. 사물을 바라보는 우리의 방식에, 우리의 관념에 분명히 어떤 변화가 일어나고 있다! 기본적인 공간 개념과 시간 개념까지도 흔들리기 시작했다. 철도는 공간을 죽였으며, 우리에게는 시간만이 남았다."[75] 유럽 밖의 여러 나라에서도, 특히 인도와 일본, 아르헨티나에서도 19세기에 원활히 작동하는 철도망이 구축되었다. 오스만 제국에서는 개혁가 리파 알타흐타위(1801~1873)가 교통 방식의 혁명에 크게 매료되어 증기기관을 찬양하는 시를 지었다.[76] 아프리카의 여러 식민지 영토에서(특히 남아프리카에서) 1900년 이래로 내륙에 침투할 때도 철도의 발전이 상당한 역할을 했다.[77]

그러나 국경을 넘는 상호 연결에 한층 더 중요했던 것은 증기선의 성장이었다. 증기선은 점차 대서양 항로를 안정되게 운항했고, 교역과 정보의 흐름이 세계적인 현상이 되는 데 결정적으로 기여했다.[78] 이 과정에서 대서양을 건너는 시간은 (1870년의) 3주에서 1900년에 약 열흘로 줄어들었다. 1869년의 수에즈 운하 개통은 영국에서 인도에 이르는 해상 이동 시간을 딱 절반으로 줄임으로써 이러한 교통수단의 속도를 증진하는 핵심적인 역할을 했다.[79]

이 분야의 다른 중요한 발전은 전신과 세계 곳곳의 케이블 설치였다.[80] 1847년에 전신을 발명한 새뮤얼 모스Samuel Morse는 전신이 "공간과 시간을 지워 버려 인류를 우애의 공동체로 만들 것"을 꿈꾸었다.[81] 최초의 대서양 횡단 케이블은 1866년에 사용에 들어갔고, 늦어도 1880년이면 세계의 매우 중요한 상업 시장과 소비자 시장이 촘촘한 전신망 안으로 통합되었다. 1875년 이후로 리우데자네이루와 몬테비데오, 부에노스아이레스도 뉴욕과 런던, 파리 같은 대도시와 전신선으로 직접 연결됨으로써 세계적 통신의 핵심 중추로 발전했다. 전신 제도는 자본주의의 확산과 경제적 지역들의 통합으로 가능해졌으며, 동시에 이를 촉진하는 데도 일조했다. 또한 그때까지 더 느린 형태의 통신에 의존해야 했던 공중 영역들의 연결도 가능하게 했다. 1870년에 런던으로 오는 편지는 캘커타에서는 35일이 걸렸고 상해에서는 56일, 시드니에서는 60일이 걸렸다.[82]

이러한 기술의 혁신은 라틴아메리카와 남아시아, 극동, 오스만 제국에서 공중 영역이 성장하는 데 중요한 요인이었다. 새로운 형태의 공중 통신이 주로 도심지와 항구도시에서 빠르게 출현했으며, 새로운 공공 교육제도의 발전으로 수가 크게 증가한 대도시의 신흥 엘리트들이 종종 이를 촉진하고 지원했다.[83] 19세기 중반 이후로 신문의 확산과 그로써 생겨난 신문 문화는 사상

— 19세기 말의 가장 중요한 증기선 항로.

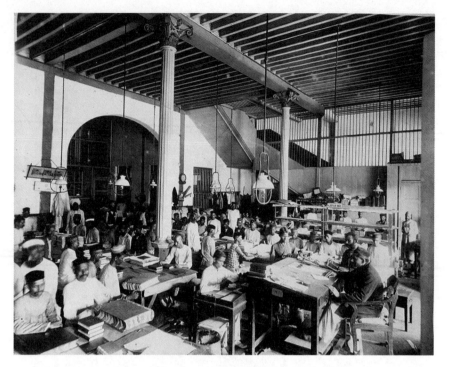

_____ 《타임스 오브 인디아(*Times of India*)》 제작실, 1898년. 인도 최초의 신문은 1780년에 창간된
《벵골 가제트(*Bengal Gazette*)》로 2년 동안 매주 발행되어 캘커타의 영어권 사회에 관한 뉴스를 전
했다. 《타임스 오브 인디아》는 1860년대에 봄베이에 있던 기존 신문을 기반으로 등장했다. 《타임
스 오브 인디아》는 영국인 편집자 로버트 나이트(Robert Knight, 1825~1892)의 지휘로 곧 인도아대
륙에서 자체 통신사를 갖춘 가장 중요한 신문이 되었다. 오늘날 그 신문은 영어 신문으로는 세계
에서 가장 많은 부수를 발행한다. (Wikimedia Commons)

의 급속한 전파를 도왔다.[84] 일본의 《가와라반瓦版》 같은 오래된 인쇄 정보지
나 정부가 후원한 공보(1655년부터 발행된 《런던 가제트*The London Gazette*》나 북경의
《경보(징바오)京報》)와 달리 새로운 언론기관은 사유물이었고, 정부로부터 독립
해 비판적 보도를 내보낼 수 있었다. 이제 신문은 유럽 제국주의의 확산 다음
으로 흔했던 인쇄기에서 대량으로 제작되었다. 오스만 제국과 무굴 제국에서
공히 무슬림은 기계를 통한 인쇄에 관여하는 것이 금지되었고, 그 결과로 그곳
에서는 인쇄 사업이 19세기 초에 가서야 시작되었다. 인쇄의 황금기는 19세기
중엽에 시작되었다. 유럽에서는 꾸준히 진전된 언론 자유가 이를 촉진했다. 라

틴아메리카(1827년 칠레의 발파라이소에서 신문 《엘 메르쿠리오*El Mercurio*》가 발행되었다.)와 이집트, 오스만 제국(1870년대부터), 남아시아와 동아시아(예를 들면 유럽인이 거주한 중국의 '조약항'에서)에서는 이 시기에 처음으로 대중 신문이 출현했다.[85]

국제적인 국가 체제

세계의 통합과 개조를 초래한 세 번째 요인은 국제적인 국가 체제의 공고화와 세계적 확산이었다. 여기서 국가는 반드시 국민국가만을 뜻하지 않는다. 국민국가 형성의 두 차례의 파고는(라틴아메리카에서는 1810년에서 1821년 사이에 일어난 독립 전쟁들의 결과로서, 유럽에서는 1848년의 혁명들에 뒤이은 몇십 년간 형성되었다.) 일반적인 현상이 아니라 예외였다. 19세기는 민족주의의 시대였지만, 아직 국민국가의 시기는 아니었다. 세계의 거의 대부분에서 여전히 제국주의적 체제가 압도적이었다. 그러므로 19세기 내내 민족과 제국을 토대로 국제적인 국가 체제가 발전했고, 이는 시간이 흐름에 따라 국제법의 발전에서 법률적 표현을 찾았다. 이 체제의 기반은 정치적 영토권과 주권국가라는 개념이었고, 이러한 개념은 다시 세계적 체제에 통합되었다. 서로 겹치는 공유된 주권이라는 이전의 형태를 폐지한 이 영토권은 개별 사회의 내부 질서에, 그리고 세계적 관계를 인식하는 방법에 영향을 미쳤다.[86]

생산과 조직의 자본주의적 형태 확산

이와 같은 세계지도의 재편과 나란히, 국제적인 통합을 추동한 네 번째 마지막 요인인 시장과 자본 축적의 세계적 체제가 19세기부터 등장했다.[87] 이 것은 이 시기에 발생한 교통과 통신의 혁명으로 촉진되었으며, 가격과 임금의 수렴, 초국적 노동시장의 성장, 국경을 넘는 자본 투자로 표현되었다. 몇몇 경제사가는 애덤 스미스가 시장의 작동을 설명하기 위해 쓴 유명한 은유인 '보이지 않는 손'이 이 과정을 추동했다고 여전히 주장한다. 그러나 실제로 경제적 통합은 다소간 눈에 보이는 제국주의적 세력 정치로써만 가능했다. 이 세력 정치는 강제 노동과 노예 계약 노동의 이용, 강압적인 시장 '개방', 그리고 중국과 오스만 제국의 경우처럼 제국의 재정 통제를 포함했다. 이렇게 19세기 말의 제국주의는 국가 체제의 형성을 강제했을 뿐만 아니라 시장들의 통합을 관장하고 시장 간의 불평등을 강화하기도 한 동력이었다.[88]

이 과정이 체계적 통합의 징후를 많이 드러냈지만, 본질적으로 균일하지 않았다는 점에는 의문의 여지가 없다. 이는 국가와 지역 간의 관계에도 분명히 해당한다. 그러나 또한 사회 내부에도 적용된다. 세계 체제로의 통합 정도는 그 시기만큼이나 다양했던 것이다. 오스만 제국을 예로 들어 보자. 오스만 제국의 해안 도시들은 18세기 말 이래로 이미 유럽이 지배한 세계적 상업에 물려 있었고, 그 시장을 위해 상품을 생산했다. 1820년대 이래로 비무슬림이 현저히 많은 지역 자본가계급이 이를테면 테살로니키와 이즈미르에 출현했다. 이 신흥 중간계급은 다시 독립적인 직업들을 탄생시켰고, 이들은 서서히 정치 개혁을 요구했다. 이들이 탄지마트를 배후에서 주동한 사람들이었다. 반면에 내륙에서는 사실상 외부의 간섭이 전혀 없었고, 세계적 시장은 거의 눈에 띄지 않았다. 압도적으로 농업적인 이 지역에서는 무슬림 '명사들'이 지배력을 행사했으며, 그들은 국가가 나라의 오지로 그 제도를 점차 확장할 때 수단의 역할을 했다. 국가는 시골의 기득권 세력을 제거하고 유목민에게 정주 생활 방식을 채택하도록 강요하며 종교의식을 표준화하고 교육제도와 최종적으로는 병역의무도 도입함으로써 이를 성취했다. 국경 지대의 상황은 또 달랐다. 그 지역은 경제적으로 발전이 미미했으며 흔히 드루즈파나 시아파 계열의 자이드파처럼 수니파가 아닌 집단들이 지배했고, 대체로 국가의 통제에서 벗어나 있었다.[89] 그러므로 오스만 제국에서 세계적 체제로의 통합은 일거에 이루어진 것이 아니라 종교와 사회적 환경에 따라 달랐던 다양한 동력에 의해 이루어졌다.

이렇게 상호 의존의 정도에 나타난 불균등성을 늘 염두에 두어야 한다. 그렇더라도 이 시기를 전체적으로 고려할 때는 19세기 말이면 세계가 7년 전쟁 시절보다 훨씬 더 긴밀하게 연결되었다고 결론짓는 것이 온당하다. 그것은 단순히 교환과 상호작용의 점진적이고 단선적인 증대가 아니었다. 단순히 양적인 변화만도 아니었다. 앞에서 개설한 기술과 정치 및 경제 분야의 혁신은 이동과 상호작용이 발생하고 인식되는 틀을 바꾸었다. 그 결과로 당대인들이 국경을 넘는 맥락에서 활동하고 세계적 체제를 구상한 조건에 변화가 생겼다. 이 과정에서 세 가지 발전이 두드러졌다. 첫째, 뚜렷한 '서구' 지향성, 둘째, 세계적 의식의 전파와 대중화, 셋째, 정치적·문화적 주요 지역들에 부여된 새로운 의미. 이 세 가지를 차례로 살펴보겠다.

'서구' 지향성

국제적 국가 체제의 성장과 시장의 통합, 교통 및 통신 방식의 산업화가 가져온 누적된 효과는 사람들의 자기 인식에 깊은 의미를 지녔다. 역사가들은 이를 무엇보다도 익명의 거대 과정으로 취급하지만, 이러한 변화를 추동한 행위자와 집단이 있으며, 그 변화는 개개인의 일상생활에서, 그리고 집단이나 민족이 세계 속에서 그 위치를 정하는 방식에서도 감지되었다.

그렇게 위치를 정하는 방식은 매우 다양했다. 시간이 근본적으로 변했고 세상의 옛 이미지가 더는 적절하지 않다는 것은 많은 평자에게 분명했다. 서구 국가에 처음으로 부임한 중국 대사로서 영국 총리 윌리엄 글래드스턴이 "내가 만난 동양인 중 가장 호감 가는 인물"이라고 말했던 곽숭도郭嵩濤는 이렇게 감탄했다. "오늘날의 야만인들은 이전의 야만인들과 다르다. 그들도 2000년의 문명을 지녔다."[90] 그렇지만 전통적인 세계관의 영향력은 여전했으며, 때때로 새로운 세계적 현실이 이 오래된 담론에 혼합되기도 했다. 심지어는 19세기 말에 대해서도, 공중 영역들이 초국적으로 연결되었는데도, 우리는 단수의 세계적 인식이 아니라 서로 보완하고 경쟁하는 여러 세계관의 관점에서 이야기해야 한다.

그렇지만 세상은 서서히 변했다. 이러한 변화를 가장 뚜렷하게 보여 주는 것은 '서구'가 차츰 세계 도처에 편재하는 준거점이 되었다는 사실이다. 정치적으로나 경제적으로나, 서구 강국들의 세계적인 존재를 더는 무시할 수 없었다. 유럽이 아시아와 북아프리카의 사회들에 점점 더 강한 압력을 행사했기 때문에 그 지역들에서도 유럽과 타협하는 것은 절박한 문제가 되었다. 사회적이고 문화적인 조건에서도 '서구'는 하나의 척도가 되었다. 몇몇 사회에서는 새로운 용어가 만들어지기도 했고, '양복'과 '서양화', '양약' 같은 개념들이 토착 전통에 대비되었다. 게다가 '서구'라는 낱말 자체가 변화한 지정학적 조망을 언어로 표현한 신조어였다.

그 용어는 러시아에서 처음으로 등장했다. 차르 표트르 1세의 치세 이래로 러시아 지배 엘리트의 일파는 나라가 전적으로 유럽에 운명을 걸어야 한다고 요구했다. 1840년대와 1850년대에 낭만주의 운동을 배경으로 슬라브주의자들과 '서구화론자들' 사이에 러시아 사회가 나아가야 할 미래에 관해 큰 논쟁이 벌어졌다.[91] 독일에서도, 뒤이어 일본과 오스만 제국에서도 동양과 서양 사이에 낀 자국의 위치는 대중적 정치 영역에서 매우 뜨거운 문제가 되었다.[92] 유럽 대부분의 지역에서 '서구'라는 관념은 1890년대에 가서야 지배적인 개념이 되었다. 지정학적으로나 문화적으로 미국이 유럽과 대등해진 것으로 여겨지던 때였다. 유럽과 대비하며 자기들을 규정했던 미국에서도 '서구'의 일부가 된다는 관념은 새로운 생각이었다.[93] 반면에 이와 대조적으로 아시아에서는 더 일찍, 훨씬 더 자주 유럽과 미국을 하나로 뭉뚱그려 이야기했다. '유럽'과 '문명 세계', '서구'는 서로 바꾸어 써도 되는 용어였다.

그렇다고 역사의 주역들이 유럽과 미국 사이에, 또한 유럽 내부에 존재하는 잡다한 특성과 차이를 몰랐다는 말은 아니다. 그 인식은 개개의 평자나 집단이 이제 실제로 서구를 여행했다는 사실에 기인했다. 19세기 전반에 유럽으로 간 자들은 주로 엘리트층의 일원으로 대개 공식 대표단의 일부로 참여한 자들이었다. 그렇게 1809년 미르자 압둘 하산 칸Mirza Abdul Hasan Khan은 페르시아 샤의 사절로서 영국 왕 조지 3세의 궁전으로 향했다. 그가 제출한 보고서는 당시에 통치하던 카자르 왕조의 자신감과 자부심을, 그 정치적 동등함의 주장을 지금도 보여 주는 증거다. 1826년에 리파 알타흐타위는 이집트의 통치자 무함마드 알리의 요청에 따라 파리로 갔다. 그는 프랑스의 수도에 5년간 머물렀다. 영향력이 엄청났던 방대한 보고서에서 그는 프랑스를 유럽 근대성의 화신으로 묘사했다. 그에게는 특히 그 나라의 학문 기관과 소녀의 교육을 포함한 교육제도가 그 증거였다. 남아시아에 관해 말하자면, 람 모한 로이는 고위 카스트의 인도인으로는 처음으로 영국에 갔다. 그는 2년 뒤 그곳에서 사망했다. 미국 여행을 계획하고 떠나기 직전이었다.[94]

19세기 후반에 학생 대표단과 세계 박람회 파견단의 여행, 학술회의 참가, 다양한 분야의 전문가들이 사실 수집을 위해 떠난 출장 등으로 유럽 방문 횟수가 급격하게 증가했다. 대중의 관심을 가장 많이 받은 방문객은 군주였다. 1867년에 파리 국제박람회를 찾은 오스만 제국 술탄 압뒬라지즈, 이란의 샤 나시르 알딘(1873), 1895년에 영국을 방문한 베추아날란드(보츠와나) 바망와토 족의 왕 카마 3세Khama III, 시암 왕 쭐랄롱꼰을 들 수 있다. 한편 1871년에서 1873년까지 일본 정부의 고위 대표단인 이와쿠라 사절단이 미국과 유럽의 여러 나라를 방문했다. 그 시기 동안 일본의 과도정부는 사절단이 귀국할 때까지 중요한 결정을 전부 연기했다. 사절단의 목적은 제국주의 국가들의 압력으로 체결된 '불평등조약'을 수정하는 것이었다. 이에 더해 사절단은 일본의 관계 당국에 유럽의 근대화 노력의 성공과 한계, 다양한 형태에 관한 인상을 전달했다.[95] 대부분의 방문객은 다시 돌아갔지만, 극소수의 외국인은 남았다. 예를 들면 잔지바르 술탄의 딸인 사이이다 살메(1844~1924)는 함부르크 출신의 상인과 결혼하여 에밀리 뤼테라는 이름으로 독일에 정착했다가 생애 막바지에 베이루트로 이주했다. 특히 독일에서 맞닥뜨린 인종주의적 위계질서 때문이었다.[96]

이 외국인 방문객들에게 여러 유럽 사회 간의 차이는 너무도 분명했다. 당시 실제로 '서구'와의 전면적인 대면에는 문제 될 것이 없었다. 그래서 시암의 국왕 라마 5세(쭐랄롱꼰)는 영국과 러시아, 헝가리와 스위스("자와와 비슷하지만 100배는 더 예쁘다."), 오스트리아와 포르투갈("여기보다 더 나쁜 나라는 보지 못했다.")의 차이를 기록했으며, 유럽 내부의 차이는 자국에서의 사회 개혁 노력이 어쩔 수 없이 고유의 문화적 전통을 포기하게 만들지도 모른다는 라마 5세의 근심을 덜어 주었다.[97] 그러므로 근대화 기획은 무차별적으로 '서구'를 향하지 않았다. 그 대신 의도적으로 이탈리아의 그림과 벨기에의 은행 제도, 프로이센의 군대(1871년 이후로는 프랑스 군대보다 선호되었다.)같이 구체적인 모방 모델에 주목했다. 일본의 미술 평론가 오카쿠라 덴신은 그러한 상황을 다음과 같이 평가했다. "이 모든 나라는 서로 다른 체제를 취하고 있다. 한 나라에서 옳은 것은 다음 나라에서는 틀리다. 종교와 관습, 도덕 어느 하나에서도 공통된 일치는 없다. 유럽은 일반적으로 논의되며 멋지게 보인다. 그렇지만 문

―――― 중국어로 된 여행기에 실린, 화가가 그린 스코틀랜드의 인상. 1867년에 중국의 지식인이자 정치 개혁가인 왕도는 제임스 레게의 초청으로 유럽으로 갔다. 그는 스코틀랜드에서 3년간 살면서 옥스퍼드 대학에서 중국어로 강의했다. 유교의 '대동(大同)' 개념에 집중된 강연에서 왕도는 조화로운 세계 질서의 확립을 기대했다. 이 삽화는 1890년에 영국에서 출간된 왕도의 책 『만유수록도기(漫游随録圖記. _Jottings and Drawings from Carefree Travel_)』에 실린 것으로, 판화의 작가인 장지영(張志瀛)은 중국을 떠난 적이 없었기에 상상으로 유럽의 풍경을 그렸다. (Wikimedia Commons)

제는 남는다. 이른바 유럽은 실제로 어디에 있는가?"[98]

이와 같은 서구 지향성의 강화는 세계 곳곳에서 외국어가 획득한 적절성이라는 관점에서도 확인할 수 있다. 유럽의 식민지 행정관들은 자국이 지배하는 나라를 더 잘 이해하기 위해 인도의 언어들을, 나중에는 아프리카의 언어들을 배웠다. 1800년 캘커타에 포트 윌리엄 대학이 설립되어 영국 관리들이 인도의 언어들을, 특히 산스크리트어를 교육받았다. 반대로 아시아의 큰 제국들에서는 유럽 언어, 주로 영어의 학습이 국가의 책임이 되었다. 1821년에 오스만 제국의 통치자 마흐무드 2세는 정부 내에 번역국(테르쥐메 오다시Tercüme Odasi)을 설치했다. 1841년에 리파 알타흐타위는 카이로의 새로운 번역국 수장이 되었고, 그곳에서는 이후 수백 권의 유럽 서적이 번역되었다. 마찬가지로 1855년 도쿠가와 막부는 에도(나중에 도쿄로 개칭된다.)에 반쇼시라베蕃書調所(오랑캐 서적 연구소)를 열었다. 1862년에는 북경에 동문관同文館이라는 번역 학교가 설립되어 중국이 달라진 세계적 조망에 대처하는 방식에 중요한 중국어판 문서를 간행했다. 여기에는 스위스 법률가 요한 카스파어 블룬칠리Johann Caspar Bluntschli의 『문명국가의 근대적 국제법Das moderne Völkerrecht der zivilisierten Staaten』, 나폴레옹 법전, 헨리 휘턴의 『국제법 원리Elements of International Law』가 포함된다. 번역 학교는 정치적·사회적 개혁의 제도화에 관심이 있는 교육받은 엘리트층에 종종 새로운 인물을 보충했다.

이러한 언어적·제도적 변화는 또한 18세기 지역들의 세계가 19세기 말에 어느 정도로 하나의 거대한 세계적 네트워크가 되었는지를 드러낸다. 예를 들면 중국의 번역국은 이제 더는 시암어를 가르치지 않았고, 그 대신에 이전에는 중화권의 전통적인 체제에서 전혀 의미가 없던 언어인 영어와 러시아어, 독일어, 프랑스어에만 집중했다. 이뿐만 아니라 세력균형의 근본적인 변화에 순응해야 한다는 압박 때문에 중국어의 어휘에도 서서히 변화가 나타났다. 제2차 아편전쟁 이후인 1858년에 영국과 청나라 사이에 체결된 톈진 조약에서 이 과정은 상징적인 표현을 얻었다. 유교의 전통적인 우주론에서 서양 국가들은 중국 문명의 영향력에서 벗어난 '외계' 영역으로 여겨졌다. 유럽인들은 자기들을 가리키는 중국어 단어를 보통 '야만인barbarian(오랑캐)'으로 번역했으며, 이 낱말의 사용은 중국인의 오만함과 유럽인을 멸시하는 태도의 증거로 인용되었다. 따라서 청나라 정부는 톈진 조약 제51조를 어쩔 수 없이 받아들여야 했다. "차후로 청나라 공식 문서에서 영국 정부나 그 국민을 지칭하는 데 글자 '이夷, barbarian'를 쓰지 않을 것이다." 뒤이어 19세기 말에는 이전에 중국에 퍼진 문명 담론의 특징이었던 용어들이 달라진 세계적 상황을 고려한, 완전히 새로운 한 벌의 신조어로 대체되었다. 이를테면 '자본'과 '문화', '경

제' 같은 낱말을 들 수 있다. 특히 '세계'는 유교적 개념인 '천하'를 밀어 냈다.[99]

'서구'와의 타협이나 유럽 여행, 유럽 서적의 번역, 세계 무대에서 자기들의 위치를 정하기. 이 모든 것은 과연 장소마다 달랐다. '세계의 서구화'에 대한 이야기가 쏟아져 나온 것이 암시하는 바가 있겠지만, '서구' 지향성은 결코 완전하지 않았다. 실상 보편타당성의 주장이 반드시 유럽과 연결된 것은 아니었다. 매우 다양한 장소에서 여러 주창자가 그러한 주장을 제기할 수 있었다. 제1차 세계대전 이전의 수십 년은 서로 경쟁하고 보완하는 관계에 있는 여러 가지 보편주의의 시대였다.[100] 게다가 19세기 말에도 도심지 밖의 많은 사회에 사는 주민은 대부분 여전히 유럽이 무엇인지 짐작도 할 수 없었다. 예를 들면 아프리카에 있는 유럽의 식민지에서 많은 사람은, 특히 농촌 지역의 주민들은 평생 유럽인의 얼굴을 한 번도 보지 못했다. 그러므로 '서구'가 도처에서 척도로 등장한 것은 겉으로 보이는 것처럼 간단하지 않았다. 그렇지만 이러한 조건들이 붙었어도, 1830년에서 1880년 사이의 어느 시점에 지정학적 질서가 중대한 변화를 겪었다고 이야기하는 것은 옳다.

'서구'를 대하는 태도의 변화

서유럽에서 1830년대는 정치적·지적 엘리트층이 세계를 상상하는 방식에 변화가 나타난 일종의 전환점이었다. 진보와 발전의 관점에서 생각하는 것이 점점 더 지배적인 방식이 되었으며, 그 결과로 유럽 밖의 세계는 유럽인의 마음속에서 차츰 사라졌다. 유럽이 세계 속에서 행사한 경제적·정치적 힘이 커지면서 계몽운동 시대 초기의 포괄적인 유럽 중심주의는 점차 더욱 배타주의적으로 바뀌었다. 오스터함멜은 이렇게 요약한다. "18세기에 유럽은 자기들을 아시아와 비교했지만, 19세기에는 자기들을 비교할 수 없는 존재로 여기게 되었다." 식민지에서 한 일로 말하자면, 이는 유럽인과 식민지 토착민 사이의 구분선이 한층 더 엄격하게 그어졌음을 뜻한다. 예를 들면 남아시아에서 인도인들은 사법제도에서, 영국 동인도회사 행정부의 고위층에서 점진적으로 배제되었다. 유럽의 학계에서는 학자들이 근동과 극동의 선진 문명에 대한 관심을 서서히 잃었다. 그곳은 이제 후진 지역으로 여겨졌다.[101]

1830년대의 이러한 지적 변동(진보의 패러다임을 서유럽의 지정학적 힘과 연결한 것)은 단지 서구의 현상만이 아니었고, 유럽 밖에서도 그에 상응하는 변화가 있었음을 암시하는 증거가 많다. 가장 두드러진 표현의 하나는 '근대화 따라잡기'의 형태로 나타났다. 1830년대 오스만 제국의 탄지마트 개혁과 힌두 엘리트층의 개혁 노력은 이 추세의 좋은 사례다. 제밀 아이든Cemil Aydin은 오스만 제국의 지식인 대부분이, 나중에는 일본 지식인도 큰 신세를 진 '보편적 서구'라는 관념을 이야기했다.[102] 우선 문명을 초월한 자유와 평등, 번영의 약속을 무조건 수용했다. 흔히 자유무역의 원리 뒤에 어설프게 숨은 서구 제국주의조차도 이러한 이상의 보편적인 호소력을 방해하지 않는 것 같았다. 진보 개념의 편재를 보여 주는 좋은 사례는 프랑스 사회학자 오귀스트 콩트의 실증주의 사상이 라틴아메리카에서 엄청난 영향력을 행사한 것이다. 이는 유럽이 모든 발전의 축소판이자 궁극적인 목적이라는 신념이 널리 퍼진 데 기인했다. 그것이 결코 작지 않은 이유일 것이다. 1891년에 브라질의 콩트 추종자들은 브라질 실증주의 교회를 세워 이 신조를 종교적 교리로 바꾸어 놓았다. 인도의 경우에는 역사가 타판 라이초두리Tapan Raychaudhuri가 "인도의 국민 의식이 처음에는 영국의 인도 지배에 찬성하는 크나큰 열정과 나란히 발전했다는 잘 알려진 사실"을 강조했다. "영국의 점령이 인도 역사상 가장 좋은 일이었다는 식민주의적 관념은 1890년대까지 널리 받아들여졌다."[103] 개혁 성향의 엘리트들은 어디서나 광범위한 "서구의 번역"을 요구했다.[104]

1880년대 이후로 여러 사회에서 유럽과의 관계는 좀 더 양면성을 띠게 되었다. 유럽에 퍼진 고도의 제국주의와 식민주의, 노골적인 인종주의, '오리엔탈리즘' 시각의 패권은 여러 곳에서 거센 비판을 초래했다. 비판은 서구의 문명화 사명이 내세운 보편적 약속과 현지의 실제 상황, 즉 세력 정치와 폭력, 인종주의 사이의 간극이 크게 벌어지고 있음을 강조했다.[105] 특히 생물학적 종족 개념의 확산은 페루에서 오스만 제국과 동아시아에 이르기까지 이 시기 많은 지식인의 사고에서 발견할 수 있는, 유럽 모델에 따른 근대화 계획에 대한 환멸이 커져 가는 주된 요인의 하나였다.[106] 비판은 흔히 토착 전통의 재평가(그리고 일반적으로 재정립)와 함께 갔다. 특히 1880년대 이래로 출현한 '범-'

운동은 반서구 정서의 분출구가 되었다. 이 운동들은 근대화 과정 중에 포기하지 말아야 할 현지 전통의 타당성을 역설했다. 20세기에 들어서면서, 특히 1904~1905년의 전쟁에서 일본이 러시아에 승리를 거둔 후, 점차 서구의 근대성 개념과 세계의 점진적인 동질화에 노골적으로 도전하는 세계관들이 출현했다. 이러한 운동들의 핵심은 문화적 차이의 강조로, 따라서 진보와 단선적 발전이라는 패러다임에 대한 비판이었다.[107]

그러므로 첫 번째 대체적인 평가로서 1830년과 1880년을 전후해 근본적인 단절이 있었다고 말하는 것은 그럴 듯하다. 그러나 더 자세히 들여다보면 그 상황은 다소 더 복잡했다. 거의 어디서나 근대화 개념은 큰 논쟁거리였고 미래의 발전에 관한 논의는 격렬했다. 특히 그 주창자들은 자기들의 사회를 세계적으로 어떤 위치에 둘 것인지, 점차 강도를 높여 가는 세계의 통합에 어떻게 대응할 것인지에 관한 전략에서 서로 충돌했다. 예를 들면 서유럽과 미국에서는 19세기 말의 다양한 개혁 운동이 삶의 개선을 위한 모범으로서 아시아 문화에 영감과 자극을 기대하면서 문명화 사명의 패권적 수사법에 의문을 제기했다. 1913년에 라빈드라나트 타고르가 노벨 문학상을 받은 것은 물질주의적이고 문화적으로 빈사 상태에 있는 유럽이 '동양'과 접촉하며 이끌어 낼 수도 있는 자극을 되살리려는 욕구의 표현으로 해석할 수 있다.

'서구' 밖에서도 제국주의라는 형세에서 이루어지는 세계적 통합에 대한 대응은 늘 논쟁의 주제였다. 라이초두리는 인도를 사례로 들어 엘리트 지식인들이 서구 근대성의 도전에 맞서 보여 준 태도의 유형학을 제시했다. 사회마다 차이가 있지만, 그의 구별은 유럽의 규범에 순응해야 한다는 압박에 사로잡힌 다른 사회들에 유익하게 적용할 수 있다.[108] 라이초두리는 그 유형학에 먼저 전통적 엘리트층의 대표들을 포함한다. 그들의 세계관은 처음에는 '서구'와의 만남에 거의 영향을 받지 않았다. 인도에서 이들의 목소리는 주로 19세기에 들을 수 있었고, 고유의 이방인학xenology 전통에 의지한 무슬림보다는 브라만 사이에서 더 흔했을 것이다. 그러나 19세기가 지나면서 이러한 태도는 점차 소수파가 되었다. 공개적으로 의견을 표명한 자들은 대부분, 적어도 근본 원리에 관해서는, 인도를 후진사회로 본 영국 정치인들과 오리엔탈리스트들의 견해를 공유했기 때문이다. 이들이 두 번째 유형이다. 그러므로 교육받은 계층에 속한 이들은 다수가 단호한 개혁 정책을 선전했다. 이 점에서 가장 비타협적인 자세를 취한 것은 데로지오가 이끈 단체인 '청년 벵골Young Bengal'이었는데, 이들은 서구의 도덕, 유럽식 의복과 식습관의 채택을 열렬히 요구했으며, 토착 관습의 비합리적 성격을 조롱했다. 그렇지만 대부분의 개혁 성향 단체에서 근대화의 충동은 식민주의에 관한 걱정과 결합하기도 했다. 서구의 찬미가 무조건적이거나 단서가 붙지 않는 경우는 드물었다. 예를 들면 근대 인도의 선구자 중 한 사람인 람 모한 로이(1772~1833)는 개혁을 요구하면서 보편주의와 합리성의 정신에 호소하는 동시에 서구 문화의 비합리적이고 비보편적인 측면을 비판했다.[109]

셋째, 19세기가 흐르면서 비판적 목소리가 증가했다. 이들의 반대를 촉발한 것은 가치관과 규범이 아니라 영국이 인도에서 펼친 식민지 정책의 구체적인 표현이었다. 이는 '유럽'에 대한 일종의 비판이었는데, 이들은 유럽 계몽운동의 전제에 입각해 비판을 정당화했다. 예를 들면 이러한 비판은 정치적 자유와 민주주의의 실제적인 이행에 숨은 결함, 기독교의 불관용, 공격적인 민족주의, 식민 통치, 계몽운동의 해방적 전망이 종족 담론의 영향 탓에 점점 더 심하게 위축되는 것을 분명하게 드러냈다. 그렇지만 마지막 네 번째로, 전통적 가치관의 언어로 반대를 표명한 비판적 사고의 흐름도 있었다. 전통적 생활 방식의 고수는 서구의 소비주의적 태도, 산업화, 공장 노동, 근대적 삶의 기계화, 국민국가의 신격화를, 그리고 특히 일반적으로 이기주의로 해석된 개인주의라는 개념을 비판하게 했다. 이 과정에서 비판자들은 종종 다른 사회에서도 주기적으로 드러난 이분법에 의지했다. 유럽인들의 실용적인 태도를 기꺼이 채택하면서도 이를테면 타고르로 대표되는 동양 문명의 정신적 우월함을 뜨겁게 신뢰했던 것이다.[110] 일본에서는 서구의 기술과 일본의 '혼' 간의 보완적인 관계, 즉 화혼양재和魂洋才를 이야기했다. 중국의 '체용體用'과 같은 뜻으로 볼 수 있다.[111] 특히 1880년대 이래로 과학과 경험론, 기술을 빠르게 받아들이는 과정에서는, 비록 많은 것이 근대성에 의해 담금질을 당했고 흔히 추정되듯이 순수하지는 않았지만, 외견상 전통적인 가치관이 빈번히 언급되었다.

이러한 유형학은 분명히 이상형이다. 실제로는 집단들이 그렇게 정연하게 구분되지 않았으며 여러 점에서 서로 겹쳤다. 많은 전기에서 이를테면 유럽적인 모든 것에 열광했던 사람이 민족주의적 태도나 심지어 전통주의적인 태도로 되돌아가는 것을 볼 수 있다. 국경을 뛰어넘는 연결의 확대를 대하는 여러 관점과 대응은 서로 매우 이질적이었다. 그러나 이제 제국주의적·세계적 배경을 고려하지 않고는 정치적 태도나 정체성의 주장을 더는 정립할 수 없다는 확신은 모두가 공유했다.

만들어진 개념으로서의 유럽

그러므로 '유럽'을 언급할 때 그것은 대부분의 경우에 결코 지리적으로 자리가 정해진 구체적 장소를 지칭하지 않았다. 오히려 그것은 디페시 차크라바르티Dipesh Chakrabarty가 칭했듯이 '초현실적 유럽', 즉 원본 없는 복사본이었다. 1875년에 후쿠자와 유키치는 『문명론개략文明論之概略』에서 이렇게 썼다. "이 책을 관통하는 나의 기준은 서구 문명의 기준일 것이며, 바로 그 기준에 의해 나는 사물의 좋고 나쁨을 판별할 것이다." 그러나 동시에 후쿠자와는 이렇게 역설했다. "우리는 서구가 달성한 수준의 문명에 만족할 수 없다."[112] 그러므로 '유럽'은 지리적 명칭이 아니라 상상력의 산물이었다. 이는 추상적 관념이 구체화한 범주로서, 그 보완적 개념인 '동양'에도, 즉 희망과 공포로 특히 기존 권력관계의 경험으로 짓눌려 있는 '동양'에도 비슷하게 적용할 수 있다. 그러므로 '유럽'의 언급은 유럽의 주역들이 가져온 세계적인 정치적 충격과 영국 자본의 지배, 프랑스 식민주의의 영향력, 독일 중공업의 힘, 프로이센 군사 고문단의 존재를 의미했고 생각나게 했다. 동시에 '유럽'과 '서구'는 사회 발전을 평가할 수 있는 모델이자 척도의 역할을 했으며, 근대화를 성공리에 완수한 사회라면 그들을 따라잡을 수 있다고, 실로 다른 하나의 '유럽'이 될 수 있다고 약속했다.[113]

이렇게 만들어진 개념인 '유럽'은 '클로즈드 숍closed shop'[1]으로 보이지 않

_____ **1** 노동조합에 가입되어 있는 조합원만을 고용하도록 기업과 맺은 협정을 가리킨다. 즉 조

았다. 유럽이라는 클럽의 회원 자격은 (지리적 범주가 아닌) 지정학적 범주로 이해되었기에 가능한 것 같았다. 전통의 포기와 근대성에 대한 참여와 같다고 여겨진 것이다. 1878년에 이집트 통치자인 이스마일 파샤는 이렇게 선언했다. "나의 나라는 더는 아프리카에 있지 않다. 우리는 이제 유럽의 일부다." 그는 지리적 근접성을, 즉 수에즈 운하 개통(1869)의 결과로 유럽에 더 가까워진 것을 말한 것이 아니라 기본적으로 이집트의 근대화 정책을 언급한 것이다.[114] 19세기 말에 러시아 제국이 중앙아시아에 진출한 것은 오랫동안 소중히 간직한 '서구화론자들'의 꿈이 실현될 가능성을 열어 주었다. 이는 유럽이라는 개념이 세력 정치와 얼마나 긴밀하게 결합되어 있는지를 설득력 있게 보여 주는 증거다. 차르 체제를 비판했다가 추방된 미하일 페트라솁스키Mikhail Petrashevsky는 러시아가 아시아 사람들에게 문명을 전함으로써 "진정한 유럽의 국민이라는 지위의 면허장을 (……) 획득"하기를 희망했다. 표도르 도스토옙스키Fyodor Dostoevsky도 비슷한 견해를 취했다. "우리는 유럽에서는 식객이자 노예였지만, 아시아에서는 주인이 될 것이다. 우리는 유럽에서는 타타르인이었지만, 아시아에서는 유럽인이다."[115] 일본에서도 유사한 정서가 발견되었다. 1884년에 일본인 기자 히노하라 쇼조日原昌造는 이렇게 물었다. "우리는 단지 유럽인들이 청나라와 일본을 아시아의 일부로 본다는 이유로 아시아에 속하는 데 만족해야 하는가?"[116] 꼭 한 해 뒤에 유명한 철학자요 기업가이자 정치인인 후쿠자와 유키치는 일본이 공식적으로 아시아를 '떠나' 유럽의 일부가 되어야 한다고 요구했다.

세력균형과 순응의 압력

19세기는 오스터함멜이 말한 이른바 '비대칭적 참조 밀도'를 경험했다. 이는 사상과 제도, 문화적 형태의 이동이 점차 증가하지만, 심히 불균등한 현상을 말한다. 따라서 유럽-아메리카 밖에서 서구 모델의 참조가 빈번해졌지만, 유럽인들은 나머지 세계를 대체로 무시해도 된다고 느꼈다.[117] 여러 곳에서 개

합원이 아니라면 해당 기업에 고용될 수 없다.

혁주의 정책을 추구한 사회 엘리트층은 이제 국지적이고 광역적인 선례를 언급하는 것만으로는 그렇게 할 수 없었다. 1899년 한국의 어느 신문에는 이런 글이 실렸다. "(한국인이) 아는 단 한 가지는 청나라를 중원으로 존중하고 일본을 왜국(일본의 경멸적 표현)으로 멸시하며 다른 나라들을 오랑캐로 부르는 것이다. 우리는 10년 넘게 나라의 문호를 개방했고, 어디서 오는 손님이든 다 환영했다. 이제 우리는 서양 나라들의 관습과 법률을 귀로 들을 수 있고 눈으로 볼 수 있다. 이제 우리는 어느 나라가 문명국이고 어느 나라가 오랑캐 나라인지 대체적으로 판단할 수 있다."[118] '문명'의 척도는 광역권의 특정 문화(중국 문화)에서 '서구'에 맞추어진 보편적 잣대로 바뀌었다.

차후로 민족의 유산에 호소하는 자는 누구든지 세계적으로 통용되는 개념인 '국민'을 암묵적으로 가리켰다. 종교적 전통으로 되돌아가는 자는 누구나 근대적인 종교 개념의 언어를 이야기했다. 그런 식이다. 문명과 발전에 관한 세계적인 담론을 언급하지 않는 개혁 의제는 이제 더는 찬성이든 반대든 최소한의 반응도 기대할 수 없었다.

'참조 밀도'는 접촉 횟수의 증가만을 의미하지 않았다. 여러 경우에서 그것은 단지 상호 연결의 지속적인 상승 곡선이 아니라 주로 재조정과 재영토화였다. 이것은 중요한 논점이다. 이 분야의 학술 문헌이 종종 단선적 과정의 세계화에 대한 경솔한 언급으로 가득하기 때문이다. 교역이 증가했고 문화 교류도 증가했다. 그러나 동시에 기존의 다른 연결은 끊어졌다. 예를 들면 영국의 노예제 폐지 정책의 여파로 노예무역이 꾸준히 축소되고 마침내 완전히 멈추었을 때 남대서양 전역에서 그러한 단절이 생겼다. 그래서 1900년 전후의 아프리카는 이전 몇백 년간에 비해 라틴아메리카로부터 더 멀어졌다.[119]

다른 여러 곳에서도 비슷한 상황의 전개를 목격할 수 있다. 실론이 영 제국의 기본 구조와 교역망에 강제로 편입되었을 때, 이는 전 세계에 퍼진 네트워크들에 연결될 기회로 환영받았다. 그러나 동시에 실론은 지역적 연결로부터, 인도와 인도양으로부터 강제로 떼어졌다. 실론은 말 그대로 "섬이 되었다."[120] 다른 예를 들어 보자. 19세기 말에 철도와 증기선에 의한 운송으로 하즈Hajj 순례가 산업화한 덕분에 무슬림은 지구상의 가장 먼 곳에서도 메카로 올 수 있었다.

많은 순례자에게 생애 최장의 여행이었을 이 대여정에는 비용이 많이 들었다. 가용한 자금을 한계점까지 쓰게 만들거나 빚을 지게 하는 일이 빈번했다. 새로운 기간 시설과 더불어 하즈의 지리에도 변화가 찾아와 무슬림은 그때까지 불충분하게 연결된 지역으로도 들어갈 수 있게 되었다. 그러나 동시에 산업화 이전 시대에 하즈의 특징이었던 다른 여러 경로는 쓸모없게 되었다. 그 결과로 이집트의 아이다브나 구자라트의 수라트 같은 이름난 항구들이 아덴과 봄베이, 바투미, 싱가포르의 새로운 운송 중추들에 의해 밀려나면서 그 중요성이 감소했다.[121] 세계적 연결의 촉매제로 환영을 받은 수에즈 운하의 건설조차도 일련의 지역적 연결을 모조리 끊어 버렸다.[122] 접촉과 상호 관계가 1750년보다 더 가까워지고 강도도 더 높아진 것만은 분명하다. 그리고 횟수도 더 많아졌을 것이다. 그러나 순전히 그 양만 고려해서는 세계적 통합과 나란히 진행된 뿌리 깊은 단절을 충분히 이해할 수 없다.

전 지구적 인식

두 번째 보편적인 발전은 19세기 말에 일어난 지정학적 변화가 세계적 의식의 출현에 기여했다는 것이다. 여기서 '세계적 의식'은 국경을 초월하는 공통된 세계 인식을 의미하지 않는다. 그것은 차라리 사람들이 세계적 통합의 강화를 점점 더 잘 인식하며 이것이 여러 사회에, 그 사회들이 아무리 다르다고 해도, 중대한 영향을 미친다는 사실을 깨닫게 되었음을 암시한다. 1898년 독일 소설가 테오도어 폰타네Theodor Fontane는 영향력이 큰 사건들은 외진 변경 지역까지, 그의 경우에 브란덴부르크 농촌의 슈테힐린 호숫가의 작은 부락까지 반향을 일으킨다는 확신을 문학으로 표현했다. "여기는 완전한 정적이 지배한다. 그러나 때때로 이곳에서도 생기가 돈다. 바깥 세계 먼 곳에서, 이를테면 아이슬란드나 자와에서 우르르 쾅쾅 소리가 시작될 때나 하와이 화산이 남쪽 바다 위로 재를 비처럼 토해 낼 때 그런 일이 벌어진다. 그러면 이곳에서도 무엇인가 서서히 부풀어 오르고, 물기둥이 분출했다가 다시 심연으로 가라앉는다."[123]

지리학자 데이비드 하비David Harvey는 이와 같은 과정을 설명하고자 '시공간 압축'이라는 유력한 문구를 만들어 냈다. 세계는 이 세계의 여러 부분이

동시성의 국면에 진입하는 것처럼 보이도록 기술적으로 거리를 '압축'할 수 있는 정도까지 단일한 실체가 되었다.[124] 운송 방식과 정보 전달 방식의 속도가 빨라지면서 거리가 줄어들고 세계는 수축된다는 인상이 퍼졌다. 서유럽이나 미국에서도 대다수 주민은 이러한 과정에 전혀 영향을 받지 않았는데도 그랬다. 그러나 교육받은 계층의 인식 속에서는 공간이 극복되고 있었고 나아가 완전히 제거되고 있었다. 훗날 노벨상을 받는 의사로서 오랜 기간《르뷔 시앙티피크Revue scientifique》의 편집인이었던 샤를 리셰Charles Richet는 1891년에 이렇게 썼다. "이제 거리 따위는 없다는 주장은 평범한 진실이다."[125] 1873년에 베른의 소설에서 예시되고 묘사된 '80일간의 세계 일주' 여행이라는 환상은 이러한 시공간 압축의 상징이었다. 세계 여행 기획은 신화적 속성을 띠었다. 1889년에 미국 기자 넬리 블라이Nellie Bly가 그 소설 속 주인공인 필리어스 포그Phileas Fogg의 여행을 실제의 여행으로 되풀이하려고 했을 때, 많은 사람이 그 시도를 매우 흥미롭게 지켜보았다. 블라이의 보고서를 게재한 신문인, 조지프 풀리처Joseph Pulitzer의《뉴욕 월드New York World》는 그녀가 여행을 마치는 데 얼마나 걸릴지 예측해 보라고 독자들에게 권했는데, 100만 건이 넘는 응답을 받았다. 결과를 말하자면 블라이는 프랑스에서 베른과의 상징적인 만남을 포함해 단 72일 만에 여행을 마치고 돌아왔다. 이후 몇 년간 블라이의 기록을 능가하는 사례들이 이어졌으며, 20세기에 들어설 무렵에는 포그가 지구를 일주하는 데 걸린 시간의 절반만 있어도 충분히 가능해 보였다.[126]

세계의 새로운 연결에 몇몇 평자는 전 세계를 포괄하는 거버넌스 체제의 모델을 발전시켰다. 이른 시기의 모델로 가장 덜 알려진 사례는 프랑스 정치인 펠릭스 보댕Félix Bodin이 만든 것이다. 그는 1834년에 발표한 소설에서 지구상의 모든 민족이 대표되고 '상트로폴리스Centropolis'라는 중앙 대도시에서 모이는 의회가 통치하는 평화롭고 조화로운 세계를 상상했다.[127] 19세기 말에 그러한 세계적 규모의 상상은 흔해 빠졌다.[128] (주된 대표자는 핼퍼드 매킨더Halford Mackinder와 프리드리히 라첼Friedrich Ratzel 같은 이론가였다.) 1900년 이후에는 항공 사진의 출현으로 말미암아 지구 전체를 위에서, 아득히 높은 곳에서 볼 수 있게 되었다.[129]

이러한 세계적 의식은 진공에서 발달한 것이 아니라 여러 가지 중요한 점에서 앞선 우주론들에 입각해 확립되었다. 1880년에도 여전히 세계화에 대한 이해에는 많은 경우에 종전에 세계를 상상하던 방식들의 유형이 보인다. 그렇더라도 우리는 세계적 인식의 공고화를 단순히 나중에 이해하게 된 대로 점진적인 과정으로, 심지어 의도적인 과정으로 생각하지는 말아야 한다. 19세기 말에 본질적으로 새로웠던 것은 전신과 대중 신문, 세계화한 공중 영역이 야기한 동시성의 인상이었다. 동시성의 경험은 이 시대의 특징이었다. 영국의 역사가 제임스 브라이스James Bryce는 "새로운 성격의 인류 통합"의 창출을 낙관적으로 예측해 전형적인 공식을 정립했다.[130]

전 지구적 사건으로서의 러일전쟁

따라서 특정 사건이 지역적으로는 물론 세계적으로도 인식될 수 있었다. 이번에도 이것은 그 사건이 어디서나 동일한 방식으로 보인다는 의미는 아니다. 실제로 이 세계적 사건들은 다양한 주역들이 상반되는 목적으로 이용할 수 있다. 1905년의 러일전쟁이 적절한 사례다. 이 전쟁은 세계 곳곳의 도시 중심지에서 대중의 관심을 사로잡았다. 훗날 유네스코 창립자 중 한 사람이 되는 앨프리드 치메른은 옥스퍼드 대학에서 그리스 역사를 강의하다가 러시아의 패전 소식을 듣자마자 강의를 중단하고, 그 대신에 학생들과 "우리 생애에 발생했거나, 앞으로 발생할지도 모를 사건 가운데 가장 중대한 사건, 즉 비백인이 백인을 상대로 거둔 승리"에 관해 토론을 시작했다. 영국의 다른 평자들은 일본의 전쟁 수행에 깃든 계획과 합리성의 수준에 깊은 인상을 받았으며, 이 분쟁을 제2차 보어전쟁 이후 10년간 영국에서 진행된 '국가의 효율성'에 관한 논의에서 하나의 논거로 이용했다. 한편 청나라와 동남아시아에서는 이 전쟁이 서구에 속하지 않은 근대국가의 작동을 직접 목격하려는 수많은 개혁 성향의 지식인들을 일본으로 이끌었다. 자와할랄 네루는 자서전에서 극동의 그 분쟁에 관해 영자 신문이 무슨 이야기를 하는지 보려고 아침마다 얼마나 안달했는지 자세히 설명했다. 한편 청나라 민족주의 지도자 쑨원은 수에즈 운하를 지날 때 이집트인들에게서 열광적인 환호를 받고 크게 놀랐다. 그들은 일본과 청나라를 구분하지 않고 동아시아의 전체적인 각성이라는 틀 안에서 그 사건을 바라보았다.

그러므로 러일전쟁은 점점 더 하나의 통합된 전체로 인식되는 세계 속에서 세계적인 준거점이었다. 그 충돌은 매우 다양한 특정 이해관계와 관심사에 이용되었다. 러시아에서는 전쟁의 패배가 1905년의 혁명에 촉매제 역할을 했고, 베트남에서는 민족주의자 판보이쩌우가 그 사건이 자기 나라의 '각성'에 갖는 의미를 강조했다. 흥미롭게도 다양한 행위자들이 이 사건의 세계사적 의미를 매우 다르게, 심지어 정반대로 평가했다. 오스만 제국의 지식인 아흐메드 르자는 명백한 반제국주의 노선에 따라 그 전쟁을 해석했다. "극동의 사건들은 한 민족을 개혁하려는 유럽의 개입(해로웠을지언정 빈번했다.)이 무익함을 입증했다. 유럽의 침략자들과 약탈자들과의 접촉으로부터 고립되고 보호될수록 합리적 혁신을 향한 발전의 정도는 더 크다." 그러나 다른 평자들에게 일본의 승전은 오랜 세월 동안 고립된 결과가 아니었다. 그 반대로 정확히 문화의 고립을 극복하고 서구 제도에 최대한 완전하게 순응했다는 사실 덕분이었다. 그러므로 대다수 평자는 일본이 러시아에 거둔 군사적 승리를 서구 근대성에 대한 도전이 아니라 서구 근대성의 승리를 보여 주는 신호로 해석했다.[131]

세계어의 추구

마지막으로 점점 더 가까워지는 세계의 상호 연결은 문화의 경계를 넘어 의사소통을 촉진할 여러 개념과 공통의 표현법을 만들어 냈다. 대부분의 경우에 이러한 기획은 기존 언어를 기반으로 하지 않았다. 이를테면 영어가 영 제국 안에서 매개자의 역할을 했는데도 그러했다. 결국 진정으로 전 세계에서 이해할 수 있는 보편적 언어의 기대(고트프리트 빌헬름 라이프니츠Gottfried Wilhelm Leibniz가 품었던 희망이자, 유럽 계몽운동 시대에 다시 나타난 희망)는 결코 충족되지 않았다. 그렇지만 그러한 언어를 만들려는 노력이 얼마간 있었다. 프랑스 음악가 프랑수아 쉬드르François Sudre는 1871년부터 인공언어를 개발했다. 그가 '솔레솔Solresol'이라고 이름 붙인 이 언어의 토대는 음계 도, 레, 미, 파, 솔, 라, 시였으며, 말로 나타내는 것은 물론 노래나 휘파람으로도 표현할

—— 예루살렘의 에스페란토 동아리(일시 미상). 폴란드 유대인 의사 루드비크 자멘호프 (1859~1917)의 창작물인 이 언어는 누구나 이해할 수 있는 보편적 언어를 만들려는 노력(대안적 세계 질서를 세우려는 열망과 결합된 초국적 기획)에서 단연코 가장 탁월한 사례다. (Wikimedia Commons)

수 있었다. 1880년대에 콘스탄츠의 목사인 요한 마르틴 슐라이어Johann Martin Schleyer가 고안한 폴라퓌크Volapük라는 다른 언어는 더 널리 유포되었다. 20세기에 들어설 무렵에 이미 282개의 폴라퓌크 협회가 있었다. 이들은 유럽에 널리 퍼졌지만, 미국과 라틴아메리카에도 있었다.

　가장 유명해지는 보편적 언어는 유대인 의사 루드비크 자멘호프Ludwik L. Zamenhof가 러시아의 지배를 받던 폴란드에서 여러 언어를 써야 하는 곤혹스러운 상황에 대처하고자 개발한 에스페란토였다. "내가 게토 출신의 유대인이 아니었다면 인류의 통합이라는 관념은 결코 내 머릿속에 떠오르지 않았을 것이다."[132] 1904년에는 에스페란토가 모국어인 첫 번째 인간이 태어났다. 이 언어도 뿌리를 내렸고 주로 서유럽에 널리 퍼졌지만, 러시아와 브라질, 동아시아에도 전파되었다. 일본에서(유럽 밖에서는 에스페란토를 쓰는 사람이 가장 많은 나라다.) 에스페란토는 시민사회의 활동가들이 채택했다. 이들은 국가 기구의 틀에 구애받지 않는 자유로운 사람들 간의 관계를 토대로 하는 세계 질서의 열망에, 따라서 국민국가 간의 우호적인 관계 확립을 목표로 삼는 세계주의와 국제주의라는 유력한 신조와는 명백히 다른 대안적 세계 질서의 열망에 에스페란토를 연결했다. 이들의 주장에 따르면 공용어 에스페란토는 일본 제국주의와 유럽 중심적인 위계적 세계 질서의 원리에 대한 비판의 출발점이 될 수 있었다.[133]

에스페란토는 중국에서도, 예를 들면 아나키스트 동아리에서 수용되었다. 그러나 그곳에서 더 친숙했던 것은 유교 학자이자 1902년에 『대동서大同書』라는 대작으로 정치적 유산을 남긴 캉유웨이康有為의 사상이었다. 1898년에 캉유웨이는 석 달간 자기의 사상을 실현할 좋은 기회를 가졌지만, 이른바 '100일 변법變法'은 궁정 쿠데타로 폭력적인 종말을 맞았다. 이후 캉유웨이는 인도의 다르질링에서 망명 생활을 하던 중에 세계어라는 발상을 떠올렸고, 이를 중기中期적으로 일종의 세계 국가를 세우는 토대로 쓸 작정이었다. 캉유웨이는 자기의 세계주의적 이상향을 정립하면서 유교 전통의 도움을 구했다. 그는 유교 전통에서 이미 진보적 사고와 민주주의의 씨앗을 발견했던 것이다. 동시에 그는 최신 기술을 적극적으로 끌어안았다. 이를테면 캉유웨이가 구상한 세계 정부는 그 결정의 정당성을 전화로 여론을 조사해 얻으려고 했다.[134]

사회생활의 표준화

세계의 언어적 동질화를 위한 이 모든 기획은 영향력이 크게 제한되었다. 상품의 교환을 촉진할 목적으로 무게와 치수, 단위를 표준화하는 전략이 더 효과적이었다. 이러한 규칙은 대부분 국제적 노동 분업을 기반으로 한 생산의 단순화와 제조품의 교역을 목표로 삼았다. 철로 궤간이 표준화되었고, 측정법으로 표준 미터가 확정되었으며, 기타 과학의 표준 단위(옴ohm, 볼트volt, 암페어ampere, 와트watt, 줄joule)도 도입되었다. 마찬가지로 교역과 거래의 토대인 금본위제도 협상과 국제적 조정의 결과로 출현했다. 이는 18세기 이래로 널리, 심지어 아시아에서도 비공식적 세계 통화로서 자리를 잡았던 멕시코 은화를 대체했다.[135]

그러나 사회생활의 표준화 추세는 단지 경제적 영역만을 포함한 것이 아니다. 그보다 훨씬 범위가 컸다. 시간이 흐르면서 사회 활동의 전 분야에서 몇 가지 유형과 개념, 어휘가 출현했다. 정치적 경계를 초월하고 문화적 차이를 넘어 동등한 가치를 확립할 능력을 지닌 개념들이었다. 가장 포괄적이고 널리 퍼진 것 중 하나는 '문명' 개념이다. 18세기 유럽에서 이 개념은 대개 상이한 문명과 종교 사이의 전체적 등가성을 가정한 채 그 복수성複數性을 묘사하는 데 쓰였다. 이러한 개념은 19세기가 지나면서 변했다. 첫째, 대략 1830년부터 문명을 갖춘 민족과 그렇지 않은 민족을 구분하는 것이 일반적인 관행이 되었다. 둘째, 계몽운동이 도입한 새로운 시간성이 지배적인 힘을 획득했다. 이제 압도적으로 단수 형태로 쓰인 '문명'이라는 용어는 개별적인 역사적 진보의 정도를 측정하는 도구였다. 역사적 발전으로서의 문명화 과정, 즉 수렵·채집인에게서 근대사회의 문화적 절정에 이르는 과정은 보편적 현상의 하나로 이해되었다. 이 틀 안에서 문화적 차이는 이제 더는 '이곳'이나 '저곳'의 문제가 아니라 '앞선'이나 '나중의'의 문제였다.[136]

그때부터 '문명' 개념은 상이한 사회적 관습을, 비록 그것들이 처음 볼 때는 서로 양립할 수 없는 것처럼 보였어도, 비교할 수 있게 하는 잣대로 작용했다. '문명' 개념은 세계를 '이해할 수 있게' 했다. 이제 학자들은 삶의 세계의 복수성에 직면해 항복하는 것이 아니라 보편적 척도에 따라 사회를 범주화할 수 있게 되었다. '문명' 개념은 일종의 통화 기능을 수행하기도 했다. 사회는 '문명'을 많이 가질 수도 적게 가질 수도 있었으며, '대차대조표'는 한 사회의 국제적 위상에, 나아가 그 생존 기회에도 직접적인 영향을 미쳤다. 발전이 뒤진 국가들을 점령하여 식민지로 삼은 행위를 정당화하는 핑계로 '문명'이 부족하다는 추정이 일상적으로 등장했다. 문명 담론과 세력 정치 사이의 이러한 연관은 국제법의 보호를 받았다.[137]

이렇게 전 세계적으로 교환되는 단위들은 삶의 모든 영역에 침투했다. 그 중 하나는 종족 담론으로 1880년대 이래로 사회를 분류하는 데 이용되었다. 매우 다양한 형태의 예배와 공동체 건물, 신앙을 평가하는 잣대로 쓰인 종교 개념도 마찬가지다. 이 과정의 다른 측면은 복식에서, 특히 남성복 양식에서 점차 일치를 강요한 것이다. 19세기 말이 되면 한 벌 정장과 중산모는 전 세계에서 공식 행사의 표준 복장으로 확립되었다.

이러한 공통의 표현법과 양식은 단순한 기술적 도구가 아니었다. 그것들은 시대의 사회적 상황과 권력 구조에 잘 들어맞았다. 한편으로 그렇게 세계적으로 유효한 '통화'의 완성은 자본주의-제국주의 세계 질서에 긴밀하게 연결되었고, 그 질서의 보편타당성에 관한 주장은 특정 이익집단들에서 비롯한 것으로 추적할 수 있었다. 달리 말하면 유럽에서 출현한 뒤 보편타당성을 갖추었다고 주장한 개념들이 그 권위를 이끌어 낸 원천은 주로 런던이나 베를린, 파리가 휘두른 지정학적 영향력이었다. 다른 한편으로 이러한 개념들을 경솔하게도 단순한 확산 과정의 결과로 보는 일이 없게 해야 한다. 이 개념들이 퍼진 세계적인 범위와 이를 수용하려는 사람들의 의사는 무엇보다도 세계적 규모로 일어난 구조적 변화에 대한 대응으로 이해해야 한다.

자연주의 소설의 국제적 매력은 그러한 사례다. 이 갈래의 문학은 19세기 말의 광범위한 사회 변화에 대한 대응으로 출현했다. 자연주의 소설이 이용한 양식상의 장치로는 거의 과학적이라고 할 만큼 '삶을 그대로 드러내는' 정밀한 묘사, 현실을 기록하듯 대하는 접근 방식, 주요 대도시권의 삶에서 발생하는 사회문제에 대한 날카로운 관심을 들 수 있다. 문학의 한 갈래로서 자연주의 소설은 급속하게 확산되어 곧 세계적인 현상이 되었다. 프랑스 작가 에밀 졸라Émile Zola의 작품이 번역되고 각색된 것이 이 과정에서 중요한 역할을 수행했다. 예를 들면 1880년에 파리에서 처음 출간된 그의 소설 『나나Nana』는 문학의 대사건이 되었고, 세계 도처의 문학에서 유사한 등장인물들이 거의 유행병처럼 출현하게 만든 촉매제였다. 졸라의 나나는 성적으로나 경제적으로나 독립적인 젊은 여성으로 배우와 고급 창부 사이에서, 연인과 매춘부 사이에서 위태로운 줄타기를 하고 있었으며, 자주 바뀌는 남성들과의 관계를 통해 신속히 사회적 신분 상승을 이루었지만, 소설 막바지에는 질병에 굴복한다.

『나나』는 즉각 대중적 성공을 거두었으며, 곧 여러 언어로 번역되었다. 파리의 살롱들에서 아주 멀리 떨어진 캘커타의 어느 출판사는 그 책이 프랑스에서 간행된 바로 그해에 벵골어 번역본을 출간했다. 동시에 필라델피아와 밀라노, 리우데자네이루, 상트페테르부르크에서도 출간되었다. 2년 동안 열두 개 언어로 번역되었다. 『나나』의 충격은 라틴아메리카에서, 그중에서도 브라질과 아르헨티나에서 특별히 강력했다. 그곳의 자연주의는 엄청난 영향력을 행사한 콩트의 실증주의 사회 이론과 이어졌기 때문이다. 번역본 말고도 여러 곳에서 『나나』를 모방해 주인공의 비극적 삶과 변화하는 노동 세계에서 여성이 차지하는 특정한 역할을 현지의 상황에 연결한 소설들이 출간된 것도 똑같이 중요했다.

이 과정에서 번역본에 부여된 중요성에 이의를 제기할 수 없지만, 『나나』는 단순히 성공적인 수출품으로만 보아서는 안 된다. 부에노스아이레스나 이스탄불의 포부가 큰 계급들에서, 리우데자네이루와 도쿄의 극장과 카페에서 그녀와 같은 인물이 나타날 수 있는 사회적 환경이 있었음을 고려하지 않으면 나나라는 등장인물의 매력을 이해할 수 없다. 이 점에서 이 소설이(자연주의 전체가) 전 세계에서 거의 동시에 성공을 거둔 것은 더는 한 장소에 갇히지 않고 구조적으로 여러 대도시권에 동시에 나타난 사회적 변화의 초국적 과정이 낳은 결과물이기도 했다.[138]

지역화

일상의 관행을 침범하고 상상의 영역에서 존재를 드러낸 세 번째 대규모 발전은 정치적·문화적 거대 지역, 즉 아프리카와 라틴아메리카, 극동 등에 부여된, 여러 점에서 혁신적인 새로운 역할이었다. 이 지역들이 매우 중요하다는 사실은 19세기 말 정치의 엘리트층에 유럽과 '서구'가 결코 유일한 지향점이 아니었음을 적잖이 암시한다. '서구'의 참조가 점점 더 현저해지고 있는데도, 서구 강국들과의 교류가 서서히 중요해질 때에도 지역적 상호작용은 지속되었고 많은 경우에 사라지지 않았다. 중국 문화는 매우 오랫동안 심지어 일본에서도 특혜를 받은 자원으로 남았다. 마찬가지로 동남아시아의 무슬림 집단들은 전간기까지도 오스만 제국과 튀르크인 술탄에게 계속 희망을 걸었다. 한편 아프리카 동해안이나 페르시아만에서는 인도양이 문화 교류와 상업 거래의 가장 중요한 장이었다.[139]

개인적 네트워크와 지역적 교류의 제도는 계속해서 중요했다. 여러 경우에, 거대 지역 간의 상관관계라는 장기 지속Longue durée을 이야기하는 것은 온당하다. 예언자 무함마드의 후손인 사이이드파의 네트워크는 그 한 가지 사례다. 이들은 16세기 이래로 남부 예멘의 하드라마우트를 떠나 인도양 지역 전역으로 이주해 학문의 유대를 형성했다. 이들은 수피즘의 독특한 기풍을 전파함으로써 오늘날까지 이어지는 초지역적 공동체를 만들어 냈다. 사이이드파는 별개의 집단을 형성하는 대신에 자기들이 거주하는 여러 장소에, 즉 동아프리카와 인도, 말레이시아 해안, 동남아시아 도서 지역의 기존 지역 공동체에 통합되었다. 이들의 융합은 그 종교에서, 그리고 개별 가족과 예언자와의 관계를 구축하는, 혈통을 따지는 관행에서 파생되었다. 이들은 상상 속에서, 또한 먼 거리를 이동하는 실제 방문을 통해서 동부 예멘의 타림에 있는 무함마드 후손들의 묘지와 연결을 유지했다. 그러한 연결은 수백 년에 걸쳐 지속되었고 네덜란드 제국, 프랑스 제국, 영 제국의 지역에서 지속된 패권보다 더 오래 살아남았다.[140]

이와 유사하게 오래 지속된 여러 이주 유형이 다른 지역에서도 발견된다. 무수히 많은 일상적 교류와 이동, 상업 활동의 형태가 19세기 말의 세계화한 제국 세계 안으로 들어왔다. 여러 경우에 관련된 자들은 이러한 오래된 전통을 의식적으로 언급하곤 했다. 그러나 이렇게 많은 연속성이 있는데도 이 글에서 논의하는 지역적 유형들의 출현이 근대 초기의 지역 세계가 과거의 역사로부터 끌어낼 수 있는, 그 세계가 남긴 단순한 유물이 아님을 인정하는 것이 중요하다. 19세기에 세계는 점점 더 심하게 뒤얽히면서 주요 지역들은 개조되고 재구성되었으며, 나아가 몇몇은 처음으로 출현했다. 세계적 통합과 지역적 구조의 출현이나 공고화가 반드시 서로 충돌할 필요는 없었다. 세계화 과정은 동질적이고 통합된 세계를 만들지 않았다. 오히려 새로운 구분선들이 수반되어 그것들에 의해 분해되었다. 국가와 더불어 새로운 지역적 실체들이 점차 초국적으로 전개되는 자본을 한편으로, 노동과 생산의 조직 및 소속 관념을 다른 한편으로 하는 양자 사이를 중개했다. 그러므로 지역의 재구성은 이 글의 첫머리에서 논의한 지역들의 세계가 자연스럽게 확장된 것이 아니라 본질적으로 세계적 통합에 대한 반응이자 대응이었다.[141]

지역의 이러한 변형과 재구성은 '아시아'라는 개념의 사례에서 잘 드러 난다. 이 개념의 탄생은 멀리 헤로도토스Herodotus까지, 그 이후로는 17세기에 중국에 그 개념을 처음으로 소개한 마테오 리치Matteo Ricci까지 추적할 수 있 다. 그러나 그 명칭이 실제로 청나라의 막바지에 이르러서 몇십 년 동안에, 즉 1895년 이후의 어느 때부터 일반적으로 쓰였다는 사실은 예수회 수사들이나 고대 그리스인들을 거론하는 것만으로는 설명되지 않는다. 그보다도 중국을 아시아의 일부로 확정하는 것은 세계를 체계를 갖춘 실체로 인식하는 것과 부합한다. 이는 20세기에 들어설 무렵 중국의 통치 엘리트층에 서서히 퍼진 견해다. '아시아'라는 개념은 변화한 지정학적 상황의 산물로서 자본주의와 식민주의가 구축했으며, 북경을 중화 문명의 중심으로 보기를 고수한 앞선 세 계관을 밀어 냈다.[142]

이는 구체적으로 무엇을 의미했나? 하와이 왕 칼라카우아는 1881년에 청나라를 공식적으로 방문했을 때 외무를 관장한 총리아문의 수장 이홍장李 鴻章에게 양국이 많은 차이가 있지만 본질적으로 동일한 처지에 놓여 있음을 납득시키려고 했다. "우리도 당신들처럼 아시아인이다." 칼라카우아는 크게 놀란 이홍장에게 유럽 제국주의에 맞서 통일 전선을 세울 필요성을 각인시키 기에 앞서 이렇게 말했다. "나는 일본 천황에게 경고했고 이제 그대에게 주의 를 준다. 만일 우리가 단합해 외국인들에게 문호를 개방하지 않을 수 있다면, 이것이 우리 갈색 아시아인들을 일깨울 최선의 방법이 아니겠는가? 이런 일 이 일어나기를 나는 진정으로 고대한다." 이홍장은 경고를 진지하게 받아들 이지 않았다. 하물며 이를 그에게 전한 사람은 어땠겠는가. 이홍장은 분명 칼 라카우아가 방문한 당일의 아침에야 비서에게서 하와이라는 나라가 있다는 사실을 알았을 것이다. 이홍장은 여전히 중화 문명권이라는 개념 속에서, 즉 문어와 유교, 문화적 전통에 의해 규정된 '공동의 문화同文'라는 관념 속에서 만 움직였다. 따라서 위대한 중국과 지리적으로나 문화적으로 멀리 떨어진 하 와이라는 작은 나라 사이에 공통점은 있을 수 없었다.[143]

1895년에 청나라가 전쟁에서 일본에 패하고 서구 자본의 제국주의적 침 탈에 압박을 받은 지 고작 20년이 지난 뒤에 상황은 근본적으로 변했다. 이제 칼라카우아의 견해는 중국 엘리트층의 상당수가 폭넓게 수용했다. 그리고 저명한 역사가이자 개혁가인 량치차오는 1899년에 하와이에서 몇 달을 보냈을 때(하와이 제도는 한 해 전에 미국에 병합되었다.) 그곳과 자국의 상황이 유사한 것에 큰 충격을 받았다. 당시에 하와이는 해외시장에 판매할 설탕을 생산하던 플랜테이션 농장에서 일할 중국인 노동자를 모집하고 있었다. 또한 량치차오는 이제 더는 단순히 멀리 떨어진 이국땅에만 영향을 미치는 것이 아니라 세계적 구조들에 의해 중개되어 거의 동일한 형태로 중국까지 위협하는(그는 점점 더 그렇게 확신했다.) 식민화 과정의 증인이었다. 량치차오에게는 공통의 지정학적 상황이 여태껏 남아 있는 문화적 차이라는 개념보다 확실히 중요한 듯했다. 하와이와 청나라는 제국주의의 위협과 세계적 자본주의경제에서 두 나라가 차지하는 하찮은 지위 때문에 유사한 곤경에 처했던 것이다.[144]

이러한 변화, 말하자면 문화에서 지정학으로의 변동은 당대 식자층의 주목을 피하지 못했다. 1884년에 히노하라 쇼조는 '아시아' 출현 가능성의 조건으로 우선 세력 정치와 경제적 침탈, 오리엔탈리즘 수사법의 결합을 이야기했다. "오늘날 사람들이 '동양'이라고 부르는 것은 지리적 동양이 아니라 국제관계의 동양이다. 그것은 자연지리로 규정되는 실체가 아니다. 그것은 인간이 만든 사회의 모든 제도가 그들만의 독특한 성격을 지녀 유럽과 다르다는 이유로 동양으로 불린다." 히노하라는 '아시아'와 '동양'이 의존과 예속의 지위를 지칭하는 정치적 용어임을(지리적 용어가 아님을) 잘 알고 있었다.[145]

이러한 배경에서 보면 일본이 자기들만의 '동양'을 만들어 내야 한다는 것은 논리적이었다. 그것은 동쪽이 아니라 지리적으로 일본의 서쪽에, 그렇지만 유럽의 오리엔탈리즘 담론에 수반된 모든 함의를 다 지닌 채 있었다. 1895년에 일본이 청일전쟁에서 승리해 군사적으로 청나라에서 벗어난 뒤, 대학에는 기본적으로 한국과 중국을 다루는 '동양사'라는 이름의 새로운 교과목이 개설되었다. 중국은 여전히 일본도 참여한 문화의 요람이자 원천으로 여겨졌지만, 이제 점차 후진국으로 묘사되었다. 일본은 기념비적인 근대화 노력을 기울여 군사적으로 청을 정복할 위치에 올랐던 반면, 중국의 사회와 문화는 정체된 것처럼 보였고 활력이나 진보가 전혀 없는 것 같았다. 일본적인 '동양'

패러다임 안에서 아시아는 이제 '동양 정신'의 아시아가 아니라 다른 무엇보다도 제국주의적 세력 구조와 세계적 의식의 희생자였다. 이제 아시아는 불교나 서예, 대안적 문명이 아니라 과거를 대표했다.[146]

이러한 지정학적 틀과 경쟁하는 대안적 해석은 아시아 공동의 정체성을 전면에 내세웠다. 이 견해의 주창자들은 공통점을 찾아내고 세계 속의 그 종속적 지위를(식민지가 된다는 우려와 현실을) 공동 정책 수립의 출발점으로 삼으려는 목적에서 '아시아'라는 개념을 전략적으로 이용했다. 이들은 언어와 문화, 민족과 종교의 경계를 뛰어넘은 연대의 미래상을 옹호했다. 특히 일본은 이러한 범아시아 미래상을 매우 다양하게 제시했다. 1901년에 발표된 오카쿠라 덴신의 책 『동양의 이상』에는 "아시아는 하나다."라는 구호가 표제처럼 등장한다. 이 책이 영어로 출간되어 국제사회의 독자층을 겨냥했고 아시아의 문화주의적 해석도 서구의 침략이라는 도전에 대한 대응이라는 점을 은연중에 인정한 것은 암시하는 바가 있다. 오카쿠라의 목표가 조화와 이해였던 반면에, 범아시아주의를 주창한 일본의 많은 사상가는 곧 제국주의로 전향했고, 한국과 대만, 청, 권역 내 기타 국가들의 병합을 요구했다. 역설적이게도 이는 범아시아주의의 매력이 지속되는 것을 방해하지 않았다. 한국에도 범아시아주의가 서구 제국주의로부터 자기들을 보호해 주기를 바라는 세력이 있었다. 1909년에 정치적 결사인 일진회—進會가 일본이 한국을 통치하게 하자고 요구하는 서한을 국왕에게 제시했다.[147]

'아시아'의 발명은 19세기의 막바지에 나타난, 세계의 재지역화를 향한 더 보편적인 추세의 한 사례일 뿐이다. 지역적 연결의 일신된 중요성은(그리고 그 재구성은) 그 시기의 이동 유형에서도 확인할 수 있다. 이 점에서도 유럽이 주된 준거점이었음은 분명하다. 사실상 이전 몇십 년간보다 더 강한 준거점이었다. 1869년의 수에즈 운하 개통과 대양 항해 증기선의 정기적 통행 개시 이후, 아프리카인이나 아시아인의 유럽 여행은 더는 드문 일이 아니었다. 이들의 수는 늘었고 중요성은 커졌으며, 그 현상은 거의 한 사회의 개방성을, 나아가 그 근대화 의지를 평가하는 척도로 해석되었다.

그러한 이동이 오로지 동서 교통로에서만 이루어진 것은 결코 아니다. 서구에 대한 열광을 거부하는 저항도 비록 꾸준히 약해졌지만 여전했다. 그러 므로 유럽 여행은 결코 자명하지 않았다. 이동을 삼가는 뿌리 깊은 문화적·민 족적 태도도 부분적인 이유였다. 마하트마 간디는 매우 잘 알려진 경우다. 간 디는 1888년에 영국으로 여행했을 때 특권 신분인 자기 카스트에서 축출되었 다. 훗날 그는 자서전에서 이렇게 회상했다. "카스트 총회가 소집되었고 (……) 공동체의 지도자들은 (……) 내게 이렇게 말했다. '우리 종교는 외국 여행을 금 한다. 우리는 또한 우리 종교의 원칙을 굽히지 않고는 그곳에서 살 수 없다는 말을 들었다. 어쩔 수 없이 유럽인과 함께 먹고 마셔야 한다!'" 평결은 전통의 말로, 브라만 신분은 '검은 물(칼라파니)'을 건널 수 없다는 오래된 금지 규정 으로 표현되었다. 그러나 이것이 초국적 연결을 방해하는 단호한 문화적 저항 의 사례일 뿐만 아니라 그것에 대한 반응이기도 했다는 사실에 주목해야 한 다. 1860년에서 1890년 사이에 벵골에서는 1857년에 일어난 인도 반란의 여 파로 출현한 일종의 문화적 민족주의에 힘입어 해외여행에 관한 대규모 공개 논쟁이 벌어졌다. 논쟁에서 양측 다 힌두교의 고전에 호소해 자기들의 주장 을 옹호했다. 벵골 힌두 항해 운동Hindu Sea-Voyage Movement in Bengal을 주도한 사 회 개혁가들도, '만들어진 전통'의 형태로 세계화를 비판한 해외여행 반대자 들도 마찬가지였다.[148]

일본에서 이 논쟁의 복사판을 볼 수 있다. 19세기 말에도 유럽인은 일본 에서 여전히 자유로운 여행이 허용되지 않았으며, 조약에 따라 개방된 소수의 항구 안으로 이동이 제한되었다. 1899년에 일본이 강국으로 인정받은 뒤 이 상황에 변화가 올 것처럼 보이자, 일본과 '외국인들' 간의 임박한 '내지잡거內地 雜居' 협정을 둘러싸고 격렬한 찬반 논의가 이어졌다. 그 과정에서 이동과 상호 교류에 관해 다양한 우려가 표명되었다. 유럽인은 일본어를 말하지 않고 개 를 데리고 다닐 것이고, 그들의 관습은 이상했다. 게다가 유럽인의 존재는 많 은 일본인에게 너무 힘겹게 느껴질 것이었다. "말을 잘 못하고 어리석은 일본 인은 외국인에게 거듭 당할 것이다." 반면에 쓰다 마미치津田真道 같은 교류 옹 호자들은 교육 정책의 큰 사업으로서 일본 국경을 개방할 것을 장려했다. "인 간은 훈련으로써 지식을 늘리며 교류로써 개화를 증진한다." 그러므로 개항으로써 일본 엘리트층이 유럽 계몽운동에 익숙해졌듯이 유럽인이 일본에서 새로운 거주 권리를 얻으면 나라의 중간계급과 하층계급이 유럽 근대성의 축복을 맞이할 것이라고 그는 주장했다.[149]

　　서구 국가들과의 접촉을 거부하는 이러한 저항의 사례들과는 별개로, 이동과 상호 교류에 관한 한 지역적 상황이 계속 중요했고 나아가 새로운 타당성을 획득한 것은 분명하다. 이 점이 더 중요할 것이다. 이러한 연결은 종종 옛 경로를 이용할 수 있었다. 여러 유형의 지적 교류와 노동력 이동, 순례길 등은 온전한 상태를 유지했다. 그러나 동시에 이러한 이동은 상당수가 기술적·정치적 조건이 변한 가운데 이루어졌다. 이를테면 이슬람의 다섯 가지 의무 중 하나인 메카 순례 의식, 즉 하즈는 아라비아반도 너머 먼 곳까지 계속 엄청난 의미를 지녔다. 그러나 여행 방식과 여정, 여행객의 할당에도 변화가 생겼다. 수에즈 운하가 완공된 이후에 이집트가 메카 여행의 교통에서 중심축이 되었고, 동시에 증기선 항해로 대양이 사실상 축소되자 동남아시아에서 오는 순례자 수가 전례 없는 비율로 증가했다. 제1차 세계대전 직전에 네덜란드령 동인도에서 2만 8247명의 순례자가 몰려왔다. 그해 하즈에 참여한 자들의 약 4분의 1에 해당하는 수다. 이제 여행객은 대부분 유럽인이 관리하는 제국의 여러 중심지를 통해 들어왔다. 그들은 그곳에서 여권을 발급받고 감시를 받았으며, 경우에 따라 더 멀리 가지 못하게 제지되었다. 예를 들면 캘커타는 1896년에 메카에서 역병이 돈 이후에 30년간 메카로 가는 순례자들의 출입을 통제했다.[150]

　　이러한 유형은, 다시 말해 시장과 기간 시설의 세계적 통합에 대응해 새롭게 재구성되었으되 엄존한 기존 지역적 연결의 연속성은 여러 가지 사례를 통해 설명할 수 있다. 대서양을 횡단하는 이주는 오랜 역사를 지녔지만, 그 구조와 강도는 증기선의 도래로 이주가 대규모 현상이 된 이후인 1860년부터 변화했다. 절정은 3만 5000명이 넘는 이탈리아인 골론드리나스golondrinas(제비들)였다. 이들은 제1차 세계대전 직전의 몇 년간 해마다 여러 차례 대서양을 건넜다. 북반구와 남반구의 계절이 다른 것을 이용해 이탈리아와 아르헨티나의 수확에 다 참여하려고 했던 것이다.[151] 마찬가지로 동남아시아로 엄청난 수가 이주한 중국인 '쿨리'도 근대 초기 이래로 같은 경로를 바쁘게 오간 이주

_____ 아라파트산 동쪽에 자리한 하즈 순례자들의 숙영지, 1887년. 이 시기에 기간 시설(철도, 증기선, 전신)의 혁명으로 연례 순례로 메카를 찾는 자들의 수와 구성이 근본적으로 변했다. 유럽 강국들은 또한 하즈 순례자의 수송과 통제에 점차 깊이 관여하게 되었다. 메카로 가는 자들이 범이슬람 봉기에 찬성하는 활동가일 수 있다는 우려가 종종 그 동인이었다. 이 사진은 일찍이 하즈를 사진에 담은 아랍인 중 한 사람인 의사 알사이이이드 압드 알가파르(Al-Sayyid Abd al-Ghaffar)가 찍은 것이다. (Library of Congress)

민(주로 상인과 숙련 장인)의 전통 속에 굳게 서 있었지만, 19세기 말이 되면 이들은 대체로 유럽인의 선박을 타고 이동했으며, 영 제국과 세계적 노동시장이 강요한 구조 안에서 움직였다. 이 이주민의 대다수는 이제 싱가포르와 해협 식민지라는 중심축을 통과했으며, 그곳으로부터 많은 사람이 네덜란드령 동인도와 보르네오, 미얀마, 그리고 서쪽으로 더 먼 곳까지 여행했다.[152] 비슷하게 상인과 제국 원정대, 노동자, 노예가 수백 년 동안 벵골만을 건넜다. 근대 초기부터 그 지역은 연이어 포르투갈과 네덜란드, 마지막으로는 영국의 종주권에 속했다. 1850년 이후로 세계경제에 편입되면서 이곳에서도 이주의 흐름은 재조정을 겪었고 새로운 수출 구조가 성장했다. 미얀마가 세계 최대의 쌀 수출국이 되었고, 반면에 타밀족 노동자들이 생산한 말레이반도의 고무는 미국 자동차 산업의 동력이 되었다. 1840년 이후로 100년 동안 2800만 명 이상이 벵골만을 건넌 것으로 추산된다.[153]

다른 지역적 연결은 완전히 새로웠으며 1880년 이후 세계의 재영토화에 대한 대응으로 출현했다. '아시아'가 정치적·문화적 범주로 형성된 것도 교류와 만남의 조정을 초래했다. 1890년대에 인도의 작은 군주국 람푸르의 나와브였던 하미드 알리 칸Hamid Ali Khan(1875~1930)은 민족 자치를 최종적인 목표로 삼고 자기의 근대화 계획을 이행할 가능성을 타진하기 위해 일본으로 여행했다. 그는 새로운 시대적 추세를 찾는 자였다. 즉 아시아판 근대성을 찾는 여행객이었다. 아시아판 근대성은 오스만 제국과 이집트, 아프가니스탄, 이란 같은 다른 무슬림 국가들의 정치인과 고위 관료를 일본으로 이끈 현상이었다. 이들 중에는 조만간 정치적 독립의 희망이 꺾이기에 오늘날이라면 주권국가로 대접받기 어려운 국가, 즉 리아우나 세르당, 조호르, 아체, 델리의 대표자도 있었다.[154]

* * *

무슬림 통치자와 일본 개혁가들 사이의 동맹처럼 종교적 경계를 초월한 이러한 동맹은 유라시아의 충성과 정체성이 지정학적으로 재구성되었기에 가능했다. 이 조정의 중요한 특징은, 동시에 지역주의의 정치적 도구화의 중요한 특징은 '범-' 운동의 출현이었다. 이러한 운동들도 문화적 자기주장을 추구하면서 지역의 우주론을 자원 삼아 의지했다. 이러한 운동의 선구자들은 국제적인 인정을 받으려는 열망에서 자주 헤르더와 그의 유기적 '문화' 개념이나 먼로 독트린(1823)을 정치적 모델로 삼았다. 그러나 1880년대에 점차 악독해진 종족 담론과 임박한 '종족 전쟁'의 풍설도 단연 새로운 중요한 요소였다. '범-' 운동들은 비록 장기적인 역사적 연속성의 산물로 자처했지만, 이러한 지정학적 상황에서 출현했다. 따라서 이 운동들과 관련된 지역들은 단순히 문화적 자의식의 각성이 필요했던 기존 지역이 아니라 세계화한 세계가 세계적 상호 연결의 영향을 받아 재구성된 결과물이었다.[155]

아시아주의에 더해 다른 여러 상황에서도 '범-' 운동이 출현했다. 지역주의의 경향이 널리 퍼진 것이다. 19세기 중반 이래로 크리올 엘리트들이 라티니다드Latinidad라는 개념을 만들어 내면서 '라틴아메리카'라는 관념이 생겨났다. 그 과정에서 이들은 부분적으로 프랑스의 공화주의와 자유주의의 담론에 귀를 기울이는 동시에 에스파냐와 포르투갈의 과거와는 거리를 두었다. '라티니다드'라는 용어는 문화적 공통점을 강조한 꼬리표로 나타났지만, '라틴아메리카'라는 용어가 널리 퍼지고 오래도록 유효했던 것은 무엇보다도 미국이 그 대륙을 흡수하는 데 반대하는 개념으로, 프로테스탄트 앵글로·색슨 아메리카에 명백하게 대비되는 개념으로 만들어졌다는 사실에 기인한다.[156]

다른 곳에서는 '범-' 이데올로기가 정치 운동과 더 긴밀히 결합되었다. 오스만 제국에서는 그러한 이데올로기 여럿이 서로 경쟁했다. 오스만주의는 오스만 제국이 통치한 영역에 대한 소속과 일체감에 의존했다. 반면 범이슬람주의 사상가들은 기존의 정치적 경계를 초월하는 종교적 충성을 구축했다. 오스만주의와 범이슬람주의 둘 다 새롭게 출현하던 민족주의 운동에 반대하려고 했지만, 범튀르크주의와 범투란주의,[2] 범아랍주의의 미래상은 종족과 민족을 토대로 통일성이 있다고 인식된 집단의 지리적 팽창을 목적으로 삼았다.[157] '이슬람 세계'(1916년부터 베를린에서 간행된 잡지의 제목이다.)라는 관념은 이렇게 변화한 지정학적 실체들의 표현이었다. 그것은 비록 움마(이슬람 공동체)로 실현된 통일적인 무슬림 영역이라는 옛 관념에 의존했지만, 결코 그 전통적인 종교 공동체와 같다고 할 수 없다. '이슬람 세계'는 19세기 말의 세계적 도전이라는 배경에서 생겨난 새로운 창조물이었다. 그 구성 요소에는 종교뿐만 아니라 근대적인 종족 담론과 서구와의 대결도 포함되었다.[158]

보기와는 달리 몇몇 경우에 '범-' 운동의 주창자들은 함께 일하기도 했다.

───── 2 범슬라브주의나 범게르만주의 같은 민족주의의 일종으로, 19세기 말과 20세기 초에 발흥했다. 중앙아시아의 유목 민족을 통틀어 지칭하는 용어인 '투란'을 내세워 헝가리의 주요 구성원인 마자르족과 튀르크 계열 민족들 외에 핀란드와 아시아 민족들의 연대를 내세웠다.

범이슬람주의 운동의 저명인사들조차도 문화를 초월하는 협력 형태를 받아들일 준비가 되어 있었다. 이는 부득이 이러한 운동들의 기반이 된 공유 문화라는 관념의 범주화를 수반했다. 예를 들면 범이슬람주의 활동가 압둘라시드 이브라힘Abdurresid Ibrahim은 모든 것을 동아시아에 걸었다. 그는 전통을 유지하면서도 근대성을 끌어안았다는 사실을 들어 일본을 칭찬했다. 그러나 마음속 깊은 곳에서는 특히 경제적인 이유에서 일본인들이 이슬람으로 개종하기를 희망했다. 그는 일본인들이 일단 무슬림이 되면 일본이 방해 받지 않고 중국 시장에 진출할 수 있으리라고 믿었다.[159]

20세기가 될 때까지 이러한 종류의 조직적 운동이 발달하지 못한 아프리카에서도(첫 번째 범아프리카 회의는 1900년에 런던에서 열렸다.) 19세기의 마지막 3분기에 이미 최초의 몇몇 밑그림과 예비적 기획이 진행되고 있었다. 이것들은 대부분 아프리카 안에서 이루어지지는 않았지만, 에드워드 블라이든(1832~1912) 같은 아프로-아메리카 지식인들이 주도했다. 블라이든은 노예무역 폐지 이후에 흑인을 위한 자유로운 영토를 세우기를 원했다. 이 운동의 아프로-아메리카 선구자들은 종종 아프리카 대륙에 기독교와 문해력, 근대적 가치를 전해 줄 사명을 띤 문화 선교사의 역할을 맡고 있다고 주장했다. 그러나 이들은 특히 서아프리카에서 많은 아프리카 지식인이 지역적 정체성을 제쳐 두고 더 보편적인 흑인 세계주의에 찬성한 사실에 부분적인 책임이 있었다. 아프리카는 단지 여러 지역 중 하나로, 새로운 세계 체제를 구성하는 하나의 벽돌로 생각되었다.[160]

2 계몽주의의 세계사

유럽의 독특함을 보여 주는 표현인 계몽운동은 서구 근대성의, 그리고 근대 서구의 창설 신화다.[161] 그 토대는 유럽의 자율성이라는 허구다. 몇 가지 점에서 계몽운동은 기독교라는 준거를 대신해 유럽의 핵심적인 문화적 가치가 되었다.[162] 무엇보다도 계몽운동은 유럽의 문화적 전통에 깊이 뿌리 내린, 유럽의 독창적인 업적으로 제시된다. 이러한 전통적 해석에 따르면 르네상스와 인문주의, 종교개혁이 그 기반을 놓았고 "350여 년 후에 과학혁명에서, 이어 18세기 계몽운동에서 꽃 피울 지적·과학적 발전을 새롭게 자극했다."[163] 이 내적 성장 과정의 결과물이 개인주의와 인권이, 베버의 유명한 어구를 인용하자면 '세계의 각성'이 특징인 계몽된 근대 세계였다. 이 전통적 해석에 따르면 이러한 성취는 19세기 동안 나머지 세계로 수출되었다. 맥닐은 '서구의 발흥'이라는 표준 담론을 요약하면서 이렇게 말했다. "우리 그리고 20세기의 전 세계는 근대 초 유럽의 한줌밖에 안 되는 천재들이 만들어 낸 특유의 피조물이자 그들의 상속자다."[164]

19세기와 20세기의 유럽 중심주의적 가정에 크게 빚진 이 해석은 이제 이러한 일방적인 형태로는 더는 유지할 수 없다. 최근 일군의 역사가가 훨씬 더 복잡하고 다층적인 근대 세계 형성의 이미지를 제시하는 데 기여했다. 이 장에서는 이러한 연구 성과를 토대로 계몽운동을 그것이 출현한 세계적 맥락 속에서 공정하게 평가하는 새로운 해석을 내놓을 것이다. 그 토대는 삼중의 재해석이다. 첫째, 보통 '계몽운동'이라는 꼬리표를 단 18세기의 문화적 역동 성은 유럽 지식인들만의 독립적이고 자율적인 업적으로 이해할 수 없다. 여 러 곳에 많은 창조자가 있었다. 둘째, 계몽운동의 중심 사상은 초국적 교류의 증대와 세계의 점진적 통합의 결과로 나타난 도전에 대한 대응으로 이해해야 한다. 따라서 '계몽운동'의 거론은 단지 파리의 살롱 문화와 이성의 특권만을 가리키지는 않았으며, 나아가 그것은 늘 비교의 관점에서, 그리고 세계적 맥 락에서 일종의 사고방식을 대표했다.

셋째, 19세기에도 계몽운동은 지식인이나 정치 엘리트가 (아시아에서, 그 렇지만 유럽이나 아메리카에서도) 사회 변화 요구의 정당성을 주장하려고 할 때 면 언제나 제시하는 준거점이었다. 이러한 계몽운동의 장기적 역사에 대한 강조는 학술 문헌에 나타나는 여러 가정과 상충된다. 일반적으로 계몽운동 은 1800년 전후로 끝났다고 추정된다. 1930년대에 가서야 당시에 유럽 근대 성이 직면한 위기를 배경으로 계몽운동은 한 번 더 지적 성찰의 주제가 되었 다.[165] 그러나 이 관습적인 연대기는 심히 유럽 중심주의적이다. 나머지 세계, 특히 아시아에서 강도 높게 진행되던 '계몽운동'에 관한 매우 열띤 논쟁을 무 시하기 때문이다. 그러나 이러한 논의와 충돌은 단순히 유럽에서 벌어진 사건 들의 여파나 이미 완결된 주제의 변형이 아니었다. 오히려 계몽운동의 세계적 이력은 그 역사를 구성하는 한 부분으로 보아야 한다.

그렇다면 계몽운동은 긴 역사를 지닌다. 그것은 동적이었고 변화했다. 영 원히 변하지 않는 실체가 아니었으며 다른 장소로 온전히 옮길 수 있는 실 체도 아니었다. 이렇게 본다면 계몽운동의 의미를 영구히 고착시키는 정의 에 매몰되지 않을 수 있다. 1784년의《베를리니셰 모나츠슈리프트*Berlinische Monatsschrift* (베를린 월보)》에 칸트의 유명한 글이 실린 이래로, 역사가들은 계몽 운동이란 정확히 무엇인지에 관한 그의 질문에 관해 깊이 생각했다. 그 주제 에 관한 총서가 발행되었고, 그 용어의 사용을 제한하려는 시도가 거듭되었 다.[166] "계몽운동이란 무엇인가?"라는 칸트의 질문에 대한 답변은 많고도 다양했지만, 오늘날까지 그 용어의 권위 있는 정의를 내놓는 데는 성공하지 못했다. 그 대신에 나온 답변들은 그 개념이 역사적으로 얼마나 쉽게 변했는지를 증명했을 따름이다.

1872년부터 일본인 화가 쇼사이 잇케이昇斎一景가 쓴 비유적 표현을 예로 들어 보자. 칸트의 질문이 제기된 지 거의 100년이 지난 후였지만, 그것은 그 질문에 대한 답변으로 해석할 수 있다. 「개화인순흥발경開化因循興發鏡」이라는 제목의 목판화에서 그는 메이지 시대 일본의 신구 세력 간 다툼을 묘사한다. 새로운 것이 일정하게 우세를 차지한다. 묘사된 대상이 전부 칸트가 작성한 계몽운동 구성 요소의 목록에 들어가지 않을 것은 분명하다. 판화는 서양 우산이 종이로 만든 일본 우산 반가사番傘보다 우수함을 보여 준다. 의자는 전통적인 걸상을, 만년필은 붓을, 벽돌은 너와를 이긴다. 짧은 머리는 정수리를 바짝 미는 일본 전통의 방식보다 나은 것처럼 보인다. 기타 등등. 전체 논쟁은 일본에서나 다른 곳에서나 진보 정신의 전형적인 상징인 증기기관차가 촉발했다. 판화의 중앙에서는 가스등이 초를 굴복시킴으로써 전근대 일본에서 어둡게 보였던 모든 것을 조명한다. 비단 상징적으로만 그런 것이 아니다.

목판화 「개화인순흥발경」의 제목에서 결정적인 낱말은 개화(가이카)다. 그것은 보통 'Enlightenment'로 번역된다. 그러나 이 일본어 낱말은 또한 사회적 진화라는 관념을 담은 것으로 'civilization'의 번역어이기도 했다.[167] 쇼사이의 묘사에서 이 관념은 칸트가 추정했듯이 준準자연적인 발전이 아니라,(계몽운동의 과정이 "자유만 주어진다면 거의 불가피한 것"이라는 칸트의 주장은 널리 알려져 있다.) 맹렬한 투쟁으로 대표된다. 문명과 계몽운동의 우세는 단지 그 설득력만이 아니라 폭력의 사용에도 존재했다. 그것은 해방의 전망("'인류'가 스스로 초래한 미숙한 상태에서 탈출하는 것")[168]뿐만 아니라 디페시 차크라바르티가 또 다른 한 세기 뒤에 탈식민주의적 관점에서 정립했듯이 "문명과 계몽의 이름으로 물리적 강압의 효과적인 수단을 동원하는 것"에도 의존했던 것이다.[169]

쇼사이가 묘사한 개화한 근대성의 전경에서 이에 못지않게 중요한 것은 보통은 이 맥락 속에 두지 않는 물건인 인력거다. 그림의 오른쪽 끝에는 '인력거'라는 이름표가 붙은 형상이 도쿠가와 막부 엘리트들의 전통적 운송 수단인 가고駕籠(가마)를 표현하는 다른 형상을 짓밟는 모습이 나온다. 판화에 나오는 다른 대상과는 다르게, 인력거는 유럽에서 들여온 것이 아니라 메이지 시대 초기 일본의 발명품이었다. 그런데도 인력거는 곧 도쿄 긴자 지구의 벽돌 건물들과 기차, 시계, 전등과 함께 새로운 시대의 상징이 되었다. 그러므로 인력거의 묘사는 당대인들이 새로운 것으로, 문명화한 것으로, 계몽된 것으로 인식한 것들이 실제로는 심히 양면적이고 혼합적 성격을 지녔음을, 18세기의 파리나 에든버러, 쾨니히스베르크에서 배태된 원형의 단순한 복제품이 아니라 현지 상황과 세력 구조의 산물이라는 점을 일깨운다.

유럽 계몽운동의 이질성

이 사례가 증명하듯이 '계몽운동'으로 이해된 것은 누가 언제 어떤 상황에서 어떤 의도로 그것을 불러내는지에 따라 변했다. 이러한 변화는 계몽운동의 역사에서 중요한 부분이었다. 그리고 우리가 그 긴 역사를 무시하는 한, 계몽운동의 이해는 계속 불완전할 것이다. 필리핀이나 콜롬비아, 중국의 계몽운동을 유럽의 계몽운동과 나란히 둘 때에만 강해지는 인상인 그 유동성과 변이성을 이런 식으로 강조하는 것은 계몽운동의 균일하고 확실한 정의란 그저 불가능할 따름이라는 사실을 가리킨다. 그러한 정의는 계몽운동에 어떤 불변의 핵심이 있다고 전제할 것이나, 계몽운동은 간단하게 수출하거나 수입할 수 있는 완제품이 아니었다. 역사의 주역들이 그 개념으로 무엇을 했는지, 그 개념을 언급할 때 그들의 동기가 무엇이었는지는 더 흥미로운 질문이 될 것이다. 그러므로 계몽운동을 분석의 범주로 혼동하는 실수를 저지르지 말아야 한다. 그것은 다른 무엇보다도 권리를 주장하고 요구를 정당화할 때 의지하는 개념이었다. 프레더릭 쿠퍼는 근대성 개념과 관련해 이렇게 썼다. "학자들은 약간 더 나은 정의를 얻기 위해 노력해서는 안 된다. 그러는 대신에 세상에 떠도는 이야기를 경청해야 한다." 지금 논의 중인 주제와 관련해 말하자면, 그것은 계몽운동에 관한 이야기가 있을 때는 언제라도 학자들은 "그것이 어떻게, 왜 쓰이는지 물어야" 한다는 뜻이다.[170]

18세기 유럽에도 계몽운동에 관한 복수의 견해가 공존했는데, 이것들은 결코 동질적이지 않았고 오히려 종종 매우 다른 곳을 향하거나 심지어 서로 충돌하기도 했다. 유럽 계몽운동에 관한 최근의 많은 연구가 이러한 판단을 지지한다. 최근의 연구들은 통일성 있는 사상 체계라는 가정에 점점 더 회의적이며 복수 형태인 'Enlightenments'를, 또는 프랑스어 용어가 18세기 이래로 현명하게 미래를 내다보며 표현했듯이 'les lumières'를 이야기함으로써 더욱 다원주의적인 접근법을 제안한다.[171]

그러므로 계몽운동은 여러 점에서 양면적이고 파편화한 현상이었다.[172] 최근 연구에 나타난 네 가지 동향이 이 점을 확증하고 발전시켰다. 첫째, 지적 변화의 관점에서 이야기할 때 유럽에서 전개된 계몽운동 논쟁들이 동질성을 띤다고 가정해서는 안 된다는 점이 분명해졌다. 이러한 논쟁들은 서로 연결되었다고 해도 각각 혹자는 원原민족적이라고도 할 만한 매우 구체적인 배경에서, 즉 할레나 나폴리, 헬싱키, 위트레흐트에서 발생했다. 이 논쟁들은 그러한 배경에 대한 반응이었으며, 그 동력(부분적으로 완전히 다르고 원심성인 동력)은 그러한 배경에서 나왔다. 네덜란드에서 바뤼흐 스피노자Baruch Spinoza와 관련해 일어난 초기의 과격한 계몽운동은 파리 계몽철학자들의 관심사와 달랐으며, 영국이나 프로테스탄트 권역의 독일에서 발생한 보수적 형태의 계몽운동과는 훨씬 더 많이 달랐다.[173]

둘째, 계몽운동을 연구한 사회사가들은 계몽운동의 획일성 결여와 다면적 성격을 재구성했다. 고상한 철학적 논쟁에서 벗어나 공중 영역의 물리적 출현과 대중적 계몽운동의 형태들에 초점을 맞추자마자 동질성은 훨씬 더 줄어든다. 계몽운동 논문과 당시의 부정기 간행물과 일간지를 읽은 독자층에 대한 연구는, 그리고 계몽운동이 대중문화에 얼마나 깊이 침투했는지에 관한 연구는 평범한 보통 사람의 심성과 계몽철학자들의 추상적인 수사법 사이에 간극이 벌어지고 있음을 분명하게 밝혀냈다. 이러한 간극에는 당연히 결과가 따른다. 학자들의 이론적인 글이 프랑스 대혁명을 촉발한 구호들로 바뀐 것은 그것이 거리에서 대중화되고 과격해졌기 때문이다.[174] 폭넓은 의미에서 계몽운동은 그렇게 사회적으로 또 젠더의 구분선을 넘어 파편화했다. 여성이 살롱에서 사교 문화를 창출하는 데 결정적인 역할을 했지만, 당시에 서서히

발달하던 새로운 대중매체 제도는 대개 여성을 배제했다.[175]

셋째, 이성의 시대라는 계몽운동의 이미지조차 서서히 흔들렸다. 계몽운동이 어느 정도까지 세속화와 동일시될 수 있는지는 물론 그 자체로 어느 정도까지 이 세계의 종교적 관념에 깊이 뿌리 내리고 있는지도 점차 분명해졌다. 따라서 상이한 종교 교단(특히 유대인의 유대 계몽주의Haskala)[176]에 연결된 다양한 '계몽운동들'을 구분할 수 있다. 더 일반적으로 말하면, 계몽운동의 문화사에 관한 최근 연구는 그 시대를 '각성'의 시기로 양식화하는 것 자체가 근대의 신화라는 점을 입증했다. 베버를 따라 신비주의나 최면술, 마술 같은 현상은 오랫동안 주변 집단이나 유럽 밖의 '원시적' 사회에서만 살아남은 근대화 과정의 찌꺼기로 여겨졌다. 이와 대조적으로 최근 연구는 외견상 화해할 수 없는 힘들과 사상들, 엘리트층과 대중문화, 이성과 망상, 경험과학과 계량화할 수 없는 지식이 얼마나 중첩되고 상호 간에 창조적 긴장 관계 속에 있었는지 증명했다.[177] 합리적이고 공개적인 토론의 가장 충실한 옹호자들을 불가사의한 의식과 비밀 집회, 신비로운 제의로 크게 성공한 프리메이슨 회원들 중에서 찾을 수 있다는 사실은 언제나 계몽운동 연구의 역설이었다.

마지막으로 넷째, 계몽운동과 반계몽운동 간의 차이는 점차 의문시되고 있다. 특히 독일 낭만주의는 전통적으로 '유일한' 계몽운동의 원리를 거부했다고 여겨졌다. 낭만주의는 보편적 합리주의를 탐미주의로 대체했으며, 공동체에 초점을 맞추어 개인주의를 극복하려고 했다고 추정되었다. 평자들은 아이제이아 벌린Isaiah Berlin에게서 실마리를 취해 낭만주의의 계몽운동 비판을 근대 보수주의 이데올로기의 출발점으로 해석했을 뿐만 아니라, 전체주의 사상의 근원으로도 해석했다.[178] 그러나 이러한 대비는 지나치게 도식적이다. 문화적 상대주의의 첫 번째 징후들은 헤르더가 등장하기 훨씬 전에 이미 분명했다. 몽테스키외Montesquieu만 생각해 보면 된다. 몽테스키외는 에르난 코르테스Hernán Cortés에게 기독교는 에스파냐에 알맞고 아즈텍의 종교는 자기 백성들에게 적합하다고 믿는다고 말했다는 이유로 어리석다는 비난을 받는 아즈텍 지도자 목테수마 2세Moctezuma II를 옹호했다. 거꾸로 헤르더는 결코 계몽운동의 보편주의에 대한 반대를 대표하지 않는다. 오히려 그 반대다. 헤르더는 인간의 사회와 문화의 다양성에 큰 관심을 가졌지만 '인류'라는 보편적 개념에 집착해 온 힘을 쏟았다. 그러므로 보편적 계몽운동과 문화적으로 상대주의적인 낭만주의를 엄격한 이분법으로 구분하는 것은 부적절하다.[179]

따라서 관례적으로 '계몽운동'이라는 포괄적 용어로 총괄된 모든 것의 여러 시각과 양상이 보여 주는 전경은 매우 다양한 요소들이 포함된 그림이다. 현재 고정불변의 계몽운동 기획이라는 관념을 고수하는 역사가는 소수에 지나지 않는다.[180] 지배적인 견해는 접근법과 태도의 큰 다양성과 큰 범위를 간파하는 것이다. '계몽운동'이라는 용어 자체가 처음에는 프랑스 계몽철학자들에게 반대한 압도적으로 가톨릭 왕당파였던 자들의 투쟁 구호였다는 것은 의미심장하다.[181] 그렇게 그 현상의 통일성은 그 반대자들이 만들어 주었다. 계몽운동이 라틴아메리카나 아시아에서 수용되고 채택되면서, 완전하고 통일성 있는 문화적 경향이라는 관념은 더욱 강화되었다. 따라서 '계몽운동'은 언제나 역사의 주역들이 쓴 개념이었다. 그들은 맞서 싸우거나 모방할 운동을 지칭하는 데 그 용어를 썼다. 일반적으로 말하자면, 그 비판자와 옹호자 모두, 비록 사회적 실천에서는 매우 다른 관심사와 결부했지만, 고정불변의 지적 개념이라는 허구를 유지했다. 주디스 슈클라Judith Shklar가 주장했듯이 계몽운동은 "비슷한 명제들의 연속이 아니라 일종의 지적 긴장 상태"였다.[182]

그렇게 폭넓은 해석은 세계사에서 계몽운동이 수행한 역할에 관해 새롭게 생각할 때 유용한 출발점이 된다. 그 개념이 계속 정밀하고 엄격하게 정의되는 한, 아메리카나 아프리카, 아시아에서 비롯한 다양한 형태의 계몽운동이 원조인 유럽 계몽운동의 불완전한 복사판이나 모방품으로만 등장할 것이기 때문이다. 나는 그러는 대신에 계몽운동 발전의 원천이자 배경인 수많은 행위자와 초국적 환경의 역할을 우선 대서양 세계 안에서, 이어 그 밖의 세계에서 추적하겠다.

세계적 도전에 대한 대응으로서의 계몽운동

18세기의 계몽운동에 관한 논쟁은 세계적 상황에 대응하려는 시도의 산물이었다. 논쟁은 서유럽의 경계 너머까지 넓게 확장된 공간에서 일어났으며,

논쟁의 형세는 새로운 여행 가능성과 도서와 지식의 유포, 세계적 인식의 전체적인 성장이 결정했다.[183] 이러한 논쟁들은 서로 연관되어 있었지만, 결코 동일하지는 않았다. 그 지리적 범위는 전혀 임의적이지 않지만 영 제국이나 교역망 안으로의 통합 같은 포괄적인 구조에 의해 촉진된 동시에 제한되었다. '계몽운동'을 불러내는 것은, 비록 그 언급이 수사법에 그치고 전략적으로 배치되었다고 해도, 유럽과의 모종의 관계를 전제한다. 계몽운동에 관한 논의들 사이의 연결은 특히 대서양 권역에서 각별히 긴밀했지만, 그 영역을 벗어나기도 했다. 그러나 접촉의 속도와 밀도는 심히 불균등했다. 마드라스는 인도양과 그 너머에 퍼진 다양한 네트워크들의 일부였던 반면에, 한국은 매우 제한적인 교류 정책을 추구했다. 그리고 지식의 이전이 조금이라도 있었다면 다른 곳보다는 항구도시에서 더 일찍 도시 엘리트층과 새로운 중간계급들에 도달했다.[184] 그러므로 계몽운동에 관한 18세기 논쟁의 세계적 성격은 두 가지 차원에서 생각해 볼 수 있다. 한편으로 이러한 논쟁들은 언제나 세계적 도전의 결과물이자 그것에 대한 대응이었다. 다른 한편으로 유럽과 미국 너머 먼 곳의 매우 다른 주역들이 그 논쟁들에 연루되었다.

첫 번째 논점을 먼저 다루어 보자. 18세기에 지식의 생산은 구조적으로 세계적 맥락 속에 박혀 있었고, 유럽에서도 계몽운동에 관한 논의의 중요한 일부분은 세계의 점진적 통합을 인지적으로 처리하려는 시도로 해석할 수 있다. 한 가지 전략은 의도적인 차용과 의식적인 참조를 수반했다. 유럽 너머의 세계는 그 시기의 지적 논쟁에서는 하나의 상수였다. 다른 사회를 관찰하는 것은 교육받은 계급들 사이에서는 논의의 필수적인 구성 요소였다. 18세기의 유럽에서 멀리 떨어진 나라의 여행기나 묘사만큼 큰 인기를 끈 장르는 없었다.[185] 타히티나 하와이, 북아메리카의 휴런족이나 청 조정의 고관들에 관한 기사는 넓은 독자층을 가졌고 대중문화 속으로 침투했다. 이들에 관한 언급은 폭넓은 지리적 영역에 퍼졌고, 유럽이 따라야 할 모범으로 여러 문명이 동원되었다. 예를 들면 독일의 철학자이자 경제학자인 요한 하인리히 고틀로프Johann Heinrich Gottlob(1717~1771)는 자기의 책 『유럽 정부와 아시아와 다른 지역의 야만인 정부의 비교Vergleichungen der europäischen mit den asiatischen und andern *vermeintlich barbarischen Regierungen*』에서 남서아프리카 호텐토트족(부시맨)의 법률 제도가 "그들을 유럽의 모든 제도보다 훨씬 더 높은 수준"에 올려놓았음을 알았다.[186]

그러나 철학적이고 정치적인 논쟁과 관련해 사람들의 시각이 향한 곳은 주로 동양이었다. 강희제와 건륭제의 청나라는 상시적인 도전이자 영감의 원천이었다. 예수회 수사들이 유럽에 가져온 중국에 관한 정보는 '중국'을 계몽 운동 초기부터 지적 논쟁의 주요 요소로 바꾸는 데 일조했다. 예를 들면 유적과 역사적 기록에 명백하게 드러난, 이 문명과 4500년 이상 거슬러 올라가는 그 역사에 관한 지식은 노아의 대홍수를 모든 역사의 시발점으로 삼는 기독교 연대기의 독단적 주장에 중대한 물음표를 찍었다. 그러므로 중국의 참조도 (계몽운동 시대의 유럽 안에서 종교에 제기된 비판뿐만 아니라) 성경의 권위를 흔드는 데 중요한 역할을 했다.[187] 그 시기에 유럽인의 시간관념에 일어난 혁명 (그 혁명의 완성은 19세기에 선사학 같은 분과 학문의 출현을 가능하게 했다.)은 전체적인 지평의 확대와 동시에 일어났다.[188]

한층 더 널리 논의된 주제는 청나라 황제를 동류 중의 최고로, 청나라의 통치를 플라톤Plato이 꿈꾸던 철인왕이라는 이상의 실현으로 이상화하는 것이었다. 중국에는 세습 귀족 작위가 없었고, 관료 기구의 최고위직은 누구에게나 열려 있는 과거 시험을 통과한 유학자들이 차지했기에, 청나라는 일견 계몽된 실력주의 사회의 완벽한 사례로 보일 수 있었다. 따라서 중국 찬양은 우회적으로 유럽을 비판하는 것일 때가 많았다. 종교가 부재한 가운데 모범적 사회질서와 훌륭한 도덕이 있음을 지적하는 것은 가톨릭교회와 절대주의 군주 둘 모두를 겨냥한 빈정거림이었다. 19세기 말에는 이와 반대되는 아시아 전제정치라는 진부한 관념이 더 영향력이 컸지만, 중국에 거하는 어진 평화의 군주라는 이상주의적 이미지는 놀랍도록 오랫동안 유지되었다. 1793년에 청나라 조정에 사절단을 이끌고 갔다가 매우 실망스럽고 굴욕적인 경험을 했던 매카트니 경조차 건륭제와의 만남을 회고하며 이렇게 주장했다. "나는 '최고로 영광스러운 솔로몬 왕'을 보았다."[189]

'세계 만들기'로서의 계몽운동

그러나 이러한 직접적인 참조와 비교 관찰과 나란히, 유럽인의 지식 생산과 '세계'는 구조적인, 그러나 결코 늘 의식적이지는 않은 관계 속에 있었다. 여러 점에서 계몽운동이라는 지적 혁명의 몇 가지 중심 요소는 유럽인의 지평이 확대된 데 대한 반응으로 해석할 수 있다. 이는 신세계의 '발견'으로 시작되었고 18세기 말에 쿡 선장과 부갱빌의 항해로 태평양이 해운에 열리면서 정점에 달했다.[190] 근대적 지식 형태의 출현에 중대한 의미를 지닌 여러 범주는 세계적 인식을 배경으로 체계적으로 고안되었으며, '세계'가 유럽인의 지식 목록 안에 통합된 것으로 이해해야 한다.

특히 근대의 '인간' 학문들은 당대의 세계적 현실을 조직하는 수단이었다. 이러한 경향의 사례는 많았다. 몇 가지 열거하자면 이렇다. 바르톨로메 데 라스 카사스Bartolomé de las Casas 이래로 이어진, 그리고 나중에는 북아메리카나 태평양의 '고귀한 야만인'에 대한 매혹에 영향을 받은 '인간' 특성에 관한 논의. 휘호 그로티우스Hugo Grotius의 연구로부터 시작되는 국제법의 초안과 세계의 국제적 조직.(그로티우스의 『자유로운 바다Mare Liberum』는 네덜란드 동인도회사를 위해 준비한 법률 보고서의 한 장으로 시작되었다.) 대탐험 항해에 뒤이어 이루어진 세계의 민족학적·지리학적 고찰. 비교언어학과 비교 신학 영역의 발달. 자유무역 이론과 그 문명화 효과. 종족 개념과 일원 발생론과 다원 발생론에 관한 논쟁.(모든 인간은 단일 종족에서 기원했는가? 아니면 인류는 여러 가지 다른 기원을 갖는가?) 세계주의 개념에 관한 논의. 그리고 마지막으로 문명과 야만의 이분법과 점진적이고 진보적인 시간 체제. 유럽의 공간적 팽창은 지식의 근본적인 재조정과 학문들의 재정리를 준비한 인식상의 도전을 제기했다.[191]

이 수준에서 유럽 계몽운동과 세계의 관계는 결국 그저 자기들의 가치관을 반영하는 거울(몽테스키외가 자신의 책 『페르시아인의 편지Lettres persanes』에서 상상한 동양을 생각해 보라.)로 이용되었을 뿐인 멀리 떨어진 곳에 대한 언급을 크게 뛰어넘었다. 계몽사상의 세속성을 영향력 평가 문제로, 다시 말해 서구가 그 문화를 전파하는 데 거둔 성취를 유럽이 동양에서 빌려 온 것으로, 도자기와 차뿐만 아니라 올바른 삶의 관념도 포함한 차용과 대비해 평가하는 수입과 수출의 대차 계산으로 생각하는 것도 도움이 되지 않는다. 그 대신에 우리는 18세기 말의 지식 생산이 근본적으로 세계성의 형세와 연관되어 있다고 이해해야 한다. 그것은 세계지도의 제작은 물론 유럽 무역 관계의 확장과 군사기지 및 상업 기지의 병합이라는 배경에서 이루어진 세계 통합의 한 형태였던 것이다. 물론 사상의 자유나 자연법, 학문적 살롱 문화의 성장에 관한 논의도 유럽사의 산물이었고, 그 활력은 파리와 토리노, 베를린의 매우 구체적인 상황에서 태동했다. 18세기 말에 나타난 문화적 변환의 뿌리가 유럽의 전통 속에 있음은 부인할 수 없다. 그러나 그러한 변화는 세계적 범위의 원리를, 다시 말해 특정 공간에 매여 있지 않고 인류 전체에 영향을 미칠 원리를 정립하려는 열망에 의해 널리 퍼졌다.

세계를 상상하는 방식은 구체적인 세력 관계에서 벗어날 수 없다. 말하자면 그것은 유럽의 무역 관계, 전략적으로 중요한 기지와 식민지의 장악, 세계의 측정과 세계지도 제작이라는 배경에서 이루어졌다. 그러므로 세계적 맥락에서 사고할 수 있는 능력은 단순히 세계적 상호 연결이라는 사실에 대한 반응에서 그치지 않았다. 오히려 통합의 특정한 방식과 구조가 용어의 사용과 이론의 개발에 영향을 미쳤다. 그러므로 보편타당성을 주장한, 계몽운동 시대의 유럽에서 정립된 이러한 개념 다수가 그 안에 지정학적 위계제의 흔적을 지니고 있었다. 가장 중요한 사례를 들자면 계몽사상의 특징인 문명과 야만 사이의 대조가 될 것이다. 그러나 진보적인 시간 체제라는, 즉 역사의 발전 단계라는 관점에서 사고하는 습관도 언제나 유럽의 정치적 패권을, 더 정확히 말하면 유럽 상인들이 아시아에서 여전히 대체로 현지 규칙을 준수하고 매카트니 경이 청나라 황제 앞에 부복해야 했던 때에 유럽인들이 정치적 패권이라고 생각했던 것을 드러내는 표현이었다.

이 점에서 계몽운동의 세계 관념은 지적으로 구성된 개념이었을 뿐만 아니라 언제나 정치적 요소가 개입된 개념이었다. 예를 들면 계몽운동의 심상지도를 구성하는 한 부분인 '동유럽'이라는 범주는 발명된 것이었다. 이는 유럽 대륙의 동쪽과 서쪽 사이의 불균등한 발전이라는 관념과 '타타르족'의 미개한 성격이라는 관념에 토대를 두었으며, 동시에 유럽 대륙에 존재한 실제의 세력균형을 보여 주는 표현이었다.[192] 게오르크 빌헬름 프리드리히 헤겔Georg Friedrich Wilhelm Hegel은 주인과 노예라는 관점에서 자유 개념을 정의했을 때 단순히 아리스토텔레스Aristotle의 존재론을 암시했을 뿐만 아니라 동시에 대서양 영역에 존재한 실제의 예속 형태와 오랜 착취와 노예제의 역사에 대응하기도 했다.[193] 세계를 측정하고 그 심상 지도를 제작한 것은 이 점에서 세계적 통합 전체의 특징인 불평등한 세력 관계의 본질적인 부분이었다.

계몽운동의 세계적 동시성: 개관

18세기의 유럽에서 지적 논의는 세계적 연결이라는 배경에서 진행되었을 뿐만 아니라 세계 전역에서 평가를 받고 전용되고 수정되었다. 그러므로 그러한 논의들은 비록 매우 불균등한 조건에서 발생한 것이기는 하지만, 어느 정도 세계적 협력의 결과물이라고 말할 수 있다. 이것이 18세기 계몽운동에 관한 논쟁의 세계적 성격이 나타난 두 번째 차원이다. 그것은 집중적인 교류 역사의 결과물, 즉 지식의 상호 연결과 번역, 공동 생산의 결과물이었다. 실제로 계몽운동은 저마다 고유의 이해관계와 의제를 갖는, 매우 다양한 장소의 많은 주역이 만든 작품이었다. 18세기의 계몽운동은 주로 대서양 세계에서, 그러나 그 너머에서도 전 세계적으로 동시에 전개되었다.[194]

이러한 공동의 협력은 지식의 생산이라는 분야에서 뚜렷하게 드러난다. 유럽의 민족학자와 지리학자, 식물학자는 물론 과학에 관심이 있는 아마추어 연구자와 선교사, 공무원은 제국의 변경으로 여행하고 그곳에 체류하는 동안에 자료와 사실을 마구잡이로 축적했다. 이들은 학회와 관심 있는 대중에게 보여 주고자 식물과 공예품, 예술품을 갖고 돌아왔으며, 심지어 사람도 데려왔다.[195] 그러나 동시에 그들의 조사 활동은 토착 형태의 지식 생산은 물론 현지의 정보원과 학자에게 크게 의존했다. 상이한 지식 체계를 연결한 네트워크는 멀리 티베트나 일본, 오세아니아까지 뻗었다.[196] 이 폭넓은 연결 관계를 포함할 수 있다면, 지식 생산이 결코 학회와 실험실에 국한되지 않았음이 분명해진다. 라틴아메리카와 아프리카, 아시아의 접촉 구역에서는 견고하게 제도화하지 않은 공론장에서, 심지어 개방된 공간에서도 종종 지식 생산이 일어났다. 그런 경우에는 정보의 유포 자체가 새로운 지식의 생성에서 중요한 요소였다. 이러한 교류 관계는 주로 팽창하는 식민 제국 내부나 그 경계에서 발생했음을 고려하면 대체로 전혀 평등하지 않았던 것이 분명하다. 그러나 그렇게 균형이 맞지 않았는데도 매우 다양한 행위자 집단들(그중 직업이 과학자인 자는 극소수였다.)이 관여했다. 카필 라지Kapil Raj는 다음과 같이 요약했다. "'서구' 과학이라고 이야기되는 것의 중대한 부분은 실제로는 서구 밖에서 만들어졌다."[197]

계몽운동이라는 철학적이고 정치적인 어휘도 세계적 차원에서 만들어졌다. 많은 경우에 개혁가와 정치 엘리트는 계몽사상의 원리에, 엄밀히 말하자면 그들이 계몽운동의 핵심이라고 확인한 것의 원리에 호소했다. 종종 그들은 자기들의 사회적 현실에 어울리는 것처럼 보인 이상에 선택적으로 관심을 보였던 것이다. 그러므로 계몽운동은 파리와 베를린, 나폴리에서 형성되었을 뿐만 아니라 번역과 전략적 차용에 의해, 또한 수정과 발전을 통해 카라카스와 마드라스, 카이로에서도 문화 엘리트들에 의해 만들어졌다.

과연 '계몽운동'은 프랑스와 네덜란드, 독일, 이탈리아에 있는 그 운동의 익숙한 중심지를 멀리 벗어나 매우 다양한 장소에서, 그리고 매번 매우 개별적인 관심사를 염두에 두고 사용한 공동의 용어가 되었다. 짧은 개관이 이 점을 입증하는 데 도움이 될 것이다. 덴마크에서는 요한 프리드리히 슈트루엔제Johann Friedrich Struensee가 국왕에게 계몽사상의 정책을 채택하면 이익이 된다는 점을 설득하려고 했다. 비슷하게 국외로 이주한 그리스인 사회에서도 (독일어 텍스트에서, 또한 그리스 정교의 교의에서 벗어나) 계몽운동은 준거점으로 쓰였다.[198] 러시아에서는 원래 독일의 안할트-체르프스트 공국의 공녀였던 여제 예카테리나 2세가 '비합리적' 역사의 진로를 변경할 '계몽 군주'로 자처했다. 예카테리나 2세는 과학과 예술을 장려했고 수많은 문화계 명사를 궁정으로 불러들였으며 드니 디드로Denis Diderot가 프랑스에서 『백과전서Encyclopédie』 저술을 금지당하자 그를 러시아로 초대해 이를 완성하게 했다. 볼테르Voltaire는 디드로에게 이렇게 써 보냈다. "우리는 얼마나 놀라운 시대에 살고 있는가. 프랑스는 철학을 처형하고 스키타이인은 철학을 보호한다."[199] 디드로는 지체 없이 상트페테르부르크로 갔고 그곳에서 다섯 달을 머물렀다. 그러나 그는 여제에게 실망했다. 예카테리나 2세가 애초에 장려했던 정치적·사회적 변화를 시도하지 않았기 때문이다. 프랑스에서 혁명이 발발한 후, 러시아에서는 이러한 개혁에 더는 미래가 없었으며, 알렉산드르 라디셰프Alexander Radishchev와 니콜라이 노비코프Nikolay Novikov 같은 급진 사상가는 투옥되거나 시베리아로 유배되었다.[200]

계몽운동은 처음부터 대서양 권역 내부에서 발생했지만, 그 안에서도 유럽이 유일한 발상지는 아니었다. 유럽은 개념들과 사상이 유포된 여러 방향의 하나였을 뿐이다. 예를 들면 1776년의 미국독립선언은 유럽의 정치적 텍스트에 깊이 젖어 있었을 뿐만 아니라, 그 자체가 전 세계로 뻗어 나간 문서였다. 토머스 제퍼슨에 따르면 "우리 자신의 운명과 세계의 운명을 배태한 법률 문서"였다. 다음 세기의 수많은 독립선언서는 미국을 하나의 모범으로 언급했다. 필라델피아에서 공포된 독립선언은 1773년에 버지니아의 농장주와 뉴잉글랜드의 상인들이 영국 동인도회사 선박들이 영국 의회가 제정한 법률의 조항에 의거해 북아메리카로 들여온 중국산 차를 보스턴 항구에 마구 내버릴 때('보스턴 차 사건') 자기들 나름대로 요구한 것을 정치철학에서 가져온 용어들로 공식화했다.[201] 정치사상사의 배후에는 공산품과 식량의 유통과 식민지 법령과 정치적 실험의 전파, 감정과 정서는 물론 식물과 암석 표본, 과학적 관찰의 유포라는 세계사가 있었다.

그 뒤에는 또한 벤저민 프랭클린Benjamin Franklin이 1752년에 발명하고 몇년 뒤에는 필라델피아에 있는 은행가 벤저민 웨스트Benjamin West의 집 지붕에서 처음으로 실지 시험을 거친 피뢰침의 역사도 있었다. 이와 같은 빛의 제어(기독교 우주론에서 번개는 여전히 신의 처벌이나 예언으로 여겨졌다.)는 파리와 런던의 과학 단체에서, 종교와 자연 각각의 권위에 관한 논의에서, 특히 등대와 공동주택의 지붕에 설치된 피뢰침에서 반향을 일으켰다. 프랭클린은 심지어 일본과 인도에서도 그 자서전이 '계몽운동'의 모범적 텍스트의 하나로 인정받으면서 탁월한 지적 선각자가 되었다.[202]

라틴아메리카의 계몽운동

북아메리카에서 진행된 논의는 그 대륙의 남부에서도 주의 깊은 주목을 받았다. 지적 영향력의 확산이 그 지역 전체를 장악한 에스파냐 구체제의 단호한 저항과 엄격한 국가 통제에 부딪히기는 했다. 그러한 영향력의 하나는 토머스 페인Thomas Paine의 1776년 논문 「상식Common Sense」이 상징한 미국독립 혁명의 언급이었는데, 그 논문의 주된 메시지("하나의 섬이 한 대륙을 영구히 지배한다는 가정에는 부조리한 점이 있다.")도 에스파냐어 권역 아메리카에 울려 퍼졌다.[203] 비슷하게 유럽 계몽철학자들과 사회 이론가들의 글도 18세기에 이미 라틴아메리카에서 학습되고 있었다.[204] 리마나 보고타 같은 소수의 문화 중심지에서 크리올 '일루스트라도스ilustrados(계몽운동가)'의 소집단들이 함께 모여 유럽의 발전상을 토론했으며, 이베리아반도의 작가들이 종종 그 소식을 전파했다. 일루스트라도스는 에스파냐 식민 제국 내부의, 그리고 아메리카 대륙 북부와 유럽에 연결된 긴밀한 지적 네트워크들의 일부였다. 예를 들면 산타페 데 보고타 태생의 안토니오 나리뇨Antonio Nariño는 1793년 무렵에 이미 프랑스의 인간과 시민의 권리선언(인권선언)을 번역해 자기의 인쇄기로 책자로 만들었다. 카라카스의 프란시스코 데 미란다Francisco de Miranda는 에스파냐에서 군 복무를 하는 동안에 프랑스 계몽철학자들의 저작을 읽었고, 미국을 여행한 뒤로는 조지 워싱턴과 페인을 알게 되었다. 1792년에 그는 프랑스 혁명군에 합류했으며, 끝으로 잉글랜드에서 얼마간 시간을 보낸 뒤에 라틴아메리카로 돌아와 독립 전쟁에 참여했다.[205]

그러나 이처럼 긴밀한 상호 연결이 있었는데도 아메리카 대륙의 여러 지적 중심지에서 벌어진 논의는 그들만의 독특한 진로를 따라 발전했다. 그러한 논의는 멕시코에 가장 큰 사회적 충격을 안겼다. 멕시코에는 공무원과 상인, 다양한 자유직 종사자, 지식인을 포함하는 중간계급의 토대가 더 넓었기 때문이다. 1790년대 이래로 그곳의 이단 재판소는 위험하다고 판단된 텍스트의 확산을 막고자 조치를 취했다. 유럽에서 벌어지는 논의의 언급은 정치적·철학적 문제에만 국한되지 않고 과학 탐구 기관들까지 확장되었는바, 탐험가 알렉산더 폰 훔볼트Alexander von Humboldt는 1803년에 멕시코에 도착했을 때 이 점에 큰 인상을 받았다.[206] 영향력은 고급 이론의 차원에 국한되지 않으며 사회적 관행과 일상 문화의 영역 안으로 깊이 침투했다. 사상과 개념의 이전은 책뿐만 아니라 선원들이 대서양 건너편으로 가져온 다양한 소책자와 삽화, 경험과 소문으로도 촉진되었다.[207]

그 과정에서 계몽운동의 보편적 원리에 의지함은 현지의 관심사를 보편타당성을 주장할 수 있는 언어로 분명하게 표현하는 데 유익한 역할을 했으며, 세계적 맥락에서 그 정당성을 입증했다. 남아메리카 독립 운동의 지도자인 시몬 볼리바르(1783~1830)가 에스파냐 제국을 아시아의 전제적 통치 형태에 빗대어 비판하고자 몽테스키외의 동양 전제주의에 관한 설명을 불러온 것도 그러한 경우다.[208] 그러나 이러한 외적 준거와 나란히 현지 전통도 여전히 중요했다. 독립 운동을 생각하면, 지금의 페루에서 주로 잉카의 농민과 메스티소의 지지를 받아 투팍 아마루 2세Túpac Amaru II(1738~1781)가 실행한 봉기의 이데올로기는 결정적인 준거점이었다. 투팍 아마루 2세는 원래 이름이 호세 가브리엘 콘도르캉키José Gabriel Condorcanqui였으나, 1572년에 에스파냐인들에게 처형당한 잉카의 마지막 왕의 이름을 따서 개명했다. 그는 예수회 수사들에게 교육받았지만 리마의 『가세테Gazette』를 읽으면서 미국과 유럽에서 들어온 과격한 사상을 알게 되었다. 그러나 에스파냐 식민 통치에 반대한 투팍 아마루 2세의 봉기는 주로 안데스산맥 고지대 주민의 집단적 자의식을 가리키는 개념인 잉카 문명의 풍요로운 유산과 현지의 이상주의적 사회질서를 언급함으로써 진정한 문화적 에너지를 끌어냈다. 이 우주론은 지극히 절충주의적이었다. 다시 말해 그것은 유럽의 사상을 자기화한 문화적·사회적·민족적 조건의 일부였다. 그러나 역으로 자유와 주권에 관한 유럽의 담론도 잉카 전통의 개조에서 핵심 요소였다. 이는 봉기 지도자의 살아남은 동생인 후안 바우티스타 투팍 아마루Juan Bautista Túpac Amaru가 1825년에 쓴 편지에서 증명된다. 편지에서 그는 형이 시작한 일인 페루의 해방을 완성했다고 볼리바르에게 감사를 표했다.[209]

대서양 세계 너머의 계몽운동

계몽운동에 관한 논쟁은 대서양 세계에 국한되지 않았다. 유럽이 세 개의 거대한 이슬람 제국, 즉 오스만 제국과 사파비 왕조의 이란, 무굴 제국의 영토 안으로 팽창하면서 그 지역에서도 계몽운동 주장에 대한 비판적 관여가 촉발되었다. 이러한 주장은, 특히 아시아에서는 유럽이 19세기 말처럼 지배적인 존재는 결코 아니었지만, 유럽의 지정학적 힘에 딸린 권위와 함께 찾아왔다. 인도아대륙 남부에 있는 마이소르의 통치자이자 1799년까지 영국에 맞서 세 차례의 지독한 전쟁을 치러 영국의 철천지원수였던 티푸 술탄은 계획적으로 유럽의 모델을 차용했다. 그의 개혁에서 핵심은 중상주의적 방침에 따라 개조한 경제의 합리화, 그리고 중앙 지휘 구조와 새로운 훈련 방법, 유럽의 근대적 무기를 받아들인 군대 개혁이었다. 티푸 술탄은 세링가파탐의 (프랑스) 자코뱅 클럽 창립 회원 중 한 사람이었는데, 그 자코뱅 클럽에서 그는 프랑스 대혁명을 기념하여 '자유의 나무'를 심으라고 지시했다. 티푸 술탄은 또한 자신을 '시민 티푸'로 불러달라고 요구했다. 그러한 요소들 때문에 일부 평자는 그를 '계몽된' 통치자로 신화화했다. 그러나 실제로 그의 통치 방식은 심히 절충주의적이었고 남아시아 힌두교의 문화에 의존했으며, 동시에 비록 마이소르 주민 대다수가 힌두교도였지만 이슬람 전통에도 의존했다. 티푸 술탄은 오스만 제국의 칼리파와 서신을 주고받았으며, 영국에 맞선 자기의 싸움을 이슬람과 기독교 사이의 투쟁으로 설명했다. 그러나 티푸 술탄이 유럽의 물건과 제도에 두었던 깊은 관심(그는 시계와 안경뿐만 아니라 과학 도구와 인쇄기도 수집했다.)은 단순히 이국적인 진귀한 물건에 매혹되었기 때문만은 아니었다. 그가 탐닉한 문화적 차용은 오히려 자기의 통치가 보편적인 성격을 지녔음을 입증하기 위한 실천으로 이해해야 한다.[210]

이집트에서는 나폴레옹 보나파르트가 1798년에 실행한 군사 원정으로 18세기에 오스만 제국의 속주에서 진행되던 개혁에 관한 논의가 더욱 격해졌다. 나폴레옹은 영국을 유럽 밖의 분쟁에 끌어들이려고 3년 동안 이집트를 점령했다. 프랑스의 이집트 원정은 유럽 세력 정치의 한 부분이었고 경제적 목표도 지녔지만, 이러한 당면 목적을 제외하면 계몽운동 역사의 일부로 이해할 수도 있다. 이집트는 오랫동안 유럽 계몽운동의 우주론을 구성하는 요

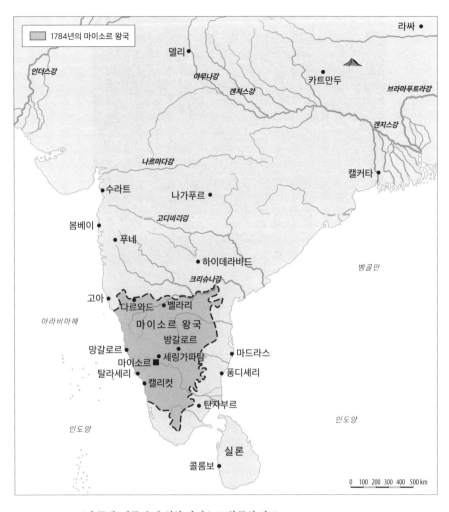

| | 1784년의 마이소르 왕국 |

라싸 •

델리 •

인더스강

야무나강

갠지스강

카트만두 •

브라마푸트라강

갠지스강

나르마다강

캘커타 •

수라트 •

나가푸르 •

봄베이 •

고다비리강

푸네 •

하이데라바드 •

크리슈나강

벵골만

고아 •

다르와드 • 벨라리 •

마이소르 왕국

아라비아해

방갈로르 •

망갈로르 •

세링가파탐 •

마드라스 •

마이소르 •

탈라세리 •

캘리컷 •

풍디셰리 •

탄자부르 •

인도양

인도양

실론

콜롬보 •

0 100 200 300 400 500 km

—— 1784년 무렵, 티푸 술탄 치하 마이소르 왕국의 판도.

소였다. 특히 프리메이슨은 고대 이집트의 신비로운 의식에서 준거점을 취했는데, 그들은 이를 엘리트층이 은밀히 지킨 이성 종교의 표현으로 해석했다. 동시에 그 신비로운 의식은 지식과 자연 세계 간의 밀접한 연관을 전제로 했기에 계시 종교인 기독교에 대한 비판에 발판을 제공했다. 예를 들면 1780년대에 빈에서 과학자이자 프리메이슨 지도자인 이그나즈 폰 보른Ignaz von Born은 고대 이집트가 국왕이 철학을 공부한 엘리트의 조언을 받아 통치하는 계

───── 마이소르의 통치자이자 영국의 강력한 적수였던 티푸 술탄. 익명의 인도 화가가 그린 수채화(1790년 무렵). 1790년대에 티푸 술탄은 계몽 군주로 자처했다. 그는 세링가파탐의 자코뱅 클럽 창립자였고 '자유의 나무'를 심었으며 자기를 '시민 티푸'로 부르라고 명령했다. 티푸 술탄은 또한 마이소르의 군대와 경제를 유럽 모델에 따라 개혁했다. 그러나 동시에 통치의 정당성을 입증하기 위해 남아시아 힌두교의 문화에 의존했으며 마이소르 주민의 대다수인 힌두교도를 통치했는데도 이슬람 전통에도 의존했다. 티푸 술탄은 오스만 제국의 칼리파와 서신을 주고받았으며 영국의 팽창에 맞선 자기의 저항을 기독교와 이슬람교 사이의 싸움으로 설명했다. (Wikimedia Commons)

몽군주국이었다고 주장했다.[211]

　　이러한 점을 생각하면 나폴레옹의 이집트 원정에 담긴 몇몇 측면은 더 두드러지게 돋보인다. 나폴레옹은 군사적 목표와는 별개로 나일강 삼각주 주변에서 성장한 고대 문명을 학문적으로 조사하려는 목적도 지녔다. 이것은 계몽운동의 모범적인 사업이었다. 거의 500명에 달하는 과학자와 언어학자, 고고학자, 여타 학자가 프랑스 군대와 동행했다. 이들의 임무는 그 땅과 주민, 언어, 문화를 파악하고 그 정보를 서구의 지식 체계에 통합하는 것이었다. 때로 그 방식은 말 그대로 수많은 문화재를 파리의 루브르 박물관에 옮겨 놓는 것이었다. 동시에 나폴레옹은 카이로에 이집트 연구소를 세워 그 나라에 관한 지식을 수집하고 정리했으며, 비록 처음에는 점령 행정부와 군대에만 제공했지만 이를 연구자들의 재량에 맡겼다. 지식의 생산과 프랑스 제국의 팽창은 떼려야 뗄 수 없는 관계에 있었다. 이집트 연구소는 군사 전략의 토대로 지리 정보를 수집했다. 또한 그 연구 모임은 프랑스 군대가 사용할 수단을 만들었다. 그러나 동시에 연구소 활동은 더 넓은 세상을 향하기도 했다. 연구소는 프랑스의 점령에 관해 공식적으로 인가된 해석과 그 정당성을 전파하는 선전단의 역할을 한 것이다. 프랑스의 점령은 문명화의 사명과 자비로운 근대화 정책으로 제시되었다.

그러므로 이집트에서 실행한 과학적 조사는 18세기 말 쿡 선장과 여타 탐험대의 남태평양 항해처럼 계몽운동이 제국주의의 후원을 받아 세계를 측정한 것이었다. 프랑스 정부가 총 23권으로 출간한 『이집트 해설*Déscription de l'Égypte*』(1809~1822)에서 이집트는 다른 무엇보다도 고대 유물과 고고학의 영역으로 격하되었다. 그러나 동시에 프랑스의 나일강 유역 종군은 이집트의 사회적 변화를 촉발했다. 그 변화는 18세기 내내 진행된 현지의 개혁 논의에서 비롯되었지만 이제 계몽운동의 권위에 호소했다.[212] 1805년에 맘루크의 지배라는 멍에를 벗어던진 무함마드 알리는 이집트에서 엄중히 근대화 정책을 이행했다. 이 혁신의 중심에는 군대와 나라의 경제적 토대를 강화한다는 실용적인 고려가 있었다. 그러나 무함마드 알리는 군대 정책의 일환으로 학교를 설립하고 인쇄소를 세웠으며 번역을 장려했다. 처음에는 군사 관련 주제들에 관한 책을 번역했지만, 1830년대 이후로는 폭넓은 주제에 관한 책을 번역했다. 이러한 개혁주의적 조치로 마련된 번역 기관은 나흐다nahda('르네상스'를 뜻하는 아랍어)로 알려진 이집트의 광범위한 문화 운동의 일부였다. 19세기 후반에 시작된 나흐다를 그 주창자들은 이슬람 형태의 '계몽운동'으로 설명했다.[213]

급진화와 이종교배: 아이티 혁명

이 개관이 증명하듯이 계몽운동의 개념들과 사상에 대한 비판적 관여는 유럽의 경계를 크게 넘어섰다. 그러므로 계몽운동은 초국적 현상이었다. 이는 단순히 그 논의의 지리적 확대나 논의에 관여한 집단의 확장을 가리킨다고 생각하면 안 된다. 용어들과 사상에 대한 폭넓은 관여가 이러한 사상을 그대로 두지 않았음을 분석적으로 인식하는 것이 중요하다. 역사의 행위자들이 상이한 시기에 자기들만의 의제를 갖고 계몽운동의 개념들을 사용했을 때마다, 그 개념들의 재구성은 전략적 방향과 내용을 근본적으로 바꾸어 놓을 능력을 지녔다. 결과적으로 두 가지 주요 변화를 관찰할 수 있다. 하나는 계몽운동 주장의 내용 확대와 실용적인 급진화이며, 다른 하나는 여러 가지 이질적인 문화적 전통을 차용한 것에서 비롯한 이종교배다.

이와 같은 재정의의 가장 강력한 사례는 1791년 카리브해의 섬 아이티에서 일어난 혁명이었다. 파리에서 바스티유가 습격당한 뒤 정확히 2년 뒤에 발생한 이 봉기는 특히 서로 긴밀히 연결된 대서양 영역 안에서 사상이 얼마나 급속하게 퍼질 수 있는지 증명했다. 1789년의 인간과 시민의 권리선언의 효과는 유럽 밖으로 멀리 확산되었고, '감염'을 예방하려는 시도가 있었는데도 식민지의 항구와 플랜테이션 농장에 방해받지 않고 도달했다. 생도밍그(1840년까지 프랑스령 아이티의 이름이었다.)는 거대한 설탕 플랜테이션 농장과 수출 경제를 기반으로 생존하고 번영했다. 그 덕에 섬은 프랑스 제국에서 가장 부유한 식민지가 되었다. 번영을 가져온 것은 주민의 압도적 다수를 차지한 노예였다. 파리에서 퍼져 나온 혁명의 구호들은 처음에는 섬의 백인 중간계급들, 즉 상인과 수공업자, 선원이 채택했다. 이들은 이를 이용해 부유한 플랜테이션 농장주가 누리는 정치적·사회적 특권에 맞섰다. 그다음으로 그 구호들에 주목한 자들은 노예를 보유한 자유민 아프리카계 아메리카인들(유색인종)이었다. 노예 봉기 자체는 2년 뒤에야 시작하지만, 봉기의 발발로 아이티 사회 전체가 근본적으로 변했다. 노예라는 최하층계급이 돌연 자유로워져 독립적인 시민이 되었다. 아이티라는 새로운 이름의 나라는 세계사에서 최초로 유럽 식민 제국에서 해방된 독립국가가 되었다.

아이티 혁명의 원인은 다양했는데, 주된 원인은 노예제 사회 내부의 구조적 갈등과 대서양 경제의 변동이었다. 동시에 프랑스 대혁명과 인권선언의 도화선 효과도 중요한 촉발 요인이었다.[214] 그러나 아이티에서 발생한 충돌은 단순히 프랑스 대혁명의 부차적 효과가 아니었다. 최근 연구가 충분히 증명하듯이 아이티 혁명은 그 나름의 세계사적 의의를 갖는다. 그것은 대서양 영역 곳곳에서 중간계급 엘리트층 외의 사회집단까지도 끌어안은 18세기 공중 영역 혁명의 일부였다.[215]

아이티 혁명은 특히 이후로 보편적 인권이 논의될 수 있는 틀을 바꾸었다. 그러한 개념적 급진화는 세계적 유포가 가져온 한 가지 효과였다. 계몽운동은 오랫동안 노예제를 비판했지만, 프랑스 제국의 노예에게 시민권을 부여하자는 제안은 파리에서 명백하게 거부되었다. 1789년에 생도밍그의 플랜테이션 농장주들은 카리브해 섬들의 주민 수를 이유로 들면서 국민의회 의원에서 자기들에게 더 많은 몫을 할당해야 한다고 요구했다. 이들은 흑인 노예와 유색인종의 투표권을 인정할 준비가 전혀 되어 있지 않았는데도 인구를 계산할 때 그들을 포함했다. 이러한 요구에 미라보 백작은 이렇게 지적했다. "의원 수를 프랑스 인구에 따라 할당할 때 우리는 말의 수도 노새의 수도 고려하지 않았다." 이러한 논쟁적 주장을 배경으로 보면, 노예에 인권을 부여하는 것은 불가피하게 "계몽운동의 가장 급진적 작가들이 품었던 존재론적·정치적 가정에 도전했다."[216]는 사실이 분명해진다. 혁명 프랑스의 해석에 따른 인류 개념은 다소 추상적인 인권 이해에 기반을 두었다. 그러나 카리브해에서 개조된 그 개념은 '인류'에 대한 보편적 호소를 오늘날까지 인권 개념의 특징인 보편적인 범위와 보편타당성의 주장으로 바꾸어 놓았다. 그러므로 인권의 보편화는 사상이 전파되어 식민지 상황에서 재구성된 직접적인 결과였다.[217]

이와 같은 개념들과 사상의 급진화는 궁극적으로 폭넓은 초문화적 맥락 속에서 이해해야 한다. 이는 두 번째로 주목해야 할 일반적인 효과다. 이 점에서 유럽에서 전해진 것은 극히 중요한 역할을 했다. 파리에서 시작된 급진적 요구가 아이티에서도, 이를테면 노예 반란 지도자 투생 루베르튀르Toussaint Louverture(1743~1803)에 의해 채택되었다. 투생은 유럽 식민주의를 거세게 비판한 기욤 레날Guillaume Raynal의 여러 권짜리 책『두 인도의 역사Histoire de deux Indies』를 읽었다. 그는 특히 레날이 노예의 인권을 회복할 '흑인 스파르타쿠스 Spartacus'의 임박한 도래를 예언한 것에 큰 감명을 받았다.[218]

그러나 유럽은 결코 유일한 준거점이나 영감의 원천이 아니었다. 모든 노예의 3분의 2가량은 아프리카에서 태어났고, 정치적·사회적·종교적 배경은 다 달랐다. 따라서 그들은 혁명 공동체를 세우기 위해 서아프리카와 중앙아프리카로부터 올바른 정부와 통치에 관한 매우 다양하고 구체적인 개념들을 받아들였고 부두교 의식처럼 아프리카인 이주 사회에서 발달한 종교적 관행을 이용했다.[219] 아이티 혁명은 경제적일 뿐만 아니라 문화적이기도 했고 상품과 노동자뿐만 아니라 관습과 사상도 포함한 대서양 권역의 삼각무역이 초래한 결과였다.[220] 그리고 역으로 아이티에서 벌어진 사건들 때문에 프랑스 국민공회는 1794년에 노예제 폐지를 요구하는 결의안을 통과시킬 수밖에 없었다. 설탕을 생산하는 섬에서 발생한 이 초국적 사건의 파문은 노예 반란이라는 무서운 유령의 형태로든 노예제 없는 세상이라는 약속으로든 보스턴에서 부에노스아이레스에 이르기까지 널리 감지되었다.[221] 이러한 전파와 이종교배의 과정은 계몽운동의 세계적 발전의 특징이었고 실로 그 본질이었다. 다양한 문화적 자원들의 창조적 전유와 절충은 계몽운동의 역사에서 필수적인 구성요소였다.

19세기 아시아의 계몽운동

계몽운동의 참조는 유럽의 힘과 문화가 영향력을 미친 모든 곳에서 동시에 일어났다. 그러나 계몽운동은 19세기에도 지적이고 정치적인 엘리트층이 사회 변화를 성취하려는 열망의 정당함을 입증하기를 원할 때(이 시기에 아시아에서 점점 더 강력해졌지만, 유럽이나 아메리카에서도 볼 수 있는 현상)는 언제나 불변의 준거점이었다.

세계 전역의 사회 개혁가와 지식인은 계몽운동의 수사법을 활용할 때 그 어휘를 통해 다양한 주장을 걸러 낼 수 있었다. 어떤 이들에게 그 개념은 이성을, 사회적 상황의 개선과 개혁의 약속을, 어떻게 정의되든 일종의 해방을 매우 개괄적으로 지칭했다. 예를 들면 1898년에 한국의 《독립신문》은 '개화(계몽)'라는 용어를 "자기의 열등한 것을 제거하고 타인의 우월한 것을 채택"하려는 노력으로 막연하게 규정했다.[222] 그러나 그 용어가 일정한 개념을 가리킨다고 추정될 때도, 실제로 그 개념에는 몇 가지 매우 상이한 관심사가 결합될 수 있었다. 그러므로 계몽에 호소하는 것은 종교의 권위를 흔들거나 관세의 폐지를 요구하거나 봉건적 부담의 제거가 옳다고 주장하거나 정식 헌법의 도입을 지지하는 데 쓰일 수 있었다. 때때로 계몽은 자유연애를 정당화하거나 과부의 재혼을 허용하려는 목적에서, 또는 백화점의 도입과 속옷 사용, 주머니 시계와 가로쓰기의 확산, 서구 역법의 도입을 지지하는 데 쓰였다. 일본의 개혁가 쓰다 마미치(1829~1903)는 1870년대에 이렇게 고백했다. "우리는 입만 열면 '계몽'을 이야기한다."[223]

메이지 시대의 일본에서 가장 중요한 계몽 옹호자였던 후쿠자와 유키치는 서구에서 온 것이라면 무엇이든 계몽된 것이라며 절대적으로 찬양한 그 운동의 자칭 선전자들을 조롱했다. "서양인은 매일 목욕하고 일본인은 고작한 달에 한두 번 목욕한다고 생각해 보자. 계몽운동의 교사들은 개화하고 계몽된 사람들은 늘 청결하고 피부를 가꾸고 위생 규칙을 지킨다고 외칠 것이다. (……) 된장국이 외국 선박에 실린다면, 지금 그렇듯이 이는 가볍게 생각할 일이 아닐 것이다. 또한 서양인의 식탁에 두부가 오른다면, 그 명성은 열 배로 높아질 것이다."[224] 사회적 관습에서 '계몽'은 새롭거나 유행하거나 바람직한 것이라면, 심지어 정확히 그 반대의 것이라도 그 무엇과도 연결될 수 있었다. 그러므로 여러 형태의 '계몽'이 지닌 각각의 권위는 '서구'의 영향력과 힘을 무엇으로 보는지와 불가분의 관계에 있었다. 계몽을 언급함으로써 그 옹호자들은 각자 생각하는 개별적인 개혁 개념이나 근대화 개념에 보편타당성의 인장을 찍을 수 있었고, 나아가 역사의 정통성을 부여할 수 있었다.

이는 또한 '계몽운동'이라는 명칭이 세계적 발전 과정에서 원래 그것에 결합되었던 개념들과 사상으로부터 어느 정도 분리되었음을 의미했다. 한 가지 사례만 들자면, 계몽운동의 조직 종교에 대한 비판과 세속적 의제는 유럽 밖에서는 완벽하게 거꾸로 뒤집힐 수 있었다. 그래서 쓰다 마미치는 볼테르나

디드로의 입에서는 결코 나온 적이 없는 말로 이렇게 주장할 수 있었다. "오늘날 세계에는 기독교만큼 계몽운동을 촉진하는 종교는 없다."[225] 이와 같은 진술을 단순히 문화적 오해로 치부해서는 안 된다. 오히려 어떤 구체적인 상황에서 계몽운동의 주장이 (권위나 목적, 경고로서) 참조되었는지 물어야 한다. 달리 말하면 필리핀 일루스트라도스의 전략을 18세기의 파리 계몽철학자들의 견해와 비교하는 것은 1870년대 사람들이 필리핀 '계몽운동'에 관해 이야기하는 것이 무슨 의미인지 이해하는 것보다 중요하지 않다.

그러나 계몽운동의 참조는 다양하고 겉보기에 서로 모순적일 수 있을지라도 결코 무작위적이지는 않았다. 개혁가들이 계몽운동의 어휘를 사용했을 때, 때로 '계몽운동'과 그 낱말과 같은 뜻의 지방어가 명시적으로 언급되었다. 그러나 언제나 그 낱말이 발견되지는 않는다. 하나의 사상이 확립되어 계몽사상과 결부되면, 다른 곳에서 동일한 어휘를 쓰지 않고도 그 사상을 전유하는 것이 가능했다. 이러한 경우에도 개혁주의적 엘리트들은 흔히 다양한 수준의 번역 운동에 자극을 받아, 특정 부류의 사상과 텍스트, 작가들에 의존했다. 그 운동의 대표 인물인 장자크 루소Jean-Jacques Rousseau와 볼테르, 애덤 스미스와 벤저민 프랭클린, 뒤이어 후쿠자와 유키치와 량치차오의 저작이 여러 언어로 번역되었고, 그로써 문제의 각 나라에서 일반 대중이 그들의 글을 읽을 수 있게 되었다. 논의들이 완전히 동일하지는 않았지만, 말하자면 동아시아에서 개혁 사업은 명백히 '계몽운동'으로 지칭되었던 반면에 벵골이나 아랍권 같은 다른 곳에서 쓰인 낱말은 '르네상스'였다는 사실에도 불구하고, 여러 지역에서 나타난 변화와 진보에 관한 논쟁을 일관성 있는 현상으로 해석할 수 있다.

이러한 논쟁들의 연대기도 우연이 아니었다. 논쟁이 일어난 시기는 지역의 위기들이 세계경제와 제국주의 질서 속으로 편입되면서 촉발된 깊은 사회적 변화와 연결된 순간과 대체로 일치했다.[226] 그렇게 국내적으로나 국제적으로 긴박한 순간에 변화의 옹호자들은 사회 개조의 요구를 전통적 자원에 연결했을 뿐만 아니라 유럽 세력의 권위에 의존해 사회 개혁을 추진하고자 새로이 습득한 계몽운동 담론에도 연결했다.

간략한 개관이 계몽운동 논쟁의 연대기를 분명히 하는 데 도움이 될 것이다. 인도의 일부에서, 특히 당시 영국이 점령한 지적 중추인 캘커타에서 새로운 논의 형태와 공간이 19세기 초부터 발전하기 시작했다. 힌두교도가 주도했지만, 일부 무슬림도 약하게나마 참여한 이러한 논의를 계몽운동의 몇몇 옹호자는 15세기의 이탈리아 르네상스에 명시적으로 비유했다. 오늘날까지도 가장 유명한 '벵골 르네상스'의 유력한 대표자는 람 모한 로이(1772~1833)다.[227] 개혁을 실행하려는 열망을 품은 로이는 현지의 힌두 전통에 의존해 고전적 텍스트의 권위를 빌렸다. 그러나 동시에 그는 무슬림 학자들과 생각을 주고받았으며 힌두교를 쇄신하려는 계획을 세우면서 이슬람 모델의 영향을 받기도 했다. 로이는 또한 인도인으로는 일찍 개인 인쇄기를 소유한 사람이었다. 그는 인쇄기를 이용해 책과 신문, 소책자를 간행해 배포했다. 로이는 일찍부터 영국 식민지 당국의 권한 남용에 저항했으며 유럽의 학습 전통과 인도의 학습 전통을 다 받아들인 폭넓은 기반의 교육제도를 요구했다. 로이는 인도 사회의 개혁과 근대화에 관심이 있었고, 이 목적을 위해 유럽의 철학과 사회 이론을 붙잡고 씨름했다. 로이는 영국 식민지 당국이 미망인을 장례식의 화장용 장작더미 위에서 불태우는 전통 관습(사티sati)을 금지한 것을 지지했는데, 이는 깜짝 놀랄 만한 일이었다. 그는 '전 세계의 문명 국민들'을 거론하며 이러한 태도를 정당화했다.

로이는 또한 지식의 민주화를 요구함으로써 전통주의자들의 특별한 비난을 받았다. 그는 극소수의 브라만 계급만 고전 텍스트를 공부할 권리를 가져야 한다는 관습을 무시했고 이를테면 번역을 통해 누구나 베다를 읽을 수 있어야 한다고 주장했다. 그의 주장에 따르면, 브라만 계급은 힌두교의 전통에 "숭스크리트Sungscrit[원문 그대로] 언어의 어두운 장막"을 쳤다. 따라서 로이는 캘커타에 산스크리트어 연구를 위한 대학을 설립하자는 영국의 제안에 반대했으며, 그 대신에 유럽의 학문을 널리 가르쳐야 한다고 요구했다.[228] 그는 이성과 보편주의, 공중 영역에 호소함으로써 계몽운동의 분명한 대표자로 드러났다. 그러나 로이 자신은 유럽의 종교개혁에서 준거점을 취했으며 "인도에서 그와 비슷한 일이 일어났으면" 좋았겠다고 생각했다. 그와 같은 시대를 살았던 독일인 프리드리히 셸링Friedrich Schelling은 로이를 '이성 종교'의 옹호자로 불렀다. 로이와 정기적으로 서신을 교환한 제러미 벤담Jeremy Bentham은 그를 세속적 공리주의자로 여겼다. 벤담은 이렇게 주장했다. "람 모한 로이는 3500만 신과 인연을 끊었고 우리에게서 매우 중요한 종교 영역에 이성을 받아들이는 법을 배웠다."[229]

오스만 제국에서는 1839년 이래로 수많은 갖가지 개혁 정책을 결합한 대 '탄지마트(개조)'가 제국을 삼킨 정치적·사회적 위기에 대한 해답이었다. 나라의 정치제도를 합리적으로 재조직하겠다고 선포한 그해의 유명한 귈하네 칙령은 런던 주재 대사를 역임했던 자로 특별히 프랑스 계몽철학자들의 글에 호소했던 무스타파 레시드 파샤Mustafa Resit Pasha의 작품이었다. 이 사례는 프랑스 대혁명의 인식이 얼마나 변했는지 분명하게 보여 준다. 1799년까지도 오스만 제국의 관료는 나폴레옹이 이집트에 인권선언을 부여한 것을 "모든 종교를 폐지하고 모든 도시와 국가를 파괴하며 민중의 부를 강탈하고 인간 사이의 유대를 해치며 가짜 자유의 거짓말을 써서 인류를 야생동물의 수준으로 격하시키려는" 목적의 전략이라고 비난했다.[230] 그러나 불과 몇십 년 뒤에 사회계약은 이미 정치체제를 조직하는 정당한 방법으로 여겨졌다. 개혁의 범위는 법적 혁신과 관료제의 혁신을 뛰어넘었다. 개혁은 교육제도의 개혁과 언론 자유의 출현, 자유와 평등 같은 프랑스어 개념의 번역에서, 소수의 지식인 엘리트에게는 탄지마트 문화의 창출에서도 명백하게 드러났다.[231] 19세기 중반 이래로 계몽운동 문헌의 주된 텍스트가 번역되었고, 훗날 "이 나라의 볼테르"로 알려진 나므크 케말Namık Kemal(1840~1888) 같은 청년 오스만 회원들은 이슬람 전통에 호소하는 것뿐 아니라 존 로크John Locke와 루소, 몽테스키외의 텍스트를 통해서도 변화를 바라는 자기들의 요구가 정당함을 주장했다.[232]

동아시아와 동남아시아에서는 19세기 후반에 세계시장 구조 속으로 경제가 편입되고 유럽 제국주의의 지배력이 강화되었다. 계몽운동은 경제 발전에 동반된 교통 통신과 공중 영역의 팽창에 의해 촉진되어 1870년대부터 이 지역들에서도 준거점이 되었다. 일본에서는 1868년 메이지 유신에 뒤이어 서구의 사상과 개념들을 집중적으로 다루었는데, 이것이 일본의 계몽운동(문명

_____ 1830년대에 계몽운동 신조의 참조는 오스만 제국에서 정치적 담론의 중요한 부분이 되었다. 19세기 중반 이래로 나므크 케말(1840~1888) 같은 청년 오스만 협회의 회원들은 번역된 로크와 루소, 몽테스키외의 저작을 인용해 자기들의 대의가 옳음을 주장했다. 그러나 케말은 정치적·사회적 개혁을 옹호하면서 일단의 다른 지적 원천에도 의지했다. 프랑스 철학자 에르네스트 르낭이 1893년에 이슬람을 비판한 것에 대한 그의 답변이 분명하게 보여 주듯이, 그가 이해한 계몽운동은 그 주제에 관한 프랑스의 논쟁을 단순하게 반영한 것이 아니라 19세기 말의 오스만 제국 사회의 요구에 대한 대응으로 고안된 독립적인 견해였다. (Wikimedia Commons)

개화)으로 알려졌다. 그 출발점은 번역에 대한 강렬한 흥미였다. 그로써 몇 년만에 루소부터 허버트 스펜서까지 유럽 지성사의 폭넓은 영역을 일본어로 읽을 수 있게 되었다.《메이로쿠 잡지明六雜誌》의 지면은 법률과 자유, 경제 같은 주요 개념들이 처음으로 알려져 논의된 공간이었다. 일본 계몽운동의 가장 중요하고 유력한 대표자는 단연코 후쿠자와 유키치였다. 그의 책『서양사정西洋事情』은 유럽과 미국의 제도와 관습, 물질문화를 소개한 것으로 인기 도서가 되었다. 후쿠자와 그의 동료 운동가들이 제공한 설명에서 주된 개념은 '진보'였다. 진보는 그레고리 역법의 도입부터 남녀 혼욕 관습의 폐지를 거쳐 헌법 제정에 이르기까지 삶의 모든 영역에서 발전의 잣대가 되었다.[233] 그 과정에서 '계몽'에 대한 호소는 엘리트층의 교수법 전략이었다. 엘리트층은 봉건적 특권의 폐지와 전통적 관습의 금지, 세속적 교육제도 같은 조치를 통해 주민을 통합된 국민으로 만들어 내기를 희망했다. 그러나 대중적인 자유민권운동도 계몽운동의 원리에 호소했다. 자유민권운동은 1880년대에 메이지 정부가 추구한 권위주의적 근대화 노선에 반대해 일종의 참여 민주주의를 요구했다. 이 운동은 여러 지역적 전통에서, 그리고 이제는 '권리'와 '자유'라는 새로운 언어(둘 다 메이지 시대 초기에 만들어진 낱말이다.)로 분명하게 표현된 이상주의적 사회 개조 이론들에서 동력을 얻었다.[234]

일본에서 나타난 이러한 발전은 곧 역내 다른 국가들의 모범이 되었다. 한국에서는 1880년대에 사회를 바꾸려는 노력이 이어졌는데, 이는 비록 체제를 무너뜨리려는 정치적 계획과 시도로서는 결국 실패했지만 일본이 고취하고 지원한 것이었다. 1895년 이후에 '계몽운동(개화운동)'의 정치적·문화적 영향력은 커졌고, 박은식朴殷植 같은 개혁가들은 로크와 루소 같은 사상가들과 유교 전통을 결합하려고 했다.[235] 아시아에서 드물게 식민지가 아닌 나라였던 시암(태국)에서는 쭐랄롱꼰 왕이 자국을 '문명'을 갖춘 '계몽'된 국가로 바꾸어 놓을 목적에서 1897년의 몇 달 동안 유럽을 여행해 전함과 소방차부터 원예 박람회와 병원까지 서양이 제공할 수 있는 것을 모조리 조사했다.[236] 필리핀에서는 1890년대에 '계몽된 자들'(일루스트라도스)이 에스파냐의 지배와 에스파냐인 선교사들의 영향력을 민족주의적으로 비판할 때 이성과 자연법의 더 큰 정당성에 호소했다. 민족 혁명의 가장 중요한 이론가였던 아폴리나리오 마비니Apolinario Mabini(1864~1903)가 보기에 혁명적 봉기는 범죄 행위가 아니라 필리핀 사람들 사이에 분명하게 드러난 수준 높은 문명의 표현이자 증거였다. 1903년에 자와에서는 아시아에서 대중 정치의 영역에 진입한 소수의 여성 중 한 명인 라든 아증 카르티니Raden Ajeng Kartini(1879~1904)가 네덜란드 식민지 당국에 계몽운동의 원리에 의존해 근대적 교육제도와 자와 여성의 사회적 해방을 요구한 비망록을 두 차례 전달했다.[237] 중국에서는 1895년의 청일전쟁에서

당한 군사적 패배에 뒤이어 개혁 논의가 강화되었다. 나라의 파멸이라는 실존적 위협에 직면한 상황에서 이 논의는 중국인의 다양한 사고를 결집했고, 이를 고쳐 유럽의 텍스트에서 가져온 개념들과 연결했다. 가장 유명한 번역자는 옌푸嚴復로 스펜서와 토머스 헨리 헉슬리Thomas Henry Huxley, 존 스튜어트 밀, 애덤 스미스, 몽테스키외의 저작을 중국어로 옮겼다.[238]

내용의 변경

세계사적 시각 덕분에 논의의 초점이 점차 변했다는 사실이 분명해진다. 따라서 논쟁들이 늘 동일한 문제에 집중되지는 않았다. 주된 이유는 그 용어가 불려 나온 지역적 맥락이 이를테면 1820년대의 벵골부터 1890년대의 한국에 이르기까지 크게 변했기 때문이다. 게다가 계몽운동의 의미 자체도 바뀌었다. 1830년대에 '계몽운동'은 더는 18세기의 계몽운동과 같은 의미가 아니었으며, 1880년대에 오면 그 함의는 더 변했다. 계몽사상은 전 세계적으로 주목을 받고 전유되면서 다른 사상 전통에, 나아가 계몽과 무관하게 정립된 개념들에 접목되었다. 계몽사상 논의의 이 폭넓은 역동성에 특히 중요했던 것은 자유주의와 공리주의 사회 이론, 다윈주의, 스펜서에게서 볼 수 있는 다른 형태의 진화론적 사고, 마지막으로 콩트의 실증주의 철학의 영향이었다. 철학적 전통의 텍스트만큼이나 자주 영향을 미친 것은 프랭클린의『부자가 되는 길The way to Wealth』이나 새뮤얼 스마일스Samuel Smiles의『자조론Self Help』, 프레데리크 바스티아Frédéric Bastiat와 휘턴 같은 저자의 전문적인 안내서 같은 베스트셀러였다.

이와 같은 저작들이 중첩된 결과로 '계몽운동'의 개념적 내용도 변했다. 이제 초점은 종교적 족쇄와 국가의 억압에서 해방된 개인의 의식보다는 기술적이고 물질적인 개선이라는 집단적이고 국가적인 계획에 놓였다. 물질적 진보라는 명료한 관념은 1880년대가 되면 확고하게 자리를 잡았고, 18세기에는 여전했던 양면성과 비단선적 대안의 가능성이라는 의미는 소실되었다. 그리고 역설적으로 보일지는 모르지만 다양한 기조의 사상들이 포함되고 접목되면서 18세기의 여러 계몽운동은 1880년대의 단일한 '극사실주의적' 계몽운동으로 바뀌었다.[239] 매우 다양한 행위자들이 이를 받아들이게 된다. 그들 중 다수는 '계몽운동'과 '문명'이라는 용어를 거의 맞바꿀 수 있는 듯이 사용했다. 예를 들면 일본에서 '계몽'이라는 낱말은 개화(보통 'civilization'이나 'Enlightenment'로 번역된다.)로 점차 대체되었는데, 이는 사회진화론의 함의를 강하게 띠었다.[240]

문명과 계몽운동의 이러한 등치는 이때쯤이면 후자의 의미가 얼마나 많이 변했는지를 보여 준다. 그것은 다른 무엇보다도 세계 무대에서 특정 국가의 상대적인 지정학적 지위를 평가하는 척도의 역할을 했다. 확실히 이는 그 자체로 근본적으로 새로운 것은 전혀 아니었다. 발전 단계의 관점에서 사고하는 것은 18세기의 계몽운동 사상가들이 문화적 차이를 역사철학과 진보의 언어로 바꿀 때 쓴 전략의 하나였다. 그러나 이 생각이 19세기 말까지 '계몽'되었다는 의미의 다른 관념들(이성과 공중 영역, 세속적 세계관의 진보)과 공존한 반면에, 계몽운동은 점차 진화론과 문명의 진보라는 담론 속에 삽입되었다. 그러므로 계몽운동은 하나의 과정에서 일종의 통화로 바뀌었다. 어떤 이는 더 많은 계몽을 가졌고, 어떤 이는 자기에게 계몽을 줄 가정교사가 필요했다.

이 모든 변화가 주변부 식민지에 영향을 미쳤을 뿐만 아니라 유럽 내부에서도 일어났음을 깨닫는 것이 중요하다. 유럽에서도 '계몽운동'의 의미는 19세기를 지나며 근본적으로 변했다. 다양한 행위자들이 자기들의 의제를 진전시키고 주장을 정당화하기 위해 그 개념을 어떻게 이용하고 재정의했는지, 그 과정에서 그 용어로 흔히 이해되는 바를 어떻게 근본적으로 바꾸어 놓았는지 보여 주는 유럽 계몽운동의 역사를 쓸 수 있다. 19세기 후반에 발생해 포르투갈과 에스파냐부터 프랑스와 독일, 벨기에, 네덜란드, 이탈리아, 오스트리아, 헝가리를 거쳐 멀리 폴란드까지 유럽의 큰 부분에 영향을 끼친 여러 문화 전쟁은 좋은 사례다. 주로 자유주의적 국가와 교회 사이에 벌어진 이러한 충돌에서 여러 나라의 자유주의적 대중은 계몽운동의 이분법에 확실하게 의존했다. 특히 교황권 지상주의적 가톨릭과 바티칸은 종종 계몽된 세속적 근대성의 적으로 그려졌다. 독일의 풍자 잡지 《베를리너 베스펜Berliner Wespen(베를린 말벌)》의 만평은 손에 교서 「오류 목록Syllabus Errorum」을 부여잡고 있는 교황 비오 9세를 칸트와 고트홀트 에프라임 레싱Gotthold Ephraim Lessing, 요한 볼프강 폰 괴테

Johann Wolfgang von Goethe와 빌헬름 폰 훔볼트Wilhelm von Humboldt 같은 명사가 상징하는 계몽운동의 조류를 헛되이 저지하려는 크누트Knut 왕[3] 같은 인물로 풍자했다. 마찬가지로 프랑스와 에스파냐, 이탈리아에서도 자유주의 언론은 국가와 교회 사이의 싸움을 '진실과 거짓' 사이의, 계몽운동의 빛과 교회가 지배한 중세의 어둠 사이의 '거대한 투쟁'으로 과장했다. 요컨대 계몽운동은 근대성과 국가의 위용과 동일시되었다.[241] 이러한 내부적 갈등만큼 중요했던 것이 계몽운동의 어휘를 문명화 사명과 국제법의 수사법으로 바꾼 것이었다. 그러한 수사적 표현은 19세기 말에 유럽 제국주의의 이데올로기적 버팀목 역할을 했다.[242]

계몽운동 개념에 나타난 변화는 유럽 밖에서 한층 더 현저했다. 한국과 일본, 중국에서 친숙한 구호였던 '문명개화'라는 표현은 세계성의 도전에 대처하는 데 널리 쓰였다. 그 관념은 또한 예를 들면 후쿠자와 유키치의 야만, 반¥개화, 문명개화라는 유력한 3단계에서 보듯이 세계 속의 지위라는 의식을 포함했다. 이제 계몽은 결코 유럽 특유의 성취가 아니라 보편적인 기준이라는 확신이 여러 사회에 퍼졌다. 유럽 사회들이 앞서 나간 것은 당연하지만, 항상 그렇지도 않았고 앞으로 꼭 그렇지도 않을 것이었다. 한국의《황성신문》은 1899년에 이렇게 선언했다. "계몽의 관점에서 우리보다 뒤처진 유럽이 이제 우리를 앞섰다."[243]

그러므로 계몽운동의 관점에서 말하는 것은 세계적 차원에서 생각하는 것이었다. 계몽운동이 절박하게 요구된 것은 주로 지정학적 세력 구조와 관련이 있었다. 달리 말하자면 계몽운동은 국가의 쇠락이나 식민화를 모면하기 위해 필요했다. 계몽운동의 수사법은 보편적 발전이라는 개념을 세계적 구조와 지역 현장의 개별적 조건에 대한 진단에 연결했다. 지역과 세계 사이의 연결은 19세기 세계를 바꾸어 놓은 세 가지 근본적인 과정, 즉 세계경제의 통합, 국제적 국민국가 체제의 출현, 제국주의의 공고화가 매개했다. 이 세 과정으로 계몽사상의 어휘를 보편적으로 유포되게 만든 세계적인 참조의 틀이 확

_____ **3** 11세기 초에 잉글랜드와 덴마크, 노르웨이의 왕이었던 크누트 대왕이 해안가에 왕좌를 두고 앉아 자기의 발과 옷을 적시지 말라고 조류에 명령했다는 일화를 가리킨다. 권력자의 오만함을 나무랄 때 인용되곤 하는데, 실제로 있었던 일인지는 알 수 없다.

립되었으며, 지금까지 연결되지 않았던 지역들을 비교할 수 있게 되었다. 그러므로 이 과정들은 계몽사상이 쓰이는 방식을 조직하는 데 도움이 되었다. 동시에 '계몽운동'에 관한 담론은 세계화한 세상에서 사는 난제에 대처하는 수단으로 제시되었다.

첫째, 시장과 자본 축적의 세계적 체제가 출현하면서 전 세계 국가들이 결합하고 동시성을 갖게 되었을 뿐만 아니라 여러 사회를 자본주의적 구조에 점진적으로 통합하려는 개혁들이 역사적 필연으로 보이게 되었다. 개혁을 지지하기 쉬운 엘리트층의 다수는 계몽운동의 수사법으로써 자기의 생각을 설명한 자들로서 자유주의와 시장 통합을 기치로 해서 사회를 변화시키고자 했다. 그러므로 계몽운동의 요청은 새로운 과세 형태와 금본위제 도입의 요구, 그리고 관세 자유화나 자유무역 체제 이행, 항구 개방의 요구와 자주 연결되었다. 주민을 '계몽'하고 게으른 대중을 생산적 노동력으로 바꾸려는 시도는 언제나 세계경제에 대한 참여를 촉진한다는 궁극적인 목적과 결합되었다.

두 번째 과정은 국가들을 국제적 국가 체제에 통합하는 것으로, 여기에는 국민국가 수립 계획이 동반되었다. 1839년 이후 오스만 제국의 대 '탄지마트', 1896년 조선의 '독립협회' 활동, 1898년 청나라 광서제光緒帝의 변법자강 운동은 전부 다양한 기조의 개혁주의적 비판을 끌어모아 근본적인 정치적·사회적 열망을 포괄적인 대응으로 바꾸려는 시도였다. 이러한 개혁의 시도는 대개 두 가지 점에서 계몽운동의 수사법으로 표현되었다. 한편으로는 주민에게 '문명화한' 행동 양식과 정치 과정 참여, 특히 노동 규율을 강요하려는 노력에서 국내적으로 새로운 언어를 사용했다. 한국과 이집트, 필리핀에서 '계몽운동가들'은 후진적이고 의존적이라고 여겼던 일반 주민을 근대적 시민으로 바꾸기 위해 교육 안내서를 집필하고 학교를 설립하는 데 착수했다. 다른 한편으로 국민국가 수립은 외교정책 차원도 지녔다. 헌법의 원리와 자유 언론의 도입, 교회와 국가의 분리는 문명의 위계라는 관념의 이데올로기적 뒷받침을 받았다. 정치적인 관점에서 말하면 이 위계는 '계몽운동'과 '문명'을 끌어안으면 식민화를 피할 수 있다는 희망을, 일본이나 청의 경우 외부 세계에 '개방'을 강요당한 뒤 억지로 떠안은 '불평등조약'을 폐기할 수 있다는 희망을 키웠다. 전 세계적으로 계몽운동의 원리에 호소함은 늘 강국들이 행사한 제국주의적 압력을 버텨 낼 수 있다는 희망과 연결되었다.

셋째, 계몽운동에 호소하는 것은 제국주의 체제 안에서 나라의 지위를 정하는 전략의 중요한 부분이었다. 달리 말해 계몽운동의 수사법은 제국의 도구로 쓰일 수도 있었다. 이는 특히 일본의 사례가 잘 보여 준다. 여러 단계의 문명이라는 우주론과 상이한 진보의 연대기들은 이 나라가 동아시아를 침탈해 식민지를 획득한 것을 정당화하는 데 결정적인 요소였다. 1885년 후쿠자와 유키치는 유명한 글에서 이렇게 강조했다. "우리나라는 이웃 나라의 개명을 기다려 함께 아시아를 일으킬 여유가 없다. 오히려 그 대열에서 벗어나 서양 문명국들의 진영에 들어가야 한다." 후쿠자와는 일본이 아시아를 완전히 벗어나 서양의 일부가 되어야 한다고(탈아입구脫亞入歐), 한국과 중국을 "서양인들이 하듯이" 대우해야 한다고 결론 내렸다.[244] 이는 더할 나위 없이 명백하게 일본의 식민지 건설 참여를 요청한 것이었다. 1880년대 이래로 내부의 문명개화는 제국주의적 팽창의 전제 조건이자 이유로서 변함없이 지속된 주제였다. 1870년대에 자유주의적 계몽운동의 주된 옹호자였던 도쿠토미 소호德富蘇峰는 10년 뒤에는 일본의 문명화 사명에 노골적으로 찬성했다. 그의 주장에 따르면 이는 "로마인들이 한때 유럽과 지중해에서 한 것처럼 동아시아의 다른 지역과 남태평양 전역으로 정치조직의 축복을 베풀" 것이었다.[245]

이 모든 경우에서 계몽운동 개념 덕분에 역사의 행위자들은 자기의 관심을 세계적 틀 속에 넣음으로써 복잡한 세상을 '쉽게 이해'할 수 있었다. 매우 다양한 수준에서 난제에 직면한 이들이 계몽운동의 어휘에 의존했다. 그것이 당분간 자기들의 요구에 보편타당성을 부여할 일종의 공통어가 되었기 때문만은 아니었다. '계몽운동'은 집단이 세계 속에서 자기들의 위치를 결정하는 방법이 되기도 했다. 그러므로 그 용어는 새로운 맥락에서, 종종 18세기의 용법과는 근본적으로 다른 방식으로 쓰였다. 그러나 이러한 변화와 수정을 계몽운동 역사의 필수 구성 요소로 인식하지 못한다면 이는 근시안적인 태도일 것이다. 라인하르트 코젤레크Reinhart Koselleck는 이렇게 일깨운다. "과거의 개념에 대한 뒷세대의 모든 해석은 전해진 의미의 변동 폭을 넓혀 준다. 개념들이 애초에 지녔던 맥락은 변한다. 그리고 개념들이 지닌 원래의 의미나 이후의 의미도 변한다."[246] 이 과정은 세계사적 시각에서 보면 특히 두드러진다. '계몽운동' 개념의 다양한 용법과 이용은 그 개념적 발전의 일부로 이해할 필요가 있다.

이종교배와 유럽으로부터의 분리

계몽운동의 세계적 공동 생산은 다면적인 과정이었고, 이 점에서 두 가지 메커니즘이 특별한 역할을 했다. '계몽운동'은 여전히 유럽 세력의 권위와 긴밀히 결합되었지만, 동시에 점차 다른 문화적 전통에 연결되었다. 이러한 이종교배는 계몽운동 원리의 보편주의적 가정을 지역적 표현의 특이성과 절충하려는 모든 시도의 특징이었다. 이러한 유형은 19세기 아시아에서 각별히 뚜렷했다. 그곳에서는 문화적 자원의 자율성과 내구성이 대서양 세계에 비해 더 컸기 때문이다. 전통들의 혼합은 또한 익숙한 환경에 급진적 미래상을 심고 이미 알려진 개념들을 통해 새로운 사상을 표현해야 할 전략적 필요성에 기인했다. 크리스토퍼 베일리는 이렇게 강조했다. 람 모한 로이의 "계몽운동 해석은 덕에 관한 힌두교의 관념과 무슬림의 관념, 서양의 관념을 껴안았다."[247] 그리고 후쿠자와 유키치는 1869년 『세계국진世界國盡』을 간행하면서 불교의 교리문답 전통에 맞추어 독서와 암송을 용이하게 하려고 운문으로 썼다.[248]

동아시아에서 이 과정에 매우 빈번히 등장하는 요소 중 하나는 다소 역설적이게도 유교였다. 계몽운동과 연관된 사상은 외견상 유교의 유산을 역사의 쓰레기통으로 내던지지만 실제로는 기존 우주론과 융합되었고, 기존의 우주론은 세계적 상호작용의 상황에서 개조되었다. 예를 들면 일본에서는 유교 사상에서 인간 사회에 질서와 조화를 부여하는 원리를 가리키는 이理라는 용어가 이제 자유방임이라는 개념과 시장 관계의 합리성을 표현하는 데 쓰였다.[249] 중국에서 진보 개념은 성리학 논의와 사회진화론 텍스트 둘 다에 의존해 구축되었다. 루소의 매력에 도취된 류스페이劉師培는 1903년에 『중국민약정수中國民約精髓』에서 루소 사상의 본질은 이미 유교의 오래된 유산에 있다고 주장했다.[250] 그러한 이종교배가 개혁주의의 개념을 토착화하고 이를 지역의 조건에 맞게 조정하려는 시도였음은 분명하다. 그러나 동시에 이러한 전략들은 그 개념들의 내용에 영향을 미쳐서, 이를테면 계몽운동 주장이 원자화한 개인주의에 덜 의존하는 언어로 표현될 수 있게 했다. 거꾸로 계몽운동 수사법은 때로 유교 사상을 재정립해 새로운 세계적 도전에 대응하는 것을 정당화하는 데 쓰일 수 있었다.[251]

계몽운동이 토착화되는 두 번째 메커니즘은 그 개념과 원리가 유럽과의 연결로부터 점차 분리되면서 발생했다. 1900년 무렵에 '계몽운동'의 참조는 이미 크게 세계화되어 서유럽은 더는 권위의 유일한 귀속 장소로 여겨지지 않았다. 예를 들면 자와의 카르티니는 자기가 주장하는 여성해방 요구의 토대로 네덜란드의 여성 교육 모델뿐만 아니라 인도의 페미니스트 판디타 라마바이Pandita Ramabai의 글도 제시했다. 반면에 1830년대 벵골의 자유주의적 개혁가들은 아일랜드와 그리스의 사례에서, 특히 라틴아메리카 독립 운동에서 영감을 받았다. 세기말에 일본은 개혁을 하려는 엘리트층에게 가장 중요한 준거점이 되었다. 1905년에 러시아를 상대로 군사적으로 승리한 후 일본은 세계 여러 곳에서, 특히 이집트와 시암, 오스만 제국에서 유럽과 미국에 맞설 대항 세력으로 여겨졌다. 일본의 사례가 서양이 신봉한 제국주의와 종족 이데올로기에 의존하지 않고도 계몽운동과 근대화로 가는 길을 알려 줄 것 같았기 때문이다.[252]

문화적 중재자라는 일본의 역할은 동아시아에서 각별히 두드러졌다. 1899년에 《황성신문》의 편집자들은 이렇게 썼다. "다행스럽게도 일본이 앞장서서 개화의 문을 열었다."[253] 일본의 성공적인 발전에 마음이 끌린 동시에 그 공격적 제국주의에 위협을 느낀 조선의 '문명개화' 운동은 주로 메이지 시대의 일본을 바라보았다. 개화파의 영향력 있는 사상가였던 유길준이 좋은 사례인데, 그는 후쿠자와 유키치가 설립한 게이오기주쿠慶應義塾에서 공부를 시작했다. 유길준은 곧 일본의 근대화에 환멸을 느꼈다. 일본이 조악하게 서양을 흉내 내고 모방했다고("그림자의 그림자") 생각했기 때문이다. 그래서 유길준은 한국인 최초로 "두 눈으로 직접" 근대를 본다는 희망을 안고 미국으로 간 학생이 되었다. 귀국 후 그는 '개화'를 일상적인 한국어 낱말로 만든 유력한 책 『서유견문西遊見聞』을 출간했다. 그러나 유길준이 서양과의 만남에 남은 일본의 흔적을 모조리 지우려고 체계적으로 온갖 노력을 기울였는데도, 그의 책은 후쿠자와의 『서양사정』(1867~1870)에서 많은 것을 빌려왔다. 실제로 후쿠자와는 개인적으로 유길준의 책이 간행되도록 자금을 지원했다. 『서유견문』은 후쿠자와의 인쇄기에서 제작되었다. 1895년에 조선에는 한글 활자를 찍을 수 있는 인쇄기가 아직 없었기 때문이다.[254]

일본은 또한 청나라의 마지막 시절에 그 지적 혁신의 중요한 인자로 등장했다. 1898년에 '100일 변법'의 실패로 청나라 정치 개혁의 주요 옹호자들은 일본으로 망명했다. 특히 도쿄는 이후 몇 년간 마치 자석처럼 개혁 성향의 많은 중국인을 끌어들였다. 1898년에서 1911년 사이에 약 3만 명의 중국인이 일본에서 다양한 교육기관에 다니며 시간을 보냈다. 이는 학생의 집단 이주로는 역사상 가장 큰 규모였을 것이다. 일본인들은 이러한 교류를 강력히 장려했는데, 그들의 의도에 문화적 제국주의가 전혀 없다고는 할 수 없었다. 다수의 중국인 학생은 일본에 체류하면서 강한 인상을 받았고 이는 오래도록 변치 않았다. 세기 전환기에 영향력이 가장 큰 중국인 사상가로 일본의 '문명개화'를 일반적인 '계몽'의 형태로 중국에 이전하려는 목적을 지녔던 량치차오는 이렇게 고백했다. "이전에는 전혀 보지 못한 책들에 눈이 부셨다. 이전에는 전혀 들어 보지 못한 사상에 머리가 어지러웠다. 마치 어두운 방에 갇혔다가 태양을 보는 것 같았다. 나는 다른 사람 같았다."[255]

이후 일본과 중국 사이에는 활발하게 지식의 교류가 이어졌다. 일본인 교사들은 중국 교육제도 개혁의 고문 역할을 했다. 량치차오는 상해에 번역관을 설립했고, 1911년까지 약 1000권의 일본책을 중국어로 출간했다. 가장 중요한 것은 일본의 많은 신조어(일반적으로 한자로 조성되었다.)가 중국에 들어왔다는 사실이다. 일본어에서 차용한 수많은 용어 중에는 '과학'과 '노동', '국민'과 '평등', '사회'와 '철학', '법률'과 '헌법' 등이 포함된다.[256] 일본과 연관된 온갖 형태의 지식은 심지어 '서양'으로부터 배운 것에 비해도 권위가 엄청났다. 중국인 개혁가들은 일본에서 하나의 모델을 보았다. 일본을 모방하면 자기들의 근대화 노력이 지름길을 찾을 것만 같았다. 또한 이들은 일본의 근대화는 이미 유럽의 특징인 이기적 근대화에 가까운 개인주의에서 벗어난 '아시아'판

근대화라고 주장하며 일본으로부터의 문화적 차용을 정당화했다. 1898년에 장지동張之洞은 이렇게 지적했다. "일본은 몇 가지 점에서 서양보다 우세하다. 중국과 일본은 비슷한 환경과 관습을 공유하므로 (우리가) 일본을 모방하는 것이 더 쉽다."[257]

이러한 혼합 과정과 모델 범위의 확대는 유럽에서 쉽게 기원을 찾을 수 없는 초국적 지식 생산을 가져왔다. 이스탄불과 마닐라, 상해의 개혁가들은 전부 이 긴 계몽운동의 역사에 기여했다. 이들은 100년 전에 다른 곳에서 배태된 혁신을 단순히 수동적으로 수용한 자들이 아니었다. 역사가들은 지식의 역사를 한 곳에서 기록된 뒤 다른 곳에서 채택되고 변용된, 그래서 수용자의 생각과 행동을 결정한 것까지는 아니라고 해도 그것에 영향을 준 텍스트로 보는 경향이 있다. 그러나 개념의 혁신을 유발한 자극은 종종 반대 방향으로 흘렀으며 유럽의 출발점에 의존하지 않았다. 1890년대의 서울에서 '개화'를 언급한 이라면 누구나 당시에 조선이 처한 특유의 상황에 대응한 것이지, 뒤늦게 볼테르에게 응답한 것이 아니었다.

에필로그: 기원의 탐색

'계몽운동'의 시대는 기원의 문제에 사로잡혔다. 이는 그 자체로는 새로울 것이 없다. 역사적 기원의 탐색은 인문주의 시대 이래로 지식인의 마음을 빼앗았기 때문이다. 그러나 18세기 말에 이와 같은 기원의 탐구는 학문과 철학의 역사화라는 일반적인 추세와 함께 갔다. 이제 성경이나 신의 권위에 의지해 절대적 확실성을 얻을 수 없었기에 계보학과 모든 현상을 최초의 기원까지 추적하려는 시도가 그 자리를 차지했다. '계몽운동'이 이성과 미래 지향, 진보의 우위로써 정의되었다고 해도, 동시에 과거의 정신과 시초에 대한 매혹이 늘 따라다녔다.(에른스트 카시러Ernst Cassirer는 이 역설을 처음으로 지적한 사람 중 하나다.) 피에르 생타망Pierre Saint-Amand에 따르면 "기원이라는 유령은 계몽운동 정치철학이라는 벽장 속의 해골이요, 그것에 출몰하는 악령이며, 상존하는 미완결성의 위협이다."[258]

그래서 에티엔 보노 드 콩디야크Étienne Bonnot de Condillac는 인간 지식의 기원을 물었고, 루소는 불평등의 기원을 탐구했다. 법과 민족의식, 종교의 기원을(그리고 그 토대를) 탐구하는 것은 학문 연구와 철학적 고찰, 학문적 논쟁의 지속적인 관심사였다. 요한 요아힘 빙켈만Johann Joachim Winckelmann이, 나중에는 프리드리히 실러Friedrich Schiller가 유럽 문화의 아르키메데스 점[4]인 고대 숭배를 시작했다. 나폴레옹과 장프랑수아 샹폴리옹Jean-François Champollion의 영향으로 이집트학이 고고학을 보완했다. 식민지의 팽창은 기원의 탐구(유럽의 기원, 인류의 기원, 근대성의 기원)를 전 세계로 확장했다. 민족지학자들은 '원시인'을 추적했고, 벵골에서는 윌리엄 존스William Jones 경이 그리스어와 산스크리트어의 공통 기원을 조사했으며, 언어학자들과 인류학자들은 인도게르만어의 뿌리를 연구하고 유럽 문명의 기원이 아리아인에게 있다고 가정했다. 유럽 밖에서도 기원의 탐구는 이 담론을 만드는 전략이 되었다. 벵골의 힌두교도 개혁가들은 인도의 문화적 토대를 정의하고자 입수할 수 있는 가장 오래된 텍스트를 찾았으며, 필리핀의 호세 리살José Rizal은 유럽 문명을 능가하는 성취를 이룬 식민지 이전 시대의 '황금기'를 고안해 냈다.

이러한 기원의 열광적 숭배는 계몽운동 담론을 구성하는 요소였을 뿐만 아니라 이후 내내 계몽운동에 관한 거대 담론의 중심에 있었다. 특히 계몽운동을 세계사 속에 두려는 시도는 기원의 역사라는 이 패러다임 안에서 이루어졌다. 역사가들은 계몽운동의 핵심이라고 본 것의 출현을 물질에서, 공간에서, 시간에서 탐색했으며, 그것의 차후 역사를 세계 전역으로의 점진적 확산이자 전파의 역사로, 심지어 때로는 희박화의 역사로 설명했다. 이는 전형적으로 유럽에 기원을 둔 역사였다. 나머지 세계는 파생적 담론의 장소일 뿐이었다.[259]

이 글에서 제시한 논지는 두 가지 논점에서 기존의 해석과 다르다. 첫째, 18세기의 계몽운동은 유럽 역사에서 자동적으로 나온 결과물이 아니었다. 오히려 그것은 세계 도처의 많은 기여자가 초국적으로 수행한 지식의 공동 생산으로 이해할 필요가 있다. 이는 특정 논쟁들이 유럽의 전통 깊숙한 곳에

—— 4 고대 그리스의 철학자이자 공학자인 아르키메데스Archimedes가 충분히 긴 지렛대와 고정된 점만 주어진다면 지구라도 들어올릴 수 있다고 주장한 것에서 비롯된 비유적 표현이다. 이 글에서는 지식의 기초 또는 토대를 가리킨다.

자리 잡고 있었고 에든버러와 할레, 나폴리 같은 곳의 독특한 상황에 의해 생겨났음을 부정하는 것이 아니다. 그러나 18세기 말에 일어난 변화의 혁명적 충격은 물론 그 지적 역동성도 세계적 상황에 매우 크게 힘입었다.

둘째, 계몽운동은 18세기 대서양의 시간대에 국한되지 않았다. 세계사적 시각에서 보면 계몽운동의 역사는 훨씬 더 길었다. 이 역사는 확산의 역사라기보다는 영구적 재발명의 역사였다. 사회적·문화적 변화를 압박한 집단들과 사회적 환경은 계몽운동의 권위에 호소하는 동시에 이를 다른 전통과 융합했다. 이 과정에서 계몽운동의 핵심으로 여겨진 것은 크게 변했다. 그 이유는 다양한 문화적 배경의 성분들이 창조적으로 융합했기 때문이며, 계몽사상이 18세기의 유럽과는 매우 다른 지정학적 배경에서 제시되었기 때문이다. 점차 계몽운동은 역사의 행위자들에게 세계적으로 생각하고 세계 무대에서 자기 사회의 자리를 정할 수 있게 한 개념으로 사용되었다.

그러한 시각의 목적은 계몽운동이 공간과 시간에서 차지한 관습적 지위를 수정하는 것이다. 그 역사를 만든 것은 파리의 계몽철학자들이나 쾨니히스베르크의 칸트 같은 준거점보다는 계몽운동을 불러 낸 장소들이었다. 다시 말해 그 약속에 큰 기대를 걸었던 구체적인 장소들이었다. 이들의 저작이 점차, 특히 보급판 형태로 번역되고 유포된 것이 여러 사회에 큰 영향을 미친 것은 분명하다. 1800년 이전의 몇십 년간 유럽에서 진행된 학문적 토론의 효과는 19세기에 들어 한참 지날 때까지 멀리 칠레와 베트남 같은 곳에서도 감지되었다. 그러나 이 원심성 전파보다 훨씬 더 중요했던 것은 그 효용이었다. 캘커타와 리마, 도쿄의 엘리트들은 계몽사상을 자기들만의 목적과 관심사에 이용했고, 그로써 그 사상 자체를 변형시켰다. 그러므로 계몽운동의 세계성은 단순하게 단일한 중심에서 방사되었다고 설명할 수 없다.

계몽운동의 개념은 시간의 관점에서도 재고할 필요가 있다. 그 세계적 발전은 어느 한순간의 발생과 이후의 지속적인 변화 과정의 결과물이 아니었다. 오히려 계몽운동의 개념이 역사의 다양한 행위자들에게 의미를 띠게 된 순간들의 특징은 세계적 동시성이었다. 달리 말하면 18세기의 파리는 유일한 모델이 아니었고, 1900년대의 상해나 북경의 사회 개혁은 그 귀결이 아니었다. 청 말의 엘리트층은 그들만의 시간이라는 상황에서 활동했으며, 계몽철학자들의 글이 번역되고 인용되어 사람들의 마음을 끌었던 방식은 유럽 학자들의 텍스트가 아니라 이러한 현실의 조건들이 결정했다.

그러므로 계몽운동을 세계사 속에서 재평가하는 것은 지리적이든 시간상으로든 주로 기원에만 관계해서는 안 된다. 계몽사상을 불러내 전용한, 말하자면 계몽사상이 재발명된 순간들에 초점을 맞출 필요가 있다. 이 순간들의 특징은 오랜 전통과 전사前史가 아니라 그 동시성이었다. 즉 동시에 작용한 힘이자 적어도 부분적으로는 세계적으로 유효한 압력이었다. 계몽운동의 세계적 진척의 전제 조건은 자본주의 시장들의 상호 연결과 제국주의 체제 공고화의 결과물인 점진적 세계 통합이었다. 이러한 상황에서 유럽과 (때로 전략적으로) 결합된 사상은 여러 행위자가 수용했고 다른 문화적 관습과 사고방식에 연결되었다. 늦어도 19세기 말이 되면 세계적 맥락을 거론하지 않고는 큰 사회적 논쟁을 수행하기가 사실상 불가능했다.

결국 적어도 그 불꽃을 지킨 유럽의 파수꾼들이 보기에는 늘 그랬던 대로 계몽운동을 일반적이고 보편적인 현상으로 만든 것은 바로 이러한 세계적 전파와 번역, 초국적 공동 생산이었다. 18세기 유럽의 수사법은 보편적 주장과 세계적 타당성의 언어였다. 그러나 실제로 이러한 주장을 타당하게 만들려면, 그리고 세계 도처의 사람들에게 이를 수용하도록 납득시키려면(종종 강제하려면), 이른바 내재된 이성의 논리보다 더 많은 것이 필요했다. 그 이행은 지정학과 불균등한 세력 분포의 영향을 받은 여러 상이한 행위자의 작품으로, 큰 희망과 이상향의 약속뿐만 아니라 위협과 폭력의 사용도 그것에 힘을 보탰다. 결코 단선적이지 않은 이 복잡한 세계적 실현 과정만이 계몽운동의 보편주의적 주장을 도처에 나타나게 할 수 있었다. 그리고 그것은 그 주장을 보편화하는 데는 성공하지 못했지만, 적어도 세계적으로 퍼지게 했다.

3 "있어야 할 것이 모두 사라졌다.": 시간의 조직

유럽 최초의 시계들이 17세기의 도쿠가와 막부 시대에 일본에 들어왔을 때, 큰 관심이 일었다. 매우 복잡했지만 이미 비교적 정확한 도구였던 시계는 일본이 스스로 외부 세계와 관계를 단절했던 오랜 국면에 유럽과 일본 사이의 미약한 교역을 유지했던 네덜란드 동인도회사가 나가사키로 들여왔다. 기계식 시계는 당대의 최첨단 상품이었으며, 근대 초 유럽이 이룬 기술적 진보의 표현이었다. 그 시계는 힘을 비축한 용수철로 작동했으며, 금속을 용해해 단조하는 고도로 정교한 기술에 의존했다. 이 새로운 기술 덕분에 역사상 처음으로 인간은 태양에 의지하지 않고도 규칙적인 시간을 지킬 수 있게 되었다. 이는 또한 이제 밤에도 시간을 알 수 있다는 의미였다.[260]

유럽에서 그랬듯이 일본에서도 이러한 유럽 제품은 사치품이었지만, 수요가 많았다. 봉건 영주인 다이묘大名만이 시계를 소유할 여유가 있었다. 그래서 그 기구는 다이묘 시계로 알려졌으며, 다른 무엇보다도 신분의 상징으로 여겨졌다. 머지않아 일본의 장인들이 이 시계를 모방해 만들었다. 네덜란드 동인도회사의 수입품으로는 수요를 충족할 수 없었기 때문이다. 그러나 시계는 길고 고된 여정을 훼손되지 않고 버텨 냈을 때도 문화적으로 유럽인의 시간 이해와는 현저히 다른 방식으로 사용되었다. 도쿠가와 막부 시절의 일본

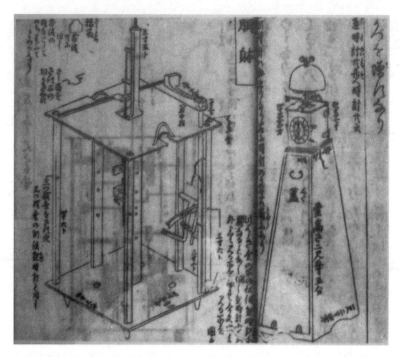

一일본 시계(오른쪽)의 그림. 낮 시간의 길이 변화에 따라 날마다 추를 써서 시간을 조정해야 했다. 다양한 기계장치의 화보집. 호소카와 요리나오(細川賴直), 『기교도휘(機巧圖彙)』, 1796. (Wikimedia Commons)

은 유연한 시간 제도를 따랐다. 달리 말하면 낮의 시간과 밤의 시간은 동일한 여섯 단위로 나뉘었다. 한 '시간'은 낮의 6분의 1에 해당했고 낮은 일출('묘시卯時')부터 일몰('유시酉時')까지로 징 소리와 북소리로 이를 알렸다. 이러한 시간 단위의 길이는 계절마다 달랐다. 낮의 한 시간은 겨울의 어느 때에는 100분에서 여름의 어느 때에는 158분까지 변했다.(밤의 한 시간은 그 반대였다.)

정확성과 규칙성을 갖춘 기계적 시계의 도입은 관습적인 시간 계측에 눈에 띄는 영향을 주지 않았다. 일본의 장인들은 자기들의 우주론을 고치는 대신에 기술을 수정했다. 이들은 시계의 유사游絲, balance spring를 조정하는 정교한 장치를 개발해 계절과의 동기화를 보장했다. 이동 가능한 조절 추를 썼는데, 이를 수동으로 하루에 두 번 조정해 낮 시간과 밤 시간의 상이한 길이를 유지했다. 시계를 지역의 시간 체제에 맞게 조정하고자 계절 문자반도 설치했다.[261]

200년 뒤에 상황은 근본적으로 변했다. 19세기 후반에 미국이 일본을 압박해 외부 세계와의 접촉을 엄격히 규제하는 정책을 포기하게 함으로써 포괄적인 개혁 정책에 착수하게 했을 때, 시대가 변한다는 표현은 결코 단순한 은유가 아니었다. 메이지 유신은 그 나라가 '근대'에 사회적으로 적응하는 출발점이었다. 시계는 곧 근대성의 필수적인 상징이라는 지위를 획득했으며, 의사당과 법원, 학교, 공장을 장식했다. 일본 천황은 해마다 도쿄 대학 수석 졸업생에게 은제 회중시계를 수여했다. 그러나 전통적인 일본의 생활 방식은 이보다 더 깊이 잠식되었다. 1873년에 메이지 행정부가 이행한 첫 번째 조치들 중하나는 전통적인 시간 계산법인 음력을 폐지하고 그레고리력을 채택한 것이었다.[262]

이러한 역법의 변경은 근본적인 사건이었다. 처음에 그것은 단순히 이전해의 3주 없이 산다는 뜻이었지만, 이는 일상의 수많은 상황에서 중대한 도전이었다. 예를 들면 만기가 도래한 채무 이행에서, 제사에서, 계획된 혼인에서 사라진 며칠의 의미는 무엇이었나? 장기적인 변화는 한층 더 중요했다. 그레고리력의 채택과 더불어 노동과 휴식의 일정한 리듬을 갖는 일주일 제도가 도입되었는데, 이는 앞서 열흘 단위로 구분했던 것과 크게 다른 변화였다. 새해가 계절의 변화와 함께 왔다는 사실은 훨씬 더 중요했다. 의례로 지키던 신년 축제는 이제 봄이 아니라 겨울에 왔고,(음력의 경우에는 봄이다.) 이 행사를 위해 관습적으로 쓰인 모든 봄 시가詩歌는 즉시 구식이 되어 버렸다. 이러한 변화에 반대하는 저항과 항의가 있었다. 예를 들면 바로 같은 해인 1873년에 후쿠이현 주민들은 서양 복식과 머리 모양을 금지하고 외국어 교육을 중지하며 옛 역법을 재도입하라고 요구했다. "정부는 왜 갑자기 그것을 폐지하기로 결정했나? 전부 다 마음에 들지 않는다. 옛 제도는 계절과 날씨, 조수의 움직임과 맞았다. 일이나 의복, 거의 모든 것을 그것에 맞추어 준비할 수 있었다. 개정 이후로는 (……) 당연히 있어야 할 것이 모두 사라졌다." 이 항의의 결과로, 정부는 최소한 사람들이 옛 역법을 계속 사용하는 것에 대한 금지를 폐기할 수밖에 없었다.[263]

두 가지 고정된 요소, 즉 태양과 예수 탄생의 '본초자오선'에 의한 기준 설정은 서력을 문화적 동질화와 시간의 표준화라는 세계적인 과정에서 중요한 상징으로 만들었다. 그레고리력은 연간 날짜 수와 윤일의 수를 바꾸었을 뿐만 아니라 인간의 삶에 깊숙이 개입했다. 시간을 우주론에서 분리함으로써 이전의 길일과 흉일을 일련의 차이 없는 날로 바꾸었기 때문이다. 시계와 일정표, 달력, 고정된 노동시간은 전부 19세기 말의 일본에서 힘을 발휘한 '메트로놈 사회'의 필수 구성 요소였다.[264]

앞의 두 사례는 매우 상이한 결과를 낳은 두 가지 독특한 사건을 대표한다. 18세기에는 유럽의 시계가 지역의 우주론에 통합되었던 반면에, 19세기 말이 되면 옛 시간 계측법은 한순간에 내버려졌고, 시계의 수입과 더불어 기존 시간 체제는 근본적으로 전환되었다. 이 두 시간 기준은 19세기의 새로운 시간 체제 형성의 배후에 놓인 논리를 이해하는 데 도움이 되는가? 이 시기에 전근대의 다양한 시간 체제와는 근본적으로 다른 새로운 시간 표준이 완성되었는가?

이 두 사건을 문화 전이의 사례로, 다시 말해 유럽의 산물을 외국의 문화적 환경에 떠맡기려는 시도이자 '서구와 나머지 세계'를 연결하는 이야기로 해석하고픈 유혹이 인다. 그렇다면 이 두 가지 문화 전이의 상이한 결과는 전근대 일본의 고립주의적 편협함에서 메이지 시대의 문화적 개방성(일반적으로 1853년 이후 일본의 '개방'이라는 관념에 표현되었다.)으로 나아간 전환을 지적하기만 해도 설명할 수 있다.

그러나 그러한 서술은 그 과정의 복잡성을 상이한 문화적 성향 간의 만남으로 축소한다. 일본인들이 처음에 유럽의 시계를 다룬 방식을 고집스럽고 이국적이라고 볼 이유는 없다. 시계에 계절 문자반을 부착해 변용을 준 것은 외국 기술의 도전에 대한 일본인의 별난 반응이 아니었다. 그것은 산업화 이전의 대부분 사회에 널리 퍼진 외견상 '자연스러운' 유연한 시간 개념의 지속적이고 강력한 영향력이 표현된 것이었다. 새로운 시간 체제의 색다른 점은 유럽과 미국에서도 매우 비슷하게 감지되었다. 낮에 결부된 시간 개념이 19세기에 들어선 후에도 살아남았기 때문이다. 1825년에 유명한 시계공 엘리 테리Eli Terry가 코네티컷주 뉴헤이븐 시청에 공중 시계를 설치했을 때, 태양의 주기와 무관하게 언제나 같은 시간 길이를 보여 준 그 규칙적인 시계는 대중의 항의를 불러일으켰다. 《코네티컷 저널Connecticut Journal》의 어느 기자는 노발대발했다. "대중에게 지금이 몇 시가 아닌지 알려 주는 시계를 도시에 설치하는 것은 확실히 새로운 기획이다. 1년에 네 번만 진실을 말하는 공중 시계는 공적인 불법 방해에 매우 가깝다." 일반 대중은 대개 여느 때처럼 '자연' 시계를 선호했다.²⁶⁵

'서구와 나머지 세계'의 비교, 유럽인이 거둔 성과의 확산이라는 관념, 문화 전이라는 모델은 새로운 시간 체제가 정확히 어떻게 완성되었는지 이해하기에는 불충분한 범주다. 앞에 제시한 사례에서는 17세기에서 19세기 사이에 일본의 사회적 맥락이 변한 방식을 조사하는 것이 더 유망하다. 무슨 뜻인가 하면 우선 문화 교류의 과정이 어떤 상황에서 가능해졌는지에 초점을 맞추어야 한다는 것이다. 한편으로 이는 메이지 시대 일본에 시계와 역법이 전해진 지정학적 맥락에 주목하게 한다. 17세기 이래로 네덜란드 동인도회사를 동아시아 교역망에 진입하게 해 준, 가늘게 이어진 무역의 접촉은 1860년대 초부터 자본주의적 경향에 따라 조직된 세계시장과 제국주의적 세계 질서로 대체되었다. 이러한 발전은 일본 엘리트층이 점차 무시하기 어려웠던 훨씬 더 직접적인 압력을 낳았다. 다른 한편으로 세계경제로의 통합과 초기 산업화는 일본의 사회적 관습과 노동 환경을 바꾸어 놓았으며, 시간을 하나의 상품으로 만들었다.

이러한 배경에서 '시간'의 이해는 근본적으로 변하기 시작했다. 태양의 위치로 계산되고 문화적 의미가 스며든 시간관념은 동시적이고 명백히 무의미한 공장 노동의 리듬에 밀려났다. 그 안에서 시간 체제는 이제 더는 우주의 힘과 연결되지 않았다. 동시에 제국주의 시대는 역사적 시간의 경과에 대한 사람들의 이해를 더 바꾸었다. 이제 그것은 진화와 진보, 역사와 미래라는 개념들을 통해 이해되었다. 그러한 시간 개념은 곧 일본의 제국주의적 팽창에 하나의 전제 조건이 되었고 나아가 수단이 되었다. 일본이 발전해 비서구 국가로는 처음으로 식민 국가가 되었고, 정체된 세계에 진보를 가져다준다는 주장으로 정당화된 그 지배의 평계는 시간적 차이라는 논리에, 다시 말해 한국인과 대만인을 후진적인 민족으로, 다른 시대에 사는 존재로 밀어내는 것에 근거를 두었다. 200년 전에 그레고리력과 정밀한 시계는 주로 이국적인 것이나 문화적 수입품으로 인식되었지만 이제는 그렇지 않았는데, 이렇게 더 큰 맥락에서만, 일본의 제국주의적이고 자본주의적인 세계로의 통합이라는 맥락에서만 그 이유를 이해할 수 있다. 물론 항의와 저항이 있었고, 일부 사람은 익숙한 리듬을 고수했다. 그러나 개혁주의적 집단이 새로운 시간 체제를 밀어붙인 이유는 그들이 외국 모델을 추종했기 때문이 아니라, 새로운 시간 체제가 자기들의 실천 과제와 현지의 일반적인 상황에 맞았기 때문이다.

그렇더라도 서력의 실천은 결코 대안적 시간 체제의 흔적을 모조리 지워 없앨 만큼 완전하지 않았다. 이전 관습의 잔존(그리고 조정)은 실제로 '새로운 시간'에 쉽게 적응하는 것을 도왔다. 일본에서 복수의 시간 체제는 오랫동안 일상의 경험으로 남았다. 예를 들면 날짜를 그레고리력(2018년이라고 하자)과 현 군주의 재위 햇수(헤이세이平成 29년) 두 가지 기준으로 표시하는 것은 일본 신문의 관행이다. 지금도 일본의 달력은 중국의 천궁도(12지: 띠生肖)에 관한 정보가 담겨 있고 음력과 사계절, 길일과 흉일, 특정한 일을 하기에 좋은 날이 표시되어 있다. 이 모든 것은 주로 민속의 지위를 띠지만, 그런데도 구체적이고 매우 실제적인 귀결을 갖는다. 예를 들면 오늘날에도 일본 사람들은 '흉일'에는 큰 호텔 예식장을 터무니없이 싼값에 빌린다. 그리고 일본이 '경제 기적'의 정점에 도달했던 1960년대 중반에 출생률이 급격하게 추락한 이유도 옛 시간 개념을 참조해야만, 또는 그것이 '만들어진 전통'으로서 창조적으로 부활한 것에 주목해야만 이해할 수 있다. 오행과 12지의 전통적인 결합에 따르면 1966년은 화마火馬의 해로 그해에 태어난 여아는 훗날 혼인할 가망이 적었다. (딸을 낳아) 위험을 초래하지 않으려고 많은 부부가 피임을 하거나 성관계를 자제했으며, 그로써 나라의 인구 곡선에 태평양전쟁의 마지막 해만큼이나 큰 구멍을 냈다.[266]

'새로운 시간': 미래의 발견

뷔르템베르크 출신 독일인 의사 에르빈 벨츠Erwin Bälz는 1876년에 도쿄 대학에서 서양 의학을 가르치려고 일본에 왔는데, 곧 사람들이 시간관념의 변화와 고투를 벌이고 있음을 알아챘다. 그를 초대한 어느 일본인은 이렇게 속내를 털어놓았다. "우리에게는 역사가 없다." 일본의 역사가 수백 년을 거슬러 올라가기까지 잘 기록되어 있음을 고려할 때 놀랍고도 다소 있을 법하지 않은 발언이었다. "우리 역사는 막 시작했다."[267] 이 역사의 '0시' 개념을 어떻게 이해해야 하는가? 이 평가는 비단 일본의 경우만 그런 것은 아니지만 19세기의 특징인 시간성의 근본적 변화를 배경으로 보아야만 이해할 수 있다. 불과 몇십 년 만에 시간의 전망은 완벽하게, 혁명적으로 변했다. 더러 몇백 년 동안 존속했던, 오래 유지된 시간과 시간성의 개념들은 다소간 철저히 새로운 시간에 굴복했고 변경되었다. 이 과정은 각각의 특수한 경우에 적응해야 할 압력에 따라, 사회적 관행의 변화 정도에 따라, 부분적으로는 전통적 시간관념의 탄력성에 따라 장소마다 달랐다. 그렇더라도 그렇게 지역적으로 편차가 있었는데도 기본적 특징으로 보면 그 변화는 전 세계적 과정이었다.

전근대 시간 체제

수백 년에 걸쳐 거의 모든 전근대사회는 삶의 리듬을 지구와 태양, 달에 맞추었다. 인생의 시간적 구분은 자연을 향한 유형을 따랐다. 시간이 어디서나 동일한 의미였다는 말은 아니다. 오스트레일리아 원주민이나 북아메리카 나바호족 같은 작은 공동체나 씨족, 유목민 집단에서, 또는 아프리카의 여러 지역에서 시간은 우기의 시작이나 초목의 변화, 물고기의 이동 등의 환경 변화와 연결된 유연한 개념이었으며, 인간의 관심사와 욕구에 맞물렸다. 이 생태학적 시간과 나란히 사회적 시간도 있었다. 사회적 시간에서는 세대의 계승과 성인식, 공동체 상위 연장자들의 지위 같은 사건이 삶의 리듬을 결정했다.

좀 더 관료적으로 조직된 사회에서, 즉 유럽, 이슬람이 지배적인 사회 대부분, 중국, 남아메리카와 중앙아메리카의 거대한 제국들에서 시간은 자연의 리듬에 맞추어졌지만, 측정과 조절의 세심한 과정도 거쳐야 했다. 이러한 사회에서는 시간을 통제한 자가 정치적 권력도 차지했고, 거꾸로 정치적 권력을 지닌 자가 시간을 통제했다. 지구의 자전으로 낮과 밤이 생겼으며, 시간은 낮의 길이로써 측정되었고 따라서 계절에 따라 달랐다. 지구의 회전과 달의 차고 기움은 한 달의 주기적 반복을 낳았으며, 반면에 태양 주위를 도는 지구의 궤도는 한 해의 길이를 결정했다. 마야인은 달력에 대한 집착으로, 태양을 숭배해 행한 공적 의식으로 유명했다. 기원전 4세기에서 기원후 8세기 사이에 중국에서만 공식적으로 반포된 새로운 역법이 100개가 넘었다. 공적 생활이나 사람들의 일상생활이 그렇게 천체의 운동에 맞추어졌기 때문에 수백 년 동안 천문학자들은 특권을 지닌 사회적 지위를 차지했다. 가장 일찍 가장 정확한 천문대를 설치한 이슬람 세계에서 천문학자들은 한 해의 시작과 축일, 라마단 기간, 일일 기도의 시간을 정하는 책임을 맡았다. 유럽에서는 독일인 요하네스 케플러Johannes Kepler나 잉글랜드인 존 디John Dee와 엘리어스 애시몰 Elias Ashmole 같은 천문학자들이 17세기 말까지도 국왕과 제후의 고문단에 포함되었다. 중국에서도 시간의 지배자였던 천문학자들은 황제의 직접적인 보호를 누렸다. 그랬기에 요한 아담 샬 폰 벨Johann Adam Schall von Bell과 페르디난트 페르비스트Ferdinand Verbiest처럼 과학 교육을 받은 예수회 선교사들이 청나라 황제를 알현할 수 있었다.[268]

전근대는 우주론적 의미로 가득한 시대였다. 이는 이슬람 세계나 힌두교의 남아시아에서, 12궁도의 상징에 맞추어진 중국 문화의 지배를 받은 모든 사회의 일상생활에서 그랬거니와, 기독교 유럽이나 정교 러시아에서도 마찬가지였다. 천문학자와 점성가는 언제가 길일이고 언제가 흉일인지 결정했으며, 이를테면 혼인이나 국왕의 선정, 전쟁의 개시나 심지어 단순한 서신 전달에도 어떤 시간이 특별히 좋을지를 알려 주었다. 주로 수도원에서 엄격한 형태의 시간 구분을 준수한 기독교 유럽에서 달력은 물리적인 시간 측정에 사용된 것이 아니라 주로 사람들에게 불멸의 영혼이 구원받을 길을 보여 주기 위한 지향점을 대표했다. 무슬림 국가들에서는 종교적으로 해석된 시간이 일상생활의 조직에 한층 더 강한 영향력을 행사했다.[269] 서아프리카에서 동남아시아까지 무아딘(기도 시간을 알리는 사람)이 매일 다섯 차례 선언하는 기도 알림은 삶을 통제하는 종교적이고 이데올로기적인 리듬의 한 가지 사례일 뿐이다. 각각의 시간 단위는 같은 길이를 지녔는지는 몰라도 의미가 담겨 있기에 단순하게 비교할 수 없었다. 달리 말하면 그 시간들은 서로 맞바꿀 수 없었다.

본질적으로 우주론적이고 종교적인 질서와 자연의 리듬이 특징인 이 시간 체제는 의미를 담지 않은 추상적 시간 개념에 점차 자리를 내주었다. 새로운 시간은 늘 아무런 의미를 담지 않은 것처럼 보였지만, 사실은 그렇지 않았다. 파멸과 새로운 시작이라는 두 가지 의미를 모두 지닌 세기말 같은 개념과 진보라는 가설도 결코 중립적이지 않은 시간적 우주론으로 볼 수 있다. 그러나 근대인이 보기에 그 새로운 시간 체제는 깊은 균열을 의미했다. 농업의 다양한 리듬은 관료 기구와 학교, 군대의 표준화한 요구뿐만 아니라 공업의 속도에도 밀려났다. 계절에 따라 다른 불균등한 한 시간의 길이. 태양과 달의 위치에 따른 시간의 측정. 새로운 것은 모조리 과거의 단순한 되풀이로 이해되는, 마음을 편하게 해 주고 역사적으로 의미 있는 연속성에 대한 믿음. 종종 종교적이고 문화적인 지역의 맥락 속으로의 시간 통합. 이 모든 것이 새로운 시간 개념의 도전을 받았다.

새로운 시간

이 새로운 시간은 어떻게 보였나? 18세기 말부터 시작해 코젤레크의 이른바 근대의 '안장 시대' 동안에 서유럽의 일부에서는 시간이 근본적인 변화를 겪었다. 이 과정은 17세기 이래 앞선 변화들이 누적된 과정이었으며 아이작 뉴턴Isaac Newton의 연구에 영향을 받았다. 뉴턴은 "고유의 본성으로 인해 외부의 그 어느 것과도 무관하게 한결같이 흐르는 절대적이고 정확한 수학적 시간"을 언급했다.[270] 이렇게 자연과학에 가까운 성격은 객관적이고 근대적인 새로운 시간 체제의 매력을 더했다. 그 이후로 시간은 "미래를 향해 곧장 날아가는, 되돌릴 수 없는 화살"로 생각되었다.[271]

꾸준히 흐르는 동질적 시간이라는 관념은 새로운 것이었다. 새로운 시대라는 개념은 "그때까지는 완전히 불가능했던 것을 개념적으로 포착하려고 한" 19세기의 신조어였다. 그저 지나가는 시간이라는 관념은 점차 무너졌다. 중세 시대에, 그리고 근대 초에 들어선 지 한참 지난 후에도, 기독교 유럽에 널리 퍼진 시각은 미래를 과거와 근본적으로 다른 것으로 보지 않았다. 농업이 지배한 세상에서 사람들은 부모와 조부모의 경험으로부터 미래에 대한 기대를 끌어냈다. 안내를 원하는 사람이라면 누구나 과거를, 즉 사람들이 기본적으로 어느 때라도 되풀이될 수 있다고 추정한 영역을 돌아보는 것이 통례였다. 이렇게 길게 뻗은 시간 연속체 너머에 심판의 날을 앞에 둔 잠깐의 휴식이 있다. 그날은 언제나 임박한 것처럼 보였지만 동시에 변함없이 획일적인 지구의 시간 속으로 다른 시간성(신의 구원의 시간)이 느닷없이 침입한 것으로도 여겨졌다.[272]

1750년 무렵에 현저히 다른 시간 개념이 출현했다. 질적 변화의 획득에 토대를 둔, 따라서 과거와 현재, 미래 사이에 근본적인 차이를 두어 이전의 경험과 다가올 것에 대한 기대 사이에 간극을 만들어 놓은 시간 개념이 나타난 것이다. 그렇게 시간 연속체는 차단되었고, 그 결과로 파열과 기원, 새로운 시작 같은 관념이 새로운 의미를 띠었다.[273] 늦어도 데카르트 시대 이후로는 유럽의 지식인들은 영점을, 즉 모든 것의 기원을 탐구했다. 1718년에 발표된 대니얼 디포Daniel Defoe의 소설 『로빈슨 크루소Robinson Crusoe』는 외딴 섬에 사는 사람이 역사를 새롭게 시작하게 만들 수 있다는 생각을 일찍이 보여 준 사례였다. 크루소가 자기만의 시간 계측 방식을 개발한 것은 결코 우연이 아니다. 19세기의 거대한 정치적 격변을 그 주역들은 새로운 시작, 즉 '0시'로 보았다. 페인은 미국독립혁명에 도취되어 이렇게 논평했다. "우리는 세상을 다시 시작할 힘을 가졌다. 지금과 비슷한 상황은 노아 시대 이후 지금까지 벌어진 적이 없었다. 신세계의 탄생이 목전에 있다."[274] 이처럼 과거와 깨끗이 단절할 준비가 된 상태는 1793년에 전통에 구애받지 않고 전적으로 계몽운동의 합리적 정신에 따라 도입된 프랑스 혁명력에서 상징적으로 표현되었다. 1793년을 '원년'으로 정했고, 일주일은 열흘이었으며, 그 열흘의 한 날은 각각 100분씩인 열 시간으로 이루어졌다.

동시에 '근대의 주된 창설 신화'인 기원이라는 허구는 과거의 예시적 성격과 신의 섭리 둘 모두를 거부했다.[275] 이는 두 가지 중대한 귀결을 초래했다. 첫째, 역사의 일회성을 당연하게 여겼다. 역사적 사건들은 이제 반복될 수 있는 것으로, 즉 미래의 도전에 대처할 방법을 알려 주는 거울로 생각되지 않왔다. 역사는 이제 검증할 필요 없는 삶의 스승이 아니었다. 집합명사 단수형 '역사'가 1780년 무렵부터 자리를 잡았다는 사실은 우연이 아니다. 둘째, 진정한 '미래의 발견'과 그 새로운 성격에 관해 이야기할 수 있었다. 질적 변화는 이제 신의 일이 아니라 인간이 성취해야 할 과업으로 여겨졌다.[276] 도취된 듯이 미래에 맞추어진 이 새로운 시간 체제를 통해 보면 과거는 정말로 지나간 것처럼, 버려진 것처럼 보였다. 그 새로운 시간 체제가 19세기와 20세기의 특징이었다. 더 최근에 와서야 기념 문화의 발달과 향수를 불러일으키는 문화유산 산업의 유행, 더불어 미래에 대한 이러한 집착이 다시금 문제시되었다.[277]

당대의 많은 사람에게 이 과정은 점차 세계의 다른 지역으로 전파된 유럽 문화의 독특한 결과물로 보였다. 제1차 세계대전이 끝날 무렵에 슈펭글러는 여전히 시계를 서구만의 독점적인 상징으로 보았다. "서유럽의 무수히 많은 시계탑에서 밤낮으로 울리는 종소리는 아마도 역사적인 세계의식이 할 수 있는 가장 경이로운 표현일 것이다. (······) 역사의식을 지닌 우리 서구 문화의 인간들은 규칙이 아니라 예외다. (······) 정확한 시간 계측 없이 (······) 서구인을 생각할 수 없다."[278] 19세기의 변경된 시간 체제는 유럽 밖에서도 단지 '새로운' 것이 아니라 많은 경우에 외국 것이자 '서양' 것으로 인식되었다.

그러나 시간의 변화는 결코 유럽의 발명품만은 아니었다. 그것은 일종의 세계적 경험, 다시 말해 농업경제가 특징인 사회들의 공업적 생산방식으로의 이행에, '역사 없는 민족들'을 희생해 이루어진 제국주의적 팽창에, 자본주의 시장경제가 사람들의 일상생활 차원까지 팽창하면서 나타난 요구에 연결된 세계적인 경험이었다. 여러 곳에서 사회 엘리트층이 그것을 조장했다. 이들은 정치적 개혁을 실행하기 위해, 또한 주민의 큰 부분을 통제하는 방법으로서 그 논리를 이용했다. 이러한 사회적 변화가 다른 사회보다 유럽과 미국에서 더 일찍 나타난 것은 분명하다. 그리고 여러 곳에서 이러한 사회적 변화가 제국주의적 세력 불균형이라는 상황에서 일어났기 때문에 유럽인과 미국인이 경험한 시간의 몇몇 특징은 다른 곳에서 준거점이자 모델의 역할을 했을 수 있다. 그러나 기본적으로 서구 관행의 단순한 확산을 이야기하는 것은 옳지 않다. 그 대신에 이 '새로운 시간'이 그럴듯하게 보이게 할 뿐만 아니라 오스만 제국이나 서아프리카, 인도네시아의 개혁 성향 계급들에게 절대적으로 필요하게 만든 사회적 상황을 이해하려고 애써야 한다.

이 시간 체제의 변화가 지닌 세계적 성격은 경험 차원에도 드러났다. 19세기 말이면 시간성의 점진적 변화는 비록 방법은 서로 달랐지만, 모든 사회에서 지배력을 행사했다. 그것은 일상생활에도 영향을 끼친 뿌리 깊은 혁명으로 경험되었다. 그것이 사람들의 자기 인식에 얼마나 폭넓게 파열을 일으켰는지 깨닫는 것이 중요하다. 깊고 근본적인 문화적 변화를 경험하는 느낌이 어떤 것인지는 널리 입증된다. 당대의 많은 사람은 이 변화를 일종의 상실로, 기존 우주론적 질서의 구축驅逐으로 인식했다. 예들 들면 벵골의 작가인 반킴 찬드라 차터지Bankim Chandra Chatterjee(1838~1894)는 자기와 자기의 동시대인들이 쓰는 글은 전부 "앞선 세대는 아무리 애써 해석해 보려고 해도 이해할 수 없었을 것"이라고 말했다.[279] 다른 곳에서도 거의 어디서나 비슷한 진술을 들을 수 있다. 1899년에 한국의《황성신문》편집자는 이렇게 의견을 밝혔다. "과거에 사람들이 옳다고 말한 것이 지금에는 그릇된 것으로 생각되며, 과거에 그릇된 것으로 생각된 것이 지금은 옳은 것으로 이해된다."[280]

이러한 상실의 경험은 종종 문화적 구축의 징후로 해석되었다. 그러므로 새로운 시간성은 전통적인 우주론을 밀어내고 사실상 소멸시키는 외래 사고방식의 침투로 보였다. 그러나 사회적인 시간 경험을 대충 보기만 해도 단순한 서구화론은 지지할 수 없음이 드러난다. 새로운 시간 체제의 새로운 성격은 파리에서도 그 이후에 바타비아나 이스파한에서 느낀 것에 못지않게 강력하게 느껴졌다. 그러므로 단순하게 서구 밖에서는 부득이 이상하게 보일 수밖에 없었던 유럽의 시간 체제라는 관점에서 이야기하는 것은 오해를 불러일으킨다. 실제로 그것은 서구에서도 기묘하고 이상했다. 괴테가 1809년에 발표한 소설『친화력Die Wahlverwandtschaften』의 주인공 에두아르트Eduard는 이렇게 외쳤다. "요즘에는 온 힘을 다해도 무엇이든 쉽게 배울 수 없다. 우리의 조상은 젊을 때 배운 것을 지킬 수 있었지만, 우리는 유행에 뒤처지지 않으려면 5년마다 다시 배워야 한다."[281] 이 이행기에 작성된 많은 기록은 고통스러운 대체 과정에 대한 일반적인 인식을 증언한다. 프랑수아르네 드 샤토브리앙François-

René de Chateaubriand은 회고록에서 이렇게 털어놓았다. "나는 마치 두 강이 합류하는 곳에 서 있는 것처럼 두 세기 사이에 서서 내가 태어나 희망차게 미지의 해변을 향해 헤엄치던 그 바닷가를 떠나며 회한에 잠겼다." 샤토브리앙의 동료 작가인 알프레드 드 뮈세Alfred de Musset(1810~1857)도 자기가 이행 세대에 속한다고 보았다. "그 뒤에는 영원히 파괴된 과거가 폐허 위에서 여전히 괴로워한다. (……) 그 앞에는 끝없는 지평선의 새벽이, 미래의 첫 번째 불빛이 있다. 그리고 그 두 세계 사이에 (……) 구대륙을 젊음의 아메리카와 분리하는 대양과 닮은 것이 있다."[282]

그러한 변화에 대한 대응은 결코 한결같지 않았다. 한탄이 있었던 것은 분명하지만, 어떤 이들은 도취되어 반응했다. 당대의 많은 사람은 새로운 시대를 스스로 결정을 내리는 진보적 미래의 출발로 축하했다. 이를테면 미국 철학자 랠프 월도 에머슨Ralph Waldo Emerson은 1841년에 쓴 글에서 새로운 시간 개념에 따라온 '소멸의 분노'를 언급했다. "새로운 대륙들은 옛 지구의 폐허 위에 세워진다. 새로운 종족들은 앞선 종족들의 썩은 살을 먹고 성장했다. 새로운 예술은 옛 예술을 파괴한다. 도수로에 투입된 자본이 수리학 때문에 쓸데없게 된 것을 보라. 성채는 화약으로, 도로와 운하는 철도로, 범선은 증기와 전기로 무용지물이 되었다." 그러나 엄청난 문화적 파열의 인식은 새로운 시간 체제를 환영한 자들의 발언에서도 분명하게 드러난다. 이전의 상태 그대로 남은 것은 전혀 없었다. 카를 마르크스와 프리드리히 엥겔스Friedrich Engels는 이렇게 썼다. "단단한 것은 전부 공기 속으로 녹아 사라진다." 미래에 열광한 자들은 더는 과거를 알지 못했다. 에머슨은 "과거 따위는 등에 지고 다니지 않는 끝없는 탐구자"를 자처했다.[283]

시간의 사중 혁명

19세기의 막바지에 관찰자와 평자들은 자기들의 시대를 시간의 세기로 설명했다. 이와 같은 시간에 대한 몰입은 그 시대의 위대한 철학자와 소설가의 작품이라면 거의 어디서나 볼 수 있었다. 20세기가 출발할 때, 청나라의 철학자이자 개혁 정치인 캉유웨이는 새로운 역법의 도입을 제안했다. 그것은

1900년부터 시작되었으며 목적은 통합된 세계 제국의 시작을 선포하는 것이었다.[284] 쇠렌 키르케고르Søren Kierkegaard나 프리드리히 니체Friedrich Nietzsche의 저작이나 마르셀 프루스트Marcel Proust의 『잃어버린 시간을 찾아서À la recherche du temps perdu』에서 시간의 동적 성격에 관한 이러한 관심은 대단한 강박관념이 되었다. 이와 같은 시간 의식의 광범위한 변화를 세계적 혁명이라고 해도 전혀 과장이 아니다. 그러한 변화는 점차 세계 전역으로 침투했기 때문이다. 추상적이고 단선적인 시간에 토대를 둔 새로운 시간 체제는 다양한 방식으로 나타났다. 기본적으로 다음과 같이 네 가지 상이한 차원을 구분할 수 있다. 시간의 표준화, 세계시의 발명, 심층 역사의 발견, 마지막으로 발전과 진보에 맞추어진 가속 시간 개념. 기존 학문에서 이 차원들은 상호 간의 연관을 그다지 강조하지 않는 네 가지 별개의 연구 분야로 구분되는 경향을 보였다. 일반적으로 국민국가를 연구하는 역사가들은 시간 계측의 표준화를 국가 건설의 도구로 바라보았다. 세계사를 연구하는 학자들은 최근에 보편적 시간의 출현에 관심을 보이기 시작했다. 점진적 시간은 식민주의 연구의 중심 주제였으며, 심층 시간에 관한 논의는 지질사 분야에 국한되었다. 그러나 앞으로 보겠지만 이 네 가지 발전이 변화 효과를 미치고 익숙한 시간성의 경계를 초월한 것은 바로 그 상호작용 속에서 가능했다. 우선 네 가지 차원을 차례대로 다루고, 그 뒤에 세계적 규모의 시간 변화를 완전히 이해하려면 이것들을 전부 함께 살펴야 한다는 점을 논하겠다.

표준화 과정

첫째, 많은 국가가 포괄적인 표준화 계획에 착수했다. 이 과정은 시간 측정법이 대중적으로 유포되고 개인적으로 이용되면서 시작되었다. 일찍이 1800년에 유럽에서는 연간 약 40만 개의 회중시계가 제조되었다. 1875년이면 이 수치는 이미 250만 개를 넘어섰다. 1787년에 베를린 학술원 입구 위에 공중 시계가 설치되었다. 그 이후에 회중시계를 소유한 도시의 부르주아지는 일종의 의식처럼 여봐란듯이 날마다 이 공식 시간을 기준으로 자기의 시계 시간을 맞추었다. 시인 하이네는 1822년에 발표한 『베를린에서 온 편지Briefe aus

Berlin』에서 이렇게 썼다. "모든 사람이 돌연 멈추어 서서 호주머니에 손을 찔러 넣고는 위를 쳐다보는 장면에 당신은 놀란 듯하오. 사랑하는 친구여, 우리는 베를린 전체에서 가장 정확한 시계인 학술원 시계 바로 밑에 서 있고, 지나가는 사람은 누구나 그것에 자기의 시계를 맞출 기회를 얻소. 이곳에 공중 시계가 있다는 사실을 모른다면, 정말로 우스운 장면이 연출될 것이오."[285]

전근대의 시간은 지역의 시간이었고, 그 구분과 계측은 구체적인 장소에 연계되었다. 그러나 시계의 보급으로 시간은 점차 공간에서 분리되었고, 이러한 발전은 사회적 관습의 표준화로써 완성되었다.[286] 근대 세계의 모범저 제도들에서 시간 리듬은 되풀이되고 물리적 반복 과정으로 통합되었다. 이를테면 체계적으로 연속되는 학교의 수업 시간과 휴식 시간, 제조업의 시간 기록('출근 기록') 시계 사용, 군대의 거위 다리 행진[5] 도입 등을 예로 들 수 있다. 오스만 제국의 군대 교본은 일찍이 1820년대부터 이렇게 밝혔다. "중대가 규정된 거리를 보통 걸음으로 주파할 수 있으려면, 병사들은 분당 스물네 걸음의 속도로 걸어야 한다."[287] 시간 기록 시계는 1910년에 카이로에 있는 이집트 국영 철도 열차 수리장의 화장실에도 설치되었다. 노동자들이 화장실에서 휴식 시간으로 규정된 5분 이상을 머물지 못하게 하기 위한 조치였다.[288] 공장 노동이나 군사훈련은 동작을 작은 단위로 분할했으며, 어느 방향으로 얼마 동안 움직일지를 규정함으로써 자세를 결정했다. "시간은 인체에 침투해 그 힘을 매우 세심하게 통제했다."[289]

그러나 시간 표준화를 추동한 가장 중요한 힘은 철도였다. 19세기 말까지 모든 도시에는 지역 고유의 시간이 있었다. 1870년에 워싱턴에서 샌프란시스코로 여행한 사람이라면 누구나 지나치는 모든 도시에서 현지 시간에 맞추고자 200번 이상 시계를 조정해야 했다. 다른 곳에서도 사정은 비슷했다. 세기 전환기의 중국에서 시간은 여전히 대체로 해시계로 계측했다. 인도에서는 수백 가지의 지역 시간이 서로 경쟁했다. 러시아에서도 시간은 장소마다 달

_____ 5 오늘날 각국의 열병식이나 근위병 교대식 등에서 볼 수 있는 행진 형식이다. 무릎을 구부리지 않고 곧게 뻗은 채로 다리를 치켜들어 앞으로 나아간다.

랐다. 단일 시간은 처음에는 정치적 법령으로 강요된 것이 아니라 민영 철도 회사들이 실행에 옮겼다. 미국은 1883년에 이르기까지 지역 시간을 폐지하고 대신 지금까지 그 대륙에 적용되는 네 개의 표준 시간대를 도입했다. 동질화의 강한 충동은 머지않아 국민적 동기와 국가의 관심사에 긴밀히 결합되었다. 국가의 영토와 시간 사이에 조화를 꾀하는 것은 특히 군사적 목적에서 국가의 이익이었기 때문이다.[290]

19세기 말에 시간에 관한 논의의 초점은 한 번 더, 이번에는 정확성 문제에서 속도 문제로 바뀌었다. 일찍이 1778년에 괴테는 '속도가 빠른velociferous 시대'의 도래를 선언했다. 이는 괴테 시대의 특징적 조어법으로, 라틴어의 '속도velocitas'를 뜻하는 낱말에 악마를 연상시키는 낱말(루시퍼Lucifer)을 합성한 것이다.[291] 괴테의 비관적 진단이 광범위한 대중의 경험에 어울리게 되기까지는 수십 년이 더 흘러야 했다. 철도와 시가전차, 나중에는 자동차 때문에 속도는 오래 지속된 행동 유형을 극적으로 바꾸어 놓은 중요한 범주가 되었다. 이러한 인식의 변화가 사람들의 일상적인 의식에 뿌리를 내리기까지는 오랜 시간이 걸렸다. 1878년의 영국 간선도로 교통법이 좋은 사례인데, 이 법은 공도를 이용하는 모든 차량 앞에는 붉은 깃발을 든 사람이 걸어가야 한다고 규정했다. 차량들이 시속 4마일을 넘지 않게 하기 위한 조치였다.[292] 무선전신과 전화는 통신과 교통의 속도를 높였고, 조립 라인과 테일러주의(시간 연구와 동작 연구)의 도입으로 노동의 속도는 꾸준히 늘었다. 모든 최고 속도 기록이 곧 깨진 것 같았다. 영화와 예술운동 미래파는 훗날 이 어지러울 정도의 속도에 대한 집착을 예술적으로 표현했다. 그러나 이러한 속도의 증가는 누구에게나 환영받지는 않았으며 저항을 불러일으키기도 했다. 19세기 말에 프로이센 국영 철도의 철도 관리국장 모리츠 슈탐프케Moritz Stambke는 이렇게 썼다. "우리 시대는 더욱 빨라지는 속도로 더 보태지 않아도 이미 충분히 과민하고 급하다." 1890년대 이래로 신경쇠약의 '발견'과 유행병적인 확산은 이 속도의 시대를 보여 주는 상징이었다.[293]

세계시와 전 지구적 동기화

이 과정의 두 번째 요소는 시간의 표준화와 밀접히 연결된 것으로 세계시의 발명이었다. 세계가 서로 연결됨과 동시에 시간 체제도 국경과 대륙의 경계를 넘어 한층 더 견고하게 조화를 이루었다. 그 선행 조건은 기술을 통한 통신 속도의 증가로 야기된 동시성의 효과였다. 1889년에 영국 정치인 솔즈베리Salisbury 경은 이렇게 선언했다. 전신은 "특정 시기에 지구 표면에서 일어나는 모든 일에 관한 지적 세계 전체의 여러 견해를 단번에 결합했다." 솔즈베리 경이 기술의 진보를 의기양양하게 축하한 반면에, 다른 이들은 그것이 이미 지나치리만큼 발전했다고 느꼈다. 작가이자 세계 시온주의 기구wzo의 공동 창설자인 막스 노르다우에 따르면 신문 독자라면 누구든지 문화적 사건들을 100년 전의 어느 총리보다도 더 넓게 이해했다. 심지어 시골 마을에 사는 주민도 "칠레의 혁명이나 동아프리카의 게릴라전, 중국 북부의 학살, 러시아의 기근 같은 문제에 동시에 관심을 갖는다."[294]

그레고리력의 점진적인 채택은 전신과 신문보다 한층 더 크게 세계의 동시화에 기여했다. 그레고리력은 제국 군대를 뒤따라갔으며, 일본(1873)이나 한국(1896), 중국(1911), 러시아(1918), 터키(1918)처럼 직접적인 식민 통치로써 강요되지 않은 곳에서도 지역 주민의 저항을 이겨 냈다. 몇몇 경우에는 관료들이 이와 경쟁하는 지역의 역법을 법으로 금지하기도 했다. 대규모 항의를 불러올 수 있는 조치였다.[295]

역법과 나란히 세계적 표준 시간의 도입도 이 과정의 매우 중요한 상징이었다. 그것은 이 시기에 풍부했던 국제주의적 유토피아의 한 가지 표현으로서 그러한 표준화가 세계 평화를 가져오리라는 가정에서 출발했다. 일련의 선구자들이 노력한 결과로 세계시의 이행은 1884년의 워싱턴 본초자오선 회의에서 마침내 합의에 도달했다. 그 토대는 본초자오선 협정과 시간대 설정이었다. 당시 세계 최강국의 수도에 있는 그리니치에 본초자오선을 정하자는 제안이 있었고, 그것이 채택되면 세계 여러 곳에서 격심한 정치적 저항이 일어날 수 있었다. 당대의 많은 사람은 세계시의 도입을 시간 자체의 식민화로 여겼다. 프랑스에서는 영국에 반대하는 정서가 있었기 때문에 그리니치 표준은

1911년에 가서야 "파리 시간은 9분 21초 빠르다."라는 정성스럽게 지킨 공식과 함께 이행되었다.[296] 경제적 거래, 특히 금융시장의 발달뿐만 아니라 정치에서도, 마지막으로 1891년의 독일 의회에서 표준시의 도입을 위해 열심히 운동한 프로이센의 군사 전략가 헬무트 폰 몰트케Helmut von Moltke가 완벽하게 이해했듯이 군사작전의 병참에서도, 세계시의 도입은 과거와의 중대한 단절이었다. 기술적이고 실제적인 사정은 모두 제쳐 놓고라도 세계시는 상상력의 세계화를 보여 주는 표현이었다. 그것의 토대는 전 세계를 포괄하고 국경과 문화적 경계를 초월하는 (동시성의 열망인 경우가 더 많았던) 동시성의 인식이었다.[297]

심층 역사의 발견

19세기에 일어난 시간 혁명의 세 번째 차원은 심층 역사의 발견이었다. 고고학과 선사학부터 지리학과 진화론에 이르기까지 근대 과학의 성공적인 전진은 성스러운 질서의 관념에 토대를 둔 관습적 시간 체제에 한층 더 강력히 도전했다. 많은 사회에서 세계의 나이나 시간의 시작, 먼 과거와 현재 사이의 연결에 관한 믿음을 포함하는 우주론적 시간에 대한 믿음은 서서히 해체되었다.

심층 역사의 발견이 제기한 도전은 식민지 주변부의 고투하는 사회들에 국한되지 않았다. 그것은 중심부 제국에서도 분명하게 드러났다. 실제로 시간층의 확장은 계시 종교, 다시 말해 유대교와 기독교, 이슬람교를 고수하는 사회들에서 가장 도발적인 것으로 드러났다. 그러한 사회에서 새로운 시각은 충격으로 다가올 때가 많았다. 심층 시간은 신성한 시간에서 우주론적 의미를 제거했으며, 여태껏 금단의 영역으로 선언되었던 과거의 큰 부분을 개방했다. 19세기 세계의 점증한 상호 연결의 직접적 결과물이었던 이 혁명적 변화는 세계적 결합의 산물이었다. 이러한 변화는 폭넓은 함의를 지녔다. 오랫동안 존중된 확실한 것들을 훼손했고 각각의 문화와 사회가 세계사 속에서 차지하는 위치를 조정했기 때문이다.

이슬람 세계에서 근대 이집트학의 고고학적 발굴은 종교적 의미를 담은 시간성의 철저한 탐구를 자극한 중요한 기폭제였다. 이슬람의 전통적인 자기 이미지에서 고대 이집트 문화의 몰락과 퇴보는 일종의 경고였고, 신의 말씀에 유념하지 않은 사회에 무슨 일이 일어났는지 보여 주는 증거였다. 동시에 이는 장엄한 광경으로, 세상의 덧없음과 신의 초월적 성격을 동시에 증명한 불가해한 기적으로 여겨졌다. 어느 해석으로든 지금은 본질적으로 하나의 진기한 일로 취급되는 파라오들의 이교 사회와 무슬림 신앙에 깊이 젖은 현재 사이에는 깊은 구렁이 놓여 있었다.

이 모든 것은 늦어도 1822년이면 바뀌었다. 샹폴리옹이 이집트 상형문자를 해독하면서 무슬림 학자들은 어쩔 수 없이 이슬람 이전의 과거와 자기들의 관계를 재고해야 했다. 한동안 파리에 살았던 리파 알타흐타위와 알리 무바라크Ali Mubarak 같은 자들은 이제 고대 이집트 세계를 근대국가의 선사로 다루었다. 알타흐타위에게 근대 이집트인들의 체격은 "바로 지난 과거 사람들의 체격이었으며, 그들의 성향도 동일했다."²⁹⁸ 1870년대 이래로 고대 이집트라는 주제는 그 나라의 학교 교과서에 포함되었다. 과거는 현재의 원천이, 강력한 제국이라는 꿈의 원천이 되었다. 세기 전환기에 유력한 기자였던 아흐메드 로트피 알사예드Ahmed Lutfi el-Sayed는 비록 이집트가 이미 영국에 점령당한 상태에 있었지만 이렇게 썼다. "이집트인들은 중요한 팽창주의적 국가를 만들어 오늘날 유럽 식민주의의 최근 경계선을 따라 제국 건설에 착수했다."²⁹⁹ 게다가 파라오 제국에서 종교에 부여된 큰 의미는 이제 이슬람의 도래를 예견하는 듯했다. "이집트인들이 신의 문제에서 최고로 앞섰다는 것은 이미 알려진 사실이다. 이 점에서 그들보다 더 발전한 민족은 없다."³⁰⁰ 이교 시대인 과거와 이슬람의 거룩한 역사 사이에 벌어진 틈은 이제 오랜 연속성 의식으로 대체되었다.

기독교 유럽에서도 '심층 역사'의 발견은 근본적인 전환점이었다. 고대 이래로 성경의 창조 이야기는 현실의 명백한 역사가 펼쳐지는 시간적 얼개였다. 오래 이어진 일련의 학문적 논쟁 이후, 17세기 이래로 널리 퍼진 일반적 견해는 아일랜드 주교 제임스 어셔James Ussher가 제시한 것이다. 어셔는 신이 천지를 창조한 날짜를 정확하게 기원전 4004년 10월 23일로 계산했다. 그러나 역사의 진정한 시작은 천지창조가 아니라 노아Noah의 대홍수가 알렸다. 이 해석에 따르면 대홍수(비코는 그 시기를 천지창조 후 1656년으로 잡는다.)는 앞선 역사에 관한 지식을 포함해 그 이전에 인간이 이룬 모든 성취를 단번에 일소했으며, 역사의 시계를 0시로 되돌렸다. 구약성경의 범위 안에서는 대홍수로 인한 파괴 이전의 역사는 알 수 없는 것으로 보였다.[301]

이러한 성경의 연대기는 19세기에 들어선 후에도 한참 동안 영향력을 유지했으며, 오랫동안 절대적인 장벽으로 여겨졌다. 이러한 관점에서 보면 훨씬 더 먼 과거의 역사 속으로 뻗은 인도와 고대 이집트, 중국의 연대기는 신화이자 순전한 날조였다. 힌두교 율법인 『마누 법전Manusmriti』에 나오는 세상의 네 시대(유가yuga)는 1만 2000신년神年까지 거슬러 올라간다. 인간의 햇수로 따지면 약 430만 년이다. 현대의 시각으로 보면 그다지 먼 과거가 아니지만, 당시의 유럽인이 볼 때는 터무니없는 억측이었다. 1818년에 제임스 밀James Mill은 『영국령 인도의 역사History of British India』에서 이렇게 썼다. "미숙한 민족들은 먼 고대의 역사를 주장함으로써 기묘한 희열을 느끼는 것 같다. 자화자찬의 과장된 허영심이 동양 민족들의 두드러진 특징이므로, 그들은 대체로 자기들의 주장을 지나칠 정도로 높게 내세운다."[302] 밀의 이러한 진술에는 식민국의 우월 의식과 기독교적 전통뿐만 아니라 다른 세계종교들에 공통된 짧은 기간의 우주론도 스며들어 있다. 먼 과거까지 뻗어 있는 힌두교 심층 역사와 그것의 창조에 대한 설명 부족은 이미 11세기 페르시아 학자 아부 라이한 알비루니Abu Rayhan al-Biruni의 저술에서 확실하게 비판받고 있다. 1768년에 페르시아인이 쓴 다른 인도 역사는 힌두교도를 조롱했다. 그들은 "대홍수를 전혀 모르는 체했다."[303]

그러나 일찍이 17세기부터 이따금 기존의 일반적인 역사관을 문제 삼는 견해들이 나타났다. 이러한 회의론은 다른 사회들에 관한 지식에 직접적으로 반응한 것이며, 따라서 세계의 점증하는 상호 연결이 낳은 귀결이었다. 중국의 연대기에 대홍수가 일어난 것으로 추정된 해보다 600년이나 앞서 일어난 사건들이 기록되어 있음을 보여 준 예수회 선교사들의 보고서는 중요한 도발적 문서였다.[304] 이에 더해 수메르 문명과 이집트 문명의 역사 시대에 관한 지식이 늘어나면서 회의론은 기세를 더했다. 18세기와 19세기 초에 민족학자들이 모아 종합한 한층 더 상세한 내용들은 성경의 시간 체제를 뒤흔들었다. 영국의 동양학자 너새니얼 핼헤드Nathaniel Halhed는 자기의 언어학 연구와 역사학 연구가 어떻게 전통적인 확실성을 근본적으로 흔들었는지 인식했다. 그런 사람이 그만은 아니었다. "중국인은 물론 힌두인도 나머지 인류의 믿음이 인정하는 것보다 훨씬 더 먼 고대의 역사를 주장했다."[305]

지리학과 고고학, 진화론이 가한 공격은 민족학의 공격에 무게를 더했다. 1859년은 새로운 시간 체제의 창설 순간으로 바뀌었다. 영국의 읍 브릭섬에서 이루어진 발굴은 석기시대인의 존재를 증명했으며, 다윈이 발표한『종의 기원On the Origin of Species』은 인류의 역사가 선사시대까지 뻗어 있다고 제시했고, 그로써 완전히 새로운 학문 분야를 열어 놓았다. 다윈은 3억 년의 진화 역사를 토대로 이론을 전개함으로써 힌두교 신화보다 훨씬 더 먼 과거까지 거슬러 올라갔다. 다윈의 연구는 말 그대로 전통적인 역사관의 허를 찔렀다. 미국의 인류학자 루이스 헨리 모건Lewis Henry Morgan은 이렇게 썼다. "인류의 존재는 무한한 과거로 뻗어 있으며 깊고 넓은 고대에서 길을 잃는다."[306] 스티븐 제이 굴드Stephen Jay Gould는 지질학적 시간의 발견을 갈릴레오 갈릴레이Galileo Galile가 코페르니쿠스 체계를 채택한 것에 견줄 만한 우주론의 혁명이라고 설명했다.[307]

삶의 시간화와 진보 패러다임

넷째, 점진적이고 진화론적인 시간 개념의 출현은 19세기 세계의 두드러진 특징이었고, 이러한 시간화는 서서히 삶의 모든 영역에 영향을 끼쳤다. 사회생활의 매우 다양한 분야에 나타난 차이가 이제 시간의 관점에서 평가되었다. 미셸 푸코Michel Foucault는 유럽 문화가 "깊이를 발명했다."고, 모든 것을 '기원과 인과관계, 역사'의 관점에서 파악하는 '수직성'을 지녔다고 말했다.[308] 달리 말하자면 1780년대 이래로 공간적이고 유형학적인 지식 체제는 시간적 변화에 대한 관심에 의해 점차 밀려났다.

자연 연구에서 일어난 패러다임 변화는 이러한 시각의 변화를 보여 주는 한 가지 사례다. 18세기에 스웨덴 과학자 칼 폰 린네Carl von Linné(1707~1778)는 유명한 식물상과 동물상의 분류법을 고안했다. 이 분류법은 당시에 알려진 모든 식물과 동물을 유사성과 차이의 모형 속에 집어넣었다. 린네의 학생과 추종자들은 그때까지 발견되지 않은 종들을 이 체계 속에 통합하고자 세계 여러 곳을 과감하게 돌아다녔다. 예를 들면 다니엘 솔란데르Daniel Solander는 쿡 선장과 함께 배를 타고 태평양에 갔으며, 칼 페테르 툰베리Carl Peter Thunberg 는 일본과 자와, 실론을 여행했다. 이들의 과학적 관심이 목표로 삼은 것은 알려진 모든 생물체에 적용할 분류표를 만드는 것이었다. 19세기가 흐르면서 이러한 모형은 계보학, 즉 종의 진화에 대한 관심으로 대체되었다. 1859년에 다윈이 『종의 기원』을 발표했을 때쯤이면, 초점은 완전히 바뀌어 있었다. 현상학적 유사성과 유연성類緣性은 이제 기원과 진화라는 관념에 밀려나 전면에서 사라졌다. 이제 시간은 결정적인 인자가 되었다. 이제는 자연도 역사를 획득한 것이다.[309]

시간과 역사는 19세기의 주요 범주가 되었고, 시간적 변화와 진보가 동일시되는 특별한 의미를 부여받았다. 새로운 것의, 나아가 유행하는 것의 가치를 높이 평가하고 전통적인 것(곧 '후진적'인 것으로 여겨진다.)의 가치를 낮게 평가하는 것은 프랑스 대혁명 이후 시기의 특징이었다. 그러한 관점은 선례가 없지는 않았지만, 19세기에 일반적인 견해가 되어 널리 퍼졌다. 급속한 사회적·문화적 변화의 경험이 이를 보강했으며, 도시 부르주아지의 유망한 계층이 이를 뒷받침했고, 당대의 인상적인 기술적 변화가 이를 그럴 듯하게 만들었다. 1690년대에 옛 세상과 현재 세상의 상대적인 장점에 관해 벌어진 고대와 근대의 투쟁querelle des anciens et des modernes(신구논쟁) 같은 것은 화석연료가 인간과 짐승의 노동을 대신하고 철도가 달구지와 말을 밀어낸 시대에 더는 생각할 수 없었다. 1873년에 프랑스 시인 아르튀르 랭보Arthur Rimbaud는 이렇게 썼다. "우리는 완전히 현대적이어야 한다."[310]

그러나 이 진보 개념은 근대사회의 자기 인식을 이루는 일부였을 뿐만 아니라 동시에 유럽 사람들이 세계에 질서를 부여할 때 이용한 개념이기도 했다. 헤겔의 『역사철학 강의Vorlesungen über die Philosophie der Weltgeschichte』(1922)는 유럽의 우월함이라는 유럽 중심적 관념의 심장부로 곧장 들어갔다. 헤겔은 이렇게 선언했다. "아시아가 역사의 시작인 것처럼, 유럽은 역사의 확실한 끝이다." 그에게 아프리카는 "결코 이 세상의 역사적인 부분이 아니다." 헤겔은 그 대륙을 "비역사적이고 미개한" 곳으로 보았다.[311] 진보 개념은 사회 간 차이와 문화 간 차이를 후진성 대 근대성이라는 상대적 상태로 만들었다. 마르크스는 합법칙적인 병행 발전의 가정에서 비롯한 기대를 표현하기 위해 "비동시적인 것들의 동시성"이라는 비유법을 썼다. 또한 그는 "산업이 더 발달한 나라는 덜 발달한 나라들에 그 장래의 이미지를 보여 준다."는 가정에서 출발했다.[312]

이 관념은 사회진화론 형태로 널리 유포되었으며, 19세기 후반에 개최된 세계 박람회에서 일반 대중에 전파되었다. 인류 역사의 거대한 전경(가장 유명한 것은 1889년의 파리 만국박람회에서 충실하게 재현된 중세 카이로의 거리였다.)을 당대인들은 진보 관념의 생생한 실현으로, "동굴인이 부싯돌을 뾰족하게 갈며 앉아 있는 동굴로부터 콜레주 드 프랑스[6]로의" 발전으로 이해했다. 당시의 민족학과 인류학의 박물관 설립에도 동일한 논리가 스며들어 있다. 박물관들이 여러 문명의 넓은 스펙트럼을 시간을 통한 여행으로 제시했기 때문이다.[313]

그러한 기관에 전시품을 제공하고자 과학자와 모험가의 단체들이 제국의 팽창을 따라 동원되어 세계 구석구석에서 유럽과 미국으로 유물을 가져왔다. 가장 유명한 유물로는 이집트에서 가져온 로제타석과 베냉의 청동 조각품, 페르가몬 제단, 1860년에 영국과 프랑스의 부대가 약탈한 북경 원명원의 보물이 있다. 수많은 아프리카인의 두개골이 수집되어 민족학 수장고로 보내졌다. 심지어는 오늘날에도 18개국에서 오스트레일리아 원주민의 유해를 볼 수 있다. 이러한 공예품 약탈과 더불어 아프리카와 아메리카, 아시아의 토착민들이 세계 박람회와 동물원, 특별 민족지학 전시회에서 공개리에 진열되었다. 이러한 극적 장면도 지금 여기에 과거가 존재함을 보여 주기 위해, '비동시적인 것들의 동시성'의 생생한 증거로서 연출되었다. 1881년에 독일인 의사이자 인류학자인 루돌프 피르호Rudolf Virchow는 이렇게 썼다. "진정 이 사람들의 전시는

_____ **6** 파리의 팡테옹 근처 대학가에 있는, 1530년에 설립된 대학. 한때는 왕립 대학이었으며, 오늘날에도 프랑스에서 가장 권위 있는 교육기관 중 하나다.

인간이 자연 속에서 차지하는 전체적인 위치를 이해하고 인류가 거쳐 온 발전에 관해 어느 정도 이해하기를 원하는 사람이라면 누구에게나 매우 흥미로울 것이다."[314]

이후로 외국 여행은 과거의 시간으로 들어가는 여행으로 여길 수 있었다. 1877년에 독일인 작가 실러는 이렇게 새로 출현한 세계관을 다음과 같이 표현했다. "우리 유럽인 선원들이 멀리 떨어진 대양과 외진 해안에서 이룬 발견은 즐거운 것만큼이나 건설적이기도 한 장관을 우리에게 제시한다. 그 발견은 어느 성인 주변에 모여 스스로 본보기가 되어 그에게 자기가 무엇에 익숙한지, 어디서 출발했는지 일깨우는 다양한 나이의 어린이들처럼 매우 다양한 수준의 문화로써 우리를 에워싼 부족들을 보여 준다."[315]

진보의 관점에서 생각하는 이러한 사고방식은 특히 유럽 식민주의의 이데올로기적 근간이 되었다.[316] 그러나 진보 개념을 유럽의 발명품으로 축소하는 것은 근시안적이다. 오히려 그것은 지정학적 세력 불균형의 변화에 직접적으로 부합했으며, 경제력과 관료제의 힘, 군사력을 전개할 수 있는 능력에서 점점 더 크게 벌어지는 격차에 대한 세계적 대응으로 보아야 한다. 몇백 년 전에 '신세계'를 발견한 덕분에 이미 유럽인은 이전 시대에 살고 있는 것 같은 민족들을 잘 알았다. 그래서 잉글랜드 철학자 로크(1632~1704)는 이렇게 말했다. "처음에는 세상 전체가 아메리카였다."[317] 유럽인이 자기들에게 다른 사회에 근본적인 변화를 강요할 힘이 있음을 처음 깨달은 곳이 아메리카였다. "아메리카는 유럽인의 시간관념을 혁명적으로 바꾸어 놓았다."[318] 다른 사회들이 일단 서유럽이 지배하는 세계 질서에 노출되면, 진보 개념은 그 즉시 시리아에서 한국에 이르기까지 개혁주의적 엘리트층의 지렛대가 되었다.[319] 이러한 집단에 새로운 시간 개념은 외래 개념이 아니었다. 제국주의적 구조와 확대되는 시장의 압력을 생각하면 자명한 것이었다. 그것은 세계 도처에서 개혁의 정당성을 인정했기에 유용한 개념이었다. 그러므로 진화론적 시간 개념은 세계적 위계질서와 비대칭적인 지정학적 구조의 결과물로 이해해야 한다.

자본주의와 시간

앞에서 보았듯이 시간의 이해는 우주론과 정체성이라는 문제와 밀접하게 연관되었다. 그러나 시간 혁명은 결코 단순한 문화적 격변이 아니었고 담론상의 사건에 머물지도 않았다. 시간 혁명은 무엇보다도 사회적 관행과 세계 질서에 나타난 광범위한 변화의 결과로 이해해야 한다. 많은 과정이 서로 영향을 주고받았는데, 다음과 같은 것이 포함된다. 국민국가가 수행한 표준화 기획, 시간의 정밀한 계측을 촉진하는 동시에 시간의 우주론적 의미를 훼손한 자연과학의 발전, 증기기관 시대의 기술적 성취, 생산과 사회적 관계이 점진적인 자본주의적 변화, 마지막으로 제국주의 시대의 변화하는 지정학적 질서. 이러한 과정들은 영국이나 세네갈, 오스만 제국이나 인도네시아의 역사적 행위자들이 시계와 시간 엄수, 진보의 체제를 점차 자명하고 유익하며 나아가 불가피한 것으로 인식할 수 있는 사회적 조건에 영향을 끼쳤다.

새로운 시간 체제는 근본적으로 노동 공간과 세계경제 질서의 자본주의적 재편에 따른 결과였다. 공장제 생산의 급박함(몇 가지 중요한 점에서 플랜테이션 농장 단지가 미리 보여 주었다.)은 극단적으로는 고용주에게 산출량이 아니라 노동시간에 따라 임금을 계산할 수 있게 한 일종의 시간적 규율을 강조했다. 노동과정에서 시간은 생산성을 측정하고 노동의 가치를 결정하는 단위가 된 것이다. 이 유형은 점차 팽창해 삶의 다른 영역까지 포괄하게 되었고, 시간이라는 지침이 일상생활의 더 많은 부분을 결정했다.[320] 마르크스는 처음에 이렇게 예언했다. "인간은 그 노동에 의해 지워진다. 시계의 추가 두 기관차의 속도만큼이나 두 노동자의 상대적 활동도 정확하게 측정하는 척도가 되었다. (……) 시간은 모든 것이며, 인간은 아무것도 아니다. 인간은 기껏해야 시간의 잔해다."[321] 따라서 시간은 일종의 화폐가 되었다. 시간이라는 화폐는 매우 다른 형태의 활동들을 비교하고 호환할 수 있게 만들었다. 사회적 관계의 자본주의적 개조로 시간은 상이한 사회적 영역을 중개하는 매개체가 되었다. 이 점에서 시계와 시간 엄수의 확산은 자본주의적 시장의 팽창과 산업 생산의 필요조건, 세계시장 구조로의 연결과 밀접한 관련이 있었다.

추상적 시간의 패권(시계탑과 회중시계가, 1890년대부터는 시간 기록 시계도 이를 선언했다.)은 주로 새로운 중간계급의 성장과 결부되었다. 이들의 힘과 정치적 열망이 새로운 시간 체제에 부합했기 때문이다. 시간의 경제적 가치를 가르치고 근면한 노동력을 창출한 과정을 지휘한 시간 활동가들은 바로 이러한 환경에서 출현했다. 이것이 런던이나 부에노스아이레스, 자카르타의 사회 엘리트층이 자기들이 속한 사회에서 후진적이라고 생각한 부분에 영향력을 행사하려고 애쓸 때 수단으로 삼은 사회적 통제 프로그램의 전부였다. 자본주의적 시간의 이행은 시간을 대하는 전통적 태도에 대한 대대적 공격과 결합했다. 전통적 태도는 이제 나태와 게으름이라는 오명을 뒤집어썼다.

이와 더불어 유럽의 일부와 미국에서는 사람들에게 근면함을 주입하려는 이 기획이 경건주의적인 신앙부흥 운동에 의해서도 장려되었다. 그러한 운동은 18세기에 처음 시작되었을 때부터 시간 규율을 천년왕국 사상과 연결했다. 제국주의와 기독교 팽창의 여파로 아프리카와 아시아에서도 비슷한 생각이 유행했다. 복음주의 단체는 일상생활의 규칙성과 일관성을 옹호했으며, 사람들에게 임박한 심판의 날에 대비하라고 요구했다. 그날이 오면 누구나 이승에서 자기가 한 행동에 책임을 지라는 요구를 받을 것이었다. 이러한 세계관은 사람들에게 시간의 경과에 정신을 빼앗기게 했다. 엑서터의 주교가 되는 에드워드 비커스테스Edward Bickersteth는 청년 시절에 이렇게 계산했다. "나는 22년을 살았는데, 이는 거의 20만 시간이요, 1200만 분에 해당한다. 그 각 1분을 어떻게 썼는지 나는 신께 해명해야 한다."[322] 이와 같은 복음주의 기독교도의 시간에 대한 집착은 놀라울 정도였다. 복음주의 기독교는 처음에는 자본주의의 시간 개념과 전혀 밀접한 관련을 맺지 않은 채 세속적 공리주의와 경제적 이용의 논리에 반대한 듯했기 때문이다. 에드워드 파머 톰슨Edward Palmer Thompson은 이러한 경향을 다음과 같이 요약했다. "편리함과 산업자본주의를 결합한 청교주의는 인간이 시간을 새롭게 평가하게 한 작인이었다. 청교주의는 심지어 유아기의 어린이에게도 빛나는 매 순간을 잘 활용하라고 가르쳤으며, 인간의 정신 속에 시간은 돈이라는 방정식을 주입했다."[323]

톰슨은 또한 전前 산업사회적 유형의 노동과 생활에 반대하는 문화적 투쟁을 매우 생생하게 묘사했다. 산업화한 생산이 시작되기 전에 수공업자와 농민은 시간을 매우 융통성 있게 이용했다. 이들은 계절의 리듬이나 밭갈이, 주문 받은 수량에 맞추어 노동을 조정했으며, 기회가 생기면 휴식했다. 수탉이 울면 잠에서 깨 일어났고, 곡식이 자라 익으면 수확했으며, 암소의 젖이 불면 우유를 짜냈다. 톰슨은 구체적인 일과 자연의 리듬을 기준으로 한 결정을 언급하는데, 이러한 태도는 세월이 흐르면서 점차 억제되었다. 톰슨이 그리는 그림은 과거를 동경하는 마음을 드러낸다. 그가 전통적 생계 농업의 '도덕 경제'를 거론한 것은 이러한 인상을 확실하게 한다. 우리는 그러한 낭만주의에 오도되지 말아야 한다. 전근대사회와 전前 식민지 사회에서도 시간은 권력과 사회적 위계질서에 연결되어 있었다. 근대에 들어선 후에야 그렇게 된 것이 아니다.

사람을 근면하고 부지런한 노동자로 만든 이 과정은 잉글랜드 밖에서도, 실로 유럽 밖에서도 매우 유사한 논리를 따라 비슷한 반대를 무릅쓰고 발생했다. 남아프리카에서는 일찍이 19세기에도 광산 노동과 공장 노동 덕분에 노동계급이 발달했는데, 작업장에서 시간 규율과 시간의 조직에 관한 의견 차이로 종종 갈등이 일었다. 그러한 분쟁 중 한 가지는 고용주와 이들이 고용한 이주민 노동자 사이의 계약이 일반적으로 한 달을 기준으로 체결되었던데 반해 아프리카인 노동자는 음력의 리듬을 고수했다는 사실에서 비롯했다. 그 결과로 적어도 백인 고용주가 보기에 임금 지급 요구는 '잘못된 시간'에 찾아왔고, 반면 아프리카인들이 보기에는 올바른 시간에 즉각 계산을 요구했다. "달이 죽었다! 우리의 돈을 달라!" 이러한 시간 계측의 상이한 잣대를 양측 다 자연 질서에서 이탈한 것이라고 비난했다. 어느 선교사는 이렇게 평했다. "저들은 한 달이 28일을 넘는다는 사실을 이해할 수 없다. 그들에게 한 달이 31일이라고 믿게 하기는 불가능하다."[324] 이러한 차이는 양립할 수 없는 문화 간의 충돌이 아니라 위계질서와 권력의 문제와 이것이 자신의 하루와 삶을 조직할 자유에 미친 영향에서 연유했다.[325]

1874년에 상해의 주요 중국어 신문 《신보(선바오)申報》는 외국인의 노동 관행이 진정 기이하고 이국적이라며 놀라워하는 기사를 실었다. "그 외국인은 (……) 매일 (일정한) 시간 동안 일하며 점심시간을 제외하면 쉬지 않는다.

그는 중국인들이 하듯이 중간에 담배를 피우고 차를 마시며 일과 휴식을 번갈아 할 수 없다." 그렇게 당혹스러운 사례들이 있었지만, 이 규칙적인 노동 규율 형태는 유럽인에 고용된 중국인 노동자에게는 관례가 되었고 곧 중국인 공장까지 확산되었다. 1880년이면 이미 일주일을 엿새의 일하는 날과 쉬는 일요일로 구분하는 것이 관행으로 확립되어 중국인이 모조리 기독교도가 되었냐는 풍자적인 질문이 생길 정도였다. 고정된 휴식일의 도입 자체는 새로운 산업 부문의 창출로 이어졌다. 이 새로운 여가 시간에 소비재를 생산했던 것이다.[326]

제국주의와 시간

제국주의는 새로운 시간 체제의 세계적 확산에 기여한 매우 중요한 사회적 과정의 하나였다. 유럽 제국들이(곧이어 미국 제국과 일본 제국이) 팽창하고 제국적 구조가 식민지 사회에 접목된 결과로 수많은 민족 집단이 새로운 시간 규범에 대면했다. 그러므로 제국주의는 19세기의 시간 혁명을 일으킨 주된 동력이다. 역사의 행위자들은 자유롭게 선택할 수 없었고, 제국주의 시대의 위계질서는 지역사회를 깊숙이 꿰뚫었다. 제국주의의 영향력은 통상적으로 두 가지 차원에서 작동한 것으로 확인된다. 한편으로 19세기의 제국 팽창은 식민지 지배의 실행을 진보 담론 속에 끼워 넣은 특정한 시간관념을 토대로 이루어졌다. 다른 한편으로 제국주의는 전통적 시간관념을 해체하고 이를 근대의 표준화한 시간으로 대체한 주된 동력으로 여겨진다. 이제 시간은 종교적 의미나 우주론적 의미를 담고 있지 않았다.[327]

첫 번째 관점에 관해 말하자면 19세기의 제국주의 사업은 매우 구체적인 시간 이해를 바탕으로 이루어졌다. 분명코 시간의 식민주의를 말할 수 있다. 이 시기의 패권적 이데올로기에서 토착 사회들이 시간의 규율과 역사의식을 갖추지 못했다는 사실은 그들의 후진성을 확증하는 증거로, 또한 영토 점령을 청하는 초대장으로 여겨졌다. 프랑스의 인류학자 뤼시앵 레비브륄Lucien Lévy-Bruhl은 식민주의의 태도를 이와 같이 적절히 요약했다. "원시인의 정신은 우리처럼 정확하게 시간을 표현하지 못함을 우리는 알고 있다. 원시인은 상상 속에서 무한정 늘어나는 직선 같은 것을 보지 못한다. 사건들이 점점이 자리를 차지하고, 앞을 내다보면 단선적이고 역행할 수 없는 연속 속에 사건들이 정렬해 있고 불가피하게 차례대로 일어날 수밖에 없는 성격상 동질적인 직선을. 원시인에게 시간은 우리에게 그러하듯이 일종의 지적으로 처리된 제도, '연속된 순서'가 아니다."[328] 시간 없는 땅은 기본적으로 유럽의 국제법에 따르면 점령을 청하는 것이나 다름없는 주인 없는 땅(무주지)을 지칭했다. 역사가 없는 민족으로 취급되면 치명적인 결과를 초래할 수 있다. 오스트레일리아 역사가 제임스 보닉James Bonwick(1817~1906)은 그 대륙의 원주민에 관해 이렇게 썼다. "그들은 과거를 몰랐다. 그들은 미래를 원하지 않았다." 역사성의 부족이라는 이 진단은 알다시피 연이은 종족 학살을 예시했다.[329]

이른바 시간의 우위의 창출에서 한 가지 전형적인 유형은 아프리카 사회와 아시아 사회의 현재를 유럽의 과거와 동일시하는 것이었다. 예를 들면 영국령 인도에서 초기 식민지 행정관들은 자기들이 마주한 것과 유럽의 고대나 성경적 전통, 중세를 비교함으로써 인도를 이해할 수 있는 곳으로, 따라서 통치할 수 있는 곳으로 만들려고 했다. 유명한 동양학자 윌리엄 존스(1746~1794)는 힌두교 고전에 나오는 시대들의 연속을 성경의 연대기와 일치시키려고 했다. 법률가 헨리 메인Henry Maine(1822~1888)은 인도를 '고대 관습의 거대한 보고'로 보았고, 1871년에 인도 촌락 공동체들이 이용한 농업 생산 체제를 "고대 유럽인의 여흥과 경작의 체제와 같다."고 설명했다. 몇 년 뒤에 식민지 관료 앨프리드 라이앨Alfred Lyall은 이렇게 썼다. "이 나라는 전체적으로 중세의 느낌을 준다."[330]

이 구도에서 시간상의 간극이라는 관념은 근대화 개입을 정당화했고 식민주의를 동시성 창출의 약속으로 위장했다. 실제로 해방의 전망은 늘 늦춰졌으며, 식민지가 된 사회들은 '역사의 대기실'로 지위가 격하되었다. 벨기에 국왕 레오폴 2세부터 미국 대통령 우드로 윌슨에 이르기까지 식민지 통치자들이 평등과 독립을 주겠다는 약속을 끊임없이 미루었기 때문이다.[331] 식민지학을 연구한 일본 도쿄 대학의 교수 니토베 이나조新渡戸稲造는 일본의 식민지인 한국이나 대만을 근대 문명과 동등한 수준으로 끌어올리는 데 적합한 시간을 800년으로 잡았다.[332] 민족학과 역사 서술, 비교인류학은 문화적 차이를

시간적 상위로 바꾼 시간 측정의 학문이 되었다.[333]

그러므로 제국의 존재와 시간의 계측과 엄수의 도입은 문명과 같은 것으로 생각되었다. 식민주의를 대표한 종교인과 정부 공무원도 시계를 선전하는 사절이 되었다. 일종의 시간적 전환의 대리인이 된 것이다. 영국의 유명한 선교사 로버트 모펏Robert Moffat의 며느리였던 에밀리 모펏Emily Moffat은 1861년에 마타벨레랜드(오늘날의 짐바브웨)에서 이렇게 썼다. "오늘 우리가 짐을 풀어 시계를 꺼냈을 때 약간 더 문명화된 사람처럼 보였음을 당신은 알아야 한다. 우리는 시계 없이 몇 달을 살았다. 존의 정밀시계와 나의 손목시계는 고장 났고, 우리는 시간과 헤어져 영원 속으로 들어갔다. 어쨌거나 '째깍째깍' 소리와 '땡땡' 소리를 듣는 것은 매우 즐겁다."[334]

시간은 제국주의를 뒷받침하는 이데올로기적 지주에서 그치지 않았다. 제국의 통치가 시간 관행과 시간 개념에 영향을 준 두 번째 측면은 우주론적 의미가 제거된 표준화한 시간을 위해 토착 시간 체제를 억압했다는 것이다. 유럽의 시계(1870년에 전 세계 시계의 3분의 2는 스위스에서, 특히 프랑스어권인 쥐라주에서 생산되었다.)는 폭풍처럼 세상을 덮쳤다. 머지않아 각 지역에서도 시계가 제조되었다. 1907년이면 이집트에만 이미 926명의 시계공이 있었다.[335] 유럽의 식민 통치가 자리를 잡자, 많은 사회에서 기독교의 축일과 일요일 휴일 제도가 도입되었고 지역 시간은 유럽 표준시로 바뀌었다.

대중적 박람회와 안내서가 새로운 시간을 일상생활의 필수적인 부분으로 만드는 데 일조했다. 따라서 스마일스가 1859년에 발표한 저작 『자조론』의 세계적인 성공은 세계의 문화적 식민화의 일환으로, 효율과 도구적 이성의 이름으로 단일한 시계 소리를 강요함으로써 이루어진 전통적 생활 리듬 변화의 표현으로 해석되었다. 그러나 『자조론』의 열광적인 수용은 지역 엘리트층이 새로운 시간 체제에 적극적으로 관여하려는 의지가 있음을 보여 주는 지표로서 다르게 해석될 수도 있다.[336] 이 책은 자립 문헌의 고전이었고, 새로운 세기에 들어설 때까지 약 25만 부가 팔렸으며, 1958년까지 71판을 찍었다. 책은 시간 엄수와 시간 규율에 관련된 조언으로 가득했으며, 다음과 같은 유명한 문장은 끊임없이 인용되었다. "사업가는 시간이 돈이라는 금언을 즐겨 인용한다. 그러나 실상은 그 이상이다. 시간을 적절히 이용하면 자기 수양과 자기 개선, 인격의 성장을 가져온다. 날마다 하찮은 일에 쓰거나 나태하게 보낸 한 시간을 자기 개선에 쓴다면 무지한 인간도 몇 년 만에 현명해질 것이다."[337] 이 스코틀랜드 기자의 책은 세계 도처에서 읽히고 논평되었으며, 제1차 세계 대전이 발발할 때쯤이면 아랍어와 벵골어, 중국어, 마라티어, 터키어, 브라질 포르투갈어를 포함해 스물여섯 개 언어로 번역되었다. 책의 수요는 특히 인도에서 높았지만, 그곳뿐만이 아니었다. 오스만 제국의 이집트 총독은 자기의 궁전 벽에 꾸란의 구절과 함께 『자조론』의 문장도 새겨 넣었다. 스마일스는 여러 사회의 개혁 지향적 엘리트에게 자기들의 노력으로 근대화를 이루는 방법의 모델을 제공했다.

개혁가와 시간 활동가들

이러한 이중의 관계(제국주의를 떠받친 이데올로기적 지주로서의 시간, 새로운 시간이 식민지 당국의 보호를 받아 이행된 것)에 따라 많은 저자가 시간 체제의 개혁을 주로 일종의 식민화로 해석했다.[338] 진정 세계적 시간 혁명은 제국주의 체제와 그 위계질서라는 배경 없이는 거의 이해할 수 없다. 제국주의 체제와 그 위계질서가 일상의 관습에 이르기까지 삶의 모든 양상에 영향을 끼쳤기 때문이다. 시간 체제의 변화는 여러 곳에서 식민주의의 보호를 받아 일어났다. 시간의 규율과 엄수에는, 그리고 고정된 일정표에 따라 하루와 인간의 생활을 조직하는 데는 특히 선교원이, 그리고 학교와 다른 기관들도 유효했다. 이렇게 시간을 중히 여기는 교수법은 종종 강압적으로 실행되었다. 따라서 시간의 식민화도 저항에 부딪혔다. 식민지 시대의 자료를 보면, 이질적인 것으로 여겨진 규범에 반대하고 이를 회피하려는 노력으로 가득하다. 그래서 반식민지 투쟁의 한 가지 핵심 전략은 제시된 시간 체제를 따르라는 명령에 보란 듯이 불응하는 것이었다. 다시 말해 식민지 지배자들의 말로 하면 '게으름'이었고, 프란츠 파농Frantz Fanon의 표현으로는 '식민지 기계의 사보타주'였다.[339]

그러나 새로운 시간의 확산은 결코 억압과 저항의 역사는 아니었다. 그러한 갈등을 양립 불가능한 시공간 간의 충돌 같은 문화적 용어로 해석하지는 말아야 한다.[340] 사회적 행위자들은 시간 체제의 꼭두각시가 아니었다. 시간 체제가 대본을 제시하고 이들은 단순히 이에 따르는 일은 없었다는 말이다. 갈등은 (시간적) 문명 간의 근원적 충돌을 보여 주는 징후라기보다는 위계질서와 사회적 권력을 둘러싼 투쟁의 결과였다.[341] 많은 행위자에게 시계는 다른 무엇보다도 실용적인 도구였으며, 진보와 발전이라는 관념은 기술적이고 경제적인 발달에 나타난 간극을 감안하면 자명한 듯했다. 이러한 맥락에서 새로운 시간 체제는 외국 것이 아니라 대개 근대적이고 의미 있는 것으로 보였다.

　　여러 경우에 새로운 시간은 억압의 수단에서 그치지 않았다. 그것은 비옥한 토양에 뿌려지기도 했다. 개혁주의적 엘리트층은 새로운 시간 체제를 채택했을 뿐만 아니라 이를 적극적으로 퍼뜨리고 정상화했다. 특히 신흥 중간계급에 속한 자들이 새로운 시간 체제를 기꺼이 받아들였다. 그 목적은 대체로 유럽의 개혁가들이 지녔던 것과 비슷했다. 말하자면 향상과 '출세', 생산 증대, 사회적 규율이었다. 이들 중 다수가 (시간 개혁에 반대한 자들과 마찬가지로) 새로운 시간을 유럽과 미국에 결부했지만, 이를 단순히 수입품이라고만 말하는 것은 근시안적인 판단일 것이다. 새로운 시간의 지지자들은 대체로 개혁과 근대화를 요구한 비슷한 사회적 변화에 대응했다.

　　그러므로 표준화한 정밀한 시간의 확산은 이전과 연결의 결과, 즉 문화적 제국주의의 결과만은 아니었다. 물론 식민주의 체제는 중심 요인이었다. 그렇지만 그 효과는 다른 것이 중개한 간접적 측면이 강했다. 그 기치 아래에서 세계 곳곳의 여러 사회는 근본적인 변화를 겪었다. 그리고 새로운 시간 체제를 원하는 요구는 여러 점에서 이러한 사회적 변화에 대한 대응이었을 뿐이다. 제국주의는 새로운 내용을 전한 매개체였다기보다 근본적인 사회적 변화를 촉발한 촉매제였다. 그러므로 누가 근대적 시간 개념을 발명해 전파했는지 묻기보다는 새로운 시간 체제가 어떠한 상황에서 매력적이게, 나아가 자연스럽게 보였는지를 더 면밀히 조사하는 것이 더욱 생산적이다. 제국주의의 팽창과 결부된 사회적 변화는 여러 지역의 역사적 행위자들이 새롭게 직면한 도

전에 대한 해결책을 이 근대적 시간에서 찾아냈음을 의미했다.[342]

산업화한 교통 통신의 시대에 여행과 이동성은 새로운 시간 체제의 확신을 도왔다. 그로 인해 개인들이 상이한 시간 리듬과 사회적 가속 형태들에 대면했던 것이다. 증기선 여행은 더 편하고 더 빠르고 더 저렴했을 뿐만 아니라 사람들에게 새로운 시간의 작동을 처음으로 경험할 수 있게 했다. 해마다 수십 만 명을 메카로 이끈 하즈(성지순례)로 순례자들은 여행 중에 기차나 배를 갈아타려고 들른 교통의 중심지와 산업 항구에서 상이한 시간성에 익숙해졌다. 게다가 이란의 순례자 무함마드 레자 타브리지Muhammad Reza Tabrizi 같은 여행객은 이스탄불이나 알렉산드리아에서 고대 그리스 문화나 고대 이집트 문화의 증거와 조우했을 때 심층 역사 인식을 발전시켰다. 이는 헤지라 역법의 예언적 시간과는 근본적으로 다른 시간 감각이었다. 마지막으로 여행객들이 귀국할 때 가져온 또 다른 문화의 짐 꾸러미는 진보라는 개념, 즉 역사를 관통하는 질적 발전이라는 개념이었다. 1880년대 이래로 페르시아어 문헌과 우르두어 문헌에는 공간적·시간적 질서의 변화를 표현한 테라키terakki(진보)라는 개념이 점차 등장했다.[343] 진보 개념도 문화적 수입품이 아니라 사회적·정치적·기술적 불평등의 경험을 개념화하는 방식으로서 다양한 장소에서 발전된 혁신이었다.

새로운 시간 체제에 적응할 것을 요구한 사회적 행위자들은 사실상 거의 어디에서나 볼 수 있다. 그러한 요구는 특히 중동과 동남아시아, 극동의 항구와 대도시에 널리 퍼졌다. 특히 식민주의적 간섭에 직접 예속되지 않은 곳에서는 새로운 엘리트층이 '자기 강화'의 방어 조치로서 새로운 시간 체제의 채택을 선전했다. 그러나 식민 통치를 받는 곳에서도 새로운 시간성의 옹호자들이 있었다. 케이프 식민지의 러브데일 미션스쿨을 졸업한 코사족의 존 텡코 자바부John Tengo Jabavu는 1885년에 이렇게 가정했다. "상대적으로 똑똑한 주민들은 도망치는 중에 시간을 볼 것이다. 그러지 않을 이유는 없다. 촌락에서 제일 먼저 모범을 보여야 할 사람은 교사여야 한다."[344] 유럽과 그 밖의 역사적 행위자들은 상황에 따라 자기들을 위해 시간 엄수와 진보에 저항하기도 했고 이를 채택하기도 했다.

시간은 곧 축적할 수 있고 낭비할 수도 있는 화폐의 기능을 수행하게 되었다. 예를 들면 아랍 세계에서는 토착 작가들이 카페에서 헛되이 빈둥거리는 동료를 지칭하는 데 '시간 죽이기'라는 표현을 채택해 사용했다. 스마일스에게서 차용한 것이 확연하게 드러난다. 그러나 동시에 이 작가들은 운명이라는 전통적 개념도 언급했는데, 이는 여러 텍스트에서 시간 개념과 함께 쓰였다. 따라서 새로운 시간은 기존의 문화적 표현법에 연결되어 있었고, 그래서 유럽의 근대성과 동일시되었을 뿐만 아니라 지역의 전통과도 조화를 이룰 수 있는 것 같았다.[345] 1895년에 이집트 신문《알힐랄Al-Hilal》은 이렇게 선언했다. "시간은 빠르게 지나가는 보물이다. 우리는 모두 시간이 귀하다는 사실을 알면서도 일부러 이를 허비한다. (……) 우리는 디르함(화폐단위)을 귀히 여기고 아끼지만, 시간은 너무나 헤프게 쓴다."[346]

중국과 일본, 러시아처럼 관료제가 강한 나라에서 시간 개혁과 주민에게 근대적 시간 인식을 전파하려는 시도는 흔히 국가기관이 조정하고 선전했다. 예를 들면 20세기 초 중국의 학자이자 정치인 장젠은 상해 인근의 도시 남통을 시범 도시로서 일종의 근대성 극장으로 변모시켰다. 근대 도시 생활의 특징인 모든 기관이 그곳에 모였다. 박물관과 극장, 영화관, 경기장, 공원, 그리고 특히 엄격한 일정과 교대 근무제를 갖춘 공장이 들어섰다. 1899년에는 중국 최초의 시계탑이 남통에 세워졌다. 낭랑한 소리를 내는 종과 로마 숫자로 장식된 전면을 갖춘 거대한 구조물의 시계탑은 사라져 가는 옛 세계를 확실하게 부정하는 상징물이었다.[347] 일본 정부는 주민의 관습과 관행을 '향상'시키려는 목적에서 다양한 운동에 착수했다. 그러한 관행 중에서 가장 우선시된 것은 시간을 대하는 주민의 태도를 바꾸는 것이었다. 관에서 주도해 열린 1920년 시간박람회의 목적은 "주민에게 시간(지칸 손초時間尊重)과 시간 엄수(테이지 레이코定時旅行)의 가치를 알리는 아름다운 관습을 만들어 내고 그들에게 좀 더 통제된 생활 방식을 지키라고 장려하는 것"이었다. 동시에 정부는 '시간의 탄생'을 축하하는 새로운 국경일을 정했다.[348]

시계 시간과 진보 사이의 연결

이 점에서 세계사적 시각으로부터 한 가지 근본적인 질문이 제기된다. 시긴 혁명의 주된 특징들은 어떻게 서로 어울렸나? 다시 말하자면 시계와 역법, 시간의 규율과 엄수는 어떻게 역사와 발전, 진보라는 역사철학적 개념과 조화를 이루었나? 우선 이러한 것들은 특히 당대인들이 서로 매우 독립적인 것으로 경험한 상이한 수준의 담론이었다. 게다가 우리는 이것들이 전부 상이한 논리의 지배를 받는다고 믿을 수도 있다. 시계의 확산, 역법의 표준화, 세계시의 도입은 동시성을 창출했고 세계를 같은 시간에 움직이게 했던 반면에, 진보의 패러다임은 그러한 동시성을 원래대로 되돌렸으며 선진사회와 후진사회라는 형태로 시간상의 차이를 도입했다. 두 측면이 다 상이한 대규모 과정에 부합한다는 인상을 받을 수 있다. 사회들의 시간 규율화와 동시화는 세계시장의 자본주의적 통합과 동시에 이루어졌으며, 이와 대조적으로 역사를 상이한 발전 단계로 구분하는 것은 제국주의의 이데올로기적 장치였다.

그러나 이와 같은 이원적 대립은 두 시간성 사이의 무시할 수 없는 중첩을 소멸시키므로 불가피하게 도식적이다. 실제로 또한 개념적으로도 세계시장 통합과 제국주의의 두 과정은 여러 점에서 서로 긴밀히 결합되었다. 워싱턴 본초자오선 회의와 베를린 서아프리카 회담(베를린 회담)이 둘 다 1884년에 개최되었다는 사실은 이 연결의 상징이었다. 결과적으로 1884년은 세계시의 시작과 시계 시간의 동기화를 알리고, 진보 이데올로기의 뒷받침을 받은 유럽의 '아프리카 쟁탈전'의 시작을 알렸기 때문이다. 달리 말하면 자본주의적 통합과 제국주의는 상호 의존적이었다.

또한 두 과정의 시간적 논리는 양립할 수 있었다. 한편으로 제국주의 체제와 자본주의 체제는 둘 다 시간의 표준화와 동시성의 창출로부터 이익을 얻었다. 식민주의적 지배는 동시에 발생했으며, 각국의 국민경제는 전신과 주식시장, 옵션거래를 통해 서로 한층 더 긴밀히 연결되었다. 다른 한편으로 두 체제는 분리 정책도 갖고 움직였으며 시간적 차이라는 이데올로기를 토대로 삼았다. 이러한 사정은 식민주의 통치뿐만 아니라 자본주의적 경제활동에도 해당되었다. 이주 노동과 계약 노동을 통해 연결된 전 세계의 노동시장들은 대개 민족적으로, 사회적으로 구분되었다. '후진적'이라는 꼬리표가 붙은 나라와 문명이 식민지가 되었듯이, 그러한 나라들의 민족적으로 규정된 노동자 집단들은 특정한 작업을 수행하는 데 고용되었다. 대서양 횡단 항로를 운행하는 증기선의 기관실에서 화부로서 삽질을 하는 자와인 노동자들과 수마트라의 플랜테이션 농장과 남아프리카의 금광에서 일한 중국인 '쿨리'를 예로 들 수 있다. 그러므로 이와 같은 세계시장으로의 불공정한 편입과 노동자들의 민족적 분리는 식민주의적 지배의 이데올로기적 토대 역할도 수행한 진보의 시간 체제와 후진성의 단계들을 반영했다.

역사학과 '역사의 부재'

일상적인 시간 엄수부터 진보 개념의 창출에 이르기까지 새로운 시간 체제가 가져온 변화는 결국 새로운 역사 인식을 낳았다. 바로 이 영역에서 집단적 정체성이라는 관념이 새로운 시간 체제의 토대인 새로운 우주론과 연결되었다. 역사 서술의 역사는 오랫동안 유럽 중심주의적 양식에서 해석되었다. 학문의 구조와 담론, 설명 방식이 세계 전역에서 점진적으로 조화를 이루는 과정이 유럽이 만든 발명품의 확산으로 여겨졌던 것이다. 식민지 시대에 이러한 견해는 성공담으로, '역사 없는 민족들'에게 역사성을 알려 주는 과정으로 제시되었다. 따라서 순환적 시간 개념이 단선적이고 진보적인 시간 개념으로 변화한 것, 과거를 신화적으로 바라보는 전통적 이미지가 합리적이고 학문적인 접근 방식으로 대체된 것은 더 큰 문명화 사명의 일부로 취급되었다. 우연찮게도 이 관점은 개혁 성향을 지닌 아프리카와 아시아의 많은 지식인이 공유했다. 1898년에 오스만튀르크의 기자 휘세인 자히트 얄친Hüseyin Cahit Yalçin은 근대 역사학에 관해 이렇게 썼다. "우리는 좋든 싫든 유럽을 모방할 수밖에 없다. 이븐 할둔Ibn Khaldun의 역사철학은 역사학의 유아기에 속한다. 그때 이후로 그 아이는 성장했다. 독일에서 어린이가 되었고, 나아가 노인이 되었다. (……) 근대 역사학은 아랍이 아니라 유럽에서 와야 한다."[349]

이러한 시각은 특히 남아시아의 역사 서술 사례가 잘 보여 준다. 힌두교의 인도는 종종 세계사의 특별한 경우로 취급된다. 영국의 식민 통치와 대면하기 전 인도에서는 토착 역사 서술이 나타나지 않았기 때문이다. 힌두인들에게 역사성이나 역사에 대한 의식이 없다는 관념은 새로운 것이 아니다. 아랍의 천문학자이자 수학자인 아부 라이한 알비루니가 11세기 초에 이미 그러한 견해를 내놓았다. "힌두인은 역사적 질서에 크게 주목하지 않는다." 영국의 지배를 받을 때, 인도에는 무슬림의 지배를 받기 전에 역사 서술이 없었으며 무슬림의 연대기조차도 실제의 역사 서술을 대표하지 않았다는 것이 자명한 진실로 받아들여졌다. 제임스 밀의 글은 이러한 견해를 설득력 있게 표현했으며 영국령 인도 시절에 매우 큰 영향력을 미쳤다. 밀은 이렇게 썼다. 힌두인들은 "역사 기록이 전혀 없었다." 그리고 연대기의 문제나 "진실과 역사의 적당한 경계" 안에 있는 주장에 아무런 관심도 없었다.[350]

인도의 엘리트들은 자기들에게 역사의식이 없다는 판단에 다양한 전략으로써 대응했다. 벵골의 민족주의자 수렌드라나트 바네르지Surendranath Banerjee(1848~1925)는 브라만이 과거에 관한 지식을 일종의 비학으로, 따라서 오로지 말로만 전하는 것으로 여겼다고 말함으로써 인도에 역사 서술이 부재한 이유를 설명했다. 그리고 많지 않았지만 글로 기록된 책은 무슬림이 그 나라를 정복할 때 소실되었다고 그는 주장했다. 어떻게 설명하든지 엘리트층의 다수는 이제 식민주의에 반대하는 민족주의 운동에 정당성을 부여하기 위해서라도 역사학의 제도화가 불가피하다고 확신했다. 근대화를 모방 행위가 아니라 인도에 고유한 역사의 개척으로 제시하려는 노력은, 따라서 이를 오래전의 역사적 기록과 연결하려는 노력은 이러한 요구에 깃든 상수였다.

이에 반대하는 견해는 간디(1869~1948)가 처음으로 분명하게 밝혔다. 간디는 서구의 역사관과 시간관에 집착하는 것은 전반적인 문화적 식민화의 일부라고 보았다. 간디는 이러한 견해로써 훗날의 탈식민주의 연구가 일종의 문화적 제국주의라며 근대적 시간 체제에 퍼부은 비난을 미리 보여 주었다.[351] 간디의 비판은 인도의 종속적 지위에 책임이 있는, 역사 같은 서구 개념의 채택과 국제화를 겨냥했다. 간디는 이러한 방식의 역사화에 관여한 자는 누구든지 식민화의 길을 닦는 것이라고 단언했다. 간디는 이러한 접근 방식을 의도적으로 거부하면서 인도 문화의 영적이고 신화적인 전통을 지적했다. 간디는 역사성이라는 패러다임을 철저하게 비판하면서 이렇게 주장했다. "우리 힌두인의 선조가 오늘날 이해되는 대로의 역사를 무시함으로써 우리를 위해 그 문제를 해결했다는 것이 나의 지론이다."[352]

역사관 전체에 근본적으로 문제를 제기한 최근의 비판적 견해도 이러한 시각에서 실마리를 얻었다. 심리학자 아시스 난디Ashis Nandy는 역사라는 근대적 범주가 인도아대륙에서 폭력과 테러가 단계적으로 확대되는 데 결정적인 역할을 했다는 전제에서 출발한다. 난디는 어디서나 볼 수 있는 근대사의 무차별적 회상을 이른바 '전략적 망각'으로 바꾸어야 한다고 강력히 주장한다. 그리고 신화적 사고방식으로 돌아갈 것을 옹호했는데, 이는 인도의 대부분에서 여전히 사람들이 과거를 대할 때 선호한 방식으로서 단순히 서구의 현재 상태가 아닌 미래의 전망을 제시한다.[353] 역사가 비나이 랄Vinay Lal은 한층 더 과격한 접근법을 취한다. "인도는 한때 역사에 관한 담론을 버리는 문명사적 선택을 했으며, 아주 최근까지도 그 선택에 안주했다." 반면 그의 주장에 따르면 서구의 역사관은 인도 고유의 전통을 말살했다. "그러한 역사는 정치력을 박탈하고 지식과 생활 방식의 생태학적 다원성을 파괴하는 일종의 '문화적 집단학살'이 될 가능성이 농후하다."[354]

그러나 식민지 이전 전근대 아대륙의 근본적 타자성을 가정하는 것은 지지할 수 없다. 첫째, 그것은 힌두인 시각과 무슬림 시각의 정연한 분리에 기반을 두는데, 그러한 분리는 현실에 부합하지 않는다. 게다가 근대 초 인도에도 비록 역사 서술이라는 장르에 속하지는 않지만 역사적 목적을 염두에 두고 쓴 텍스트가 있었다. 벨체루 나라야나 라오Velcheru Narayana Rao와 데이비드 슐먼David Schulman, 수브라마니암이 혁신적인 연구에서 밝혔듯이 매우 다양한 문학 장르로 분류할 수 있는 작품들에서 과거에 대한 해석이 발견된다. 이들의 연구는 더 나아가 17세기 이래로 남부 인도에서 등장해 사실과 사료의 비판적 독해, 인과관계의 설명, 서술의 정합성을 토대로 일종의 역사 서술을 실천한 교육받은 관료층을 복원해 냈다. 라오와 슐먼, 수브라마니암은 이 초기 형태의 역사 서술을 남아시아의 대등하고 독립적인 근대성으로 양식화하려는 유혹을 늘 물리치지는 못했다. 그렇지만 남아시아에서도 과거에 대한 활발한 분석과 사료의 처리가 이루어졌으며 근대 역사학의 문화를 그 모든 강조점의 변화에도 불구하고 단순히 비역사적 전통과의 무조건적 단절로만 이해할 수는 없다는 이들의 통찰은 중요하다.[355]

그러므로 유럽 식민주의는 문화적 전통을 사라지게 만든, 과거와의 절대적인 단절을 의미하지 않았다. 또한 패권적인 식민주의 시간성의 영향력은 의심의 여지없이 강력했지만, 유럽 식민주의가 서구 우주론의 침투를 위한 일종의 백지상태를 만들지도 않았다. 그러나 중요한 것은 새로운 역사성이 마드라스와 베이루트, 다르에스살람, 사이공뿐만 아니라 유럽 안에서도 이질적이고 생소한 것으로 인식되었다는 사실이다. 유럽에서도 시간 혁명은 저항에 부딪혔으며 부분적으로는 옛 관습과 오랫동안 확실했던 것들의 상실로 인식되었다. 예를 들면 골동품상의 박식함이 근대 역사학으로 대체된 것은 두 문화 체제 간의 충돌로, 상이한 사회집단 간의 충돌로 여겨졌다. 주제별 분류와 박물관학적 배열, 사건들의 불연속성 같은 표준적인 레퍼토리가 목적론적 서술로 대체되었기 때문이다.[356] 그러므로 다른 문화의 경우와 똑같이 유럽에서도 지역적 형태의 역사 지식 처리법이 새로운 시간 체제의 요구에 의해 밀려나는 일이 목격되었다.

따라서 서로 배타적인 두 시간 세계('진정한' 시간 세계와 식민화된 시간 세계)를 대립시키기보다는 새로운 시간관념과 그 점진적인 채택을 둘러싸고 진행된 논의와 투쟁을 재구성하는 데 노력을 쏟아야 한다. 이 과정은 비대칭적이고 위계적인 상황에서 전개되었으며 폭력을 동반했다. 그러므로 이 과정은 당대의 제국주의적 세력 관계에서 떼어 놓을 수 없다. 그러나 동시에 새로운 시간 체제의 채택은 지역의 특정한 상황과 동력에 좌우되었다. 근대 초의 여러 사회에서 사회의 변화는 시간의 인식과 과거에 대한 태도에 서서히 영향을 미쳤다. 어디서나 유럽에서 이루어진 발전과 무관하게, 그것과 병행해 단선적이고 진화론적인 시간관념이 발달했다는 말은 아니다. 인도판 레오폴트 폰 랑케Leopold von Ranke나 중국판 쥘 미슐레Jules Michelet를 소급해 확인하려는 것이 아니다. 그러나 여러 곳에서 시간에 대한 새로운 인식이 결코 정적이지 않았던 역동적인 사회들과 서로 영향을 주고받았다는 사실은 변함이 없다.

일본의 근대 역사학 출범을 사례로 들어 보자. 얼핏 보면 그것은 서구 형태의 지식을 모방한 것이요, 토착 전통을 평가 절하했다고 설명할 수 있다. 1886년에 일본 정부는 기존의 고등 교육기관을 베를린 대학을 모델로 삼아 도쿄 제국 대학으로 대체했다. 이 조치는 일본 국민국가의 '개화한' 성격을 증명해 국제법에 따라 일본 국가의 동등한 지위를 확보하려는 종합적인 노력의 일환이었다. 한 해 뒤, 도쿄 제국 대학에 역사학부가 설치되었다. 대학 당국은 독일인 역사가 루트비히 리스Ludwig Riess(1861~1928)에게 역사 서술을 학문 분과로 제도화하는 임무를 맡겼다. 거의 비슷한 시기에 프랑스와 미국에서도 동일한 과정이 진행되었다. 당시 고작 스물여섯 살이었던 리스는 레오폴트 폰 랑케의 제자로 대우받았다. 그렇지만 그때쯤이면 여든 줄에 접어든 그 독일인 역사가 중의 일인자와 리스와의 관계는 아무리 잘 봐주어도 보잘것없는 것으로, 그 위인을 위해 몇몇 텍스트를 필사한 것이 전부다. 리스의 지도로 일본의 역사 서술은 곧 유럽 모델을 따랐다. 역사학회가 설립되었고 독일의 간행물《히스토리셰 차이치리프트Historische Zeitschrift(역사 잡지)》를 모델로 학회지《사학 잡지史學雜志》를 발행했다. 리스가 도착하기 전에 도쿄에서 그 주제를 가르친 일본 역사가들은 베를린과 라이프치히, 빈으로 파견되어 학문의 방법론과 당시 널리 퍼진 역사적 접근법을 익혔다. 이후 이러한 유럽 유학은 거의 모든 일본 역사가에게 필수적인 의례가 되었다. 그러므로 제도화한 근대 역사학으로의 이행은 이전의 모든 전통과 철저히 단절하는 수단으로서 의도적으로 실행되었다.

그러나 그 과정은 얼핏 볼 때처럼 완전히 일차원적이지는 않았다. 이미 일본에는 서로 경쟁하는 상이한 학파가 특징인 역사 서술 관행의 복잡한 조망이 보였다. 우선 지배적인 성리학적 역사 해석을 들 수 있는데, 성리학에서는 과거의 사건들을 도덕적 교훈에 따라 찬양하거나 비판했다. 이러한 중국 전통에 맞서 1700년대 말 이래로 국학이 발전해 중국의 문화적 영향력에서 벗어나는 해방의 일정을 촉진했다. 이 학파는 중국의 종교와 문화가 전래되기 이전의 이른바 원시적인 고대 일본의 부활을 요구했다. 이 전통은 또한 사료에서 자생적인 일본 전통의 요소들을 걸러내 복구하려는 목적에서 정교한 사료 비판 방식을 정립했다. 서로 경쟁하는 이 두 학파와 나란히 중국에서 수입한 일종의 문헌 비판(고증학)으로 이루어진 제3의 경향이 있었다. 경험주의적으로 사료를 대하는 이 방식은 중국과 일본의 역사 서술의 유교적인 도덕적 해석과 달랐고, 국학파의 민족주의적 정념과도 달랐으며, 주로 문헌 기록의 비판적 평가와 사실의 확립이나 위조의 폭로에 관심이 있었다.[357]

이 모든 것으로부터 문헌상의 세세한 내용과 문헌학적 비판에 대한 관심이 서구의 분과 학문인 역사학이 일본에 도입되기 이전에 이미 근대 역사학의 토대를 놓았다고 결론 내릴 수 있는가? 몇몇 역사가는 문헌 비판으로의 전환에서 유럽의 영향이 들어오기 전에 이루어진, 따라서 그 영향과 무관하게 이루어진 일본 역사 서술 과학화의 첫 단계를 보았다. 예를 들면 사토 마사유키佐藤正幸는 이렇게 확신한다. "독일 역사가들이 제안한 성격의 역사 연구는 당시의 일본에 이미 대체로 자리를 잡고 있었다. 달리 말하면 일본의 시각에서 볼 때 독일의 역사 서술은 새로운 개념이 아니었다."[358]

그러나 유럽과 일본의 상황 전개를 대등하게 비교하는 것은 목적론적이다. 새로운 분과 학문의 형성에 내재하는 사회적 변화와 권력관계를 감추기 때문이다. 이는 과거에 대한 접근 방식의 구체적 성격과 역사가의 사회적 실천과 정치적 기능을 경시하고, 도쿠가와 막부 시대 일본의 근대 '역사'와 역사 서술 관행의 시대착오적 정체성을 암시하며, 근대 초의 과거 처리 방식을 후대의 범주들로써 평가한다. 가장 중요한 것은 권력관계의 중요성을 낮추어 보는 것이다. 랑케의 역사주의가 일본에 도달해 이 논란거리인 영역에 들어왔을 때, 그것은 결국 여러 해석 중 또 하나의 다른 해석 방식이었을 뿐만 아니라 정부 정책의 뒷받침을 받고 서구 근대성과 결합했다는 권위를 부여받은 해석이기도 했다. 랑케의 역사주의는 기존 학파들에 이식되었으며 그중 몇몇이 서서히 잊히거나 완전히 사라지는 데 결정적인 역할을 수행했다. 게다가 일본의 산업화와 세계시장 편입에 뒤이어 이루어진 일본 국민국가의 확립과 대학들의 설립, 사회적 변화는 과거가 이용되는 맥락을 근본적으로 바꾸어 놓았다.

랑케의 패러다임은 역사학의 새로운 시대가 열렸음을 알렸지만 과거와의 완전한 단절을 뜻하지는 않았으며, 당대인들은 새로운 복음을 옛 전통과 연결하기가 쉽다는 사실을 알았다. '역사'라는 분과 학문의 형성은 기존 자원을 참조해, 그것을 통해 이루어졌다. 역사가 야마지 아이잔山路愛山(1865~1917)은 이렇게 썼다. "어떤 이들은 서구 역사학의 일본 유입이 완전히 새로운 형태의 역사 서술을 낳았다는 (……) 따라서 일본의 역사 연구는 철저한 변화를 겪었다는 이론을 신봉할지도 모른다. (……) 그러나 내 생각에 도쿠가와 시대의 역사학과 현재의 역사학은 그 정도까지 다르지 않다."[359] 특히 18세기 말의 철학적 전통 덕분에 랑케의 사료 비판 도입은 비록 역사 개념이, 즉 증거와 서술, 연속성과 발전, 역사 지식의 기능에 관한 관념이 근본적으로 변했어도 이질적으로 보이지 않을 수 있었다.[360]

외국으로서의 과거: 향수와 자원

19세기는 미래를 발견했듯이 현재와 하등의 직접적인 관련이 없는 완성된 것이자 진정으로 종결되고 완료된 것이라는 의미에서 과거를 발명하기도 했다.[361] 역설적으로 보이지만 19세기의 미래에 대한 강박관념과 진보에 대한 도취에는 역사 문제에 대한 관심의 고조와 역사성의 발명이 동반되었다. 과연 새로운 것과 유행하는 것에 대한 이러한 열정은 전통이 준거점으로서 가치를 잃고 더는 규범적 기준의 역할을 하지 못했음을 의미했다. 그러나 동시에 이는 질적 변화라는 관념에 입각했으면서도 상실과 무상함, 돌이킬 수 없는 것의 경험을 수용하는 시간의 이해를 가져왔다. 1840년대에 독일 작가 아네테 폰 드로스테휠스호프Annette von Droste-Hülshoff는 이렇게 경고했다. "그러하니 유럽 전역을 뒤덮은 음험한 장막이 지구상의 이 조용한 구석에 도달하기 전에 아직까지 남아 있는 것을 파악하고 보존하자."[362] 도시 주민은 점차 전 산업사회의 농촌 생활을 동경했다. 심지어는 빈민의 초라한 거소조차도 도시적 근대화에 희생되면 향수의 대상이 되었다. 1891년에 스톡홀름에서는 야외 박물관 '스칸센Skansen'이 개장했다. 그 목적은 당시에 산업화로 위험에 처한 스웨덴의 대중적 전통문화를 수도권 주민이 쉽게 만날 수 있게 하려는 것이었다. 한편 파리와 런던에서는 주민들이 대중 강좌나 역사 여행을 통해 옛것(주로 맹목적 열광의 대상이 된 구시가지)을 새롭게 경험할 수 있도록 도시 구조를 바

꾸고 체계화했다.[363]

　　그러나 이러한 갈망은 대부분의 경우에 사람들이 실제로 과거로 돌아가기를 원한다는 뜻은 아니었다. 영국인 목사이자 역사가인 피터 디치필드Peter H. Ditchfield는 다음과 같이 촉구했다. "다시 과거에 살자. (……) 과거 시절의 보물로 주변을 둘러싸자." 그렇지만 이러한 호소의 끝에 다음과 같은 경고를 덧붙였다. "현명한 자라면 누구든지 과거를 되가져오기를 원하지 않을 것이다."[364] 새로운 시간은 마치 곧장 날아오는 화살 같았다. 취소할 수 없고 되돌릴 수 없었다. 낭만주의 운동(나름의 세계적 성공을 거둔 운동) 이래로 현대인은 과거를 포착하려고 노력했고 공예품과 관습, 전통이 완전히 사라지지 않도록 보존하려고 애썼다. 그림Grimm 형제의 동화 모음, 월터 스콧Walter Scott 경과 그가 묘사한 스코틀랜드의 농촌 생활, 제임스 페니모어 쿠퍼James Fenimore Cooper의 『가죽 스타킹 이야기Leather-stocking Tales』, 알렉산드르 푸시킨Alexander Pushkin의 러시아 민화에 대한 집착만 생각해 봐도 된다. 일본 태정관은 1871년에 이와 같이 엄숙하게 인정했다. "옛것을 증오하고 새것을 얻기 위해 분투하는 것이 자연스러운 일이다."[365] 과거는 향수와 동경의 초점이 되었다. 한 세대의 작가 전체가 '잃어버린 시간을 찾아' 다녔다.

　　과거가 현재에서 분리되고 근대가 전통의 가치를 낮게 평가하면서 과거는 데이비드 로언솔David Lowenthal이 말한 대로(레슬리 폴스 하틀리L. P. Hartley의 『중개인Go Between』을 따라) '외국'이 되었다. 과거의 물건들은 새로운 의미를 띠었고 이제 더는 종교적이고 문화적인 우주론과 관습에 깊이 새겨졌기 때문이 아니라 오로지 그 연한 때문에 평가받았다.[366] 원래 지녔던 기능과 사회적 역할의 상실이라는 이 논리는 근대적 저장 매체, 즉 기록 보관소와 공공 도서관, 근대 박물관의 발명과 양성의 배경이었다. 프랑스 혁명이 근대성의 자기 이미지로 보여 준 역사적 단절이 새로운 역법의 도입뿐만 아니라 루브르 박물관 건립에서도 상징적 표현을 찾아야 했던 것은 결코 우연이 아니다. 루브르 박물관은 부르주아지의 발흥과 미술이 제후의 소장품에서 해방된 것, 부르주아지 공중 영역의 발달, 이탈리아와 이집트에서 자행된 문화적 약탈이 가져온 결과물로서 사물의 탈맥락화와 역사의 박물관화를 대표했다.[367]

박물관화와 파괴

문화적 자산의 수집과 축장은 근본적으로 새로운 현상은 아니었다. 골동품 수집의 정신에서 수집품을 쌓아 놓는 행위는 오랫동안 지속되었다. 13세기에 한국의 팔만대장경은 약 8만 1000개의 목판에 의미 있는 불교 경전을 모조리 담았다. 그리고 몽골이나 일본의 침입에 대비해 문화유산을 안전하게 지키고자 나라의 외진 구석에 숨겨 놓았다. 18세기 말에 청나라 황제 건륭제의 명령으로 제작된 『사고전서四庫全書』는 중국의 철학과 역사, 문학의 모든 지식을 백과사전식으로 편찬한 것으로 약 1만 5000명이 2000만 쪽 이상을 필사했다. 다른 사례도 수없이 인용할 수 있다. 그러나 이 모든 경우에 수집의 목적은 살아 있는 유산을 보호하고 보관하려는 것이었다. 반면에 근대 박물관의 구조에서는 시간의 연속성이 끊어졌고, 사물을 그 우주론적 배경에서 억지로 절연시켰다.

겉보기에 역설적이지만 이와 같은 과거의 분리와 거부에는 과거를 전유해 도구로 삼는 것이 동반되었다. 파괴와 박물관화도 동일한 논리를 따른 것으로 동전의 양면과 같다. 프랑스 혁명 때에는 과거와 철저히 단절하려고, 죽은 자가 현재에 어떠한 영향력도 미치지 못하게 하려고 무덤까지 파괴했다. 그래서 1793년 8월에는 쉰 개가 넘는 무덤을 파헤쳐 시신을 제거했다. 일부는 몇백 년이나 된 것이었다. 부서진 묘비는 어느 수녀원에 버려졌다. 그러나 정확히 2년 뒤에 망자의 존재가 위협을 가한다는 추정은 회복할 수 없는 과거를 기리는 향수 어린 동경으로 바뀌었고, 남아 있는 묘비의 잔해는 국립 프랑스 유물 박물관의 토대가 되었다. "아침에 대좌에서 끌어내려 박살 낸 것을 같은 날 오후에 그러모아 새로 만든 역사박물관과 기록 보관소에 안치했다."[368]

역사는 박물관에 보존되고 마구 쌓였을 뿐만 아니라 미래(흔히 국가의 미래)에 유용하게 쓰일 수 있는 자원으로 바뀌었다. 모순처럼 들리겠지만 과거의 매장은 그것을 선사, 황금기, 기원으로 바꾸는 데 필수적인 전제 조건이었다. 이를테면 중세가 여전히 생생한 한, 사회는 후진성에서 벗어났다고 말할 수 없다. 이 시대를 박물관의 지하 묘지에 안전하고 확실하게 보관한 후에야 그 시대를 긍정적으로 바라볼 수 있었으며, 과거는 국민의 특징과 문화적 특

이성을 보여 주는 보물로 바뀔 수 있었다.[369]

이러한 배경에서 많은 국가 박물관이 출현해 역사를 국민의 위대함을 드러내는 요소로 바꾸어 놓았다. 일찍이 1795년에 알렉상드르 르누아르Alexandre Lenoir는 국립프랑스유물박물관을 건립했다. 비슷한 기관이 스웨덴과 헝가리(1802)뿐만 아니라 아르헨티나(1823)와 멕시코(1825), 페루(1826), 칠레(1830) 같은 라틴아메리카의 독립국에서도 등장했다. 19세기에는 러시아와 일본(1872), 이탈리아(1878), 미국(1881) 같은 일군의 독립국가에 유사한 재단이 세워졌다. 독일의 영방국가(1852년에 설립된 뉘른베르크의 독일 박물관), 그리스(1829), 폴란드(일부는 스위스에 자리를 잡은 1862년의 국립박물관), 필리핀(1901)에서도 국민국가 건설 이전에 그러한 박물관이 등장했다. 따라서 이러한 박물관은 국민국가를 내다보게 했고 그 수립에 일조했다.[370] 과거를 저장하고 역사를 이용할 수 있게 만든 기관과 신생 국민국가 사이의 밀접한 관계는 국립 기록 보관소에서 한층 더 분명하게 드러난다. 기록을 수집하는 문화적 관행(교구와 사원, 길드, 상인 조합, 대가족, 관료 기구에 의한 수집)은 오래 지속된 것이다. 그러나 새로운 시간 체제가 도입된 이후에야 역사적 기록은 더는 현재의 상거래와 관련이 있기 때문이 아니라 그 자체가 하나의 목적으로서, 과거 시대에 대한 증거로서, 동시에 국민의 계보를 뒷받침하는 토대로서 수집되었다.

시대구분, 정체성을 형성하는 회상, 신화 창조

과거의 위대한 시절에 대한 새로운 관심은 고대와 중세를 일상적으로 숭배하게 했다. 유럽에서 고대 그리스의 초기 역사와 고고학에 대한 열정은 특히 18세기 말과 19세기 초에 네오휴머니즘의 필수적인 구성 요소였으며, 1830년에 그리스가 오스만 제국으로부터 독립할 때 행복감은 절정에 이르렀다.[371] 낭만주의 시절에는 중세 예찬이 고전고대에 대한 매혹을 점차 밀어 냈다. 이는 계몽운동 시대에도 여전히 널리 퍼진 태도였던 '어두운 중세'의 비난과는 극명한 대조를 이루었으며, 합리주의와 산업화 시대가 대중의 생활 세계에 제기한 도전에 대한 대응이었다. 중세 예찬에는 조반니 피에를루이지 다 팔레스트리나Giovanni Pierluigi da Palestrina의 음악과 고딕 양식 건축(노트르담 대성당, 쾰른 대성당 등)의 재발견, 「니벨룽의 노래Nibelungenlied」와 「베오울프Beowulf」, 에스파냐의 서사시 「시드의 노래Cantar de Mio Cid」 같은 국민적 무용담을 각국 현대 표준어로 번역하는 작업이 포함되었다.[372]

야코프 부르크하르트Jacob Burckhardt가 유명한 책 『이탈리아 르네상스의 문화Die Kultur der Renaissance in Italien』(1867)에서 설명했듯이 르네상스는 중세에서 근대로의 이행을 나타냈다. 르네상스라는 신화도 19세기의 소산이었다. 그 신화는 유럽보다 미국에서 한층 더 강력한 영향을 미쳤다. 르네상스는 옛 유럽에서, 봉건적인 중세에서 벗어나는 것으로 이해되었고, 이로부터 미국의 앞선 역사로 표현되었다. 제임스 잭슨 자브스James Jackson Jarves(1818~1888)는 하와이에서 신문을 발행했고 1850년 이래로 미술사가이자 미술 전문가로서 피렌체에 살았는데, 메디치Medici 가문의 도시에서 자국 정치체제의 뿌리를 보았다. "우리는 정치적으로는 아직 아닐지라도 사회적으로나 상업적으로는 같은 길을 걷고 있다."[373]

대중문화에 대한 낭만주의적 관심은 러시아에서 가장 컸다. 러시아에서는 1870년대에 이른바 '인민의 벗들'이 나라의 촌락들로 떠났다. 이들은 농촌 주민을 계몽하려는 목적이 있었을 뿐만 아니라 농민 관습을 되살리려는 희망도 품었다. 러시아에서는 슬라브족 전통에 호소하는 것과 '아시아적' 과거의 재발견 둘 다(공히 나라의 유럽적·근대적 발전에 반대하는 저항으로 등장했다.) 낭만주의적 과거 참조의 필수적인 구성 요소였다. 미하일 레르몬토프Mikhail Lermontov는 '영혼의 고향'인 캅카스로 가기를 열망했다. 19세기 말에 모스크바의 지식인들 사이에서는 스키타이인의 신화가 인기를 끌었으며, 문화 평론가 블라디미르 스타소프Vladimir Stasov(1824~1906)는 "러시아 문화의 모든 영역, 즉 언어와 의복, 관습, 건물, 가구, 일상생활용품, 장신구, 멜로디와 화성, 우리의 온갖 동화에 명백하게 나타나 있는" 아시아의 영향력을 일깨웠다.[374]

새로운 시간의 채택과 더불어 많은 사회에서 옛 시간의 재건, 즉 황금기의 탐색도 목격되었다. 그 전제는 역사를 고대, 중세, 근대로 삼분하는 것으로서 그 자체가 새로운 시간 체제의 산물이었다. 고대는 종종 문화가 꽃을 피운 국면으로 표현되었다. 반면에 중세는 1830년대에 비록 짧은 기간이었지만 인기를 끌었는데도 쇠퇴의 시기이자 정치적·문화적 사망의 시기로 여겨졌다. 이러한 해석에서 근대는 고대 세계의 전통과 다시 연결되었고, 그로써 역사의 순환이 완성되었다.[375] 이 거대 담론은 르네상스 이래로 유럽 전통의 일부였으며, 그 뿌리는 유대-기독교적 시간의 이해였다. 그러나 유럽 밖의 다른 문화에 적용되면 쇠퇴와 부활이라는 개념과 쉽게 연결되었다. 비록 늘 원활하게 진행되지는 않았지만, 19세기에 이 삼분법 구도는 세계 도처에서 점진적으로 채택되었다. 사하라 사막 이남의 아프리카에서 '중세'라는 개념은 점차 식민지 이전의 시기를 지칭하는 것으로 받아들여졌다. 오스만 제국에서는 이슬람 이전 시대와 이슬람 시대로 구분하던 방식이 고대-중세-근대의 삼분 구조로 대체되었다. 일본에서는 러일전쟁(1904~1905)을 전후로 역사가들이 잠시 대안적인 모델을 시험(역사를 다섯이나 일곱, 심지어 열네 시대로 나누었다.)한 뒤에 정치권력이 자리 잡은 곳에 따라 역사 시대를 구분하던 방식(헤이안 시대, 가마쿠라 시대, 에도 시대)이 사라지고 유럽식 삼분법이 도입되었다.[376] 역으로 중국에서는 통치 왕조에 따른 전통적 분류법이 유지되었으며, 오늘날까지도 표준적인 방식으로 남아 있다.

문화 발달의 초기 국면은 흔히 국민국가의 형성이나 식민지 반대 투쟁과 더불어 다시 긍정적 평가를 받았다. 이집트에서 옛 파라오 시대 문화의 부활에 기여한 자는 리파 알타흐타위였다. 고대 이집트 세계의 재건은 오스만 제국으로부터의 해방과 (아랍 국민이 아닌) 이집트 국민의 형성과 동시에 이루어졌다.[377] 필리핀의 리살(1861~1896)은 에스파냐에 정복되기 이전 시기의 '황금기'를 찾았다.[378] 벵골에서는 아시아학회 회원이자 나중에 그 회장이 되는 라젠드라 랄 미트라Rajendra Lal Mitra(1823~1891)가 영국과 무슬림의 지배 이전 시기부터 그 지역에서 꽃핀 토착 문화를 재생하는 데 힘을 쏟았다. 그가 편찬한 『비블리오테카 인디카Bibliotheca Indica』는 산스크리트 문화의 고전 텍스트 총 14권으로 이루어졌다. 게다가 그는 인도 고고학의 선구자였다. 그의 연구는 인도의 미술과 문명이 기본적으로 알렉산드로스 대왕Alexander the Great의 인도 원정에 뒤이어 그리스 모델의 채택으로 형성되었다는 널리 퍼진 관념을 논박하는 것이 목적이었다. 미트라는 당시에 널리 퍼진 이와 같은 견해를 조롱했다.

"알렉산드로스는 펀자브 지방에 3주간 머물면서 인도인에게 건축의 원리와 마구 장착 방식, 글쓰기, 연극, 천문학, 철학, 벌거벗은 야만인 종족을 개명된 인간들로 바꾸는 모든 것을 가르쳤다. 그가 인도인의 교화를 위해 호메로스 Homer의 작품 사본 하나도 남기지 않았다고 가정하는 것은 터무니없다." 미트 라는 『오리사의 옛 유물Antiquities of Orissa』(1875)에서 (힌두) 인도 국민의 토착 미술 전통을 복원함으로써 이러한 식민지 담론에 반대했다.[379]

　　과거를 꺼내 쓰는 것은 라틴아메리카에서 특별한 힘을 얻었다. 18세기에 그곳에서는 혈통으로는 에스파냐인이지만 남아메리카에서 태어난 자들인 크리올 엘리트가 크리스토퍼 콜럼버스 이전 시기의 역사를 자기들 고유의 문화적 유산으로 선포했다. 나아가 이들은 에스파냐의 억압에 맞서 이 유산을 지키는 것이 자기들의 의무라고 선언했다.(1760년 이후에 부르봉 왕가의 정부는 총독을 직접 임명함으로써 아메리카 식민지를 정치적으로 더욱 강하게 지배했다.) 그래서 에스파냐인 콩키스타도르의 후손들은 에스파냐의 라틴아메리카 통치를 300년간 이어진 압제와 노예화로 해석하게 되었다. 첫 번째 가장 두드러진 희생자는 대륙의 토착 문명이었다. 이러한 논의가 각별히 널리 퍼진 멕시코에서 독립 전쟁은 아즈텍인을 위한 복수 행위로 선언되었고, 이때 멕시코 국민은 토착 문화의 연장으로 이해되었다. 민족주의자 카를로스 마리아 데 부스타만테 Carlos María de Bustamante는 이렇게 동포를 격려했다. "밤의 고요 속에서 목테수마의 그림자는 그의 신들을 위해, (콩키스타도르인 페드로 데) 알바라도Pedro de Alvarado가 우이칠로포치틀리 신전에 제물로 바친 무고한 희생자들을 위해 복수를 하라고 끊임없이 요구한다."[380]

　　토착 사회에 근대 국민국가의 뿌리가 있다는 신화는 멕시코에만 국한되지 않았다. 라틴아메리카의 다른 나라에도 있다. 독립국 페루는 부활한 잉카 제국을 자처했으며, 콜롬비아는 무이스카인Muisca을 불러냈다. 1889년의 파리 만국박람회에서 멕시코의 전시관은 '아즈텍 궁전' 형태를 띠었고, 에콰도르 정부는 이 선례를 따라서 '잉카 궁전'을 지었다. 그러나 여기서도 이런 식으로 현지의 과거에 의존하는 것은 이 과거가 더는 살아 있지 않고 과거로 넘어가 돌이킬 수 없다는 사실을 전제로 했다. 따라서 에스파냐에 정복되기 이전 문명들의 역사에 이렇게 매력을 느끼는 것에는 기존 토착 사회들의 재평가가 동반되지 않았다. 정반대였다. 인디오는 점차 정치에서 배제되었다. 이들은 퇴보한 자들로, 아즈텍 문명이나 잉카 문명의 고전적 위엄과는 전혀 무관한 자들로 여겨졌다. 라틴아메리카의 지배계급은 그 문명의 유산을 지키는 유일한 수호자를 자처했다.

복수의 시간 체제

근본적인 단절과 깊은 간극의 인식이 있었는데도 19세기의 새로운 시간 체제는 매우 다른 방식으로, 결코 직접적지는 않았지만 이전의 시간관념 위에서 출현했다. 실로 완벽한 단절을 상상할 수나 있겠는가? 프랑스 철학자 앙리 베르그송Henri Bergson은 이렇게 설명했다. "우리는 우주가 존속하는 동안 매 순간 죽고 기적적으로 다시 태어난다고 가정하거나 그 과거를 오래 지속되어 현재까지 연장되는 현실로 만들어야 한다."[381] 오랫동안 사람들은 병존하거나 서로 중첩되는 여러 상이한 시간 리듬과 함께 지냈다. 공적이고 사회적인 시간, 종교적으로 구분된 시간, 자연의 속도는 좀처럼 일치하지 않았다. 시간 유형의 이러한 복수성은 이제 시간의 엄수라는, 그리고 다른 차원의 시간성인 역사적 확실성이라는 근대적 체제로 보완되었다. 자연과학이 옹호한 것과 같은 시간의 중립성이라는 관념의 권위뿐만 아니라 시계 시간과 역법의 권위도 상당했지만, 이러한 근대적 체제가 도래했다고 해서 사회가 서로 경합하는 다양한 리듬을 포기해야 하는 것은 아니었다. 여러 곳에서 상이한 시간의 공존은 삶의 현실이었다. 학교와 공장이 가한 일치의 압력과 해운 회사 및 철도 회사의 시간표도 이를 어떻게 하지 못했다.[382]

그러므로 일상생활에서 서로 경쟁하는 시간 체제들이 반드시 서로 배타적인 것은 결코 아니었다. 많은 경우에 기존의 여러 시간 체제는 근대적 시간성의 전조로 이야기되었다. 힌두인 개혁가 스와미 비베카난다(1863~1902)가 좋은 사례다. 그는 인류 역사를 네 개 주요 카스트(바르나varna)의 순환 지배로 보는 전통적인 패러다임에서 출발한다. 비베카난다가 세상을 이해하는 방식에 따르면 시간의 엄수와 동시성, 진보의 체제는 상인 계급인 바이샤의 시대

일 따름이었다. 그 역사적 계제에 바이샤를 대표한 것은 인도에 진출한 영국이었다.[383] 마찬가지로 1860년대에 에든버러에서 여러 해를 보냈고 홍콩으로 돌아온 후에 최초의 중국어 신문을 발행한 청나라의 지식인이자 개혁가인 왕도王韜(1828~1897)는 유럽의 현재를 유교의 순환적인 역사관에 통합했다. 그는 19세기 유럽을 중국의 동주 시대(기원전 770~기원전 221)와 비교했다. "오늘날 유럽의 전반적인 상황은 춘추전국시대 초기의 일반적인 상황과 조금도 다르지 않다."[384]

전술한 사례들에서 새로운 것은 옛것에 통합되었다. 한층 더 흔했던 것은 토착 전통으로부터 시간의 엄수와 동시성, 진보에 관한 새로운 담론을 뽑아내는 전략이었다. 랑케의 역사주의의 기원을 유교 전통에서 찾으려고 한 일본 역사가들의 노력은 앞에서 이미 언급했다. 청나라의 몇몇 지식인은 송나라때 발전한 '시간의 성향'이라는 유교 개념을 지적하며 그것이 역사주의의 '시대정신' 관념을 예시했다고 주장했다. 유럽에서는 비록 대다수 사람의 일상적 경험에 반하는 주장이기는 했지만, 시간 혁명을 유대-기독교 세계관의 연장으로 설명했다. 불교의 대표자들은 진보 개념에 내재한 시간적 활력이, 특히 발전을 진화로 이해하는 것(기독교 교회가 애써 신봉한 관념)이 오래전에 불교의 환생 교의에서 분명하게 드러났다고 역설했다. 일본의 유명한 승려 샤쿠 소엔釋宗演은 이렇게 말했다. "시계가 외력의 개입 없이 저절로 움직이듯이, 우주의 진보도 그러하다."[385]

그렇게 서로 다른 지역적 시간 구분은 고스란히 남아 대다수 주민의 일상생활을 계속 규정하는 구조가 되었다. 오스트레일리아의 몇몇 원주민 사회가 지키는 일곱 계절, 역법 개혁 이후로는 2월에 찾아오는 중국의 신년, 초승달의 관측을 라마단의 시점으로 보는 것. 이제 표준화한 시간표대로 기차가 달리고 있었지만, 이러한 관행들은 전부 여전히 의미를 잃지 않았다. 오스만 제국의 종교 공동체(밀레트millet)들은 상이한 역법을 가지고 서로 경쟁했다. 정교회의 율리우스력, 헤지라를 기초로 한 이슬람력, 히브리력, 레반트와 유럽의 기독교도가 쓰는 그레고리력이 있었다. 국가는 두 개의 공식 달력을 채택했다. 전통적인 이슬람 달력과 나란히 재정 달력을 썼는데, 1840년 이래로 모든 행정 업무와 국사는 이에 따랐다. 시간은 튀르크 방식이나 알라프랑가 alafranga('프랑스식으로' 또는 '유럽식으로')로 헤아렸다. 1년은 많은 축일로 나뉘었다. 1857년의 오스만 제국 달력에는 그리스 축일 49일, 아르메니아 축일 26일, 유대 축일 7일, 오스만튀르크 축일 7일, 가톨릭 축일 7일, 프로테스탄트 축일 4일이 공존했다. 그 밖에 술탄 생일, 신년 기념일, 사육제가 있었고, 이에 더해서 7월 14일(프랑스 혁명 기념일) 축제와 빅토리아 여왕 즉위 기념 축제가 있었다.[386]

전체적으로 보아 제1차 세계대전 발발 때까지 새로운 시간은 우선 도심지와 도시를 기반으로 한 엘리트층의 시간이었다. 그러한 곳을 벗어나면, 시계 시간 체제가 이목을 끌고 상징적 영향력을 지녔는데도, 사물은 대개 매우 다르게 보였다. 항구와 행정 중심지인 대도시 밖에서는 사원의 종과 징이 울리거나 대포가 발사되어 아침과 저녁, 기도 시간을 알렸다. 낮은 태양의 위치에 따라 구분되었고, 노동의 리듬은 초를 태우거나 향을 피워 측정했다. 많은 지역에서 농촌 생활은 20세기에 들어선 후에도 오래도록 전통적 리듬을 따랐다. 청나라의 시범 도시인 남통에서도 마찬가지였다. 근대적 생활 방식의 진열장이었던 이 도시에서도 사람들은 여전히 서로 경합하는 시간 체제들 안에 머물렀다. 새로운 공장에서 일하는 남녀는 밑바탕에서는 여전히 농민이었고, 따라서 동시에 두 세계에 살았다. 농업의 세계는 수천 년 동안 시계 없이 존속했으며, 공장 노동을 위해 분 단위까지 생활을 조절해야 한다는 갑작스러운 요구는 종종 불합리하게 여겨졌다. 섬유산업의 여성 노동자들은 자기만의 시계가 없었기에 심야 교대 시간에 늦지 않기 위해 저녁에 종종 공장 출입문 밖에서 아이들과 함께 저녁을 먹으며 기다려야 했다. '시간'은 대개 공장 출입문에서 관리자들이 호각으로 알렸다. 중국에서는 20세기 중반에 이르기까지, 심지어 난통에서도 오로지 학교와 여타 관청에서만 새로운 역법을 썼다. 대다수 주민은 여전히 음력을 이용했다.[387]

19세기는 서로 중첩되는 다수의 시간이 존재한 시기였다. 오래전부터 철도 시간과 회중시계에 익숙해진 벵골의 중간계급에서는 여성의 역할이 여전히 우주론적 시간에, 반역사적 시간 개념에 근거를 둔 행복 관념과 영원한 순환 관념에 연결되어 있었다.[388] 상이한 시간성의 공존은 대다수 사람에게 규범으로서 지속되었다. 사회적 행위자들은 동시에 여러 상이한 시간 체제 속에 살았으며, 하나의 시간 체제에서 다른 시간 체제로 옮겨 가도 이를 반드시 인식론적 단절이나 모순으로 인식할 필요가 없었다. 종교적 시간은 세속적 관심사, 즉 작업장과 법률제도, 경제적 시장의 요구가 강제하는 리듬과 아무런 어려움 없이 나란히 지속될 수 있었다.

이러한 동시성은 결코 비서구 세계에만 국한되지 않았다. 유럽과 미국에서도 성인聖人 달력이나 '블루 먼데이Blue Monday' 전통(계획적 결근), 별자리표로 길일을 보는 관습이 아직도 남아 있으며, 비단 농촌 지역에만 있는 것도 아니다. 지역의 관습은 결코 어디서나 다 무시되거나 민속의 지위로 떨어지는 신세가 되지는 않았다. 동시에 새로운 시간 체제들이 등장했다. 그중 몇몇은 전통적인 것처럼 보였을 수도 있지만, 실제로는 당시에 일어나던 사회적 격변에 대한 대응을 대표했다. 많은 종교 집단이 시계의 무의미한 규칙성과는 현저히 대비되는, 섭리의 의미로 가득한 시간관념을 강하게 끌어안았다. 미국에서 19세기 중반 이래로 많은 신도를 끌어모은 예수 재림주의 교회가 이를 매우 잘 보여 준다. 이 교회는 구세주의 '재림'을 기다렸을 뿐만 아니라 자기들의 삶과 일상생활을 종말론적 의미를 담은 시간의 요구에 맞추었다. 종교 공동체가 그렇게 천년왕국에 대한 희망을 키웠다면, 다른 사회적 환경은 훨씬 더 근본적이고 근대주의적인 시간 개념을 발전시켰다. 이는 연속성을 가정하고 진보를 약속하는 역사주의와는 명백히 대조되었다. 예를 들면 니체는 '목적 없는 시간'을 요구했다. 작가 프루스트와 이탈로 스베보Italo Svevo는 역사주의를 극복할 방법을 모색했고 대안적 시간 경험을 예술적으로 묘사할 혁신적 전략을 실험했다. 그리고 아인슈타인의 특수상대성이론 발표로 사회적 근대화가 자동적으로 단일한 시간 체제로 이어지리라는 것이 의심의 여지없이 입증되었다.[389]

시간 충돌

여러 시간 체제의 다층적 성격은 서로 충돌할 때 각별히 뚜렷하게 드러났다. 그레고리력이나 학교와 공장의 리듬, 표준화한 시간 체제가 실행된 곳이라면 거의 어디서나 역사적 행위자들은 일상생활에 끼어든 이러한 간섭을 막기 위해 대안적인 시간 자원을 동원했다. 남아시아에서 표준 시간 도입에 반대한 저항을 예로 들어 보자. 저항은 특히 봄베이에서 격렬했다. 영국 단체들의 대변인은 여러 지역 시간을 하나로 일치시키면 "문명국을 자처하는 나라에 어울리지 않게 모든 장소가 저마다 고유의 시간 기준을 갖는 현재의 야만스러운 제도"를 극복하는 데 도움이 되리라는 기대를 품었다. 1905년부터 정부는 여러 차례 그러한 표준화를 이행하려고 했다.[390]

그러나 이러한 시도는 비록 처음에는 철도와 전신국만 영향을 받았을 뿐이지만, 거센 저항에 부딪쳤다. 크로퍼드 마켓과 빅토리아 가든스에 설치된 도시의 두 공중 시계가 계속해서 봄베이의 현지 시간을 알려야 한다는 타협안이 제안되었다. 그러나 표준화 사업 전체가 수많은 단체와 조직의 공동 반대에 직면했다. 새로운 표준으로 도입될 것이 단순한 추상적 시간이 아니라 영국 시간이었다는 것이 중요한 요인이었다. 그렇더라도 논지는 주로 자연의 관점에서 표현되었다. 신문 《카이저이힌드Kaiser-i-Hind(인도 황제)》는 이렇게 이야기했다. "우리는 자연 시간, 즉 아득한 옛날부터 익숙했던 바로 그 시간을 잊고 (그리니치 천문대의) 왕실 천문관의 재능이 고안해 낸 새로운 '표준'을 채택하라는 요청을 받았다." 자연 자체는 그러한 개입에 단연코 저항한다고 항의자들은 주장했다. 이 신문의 머리기사는 이렇게 강조했다. "누구도 자연이 우리에게 주었고 인류가 적어도 8000년 동안 충실하게 따랐던" 시간을 대체할 "인위적인 시간을 요청하지 않았다." 게다가 표준 시간은 무슬림과 힌두교도, 파르시(인도의 조로아스터교도)의 종교적 관행과 충돌했다. 이들은 모두 해와 달의 리듬에 따랐기 때문이다. 항의는 성공했다. 봄베이의 지역 시간은 유지되었으며, 1950년에 이르러서야 폐지되었다.[391]

시간의 적절한 할당과 사용을 둘러싼 충돌의 사례는 수없이 많다. 이 상징적인 영역에서 많은 사회적 마찰이 생겼다. 새로운 시간 체제에 맞선 저항은 흔히 대안적인 시간관념에 토대를 두었다. 물론 이러한 시간관념은 대개 앞선 시대의 단순한 유물이 아니었으며, 대부분의 경우에 전통도 흔히 주장되듯이 이전처럼 안정적이지는 않았다. 오히려 상이한 시간 체제 간의 상호작용은 (충돌이 아니라면) 서로를 변화시키는 결과를 가져왔으며, '전통'도 큰 변화를 겪었다. 실제로 새로운 시간 체제에 대립한 체제들이 의지한 많은 관습과 습성은 세계적 변화의 압력을 받아 형성되었다. 예를 들면 세기 전환기에 카이로에서 출현한 '아랍 시간'이라는 관념은 이렇게 발명된 전통의 하나로서 오스만 제국의 시간이나 유럽 시간에 대비해서만 생각할 수 있었다. 그러므로 이집트에서 시간을 동질화하고 표준화했다고 추정되는 시간표와 달력, 시계탑은 시간의 이질성과 정치적 함의를 한층 더 뚜렷하게 했다는 점에서 그 반대의 효과도 지녔다. 세계 도처에서 역사가 온 바라크On Barak가 말한 이른바 '대항 시간', 즉 대안적 시간 측정법의 출현을 볼 수 있다. 이러한 대안적 시간은 텅 빈 시계 시간의 결과인 동시에 적어도 그만큼은 근대적 변화의 결과이기도 했다.[392]

벵골의 힌두인 사회에 칼리 유가kali Yuga라는 관념이 널리 퍼져 대중화한 것은 그러한 사례다. 순환론적 시간관념에서 칼리 유가 시대는 무질서와 혼란과 시기를 대표했다. 그 시대의 특징은 불순한 통치자나 외국인 통치자의 존재, 사회적·문화적 질서와 위계 제도에 대한 이의 제기, 하층 카스트(수드라)의 폭동이다. 19세기 말에 힌두인은 브라만의 합리적 논법 채택이나 새로운 젠더 역할의 채택 같은 사회적 변화를 칼리 유가 시대가 도래한 증거로 해석하기 시작했다. 고전 텍스트에 따르면 격변의 시기는 43만 2000년 동안 지속된다. 좋은 소식은 그 시기 동안에 개인의 구원이 특별히 쉽게 달성된다는 것이었다. 이 우주론은 여성에게서 반향을 일으켰지만, 영국을 위해 일하는 고용인들 사이에서도 각별히 주목을 받았다. 그들에게 '전통적' 시간성의 부활은 영국에 반대하는 애국적 희망을 주었기 때문이다. 인쇄물은 칼리 유가 관념을 그 어느 때보다도 더 널리 퍼뜨렸다. 시계가 공적 생활과 작업장을 지배하기 시작하던 바로 그때였다.[393]

그러므로 새로운 시간의 도입에 전통적으로 익숙한 시간 체제의 소멸이 동반되어야 하는 것은 결코 아니었다. 여러 경우에 근대의 도구와 시간 측정 장치는 전통적 시간 체제를 퇴물로 만들지 않았고 오히려 그 인기와 수명을 늘렸다. 인쇄기는 별자리표와 일과 기도서의 확산을 더욱 촉진해 자연의 리듬과 길일에 관한 정보를 널리 퍼뜨렸으며, 근대 시계와 관측소의 계절에 구애받지 않는 측정은 기도 시간과 사원의 의식을 더 잘 알렸다. 이러한 조정 중에 표면상 전통적인 대안적 시간 체제들도 종종 변했다. 그때 이 '전통들'은 단순히 지역에 남은 흔적으로 그치지 않고 세계적 도전에 대응했다. 산업화와 세계적 교류의 결과로, 세계적으로 통용되는 시간 체제가 처음으로 확립되어 여러 상황에서 지배적 성격을 띠었다. 그러나 19세기에도 수많은 규제와 규범이 공존했다. 도시 엘리트층만 계속해서 '여러 시간에 능숙한' 것은 아니었다. 대다수 사람은 여전히 복수의 시간 체제 속에 살았다.[394]

4 전 지구적 세계 속의 종교

1880년 5월 16일, 미국인 헨리 스틸 올컷과 러시아인 헬레나 블라바츠키 Helena Blavatsky(엘레나 페트로브나 블라바츠카야)는 영국이 점령 중인 실론(스리랑카)의 수도 콜롬보에 도착했다. 두 사람은 보편적 세계종교의 기원을 탐구하고자 그 섬으로 갔다. 이들이 상륙할 때 현지의 상좌부 불교(테라바다)를 신봉하는 수많은 사람이 부두에 줄지어 늘어서 깃발을 흔들며 환영했다. 며칠 뒤에 올컷과 블라바츠키는 불교의 핵심 윤리 규범인 오계五戒를 준수하기로 서약함으로써 정식으로 현지 종교로 개종했다. 그들에게 불교는 전 인류를 위한 지혜의 보고였다. 모든 구체적인 신념 체계의 배후에 놓인 원초적 종교로 들어가는 관문이었던 것이다. 올컷은 훗날 이렇게 말했다. "우리의 불교는 아리아인 우파니샤드[7]의 지혜의 종교이며, 고대의 모든 세계적 신앙의 영혼이었다."[395]

그때 올컷과 블라바츠키는 이미 나름의 명성을 얻은 유명한 인사였다. 1875년에 뉴욕에서 그들은 '신지학회神智學會'를 설립했다. 이는 19세기 말에 기독교가 맞이한 위기와 근대 문명의 물질적 전제에 대해 널리 퍼진 불만에 대

———— **7** 힌두교의 경전들인 베다의 해설이자 힌두교의 사상적 토대를 아우르는 문헌들을 가리킨다.

_____ 1888년에 찍은 사진 속의 헬레나 '마담' 블라바츠키(1831~1981)와 헨리 스틸 올컷 (1832-1907). 블라바츠키는 영성을 찾아 세계 곳곳을 돌아다녔다. 오늘날 우크라이나의 독일-러시아 귀족 가문에서 태어난 블라바츠키는 수십 년 동안 유럽과 아시아, 남아메리카, 북아메리카를 여행했다. 블라바츠키는 콥트교회의 신비주의자들에게 이끌려 이집트로 갔고, 런던에서는 이탈리아 민족주의자 주세페 마치니를 만났으며, 제임스 페니모어 쿠퍼의 소설에 매혹되어 캐나다로 갔고, 뉴올리언스에서는 부두교의 의식에 익숙해졌다. 블라바츠키는 리소르지멘토(이탈리아 통일) 투쟁에 참여했고 티베트 불교에 깊이 몰두했다. 블라바츠키는 비교와 강신술에 대한 관심을 나누었던 변호사 올컷과 함께 1875년에 '신지학회'를 설립했다. (Wikimedia Commons)

응한 것이었다. 두 사람은 신비주의에 영향을 받았으며, 과학과 종교의 대결을 극복할 방법을 모색하고 있었다.[396] 블라바츠키와 올컷은 유럽과 미국에서는 이미 오래전에 영적인 힘이 사라졌다고 보았는데, 인도와 실론의 아시아 종교에서 바로 그러한 영적인 힘을 발견했다. 그들은 '종족이나 계급, 신조, 성별과 무관한 보편적인 박애 협회'의 설립을 희망했다. 그러한 협회는 처음부터 모든 국경을 초월할 것이었다.

'신지학회'는 인도로 본부를 옮긴 뒤 초국적으로 활동하는 종교의 표준이 되었다. 그것은 19세기 말의 문화적 세계화의 전형적인 소산이었다. 신지학자들은 세계적 연락망을 구축했고 1935년까지 마흔다섯 곳에 지부를 두었다. 영국과 미국은 물론 아프리카와 라틴아메리카의 여러 나라와 오스트레일리아, 베트남과 인도네시아에도 지부가 설립되었다. '신지학회'의 토대는 특이하게 혼합된 종교적·학문적·비교秘敎적 개념들이었다. 그 지지자들은 수많은 기존 전통 밑에 근원적인 보편 종교가 숨겨져 있다고 가정했다. 그것은 실재하는 모든 종교 뒤에 숨은 더 높은 차원의 공통된 진실로서 되살릴 필요가 있었다.[397]

실론에서 올컷은 영국의 식민 통치에서 시들어 허울만 남은 상좌부 불교를 되살리는 일에 착수했다. 그는 불교 의식을 다시 허용하라는 운동을 시작했고, 기독교에 반대하는 내용의 책자를 배포했으며, 많은 불교 학교를 세웠다. 이 과정에서 올컷은 주민 대다수가 경험하고 실천한 불교에는 전혀 관심이 없었다. 그 불교는 그에게 우상숭배이자 미신으로 비쳤기 때문이다. 그 대신에 올컷은 불교의 전통적인 경전에서 '참된' 종교의 핵심을 탐구했다. 그는 1881년에 현지 승려들의 협조를 얻어 불교 신앙과 그 의식의 근본적인 질문들을 요약한 교리문답서를 출간했다.

올컷은 무엇이 '종교'를 구성하는지에 관해 자기만의 독특한 이해를 지닌 채 불교에 다가갔다. 동시에 그는 실론의 불교도와 협력해 활동했다. 그들 중 가장 중요한 사람은 의심의 여지없이 아나가리카 다르마팔라(1864~1933)였다. 다르마팔라는 올컷을 처음 만났을 때 아직 어렸지만, 몇 년 안에 그 섬에서, 곧 아시아 전역에서 불교 부흥의 중심인물이 되었다. 다르마팔라는 팔리어로 쓰인 고대 문헌을 공부했으며, 근대사회의 요구에 부응한 개혁 불교를 창시했다. 그는 개혁 불교에 필요한 제도적 구조를 확립했고, 불교를 싱할라 민족주의의 상징으로 바꾸어 놓았다.

다르마팔라의 불교는 세 가지 점에서 불교의 '프로테스탄트'로 불렸다. 첫째, 신도들이 역사적 인물 부처佛陀를 마르틴 루터와 같은 위상을 갖는다고 (다소 힘들게) 해석한 만큼, 다르마팔라의 불교는 불교가 프로테스탄트와 동등하다고 주장했다. 루터가 가톨릭의 정통 교리와 교황에 도전했듯이, 부처

_____ 1893년의 시카고 세계 박람회를 지지하는 문화 프로그램의 일환으로 같은 해에 그 도시에서 열린 세계 종교 회의에 참석한 다르마팔라. 주요 세계종교의 대표자들이 이 회의를 통해 한데 모였다. 2주간의 회의는 시대정신에 맞게 사상의 교류를, 특히 서양 형태의 영성과 동양 형태의 영성 사이의 교류를 촉진하는 것이 목적이었다. 다른 작은 종교의 대표자들은 초청받지 못했다. 이슬람교는 개종한 미국인 무슬림 모하메드 알렉산더 러셀 웨브(Mohammed Alexander Russell Webb)가 대표했다. 사진의 인물들은 왼쪽부터 오른쪽으로 다음과 같다. 비르찬드 간디(Virchand Gandhi, 자이나교 대표), 다르마팔라(불교), 비베카난다(힌두교), 가스통 보네모리(Gaston Bonet-Maury, 프로테스탄트). (Wikimedia Commons)

는 베다와 승려 계급인 브라만의 권위에 맞섰다는 것이다.[398] 둘째, 프로테스탄트는 불교의 내용과 조직 체제를 재구성하는 모델이었다. 다른 개혁 운동처럼 불교의 부흥도 19세기에 지배적이었고 프로테스탄트 기독교에 잘 어울렸던 종교 관념에서 준거점을 취했다. 따라서 합리화 시도, 전통적 의식에 대한 회의적 태도, 명상과 경전의 권위에 대한 강조, 끝으로 불교를 더 많은 대중이 이해할 수 있는 개인적인 종교로 재구성하는 것, 이 모든 측면이 개혁 프로그램의 내용을 이루었다.

셋째, 다르마팔라의 불교는 또한 기독교 선교단과 식민지 국가에 반대함으로써 당시에 널리 퍼진 식민지 체제에 맞선 저항을 대표했다. 다르마팔라는 모든 성직자 계급을 벗어나 개인적으로 신앙에 다가갈 것을 강조함으로써 새로운 도시 중간계급의 관심과 그들의 정치적 평등, 대중적 참여의 요구에 호소했다. 그러므로 불교의 변화는 현지의 논쟁과 타협의 결과물인 동시에 기존의 지정학적 위계질서를 겨냥한 전략적 개입이었다.[399]

그러나 불교의 재발명을 식민주의에 대한 비판과 '서구'와의 대결로만 해석한다면 이는 잘못이다. 오히려 종교개혁가들은 세계적인 틀 안에서 움직였으며, 종교적 부활이 실론이나 인도 너머로 멀리 반향을 일으킬 것임을 완전히 확신했다. 미국과 유럽에서 불교에 대한 관심이 증대한 것도 그러한 종교적 부활에 속했다. 그곳에서는 근대 문명에 대한 비판으로 '동양'이 가졌다고 추정되는 영성과 지혜에 대한 갈망이 널리 퍼졌다.[400] 불교는 아르투어 쇼펜하우어Arthur Schopenhauer 같은 독일 철학자가 신봉했으며, 니체와 리하르트 바그너Richard Wagner, 헨리 데이비드 소로Henry David Thoreau의 작품에 반영되었다. 유럽인이 불교에 도취된 현상은 제1차 세계대전 종전 직후에 쓰인 헤르만 헤세Hermann Hesse의 『싯다르타Siddjartha』에서 절정에 달했다. 다르마팔라는 직접 미국과 영국, 독일을 여행했다. 1893년에 그는 시카고에서 열린 세계 종교 회의에 불교 대표의 한 사람으로 참석했다. 그는 세계적으로 활동하는 지식인으로서 불교를 남아시아 특유의 종교가 아니라, 그 지역에서 기원하고 그 지역과 연결되어 있는데도 원칙적으로 기독교와 동일한 영역에서 작동하는 대안적 사상으로, 대안적 보편주의로 제시했다. 그의 여행은 동양의 영적 세계를 물질주의적인 서구에 드러낸다는 목적을 지닌 일종의 전도된 문명화 사명으로 볼 수 있다.[401]

그러나 다르마팔라가 유럽과 미국에서 벌인 활동보다 한층 더 중요했던 것은 아시아에 초국적 불교 공동체를 만들고자 한 시도였다. 다르마팔라는 고대의 상좌부 불교 세계를 19세기의 변화한 상황에서 다시 소생시키려고 했다. 그의 한 가지 전략은 집중적으로 포교 활동을 하는 것, 즉 경전과 간행물을 보급하고 다른 언어로 번역하는 것이었다. 불교의 성인과 순례지를 중심으로 한 초국적 네트워크의 구축과 정기적인 문화 교류가 이를 보완했다. 다르마팔라는 특히 부처의 탄생지인 인도와 긴밀히 접촉했다. 그러나 다르마팔라는 일본과 중국, 동남아시아도 여행했다. 거꾸로 극동의 불교도는 실론으로 긴 여정을 밟았다. 이들은 몇백 년의 역사를 지녔다는 가공의 문화적 전통을 불러냈다. 그러나 실제로 이러한 지역적 친화력은 1880년대 이후로 존재했던 지정학적 결집의 산물에 가까웠다. 공동의 문화적 영역(당시의 어법으로 말하자면 '문명')이 존재한다는 가정은 아시아에서 서구 제국주의가 행사한 패권을 비판할 수 있게 했다. 종교적 연결은 새로이 출현한 지역주의들의 특징, 즉 민족주의 이데올로기의 대안으로 인식되었고 의도적으로 초국적 충성에 호소한 지역주의들의 주된 특징이었다.[402]

다르마팔라의 아시아 불교라는 관념에서 일본은 중심적인 역할을 수행했다. 인도가 불교가 탄생한 나라인 것은 분명하다. 남아시아와 동남아시아의 상좌부 불교는 극동에서 확립된 '불순한' 대승불교(마하야나)보다 더 원형에 가깝다고 여겨졌다. 그러나 다르마팔라에게 불교 아시아의 저항이 지닌 단결력을 가장 잘 구현한 것은 동아시아의 섬 제국이었다. 특히 1904~1905년의 러일전쟁에서 승리한 후 일본은 아시아의 근대성을 대표했다. 그 성공을 다르마팔라는 그 나라 문화의 종교적 핵심에 돌렸다. "불교는 일본을 세계 강국의 반열에 올려놓은 토대이며, 그 국민의 힘과 엄청난 활력의 근원은 확실히 불교에 있을 것이다."[403]

일본의 사례는 당대인들에게 불교와 근대성이 양립할 수 있음을 증명했다. 그러므로 '근대' 불교의 발전은 전반적인 근대화 노력의 일부로서 정당화할 수 있었고 단순히 전통의 유물로 치부할 수 없었다. 예를 들면 불교의 합리적 성격에 대한 강조는 이 종교가 자연과학과 조화를 이룰 수 있음을 보여 주었다. 그러나 동시에 일본의 사례는 종교적 전통을 준거로 삼고 아시아의 공통점에 호소하는 것이 이 시기에 와서야 처음으로 출현한, 지역을 이해하는 관념의 일부였음을 드러냈다. 결국 일본을 불교 부활의 중심부로 보는 관념은 심양(선양) 전투와 쓰시마 해전에서 군사적으로 성공하지 못했다면 상상할 수 없었을 것이다. "해가 뜨는 나라로부터 세계 속으로 불교가 전파될 것"[404]이라는 다르마팔라의 희망은 실제로 아시아가 오랫동안 공유한 문화사가 아니라 제국주의 시대의 세력 관계에서 비롯한 유사한 이해관계가 기반이었다. 메이지 시대의 일본에 매혹된 것은 당시에 널리 퍼진, 세계 질서의 사회진화론적 이해와 잘 어울렸다. 사회진화론으로 이해하면 문화와 '종족'으로 구분된 지역들이 세계적 영향력을 두고 서로 경쟁하고 있었기 때문이다. 그러므로 불교 담론은 1880년대 이래로 아시아의 여러 나라에서 설계된 범아시아적 기획이라는 더 넓은 흐름의 일부였다.[405]

불교의 '발견'과 부활은 19세기에 '종교'가 논의된 복잡한 조건을 돋보이게 한다. 다음에서 논의할 중요한 경향 중 몇몇을 간략하게 정리해 보자. 첫째, 19세기가 흐르는 동안 종교는 변화를 겪는 사회들에서 새로운 역할을 떠맡았다. '종교'는 오늘날 이해되는 의미대로는, 다시 말해 고유의 논리를 따른 사회적 하위 제도로서는, 그리고 극도로 세속화한 사회에서도 부여받은 지위인 별개의 사회적 영역으로서는 이 시기에 출현했다고 말하는 것이 옳다. 둘째, 사회의 이러한 변화는 상호 연결과 상호작용의 증대라는 상황에서 발생했다. 사회 내의 사회적 변화와 나란히, 국경을 넘는 연쇄와 연결도 종교의 발달에 결정적인 영향을 미쳤다. 그 주된 수단을 말하자면 다음과 같다. 초국적 연결망, 대양과 문화적 경계를 넘는 여행, 번역과 학문적 토론, 산업화한 교통 방식으로 촉진된 선교와 순례의 확대. 그렇게 탄생한 새로운 네트워크들은 자본주의 세계 질서의 본질적인 요소였다. 그 위계질서를 재생산했기 때문이다.

셋째, 종교적 역동성은 거의 사회 엘리트와 도시 중간계급의 작품이었다. 다르마팔라와 올컷, 블라바츠키는 전부 그러한 집단에 속했다. 이러한 행위자들은 미디어와 통신의 혁명에 힘입어 종교의 신념 체계와 의식을 (국내적인 이유에서, 그리고 세계적 압력에 대응하는 방법으로서) 근대의 조건에 맞게 고치기 위한 일련의 변화를 시동했다. 넷째, 이러한 개혁은 서구 지식 체제의, 특히 세계종교라는 개념의 담론적 헤게모니에 의해 실현되었다. 그 결과는 큰 종교들이 그 시대의 지정학적·식민주의적 위계질서의 영향하에 점진적으로 조화를 이룬 것이었다. 앞에서 대략적으로 설명한 '프로테스탄트 불교'는 여러 사례의 하나일 뿐이다.

다섯째, 불교는 19세기에 큰 종교들의 특징이었던 한 가지 경향을 상징적으로 보여 준다. 다시 말해 종교를 보편적 가치의 표현으로 보는 관념으로부터, 여러 종교를 단일한 보편적 진리가 상이한 형태로 구현된 것으로 보는 관념으로부터 점진적인 이탈이 진행되었고, 그 대신에 종교는 더 폭넓게 정의된 '문화'와 거대 지역은 물론 국민이라는 위상과도 밀접하게 결합했다. 여기서는 1장에서 다룬 과정을, 즉 거대 지역의 형성을 한 번 더 이야기할 수 있다. 거대 지역은 19세기의 마지막 3분기부터 준거점이자 상호작용의 공간으로 점점 더 두드러졌고, 그와 동시에 진행된 종교들의 '지역화'로써 유지되었다.

종교의 변화

종교 영역의 변화는 종교의 종말이라는 관념, 실로 신의 죽음이라는 관념이 망상처럼 따라다닌 이 시기에 매우 뜻깊고 중대한 사회적 과정이었다. 근대 자유주의 국가의 불꽃을 지킨 자들과 식민지에서 유럽 강국을 대표한 자들은 종종 종교와 종교적 실천을 후진적인 것으로, 대체로 변하지 않은 전근대 전통의 잔재로 묘사했다. 사회학자 에밀 뒤르켐Emile Durkheim은 이렇게 주장했다. "옛 신들은 늙어 가고 있거나 이미 죽었다."[406] 이런 이유로 역사가들은 종교 영역에서 일어난 변화를 대체로 무시했다. 근대의 사회 이론이 예견했고 서유럽 일부 지역의 발전이 확증하는 것처럼 보이는 종교의 중요성 감소는 예언이 아니라 역사적 현실로 이해되었다.

그러나 진실을 말하자면, 유럽을 돌아보면 곧 분명해지듯이, 종교는 소멸하지 않았고 오히려 부활하고 개조되었다. 18세기 말부터 대부분의 사회는 종교성의 극적인 변형과 신자의 놀라운 동원, 새로운 의식의 형성을 경험했다. 세계사적 시각에서 보면 이러한 변화는, 그리고 이에 동반된 종교의 개조는 당연히 관심의 초점이 될 만하다.[407]

역사가들은 최근에 와서야 종교 영역의 이와 같은 변화를 세계사적 시각에서 바라보았다. 그러한 시도는 매우 적었는데 대체로 다음 세 가지 해석 중 하나와 연결되었다.[408] 첫 번째 해석은 여러 종교가 가진 부활의 힘과 다양한 부흥의 계기에 집중했다. 이러한 시각에서 보면 다양한 부흥 운동은 서로 무관하게 출현했으며 내적 동력의 결과물로 보였다.[409] 두 번째 해석은 근대화론의 패러다임 안에서 작동하는 것으로서 흔히 프로테스탄트 기독교 모델에 영감을 받아 종교를 근대화하고 개혁하려고 한 세계 도처의 다양한 노력을 조명한다. 개혁가들은 대중 언론을 종교적 목적에 이용하는 것이나 교리의 합리화 같은 다양한 적응 전략을 통해 신앙 체계를 근대사회의 요구에 어울리게 만들 수 있었다. 세 번째로 식민지 세계의 종교적 역동성은 '오리엔탈리즘'의 관점에서 해석되었다. 이 해석에서 '종교'의 공고화는 일상적으로 준수된 의식과 굳게 뿌리 내린 현지의 우주론으로부터 벗어나는 소외와 같았고, 종교라는 범주는 식민 통치와 식민지 통제의 효과적인 수단이 되었다.[410]

세 가지 설명 모델은 전부 종교 변화의 주된 특징을 기술한다. 그러나 이러한 설명은 내적 변화와 서구 발전상의 확산을 강조함으로써 여전히 세계적 과정의 복잡성을 완벽하게 다루지는 못한다. 이 글에서는 이러한 부활의 시도가 근대 세계가 제기한 도전에 대한, 즉 사상의 전파와 지식의 이전, 세계적 통합의 확대에 대한 사회적 행위자들의 구체적 대응이었음을 보이고자 한다. 19세기에 종교성의 변화는 더는 개별적인 신앙 공동체 내부가 아니라 사회적 변화와 세계적 상호 연결이라는 상황에서 발생했다. 페터 바이어Peter Beyer는 이 상황을 다음과 같이 요약했다. "유럽인들이 어떤 종교 관념을 보유하고 (······) 뒤이어 그들이 만난 모든 사람에게 이를 투사하거나 강요한 것이 아니다. (······) 차라리 어느 편인가 하면, 유럽 내부의 여러 발전이 유럽 영향력의 세계적 확산에 합류하면서 종교적인 것이 이렇게 재구성될 조건이 마련되었다고 할 수 있다. (······) 여러 가지 세계화한 형태들과 마찬가지로, 그 개념도, 그리고 그 체계도 세계화에 기여한 요인인 동시에 적어도 그만큼은 세계화의 산물이기도 하다."[411]

이 과정은 18세기 말에 많은 종교에서, 주로 프로테스탄트와 가톨릭, 유대교, 이슬람교에서, 또한 유교에서도 내부의 개혁주의 운동이 출현하면서 시작되었다. 그중 여럿이 개인의 직접적인 관여를 크게 강조했다. 다른 공통의 특징은 종교의 고전적 텍스트에 거의 문헌학적으로 의지한 것과 '원형'으로의 복귀를 호소한 것이었다. 19세기에 이러한 내적 개혁의 동력은 유럽의 제국주의적 팽창 때문에 변형되었고, 그 뒤로 서구 패권의 보호 속에서 발전했다. 이후에 종교의 변화는 이러한 지정학적 조건이 결정했다. 종교적 변화는 세계적인 사건이었고, 개별적인 변화는 서로 간에 직접적인 연관이 있었다. 내부 전통, 전통적인 의식과 관습에 대한 호소가 이 점에서 종종 중요한 역할을 한 것은 분명하다. 그러나 단순히 근대까지 이어진 연속성으로서가 아니라 그 자체가 세계적 도전에 대한 대응이었던 일종의 전략적 준거로서 역할을 했다.

종교적 변화는 종종 중간계급의 영향을 받았다. 사회 내에서 그들은 18세기 말 이래로 꾸준히 영향력을 키웠고 세계시장 구조 속으로 통합됨으로써 초래된 사회적 변화 덕분에 지위가 크게 높아졌다. 이러한 변화는 통신 혁명으로, 그리고 인쇄물을 이용해 종교적 대중 시장을 창출하고 이롭게 할 가능성으로 촉진되었다. 이 시기의 사회적 변화는 주민 대다수의 경제적·정치적 동원과 연결된 것으로서 사회의 이러한 부분들에 도달할 새로운 미디어 전략을 요구했다. 이는 조직과 내용의 문제에 이르기까지 종교를 이해하는 방식에 깊은 영향을 미쳤다.

특히 종교 간의 경쟁은 이 이야기에서 중요한 요소가 되었다. 세계종교들의 점진적인 조화와 표준화는 제국주의 질서 속에서, 세력 관계의 불평등으로 초래된 적응의 압박을 받아 이루어졌다. 그러한 상황에서 종교 활동가들은 차츰 상이한 신조들을 비교했고 그에 따라 자기의 종교를 고쳐 나갔다. 많은 경우에 제국주의적 기독교가 주된 경쟁자였고, 제국주의적 기독교는 서구의 패권과 전체적으로 결합함으로써 세력이 크게 확대되었다. 그러나 종교들은 국지적 차원에서나 광역권 차원에서도 서로 경쟁했다.

여기서 두 가지 경고의 말을 들어야 한다. 첫째, 세계적 맥락 속의 종교에 관한 글은 필연적으로 세상을 종교라는 렌즈를 통해 바라본다. 종교의 중요성은 실제보다 더 크게 비치기 쉽다. 그리고 사건과 태도는 다양한 맥락에 연관되었기에 사실상 동시에 여러 가지일 수 있는데도 주로 종교적인 것으로 인식될 수 있다. 비록 종교의 역사는 종교적 사상과 실천이 오로지 종교에만 관련된 것이라는 인상을 주지만, 그런 적은 결코 없었다. 둘째, 세계적 시각에 잠재해 있을지도 모를 함정을 조심해야 한다. 오늘날 종교에 관해 글을 쓰는 자라면 누구든 우리가 알고 있는 종교를 철저히 변화시킨 역사를 배경으로 글을 쓴다. 무슨 뜻인가 하면 우리가 종교에 관해 이야기할 때 이용하는 범주, 즉 상설 기구, 신도의 수, 개종의 관념, 교리의 표준화 등이 그 자체로 우리가 분석하려는 역사의 산물이라는 것이다. 그러므로 우리가 갖고 있는 '종교'라는 개념은 19세기에 제국주의와 세계적 통합이라는 상황에서 만들어졌으며, 아직도 여러 점에서 그것이 정립된 배경인 유럽 중심적 세계 질서의 흔적을 드러낸다. 그렇다면 바로 이 역사의 산물인 개념적 장치의 도움을 받아 과거를 분석하는 것은 도전이 될 것이다. 다음의 설명도 우리가 주제와 그것을 탐구하는 데 쓴 분석적 용어들 사이를 역사적으로 적절하게 구분할 수 없다는 점을 명심한 채 읽어야 한다.

'부흥'과 '각성', 쇄신

18세기 말에 주로 기독교와 이슬람교에서, 그리고 유대교에서도 신앙부흥 운동이 활발하게 일어났다. 이러한 집단들의 공통된 특징은 모든 문제와 갈등을 종교적으로 해석하고 당대 세계에서 진단된 위기의 근본 원인을 도덕적 타락으로 보았다는 데 있다. 이 운동들은 경전을 크게 강조했으며, 진정성을 추구하면서 가장 일찍 기록된 증거로, 예를 들면 성경과 꾸란으로 돌아가려고 했다. 이 중 그 어느 것도 새롭지는 않았다. 신앙부흥 운동은 종교가 있는 곳이면 어디서든 나타났고, 교화의 추진력과 처음으로 돌아가자는 호소도 오랜 전통을 갖는다. 18세기 말부터 전개된 개혁 운동에서 특별했던 것은 그 운동들이 당시의 사회와 의사소통에서 일어나던 변화와 결합된 방식이었다. 근본적으로 이것은 그 운동들의 신흥 중간계급과 그들의 사회적 목표와의 연결, 공중 영역의 확대, 인쇄기의 도입부터 세기말 전신의 도래까지 새로운 소통의 기회는 물론 폭넓은 주민층에 대한 호소와 관계가 있었다.

기독교 부흥 운동은 1740년 무렵부터 시작되었는데 각별히 뜨거웠던 것은 독일의 경건 운동, 영국의 감리교 운동, 미국의 각성 운동이었다. 이 모든 운동의 공통된 특징은 종교 생활의 겉치레와 교회 제도의 의식과 위계 제도를 경멸한 것이다. 대서양을 여러 차례 건너 아메리카 식민지에서 엄청난 영향력을 행사한 영국의 복음주의자 조지 화이트필드George Whitefield 같은 신앙부흥 운동가들은 개별 인간과 신 사이의 그 어떤 중재도 필요 없는 직접적인 관계를 강조했으며, 신도에게 모든 행동에서 확고한 도덕적 기준의 인도에 따르라고 요구했다.

1790년대에 새로운 신앙부흥 운동들이 출현해 1840년대까지 존속했다. 그 운동들은 계몽운동이 과격하게 종교를 비판하고 가톨릭교회의 자산을 상당 부분 강탈하던 때에 나타났다. 이 운동들은 악마가 일상생활에 개입할까 두려워했고 개별적인 '각성'을 크게 강조했기에, 당대의 많은 사람이 이를 계몽운동의 도전에 대한 비합리적 대응으로 보았다. 그러나 그것은 일면적인 평가이다. 개혁 운동은 계몽사상의 깊은 영향을 받아 형성되었기 때문이다. 그러므로 신앙부흥 운동을 반反계몽운동으로 부른다면 과도한 단순화가 될 것이다. 1842년에 『대각성The Great Awakening』이라는 책을 발표해 미국 신앙부흥 운동에 이름을 지어 준 조지프 트레이시Joseph Tracy는 1740년대 이래로 진행된 복음주의의 부활이 민주화 과정과 지역공동체 생활에의 참여, 영국에 맞선 독립 전쟁과 밀접한 연관이 있다고 보았다. 감리교회와 침례교회 같은 운동, 나중에는 후기 성도 교회(모르몬교회)도 북아메리카 서부 지역의 선교 사업과 교육 및 복음의 전파에 집중했다. 그러나 이들의 활동은 결코 순수하게 종교적인 문제에만 국한되지 않았으며 자선 목적의 사업과 주민의 도덕적 갱생, 노예제 폐지까지 확장되었다.[412]

유럽 도처에도 비슷한 운동이 등장했다. 프랑스와 스위스, 네덜란드에는 레베유Réveil(각성), 영국에는 복음주의 운동, 독일에는 가톨릭의 집단 경건과 경건주의(루터파), 갈리치아(폴란드, 나중에는 오스트리아-헝가리)와 우크라이나에는 하시디즘Hasidism(유대교)이 있었다. 이 운동들은 전통적인 교회 제도로부터 다소 독립적이었으며 '각성'의 중요성과 개인적이고 정서적인 종교 경험을 강조했다.[413] 이 운동들의 가장 두드러진 결과는 예배 의식의 재조직이었다. 인쇄된 도서와 소책자의 확산이, 1830년 무렵부터는 철도로 열린 새로운 교통 잠재력이 이 운동을 촉진했다. 성모 마리아 숭배와 순회 설교사가 널리 퍼졌으며, 순례는 신앙을 구경거리이자 모험으로, 언론에 보도되는 큰 행사로 만들었다. 1844년의 트리어 순례는 50만 명이 넘는 방문객을 끌어들였는데, 이들은 예수가 십자가에 매달려 죽기 전에 입었다는 전설적인 성의聖衣를 보러 왔다. 참여자들은 주로 촌락과 작은 읍의 하층계급 주민이었다. 자유주의적 부르주아지는 이들을 교회의 손아귀에 놀아난 꼭두각시로 여겼고 근대 세계 안으로 중세가 침투했다고 이해했다. 슐레지엔의 사제 요하네스 롱게Johannes Ronge는 아프리카와 아시아의 '이교도'에게 널리 퍼진 우상숭배와 미신에 대한 당대의 비판을 또렷이 떠올리게 하는 말로써 순례자들을 묘사했다. "심히 가난하고 학대받은 자들로서 무지하며 기운이 없고 미신에 사로잡혔으며 몇몇 경우에는 타락했다." 가톨릭의 순례(로마, 루르드, 산티아고데콤포스텔라, 마르핑겐으로 향하는)는 집단적 행사로 거행되어 나타나는 경건한 신앙심을 드러내는 가시적인 증거였다.[414]

기독교 신앙부흥 운동과 나란히 다른 지역에서도 비슷한 상황이 전개되었다. 그중 영향력이 가장 크고 중요했던 것은 아라비아반도에서 출현한 와하브파다. 이 운동의 영적 지도자 무함마드 이븐 압둘 알와하브Muhammad ibn Abd al-Wahhab(1703~1787)는 비정통파로서 꾸란과 예언자 무함마드의 말씀(하디스hadith)을 엄격히 준수하고 자기가 보기에 경전이 보증하지 않는 모든 혁신을 거부하라고 설교했다. 그의 추종자들은 자기들을 '일신론자(알무자헤딘al-muwahhidin)'로 불렀으며, 유일신 신앙의 교리를 글자 그대로 엄격히 해석하라고 요구했다. 이들은 또한 법학과 신학을 통해서든 사원 방문을 통해서든 이정설에서 벗어나는 모든 일탈을 미신이라고 비난했다. 알와하브는 외래적 요소를 제거해 이슬람을 정화하기를 원했고 무슬림이 무함마드의 올바른 가르침에서 멀리 벗어났다는 견해를 취했으므로 이교도만큼이나 그들에게도 신의 큰 진노가 내리기를 기도했다. 그러한 태도는 대안적인 신앙 형태의 확산으로, 특히 수피교와 시아파의 확산에 대한 대응으로 보아야 한다.

알와하브는 자기의 각성 호소를 무시하는 자는 누구든 지하드로써 위협했다. 그의 운동은 종교적 동기에서 출발했을 뿐만 아니라 유목민 부족에 맞서 아라비아반도 오아시스의 도시 사회가 지닌 이해관계와 가치를 대변했다. 게다가 알와하브는 1745년에 지역 지도자 무함마드 이븐 사우드Muhammad ibn Saud와 연합했다. 머지않아 아라비아반도의 큰 부분을 그들이 장악했다. 성지

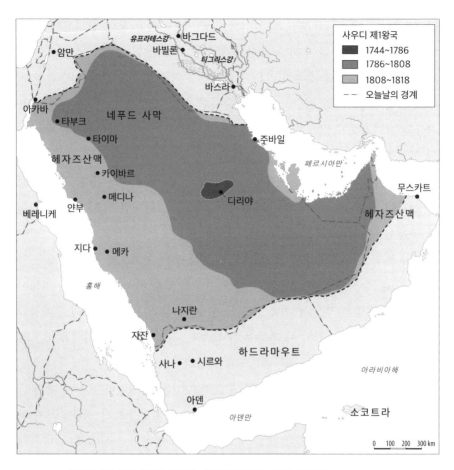

—— 와하브 운동으로 성립한 사우디 제1왕국의 팽창, 1744~1818년.

인 메카와 메디나도 1802년에는 그들의 지배를 받았다. 와하브파는 그 지역의 오스만 제국 통치자들에게는 중대한 도전이었다. 그 위협은 1818년에 이집트 총독 무함마드 알리 파샤가 오스만 제국 술탄의 명령에 따라 최초의 사우디(사우드 왕조) 국가를 무너뜨린 후에야 사라졌다. 와하브 운동은 아라비아반도의 일부 지역에만 뿌리를 내렸지만, 20세기에 들어 새로운 팽창 국면에 들어갔고, 결국 1932년에 사우디아라비아 국가가 수립되었다.[415]

18세기에는 와하브파 말고도 수많은 무슬림 신앙부흥 운동이 출현했다. 꾸란을 아랍어에서 페르시아어로 번역해 더 많은 사람이 읽을 수 있게 한 샤

왈리울라 델라위Shah Waliullah Dehlawi(1703~1762)가 이끈 운동이 있었고, 나크시반디를 비롯한 다양한 수피 교단이 있었으며, 우스만 단 포디오(1754~1817)는 오늘날 나이지리아의 넓은 영역을 이슬람교 지역으로 만들었다. 이슬람 외에 불교 근본주의자들인 백련교白蓮敎도 유사한 현상으로 볼 수 있다. 이들은 불평등과 자연재해가 미륵불의 도래를 알린다고 보았으며, 이들의 반란은 북경의 청 조정을 크게 위협했다.

이러한 신앙부흥 운동은 우선 지역적인 운동에서 성장했다. 서구 열강의 팽창에 맞선 대응은 대체로 아니었던 것이다. 그렇지만 이 운동들은 일련의 공통된 특징을 보여 주었다. 전부 오랫동안 존중된 옛 전통과 단순한 신앙으로의 복귀를 설파했다. 온갖 형태의 인간적 추론에 회의를 내비친 것도 일반적이었다. 동시에 많은 운동이 폭넓은 기반을 갖춘 사회운동이었다. 그래서 이 운동들은 영적 부활을 위해 싸웠을 뿐만 아니라 사회적 위기에 구체적인 해답을 제시하기도 했다. 이 운동들은 대부분 서로 명백하게 의지하지는 않았다. 연결은 각각의 종교 내부에만 국한되었다.

그러나 그렇더라도 이 운동들은 구조적으로 서로 연결되었다. 이 운동들의 가장 중요한 매개 집단이었던 신흥 중간계급은 자본주의적 생산방식의 확산과 국가권력의 관료화가 초래한 사회적 변화의 일환으로 등장했다. 마찬가지로 이제 대중매체와 대중문화와 접촉하고 그 표적이 된 주민들의 새로운 사회적 의미도 이러한 사회적 변화에서 비롯한다고 할 수 있다. 이렇게 넓은 의미에서 개혁 운동은 18세기 막바지에 유라시아에 도달한 정치적·경제적 위기에 대한 대응으로 이해할 수 있다.[416]

이슬람 개혁 운동

종교 내부의 동력을 외부의 모델과 경쟁자에 대한 대응과, 최종적으로는 세계적 통합이 촉발한 효과와 깨끗하게 구분하기는 어렵다. 19세기가 흐르면서 종교적 쇄신은 점차 다른 신앙 체계에 대한 직접적인 참조를 배경으로 전개되었으며, 급증한 여행과 도서 및 신문, 전단지 같은 인쇄 매체의 습득으로 촉진된 세계적 연결을 완벽히 인식한 가운데 전개되었다. 넓게 보면 이는 아프리카 종교들이나 힌두교도 집단, 일본의 불교만큼이나 중앙아메리카의 부두교 의식에도 해당된다. 종교적 쇄신은 개혁 운동이 의식적으로 기독교나 식민 통치 제도들과 대화에 들어갔는지가 결정하지 않았다. 그러한 직접적 접촉이 없었어도 사회 개혁과 종교적 개혁은 당대의 전반적인 세력 관계 밖에서는 결코 생각할 수 없었다. 그리고 서구의 패권을 감안하면 이는 대체로 기독교가 제기한 도전을 어떤 식으로든 매듭짓는 것을 의미했다. 그러므로 종교적 개혁에 관한 논쟁의 연대기는 결코 임의적이지 않았다. 그러한 논쟁은 세계경제와 제국주의 질서로의 통합으로 촉발된 깊은 사회적 변화와 동시에 지역적 위기 상황이 발생할 때 일어나는 경우가 빈번했다. 따라서 개혁에 관한 열띤 논의가 인도에서는 1820년대 이후로 진행되었던 반면에 아프리카와 아시아에서 그러한 논쟁이 시작되려면 19세기 말까지 기다려야 했던 것은 결코 우연이 아니었다.[417]

이러한 유형은 이슬람 내부에서 벌어진 개혁 논쟁의 사례에서 잘 드러날 것이다. 전근대 시대에 이슬람 세계 내부에서, 다시 말해 꾸란의 전파와 정기적인 메카 순례(하즈), 학자들과 수피 신비주의자들의 이동을 통해 서로 긴밀히 연결된 거대 지역 안에서 종교적 쇄신 노력이 있었다. 이슬람 세계의 내적 통합에서는 거대한 무슬림 제국들보다 이러한 지식 네트워크가 더 중요했다. 그러므로 많은 개혁 노력은 무슬림 세계 전체로 급속하게 퍼졌다. 예를 들면 서아프리카에 소코토 칼리파국을 세운 우스만 단 포디오의 스승 중 한 사람은 중국인 학자 마명심馬明心(1719~1781)을 가르친 예멘의 미즈자지Mizjaji 가문의 울라마(율법학자)에게서 배웠다. 마명심은 예멘에서 16년간 공부한 뒤 고향으로 돌아갔고 중국에는 선동 혐의로 고발되어 처형당했다.[418]

이러한 네트워크는 19세기에 들어서고 시간이 한참 지난 뒤에도 살아남았다. 그러나 그 시점에서 변한 것은 유럽 제국주의 및 서구 패권과의 대결로 유발된 내부의 쇄신 노력과 외부의 개혁 압력 사이의 연결이었다. 그 이후로 개혁가들은 이슬람 신학의 몇몇 학파가 신봉한 내부의 견해에서만 단서를 얻은 것이 아니다. 그러한 신학에 따르면 이슬람의 역사는 예언자 무함마드 시절의 최초 공동체에 비할 때 쇠락의 역사였다. 이제 개혁가들은 서구의 문명 담론에 나타난 이슬람의 퇴화 이미지에 대응하고, 유럽 제국의 팽창이 무슬림 사회에 가한 정치적 위협에도 대응했다. 그 결과로 근본적인 개혁이 이루어졌고, 이는 종교적 실천은 물론 사회 내에서 종교가 차지하는 위상에도 영향을 미쳤다. 다양한 개혁 운동과 각성 운동은 각각 초기 이슬람이 원래 지녔던 기풍으로 돌아갈 것을 약속했고, 그로써 이슬람 내부의 쇄신 담론 논리 안에 머물렀다. 그러나 동시에 몇몇 중요한 혁신이 자리를 잡았다. 예를 들면 대부분의 개혁 운동은 대중매체를 통해 메시지를 전파하는 것을 과제로 삼았고, 많은 지지자를 얻으려고 했다. 이들은 또한 신자들의 책임 의식을 내적인 명상뿐만 아니라 자선 활동까지도 확장하려고 했고, 신자와 신 사이에 전문가의 중재 없는 직접적 연계를 장려하려고 했다.[419]

개혁에 관한 논의는 특히 영국령 인도에서 활발했다. 19세기의 무슬림 쇄신 운동에서 영국령 인도는 매우 중요한 지역이었다. 그곳에서는 식민주의의 도전과 경제적 변화, 다른 지식 체계와의 대결, 그리고 기독교와의 상호작용이 일찍부터 명확했다. 사회적 격변과 유럽의 발전 모델 간의 연결은 사이이드 아흐마드 칸(1817~1898)의 경우에서 각별히 분명했다. 그는 종교개혁가들 중에서 근대화론자였고 '순수한' 이슬람과 영광스러운 과거로의 복귀를 옹호한 초기 경향과는 다른 대안적 전략을 수립했다. 사이이드 아흐마드 칸은 델리의 무슬림 궁정 출신이었지만 1838년에 영국을 위해 일했으며 아그라에서 변호사로 활동했다. 많은 무슬림이 그랬듯이 사이이드 아흐마드 칸도 식민 통치에 반대해 일어난 1857년의 세포이 항쟁 중에 영국에 충성했다. 이후 그는 무슬림 젊은이의 교육과정에 과학과 기술을 많이 도입하려고 애썼다. 그의 계획은 전통의 고착화를 예방하고 과부의 재혼 금지 같은 대중적 관행의 영향을 막는 것이 목적이었다. 사이이드 아흐마드 칸은 영국을 여행한 뒤에 무슬림 신앙과 근대 과학의 조화를 꾀하는 데 몰두했다. 그는 또한 대중에게 예의 바른 행동을 반복적으로 가르치는 것이 옳다고 믿었다. "인도 원주민을 (……) 교육과 예절, 청렴함에서 잉글랜드인과 비교하면 더러운 동물과 유능한 미남을 비교하는 것과 같다."[420] 사이이드 아흐마드 칸은 자기가 설립한 새로운 대학에서 자신의 교육적 목표를 실현하기로 결심했다. 그는 1875년 델

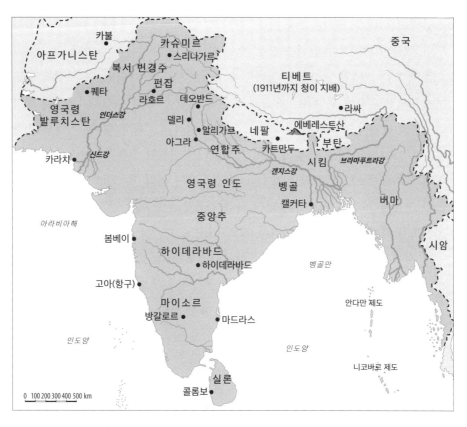

—— 1914년의 남아시아.

리 외곽의 알리가르에 무함마드 앵글로-오리엔탈 대학을 세웠는데, 이에 관해 이렇게 고백했다. "나는 꿈을 꾸는 것처럼 보일지도 모른다. 그러나 우리는 이 (……) 대학을 옥스퍼드 대학이나 케임브리지 대학과 비슷한 대학으로 바꿀 작정이다."[421] 동시에 남아시아의 무슬림 공동체를 근대화하려는 사이이드 아흐마드 칸의 시도는 힌두인 사이에 고조되던 민족주의의 파고를 겨냥했다. 그는 힌두 민족주의가 그 나라의 무슬림 주민에게 큰 위험이라고 보았다. 이 점에서도 그의 노력은 국경을 초월한 구조적 과정에 대한 대응이었다. 사이이드 아흐마드 칸은 여러 저작에서, 그리고 수많은 잡지를 창간해 우르두어를 인도 무슬림 사회의 공용어로 쓰자고 강력히 주장했다.[422]

　　이 스펙트럼의 반대편 끝에는 율법학자(울라마)의 교육을 위한 신학교가 있었는데, 역사가들은 종종 이를 퇴행적인 전통적 가치의 수호자라고 폄하했다. 그들이 종교적 유산의 보존을 주된 임무로 여긴 것은 확실하다. 그러나 그들의 조직 형태와 의사소통 형태는 새로웠으며, 교육 내용은 다른 신조와 명시적으로 대결해 결정된 것으로 이슬람을 비판하는 힌두교나 기독교의 평자들과의 공개적 논쟁에 뚜렷하게 드러났다. 이러한 교육 시설 중 가장 유명한 것은 1867년에 인도 북부의 도시 데오반드에 설립된 고등교육기관이었다. 진정한 이슬람으로의 복귀를 옹호한 이 신학교는 설립 후 첫 100년 동안 신도의 질문에 26만 9215건이나 되는 율법 견해를 냄으로써 인도 무슬림 사회의 지도적 역할을 자임했다. 그러나 데오반드는 그렇게도 전통을 강조했지만 여러 점에서 변화한 세계적 상황의 산물이기도 했다. 중앙 도서관과 학생들의 의무 이수 과목, 체계적인 시험뿐만 아니라 학생 사생활의 엄격한 통제와 마지막으로 학교 내 기숙사 설립도 그것이 다른 모델들을 기반으로 조직되었다는 증거였다. 교습은 페르시아어가 아니라 그 지역의 근대 언어인 우르두어로 시행되었다. 재정 측면을 보면 학교는 전적으로 기부에 의존했지만, 왕실이나 부유한 기증자의 후원에 의존하지는 않았다. 기부금은 학교 신문에 내역을 게재했다. 이는 흔치 않은 관행이었으므로 연간 보고서에서 특별히 설명해야 했다.

이 이야기에 담긴 문화적·제도적 이전, 즉 (근대적 결사의 주된 특징인) 기부라는 새로운 관행뿐 아니라 영국령 인도의 교육제도와 영국식 교수법을 차용한 것은 결코 무시할 수 없는 요소다. 그러나 당시에 일어난 깊은 사회적 변화는 신학자의 역할 변화에도 똑같이 중요했다. 영국은 인도의 과거 무굴 제국 통치자들에게서 샤리아 율법에 따른 사법 행정 기능을 넘겨받았다.(마찬가지로 힌두법에 따라 힌두인에 대한 재판권을 넘겨받았다.) 그렇게 법정이 이교도의 손에 넘어갔기에, 울라마의 권고(파트와fatwa)는 점차 신자들에게 직접 전달되었다. 울라마의 권고는 법적 구속력이 없었다. 이러한 외적 권위의 결핍을 보충하고자 이들은 한층 더 세세하게 주민의 일상생활에 개입했고 신도의 삶에 종교적 의미를 부여하겠다고 단언한 사실상의 권위체가 되었다. 그렇게 울라마의 더 두드러진 역할은, 그리고 일상과 대중의 관행에 대한 종교적 의미 부

여는 식민 통치 시대의 환경 변화와 직접 연결되었다.[423]

　　다른 지역에서도 유사한 상황 전개를 관찰할 수 있다. 수마트라섬의 파드리Padri 운동(1803~1837)이 좋은 사례다. 수마트라섬이 유럽의 교역망에 통합되면서 그곳에서는 아시아와 아프리카의 대부분 지역보다 훨씬 더 일찍 사회적 변화가 일어났다. 파드리 운동은 1803년에 메카와 메디나를 여행하고 돌아오면서 와하브파 사상을 들여온 세 명의 순례자가 창시했다. 따라서 비단 유럽과의 연결만이 아닌 초지역적 상호 연결이 파드리 운동 성립의 중요한 자극제였다. 이슬람 내부에서 정화와 쇄신의 과정을 시작하려는 이들의 노력은 와하브파로부터 영감을 받았고, 특히 도박과 닭싸움, 술과 담배, 빈랑나무 열매 씹기, 의식을 지키지 않는 행위를 겨냥했다. 개혁을 위한 노력은 수마트라섬에서도 이전에 커피 플랜테이션 농장의 확산으로 침범당한 지역에 널리 퍼졌다. 머지않아 내전이 발발했고, 파드리파는 신속하게 세력과 통제권을 확대했다. 네덜란드가 잠시 영국에 영향력을 빼앗겼다가 다시 수마트라섬의 해안 도시들을 장악하고 대양 무역의 권리를 주장했던 1819년에 원주민 단체들은 식민 본국에 맞서 힘을 모았다. 이 긴장 상태는 1821~1838년의 파드리 전쟁을, 그리고 파드리파의 패배에 뒤이어 네덜란드 식민 통치가 공고해지는 결과를 낳았다. 그러므로 다른 종교적 개혁 운동의 경우와 마찬가지로 종교적 개혁과 사회적·경제적·정치적 성격의 다른 관심사들 사이의 밀접한 연관이 파드리 운동의 특징이었다.[424]

　　이와 같은 개혁 운동들은 이슬람에 국한되지 않았고 다른 지역에서도 반향을 일으켰다. 이러한 운동에서 기독교와의 직접적인 접촉은 대체로 부차적인 중요성만 지녔다. 그렇지만 불교도와 시크교도, 힌두교도들의 사회에서 전개된 상황은 많이 비슷했고 어느 정도는 병행되었다. 이는 이러한 사례들 간의 개별적인 차이가 어떻든 대부분의 개혁 운동이 구조적 변화에 대처하는 방식으로 이해될 수 있음을 보여 준다. 종교적 개혁을 촉발한 원인은 인쇄물과 인쇄 매체의 확산이었다. 그로써 새로운 가능성이 열렸고 많은 주민에게 다가갈 수 있었기 때문이다. 마찬가지로 여러 지역에서 유럽 식민주의의 팽창과 세계시장 구조로의 점진적 통합을 동반한 사회적 위기가 비슷한 도전 과제를 제기했다. 그러므로 이 점에서 종교적 개혁 노력을 토착 전통에 의존해 근대성과 연관된 위협에 맞서려는 노력으로 무시해서는 안 된다. 오히려 그러한 노력은 하나로 연결된 세계가 제기한 도전에 대한 참된 대응으로 이해해야 한다.

종교적 초국주의

주요 종교가 이 새로운 도전에 맞서 사용한 한 가지 전략은 종교적 초국주의의 계발이었다. 그물을 멀리 던진 것은 주로 기독교와 유대교, 이슬람교 같은 일신교였지만, 불교 같은 다른 신앙도 여태껏 그것이 지배적이었던 나라들의 경계 너머에서 서서히 활동을 펼쳤다. 그 결과로 공동의 조직과 연락 수단으로써 결합해 전 세계적으로 활동하는 공동체들이 출현했다.

물론 주요 종교들의 보편적 범위를 갖추었다는 주장은 결코 근대의 발명품이 아니었다. 이슬람의 움마(종교 공동체)는 처음부터 세계적으로 확장될 잠재력을 지녔고, 기독교의 복음이라는 메시지도 그러했다. 국경을 초월하는 네트워크와 연결은 전혀 새로운 현상이 아니었다. 근대 초기에 이미 그러한 제도가 여럿 있었다. 동료 신도를 이단 재판소에서 구출하려는 유대인 단체나 성지의 다양한 유대인 지원 기구들이 있었고, 가톨릭 성지를 찾는 순례자들이 있었으며, 종교적 박해를 피하기 위한 칼뱅파와 위그노의 네트워크가 구축되어 있었다. 이슬람 세계에서는 순회하는 율법학자들과 수피 교단의 떠돌아다니는 신비주의자들, 그리고 특히 메카 순례 덕분에 개별 정치체제의 경계를 초월해 신앙의 학습과 실천의 네트워크들이 형성될 수 있었다.

경우에 따라 몇백 년간 활동을 이어 온 이 초국적 구조들은 근대 세계에서도 계속 눈에 띄었다. 그러나 19세기의 국제주의는 여러 점에서 혁신이었다. 이는 신앙 공동체에서 '의견 공동체'로의 이행이라고 볼 수 있을 것이다.[425] 많은 사회운동과 국제단체, 자선 협회, 세계적인 종교 공동체, 종교적 조합, 이주민 협회의 온갖 새로운 기관들은 속인과 일반 대중의 자발적인 참여를 이끌어 내고 활력을 불어넣는 데 기여했다. 이러한 단체들의 회원 자격은 태생이나 종교적 훈련이 아니라 자발적인 실천과 시민적 참여가 결정했다. 많은 경우에 이러한 단체들의 활동에서 핵심을 차지한 것은 신앙과 종교적 경험이 아니라 대개 서로 직접 만나 본 적이 없는 멀리 떨어진 나라의 사람들이었던 동료 신도의 관심사를 해결하려는 정치적 실천과 박애주의의 실천이었다.

이 새로운 종교적 네트워크는 19세기의 초국적 상호 연결의 전반적 확산과 맞물려 출현했다. 이 네트워크들은 18세기 이래로 신앙과 구원의 문제에서 개인이 더 많이 참여하고 책임지는 방향으로 움직였던 기독교와 유대교, 이슬람교 내부의 부흥 운동과 개혁 운동에 연결되었다. 국경을 넘는 상호 연결은 프랑스 대혁명이 가톨릭에 안겨 준 충격이나 유럽의 팽창이 무슬림 공동체에 가한 위협처럼 종종 박해와 차별의 경험으로 촉발되고 강화되었다.

초국적 상호 연결은 또한 교통과 통신의 혁명으로 촉진되고 영구적인 현상이 되었다. 증기선 항해 및 철도의 성장과 더불어 오늘날 우리가 말하는 이른바 순례의 산업화가 이루어졌다. 가톨릭교도는 로마와 샤르트르, 알퇴팅으로 집단 순례를 떠났다. 동남아시아의 무슬림은 이제까지는 상상할 수 없었던 많은 수(제1차 세계대전 직전에 거의 3만 명)가 싱가포르와 봄베이에서 배를 갈아타고 메카의 카바로 이어지는 순례에 올랐다.[426] 1859년에 수에즈 운하에 세워진 포트사이드(보르사이드)는 세계 도처의 하즈 순례자들이 모이는 중심지가 되었다.[427]

한편 인쇄물의 확산 및 팸플릿과 소책자의 대량 발행으로 지구상의 아주 외진 곳까지도 종교적 진리를 전파할 수 있게 되었다. 1804년에 설립된 영국 해외 성서 선교회(영국 성서 공회)는 처음 80년 동안 세계 곳곳에 1억 부가 넘는 성경을 보급했다.[428] 런던에서 발행된 유대인 신문 《야곱의 목소리Voice of Jacob》는 "전 세계 유대인 사이에 확립되기를 바라는 거대한 연락의 사슬"에 관해 썼다. 그 신문은 《주이시 크로니클Jewish Chronicle》과 독일의 《알게마이네 차이퉁 데스 유덴툼스Allgemeine Zeitung des Judentums》, 러시아의 《라스베트 Rassvet(새벽)》 같은 다른 유대인 신문과 함께 이 목적에 크게 이바지했다.[429] 인쇄의 성장으로, 특히 꾸란이나 힌두교 베다의 사본이 적절한 가격으로 간행되면서 전문가만 독점적으로 사용하던 경전을 많은 사람이 널리 이용할 수 있게 되었다. 그때까지 승려만이 암송했던 불교 경전도 이제 신도 대중이 입수할 수 있었다.

그러므로 통신 혁명은 종교의 지리적(그리고 사회적) 팽창을 촉진했을 뿐만 아니라 종교를 근본적으로 바꾸어 놓았다. 이는 종종 경건주의적이고 실천적인 경향이 더 두드러지는 결과를 가져왔다. 전통적으로 개인과 초월의 영역을 매개했던 특권 신분들은 이후로 수세에 몰렸다. 반면에 자기의 구원과 신앙 공동체의 운명을 위한 지속적인 반성과 개인적인 책임은 점점 더 중요해졌다. 내적 자아의 수양은 세계에 미친 영향력과 박애 활동 못지않게 국제화한 종교의 특징이었다. 이슬람과 유대교, 가톨릭, 프로테스탄트, 정교회뿐만 아니라 불교와 시크교, 힌두교에서도 유사한 경향을 찾아볼 수 있다.

종교적 연락의 확대는 당시의 제국 조직으로부터 도움을 받았다. 특히 영제국은 종교의 확산에 필수적인 토대를 제공했다. 인도인 노예 계약 노동자가 영 제국 안으로 이주하면서 남아프리카와 카리브해는 물론 피지와 모리셔스에도 새롭게 무슬림 공동체가 형성되었다. 공용어인 영어는 대화와 접촉을 더욱 용이하게 했고, 증기선을 통한 연결과 뒤이어 전신망 덕분에 신속한 정보 교환이 가능해졌다. 그렇게 많은 종교가 점차 초국적 현상이 되었고 동시에 과거 그 어느 때보다도 더 긴밀히 제국과 결합했다.

이동성과 초국적 연대

이른바 종교 활동가의 초국적 이동 경로는 이 제국 구조의 흔적을 드러내기도 했다. 제2대 예루살렘 주교 자무엘 고바트Samuel Gobat는 스위스 쥐라주 출신으로 바젤 선교 협회에서 교육을 받고 파리에서 아랍어를 공부했으며 이후 런던으로 건너가 그곳에서 이집트와 아비시니아, 몰타, 레바논으로 파견되었다가 마침내 프로테스탄트 예루살렘 주교직을 차지했다.[430] 일본의 불교 승려 난조 분유南条文雄도 이렇게 종교적으로 편력한 사람이다. 그의 사찰은 그를 교토에서 런던과 옥스퍼드로 보냈고, 그는 그곳에서 프리드리히 막스 뮐러Friedrich Max Müller 밑에서 산스크리트어를 공부했다. 그는 귀국하자마자 도쿄대학의 교수로 임명되었다. 1887년에 난조 분유는 인도와 청나라를 여행해 불교 성지를 찾아냈고, 10년 뒤에는 시암(태국)으로 갔다. 그는 학계의 연결망

을 통해 아시아와 유럽의 연구자들과 내내 긴밀한 연락을 유지했다.[431]

개별 행위자들이 자기의 초국적 여행에서 주파한 거리는 엄청났다. 18세기에 신앙부흥 운동 설교자 존 웨슬리John Wesley("나는 세계를 나의 교구로 보았다.")는 늘 이동하던 사람이었는데 말을 타고 읍에서 읍으로, 교구에서 교구로 돌아다니며 설교를 했으며,(평생 약 4만 번의 설교를 했다.) 사망할 때까지 총 40만 킬로미터를 주파했다. 100년이 더 지나 기독교청년회YMCA 사무총장이자 1910년에 에든버러에서 개최된 세계 선교사 회의의 의장이었던 미국인 존 모트John Mott는 백 번 넘게 대서양을 건넜으며 총 270만 킬로미터를 주파했다. 지구를 예순여덟 번 도는 것과 같은 거리다. 1911년 한 해에만 모트는 프로테스탄트 세계 선교 회의 대의를 증진하기 위해 스물한 차례 국제회의에 참석했다.[432]

이동성과 교류의 증가, 그리고 많은 연락 경로의 결과로, 다양한 종교에서 곧 일종의 세계적 의식이 발달했다. 그렇게 무슬림의 곤경에 대한, 심지어 대체로 알려지지 않은 아주 먼 곳에 사는 무슬림의 곤경에 대한 전 세계적인 일체감은 새로운 움마 의식을 만들어 냈고, 여기에는 흔히 보편적인 반反서구 성향이 동반되었다. 1884년까지도 범이슬람주의 선구자인 자말 알딘 알아프가니는 여전히 무슬림 사회 내부의 소통 부족을 우려했다. "튀르크인 학자는 더 멀리 떨어져 있는 자들은 말할 것도 없고 히자즈에 있는 학자의 상황이 어떤지 알지 못한다. 인도인 학자는 아프간 학자 등의 일은 전혀 모른다."[433] 그러나 이러한 사정은 곧 변했다. 동료 신자들이 처한 곤경에 관해 알면 알수록 무슬림은 동료 신자들과 그들의 환경에 관해 더 많이 알고 싶어 했다. 특히 국제적 위기가 발생했을 때 언론의 기사가 넘쳐 났다. 새로운 정신적 지평은 또한 범이슬람주의 주제를 다룬 소설과 시의 인기에도 반영되었다. 1911년에 창설된 적신월사 같은 새로운 단체는 자기들이 새로운 세계적 무슬림 공동체의 요구를 충족시킨다고 생각했다.[434]

다른 종교에서도 유사한 상황 전개를 볼 수 있다. 1872년에 루트비히 필리프존Ludwig Philippson은 다소 만족스럽다는 듯이 이렇게 적었다. "근자에 유대인 사회에는 연대 의식이 발전했다. 모두를 향해, 심지어 유대인 종교 공동

───── 1899년 무렵, 예루살렘의 러시아 막사에 모인 러시아인 순례자들. 19세기 중엽의 부활절에 예루살렘으로 순례를 떠난 정교회 기독교도의 수는 급격하게 증가했다. 다른 기독교 교파보다 더 많았던 순례자를 지원하고 보호하기 위해 러시아의 국가와 교회는 1858년에 러시아 구역을 설치했다. 여러 순례자 구역과 러시아 병원, 제국 정교회 팔레스타인 협회 본부, 러시아 영사관이 전부 성 삼위일체 대성당 주변에 모여 있었다. (Library of Congress)

체의 아주 먼 분파를 향해서도 공동체 의식이 더욱 발전하고 성장했다.” 크림 전쟁 이후에 두 개의 거대한 초국적 결사인 세계 이스라엘인 동맹과 팔레스타인 식민 연맹이 출현했다. 이 단체들은 유대교 신앙을 위해 예루살렘을 상징적으로 되찾으려는 목적에서 대규모 모금 운동으로 자금을 모았다.[435] 러시아 정교회에서도 1829년에 오스만 제국이 당한 군사적 패배로 예루살렘에 대한 관심이 부활했으며, 1882년에는 제국 정교회 팔레스타인 협회가 설립되어 순례와 교회 건축을 장려했다. 일찍이 1838년에 안드레이 니콜라예비치 무라비요프Andrei Nikolaevich Muravyov는 다음과 같이 자랑스럽게 선언했다. 동방

교회의 영역은 "북극지방의 황량한 작은 섬에 있는 솔로베츠키 수도원에 맞닿아 삐걱거리는 빙원으로부터 가장자리에 시나이 대수도원이 자리 잡고 있는, 뜨거운 열기를 내뿜는 아라비아와 이집트의 사막까지" 퍼졌다.[436]

국제화와 세계적 인식 증대 둘 다 근대국가의 폭정이나 서구 식민주의, 동료 신도의 박해에 맞서 신도 대중을 동원하려는 널리 선전된 운동에 의해 더욱 촉진되었다. 대부분의 종교에는 특히 정치화 과정을 추동하고 종교 공동체의 요구를 대중적 영역에 고착시킨 특별한 문제들이 있었다. 18세기 말부터 프로테스탄트는 노예제 폐지 운동을 조직했다. 유대인으로 말하자면 유대인 구호 단체들이 1840년대 이후로 중요한 역할을 했으며, 반면에 가톨릭은 1860년대부터 교황권을 수호하고자 단결했고 정당을 세우기 시작했다. 무슬림 세계에서는 1882년에 일어난 영국의 이집트 점령, 오스만 제국의 위기, 1911년 이후 오스만 제국 정부의 칼리파 국가라는 주장이 전부 매우 높은 수준의 초국적 연대를 갖춘 대규모 운동을 촉발했다.[437]

이슬람화와 제국주의

새로이 싹트는 이 종교적 초국주의의 가장 두드러진 활동은 선교 사업이었다. 주요 종교는 거의 전부 다른 종교의 경쟁 압력을 인지해 선교 노력을 배가했고 이 노력에서 식민 제국의 팽창으로 도움을 받았다. 러시아 정교회의 시베리아 선교부터 일본 불교가 한국과 대만에서 보인 노력까지 선교 사업의 역사는 이러한 초국적 연결이 제국의 구조와 얼마나 긴밀히 결합되었는지, 종교적 관행과 초월의 추구가 어느 정도로 식민주의의 영향을 받았는지를 분명하게 보여 준다.[438]

18세기와 19세기의 아프리카에서 가장 중요한 정치적·사회적 힘은 기독교가 아니라 사하라 사막 남쪽에서 꾸준히 세력을 키웠던 이슬람이었다. 이슬람은 7세기 이래로 이미 마그레브에서 중요한 역할을 수행해 왔고, 11세기 이후로는 가나를 비롯해 서아프리카의 다른 곳에서도 지배층에 서서히 퍼졌으며, 인도양 무역의 결과로 동아프리카 해안 지방을 따라 점점 더 많은 무슬림 집단이 발전했다. 그러나 수피교도 단체들과 상인들, 인쇄물의 확산으로

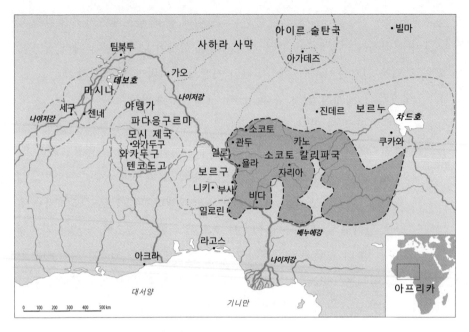

——— 1830년 무렵의 소코토 칼리파국.

매우 다양한 기풍의 이슬람과 샤리아 율법학파들이 사하라 사막 이남으로 전
파되어 처음으로 그곳 주민의 큰 부분에 침투한 것은 18세기 말의 일이다.

　　서아프리카의 이슬람화에서 가장 중요한 요인은 이슬람 지하드 제국이었
다. 이들은 자기들이 지배한 지역에서 선교와 개종을 장려했다. 가장 유명한
사례는 1850년대에 지금의 말리 영토에 오늘날의 세네갈에서 온 율법학자 하
즈 우마르 탈Hajj Umar Tal이 세운 제국이었다.[439] 아프리카의 이슬람화는 유럽
제국주의에 아랑곳없이 지속되었다. 여러 지하드 제국은 세력권과 통제권을
유지할 수 있었을 뿐만 아니라 확대하기도 했다. 1809년에 우스만 단 포디오
가 세운 소코토 칼리파국은 오늘날의 카메룬과 나이지리아의 넓은 영역을 통
제하는 데 성공했고, 20세기 초까지도 사실상의 독립을 지켰다. 게다가 남아
시아 출신의 무슬림 노예 계약 노동자들이 새로운 역사의 주역으로 무대에
등장했다. 1860년부터 영국이 이들을 데려와 남아프리카의 나탈에서 일을 시
켰는데, 이들은 그곳에서 이슬람의 확산에 일조했다.[440]

1880년대까지 아프리카에서 가장 효과적이었던 선교 활동은 이슬람의 이름으로 수행되었다. 그 이후에야 기독교가 이슬람을 밀어 냈다. 그러나 유럽 식민 제국들의 팽창과 그 여파로 나타난 기독교 선교사들도 종종 이슬람 공동체를 약화시키기보다 오히려 강화하고 부활시켰다. 기독교의 전진에 대한 무슬림의 반응은 다양한 형태를 띠었다. 이슬람의 구원자 마흐디의 출현에 대한 대중적 믿음이 널리 퍼졌는데, 마흐디는 유명했던 수단의 마흐디파 봉기(1881~1899)의 사례에서 보듯이 식민 통치에 반대하는 메시아적 형태의 저항에서 구심점이 되었다. 무장 저항은 훨씬 더 널리 퍼졌다. 이는 러시아가 지배한 캅카스 지역에서 그랬듯이 과격해진 수피교도 단체들이 수행한 경우가 많았다. 셋째, 수많은 개혁 운동이 특히 인도에서, 또한 인도네시아에서도 출현했다. 유럽 식민 본국들은 어쨌든 무슬림 부흥 운동에 민감하게 반응했다. 이들은 특히 범이슬람주의 형태의 무슬림 부흥 운동을 세계적 위협으로 인식했다.[441]

기독교 선교 활동과 제국주의

기독교 선교 활동은 비교적 일찍 시작되었다. 특히 남아프리카에서는 헤른후트 형제단(모라비아 교회)과 런던 선교 협회가 1790년대 이래로 활발하게 활동했다. 그러나 이슬람은 아프리카인이 퍼뜨렸던 반면에, 유럽의 기독교 선교사들은 국가의 보호에 의존했다. 따라서 1882년부터 진행된 아프리카 쟁탈전은 아프리카 기독교 역사의 중요한 전환점이었다. 선교 활동은 새로운 기독교 사회의 성장을 낳았고, 동시에 유럽 사회에도 반향을 일으켰다. 게다가 기독교 모델과 식민 국가의 관행은 비기독교 종교들이 자기들의 성격을 더욱 강하게 규정해 서로 더욱 명확히 구분되는 과정에 이바지했다. 특히 중요했던 것은 종교 개념이 식민 통치의 도구였다는 사실이다.

기독교 선교 운동의 역사에서 프랑스 혁명은 하나의 분수령이었다. 그때까지 국가의 식민 정책과 기독교 선교 운동은 에스파냐와 포르투갈의 아메리카 정복에서 볼 수 있듯이 크게 구별되지 않았다. 이제 교회의 영역과 국가의 영역이 더 뚜렷하게 구분되면서 이 점에서 변화가 생겼다. 차후로 교회는 선교 활동을 책임졌고, 정치적 목표에서는 어느 정도 벗어났다. 그러므로 세계 선교라는 관념은 교회가 새로이 획득한 제도적 독립성에 부합했다. 이에 못지 않게 중요했던 것은 신도 동원의 강조였다. 해외 선교는 대체로 다수가 여성 이었던 평신도가 수행했기 때문이다. 선교 단체들은 신앙부흥 운동의 대중적 에너지에 세계를 기독교 복음 전파의 잠재적 공간으로 보는 새로운 인식을 결합했다.[442]

세계의 기독교화 사업은 19세기 내내 대중적 현상이었다. 특히 프로테스 탄트 선교 단체들은 아시아와 아프리카의 가장 외진 구석까지 복음을 전파 했다. 1900년 무렵에는 아프리카에서만 약 10만 개의 선교 단체가 활동하고 있었다. 게다가 현지인 개종자들도 있었다. 이들은 오지의 주민에게 복음을 전파하는 데 한층 더 중요한 역할을 수행했다. 이러한 선교 운동의 즉각적인 효과는 기독교와 제국의 정치적 패권이 직접적으로 결합된 지역으로 기독교 가 확산된 것이다. 그래서 1860년에서 1930년 사이에 수족은 다른 아메리카 토착민 부족들과 달리 압도적으로 기독교를 받아들였다. 특히 백인의 서진에 따른 팽창으로 토착민의 땅이 정치적으로나 군사적으로 가차 없이 정복당하 는 국면에서 자기들의 행동 여지를 늘리기 위한 것이었다.[443] 그러나 양적 팽 창만큼이나 중요했던 것은 기독교적 관념과 의식을 채택한 데 따른 실질적 변 화였다. 따라서 세계 선교는 관련 사회뿐만 아니라 기독교 자체에도 영향을 미쳤다.[444]

이는 특히 기독교 신앙의 '아프리카 토착화'를 둘러싸고 일어난 갈등에서 분명하게 드러난다. 19세기 말에 유럽 선교 단체들은 아프리카 신자들에 의 한 기독교 부흥에 큰 기대를 걸었다. 그중 가장 유명한 사례는 새뮤얼 아자이 크로더Samuel Ajayi Crowther였다. 그는 일찍이 1864년에 성공회 최초의 아프리카 주교로 임명되었고 옥스퍼드 대학에서 박사 학위를 받았다. 일반적으로 말 하면 많은 유럽 기독교도가 아프리카인은 문명의 요구에 구속을 덜 받는 단 순한 삶을 영위하므로 복음의 메시지를 유례없이 잘 받아들인다는 가정에 서 출발했다. 바젤 선교회의 앙리알렉상드르 쥐노Henri-Alexandre Junod는 이렇 게 썼다. "그들은 매우 복잡한 삶을 살고 있는 우리 19세기 유럽인보다 쉽게

───── 크로더(1809~1891)는 열두 살에 풀라니족(소코토 칼리파국의 민족)의 포로가 되어 포르투갈 선박에 노예로 팔렸다가 노예제에 반대하는 영국 순찰선에 의해 자유를 되찾았다. 1808년 이후로 해방 노예들이 정착한 곳인 시에라리온의 프리타운으로 보내졌다. 크로더는 성공회 선교회에 의해 교육을 받았고 오랫동안 영국에서 살았고 이후 주로 나이지리아에서 활동했다. 그는 목회 임무와 나란히 요루바어를 비롯해 다른 나이지리아 언어들을 성문화하는 데 몰두했다.(성경을 모국어로 번역하려고 했다.) (Wikimedia Commons)

(……) 기독교의 다양한 측면을, 예를 들면 산상수훈의 가르침을 있는 그대로 받아들인다.[445] 그러나 노동 이민의 여파로 아프리카인 개종자들이 선교원의 경계 너머 먼 곳까지 복음을 전파함에 따라, 막 출현하던 토착 형태의 기독교는 심한 비판을 받았고 억압적 정책에 시달렸다. 현지의 관습과 종교성 형태에 창조적으로 적응하는 것을 유럽인 선교사들은 신앙의 오염이자 이교적 미신으로, 일신론 교리를 위험에 빠뜨리는 것으로 생각했다. 기독교의 내용을

둘러싼 이러한 갈등의 배후에는 일반적으로 말해 영향력과 권력, 신도를 대표할 권리를 두고 서로 경합한 주장들이 있었다.[446]

기독교가 아프리카에서는 자유롭게 선교했지만, 인도에서는 종교적 불개입의 원칙이 영국령 인도를 지탱하는 근간 중 하나였다. 동인도회사는 신앙 문제에서는 엄격한 중립을 유지했다. 이는 현실 정치의 문제였다. 인도아대륙에 영국인 식민지 행정관이 소수였음을 고려할 때 종교적 감성을 자극해 주민의 공공연한 폭동을 도발하는 일이 없도록 매우 신중하게 처신할 필요가 있었다. 이는 비전형적 사례가 아니었다. (라틴아메리카의 에스파냐와 포르투갈을 제외하면) 많은 식민국이 기본적으로 동일한 실용적 정책을 채택했다. 1813년까지 남아시아에서 영국 선교 단체들의 모든 활동은 철저하게 금지되었다. 실로 동인도회사는 힌두 사원과 무슬림 사원의 유지에 자금을 제공하기도 했다.

그러나 19세기의 첫 3분기에 이러한 상황에 점차 변화가 생겼다. 잉글랜드에서 복음주의 운동이 점차 강해지면서 토착민의 교육과 윤리적 훈련은 전혀 필요하지 않다고 본 '비도덕적인' 인도 통치에 거세게 반대하는 견해가 나타났다. 이러한 비판에 대한 대응으로 1813년부터 인도에서 선교사의 활동이 허용되었고, 동시에 동인도회사는 그 나라 안에 교육제도를 세우는 임무를 맡았다. 이후 20년간 동양학자와 영어학자들 사이에 인도의 학교 교육에서 인도의 언어들과 문화를 수단과 주제로 삼아야 하는지 아니면 영어를 써야 하는지를 두고 격렬한 논쟁이 벌어졌다. 1839년에 스코틀랜드 선교사 알렉산더 더프Alexander Duff는 힌두교가 "엄청나게 잘못된 제도"라고 썼다. 그는 영어에 숙달하는 것만이 학생들을 근본적으로 바꾸어 놓을 것이라고 주장했다. 이후 학생들은 "범신론과 우상숭배, 미신의 후예라는 점에서 그 정도가 이전보다 열 배는 줄어들" 것이었다.[447] "좋은 유럽 도서관의 선반 하나가 인도와 아라비아의 토착 문헌 전부의 가치와 맞먹는다." 토머스 배빙턴 매콜리Thomas Babington Macaulay의 유명한 1835년 메모에 따르면, 이러한 갈등은 마침내 유럽 교육에 찬성하는 쪽으로 해결되었다.

이 문제에서 결정적인 질문은 기독교가 어느 정도로 교과과정의 필수 요소가 되어야 하는지였다. 영국에서는 교회가 교육제도에 강력한 영향력을 미첬기 때문에 이는 결말이 난 문제로 생각되었다. 지배층 엘리트의 자녀들은 고전고대의 문학을 읽을 수 있었지만, 주민 대다수에게는 종교 교육이 학교 교과과정의 주된 요소였다. 인도에서는 이와 대조적으로 공공연한 기독교화 시도에 반대해 저항과 폭동이 일어날 수 있다는 두려움이 늘 존재했다. 매콜리조차도 이렇게 요구했다. "우리는 토착민을 기독교도로 개종하는 사업에 관여하는 자들을 공개적으로 격려하는 일은 결코 없어야 한다. 나는 늘 그러지 않도록 삼가야 한다고 믿는다."[448] 그 대신에 놀라운 타협책이 고안되었다. 말하자면 영문학 작품을 학교의 표준 교과과정에 도입하는 것이었다. 훌륭한 문학작품은 완벽한 종합을 제공할 것 같았다. 세속화된 통치 형태의 요구를 충족하면서 동시에 종교적 가치를 전할 것이기 때문이었다.

이 배후에 깃든 사고방식은 단순했다. 훌륭한 영문학은 뿌리 깊은 기독교 문화에 기원을 두고 있기 때문에 그 세속적 지맥에서도 '기독교 정신에 젖어' 있다는 것이다. 예를 들어 윌리엄 셰익스피어William Shakespeare의 작품은 "결코 좋은 표준은 아니지만 종교로 가득 차 있다." 문학은 종교와 뒤얽혀 있었지만, 토착 인도 (산스크리트어) 텍스트의 경우처럼 분명하게 뒤섞이지는 않았으므로 선교사들은 훨씬 더 효과적일 것이라고 판단했다. "이 토착민 중 어느 한 사람은 성경을 한 번도 들여다보지 않았어도 그저 영문학 작품을 읽은 것만으로도 성경에 대해 상당한 지식을 쌓을 것이 분명하다." 세속 학교의 교육은 맹목적 신앙보다는 이성을 가르쳤고 경험적 증거와 보편적이고 객관적인 지식을 가르쳤다. 그리고 이 모든 것은 당연히 결국에는 기독교적 가치관을 미화할 것으로 생각되었다.[449]

초국적이고 세계적인 활동의 장

이러한 논의가 가리키듯이, 종교의 영역은 대개 다른 사회 영역과 깨끗하게 구분되지 않았다. 식민지 개입이 절박했던 것은 부분적으로는 기독교 선교 활동과 세속적 '문명화 사명' 간의 긴밀한 연관 때문이었다. 달리 말하면 '기독교의 영향'은 신조와 개종의 문제에만 관계되지 않았다. 그것은 서구 형태의 지식과 가치 체계, 관습과의 더 넓은 관계의 일부였다. 게다가 인도의 학교 제도에 관한 논의는 이 점과 관련된 다른 문제를 지적한다. 종교개혁의 초국적 역사는 식민지가 된 사회뿐만 아니라 유럽 안에도 그 흔적을 남겼다는 것이다. 예를 들면 도덕적 향상의 수단으로서의 영국 문학은 인도에서 '예행 연습'을 한 뒤 세기말에 영국에 도입되었다.

이것만이 유일한 사례도 아니었다. 기독교는 또한 식민지 주변부에서만 변한 것이 아니다. 선교 지평의 세계적 확대가 가져온 효과는 유럽 사회들 내부에서도 감지되었다. 이러한 맥락에서 학자들은 때로 식민지 개입이 서구의 식민 모국에서 일으킨 반향을 언급했다. 그러나 내 생각에는 양 방향으로 수입과 수출의 영향력 대차대조표를 쓰는 것보다 선교사와 종교개혁가들이 점차 활동을 넓혀 간 초국적 공간에, 다시 말해 제국주의적 위계와 세계적 구조로 형성된 공간에 초점을 맞추는 것이 더 유익하다. 19세기의 식민지 선교가 '검은 대륙'의 '이교도'뿐만 아니라 유럽 사회의 실업자와 '부랑자', 방랑자, '일하기 싫어하는 자들'도 똑같이 겨냥했기 때문이다. 이들은 사회적 교육의 주제가 되었는데, 그 수사법은 해외에서 수행된 문명화 사명의 수사법과 별반 다르지 않을 때가 많았다. 유럽의 부랑자들과 아프리카 '토착민' 양자 모두에 '이방인'과 '야만인'이라는 낱말을 무차별적으로 썼다. 이들이 돌봄이 필요한 '아이들' 취급을 받는 것도 매우 흔한 일이었다. 그러므로 선교사들이 헌신한 '문명'이라는 거대한 기획은 비록 조건은 달랐어도 해외의 '이교도'와 본국의 하층계급에 동시에 초점을 맞추었다.[450]

구세군 이야기는 이와 같은 종교 활동 세계화의 매혹적인 사례를 제공한다. 1865년에 설립된 구세군은 처음에는 이름이 이스트런던 기독교 선교회였다. 그 강령을 보여 주는 성명서는 설립자 윌리엄 부스William Booth가 쓴 『매우 어두운 잉글랜드로부터From Darkest England』(1890)였다. 헨리 모턴 스탠리Henry Morton Stanley의 유명한 『매우 검은 아프리카에서In Darkest Africa』를 참조한 것이 분명한 이 소책자는 즉각 큰 인기를 끌었는데, 이미 그러한 형태의 복지와 복음 전파에 특유한 제국주의적 감수성을 드러냈다. 19세기 말에 구세군은 식민지로, 특히 인도로 팽창하기 시작했다. 그곳에서 구세군은 영국인 하층계급(그들의 초라한 외양은 대중의 눈에는 개화된 유럽인과 식민지 신민 사이의 식민지적

_____ 윌리엄 부스. 구세군은 영국의 큰 도시에서 일종의 내부 선교 사업에 관여하면서 활동을 시작했다. 그 박애주의 활동은 빛과 어둠 사이의, 계몽과 후진성 사이의 싸움으로 묘사되었는데, 명백히 식민주의적 함의를 띠었다. 구세군은 1891년부터 그들이 운영하는 공장에서 성냥갑을 생산했는데, 그 공장은 "정당한 노동에 공정한 임금"이라는 표어를 지도 원리로 삼았으며, 100명 남짓한 노동자에게 다른 곳보다 많은 급여와 좋은 조건을 제공했다. (Wikimedia Commons)

위계를 훼손할 우려가 있었다.)과 인도 사회의 '위험한' 성분에 똑같이 노력을 집중했다. 이러한 노력에서 식민지 주변부에서의 경험은 런던에서 고안된 범주와 도덕적 기준으로 형성되었지만, 동시에 역으로 '본국'의 실업자와 부랑자들의 분류와 처리에서 중요한 역할을 수행했다.[451] 식민지 영역과 식민 모국의 영역이 가까워지는 방식의 특징은 사회적 범주와 민족 범주의 상호 보강이었다. 19세기 말부터 점점 더 많은 사회 개혁가가 영국의 하층계급을 별개의 '종족'으로 인식했으며, 이 개혁가들은 그때까지 식민지 주민에게 유보된 범주들의 도움으로 빈민의 문제를 불임 시술, 결혼 금지, 기타 우생학적 개입 같은 조치를 통해 해결하고자 애써야 한다고 주장했다.[452]

선교사 활동과 제국주의

이러한 사례들이 보여 주듯이 선교사 활동과 종교의 영역은 당시의 식민 주의적 구조와 긴밀히 결합되었다. 확실히 선교는 노골적으로 제국에 봉사한 시녀는 아니었으며, 그 관계는 내내 지극히 양면적이었다. 식민지 통치자들은 종종 기독교 교회의 노력을 어느 정도 회의적으로 보았다. 선교사 활동은 결코 국가의 정책은 아니었다. 실상은 그 반대였다고 할 수 있다. 토착민을 개종 시키려는 기독교의 노력은 흔히 식민지의 정치적 안정을 해치는 것 같았다. 기독교 선교회는 승인된 기관이었으므로 식민지 국가의 필수 요소였지만, 종종 정부에 맞서(특히 유럽인 정착민들에 맞서) '토착민' 옹호자의 태도를 취했고, 식민주의의 추악함을 들춰냈으며 술과 아편, 노예제의 확산에 반대하는 투쟁에 적극적으로 참여하곤 했다.[453]

그렇더라도 기독교 선교회들은 유럽의 정치적 팽창으로부터 혜택을 입었다. 그러한 팽창이 없었다면 그들의 활동은 여러 지역에서 불가능했을 것이다. 게다가 선교회가 식민주의의 필수 구성 요소임을 누구도 부인하지 않았고, 그들의 비판이 식민지 사업 자체에 도전하는 진정으로 근본적인 비판인 경우는 매우 드물었다. (프랑스 제국은 예외이지만) 거의 보편적으로 학교는 기독교 선교회가 확고히 장악했다. 학교는 식민 통치의 이데올로기적 토대를 놓았으며, 교회의 승인이 없었다면 이러한 대의에 결코 동원되지 않았을 집단에서 식민지 기획이 지지를 얻는 데 일조했다. 식민지 주민의 관점에서 보아도 선교회와 식민지 국가는 흔히 단일한 구성체였다. 특히 선교회가 종교 활동에만 전념하지는 않았기 때문이다. 독일의 가톨릭 선교학자 요제프 슈미틀린Joseph Schmidlin은 이렇게 말했다. "우리 식민지를 영적으로 설득해 얻어 내고 안으로부터 동화시킨 것은 선교 활동이다."[454]

기독교 선교회가 자기들을 어느 정도까지 식민국의 도구로 이용되게 허용했느냐는 실질적인 질문은 역사가들 사이에서 집중적으로 토의된 뜨거운

———— 알래스카 남동부의 틀링깃족 지역.

주제였다. 기독교 개종이 식민국의 버팀목이 아니라 오히려 결정적으로 반식민주의적 예봉이 된 사례들로 말미암아 사정은 더욱 복잡해진다. 그러한 사례의 하나는 태평양 북서해안의 아메리카 토착민 부족인 틀링깃족이 제공한다. 1790년대에 러시아는 베링해협을 건너 팽창해 알래스카에 도달했고, 틀링깃족은 처음으로 러시아 정교회 선교사들과 만났다. 집단 개종은 한참 뒤에야 제정 러시아가 1867년에 미국에 알래스카를 매각한 후에 일어났다. 이후 기독교 개종은 틀링깃족이 미국인들에게서 확실하게 정중한 대접을 받을 수 있는 방법 중 하나였다. 동시에 정교회는 틀링깃족의 관습과 전통의 독립적인 생존을 가능하게 한 문화적 차이를 드러냈다.[455]

마찬가지로 한국의 기독교화도 문화적 제국주의의 범주에 말끔하게 떨어지지 않는다. 한국은 근본적으로 기독교의 세계사에서 특별한 경우였다. 일찍이 1600년대에 조선의 외교관(주청사秦請使) 이광정李光庭이 북경에 갔다 오면서 예수회 선교사 마테오 리치의 책자를 들여왔다. 이것이 한국이 스스로 시작한, 처음에는 서양 선교사의 아무런 개입 없이 중국어로 시작된 개종 프로그램의 출발점을 이루었다. 그 결과로 국가의 박해가 여러 차례 있었는데도 그 나라에 가톨릭 신앙 공동체가 형성되었다. 1880년대에 영국과 미국의 선교회들이 그때까지 서양의 접촉을 완전히 봉쇄했던 조선에 들어간 것, 즉 조선의 '개항'이 기독교화의 두 번째 물결의 시작이었다. 유럽의 문명화 사명이라는 가정이 강하게 스며든 이 운동은 프로테스탄트의 급속한 확산을 낳았다.[456]

종교적 담론과 정체성 형성

선교 활동은 비록 가장 잘 보이기는 했어도 식민주의적인 종교적 경관 형성을 보여 주는 일면이었을 뿐이다. 게다가 종교적 지식과 제국주의 세력은 한층 더 근본적인 방식으로 결합되었다. 선교사의 존재만큼이나 중요했던 것은 종교 개념 그 자체였다. 당대의 패권적 (서구) 담론에 따르면, 오직 '문명화한' 사회만이 정당하게 '종교'로 지칭할 수 있는 계시 형태를 자유롭게 가질 수 있었다. 이 구도에는 모든 고대 문명이 포함되었다. 달리 말하면 기독교 서구 문명과 나란히 유대교와 이슬람교, 힌두교, 불교, 그리고 (약간의 단서가 붙지만) 유교 전통도 포함된다. 이러한 세계종교들은 체계적인 교회 조직과 신조에 이르지 못했고 유럽인과 미국인에게 미신 취급을 받은 수많은 일상의 신앙 활동과 구분되었다. 다양한 신앙 형태(종교 대 이교와 미신) 간의 이러한 개념적 차이와 아시아 및 아프리카에서 종교 민족학자들이 벌인 활동은 식민지 세계 질서의 필수 구성 요소인 종교에 관한 담론의 일부를 형성했다.[457] 그리고 앞서 논의한 다른 영역과 유사하게 종교와 미신의 이분법은 식민지 주변부에 적용되었을 뿐만 아니라 유럽 사회에도 투영되었다. 가장 좋은 사례는 프로테스탄트가 가톨릭교회에 맞서 벌인 논쟁이다. 동프로이센의 작가 오토 폰 코르핀Otto von Corvin이 1845년에 발표한 저작 『승려 거울Pfaffenspiegel』에서 가톨릭교회는 '소돔과 고모라', 순례, 그리고 '거룩한 고물상'의 내용물로 구성된 중세의 유물로 취급된다.[458]

유럽 밖에서는 사물이나 망자에 초점을 맞춘 지역적 관행이 곧 미신으로 낙인찍혔다. 새로운 학문 분야인 비교 신학에 따르면, 모든 종교의 공통된 특징은 성문 경전과 영적인 신성이었다. 반면에 물질에 초점을 맞춘 사회적 관행은 '물신숭배'이자 낮은 발전 단계를 보여 주는 증거로 여겨졌다.

종교와 미신의 차이는 결코 학문적 구분이 아니었고 세력 정치 영역에 직접적으로 관련되었다. 미신적인 민족들은 문명화하지 못한 자들로서 식민화의 정당한 대상으로 여겨졌다. 그러므로 누가 자기만의 종교를 가졌음을 증명하는 것은 정치적 행위였다. 일본의 역사가 구메 구니타케久米邦武는 이렇게 말했다. "외국인들이 (일본에) 오면, 그들은 항상 이렇게 묻는다. '당신들에게 존경할 만한 가르침이 있는가? 어떤 신들을 숭배하는가?' 누군가 종교가 없다고 대답하면, (깜짝 놀란 외국인은) 그를 마치 미개한 사람인 듯 취급하고 그와 모든 교류를 끊을 것이다."[459] 따라서 인도의 힌두교도와 스리랑카의 불교도, 한국과 중국의 유교도 사회 개혁가들은 자기들의 영적 관행이 승인된 종교의 지위를 부여받게 하는 데 온 힘을 다 쏟았다. 입교식과 개종, 구성원 자격 체계, 공식적으로 임명된 성직자가 없는 유교의 경우 이러한 노력은 결국 성공적이지 못했다.[460]

신학자들은 세계를 주요 종교 지역으로 구분했지만, 식민 통치를 받는 주민들을 종교적 입회에 따라 분류하는 것은 식민지 행정부의 주요 전략 중 하나였다. 이는 영국령 인도의 경우에 특히 확연했다. 그곳에서 무슬림과 힌두교도(그리고 시크교도, 기독교도) 사이의 차이를 강조하는 것은 영국의 '분리해 통치하는' 정책의 일환이었다. 이슬람교와 힌두교는 이 과정에서 단지 종교적 신념으로만 여겨지지는 않았다. 오히려 두 집단은 뚜렷한 정치적 실체로 취급되었다. 그들의 법적 문제가 상이한 법정 앞에서 별개의 법률에 따라 처리되었기 때문이다. 이러한 발전과 나란히 공통 언어 '힌두스탄어'는 종교적 의미가 깃든 우르두어(무슬림의 언어)와 힌두어로 나뉘었다. 힌두어에서 아랍어와 페르시아어로부터 차용한 낱말은 산스크리트 용어로 대체되었다. 마찬가지로 힌두인들이 속한 카스트(이전에 주로 사회적 차별을 나타낸 낱말)는 이후로 그들의 종교를 드러내는 표시로 여겨졌다.

무슬림과 힌두교도 사이의 차이는 분명히 새롭지도 않았고 단순히 영국 통치의 산물도 아니었다. 그런데도 19세기 동안에 이제까지 여러 경향 중 하나였을 뿐인 종교적 충성은 한 개인에게 정체성을 부여하는 중요한 요소로서 엄청난 중요성을 획득했다. 이렇게 불분명하고 '희미한', 중첩되는 주체성에서 엄밀한 경계 설정으로의 이행은 민족적·국민적 정체성을 형성하는 일부였다. 동시에 인구조사 같은 식민지 통치 수단이 이를 더욱 확실하게 했다. 신앙 공동체들의 이러한 분리는 19세기 말에 여러 곳에서 관찰되었다. 그 반향은 지금까지도 인도의 '공동체주의'에서는 물론 레반트 지역의 오스만 제국을 계승한 국가들에서도 감지된다. 그 계승 국가들에서도 정체성은 종교적 교단과 밀접한 연관이 있다.[461]

세속화의 산물로서의 세계종교

국가의 직접적인 개입을 제외하면, 종교적 역동성은 유럽 대학들의 분과 학문과 근대적 지식 체계에 관련되면서 큰 영향을 받았다. 강도 높은 철학적 연구와 아시아의 고전적 종교 경전의 부활을 촉발했던 유럽의 오리엔탈리즘에 더해, 종교 논쟁의 조건에 근본적인 영향을 준 것은 다른 무엇보다도 세계종교라는 개념이었다. 조만간 이 개념은 담론의 변수들뿐만 아니라 종교적 실천 자체까지 바꾸어 놓았다. 민족학과 오리엔탈리즘처럼 비교종교학도 유럽인들이 점점 더 깊이 통합되는 세계를 인지적으로 이해하려고 할 때 수단으로 쓴 학문 범위에 속했다.[462]

종교에 관한 학계의 관심은 종교가 하나의 사회 현상으로서 명백히 쇠퇴하고 있을 때 솟아났다. 유럽에서만 그런 것은 아니지만, 주로 그곳에서 많은 당대인이 종교의 영향력이 분명히 퇴조하고 있다고 생각했다. 이는 바로 콩도르세Condorcet 같은 계몽사상가들이 요구한 바였다. 신은 최고 권위의 지위를 자연에 넘겨주었다. 그리고 신이 차후에도 언급되었다면, 이는 미국독립선언서에서 그렇듯이 '자연의 신'으로서 언급된 것이다.[463] 루트비히 포이어바흐Ludwig Feuerbach와 마르크스는 종교를 기껏해야 '대중의 아편' 정도로만 보았다. 인도의 아크샤이 쿠마르 다타Akshay Kumar Datta는 "이 세상에서 종교보다 더 많은 파괴와 유혈극을 일으킨 것이 있는지 의심스러웠다."[464] 1882년에 니체가 신은 죽었다고 선언한 것은 유명하다. 콩트와 베버 같은 사회과학자들은 자기들의 세속화와 '세계의 각성'에 관한 이론의 토대를 종교의 중요성이 하락한 것에 두었다. 이러한 해석은 근대성의 자기 이미지에, 그리고 종교의 현대적 이해에 깊고도 지속적인 영향을 미쳤다.

매우 일반적인 의미에서 세속화란 우주론적 패러다임의 전환을 대표했다. 그것은 신이 창조하고 신성한 원리가 침투한 세계로부터 인간의 이해를 허용하는 원리를 갖추고 그 동일한 능력에 의해 변화할 수 있는 것으로 해석된 질서 개념으로의 전환이었다. 계몽운동과 프랑스 혁명의 배경에서 진행된 근본적인 논의는 여기서 중요한 준거점이었다. 19세기 과학의 개선 행진은 이 과정의 촉진을 도왔으며, 이 때문에 종교는 과학의 절대적 진리 주장에 맞서야 했고 자연과학과 사회과학이 결정한 세계관과 다투어야 했다.[465]

사회적 관습에서는 신앙에서 지식으로의 확실하고 명료한 이행을 확인하기가 어렵다. 그러나 제1차 세계대전 직전에 여러 사회에서, 광범위한 사회적 환경에서 형이상학적으로 지지를 받는 자연 질서와 사회질서의 가정이 더는 자명하지 않았다고 주장하는 것이 대체로 옳다. 공중 영역에서는 종교적인 것의 우위가 역사나 진화, 종족에 근거를 둔 대안적 담론들의 우세한 경쟁에 의해 점차 눈에 띄지 않는 곳으로 밀려났거나, 적어도 이제는 종교 개념에 역사적이고 과학적이며 종족생물학적인 의미가 담기는 방식으로 해석되었다.

덧붙이자면, 달리 말해 철학적 정당화 문제 아래에서, 세속화는 종교가 고유의 규칙과 동력을 지닌 사회적 하위 체계가 되었음을 의미했다. 실제로 19세기에 여러 사회에서 공중 영역의 변화와 맞물려 종교의 사영역화를 목격할 수 있었다. 다시 말해 종교 활동은 사적 영역으로 확실히 퇴각했으며 더불어 종교를 사적 문제로 보는 담론이 구축되었다. 확실히 대다수의 사람에게 종교적 원리와 가치는 사물에 계속 의미를 부여하는 가장 중요한 영감의 원천이었으며, 종교적 실천은 사람들의 일상생활 속에 살아남았다. 그러나 이는 종종 신앙이 그 효력과 현재를 내세와 조화롭게 할 능력을 서서히 상실하는 조용한 혁명과 연결되었다.[466]

그러나 이 전반적인 평가는 이 발전이 종교적 실천에 미친 영향에 관해 우리에게 아무것도 이야기해 주지 않는다. 사영역화의 한 가지 가능한 귀결은 19세기 서유럽 여러 곳에서 애석하게 여겨진 예배 참석의 빈도 감소였다. 그러나 그 반대도 옳았다. 미국에서는 1860년에서 1900년 사이에 교회 신도가 증가했다.[467] 그러므로 평자들은 유럽의 세속화 확대라는 '특별한 경우'와 미국의 반대되는 추세를 대비시켰다.[468] 또한 세속화에는 사회적 환경의 변화가 동반될 수 있었다. 당시 많이 논의된 것은 종교적 관행의 여성화(여성의 영역을 사적 영역과 동일시한 결과)와 종교적 결사와 순례, 선교 사업 같은 종교 활동에 여성의 참여가 확대된 것이었다. 1845년에 미슐레는 이렇게 말했다. "신은 그의 성性을 바꾸고 있다."[469] 마지막으로 종교적인 것의 사영역화는 종종 종교적 부흥의 사업들에, 즉 각성 운동과 부흥 운동, 나아가 새로운 종파와 종교의 창설 등과 연결되었다. 그리하여 종교의 사영역화는 세속화의 한 차원을 대표하지만, 동시에 과격한 각성 프로그램의 한계도 대표한다.

아무리 역설적으로 보일지라도, 19세기 유럽의 세속화는 그 자체로 세계 종교 개념의 출현을 위한 선행 조건의 하나였다. 세속적 영역이 단지 종교의 퇴조와 의미 상실의 결과로서 생겨난 잔여 영역만은 아니었기 때문이다. 세속적인 것은 단순히 종교적인 것의 반대가 아니었다. 이따금 세속화의 옹호자들은 그들의 반대자들과 동일한 선교의 열정을 보여 주었다. 그러한 경우에 세속화는 냉정한 합리성의 표현이 아니라 당연히 다른 모든 종교 중의 하나로 보였다.[470] 더욱 중요했던 것은, 더욱 근본적으로 중요했던 것은 세속적인 것이라는 범주 자체가 새로운 형태의 '종교'를 전제로 했다는 사실이다. 그리고 그 반대도 옳다. 그러므로 세속화와 이른바 종교의 '발명'은 잘 어울렸다.[471]

이것이 무슨 뜻인가? 근대의 '종교' 개념은 사회적 분화의 과정이, 그리고 중요한 사회 분야들(경제와 정치, 사회생활, 문화, 종교)이 부분적으로 자율적이고 차별화된 사고와 행동의 영역으로 발전한 과정이 근대성의 특징이라는 가정 위에 정립되었다. 종교가 정치적 권위의 정당성을 보장하거나 상품의 교환을 정당화하는 것처럼 삶의 모든 영역에 침투하는 한, 그리고 중세와 근대 초의 거의 모든 사회에서 그렇듯이 상이한 사회적 영역 사이에 엄밀한 경계가 존재하지 않는 한 세속화 개념은 그저 부적절했을 뿐이다. 동시에 근대의 종교 이해는 종교가 기능적인 논리에서 삶의 다른 모든 영역과 구분되는 별개의 현실 영역에 한정될 때만 가능했다.[472]

그러므로 사회학적 종교 개념의 토대는 근대사회의 기능적 분화가 일어나고 있다는 당대 사회과학의 진단이었다. 그것은 종교가 사회적 틈새에서만, 예를 들면 진보가 아직 도달하지 못한 곳, 그러므로 유럽 밖의 여러 곳에서 살아남았다는 가정에서 생겼다. 그렇지만 유럽 안에서도 도시 하층계급 사회처럼 전근대적 조건이 여전히 지배적인 곳도 해당된다. 따라서 종교 담론은 처음부터 세속화의 담론이었으며, 동시에 서구 근대성의 '타자'에 관한 담론이었다.

19세기 중엽 이래로 유럽과 미국의 신학적·사회학적·민족학적 논쟁은 세계종교 개념을 체계화하는 데 도움이 되었다. 이 개념이 새로운 것이기는 해도, 그것이 사회 변화에 미친 충격이나 영향을 과장해서는 안 된다. 동시에 그것은 단순히 대학의 상아탑에서 만들어진 결과물이 아니었으며, 본질적으로 그 시대의 암묵적인 종교적 지식을, 이를테면 종교 간의 차이, 기독교의 패권적 주장, 유럽의 여행객과 선교사, 식민지 행정관이 오랫동안 식민지 현지에서 적용해 온 종교와 미신의 구분에 관한 지식을 학문의 용어로 요약했다.

세계종교 개념의 토대는 종교가 보편적 현상인 동시에 사회의 특징을 이루는 매우 중요한 요인의 하나라는 믿음이다. 실로 종교와 사회는 종종 단순하게 서로 동일시되었다. 그러므로 '종교'는 세계화한 세계를 이해하는 데 중요한 분류의 용어였다. 그러나 그 개념은 사회적 하위 체계를 지칭하는 새롭게 구현된 형태로서는 매우 새로운 것이었다. 많은 토착 언어들이 '종교'라는 용어에 상당하는 의미를 담지 못했기에 새로운 용어가 만들어져야 했다. 한국어의 종교宗敎나 중국어의 종자오宗敎, 일본어의 슈쿄宗敎는 완전히 새로운 개념을 지칭하고자 만든 신조어였다. 심지어는 '이슬람'이라는 용어도 아랍 문헌에서 1880년대 이후에야 쓰였으며, 게다가 프랑스어의 번역에서도 종종 쓰였다.[473]

신학은 진정한 세계종교를 샤머니즘과 정령숭배, '원시적인' 관행과 대조해 구분하기 위해 여러 특징을 확인했다. 나열하자면 이렇다. 고유의 규칙에 따라 움직이는 다른 사회적 하위 체계와 명백히 분리되어야 했다. (이른바 '경전 종교'의 경우처럼) 일반적으로 성스러운 경전으로 언급되는 신조와 교리가 발전되고 표준화되어야 했다. 신조가 제도화되고 명확한 권위 구조가 형성되어야 했다. 이것은 반드시 '교회'로 귀결될 필요는 없었지만, 평신도나 비전문가의 강한 관여와 그들에 대한 동등한 권한 부여가 동반되었다. 마지막으로 그 지도 원리가 폭넓은 사회 부문의 개념 세계와 일상적 실천 속에 주입되어야 했다. 그래서 그 결과로 다수의 평신도가 종교를 '내면화'하고 감정적 차원에서 경험하며 자선 활동과 정치 활동 같은 사회적 행동에 동원해야 했다.

끝으로 특정 지역과 민족에 매인 옛 종교들과는 달리 세계종교는 유럽 종교 연구의 선구적 인물 중 한 사람인 네덜란드 학자 코르넬리스 페트뤼스 틸러Cornelis Petrus Tiele가 말했듯이 '세계 정복'의 의도와 결부되었다.[474] 이 대범한 주장은 세계종교를, 혹은 흔히 일컬어졌듯이 보편 종교를 19세기 식민지 세계의 필수 구성 요소로 만들었다. 종종 이 주장은 순환적이었다. 어느 종교의 추정상의 보편성(국경을 넘어 타당성을 지닐 가능성)은 그것의 실제적인 확산이 증명했고, 그 종교의 확산은 다시 강제 개종과 국가의 압박, 엄정한 지정학적 위계질서 덕분일 때가 많았다.

보편 종교 개념은 전 인류에 도달할 수 있는 잠재력을 지닌 경전 종교를 단순한 지역적 신념 체계와 구분하기 위한 의도에서 분석적 용어로서 제시되었다. 그러나 실제로 그 개념은 기독교 신학자들과 종교학자들이 고안했기 때문에 이데올로기적 의미가 실려 있다. 초기 형태에서 그 목적은 기독교의 우월성과 보편성을 증명하는 것이었다. 그렇지만 19세기 후반에 그 개념은 확장되어 다른 종교도 포함하게 되었다. 그 배후에는 모든 세계종교가 단일한 기본적인 보편 종교의 중요한 일면을 반영한다는 관념이 있다. 그러한 맥락에서

'세계종교'라는 용어 자체는 중요한 역사적 요소가 되었다. 종교적 근대화론자들이 특히 아시아에서 곧 자기들의 개혁 노력을 보편 종교의 범주에 맞추기 시작했기 때문이다.

그렇다면 무엇 때문에 세계종교 개념이, 따라서 암묵적으로는 세속화 관념이 그렇게 매력적이었나? 종교개혁가들이 유럽과 세계의 다른 지역에서 똑같이 어쨌든 처음에는 자기들의 이해관계와 배치되는 것처럼 보였는데도 세속화 개념을 차용하고 채택한 이유는 무엇인가? 한편으로는 종교를 사회적 하위 부문으로 제한한다고 해도 실제로 사회적 중요성이 줄어들지 않았다. 오히려 그 반대였다. 종교를 별도의 사회 영역으로 분류하면 종종 신자들의 몸과 마음에 훨씬 더 폭넓게 다가갈 수 있었다. 종교의 대중화와 신앙부흥 운동, 대중매체를 통한 종교의 사회적 확장을 생각하면, 이는 실제로 종교 공동체의 힘이(많은 경우에 그 직접적인 정치적 영향력도) 지속적으로 성장했음을 의미했다.

다른 한편으로 많은 개혁가와 사회 엘리트들은 세속화 과정이라는 관념을 일종의 자연법으로 보았고, 종교적 실천이 소수의 세계종교로 통합되는 것이 매우 설득력이 있다고 보았다. 사회의 점진적 분화와 종교의 별개 영역으로의 분리는 사회 진보의 필수적인 구성 요소로, 사실상 그러한 진보를 보여 주는 것으로 해석되었다. 그러나 실제로는 많은 개혁가가 그 과정에 개입해 이바지했다. 그 점에서 기능적 분화 개념과 세속화에 대한 계몽주의적 예측도 모두 자기실현적 예언이었으며, 그 안에서 사건들의 자연스러운 경로를, 나아가 역사의 법칙을 본 사회적 행위자들이 실현한 것이다. 달리 말하자면 이렇다. 세속 사회와 종교의 독립적인 현실 영역으로의 분리는 창조된 것이지 단순히 발견된 것이 아니다. 그것은 특정한 정치 문화와 세속주의라는 지식 체계의 산물이었다. 자동적이고 보편적인 발전의 결과가 아니었다.[475]

문화 전쟁

기능적으로 분화한 세속적 사회의 '탄생'을 보여 주는 매우 의미심장한 사례는 19세기의 문화 전쟁이었다. 19세기의 첫 3분기 이래로 스위스부터 시작해 각국 정부는 국가와 종교의 분리를 조종했다. 특히 서유럽과 라틴아메리카에서 개별 영역들 간의 경계가 관건인 분쟁들이 터져 거의 19세기 내내 지속되었다. 사회학의 세속화 이론이 이러한 충돌의 결과로 수립되었다고 말하는 것이 옳을 것이다.

유럽의 문화 전쟁에서 스스로 자유주의적이라고 생각한 국민국가들은 교회, 주로 가톨릭교회와 충돌했다. 동시에 비슷한 분쟁이 개인의 신앙 영역에서도 진행되었다. 이는 말하자면 개혁적인 유대인이나 프로테스탄트의 '빛의 친구들'(독일의 자유주의적 합리주의자 집단), '독일 가톨릭'처럼 사회적으로 자유주의적인 기조의 가톨릭을 옹호하는 자들이 촉발했다. 이러한 대결은 장기적인 구조적 변화의 결과였다. 그러한 변화에는 우선 늦어도 19세기 중반부터는 거의 유럽 전역의 특징이 된 민주화 과정이 포함된다. 근대 산업사회의 출현은 여러 나라에서 정치 과정에 대한 폭넓은 참여와 자유주의적 세계관의 확산을 낳았다. 문화 전쟁은 많은 경우에 헌법과 선거법의 포괄적 개혁이 가져온 직접적인 귀결이었다. 이제 많은 자유주의자는 국가를 자기들의 재산으로 보았다. 국가는 그들이 교권주의 전통과 치열하게 싸운 뒤에 얻어 낸 것이었기 때문이다. 교회의 지지를 받은 여왕 이사벨 2세Isabel II와 그의 온건당에 맞서 싸운 1868년 이후의 자유주의적인 에스파냐 군주국을, 교황령과 무장 충돌을 겪은 후에야 탄생한 이탈리아 국가를 예로 들 수 있다. 두 번째 중요한 배경은 19세기에 진행된 종교적 부활 과정과 종교 행동주의의 강화였다. 마지막으로 세 번째, 이러한 분쟁은 국민국가의 동질화 정책을 반영했다. 국민국가는 자국 시민이 국가의 관할권을 넘어서는 외부의 힘에 연합하고 충성해야 한다는 점을 점차 받아들이고 싶지 않았기 때문이다.[476]

문화 전쟁은 국민국가가 내부 주권을 주장하는 운동으로 제시했으며, 강력한 민족주의적 요소를 지녔다. 그 분쟁들은 동일하지 않았다. 관련된 나라마다 분쟁의 심각함과 국가 개입의 정도, 물리력의 사용, 장기적 귀결만큼이나 상황도 다양했기 때문이다. 그러나 동시에 그 분쟁들은 전 유럽적인 현상이었으며, 다양한 방식으로 서로 긴밀히 연결되었다. 거의 모든 경우에서 분쟁의 가장 중요한 분야는 주교 임명의 권한과 민사 혼인의 인정, 교육제도에 대한 교회의 영향력으로 동일했다. 이러한 충돌은 초국적 이데올로기가, 특히 자유주의와 교황권 지상주의 가톨릭이 자양분을 공급했다. 이러한 이데올로기들이 행사한 영향력은 국경을 초월했다. 게다가 그 이데올로기들은 부분적으로 직접적인 협력에 기반을 두었다. 주세페 마치니의 '청년 유럽'을 생각해 보면 알 수 있다. '청년 유럽'의 의제는 유럽 전역과 그 너머 멀리 벵골과 라틴 아메리카에서도 채택되었다.[477] 따라서 로마와의 다툼은 흔히 합동 기획으로 인식되었다. 1874년에 런던에서 열린 회합에서 영국 자유주의자들은 독일의 교회 정책을 지지한다고 선언했으며 "교황권 지상주의에 맞선 위대한 문화 전쟁에서 두 나라의 형제애"를 다지겠다고 약속했다.[478] 대다수 행위자에게 국가와 교회 사이의 유럽적 차원의 분쟁은 자기들의 투쟁 의미를 더욱 크게 확보하는 중요한 수단이었다.

1870년대에 교회와 국가 간의 분쟁은 특히 독일에서 치열하게 전개되었다. 1880년 이후에 주된 역할을 떠맡은 것은 주로 프랑스였다. 프랑스의 싸움은 특히 이탈리아와 에스파냐에서 하나의 모델로 치켜세워졌다. 문화 전쟁은 국가와 교회 사이의 경계를 더욱 엄밀히 정하는 데 도움이 되었으며, 기독교 교회가 적어도 부분적으로는 그 공적 기능을 포기하게 했다. 이러한 분리를 당대인들은 주로 교회의 책임을 제한하고 축소하는 것으로 보았다. 그러나 동시에 그것은 교회의 중앙화 과정을 촉진했다. 그 효과는 가톨릭의 사례가, 특히 교황권 지상주의의 영향을 받고 있는 가톨릭의 사례가 잘 보여 준다. 사제의 교육은 점차 로마에 집중되었고 교황령 관료 기구는 확대되었으며, 교황은 교황 무오류 신조를 공표했고 가톨릭교회는 로마 순례나 '베드로의 돈'(매해 모든 신자에게 부과되는 세금)을 통해 폭넓은 신도 대중과 직접 접촉하며 그들의 지지를 구하는 데 주의를 돌렸다. 이러한 변화는 교황권 지상주의 신문, 《블랙 인터내셔널L'Internationale noire》을 통해 유럽 전역의 가톨릭 공동체에 전해졌다. 1870년에 설립된 제네바 통신Correspondance de Genève은 전 세계 가톨릭 언론에 가톨릭 문제에 관한 새 소식을 조정해 제공하기 위한 (준공식적) 통신사였다.[479] 국제적 교류와 중앙화, 관료화, 대중 동원 등 가톨릭교회는 바로 그들이 종종 혹독하게 맞서 싸운 실체인 국민국가를 닮아 가는 제도가 되었다. 동시에 가톨릭교회는 일련의 가톨릭 정당을 창설했다. 1869년에 벨기에에서, 그 직후 독일과 오스트리아, 프랑스, 네덜란드에서 창당했는데, 이로써 가톨릭교회는 선수이자 경쟁자로서 정치 영역에 뛰어들었다. 이 중앙화 과정의 결과로서 1900년이 되면 유럽 가톨릭 내부에 18세기보다도 더 큰 종교적 동질성이 나타났다.[480]

문헌에서 좀처럼 논의되지 않는 것은 문화 전쟁이 유럽에만 국한되지는 않았다는 사실이다. 예를 들면 문화 전쟁은 식민지에서도 벌어졌다. 그리고 문화 전쟁은 그곳에서 끝났다고 말할 수 있다. 식민지에서 국가와 가톨릭교회 간의 화해는 유럽에서 양자 간의 적대를 완화하는 데 기여했기 때문이다. 적대 행위의 점차적인 중단은 또한 양측 다 점차 사회 문제에서 진정한 위협을 발견하게 되었다는 사실과도 연관이 있었다. 국가가 볼 때 조직된 노동계급은 가톨릭교회를 대신해 내부의 주적이 되었다. 그때부터 미성숙하고 유치한 자들의 '개종'과 혜택받지 못한 자들의 '향상'은 식민지에서나 본국에서 공히 교회가 병행해야 할 임무였다.[481] 그리고 마지막으로 해외 선교도 국가와 가톨릭 사이의 갈등을 줄이는 데 중요한 역할을 했다. 유럽의 독서 대중은 점점 더 식민지의 기독교도와 비기독교도 사이의 구분에 집착했기 때문이다.[482]

문화 전쟁은 또한 유럽 국가와 그 식민지 밖의 다른 장소에서도 일어났다. 이는 특히 라틴아메리카에 해당되는 이야기다.[483] 그 지역의 많은 나라에서 자유주의 정당의 승리는 교회와 국가의 분리, 그리고 일련의 반교권적 조치(종교의 자유, 민사 결혼, 이혼법)의 도입과 연관되었다. 예를 들면 19세기 중반에 멕시코에서는 아메리카 원주민 출신의 베니토 후아레스Benito Juárez(1806~1872)가 자유주의에 경도된 국가를 수립했는데, 그 국가는 1857년 헌법에 성직자 소추 면제권의 폐지와 교회 재산 몰수, 예수회 교단의 추방, 교육에서 교회의 배제를 집어넣었다. 여러 해 동안 격하게 진행된 내전에 뒤이어 후아레스는 민사 등록제를 도입하고 공동묘지를 세속화했으며, 종교 교단의 해체를 명령했고 공식적으로 국가와 교회의 분리를 선언했다.[484]

이는 근본적으로 정치권력을 획득한 자유주의 이데올로기와 가톨릭 사이의 분쟁이었다. 그러므로 이 분쟁은 유럽에서 진행된 싸움과 구조적으

_____ 보수적인 프로테스탄트였던 아돌프 스퇴커(Adolf Stoecker). 그가 제안한 법안의 잠재적 효과는 한 풍자 잡지의 만평에서 다음과 같이 묘사되었다. "아돌프 스퇴커가 제안한 법안에 따르면, 아프리카의 선교원 영지는 가톨릭과 프로테스탄트로 분할되어야 한다." 그 법안은 아프리카의 선교 활동 영역을 종파의 구분선에 따라 동등하게 분할할 것을 제안했다. 만평에서 토착민은 동아프리카 가톨릭 선교사들이 주는 물건(묵주, 성인의 그림)에 열정적으로 덤벼드는 반면에, 사람들의 이성 능력에 더 호소한 서아프리카의 프로테스탄트 선교사들의 물품('작은 책자')에는 손도 대지 않는 것으로 묘사했다. (Wikimedia Commons)

로 많은 유사성을 보여 주었다. 이러한 싸움들은 또한 초국적 대중매체에 의해서도 연결되었다. 대중매체가 그 싸움들을 국경 너머로 전파했기 때문이다. 그리고 마지막으로 다양한 문화 전쟁은 특정 개인의 활동에 의해서도 연결되었다. 문화 전쟁 시기의 주요 행위자 한 사람을 예를 들면 비록 오늘날에 거의 알려지지 않은 스위스인 블룬칠리를 꼽을 수 있다. 블룬칠리는 독일에서 공부하고 1830년의 혁명 중에 파리에 체류한 뒤 취리히로 돌아와 로마법 교수가 되었다. 그는 1839년의 취리히 폭동(자유주의적인 취리히시 정부에 맞선 농촌 보수파의 쿠데타)부터 1847년의 분리파 전쟁(내전)까지 스위스의 자유주의와 교회 간 분쟁에서 매우 중요한 인물이었다. 블룬칠리는 정치와 종교의 평화로운 공존을 주장했으며 교회와 국가의 '결혼'이라는 개념을 창안했다. 1848년에 블룬칠리는 다시 독일로 이주해 처음에는 뮌헨에서, 이어 하이델베르크에서 가르쳤다. 1859년 그는 자유주의적 신문《쥐트도이체 차이퉁_Süddeutsche Zeitung_》의 창간 발기인 중 한 사람이었다. 그는 바덴 공국의 자유주의적 개혁 법률의 기초를 세운 주요 지식인의 한 사람이었다. 가톨릭의 시각에서 보면 그는 독일제국의 '민족주의적 자유주의의 우두머리'였다. 그가 생각한 교회와 국가의 '결혼' 모델은 독일뿐만 아니라 여러 나라에서 영향력이 매우 컸던 관념이었다. 예를 들면 이탈리아의 자유주의적 개혁가 카밀로 벤소 디 카보우르는 그 모델을 채택해 '자유로운 국가의 자유로운 교회'를 이야기했다. 카보우르도 블룬칠리처럼 그것을 고도로 젠더화한 낱말로써, ('남성'으로 추정되는) 공중 영역을 ('여성'인) 사적 영역에서 기능적으로 분리하는 것으로 해석했다.[485]

헌법과 국제법에 관한 블룬칠리의 글은 19세기의 고전이 되었으며 수많은 언어로 번역되었다. 모든 대륙에서, 에스파냐와 러시아는 물론 멕시코와 콜롬비아, 중국에서도 사람들이 블룬칠리의 저술을 읽고 토론했다. 또한 블룬칠리의 글은 많은 문화 전쟁에서 자유주의적 입장의 중요한 준거점으로 사용되었으며 가톨릭교회가, 실로 기독교 전체가 예상치도 못한 사례에도 이용되었다. 일본에서는 1868년 이후의 메이지유신 초기에 근대국가 형성과 관련해 불교 탄압의 물결이 휘몰아쳤는데, 불교에 반대하는 성상 파괴 행위가 이어졌고 수많은 불교 사찰이 파괴되었다. 일본의 불교 박해는 여러 점에서 유럽의 가톨릭 탄압과 매우 유사하게 보였다. 정치적으로 불교는 보수파(도쿠가와 막부)와 동일시되었던 반면에, 문화적으로는 게으르고 도덕적으로 타락했으며 죄가 많고 남자답지 못하다는 전형적인 승려의 이미지가 대중의 항의를 정당화하는 데 이바지했다. 동시에 승려는 정부의 공식적인 종교 개입의 표적이었다. 그때까지 불교 사찰이 담당했던 주민등록을 국가가 넘겨받은

_____ 도쿄의 불교 승려들(1915년 또는 1920년 무렵의 사진). 일본의 불교는 국가가 억압 정책을 펼치고 신토가 국가 공식 문화의 지위를 얻으면서 크게 약화되었다. 그러나 내부 개혁의 국면을 거치며 불교의 정치적 영향력은 한 번 더 성장했다. 메이지유신 초기에 무시당한 경험이 있었기에 많은 불교 옹호자들은 각별한 노력으로 애국심을 강조했다. 일본의 파시즘 군국주의 시기에 특히 선불교 승려들은 일본 제국의 팽창주의 정책을 지지한 주요 이데올로그였다. (Library of Congress)

것이 대표적이다. 이러한 조치들은 유럽에서와 마찬가지로 스스로 자유주의적 원리 위에 서 있다고 보고 종교를 사적 영역으로 추방하려고 했던 근대국가의 핵심 정책이었다. 우연히도 일본의 논쟁에 토대가 되었던 것 중 하나는 블룬칠리의 '교회와 국가의 결혼' 이론이었다. 그 이론은 1870년 가토 히로유키加藤弘之가 번역했다.[486]

1830년부터 제1차 세계대전 발발 때까지 이어진 문화 전쟁 시기가 종교를 인민의 삶에서 내쫓지는 않았다. 여러 점에서 종교의 역할은 한층 더 강화되었다. 문화 전쟁에 대응해 창설된 가톨릭 정당을 그 예로 들 수 있다. 그러나 그 분쟁은 특히 서유럽과 라틴아메리카의 가톨릭교회가 사적인 제도의 지위로 영락하는 상황을 초래했다. 대부분의 경우에 이 과정에 교회와 국가의 엄밀한 분리가 동반되지는 않았다. 교회와 국가의 분리가 가장 확연하게 일어난 곳은 세속성 개념이 제도화한 프랑스였다. 다른 대다수 국가에서는 교회가 교육과 복지 부문에서 약간의 영향력을 유지했다. 그러나 그렇더라도 자유주의적 국민국가가 보여 준 반교권적 개입과 입법은 종교가 그 고유 영역으로 퇴각한다는 관념을 강화했으며, 따라서 근대화 이론가들이 자동적으로, 거의 자연적으로 발생할 것이라고 추정한 바로 그 기능적 분화를 때로 폭력적인 방식으로 강요했다. 콩트와 뒤르켐, 베버가 정립한 고전적 세속화 이론이 문화 전쟁이 정점에 도달한 역사적 순간에 등장한 것은 우연이 아니다. 이 학자들은 그 시대의 분쟁을 추상적인 사회학 용어로 옮겼으며, 그들의 이론은 독일과 프랑스의 구체적인 경험을 넘어서는 보편타당성을 지님을 주장했다. 그러므로 세속화 이론은 단연코 유럽적인 시각에서, 그리고 이 분쟁의 두 당사자 중 어느 한 편의 관점에서 정립된 논란이 있는 개념이다.[487]

세계종교로서의 힌두교

이 분쟁의 시기(계몽운동의 비판에서 시작해 문화 전쟁으로 끝났다.)에 출현한 기독교 교회는 폭넓은 제도적 구조와 더욱 동질적인 내부 규약을 갖추어 변화하는 동시에 강화되었다. 다른 종교에서도 매우 유사한 과정을 관찰할 수 있다. 이러한 변화의 배경은 유럽의 팽창과 근대적 종교 담론의 확산이었다. 그러나 세계종교의 정립은 단순히 비교종교학의 산물만은 아니었다. 그것은 광범위한 행위자들이 창조적이고 전략적으로 발명해 낸 결과물이기도 했다. 이 점에서 도시 중간계급이 중심적인 역할을 수행했다. 지역의 수많은 영적 관행을 결합해 단일한 종교로 표준화하려고 큰 노력을 기울인 사람들이 종종 도시 중간계급 출신의 개혁가들이었다. 대부분 이러한 발전은 기존 위계제의 폐지와 그때까지 종교 전문가의 영역이었던 지식의 민주화와 결합했다. 이렇게 개혁된 종교는 중간계급의 이익과 새로운 공중 영역의 현실에 부합했다.[488]

어쩌면 '발명'이라고도 할 수 있는 힌두교의 재건은 전형적인 사례다. 오랫동안 '힌두'라는 용어는 주로 종교적 관행을 가리키는 것이 아니라 일반적으로 인도에 관한 모든 것을 지칭하는 데 쓰였으며, 때로는 남아시아의 무슬림이나 기독교도, 유대인과 대비되었다. 그러나 18세기 말부터 그 용어가 종교적으로 한정된 집단의 정체성을 가리키는 명칭이 되면서 그 상황은 서서히 변했다. 이러한 변화의 기원은 윌리엄 존스 같은 동인도회사의 동양학자들까지 거슬러 올라갈 수 있다. 존스는 1780년대부터 자기가 당대 인도에서 마주한 다양한 종교적 관행을 소수의 고전적 경전과 연결했다. 그리하여 그가 서사적인 「마하바라타Mahabharata」의 원문을 재구성한 것은 힌두교 역시 경전을 기초로 한 종교임을, 단지 당시에 그렇게 보였듯이 여러 가지 문화적 관행을 모아 놓은 것이 아님을 증명하기 위한 것이었다.

인도의 개혁가들(그중 주요 인물은 람 모한 로이(1772~1833)다.)은 아대륙에서 기독교 선교사들이 벌인 활동의 영향을 받아 1800년대부터 지역의 신앙과 관행을 통일성 있는 종교로 통합하고 조화롭게 하는 일을 시작했다. 그들의 한 가지 전략은 미신이자 우상숭배로 낙인찍힌 관행들에 맞서 논쟁을 벌이는 것이었다. 다른 전략은 힌두교가 진정으로 일신교 신앙 체계임을 입증하는 것이었다. 그들에 따르면 이 사실은 승려 계급인 브라만이 수백 년에 걸쳐 종교 지식을 '오염'시키고 독점하면서 모호해졌다. 이런 식으로 개혁가들은 대개는 지역에서만 유효한 수많은 작은 전통을 단일한 종교로 바꾸고 싶어 했다. 이러한 개입에서 그들의 주된 준거점은 종교적 관행이 아니라 고전 텍스트, 즉 베다였다. 그렇게 이들은 일련의 사회적 관행이었던 것을 하나의 지식 체계로 변형시킴으로써 성스러운 경전에 토대를 둔 종교를 창시했다. 그때 힌두교는 시초 이래로 변하지 않은 것처럼 보였고 사실상 탈역사화했으며, 반면에 수백 년간의 헌신적인 예배는 말소되었다. 이러한 재정의가 실천적 대중과 그 신앙의 전문 수호자 브라만 둘 모두를 희생시킨 중간계급의 기획임은 분명하다. 동시에 19세기 종교 담론의 특징이었던 성스러운 경전의 권위에 대한 집착은 젠더의 측면에서 중립적이지 않았다. 그것은 서기의 역할과 문해력 보유자를, 다시 말해 남성 엘리트를 특별하게 대우했으며, 반면에 여러 곳에서 여성의 영역이었던 일상의 종교적 관행은 신뢰를 잃었다.[489]

근대화 담론(이것도 많은 유럽인 관찰자와 힌두 개혁가들의 시각이었다.)에서 이러한 변화는 조만간 모든 주요 종교에 영향을 미치게 되는, 다시 말하면 신앙과 교리 차원의 합리화와 조직 차원의 중앙화와 관료화라는 보편적 과정의 일부가 된다. 그러나 이러한 발전은 결코 자명하지 않았고 자연스럽지도 않았다. 그 발전은 합리화를 향한 내부적 충동의 결과물로 이해될 수 없다. 서구의 문명 담론과 제국주의적 세력 구조가 행사한 순응의 압박을 고려해야 이해할 수 있는 것이 된다. 바로 이러한 상황에서 람 모한 로이 같은 개혁가, 종교 문제를 논의하고자 설립된 협회인 브라마 사마지Brahmo Samaj의 회원 같은 개혁가들이 그들만의 개혁된 힌두교를 고안해 냈다.

힌두교 발전의(일반적으로는 다른 세계종교들의 공식화의) 다른 전제 조건은 모델이자 대항자인 기독교와의 관계였다. 기독교(주로 프로테스탄트) 교회와 그것이 사회에서 수행하는 역할은 다른 종교들의 공고화를 측정하는 일종의 기준으로 작용했다. 여러 사회의 개혁가들은 프로테스탄트의 모델을 염두에 두고 자기 종교의 개혁을 요구하기 시작했다. 그래서 학자 캉유웨이를 그의 제자들은 '유교의 마르틴 루터'로 불렀다. 그리고 선구적인 이슬람 사상가 자말 알딘 알아프가니가 좋아한 주제 중 하나는 이슬람의 절박한 '개혁' 필요성이었다. 알아프가니는 과연 그답게도 이슬람의 마르틴 루터 역할을 자임했다.[490] 지역의 전통들이 '종교'의 지위를 주장할 수 있으려면, 불가피하게 기독교에 의해, 즉 식민 세력의 세계관에 의해 인도를 받아야 했다. 이러한 형태의 표준화가 주는 한 가지 영향은 상이한 종교를 비교할 가능성이었다. 그리고 확실히 종교개혁가와 지식인들은 이 시기에 서로를 자세히 관찰했다. 최근의 종교사회학 연구들은 심지어 '종교의 시장'이라는 관점에서 이야기했다. 이 개념을 19세기에 적용하려고 하면 오해의 소지가 있다. 당시 종교적 관행은 거의 보편적으로 여전히 사회구조와 생활환경에 깊이 뿌리를 내리고 있었기 때문이다. 그래서 시장에서 자유롭게 교환되지 않았다. 그러나 (잠재적으로 동등한) 세계종교를 가정하는 것은 처음으로 그것들 사이의 직접적인 비교가 가능해졌다는 뜻이다.[491]

이로부터 널리 연극 같은 경쟁적 대결 관행이 촉진되었다. 여러 종교의 대표자들 간의 공개적 논쟁은 새롭지 않았고 사실상 고대까지 거슬러 올라가 찾아볼 수 있다. 그러나 새로운 매체를 통해 공중 영역이 크게 확장된 상황에서, 그리고 종교의 표준화에 비추어 볼 때 그 의미는 상당히 커졌다. 예를 들면 람 모한 로이는 네덜란드가 점령한 도시 세람포르에서 정기적으로 영국인 선교사들을 만나 종교적 논쟁을 벌였다. 기독교 선교사들과 다른 종교의 대표자들 사이에 공개적으로 열린 토론의 수는 머지않아 어마어마하게 증가했다. 1854년에 아그라에서, 1876년과 1877년에는 찬드라푸르에서 무슬림 학자들과 기독교 학자들 사이에 공개적으로 광범위한 웅변 대결이 벌어졌다. 울라마들은 이 대결에서 우세를 차지했다고 주장하곤 했다. 식민지 아프리카에서도 기독교 선교사들과 무슬림은 자기 종교의 우월함을 입증하려고 논쟁을 벌였다.

가장 유명한 논쟁의 하나는 프랑스인 에르네스트 르낭(1823~1892)과 자말 알딘 알아프가니(1838~1897) 사이에 오간 서신이었다. 르낭은 오늘날에도 민족주의 이론가로 잘 알려진 인물로서 철학자였고 비판적 성경학자였다. 그는 1863년에 『예수의 생애Vie de Jésus』라는 제목의 매우 논쟁적인 책을 발표했다가 가톨릭교회의 압력에 콜레주 드 프랑스 교수직에서 쫓겨났다. 독일 프로테스탄트 문화의 영향을 받은 르낭에게 가톨릭과 과학은 서로 화해할 수 없었다. 1883년에 소르본 대학에서 열린 강의에서 르낭은 이러한 관점을 이슬람에도 적용했다. 그가 보기에 이슬람은 중동 사회의 근대화를 가로막는 근본적인 장애물이었다. "우리 시대의 영적 생활에 조금이라도 관심이 있는 사람이라면 누구든지 현재 무함마드 국가들의 열등함과 이슬람을 지배적 종교로 갖고 있는 나라들의 쇠퇴를 분명하게 볼 수 있다." 르낭은 이슬람이 "무엇을 배우거나 새로운 사상을 흡수하는 것을 불가능하게 만든다."[492]고 확신했다.

무슬림 세계를 거의 전부 여행했지만, 당시에 우연히도 파리에 거주했던 알아프가니는 범이슬람주의 운동의 선구적 이론가였다. 그는 또한 열렬한 반제국주의자였고 르낭의 책에 스며든 유럽의 우월함이라는 가정에 즉시 이의를 제기했다. 《주르날 데 데바Journal des débats》에서 알아프가니는 르낭의 본질주의적 설명을 논박하면서도 유럽인의 담론에 담긴 역사적이고 진화론적인 요소들 안에 머물렀다. 그는 이렇게 주장했다. "과연 무함마드의 종교는 과학을 억누르고 그 발전을 방해하기 위해 엄청난 노력을 기울였다. 이슬람은 성공적으로 영적·철학적 운동의 잠식을 예방했으며 과학적 진실을 탐구하려는 정신을 막아 냈다." 그러나 그는 유럽 사회들이 계몽운동의 후원을 받아 기독교의 불관용적이고 편협한 족쇄로부터 벗어나기까지는 아주 오랜 시간이 걸렸다고 주장했다. 수백 년 늦게 성립한 이슬람이 여전히 그러한 발전에 이르지 못했다는 것도 매우 이해할 만했다. 이 논의는 널리 알려졌고 많은 언어로 번역되었다. 그러나 알아프가니는 이슬람 세계에서는 이슬람에 대한 자기의 비판적 견해를 공표하지 않으려고 조심했다. 그는 무슬림 청중에게 이야기할 때에는 이슬람의 우월함을 전면에 드러냈다. 그의 주장에 따르면 이슬람은 근대 세계의 도전에, 특히 물질주의에 대처하기에 다른 종교보다 더 적합했다.[493]

원형 종교를 찾아서

세계종교 간의 비교에서 중대한 시점은 1893년의 시카고 세계 콜럼버스 박람회의 일부로 열린 대규모 공개 토론 행사, 이른바 세계 종교 의회였다. 일종의 종교적 관점의 올림픽으로 열린 이 토론회에 주요 신앙의 대표자들이 초청되었다. 대다수는 기독교 종파들을 대표한 자들이었다. 인도와 일본, 중국, 스리랑카, 시암에서도 대표단이 왔다. 개회식에만 4000명이 넘는 사람이 참석했다.[494]

세계 종교 의회와 꼬박 2주를 채운 그 토론은 프로테스탄트 교회 모델의 헤게모니, 행사의 세계 박람회 편입과 그 진화론적 프로그램, 민족종교(당대의 어법으로 말하자면 '자연종교')의 의도적 배제, 완전한 비교의 접근법 등 당시 종교에 관한 담론의 일반적인 추세를 잘 보여 주는 사례였다. 또한 19세기에 세계종교 개념이 겪은 변화도, 다시 말해 원형 종교 개념으로부터 종교 문화에 대한 사회진화론적 이해로의 변화도 분명했다.

학문 분과로서의 종교학은 보편적인 원형 종교 관념의 강한 영향을 받아 탄생했고, 그 보편적 종교는 여러 주요 종교로 다양한 형태를 띠었다. 이 개념은 17세기의 라이프니츠와 스피노자 같은 철학자들이 옹호한, 불변의 보편타당한 진리를 추구하는 것, 즉 항존 철학으로 되돌아갔다. 종교의 영역에서 볼테르는 보편적이고 원초적인 일신론을 이야기했는데, 그의 주장에 따르면 이것은 기독교와 이슬람교로 표현되었고 비록 형태는 달랐지만 중국에서도 나타났다.[495] 칸트는 이렇게 썼다. "분명코 역사에는 여러 가지 상이한 신앙고백이 있을 것이다. (……) 그리고 많은 종교 경전이 있겠지만 모든 인간에게, 모든 시대에 타당한 종교는 단 하나일 수밖에 없다. 그러므로 여러 가지 신앙고백은 종교의 매개 수단 이상이 될 수 없다. 그러한 신앙고백은 우연의 산물이며 시간과 장소에 따라 다양할 것이다."[496] 마찬가지로 람 모한 로이도 모든 큰 종교에 공통된 종교적 진리라는 관념에서 출발했다. 이와 같은 보편적 종교의 탐색은, 그 확실한 표현을 넘어 또 그 배후에서, 19세기에 근대의 진보 담론과 결합했다. 진보 담론은 인간의 종교성이 자연 세계에 대한 단순한 물활론[8]적 형태의 신앙으로부터 주술과 범신론을 거쳐 기독교의 일신론으로, 높은 단계로 부단히 진화했다는 가정에서 비롯했기 때문이다.

이 가정은 뮐러가 1879년부터 편찬한 총 50권짜리 『동양의 경전Sacred Books of the East』 같은, 종교학이 수행한 몇몇 거대한 기획의 배후에 있다. 뮐러는 언어와 종교의 기원을, 동시에 인간 정신의 발전 단계들을 추적할 수 있기를 바랐다. 뮐러는 이렇게 추론했다. "내가 만일 인간의 정신이 어떤 하늘 밑에서 삶의 가장 큰 문제를 가장 깊이 생각했느냐는 질문을 받는다면, 그리고 몇몇 질문의 해답으로서 플라톤과 칸트를 연구한 자들의 주목을 끌기에 충분한 것을 찾았냐는 질문을 받는다면, 나는 인도를 가리킬 것이다."[497] 뮐러는 공통 문명의 '잃어버린 기원'이라는 계몽사상의 관념을 토대로 종교적 원형 텍스트를 찾고 있었다. 그의 가장 중요한 준거점은 산스크리트어와 그리스어(제우스), 라틴어(유피테르), 노르웨이 고어에서 최고신을 일컫는 이름들 사이의 어원학적 방정식이라는 명제였다. 뮐러는 이렇게 외쳤다. "이 방정식이 뜻하는 바를 생각해 보라! 그것은 우리의 조상들과 호메로스와 키케로Cicero의 조상들이 인도 사람들과 같은 언어를 말했음을 의미할 뿐만 아니라 (……) 그들이

_____ **8** 모든 사물과 자연현상에 생명이나 혼이 있다고 믿는 자연관 또는 신앙의 형태다. 애니미즘도 물활론의 일종으로 볼 수 있다.

전부 같은 신앙을 지녔고 한동안 같은 최고신을 정확히 같은 이름으로, 하늘-아버지를 뜻하는 이름으로 숭배했음을 의미하며 증명한다."[498]

원형 종교의 탐색은 종교적 실천에서 다소 멀어진 소수 신학자의 관심사였을 뿐만 아니라 여러 종교 대표자들의 관심사이기도 했다. 그러한 보편적 신앙을 창조하려는 매우 근본적인 시도로부터 신지학회의 창립이 이루어졌음은 앞에서 이야기했다. 그러나 다른 이들도 많은 신앙의 근저에 있는 참된 종교를 구체화했다고 주장했다. 예를 들면 신지학자들과 밀접한 연관이 있는 독일계 미국인 파울 카루스Paul Carus는 불교와 기독교에서 동일한 근본적 원리가 작동하고 있음을 보았다. "기독교와 불교를 비교하면 두 종교에서 공히 본질적인 것과 부수적인 것, 영원한 것과 일시적인 것, 진리와 비유를 구분하는 데 큰 도움이 될 것이다." 그러한 비교는 카루스가 말한 이른바 '우주의 진리 종교'를 위한 길을 닦을 것이었다.[499]

모범적인 19세기 종교 바하이 신앙

카루스의 설명은 19세기에 창설된 바하이 신앙에 매우 잘 들어맞는다. 그 설립자인 바하올라Baha'ulla(1817~1892)는 시아파 이란의 종교 (사회) 개혁 운동으로 출발했으나 곧 이슬람과 관계를 끊고 이어 박해를 받은 기존의 신비적인 천년왕국 운동에 투신했다. 당대의 위대한 이슬람 종교개혁가인 알아프가니처럼 바하올라도 이란을 떠나 오스만 제국의 영역에서 떠돌아다니며 살아야 했다. 1863년에 바하올라는 계시를 경험한 뒤 자기가 신의 현시라고 선언했으며, 보편적 열망을 담은 바하이 신앙을 창설했다.

바하이 신앙은 비록 이슬람 수피교의 신비주의와 이란과 중동의 구체적인 사회적·문화적 환경에 있던 그 뿌리가 차후 발전에 중요한 요소로 남기는 했지만, 여러 점에서 당대의 세계적 상호 연결이 가져온 결과물이었다. 바하올라와 그의 계승자 압둘 바하Abdul Baha는 오스만 제국의 매우 다양한 종교 공동체들로부터 많은 문화적 영향력을 흡수했다. 두 사람의 저술로 보건대 그들은 성경에 대한 지식을 지녔고, 당시의 무슬림 학자로는 이례적으로 기독교도와 유대인을 공개리에 지지했다. 바하이 신앙의 조직은 세기 전환기에 대

───── 이스라엘 하이파에 소재한 바하이의 하늘 정원에 있는 바브(Báb)의 사당. 바브는 바하이 신앙의 창설에 영감을 준 주요 인물 중 한 사람이다. 사당은 유대인과 기독교도의 성소인 카르멜 산의 비탈에 건설되었다. 바하이 신앙의 창설자인 바하올라도 그곳에 특별한 영적 의미를 부여했다. (Wikimedia Commons, ⓒ Zvi Roger)

략 10만 개였는데, 초국적 안내인 체제와 고정된 행정 구조, 통신 매체, 그 새로운 신앙의 성소들이 있는 레반트 지역으로 이어지는 그들만의 순례길을 토대로 구성되었다. 바하올라는 자기 신조의 세계적인 포부를 키웠다. 그 핵심에는 인류의 조화를 꾀한다는 목적이 있었다. 그는 당대의 주요 통치자, 즉 페르시아의 샤와 오스만 제국의 술탄, 차르 알렉산드르 3세Alexander III, 교황, 나폴레옹 3세, 빅토리아 여왕에게 편지를 써 보냈고, 노예제를 폐지하고 참정권을 확대했다고 그들을 칭찬했다.[500]

제1차 세계대전 직전에 압둘 바하는 세계 여행을 떠나 유럽의 여러 나라와 이집트에, 더불어 미국과 캐나다에도 갔다. 그는 폭넓게 서신을 교환했는데, 멀리 떨어진 아메리카와 극동에 있는 사람들과도 서신을 나누었다. 편지에서 그는 인류의 영적 통합과 종족 간의 화해, 세계 언어의 도입, 분쟁 해결을 위한 국제 중재 법정의 설치를 요구했다. 압둘 바하는 자기의 선교 사업이 19세기 세계화의 일부임을 잘 인식했다.

> 지나간 시대에는 비록 조화는 확립되었으나, 수단이 부재한 탓에 모든 인류의 통합은 달성할 수 없었다. 대륙들은 널리 분할되었으며, 같은 대륙의 민족들 사이에서도 결사와 생각의 교환은 거의 불가능했다. 따라서 지구의 모든 민족과 친족들의 교류와 이해, 통합은 달성할 수 없었다. 그러나 오늘날 통신수단이 늘어났고, 다섯 대륙은 사실상 하나로 통합되었다. 어느 곳으로든 개인의 여행과 만민과의 사상 교류는 촉진되고 있으며 아주 크게 가능해졌다. 그러므로 각 사람은 발표된 뉴스를 통해 모든 국가의 상황과 종교, 사상에 관해 들어 알 수 있다. 비슷한 방법으로 인류 가족의 모든 구성원은 민족이든 정부든, 도시든 촌락이든 점차 서로 의존하게 되었다. 정치적 연결이 모든 민족과 국가를 통합하고 상업과 공업, 농업과 교육의 결합이 날마다 강화되고 있으므로, 자급은 더는 누구에게도 가능하지 않다. 그러므로 전 인류의 통합은 오늘날 달성할 수 있다.[501]

바하이 신앙의 보편적 열망이 서 있는 토대는 자기는 긴 계보의 신의 사자 중 가장 마지막일 뿐이라는 바하울라의 신념이었다. 그 계보에는 아담과 아브라함, 예수, 무함마드뿐만 아니라 조로아스터(차라투스트라)와 부처도(그리고 나중에는 크리슈나도) 포함된다. 결국 그에게 모든 종교는 초월적이고 도덕적인 단일한 진리의 변형이었다. "종족과 종교와 무관하게 세상 모든 민족은 단일한 하늘의 근원에서 영감을 얻어 오며 단일신의 신민이라는 점에는 조금도 의심의 여지가 있을 수 없다."[502] 바하울라는 앞선 신념 체계들을 보편적 세계

종교의 선구자로 보았다. 그가 생각하기에 보편적 세계종교는 이제 바하이 신앙의 형태로 실현되었다. 바하이 신앙은 창설된 지 고작 수십 년에 지나지 않았지만 1893년의 시카고 세계 종교 의회에 대표를 보냈다.

19세기 말에 모든 구체적인 신앙 표현의 배후에 있는 종교적 진리라는 관념은 점차 근대 과학과의 친화성에 의해 결정되었다. 앞서 르낭과 알아프가니의 논쟁에서 보았듯이 과학적 원리는 종교를 측정하는 기준이 되었고, 종교의 대표자들도 매우 분명하게 과학적 원리에 호소했다. 1893년의 세계 종교 의회에서 발언한 선불교 승려 샤쿠 소엔은 불교가 그 어느 신앙보다도 더 자연의 법칙과 조화를 이룬다고 주장했다. 그는 "부처가 가르친 인과법칙"이라는 제목의 연설을 통해 불교의 업보 원리와 자연과학 법칙을 비교했다. "부처의 가르침은 근대 과학의 학설과 정확히 일치한다."[503] 불교의 윤회 신조가 다윈의 진화론을 예견했다고 보는 것도 관례적이었다. 불교에 큰 영향을 받은 신앙 간 대화의 선구자 카루스는 이렇게 선언했다. "신은 진화의 신이며, 진화는 진보를 의미한다." 따라서 어떤 의미에서는 다윈이 다양한 종교 사이에서 판결을 내리는 일종의 심판관이 되었다.[504]

그러므로 자연과학의 잣대는, 마찬가지로 계몽사상의 합리성 원리도 기독교 외의 다른 종교들이 스스로 일종의 근대성을 주장할 수 있게 했으며, 식민지적 지식의 위계와 프로테스탄트 기독교의 우위를 의심할 수 있게 했다. 일찍이 1820년대에 람 모한 로이는 보편주의와 합리성의 원리에 호소했으며, 그렇게 함으로써 기독교의 삼위일체론처럼 서구 문명에서 그가 보기에는 비합리적인 측면을 비판했다.[505] 1870년대에 일본 역사가 구메 구니타케는 명료한 어법으로 강력하게 의구심을 표명했다. "기독교도가 찬미하는 구약성경과 신약성경을 읽으면, 어떤 부분은 단순히 하늘로부터 들려오는 목소리나 십자가형을 당한 범죄자의 부활 같은 믿을 수 없는 이야기다. 그러므로 성경은 미치광이의 두서없는 이야기로 간단히 치부할 수 있다."[506] 샤쿠 소엔은 빈정대듯이 물었다. "예수 그리스도가 기적을 행했다고 믿음으로써 인류가 얻는 것이 있는가?"[507]

보편주의로부터 지역주의로

19세기 말까지 원형 종교의 탐색과 여러 신앙의 다양한 표현과 현시에 공통된 종교적 진리의 탐색은 종교 간 대화의 가장 중요한 준거점이었다. 그러나 제1차 세계대전에 이르는 시기 동안에 이러한 태도는 '종교'에 있는 불변의 정수가 아니라 상이한 역사적·지역적 형태를 추적하는 시각에 의해 점점 더 자주 도전을 받았다. 모든 신앙이 전례와 의식 아래에서 공유했다고 추정되는 공통점보다는 특징과 차이가 점차 주목을 받았다. 이제 종교 담론은 차츰 경쟁적이고 대립적이게 되었다. 오스만 제국의 작가이자 정치 활동가로 세속적인 민족주의 대표자였던 지야 괴칼프Ziya Gökalp는 이렇게 주장했다. "사원의 첨탑은 우리의 총검이요, 둥근 지붕은 우리의 헬멧이고, 사원은 우리의 막사이며, 신도는 우리의 군대다."[508] 1880년대 이래로 종교에 대한 일반적인 이해는 민족주의의 범주들과 점증하는 종족 담론에 의해 차츰 변형되었다. 게다가 종교는 구체적인 지리적 위치와 동일시되었다.

이 과정은 조직된 힌두교의 발전에서 뚜렷하게 관찰할 수 있다. 19세기 초에 람 모한 로이가 설립한 브라마 사마지 조직은 여전히 보편주의 사상과 신앙 간 대화라는 관념, '이성의 종교'라는 관념에 젖어 있었다. 로이는 이슬람교와 기독교, 유대교에서 개념들을 빌렸을 뿐만 아니라 사회 개혁 운동과 박애주의 운동의 사상도 차용했다. 반면에 1875년에 스와미 다야난다Swami Dayananda가 창시한 것으로 여러 점에서 브라마 사마지의 계승 조직이었던 아리아 사마지Arya Samaj는 이미 새로운 종족 복음을 내면화한 개혁 힌두교를 전파했다. 스와미 다야난다는 기원전 2000년대에 히말라야산맥 남쪽 지역에 정착한 인도아리아인을 '선민選民'으로 칭했다. 그의 운동은 곧 힌두 민족주의 세력과 합세했고 1914년에 근본주의적인 힌두 마하사브하 운동의 창설에 이데올로기적 토대를 제공했다.[509]

세계 종교 의회에서도 동일한 변화를 볼 수 있었다. 이 기구는 원래 "사람들에게 다양한 종교들이 어떤 중요한 진리들을 얼마나 많이 공유하고 가르치는지를 가장 인상적인 방법으로 보여 주기 위한" 목적에서 소집되었다.[510] 이 조직의 공식 보고서도 그 대회의 토대가 된 보편주의적이고 진화론적인 종교 개념을 강조했다. "종교는 하늘의 환한 빛처럼 인간이라는 프리즘에 의해 다채로운 조각들로 나뉘었다. 종교 의회의 한 가지 목적은 이렇게 다채로운 빛을 하늘의 진실이라는 흰색의 빛으로 되돌리는 것이었다."[511] 대회에 참석한 많은 대표자는 여러 신앙의 공통점을 강조했고 장래의 보편적 종교를 바라는 마음을 표현했다.

이렇게 널리 조화의 분위기가 퍼졌는데도, 몇몇 발언자는 상이한 종교 공동체 간의 경쟁을 드러냈다. 그 대표자들은 지방주의적인 복수의 종교 개념을 전면에 내세우기로 했다. 이러한 접근법은 자칭 힌두교의 대표요 그 대회의 진정한 스타였던 스와미 비베카난다(1863~1902)에게서 분명하게 드러난다. 비베카난다는 멋진 옷(비단으로 만든 화려한 긴 옷과 터번)을 입고 동양에서 온 현인처럼 등장했으며, 그의 번득이는 수사법과 영적 선언은 청중을 사로잡았다. 그는 청중에게 힌두교를 서양의 기술적 우월함에 부족한 것을 채워 줄 필수적인 보완제로, 물질주의적이고 지친 사회를 위한 완화제로 제시했다. "동양의 이상은 서양의 이상만큼이나 인류의 진보에 필수적이며, 나는 그것이 더 많이 필요하다고 생각한다." 그러한 표현으로써 비베카난다는 기존의 담론 틀(물질주의적인 서양 대 영적인 동양) 안에서 움직였다. 비베카난다가 어느 편지에서 직접 솔직하게 인정한 바와 같다. "나는 그들에게 영성을 주었고 그들은 나에게 돈을 주었다."[512]

그러나 그러한 주장 뒤에서 대안적 형태의 보편주의가, 다시 말해 서구의 기독교적인 세계종교 담론에 대항하는 주장을 내놓은 일종의 보편주의가 출현하는 것을 볼 수 있다. 그러한 보편타당성 주장은 일반적으로 자기의 종교는 사실상 원형 종교 그 자체이지 원형 종교의 일면만 대표하는 것이 아니라는 단언으로써 제시되었다. 비베카난다는 이렇게 선언했다. "우리는 베다가 종교의 비밀을 알려 주는 영원한 가르침이라고 믿는다. 우리의 모든 종교적 대결은 우리가 그 성스러운 책 앞에 설 때 끝날 것이다."[513] 여기서 보편적 주장은 구체적인 문화와 민족에 연결된다. 1897년에 마드라스에서 한 연설에서 비베카난다는 서양의 청중에게 연설할 때 선택한 수사법과는 현저히 다른 말로써 이렇게 선언했다. "모든 것은 순조로워 보이며, 인도의 철학적이고 영적인 사상은 한 번 더 세상으로 나가 세상을 정복해야만 한다. (……) 우리는 조국을 되살려야 한다. 그렇지만 그것이 전부는 아니다. 그것은 작은 문제다. 나는 상상력이 있는 사람이다. 내가 생각하는 것은 힌두 종족의 세계 정복이다."[514]

비베카난다의 견해는 1880년대 이래로 분명해진 전반적인 추세의 일부였다. 즉 공간적으로 뚜렷이 구분되는 문화와 문명이 종교와 결합하는 현상의 일부였다. 지성사가들은 이러한 변화를 계몽사상의 영향을 받아 보편적 열망에 젖은 종교철학이 종교의 역사로 이동하는 것이라고 설명했다.[515] 그러나 지금 여기서 관심의 이동이나 종교 영역 내부의 발전, 순수한 담론상의 사건만을 다루는 것은 아니다. 오히려 종교와 구체적인 지역의 결합은 그 자체가 변화하는 세계적 상황의 산물이었다. 종교가 세계적 변화에 대응했고 연결되었기 때문이다. 구체적인 지리적 영역의 중요성을 단언하고 지역 문화를 강조하는 것은 보편주의의 수사법에 비추어 보면, 또 발상지 너머로 멀리 전파된 종교들 간의 초국적 교류에 비추어 보면 일견 역설적으로 보일지도 모른다. 그러나 모순적으로 보인 것은 사실상 19세기 말의 일반적인 추세였다. 점차 강화되는 세계의 상호 연결은 지구를 더욱 동질적으로 만들었을 뿐만 아니라 새로운 형태의 경계선과 차이를 낳기도 했다. 세기 전환기의 세계화 과정은 내부적으로 국민국가와 제국, 거대 지역으로 분화한 국제 체제를 만들어 냈던 것이다. 이 거대한 과정은 종교의 영역에서도 작동했다. 국가와 지역의 정체성 강화와 유사하게, 공간적으로 구분되고 문화에 특정한 종교적 전통을 새롭게 강조한 것은 19세기의 마지막에 진행된 세계화 과정에 대한 대응으로 이해할 수 있다.[516]

종교와 국가

종교의 영토화에서 세 가지 상이한 형태를 구분할 수 있다. 종교는 국가와 제국, 거대 지역의 공간과 여러 가지 방식으로 연결되었다. 첫째, 가장 흔한 형태는 종교를 특정한 '선택된' 국민과 동일시하는 것에 있었다. 이는 직관에 반하는 것처럼 보일지도 모른다. 어쨌거나 국경을 가로지르는 초국적 호소력이 종교의 한 가지 두드러진 특징이었던 반면에, 근대국가의 이미지는 적어도 이론상으로는 완전히 세속화했으며 종교와 연결되지 않기 때문이다. 그러므로 많은 나라가, 특히 서유럽과 라틴아메리카의 많은 나라가 문화 전쟁 시기에 조직 종교와 국가 사이의 연계를 끊으려고 했던 것은 우연이 아니다. 세속 국가와 초국적 종교의 대비는 또한 식민지 담론의 한 요소였다. 식민지 담론은 종교와 유대를 끊은 국가에 근대성을 결합했기 때문이다.

그러나 실제로 비종교적 국가와 초국적 종교라는 이분법은 현실이라기보다는 이상이었다. 많은 학자가 민족주의 담론과 종교 담론이 얼마나 비슷할 수 있는지를 지적했다. 관습적으로 역사가들은 민족주의가 오래된 종교적 전통들에 빚졌다고 보므로 민족주의를 종교적 세계관의 연속으로, 그것의 세속화한 변형으로 해석한다. 카를 슈미트Carl Schmitt는 한층 더 멀리 나아가 이렇게 주장한다. "현대 국가 이론의 중요한 개념은 전부 세속화한 신학적 개념들이다."[517](반면에 얀 아스만Jan Assmann은 정확히 그 반대가 사실이라는 견해를 취한다.) 마찬가지로 종교적 수사 어구가 민족주의에 기여한 바도 잘 알려져 있다. 선민이라는 관념, 민족적 '부활'을 바라는 열망, 또는 구세주와 같은 민족 지도자의 등장을 예로 들 수 있다. 그러나 그러한 사상사 속의 연속성 문제를 넘어서면, 지금 다루는 맥락에서 더 중요한 것은 19세기 말에 여러 종교가 경험한 민족주의적 책임이다.

국가와 종교의 뒤얽힘은 비록 형태가 다르고 결속의 강도도 다르지만 여러 지역에서 볼 수 있다. 19세기가 흐르는 동안 미국은 신앙부흥 운동으로 확실한 기독교 국가가 되었으며, 이탈리아에서는 민족 통일의 영웅 비토리오 에마누엘레 2세에게 헌정된 국가적 기념물이 곧 '조국의 제단'으로 알려졌고, 영국에서도 복음주의의 부활이 국가주의에 종교적 색채를 더했다. 그러한 연결은 민족들이 민족의 독립을 주장하기 위해 분투하고 종교를 특별한 민족 정체성의 표현으로 내세운 곳이라면 어디서든지 한층 더 큰 중요성을 띠었다. 가톨릭이 민족주의 운동의 시금석이 된 폴란드와 아일랜드뿐만 아니라 인도처럼 민족주의자들이 민족의 특성과 독특함을 명확하게 설명할 때 빈번히 종교적 상징에 의지했던 식민지 사회에서도 이는 사실이었다.[518] 많은 학자가 민족주의의 이와 같은 영적 이면을 전前 민족적 후진사회의 잔재이자 특징이라고 해석하는 경향이 있다. 그러나 민족주의의 종교적 색채는 오래 지속된 내부의 계보로 돌아가지 않는다. 그것은 당대의 특수한 국제적 정황에 대한 대응으로 이해해야 한다. 민족적 이데올로기 안에서 정신적 영역과 물질적 영역의 분리는, 즉 종교 대 기술은 대체로 식민주의의 영향이었다. 외국인의 지배와 '예속'에 직면했을 때 종교가 갖는 호소력은 '서구'에 맞서 문화적 독립성을 주장할 수 있게 하는 귀중한 자원이었다.[519]

영토화와 제국주의

둘째, 종교와 특정한 정치적 공간의 이러한 연결은 또한 주요 제국들의 전략이었다. 이러한 유형을 잘 보여 주는 사례는 술탄 압뒬하미드 2세의 재위 기간인 1876년에서 1909년까지 이슬람이 점진적으로 오스만화한 것이었다. 이 과정은 많은 지식인과 기자가 촉진했다. 그들은 이 과정을 세계경제의 발전과 식민주의의 팽창이 제기한 도전에 대한 해답으로 보았다. 동시에 오스만 제국이 유럽으로부터 지속적으로 후퇴한 것도 그 과정을 촉진했다. 그러한 후퇴의 여파로, 그리고 러시아와 발칸반도에서 다수의 폭력 행위에 직면해 많은 무슬림이 오스만 제국으로 도피함으로써 제국의 인구학적·종교적 구성을 바꾸어 놓았다. 탄지마트 시대와 달리 이제 이슬람은 오스만 제국의 이데올로기가 되었으며 차츰 정치적 목적에 봉사했다. 이슬람은 제국 내부의 여러 민족 운동의 분리주의 주장을 억압하는 데 쓰였고, 동시에 기능적으로 민족주의와 동등한 역할을 수행했다. 이슬람이 국가 통합의 문화적 토대가 된 것이다. 오스만 제국 정부의 관보에 준하는 신문 《라 튀르키 *La Turquie*》는 이렇게 썼다. "이슬람은 단지 종교에 그치지 않는다. 그것은 민족의식이다."[520]

오스만 제국 정부는 다양한 방법으로 제국의 오스만화를 진척시켰다. 예를 들면 주로 제국 전역의 비좌식非坐式 문화를 가진 민족들을 목표로 삼은 이슬람 문명화 사명은 강한 종교적 임무를 띠었다. 문명화의 수사적 표현은 이제 점차 기독교뿐만 아니라 나라 안의 무슬림 이단 종파들도 겨냥했다. 이를테면 예멘의 부족 관습에 반대하는 국가의 선전과 그곳에 샤리아 율법을 도입한 것은 기본적으로 종교적 관행을 표준화하는 시도였을 뿐만 아니라 그것을 넘어 무엇보다도 유목민들을 제국의 체제 안으로 통합하려는 시도였다. 동시에 의식의 준수와 종교적 실천은 점점 더 획일적으로 바뀌었다.[521]

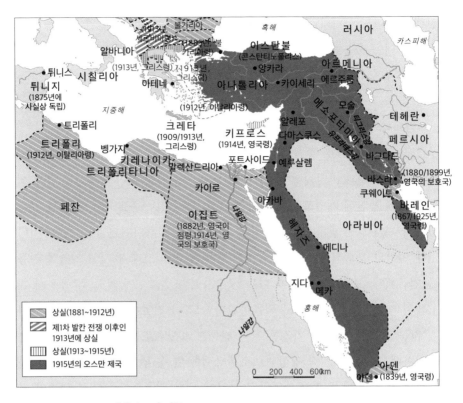

지도 내 텍스트:

불가리아
세르비아 왕국 (1895년에 불
(1913년, 그리스령) (1913년, 그리스령)
알바니아
러시아
카스피해
흑해
이스탄불
(콘스탄티노폴리스)
양카라
아르메니아
튀니스 시칠리아
아테네
아나톨리아 카이세리 에르주룸
튀니지
(1875년에 사실상 독립)
지중해
(1912년, 이탈리아령)
메소포타미아 모술
테헤란
트리폴리
크레타
(1909/1913년, 그리스령)
키프로스
(1914년, 영국령)
알레포
다마스쿠스
페르시아
트리폴리
(1912년, 이탈리아령)
벵가지
키레나이카
알렉산드리아
포트사이드
예루살렘
바그다드
바스라
(1880/1899년, 영국의 보호국)
쿠웨이트
트리폴리타니아
카이로
아카바
바레인
(1867/1925년, 영국령)
페잔
이집트
(1882년, 영국이 점령,1914년, 영국의 보호국)
나일강
헤자즈
아라비아
메디나
지다 메카
홍해
아덴
아덴 (1839년, 영국령)

상실(1881~1912년)
제1차 발칸 전쟁 이후인 1913년에 상실
상실(1913~1915년)
1915년의 오스만 제국

0 200 400 600km

―――― 1878~1915년의 오스만 제국.

예를 들면 이러한 일치 과정은 대중적 형태의 종교성 확산에서 가장 중요한 제도였던 수피교의 네트워크에 영향을 미쳤다. 이 과정은 일단의 다마스쿠스 율법학자(울라마)들이 촉진했는데, 그들은 서구화 경향에 반대하면서도 진보와 문명에 관한 담론의 기본적 가정을 포용했다. 이들은 서구뿐만 아니라 다른 문명들도 고유의 방식으로 이 문명화 사명에 기여할 수 있다고 확신했다. 이러한 맥락에서 보면 오스만 제국 이슬람의 표준화는 또한 제국의 정치적 후견을 받아 이루어졌다. 그래서 1897년 이래로 꾸란은 오스만 제국의 공식 출판부만 인쇄할 수 있었다. 스톡홀름의 오스만 제국 대사관은 스웨덴에 유포된 꾸란을 전부 매입하라는 지시를 받았다. 이교도가 꾸란을 손에 넣지 못하도록 막기 위한 조치였다. 그러나 무슬림 세계인 카잔이나 이집트(어쨌거나 이집트는 유서 깊은 알아즈하르 학원이 있는 곳이요 이슬람 학문의 중심지였다.)에서 간행된 꾸란도 금지되었다. 이제 무슬림이 되거나 수니파의 일원이 되는 것만으로는 더는 충분하지 않았다. 이슬람 신앙의 범위는 이제 오스만 제국의 국경으로 규정되었다.[522]

영토화와 거대 지역

셋째, 마지막으로 종교 및 지리의 연결과 종교 및 특정 문화의 연결은 거대 지역의 출현과도 일치했다. 1장에서 보았듯이 거대 지역의 형성은 당시 세계 통합에 동반된 재영토화의 여러 형태 중 하나였다. 종교 담론은 이와 같은 세계의 지역적 구성이 결정되는 주요 협상 공간의 하나였다. 자기 '문명'이나 거대 지역의 문화적 특이성을 강조한 자들은 대개 오래 유지된 지역적 전통을 언급했다. 그렇지만 동시에 이들은 수사적 표현과 그들의 문화 공동체 개념에서 헤르더와 낭만주의로 되돌아갔다. 그러나 진보에 직면해 쉽게 무너지지 않는 독특한 '문화'의 가정은 토착 전통으로부터 또는 독일에서, 나중에는 러시아에서 수입한 지적 영향력으로부터 추론할 수 없었다. 오히려 공간화한 문화 담론은 19세기 후반 지정학적 압박에 대한 대응으로 발전한 일종의 발명품으로 이해할 필요가 있다.[523] 여러 종교와 거대 지역들은 세계적 상황 속에서 한층 더 긴밀히 연결되었는데, 그러한 배경에는 식민지 정부의 개입, 프로테스탄티즘 모델, 세계종교에 관한 담론이 포함되었다. 그러나 종교 영역의 변화를 유럽-아메리카 모델과의 상호작용으로 환원하기는 너무 쉬울 것이다. 그 대신 '남남 관계'라고 부를 수 있는 식민지 세계 속의 지역 간 연결이 점차 중요성을 띠었다. 새로이 획득한 통신 방법들 덕분에 모델을 찾을 수 있었고 '서구'를 뛰어넘어 동맹을 결성하는 것도 가능해졌다.[524]

세계종교를 넘어서

종교와 세계종교가 널리 동일시된 것은 오리엔탈리즘과 비교종교학이라는 학문 분야가, 통제력을 행사하고 자기들을 정당화할 제국주의 국가들의 필요성과 상호작용한 결과였다. 결론은 거대한 경전 종교들의 지배였다. 경전 종교들은 19세기에 상이한 조직 형태를 취하고 경쟁적으로 보편성의 주장을 제기하고 종종 선교 활동을 수단 삼아 팽창함으로써 상당한 변화를 겪었다. 다른 신념 체계와 생활 신앙들은 지배적인 담론에서 거의 다루어지지 않았으며, 일종의 미신이나 물신숭배로 낙인이 찍혔다.[525]

그러나 여러 사회에서 주민 대다수는 지배적인 담론에서 '종교'로 인정받지 못한 이교적 관행이나 의식에 계속 탐닉했다. 넓은 의미의 종교 영역의 세계사는 이렇게 실생활로 구현된 신앙의 다양성을 옳게 평가해야 할 것이다. 이러한 종파들과 종교적 공동체들의 범위는 흔히 좁은 지역에 국한되었다. 그렇지만 이로부터 그것들이 당대의 세계화 과정에 영향을 받지 않았다고 결론 내린다면 틀린 이야기가 될 것이다. 한편으로는 이러한 형태의 신앙들도 세력 균형의 변화와 밀접한 연관 속에서, 그리고 그 변화에 대한 대응으로 형성되었다. 결과적으로 어디서나 새로운 종교가 출현했다. 모르몬교나 시크교, 바하이 신앙 같은 몇몇 종교는 진정으로 새로운 창조물이었다. 다른 것들은 기존 종교 내부에서 일어난 개혁 운동(기독교의 구세군과 여호와의 증인, 이슬람의 아흐마디야 운동)이었거나 천년왕국설(동아프리카의 마지마지 운동, 수단의 마흐디파, 한국의 동학농민운동, 일본 신토의 일파인 오모토大本)을 신봉하는 종파들이었다.

이러한 새 종교 중 몇몇은 초국적 실천과 네트워크에 기원이 있었다. 아프리카계 브라질인들의 종교인 칸돔블레가 좋은 사례다. 칸돔블레는 영혼 소환, 춤, 치유 의식, 동물 희생을 포함하는 종교다. 그 사원은 브라질에 압도적으로 많은데, 종종 노예들이 갖고 들어온 원래의 아프리카 문화가 '대서양 중간 항로'를 지나면서도 살아남아 신세계에서 다시 유행했다는 증거로서 거론된다. 그래서 많은 학자가 아프리카 계보를 강조하는 반면에, 다른 이들은 아프리카인 디아스포라에 공통된 문화는 아프리카로부터의 문화적 이전의 결과라기보다는 브라질 플랜테이션 농장 사회에서 경험된 사회적 차별에 큰 원인이 있는 새로운 문화적 창조물이라고 주장한다.[526] 그러나 아프리카 기원이나 브라질 기원에 관한 상충하는 이론들은 칸돔블레가 실제로 어느 정도까지 초국적 교류와 세계적 구조의 산물인지를 모호하게 한다.

칸돔블레는 요루바족의 권위와 밀접하게 연결되었다. 칸돔블레가 브라질에서 인기를 끈 것은 대체로 이 위신의 요소에 힘입었다. 그러나 문화적 요루

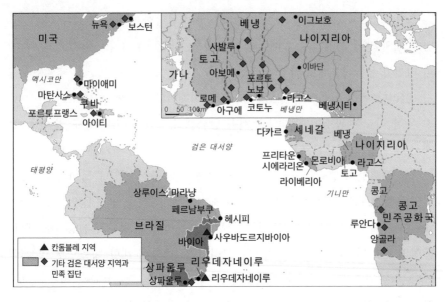

——— 검은 대서양의 종교로서 칸돔블레의 범위.

바 민족주의 자체는 19세기 말의 고도로 복잡한 일련의 상호 연결이 가져온 결과물이었다. 요루바족 신화는 1861년에 영국 식민 제국의 일부가 된 이후의, 오늘날 나이지리아의 라고스에서 처음으로 생겨났기 때문이다. 이후 라고스는 급속하게 대도시로 성장했고, 해방되어 아프리카로 돌아온 수많은 아프리카계 브라질인이 선택한 목적지가 되었다. 영 제국 전역에서 노예제를 폐지하기로 한 결정 때문에 그곳에서 그들의 안전이 더 잘 보장되었기 때문이다. 게다가 시에라리온으로부터 온 다른 이주자들도 그 도시로 들어왔다. 그들은 식민지 학교 교육 프로그램을 거쳤으며 잘 교육받은 해방된 노예로서 시에라리온에서 일종의 공통된 정체성을 발전시켰다. 또한 성경 번역 사업의 결과로 처음으로 공통 언어가 발전했다. 이 두 집단은 오래된 기존의 집단 명칭을 사용해 라고스에서 요루바족 신화를 만들어 냈다. 요루바족은 지리적으로 가장 넓은 지역을 차지하고 많은 민족 집단과 정치적 집단을 포용했다고 추정되었으며 다른 아프리카 부족들보다 우위를 누렸다. 이러한 자기 이미지는 이후 백인과 아프리카인 기독교 선교사들이 널리 퍼뜨렸다. 그래서 노예무역과 노예제 폐지 운동의 상호작용, 식민 통치, 선교 활동, 민족지학 지식이 전부 결합해 대서양을 횡단하는 민족과 정체성을 만들어 냈다. 이는 브라질이나 쿠바, 시에라리온으로의 (부분적으로는 강요된) 이주가 이루어지기 전에는 존재하지 않았던 것이다. 칸돔블레가 '흑인 대서양 종교'로, 그리고 남반구 대서양 영역에서 전개된 교류 과정의 결과물로 나타난 것은 이러한 배경에서 보아야 한다.[527]

이 사례가 증명하듯이 '세계종교'로 분류되지 않은 종교적 실천조차도 초국적 과정의 영향을 받았다. 아프리카와 아시아의 많은 종파와 종교적 공동체는 새로운 형태의 통신과 이주, 자연과학의 이상이 두드러진 특징인 세계가 제기한 도전에 대응하면서 변화했다. 세계종교에 관한 지배적 담론 때문에 이 큰 종교적 실체들의 중요한 부분이 학문적 시야에서 사라졌다. 19세기 말에 종교 영역이 다시 활력을 띤 것은 학계의 종교 연구로부터는 완전히 배제된 지역의 종파와 새로운 종교들의 역동성에 큰 빚을 졌다. 이렇게 지역적 성격이 강한 종교적 실천은 사회분화 이론과 세속 국가와 사사로운 종교 실천의 분리에 관한 이론이 우리에게 믿으라고 요구하는 것만큼 다른 영역으로부터 뚜렷하게 구분되지는 않았다. 일반적으로 말하면 종교적 문제가 현실의 다른 영역에서 분리되어 별개의 구역에 격리된 것은 주로 정치적 목적을 대표한 것이지 현실을 반영한 것은 아니다. 대부분의 사회적 행위자는 우주론과 초월의 문제가 사회생활의 다른 영역들로부터 근본적으로 분리되었다고 추정하지 않았다.

태평천국의 난

예를 들면 19세기 세계 최대의 사회적 봉기로 1851년에서 1864년까지 중국에서 일어난 태평천국의 난이 이것을 증명한다. 태평천국운동은 홍수전이 시작했다. 홍수전은 중국 남부의 농민 가정 출신으로 네 차례나 과거 시험에 낙방했다. 그는 유럽과 미국의 선교사들이 나누어 준 기독교 책자에서 위로와 격려를 받았다. 중국에 파견된 초기 예수회 선교회는 나라의 엘리트와 관료를 개종시키는 데 힘을 집중했던 반면에, 신앙부흥 운동의 여파로 중국을 향한 새로운 단체들은 일반 서민의 개종에 힘을 쏟았다. 성경과 짧은 책자의 부분적인 번역문은 현지에서 수요가 컸다. 이는 특히 중국 남동부의 사회적 격변 상황과 큰 관계가 있었다. 그러한 격변은 당대의 세계적 연결이 가져온 결과물이었다. 그곳의 경제적 어려움은 부분적으로는 아편전쟁 이후 중국 시장의 개방으로 영국산 직물과 완성품 의류가 거의 무제한으로 수입되는 상황에서 토착 산업이 쇠퇴한 데 원인이 있었지만, 아편의 유입도 한 가지 원인이었다. 게다가 그 지역은 일련의 자연재해와 인구 압력의 가중에도 타격을 받았다. 그로써 백성의 삶의 기회는 급격하게 나빠졌다.[528] 그러한 상황에서 각성을 이야기한 기독교의 텍스트는 뿌리가 뽑혀 불우한 처지에 놓인 백성을 사로잡았다. 홍수전은 그중 한 사람이었다. 그는 1837년 개인적으로 영적 귀의의 경험을 거친 뒤 자기가 예수의 동생이며 기독교 복음을 전파하는 것은 신이 주신 사명이라는 확신을 갖게 되었다.

홍수전이 설파한 기독교는 심히 절충주의적이었고 당시 중국 남부에 널리 퍼진 특정한 상황의 산물이었다. 원죄 개념이나 구세주 그리스도 관념 같은 기독교의 기본적 교의 전체가 그의 가르침에서는 사실상 아무런 역할도 하지 않았다. 그 대신에 그는 '태평' 시대를 열 것이라는, 자기가 상상한 새로운 공동체를 위해 구약의 도덕적 교훈에 의존했다. 홍수전의 반란자들은 또한 중국의 많은 관습(도박, 아편 피우기, 전족, 매춘)을 폐지하고 십계명 위반을 처벌하기를 원했던 사회 개혁가들이었다. 홍수전은 인쇄기를 집중적으로 이용해 성경의 글귀를 엄청나게 많이 찍어 배포했다. 그는 때로 성경을 고쳐 썼다. 특정한 문구는 그의 청교도적 기대를 충족하지 못했기 때문이다. 그가 세운 태평천국에서는 가족 안에서도 남녀가 분리되었고 마약을 쓰는 행위는 엄격하게 처벌받았다. 홍수전은 또한 그의 기독교 십자군으로써 다른 경쟁적 세계관에 맞섰다. 이를테면 학교에서는 공자 사상이 적힌 서판을 부수게 했으며, 지역의 신상과 사원을 파괴하라고 지시했고, 불교 사찰과 도교 사원을 완전히 파괴하라고 명령했다. 그의 분노는 미신으로, 대중의 우상숭배로 여겨진 모든 것을 향했다. 그러나 홍수전이 지역의 전통을 공격했는데도 그의 운동은 지역적 의식과 겹치는 특징을 많이 보여 주었다. 수백 만 명에 달한 홍수

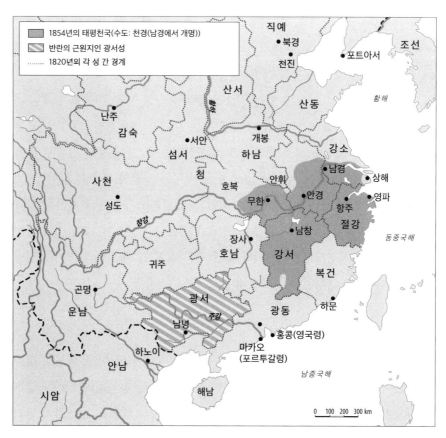

—— 1854년의 태평천국.

전의 추종자 중 많은 사람에게 태평천국운동은 지역의 여러 종교가 지닌 환상적이고 샤머니즘적인 천년왕국 신앙의 구현으로 보였다.[529]

태평천국의 난은 중국화한 기독교의 기치 아래 세력을 끌어모았지만, 결코 단순한 종교운동으로 격하될 수 없다. 태평천국의 난은 어마어마한 성공을 거두었는데, 이는 주로 중국 남부 주민을 많이 동원할 수 있었고 동시에 사회의 근본적인 개편 전망을 약속한 사회혁명의 잠재력을 이용했기 때문이었다. 태평천국운동이 장악한 지역에서는 대지주들이 재산을 빼앗겼고, 토지개혁이 추진되었으며, 훗날 중화인민공화국에서 초기 형태의 사회주의적 생산으로 환영받는 형태의 노동조직이 도입되었다. 태평천국운동은 사회혁명과 나란히 상해와 홍콩 같은 항구도시에 갇힌 유럽 사회들을 모델로 한 근대화 정책 이행에서도 첫걸음을 내딛었다. 그 정책은 근대적 기반 시설의 건설과 더 큰 경제적 환경 속으로의 통합을 옹호했다. 마지막으로 태평천국의 난은 만주족인 청 왕조의 지배에 맞선 원초적 민족주의 운동을 대표했다. 홍수전은 중국에서 만주족 '악마들'을 쫓아낼 신의 도구로 자처했다. 태평 '천국'은 쉽게 위기에 빠지는 청 왕조의 근본적 대안이었으며, 그 분쟁은 그것에 불을 지핀 이데올로기적 충돌 때문에 2000만 명이 넘는 사람의 목숨을 앗아 간 세계사 최악의 잔혹한 내전 중 하나가 되었다. 태평천국운동은 위세가 절정에 달했던 1850년대에 프랑스와 비슷한 크기의 땅을 통제했으며, 그 군대는 북경에 가까운 곳까지 진격했다. 그러나 오랜 전투 끝에 그 수도인 남경이 점령당하면서 1864년에 태평천국은 마침내 무너졌다.[530]

신토

태평천국의 난은 사회혁명과 종교운동, 정치적 계획이 어느 정도로 겹칠 수 있는지 보여 주는 하나의 사례일 뿐이다. 교회와 국가의 분리에 관한 담론이 예견한 것과는 반대였다. 사회 분화와 별개 영역의 출현은 자연적인 발전이 아니었다. 그것은 오히려 경쟁 집단들의 영향력을 억제하고 질서와 통제를 강요하며 '근대성'을 증명하려는 사회 엘리트층의 전략이었다.(많은 경우에 관철되었다.)

여기서는 종교가 별개의 영역으로 분리된 것에 대한 사회 분화의 담론이 제국의 팽창에 뒤이어 비유럽 사회에 강요된 유럽의 수출품만은 아니었음에 주목하는 것이 중요하다. 유럽의 종교 개념이 준 충격은 확실히 명백하게 감지되었다. 그러나 동시에 그 개념은 협상의 산물이요 지역 엘리트들의 개입이 낳은 결과물이었다. 이는 일본의 신토에서 잘 드러난다. 앞서 보았듯이 일본에서는 1870년대 이래로 국가와 종교의 분리가 근대화를 추진한 메이지 정권의 지침 중 하나가 되었다. 결과적으로 불교가, 나중에는 기독교도 사적 영역으로 제한되었다. 그러나 그렇다면 국가와 긴밀하게 결합했고 국가 지원의 수혜자였던 신토의 역할은 어떻게 설명할 것인가? 통상적으로 학자들은 신토의 흥성을 국가 종교의 확립으로 해석했다. 신토가 태양의 여신 아마테라스 오미카미의 후예인 천황(덴노)의 통치를 공고히 했으며, 아시아에서 펼친 일본 제국주의와 그 나라가 제2차 세계대전에서 벌인 군사적 침공을 정당화했다는 것이다.[531] 이렇게 해석하면 신토 일본은 예외적인 사례로 보인다. 근대사회가 왕권신수설의 시대로 퇴보한 것과 같다.

그러나 최근 연구에 따르면 신토는 메이지 시대 일본에서 분명히 종교가 아니라 국가 이데올로기로, 국가적 세계관으로 제도화했다. 종교가 아니라고 말해도 될 정도다. 이런 식으로 신토는 사사로운 문제가 아니라 국가 의례의 합법적 대상으로 여겨졌다. 몇몇 역사가는 신토에서 국제적으로 승인된 종교적 표현의 자유를 침해하지 않고도 천황 숭배 제도를 만들어 내는 국가의 책략을 보았다. 이 해석은 근대 유럽의 종교 개념을 당연한 것으로 받아들인다. 신토를 비종교로 보는 것은 신토 자체가 18세기로 거슬러 올라가는 근본적으로 새로운 발명품이기 때문에 가능했다. 그 이전에 신토 의식은 불교 승려들이 거행했으며 불교의 한 양태로 여겨졌다. 신토는 일본 특유의 종교로서 18세기에 국학의 대표자들이 창안했다. 이 학자들은 신토가 일본의 문화적 정수를 대표한다고 주장했으며 일본에서 모든 외국 요소를, 특히 불교와 유교 같은 중국의 영향력을 '씻어 내려고' 노력했다. 그러나 그 과정에서 신토는 종교라기보다는 일종의 지식이자 황실 숭배 의식으로 이해되었다. 그래서 1880년대에 시작된 메이지 정부가 비종교적 신토 개념을 조명했을 때, 그것은 교회와 국가의 분리에 관한 서구 담론과 일치했을 뿐만 아니라 100년 전에 시작된 신토 학문의 세속화를 상기시켰다.[532]

19세기에 발전된 종교 개념은 세계의 종교적 지도를 바꾸는 데 일조했을 뿐만 아니라 지금도 종교에 관한 논의의 기조를 결정한다. 그러나 이 마지막 절이 보여 주듯이 근대의 종교 개념은 종교적 실천의 다양성을 포착하지 못했으며 이 다양성을 소멸하게 하지도 못했다. 종교 생활은 매우 다양하고 이질적인 방식들로 표현되었으며, 특히 지배적인 종교 개념을 구성하는 초월이라는 틀 밖에서 표현되었다. 예를 들면 1893년의 시카고 세계 종교 의회에서 중국 대표 팽광예彭光譽(평광위)는 다양한 세계종교의 동등한 지위를 강조하느라 애쓴 인도와 일본의 동료들과 달리 유교는 종교가 아니라 학문적 신조라고 주장했다. 펭광예에게 유교는 학문적 신조로서 그 안에서 신에 대한 언급은 부차적일 뿐이고 현세에서 선하고 공정한 사회를 만드는 데 기여했을 뿐이다. 거의 같은 방식으로 캉유웨이도 신도('신의 길', 예를 들면 기독교)와 인도('인간의 길')라는 대립되는 용어를 만들어 냈을 때 유교가 세계종교들과 다르다는 점을 분명히 하려고 했다.[533] 오늘날의 역사가들은 캉유웨이의 이분법을 좀 더 융통성 있고 많은 것을 포괄할 수 있는 종교 개념으로 대체하려고 한다.[534] 작금에 많이 논의되는 '신들의 귀환'에 직면해, 종교의 정의는 무엇이든 종교적 경관의 다양성을 다시금 포착할 수 있어야 하며, 그러한 다양성을 보이지 않게 만드는 딱딱한 정의를 과거에 투사하지 말아야 한다.[535]

* * *

종교는 19세기에 세계를 휩쓴 큰 변화들의 필수 구성 부분이었다. 그러나 종교의 반대자들이 주장하듯이 그것은 결코 전통적인 형태가 지나간 시대의 유물로서 근대 안으로 밀고 들어온 것은 아니었다. 그 대신 종교 활동의 형태와 종교적 사고의 유형은 매우 근본적으로 변했으며, 이전 몇백 년 동안보다 더 항구적인 방식으로 변했다. 이러한 변화에는 많은 원인이 있었다. 특히 여러 곳에서 신자들과 종교의 평신도들에게 공적 관여와 참여의 욕구를 불어넣은 사회적 변화가 중요한 원인이었다. 그렇지만 진정으로 결정적인 요인은 종교 생활이 점차 초국적 교류에 연루되면서 진행된 타 종교와의 접촉과 경쟁이었다. 종교 영역의 변화는 다른 무엇보다도 세계적 통합이라는 도전에 대한 대응이었다.

세계적 차원에서 당대의 가장 뚜렷한 발전으로 나타난 것이 바로 흔한 세속화 담론이 아니라 이러한 변화였다. 세속화는 비록 근대화와 함께 간 자연스러운 과정이 아니라 상이한 사회적 영역의 분리를 이행하는 데 기득권을 지닌 사회 엘리트층의 전략이기는 했지만, 분명히 중요한 역할을 수행했다. 독립적인 영역으로서의 '종교' 개념의 발명과 서로 간에 비교될 수 있고 양립할 수 있었던 세계종교 개념 모두 사회 분화라는 커다란 정치의 결과물로 볼 수 있다. 종교의 변형 자체는 지식의 세계적 전파와 긴밀히 결합되었다. 특히 중요했던 것은 오리엔탈리즘과 종교학이라는 범주였고, 자연과학이 정한 기준도 점차 중요해졌다. 마지막으로 종교의 변화는 제국주의적 질서가 부과한 조건에서 이루어졌다. 이는 몇몇 종교가(특히 기독교가) 팽창할 수 있었던 이유를 설명해 주며, 사회학적 '종교' 개념의 유포에 도움을 주었다. 특히 식민지 질서는 (이교적 관행과 미신의 존재뿐만 아니라) 인정된 종교의 존재 자체를 세력 정치의 요소로 만들었다.

그러나 이것이 종교를 단순히 '제국의 도구'로 바꾸어 놓지 않았음을 인지하는 것이 중요하다. 오히려 종교는 식민지가 되지 않으려 분투한 자들이나 외세의 지배에 맞서 저항한 자들의 수중에서 하나의 무기로 전용되었다. 이러한 반전은 1880년대에 나타난 종교와 정체성의 장소(국가, 제국, 거대 지역) 사이의 긴밀한 연결에 부합했다. 이런 식으로 종교는 19세기의 마지막 몇십 년간 진행된 세계의 지역화에서 필수적인 구성 부분이었다. 계몽운동과 종교학의 확산 여파로, 여러 종교는 일부 학자가 말한 이른바 종교 시장 안에서 세계적으로 경쟁하기 시작했다. 이 시기 동안 기존의 모든 구체적인 종교는 하나의 공통된 원형 종교의 상이한 표현으로 여겨졌다. 20세기에 들어선 후에도 이 보편주의적 접근은 한참 동안 유효했다. 그러나 19세기 막바지부터 그것은 한 번 더 특정 지역과 문화를 연결한 종교 개념에 의해 도전을 받았다. 다양한 종교적 '범-' 운동에서 표현된, 이와 같은 종교와 지리·문화 사이의 연결의 귀환은 단순히 전근대 '문명'의 전통을 상기시킨 것에서 그치지 않았다. 그것은 민족주의의 흥성과 거대 지역의 재출현을 포함한, 세기말에 일어난 세계적 변화의 결과이자 산물이었다.

위계와 연결:
세계적 사회사의 양상

위르겐 오스터함멜

1750~1870

머리말

　　18세기 중반에서 19세기 말까지 사회생활의 형태는, 즉 '사회'는 어떻게 발전했는가? 이 질문은 언뜻 보면 단순한 일반적 답변을 요구하는 단순한 질문처럼 보인다. 이를테면 이렇게 말할 수 있다. 1750년 무렵의 세계에는 농경 사회만 있었지만, 1900년 무렵이 되면 농경 사회 사이에 소수의 산업사회가 있었고 어디에나 공업이 아주 조금씩 흩뿌려져 있었다. 150년간에 걸쳐 산업화로 향한 사회적 귀결의 역사를 제국과 국제경제체제를 다룰 때처럼 차근차근 이야기할 수 없는 이유는 무엇인가?

　　그러한 접근 방식을 가로막는 세 가지 장애물이 있다. 첫째, 산업화가 환경에 악영향을 끼쳤다는 사실이, 그리고 세계의 부는 커졌지만 분배는 지극히 불평등했다는 사실이 널리 알려지면서 단순하게 역사가 진보한다고 보는 시각은 평판이 나빠졌다. 둘째, 사회는 특정 시기의 단일한 지배적 생산양식으로 환원될 수 없다. 좋은 사회학 교과서라면 오늘날 그 학문이 연구하는 주제의 다양성을 보여 줄 것이다. 저명한 사회학자 앤서니 기든스Anthony Giddens와 필립 서턴Philip Sutton은 이렇게 말한다. "사회학의 범위는 지극히 넓어 거리에서 마주치는 개인들의 우연한 만남에 관한 분석부터 국제적인 사회적 과정과 세계적 형태의 테러에 대한 연구까지 포괄한다."[1] 여기에는 사회적 불평등과 범죄, 성생활과 가정생활, 교육과 미디어가 포함된다. 셋째, 누구의 역사를 이야기할 것인지, 사회사에 초점을 맞출 때 역사적 현실의 어느 특정한 국면을 자세히 조사할 것인지 미리 결정해야 한다. 더 정확히 말하면 이렇게 물어야 한다. 최대한 넓은 공간적 구조 내에서, 다시 말해 세계적 차원에서 '사회'란 무엇인가? 사회사나 세계 사회사가 무엇을 의미하는지는 결코 분명하지 않다. 그것을 모든 것의 역사로 이해한다면, 이는 학문의 근본적인 과제에서, 즉 사건을 조리 있게 정리하고 평가하며 상호 간의 연관 속에서 고찰하는 과제에서 패배를 인정하는 꼴이다.

상호작용 속의 '사회'

이러한 질문들을 미리 고찰해야 한다. 특히 사회에 관한 글은 정치와 통치, 경제와 물질적 재생산, 문화와 의식의 발전을 다룬 이 책의 다른 부들보다 경계를 설정하기가 더 어렵기 때문이다.[2] 이유는 여기에 있다. 여러 점에서 '사회'는 인접 영역들에 의해 형성되며 인접 영역들을 결정한다. 사회와 경제의 관계는 바로 보인다. 다소 안정된 집단 속에 있는 인간들의 사회생활은, 그리고 국민처럼 더 고도로 조직되고 포괄적인 '집단들의 집단'에 사는 인간들의 사회생활은 안전한 생물학적 생존 조건의 존재를 전제한다. 사회의 토대는 경제적 생산이다. 이는 이 책에서 다루는 시기에 카를 마르크스(1818~1883)가 가장 정연하게 표현한 개념인데, 그는 사회구조와 이에 부합하는 의식 형태가 생산력과 생산관계의 상호작용에서 생긴다고 보았다. 그리고 생산관계는 상품과 용역의 조직과 창출된 가치의 분배를 결정한다. 이것이 사회가 경제에 개입하는 방식이다.

분리하기가 각별히 어려운 두 영역인 사회와 문화 사이에도 비슷한 상호작용이 존재한다. 문화를 특정 집단의 의미와 규범으로, 선호되는 기호의 체계로 이해한다면 그러한 의미의 속성들은 사회에서 개인이 차지하는 지위에 따라 무척이나 다양하다는 것이 분명해진다. 그 지위도 성별과 나이, 재산, 위신, 교육, 법률상의 위치, 종교적 믿음에 따라 다양하다. 흔히, 특히 전근대에는 많은 사회적 지위가 아주 상당이 떨어져 있어 서로 연결할 것이 거의 없었

다. 1800년 무렵에 러시아의 어느 귀족과 그가 한 번도 보지 못한 그의 농노
는 정말로 같은 사회에 살았나? 그들은 편리하게 '러시아적'이라고 기술할 수
있는 상위의 문화적 의미 체계를 공유했나? 특히 귀족이 러시아어보다 프랑
스어로 말하기를 더 좋아했음을 고려할 때? 문화적 지향은 특히나 일반화하
기 어렵다. '문화'는 통합을 진전시킬 수 있지만,(민족주의의 이데올로기와 심성은
그 좋은 사례다.) 그에 못지않게 분열의 경향도 지녔다. 18세기와 19세기에 이
세계의 많은 사회가 복수의 종교를 지녔다. 그렇다고 그 사회들이 법률제도와
보편적인 관용에 따라 동등한 권리를 지닌 종교 공동체들의 공존이 보장된다
는 종교적 의미에서 다원적인 사회가 된 것은 아니다. 하나의 사회 안에는 각
각 독특한 문화를 지닌 종교적 다수파와 종교적 소수파가 있었다. 다른 종교
의 예배에 참석할 수 있다면 그것만으로도 의식과 전례, 음악, 구두 신앙고백
의 익숙하지 않은 문화적 세계 속에 들어간다.

　제국과 국민국가라는 커다란 배경 속에서 그렇게 현저하게 분리된 문화
들은 '사회적·도덕적 환경'이라고 기술할 수 있다. 이는 독일의 사회학자 마리
오 라이너 레프지우스Mario Rainer Lepsius(1928~2014)가 바이마르 공화국 시기에
독일인의 투표 행태를 지칭하고자 만든 용어다.[3] '사회적·도덕적'이라는 형용
사의 조합은 사회와 문화 사이의 간극을 메우기 때문에 각별히 도움이 된다.
사회는 이를테면 결혼 관습과 관련해 움직인다. 20세기에 들어선 후 한참이
지날 때까지도 심지어 비교적 장벽이 낮은 기독교 종파들 사이에서조차 '다
른 종교 간 결혼'이 얼마나 어려웠는지 생각해 보면, 사회적 행위의 문화적인
개념과 규칙들이 어떻게 서로를 제약하거나 안정시키는지 보여 주는 좋은 사
례를 얻게 된다.

　마지막으로, 정치도 두말할 것 없이 사회에서 분리할 수 없다. 정치는 문
화보다 더 독립적인 영역이다. 권력의 축적과 이용에서 고유의 규칙을, 달리
말하면 고유의 '논리'를 따르기 때문이다. 그러나 권력은 저절로 생기지 않는
다. 정치에는 자원이 필요한데, 이 자원을 사회가 공급한다. 정치는 정통성이
필요한데, 이 정통성을 권력 엘리트는 자기만의 힘으로 얻을 수는 없고 종종
교회와 사제 같은 문화적 권위를 지닌 존재로부터 획득한다. 정치 엘리트는

사회의 지원에 의존한다. 모든 권력 수단 중에서 가장 중요한 군대조차도 대체로 사회의 횡단면이 드러나는 도가니다. 반대 방향으로는 정치가 사회적 영역에 영향을 미쳤다. 정치가 법률을 통해 사회의 형태를 결정한 것이다. 정치가 사회를 형성한 것이 비단 근대에 들어 처음으로 일어난 일도 아니다. 세계 여러 곳에서 문명이 시작할 때부터 입법자는 동시에 종교의 창시자이기도 했다. 법질서는 사회적 현실을 반영하며, 동시에 사회에서 무엇이 용인되고 용인되지 않는지를 규정하는 구조를 만든다.

이와 같은 여러 가지 이유에서 '사회'라고 기술할 수 있는 영역을 인접 영역들과의 다양한 뒤얽힘과 교차 관계에서 떼어 놓기는 어렵다. 경제와 문화, 정치와 혼합되지 않은 순수한 사회사는 거의 상상할 수 없다. 게다가 사회학적 분석은 '제도'나 '갈등', '집단행동'처럼 이 모든 영역에 포괄적으로 적용할 수 있는 개념들로써 이루어진다.[4] 그리고 자연환경을 감안하면 상황은 한층 더 복잡해진다. 자연환경은 그 나름의 근본적인 차원의 역사를 대표하기 때문이다. 사회생활은 그 생태학적인 조건과 영향 없이는 결코 생각할 수 없다.

세계사에 비추어 본 사회

'세계사'를 각각 고유의 폐쇄된 우주로 보였던 위대한 문명과 민족들의 병치로 이해하는 한, 사회를 어떻게 정확하게 정의할 것인지에 관한 문제는 생기지 않았다. 이러한 관점에서 보면 중국 사회가 있고 이란 사회와 멕시코 사회, 프랑스 사회 등등이 있다. 그러나 그러한 접근 방식은 시대착오적이다. 나중에 측량한 지구를 하나의 초시간적 실체로 여기고 이를 다시 과거에 투사했기 때문이다. 이러한 측량과 비슷한 해석이 20세기 국민국가의 세계에 적용될 수 있다. 국민국가는 전부 예외 없이 자기 이미지를 토대로 멀리 거슬러 올라가는, 말하자면 '영원한' 국민의 과거를 획득했기 때문이다.[5] 또한 지구가 독특한 사회 형태들에 상응하는 몇몇 '세계종교'의 '분포 영역'으로 공간적으로 구분되었다고 가정할 수도 있었다.

세계사는 몇 가지 확실한 것과 시대착오적인 것의 소멸을 초래했다. 세계사는 한편으로는 원거리 관계를 강조하는 반면에, 다른 한편으로 국민국가와 문명보다 낮은 차원에서는 많은 사회적 상황을 구별한다. 세계사는 거시적 시각과 미시적 시각에 따른 역사적 고찰을 동시에 강화한다. 그러므로 세계사는 지역의 역사를 부정하거나 대체하려고 하는 대신에 지역사의 중요성을 강조하고 새롭게 조명한다.[6] 이는 좀 더 야심 찬 유형의 세계사가 소규모의 특수한 것들에 주목하는 민족학과 인류학의 감수성을 받아들였다는 사실과 관계가 있다. 결과적으로 세계사는 '단일한' 유럽이나 '단일한' 이슬람 사회 같은 추상적 구성물로써 작업하기를 주저한다.

세계사는 또한 통합의 메커니즘이 핵심인 사회 개념에 조금도 만족하지 않는다. 그러한 개념의 사회는 존립할 수 있는 최대의 사회적 단위로서, 정치적으로 보장된 국경 안에서 동질성을 창출하고 분쟁을 제한함으로써 안정과 통합을 보증한다는 점에서 돋보인다. 이러한 성격의 사회학은 사회적 '질서'가 국민국가나 문명 안에서 원칙적으로 어떻게 가능한지, 실제적으로 어떻게 유지될 수 있는지 묻는다. 세계사는 안정된 사회적 관계를 무시하지 않으며, 그것이 어디에나 있는 이동성과 유동성 속에 사라지게 놓아두지도 않는다. 그러나 첫째, 세계사는 사회적 단위들이 어떻게 큰 영역에서 구체화할 수 있는지, 다시 말해 민족이나 종교 공동체, 통치 엘리트, 국민적 '전체사회'가 더 광범위한 환경으로부터 어떻게 발전했는지 묻는다. 둘째, 세계사는 그러한 사회적 단위들에 외부로부터 어떤 압력이 가해졌는지, 그것이 어떤 영향을 미쳤는지 살핀다. 셋째, 세계사는 이러한 단위들이 어떻게 팽창과 연결의 발전을 통해 이웃과 주변의 넓은 환경과 관계를 맺었는지에 관심을 둔다.

그러므로 세계사의 관점에서 바라본 사회는 그 기원의 장소나 주요 공간과 동일시되지 않는다. 예를 들면 이탈리아인의 역사는 이탈리아의 역사 못지않게 흥미롭다. 이탈리아인들이 세계의 어디서 활동했는지, 그들이 어디서 스스로 이탈리아인으로 느꼈는지, 달리 말하면 그들이 어디서 이탈리아인의 '정체성'을 계발했는지는 상관없다. 인도나 중국, 그리스, 아르메니아의 역사는 이러한 나라들에서 떠난 사람들의 이주사와 해외 디아스포라의 발달로 보충되었다. 사회사는 이주의 역사와 완전히 동일하지는 않지만, 그것을 사회생활 역사의 중요한 구성 요소로 여긴다. 그렇기 때문에 사회사는 구조와 질서를 중심에 두고 여러 요소의 통합을 가장 중요한 사회적 성취로 보는 사회 개념으로부터 거리를 유지하는 것이다. 그러므로 사회적 통일성이 아니라 사회적 복수성을, 즉 (다층의 피라미드 같은) 정적인 유형이 아니라 역동적인 관행과 작동을 가정하는 것이 좋겠다. 사회는 단순히 '그곳'에 있는 것이 아니며 아무런 문제없이 분류하고 기술할 수 없다. 사회는 틀에 박힌 행위 형태들(예를 들면 사회학이 출현하기 전인 18세기의 사회 연구가 '예절과 관습'이라고 부른 것)에, 그리고 주어진 상황을 바꾸어 놓는 변화의 힘을 갖는 행위에 드러난다.[7]

도시나 지역, 근대 국민국가의 사회사를 생각할 뿐만 아니라 세계 전체에 초점을 맞추려고 한다면 문제는 한층 더 복잡해진다. 이 책이 다루는 시기에는 통합된 세계 사회가 없었다. 서로 연대감을 느끼는, 엄청난 지리적 거리와 상이한 종교 간의 차이처럼 깊은 문화적 간극을 뛰어넘어 유사한 이해관계를 대변한다고 믿는 세계적 계급도 없었다. 산업국가들의 '노동귀족'과 '글로벌 사우스Global South'[1](개발도상국 세계) 플랜테이션 농장의 노동자들은 사회적으로 서로 아무런 관계가 없었으며 정치적으로 협조해 행동하지도 않았다. 마찬가지로 인류 전체에 관해 보편적 중요성을 띠는 주제들을 논의하는 세계적인 공중 영역도 19세기가 끝나기 직전에야 발달하기 시작했다. 통신과 사회적 결합의 범위는 오늘날보다 매우 작았다. 바로 그렇기 때문에 18세기와 19세기에 관한 최고의 사회사 연구는 개별 지역들과 쉽게 이해할 수 있는 사회적 관계에 집중되었다.

그러므로 '세계 사회사'를 쓰려는 시도가 매우 적었던 것은 놀랍지 않다. 그렇지만 세계경제와 세계 제국의 역사는 여러 훌륭한 역사가의 관심을 끌었다. 기본적으로 '장기' 19세기의 세계 사회사는 에릭 홉스봄Eric Hobsbawm의 비교적 오래된 세 권의 책에 의존할 수밖에 없다. 그 책들은 지리적 범위로 볼 때 진정으로 세계적인 맥락의 유럽사보다는 세계적인 활동과 관여가 곁들여

_____ 1 개발도상국 또는 제3세계 국가의 대부분이 남쪽에 있는 것에 착안해 나온 정치적·경제적 개념이다. 지리적 경계와 꼭 일치하지 않는데, 예를 들면 오스트레일리아나 뉴질랜드는 글로벌 사우스에 속하지 않는다.

진 유럽사에 더 관심이 많았다.[8] 그 밖에 크리스토퍼 베일리의 『근대 세계의 탄생*The Birth of the Modern World*』(2004)은 19세기 연구에 꼭 필요한 책이며, 사실상 근대 초기 전체를 다루는 페르낭 브로델Fernand Braudel의 삼부작 『물질문명과 자본주의*Civilisation matérielle, économie et capitalisme*』(1979)는 비록 세세한 내용은 부분적으로 수정할 필요가 있지만 여전히 18세기 연구에는 표준이다.[9]

연속성과 생소함

세계 사회사가 어떤 것일 수 있는지에 관해 좀 더 명확한 관념을 얻으려면 역사가들의 다양한 시각을 구분하는 것이 도움이 된다. 돌이켜 보면 역사의 몇몇 측면은 다른 것들보다 더 빠르게 생소해졌다. 정치 활동의 논리는 오랫동안 이해할 수 있는 것이었다. 투키디데스Thucydides(기원전 460 무렵~395)가 서로 경쟁한 그리스 도시국가들에서 목격했고 타키투스Tacitus(58 무렵~120)가 로마 제국에서 목격한 정치적 책략은 지금도 쉽게 이해할 수 있다. 이는 경제에도 똑같이 적용된다. 물론 시대들을 비교하면 경제생활이 대폭적으로 변한 것은 사실이다. 말하자면 오늘날 세계의 부유한 지역에 사는 사람은 누구도 순수한 생계 경제를 상상할 수 없다. 그러나 화폐가 (아직까지 보편적이지는 않았지만) 일반적이고 추상적인 교환 수단으로 출현한 순간, 원칙적으로 고대에나 현대에나 동일한, 등가물의 교환이라는 논리가 시장에 나타났다. 여러 시대와 문명에서 시장 과정에 부여된 의미가 변하기는 했지만, 한 가지 확실한 기능은 남아 있다. 그 기능 덕분에 다양한 역사적 상황에서도 기본적인 시장 합리성이 한결같이 작동할 수 있었다. 시장은 시장이었던 것이다. 이른바 '문화'라는 광범위한 영역에는 장기적인 연속성이 있다. 언어와 법률적 규범은, 예를 들면 로마법과 그것이 유럽에, 간접적으로는 나머지 세계의 큰 부분에 미친 영향은 대체로 매우 느리게 변한다. 서사시든 희극이든 건축이든 음악이든 많은 예술 작품은 시대를 넘어 이해할 수 있는 특성과 표현력을 지닌 것으로서 오늘날 세계적 회상 산업('세계 문화유산'을 보라.)에서 약간의 노고만 곁들여도 활력을 얻을 수 있다.

사회생활은 다른 문제다. 우리는 아테네의 장군 투키디데스나 인도 황제의 다소 젊은 조언자였던 차나키야Chanakya[2](카우틸랴Kautilya, 기원전 370 무렵~283)와 정치를 논하고 소포클레스Sophocles(기원전 497/496~406)의 희곡이나 고대 중국의 시경詩經(기원전 10세기~7세기)에 실린 시에 감동받을 수 있다. 그러나 현재에서 출발해 타임머신을 타고 8세기 중엽의 사회로 돌아간다면 방향을 찾는 데 크게 애를 먹을 것이다. 이러한 사회 간의 시대적 차이는 쉽게 알 수 있다.

제1차 세계대전이 발발하기 전 몇 년간의 세계는 오늘날에도 여전히 알아볼 수 있다. 몇 가지 점에서 그 세계는 여전히 현재진행형이다.[10] 당시에 나타난 예술의 상당 부분(예를 들면 무조無調 음악)은 오늘날의 많은 청취자나 구경꾼에게 지나치게 급진적으로 보여 일상의 감수성과 교양의 규범에 들지 못했다. 1900년이나 1913년 즈음의 세계는 오늘날과 마찬가지로 서로 긴밀하게 연결된 세계인 동시에 산업화한 세계였다. 소수의 나라만 완전히 만개한 '산업사회'라고 말할 수 있었다. 지구상의 대부분 지역에서는 광범위한 공업 중심지가 부족했다. 그러나 거의 전 세계가 이미 두 가지 요인을 통해 산업적으로 연결되었다. 첫째, 세계 구석구석에서 공산품이 팔리지 않는 곳이 거의 없었다. 둘째, 대양 항해 정기선과 철도의 형태로 교통이 산업화해 몇십 년에 걸쳐 전 세계적으로 도달할 수 있는 목적지가 엄청나게 늘었으며, 증기선 같은 거대한 기계장치들이 현지인들이 그렇게 복잡한 물건을 만들 수 없는 곳에 출현했다. 이들에게 그러한 기계장치들은 처음에는 외계 행성에서 온 방문객처럼 보였다.

많은 사람이 공유한 가치관과 행동 방식의 관점에서 볼 때, 제1차 세계대전 이전의 세계는 21세기 초의 세계와 완전히 다르지는 않다. 예를 들면 엘리트층의 거의 자동적인 자기 재생산은 가능하지 않았다. 1800년 무렵에 비하면 태어날 때 신분이나 계급의 위계에서 부여받은 수준이 개인의 운명을 결정하는 힘은 약해졌다. 사회는 더 경쟁적으로 바뀌고 더욱 효율성에 따라 움직이게 되었지만, 이따금 초기의 복지국가적인 조치로써 약한 구성원들을 돌

―――― **2** 인도 대부분을 지배했던 마우리아 제국(기원전 320~185)의 창시자인 찬드라굽타 마우리아Chandragupta Maurya를 보좌한 재상으로, 「아르타샤스트라Arthashastra」를 통해 정치와 외교, 군사에 관한 그의 사상이 전해지고 있다.

보았다. 종교는 사회의 사생활에서든 공적 생활에서든 결코 사라지지 않았으며, 당시에 많이 논의된 '세속화' 때문에 신앙이 사소한 개인적 문제가 되는 결과는 초래되지 않았다. 그런데도 1900년 무렵 세계의 여러 곳에서 종교적 강압이 퇴조하고 있었다. '이교도'는 여전히 삶이 수월하지 않았지만, 그들의 생존 기회는 개선되었다.

긴밀한 가족 관계에서 식민지의 주인과 예속민 사이의 세계적 불균형까지 폭넓은 범위에서 온갖 불공정과 차별이 있었지만, 인간의 동등한 권리라는 이상은 20세기 초에 과거 그 어느 때보다도 더 널리 퍼졌다.[11] 이러한 이상은 근자에 새롭게 중요성을 획득한 국민적 영역의 내부 조건에 처음으로 적용되었다. 19세기의 국민과 국민국가가 불러일으킨 열정은 국민적 결사의 모든 구성원이 개별적으로 동등한 가치를 지닌다는 관념을 중시했다. 이는 차츰 법 앞의 평등이라는 성문화한 요구로 바뀌었다. 적어도 보편적 시민권의 지위에 관한 한 '평등'('자유'와 '형제애'와 더불어 1789년 프랑스 대혁명의 세 가지 지도 원리 중 하나다.)은 그 지위를 널리 인정받았다. 시민이 자유롭지 않고 민주적인 선거로써 정부를 구성할 수 없었던 정치체제에서도 이는 마찬가지였다. 모든 입헌 국가가 동시에 민주주의 체제였던 것은 아니기 때문이다. 평등이 현실로 존재하지 않는 곳에서 이상적 시민이라는 기준은 최소한 개혁에 찬성하는 논거가 될 수 있었다.

1750년의 세계는 1913년의 시점에서 상상으로 되돌아볼 때도 매우 생소하게 보였지만, 오늘날의 사람들에게는 완전히 멀리 떨어진 대륙이다.[12] 불평등의 세계이면서 거의 침투할 수 없는 위계들의 세계이자 모든 사회적 과정의 방향을 결정한 거의 논란의 여지가 없는 엘리트들의 세계였으며, 당대의 기술을 고려할 때 오로지 소수의 사람만이 큰 희생을 치르고 극복할 수 있는 먼 거리의 세계였고, 가장 강력한 권력자라도 육상으로는 말의 힘이 허용하는 것 이상으로 빠르게 여행할 수 없었던 세계였다. 1750년 무렵에 지구상의 모든 사회는 여전히 보편적 전근대성에 고착되어 있었다. 반면에 제1차 세계대전 전야에 인간은 비록 결함이 있고 불완전했을지언정 전례 없는 새로운 단계의 근대성에 도달했다.

근대성과 세계 사회사의 여섯 가지 주요 문제

전근대와 근대를 날카롭게 구분하는 것은 확실히 지나치게 거칠어 역사를 이해하는 데 도움이 되지 않는다. 사회사의 관점에서 본 '근대'는 무슨 의미를 갖는가?[13] 미학적 근대나 '근대적' 기술에 관해서는 비교적 쉽게 합의에 도달할 수 있지만, 사회생활에 관해서는 그러한 합의가 부족하다. '근대성'이라는 오래된 범주는 사회과학이 국제화한 1990년대에 다시 유행했다. 동시에 많은 나라가, 특히 아시아의 국가들이 경제성장의 결과로 서구의 물질적 생활수준과 문화적 표현을 따라잡기를 희망했다. 2000년 이후로 다층적 근대성multiple modernities이라는 개념에 대한 열의가 급속하게 증가하고 서구의 무비판적 모방을 피하는 것에 큰 중요성이 부여되었지만, 단일 '근대성'의 기본적인 우위는 크게 바뀔 수 없었다. 오늘날 어디서나 볼 수 있는 세계적 근대성이라는 담론은 이 단일성을 극단으로 몰고 간다. 학문적 논평과 문화 비평은 대체로 회의적인 서구보다는 진보 도취증에 사로잡힌 아시아에서 더 솔직하게 제기되는 질문을 둘러싸고 전개된다. '우리'(보통은 한 나라의 엘리트층을 의미한다.)는 이 세계적 근대성에서 얼마나 전진했나? 우리는 그것을 어떻게 유리하게 이용하고 만들어 낼 수 있나?

'근대'라는 개념은 언제나 사회학의 주된 범주였고 지금도 그렇지만, 사회에 적용할 때는 조심스럽게 다루어야 한다. 인간개발지수Human Development Index: HDI 같은 통계적 수단이 있기는 하지만, 근대 개념은 특정 인간 사회의 근대성의 정도를 정확하게 결정하고 그러한 근대성의 구체적 성격을 상세하게 묘사할 수 있는 명확한 지표들로 구분될 수 없으며, 그 자체로 그러한 상황의 발생을 설명할 수도 없다. 그렇기 때문에 근대에 관한 역사적 이론들은 시기적으로 특정하지 않고 동어반복적이다. '근대'라는 말은 거의 아무것도 묘사하지 않으며 설명하는 바는 더욱 적다. 많은 동시대인이 변화나 변형의 시기로 이해한 국면에 있는 세계의 사회사[14]는 근대라는 개념을 절대적으로 필요한 만큼만 사용해야 한다. 그 수준을 넘어서면 그 개념이 너무나 부정확해진다. 의미론적 광채의 배후에 근본적인 공허함을 숨기고 있는 것이다. 그러나 마법 같은 효력을 지닌 낱말 앞에서 지나치게 움츠러들면 세계 사회사의 여러 문제점을 해결하지 못한다. 그렇다면 어떠한 문제점이 있는가?

첫째, 사회사 개념은 최근에 구조주의 역사학자와 일상사학자들 사이의 날카로운 파벌 싸움이 진정된 후에 널리 확산되었다. 오늘날에는 사회사의 온전한 전통을 얻을 수 있을 것 같다. 사회학에서 다룬 주제라면 전부 '사회사'가 될 수 있다. 소규모의 일상생활사뿐만 아니라 모든 계급과 계급 구조의 역사도 가능하며 사회적 문제들을 논의할 때 쓴 어휘의 변화뿐만 아니라 신체 활동의 변화도 사회사의 주제가 될 수 있다. 한때 선명했던 윤곽이 희미해지는 것을 감수하고라도 그러한 풍요로움은 꼭 얻어야 한다.

통치 행위와 전쟁의 역사에 전 정치적prepolitical 사회생활의 역사가 결합된 19세기에 사회사는 원래 인민의 역사가 되려고 했다. '인민'은 프랑스 혁명의 의미에서 혁명적인 것으로 이해될 수 있었고, 동시에 정치적 낭만주의의 보수적 표현으로 이해될 수도 있었다. '인민'은 모든 정치의 정당화를 위한 주권의 원천이었거나 감사하는 마음으로 나라의 가부장적 통치를 지탱한 신민의 집합체였다. 초기 사회사는 읍과 시골의 하층계급들을 각각의 관습과 전통과 함께 다루었다. 그것은 기본적으로 묘사의 방식으로 기술되었고, 문학과 밀접한 연관이 있었으며, 훗날의 이른바 '민족학'이나 '민속학'을 닮았다. 역사학에서도 명망이 가장 높은 정치사와 달리 사회사는 역사적 과정을 설명하겠다고 주장하지 않았다. 19세기가 끝날 무렵에 이른바 역사 법칙이라는 것을 적용해 그렇게 해설적인 방식을 처음으로 개진하려고 한 자들은 특히 마르크스 이후의 마르크스주의 저술가들이었다.

그 후 1950년대부터 사회사는 사회과학 안에서 싹터 그때까지 발달한 이론적 개념들을 채택함으로써 세계적인 부활을 경험했다. 계몽운동까지 거슬러 올라가 뿌리를 찾을 수 있는 이 사회사는 한편으로는 (프랑스 아날학파의 경우처럼) 인류학에 기반을 둔 기본적인 일상생활사로 기울었고, 다른 한편으로는 막스 베버(1864~1920)를 비롯한 20세기 초 독일 사회학을 선례로 하는 '역사적 사회과학'으로서 계획적으로 발전했다.[15] 원칙적으로 그것은 계층 질서와 위계, 사회적 불평등과 그 불평등이 계급 구조로 공고화한 과정, 특히 그러한 구조가 구체화된 제도들에 관한 분석이었다. 사회사는 포괄적인 체제 안에서 특정 집단이 차지하는 위치를 구체적인 연구 작업을 통해 고찰했다. 이러한 유형의 역사학이 내세운 목표는 사회적 변화를 그 속도는 물론 형태와 관련해, 또한 이상적으로는 국가들의 사회적 발전이 걸어온 상이한 경로를 비교함으로써 설명하는 것이었다.

그렇지만 집단의 삶을 다룬 옛 사회사는 사라지지 않았다. 그것은 특히 역사 인류학의 자극을 받아 일상생활과 심성, '생활양식'의 고찰이라는 형태로 다시 나타났다. 오늘날 그것은 주로 '관습'의 역사로서 눈에 띈다. 여기에 역사적 행위자들의 사회상과 그들의 '상상력'에 대한 관심이, 더불어 (언어적 전환의 직접적인 결과로서) 사회에 관한 담론, 즉 사회의 자기 묘사와 타자 묘사의 의미론에 대한 관심이 결합했다. 오늘날 이러한 측면의 그 어느 것도 사회사에서 배제되지 않는다. 그러나 이 다양성 때문에 사회사를 다루기가 어렵다. 따라서 지난 20년간 소수의 역사가만이 사회사를 연구 분야로 유지할 수 있었다.[16]

역사가들의 더 전문적인 관심의 배후에는 버릴 수도 없고 상세한 연구로 직접적으로 답변을 줄 수도 없는 커다란 역사적·사회학적 문제들이 있었다. 마르크스부터 베일리까지 학자들은 (그것을 '부르주아지 사회'로 부르든 '근대'로 부르든 간에) 사회적으로 새로운 것이 발전하는 데 필요한 전제 조건에 관심을 두었다. 오늘날 이 큰 주제는 경제적 성격을 부여받았고 '대분기'라는 이름으로써 세계적 차원의 산업화와 비산업화에 관한 새로운 해석을 낳았다.[17] 그러나 사회사의 전문적인 연구 방향과 역사의 거대 동력이라는 일반적 문제 사이의 연관은 여전히 해명되지 않은 채 남아 있다.

둘째, 세계 사회사에는 발전 과정을 추적할 수 있는 주제가 없다. 19세기에는 프랑스 사회와 일본 사회, 이집트 사회 등이 있었고, 그 역사는 다른 '국민' 사회의 역사처럼 다소간 일관성 있게 재구성할 수 있었다. 그러나 세계 사회는 없었다. 오늘날 사회학자들이 '세계 사회'에 관해 이야기한다면, 그것은 이론적 구성물일 뿐 이미 존재하는 세계적인 사회적 공간에 관한 묘사가 절대 아니다. 오히려 그들이 세계 사회를 통해 염두에 둔 바는 국가의 경계를 거의 힘들이지 않고 넘는 통신 과정의 마지막 한계라는 유토피아적 지평이었다.[18] 정보의 흐름보다는 노동 분업에 의해 구분되는 세계 여러 부분 간의 교역을 통해 세계적 연결이 이루어진다고 보는 유력한 이론가 이매뉴얼 월러스틴(1930~2019)조차도 1970년대에 가장 작은 사회 체제인 단일 가구와 모든 것을 포괄하는 세계적 체제 사이에 중간 수준의 실체(특히 국민 사회들)를 집어넣는 것이 어려움을 깨달았다.

셋째, 이는 역사적 분석 단위에 관한 문제로 이어진다. 세계 여러 지역에서 국민적 사회의 형성이 증대한 것은 정확히 19세기에 들어선 후의 일이었다. 1780년보다는 1880년에 '프랑스' 사회를 이야기하는 것이 더 적절하다. 그러나 어지간히 통합된 '유럽' 사회 모델이나 '라틴아메리카' 사회 모델, '인도' 사회 모델이 있는가? 내부적으로 다양성이 엄청난 아대륙들이 전부 그러한 모델이 될 수 있는가?[19] 당시 사람들은 대부분 협소한 영역 안에서, 즉 마을과 읍에서, 좀처럼 떠날 일이 없는 익숙한 경관 속에서 살았다. 이는 잉글랜드처럼 중앙집권적 통치를 받고 사회적으로 '근대적'인 국가에도 해당한다. 잉글랜드에서는 적어도 제1차 세계대전이 발발할 때까지는 매우 강력한 지역적 정체성이 살아남았다. 도싯주를 기억에 남도록 묘사한 토머스 하디Thomas Hardy(1840~1928)의 소설을 읽어 보기만 해도 알 수 있다. 헤아릴 수 없이 많은 지역적 삶의 세계에서 (사실상 그것이 유일한 방법인 것처럼) 소수의 사례에만 집중한다면 어떻게 세계적 차원의 신뢰할 수 있는 일반화를 얻을 수 있는가?

넷째, '네트워크' 개념은 사회사의 기본적인 관념이나 은유로서 '사회구조'나 '사회계층', '사회 전체' 같은 범주들을 대신할 적절한 대안인가?[20] 네트워크 개념은 큰 이점을 지니며 사회 이론과 관련해 쉽게 설명될 수 있다. '네트워크'는 외부 경계가 변하기 쉬우므로, 그 은유는 세계를 경계가 해체되는 공간으로 보는 관념에 부합한다. 오늘날 많은 사람이 삶을 바로 그렇게 경험하고 있다. 국가라는 틀의 잘 알려진 약점들은 회피된다. 네트워크는 일종의 사회성이므로 사회사에는 매우 잘 들어맞는 주제다. 그러나 네트워크라는 접근 방식(4부의 4장에서 중요한 역할을 할 것이다.)을 절대적인 것으로 취급해서는 안 된다. 세계사는 네트워크로 연결되지 않은 것도 놓치지 말아야 한다. 상대적으로 더 많은 자원을 갖고 있고 통신으로 닿을 수 있는 범위도 더 넓은 엘리트층은 하나의 네트워크로서 나머지 주민들보다 더 강력하게 팽창하며, 유사한 성격의 인접 네트워크들과 더 쉽게 연결된다. 그러므로 네트워크 분석은 상층의 사회적 유대에 유리할 수밖에 없다. 전체적인 그림은 위가 무겁게 될 위험성이 있다.

가장 중요한 질문은 다섯째의 것이다. 18세기 중엽에서 19세기 말 사이의 기간에 관해 널리 퍼진 가정들에 입각해 어떤 종류의 지배 담론을 이야기할 수 있는가? 한 가지 고전적 이야기는 비교적 최근의 혁명에 기원이 있는 부르주아지 발흥의 역사다. '대망을 품은' 중간계급이 그 경제적 효율성 덕분에, 그들이 공언하고 실천한 문화적 가치관의 우월한 보편성 덕분에 때로 혁명적 수단으로써 저항을 극복하고 확고한 기반을 다졌다는 것이다.

그 이후 생산성 발달에 관한 이야기들이 널리 퍼졌다. 그 역사는 부분적으로는 봉건제도에서 자본주의로의 이행으로, 부분적으로는 농경 사회에서 산업사회, 이어 서비스업 사회로의 변화로 구성되었다. 앞에서 언급했듯이 오늘날의 논쟁들은 대체로 전혀 다른 것, 즉 세계적 양극화의 역사를 중심으로 전개된다. 세계적 차원에서 부자들은 더욱 부유해지고 가난한 자들은 더욱 가난해진다. 네트워크의 관점에서 생각하는 자들은 그러한 양극화에 대처하기가 쉽지 않음을 발견한다. 네트워크적인 생각은 대체로 통합적이지만, 대분기에 관한 질문은 분리적이다. 세계 사회사는 적어도 둘 다 포용하려고 해야 한다. 따라서 세계 사회사는 네트워크에 관한 진부한 낙관론에 만족할 수 없다. 장기적으로 보면 확실히 세계는 네트워크의 증가와 팽창, 공고화를 통해 점점 더 긴밀히 연결되었지만, 인류가 그 과정에서 균일하게 이익을 얻지는 못했다.

마지막으로 여섯째, 이동성은 사회사에서 어떤 역할을 해야 하는가? 역사적 사회과학은 이동성을 부차적으로만 인정했으며, 여러 책의 도입부에서 인구와 관련해 가볍게 다루었다. 그러한 도입부는 흔히 대충 끌어모은 인구통계 관련 자료로 시작한다. 그러나 알기 쉬운 통계자료에서 분석적인 결론이 나오는 경우는 드물었다. 특히 민족주의의 발생지인 유럽에서 발전한 특정 이데올로기에 따라 국민 사회들은 자기들을 유입된 이민으로 풍요로워지고 온갖 이동성을 포용하는, 민족적으로 이질적인 실체로 보기를 주저했다. 이는 제1차 세계대전 직전의 대규모 이민의 시대에도 본질적으로 변하지 않았다.

반면에 오늘날의 사회사에는 (수평적) 이동성에 몰두하려는 반대의 경향이 존재한다. 여기서 예외처럼 보이는 것은 인간의 공간 이동이 아니라 원칙적으로 이동성을 지닌 사회적 관계의 일시적인 동결과 고착이다. 이러한 경향에 따르면 관심을 쏟을 가치가 있는 사회사는 전부 이동의 역사이어야 한다. 이동성을 기대하는 자들은 시장으로 상품을 구하러 가는 농민들의 미세 이동부터 시작해 거의 어디서나 이동성을 발견한다. 오늘날의 세계사는, 특히 미국에서 세계사는 이민자 사회들의 관점이 큰 지분을 차지한다.

요약하자면 18세기와 19세기에는 세계 사회사의 주제가 될 수 있는 단일한 세계 사회가 없었다고 결론을 내릴 수 있다. 따라서 분화의 문제가, 사례별로 의미 있는 분석 단위의 문제가 전면에 부상한다. 완벽한 답변은 있을 수 없다. 상이한 국민 사회들의 백과사전적 나열도 분명코 해답이 되지 않는다. 언뜻 보면 세계 사회사는 순수하게 지역적인 환경이 결정하는 것처럼 보이는 사회 발전의 외적 기원을 들추어냄으로써 의외로 놀라운 설명을 하는 효과를 낼 수 있다. 모든 새로운 연구 시각이 그렇듯이 세계사도 잘 알려진 사실들을 새롭게 조명함으로써 유지된다. 매우 특별한 의미의 '연결성'이 기본적 범주인 이유가 여기에 있다. 그러나 '연결성'만으로 세계 사회사라는 개념을 담을 수는 없다.[21]

세계 사회

지금 다루는 시기에 긴밀히 통합된 세계적 계층과 계급에 관해 말할 수 없다고 해도, 약간 다른 각도에서 '세계 사회'라는 개념을 다루어 볼 만하다. 어디서나 유사한 사회구조와 사고방식이 발전했다는 것은 아니다. 1950년대와 1960년대에 한동안 이른바 근대화론이 일시적으로 그러한 발전을 예상했다. 근대화론은 단일한 세계적 근대성을 향한 멈출 수 없는 역사적 추세가 있다고 가정했으며, 그 근대성은 대체로 북아메리카 상황의 보편화로 여겨졌다. 지금까지 그러한 예상은 충족되지 않았다. 집단적 소유와 국가에 의한 재화와 기회의 할당에 토대를 둔 '사회주의' 사회가 대부분 사라진 이후에도 구조의 세계적인 수렴 현상은 일어나지 않았다.

독일의 사회학자 니클라스 루만Niklas Luhmann(1927~1998)과 루돌프 슈티히베Rudolf Stichweh(1951~)는 사회구조가 아니라 커뮤니케이션 개념이 중심이 되는 다른 세계 사회 개념을 전개했다. 루만의 체계 이론을 단순화하고 그 복잡한 전체 구조를 무시한다면[22] 이렇게 말할 수 있을 것이다. 루만에게 세계 사회는 "커뮤니케이션의 세계에서 생기는 것"이다.[23] 그의 견해에서는 '사회적 행위'나 '계급 구조'가 아니라 '커뮤니케이션'이 사회 이론의 기본적인 개념으로 유일하게 가능한 것이다. 세계 사회는 세계의 지각 영역 안에서, 다시 말해 그 자체가 역사적 과정의 산물인 '세계 사회Weltöffentlichkeit' 안에서 커뮤니케이션이 점점 더 많이 일어나면서 출현한다. 루만은 '사회' 전체의 수준이 아니라 경제나 학문 같은 단일한 '기능 체계Funktionssysteme' 안에서만 세계화 추세를 본다. 이러한 기능 체계들에 공통된 것이 커뮤니케이션의 주된 의미다.

루만은 세계 사회 출현의 역사가 어떻게 보일 수 있을지에 관해 몇 가지 암시를 준다. 그것은 커뮤니케이션 가능성 증가의 역사일 것이다. 그러한 가능성은 무수히 많을 것이며, 아주 먼 거리에 걸쳐 안정적이고 신뢰할 수 있을 것이고, 국지적 지역들을 넘나들며 활동하는 상위 계층에 제한되는 경우는 점차 줄어들 것이며, 소요되는 시간도 점점 줄어들 것이다. 루만은 근대에 이루어진 '지구의 완전한 발견'[24]과 1880년대 세계시의 도입에서 몇 가지 중요한 발전의 문턱을 본다. 세계시의 도입은 '모든 시간적 관점의 변환 가능성'을 낳았다. 역사상 처음으로 그 어느 곳에서든 그 어느 순간에든 그리니치 평균시라는 하나의 기준에 시간을 맞출 수 있게 되었다.[25] 그러나 세계적 의식은 그전부터 서서히 깨어났다. 18세기 말 이래로 유럽에서 세계는 더는 왕국이나 대륙 같은 더할 수 있는 '사물'의 총합이 아니라 연결된 것들의 상호작용으로 여겨졌다.

루만에게 중요한 것은 세계성과 세계화가 '사회들'이 반응하는 외적 요인이나 독립적 변수가 아니라는 점이다. 따라서 '세계화'가 특정 사회에 이러저러한 구체적 영향력을 행사했다고 말할 수 없다. 이러한 접근법(월러스틴의 세계 체제 분석과 유사하지만, 다른 점에서는 비슷한 점이 없다.)[26]은 세계의 단일 사회나 지역들의 몇몇 특징이 합쳐져 세계 사회 같은 것을 형성하는 부가적 과정을 가정하지 않는다. 그 대신에 전면으로 드러나는 것은 문제점들과 그 다양한 해법들, 사회가 조직될 때 기준이 되는 기본적인 개념적 차이와 대조다.

루만이 볼 때 사회는 역사의 흐름 속에서 물질적 본질을 바꾸지 않는다. 그러므로 예를 들면 '농경 사회'와 '산업사회'에 관해 선입견 없이 말할 수 없다. 오히려 이렇게 볼 수 있다. "사회의 근대성은 그 특징이 아니라 그 형태에, 다시 말하면 사회가 커뮤니케이션 활동을 지도하기 위해 이용한 차이에 있다."[27] 그렇기 때문에 근대화 이론가들은 기본적인 전통 사회와 근대사회의 구분을 기반으로 삼기가 어렵다. 전통은 역사적으로 관찰할 수 있는 과정 중에, 예를 들면 19세기에 근대성으로 바뀌지 않는다. 사회가 "전통으로부터 사회에 이로운 것"을 선택한다는 가정이 더 타당하다.[28] 그렇다면 전통은 기존의 상황('전통 사회'나 '전근대사회')이 아니다. 전통은 늘 회고적으로 창조되는 것이다.

슈티히베는 루만에게서 개략적으로만 발견되는 세계 사회 이론을 정교하게 다듬었다. 슈티히베는 '세계적인 접촉 기회의 중개' 메커니즘이 위치하는 조직 차원을 강조한다.[29] 이 메커니즘에는 세계적인 전문가 체제, 문화 간 신뢰 구축 방법, 상징적 교류가 포함된다. 슈티히베는 어느 정도 자동적으로 발생하는, 세계의 장기적 동질화를 이야기하지 않는다. 그 대신에 다양한 종류의 '세계주의자들'처럼 통합을 전문적으로 다루는 집단과 개인에, 그리고 예를 들면 단순한 다름과 상호 의존, 비대칭적 의존 사이의 용어상 차이에 주목한다. 미국의 사회학자 존 마이어John W. Meyer처럼 슈티히베도 국민국가를 "제도적 형태의 세계적 표준화를 이끌어 내는 강력한 동력"으로 본다.[30] 그는 민족주의를 '세계적 기대 구조'가 출현한 것이라고 암시한다.[31] 그 결과로 오늘날 국민국가는 일종의 조직으로서, 비록 문화적 표현 양식에서는 그렇지 않지만, 어디서나 형식적으로 유사하다.

이러한 인식은 중요하다. 세계적 연결은 이질적인 개체들의 점진적인 상호 연결을 통해 이루어지는 것이 아니라 표준화의 결과로 이러한 개체들 간의 유사성이 증대함으로써 이루어진다. 그러므로 비교와 모방을 통한 "제도적 모델의 세계적 확산"도 세계 사회의 형성에 기여한다.[32] 이것은 광범위한 직접적 접촉 없이도 쉽게 일어날 수 있다. 그러나 두 번째 중요한 장치가 있다. 긴밀한 접촉과 '탈맥락화(탈상황화)decontextualization'에서만 가능한 네트워크 형성이다.[33] 네트워크는 역설적이다. 가까운 상호작용에서 생성되지만, 이후로는 먼 관계에서 재생산된다. 네트워크는 새로운 형태의 구조 형성체로서 집단이나 공동체 같은 이전 형태들 위에 겹쳐진다. 전체적으로 슈티히베는 세계에 동질성을 가져오는 세계적 확산 모델에 회의적이다. 그의 주장에 따르면 여러 과정을 고찰할 때는 항상 세계적인 것과 지역적인 것 사이의 긴장을 염두에 두어야 한다.

4부가 독단론에서 벗어나 체계 이론의 복잡한 장치에 구속됨 없이 따를 사고의 방향이 바로 이와 같다. 세계 사회사는 단일한 국민 사회나 여러 문명의 역사로 모자이크를 만들 듯이 구성해서는 안 된다. 이 세계의 다양성과 상이한 발전을 이해하려면 포괄적인 기준이 필요하다. 그러므로 역사적 설명의 주제는 이중적일 것이다. 한편으로는 이 세계 사회 안에서 나타나는 상호 의존의 증가와 공고화이고, 다른 한편으로는 새롭게 출현해 결국에는 사회의 구조가 될 차이의 출현일 것이다.

사회 분화의 거대 담론

이러한 배경에서 근대로의 이행에 관한 루만의 해석은 우리에게 도움이 되는가? 사회학이 제시한 그러한 '거대 담론'은 놀랍도록 적다. 예를 들면 이런 것이다. 마르크스주의의 자본주의 역사와 경쟁적 자본주의에서 오늘날의 '조직된' 세계 자본주의로의 변화사. 삶의 모든 영역의 '합리화'라는 베버의 담론.[34] '축의 시대' 문화들의 경로 의존적 발전에 관한 슈무엘 노아 아이젠슈타트Shmuel Noah Eisenstadt의 담론. 이러한 문화들이 훗날 맞이할 운명은 최소 2000년 전에 정해진 경로에 따라 미리 결정되었다고 추정된다.[35] 루만이 사회 형태의 전체적인 그림에서 출발하기를 거부한 것은 옳았다. "전근대사회의 풍요로운 역사와 다양한 경험은 시대 분류를, 따라서 시대를 한정하려는 시도를 실패하도록 만든다."[36] 루만이 깊이 숙고한 것의 근간은 다음 네 가지 '분화 형태' 사이의 구분이다. 분절적 분화, 중심과 주변부로의 분화, 성층별 분화, 기능적 분화. 이러한 분화 형태들은 나란히 발생할 수 있으며, 직선적이고 포괄적인 분화 증대 과정은 없다. 분화 형태들의 인식에서 가장 중요한 기준은 포함과 배제의 관계다. 달리 말하면 이는 특정한 사회질서에서 누가 높은 지위를 부여받고 누가 부여받지 못했는지에 관한 문제다.

'성층적' 상황에서, 예를 들면 18세기 중엽 무렵까지의 서유럽에 해당하는 것과 같은 상황에서 개인에 대한 기대는 확실히 사회적 지위가 미리 결정했다. 그러한 기대가 어느 정도로 충족되었는지의 차이만 있을 뿐이었다. 반면에 현대사회에서는 주체들이 자기가 누구인지 거듭 설명해야 한다. 이들은 신호를 내보내고 반응을 평가하려고 한다. 19세기에 배제의 의미는 적어도 유럽에서는 변했다. 유럽에서는 집단의 일부를 이를테면 차별이나 범죄인 취급, 박해로써 철저히 배제하기가 점차 어려워졌기 때문이다. 규범에서 이탈한 자들은 이제는 억류해 감시하고 치료하기에 적합한 대상으로 여겨졌다. 사회적 위계제의 다양한 차원에서 자유롭게 행동할 수 있는 여지는 분화 형태에 따라 다양했다. 성층 사회에서 상위 계층은 이를테면 세세하게 규정된 궁정 예법처럼 의식화한 엄격한 공식성을 따라야 했고 하위 계층의 삶은 매우 거친 형사재판에 지배될 수 있었던 반면에,[37] 19세기에 세계 여러 곳에서 차츰 발달한 기능적 분화 사회의 상황은 그 반대다. 철저하게 조직된 경찰과 관료제, 복지 기구는 비록 사회 최상층에는 물질적으로 크게 이롭지 않았지만, 사회 전체를 포용했다.

성층 사회(근대 초 유럽 같은 사회)의 특징은 위계적 질서라는 지배적 인식이다. 이러한 사회에서 군주는 기본적으로 가족 관계의 맥락에서 신민을 처벌할 권한을 갖는 가부장적 수장으로 파악되지 않는다. 오히려 사회의 상위 계층은 사회의 나머지 계층과 공동의 조상을 통해 연결되지 않는다는 점에 큰 의미를 부여했다. 상위 계층의 조상이 정복자 출신 이주민이라는 주장이 때때로 널리 퍼졌다. 기존의 사회적 위계 제도는 동일한 사회계층 내부의 '지위에 어울리는' 혼인을 통해서, 그뿐만 아니라 기회가 있을 때마다 지위의 차이를 상징적으로 거듭 천명함으로써 재생산된다.

이 시점에서 적어도 유럽에서는 기능 제도의 분화가 신분의 분화에 침투했으므로 거친 혁명적 단절이 아니라 점진적 이행이 나타났다는 루만의 관찰은 흥미롭다. 시간이 흐르면서 다양한 요소들이 그저 필요 없게 되었다. 예를 들면 보호자-피보호자 관계(우연히도 '전통적'이라거나 '근대적'이라는 분류를 거부했다.)의 발달은 옛 질서의 토대를 흔들었다.[38] 19세기의 지배적 역사 해석에 따르면 옛 질서는 언제나 더 진보적인 형태의 사회조직에 의해 대체되거나 밀려났지만, 실상은 결코 그렇지 않았다. 옛 질서는 안으로부터 무너지고 와해될 수도 있었다.

성층 사회에서 상위 계층은 '정교한 특별 의미론'이 필요했다. 외부인들은 이를 통해 그들을 즉각 알아볼 수 있으며, 이는 또한 상위 계층 구성원들끼리 서로 알아보고 의사를 소통하는 데도 쓰인다. 이들은 배타적이고 선택적인 환경에서 '스타일'과 '취향'을 즐길 수 있다. 일상적으로 궁핍에 직면하는 하위 계층은 그러한 호사를 누리지 못하고 지내야 한다. 상위 계층은 내부적으로 (예를 들면 귀족 내부의 미묘한 서열처럼) 여러 등급으로 나뉘어 있는데도 외부 세계에는 상징적으로 동질적인 집단처럼 보이는 것이 중요하다. 어느 계층에 소속되는지는 대부분 사회에서 혈통이 결정했다. 누구나 하나의 계층에만 속할 수 있었고, 법률은 적어도 유럽에서는 계층 간 분화를 뒷받침하는 가장 중요한 요소였다. 태생이 삶의 모든 기회를 결정했다. 혈통이라는 필수적인 선행 조건 없이 출세하려는 자는 건방진 인간으로 취급받았고, 17세기와 18세기의 문학에서는 흔히 조롱을 받았다. 계층 간 관계를 불평등의 관점에서 이해하는 것은 전형적이지 않았다. 서로 비교하기에는 계층들이 너무 멀리 떨어져 있었기 때문이다. 공통의 기준은 없었다. 오히려 차이는 상이한 권리와 의무로서 규정되었다.

사회의 가장 중요한 기초단위는, 즉 사람들에게 기본적인 독립성을 확보할 수 있게 한 사회적 단위는 가구였다. 개인이 아니라 가구가 성층화의 기준이 되는 단위였다. '홀로 살아가는' 자들은 생존할 수 없었다. 가구는 주인에서 하인까지 다양한 계층의 구성원들을 통합했으며, 상호작용의 여지는 비교적 컸다. 가구는 생계를 돌봄으로써 국가 질서의 안정을 유지해야 할 의무가 있었다. 따라서 가구는 원칙적으로 안정을 가져오는 보수적인 요소였다. 근대 초의 성층 사회는 완전히 고정된 사회가 아니었으며, 인도를 제외하면 세계 그 어느 곳에서도 불가침의 신분 제도가 아니었다. 그렇지만 삶의 운명이 (예를 들면 교육처럼) 주로 개별적 전제 조건과 직업적 성공으로 결정되는 현대사회에 비할 때, 수직 이동은 유아사망률과 질병 및 폭력으로 일어난 죽음에 기인한 큰 변동으로 발생하는 경향이 강했다. 가족은 파산해서가 아니라 생물학적으로 강한 상속자와 후계자가 부족해서 쇠락했다.

루만이 발전을 필연적인 것으로 해석한 사회학자들에게 반대해 강조했듯이, 사회가 기능적 분화의 우위로 (점진적으로) 전환되는 것은 '심히 있을 법하지 않은 과정'이었다. 그러나 그 과정은 일단 시작되면 돌이킬 수 없었다. 따라서 그 과정이 왜 세계의 대부분에서 일어나지 않았는지 물을 필요는 없다.[39] 유명한 '서구의 약진'에 관한 루만 본인의 설명은 그의 이론에서 진부하고 흥미가 떨어지는 부분이다. 그러나 그가 유럽에서 주권국가의 출현으로 촉진된 화폐경제의 중요성을 매우 강조한 것은 주목할 만하다. 화폐경제는 특히 귀족의 안정을 해치는 효과를 가져왔다. 귀족은 화폐에 의존하게 되었지만, 동시에 화폐가 귀족에게 의존하는 정도는 점점 줄었기 때문이다.[40] 시장에서 가격은 도덕적 제약에서 풀려났으며,(예를 들면 이자의 금지가 완화되거나 폐지된 것을 보라.) 오늘날 우리가 알고 있는 소비자이자 생산자라는 새로운 이중 역할이 출현했다. 그때부터 개인의 삶이 성공할지 실패할지는 점점 더 시장이 결정했다. 여기에는 급속히 성장한 인쇄물 시장도 포함된다. 삶은 더욱 빨라졌고 더욱 혼란스러워졌다. 루만은 이렇게 말한다. 성장하는 대도시에서 "표지판은 확실한 지시 대상을 잃었다."[41]

이 모든 힘은 18세기에 이미 작동하고 있었다. 그때쯤이면 적어도 유럽에서는 "사회의 기본적인 계층 구분을 더는 이야기할 수 없었다."[42] 프랑스 혁명 이전에 사회의 성층적 성격은 이미 퇴조하고 있었다. 명예의 강조는 귀족의 지연작전이었고, 당황해서 내뱉은 과장된 표현법이었다. 명예는 점차 일종의 문화적 자본이 되었고 종국에는 '사회적 위신'으로 대체되었다. 지위에서 비롯한 한 사람의 '속성'은 그가 노력으로 얻을 수 있는 것에 자리를 내주었다. 법은 성문화했고, 재산은 공식화했으며, 계약의 자유는 규범이 되었다. 희귀한 재화의 습득은 이제 국가나 신분이 아니라 금융 자원을 쓸 수 있는 능력이 지배했다. 배경이 삶의 조건으로서 힘을 잃어 감에 따라, 내면적 가치와 불확실한 미래를 위한 개인적인 준비, 즉 '교육'이 더욱 크게 강조되었다.[43] 성층 사회의 미리 정해진 삶은 경력에 밀려났다. 배경은 기껏해야 개별적인 접촉을 이끌어 내는 데 도움이 될 뿐이었다. 사회 통합은 점차 학교와 대학, 직업 단체, 관료 기구 같은 조직이 중개했다. 19세기에 민족주의는 기능 체계의 통합 인자가 되었다. 옛 성층 질서의 원리는 타당성을 잃고 세계 사회는 아직 충분한 통신 밀도를 획득하지 못했을 때, 민족주의는 통합 이데올로기의 역할을 했다.

귀결

18세기와 19세기의 유럽 사회 발전에서 가능한 역사의 개요는 이 정도다. 이는 부분적으로는 세계사에 모델이 될 수 있을 것이다. 나는 왜 역사적 분석에는 그다지 유명하지 않은 이론가인 루만을 이야기했는가? 가벼운 추상적·이론적 고찰 끝에 나온, '근대'의 발생에 관한 그의 개략적 설명은 여러 가지 질문에 해답을 내놓지 않았으며, 그 자신도 부정하지 않겠지만 완전히 유럽 중심적이다. 그러나 적어도 루만의 설명은 사회학 문헌과 사회사 문헌에서 대개는 그다지 날카롭게 조명되지 않는 네 가지 관점을 개진하는바, 이는 세계 사회사를 제시하려는 우리의 시도에 도움이 될 수 있다.

첫째, 세계 사회사는 지역이나 국가의 개별 역사들을 마치 모자이크처럼 이어 만들 수 없고, 총합과 일반화를 통해 귀납적으로 구성할 수 없다는 것을 우리는 알게 되었다.

둘째, 각 사회는 주로 지배적인 자기 이해와 특성을 통해 서로 구분된다. 이 기준은 앞선 시대에도 유효하다. 오늘날 우리는 통계자료를 이용해 사회를 정확하게 기술하는 것을 당연하게 여기지만, 이전에는 그런 일이 가능하지 않았다. 특정 사회에서 어떤 특성이나 차이가 두드러지는지 질문을 던지면 단지 유럽인의 눈으로 성층이나 계급의 구조를 살필 때보다 더 쉽게 세상의 여러 사회체제가 지닌 성격을 해독할 수 있을지도 모른다. 그러므로 몇몇 사회에서는 종교 영역과 세속 영역 사이의 구분이나 신자와 비신자 사이의 구분이 중요한 반면에, 다른 사회에서는 자유인과 노예 사이의 차이가 다른 모든 것보다 더 중요하다. 동시에 국가와 시장의 대립처럼 우리에게 익숙한 대립은 중요한 역할을 하지 않을 수도 있다.

셋째, 루만은 지배적인 문화 유형의 엄밀한 기준에 따라 사회 형태를 구분함으로써 '전통적·전근대적' 대 '근대적'이라는 관습적인 용어를 피한다. 여기서 성층 분화와 기능 분화 사이의 대비는 유형학적으로 매우 중요하다. 그러나 루만은 하나의 형태에서 다른 형태로 이행하는 과정에서 아무런 규칙성도 보지 못한다. 실상 그는 언제나 역사에서 도약과 순환, 갈지자 같은 비선형적 인과관계를 좋아하는 경향을 보였다. 그러므로 루만에게서는 단선적인 상승의 역사가 없다. 승리한 중간계급도 서구의 발흥도 발견되지 않는다.

넷째, '커뮤니케이션'은 길잡이 개념으로서 유용하다. 그것이 온갖 종류의 경계를 다른 것들보다 더 쉽게 극복하기 때문이며, 커뮤니케이션 사슬이 비록 언어 간 번역 문제로 방해를 받기는 하겠지만 적절한 기술적·논리적 조건에서는 이를테면 경제의 상품 사슬보다 훨씬 더 쉽게 확산될 수 있기 때문이다. 영어가 사업과 학문, 외교, 영화, 대중음악의 지배적인 언어로서 보편성을 획득해 진정으로 세계적인 커뮤니케이션 공간을 창출한 것은 20세기 후반에 와서야 이루어진 일이다. 과거나 현재의 그 어떤 '세계 언어'도 하지 못한 일이다.

그러나 세계 사회 이론을 토대로 세계 사회사를 개념화하는 작업은 적어도 세 가지 한계를 갖는다. 첫째, 사회적 불평등의 차원을 무시한다. 모든 사회사 서술에서 중요한 이 근원적 문제는 놓쳐서는 안 된다. 불평등을 평가하는 기준은 역사 속에서 계속 변했다. 반드시 물질적 부가 기준이 되어야 하는 것은 아니다. 높은 영성을, 심지어 신성함을 지녔다는 무일푼의 사람들이 상층의 부자들보다 큰 존중을 받는 사회들이 있다. 19세기와 20세기의 물질주의를 앞선 시대에 투사해서는 안 된다.

둘째, 이를테면 '봉건사회'와 '부르주아지 사회'로 나누는 흔한 마르크스주의적 구분보다 더 정확하고 '내용적으로' 충만한 사회 유형학 없이는 이 과제를 해낼 수 없다. 20세기 이전 세상의 많은 사회는 매우 다양해 어떻게든 분류하고 이름을 붙여야만 한다. 각각의 경우에 주된 차이를 판별하는 루만의 형식적인 기준은 충분하지 않다. 이에 관해 주로 민족학으로부터 몇몇 제안이 있었지만, 세계 전체를 아우르는 포괄적 분류법은 없다. 예를 들면 서구에서 지배적인 '소유권 기반 사회'와 아시아에서 지배적인 '권력 기반 사회'가 구분되었다.[44] 그래서 소유 개념이 식민지라는 틀 안에서 이러한 사회 유형에 마주쳤을 때 커다란 실제적 문제가 발생했다. 이러한 점에서 인도에 필요했던 것은 식민지 입법이 아니라 수십 년간 지속된 협상 과정이었다.[45] 마찬가지로 오스만 제국에서도 중국에서도 똑같이 유럽의 '소유 개인주의possessive individualism' 신조에서 발견되는 사유재산이라는 명백한 이데올로기가 없었지만,[46] 토지의 상업적 이용은 점차 증가했으며, 이는 또한 토지세를 도입한 조세제도의 간편화로써 국가에도 이득이 되었다.[47]

셋째, 세계 사회 이론은 사회생활의 자연적인 토대에 거의 주목하지 않는다. 이 토대는 두 가지 형태를 띤다. 하나는 재생산과 생존을 보장하려고 애쓰는 인간 공동체들의 구체적인 물리적·지리적 환경과 기후적 환경으로 구성된다.[48] 다른 하나는 이 재생산의 생물학적 측면, 즉 생활 주기와 성생활, 출산, 가족 구조, 보건이다. 이 간극을 채우려면 역사학의 가장 중요한 두 가지 하위 영역인 환경사와 역사 인류학으로부터 자극을 받아야 한다.

4부의 개요

18세기 중엽에서 19세기 말까지 지구의 사회적 조건은 적어도 세 가지 측면에서 깊은 변화를 겪었다. 그러므로 '세계의 변화'가 이례적으로 격렬했다고 말해도 될 것이다.

첫째, 새로이 출현한 사회 유형은 전 세계에 직접적으로나 간접적으로 영향을 미쳤다. 그것은 산업적 생산방식에 동반된 기술과 조직 방식의 토대 위에 세워진 시장 사회였다.

둘째, 토지를 강탈하는 광범위한 식민화가 전례 없는 수준에 도달했다. 북아메리카와 남아메리카, 오스트레일리아와 뉴질랜드, 아프리카와 아시아의 넓은 영역에서, 마지막으로 제정 러시아의 유럽 지역에서도 정착지와 개발 지역의 변경에 새로운 사회들이 출현했다. 이 사회들은 수백 년에 걸친 연속적 사회 발전의 산물이 아니라 당대인의 목전에서 일어난 이동성과 사회적 발생 sociogenesis의 결과물이었다. 옛 사회와 새로운 사회 간의 대조는 세계적 차원에서 근본적으로 중요한 차이가 되었다.

셋째, 사회는 또한 외부의 자극을 받아 전례 없이 크게 변했다. 이러한 자극에는 한편으로는 유럽 제국의 세계적 진출에서 보듯이 직접적인 군사적 개입이 포함되었고, 서구를 위협이자 모델로 보는 간접적 인식도 포함되었다. 주변부 세계는 그 인식에 따라 개혁으로써 대응했다.

세계 사회사의 이 세 가지 주제를 이제 분명하게 다룰 것이다. 그러나 4부의 구조는 그렇게 큰 방향에 따라 구성되지 않는다. 그 대신에 네 단계로 진행될 것이다. 1장은 '사회'라는 개념이 여기서 다루는 시기 이전에는 등장하지 않았다는 견해와 더불어 시작한다. 그때에 와서야 인류의 조직적인 공동생활을 도덕과 종교, 법률의 렌즈를 통해 보는 전통과 더불어 사회적인 것에 초점을 맞춘 특별한 시각이 결합했다. 2장에서는 1750년 무렵에서 1900년에 이르는 시기를 연대순으로 검토할 것이다. 1870년에 끝낸다면 너무 인위적일 것이다. 그때 끝내기에는 너무 이르다. 사회적 과정의 전개에는 시간이 필요하다. 따라서 사회적 과정을 정치적 사건처럼 정확한 일시로 제한하고 한정하기가 어렵다. 게다가 이 시리즈의 다음 책인 '1870~1945: 하나로 연결되는 세계'에는 사회사에 관한 부가 없기 때문에 두 책 사이의 이행이 더 쉬워질 수 있다.[49] 3장에서는 사회 분화를 다루겠다. 사회의 계급제도에 나타난 변화를 중심에 두고, 계급 분석과 계층 분석의 범주들을 엄밀하게 정의된 '세계 사회' 접근법이 허용하는 것보다 더 크게 강조할 것이다. 마지막으로 4장에서는 사회적 관계의 이동성을 포함해 다양한 형태의 이동성을 내표적인 것을 선별해 다루겠다.[50]

1 사회적인 것의 발견

자기관찰과 타자 관찰

18세기와 19세기의 사회사에서 기본적인 사실은 그때서야 사회가 스스로 체계적으로 말을 하기 시작했고 자기에 관한 자료를 연이어 내놓았다는 것이다. 이후 1900년에 즈음해 광범위한 경제통계와 인구통계를 이용할 수 있게 되었고 오늘날 우리가 알고 있는 경험적인 사회 연구가 시작되었다. 이렇게 지식이 크게 증대하면서 19세기의 사회사는 이전 시기보다 더욱 견고한 토대위에 서게 된다. 비록 세세한 부분의 정확성에는 문제가 있을지언정 양적 자료가 이전 형태의 사회사 서술의 토대였던 전기와 법률적·행정적 자료를 뒷받침했다.

동시에 거대한 '사회적' 연결이라는 관념도 생겨났다. 그 결과로 '사회 이론'이 등장했는데, 이는 도덕적·정치적 질서에 관한 옛 이론과 분리되었으며 정치와 종교 밖의 공동체적 인간 활동이라는 특정 영역에 집중했다. 유럽에서는 19세기 전반에 긴 과정을 거쳐 사회 연구, 즉 사회학이 철학과 법학, 경제학과 나란히 자율적인 학문 영역으로 발전했다. 몽테스키외(1689~1755) 같은 몇몇 계몽운동 사상가를 선구자로 생각할 만한 이유가 충분하기는 하지만, '사회학'이라는 용어를 만든 오귀스트 콩트(1798~1857)가 그 학문의 첫 번째 대표자로 여겨진다.[51] 제1차 세계대전 직전에 사회학은 유럽과 미국에서 널리 제도화했다.[52] 1880년 무렵부터 프랑스의 에밀 뒤르켐(1858~1917), 독일의 페르디난트 퇴니스Ferdinand Tönnies(1855~1936)와 게오르크 지멜Georg Simmel(1858~1918), 베버, 미국의 윌리엄 그레이엄 섬너William Graham Sumner(1840~1910)는 곧 이 새 분과 학문의 고전으로 인정되는 연구서를 내놓았다. 제1차 세계대전 이후에 사회학은 서구 밖의 나라에서도 서서히 발판을 다졌다. 19세기에 현대의 사회과학이 탄생했으며, 사회과학이 없었다면 현재 이해되는 바의 사회사는 상상할 수 없을 것이다.

자기관찰과 타자 관찰은 처음부터 동시에 이루어졌다. 서구 사회가 19세기 초 이래로 자기를 스스로 이해하려고 할 때 이용한 사회학이 새로운 학문으로 출현하기 이전에, 근대 초의 발견 항해와 식민지 정복의 와중에 이미 민족지학이 출현했고, 유럽인은 타자를 이해하기 위한 인식론적 도구로서 이를 사용했다.[53] 해외의 '야만인들'은 본국의 하층계급보다 더 일찍 발견되었고, '외국' 민족들에 처음으로 적용된 범주는 나중에 유럽 사회로 이동했다. 19세기의 마지막 삼분기에, 사회학의 발전과 나란히, 체계적인 설명으로서의 민족지학은 전근대 문화적 형태들의 발전에 관한 연구로서 일반적인 법칙과 유형을 탐색하는 민족학으로 바뀌었다.[54] 민족학은 주로 식민지에서, 그리고 유럽이 팽창한 지역의 변경에서 경험적 증거를 찾아냈다. 특히 북아메리카 대륙은 수렵인과 채집인부터 대도시의 발전한 근대성에 이르기까지 광범위한 연구 자료를 제공했다. 미국의 민족학자 루이스 헨리 모건(1818~1881)은 이론 작업으로, 특히 『고대 사회: 미개에서 야만을 거쳐 문명에 이르는 인간 진보의 계통 연구Ancient Society, Or: Researches in the Lines of Human Progress from Savagery through Barbarism to Civilisation』(1877)로 유명했는데, 국제적 규모의 민족학 창시자로 매우 큰 영향력을 행사했으며 유럽에서 미국의 초기 사회학자들보다 명백히 더 큰 반향을 일으켰다. 아돌프 바스티안Adolf Bastian(1826~1905), 에드워드 버넷 타일러Edward Burnett Tylor(1832~1917), 제임스 프레이저James Frazer(1854~1941), 독일의 베스트팔렌에서 미국으로 이주한 프란츠 보아스Franz Boas(1858~1942)는 자기만의 독특한 방식으로 민족학, 즉 민족지학(미국에서는 민족지학이라는 용어가 압도적으로 많이 쓰였다.)의 토대를 놓았다.

사회학과 민족학, 민족지학은 유사한 길을 따라 동시에 발전했다. 게다가 아시아와 북아프리카의 오래된 기록 문화에 관한 연구가 19세기 내내 강화되고 확대되었다. 이 '동양학'은 인도학과 중국학, 일본학, 아랍학처럼 특정한 지역별 주제로 나뉘었는데, 언어나 종교의 연구로 크게 편향되었지만, 이따금은 당대 사회들에 관해, 아시아 국가들의 사회사에 관해 귀중한 연구를 생산했다. 19세기 말이 되면 지구상에 서구 중심지의 이러저러한 학문들이 연구하기에 특별히 적합하지 않은 형태의 사회는 없었다.

전근대의 세 가지 사회 개념

1768년에서 1779년 사이에, 다시 말해 제임스 쿡 선장이 고성능 선박들로 세 차례 세계를 일주해 남태평양에서 그때까지 유럽의 어느 누구도 알지 못했던 '지상낙원'을 발견했을 때, 프랑스와 스코틀랜드에서 근대의 사회 개념이 창안되었다.

유럽의 옛 전통에서는 사회적인 것에 대한 다양한 개념적 모델이 발견된다. 그 전통은 우선 시민 공동체라는 관념을 제시했으며, 실제로 공무와 공익의 문제를 공동으로 다룬 공식적으로 동등한 자들의 결사였던 그리스의 폴리스를 모델로 몇몇 도시국가에서 그 관념을 실현했다. 공무와 공익의 문제는 다른 곳에서는 거의 어디서나 과두 지배자들의 일이었다. 17세기의 세계에서 가장 번영한 나라인 네덜란드가 그런 방식으로 형성되었다.

두 번째, 모든 사람이 저마다 정확히 규정된 위치를 차지하고 있는, 엄격한 위계를 갖춘 신분 체제라는 모델이 있었다. 루만이 이해한 바와 같은 고전적인 성층 사회였다. 이 모델은 사회의 상이한 성분들 사이의 관계에는 그다지 주목하지 않았다. 개별 신분이 가장 큰 생활공간이었고, 사회적 전체성이라는 관념은 아직 발달하지 않았다.

세 번째 모델은 국가가 가족과 가구의 모형에 따라 조직되었으며 군주는 확대가족의 엄격하고 공정한 아버지라는 관념이었다. 확대가족의 구성원이 전부 아버지와 혈연으로 연결된 것은 결코 아니었다. 이 가부장제 모델은 진보적인 잉글랜드에서도 영향력이 매우 컸기에 철학자 존 로크(1632~1704)는 『통치론Two Treatises on Government』(1689)의 첫 번째 글에서 가부장제를 완전히 파괴해야 한다고 보았다. 가부장제는 18세기에 오면 서유럽에서 중요한 역할을 수행하지 못했지만, 다른 여러 문명에서는 19세기에 들어선 후에도 살아남았다. 그런 곳에서는 국가가 통치자의 확대 가구로 여겨졌는데, 이러한 견해는 종종 통치 왕조와 개별 가구에서 공히 중요한 의례였던 조상숭배를 통해 강화되었다. '세습' 가구 밖에는 이와 같은 공동체관에 따라 다양한 층위의 권리를 부여받은 신민이 있었을 뿐 통합된 사회는 없었다.

18세기 후반에 유럽에서 여러 원천으로부터 서서히 발달한 새로운 사회 개념은 몇 가지 측면에서 볼 때 전부 권력과 위신에 입각한 폴리스와 위계적 신분 체제, 정치적 가족이라는 세 모델에서 벗어났다. 결정적인 요소는 사회가 이제 더는 수직적 위계제의 구성물이 아니라 여러 기능의 수평적 상호 관계로 여겨졌다는 사실이다. 그러한 관계는 배경이나 명예, 도덕이 아니라 사회의 각 부분이 협력해 채택한 다양한 과제가 결정했다.

경제의 순환과 시민사회

그러한 상호 의존은 경제 분야에서 가장 잘 증명할 수 있다.(오늘날까지도 그렇다.) 경제의 자율성과 활력을 옹호하는 것은 혁명적인 가정이었다. 그것은 선도적인 '중농주의자'였던 프랑스 궁정 의사 프랑수아 케네François Quesnay(1694~1774)의 저작에서 처음으로 발견된다.[55] 케네는 큰 나라의 경제를, 구체적으로는 부르봉 왕가가 다스리는 프랑스 왕국의 경제를 순환 체제로 표현한 최초의 인물이었다. 케네는 인체가 혈액 순환으로 조절되는 체계임을 처음으로 발견한 잉글랜드인 윌리엄 하비William Harvey(1578~1657) 같은 17세기 해부학자들의 이론에서 유추해 그러한 결론을 내렸다.[56] 순환 모델 덕분에 그때까지 아리스토텔레스의 전통에서 유지된 인습적인 경제적 사고에서 가능했던 것보다 훨씬 더 광범위한 연결을 인식할 수 있게 되었다. 아리스토텔레스 전통의 경제적 사고는 가구나 자급자족적 장원의 필요 충족이라는 틀을 좀처럼 넘어서지 못했다. '거시경제학'을 발명한 것은 중농주의자들이었다.

케네는 그의 가장 중요한 저작인 『경제표Tableau économique』(1758)에서 지금까지도 경제를 시각적으로 표현하는 데 쓰이는 도표 모델을 이용했다. 케네와 그의 동료 중농주의자들은 경제를 자기 조절 능력이 있는 연결체로 보았다. 국가는 그 연결망에 최대한, 아니 절대로 간섭하지 말아야 했다. 그래서 이들은 당시에 여전히 지배적인 힘을 행사한 중상주의에 맞섰다. 그러나 케네는 철저히 산업화 직전의 '옛' 세계를 대표하는 이론가였다. 그가 보기에 부의 유일한 원천은 농업 생산이었다. 수공업과 상업은 전혀 역동적인 힘이 아니었으며, 기계로 움직이는 공업은 아직 그의 상상력이 미치지 못하는 곳이었다. 그런데도 저절로 움직이는 경제라는 그의 관념은 먼 미래를 가리켰으며 매우 중요한 경제 이론들의 근본적인 원리가 되었다. 그와 같은 시대를 살았던 계몽운동 시기의 다른 많은 사람처럼, 케네도 유럽 너머로 눈을 돌렸다. 그는 과거 잉카 제국과 당대 중국 제국에서 프랑스에서는 볼 수 없는 경제학의 '자연'법칙에 대한 존중을 정확히 집어낼 수 있다고 믿었다.

프랑스 중농주의자들의 순환 모델에 더해, 1760년 이후 스코틀랜드 계몽운동에서 애덤 스미스와 그의 동료들이 '시민사회'라고 부른 것에 관한 역사적 이론이 나왔다. 그들은 당대 스코틀랜드의 번성하는 상업에서 직접적으로 '시민사회'를 관찰할 수 있었다. 스코틀랜드의 하일랜드에는 고대 씨족 구조의 흔적이 여전히 잔존했기에, 그 작은 나라에서는 한정된 공간 안에 상이한 사회 발전 단계들이 나란히 존재했으며 생생히 관찰될 수 있었다.[57] 게다가 스미스는, 그리고 에든버러와 글래스고에서 활동한 철학자와 역사학자들은, 특히 애덤 퍼거슨Adam Ferguson(1723~1816)과 존 밀러John Millar(1735~1801)[58]는 풍부한 외국 여행 문헌을 잘 알고 있었으므로 세계 여러 지역의 자료로써 자기들의 이론을 추가로 뒷받침할 수 있었다. 이들은 또한 성경과 호메로스의 저작에도 자주 의지했다. 그 책들은 계몽운동 시기에 와서 역사적·민족지학적 보고서로 읽히기 시작했다.

스코틀랜드 계몽운동은 유럽 지성사의 위대한 순간이었다. 산업혁명 전야에 스코틀랜드 계몽운동은 장기간에 걸쳐 상승 곡선을 그렸지만 문화적 손실로써 대가를 치러야 했던 생산 방법의 발전과 도덕관념, 사회 형태에 관해 이론을 정립했다. 이 이론은 발전 단계의 보편적 연속을 가정했다. 그 연속 단계는 수렵인과 채집인에게서 시작해 유목민과 곡물 경작 농민이 차지한 단계를 거쳐 조화로운 노동 분업과 사회 구성원들의 평화로운 합리성 덕분에 상업과 제조업, 지식 생산이 특징인 현재의 '문명화한' 사회(당시의 표현으로 하자면 '세련된' 사회)에 이르렀다.[59] 스코틀랜드 계몽운동의 주요 대표자들은 영국의 식민지 북아프리카의 혁명적 정치사상과 유럽 대륙의 정치철학에 공히 영향을 미쳤다. 정치경제학 창시자 중 가장 중요한 인물은 애덤 스미스였다. 그가 없었다면 마르크스도 비非마르크스주의 시장 이론도, 즉 근대 경제학 이론 전체가 불가능했을 것이다. 19세기가 지나는 동안에 스미스의 가장 중요한 저작 『국부론』(1776)은 세계의 모든 주요 언어로 번역되었다. 로크와 몽테스키외, 장자크 루소의 저술과 같은 반열에 오른 이 책은 전문 철학자들의 세계를 초월했고 18세기에 세계적으로 가장 영향력이 큰 텍스트가 되었다.[60]

스코틀랜드 계몽운동은 합리성과 스미스가 '도덕 감정'이라고 요약한 기본적인 정서적 연대의 틀 안에서 움직이는 자율적이고 법을 준수하는 시민들의 자기 조절적 사회라는 모델을 탄생시켰다.[61] 그들은 소유자이자 생산자인 동시에 소비자였다. 그들 사이의 피할 수 없는 이해관계의 충돌은 대체로 시장의 작동과 통합적 체제 논리(스미스의 유명한 표현인 '보이지 않는 손')에 의해 해결되었다. 그 배후에는 새로운 역사 해석을 가능하게 한 진보하는 문명이라는 낙관적 이론이 자리 잡고 있었다. 프랑스 정치인 안 로베르 자크 튀르고Anne Robert Jacques Turgot(1727~1781)는 스코틀랜드인과 무관하게 유사한 생각을 발전시켰다. 그에게는 사회의 영속성이라는 관념이 발견되는데, 그 영속성이란 영구적인 불변의 질서가 아니라 "현재의 상황을 그것에 앞선 모든 상황들과 연결하는 (……) 인과의 사슬"이다.[62] 다른 계몽사상가들과 마찬가지로 튀르고에게도 역사의 주체는 개인이나 가족, 통치 왕소, 민족이 아니라 인류 전체였다.

자율적 영역인 '사회'

'경제'를 가구의 미시 경제를 넘어서는 자율적 영역으로 보는 새로운 개념은 '사회적인 것'이라는 특별 영역의 비슷한 분리에 필요한 선행조건이었다.

우선 국가와 사회가 개념적으로 상이한 영역으로 분리되면서 영원히 함께 살며 같이 생활을 꾸려 가는 인간들 사이에 존재하는 '욕구의 체제'(게오르크 빌헬름 프리드리히 헤겔)를 독립적으로 분석할 공간이 열렸다.[63] 이러한 분화가 이루어지기 전에는 '사회'가 '사교'와 구분되지 않았다. 사람들의 구체적인 상호작용으로부터 독립적인 추상적 체제는 아직 생각할 수 없었다. 마찬가지로 사람들이 '집' 밖에서는 사적 영역에서 하는 것과는 다르게 처신하는, 훗날에 관찰될 수 있는 현상은 보이지 않았다. 따라서 사회는 국가와 가족 사이의 제3의 영역으로서 등장했다. 달리 말하면 사람들은 사회라는 무대 위에 있을 때에는 사적인 영역에 있을 때와 다른 역할을 수행했다. 사회에 관한 이전의 모든 견해는 강한 규범적 성격을 띠었고 가치와 관습, 상징, 그리고 다른 무엇보다도 종교적 신념의 구속력을 강조했다. 19세기 초에 나타난 새로운 '사회' 관념은 사회의 응집력을 부정하지 않았지만, 사회적 조화를 강제적인 가치관의 인도에 따르게 하기보다는 기능적 협력의 관점을 강조했다. 사회는 그 구성 요소인 개인이 전체를 위해 각각 나름의 기여를 하기 때문에 존재할 수 있다는 것이었다. 그들은 무조건 서로 좋아할 필요도 없었고 같은 신을 믿을 필요도 없었다.

19세기 초의 유럽에서 사회는 시장에서 만나는 소유자들의 관계로 생각되었다. 이들은 동시에 의견과 비판적 이성을 지닌 자들로서 '공중 영역'에서 서로 조우했다. 이들 사이에는 해소할 수 없는 긴장이 있었다. 몇몇 예외적인 경우를 제외하면, 시민은 경제적 인간이자 물질주의적 부르주아지라는 자기의 역할을 국가와 공익에 봉사하는 이상주의적 시민이라는 제2의 본성과 융합할 수 없었다.

국가를 사회의 대립자로 보는 관념은 1800년 무렵에 나타난 새로운 현상이었다. 비슷하지만 그때까지는 좀처럼 표현되지 않았던 관념, 즉 국가는 특정 군주의 인신에 구현되지 않는다는 관념, 국가는 인신을 초월한 법률 원리를 실현하는 추상적 실체, 다시 말해 '법인法人'이라는 관념도 마찬가지였다. 이 법률 원리는 또한 정부가 사회에 개입하는 것을 제한했다. 그러므로 국가와 사회의 분리가 법철학이라는 관점에서 고려된 것은 논리적이었다. 이를 가장 영향력 있게 논의한 이는 헤겔(1770~1831)이었다. 비판적 사회 이론의 창시

_____ 강단의 헤겔. 석판화. 프란츠 쿠글러(Franz Kugler), 1828년. 학생들 앞에서 강의하는 모습. 어떤 학생들은 그의 강의를 그대로 받아 적었다. 헤겔(1770~1831)은 새로이 설립된 베를린 대학에서 마지막으로 교수 생활을 보냈는데, 사회라는 주제가 사회학의 형태로 독자적인 분과 학문의 지위를 얻기 전에 가장 영향력 있는 '사회' 이론가 중 한 사람이었다. 이후 마르크스(1818~1883)가 헤겔의 연구를 비판해 유력한 사회 이론을 정립했다. (Wikimedia Commons)

자가 된 헤겔에게서 우리는 '사회'의 정의 중에서 가장 유력한 것을 찾아볼 수 있다. 사회는 "노동과 교환을 토대로 한 자율적인 행위 관계",[64] 헤겔의 말로 하면 "전면적인 상호 의존 체제"였다.[65]

여기서 헤겔은 '유익'과 '이익'에 관한 최근 서유럽 계몽사상의 성찰로 돌아간다. 사회를 구성하는 개인은 법적 신민으로서 국가나 종교 권력의 간섭으로부터 방해받지 않고 계약을 체결하며 자기 이익의 극대화라는 원리로써 행동을 결정한다. 그러나 애덤 스미스가 이미 지적했듯이 생산적인 협력은 바로 그러한 보편적인 이기심을 통해 발현된다. 사회가 양심 때문에 조화로울 필요는 없다. 오히려 사회는 분명히 모든 피할 수 없는 적대와 갈등에도 불구하고 내전으로 찢기지 않고 노동 분업을 토대로 작동할 것이다. 이러한 관점을 결코 헤겔만 지녔던 것은 아니다. 헤겔은 법질서와 법률에 구속되는 국가를 통해 재산과 자유를 보호할 필요성을 인식했다. 이는 사실상 유럽 자유주의의 공통된 속성이 되었다.

1800년을 전후로 몇십 년간 유럽의 철학자와 정치이론가들이 내놓은 수많은 저술에서 정치와 경제의 분리가 처음으로 드러났다.[66] 원칙적으로 정치 영역은 힘과 권력에 좌우되었고,(법이 완화 효과를 낼 수는 있었다.) 반면에 경제 영역은 재산, 화폐의 유통, 재화의 평화로운 교환에 좌우되었다. 재산은 화폐가치로도 표현될 수 있었으므로 토지는 점차 상업상의 제품으로서 갖는 가치의 관점에서 규정되었다. 극소수 이론가만이 정치가 경제에서 완전히 벗어나 있어야 한다고 주장했다. 종종 자유주의의 창시자로 여겨지는 스미스조차도 국가가 시장의 혼란스러운 과정에서 사사로운 개인을 위해 공정한 규칙을 정립할 것을 기대했다. 그러나 아직까지는 누구도 무제한의 경제 통제를 옹호하지 않았다. 힘은 법으로써 제한해야 했으며, 입헌군주제는 유럽의 지식인들에게 가장 적절한 국가 형태로 보였다. 이들 중에 군주제에 반대해 독립하고 획기적인 공화제 헌법(1787)을 채택한 미국을 하나의 모델로 환영한 자들은 소수였다.

법과 노동

1800년 이후로 유럽인의 의식 속에서는 법률적 사고에 대한 전반적인 재평가가 일어났다. 1789년 8월의 프랑스 혁명은 비록 초기에는 실질적인 효과가 제한적이었지만 인간과 시민의 보편적인 권리를 선언했다. 게다가 대서양 세계의 서양 국가들에서는 이제 돌이킬 수 없을 정도로 종교에서 분리된 법이 경제와 시민 상호 간의 거래는 물론 국가까지 조절하는 현실적으로 더 중요한 과제를 떠맡았다. 당대 민법의 두 주춧돌이었던 프랑스 민법전(1804, 나폴레옹 법전으로도 알려져 있다.)부터 1900년의 독일 민법전까지 19세기는 유럽에서 시작된 세계적인 법률 개혁의 시기였다. 중국의 법률이 유럽의 규범을 부분적으로 채택한 것에서 볼 수 있듯이 이는 지금도 어느 정도는 지속되고 있다. 동시에 법제사가 역사 서술의 매우 중요한 분야로 떠올랐다. 지구상의 모든 사회가, 심지어 '야만인들'(훗날에는 '원시인'이라는 표현이 쓰인다.)까지도 법률 제도를 갖추고 있고 이런 제도들이 개별 사회의 특징이었음이 분명해졌다. 그

───── 빅토리아 여왕(1819~1901, 재위 1837~1901)이 재위하던 시절에 유럽의 군주들은 사회의 '유익한' 구성원으로서 자기의 인기와 겉으로 드러나는 모습을 점차 걱정하게 되었다. 빅토리아 여왕은 대가족의 어머니이자 영국 국민과 제국 전체의 어머니라는 이미지를 개발했다. 그러나 빅토리아 여왕은 또한 정치에 관여한 군주로서 조금도 주저하지 않고 장관들에게 의견을 밝혔다.

래서 법은 종교와 가족관계와 더불어 보편주의적인 유럽 인문학에서 매우 중요한 주제가 되었으며 일찍이 인기 있는 비교 문화적 고찰의 한 분야가 되었다. 그러한 연구의 응용은 학계에만 국한되지 않았다. 식민 통치의 실행에도 토착민의 법률제도에 대한 연구가 필요했다. 그래서 토착민의 법률제도는 식민지 시대에 처음으로 체계적으로 법전으로 편찬되었다.

1800년 무렵에 유럽에서 출현한 새로운 사고방식에는 마침내 노동, 특히 육체노동의 재평가도 포함되었다. 노동은 이전에는 전혀 그러한 철학적 영예를 얻은 적이 없었다. 유럽의 계몽사상에서 노동은 일종의 인류학적 원리로서 발견되었다. 처음으로 인류는 노동하는 인간으로 이해되었다. 노동하는 인간에게 노동은 생존에 필수 불가결한 요소였을 뿐만 아니라 그 본성에 확립된 욕구이기도 했다. 이 욕구는 다시 역사의 당연한 추진력이라는 이름을 얻었다. 인간은 완벽해지려면 노동해야 했다. 노동하지 않는 특권적인 개인과 고된 육체노동으로 상층의 호화로운 삶을 떠받쳤던 고생하는 대중 사이의 앞선 구분을 이제 더 상대적인 시각에서 보게 되었다. 한가함은 귀족 엘리트의 특권으로부터 그들이 사회에서 차지하는 기생적 주변성의 증거로 의미가 변했다.[67] 19세기 유럽에서는 여왕도 바느질 바구니와 뜨개질바늘을 들고 대중 앞에 나타났다.

확대된 노동 개념에는 다양한 종류의 창조적 활동이, 특히 과학자와 기술자의 발명과 예술가의 창작도 포함되었다. 마르크스와 그의 세 권짜리 저작 『자본론_Das Kapital』(가장 중요한 첫 번째 권은 1867년에 나왔고, 나머지 두 권은 사후인 1885년과 1894년에 나왔다.)에 이르기까지 정치경제학에서 노동은, 특히 산업노동은 모든 부의 원천으로 주장되었다. 오로지 노동만이 가치를 창출한다고 여겨졌고, 사회적 갈등은 대체로 '잉여가치', 즉 노동자가 창출했으나 보상을 받지 못한 가치에 해당하는 몫의 흡수와 재분배를 둘러싸고 벌어졌다. 노동 분업은, 좀 더 정확히 말하면 노동의 분할과 분배는 사회조직의 기본적인 원리가 되었다. 단지 마르크스에게서만 그런 것도 아니다. 그래서 사람들이 그 사회적 거래에서 어떻게 점점 더 자율적이게 되었는지, 동시에 어떻게 서로 더 의존하게 되었는지의 문제가 제기되었다. 사회학과 민족학의 창시자인 뒤르켐은 『사회분업론_De la division du travial social』(1893)에서 이로부터 몇 가지 중요한 이론적 결론을 끌어냈다.

동등한 개념들

이 모든 유럽의 관념은 19세기 후반에 세계 여러 지역에서 수용되었다.[68] 이 관념들은 종교적인 이유로 종종 저항에 부딪혔다. 예를 들면 무슬림 국가에서는 오늘날까지도 법과 종교의 분리가 아주 제한적으로만 받아들여진다. 전통적인 이슬람에 맞지 않기 때문이었지만, 더 중요하게는 현실의 구조가 서구의 새로운 규범을 수용하지 못했기 때문이다. 그래서 19세기 유럽 밖의 여러 상황에서 국가와 사회를 범주적으로 구분하려는 시도는 그다지 온당하지 않았다.

이러한 제한은 몇몇 매우 다른 역사적 상황에도 적용되며, 따라서 다양한 이유로 타당하다. 한쪽 끝에는 매우 위압적인 국가가 있다. 신민은 이러한 국가에 맞서 법적으로 저항할 기회를 갖지 못한다. 냉전 시대의 진부한 표현을 찾아 중국이 수백 년 동안 전제 국가였다거나 심지어 전체주의국가라고 주장할 필요는 없다. 청나라가 병역의 토대이기도 했던 보갑제保甲制라는 가구 등록과 상호 책임의 제도로써 적어도 이론상으로는 촌락 차원에 이르기까지 주민을 통제하려고 했다는 사실을 지적하는 것으로 충분하다.[69] 이 제도는 실제로 불완전했으며 19세기에 봉기를 막지 못했지만, 국가와 사회의 개념적 구분을 거의 불가능하게 했다. 다른 쪽 끝에는 제도화가 미약한 국가라는 흔히 볼 수 있는 경우가 있다. 이는 특히 씨족 구조(혈통)와 파벌주의가 우세한 곳에서 두드러진다.[70] 이 경우에 사회는 국가를 어느 정도 포함한다. 국가가 거의 통치자의 가구와 별개로 존재하지 않기 때문이다. 이 점에서도 유럽적인 국가와 사회의 분리는 현실과 괴리가 있다.

서구에서 사회과학이 발전하면서 '사회'의 자율성은 점점 더 크게 강조되었다. 이는 사실상 사회학이라는 특정한 학문이 정당화될 수 있는 유일한 길이었다. 이론적인 사회의 자율화에서 한 걸음 더 나아간 이는 19세기에 매우 큰 영향력을 행사한 사상가였던 영국 철학자 허버트 스펜서(1820~1903)다. 스펜서는 콩트를 제외하면 사회학의 가장 중요한 창시자였다. 사회의 복잡성이라는 개념처럼 오늘날에도 여전히 쓰이는 몇몇 개념과 사고방식은 스펜서가 만들어 냈다. 스펜서는 사회를 개인과 집단의 총합으로, 다른 개념으로 말하면 구조와 기능에 따라 분화된 유기체로 보았다. 스펜서의 주요어 중 하나인 '분화'는 오늘날 체계 이론의 기본적인 범주다. 빅토리아 시대의 이 박식가는 사회의 성장과 진화라는 문제도 다루었다.[71]

마르크스와 그가 세운 역사적 유물론[72]은 19세기의 세 번째 사분기에 사회의 자율화 이론을 더욱 진척시켜 국가를 사회적 갈등의 부산물로만 보이게 했다. 마르크스에 따르면 부르주아지 시대의 국가는 단지 지배계급의 도구였을 뿐이다. 이 모델에서 역사의 동력은 기술적 발전('생산력의 발전')으로부터, 생산성의 발전을 통해 악화되는 사회 내부의 모순으로부터 생긴다. 마르크스는 국가의 필연적인 허약함과 최종적인 소멸에 대한 믿음을 자기가 사회정의의 이름으로 맹렬하게 공격한 급진적 자유주의와 공유했다. 그러나 자유주의자들과 달리 마르크스는 여러 이해관계가 시장을 통해 자동적으로 화해에 이를 것이라고는 믿지 않았다. 그의 견해에 따르면 역사는 계급투쟁으로 움직였으며, 당대의 부르주아지 질서는 프롤레타리아를 착취한 결과로 무너질 운명에 처했다.

마르크스의 사회 모순 이론은 일시적으로 독일 사회민주주의나 프랑스 사회주의 같은 정치 운동의 지배적인 신조가 되어 첨예한 사회적 긴장을 예리하게 분석할 도구를 제공했지만, 1917년의 볼셰비키 혁명 이후에야 세계적으로 이용되었다. 제1차 세계대전 이후 도처에 마르크스주의자들이 있었고, 그중 일부는 종종 정치권력을 장악하기 위해 고안된 레닌의 행동주의적 재해석을 거친 마르크스와 프리드리히 엥겔스의 사상을 마르크스 자신은 그다지 주목하지 않은 (인도를 예외로 하면) 유럽 밖의 농경 사회에 적용하려는 목표를 지녔다. 19세기 유럽의 사회 개념은 20세기가 되면 마르크스주의적 형태로 유럽 밖의 여러 지역으로 확산되는데, 그 유럽적 기원을 부인할 수 없었다. 그 개념은 유럽 밖의 마르크스주의자들에게 이를테면 촌락의 '계급들'을 구분함으로써 혁명의 동지와 적을 확인하는 엄청난 도전에 직면하게 했다.

서구 '사회' 개념의 수입

유럽의 사회 개념이 수입된 곳은 결코 지적 진공상태가 아니었다. 모든 인간 집단은 사회적이고 정치적인 질서를 상상하며, 이러한 상상은 흔히 극도로 다양하고 상세하다. 예를 들면 인도의 사상에서 사회적 위계질서는 부분적으로는 현실을 반영해 점점 더 미세하게 분해되었다. 모든 것을 포괄하는 광범위한 사회는 없었고 수많은 '미소微小 사회와 사회적 네트워크'가 있을 뿐이었다.[73] 유럽에서 수입된 사회 개념은 극단적으로 간명했다. 비서구 사회에서는 특히 그 개념의 네 가지 요소가 혁명적 효과를 냈으며 현실의 사회 상황을 어지럽혔다. 식민지 정부나 현지 개혁 엘리트들이 적어도 그중 일부를 전유해 정치적 관행으로 바꾸려고 했을 때 그러한 현상이 특히 더 심했다.[74]

첫째, 실제로는 늘 그렇지는 않았지만 원칙적으로 사회가 개인으로 구성되어 있고 이 개인들을 공식적으로 동등한 존재로 여겨야 한다는 생각은 새로운 것이었다.[75]

둘째, 비서구 문명들의 사상에서 사유재산의 의미는 근대 유럽보다 덜 두드러졌다. 서구의 재산 개념은 다른 지역들에서 보이는 여러 가지가 복잡하게 뒤섞인 개념에 비해 상당히 단순화된 형태였다. 세계의 다른 지역들에서는 종교 기관(사찰, 수도원, 사당 등)의 비교적 단순한 소유권도 엄청난 다양성을 보여 주었다.

셋째, 불안정한 '자연 상태'에서 당사자 간의 계약을 통해 사회와 통치 체제가 형성될 수 있다는 것은 특히 군주제 전통의 뿌리가 깊은 아시아에서는 놀라운 생각이었다. 그러한 사회계약 개념이 채택된 곳에서는, 예를 들면 동아시아에서는 그 과정에 독특한 특징이 있었다. 가공의 사회계약은 국가의 시민들이 책임 있는 행정부를 세우려는 목적에서 체결한 것이 아니라 국가를 강화하기 위한 국민의 자기 동원을 통해 이루어졌다는 것이다.[76]

넷째, 자기 이익을 추구하는 이기적인 주체들의 상호작용으로부터 사회적 관계망이 생길 수 있다는 생각은 서구 밖의 수많은 사람에게는 이상하게 보였다. 특히 유교의 영향력이 미치는 문명에서는 도덕적이고 이데올로기적인 조화에 큰 중요성이 부여되었고, 그러한 조화의 촉진이 국가의 주된 임무로 여겨졌다. 이러한 관점에서 보면 사회 개념은 여러 의미가 깃든 모호한 것이었다. 그러한 모호함은 자유주의를 비판한 유럽인들도 알아보았다. '사회'는 비개인주의적·집단주의적 용어로도 해석될 수 있었고, 극단적인 경우에는 완전한 '국민 공동체'와 동일시될 수 있었다. 그러한 맥락에서 개인주의와 개인성은 '부르주아지' 사회의 선행조건이 아니라 반드시 부르주아지적인 것으로 이해되지는 않지만 다수가 지지하는 규범으로부터 일탈한 것으로서 비난받을 만한 것이었다.

유럽 밖 현지의 개혁적 엘리트층이 서유럽의 사회 개념을 연구하고 수정하고 채택했을 때, 이 개념은 생겨난 지 고작 몇십 년밖에 되지 않았으며 여전히 변화를 겪고 있었다. 따라서 이스탄불이나 카이로, 도쿄에서는 '서구 근대성'이라는 튼튼하게 포장된 이데올로기 꾸러미를 발견할 수 없었다. 서구의 '사회' 개념은 처음에는 소수의 사람이 개혁을 정당화하고 뒷받침하고 실행하기 위해 받아들였다. 이러한 개혁은 그 집단들의 권력 장악 야심과 연결되었다. 이 개혁이 해당 사회의 폭넓은 계층에 침투하기까지는 몇십 년이 걸렸다. 여러 나라에서 개혁이 결정적인 문턱에 도달한 것은 사회 관념이 새로운 민족주의와 결합하고 '사회'가 국민 전체와 동일한 것이 되었을 때였다.

'전체사회'가 하나의 미래상이자 정치적 지평으로서 등장한 것은 사회학 교수들의 연구에서 이루어진 일이 아니었다. 그것은 국민 '각성'의 정치적 전략, 그리고 이와 연관된 시도, 즉 엘리트층 외의 사회 세력들을 통제하고 동원함으로써 이러한 전략을 뒷받침하려는 시도와 긴밀히 결합되어 이루어졌다. 그러나 이는 대개 20세기에 와서야 일어난 일이다. 스코틀랜드 계몽운동에서 스펜서나 존 스튜어트 밀(1806~1873)의 성숙한 자유주의에 이르는 100년 동안 서서히 발전한, 자유로운 사회라는 유럽의 흠결 없는 관념은 서구 밖에서는 결코 완전한 현실로 전환되지 않았다. 아시아와 아프리카에서는 굳은 결의의 서구화론자들까지도 결코 자기들의 사회에 자유로운 시장에 기초한 희석되지 않은 소유 개인주의를 강요하는 데까지 나가지는 않았다. 어느 곳에서나 이데올로기적 타협이 있었다.

확실히 이러한 현상은 학문 분야에서는 덜했다. 새로이 등장한 인문학과 사회과학도 자연과학의 예에 따라 보편주의적으로 이해되었고, 그 보편주의는 유럽의 특징을 띠었다. 서구의 학문이 제도적으로나 실제 적용에서나 대체로 '토착화'했지만,(현지의 상황에 적응했다.) 방법론상의 원리에는 의문이 제기되지 않았고, 유럽의 주요 학자들은 보편적 권위자로 받아들여졌다. 예를 들면 중국 사회학이나 이슬람 사회학을 발전시키고 그 보편적 의미를 주장하려는 시도는 실제적으로 아무런 역할을 하지 못했다. 한편 사회과학은 학문 밖의 세계 인식 방법에 쓰인 사회 개념보다 훨씬 더 크게 '세계화'했다.

변화하는 타자의 관찰: 민족지학의 시대

연구자의 사회를 통계자료로써 체계적으로 기술하는 경험적 사회 연구가 시작될 때까지, 여행자의 객관적인 시선은 사회 현실을 파악하는 데 지배적이고 매우 생산적인 관점을 제공했다. 자기관찰의 도구들이 충분한 수준의 효율성을 획득하기 전에 가장 포괄적인 이미지를 전달한 것은 타자의 관찰이었다. 근대 초에 유럽인들이 서로에게 보여 준 관심은 비기독교 세계에 관한 그들의 호기심에 비하면 크게 발달하지 않았다. 그 세계는 이슬람 국가들의 국경에서 시작했다. 유럽 안에서 여행한 자들이 내놓은 중요한 설명이 있다. 이를테면 프랑스인 미셸 드 몽테뉴(1533~1592)의 이탈리아에 관한 보고서 같은 것이다. 민족의 성격에 관해서는 오랫동안 진부한 관념이 반복되었다. 그러나 16세기 이래로 더 멀리 떨어진 세계가 점차 관심을 끌었다. 그래서 유럽의 사회 기술記述 전통은 해외의 '타자'에 대한 인식과 더불어 시작되었다. 뒤이어 19세기에 유럽에서 사회과학이 출현했고, 그곳으로부터 사회과학은 세계 전역으로 퍼져 나갔다.

1760년 무렵에서 1840년까지의 몇십 년은 타자의 시각으로 이루어진 사회 기술이 지배한 마지막 국면이었다. 이는 어느 정도는 유럽에도 해당되는 이야기다. 1787년부터 1789년까지 프랑스를 두루 여행한 영국인 농학자 아서 영Arthur Young(1741~1820)보다 구체제 말기의 프랑스 사회를 더 정확하게 묘사한 이는 없다. 유럽 대륙의 음악 세계에 관해 영국인 전문가 찰스 버니Charles Burney(1726~1814)보다 더 깊이 서술한 이는 없다.

그러나 이는 특히 대양 너머 세계에 해당되는 이야기다. 이 점에서 1768년에서 1779년 사이에 제임스 쿡(1728~1779) 선장이 영국 해군부를 위해 수행한 세 차례의 세계 일주 항해는 획기적인 사건이었으며 특히 태평양 사회들에 대해 새로운 식견을 갖게 했다.[77] 쿡은 외국의 사회생활을 주의 깊게 관찰한 사람이었다. 그는 자기의 모든 탐험 항해에서 다재다능함이라는 계몽운동의 이상을 구현한, 다방면에 걸쳐 해박한 학자들을 대동했다. 그들은 주로 천문학과 동물학, 식물학 연구에 관해 교육을 받았지만, 권력과 지도력, 풍습과 관습, 종교, 조리법과 기술, 그리고 특히 언제나 매혹적인 주제인 성, 사회에서 여성이 수행하는 역할, 형사재판에도 주목하도록 훈련을 받았다. 쿡과 그의 동료 학자들은 보고서에서 태평양 지역 여러 사회의 비교적 단순한 구조를 그러한 범주들을 통해 폭넓게 분석했다.

쿡 선장의 가장 길었던 두 번째 항해에는 박식가인 요한 라인홀트 포르스터Johann Reinhold Forster(1729~1798)와 그의 아들인 게오르크 포르스터Georg Forster(1754~1794)가 동행했다. 게오르크 포르스터의 책 『세계 일주 항해Reise um die Welt』(1777/1778~1779)는 서사적인 문체로 여정을 서술한 것으로 영어 문학과 독일어 문학에서 공히 위대한 텍스트로 찬사를 받을 만하다.[78] 여러 언어에 능통한 세계주의자 게오르크 포르스터는 훗날 프랑스 혁명의 지지자이자 '독일 자코뱅당'의 일원이 되는데, 과학자의 체계적인 지적 소양과 그를 크게 능가하는 시적 표현의 이상을 두루 갖춘 여행자이자 연구자인 알렉산더 폰 훔볼트(1769~1859)의 스승이자 아버지 같은 친구였다.[79]

다재다능한 과학자이자 경제학자가 된 훔볼트는 1799년에서 1804년 사이에 일개인으로서 공무상의 위임 없이 자비로 멕시코와 베네수엘라, 쿠바를 여행했으며, 이어 여행에서 기록한 것과 수집해 갖고 돌아온 물건들을 수십 년간 공들여 연구했다. 주로 프랑스어로 쓰인 훔볼트의 방대한 저작에는 에스파냐 식민지 멕시코와 쿠바에 집중된 두 개의 중대한 연구가 있는데, 이는 사회학의 초기 고전으로 꼽힌다.[80] 두 텍스트는 직접적인 관찰과 통계자료의 이용, 이론적 분석을 결합했다. 멕시코에서 훔볼트는 권력과 부, 피부색 같은 복잡하고 다양한 기준에 따라 층을 이룬 사회에 대면했다. 그는 유럽에는 없는 사회 형태를 연구하면서 20세기 사회학에 중요한 의미를 띠게 되는 계급과 종족 간의 관계를 처음으로 다루었다. 다른 한편으로 쿠바에서는 아프리카인 노예제가 지배적인 제도였다. 이는 훔볼트 이전에는 전혀 깊이 분석되지 않았다.

개별 국가에 관한 알렉산더 폰 훔볼트의 정치사회학적 연구는(그는 이를 정치 평론으로 불렀다.) 계몽운동 말기에 규범화한 이른바 '국가 기술記述' 방법에 따른 자료 수집에 그치지 않았다. 그 연구는 꽤나 현대적인 방식으로 어떤 원리가 특정 사례의 사회적 성층화를 지배했는지, 어떤 경제적 토대가 사회의 개별 구성 성분들을 떠받쳤는지, 각각의 경우는 특징적으로 어떤 중요한 대립과 갈등을 내포했는지, 멕시코 사회와 쿠바 사회에서 구체적으로 '식민지적'이었던 것은 무엇인지, 향후 발전의 기회와 문제점으로 어떤 것이 예상되었는지 물었다. 훔볼트는 사회생활의 작동 원리에 관심이 있었고, 오늘날 정체성이라고 지칭되는 것에도 관심이 있었다. 훔볼트가 식민주의와 노예제를 공개리에 도덕적으로 비난하는 표현은 삼갔지만, 그렇기에 그의 냉정한 분석은 더욱 날카롭게 실상을 드러낸다. 훔볼트는 두 사회에 똑같이 사회학적 해부학자의 지적 도구를 들고 다가갔다.

동시에 세상의 반대편 끝에서는 영국인 식민지 관리 스탬퍼드 래플스Sir Stamford Raffles(1781~1826) 경이 방대한 저작 『자와의 역사History of Java』(1817)를 위한 자료를 수집하고 있었다. 그 책은 훔볼트의 책과 비슷한 수준에서 아시아의 식민지 사회를 연구한 것이다.[81] 제목 뒤에 숨은 것은 한 나라의 과거를 보여 주는 기술이 아니라 그 나라의 민족지학적·사회학적 연구다. 래플스의 관찰에 드러난 시각은 이중으로 거리감을 느끼는 것이었다. 영국이 나폴레옹 전쟁 중에 몇 년간(1812~1816) 물려받은 동인도제도(오늘날의 인도네시아)에서 네덜란드가 펼친 식민 통치는 그에게 토착 말레이 사회만큼이나 이질적이었기 때문이다. 그는 말레이 사회를 정확하게 연구했고, 네덜란드 동인도회사의 네덜란드인 식민지 지배자보다 말레이 사회에 훨씬 더 공감했다. 그런데도 래플스는 훔볼트와는 달리 광적인 제국주의자였으며, 마침내 자와 군주들의 권력을 무너뜨렸다. 네덜란드인들은 전혀 성공하지 못한 일이다.[82]

마찬가지로 같은 시기에 북아메리카의 백인들도 그 대륙의 정복에 관해 자신들만의 문헌을 내놓았다. 초기의 주요 저작은 메리웨더 루이스Meriwether Lewis와 윌리엄 클라크William Clark(1804~1806)의 공식적인 사실 수집 임무에 관한 보고서였다. 이 임무는 미국 대통령 토머스 제퍼슨(1743~1826)이 사사로이 맡긴 것인데, 제퍼슨 자신도 박식한 박물학자이자 지리학자였다. 탐험 일기의 출판(몇몇 선구자가 있었다.)과 더불어 북아메리카 서부에 관한 새로운 장르의 문학적 서술이 시작되었다.[83] 그렇지만 미국의 경우에도 외부에서 멀리 바라본 조망이 결정적이게 되었다. 1835년과 1840년에 프랑스의 젊은 법률가 알렉시스 드 토크빌Alexis de Tocqueville(1805~1859)이 1831년과 1832년에 미국을 여

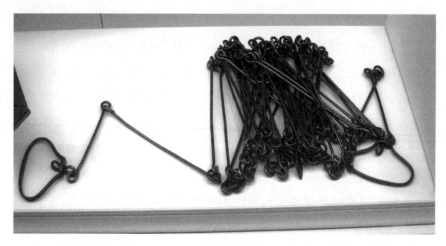

_____ 건터의 사슬. 광학적 토지 측량 방법이 확립되기 이전에 토지와 재산은 기계적인 측정 도구로써 조사했다. 각별히 널리 쓰인 도구는 토지 측량 사슬로 1620년 무렵에 잉글랜드인 수학자이자 천문학자인 에드먼드 건터(Edmund Gunter, 1581~1626)가 개발했다. 건터의 사슬은 19세기에도 미국에서 광대한 땅을 측량하는 데 널리 쓰였다. 길이가 20미터인 이 사슬은 서로 연결할 수 있는 100개의 고리로 이루어졌다. (Wikimedia Commons)

행하고 받은 인상을 두 권의 책으로 출간했다. 표면상의 여행 목적은 미국의 법률제도와 형벌 관행을 연구하는 것이었다. 『미국 민주주의*De la démocratie en Amérique*』는 유럽의 독자들에게 유럽인 이주자들이 정착한 곳이었는데도 당시에 그들이 잘 알지 못했던 나라에 관해 설명했다. 토크빌은 그 나라를 서유럽과는 명백히 다른 대립 모델로 제시했다.[84] 그 책의 영어 번역본은 곧 미국인들에게 미국 사회를 비추어 주는 거울이 되었다. 그때까지 어떤 미국인도 자신들의 사회를 그토록 깊이 분석하지 않았다. 혁명 후 유럽과의 지속적인 대조(토크빌은 이후 프랑스 혁명에 관한 중요한 역사가요 해석자가 된다.)는 정치적 강령과 제도는 물론 정신 구조와 사회적 행위에서도 커다란 열망의 사회적 실험으로 입증된 미국 사회의 특징을 뚜렷하게 드러냈다. 외부의 '민족지학적' 관찰자인 토크빌 이전에는 그 누구도 그렇게 깊이 미국이라는 전통 없는 이민자 사회의 독특하고 급진적인 성격을 이해하거나 그 사회를 말 그대로 '옛' 세계에 대한 서구 내부의 대립 원리로 그리지 못했다.

문학과 사교성

오래된 사회 기술 전통의 하나는 전혀 이론의 수준에 도달하지 못했고 기껏해야 문학적인 관찰 태도라고 말할 수 있는데, 함께 조직을 이룬 사람들에 대한 사실적 묘사였다. 이러한 종류의 문학은 근대 초에 주로 회고록과 일기의 형태로 존재했다. 전자의 유명한 사례는 생시몽 공작 루이 드 루브루아Louis de Rouvroy(1675~1755)의 『회고록Memoirs』이다.(1829~1830년에 처음 발간되었다.) 이 책은 루이 14세Louis XIV 궁정의 일상생활과 권력투쟁을 상세히 기술했으며 훗날 사회학에, 특히 노르베르트 엘리아스Norbert Elias(1897~1990)에게 궁정 사회 분석의 훌륭한 사료가 되었다. 다른 사례는 잉글랜드의 고위 관료였던 새뮤얼 피프스Samuel Pepys(1633~1703)가 쓴 풍부한 내용의 비밀 일기였다. 이는 1818년에 케임브리지 대학 도서관에서 발견되었고 1825년에 짧은 발췌본으로 간행되었지만, 완전한 형태로는 20세기에 들어선 후에야 공개되었다. 이와 같은 유럽 전통의 중요한 텍스트는 근대 사회과학의 형성기에 널리 알려졌다. 이 문학은 일종의 선구적인 미시사회학을 보여 주는데, 적어도 근대 초 유럽 밖의 문명에서는 그토록 상세한 형태로 존재하지 않았던 것 같다. 17세기와 18세기의 사회적 연대기 작가들은 특히 대도시와 궁정에서 함께 살아가는 사람들의 행동에 담긴 미묘한 차이를 알아보는 식견을 키웠다. 그렇게 미묘한 차이는 미리 결정된 '자연 질서'의 오래된 언어로는 더는 표현할 수 없었기 때문이다. 이들은 종종 냉소적이었던 사실주의로 인해 이상적인 궁정 신하나 신사를 묘사(이는 결코 유럽에만 국한되지 않은 문학 장르였다.)한 르네상스 시대와 바로크 시대의 '군주의 서書'와 이상화하는 지침과 구분되었다.

자서전이라는 자기 기술 문헌 외에 허구적 문학도 사회를 매우 잘 묘사할 수 있었다. 그러한 형태는 먼저 (궁녀 무라사키 시키부紫式部(978 무렵~1014 무렵)가 쓴 『겐지 이야기源氏物語』로) 일본에서, 이어 유럽과 중국에서 등장한다. 그러나 '사실주의' 경향을 보이는 그러한 이야기에 가장 잘 어울리는 장르는 서정시나 희극이 아니었고, 신화나 종교적 텍스트(특히 불교적 성격을 지닌 몇몇 문명에서 지배적인 문학이었다.)는 더욱 아니었다. 그것은 이야기, 주로 소설이었다. 중국에서는 불운한 학자 조설근曹雪芹(1715/1724~1763/1764)이 쓴 소설 『홍루몽

紅樓夢』이 중국 북부 상층계급 가문의 운명을 중심으로 당대의 풍속과 관습을 훌륭하게 묘사했다. 저자는 명나라를 배경으로 삼았지만, 이 책은 19세기 초 유럽에서 월터 스콧 경(1771~1832)의 소설이 그랬던 것처럼 지나간 시대의 정취를 자아내는 역사 소설은 아니다.『홍루몽』은 오늘날에도 단지 문학적 가치 때문만이 아니라 18세기 중엽 사회 상황에 관한 정보의 원천으로도 읽히고 있다. 그러나 이 소설은 1759년에 완성되었으면서도 1791년에야 출간된다.『홍루몽』은 많은 존경을 받았는데도 문관 지위를 얻으려는 자들이 과거 시험에서 정통함을 입증해야 하는 중국 고전 목록에 들지 못했고, 후세대 작가들이 모방하는 모범이 되지도 못했다. 풍습을 사실주의적으로 묘사하는 소설이라는 지배적인 장르는 19세기 중국에서는 등장하지 않았다.

그러한 소설은 서구에서만 탄생했다. 중국에서『홍루몽』이 나올 때, 잉글랜드와 프랑스에서 사회적 지위에 제약을 받는 자들이 주인공으로 등장하는 소설이 몇몇 쓰였다. 풍습을 다룬 사회적 소설의 위대한 시대는 잉글랜드의 제인 오스틴Jane Austen(1775~1817)과 프랑스의 오노레 드 발자크Honoré de Balzac(1799~1850)로 시작해 제1차 세계대전 때까지 지속된다. 그때에 가서 새로운 실험적 양식의 서사가 나타나 고전적인 사실주의를 시대에 뒤진 것처럼 보이게 했다. 풍습을 다룬 소설은 시대와 계급의 불문율과 관례의 틀 안에서 사람들의 상호작용을 묘사한다. 이러한 소설은 흔히 규범을 깨뜨리는 행위를 통해 사회적 합의의 한계를 시험하는 완고한 사람들과 아웃사이더들에게 초점을 맞춘다. 그러한 행위는 테오도어 폰타네, 헨리 제임스Henry James, 레프 톨스토이Lev Tolstoy의 소설처럼 사회 상층계급의 세련된 인물들의 관계 속에서, 귀스타브 플로베르Gustave Flaubert, 고트프리트 켈러Gottfried Keller, 빌헬름 라베Wilhelm Raabe의 소설처럼 시골 생활의 폭로에서, 아니면 빅토르 위고Victor Hugo, 찰스 디킨스Charles Dickens, 에밀 졸라의 소설처럼 최하층민 불행의 재창조에서 일어날 수 있다. 창조적 문학, 특히 소설은 다양한 방향의 사회조사에 쓰이는 것과는 다른 언어로 말한다. 소설은 통계를 이용하지 않았으며 계급 귀속성이라는 거친 범주를 다루지도 않았다. 소설은 사람들에 관해 얘기하지 않았다. 사람들이 말하게 했다. 그 정도로 소설은 19세기에 들어선 지 한참 지난 후까지 유럽에서, 북아메리카에서는 다소 정도가 약하게 사회 관찰의 주된 도구의 기능을 수행했다. 물론 소설은 현실의 단순한 모사가 아닌 자율적인 병행 세계였다.

실제로 소설가의 관심을 끈 것은 구조를 갖춘 질서로서의 사회가 아니라 사교성이었다. 사회성은 18세기 말의 몇십 년간 학회와 살롱에서 발견되었다.[85] 독일 신학자이자 철학자인 프리드리히 다니엘 슐라이어마허Friedrich Daniel Schleiermacher(1768~1834)는 사회성 이론을 개진하기도 했다.[86] 중간계급 사람들에게 공중 영역이 생겼다는 것이 더 중요하다. 내적 평등 위에 세워지고 격리된 공간 안에서 중간계급 사람들은 문화적 관심을 추구하고 교육을 통해 스스로를 개선하며 정치를 논할 수 있었다.[87] 살롱은 18세기에 프랑스의 도시 지역에서 출현해 중부 유럽 속으로 깊이 확산되었는데, 그러한 문명화 과정의 특권이 있는 장소였다. 그곳에서 남녀가 만났다. 그곳에서는 유대인 같은 아웃사이더들이 차별 받지 않고 참여할 수 있었다. 그곳에서 지식인들은 대화의 기술을 통해 단련되었다. 사교성은 한편으로는 현실이었고 다른 한편으로는 이상이었는데, 발자크가 거듭 훌륭하게 증명했듯이 이기심의 탐욕스러운 충돌로 결딴날 수 있었다.

사회성은 스미스에서 마르크스와 콩트, 스펜서를 거쳐 뒤르켐과 베버에 이르기까지 위로부터 제시한 지침에 따라 유럽에서만 발전한 고급 사회 이론 영역에 비해 비유럽 세계와 연결 짓기가 더 쉽다. 그러한 이론은 한참 뒤에 미국으로 전파되었고, 1930년대가 되어야 그곳에도 '순수한' 사회 이론이 확립된다. 이와 달리 사교성에 관한 성찰은 여러 상이한 환경에서 발견된다. 여기서 가장 중요한 차이는 언제나 위계질서를 강화하는, 법과 규칙에 구속되는 의식화된 행동과 등급 간의 격차가 크지 않고 규제의 강도가 낮은 별개의 공간들 간에 이루어지는 더 편안한 상호작용 사이의 차이다. 이러한 상호작용은 유럽에서는 살롱과 기독교 단체(특히 비정통파) 외에도 프리메이슨 협회나 클럽, 독서 모임에서, 중국에서는 찻집이나 학자들의 사사로운 학회에서, 무슬림 세계에서는 커피 하우스나 공중목욕탕, 수피 교단의 집회 장소에서 이루어졌다.[88] 모든 사회는 그러한 사교의 공간을 갖는다. 이는 사회의 특징이므로 그러한 공간에 들어가는 외부의 방문객에게는 매우 놀랍게 보인다. 예를 들면 무슬림 국가들에서 온 여행객은 유럽의 목욕탕이 사교적 모임이 아니라 몸 씻기와 치료에 소용되는 것을 보고 언제나 놀랐다.

외부인이 본 '서구': 유럽의 남아시아인

부와 경제적 동력의 세계적 분리('대분기')가 시작된 것은 1980년대 이래로 경제 발전의 비교에 관심이 있는 세계사 연구자들에게는 중요한 주제였다. 이와 동시에 지식에서 드러난 큰 불균형은 그만큼 주목을 받지 못했다. 두 현상은 서로 연관이 있었지만, 그 연결의 정확한 성격은 여전히 제대로 해명되지 않았다. 근대에 유럽인들은 비유럽 세계에 관해 엄청난 양의 자료와 텍스트, 이미지를 수집했다. 이 자료는 많은 군사 활동과 여행에서 획득되었으며 식민지 행정에서 점점 더 많이 발생했다. 늦어도 1830년부터는 명시적으로 외국의 주제를 다루는 특정 학문이 존재했다. 에드워드 사이드Edward Said의 『오리엔탈리즘Orientalism』(1978)이 나온 이래로 우리는 이러한 종류의 지식을 의심의 눈초리로 바라보게 되었다. 그러나 이 온당한 불신이 그 지식의 가치를 전부 박탈하지는 않으며, 19세기가 한참 지날 때까지도 교육받고 잘 훈련된 관찰자였던 소수의 아시아인과 아프리카인만이 서구를, 즉 유럽과 북아메리카를 여행했다는 사실은 그대로 남는다. 그러므로 유럽에 대한 외부의 시각과 거리의 이점이 확인되는, 관련 국가에 관한 유용한 정보를 담은 여행기는 한줌에 지나지 않는다.[89] 그렇기에 우리가 알고 있는 텍스트를 살피는 것은 한층 더 가치가 있다.

1600년부터 1857년 사이에 2만 명의 인도인이 영국으로 건너갔는데, 대부분은 선원과 쿨리, 하인이었다. 이들 중 극소수만이 여행기나 다른 형태의 기록을 남겼다. 지금까지 발견된 텍스트는 스무 개다.[90] 가장 흥미로운 증언은 서구에 영구히 정착해 그 사회에서 성공할 수 있었던 남아시아인들이 이를테면 아시아 의학 지식의 전달자로서 쓴 것이 아니었다.[91] 오히려 후원자들에 대한 보고의 의무를 늘 명심해야 했던 일시적으로 지나가는 여행객들이 쓴 글이었다. 많은 관찰 주제가 되풀이되어 거의 고정관념으로 고착되었다. 예를 들면 1760년대의 어느 인도인 방문객의 이른 깨달음이 그러한 경우다. 그는 남아시아와는 대조적으로 영국에서는 정치체제가 개별 관료의 무능 때문에 크게 손상되는 일이 없음을 깨달았다. 모든 것이 다 왕세자의 성격과 지적 능력에 좌우되지는 않았기 때문이다.[92]

인도인 무슬림 미르자 아부 탈레브Mirza Abu Taleb는 1799년에서 1803년까지(우연히도 리처드 웰즐리Richard Wellesley(1760~1842)의 지휘로 영국의 남아시아 약탈이 절정에 달했을 때였다.) 영국에 머물며 아시아인으로서는 유럽의 산업화를 매우 일찍 목격했는데, 인도와 영국을 비교했고 이로부터 차별화된 결론을 얻었다. 그는 유럽의 일부일처제가 지닌 이점을 칭찬했다. 그 제도가 재산 분배를 둘러싼 싸움에서 가족을 구했다고 생각한 것이다. 그러나 그는 꾸란의 율법에 따라 여성이 상속권과 재산권을 넉넉하게 누리는 점은 기독교 국가들의 상황에 비해 우월하다고 보았다.[93] 유럽의 도시 생활을 목격한 아부 탈레브는 런던 거리의 교통 속도 때문에 보행자는 충돌을 피하려면 몸을 특이하게 움직여야 한다고 썼다. 100년 뒤에 지멜이 쓴 글을 떠올리게 하는 감수성이다. 그는 영국인들이, 특히 상층계급 사람들이 매우 바쁜 생활에 결코 지치지는 않았지만 시간을 너무 낭비한다고 느꼈다. 그의 생각에 유럽의 '근대성'은 가속도와 아무런 연관이 없다.[94] 그는 신상처럼 귀히 여겨지는 석조상이 서 있는 공원과 광장 같은 도시 안의 공공 공간에 감명을 받았다. 그는 수많은 우편역과 여관, 역마차 서비스 덕분에 시골에서 여행하기가 얼마나 편리한지 이야기했다. 아부 탈레브는 빈민이 인도의 경우처럼 개인의 특별한 자선이 아니라 비종교적 단체나 교회의 공적 구제를 통해 보살핌을 받는다고 적었다. 그는 노동 분업을 토대로 한 바늘 생산과 책과 신문의 인쇄 기법에 감탄했다. 그는 마치 스미스의 『국부론』(1776)에 나오는 유명한 분석을 읽은 것처럼 노동 분업을 설명했다. 전체적으로 그는 영국인이 '기계장치에 대한 열정'을 지녔고 기술을 통해 노동을 더 편하게 만들려고 한다고 설명한다.[95]

아부 탈레브는 하인들이 주인에게 '힌두스탄의 노예'와 똑같이 복종하기는 하지만 인도보다 영국에서 사회적 평등이 더 크다고 보았다.[96] 아부 탈레브가 매우 정확하게 관찰한 사회적 교제의 불문율은 인도와는 다르지만 엄격함에서 조금도 덜하지 않았다. 가족 안에서 구성원 간의 거리는 더 멀었는데, 이는 개인의 독자성을 더 많이 허용하고 인도의 경우와 달리 가문과 가구의 모든 책임을 가장에게 지우지 않는 이점이었다. 아부 탈레브는 생산성과 실력을 높이 평가해 사람들에게 노력하고 능력을 갖추도록 동기를 부여하는 영국 사회에 감명을 받았다.[97] 1810년에 영어로 나온 그 텍스트는 영국인을 내내 칭찬하지는 않았지만 인도의 쇠락과 영국의 역동성을 대비시켰기에 인정을 받을 수 있었다.[98]

19세기 말에 마흐디 하산 칸Mahdi Hasan Khan(1852 무렵~1904)은 당시에 산업화가 완료된 영국을 방문했다. 그는 하이데라바드의 니잠에게 속한 고위 궁정 관료로서 니잠에게서 파트 나와즈 장Fath Nawaz Jang이라는 칭호를 받았다. 1888년 초에 니잠 정부는 그를 런던으로 보내 나라의 광업 이익을 대변하게 했다. 그는 약 여덟 달간의 해외 체류 기간에 빅토리아 시대의 영국 사회를 면밀히 관찰했고 그로부터 받은 인상을 기록했다. 그때까지 어떤 아시아인 관찰자도 영 제국의 수도를 그토록 날카로운 시선으로 보지 못했던 것 같다. 다른 많은 방문객과 마찬가지로 마흐디 하산 칸도 윈저성에서 빅토리아 여왕의 영접을 받았다. 그는 이집트와 프랑스, 스위스, 이탈리아를 여행했다. 그는 유럽의 기술과 물질적 생활수준은 물론 정치제도와 사회제도, 여성의 지위, 대학, 박물관, 극장에도 관심을 보였다. 그의 보고서 일부는 당대의 인도 신문에 게재되었다. 마흐디 하산 칸의 일기는 2006년에 처음으로 완전한 형태로 출간되었다.[99]

중국인 세계 여행자

마흐디 하산 칸이 영국에 체류하기 몇 년 전에 청나라의 관리인 이규李圭(1842~1903)는 세계를 여행했고 정보를 수집하고자 미국에서 아주 오래 머물렀다.[100] 그의 여정은 1876년 5월에서 1877년 1월까지 지속되었다. 그때 뉴욕에서 샌프란시스코를 거쳐 시드니와 싱가포르에 이르기까지 여러 대도시에는 청나라 조약항의 외국인 조차지와 비슷한 중국인 사회가 있었지만, 청나라가 서구에 처음으로 외교관을 보낸 것은 1876년이었다.[101] 하지만 이전 10년간 학교와 대학에 다닐 나이의 중국 청년에게 서구를 경험하게 하려는 목적에서 공적 성격이 덜한 사절단을 파견했다.[102] 이 청년들은 의무적으로 일기를 써야 했다. 이규도 비슷한 보고 임무를 수행했는데, 그의 세계 여행 일기는 외교적 의무나 협정의 구속을 받지 않아서 생생한 관찰이라는 장점이 있다. 그 보고서는 1878년에 처음 발표되었고 중국에서는 잊힌 적이 없었다. 이규는 최악의 상황에 처한 조국을 경험했다. 그의 가족 구성원 다수가 태평천국의 난(1850~1864)에 희생되었고, 그는 간발의 차이로 반란군을 피했다. 상해로 간 이규는 황제 편에서 태평천국운동과 싸운 서양 용병 부대인 상승군 사령부에서 비서직을 얻었다.[103] 1876년에 그는 필라델피아 세계 박람회에 파견된 청나라 대표단의 일원이었다.

이규도 서구의 풍습과 관행에 전체적으로 크게 놀랐지만, 서구 사회에 대한 일반화된 이론에 이르지는 않았다. 그러나 이러한 종류의 텍스트에서 늘 그렇듯이 저자가 무엇에 관심을 두었는지 살펴보는 것은 유익하다. 이규는 서구의 공업 기술과 군사기술에 각별히 큰 인상을 받았다. 그는 서구를 효율성에 몰두한 사회로 보았다. 공무가 합리적으로 관리되었기 때문이다. 그는 학교와 대학, 실험실, 출판사, 인쇄기를 아주 매혹적으로 묘사했다. 그는 미국에서 신체적으로, 정신적으로 아픈 자들의 치료에 감명을 받았으며, 비교적 인도적인 교도소 조직을 청나라를 위한 모델로 보았다. 서구는, 적어도 미국은 그의 보고서에서 약자가 보호받고 돌봄을 받는 사회로 나타난다. 그의 책에 나타난 서구는 사회적인 지식 공동체라는 인상을 준다. 이규는 영국을 여행할 때 자기가 무엇을 찾는지 이미 알고 있었으며, 옥스퍼드에서는 청나라에는 아직 존재하지 않는 제도인 대학 조직을 빠르게 이해했고,(북경 제국 대학은 1898년에 설립되었다.) 런던에서는 공기수송관 우편제도에 깜짝 놀랐다.[104] 그러나 그에게 가장 놀라웠던 것은 서구의 친절이었다. 이규는 틀림없이 인종주의적 거만함을 대면했겠지만, 이에 관해 불평하지 않았다. 그는 손님에 편의를 제공하는 태도를 청나라가 받아들여야 할 서구의 강점으로 보았다.[105]

중동의 유럽 분석가들

이규는 그에 앞서 유럽을 방문한 무슬림의 보고서에 관해서 전혀 알지 못했다. 19세기 전반에 아랍어권에서 서구에 관한 논평으로 하나의 양식을 세운 가장 유력한 인물은 리파 알타흐타위(1801~1873)였다. 그는 이집트의 근대화 통치자인 파샤 무함마드 알리(1770 무렵~1849, 재위 1805~1848)가 파견한 연구회의 이맘으로서 1826년에서 1831년까지 파리에 머물렀다. 프랑스도 근대화 과정 중에 있던 나라였고, 그는 그 도시를 이교도의 거소라기보다는 새롭고 신기한 것들의 중심지로, 즉 다른 유럽 국가에서 온 방문객과 동일한 시각에서 이해했다.[106] 그는 곧 프랑스어를 배웠고, 이집트로 돌아온 뒤에는 번역가로, 공립 언어 학교 교장으로, 일반적으로는 이집트의 유력한 서구 문화 중개자로 일했다. 그가 파샤를 위해 쓴 보고서는 1849년에 아랍어로 간행되었다.[107]

파리에 도착했을 때 리파 알타흐타위는 당혹한 야만인이 아니었다. 그는 완벽한 이슬람 교육을 받았을 뿐만 아니라 이집트에서 이미 유럽 사상을 공부했다. 그는 프랑스에 도착해 곧 주요 학자들의 도움을 받았다. 그의 기본적인 태도는 종교적 변증론자의 태도도 아니고 거꾸로 된 사회를 순진하게 바라보는 이의 태도도 아니었다. 알타흐타위는 프랑스와 이집트 사이에 (예를 들면 비교할 수 있는 명예 개념처럼) 기본적인 유사성이 있다고 가정했으며,[108] 그러한 토대 위에서 다른 점과 미묘한 차이를 확인했다. 이 점에서 그는 1831년에 미국의 교도소 제도를 연구하라는 자국 정부의 명령에 따라 미국을 방문했던 동시대인 토크빌과 공통점이 많다. 알타흐타위는 그의 통치자인 파샤와 마찬가지로 기술에, 그리고 그 기술을 군사력으로 전환하는 것에 깊은 관심이 있었다. 그런데도 그는 숨김없이 기회를 엿보아 권위주의적인 주인에게 입헌 통치의 이점을, 나아가 매우 조심스럽기는 했지만 공화주의의 이점을 인식시키려고 했다. 리파 알타흐타위는 1830년의 7월 혁명을 목격한 극소수의 비유럽인 중 한 사람으로 부르봉 왕가의 통치에 찬성하지 않았다.

토크빌처럼, 그리고 어느 정도는 멕시코 여행에 나선 알렉산더 폰 훔볼트처럼 리파 알타흐타위도 일찍 시민사회를 분석한 사람이, 달리 말하자면 사

―――― 1826년에 리파 알타흐타위(1801~1873)는 이집트의 파샤 무함마드 알리의 사절로서 파리에 파견되어 1831년까지 머물렀다. 그는 프랑스인의 삶을 예리하게 관찰하고 논평했으며, 1849년에 프랑스에서 보낸 시기를 설명한 글을 발표했는데, 이는 유럽에 관한 '외부인의 견해'라는 장르의 고전이 되었다. (Wikimedia Commons)

회학자가 되었다. 그는 영국과 프랑스, 오스트리아를 기독교 세계의 선도적인 과학 국가로 보았다. 그는 파리에서는 보통 사람도 글을 읽고 쓸 줄 알고, 모든 지식은 책에 적혀 있고, 장인도 지식을 키우려고 애쓴다고 썼다. "모든 전문가가 자기 분야에서 무엇인가 진부하지 않은 것을 고안해 내거나 다른 이들의 발명을 개선하려고 했다. 이 점에서 수입 욕구뿐만 아니라 인정과 위신, 영원한 명성을 바라는 욕구도 그들(프랑스인들)을 도왔다."[109] 프랑스인들은 지칠 줄 모르고 열심히 일했으며 자발적으로 세금을 납부했고 좀처럼 타인을 속이지 않았으며 감사함을 일종의 의무로 여겼다. 그들은 항상 지식을 늘리려고 노력했다. 따라서 그들의 문명은 "인도인과 중국인의 경우처럼" 멈춰 서지 않았다.[110] 그들의 헌법은 모든 시민의 동등한 권리를 보장했고 시민에게 처벌

받지 않고 의견을 표출할 자유를 부여했다. 재산은 손댈 수 없는 것이었다. 공직의 임명은 능력 있는 사람이라면 누구에게나 열려 있었다. 판사는 면직될 수 없었다.

리파 알타흐타위는 프랑스에서는 널리 책을 구할 수 있다고 썼다. 신문기사에는 거짓말이 많지만, 그 행간에는 귀중한 정보도 상당히 많았다. 나중의 이규처럼 그도 이것을 서구의 큰 이점 중 하나로 보았다.[111] 공중에 개방된 공원에서는 사회의 모든 계층이 뒤섞였다. 산업의 대부분은 개인 소유자가 갖고 있었고, 그 수준은 "끝없이 높아지고" 있었다.[112] 국가는 교통과 통신, 특히 증기선과 전신의 발달에 힘을 쏟았다.[113] 우편제도의 가장 대단한 측면은 속도와 신뢰성, 서신의 비밀이었다. 연인들이 아무런 방해도 받지 않고 연락을 유지할 수 있었다.[114] 프랑스의 학자들은 사제 기능도 같이 수행하지는 않았지만,(사제는 신학에 헌신하는 데 만족했으며, 그 밖의 다른 것에는 관심을 거의 두지 않았다.) 사회에서 매우 큰 존경을 받는 자들이었다. 학자들은 지식의 전 영역에 정통했지만, 동시에 더 한정된 주제의 전문가였다. 그들이 매우 중요하게 여긴 임무는 새로운 통찰력의 획득이었다.[115]

이러한 관찰의 상당 부분은 이후 10년간 크게 변한 프랑스를 방문한 모로코인 학자에 의해 확인되었다. 무함마드 앗사파르Muhammad As-Saffar는 모로코 술탄이 보낸 대사의 비서로 1845년 12월에서 1846년 3월까지 파리에서 일했다. 그는 귀국한 뒤 보고서를 썼는데, 이는 출간되지 않았다. 문학적으로 그 모범이 된 것은 1834년부터 관료들만 은밀히 볼 수 있는 기밀이었던 리파 알타흐타위의 보고서였다. 그렇지만 두 방문의 상황은 크게 달랐다. 모로코는 1826년에 알타흐타위를 프랑스로 보낸 이집트와 달리 대외 정책에서 방어적이고 내부 개혁의 포부가 전혀 없는 나라였다. 모로코는 유럽의 기술을 배우는 데 초점을 맞추지 않았다. 앗사파르는 알타흐타위와는 대조적으로 유럽의 이론에 대한 사전 지식 없이 프랑스로 갔다. 그가 지닌 것은 14세기의 유명한 역사학자이자 최초의 사회학자라고 할 만한 이븐 할둔(1332~1406)까지 기원을 추적할 수 있는 정신적 성향이었다. 그는 단체 생활을 애호했고 생산성을 지닌 행동하는 인간이었으며 이에 더해 직접 관찰의 인식론을 갖추었다.[116] 그래서 앗사파르는 민족학에 요구될 법한 참여적 관찰을 실천했으며, 상세한 묘사를 위해 진력을 다했다. 나아가 그는 두 눈으로 직접 목격한 것과 타인에게서 듣기만 한 것을 면밀히 구분했다. 그런데도 앗사파르는 사전 지식이 적었기에, 알타흐타위보다 훨씬 더 매혹과 저항의 양면적인 감정으로 주변을 응시한 순진한 여행자였다.

인식은 차이와 더불어 시작된다. 앗사파르로 말하자면 프랑스의 역마차는 모로코의 좋은 마차보다 속도가 두 배나 될 정도로 빨랐고, 도로는 방바닥처럼 부드러웠으며 노상강도에게서 안전했다.[117] 말은 여정에 나설 때면 마치 '로켓'처럼 출발했다. 오를레앙과 파리를 잇는 철도는 사람을 움찔 놀라게 했다. 프랑스 사람들은 정말로 시계를 단순한 장식물로 여기지 않고 생활의 기준으로 삼았다. 이슬람 사회의 관행과 매우 다른 한 가지 특별히 익숙하지 않은 것은 공적 영역과 사적 영역의 구분이었다. 이러한 구분은 예를 들면 프랑스의 주택과 그 안의 방들이 지닌 형태와 기능에 잘 드러났다. 프랑스인들은 계획과 선견지명을 통해 아직 생기지 않은 것을 예상하는 능력을 보여 주었다.[118] 프랑스인들은 임학 지식 덕분에 산림의 과도한 남벌을 예방했다.[119] 그들은 늘 새로운 것을 발명했고 획득한 정보는 잊지 않도록 기록했다. 정치적 결정을 내릴 때에는 과반수의 원리를 존중했다. 모든 분야에서 노력을 장려했고, 이러한 노력은 특히 사업의 성공으로 보상을 받았다.[120] 앗사파르는 프랑스로 갈 때 리파 알타흐타위만큼 많은 기대를 갖지는 않았다. 그는 혁신이 가속화되는 국면에 진입한 사회를 경험했다. 그는 또한 기본적인 민족학적 질문을 던졌다. 이 외국인들의 삶을 결정하는 논리는 무엇인가? 그가 판단하기에 종교는 놀랍도록 작은 역할만 수행했다. 세속적인 성공 기준은 매우 중요했다. 이러한 기준에 따라 보건대 앗사파르에게 프랑스는 다른 무엇보다도 효율성의 사회였다.

더 넓은 시각

물론 초문화적 인식의 전체적인 그림은 '동양'과 '서양'이라는 단순한 이원성보다 더 풍부하다. 19세기의 아시아 안에서는 접촉이 압축적이었다. '사회'는 서구의 사회 개념이 보편적인 의미를 획득하기 전에 이미 감지되었다. 적어도 일부 사람은 타자의 물질생활이 깃든 상황과 배경에 관해 기록했고, 이를 자기들의 것과 비교했다. 그 과정에서 그들은 때로 상당히 현대적인 것처럼 보이는 발전상의 불균형에 대한 인상을 지울 수 없었다. 예를 들어 보자. 1780년에 조선 국왕의 사절단이 청나라 황제 건륭제의 칠순 만수절을 축하하고자 승덕(청더)³의 여름 행궁(피서산장)을 방문했다. 사절단에는 개혁 성향의 학자 박지원朴趾源이 동행했는데, 그때 그가 쓴 일기는 지금도 여전히 독자들에게 신선하고 생생한 서술로 감명을 준다. 그는 사절단이 지나간 청나라 북부와 만주와 달리 조국이 물질적으로 낙후되었음을 인식했다. 박지원은 청나라를 무비판적으로 찬양한 사람은 아니지만, 여정 중에 조선에 모범이 될 수 있는 것을 많이 보았고 조선이 그것들을 받아들여야 한다고 생각했다. 박지원은 유교 교육을 충실하게 받은 사람이었지만 실용적인 성향을 지녔으며 물질생활을 연구하고 해석할 가치가 있다고 보았다. 그는 금속가공과 도기 제조, 건축술 같은 기술의 문제에 특별한 관심을 보였다.[121]

18세기 말에는 엘리트층과 모든 정치체제가 서로를 관찰하기 시작했다. 1838년에 시작된 탄지마트 시기에 오스만 제국의 정치인들은 프랑스를 비롯한 유럽 국가들의 도시 개혁에 관해 기록했다. 역으로 탄지마트 개혁은 유럽에서 면밀한 연구 대상이 되었다.[122] 영국이 이집트를 점령하는 1882년 이전에 각각 자기 대륙에서 가장 큰 개혁적인 독립국이었던 이집트와 일본은 서로 활발하게 관심을 보였다.[123] 그러한 교류에서 서구는 언제나 침묵하는 제3자로 제시되었다. 서구에 맞선 문화적 동맹은 결코 일반적인 관례가 아니었다. 1860년대 이래로 외국을 찾은 일본인 여행자와 평자의 텍스트에는 우월한 서구인들과 대비되는 '더러운' 아프리카인과 '게으른' 아시아인을 깔보는 발언이 무수히 많이 나온다.[124] 다른 질문은 외교사에서 최고위급 현황 조사 파견단이었던 1871~1873년 일본의 이와쿠라 사절단 같은 공식 대표단과 공식 방문단이 지식의 획득에서 어떤 역할을 수행했는지에 관한 것이다.[125]

____ 3 옛 이름은 열하로, 박지원의 책 『열하일기熱河日記』의 제목도 이 지명에서 유래했다.

아시아와 무슬림 세계에서 유럽이 지배하는 세계적 상황을 기민하게 해석한 자가 몇몇 나왔지만, 19세기 말까지도 그 수는 적었다. 알제리의 고위 관료로 1830년 프랑스의 침공을 직접 경험했고 이에 외교적으로 관여했으며 1833년에 발표한 책에서 이를 훌륭하게 분석한 함단 코자(1772~1842)[126]와 1867년에 이후로 폭넓게 논의되는 정치 논문을 발표한 튀니지 정치인 카이르 엣딘Khayr ed-Din(1822 무렵~1890)[127]은 예외였다. 1890년대 이래로 효율성으로 추동되는 서구 사회의 매력이 사라지고 서구 문명의 내적 모순이 드러나자,[128] 그러한 텍스트의 수와 중요성이 늘어났다. 그러나 이러한 지식인들 중에 스코틀랜드 계몽운동 이래 유럽의 초기 사회과학자들이 했던 것처럼 보편타당성을 갖는 이론을 정립해야 한다는 의무감을 느낀 사람은 없었다. 전형적인 사례는 청나라 관료 홍양길洪亮吉이다. 그는 일찍이 1793년에 토머스 로버트 맬서스 Thomas Robert Malthus의 『인구론An Essay on the Principle of Population』을 떠올리게 하는 주장으로 과도한 인구 성장의 위험성을 경고했다. 『인구론』은 그로부터 5년 뒤에야 나온다. 그러나 홍양길은 황제 앞에 보고서의 형태로 제시한 그 견해를 영국인 목사 맬서스처럼 일반적인 이론으로 만들 생각은 하지 못했다.[129]

비유럽인 여행객 중에는 자신이 관찰한 것을 토대로 근대에 관한 이론을 개진한 토크빌 같은 사람은 없었다. 20세기 초 서구의 사회과학은 일본과 중국, 여타 아시아 국가들에서 널리 수용되었지만, 처음에는 대개 수용 국가에만 적용되었다. 그렇게 서구의 지적 지배력은 강화되었고, 이는 식민지 지배의 억압으로는 완벽하게 설명되지 않는다. 서구의 사회과학과 인문학을 가장 열심히 연구한 이들은 일본인이었다. 서구는 그들에게 아무것도 강요하지 않았지만, 그들은 수입한 사상에 맞서 원대한 독창성의 주장을 내놓지 못했다.[130] 사회의 인식에 적용하면, 이는 서구의 사회 개념들이 초기에는 보편적으로 채택되었다는 뜻이다. 그다음 단계에서 그 개념들은 변용되고 토착화되었다. 그러나 장기 19세기 동안 세 번째 단계로 이어지지는 않았다. 즉 토착의 설명 개념들을 통해 유럽의 사회과학적 지방화를 이끌어 내려는 확신에 찬 운동은 없었던 것이다. 결과적으로 1920년을 전후로 사회과학을 통해 세계를 지배한 사회 개념은 다양한 형태를 띠기는 했어도 본질적으로 서구의 개념이었다.

새로운 학문: 사회사와 사회학, 민족학

사회의 발견에는 과거 사회들의 발견도 포함되었다. 과거의 역사 서술은 전부 그렇다고는 할 수 없지만 대체로 통치자와 전쟁, 혁명의 역사였다. '사회'의 역사가 기존의 정치사에 대한 도전으로 바뀌기 전에, 진보에 대한 낙관적인 믿음이 특징인 사상사, 사회운동사, 세련된 물질'문명'의 역사는 큰 인기를 누렸다. 19세기에 가장 많이 번역되고 가장 널리 구할 수 있던 역사책을 두 권 꼽으라면 자유주의적인 동시에 보수주의적인 프랑스 정치인 프랑수아 기조François Guizot(1787~1874)의『유럽 문명사Histoire générale de la civilisation en Europe』(1828)와 영국의 재야 학자 헨리 토머스 버클Henry Thomas Buckle(1821~1862)의『잉글랜드 문명사History of Civilization in England』(1857/1861)를 들 수 있다.[131] 발전이라는 계몽사상 개념의 유산을 반영했지만, 이를테면 까다로운 철학적 변증론자인 헤겔의 사상보다 더 쉽게 '여행한' 사고방식의 매력은 전통적인 정적 사회질서 이미지에 새로운 역동적 변화의 계기를 주고 이미 존재하는 것에 대한 대안을 생각할 수 있게 했다는 데 있었다.

새로운 주제의 탐색은 주의의 변화를 의미했다. '국민'이라는 범주는 유럽에서, 1860년대부터는 일본에서도 중심으로 이동했다.[132] 혁명의 시대에 역사 서술은 권력과 정치적 주권이라는 새로운 개념들을 반영했다. 프랑스 혁명에 뒤이어, 실로 곧 나온 혁명사 서술에서도, 국민은 하나의 행위자로 발견되었다. 프랑스에서 벌어진 사건들의 역사는 파리의 대중에 주목하지 않고는 쓰일 수 없었을 것이다. 프랑스에서 이러한 사실에 가장 효과적으로 대응한 역사가는 쥘 미슐레(1798~1874)였다. 그는 나폴리의 역사철학자 잠바티스타 비코(1668~1744)에게서 자극을 받았는데, 1827년에 그의 저작을 번역해 망각으로부터 그를 구해 냈다. 미슐레는 혁명사 서술에서 급진 민주주의적 전통의 창시자였다. 그러나 그는 또한 혁명 이전 시기 국민의 삶(『프랑스의 역사Histoire de France』, 1837~1867)에 관해서도 서술했다. 그의 대작『프랑스 개요Tableau de France』는 이론가들이 보여 준 것에 견줄 만한 범주화를 도입했다. 그는 촌락 생활과 농민의 관습에 관심이 있었고, 마녀와 연관된 공상에 관해 글을 썼으며, 초기 환경사가의 한 사람이 되었다.[133]

영국에서는 토머스 배빙턴 매콜리가 다른 종류의 사회사를 개척한 선구자로 등장했다. 낭만적인 성격은 덜했지만 국민의 여러 계층으로부터 지지를 얻으려는 멀리 내다보는 정치 엘리트의 시각은 더 강했다.[134] 1871년 이전의 독일처럼 아직 국민국가가 아닌 몇몇 나라에서는 국민의 역사가 처음으로 '아래로부터' 쓰였으며 매우 다른 정치적 과제와 연결될 수 있었다. 프랜시스 파크먼Francis Parkman(1823~1893)이 불러 낸 북아메리카 개척자 신화도 정치 없는 역사였다. 즉 진정으로 정치에 반대한 역사였다. 그는 굴하지 않고 '황야'로 전진해 땅을 차지하려는 여행자들을 찬양했다. 그러한 역사 서술상의 낭만주의가 없는 곳에서는 마르크스주의를 매개로 착취와 계급투쟁, 혁명운동의 역사로서 사회사가 도입되었다.

19세기의 마지막 20년간 사회학은 콩트와 스펜서의 창설 세대 때부터 붙어 있던 역사철학의 잔재를 떨쳐 버렸다. 사회학은 이제 주로 사회를 통계적·경험적으로 서술하는 것으로서 산업화의 바람직하지 않은 부작용을 교정하기 위한 자유주의적 좌파의 개혁 정책이나 기독교적·사회주의적 개혁 정책과 긴밀히 결합했다. 나쁜 상황을 바로잡으려면 우선 그것이 무엇인지 알아야 했다. 그러므로 사회의 여러 계급과 계층이 처한 상황을 최대한 정확하게 기술할 필요가 있었다. 초창기 사회과학은 이론적으로 사회적 '사실'이 무엇이냐는 질문을 중심으로, 사실상 그러한 사회적 사실을 자연과학의 엄격한 요구까지 충족시키는 기준에 따라 어떻게 확인할 수 있느냐는 질문을 중심으로 전개되었다.[135]

수집해 분류하고 해석할 수 있는 사회적 사실이 있다는 관념은 19세기에 들어선 후에야 나타났다. 그때가 되어야 나폴레옹 국가의 등장과 더불어 통치술(나중에 식민 통치도 포함된다.)은 과학적이라고 주장할 수 있었다. 국가기관들은 신민이나 시민에 관해 최대한 많은 정보를 수집하는 것을 의무로 여겼다. 심지어 식민지에서도 그러했다. 예를 들면 인도에서 영국인들은 신뢰할 만한 인도인의 정보 네트워크에 접속할 수 있었다.[136] 새로운 지적 태도와 정치적인 탐구 경향이 확산되었다. 사실을 '생산'하는 새로운 관료 기구가 출현했다. 사회과학은 학문이 되기 전에 국가의 업무와 밀접한 관계를 유지하며 발전했다. 사회과학에서 자주 쓰인 도구는 '사회조사', 즉 설문이었다.

이러한 종류의 사회과학에는 오로지 통계상의 이유 때문에라도 뚜렷하게 정의된 범주들이 필요했지만, 포괄적인 이론 구조는 필요 없었다. 그러한 범주는 도시의 성장에, 그 성장과 연결된 새로운 삶의 방식에, 자본주의가 시골 생활에 가져온 변화에 반응했다. 현재가 과거에서 분리되듯이, 식민지 세계가 선진 식민국과 분리되듯이 '사회'와 '공동체'는 분리되었다. 20세기에 들어설 무렵 출현한 거대한 이론적 기획은 전부(뒤르켐, 지멜, 베버, 조금 뒤에는 미국의 로버트 에즈라 파크Robert Ezra Park 등) 구체적인 문제들의 경험적 검토로부터 시작되었다. 베버의 경우 (한 가지 사례만 들어 보면) 그것은 국가가 평등과 정의의 조정자라는 의무를 다하게 하려고 했던 독일 교수 단체인 사회정책 협회vfS의 조사로 얻어진 풍부한 자료였다.

동시에 식민지 사회에 관한 연구는, 특히 글쓰기 기술이 없던 민족 집단에 관한 연구는 민족학에 할당되었다. 민족학은 처음에는 자료를 수집하고 박물관에 전시품을 채우는 데 몰두했으며, 그 대표자들은 종종 식민주의를 비판했지만 원칙적으로 식민주의에 의존했다. 민족학은 종종 동시대 사회조사만큼이나 실증주의적으로 상세한 내용에 관심을 두었다. 그러나 민족학은 원시 상태에서 문명 상태로의 인간 사회 발전을 재구성하는 것을 과제로 보는 경우에는 더 일반적인 이론적 개념들과 연결되었다.[137] 이 점에서 민족학은 인류의 보편적인 문화사에 도달하려는 계몽사상의 훨씬 더 사변적인 시도를 따랐다. 단일화의 경향이 있는 민족학의 진화론은 비서구 사회에 관한 독창적인 관념을 많이 만들어 내지는 못했다. 그러한 관념은 주로 종교와 교환, 친족 관계가 사회 통합에 갖는 중요성에 관해 질문한 '기능주의'가 더 많이 만들어 냈다.

서구 밖의 국가로는 유일하게 일종의 오래된 원시적 사회조사를 갖춘 중국에서는 20세기 초에 와서야 대규모 조사가 실행되었고 이후 1920년대에 증가했다. 여기에 17세기 이래로 '실사구시實事求是'라는 구호로 형성된 오래된 전통을 덧붙일 수 있다. '고증考證'이라는 성리학의 지침은 주로 문헌 비판에 적용되었지만, 전체적으로 중국의 학자들과 관료의 사고에 강한 경험주의적 특징을 집어넣었다. 중국에서 이러한 사고방식은 19세기 말까지는 인구와 경제,

문화에 충분히 적용되지 않았다. 이 초기 사회 연구자들의 공통된 관심은 중국 근대화의 상황을 향했다.[138] 동시에 중국 지식인들은 중국 문화가 시대착오적인 신조('유교')에 얽매이고 합리성과 사실성의 개념이 없는 비현실적 몽상의 문화라는 서구의 비판을 무시하려고 했다.[139]

경험적으로 기술할 수 있는 사회적 세계라는 관념은 중국의 전통 속에서 자명한 것이 아니었다. 미국의 어느 선교사가 소사이어티society라는 낱말을 중국어로 번역한 것은 1872년이다. 그는 '모임'이나 '결합'을 뜻하는 표의문자 '후이會'를 사용했다. 이후 10년간 일본어의 샤카이社會 개념이 중국어의 신조어 세후이社會의 모델이 되었고, 그 용어는 지금까지 쓰이고 있다. 그러나 그 개념은 1890년대에 와서야 사회과학적 의미를 띠게 된다. 당시 그 개념은 서구에서 일본을 거쳐 들어온 광범위한 의미를 지닌 낱말의 일부였다. 사회문제는, 즉 대체로 비참한 상황에 처한 것으로 생각되는 중국인 대다수의 처지를 개선할 가능성은 일찍부터 고려되었다. 게다가 중국에 진정한 사회 통합이 없음을 개탄한 규범적 의미도 지속되었다.[140]

'문명'과 보편주의들의 경쟁

19세기 사회 개념의 뒤에는 '문명'이라는 개념이 숨어 있다. 일찍부터 문명 개념은 사회 개념보다 더 현저한 가치판단을 내포했다. 문명은 야만의 반대였다. 문명화는 개인의 일상생활의 목적이었고 정부 활동의 목적이었다. 문명성은 근대성의 척도였다. 북반구의 부유하고 강한 나라들은 '문명 세계'를 자처했다.[141]

19세기에는 여러 문명이 동등한 가치를 지닌다고 생각되지 않았다. 독일계 미국인 인류학자 보아스와 그의 '문화적 상대주의' 학파가 18세기의 선배들을 따라 그러한 평등을 주장한 것은 20세기에 들어선 후의 일이다. (여러 문명은 오름차순으로 배열되었는데, 영국과 프랑스의 엘리트층은 자기들을 제일 높은 자리에 올려놓았다.) '높은' 문명과 '낮은' 문명이 구분되었고, 심지어 유럽 안에서도 북유럽이 남유럽을 거만하게 내려다보아 고대와 중세의 북-남 기울기를 어느 정도 뒤집었다.[142]

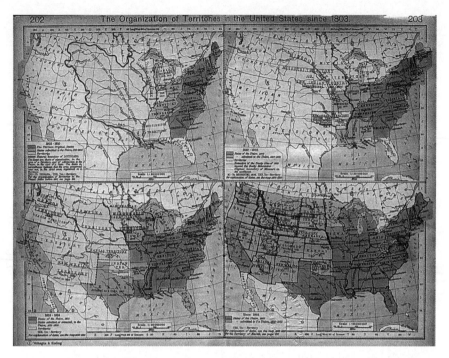

_____ 지도 제작자이자 역사가인 윌리엄 로버트 셰퍼드(William Robert Shepherd)가 1911년에 발표해 큰 영향력을 미친『역사 지도(*Historical Atlas*)』에 나타난 '문명'의 전진에 관한 묘사. 19세기에 서구 전역의 지식인들에게 점점 더 큰 중요성을 띤 가정을, 즉 '문명' 대 '야만'(자연환경과 관련해서는 '황무지')의 완전한 대조라는 관념을 미국을 그린 네 장의 지도를 연이어 표현했다. '문명'은 끝없이 팽창하는 것으로 그려진 반면에, '황무지' 및 그것과 결부된 '원시적' 생활 방식은 종국에 몰락할 운명인 것처럼 보였다. (Courtesy of the University of Texas Libraries, The University of Texas at Austin.)

　　그러한 구분은 유럽에만 국한되지 않았다. 어디서나 도시 거주자는 시골 주민을, 정착민은 유목민을 깔보았기에 그러한 구분은 훨씬 더 넓게 퍼졌다. 그러나 19세기에 들어선 뒤 무엇을 문명의 규범으로 보아야 하는가에 관한 유럽인의 생각이 지배적인 힘을 얻었고 때때로 그러한 규범을 채택한 자들에게 기준이 되었다. 유럽은, 그리고 점차 미국도 십자군의 방식으로, 필요하다면 식민주의적 힘을 써서라도 자기들의 문명성을 확산시킬 의무가 있다고 생각했다. 문명화 사명은 반드시 갈망의 대상은 아니었지만, 마치 신성한 의무처럼 받아들여졌다. 그것을 이행하면 문명을 전파하는 자들에게도 물질적으

로나 정신적으로 이득이 있었다.[143]

'문명'은 단수형과 복수형으로 다 쓰였고 지금도 그렇게 쓰이기 때문에 매우 혼란스러운 용어다. 개별 문명은 앞서 언급한 일련의 등급에서 문명화 정도에 따라 자리를 차지했다. 각각의 문명은 명백히 더 높은 단계로 올라가려 하지만, '백인'을 세상을 지배할 운명을 타고난 완벽함의 전형으로 제시하고 백인이 아닌 민족들은 기껏해야 열등한 지위에나 어울리는 존재로 제시하는 인종주의적 해석 때문에 어떤 문명에는 그러한 상승이 봉쇄되었다. 18세기 말에 사회적인 것의 발견은 '문명' 개념이 우위를 차지한 곳에서는 재차 제약을 받았다. 사회의 구조적 특이성은, 즉 그 제도와 세계관, 행위 규범은 그것들이 이상적인 문명 규범에 얼마나 가깝게 다가갔는지에 관한 본질적으로 양적인 질문의 뒷전으로 밀렸다. 이러한 맥락에서 서구의 지배적인 이론은 세밀하게 등급화한 여러 단계를 무딘 이분법으로 단순하게 분류했다. 이를테면 이런 것이다. 합리성 대 미신, 창의성 대 문화적 빈곤, 기술적 재능 대 무지함, 활력 대 정체, 근대성 대 후진성, 최종적으로 보편성 대 특수성. 이것 또한 그 어느 때보다도 19세기에 가장 현저했던 지적 불균형의 역사의 한 부분이다. 서구는 자신들이 유일하게 '문명화한 문명'이라고, 따라서 인류의 보편적인 진보의 구현이자 나머지 세계가 따라야 할 기준이라고 믿었다.

이는 서구의 우세를 어디서나 분명하게 볼 수 있던 시기에도 패배를 인정하지 않았던 다른 보편주의들과 충돌했다. 일본은 자국의 전통에 민속의 의미를 넘어서는 보편적 의미를 부여하기를 단념했고 서구의 업적으로 확인된 것을 쉽게 채택했지만, 중국에서는 과격한 서구화 정책이 환영받지 못했다. 19세기와 20세기에 중국의 모든 개혁가와 혁명가는 중국만의 특색을 지닌 자율적인 근대화를 주장했다. 중국 지식인들은 19세기 말 이래로 늘 복수의 근대성이라는 오늘날의 사회학적 관념을 당연하게 여겼다. 완강히 저항한 두 번째 보편주의는 무슬림의 보편주의였다. 오스만 제국과 이집트에서 보듯이 무슬림 보편주의는 개혁을 매우 대범하게 받아들일 수 있었지만, 중국에는 없었던 일종의 종교적 핵심을 언제나 방어했다. 적극적으로 팽창한 것은 기독교만이 아니었다.(그렇지만 기독교의 성공은 무슬림 세계에서 가장 저조했다.) 이슬람도 공격적으로, 아프리카에서는 기독교 교회와 신앙 공동체와 직접적으로 경쟁하며 개종에 나섰다. 빽빽한 중국에서도, 지리적으로 널리 퍼져 있고 정치적으로 분열한 이슬람 세계에서도 서구의 폭넓은 지도력 요구는 결코 완전히 인정받지 못했다. 서구의 사회 모델이 지닌 몇몇 측면은 채택할 만한 가치가 있는 것 같았지만.(이스탄불과 베이루트, 상해 같은 도시는 늦어도 1920년대까지는 비교적 '근대적인' 면모를 보였다.) 문명을 전파하는 서구의 포괄적인 우월함이라는 가정은 인정되지 않았다. 19세기 말이면 모든 것을 알고 모든 것을 수집하며 모든 것을 이해하고 (거의) 모든 것을 지배한다는 서구의 주장은 경쟁적인 보편주의들의 도전을 받았다. 1902년에 캉유웨이가 쓴 공상적인 『대동서』도 그 중 하나다.[144]

그런데도 서구 보편주의의 특이성은 지속되었다. 이는 1800년이 되면 더는 순수하게 종교적인 토대에만 의지하지는 않았다. 서구 보편주의는 팽창과 포함의 조합이 아니라 다른 관점에서 더 독특했다. 모든 기록 문화 중에서 타자에 가장 많이 주목한 것이 서구였다. 이는 유럽과 미국에만 있는 민족학 박물관의 엄청난 소장품에만 해당되는 것이 아니다. 오직 유럽에서만 생겨난 세계 의미론에도 해당된다.[145] '세계문학'이라는 관념을 하나의 예로 들 수 있다. 그 용어는 1828년에 요한 볼프강 폰 괴테가 만들어 냈고, 그 개념이 가리키는 작품은 괴테와 프리드리히 뤼케르트Friedrich Rückert(1788~1866) 같은 시인이 열성적으로 장려했으며 유럽에서 '국민 문학'에 대한 집착이 두드러지고 유럽 것이 아닌 모든 것이 동양학자에게 넘겨지기 전에 한동안 인기가 있었다.

요약

19세기가 지나면서, 20세기에 들어선 후에는 더욱 '사회'는 마법 같은 낱말이 되었다. 사회적인 것은 당연히 별개의 영역으로 인식되었다. 그것은 재화의 생산과 유통, 공동체의 정치적 규약과 연결되었지만 그것으로부터 분리될 수도 있었다. 인간은 사회적 존재로 이해되었다. 사회학과 사회심리학 같은 새로 출현한 학문들이 인간을 그러한 방식으로 보았다. 역사는 부분적으로 재해석되어 하층계급과 '보통 사람들'을 포함하게 되었다. 정부는 강자에 맞서 약자를 보호하고자 사회정책을 수행했다. 많은 정부가 특히 20세기 초에 사회주의의 이름으로 강도 높은 사회공학에 의지했는데, 이는 종종 의도와는 반대의 결과를 낳았고 약자를 희생자로 만들었다. 어디서나 사회 전문가에 대한 수요가 컸다. 사람들은 정말로 사회적인 것의 학문화를 이야기했다.[146]

18세기 말부터 그때까지 당연하게 별개의 영역으로 인정받지 못했던 삶의 분야에 대해 점차 관심이 증대했다. 이는 처음에는 유럽에만 국한된 현상이었다. 그러나 유럽 안에서도 선례가 없지 않았다. 유럽인들은 300년 동안 유럽 밖 세계 사람들의 풍습과 관습에 대한 인식을 키울 기회를 가졌기 때문이다. 모든 문명은 가족이든 종교적 성격의 더 큰 문화적 공동체든 공동체 생활에 관한 관념을 지녔다. 그러나 종교와 분리된 자율적인 사회라는 개념은 어디서도 형성되지 않았다. 바로 그렇기 때문에 상대화의 효과를 내는 종교사와 종교사회학이 신학과 나란히 존립할 수 있었다. 문명성에 관한 글은 어디서나 찾아볼 수 있었다. 그러나 '사회'라는 추상명사는 다른 언어들에 신조어로서 수입되었다.

20세기에 접어들면서 이 용어는 세계를 정복했고 결과적으로 계급 분석의 이름으로 정치가 수행되고 계급 귀속성이 개인의 운명을 결정하는 곳에서 매우 큰 영향력을 행사했다. 사회사는 사회 개념 덕분에 가능했다. 그러나 사회 개념의 이용은 제한적이었다. 유럽인들은 문명이 일정한 수준에 도달하기까지는 사회가 있을 수 없다고 믿었다. 이러한 해석에 따르면 '원시인들'에게는 사회가 없었다. 그들의 위계질서는 뚜렷하지 않았고, 그들의 사회생활은 미신과 친족 관계가 지배하는 것 같았다. 사회는 가치 범주이기도 했다. 사회는 자연의 제약에서 어느 정도 벗어남을 의미했다. 그래서 처음에는 인접 학문이었던 사회학과 민족학이 서로 분리되었다.

19세기가 끝나기 전에 유럽 밖 세계 사람들은 서구에 관한 민족학을, 포괄적인 '옥시덴탈리즘'을 발달시키지 못했다. 이들은 동양을 동양 스스로 이해하는 것보다 더 잘 이해했다는 서구의 가정과 닮은 거울 이미지를 전혀 채택하지 못했다. 이들이 관찰한 유럽인의 이미지는 어느 정도는 식민 본국을 방문한 비유럽인들의 비교적 적은 여행에서 유래했지만, 식민지 현지의 유럽인 정착민들을 상대로 얻은 경험에서 비롯한 바가 더 크다. 이러한 성격의 지식은 앞선 시대보다 19세기에 더 빈번했다. 사회사가 사회 인식의 역사를 포함한다면, 실로 그러한 역사를 전제로 한다면, 반대의 시각도 그 선택성의 측면에서, 그리고 본 것을 아는 것에 맞추려는 시도에서 사회사에 속한다. 그러므로 세계 사회사는 사람들의 상호 관계의 역사이기도 하다. 세계 사회사는 자기 사회의 상황을 독특하고 자명하며 자연적으로 주어진 것으로 받아들이지 않는 지점에서 시작한다.

2   세계 사회로 가는 길

고유의 '국가성'의 역사를 갖는 행위 주체로 생각될 수 있는 국가와 달리,[147] 사회는 세계적 차원에서 역사적 주체가 아니며 경험적 토대 위에서 시간 속의 전개 과정으로 서술될 수 있는 '사회성'을 갖지 않는다. 그런데도 나는 여기서 그러한 역사를 개관하려고 한다. 이를 위해서는 사회과학의 기원으로, 다시 말해 오늘날 일반화를 선호하는 역사 사회학자들의 저술에서 빈번히 발견되는 대규모의 거시사인 스코틀랜드 계몽운동의 사변적 역사로 돌아가야 한다. 그러한 역사는 인류 전체의 발전을 조망하려면 불가능한 수준까지 탈선해야 할 것이다. 그 역사는 비록 역동적으로 미래를 가리키는 역사의 힘을 위해 왜곡될지언정 선택적이어야 한다. 그 역사는 변하지 않는 것보다는 혁신과 새로운 창조에 관심이 있다. 그것이 언제나 역사적 실체의 큰 부분이기 때문이다.

다음의 논의는 시간상의 횡단면을 이용한다. 그것들은 형식적으로 자리를 잡았고 연이은 연대기 안에 특정한 관찰 시점을 표시한다. 사회 발전을 세계의 차원에서 또는 세계 사회의 전개 차원에서 내용과 관련해 시기별로 구분할 수는 없다. 마르크스주의와 사회진화론이 제시한 것 같은 보편적인 발전 단계 모델은 쓸모없는 것으로 판명되었다. 일견 동시적인 발전의 실질적인 비동시성은 세계적으로 적용된다고 주장하는 모든 시기 구분을 무너뜨리기에 충분할 것이다. 따라서 다음에서는 특정한 발전상의 혁신만을 선별적으로 제시할 것이다.

사회들은 어떻게 서로 연결되는가?

가장 현대적인 정보 기술의 조건에서도 '사회'는 주로 특정 집단 안에서 이루어지는 삶의 경험이다. 오늘날에도 사람들은 이웃 나라의 삶이 어떠한지 정확히 알지 못한다. 다만 짐작할 뿐이다. 이웃 나라를 방문하지 못한 사람은 불완전하고 피상적인 언론 기사에 의존할 수밖에 없다. 관광을 한다고 해서 반드시 더 나은 지식을 얻는 것은 아니다. 스스로 애써 길을 개척하는 모범적인 여행자와 달리, 오늘날의 단체 여행객은 여행 산업이 그러한 사람들을 위해 만든 기반을 결코 떠나지 않는다.

이렇게 세계화한 현재로부터 뒤를 돌아보면 18세기와 19세기는 상대적인 시각 속으로 들어간다. 세계화가 상당히 진전된 상황에서도 대다수가 경험하는 사회적 환경이 지역적으로 국한되어 있다면, 1900년 이전에는 사정이 더욱 심했을 것이다. 20세기에 들어설 무렵의 세계는 때때로 국민국가나 역사적 지역 안에서도 상당히 다른 지역적 생활 세계들의 거대한 군도로 볼 수 있었다. 독특한 생태 환경, 언어상의 차이, 한 마을과 이웃 마을을 가르는 민족적 경계나 종교적 경계 때문에 세계 여러 지역에서 사회적 경관은 미세하게 분해되었다.

역사가들이 그러한 파편을 다루는 것은 정당하다. '전체사'가 되기를 원하지 않는 세계사는 다른 것에 선택적으로 관심을 갖는다. 그 다른 것은 이 군도의 개별 요소들 사이의 관계, 특히 관련된 사람들이 경계를 넘는 관계로 인식한 관계다. 그러한 관계는 공간적으로 이웃한 가장자리에서 바로 찾아볼 수 있다. 서로 인접한 사회들은 그 경계에서 발생하는 매우 다양한 종류의 교류로 연결될 수 있다. 경계 지대에서 두 사회는 상호 간에 중첩되고 침투한다. 초국적 역사에서 '얽힘Verflechtung'이라는 개념으로 기술되는 현상이다. 국경이 명확하게 그어진 시대에도 국민 사회들은 가장자리에서 서로 얽힐 수 있다.

그러나 국경은 일단 확정되면 안전하게 지켜지며, 양적으로 '적은' 국경의 왕래조차도 장벽의 극복을 가져온다. (1995년부터 차츰 발효된) 솅겐 협정 이후 유럽의 협정 당사국들 내부의 국경 개방은 드문 예외다. 그렇게 법적으로 고정되고 행정적으로 통제되는 국경이 없는 곳에서는 침투의 공간이자 중간 지대인 접촉 구역이 있는데, 이는 대개 불안정하고, 끊임없는 재협상이 필요하며, 중간 지대 밖에 원인이 있는 세력 관계와 균형의 변화에 반응한다.[148]

서로 멀리 떨어져 있는 사회들은 다른 방식으로 소통한다. 경계 지대에서 폭넓은 '얽힘'의 기회를 갖지 못하기 때문이다. 따라서 교류는 좀 더 시간을 엄수하는 직접적인 방식으로 이루어져야 한다. 역사를 보면 널리 퍼진 다양한 네트워크들이 마치 팔림프세스트(먼저 쓴 글자를 지우고 그 위에 다시 글자를 쓴 양피지)처럼 서로 중첩되었다. 예를 들면 16세기에서 19세기에 이르기까지 중요한 기술이었던 대양 항해는 지금은 그렇게 중요하지 않지만 여전히 계속되고 있다.(운송 용량은 역사상 전례 없는 수준에 이르렀다.) 인터넷도 항해와 이주, 자금의 흐름같이 오래되었으나 지금도 여전히 연결의 역할을 하는 구조들에 하나의 새로운 층위로서 겹쳐졌다. 대규모 통합의 양태는 시기마다 독특하며, 특정 시기의 통합 선구자를 확인할 수 있다. 마지막으로 멀리 떨어진 나라에 대한 상상은 사회사적 사실이 된다. 특히 그러한 상상이 사람들을 자극해 이를테면 삶의 개선을 위해 이주하는 것처럼 행동에 나서게 할 경우 더욱 그렇다.

사회적 경관

세계 사회사는 얼마나 많은 단위를 고려해야 하는가? 18세기 중엽의 세계에는 수천 개까지는 아니어도 수백 개의 상이한 사회가 있었다. 민족학의 가정에 따르면 20세기 후반에 최소한 500개의 '민족사회'가 있었다.[149] 아마 250년 전에는 더 많았을 것이다. 사회적으로나 문화적으로 비교적 동질적이었던 중국의 청나라 때에 '지역사회'로 구분할 수 있는 것은 고작 열 개였던 반면에,[150] 민족학자 제임스 미첼James C. Mitchell이 유럽인에 의한 식민화가 시작되기 전 중앙아프리카에 관해 보고한 바에 따르면 지구의 다른 지역들에서는 "문화적으로 상당히 다양한 소규모 자율적 사회 단위들의 과잉"이 전형적인 현상이었다. 한 가지만 사례를 들어 보자. 훗날 영 제국의 지배를 받게 되는 중앙아프리카 지역에서 미첼은 그러한 집단을 150개로 헤아렸다. 그 집단들의 언어는 스물일곱 개이며 추가로 쉰 개의 방언이 있었다.[151] 아프리카 역사를 연구한 필립 커틴Philip D. Curtin은 '사하라 사막 이남 아프리카'라는 인위적으로 고안해 낸 공간에는 아무도 살지 않았다고 말한다. 사람들은 "일련의 다양한 아프리카 사회에 살았다."는 것이다.[152] 역사가들이 '복잡한', '고도로 발달한' 사회에 관심을 집중한다고 해도 그러한 다양성은 존중되어야 한다. 수십 년 동안 전 세계의 민족학자들은 사회집단의 지도를 최대한 정교하게 구분하느라 바빴다. 이 작업은 한편으로는 식민지 시대 말기에 민족주의의 통합적 발달을 방해하려는 식민지 정부들의 노력을 보강했으며, 다른 한편으로는 자기들의 민족적·국민적·종족적 고정관념을 세계의 다른 지역에 투사하고 더불어 심히 조야한 일반화를 수용하는 유럽인의 오래된 경향과 충돌했다.

지구를 지리적으로 몇몇 대륙으로 구분하는 것은 사회사적으로는 아무 의미가 없다. 각각의 대륙 어디에서나 같은 특징을 보이는 유럽 사회나 아시아 사회, 아프리카 사회는 존재한 적이 없다. 큰 종교들도 신도들의 삶의 방식에 매우 일반적인 틀만 제공했을 뿐이다. 종교는 언제나 사회생활을 형성한다. 사회생활에 쉽게 알아볼 수 있는 상징적 외양을 제공하기 때문이다. 예를 들어 비교적 최근인 1870년에 어느 여행자가 기독교 세계를 떠나 이슬람권으로 들어갔다면, 그는 틀림없이 자기가 어디에 있는지를 시각이나 청각으로 알아차렸을 것이다. 교회 종소리 대신에 이슬람교 사원의 기도 시각을 알리는 자의 목소리가 울렸고, 여성은 베일을 썼으며, 도시의 경관도 다르게 보였고, 하루는 의식에 의해 독특한 방식으로 구분되었다. 거꾸로 기독교 국가를 방문한 외국인도 외적 표지에 의해 즉각 그 나라를 식별할 수 있었고, 세계 어느 곳이든 유럽인이 식민자로 등장한 곳에서는 그들의 상징과 관습, 건축 양식, 그리고 일부다처제의 격한 거부 같은 기독교적 사회생활 관념이 같이 따라왔다. 실제로는 항상 그렇지는 않았지만, 적어도 이론적으로는 그랬다.

그런데 이른바 '세계종교'의 확산을 연속적인 발전으로 보여 주는 세계지도는 오해를 낳는다. 세계의 일부 지역에서, 특히 성공적인 선교가 극히 드문 곳에서 종교는 잡다했다. 그래서 오늘날 세네갈에는 여러 민족 집단이 명확하게 구분되는 신분 집단들, 즉 귀족과 자유로운 농민, 법적으로는 노예의 지위에 있는 전사로 구성된 비슷한 사회구조를 공유한다. 19세기 중반이면 대다수 민족 집단은 더디지만 기본적으로 평화로운 과정을 통해 이슬람으로 개종했으나, 소수는 개종하지 않았다.[153] 따라서 비슷한 사회구조가 상이한 종교적 상부구조를 지녔다. 그 결과로 종교적 갈등으로 분열한 유럽 내 지역들의 경우처럼 본질적으로는 동질적인 사회적 경관이 종교 때문에 갈라졌다.

문화와 생태학 사이의 사회 형태들

반대로 일반적인 종교적·문명적 구조 안에서는 엄청난 차이가 발생했다. 무슬림 사회나 불교 사회의 이상적인 개념들에는 그것에 가깝게 일치하는 현실의 사회구조가 동반되지 않았다. 유럽에서는 가톨릭과 프로테스탄트, 정교회의 영역 간 차이를 결코 무시할 수 없다. 그것은 '기독교' 사회의 세 가지 상이한 표현이었다. 예를 들면 성직자가 어떻게, 어느 정도로 사회에 통합되었는가는 상당히 중요한 사회사적 특징이었다. 프로테스탄트 사회에는 독신자의 수도원 공동체가 없었다. 반면에 목사 가족이 함께 거주하는 목사관이 중요한 제도가 되었다. 18세기 프로테스탄트 독일에서 목사관은 문화적 재생산과 창의성의 주된 장소였다.[154] 이슬람의 신자 공동체인 움마는 폭넓은 사회적 선택 범위를 제공했다. 알제리나 자와의 무슬림 사회는 여러 점에서 아프가니스탄 산악 지대나 중앙아시아 투르키스탄의 무슬림 사회들과 달랐다.[155]

종교에서 눈을 돌려 세속의 '유럽' 사회를 바라보면 큰 차이가 드러날 것이다. 달리 말하면 매우 일반적인 유형의 특별한 형태가 수없이 많이 드러날 것이다. 네덜란드와 카스티야, 작센, 트란실바니아는 세계적 차원에서 보면 지리적으로 그리 멀리 떨어져 있지 않지만, 그 지역들의 사회적 구조는 나름의 특징적인 차이를 보여 준다. 18세기 중반에 유럽인들은 그때까지 자기들이 알던 세계의 사회들을 두 가지 기준에 따라 분류했다. 첫 번째 기준은 아리스토텔레스식으로 말하면 정치적 구조였다. 즉 사회 내에 실현된 권력의 집중과 분산, 분립의 정도였다. 두 번째 기준은 식인 풍습과 문맹의 '야만인'으로 시작해 서유럽의 엘리트층으로 끝나는 문명화의 단계에서 차지하는 위치였다. 두 기준이 반드시 서로 일치할 필요는 없지만, 유럽의 지식인들 사이에는 군주제의 '근대적' 변형태가 높은 수준의 문명사회에는 가장 적절한 국가형태라는 모종의 합의가 있었다. 경우에 따라 세 번째 시각이 덧붙여졌다. 그것은 기후와 지리적 위치, 가용한 재원이 사회생활에 미치는 영향이다. 일찍이 1748년에 몽테스키외는 정치적·사회적 조직을 결정하는 요인으로서 기후에 세간의 이목을 집중시켰다. 이어 1781년 스코틀랜드인 의사 윌리엄 팰커너William Falconer는 그러한 연관 관계를 규명하고자 세계 전역에서 자료를 모으는 등 엄청난 노력을 쏟았다.[156] 아직 냉방장치가 등장하지 않았고 난방은 단일 주택에만 국한될 뿐 거대한 기간 시설 장치를 통하지 않았던 때에 기온은 중요한 변수였다. 열대지방 사회는 불가피하게 극지방 사회와 다르게 보아야 했다. 그러므로 당대의 많은 여행기는 대체로 방문 지역의 기후가 제기하는 도전을 기록했으며, 드물었던 유럽의 양극단 기후를 그 대륙의 커다란 자연적 이점으로 강조했다.

자연조건은 인구밀도에 큰 영향을 미쳤다. 인구가 희박한 지역의 사회는 사람들이 도시와 촌락에 빽빽이 모여 사는 사회와 다르게 보였다. 매우 중요한 것은 첫 번째, 이동 목축 사회와 정착 경작자들 사이의 수천 년 된 차이다. 이 생태학적이고 경제적인 대조는 언제나 군사적이고 정치적인 차원을 지녔다. 18세기는 세계사에서 농경 사회가 기마 유목민을 두려워할 이유가 충분했던 마지막 시기였다. 19세기 초에는 영토 국가의 형성과 무기 기술과 군사 조직의 변화, 정착민 사회 경계의 꾸준한 확장으로 모든 대륙에서 목축-유목 생활 방식이 수세에 몰렸다. 그러한 현상은 청나라의 서부 팽창으로 전통적으로 자율적이었던 몽골 민족들의 위협이 사실상 제거된 중앙아시아에서 가장 일찍 나타났다. 그러나 사회사의 맥락에서 보면 계절 이동 목축과 유목 생활은 여전히 중요했다. 육지의 큰 부분을 뒤덮은 스텝 지역과 사막, 숲 지대, 극지방의 거친 주거 환경은 기술적인 운송 수단을 통해서도 아직 닿을 수 없는 곳이었다.

18세기의 기술 수준에서 극복하기 어려운 두 번째 구조적 차이는 저지대

평지와 산악 지대 사이의 차이였다. 저지대 주민들은 좀처럼 산악 지대로, 특히 고도가 높은 산지로 들어가지 않았으며, 마찬가지로 산지 거주자들이 평지를 방문하거나 침입하는 일도 드물었다. 산지 계곡이나 고원의 땅은 외부에서 지배하기 어렵고 경제적 순환의 흐름에 미약하게만 연결된 고립된 미소 사회가 점유했다.[157] 알프스나 로키산맥, 히말라야는 19세기에 들어선 후에야 평지 주민들이 등반의 도전 대상으로 발견했으며, 20세기에 이르러 처음으로 관광객의 여행지가 되었다.

세 번째 차이는 바다와 관련한 정착민의 상황에서 비롯한다. 세계 도처 해안의 어업 사회는 특유의 문화적 상부구조와 상관없이 상당한 공통점을 보여 준다. 이는 산업화 이전 어업 기술의 기본적인 단순함과 관련이 있다. 바다에 의존하는 삶은 사회생활의 잠재적인 유사성을 야기하는 동시에 내륙 거주민과 그들 사이에 먼 거리를 만들어 낸다. 어업 사회가 스스로 소비할 것을 멀리 떨어진 내륙의 시장보다 더 많이 생산하는 한 그들은 비교적 독립적인 세계로 남을 것이며, 종종 밀매나 해적질에 관여하고 열악한 자연환경에 처한 그 입지를 이용하는 기타 전략을 취할 것이다.

역설적이게도 바다에 가깝다는 사실은 육지로부터 고립을 초래할 수 있었고 동시에 원거리 연결의 기회를 제공할 수 있었다. 18세기 중반까지 지리적으로 존재가 알려진 섬은 대양 항해 기술 덕에 경제적으로 이용할 수 있었고, (예를 들면 일본처럼) 정치적으로 외부 세계에 대해 차폐되어 있지 않으면 전부 세계적 흐름에 포함될 수 있었다. 카리브해의 섬들은 심지어 세계경제의 발전기가 되었다. 동시에 18세기는 섬에서 현실의 유토피아를 찾고 발견한 마지막 시기였다.[158] 1719년에 대니얼 디포(1660~1731)는 소설 『로빈슨 크루소』에서 무인도를 신생 중간계급의 상징적인 사회적 실험실로 바꾸어 놓았다. 새뮤얼 월리스Samuel Wallis(1728~1795) 선장은 1767년에 유럽인으로는 처음으로 타히티를 방문했는데, 그 섬은 얼마 뒤에 프랑스인 항해자 루이앙투안 드 부갱빌(1729~1811)이 쓴 유럽의 인기 도서(『세계 여행Voyage autour du monde』(1771/1772))에서 자연의 천국으로 그려졌다. 1815년에 당대의 세계사적 인물의 전형인 나폴레옹이 유럽에 유폐되는 대신에 그때부터 자기들의 작은 섬나라에서 세계

대부분을 지배하게 되는 강국에 의해 세상에서 가장 외진 섬 중 하나인 세인트헬레나섬으로 추방된 것은 참으로 어울리는 그림이다. 20세기에, 특히 태평양전쟁(1941~1945) 중에 섬의 위치가 지닌 지정학적 이점은 서서히 사라졌다. 일반적으로 말해서 장기 19세기는 바다로의 회귀로 규정되는 시대였으며, 이는 제2차 세계대전 후 비행의 확대와 더불어 끝났다.[159]

1750년 무렵의 주된 대립

18세기 중엽에 지구상의 거의 모든 사람은 다른 대안을 상상할 수 없는 환경에서 살았다. '체제 경쟁'과 여러 상이한 정치적 미래 가운데에서 선택이 가능하다는 생각은 그들의 사고 범위를 넘어섰다. 비록 고난을 겪기는 했지만, 기존 질서에 대한 의식적이고 모범적인 반대를 처음으로 입증한 것은 미국독립혁명이었다. 영국의 식민지 정책을 비판한 많은 아메리카인은 주저하는 혁명가였다. 그래서 뛰어난 선동가이자 단순화에 재능이 있던 영국인 토머스 페인이 필요했다. 그는 혁명의 해인 1776년 초에 유명한 소책자 「상식」을 써서 혁명을 양자택일의 문제로 만들었다.

미국독립혁명에 이르기까지 기존 통치 체제에 대한 대안은 공상적으로만 상상할 수 있었다. 여러 사회에서 축제일에는 일상생활의 의무가 느슨해졌다. 기독교의 사육제나 이에 해당하는 다른 문화권의 축제에서 세상은 잠시 상징적으로 뒤집어지지만, 그 기간이 지나면 인습적인 상황의 효력은 한층 더 명확하게 선언되었다. 대안은 완전한 타자의 시각에서만 생각할 수 있었다. 그러므로 19세기 말까지 항의를 키운 것은 대개 천년왕국이나 종말론의 성격을 띤 종교적 기대였다. 반란자들은 새로운 시대의 개막, 신의 심판, 예언의 약속 실현을 희망했다.

1750년 무렵에는 어디서나 삶은 통제할 수 없는 것이었다. 어린이에게 때이른 죽음은 흔한 운명이었다. 세상 모든 사회에서 쉰 살이 넘는 초로의 사람들은 확연히 두드러졌다. 드물었기 때문이다. 여러 문명에 광범위하게 의학 지식이 퍼져 있었지만 사람들은 큰 유행병이 돌면 무기력했다. 1900년이 되면 의학의 발전(서구에서 발달해 선교사와 식민지 행정관을 통해 세계 전역에 확산되었다.)은 많은 사람에게 효과가 전달되기까지 다소 시간이 걸렸지만 사회사적으로 엄청난 의미가 있었다.

18세기 사람들은 모순적인 확실성 속에 살았다. 생물학적 생존이 불안정했다면, 사회적 생존은 현대의 조건보다 예측하기가 훨씬 더 쉬웠다. 아이들의 처지는 대체로 세계 어디서나 부모 세대의 처지와 다르지 않았다. 아들은 아버지의 직업을 이어받았다. 태어날 때의 사회적 장소가 거의 필연적으로 이후의 운명을 결정했다. 그러나 완전히는 아니고 '거의' 그랬다. 18세기 사회의 부동성과 정지 상태를 과장해서는 안 된다. 현대의 조건보다 상향 이동의 기회가 적었다고는 해도, 출세의 통로가 전혀 없지는 않았다. 여기에는 종교 기관도 포함된다. 청년은 약간의 운만 있으면 가톨릭에서든 불교 문화권에서든 수녀나 수사, 승려가 되어 고생스러운 농민의 삶에서 벗어날 수 있었다. 교회와 성직자단은 사회 하층에서 끊임없이 유능한 청년을 보충했다. 군대의 지휘관 자리도 일반적으로 엘리트 집안 출신자를 위해 남겨졌기에 고작 몇 단계뿐이기는 했어도 승진의 사다리 역할을 할 수 있었다. 강제 충원을 통해 지속된 오스만 제국의 군사 노예, 특히 중세 때부터 이어진 맘루크 왕조 이집트의 통치 엘리트는 이러한 규칙을 확인해 주는 예다.

'위로부터의' 사회적 변화도 가능했다. 개혁은 결코 현대의 발명품이 아니었다. 개혁은 전근대사회에도 종종 선택할 수 있는 하나의 방안이었다. 고대 중국뿐만 아니라 고대 그리스와 고대 로마에서도 쉽게 사례를 찾아볼 수 있다. 18세기에 군주와 통치 엘리트들은 거듭 입법과 과세로써 기존의 사회 상황에 개입할 기회를 잡았다. 18세기 전반의 청나라 황제들은 주저 없이 그러한 절차의 힘을 빌렸으며, 유럽에서는 그러한 조치들이 '계몽'절대주의의 정책이 되었다. 합스부르크 가문의 황제 요제프 2세Joseph II가 재위하던 시절인 1780년대에, 비록 그가 도입한 조치들은 대부분 무산되었지만, 계몽절대주의의 개혁 열정은 절정에 도달했다. 몇몇 통치자는 국가를 더욱 효과적으로 만들고자 특별한 개혁 정책을 시도해 사회 상황에 영향을 미쳤다. 이는 1760년대 아메리카의 에스파냐 제국과 영 제국에 해당되는 이야기다. 그 통치자들은 중앙 권력을 강화하고 감독을 개선해 제국 체제를 더 확고히 통합하려고 했다. 이러한 개입은 불가피하게 사회적 귀결을 초래했다. 승자와 패자를 만들어 냈고, 특정 주민 집단을 실제든 단순한 걱정이든 불리한 처지에 빠뜨렸기 때문이다. 그들은 그러한 상황에 종종 저항으로 대응했다.

1750년 무렵에 사람들은 어디서나 압도적으로 훗날 '일차'산업이라고 부르는 부문에서 일했다. 이들은 자연과 가깝게, 다시 말해 땅에서 가축과 함께 일하여 생계를 꾸렸고 도시민의 생존을 보장했다. 농업은 농민의 자급 농업이나 공유지나 대농장, 플랜테이션 농장에서의 생산처럼 다양한 형태를 띠었다. 수많은 농민처럼 목부와 어부도 대체로 자유인이었지만, 세계 대부분의 지역에서 농업 노동 종사자는 정도의 차이는 있지만 엄하게 토지에 묶여 있었다. 가장 극단적인 형태의 속박은 주인에 매인 노예의 속박이었다. 그러한 형태의 노동자는 자기 재산을 갖지 못했을 뿐만 아니라 그 자신이 타인의 재산이었다.

세계적으로 가장 깊은 사회적 간극은 특권층과 '보통' 사람 사이, 엘리트와 평민 사이의 간극이었다. 북아메리카의 영국 식민지 같은 극소수의 예외를 제외하면, 지구의 어떤 사회에도 모든 (남성) 구성원에 적용되는 통일된 법은 없었다. 법률제도는 사회적으로 등급화되어 근본적으로 특권 제도였고 지역적으로 차별이 있어 도시마다 법률적 상황이 다를 수 있었다. 잘 관리되는 큰 군주국도 훗날 국민국가의 경우처럼 법률적으로 동질적인 공간은 아니었다. 사법상의 파편화는 도시가 자율적인 곳에서 특별히 더 심했다. 자치도시 법률의 효력은 도시의 경계에서 끝났다. 법률은 신분별로 등급화되었다. 엘리트층은 세금의 특혜, 재판에서 좀 더 관대한 처우와 덜 불쾌한 처벌을 받을 가능성에다 여러 사회에 존재했던 특정한 의복을 입을 권리를 포함하는 매우 다양한 상징적 우대를 누렸다.

법률제도는 성별에 따라서도 달랐다. 여성의 지위는 천차만별이었지만, 완전히 동등한 권리를 향유하지는 못했다. 여성의 처지는 모계 혈족 제도가 있는 사회에서 각별히 더 나았지만, 그러한 곳에서도 여성은 대개 정치적인 힘을 갖지 못했다. 남성이 군사적 기능과 민간 행정 기능을 다 담당했다. 명백한 모계사회는 극히 드물었다. 그렇게 드문 경우를 제외하면 세계 어디서나 비록 형태는 다양했어도 가부장제가 지배했다. 가부장제는 또한 종종 정치적 통치의 모델이 되기도 했다. 군주는 집안의 가장이 가족과 하인들을 지배하듯이 나라를 통치했다. 그러나 때때로 통치하는 여왕이나 여성 섭정, 강력한 힘을 행사한 왕의 모후가 있었듯이, 사적 영역에서 여성이 누린 지위를 낮게 평가해서는 안 된다. 18세기에 유럽인들은 확실히 비유럽 사회 여성이 처한 상황에 특별한 관심을 보였지만, 이 분야에서 특히나 빈번하게 그릇된 판단에 빠졌다. 그러한 그릇된 판단은 오랫동안 역사 서술에 스며들었다. 남성여행자들에게 여성의 삶은 좀 더 공적인 남성의 삶보다 훨씬 더 눈에 띄지 않았다. 따라서 여성의 삶은 보통의 사료에서 훨씬 적게 나타나며 더 많이 감추어져 있다.

1750년 무렵의 여러 엘리트 모델

1750년 무렵에 교양을 갖춘 도시 문명의 사회구조는 세계의 몇몇 지역에 '부르주아지 사회'나 '산업사회'가 완전하게 발달한 150년 후보다 구조적으로 더 큰 유사성을 보여 주었다. 18세기 중반에는 몇몇 큰 교역 중심지를 제외하면 어디서나 사회생활은 농업을 중심으로 돌아갔다. 이 공동의 틀 안에 여러 개의 기본적인 모델이 있었는데, 그 모델들은 실제로는 종종 서로 합체되거나 뒤섞였다. 이 모델들을 분류하는 가장 중요한 기준은 사회적 엘리트가 구성되고 뿌리를 내리는 방법이다. 사회적 엘리트는 모든 경우에서 정치적 권력 엘리트와 동일하지 않았다. 사회의 권력을 장악한 이가 늘 부자와 고급문화의 담지자는 아니었다. 오히려 정치권력과 사회적 지위 사이의 관계는 비교 역사 사회학의 매우 중요한 변수다.

첫 번째, 안전하게 상속 가능한 토지권 모델이 있었다. 이 모델에서 엘리트의 지위는 토지소유권에서 비롯하는데, 토지소유권은 원래 군주의 봉토 하사까지 기원을 추적할 수 있지만 소유권의 발전 과정에서 독립적인 권리로 확립되었다. 토지는 반역 같은 지극히 예외적인 상황에서만 국가에 의해 몰수당할 수 있었고, 파산 지경에 이르도록 과세할 수 없었다. 토지는 가족 안에서 상속될 수 있었고 시장에서 거래될 수 있었다. 상층계급은 경제활동에서 아주 작은 제한만 받았다. 그들은 상업과 금융업에 종사할 수 있었다. 이러한 사회 엘리트층은 재산 덕분에 국왕의 간섭에서 자유로운 비교적 광범위한 독립성과 확실한 자신감을 가질 수 있었다.

이는 본질적으로 영국 모델로서 입헌군주제의 사회적 필수 조건이었다. 원칙적으로 이 모델은 북아메리카의 영국 식민지로 수출되었다. 그곳에도 젠트리와 유사한 지주계급이 있었는데, 이들은 자기들의 이익을 지킬 줄 알았으며 이 목적을 위해 왕당파에 반대하는 '애국주의'의 이데올로기적 기치하에 다른 주민들과 동맹했다. 상층 지주계급의 정치적 지향점은 모호했다. 그들은 현상 유지에 관심이 있었지만 특정한 정치체제를 무조건 지지하지는 않았다. 영국보다 귀족이 사회에 깊게 뿌리내리지 못한 프랑스에서는 일부 귀족이 부르봉 왕가에 반대하는 혁명가 대열에 합류했다.

두 번째, 국가에 의존하는 엘리트의 모델은 매우 다양했다. 이들은 통치자의 의지에 훨씬 더 강하게 종속되었다. 통치자는 빠르게 호의를 베풀 수도 있었지만 그만큼 임의로 호의를 거두어들일 수도 있었기 때문이다. 이러한 호의는 부자가 될 좋은 기회를 주는 고위직의 임명, 군 지휘권 부여, 독점권 수여, 조세 청부 등 여러 형태를 띨 수 있었다. 이는 본질적으로 궁정 귀족이자 봉사 귀족이라는 유럽 대륙 모델이었다. 이 엘리트 개개인의 지위는 봉건사회 이후의 안정된 지주 모델의 경우만큼 자율적이지는 않았지만, 통치자에게서 충분한 보상을 받을 수 있었다. 군주제의 전제정치적 측면은 특히 차르 제국에서 두드러졌다. 따라서 서유럽 절대주의의 엘리트층보다 그곳의 엘리트층이 누리는 독립성은 약했다. 극단적인 형태는 고도로 발달한 한직 체계인데, 이 경우에 통치자의 호의는 비교적 자율적인 관료 기구와 이에 연결된 봉사 정신을 통해 균형을 이루지 못했다. 19세기의 이란에서 볼 수 있는 것처럼 그러한 경우에 세속의 엘리트들(성직자는 대체로 그 체제 밖에 있었다.)은 사실상 나라 전체로 확장된 통치자 왕실의 일부였다.[160]

세 번째 모델은 순수한 형태로는 중국과 베트남에서만 실현된 것으로 국가의 공개 시험인 과거를 통해 합리적으로 엘리트를 선발하는 모델이다. 이는 '유능한' 관리를 충원하는 '근대적' 절차로서 유교적 관념에 기초한 친족 관계의 힘에 무너지지 않도록 지속적으로 보호할 필요가 있었다.[161] 이 모델의 상충계급도 마찬가지로 토지에 의존해 살았고, 상업 세계에 적극적으로 참여하는 행위를 다른 곳보다 더욱 강하게 경멸했다. 그러나 이들은 장기적으로 가족 재산을 축적하고 보존할 수 있는 농촌 귀족이 아니었다. 이들의 사회적 목표는 토지 소유보다는 명망 있는 직함과 그러한 직함의 보유자에게만 기회가 주어지는 수지맞는 관직의 보유였다. 관직은 아주 제한적으로만 구매할 수 있었다. 관직은 과거에 합격해야 얻을 수 있었는데, 과거는 준비에 큰 노력이 들었으며 정기적으로 치러졌고 비교적 높은 수준의 수행 능력을 요구했다. 토지소유권이 전혀 알려지지 않은 것은 아니었지만 유럽 형태의 토지 귀족에서 볼 수 있는 것보다 발달이 미진했다.

가족은 세대를 연이어 과거에 합격하도록 노력해야 했다. 궁극적으로는 관료만이 장기적인 재산 보전에 필요한 지원을 끌어낼 위치에 있었기 때문이다. 바로 그렇기 때문에 문헌에 종종 보이듯이 중국의 농촌-관료 상층계급을 '젠트리'로 기술하는 것은 오류다. 진정한 젠트리(영국의 지주 귀족)는 청나라 상층계급보다 훨씬 더 많은 권력 자원을 지녔다. 베트남에서도 거의 동일하게 실행된 중국의 능력주의 모델은 18세기 초에 유럽인 관찰자들의 특별한 관심을 불러일으켰는데, 그들 중 일부는 그것을 근대 유럽에 좋은 모범이 될 수 있다고 보았다.

네 번째 모델은 순수한 상인 엘리트 모델이었다. 이들은 활동하는 데 토지가 필요하지 않았으며 부의 대부분을 근대 자본주의적 형태의 유가증권에 투자했다. 그렇지만 이들은 토지에도 약간의 투자를 했는데, 이는 많은 문명에서 매력적으로 여겨진 관조적 농촌 생활이라는 문화적 이상만큼이나 분산을 통한 위기관리라는 합리적 원칙에도 기인했다. 상인 엘리트들은 이미 유럽의 중세와 근대 초에 존재했다. 베네치아와 제노바는 유명한 사례다. 17세기의 '황금기'를 거친 후에 비록 부분적으로 재봉건화를 겪기는 했지만, 18세기 세계에서 유일하게 그러한 엘리트층을 품었던 나라는 네덜란드였다.

그런데도 상인 엘리트는 전국적인 차원에서는 드물었다. 상인 엘리트는 지주 귀족과 타협을 보아야 하는 곳에서는 언제나 소수에 속했다. 상인 귀족이 발전하고 번창하기에 좋은 전형적인 공간은 대도시였고, 그들의 주된 정치 활동 무대는 도시의 자치 행정이었다. 상인 엘리트는 마치 포령尰領처럼 고립된 특별한 공간에서 가장 잘 번창했다. 이들의 발전은 18세기와 19세기에 모순적인 경로를 따라갔다. 식민주의 및 이와 연관된 경제의 해외 영토 지향이 예를 들면 1842년 이후 청나라 해안의 조약항처럼 새로운 공간을 창출했던 반면에, 국민국가와 국민적 경제 공간의 발전과 통합에서 상인 엘리트는 국가의 더욱 강력한 중앙 통제를 받았다.

다섯 번째, 식민 통치 모델을 빠뜨려서는 안 된다. 식민지에서는 정치적으로 지배하는 엘리트가 외국인이었다. 이들은 현지인 물론 자기들을 반드시 제국의 하급 대리인으로만 보지는 않았던 크리올 주민과도 대치했다. 1750년 무렵에 이 모델은 기본적으로 남아메리카와 북아메리카에 국한되었다. 전형적인 식민지 사회는 현지인 대다수가 유럽에서 건너왔거나 유럽인의 후손인 엘리트의 지배를 받을 때 출현했다. 이 엘리트들은 동시에 해당 지역의 경제적 자원을 통제하거나 나아가 독점했다. 브라질이나 에스파냐가 지배한 라플라타강 유역처럼, 그리고 육체노동에 종사한 하층계급이 주로 아프리카인 노예로 이루어졌던 카리브해 지역처럼 토착민이 비교적 소수인 식민지 영토는 특별한 경우였다.

1750년 무렵 대서양 권역의 엘리트

세계사적 관점에서 네 번째 모델과 다섯 번째 모델, 즉 상인 엘리트가 있는 사회와 식민지 엘리트가 있는 사회는 특별히 주목할 만하다. 이 두 엘리트 층은 다른 경우보다 장거리 접촉과 더 많은 관련이 있다. 대륙 간 관계에서 각별히 두드러진 특징은 18세기 후반에 절정에 달한 노예무역이었다. 1750년에서 1800년 사이에 550만 명의 아프리카인이 강제로 대서양을 건넜다. 이는 1501년에서 1876년까지 대서양 노예무역에 기록된 총 1250만 명의 43퍼센트였다.[162] 이 노예무역은 국가의 후원을 받았지만, 낭트와 브리스틀, 리버풀 같은 항구의 상인 엘리트들이 사사로이 조직했다. 노예는 유럽 출신의 식민지 엘리트들이 구매했다. 때때로 아프리카 해안의 노예 구매부터 카리브해 플랜테이션 농장의 상품 생산을 거쳐 유럽에서의 상품 판매에 이르는 경제적 사

슬 전체가 한 가족의 네트워크 안에서 이루어졌다.[163]

　　동시에 영국 동인도회사와 네덜란드 동인도회사(1750년이면 이미 쇠락하고 있었다.)를 필두로 아시아와 거래하는 유럽 회사는 중요한 사치품과 귀금속 중개인이 되었다. 이들은 민간 조직이었지만 아시아에서 수행한 공식적 기능 때문에 국가의 감독을 받아야 했다. 영국 동인도회사는 영국인 '갑부들'이 사사로이 부를 축적할 기회를 점차 제한했으며, 차츰 영국 국가의 식민지 기구가 되어 갔다. 그 결과 민간 부문은 이른바 '시골 무역country trade'으로 도피했다. 유럽과 아시아 간의 해상무역은 지난 150년간 잘 구축된 경로를 따라 이루어졌다. '상업의 수레바퀴'(브로델의 표현)는 오스트레일리아를 제외한 대륙들을 결합했다. 이는 오로지 유럽인들이 인도양과 중국해의 큰 항구들에서 상인 과두 집단과 협력했기 때문에 가능했다. 유럽인들은 비유럽 경제체제들을 개방하고자 그들에게 의존했다. 해외무역을 전문으로 한 이 상인 집단들은 봄베이와 자카르타, 광동, 나가사키에 자리를 잡고 있었다. 이들은 예를 들면 중국의 경우처럼 흔히 유럽인 사업 상대편보다 정치적으로 더 불안정한 위치에 있었지만 기능 면에서 유럽 상관의 거울과도 같은 이미지를 보여 주었다. 역시 중국의 경우가 그러한데, 그들의 자본 축적 기회가 보호받을 가능성은 때로 더 적었다. 전체적으로 보면 유럽의 상인과 아시아의 상인 둘 다 비슷한 상업적 논리를 따랐다. 문화적 특수성은 상업적 교류에 심각한 장애물이 아니었다.[164]

　　교역 도시들이 네트워크를 통해 점차 연결되면서 세계 사회 차원의 연대감이 형성되었다. 이러한 연대는 특히 유라시아에서, 무엇보다 육지 기반 무역에서 중요한 역할을 수행한 중개인, 즉 유대인과 파르시인, 아르메니아인 등을 통해 강화되었다. 이러한 집단들은 특허장을 보유한 회사들처럼 신용 금융 거래라는 매우 중요한 사업을 추가로 수행했다. 항구는 전 세계적 그물의 매듭이었다. 그러나 세계 모든 지역이 다 이 그물에 걸린 것은 결코 아니었음을 기억해야 한다. 백인은 1788년이 되어야 서서히 오스트레일리아에 정착했고, 오스트레일리아 원주민은 장거리 해상무역에 전혀 관여하지 않았다. 서구에서 온 외국인들은 외부와의 관계를 차단한 조선과 베트남에서 무역을 열

수 없었다. 일본 정부는 1858년까지 외국 무역에 조건을 붙여 극도로 제한했으며, 청나라에서 외국인들은 1860년까지 해안의 조약항 밖에서는 독자적인 상업 조직을 세울 수 없었다. 정도의 차이는 있지만, 유럽의 식민 제국에서는 대체로 일관되게 중상주의적 정책이 추진되었다. 그래서 그들의 시장도 자유롭게 접근할 수 있는 곳이 아니었다.

사회사의 관점에서 보면 이 모든 것은 18세기에 국가 간 무역에 기초한 초국적 부르주아지의 발달은 전혀 없었음을 의미한다. 예를 들면 광동에 기반을 둔 청나라(혹은 홍콩) 상인들은 국가 관료 기구에 크게 의존해 처음에는 마치 유럽의 귀족처럼 보였다.[165] 그러므로 세계무역이 확대되었다고 해서 계급의 세계적 수렴을 추진하는 힘이 자동적으로 생기지는 않았다. 또한 서구의 상인 부호들이 개별적으로 아시아의 중심지에 나타나지도 않았다. 유럽인들은 중국에서 단지 고용된 대리인과 화물 관리인이었을 뿐이었다. 무역으로 형성된 유럽인과 아시아인 사이의 사교성은 아직 시작 단계에 있었다.

1750년 무렵의 갈등과 저항

사회적 동력의 원천은 갈등과 위기에서, 즉 봉기와 혁명에 의한 일상생활의 붕괴에서 가장 잘 인식할 수 있다. 사회적 상황의 특징은 부분적으로는 전형적인 저항 형태를 통해 드러난다. 1750년 무렵에 농민 반란의 힘은 아직 소진되지 않았었다. 18세기 후반에 러시아와 안데스 지역, 중국에서 농민 폭동이 유달리 크게 분출해 농업경제에 위기가 닥쳤음을 암시했다. 대개 종교적 천년왕국설이 동반된 이러한 폭동은 옛 유형의 봉기로서 기본적인 불공정을 비난했고 도덕적으로 올바른 질서의 회복을 목표로 삼았다. 19세기에 들어서면 농민 폭동의 빈도는 줄어들었다. 청나라의 태평천국운동(1850~1864)이나 인도의 대반란(세포이 항쟁, 1857) 같은 강력한 동란을 농민 반란이라고 하면 지나치게 좁은 의미로 말하는 것이다. 사실상 그러한 반란에는 엘리트층의 일부도 참여했고 폭넓은 동맹이 이루어졌으며, 반란이 추구한 목표는 전형적인 농민 반란의 목표와는 부분적으로만 일치했다.

폭동은 더 심층적인 긴장의 증후다. 폭동은 일단 시작되면 고유의 동력을 키울 수 있다. 그러나 그 원인이 순수하게 행위 자체에 있는 경우는 드물다. 많은 경향이 서로 모순이었다. 예를 들어 보자. 18세기 중엽에는 소빙하기가 점차 끝나가고 있었다. 기후가 개선되면서 인구가 빠르게 성장했다. 이는 중국과 유럽에서 공히 식량 재고량에 압박을 가했다. 그때 유럽의 폭동은 세계 다른 지역에서 일어난 폭동과 근본적으로 다르지 않았다. 도시에서 발생한 폭동의 원인도 여러 문명에서 비슷했다. 주로 실업과 인플레이션, 서로 다른 종교 집단이나 민족 집단 간의 알력이 원인이었다. 미래의 갈등이 이미 어렴풋이 모습을 드러내고 있었지만, 1750년의 세계는 기본적으로 전前 혁명적이었다.

1750년 무렵의 도시

변화의 다른 원천은 대도시 생활이었다. 런던이나 파리, 빈 같은 옛 도시는 지적으로나 경제적으로나 이전보다 한층 더 강력한 발전소가 되었다. 필라델피아처럼 새로 세워진 도시에서도 유사한 상황이 전개되고 있었다. 더욱 빨라진 도시화는 힘찬 발전을 끌어낼 수 있었다. 도시 사회가 점차 다채로워지고 점점 더 광범위한 노동 기회와 자아 성취의 기회를 제공했기에, 능력 있고 대범한 사람들을 새롭게 끌어들이는 대도시의 매력은 점점 더 커졌다. 도시 자체가 도시를 알리는 최고의 선전 수단이었다. 지식 생산의 제도를 점점 더 많이 갖춘 대도시는 산업화가 시작되기 전에 이미 역동적인 혁신 중심지로 탈바꿈했다. 또한 말과 문자로 소통하는 새로운 공중 영역이 도시에 출현했다. 17세기 중반부터 시작해 잉글랜드를 제외하면 거의 어디서나 전반적인 정체가 감지되었는데, 18세기 후반 유럽의 도시화는 이러한 정체 국면을 극복했다. 남부 유럽이 뒤처졌다면, 18세기 후반에 알프스 이북 지역은 도시 부활의 시기를 맞이했다.[166] 아시아나 아프리카의 그 어느 지역에서도 이와 같은 현상을 목격할 수는 없었다. 당대의 아시아와 아프리카의 큰 도시들은 경제적으로나 문화적으로 주변 농촌에 좀처럼 활력을 전파하지 못했다. 아시아의 오래된 도시 문화는 높은 수준의 도시 관리 경험에서 지속되었지만, 대규모로 역동적인 힘을 끌어낼 새로운 원천을 개발하지 못했다. 따라서 북유럽은 잉글랜드에서 산업화가 시작되기 전에 이미 도시 경쟁에서 일시적으로 우위를 누렸다.

새롭게 형성되거나 성장하는 세계시장들이 이러한 새로운 성격의 연결을 만들어 냄으로써 중심지와 주변부 사이의 기존 관계를 대체했다. 지중해 권역 교역이 더욱 강력해지면서, 카이로와 나일강 삼각주는 먼저 경제적으로, 이어 문화적으로 지중해 북부 해안 항구들과 가까워졌고, 반대로 남부 이집트와의 관계는 더 약해졌다. 이는 보편적인 현상이었다. 이후 1842년부터 청나라에 차츰 조약항이 등장했을 때 이러한 현상은 더욱 두드러졌다. 경제 지리의 관점에서 조약항은 새로운 자유무역 체제에서 과거의 중국 도시들보다 훨씬 더 강력히 외부를 지향했다. 그때까지는 바다에 가까운 항구도시가 정치적으로나 경제적으로 일급의 중심지였던 적이 없었다. 이제 그러한 해안 중심지의 하나인 상해는 경제적으로 나라에서 가장 중요한 도시로 올라섰다.

파리나 런던, 뉴욕처럼 19세기에 전 세계에 모델이 되는 소수의 도시에 주목할 때는, 도시가 언제나 장기간에 걸쳐 유기적으로 발달한 것이 아니라 종종 이상하게, 특별한 원인으로 출현했음을 명심해야 한다. 브라질에 한 가지 사례가 있다. 근대 초 브라질의 도시 정착지는 대체로 경제 지리를 따랐다. 크기와 상관없이 처음에는 모든 정착지가 해안 도시였다. 이후 금이 발견되면서 내륙에 도시 정착지가 건설되었다. 사탕수수 재배도 비슷한 효과를 가져왔다. 왕정의 행정력이 미치지 못하는 곳에 죄수와 신新기독교도(강제로 로마 가톨릭으로 개종된 사람들), 탈영병들이 만든 비공식적 정착지도 있었다. 1759년에 해체되어 추방되기까지 남아 있던 예수회 지구와 그들의 특별 정착지도 특색이 있었다. 마지막으로 아프리카 출신 노예들이 도망해 세운 정착지도 있었다. 1740년대에 그러한 정착지 하나에 많게는 1만 명의 주민이 살았다.[167] 이러한 도시는 그 어느 것도 꾸준한 성장 유형을 보여 주지 못했다.

사회 변화의 다른 동력은 문해력의 확산이었다. 이는 도서 출판의 증가와 이에 따른 독자층의 확대와 관련이 있었다. 우리가 아는 한, 이는 오직 유럽과 북아메리카의 경우에만 해당된다. 바로 그곳에서 폭넓은 사회적 기반 위에 세워진 지식사회로 이행하는 과정을 목도할 수 있다. 이 과정은 결코 당국의 주도로 이루어진 것이 아니다. 유럽에서 교육 확산의 가장 중요한 담당자는 교회였다. 18세기 중반부터 이후 몇십 년 동안 1800년 이후에 곧 출현하는 완전한 형태의 교육제도는 전혀 없었다. 교육의 토대는 지역의 교회 공동체에 있었으며 개인의 자선으로부터 발전했다. 지식사회로의 진전은 널리 확산된 추세였을 수도 있지만, 프로테스탄트 유럽과 북아메리카만큼 광범위하게 지식사회가 발달한 곳은 없었다.

마지막으로 모든 변화가 다 긍정적인 함의를 지니지는 않는다. 전쟁과 침략도 사회 변화를 촉발할 수 있다. 사회 변화의 가장 극단적인 형태였던 사회 전체의 파괴에 이를 수 있었기 때문이다. 예를 들면 유럽의 식민지 팽창은 처음부터 카리브해와 중앙아메리카, 남아메리카의 사회들을 파괴했다. 기욤 레날 신부 같은 18세기의 평자들이 이러한 이야기를 전했고, 많은 독자가 그의 글을 읽었다.[168] 동시에 유럽인들은 오스만 제국의 팽창을 저지한 이래로 처음으로 자기들의 대륙이 '야만인'에 습격당할 위험에서 벗어났음을 알았다. 이는 당시에 유럽과 아시아를 가른 경쟁력의 하나였다. 아시아에는 중국과 일본을 제외하면 그 어디서도 평화를 목격할 수 없었다.[169] 유럽에서는 대북방전쟁(1712)과 에스파냐 왕위 계승 전쟁(1714)이 끝난 뒤에 눈에 띄는 파괴 전쟁이 없었다. 반면에 아시아에서는 부족의 이탈이 사회 해체와 광범위한 파괴를 초래할 수 있었다.[170] 1772년에 이란은 아프간 전사들의 침입을 받았고, 그로부터 20년 뒤에는 페르시아의 군사 지도자 나디르 샤가 북부 인도의 넓은 지역을 폐허로 만들었다. 14세기 이래로 시암 왕들의 수도였던 찬란한 대도시 아유타야는 1767년에 버마 군대의 침입으로 거의 완전히 파괴되었다.[171] 그런데도 국가 구조의 해체가 곧 자동적으로 사회의 정체를 의미하지는 않았다. 대제국의 폐허에서, 그 여러 도시에서 삶은 지속되었다. 아유타야의 몰락은 얼마 뒤에 방콕의 발흥에 도움이 된 것으로 입증되었다.

1800년 무렵의 혁명적 격변

1800년 전후로는 정치로 시선을 돌려야 한다. 그때의 사회적 역동성은 1750년이나 1850년보다 훨씬 더 크게 정치적 영역에서 비롯했기 때문이다. 본국 정부가 그때까지 지속된 편안한 통치 대신 더욱 엄격한 통제를 강요하자 북아메리카의 영국 식민지 신민들이 이에 맞서 저항하면서 일련의 체제 위기와 반란이 연쇄적으로 촉발된 것은 1760년대 중반이었다. 이러한 연쇄적인 위기와 반란은 1820년대에 라틴아메리카의 독립 과정이 완료되고 1830년에 프랑스에서 복고 왕정이 무너지면서 일시적으로 종료되었다.

'혁명의 시대'라는 용어는 당대인들이 만들어 낸 것이다. 당대의 많은 사람은 전례가 없는 놀라운 일들이 일어나고 있음을 알았다. 역사가들은 일찍부터 그 시대의 특징을 통찰하려고 애썼는데, 그 일을 가장 성공적으로 수행한 사람은 아마 혁명의 시대에 관해 일련의 강의를 펼친 스위스 역사가 야코프 부르크하르트(1818~1897)였을 것이다.[172] 유럽인의 시각이 여전히 지배적이었음은 두말할 필요가 없다. 전부 공화주의적 의미를 띠었던 그 혁명들(역설적이게도 다름 아닌 프랑스에서 군주제는 이따금 혁명으로 중단되기는 했지만, 1804년부터 거의 70년이나 지속되었다.)은 처음에는 정치적인 관점에서 해석되었다. 그러나 '국민'의 저항을 특히 프랑스 혁명에서 가장 중요한 동인으로 보는 해석들이 일찍부터 있었다. 1830년대에 문학적 포부가 두드러진 토머스 칼라일Thomas Carlyle의 『프랑스 혁명The French Revolution』(1837)과 게오르크 뷔히너Georg Büchner의 희곡 「당통의 죽음Dantons Tod」(1835년에 쓰였으나 세월이 한참 흐른 뒤인 1902년에 초연되었다.)에서 국민은 중심적인 역할을 수행한다. 공화주의적 해석에서, 이어 특히 마르크스주의적 해석에서 혁명은 계급투쟁으로 여겨졌다.[173]

그러나 혁명적 사건들은 어디서든 오로지 사회적 위기로만 설명될 수는 없다. 프랑스 혁명은 극심한 빈곤의 창궐이 초래한 결과만은 아니었다. 영국령 북아메리카의 엘리트 정착민들은 물질적으로 높은 생활수준을 누렸는데도 불만이 있었던 반면에, 차르의 러시아 제국이나 영국에는 혁명 운동을 일으킬 만한 사회적 긴장이 충분했지만 정작 혁명이 일어나지 않았다. 그러므로 사회사의 인과적 설명은 전부 틀렸다고 할 수는 없지만 보완이 필요하다. 특히 지역적 상황을 뛰어넘는 일반화가 어렵다.

혁명의 시대의 중심 사건인 프랑스 혁명에 관한 한 혁명의 기원을 오로지 정치적 책동에서 찾거나 정신 구조나 담론의 변화에서 찾으려는 단일 원인적 설명은 더 복잡한 모델에 자리를 내주었다. 그런데도 국가와 군대의 행위, 혁명과 전쟁이 얼마만큼 사회 변화를 유발했는지는 분명하다. 근대의 혁명들은 다른 무엇보다도 사회적 요인들에 의해 일어나지만, 성공하면 이제 혁명이 혁명적 국가권력의 조치를 통해 사회에 영향을 미친다. 이런 일은 우선 국가의 관할구역 안에서 일어났다.

17세기의 영국혁명이나 19세기 청나라의 태평천국운동 같은 다른 혁명과 달리, 프랑스 혁명은 그 발생 국가에 국한되지 않았다. 1792년에 프랑스 혁명전쟁이 시작되고 1795년에 네덜란드의 바타비아 공화국에서 첫 사례를 볼 수 있는 '자매 공화국들'이 세워진 이래로 프랑스 혁명은 수출되었다. 비록 나폴레옹 보나파르트가 프랑스 혁명의 여러 과격한 목표에서 손을 뗐다고 해도, 1799년에서 1815년에 이르는 나폴레옹 시대 전체는 프랑스 혁명의 수출이 지속된 것으로 볼 수 있다. 그러나 변화의 욕구를 먼 곳까지 퍼뜨린 것은 혁명 자체가 아니라 전쟁이었다. 프랑스 군대가 모습을 드러낸 곳이라면 어디서든 사회 불안이 뒤따랐다. 프랑스 군대가 점령군으로 머물지 않은 곳에서는 취약한 정권이 개혁의 필요성을 깨닫고 침입자의 정책을 일부 채택했다. 이는 특히 프로이센 군주국에 해당하는 이야기다. 멀리 인도에서도 영 제국은 프랑스의 도전에 한편으로는 더 많은 정복으로, 다른 한편으로는 행정개혁으로 대응했다. 프랑스 혁명이 사회사에 간접적으로 많은 영향을 미친, 세계적으로 중요한 사건이 된 것은 영국과 프랑스의(그리고 영국에 남아프리카와 실론을 빼앗긴 가장 중요한 식민지 위성국가 네덜란드의) 거대한 제국 투쟁 이후의 일이다.

만주족의 중원 점령, 30년 전쟁, 영국혁명, 무굴 왕조의 남부 인도 정복을 목도한 17세기와 달리,[174] 18세기의 첫 삼분기는 세계 도처에서 과도한 폭력으로부터 유달리 자유로웠다. 에스파냐 왕위 계승 전쟁(1701~1714)은 무해한 내각 전쟁Cabinet wars[4]이었을 뿐이다. 혁명의 시대는 이러한 배경과 날카롭게 대비된다. 그 시기는 제국의 조망에 근본적인 변화가 일어난 시기인 동시에 유럽에서부터 근대사상이 발전해 확산된 시기였다. 그 시기는 이중의 성격

───── **4** 종교전쟁이 끝난 후 주로 17세기와 18세기에 유럽에서 벌어졌던, 소규모로 제한된 전쟁을 가리킨다. 군주의 내각에 속한 고문이나 장관이 전쟁을 이끌었으므로 붙은 이름이다.

을 드러낸다. 한편으로 역사가 라인하르트 코젤레크가 증명했듯이 큰 혁명들로부터 새로운 사상이 생겨나고 지평이 확대되고 진보가 길잡이로 채택되면서, 근대사상은 먼 미래를 가리켰으며 근본적으로 새로운 시작이 되었다. 다른 한편으로 그때는 유럽과 인도, 아메리카에서 흔치 않은 폭력의 시기이자 전쟁으로 인한 큰 파괴의 시기였다.[175] 그 시기는 전체적으로 프랑스 혁명의 특징인 양면성을 똑같이 드러낸다. 입법 활동을 통한 해방은 여러 곳에서 자유와 평등의 원리가 관철되는 데 이바지했지만, 여기에 새로운 종류의 살인적인 테러가 직접 결합했다. 이 새로운 테러는 이제 폭군의 변덕과 군사적 정복 의지의 이름으로 실행된 것이 아니라 추상적 원리에 대한 호소로써 실행되었다.[176]

경제적으로 보면 혁명의 시대의 특징은 북서유럽에서 시작된 산업화였다. 산업화와 더불어 새로운 계급들이 출현했고 새로운 종류의 사회가 형성되기 시작했다. 그러나 산업화는 전 세계적인 차원에서 일어난 일은 아니다. 지역적인 현상에 머물렀으며 장기간의 통합 노력이 무색하게 산업화된 중심지와 지체된 주변부 사이의 차이가 심화되었다는 것이 오히려 산업화의 특징이었다. 1800년에 공업은 영국의 몇몇 지역을 제외하면 아직까지는 일상생활에 흔적을 남길 만큼 중요한 힘이 되지 못했다.

혁명의 시대에는 '큰' 혁명들뿐 아니라 식민주의와 노예제, 그리고 (2년간 제국의 막간극 뒤에) 1806년에 일어난 생도맹그(아이티) 군주국의 폐지도 포함되었다. 당대의 혁명적 사건들에는 1816년에 카리브해에서 시작해 1831년 버지니아에서 냇 터너Nat Turner의 반란으로 정점에 달한 노예 반란은 물론 청나라에서 새롭게 발생한 봉기(1794~1808년에 일어난 백련교의 난과 이보다 규모가 작았던 1813년의 계유지변癸酉之變)[5]도 포함된다. 마지막으로 1833년에 영국 의회가 노예제를 폐지한 것도 사회를 바꾼 혁명적 단절로 볼 수 있다. 이로 인해 인간을 소유하는 것은 불법이 되었다. 이는 서인도제도의 플랜테이션 농장주들의 로비(이제는 그렇게 강력하지 않았다.)를 극복하고 이루어진 결정이다. 앞선 아이

---

5 백련교의 일파인 천리교의 교도들이 북경의 자금성을 습격한 사건이다. 당시에는 황태자였던 훗날의 도광제道光帝가 근위병들을 지휘해 진압했다.

티 혁명의 경우처럼 미국에서는 이 결정과 그것이 카리브해에서 이행되어 나타난 결과를 면밀히 연구했다. 노예제 폐지론자들과 노예제 옹호자들은 상이한 결론을 도출했고, 이는 노예제 문제에 관해 미국 대중이 점차 양극으로 분열하는 원인이 되었다.[177]

1800년 무렵의 혁명: 사회적 귀결

모든 국가적 혁명이나 지역적 혁명은 사회적 성격의 귀결을 가져왔다. 이는 깊이가 부족했던 17세기 영국혁명을 프랑스 혁명과 비교하면 입증되듯이 근대 혁명의 본질적인 특징이다. 근대 혁명에서 국가권력의 장악은 특정 사회의 소유 구조를 바꾸는 개입의 도구가 되었다. 나중에는 식민주의 자체가 그러한 소유권 혁명을, 즉 대규모의 몰수와 재분배를 의미했다. 통치 기구는 정치적으로, 군사적으로 인계되면 곧 사회공학에 사용되었다. 따라서 프랑스의 봉건제 폐지에 관한 법령은 그 시대 사회사에서 근본적인 혁신이 되었다.[178] 혁명의 시대는 무엇보다도 엘리트층의 변화가 빠르게 이루어진 시기였다.

아메리카의 혁명은 반식민주의 성격을 띠었다. 사회사의 맥락에서 보면 그 혁명들은 식민지 국가를 지배한 비교적 작은 집단을 표적으로 삼았다. 에스파냐와 영국의 패배에 뒤이어, 행정을 담당한 이 기간요원들은 쫓겨나거나 대체되었다. 식민지 아메리카의 국가 기구가 지나치게 관료주의적이지는 않았기에 본질적으로 정치적인 이 변화에 심각한 사회적 귀결이 뒤따르지는 않았다. 도망치거나 쫓겨난 몇몇 왕당파를 예외로 하면, 독립 투쟁으로 더욱 강한 자신감을 얻은 현지 엘리트층은 지위를 유지했다. 혁명 과정은 국왕 정부와 왕당파를 축출한 아메리카의 탈식민화부터 영국 점령군과 그들의 인도인 세포이들에게 패배해 권력을 빼앗긴 인도 마하라자들의 식민화까지 다양했다.

식민주의가 퇴조하기는커녕 반대로 팽창한 곳에서는 19세기에 아시아와 아프리카, 남태평양의 여러 지역에서 일어날 식민지 혁명의 징조가 일찍부터 보였다. 1800년 무렵에 주로 벵골과 훗날 영국에 점령되는 인도의 여러 지역이 이에 해당한다. 영국 동인도회사가 대표한 영국 식민지 국가는 재정 정책을 이용해 특히 재산권 문제에, 따라서 현지 사회의 사회구조에 개입했다.

1806년에 신성 로마 제국이 맞이한 종말을 보편적인 혁명적 배경의 일부로 보아야 하므로, 독립성을 상실한 제국의 기사들과 지역의 군주들, 제국 도시의 과두 지배자들은 1800년을 전후로 발생한 일종의 세계혁명의 희생자로 보아야 한다.

엘리트층의 대규모 변화는 프랑스에서 발생했다. 프랑스의 옛 귀족은 물리적으로는 소멸하지 않았지만 특권의 상당 부분을 잃었고 부분적으로는 새로이 창출된 나폴레옹 시대의 귀족으로 대체되었다.[179] 그렇게 근본적인 사회 변화는 당시 유럽의 다른 곳에서는 일어나지 않았다. 프랑스에 점령된 유럽에서 나폴레옹의 행정관들은 현지 엘리트층의 상대적으로 자유주의적인 성분과 동맹을 맺었지만, 이는 티롤과 에스파냐의 사례에서 보듯이 때때로 실패했다. 그 결과는 기존 상층계급 내부의 세력 관계가 혼란스러워지고 많은 경우에 관료 사회와 고위 공직에 고용된 귀족의 힘이 커진 것이다. 그 시기의 혁명 중에서 가장 잔혹한 결과를 보인 것은 아이티 혁명이었다. 백인 플랜테이션 농장주로 구성된 아이티의 옛 지배계급은 살해되거나 쫓겨났다. 사회적 조건이 이보다 더 철저하게 파괴된 곳은 없었다. 과거의 농장주 지배 체제와 역설적이게도 이와 연결된 유색인(인종적으로 혈통이 뒤섞인 자유민)은 노예 반란의 흑인 지도자들 중에서 충원된 새로운 지배층으로 대체되었다.[180]

대서양 지역에서 시작된 역동성의 엄청난 충격파는 멀리 동남아시아까지 퍼졌다. 자와에서는 1808년에 앞서 혁명가였고 이제는 나폴레옹의 총신이 된 헤르만 빌럼 단덜스Herman Willem Daendels를 통해 혁명 유럽의 소란스러운 신세계가 나타났다. 그는 '계몽된 정부'의 이름으로 개입적이고 근대화하는 식민주의를 들여왔는데, 이는 자와의 귀족 세계와 타협해야 했던 네덜란드 동인도회사보다 더 무자비하고 오만하고 공공연하게 현지 자원을 마구 착취했다.[181] 새로운 유형을 세운 단덜스식의 식민주의(영국이 오늘날의 인도네시아 일부를 짧게 점령했던 시기인 1812년에 래플스가 의지할 수 있었던 유형)는 나폴레옹이 그 제국에 새롭게 도입한 합리화한 명령 국가가 지리적으로 가장 먼 곳에 투사된 것이다.[182] 제국의 변화에 딸려온 결과는 대개 오래 지속되는 경향을 보였다. 간접적인 사건들이 다양하게 잇달았다. 1806년에 영국이 희망봉의 영구적 지배권을 획득한 것도 그렇게 오래 지속되는 결과를 가져왔다. 남아프리카 사회에 영국인 대 네덜란드계 보어인이라는 새로운 사회적·정치적 갈등을 들여왔기 때문이다.

대규모의 군사력 동원은 어디서든 사회적 영향을 가져왔다. 이는 그 자체로 사회를 바꾸는 과정인 군국화에만 있지 않았다. 전쟁이 오래 지속되면 민간 영역에서도 군사적인 것의 가치가 올라간다. 나폴레옹의 유럽 일부 지배는 그러한 방향의 징후를 보여 주었지만 몇 년 뒤에 무너졌다.[183] 몇몇 나라는, 특히 프로이센은 나폴레옹의 위협에 맞서 군국화했다. 그러나 1815년 이후의 유럽은 전체적으로 놀라울 정도의 비무장 과정을 겪었다. 군 지휘관들은 아무런 역할도 하지 못했고, 많은 나라가 대규모 상비군을 유지할 만한 재정을 갖추지 못했으며, 군대는 정치적 독립성을 확보하지 못했다. 반대로 라틴아메리카에서는 독립 전쟁의 유산으로 사회의 기본적인 군사화가 지속되어 이후 시대의 카우디요caudillo(군벌) 체제에 기여했다. 미국에서는 해방 투쟁의 유산과 장기간 계속된 아메리카 원주민과의 싸움이 일종의 변경 의식을 낳았고, 이는 민병대의 출현을 불가피하게 했다.

1000년 넘게 귀족이 아니라 문관 고위 관료들이 최상층을 점유한 중국 문명을 제외하면, 비귀족적 성격의 사회들은 주로 대서양 지역에 집중된 혁명의 시대에 처음으로 등장했다. 이는 많은 경우에 부르주아지의 발흥을 의미했다. 그러나 귀족과 부르주아지 사이의 제로섬 게임을 가정하는 것은 잘못이다. 완전한 대체가 아니라 정치적·사회적 타협이 더 전형적이었으며, 그 타협에서 중간계급은 결코 확실한 우위를 차지하지 못했다. 어쨌거나 1830년 이전에는 프랑스와 영국, 스위스, 독일의 일부 지역, 미국 북동부를 제외하면 그 어느 나라에서도 부르주아지의 발전이 현저하지 않았다. 다른 역사적 상황에서는 엘리트층의 성공적인 방어 때문에 중간계급의 경제적·문화적 발전이 더뎠다. 이집트가 하나의 사례다. 그곳에서는 중간계급의 사회적 지위가 18세기가 시작할 때보다 끝날 때 더욱 약했다.[184]

미국은 특별히 역동적인 사회 변화의 실험실이었다. 다른 무엇보다도 통합된 단일한 미국 사회가 없었기 때문에 역동적이었다.[185] 동부 해안의 도시들과 변경 사이의 차이, 또는 북부와 노예가 있는 남부의 차이는 너무도 커서 그 어떤 동질성도 발달할 수 없었다. 노예제를 주된 경제적 제도로 삼고 있는 사회는 자유주의적이고 평등주의적인 법을 갖춘 사회와 다른 구조를 띨 수밖에 없다. 결과적으로 미국 영토에는 여러 상이한 사회적 동력이 공존했다. 유럽과 북아메리카의 당대인들이 진취적인 유럽과 대서양 권역과 정체한 '동양' 사이의 차이를 인식한 것은 그들의 오만과 무지 때문이기도 하지만, 당시의 중국이나 일본, 오스만 제국에서 새로운 사회 계급의 발흥이 두드러지지 않았다는 사실에도 원인이 있다. 그 나라들에서 사회 개조의 시대는 19세기 후반에 가서야 시작된다.

세계사적 관점에서 보면 혁명의 시대 동안에 세계 전역에서 반드시 교류가 증가했다고는 할 수 없다. 입수할 수 있는 정보를 토대로 정확하게 대차대조표를 계산하면, 1808년 이후 노예무역의 점진적인 축소는 대서양 권역의 탈세계화로 장부에 기입될 것이다. 1801년에 프랑스군이 이집트에서 철수한 이후 나폴레옹 제국의 팽창은 해외의 아주 작은 부분에만 닿았을 뿐이다. 동시에 영국의 세계 패권의 지평은 다시 넓어졌다. 오스트레일리아가 제국에 추가되었고, 유럽인들이 그곳의 남쪽 해안에서 내륙으로 서서히 정착지를 넓혔다. 아프리카에서는 영국인 여행객들이 과거 그 어느 때보다도 더 깊숙이 내륙으로 들어갔다. 영국의 외교는 반프랑스 활동을 수행하는 중에 이란과 아프가니스탄, 나아가 청나라(1793~1794년 매카트니 경의 사절단)까지 발견했다. 그러나 이 모든 것은 세계 사회의 통합을 향한 자극이 되지 못했다. 청나라나 일본, 태평양의 섬들(쿡 선장과 그와 경쟁한 프랑스인들이 식민지로 만들지 못했다.)처럼 거대한 사회적 공간은 아직까지 대체로 외부의 영향에서 절연된 상태에 있었다.

1850년 무렵의 초기 산업화

19세기 중엽부터 전 세계의 사회적 조망은 다시금 몇십 년 전의 모습과는 다르게 보였다. 유럽과 북아메리카의 여러 지역에서 산업화의 징후가 드러났다.[186] 증기선 항해, 증기력으로 작동하는 기계에 의한 상품 생산, 이에 뒤이은 증기기관차는 비록 예를 들면 미국에서 수력과 인간의 근력이 그에 못지않게 중요한 역할을 수행한 중간 단계를 거치기는 했지만, 그 시대의 전례 없는 혁신이었다.[187] 1830년대부터 역사상 처음으로 기술은 사회 변화의 기본적인 동력이라고 할 수 있었다. 기술은 이제 특정 시기에 구할 수 있는 도구에서 그치지 않았다. '기술'(18세기 말에 만들어진 개념이다.)은 소중히 간직하고 관심을 갖고 증진할 수 있는, 마땅히 그래야만 하는 응용 지식의 총합으로 여겨졌다. 기술은 부와 위신의 원천으로 인식되었다. 기술은 이제 문명의 가치와 진보를 측정하는 가장 중요한 척도로 올라섰다.[188] 기술과 산업의 효율성은 국가의 우월함을 보여 주는 탁월한 증거였다.

최초의 세계 박람회였던, 1851년에 런던 수정궁에서 열린 대박람회는 당연하게도 오랫동안 그 시대를 상징하는 사건으로 여겨졌다.[189] 기술로써 무엇을 성취할 수 있는지 보여 준 전시회였던 그 박람회는 산업혁명과 영국의 세계무역 제패를 보여 주는 일종의 중간 대차대조표였다. 이제 기술은 고유의 동력을 획득했고, 그 덕분에 기술은 과학에 좀 더 가깝게 다가갔다. 이 시기는 '응용'과학이라는 개념이 출현하고 영국이 그때까지 과학 분야에서 똑같이 창의적이었던 프랑스보다 더 나은 성공의 공식을 발견한 것처럼 보였던 때였다. 유럽 최초의 과학기술 전문학교인 취리히 연방 공과대학이 1850년대(1855년)에 건립된 것도 우연의 일치는 아니다. 과학은 계속 그 자체를 위해 수행되었지만, 동시에 인류 전체의 공동선은 물론 개인의 사익을 위해서도 그 실용성이 주목을 받았다.

1840년대에 서유럽과 북아메리카에서 급속하게 발전을 시작했고 역설적이게도 그 과정에서 전근대적 육체노동(여성과 군인, 죄수의 노동을 포함한다.)을 최대한으로 요구했던 공업과 철도 건설과 더불어, 지역적으로나 국가적으로나 양적으로 주목할 만하고 사회적으로 뚜렷이 구분되는 최초의 프롤레타리아가 창출되었다.[190] 19세기의 두 번째 사분기에는 농촌에서 도시와 공장으로의 대대적인 이동, 새로운 생산 방법과 옛 생산 방법의 혼합, 계급의식의 발달, 성 역할과 가족생활의 변화가 가져온 모든 문제와 함께 산업 노동자계급이 출현했다. 그러나 이 국면에서 산업 노동자계급의 존재는 서유럽과 북아메리카 일부 지역에만 국한되었다. 산업화 초기 단계에는 아직 무역 네트워크의 팽창에 뒤이은 것 같은 세계적 구조가 동반되지 않았다. 산업화는 지역 차원에 머물렀고 선택적이었으며, 멀리 떨어진 곳에 미친 효과는 주로 간접적이었다. 이를테면 면공업에 필요한 것은 해외의 원료 생산 재조정을 초래했는데,(예를 들면 이집트에서는 목화 재배가 증가했다.) 이것이 현지에서 공업화 과정을 촉발하지는 않았다.[191]

동시에 제조업자와 '자본가'의 유형은 영국 밖에서도 더욱 두드러졌다. 이전과 마찬가지로, 이들의 지속적인 상승이 옛 농업 엘리트들의 희생과 함께 일어나지는 않았다. 농업 엘리트는 엄청난 끈기를, 때로는 대범한 사업 감각을 보여 주었다. 프랑스와 영국의 소설은 언제나 사회 변동을 잘 반영한 지진계 같았는데, 19세기 전반까지는 제조업자들이 소설의 주인공으로 등장하는 일은 많지 않았다. 디킨스의 『어려운 시절Hard Times』(1854)과 엘리자베스 개스켈Elizabeth Gaskell의 『북과 남North and South』(1854/1855)은 때 이른 예외였다.

1850년 무렵의 노예해방 이후 사회

산업 노동자에 더해 노예도 체계적으로 계속 중요한 역할을 수행했다. 노예제는 눈에 잘 띄지 않는 고립된 가구에 존재했을 뿐만 아니라 특히 미국 남부와 쿠바, 브라질에서는 경제체제 전체를 떠받치는 체계적으로 발전한 토대였다. 19세기의 두 번째 사분기는 노예제에 입각한 경제의 마지막 황금기였다. 서구 세계에서 산업자본주의와 이와 결부된 것으로서 '자유로운' 임금노동이라는 원리가 출현했을 때, 이와 나란히 극단적인 부자유에 기초한 생산과 노동도 계속해서 발달했다. 미국의 노예제는 완만한 속도로 전개된 근대화에 희생된 것이 아니라 1861~1865년의 남북전쟁에서 북부의 정치적 결단과 군사적 승리를 통해 폐지되었다. 노예들 자신의 저항 행위도 이를 뒷받침했다.[192] 러시아 사회는 1861년의 농노제 폐지 이후 제도적 구조 개혁 과정에 들어갔다. 그러나 러시아의 해방된 농노도 미국의 해방된 노예도 새로이 획득한 국민의 지위를 완전하게 누릴 위치에 있지 않았다. 미국 의회가 1877년까지 패배한 남부 주들에서 실행한 개혁적 '재건'은 기대만큼 충족되지 않았다.[193]

아프리카로 말하자면, 영국 해군이 1808년 이후에 외교적으로나 병참의 측면에서 큰 어려움을 겪으며 서서히 실현한 대서양 노예무역의 억제(아프리카 노예가 카리브해에 마지막으로 도착한 것은 1866년이었다.)[194]는 사회사에서 중대한 단절이었다. 그로 인해 '외향', 즉 그 대륙의 외부 세계로의 지향이 축소되었기 때문이다. 그러나 동시에 대서양 무역에서 단절된 아프리카 내륙의 노예제는 그 어느 때보다도 더 인도양의 '동양' 노예무역으로부터 많은 결실을 보았고 결코 소멸될 운명에 처하지 않았다.

19세기 중반에 다양한 형태의 새로운 '이후 사회post-society'가 출현했다. 이는 노예무역이 종식된 이후에, 서아프리카와 중앙아프리카, 카리브해의(좁은 의미에서는 영국의 케이프 식민지의) 노예제 폐지 이후의 사회에, 1865년부터는 미국 남부의 노예해방 이후의 사회에 해당된다. 비록 재조직된 플랜테이션 농장이 형태를 바꾸어 존속하기도 했고 플랜테이션 농장 경제 밖에서 생계를 꾸리는 것이 어렵기도 했지만, 이 지역들의 주된 제도인 플랜테이션 농장 노예제는 단기간에 사라졌다.[195] 노예제에 기반을 둔 카리브해와 브라질의 사회들이 근대 초 대서양 권역 사회사에서 하나의 혁신이었던 것처럼, 노예제로 입은 깊은 상처를 극복해야 했던 사회들은 19세기의 새로운 현상이었다. 미국의 남북전쟁 이후에 진행된 남부 주들의 재건은 그 시기 노예해방 이후의 가장 큰 사회적 실험으로서 역사적으로 전례가 없는 일이었다.[196] 노예제 종식 때문에 새로운 사회적 국면에 접어든 마지막 큰 나라로는 에스파냐 식민지 쿠바(1886년)와 식민지에서 해방된 브라질을 들 수 있다. 브라질에서는 1887~1888년의 혁명에 준하는 상황에서 노예제가 폐지되었다.[197]

1850년 무렵의 변경 개방

19세기 중엽은 세계사적 의미를 지니는 다른 발전을 바라보기에 좋은 시점이다. 그것은 개별 정착민이 국가의 보호를 받아 농업상의 변경을 개척한 것이다. 이러한 과정은 세계의 몇몇 지역에서는 이미 비교적 많이 진전되었고, 19세기 초에는 다른 변경 지역도 개방되었다. 1850년대에는 다양한 발전이 결합되었다. 옛 변경과 새로운 변경이 나란히 공존하며 새로운 정착민을 끌어들

_____ 미국의 서부 개척 시대 영화에서 서부의 점령과 개척은 대체로 남성 개인, 즉 '외로운 늑대들'의 업적으로 묘사된다. 현실에서 훨씬 더 두드러진 것은 변경 가족들의 개척 생활이다. 이 사진에서는 네브래스카주에 사는 두 세대로 이루어진 가족이 뗏장을 덮어 만든 수수한 집 앞에서 자세를 취하고 있다. 이러한 종류의 집은 건축에 쓸 목재와 돌이 부족했던 대초원 지대에서 빠르게 지을 수 있었다. 대초원에 정착한 사람들의 고된 삶이 험상궂은 얼굴 표정에 반영되어 있다. (Library of Congress)

였고, 때로는 정착민을 두고 경쟁했다. 전형적인 변경인 미국 서부는 당시 인디언 원주민의 확실한 퇴거 국면에 접어들었는데, 그 밖에도 아르헨티나와 칠레에, 러시아 제국의 여러 변두리 지역에, 오스트레일리아에 그러한 변경이 있었다. 새롭게 추가된 곳은 뉴질랜드와 인도 북동부 지역인 아삼과 그 인접 지역인 버마, 그리고 마지막으로 남아프리카였다. 뉴질랜드는 1840년대에 가서야 유럽인 이주자에게 개방되었고, 아삼과 버마에서는 농산물 수출을 위한 새로운 변경이 개척되었다. 만주만이 중국 북부로부터의 대규모 이주와 순환 이주의 목표 지역으로서 아직 발견을 기다리고 있었다. 그러므로 지금 우리가 다루는 것은 제임스 벨리치James Belich가 훌륭하게 분석한 '영어권 세계 Anglo-World'의 발흥 이상이다.[198] 영국은 확실히 식민화에서 이점을 지녔지만,

유일한 개척 정착민은 전혀 아니었다. 인도와 동남아시아의 사례들이(그리고 1900년 직후의 만주가) 보여 주듯이 여러 변경의 모든 정착민과 농업 노동자가 다 백인도 아니었다.

이 시기의 사회사에서 변경이 그토록 중요한 이유는 변경에서 일어난 과정이 특색 있는 사회 유형들을 만들어 내기 때문이다. 역사 서술상의 변경 '발견자'인 미국의 프레더릭 잭슨 터너Frederick Jackson Turner(1861~1932)는 민족 중심주의 때문에, 재산을 빼앗기고 살던 곳에서 쫓겨난 북아메리카 원주민에 대한 공감 부족 때문에 오늘날 널리 비판을 받지만, 그가 변경의 상황이 단순히 이전 정착 지역의 사회적 제도를 재생산하지는 않았다고 본 것은 옳았다. 해외에서 이주해 들어온 자들 같은 정착민은 자기들만의 사회적 선결 조건을 가져왔지만, 변경의 예상치 못한 환경에 적응해야만 했다.[199] 예를 들면 중국의 변경 사회들은 제국의 외부 변경뿐만 아니라 평지 벼와 밀, 기장을 쓰는 전형적인 농업이 가능하지 않은 산악 지대와 숲 지대에서도 똑같이 발달했다.(이 점은 다른 여러 나라에도 적용된다.)

변경 사회는 19세기의 특징적 사회 유형의 하나가 되었다. 거의 전부 폭력과 민족 갈등에 휘말렸으며, 현지 주민들은 불가피하게 패자가 되었다. 그러한 사회들은 일반적으로 지극히 외진 곳에 있었지만,(변경은 고립된 개인들, 가족들, 소집단들의 고향이었다.) 또한 세계경제의 그물망에 걸려들었다. 그러므로 변경 사회는 세계적인 것과 지역적인 것 사이의 연결을 보여 주는 좋은 사례다. 또한 변경 사회는 반드시 유럽 팽창의 직접적인 결과물일 필요는 없었으며, 모든 경우에서 미국에서 볼 수 있는 정착민 식민주의로 귀착되지도 않았다. 원주민의 추방과 보호구역 안으로의 봉쇄는 매우 특별한 의미에서만 '식민주의'라고 할 수 있었다.

1850년 무렵의 식민주의와 '닫힌' 사회의 소멸

고전적인 식민주의는 1850년을 전후한 시기의 가장 현저한 특징은 아니었다. 뉴질랜드와 펀자브(오늘날 파키스탄과 인도가 나누어 가진 땅), 그리고 버마와 알제리의 해안에서 가까운 일부 지역을 제외하면, 어떠한 일급의 식민지 영토도 기존 영토에 합쳐지지 않았다. 그 이전이나 이후보다 더욱 확실하게 식민지 사업은 유럽을 지배한 혁명 이후 시기의 개혁 정신으로부터 영향을 받았다. 그래서 나폴레옹이 이집트에서 보였던 노력과 이와 유사하게 영국이 래플스가 관리하던 인도네시아에서 보인 노력 뒤에, 비유럽 사회에 개입해 변화를 일으키려는 국가기관들의 시도는 두 번째 정점에 달했다. 이는 1828년 이후의 인도에도, 1830년대와 1840년대 이후의 스리랑카에도 해당된다. 그곳은 언제나 영국 식민주의의 좋은 시험대로서 정치적 공중 영역의 출현이 허용되었고 심지어 당시에 촉진되기도 했다.[200] 알제리도 생시몽주의의 영향을 받은 장교들과 민간인 행정관들에 의한 짧은 국면의 개혁을 경험했지만, 군대의 다른 성분들이 펼친 잔인한 정복 정책이 이에 병행되었다.[201]

공공연한 식민주의보다 더 두드러진 것은 아시아 사회의 간접적인 불안정이었다. 이러한 불안정은 청나라에서는 1839~1842년의 아편전쟁으로, 일본에서는 1853년에 미국 전함의 도착이 촉발한 국내 위기로 시작되었다. 한국을 제외하면 19세기 중엽부터는 의도적으로 국경을 봉쇄하고 정치적 차원에서 고립을 유지한 나라는 사실상 거의 없었다. 처음에 그러한 분리는 해안가에 자리 잡고 있어 많지 않은 외국인과 직접 접촉할 수 있었던 고립된 지역이나 사회 영역에서만 발생했다. 청나라와 일본, 오스만 제국의 핵심부는 군대의 침략을 받지도 않았고, 외국인들이 들어와 정착하지도 않았다.

청나라에서는 아주 작은 원인(홍콩으로부터 기독교 선교 책자가 배포된 것. 당시에는 금지된 행위였다.)이 엄청난 효과를 낳았다. 예언자 홍수전(1814~1864)이 등장해 태평천국운동을 창시하고 지도했던 것이다. 태평천국운동은 1850년에서 1864년까지 중국의 대부분 지역에서 어마어마한 사회적 동란을 촉발했다. 수백만 명을 끌어들인 이 운동에 알아볼 수 있는 정도로 영향력을 행사한 선교사는 전혀 없었다. 태평천국운동은 실패했고 잔인하게 진압되었으며, 그들이 일시적으로 지배한 곳에 도입한 사회 개조 조치들은 지속적인 영향력을 갖지 못했다. 1850년대에 태평천국운동이 청나라를 새롭게 할 의도로 시작한 사회혁명은 꼬박 100년이 지체되었다. 그렇지만 당시의 사회적 현 상태(관직을 지니고 지대 수입으로 살아가는 지역의 엘리트 지주들의 지배적인 위치)가 복원되었는데도, 태평천국운동 시기의 참화는 사회적 불안정과 기본적인 사회적 신뢰의 영구적인 파괴를 초래했다.[202]

　일본에서는 그러한 연쇄 반응이 일어나지 않았다. 일본에서 서구의 존재는 통제받지 않고 식민 활동을 수행하는 수많은 외국인의 활동이 아니라 상징적인 행위와 1858년의 부분적인 무역 개방으로 나타났는바, 의도하지 않은 내부의 정치적 변화를 초래했다는 의미에서 촉매제로 입증되었다. 서구와의 접촉은 일본 사회를 혼란에 빠뜨리지 않았다. 그것은 오히려 위로부터의 사회 개조 과정을 유발했다. 이 과정은 도쿠가와 막부 말기의 쇼군 체제에서 시작해 1868년 이후 새로운 메이지 정부 시기에 더 근본적인 변화로 이어졌다. 사회 변혁의 가능성은 청나라에서는 중단되었지만 일본에서는 속도를 더했다. 일본은 당대의 거대한 사회적 실험실이었다. 그러나 서구와 접촉해 이전보다 더 강해졌다는 점에서 일본은 이례적이었다. 일본은 유럽-아메리카 팽창의 주변부에서 그것에 대응해 자강에 성공한 가장 두드러진 사례였다. 메이지 시대의 새로운 과두 지배 체제는 일신된 제국과 전국적으로 재조직한 관료제와 결합해 실행력을 갖춘 권력의 중심을 형성하려고 했으며, 이를 위해 시민들의 자발적인 행동에서 사회 변화가 생기지 않도록 최대한 노력했다. 일본에서는 마르크스주의의 가정이 뒤집혀 '상부구조'인 국가가 추동력이 되었고, 국가의 생존 투쟁이라는 수사법이 그 추동력을 강력히 뒷받침했다.

　19세기 중반에 서유럽의 사회적 역동성은 전 세계적으로 연결된 경제에서 펼쳐진 새로운 공업적 생산방식으로부터 처음으로 대규모로 퍼져 나왔다. 서유럽 사회들은 전례 없는 물질적 진보와 효율성 증대, 엘리트 문화와 민중 문화의 통합, 소수 대도시에 퍼졌을 뿐만 아니라 (옛 추세를 지속해) 도시 생활의 전반적인 부활을 낳은 일종의 도시화를 경험했다. 이것은 유럽 주변부의 큰 부분에는 거의 영향을 미치지 못했지만, 근대적 경험의 첫 번째 민주화라고 부를 수 있다. 그러나 실제의 공업 지대를 벗어난 곳에서는 산업화가 일상 생활에 가져온 새로움을 과대평가해서는 안 된다. 공업이 발전하는 사회에서도 기계를 통한 생산은 사사로운 상품 수요의 작은 부분만 충족시켰다. 많은 사람이 여전히 자급 생활을 하고 있었으며, 북서유럽과 북아메리카의 중간계

급 가구에서도 주부와 딸, 여성 고용인의 수공예품 생산은 소일거리가 아니
라 필수적인 일이었다. 이행은 20세기에 들어선 후 한참 지날 때까지 계속되
었다. 그때까지 많은 나라에서 의복은 가정에서 만들어졌다. 1851년에 싱거
재봉틀이 등장하면서 집에서 옷을 만들기가 더욱 쉬워졌다.(그 재봉틀은 먼저
재봉사와 재단사에 유용했다.) 그러나 수공업과 공업 사이의 근본적인 차이는 일
찍이 드러났듯이 모순을 초래했다. 한편으로 기계로 만든 옷은 근대적인 것
으로 여겨졌고, 손으로 만든 옷은 산업화 이전 시대의 유물로 여겨졌다. 다른
한편으로 맞춤 의상은 대다수 소비자가 구매할 여유나 의지가 없는 사치품
이 되었다.[203]

당시의 세계 사회가 받은 영향은 비교적 적었다. 기술의 발전이 장거리 운
송에 충격을 준 경우는 드물었기 때문이다. 1870년 이전에는 심지어 유럽과
북아메리카 사이에도 대양 항해 정기선이 없었다. 1869년의 수에즈 운하 개
통은 즉시 대륙 간 교통을 더 쉽게 했을 뿐만 아니라 통신 거리의 단축이라
는 새로운 시대의 시작을 상징적으로 보여 주었다. 계몽운동 시대 말기에 유럽
에서 형성된 세계적 연결 의식은 아직은 더 빈번하고 더욱 열띤 상호작용의 획
기적인 도약으로 실현되지 않았다. 선교사들이 전파한 규범적 세계화는 아직
의미 있는 수준에 도달하지 못했다. 기독교 선교의 위대한 시대는 1880년 이
후에 아프리카가 접근할 수 있는 곳이 되어야 시작한다. 다시 말해 19세기 중
반 몇십 년간 규범적 세계화는 자유롭지만 비대칭적으로 조직된 세계시장이
라는 관념(훗날 역사가들이 '자유무역 제국주의'라고 설명한 비대칭)[204]에서, 그리고
유럽의 '문명 표준'을 토대로 그 세계시장을 위한 통일된 규칙을, 조공 납부 같
은 특별한 상징적 조치의 여지가 없는 주권국 간의 문화적으로 중립적인 외
교를 위한 통일된 규칙의 창출 가능성을 만들어 낼 수 있다는 희망에서 발견
된다. 그 새로운 규칙은 국제적 협력에서 입증되었고 원칙적으로 지금도 여전
히 준수되고 있는 것으로서[205] 서구가 폭군처럼 변덕을 부려 강요한 것이 아
니다. 그들은 자기들이 보편적 이성을 독점했다고 진정으로 믿었다.[206]

역동적인 혁신 지대가 널리 퍼져 있는 이 세계에는 어디서나 팽창을 받아
들이는 분위기가 있었다. 세계의 다른 지역에서 유럽의 위신은 홉스봄이 '자

본의 시대'라는 이름을 붙인, 대략 1848년에서 1875년 사이의 시기에 가장 컸다.[207] 유럽의 패션과 소비 방식이 모방되었고, 유럽인의 효율성은 찬탄의 대상이었다. 이집트에서 오스만 제국을 거쳐 일본에 이르기까지 현지의 엘리트들은 유럽인들이 거둔 성공의 비밀을 알아내려고 애썼다. 차르 알렉산드르 2세Alexander II(재위 1855~1881)의 두 대륙에 걸친 제국에서도 개혁은 서유럽에서 실마리를 얻었다. 그렇지만 서구 자유주의의 세계적인 승리의 행진을 말한다면 치우친 이야기가 될 것이다. 19세기의 세 번째 사분기에 세계 도처에서 보수적인 통치자들과 엘리트들은 더욱 강해졌다. 그들은 혁명을 극복하고 승리했으며,(1848~1849년 이후의 유럽, 세포이 항쟁을 진압한 이후 인도의 영국 식민지 국가, 1858년의 동인도회사 운영 정지, 1864년 태평천국운동의 몰락 이후 청나라) 혁명이나 국가의 해체를 예방할 수 있었고,(1868년부터 시작된 메이지 시대, 술탄 압뒬하미드 2세의 시대인 1878년 이후의 오스만 제국), 혁명적 격변 이후 비교적 지위를 공고히 잘 다졌다.[208](1865년의 남북전쟁 종결 이후 미국 남부의 엘리트)

마지막으로 이 시기는 식민 통치를 받는 영토 밖에서 최후의 진정한 지리적 발견이 이루어진 때였다. 극지방 연구를 제외하면 이 발견은 향후 몇십 년간 완료되지 못할 몇몇 큰 과제를 수행해야 했다. 미지의 세계로 침투한 이 마지막 침탈 국면은 1870년대까지 지속되었다. 그때 유럽의 외국인들이 처음으로 중앙아프리카와 오스트레일리아 대륙, 나아가 청나라 내륙의 몇몇 성을 방문했고 기록을 남겼다.[209] 그러한 발견 보고서는 전신의 영향으로 형성되던 세계적 공중 영역에 퍼졌다. 세계적 공중 영역은 그때쯤이면 제도적으로 발달한, 국경을 초월하는 학문의 공중 영역에서 구체화되고 있었다. 그러나 이러한 현상은 세계적 수준에서 자동적으로 전개된 발전은 결코 아니었다. 그것은 국가적 학문 단체와 제도가 형성된 결과였다.

1880년 무렵의 초국적 자본주의

19세기 중반 이후 한 세대가 지났을 무렵의 세계에서는 근자의 혁신을 이미 당연하게 여겼다. 1880년대에 광업과 기간 시설의 포괄적인 발달이 동반된 산업화는 지금도 마찬가지이지만 유럽이라면 어디서나 감지되었다. 당시공업 중심지의 지도는 본질적으로 우리 시대의 지도와 공간적으로 일치한다. 이는 북아메리카와 일본에도 적용된다. 산업화가 진척됨에 따라 산업 노동자의 수도 늘어났다. 이들이 사회주의 정당과 노동조합으로 조직된 것은 새롭고도 강력한 역사적 발전이 되었다. 몇몇 나라에서, 특히 뉴질랜드에서 이들은 이미 전국 정치에 영향력을 행사하고 있었다. 이러한 조직들 사이에 국제적인 연대가 조성되었다. 그런데도 훈련이 잘되어 있고 사회적으로 존중 받는 서구 대도시 숙련노동자들과 최악의 어려운 조건에서 가장 힘든 노동을 했던 식민지의 쿨리나 짐꾼 사이에는 메울 수 없는 간극이 있었다. 자본주의가 만들어낸 하층계급의 전 세계적인 동료애는 몇몇 혁명가의 희망이었을 뿐 실현되지 않았다.

농업이 가치의 창출과 일자리의 제공에서 여전히 중요한 역할을 수행했지만, 가장 부유한 사회들은 이제 더는 기본적으로 농업적인 성격을 띠지 않았다. 식품이 산업화의 영향을 받았다는 사실로 도시의 일상생활에서도 이 점이 입증되었다. 생산자와 소비자 사이에 새로운 유형의 식품 산업이 끼어든 것이다. 그 부문의 상징적인 상품은 1869년에 프랑스에서 특허를 받은 마가린이었다. 경제 부문들의 중요성이 바뀌면서(그러한 변화가 억눌리고 지체되기는 했다.) 귀족의 지위가 약해졌다. 귀족은 농촌에서 살면서 수입의 대부분을 농업에서 얻었기 때문이다. 사회적 기준도 도시적으로 바뀌었다. 19세기 후반에 유럽의 대도시는 새로운 전성기를 구가했다. 대도시들은 이제 도시 계획과 건축의 영역에서 서로 더욱 가까워졌고 종종 평화롭게 경쟁했으며, 각각 심미적 우수성과 풍요로움, 기간 시설의 현대성에서 다른 도시를 능가하려고 애썼다. 미국과 오스트레일리아의 급속히 발전하는 지역에서는 도시가 훨씬 더 빠르게 증가했다. 이제 막 등장한 고층 건물로 상징되는 미국에서는 더는 유럽 모델의 복사판으로 볼 수 없는 새로운 형태의 도시가 출현했다. 1876년 세계 박람회(필라델피아)와 1893년 세계 박람회(시카고)에 참여하려고 미국을 찾은 유럽인들이 본 사회는 이제 더는 유럽이 후원하는 사회가 아니었다. 토크빌 시대에 그랬듯이 유럽이 생색내듯 매혹적이라거나 호기심을 자아낸다고 본 주변부의 실험이 아니었던 것이다. 이제 미국 사회는 옛 세계와 대조되는 미래를 대표했다.

　어디서나 기본적으로 유사한 시설을 갖춘 도시의 번창은 이른바 서구에만 국한된 현상이 아니었다. 예를 들면 국가가 촉진하고 실로 적극적으로 주도해 성공리에 산업화를 시작한 일본도 자신들만의 도시화를 의욕적으로 발전시켰다. 이스탄불과 카이로, 베이루트는 현대 대도시의 성격을 띠었다.(이란의 도시와 이슬람권 중앙아시아의 도시는 아직 그렇지 않았다.) 농업상의 변경이 지닌 중요성은 생산물이 주로 수출로 판매된 곳에서 더욱 커졌다. 고무와 초석, 야자 기름 같은 새로운 종류의 원료에 대한 수요 때문에 새로운 지역이 개척되었다. 이와 대조적으로 광범위한 토지 약탈은 점차 지리적으로 한계에 도달했다. 미국은 1890년에 공식적으로 변경의 '폐쇄'를 선언했다. 사회적 균형은 도시 거주민에게 더욱 유리하게 바뀌었다.

　새로운 사회구성체들은 처음부터 초국적 성격을 띠었다. 사무직 노동자라는 사회적 형태는 특정 국가에서 출현해 세계 전역으로 확산된 것이 아니다. 이 새로운 유형의 비非육체노동은 기업이 일정한 규모를 넘어서고 민간 부문이나 공공 부문의 행정 업무가 일정 수준의 복잡성에 도달한 곳이라면 어디서든 어느 정도 불가피하게 출현했다. 그러나 새로운 사무직 노동자의 초기 규모를 과장하지는 말아야 한다. 1870년의 미국에서도 소득이 있는 고용인 중에서 사무실에서 일하는 사람은 고작 1퍼센트밖에 되지 않았다. 1900년에 이 몫은 3퍼센트로 늘어난다.(1940년에 10퍼센트에 도달했다.)[210]

　자본주의적 조직 형태의 확산은 공업과 금융자본, 대양 항해 해운의 본부들의 초국화로 이어졌다. 동시에 개인 기업가의 시대가 정점에 도달했고, 이후 세기 전환기에 북아메리카와 일본에서, 정도는 덜 했지만 유럽에서도 경영자 자본주의로의 발전 경향이 강화되었다.[211] 19세기의 마지막 사분기에는 거대한 철강 기업과 전기와 화학 분야의 대기업, 석유 기업이 설립되었다. 석유 기업은 1870년 이후에 미국에서 출현해 이후 중동에서 활발히 활동했다. 이러한 회사들의 역사를 보면 처음에는 거의 대자본가와 그 왕조의 후계자들이 있다. 이들은 막대한 재산을 모았고, 그로써 세계적인 재산의 피라미드의 꼭대기에서 귀족의 상속재산을 끌어내렸다. 홉스봄의 시기 구분과 맞지 않지만, 19세기의 마지막 사분기도 '자본의 시대'였다. 어쩌면 그 시기가 '자본의 시대'로 훨씬 더 잘 어울릴 것이다.

1880년대 말에 세계성의 기술적 토대는 대체로 자리를 잡았다. 증기선과 철도, 전신이라는 3요소가 지구의 교통 통신상의 통합을 관장했다. 여기서 세계적인 직접 연결에 가장 적합하지 않았던 것은 육상 기반의 철도였다. 뒤늦게 1916년에야 거대한 대륙을 통합한 시베리아 횡단철도를 제외하면, 철도가 세계화에 기여한 주된 측면은 육상 교통의 네트워크와 큰 항구의 선박을 연결한 것이었다. 이로써 해상 운송은 새로운 기능과 중요성을 획득했다. 새롭게 건설된 세계적 기간 시설 덕분에 세계의 모든 주요 도시 사이에 빠르게 소식이 전파되었다. 일부 사람은 호화로운 세계 여행을 즐길 수 있었고, 비록 편안함은 덜했겠지만 수많은 사람이 장거리 이민에 나설 수 있었다. 또한 경제적으로 노동 분업에 엄청난 충격이 가해졌다. 이제 대량생산 제품과 식량, 공업 원료의 수송이 수지맞는 일이 되었기 때문이다. 다음으로는 노동 분업을 통해 형성된 경제구조가 사회적 조정을 준비했다. 경제 영역이 세계시장을 향해 방향을 틀면서 노동조건이 변했고 엘리트층 내부 여러 부분 간에 무게중심이 이동했다.

1880년 무렵 제국의 적응 압력

그렇지만 이는 또한 '제국의 시대'였다. 홉스봄이 그다음 시기에(그의 연대기에서는 1875년에서 1914년까지에) 붙여 준 이름이다. 1880년대에 아프리카 대륙거의 전체와 동남아시아 일부 지역이 식민화의 물결에 휩쓸렸다. 유럽은 그 지역에서, 이후에는 중국에서도 더욱 공격적인 행보를 보였다. 그때까지는 효율성과 군사력, 가치의 창출에서 성공했다고 인식된 유럽 사회가 국가의 발전과 전반적인 진보에 이바지할 자발적인 근대화의 표준이 되었다.[212] 그렇지만 이제 아프리카의 운명을 경고의 사례로 볼 수 있었기에 아시아에서 유럽에 대한 찬탄은 공포로 바뀌어 식민화를 예방하려는 시도를 자극했다. 자발적인 적응 의지는 강요된 순응에 길을 내주었다. 점차 사회진화론적 경쟁의 장으로 해석된 국제 환경에서 살아남으려면, 서구의 기술을 채택하되 과도하게 종속되지는 말아야 했다. 동시에 현지의 국가는 사회의 지속적인 근대화를 의무로 여겼다. 이 과제는 일본이 가장 잘 수행했다. 일본은 서구의 모범적인 학생인 동시에 아시아의 식민지 환경에서 떠오르는 지역 세력이었다.

아프리카가 지도상으로 분할되고 다수의 식민지 전쟁에서 실제로 정복되면서, 19세기 말이 되면 '식민지 사회'라는 정형은 너무도 널리 확산되어 당대의 세계 사회의 특징이 되었다.[213] 식민지 사회에서는 외국인 지배자들이 최상층을 점유한 특정한 위계질서가 두드러졌다. 대부분의 경우에 이 사회들은 민족적으로 이질적이었고 종교적으로도 대체로 분열되었다. 식민국은 이러한 갈등을 완화하기 위해 별다른 노력을 기울이지 않았다. 오히려 그 반대였다. 식민국은 때때로 식민지 예속민들 간의 싸움을 조장하고 이러한 갈등을 이용해 지배를 더욱 공고히 다졌다. 식민지 사회의 위계질서는 종족적으로 해석되었다. 사회는 식민자와 식민지 피지배자로 양분되었고, 다양한 외모와 피부색을 지닌 식민지 예속민은 남아메리카와 중앙아메리카의 옛 모델에 따라 차별을 당했다. 식민지 지배자들은 일반적으로 '마음에 드는 민족들'은 제멋대로 하도록 내버려두었다. 이들은 대개 피부색이 옅고 용모가 준수하며 남자답다고 여겨진 호전적인 종족이었다.

식민국과 현지의 개별 엘리트 사이에 발전된(또는 발전되지 않은) 협력 관계는 사회적 변화의 원천이 되었다. 현지인들은 식민국이 통제한 자원, 즉 관직과 한직, 위신, 문화의 습득을 두고 경쟁했다. 식민지 체제는 식민자들에게서 혜택을 나누어 받지는 못했어도 자기들만의 경제적 성취에 힘입어 성공을 거둔 집단들의 출현을 좀처럼 막을 수 없었다. 이 집단들은 식민지 권력과 그 피보호 집단에서 배제됨으로써 20세기 초 마르크스-레닌주의 저술가들이 말한 이른바 '민족 부르주아지'라는 정체성을 발전시켰다.

다양한 면모를 지닌 이 계급에는 일반적으로 교육과 법률, 그리고 (언론이 출현한 곳에서는) 신생 언론에서 일을 찾은 새로운 지식인 집단이 포함되었다. 이들은 대개 식민지 권력에서 배제되었거나 그 안에서 소소한 역할만 수행했다. 그런데도 19세기 말에 이들은 거의 모든 식민지에서 발견되는, 사회 내의 중요한 중개 요소가 되었다. 이들은 통역이나 번역자, 기자, 설교자로서 사회적 소통의 영역에서 중대한 기능을 수행했다. 외국의 지식을 전달했으며, 식민주의에 대해, 또한 식민지 시대 이전 전통사회의 역량 부족에 대해 나름의 비판적인 견해를 개진했고, 이따금은 예를 들면 베트남에서 중국의 표의문자를 대체해 구어를 표기한 새로운 문자(쯔꾸옥응으字國語)처럼 잠재적으로 국민 통합의 효과가 큰 문화적 창조물을 내놓았다.[214] 지식인은 이 시대의 자유 언론과 지하 정치 운동, 망명자 사회에서 널리 이름을 알린 사회적 유형이었다. 그 모델이 반드시 유럽적일 필요는 없었다. 많은 비유럽 사회에는 해임이나 처벌, 심지어 죽음까지 각오하고 권력에 반대했던 중국의 관료나 무슬림 율법학자처럼 19세기 말의 새로운 지식인에게 연결되는 전통적인 역할 모델이 있었다.

식민지 사회가 지속적으로, 점점 더 강하게 파편화되었던 반면에 식민국에서는 반대로 국민적 동질화의 경향이 뚜렷해졌다. 식민지에서는 민족적 다양성이 보존되거나 심지어 권력의 전술로서 조장되기도 했지만, 유럽에서 민족적 다양성은 점차 인기를 끌었던 국민적 기획을 방해하는 요인으로 여겨졌다. 식민지에서는 다언어 사용이 용인되었으나, 식민국에서 다언어 사용은 훗날 식민지에서 해방된 제3세계 국가들에서 그랬듯이 후진성의 지표로 여겨졌다. 모든 민족주의가 다 '통합' 민족주의는 아니었고 외부인이나 소수민족에 아무런 여지도 남기지 않는 획일적인 '민족 공동체'를 열망하지도 않았다. 그러나 모든 민족주의는 '통합주의적'이었고 조직적이고 이데올로기적인 동질성에 기대어 국가 간의 다원주의적 생존 투쟁에서 자국의 지위가 강화되기를 기대했다. 단일화를 목표로 삼은 통합주의적 사회 해석과 점차 복잡해지는 사회적 현실 사이의 모순은 이 시기의 기본적인 특징이 되었으며, 20세기에 들어선 지 한참 지난 후에도 그 폭발력은 조금도 줄지 않았다. 덧붙이자면 식민지 사회와 식민 본국 사회의 분위기의 차이는 유럽을 방문한 식민지 엘리트들이 거듭 되풀이해 보여 주었다. 이들은 자기들의 고향인 식민지로 이주한 유럽인들보다 유럽의 현지 유럽인들에게서 편견 없이 더 좋은 대접을 받았다.

1900년 무렵의 세계화와 국민화

1900년 무렵 세기 전환기의 마지막 단면은 앞선 몇십 년간의 경향이 어떻게 여러 위기를 거치며 뚜렷해졌는지 보여 준다. 고도로 산업화한 국가들에서 자본주의는 앞선 위기를 극복했고 부를 창출하는 성공적인 기계임이 입증되었다. 육체노동에 종사하는 주민의 상당 부분이 극미하게나마 점차 번영을 경험했다. 거의 어디서나 노동자 정당은 중앙정부에 참여하지 못했지만,(가장 이른 예외는 1904년의 오스트레일리아다.) 참정권의 확대와 노동자 정치조직의 강화를 통해 노동계급의 정치적 통합이 진척되고 있었다.

부유한 서구와 모든 대륙의 대도시에 사는 많은 사람의 일상생활은 이제 전례 없이 기계와 여타 기계화한 설비로 결정되었다. 작은 도구들이 집안으로 들어오고 전기가 수많은 사람의 삶 속에서 현실이 되면서, 스위스의 문화 비평가이자 건축사가인 지크프리트 기디온Sigfried Giedion(1888~1968)이 '기계화의 지배'라고 명명했던 것이 분명해졌다.[215] 아직까지 집안의 소켓에서 전기를 끌어와 쓸 수 없었던 자들도 말이 견인하는 궤도 마차를 대체한 시가전차로 이동했다. 산업화 첫 국면의 증기 기술은 지속적으로 개선되었고 비록 공공 영역(공장과 철도 등)에서만 쓰이기는 했으나 여전히 그 역할을 다하고 있었다. 여기에 세계 도처에서 적응성이 더욱 뛰어난 기술이 추가되었다. 가정용 전기와 20세기 초에 곧 대규모로 생산되는 내연기관 외에도 자전거와 재봉틀 같은 순수한 기계적 혁신 제품이 등장했다.[216] 이러한 혁신적인 기계는 원칙적으로 어디서나 쓸 수 있었고 어느 정도까지는 문화적으로 중립적인 다양한 상황에 통합되었다. 이러한 기계는 또한 새로운 직업을 만들어 냈다. 싱거 재봉틀을 쓰는 재봉사는 개인 고객은 물론 큰 기업의 대량생산 의복을 제작했고, 두 바퀴 자전거로 물건을 배달하는 사람도 등장했다.[217]

세계 전역의 도시 생활은 더욱 균일해지고 한결같았다. 기간 시설은 모든 대륙에서 비슷했으며, 건축 양식은 하나로 수렴했고, 거리에서 사람들이 보이는 행동도 멀리 떨어진 곳에서 온 여행객들에게 철저히 이국적인 것으로 보이지 않았다. '진짜' 영국이나 스웨덴, 일본을 보고 싶은 사람은 이제 누구라도 한 마을을 방문하거나 1890년대 이래로 점차 발달한 야외 박물관을 찾으면 된다. 다른 형태의 여러 조직도 연속적으로 재생되었다. 예를 들면 호텔은 기본적으로 어디서나 동일한 방식으로 운영되었으며, 그랜드 호텔부터 시작해 여러 등급의 안락함과 가격으로써 표준화하기가 쉬웠다. 20세기 초의 새로운 호텔 체인은 전부 보편화할 수 있는 접객업의 작동 원리를 따랐다.

철도 역사는 전 세계에서 물리적으로나 기술적으로 매우 유사한 결과를 보여 주었다. 다른 점은 건축물의 장식뿐이었는데, 바로 그 이유에서 장식은 특별히 강조되었다. 가로등과 개별 세대에 가스를 공급하는 기간 시설은 1850년에서 1875년 사이 유럽에 확실하게 갖추어졌는데, 일부 매력적인 가스등을 빼고는 심미적 다양성을 제공하지 못했다.[218] 소비의 세계화도 비슷한 경향을 보여 주었다. 18세기 이전의 이국적 사치품의 뒤를 이어 더 쉽게 입수할 수 있었던 '식민지 상품'은 점점 더 먼 곳까지 조밀하게 퍼지는 유통망을 통해 소비자에게 닿았다.[219] 반대로 서구에서 생산된 소비재는 사실상 전 세계의 시장에 침투했다. 경제에서는 스탠더드 오일Standard Oil 같은 거대 기업이 세계 전역에서 시장을 개척하기 위한 전략을 개발했는데, 이는 옛 동인도회사들의 범위를 크게 뛰어넘었다. 20세기 초에 브랜드 개발과 표준화한 광고를 통해 발전한 세계적 소비는 상품 자체는 물론 문화적 모델과 생활 태도도 전파했다. 모든 유형의 상품이 '근대성'과 동일시되었다. 담배를 피우는 사람은 문화적 배경과 상관없이 크게 다르지 않은 신호를 내보였다. 자본주의적 유통의 범위를 그림 광고보다 더 잘 보여 주는 것은 없다. 그림 광고는 세기 전환기부터 몇몇 브랜드의 담배나 석유등 연료 같은 고급 상품을 멀리 아시아나 라틴아메리카의 외진 마을까지 알렸으며, 그림으로 표현한 그 신호는 표적이 된 대중의 특정한 문화적 인식에 맞게 주기적으로 변용되었다.

자본주의가 명백히 성공했고 쉽게 국경을 넘나들었음을 생각하면, 자본주의에 쏟아진 비판은 새로운 영역으로 이동했다. 영국의 초기 산업화 시대 사람인 맬서스와 데이비드 리카도David Ricardo 이래로 고전적인 정치경제학의 기조는 회의론이었다. 존 스튜어트 밀은 『정치경제학 원리Principles of Political Economy』(1848)에 자본주의를 비판하는 내용을 담았는데, 이는 이후 마르크스와 엥겔스가 개진한 극심한 비판보다 조금도 덜하지 않았다. 19세기 말의 이윤 하락과 대량 소비의 부족으로 인한 자본주의 붕괴의 시나리오들은 분명히 실현되지 않았다. '부르주아지' 경제가 사회문제를 걱정했다면, 개혁으로 사회문제를 해결할 수 있다고 여겼을 따름이다. 소수의 제국주의 비판자(예를 들면 영국인 존 앳킨슨 홉슨John Atkinson Hobson(『제국주의 연구Imperialism: A Study』(1902))나 오스트리아인 루돌프 힐퍼딩(『금융자본Das Finanzkapital』(1910)))와 독점과 카르텔에 반대하고 1890년에 미국에서 셔먼 반反트러스트법으로 첫 번째 성공을 거둔 몇몇 급진 자유주의자만이 경제적 성공을 확신하지 않았다. 비판은 이제 처음으로 식민지 영토에서 제기되었다. 예를 들면 인도의 경제학자들은 식민지 착취의 메커니즘을 통한 부의 유출을 분석하고 개탄했다.(라메시 찬드라 더트의 유력한 연구인 『영국 지배 초기의 인도 경제사The Economic History of India under Early British Rule』(1902~1904)를 보라.)

현재에 대한 비판은 경제에서 문화로 이동했다. 여기서 관심사는 인간이 기술과 관료 기구, 실질적인 제약, 경로 의존성의 한가운데에서 어떻게 존엄을 지키며 생존할 수 있는지였다. 1888년에 정신병으로 침묵에 들어간 독일 철학자 프리드리히 니체(1844~1900)는 이 배후의 가장 집요한 인물이자 적어도 유럽에서는 영향력이 가장 큰 인물로서 한 세대의 문화 비평가들에게 영감을 주었다. 저지하기 어려운 삶의 합리화와 체계화의 결과로 문화적 손실을 입을 수 있다는 베버의 경고는 다른 많은 걱정을 드러냈다. 적어도 유럽에서는 모든 예술에서 1890년대는 고전주의-낭만주의-현실주의 시대에 안녕을 고했다. 바로 이 시기에 폰타네(1819~1898)와 요하네스 브람스Johannes Brahms(1833~1897), 폴 세잔Paul Cézanne(1839~1906)이 자기들의 마지막 걸작을 창조했다. 20세기에 들어선 직후 아방가르드가 음악의 불협화음과 무조성無調性, 회화의 입체파, 시의 표현주의처럼 규범을 깨뜨리는 문화적 혁명의 혁신을 들고 나타나 기존의 예측 가능한 형태들에 도전했다.[220] 이는 직접적인 원격작용이 없는 예술적 발전이었다. 동시에 기술적으로 새로운 수단이 등장해 이미지와 소리를 언어 장벽에 방해받지 않으면서 시간적으로 거의 지체 없이 재생산에 적합한 형태로 세계 전역에 전파할 수 있었다. 유럽의 영화는 제작되자마자 상영되었으며, 다큐멘터리 영화도 수십 년 동안 스틸 사진이 그러했듯이 모든 대륙에서 촬영되었다.

1900년 무렵에는 '세계'에 초점을 맞춘 담론이 괴테가 '세계문학'에 열광했던 시절 이래로 볼 수 없었던 강렬함으로 부활했다. 이제 키워드는 '세계 정치', '세계경제', '세계 교통', '세계종교' 등이었다. 괴테 시대와 대비되는 새로움은 닫힌 세계라는 관념이었다. 여러 변경이 폐쇄된 후, 그리고 이제는 전 세계적인 통계로써 측정할 수 있는 인구 증가와 더불어 더는 휴식과 모험에 열린 텅 빈 공간이나 지역은 없는 것 같았고, 마찬가지로 식민주의적 탐욕을 안전하게 충족하기에 적합한 땅도 더는 남아 있지 않은 것 같았다. 완충지대와 안전밸브의 부재로 국제정치에서는 제한된 자원을 둘러싸고 더욱 격렬한 경쟁이 조성되었고, 이는 정신적으로 제1차 세계대전의 토대를 마련했다. 신흥 강국은, 특히 독일과 일본은 특권과 지위를 먼저 차지한 나라들을 희생시키지 않으면 팽창할 수 없을 것 같았다. 두 나라는 이러한 상황을 '포위'로 해석해 피해자로 처신했고 다가올 군사적 충돌에 대비했다. 경험적으로 존재가 확인된 세계 사회는 이제 다양한 방식으로 사람들의 생각 속에 반영되었지만, 많은 사람이 상상한 세계 사회는 다른 무엇보다도 강자의 권리가 지배하는, 밀실 공포증의 운명을 공유한 공동체였다.

세계 사회에는 '대중사회'라는 개념이 따라왔다. 프랑스인 의사이자 민족학자인 귀스타브 르봉의 『군중심리Psychologie des foules』(1895)에서 시작해, 그들에게 영향을 미칠 수 있는 것들을 포함해 이른바 대중의 심리를 다룬 문헌이 많이 나왔다.[221] 대의제 정치는 선동 정치와 점점 더 긴밀히 결합했다. 대중은 그 어느 때보다도 언론 조작에 민감했음이 입증되었다. '대중화'에 주의하라는 경고는 귀족의 엘리트주의보다는 부르주아지 엘리트주의의 퇴각 전략이 되었다. 그리고 대중사회를 이야기하는 자들은 계급사회를 사회주의적으로 분석한 자들과는 매우 다른 사회학적 분석을 염두에 두었다.

유럽의 민족주의 모델과 국민국가 모델이 세계 전역에서 인기를 얻게 된 것은 세기 전환기의 특징이었다. 제국들은 또한 내부의 동질성 강화를 열망했는데, 이는 일종의 국민화로서 특히 이름뿐인 국민의 지위를, 즉 차르 제국의 러시아인들과 합스부르크 왕국의 독일계 오스트리아인들 등의 지위를 종종 강화했다.[222] 여러 제국 안에서 캐나다인과 아일랜드인, 폴란드인, 체코인, 아르메니아인의, 시간이 좀 더 지난 후에는 인도인과 베트남인, 인도네시아인의 자치 요구가 이를 방해했다. 제국 내부의 민족주의는 다수의 민족주의든 소수의 민족주의든 제국 이후의 시대를 준비하고 있었다.

그러한 동질화의 노력은 정치적 통일뿐만 아니라 법과 언어의 표준화, 나아가 사회조직의 표준화까지도 목표로 삼았는데, 아무리 잘해도 달성하기가 쉽지 않았다. 1911년에 청나라가 공화주의 혁명으로 무너진 것은 시대의 흐름을 따라가지 못한 완고함 때문이 아니었다. 처음으로 국민 형성의 일정을 포함한 중앙집권화 정책에 지역들이 강력히 저항했기 때문이었다. 19세기에 오스만 제국은 중앙집권화에 많은 노력을 쏟았는데도 부족들을, 더 정확히 말하자면 부족을 선도하는 가문들을 복종시켜 동질적인 신민 집단으로 통합할 수 없었다. 제국이 수세에 몰릴수록 변경 지역의 정치적 행위자들이 침입자와 동맹을 맺을 가능성과 그 선택의 폭은 더 넓어졌다. 다른 가능성은 부족과 부족 동맹체, 주요 인사들 간의 연합이 중앙집권화를 꾀하는 국가에 저항해 대항 권력을 세우는 것이었다.[223] 그러면 중앙 권력은 힘이 충분하지 않은 처지에서 분권적 세력들과 타협하거나 이익의 균형을 추구했다. 정치는 오래된 것이든 새로운 것이든 온갖 수단을 다 이용해 점점 더 복잡해지는 사회적 환경과 상호작용했다.

이는 정치적인 계획과 전략에서 문제를 제기했다. 전제적으로 통치되지만 다원적인 제국이 어떻게 소수민족들을 유지한 채 국민국가로 전환될 수 있는가? '소수민족'이라는 개념과 그들의 법적 보호는 이미 1878년의 베를린 회의에서 국제정치의 주제로 논의되었는데, 이제 20세기의 주된 정치적 개념이 되었다.[224] 그 개념은 세기 전환기에 매우 큰 중요성을 획득한, 중앙집권화와 지방분권화 사이의 긴장에서 발전했다. 사회는 점점 더 분화했고, 동시에 자기 이미지의 단순화를, 극단적인 경우 민족적이거나 종교적인, 또는 다른 성격의 '순수성'의 이미지를 한층 더 강력히 열망했다.[225]

1900년 무렵에 지배적인 세계사적 통합 양태는 그 시기에 양적으로 최고조에 달한 집단 이주였다. 몇몇 사회는 명백히 자기들을 이주민 사회로 보았다. 미국에서는 오래된 관념이 담겼는데도 '도가니'라는 은유가 쓰였다.[226] 현대적인 의미의 이주민 사회는 그곳에서 이민정책이 실행되고 있고 바람직한 이민자와 바람직하지 않은 이민자가 이전보다 더 뚜렷하게 구분된다는 사실로써 인식할 수 있다. 이는 1880년대 이래로 미국에서 이미 전개되던 상황이었다. 이민정책은 특별한 형태의 사회정책적 통제로서 유럽 밖의 새로운 국가보다 기존 국민국가에 더 큰 어려움을 안겼다.

유럽에는 이민자 사회는 없었지만 유출 이민이 두드러진 사회는 있었다. 19세기 초에는 잉글랜드와 스코틀랜드, 아일랜드, 그리고 독일의 몇몇 국가에서 유출 이민이 두드러졌던 반면에, 19세기 말에는 이탈리아와 발칸반도, 동유럽이 이 점에서 전면에 부상했다. 한 사회가 인구학적으로 주로 내부에서 재생산되는지, 아니면 대체로 유입 이민을 통해 성장해 사회 통합이 기본적으로 기꺼이 동화될 의지가 있는 새로운 시민들의 수용을 뜻하는지는 사회 조직에 큰 차이를 준다. 그러므로 유출 이민 사회와 유입 이민 사회의 차이는 흔히 무시되기는 하지만 비교 사회 분석의 중요한 축이다.

1900년 무렵의 성숙한 식민지 사회

세기 전환기에 식민지 사회들은 서로 매우 달랐다. 이는 특히 식민 통치 기간의 차이에서 비롯했다. 사하라 사막 이남 아프리카에서 대체로 그러했듯이 고작 20년 정도 된 식민 통치와 자와나 희망봉, 벵골처럼 17세기나 18세기에 시작해 그 이후로 수많은 변형을 겪은 식민 통치 사이에는 차이가 있었다. 어쨌거나 1900년이 되면 1880년의 상황과는 달리 세계 대부분의 지역은 어느 정도 식민주의를 경험한 역사가 있었다. 제1차 세계대전 직전의 아프리카에서는 에티오피아와 라이베리아를 제외한 모든 곳에 식민지 체제가 확고하게 정착했다. 당시의 식민지 지배자들은 식민 통치가 무한정 지속되기를 기대했다. 이는 극소수의 식민주의 비판자와 비관적 역사철학자를 제외하면 거의 모두가 공유한 환상이었다. 적어도 이 점에서는 많이 언급된 근대성의 열린 시간적 지평에 대해 의문의 여지가 없었다. 역사적 역동성은 동결되었다고 보는 순진한 믿음이 흔들리기까지는 제1차 세계대전을 기다려야 했다.

세기 전환기에 이르면 앞서 언급한 식민지 사회의 일반적인 특징에 다른 특징들이 더해졌다. 비록 늘 완벽하게 관철되지는 않았지만, 식민주의도 유럽의 영토 국가 발전과 유사하게 주민의 무장 해제를 초래했다. 식민국은 평화를 가져왔고 또 보호했다. 이는 식민국이 그 정당성을 주장할 수 있는 많지 않은 근거의 하나였지만, 식민지 시대 이전 세계의 여러 지역에서 전쟁이 만연했음을 생각할 때 결코 중요하지 않다고 할 수 없다. 그러므로 식민지 사회는 원칙적으로 비무장 사회다. 달리 말하면 권위주의적 성격의 민간인 사회다. 식민주의는 이를테면 노동력을 다루는 방법이나 처벌 관행에서 독특한 형태의 폭력을 동반했다. 식민주의가 식민지 시대 이전 최악의 정치체제보다 모든 점에서 더 잔혹했는지 아닌지는 쟁점으로 남아 있다. 어쨌거나 식민주의는 폭력을 독점하기 위해 내부의 전쟁을 용인하지 않았으며, 세계의 일부 지역에서는 이것을 진보로 환영했다.

19세기 말에 대부분 식민지에서는 새로운 사회집단들이 현지의 옛 엘리트층의 패권에 소심하게나마 도전했다. 이들은 옛 엘리트를 외국의 지배로부터 수혜를 얻는 기생적 집단으로 보았고, 때로 그들의 악행을 공개적으로 비난했다. 식민지 정권은 대개 충분히 강력해 그렇게 다루기 힘든 집단들의 달갑지 않은 정치적 활동을 잘 저지했다. 그렇지 않았다면 훗날 식민지 해방 투쟁은 필요하지 않았을 것이다. 그러나 식민지 정권은 경제활동과 적당한 부의 축적에는 다양한 수준의 여지를 남겼으며, 이따금 그 집단들에 교육의 욕구를 불어넣었다. 그들은 차츰 자녀를 식민지 교육기관이나 식민 본국의 학교와 대학에 보내 공부하게 했다. 훗날 프랑스 식민 제국에서 에볼뤼에évolués(진보한 자들)라고 부른 이들은 경제적으로나 행정적으로 최소한의 복잡한 수준에 도달한 곳이라면 어디에나 있었다. 19세기 말까지 이 집단들은 흔히 유럽인 아버지와 토착민 어머니를 둔 혼혈 출신이었다. 예를 들면 프랑스가 일찍이 1659년에 처음으로 교역소를 세우고 1850년대까지 식민 통치를 확장했던 세네갈에서는 1820년 무렵에서 1870년 사이에 외국 무역을 토대로 수립된 메티스métis(혼혈) 사회가 번창했다. 월로프어와 프랑스어를 쓴 이들의 삶은 사실상 프랑스 부르주아지 생활의 서아프리카판이었다.[227] 시에라리온에서도 영국의 영향을 받아 유사한 사회 발전이 일어났다. 1890년이면 서아프리카 전역에서 새로운 아프리카인 교양 엘리트들이 국가와 교회, 상업에 고용되었다.[228]

이 집단들 다수가 그들과 세계시장을 연결하는 특정 시장의 현지 교역 전통을 토대로 발달했다. 이들은 식민국의 도구로 보이지 않으면서도 종종 식민지의 사회적·정치적 질서의 틀 내에서 필수적인 기능을 수행했다. 식민 권력은 기존 사회에 철저히 간섭했다. 1900년 무렵이면 세계 거의 어디서나 그런 일이 벌어졌다. 식민국은 옛 엘리트를 내쫓거나 그들의 힘을 빼앗았으며, 새로운 세력의 발흥을 허용했고,(현지인의 사회적 출세에 중요한 통로가 될 수 있었던 군대를 포함한다.) 행정사무나 새롭게 발전하는 식민지 경제에 새로운 일자리를 만들었으며, 마지막으로 국가의 통치 활동과 입법, 과세라는 고전적 수단을 통해 기존 사회구조를 통제했다. 간접 통치와 기존 사회에 대한 최소한의 개입이라는 신조가 실행된 곳에서만, 즉 주로 경제적 매력이 떨어지는 곳에서만, 식민주의는 부차적이었고 큰 사회적 효과를 내지 못했다. 그러나 그렇게 침범당하지 않은 곳들도 장기적으로 역동적인 중심부의 영향에서 벗어날 수 없었기에 마찬가지로 식민지 근대성과 연결되었다.

1900년 무렵의 세계에는 여전히 주민들이 자급자족이나 인근 주민들을 상대로 한 교환으로만 근근이 삶을 꾸리는 사회가 무수히 많았다. 대체로 민족학자들이 발견하고 묘사한 외진 곳의 공동체들이었다. 그러나 초기 민족학의 몇몇 고전적인 연구는 이미 외국인과 어느 정도의 교류 경험이 있는 사회들에 관한 것이었다. 대다수 사람은 매우 다양한 세계화 과정의 결과로 서로 연결된 사회에 살았다. 이들은 이주, 상품과 자본의 교환, 종교 사상이나 기타 사상의 이전 같은 식민 통치의 구조들에 통합되었다. 그러나 이 통합이 반드시 한 사회 구성원 전체의 일상생활을 결정한 것은 아니다. 오늘날까지도 인구가 조밀하고 근대성의 모든 외적 징후를 다 띠고 있는 세계의 몇몇 지역에서도 외국인은 흔히 볼 수 없는 존재다. 1900년 무렵에는 당연히 더욱 흔치 않았다.

많은 사람이 전례 없는 이동성에 직면해 무기력과 협소한 시각을 보여 주었음을 잊어서는 안 된다. 오늘날의 개인용컴퓨터는 책상 위나 거실에 거의 무료로 네트워크에 연결되어 있지만, 이와 달리 전신은 그렇지 않았다. 사회라는 피라미드의 최상층에 있는 소수의 특혜를 입은 사람들만 정보 기술의 네트워크로 연결되었다. 결코 사회 전체가 그런 것이 아니었다. 1900년까지도 세계화에 유용한 기술은 어디에서도 사회에 깊이 침투하지 못했다. 당시 가장 효율적인 정보 전달 수단이었던 신문은 어디서나 볼 수 있고 문맹자도 별다른 어려움 없이 소비할 수 있는 몇십 년 후의 라디오와 텔레비전보다 훨씬 더 문화적으로 요구되는 것이 많고 흡수하기가 어려웠다. 19세기가 끝나 갈 무렵에 북아메리카와 유럽의 거대한 신문 시장에서 매일 수십 만 부씩 인쇄된 대중신문의 등장과 더불어, 신문은 비록 훗날 라디오와 텔레비전으로 가능해진 깊이의 침투를 달성하지는 못하고 극히 드문 경우를 제외하면 국경을 넘지 못했지만, 최초의 진정한 대중매체가 되었다. 런던의《타임스Times》는 모든 대륙에서 교육받은 엘리트층 중에서도 소수만 읽는 유일한 신문이었다.

세계 사회의 척도

세계 사회는 통신사, 여행기의 확산, 민족지학적 사진 덕분에 점점 더 많은 사람이 지구상의 멀리 떨어진 곳에 사는 더 많은 동료 인간의 삶에 점점 더 많은 관심을 가질 수 있었기 때문에 발전한 것이 아니다. 더 많은 부분적인 영역에서 사람들이 자기의 위치를 확인하는 수단이었던 척도가 세계적 성격을 띠었기 때문이다. 정치에서는 강국들이 서로 비교하고 세계적 규모의 자원과 위신을 두고 경쟁했다. 어느 강국이 "햇볕 쬘 곳"(1897년 독일 외무장관 베른하르트 폰 뷜로Bernhard von Bülow가 한 표현)을[229] 강력히 원한다고 말하는 것은 이전에는 거의 불가능했을 것이다. 경쟁하는 국가들은 서로 직접적으로 맞섰지만, 인구 규모와 국내총생산, 군사적 능력 같은 세세한 내용을 보여 주는 세계 통계의 국제적 순위에서 가상으로도 대결했다. 그러나 국력의 진정한 시험대는 여전히 전장뿐이었다. 예를 들면 1750년에는 영국의 힘과 청나라의 힘을 비교할 방법이 전혀 없었다. 두 나라는 전쟁에서 직접 서로를 시험해 볼 위치에 있지 않았다. 1900년의 사정은 달랐다. 처음으로 기본적으로 표준적인 체계가 생겨 순위를 매길 수 있게 되었다. 1898년의 미국-에스파냐 전쟁과 1904~1905년의 러일전쟁 같은 분쟁은 지역적으로 한정된 목적을 갖는 전쟁이었을 뿐만 아니라 세계적 차원의 순위에 관한 분쟁으로서 이따금 놀라운 결과를 낳기도 했다. 미국과 일본은 이제부터 세계 정치의 큰 리그전에 참여하겠다는 의도를 드러냈다. 스포츠에서 평화적인 방식으로 최초의 세계 선수권 대회가 치러졌다.(1886년에 체스로 시작했다.) 1896년에 개최된 최초의 근대 올림픽은 처음에는 전 세계에서 참가자가 올 것을 염두에 두고 계획되었다. 국제올림픽위원회의 창립 회원 열세 명 중 세 명은 미국인과 아르헨티나인, 뉴질랜드인이었다.

제1차 세계대전 직전에는 모든 대륙의 작은 집단들을 포함해 개별적인 접촉을 뛰어넘어 소통하는 세계 사회가 처음으로 등장했다. 사람들은 사사롭게는 서로 알지 못했을 것이다. 여행은 아직 고되고 비용이 많이 드는 일이었기 때문이다. 정치인들의 정상 회의는 드물었고, 1919년에 미국 대통령 우드로 윌슨이 처음으로 유럽을 방문했을 때 이는 세인의 주목을 끈 대사건이었다. 그러나 사람들은 서로 잘 알고 있었으며 무역과 금융으로 사업상 연락하기도 했다. 1860년대 이래로 우편통신부터 시작해 기술과 행정의 표준화가 이루어지면서 전문가로 구성된 소규모 대표단들이 국경을 넘어 모였다.[230] 이는 세계 여러 나라에서 잘 훈련된 기술 전문가의 중요성이 급속히 커지고 '기술자'의 출세 경로와 성향, 정신 구조가 보편성을 띠게 되었기에 가능해졌다.[231] 광범위한 기술 사업에는 세계 여러 지역의 금융업자와 기술 전문가의 협력이 필요했다. 이러한 환경에 있는 사람들이 반드시 동일한 문화적 관심을 공유하지는 않았지만,(일본에서 유럽 고전음악이 엄청난 인기를 끈 것 같은 현상은 팝 문화의 보편성만큼이나 20세기의 현상이었다.) 그들은 유럽-북아메리카의 '서구' 자본주의적인 기운을 좋아했다. 서구 자본주의의 가장 큰 적이었던 반식민주의 운동과 사회혁명 운동의 활동가들도 이 점을 부정할 수 없었다.

그러나 이들은 누구였는가? 이들은 언제나 엘리트층의 작은 단편이자 소수집단 안의 소수집단이었고 외부를 지향한 외국 전문가들로서 특별한 관심이나 능력 덕분에 특정한 노동시장을 차지했거나 이주의 운명 때문에 이중 또는 삼중의 정체성을 떠안은 자들이었다. 경제와 교통, 정보 기술의 세계화에는 진정으로 초국적이거나 세계적인 사회구성체, 예를 들면 계급과 피부색을 초월하는 결혼이 일반적인 척도가 될 수 있는 사회구성체의 출현이 동반되지 않았다. 국가에 대한 충성을 뒷전으로 밀어내는 세계주의적 의식이 널리 퍼지지도 않았다. 제1차 세계대전의 발발은, 각국 노동계급이 자국 정부를 지지하고 특히 독일에서는 국제적 연락망을 갖춘 학자들이 외국의 동료들을 겨냥해 증오의 성명서를 작성하면서 세계 사회의 연대와 공감이 허약하다는 점을 증명했다.[232]

3　위계질서

1750년의 세계에서 수많은 사회에 내재한 불평등은 300년 전과 대체로 비슷한 수준에서 유지되었다. 평등이라고 할 만한 것은 기껏해야 수도회나 프리메이슨 지부, 공유재산이 있는 농민 공동체처럼 경계가 명확한 사회적 하부 공간에서만 볼 수 있었다. 경제 영역이 가장 먼저 수평적 질서에 다가가는 경향을 보였다. 유럽의 새로운 정치경제학 학설의 이론적 토대도 그것이었다. 교환은 본질적으로 호혜적이고,(비단 발전한 시장에서만 그런 것도 아니다.) 또한 평등을 전제로 이루어진다. 교환은 동등한 가치를 지닌다고 추정되는 것을 대가로 한 소유자에게서 다른 소유자에게로 가치가 이전됨을 의미한다. 불공평한 교환은 점차 이 규칙의 예외로 보였다. 불공평한 교환은 어리석음이나 사기, 강압에 의해서만 가능했기 때문이다. 그런데도 심지어 19세기에도 널리 교환은 하위에 있는 자가 더 높은 지위에 있는 자에게 제공하는 공물의 형태를 띨 수 있었다. 그러나 바로 이 점에서 공물을 받는 상위자는 최소한 받은 것만큼의 가치를 지니는 답례품을 통해 자기의 우월함과 관대함을 증명할 필요가 있음을 종종 느꼈다.('국제적' 차원의 사례로는 중국의 조공 제도를 들 수 있는데, 이는 19세기에 차츰 쇠퇴했다.) 교환이 국가의 방해를 받지 않는 자유무역으로 도입된 곳이라면 어디서든 시장은 교환의 조건을 평등하게 했다. 그렇지만 19세기의 마지막 사분기에 시장 자체에서 발전한 독점을 통해 시장 거래의 자유와 평등이 장애를 겪고 실로 파괴될 수 있다는 걱정이 새롭게 일었다. 근대 초에는 정상적인 상황으로 생각된 독점은 강경한 자유주의의 관점에서 보면 비난받아 마땅한 체제 파괴였다. 이제 역설적이게도 '자연스러운' 관계를 회복하기 위해 국가가 개입해야 했다.

사회생활에서는 경제 영역보다 언제나 평등이 훨씬 적었다. 이 영역에서는 큰 차이와 '미세한 차이'(피에르 부르디외Pierre Bourdieu)가 지배했다. 의사소통은 동등한 자들 사이에서 자유롭게 이루어졌을 뿐만 아니라 수직적 경로를 통해서도 이루어졌다. 위에서 아래로 전달되는 경우에 그것은 명령이자 조종이었고, 반대 방향의 경우에는 요청이나 아첨, 요구나 항의일 수 있었다.[233] 의사소통은 기존 사회구조를 강화하거나 훼손할 수 있었지만, 그러한 구조들이 단순한 의사소통의 결과물은 결코 아니었다. 인간은 특정한 사회적 상황에 태어나 사회화를 통해 그것에 적응한다. 대개 누가 누구와 어떻게, 무엇에 관해 의사소통을 할 것인지는 애초에 환경이 결정한다. 구조는 단순히 말로써 이리저리 불러낼 수 없다.

사회구조는 때때로 권력과 법을 통해 형성된다. 재판과 입법은 사회의 산물이며 사람들이 살아가는 환경의 형태를 결정한다. 법은 사회의 자기 규제와 국가의 사회 형성에서 공히 가장 중요한 수단이다. 1800년 무렵에 이 점은 그 어느 때보다 더 분명해졌다. 체계적인 입법을 통해 사회 상태를 계획적으로 바꾼다는 관념이 등장했기 때문이다. '개혁'은 19세기의 표어가 되었다. 비단 유럽에서만 그런 것도 아니었다. 개혁은 혁명과는 다르게 지속적으로 수행할 수 있었다. 19세기에 많은 나라가 중요한 개혁 법률을 제정해 사회 상태를 변화시켰다. 이러한 개혁 법률은 1830년대 이후에 아동노동의 점진적인 제한, 여러 종류의 '농민 해방', 유럽 식민지의 노예제 폐지부터 1905년 청나라의 과거제 폐지, 러시아 제국에서 1906년 표트르 스톨리핀Pyotr Stolypin의 농업 개혁으로 농민의 마을 공동체(미르)가 폐지된 것까지 다양했다.

이제 민법의 시대가 열렸다. 먼저 유럽에서, 그다음 다른 곳에서 '시민의' 법은 계획적으로 국민 형성의 도구로 쓰였다. 유럽부터 일본까지 '개혁'이 새로운 시대의 표어였던 곳에서 법은 널리 쓰인 근대화의 수단이었다. 이러한 근대화 과정은 오스만 제국에서는 1839년의 탄지마트와 더불어, 일본에서는 1868년에 메이지 유신이 시작되면서, 청나라에서는 20세기에 들어선 직후의 '새로운 정책'으로 진행되었다. 그러나 모든 단일화와 동질화가 국가 부흥의 전략은 아니었다. 처음에는 유사하게 보이는 법적 조치도 동인과 귀결이 매우 다를 수 있었다.[234]

사회 변혁에서 법이 수행한 역할은 다소 다르기는 했지만, 식민지에서도 관찰할 수 있다. 19세기의 전례 없는 식민지 영토 팽창과 더불어 유럽의 여러 법률제도가 수출되었다. 그러나 식민국의 국내법이 변경되지 않고 식민지 사회로 이전된 경우는 드물었다. 일반적으로 그 법률들은 변경되었으며, 필요한 경우에 현지의 법을 포함해 혼성 체제로 바뀌었다. 예를 들어 유럽에서 만들어졌음을 부정할 수 없는 영어나 프랑스어, 러시아어의 법률 용어로 현지의 관습이나 가족 관계를 기술한 전통적인 용어의 의미를 옮길 때 번역의 어려움이 가장 컸다. 이런 식으로 만들어진 법률 용어가 토착민 사회에 강요되었고, 그 결과로 복잡한 재산 관계나 가족 관계가 근본적으로 단순해졌다. 토착민 사회에는 대체로 이질적이었던 유럽의 소송 규칙과 증거 제시 절차를 적용하는 것도 법률제도에 큰 영향을 미쳤다. 아프리카에서 인정되는 증거는 영국에서 인정되는 증거와 매우 다를 수 있었다. 토착 사회의 제도는 유럽의 법률 체제에 맞지 않으면 거듭 합법성을 잃거나 완전히 폐기되었다.[235] 이를 달성하기 위해 구태여 식민지 주민들의 사회생활에 정치적으로 개입할 필요는 없었다. 법률 원리의 충돌은 온갖 종류의 의도하지 않은 부작용을 낳았다. 실제로 유럽의 법률적 개념들이 세계 전역에 확산된 시기의 사회사는 법제사와 분리하기 어려웠다.

이는 거대한 주류 사회에만 국한된 현상이 아니다. 주변부와 오지에서도 확인되었다. 19세기로 보면 사회 형성이 국경에서 끝난다는 것은 문제가 있는 허구다. 국경 사회들이 가교의 역할을 수행했다는 가정이 더 사실에 가깝다. 국경의 양쪽에서 흔히 소수민족으로 여겨진 특정 민족 집단들이 그 연결을 중개했다. 때로 그러한 집단들은 국경 지대에 어느 정도 자율적인 국가를 세웠다. 주변부를 수도와 제국 중심지에서만 관찰하면 그들의 타고난 힘과 다층적이고 다원적인 구성이 보이지 않는다. 중국과 티베트, 동남아시아 사이의 삼각지대에 자리 잡은 운남(윈난)은 그러한 복잡한 국경 지대의 사례다.[236] 그러한 위치에 있는 지역은 의당 하나의 중심지로 자처할 수 있었고, 따라서 자의식을 갖고 기존 중심부에 대면할 수 있었다. 국경 지대와 틈새 지대의 사회적·정치적 중요성은 19세기에 제국의 팽창과 더불어 증가했다. 제국은 엄밀하게 확정된 국경선을 따라 분리되는 경우가 드물었기 때문이다. 이러한 사정은 20세기에 국민국가 개념이 전 세계적으로 확립될 때까지 변하지 않았다.

(거의) 무작위로 선정한 사례

장기 19세기의 사회사를 거론할 때 언뜻 떠오르지는 않는 사례로서 사회 성층에 관한 고찰을 시작해 보자. 다른 사회들처럼 외부의 넓은 세계와는 미약하게만 연결된 채 역사의 주류 밖에 고립되어 발전했으며 결코 새로운 것의 실험실로 볼 수 없는 19세기 후반의 비非부르주아지 사회다. 그런데도 이 사회는 복잡한 구조를 갖추었고 끊임없이 변하고 있었다.

오늘날 수단 영토에 있었던 다르푸르 술탄국은 다소 전형적인 이슬람 사회였고 동시에 독립적인 정치적 단위였으나, 1874년부터 점차 안정이 흔들렸고 결국 1916년에 앵글로-이집트 수단에 병합되었다.[237] 현지의 푸르어와 함께 아랍어를 행정 언어로 쓴 이 이중 언어 사용 사회는 술탄과 그 가족을 중심으로 돌아갔다. 술탄 가족은 1791~1792년에 건설된 수도 알파시르에 거주했다. 때로 자녀가 100명이 넘었고 상당한 부와 특권을 보유했던 이 통치 가족은 권력의 중심이자 사회적 가치의 원천이었다. 수천 명이 거하는 술탄의 왕궁은 사회 전체 의식의 중추이자 우주론적 중추였다. 주로 노예노동으로 운영되는 통치자의 세습 경제가 여기에 결합되었다. 궁정 학교도 부속되었기에, 궁정은 폭넓게 엘리트를 충원하는 역할도 했다. 술탄의 가문 밖에서 청년을 선발해 오스만 제국과 이집트의 맘루크를 모델로 군대와 국사에 투입했다. 술탄 가족의 왕자들이 영국 귀족의 차남 이하 아들과 비슷하게 사회적 지위의 사다리를 내려갈 수 있었기에, 폐쇄적인 왕실 계급의 형성이 방해를 받았다.

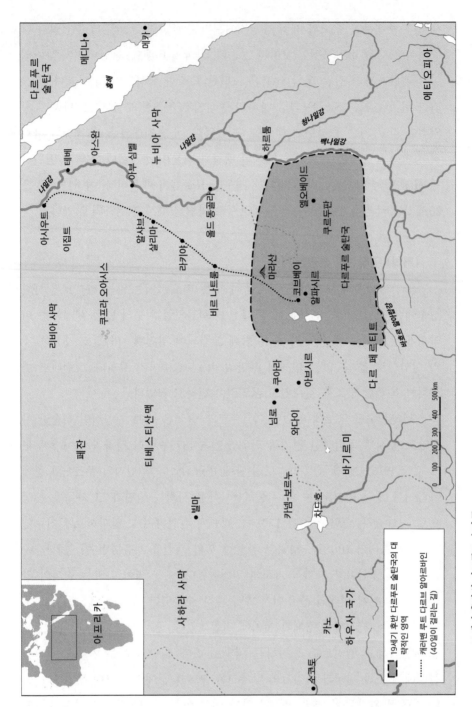

19세기 후반의 다르푸르 술탄국.

1750~1870

엘리트층에 새로운 사회 성분들을 흡수하는 다른 방법은 공주들의 전략적 혼인이었다. 왕실의 여인들은 강력한 지위를 누렸고 사실상의 통치자의 지위에 오를 수 있었다.

다르푸르의 수도 밖에 근거지를 둔 대영주들과 부족 지도자들은 결코 완전히 복속되지는 않았지만, 엘리아스가 루이 14세 시대의 프랑스 절대왕정과 관련해 설명한 '로열 메커니즘royal mechanism'을 떠올리게 하는 일련의 의식을 통해 늘 분주했고 길들여졌다.[238] 여러 엘리트가 서로 뒤얽혔고, 그들의 내부 위계질서는 끝없이 변동했다. 특히 전시에 변동이 심했다. 온갖 궁정 신분과 지방 행정직이 아프리카 역사 연구자인 렉스 숀 오파히Rex Seán O'Fahey가 시각적으로 표현했듯이 '직함들의 팔림프세스트'로 뒤덮인 이 유동적인 상층부를 통합했다.[239]

관직이 세습적인 권력의 요새로 바뀌지 않도록 술탄들이 거듭 노력을 기울였는데도 19세기 후반에는 일종의 영토 귀족이 발전했으며, 1916년 이후에 영국은 기꺼이 이들을 넘겨받았다. 영토 귀족은 엘리트의 토대가 되었는데, 엘리트는 결국 지역 가문 출신들보다 점차 관료화하는 환경 속의 집단과 파벌들로 구성되었다. 이들의 문화적 기반은 종교였지만, 이슬람은 사회생활과 정치 생활의 궁극적인 동인은 아니었다. 통치 형태는 신정정치가 아니었던 것이다. 그 대신에 종교 기구는 18세기와 19세기의 이슬람이 일반적으로 그러했듯이 국가에 복종했다. 그런데도 영향력이 큰 수피교 집단들은 이를테면 이스탄불보다는 이곳에서 더욱 독립적이었다.

19세기 초에 다르푸르 술탄국의 노예들은, 특히 어디서나 마찬가지였지만 궁궐을 자유롭게 돌아다니는 이점을 누렸던 환관들은 엘리트층으로 신분이 상승할 가망성이 컸다. 무슬림 성자(푸카라fuqara)는 좀처럼 공직을 얻지 못했으나 왕실의 후원을 받지 않고도, 특히 시골에서 유력한 지위를 획득할 수 있었다. 상인은 왕실과 긴밀한 관계를 유지했다. 특히 1750년에서 1860년 사이에 이집트와의 대상 무역이 정점에 달했을 때 그러했는데, 이 무역이 정치적 보호가 필요했고 때로 외교 임무와 연관되었기 때문이다. 상인과 왕실은 서로가 필요했지만, 상인은 통치자에게 지나치게 종속되지 않도록 주의했다.

18세기에 다르푸르의 술탄은 그 어느 때보다도 토지 재산에 큰 영향력을 행사했고 큰 영지를 봉토로 내주었다. 따라서 토지는 이제 지역적 차원에서 관리되는 자원이 아니었다. 지역의 족장들이 지주에게 어느 정도로 종속되었는지에 따라 늘 체제의 긴장이 있었다. 게다가 술탄은 상인과 성자를 포함한 여러 개인에게 세금을 면제해 줄 권한이 있었다. 이 제도는 19세기에 대토지 축적에 유리했다. 그렇지만 봉건 영주들이 차지농과 노예의 농업 노동에서 나오는 수익으로 궁정 업무의 큰 비용을 대야 했기 때문에 그들이 부유해질 가능성은 제한되었다. 이는 왕실의 권력 상실 효과를 상쇄하는 다른 장치였다.

이 사례는 무엇을 보여 주는가? 18세기와 19세기의 세계에는 대개 지리적으로 주변부인 곳에 비슷한 종류의 사회가 수없이 많았다. 이 사회들은 더 큰 실체의 일부였지만, 자세히 들여다보면 일반적인 모델의 복사본이 아니라 이 경우에는 기본적인 '이슬람 사회'의 복사본이었다. 다르푸르 사회는 이슬람의 질서 개념 위에 수립된 사회였지만, 그 엘리트층의 구성이 반드시 마우레타니아에서 자와에 이르는 거대한 무슬림 지대의 다른 부분에 있는 사회질서와 동일한 유형을 따르지는 않았다. 그러므로 세계 사회사는 그러한 변형들을 설명할 수 있는 분야를 탐색해야 한다. 우선 사회적 불평등의 요소에 관해 이야기해 보자.

사회적 불평등의 축

불평등의 구조들은 다른 무엇보다 눈에 띄는 사회분화의 기준을 통해, 그리고 수직적인 사회적 층상 구조를 직선이나 사선으로 가르는 간선을 통해 구별된다. 세계적 차원에서는 세 가지가 특별히 중요했다.

첫째, 19세기의 큰 경향 중 하나는 귀족과 평민의 대립이 완화된 것이다. 세계 여러 지역에서 특권 엘리트층과 '보통' 사람들 사이의 구분은 거의 절대적이었다.(때로 평민 아래에 제3의 지위, 즉 노예가 있었다. 명예가 없고 존중 받지 못한, 낙인이 찍힌 외부인 집단들도 있었다. 인도의 카스트 제도는 다른 특별한 사례다.)[240] 귀족과 평민의 분리는 여러 담론 전략으로 공고해졌다. 이 전략에는 종교적 우월성의 주장뿐만 아니라 출생과 '고귀한 혈통'의 이데올로기도 포함될 수 있었다. 부는 그 자체로 사회적 피라미드의 최상층으로 이어질 수 있다는 관념은 19세기에 서구 자본주의가 만들어 낸 혁명적 혁신이었지만, 결코 세계의 모든 지역에서 다 수용되지는 않았다. 역사적으로 물질적 성공이 지위를 판별하는 제일의 기준인 경우는 드물었으며, 관직과 직함의 매입도 제한적으로만 이러한 규칙을 깰 수 있었다. 예를 들면 중국에서는 심지어 19세기가 끝나는 국면에서도 이러한 방식이 과거제도를 폐지하지 못했다. 자본주의가 성숙한 단계에 도달한 후에야 부호들의 폭넓은 지배가 가능해졌다.

둘째, 정복과 군사적으로 유발된 이주의 결과로 많은 사회가 엄격한 층상 구조를 이루었다. 당시 사람들에게 이것이 '외국인의 지배'라는 사실은 민족주의 시대 때만큼 분명하지 않았다.[241] 18세기 말까지 이집트의 맘루크 군사 엘리트층은 외국 출신이었고 발칸반도와 기타 오스만 제국의 변경 지구에서 젊은 군사 노예를 수입함으로써 끝없이 새로워졌다. 아프리카에는 지배 엘리트층이 하나의 민족으로 자처하고 자기들만의 언어를 쓰는 사회들이 있었다. 1900년 무렵에 출현한 중국의 한족 민족주의는 비교적 잘 동화된 만주족을 외국인이라고 강조했다. 그러므로 청나라에 반대해 일어난 혁명은 민족적 차원을 획득했다.[242]

셋째, 피부색이나 종족이 불평등의 본질적인 기준인지, 그렇다면 어느 정도로 그러한지가 중요한 변수다. 생도맹그(아이티) 혁명은 이 기준을 의심의 여지없이 자명한 것으로 여겨서는 안 된다는 점을 보여 준다. 혁명은 동질적인 흑인 주민을 형성했는데, 이는 카리브해 전 지역에서 유일한 경우였다. 1791년의 혁명 발발 이전에 프랑스 식민지 생도맹그보다 더 엄격하게 피부색에 따라 성층화한 사회는 없었다. 1804년에 이 식민지는 독립국 아이티가 되었는데, 1805년에 제정된 그 첫 번째 헌법은 단호하게 모든 시민이 '흑인'이라고 설명했다. 마지막 백인들이 쫓겨나거나 죽임을 당한 뒤에.[243]

종족적 성층화는 매우 안정적일 수 있다. 신세계에서 종족적 성층화는 처음부터 식민의 권리와 연결되었다. 심지어는 오늘날까지도 북아메리카와 남아메리카의 몇몇 나라는 '피부색 차별 체제pigmentocracy'다.[244] 이 체제는 노예제로 강화되었지만, 노예제 폐지와 더불어 사라지지 않았다. (아이티를 제외하면) 카리브해 전역에서 점진적인 해방(1873년의 푸에르토리코에 찾아왔고 1886년의 쿠바에 마지막으로 찾아왔다.)으로도 사회적 피라미드의 기본적 형태는 변하지 않았다. 과거에 노예였던 자들과 그들의 제2세대 후손과 제3세대 후손들은 19세기의 마지막 삼분기까지도 사회질서의 최하층에 고착되었다. 최상층은 여전히 부유한 백인이 차지했으며, 이들은 유럽 태생인 경우 식민지 시대에 그랬던 것처럼 특별히 높은 지위를 누렸다. 백인 엘리트층과 흑인 하층민 사이에 혼혈인으로 이루어진 중간층이 있었는데, 이들은 다수가 노예제에서 해방된 자들이었다. 이 네 번째 주민 성분에 몇몇 섬에서는 새롭게 이주해 들어온 아시아인 소수민족이, 주로 인도인 계약 노동자들이 합류했다. 단일 섬 사회들은 구조적 조건에서 달랐다기보다는 사회적 피라미드 구조를 구성하는 이 요소들 간의 인구학적 비율에서 차이가 있었다.[245]

무엇이 그러한 사회들을 결속시켰는지는 논란이 되는 문제다. 복합사회 plural society 모델에 따르면 여러 주민 집단이 만나는 노동과 상품, 관념의 시장들에서 쥠쇠의 역할을 수행한 것은 식민지 시대든 탈식민지 시대든 오로지 국가였다.[246] 이와 반대로 크리올 사회라는 경쟁 모델에 따르면 확실한 문화적인 기본 신뢰가 있었는데, 이는 공동의 식민지 경험에 뿌리가 있는 것으로서 19세기 말 이래로 다양한 형태의 민족주의로 변모했다.[247] 종족과 계급은 상호작용을 통해 복잡하고도 독특한 방식으로 식민지 사회의 위계질서를 만들어 냈다. 다른 요인은 시간이었다. 비교적 늦은 시기인 1880년대에 식민 통치를 받게 된 동아프리카의 어느 사회는 네덜란드령 동인도 같은 옛 식민지와는 다른 구조를 갖추었다. 네덜란드령 동인도에서는 거주하는 외국인의 최소한 5분의 4가 식민지 태생이었고 대부분은 조상 중 적어도 한 명이 인도네시아인이었다.[248]

전쟁 사회와 평화로운 사회

19세기의 모든 사회는 여전히 전쟁 사회나 약탈 사회로 조직되었다.[249] 이 점이 특별히 눈길을 끄는 것은 서유럽에서 발전한 부르주아지 사회가 평화로운 사회라는 자기 이미지를 계발했기 때문이다. 시민은 비무장 상태로 충돌을 피하면서 열심히 일할 것으로 생각되었고, 국가는 폭력의 독점을 관철하고 일상생활의 평온함을 보장해야 했다. 이를 위해 군대와 별도로 상설 경찰대가 창설되어 촌락과 도시 지구에 이르기까지 통제력을 행사하고 법률의 준수를 감시했다. 프랑스에서 등장한 후 아주 이른 시기에 혁명적 테러의 잔혹한 폭정을 경험했던 부르주아지 사회는 19세기에 그 평화로운 성격을 강조했고, 이는 동시에 문명의 진보로 여겨졌다. 따라서 신체형의 공개적 집행과 많은 구경꾼이 보는 가운데 시행하는 오래된 처형 쇼는 19세기가 지나면서 점차 보기 어려워졌고 결국 유럽의 모든 나라에서 사라졌다.[250]

그렇지만 사회생활이 전반적으로 평온해지고 인간다워지는 변화 과정은 적어도 유럽에서는 모호했다.[251] 사람들은 용맹함을 중시하는 귀족 문화의 이상을 완전히 포기할 수 없었다. 예를 들면 결투는 여전히 널리 합법적이었고 실제로 행해졌을 뿐만 아니라 더욱 중요해지고 있었다.[252] 프랑스 사회는 나폴레옹 시대가 지난 후 군사적 가치에 얽매였고 제1차 세계대전 때까지 그러한 상태에 머물렀다. 프로이센 군사 국가는 1806년의 패배에 뒤이어 개혁으로 일신된 후 변화한 환경에 적응했다. 1871년에 독일제국이 탄생한 후에도 군사적인 모델과 가치는 손상되지 않았고 당국에 의해 더욱 장려되었다. 소소한 범죄 이력을 지닌 구두장이였던 프리드리히 빌헬름 포이크트Friedrich Wilhelm Voigt는 독일인의 군인에 대한 존경심을 이용해 1906년에 대위로 위장하고 베를린에서 가까운 쾨페니크의 시청을 점거함으로써 시 금고를 털어 갔다. 이 유명한 일화는 군대의 강력한 역할 모델이 독일 사회에 널리 퍼졌음을 보여 준다.[253]

제1차 세계대전이 그렇게 빠른 속도로 발발할 수 있었던 것은 유럽 사회가 태도는 물론 조직에서도 부르주아지 사회가 이론상 암시했던 자기 이미지보다 실제로 폭력을 행사할 준비가 훨씬 더 잘되어 있었기 때문이다.[254] 일본에서도 비슷한 상황을 관찰할 수 있었다. 이제 더는 영주가 아니라 국민과 천황에게 봉사하는 군대에 대한 근대적이고 탈봉건적인 존경심이 유럽으로부터 들어와 사무라이의 전통을 지속시켰다. 사무라이는 메이지 시대 초기까지도 그 특권을 잃지 않았다. '부르주아지' 일본은 세기 전환기에 철저히 군사화한 국민국가가 되어 1904~1905년의 러일전쟁에서 승리했으며, 육군과 해군의 성공으로부터 엄청난 집단적 자신감을 얻었다. 미국에서는 건국 이후 토착민과의 싸움이 조금도 줄어들지 않고 지속되었다. 변경은 싸움이 멈추지 않는 전쟁 지대가 되었으며, 국가의 규제를 받지 않는 무기의 보유는 이제 기본권으로 재해석되었다.

그런데도 유럽 사회는 비교적 평화로웠다. 법률에 구속되지 않는 영역이 거의 없었다. 전사 사회란 정치권력이 지속적으로 전리품을 제공하고 분배해 추종자들을 만들어 내고 유지할 능력을 지닌 사회다. 그러한 전사 사회의 마지막 형태는 18세기 말에도 중부 유럽에 존재했던 도적단이었다. 19세기 초에 이들이 사라진 후에야 국가는 합법적인 폭력을 완전히 독점할 수 있게 되었다. 1780년대에 젊은 독일인 극작가 프리드리히 실러는 매우 유명해지는 희곡 「도적들Die Räuber」을 쓰면서 현실적인 주제를 택했다. 신데르하네스 Schinderhannes[6]로 불렸던, 악명 높은 도적 떼의 지도자 요하네스 뷔클러Johannes Bückler는 혁명 시대의 한가운데에 있던 1803년에 가서야 열아홉 명의 동료와 함께 단두대에서 처형당했다. 이탈리아와 발칸반도, 아나톨리아 등 다른 곳에서는 도적단과 노상강도단이 훨씬 더 오래 살아남았다. 대상은 어디서나 강도가 출몰해 물건을 빼앗지 않을지 늘 경계해야 했다. 오늘날까지도 국가가 약해 물러나는 곳에서는 조직범죄단이 마음 놓고 활동한다.

비단 거대한 해외 제국뿐만 아니라 19세기의 특징적 사회 형태였던 식민지 사회도 군사적 정복의 산물이었다.[255] 식민지 정권의 부대와 경찰이든, 일반적으로 토착민 민간인들보다 특혜를 누렸던 토착민 보조군(세포이)이든 군대는 특수한 역할을 수행했다. 사회학의 창시자 중 한 사람인 스펜서는 군사적 유형의 사회와 산업적 유형의 사회를 구분했다.[256] 식민지 사회는 군대가 명백하게 드러나지 않아도 궁극적인 지배 기구였던 '군사적 유형'의 사회다.

---

6 독일어 'Schinder'에는 무두질장이 또는 사형 집행인 등의 뜻이 있다. 중세 유럽의 무두질장이는 동물의 사체에서 얻은 가죽과 기름으로 비누와 표백제 등을 만들었고, 종종 사형 집행인을 겸하기도 했다. 이 별명은 뷔클러의 조상이 수행했던 직업에서 유래한 것으로 보인다.

'공동체'의 한 형태인 부족사회

19세기 말 지구상 사회들의 상황은 부족 구조를 살피지 않으면 제대로 드러나지 않을 것이다. 모든 대륙에 부족사회가 있었다. 부족사회는 여러 점에서 고대의 면모를 지녔지만, 특히 중앙아시아에서는 강력한 제국들로부터 지속적으로 관심을 받을 만큼 충분히 강력했다. 사회학의 고전이 19세기의 근본적인 대립 관계로 설정한 '공동체(공동사회)'와 '사회(이익사회)'의 대항은 대체로 도시 생활과 농촌 생활 사이의 차이를 가리켰지만, 더 큰 차원에서는 부족도 공동체의 유형에 속한다고 할 수 있다. 그러므로 사회와 공동체 간의 차이는 세계적인 대립이자 사회분화의 다른 축이었다.

부족사회는 민족학에서 논쟁적인 주제다. 오늘날 전문가들은 '부족'에 관해 이야기하기를 피하지만, 그 용어는 내적으로 불일치와 충성이 다양한데도 특별히 강한 응집력을 보이는 집단을 가리킨다. 공동체로서의 응집력은 공동의 혈통과 상징에 기인한다. 이 경우에 '국가'와 '사회'를 구분하기는 어렵다. 부족의 성원 자격이 반드시 근대 영토 국가의 '국적' 같은 엄격한 기준을 통해 규제되는 것은 아니다. 부족은 구성원을 얻을 수도 잃을 수도 있었다. 게다가 종종 여러 부족이 하나의 거대한 연맹체로 조직되기도 했다.

국가 건설 과정에서 당국은 내적으로 자율성을 확보하기 위해 노력하는 경향이 있는 부족에 대해 다양한 전략을 사용했다. 통치자들은 부족들이 더 큰 단위로 통합되지 못하도록 부족 집단들 사이에 의도적으로 불화의 씨앗을 뿌리고는 했다. 다른 전략은 무해한 민속의 범위를 넘어서는 부족주의의 조짐이 조금이라도 보이면 맞서 싸우는 것이었다. 17세기부터 중국의 만주족은 중도를 취했다. 이들은 한편으로는 중앙아시아의 정복자라는 지배적인 정체성을 유지했고, 나아가 1911년에 청 왕조가 망할 때까지 특히 군대에서 이중적인 관리 방식을 고수했다. 다른 한편으로 황제들은 그들의 권력 기반에서, 즉 만주족 기인旗人 집단 안에서 자의식을 지닌 귀족의 출현을 저지하는 데 성공했다. 이란처럼 중앙 권력이 약하고 정치적으로 유의미한 부족적 토대를 갖지 못한 곳에서는, 중앙 권력이 '자기들만의 세계에 사는' 부족들과 협의하고 타협해야만 했다.[257]

시골과 도시

1900년 무렵에 도시는 여전히 주변의 넓은 농촌 속에 박힌 섬이었다.[258] 19세기에 유럽은 도시화에서 도시 문화를 지닌 다른 오래된 대륙인 아시아보다 확실히 앞서 있었다. 1800년 무렵 두 대륙에서 공히 도시 주민의 비율은 9~10퍼센트 정도였다.(일본에서 각별히 높았다.) 100년 후에 아시아에서 도시 주민의 비율은 9.3퍼센트로 정체되었던 반면에, 유럽에서 도시 거주민 비율은 30퍼센트로, 신세계에서는 28퍼센트로 증가했다.[259] 도시 거주민의 절대적 수도 늘어났고, 도시의 수도 대체로 늘어났다. 세계의 점점 더 많은 주민이 자연에서 멀어지면서 압축된 공간의 삶을 경험했다. 그러나 유럽과 미국에서 인구 5000명 이상의 주거지에 사는 사람의 비율이 50퍼센트의 문턱을 넘는 것은 제2차 세계대전 이후의 일이다.

도시의 개념은 비非도시의 개념과 대립된다. 차이는 여러 가지로 드러날 수 있다. 방어 시설을 갖춘 성벽이 있는 도시는 경계가 뚜렷하다. 그러한 경우 도시는 다소간 보호받는 공간이며, 그 안에 누가 살지는 도시 주민이 스스로 결정한다. 도시와 시골 간의 두 번째 일반적인 차이는 도시에서는 사람들이 서로 매우 근접해 살며 귀한 상품인 토지의 가치가 매우 크다는 사실에 있다. 도시 생활은 주민의 상호작용을 더 많이 요구하므로 사교에 더 큰 도움이 되지만, 갈등도 더 많이 초래한다. 세 번째 차이는 일반적으로 도시에 필요한 것을 완전히 자기들의 힘으로 공급할 수 없다는 점에 있다. 도시는 자급할 수 없으므로 가까운 시장을 통해서든 멀리 떨어진 시장을 통해서든, 인접한 배후지를 군사적으로나 정치적으로 직접 지배해서든 공급선을 마련해야 한다. 도시는 군사적으로 물리적 안전을 지켜 얻을 수 있는 것을 공급의 불안정 때문에 잃을 수 있다.

그러나 도시와 시골 간의 뚜렷한 대조는 보편적인 상수가 아니라 유럽의 경험을 일반화한 이상형이다. 예를 들면 세계에서 가장 오래된 축에 드는 도시 문화를 지닌 중국에서는 근대 대부분의 시기 동안 그러한 대조를 볼 수 없다. 특히 도시가 후진적이고 미개한 시골보다 더 높은 수준의 문명을 대표한다는 유럽의 관념은 아직 익숙하지 않았다. 1839~1842년의 아편전쟁 이후에야 서구의 침탈과 함께 그 관념은 중국에 들어왔다. 외부의 '근대적' 영향력은 처음에는 해안의 몇몇 대도시에만 침투했다. 따라서 중국의 전통적인 사회 발전과 반대되는 서구 근대성의 특징은 먼저 조약항의 발달을 통해 전달되었다.

동시에 '농민'이라는 명칭은 이전에는 갖지 않았던 경멸적인 의미를 획득했다. 중국사에서 처음으로 도시 주민은 시골 사람들을 멸시했다. 제국 사회에서 전통적으로 납세의 기반으로 여겨졌던 자들이다. 이러한 평가절하는 중국에 관한 외국 문헌에도 반영되었다. 19세기 말까지도 널리 거론되던, 합리적으로 경영하는 '자영농farmer'이 20세기 초에는 시대에 뒤진 '빈농peasant'이 되었다.[260] 그래서 도시와 시골 간의 차이를 지우고 농민을 재평가하려는 마오쩌둥의 명백한 초혁명적 시도는 본질적으로 전통주의적 전략이었다.

주로 유목민이 거주하는 이란이나 중앙아시아 건조 지대 한가운데 있는 도시들에서는 도시 사회와 주변 농촌의 공생이 한층 더 긴밀했다. 유목민 사회는 도시에 각별히 크게 의존했다. 수공업이 어느 정도 존재하는 마을이라면 대체로 자급할 수 있었지만, 유목민은 곡물과 (무기를 포함한) 금속 제품을 생산하는 다른 사람들이 필요했다. 유목민 경제는 순수한 자급 경제인 경우가 드물었다. 거의 언제나 물물교환이 필요하다.[261] 그러므로 도시의 쇠퇴는 이웃한 스텝 지대와 사막의 주민들에게는 종종 좋지 않은 결과를 가져왔다. 반면에 도시와 도시를 연결한 원격지 무역의 위축은 강탈과 보호 명목의 절취 기회를 축소시켰다.

18세기 중반부터 20세기 말까지 150여 년 동안 도시의 경관은 비록 그 속도와 유형은 달랐지만 세계적 규모로 팽창했다. 근동과 중동에서는 이스파한이나 이스탄불, 다마스쿠스, 카이로, 튀니스 같은 권력의 중심지와 상업 도시에 베이루트나 테헤란 같은 신흥 도시나 포트사이드처럼 새롭게 건설된 도시가 추가되었다. 오스트레일리아에서 전개된 상황은 이와 반대로 극적이었다. 이 책에서 다루는 시기의 초기에는 그 대륙에 도시가 전혀 없었지만, 1900년 무렵에는 세계적으로도 최현대식 도시에 속하는 거대한 대도시가 여럿 등장했다.

두 번째 중요한 발전은 북아메리카에서 도시의 변경이 확장된 것이다. 미국이 건국될 당시에 도시는 비교적 적었고 크지도 않았지만, 19세기에 내륙에 수많은 도시가 새롭게 등장해 맹렬한 속도로 성장했으며, 이로써 세계적인 도시의 위계에서 미국이 빠르게 도약했다. 1800년에 뉴욕은 미국에서 혁명의 중심지 필라델피아 다음으로 큰 도시였는데, 인구가 6만 명이었다. 당시 인구가 100만 명을 약간 넘었던 유럽 최대의 도시 런던의 크기는 뉴욕의 열여덟 배였다.[262] 1890년에 런던의 인구는 420만 명이었고, 뉴욕의 인구는 270만 명에 도달했다. 이제 런던의 크기는 뉴욕에 비해 고작 1.6배였다. 인구 100만 명의 시카고는 북아메리카에서 두 번째로 큰 도시로 올라섰다.[263] 건축학적으로 보면 미국과 오스트레일리아의 신세계 도시는 지구상에서 가장 발달한 도시에 속했다. 변경 도시의 원형이라고 할 수 있는 시카고에 1885년부터 마천루가 등장했다. 북아메리카 대륙은 마차와 소떼를 몰고 다니는 농업 정착민뿐만 아니라 공업 경제와 서비스 경제를 통해서도, 건축가와 건축업자, 건설 노동자의 활동을 통해서도 개척되었다.

농촌의 후진성

모든 대륙에서 도시의 성장은 우선 많은 건물이 필요했음을 의미했다. 그래서 19세기는 건설업이 번창한 시기였다. 어디서나 보통의 주택은 이제 목재와 진흙보다는 돌로 지어졌다. 석조 주택은 그때까지는 부자의 화려한 저택으로만 쓰였다. 이러한 변화와 더불어 화재의 위험이 감소했으며, 결과적으로 도시의 한 지구 전체가 불타 무너지는 경우는 더욱 드물어졌다. 19세기의 위대한 혁신 중 하나는 시멘트다. 시멘트는 세계 곳곳에 빠르게 확산되었고,(포틀랜드 시멘트는 1824년에 특허를 받았다.)[264] 이후 강화 콘크리트로 보강되었다. 강화 콘크리트는 먼저 교량에 쓰였고, 이어 19세기 말에 차츰 주택에도 쓰였다. 영국의 대도시를 필두로, 건축업자들이 짓는 테라스 하우스나 커다란 아파트 단지의 경우처럼 주거 공간을 붙여 짓는 건축이 흔한 일이 되었다. 전근대 도시의 경우처럼 작은 개별 건물을 짓는 관행은 이러한 경쟁에 직면해 점차 뒤로 밀려났다. 도시계획가들은 이제 모든 거리를 같은 방식으로 설계했다. 프

—— 재개발 중인 파리의 건물 해체 작업, 1877년. 1850년대와 1860년대에 나폴레옹 3세와 그의 협력자였던 파리 지사 조르주외젠 오스만이 주도한 파리 도시 경관의 변모는 전통적인 도시 구역의 대대적인 파괴를 통해서만 가능했다.(사진에 나온 곳은 레셀 거리와 생오귀스탱 거리 사이에 있다.) 이 사진을 찍은 샤를 마르빌(Charles Marville)은 파리시 당국의 공식적인 요청에 따라 재개발 과정을 기록했다. (Wikimedia Commons)

랑스 제2제정 시대에 파리는 이러한 설계의 표본이 되었는데, 당대의 유럽인들은 모두 이를 찬탄하며 모방하려고 했다.

도시와 시골은 지배적인 재산 관념에서도 종종 차이를 보였다. 토지의 상품화는 시골보다는 인구가 조밀한 도시에서 더 일찍, 더 빠르게 나타났다. 토지 가격이 빠르게 상승한 곳에서는 공유재산이 압박을 받았다. 도시에서는 부동산 건물이 중요한 투자처이자 소득의 원천이 되었다. 이러한 도시 환경에서 건물주와 세입자라는 새로운 신분이 출현했으며, 이들은 민간 주택 시장이 있는 곳이라면 어디로든 확산되었다. 도시의 재산과 농촌의 재산은 다양한 방식으로 서로 얽혔다. 그 과정은 상호적이었다. 말하자면 한편으로는 비농업적 사업 활동에서 나온 이익이 적어도 일부는 토지에 투자되었으며, 반대로 시골에 기반을 갖고 있는 대지주들은 도시의 부동산 시장에 관여했다.

일반적으로 도시가 지역에 따라 다양한 형태의 생활환경으로 발달하는 것을 볼 수 있다. 19세기 말이면 많은 도시가 시골에서는 얻을 수 없는 기간 시설의 혜택을 제공했다. 식수와 가스, 점차 전기도 공급했으며, 위생 상태를 개선했고, 단거리 대중교통을 제공했다. 밤이 되면 도시는 불을 밝혔지만, 촌락에서는 난로와 등잔불만 타고 있었다. 이는 더 안락한 상층계급의 시골 영지와는 구분되어야 한다. 그곳에는 문화적 맥락은 달랐어도, 프랑스보다는 영국과 러시아에서 더 일찍, 우아한 시골 생활의 매력이 보존되어 있었기 때문이다. 서구 밖의 사회들이 서구의 영향력에 종속되었다고 느낀 곳이 있다면, 그곳은 근대성의 입구 역할을 한 도시로, 특히 항구도시였다. 이는 도시와 시골 간의 실제적인 거리와 체감 거리가 늘어난 이유의 하나였다. 시골에는 그러한 영향력이 늦게, 약해진 형태로 도달했기 때문이다. 도시는 그 어느 때보다도 더 중요한 교두보가 되었다. 특히 수출 경제에서 중요한 역할을 한 경우에 그러했는데, 노동자와 투자자를 끌어들이는 자석이 되었기 때문이다.

산업화와 필연적인 연관은 없었다. 새로운 공업이 옛 도시에 자리를 잡는 것은 결코 전형이 아니었다. 큰 건물과 공장에 필요한 공간은 대개 확보하기가 어려웠다. 영국의 초기 산업화 시기의 직물업은 맨체스터나 버밍엄처럼 빠르게 성장하는 도시에 터를 잡았다. 공업이 싹튼 곳이라면 거의 어디서든, 특히 중공업이 석탄과 철광 같은 원료의 공급지와 가까운 곳을 찾을 때 특별한 공업지대가 발달했다. 실제로 대도시에 자리 잡은 전형적인 산업은 조선업이 유일했다.

마지막으로 그 시대의 가장 중요한 네트워크 기술이었던 철도는 도시를 편애했다. 지리와 관련해 말하자면 철도는 주로 두 가지 이유로 건설되었다. 처녀지로 진출하거나 기존 도시들을 연결하는 것이었다. 철도 중심지는 대개 도시였으며, 여행객과 화물의 신속한 운송으로 혜택을 입은 것도 주로 도시였다. 제1차 세계대전 직전에는 거의 세계 전 지역에 조밀한 철도망이 발달했다. 이로써 철도 팽창의 고전기는 종장에 도달했다. 그 결과로 농촌 지역도 경제적·사회적 순환에 더 깊이 연루되었다. 그러나 간선철도로 연결된 도시만이

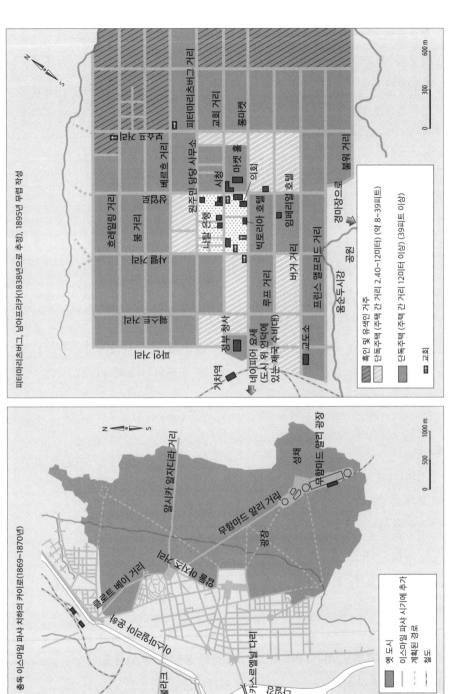

이 두 지도는 19세기 도시 발달의 전형적인 경로를 보여 준다. 근대화를 추진한 케디브 이스마일 파샤의 행정부는 카이로의 옛 도심 주변으로 새로운 주택 지구를 계획적으로 건설했다. 남아프리카의 피터마리츠버그도 처음부터 기하학적 선에 따라 건설된 식민지 도시의 주요 사례다. 애초에 유럽인을 위한 별도의 주거 지구가 구상되었다. 피터마리츠버그에서는 백인들이 주민의 대다수를 차지했는데, 이든 주거 식민지에 들어선 새로운 도시의 특징이었다. 교회와 시청에서 은행과 호텔에 이르기까지 유럽 도시 생활의 시설들이 최대한 충실하게 재현되었다.

현저한 공급 개선을 포함한 새로운 이점을 완전히 이용할 수 있었다. 다른 도시는 이전에 아무리 중요했어도 엄밀히 말해 이제 더는 도시가 아니었다. 도시들이 19세기에 고립에서 벗어나 새로 산업화한 운송 수단을 통해 규칙적으로 움직이는 네트워크에 연결된 것은 중요한 사회사적 사실이다. 이로써 도시와 시골 간의 관계는 결정적으로 변했다.

세계의 큰 도시들은 단일한 기본 모델로 수렴되는 경향을 보였다. 도시(유럽과 북아메리카, 중국, 북아프리카 등지의 도시들) 간의 많은 차이가 지속되었지만, 도시는 '현대' 대도시의 물류와 외양의 몇 가지 기본적인 특징을 공유했다. 시골에서는 재산과 노동 유형을 비롯한 여러 조건이 지역적 특이성을 훨씬 더 많이 보였다. 19세기 말에 자와나 프랑스의 소농지는 경제적으로나 사회적으로나 북아메리카의 거대한 밀 농장과 사실상 아무런 공통점이 없었다. 이러한 불일치는 당시에 더 커지지 않았지만,(그런 일은 1920년대에 소련이 사회주의적 농업을 도입한 뒤에야 일어났다.) 세계적 수렴의 속도는 수많은 농촌 생활 형태들보다 도시들 사이에서 더 빨랐다. 19세기 동안에 새로운 형태의 사회가 세계 사회의 표준이 되었다면, 그것은 근대의 대도시였다.

옛 엘리트

18세기 중엽의 세계 여러 지역에서 부유하고 힘 있는 자들은 안전함을 느낄 수 있었다. 외부의 군사적 공격을 받는 것이 최악이었다. 사회 내부의 세력들은 좀처럼 지배 엘리트층을 무너뜨리려 하지 않았다. 17세기 중엽에 큰 체제 위기를 겪은 이래로 기존 위계질서는 한 번 더 안정을 찾은 것 같았다.[265] 혁명적 언사는 프랑스 지식인들에게서 들을 가능성이 가장 높았다.(반면에 프랑스 농민은 대혁명 직전에 귀족의 권력 박탈을 전혀 요구하지 않았다.)[266]

프랑스에서 1789년에 시작된 혁명은 중앙집권적 군주제와 임대료로 수입을 얻는 귀족의 동맹을 토대로 하는 봉건적 질서가 급히 붕괴할 수 있음을 증명했다. 동시에 1791년의 아이티 혁명은 노예제에 입각한 질서도 반드시 영원하지는 않다는 것을 보여 주었다. 반면에 프랑스 대혁명이 유럽에서, 나아가 전 세계적으로 즉각 탈봉건화의 연쇄 작용을 촉발하지 않았다는 것은 놀라운 일이다. 비슷하게 아이티 혁명도 노예 체제의 세계적인 몰락의 시작을 알리지 않았다. 오히려 19세기 동안에 귀족은 변화한 환경에 적응해 지위를 잘 유지했다. 19세기에는 귀족의 지배가 뒤늦게 만개했다. 지주 귀족은 경제적 토대가 흔들린 이후에도 오랫동안 사회와 정치에서 농업적 이익의 우위를 지키는 데 성공했다. 19세기 말의 지구상에서 개별 귀족이 특별한 지위를 보유하지 못하는 사회는 극히 적었다. 귀족적 이상과 가치를 열망하지 않고 얻을 기회가 없는 사람까지도 그것에 찬탄을 보냈다. 유럽에서는 또한 스위스와 네덜란드, 정도는 다소 약하지만 프랑스를 제외하면 제1차 세계대전 때까지 귀족적 규범을 모범으로 여겼다.[267] 유럽에서 오스트레일리아나 미국 북부 주들처럼 철저히 중간계급적인 정신 구조를 보이는 사회는 소수에 지나지 않았다. 미국 남부 주들의 노예 소유 농장주들은 남북전쟁이 끝날 때까지도 유럽 귀족의 가치관과 생활 방식을 모방하는 것을 멋있는 일로 생각했다. 많은 농장주가 노예제가 폐지된 후에도 이를 갈망했다. 일반적으로 유럽 귀족과 해외 식민지 엘리트 사이에는 많은 연관과 공통된 특징이 있었다.[268]

남북전쟁 이후의 미국은 세계의 큰 나라들 중에서도 가장 '부르주아지적'이었다. 이제 노예제에서 벗어난 농업은 19세기의 마지막 삼분기에 큰 호황을 누렸다. 이는 유럽의 귀족에게 영향을 미쳤다. 신세계가 식량을 점점 더 싼값에 수출하면서 세계적으로 농산물 가격이 하락했고, 이로써 유럽 귀족의 농업은 손실을 보았다. 그 손실은 (영국을 제외한) 유럽 대륙의 귀족이 영향력을 행사해 도입된 보호관세로써만 만회할 수 있었다.

유럽 밖에서는 귀족 개념이 매우 다른 형태를 띠었다. 시암처럼 절대적 군주제가 유달리 강력했던 곳에서는 궁정에서 독립적인 귀족이 결코 발달할 수 없었다. 이는 (오늘날의 사우디아라비아처럼) 유달리 큰 왕실이 있는 곳에도 적용된다. 그런 곳에서는 군주의 가문과 군주를 둘러싼 귀족을 구분하기가 어려웠다. 그러한 경우에 귀족의 운명은 프랑스에서 그렇듯이 왕족의 운명을 가깝게 따라갔다. 일본의 귀족은 도쿠가와 가문 출신의 쇼군에게 봉사하면 중앙 권력과 직접적으로 연결되었다. 그러나 귀족의 특권을 보유한 대다수 사무라이 가문은 250명 남짓한 다이묘에게 배속되었다. 이러한 상황에서 견고하게 닻을 내린 지주 귀족의 출현은 불가능했다. 그러나 다이묘의 영지 관리를 담당한 하급 귀족 사무라이는 지위를 향상시킬 수 있었으므로 사회에서 순전히 방어적이고 무기력한 부분은 아니었다. 바로 그들에게서 국가 일신의 운동이 일어나 1867년에 바쿠후 시대를 끝냈다. 귀족 특권의 외적 상징은 몇 년 안에 사라졌지만, 동시에 이전의 수혜자들은 산업화를 겪고 있는 제국 국민국가의 건설에서 새롭게 중요한 역할을 떠맡았다. 이 과정에서 패자는 다이묘였으나, 이들은 혁명적 소용돌이에 휩쓸려 박해를 받지는 않았으며 후하게 대가를 받고 물러났다.

서구의 국가 개념과 사회 개념은, 특히 양자가 날카롭게 대조된다는 관념은 서구 밖의 여러 상황에 쉽게 적용할 수 없다. 이는 특히 전통적인 관료 엘리트층이 있는 중국에 해당하는 말이다. 과거제도는 사회생활을 조절하는 주된 장치였다. 기회를 할당했으며, 가족의 운명을 결정했고, 적어도 이론상으로는 사회적으로 특권이 없는 사람들도 열심히 공부해 상층으로 출세할 수 있었기에 사회 전체에 입신양명의 기대와 희망을 불어넣었다. 그런데도 과거제도는 '아래로부터의' 자기 조절 사례는 아니었다. 과거제도는 마지막까지 국가가 사회질서에 개입하는 데 이용한 도구에 머물렀다. 그 목적은 두 가지로 거대한 제국의 여러 지역을 결속한 유일한 요소였던 행정부의 효율성을 보장하고 지역 세력 중심지들의 유착을 예방하는 것이었다. 중국의 상층(서양에서는 '만다린'으로 칭했다.)은 다른 무엇보다도 사회의 나머지 집단에 모범이 되고 공통의 유교적 세계관을 통해 제국의 사회적 관행을 결정하는 교양 있는 신사라는 자기 이미지로써 귀족적인 특징을 유지했다. 고위 관료들은 우월함의 광채로 둘러싸여 있었는데, 이는 타고난 것이 아니라 엄청난 노력을 들여야 얻을 수 있는 것이었다.

19세기 말에 귀족과 귀족에 준하는 상층계급은 전혀 사라지지 않았다. 군주제를 계속 유지한 곳에서는 여전히 궁정 귀족이 절대적으로 필요했다. 그러나 프랑스 혁명 이전의 시기와는 대조적으로, 귀족은 거의 어디서나 수세에 몰렸다. 19세기 전반에 (프로이센에 관한 프리츠 스턴Fritz Stern의 논평을 인용하자면) 귀족은 오로지 "적응을 통해 더 강해졌다."[269] 경제적으로 보면 귀족의 지위는 압도적으로 농업 생산에 의존했다. 귀족의 몇몇 대표자가 공업에서 성공했다고 해도, 이는 귀족 계급 전체에 적용되지는 않는다. 정치적으로는 입헌주의와 민주화가 언제나 귀족의 영향력에 강타를 날렸다. 귀족은 폭넓은 사회적 동맹을 이끌어 내는 재주가 없었으므로 다수의 지지를 얻기가 어려웠다. 문화적 측면에서 보면 귀족의 취향이 사회에 행사한 지배력은 약해지고 있었다. 귀족은 특별한 경쟁 없이 예술의 후원자나 건축주로서 오래도록 중요한 문화적 지위를 유지할 수 있었다. 그러나 이러한 상황은 요제프 하이든과 볼프강 아마데우스 모차르트 시대의 오스트리아 빈을 마지막으로 사라졌다. 이후에는 돈을 내는 중간계급의 관객이 문화생활을 주도했다. 궁정도 궁정 극장도 없었던 미국에서는 상황이 처음부터 이와 같았다.

유럽과 북아메리카 밖에서 권력 지위의 세습에 문제를 제기한 것은 아래로부터의 사회혁명도 성공한 중간계급의 경쟁도 아니었다. 아시아와 아프리카, 태평양 지역에서는 세계적인 식민주의가 가장 강력한 혁명 세력으로 드러났다. 식민주의는 재산 강탈이나 가혹한 세금을 통해 토착 귀족의 토대를 흔들었고,(벵골의 자민다란zamindaran을 예로 들 수 있는데, 특히 1870년 이후에 이 지주들은 경제적으로 새롭게 떠오르는 중간 수준의 농민들로부터 추가로 압박을 받았다.)[270] 그들의 권한을 빼앗고 무장을 해제했으며, '간접 통치' 체제에서 그들의 활동 영역을 좁게 제한했다. 어디서나 식민지 시대 이전의 엘리트는 식민주의 때문에 운신의 폭이 줄어들었다. 이들은 재산을 전부 다 빼앗기는 일은 드물었고 사실상 물리적으로도 결코 완전히 제거되지는 않았다. 이들의 철저한 서구화와 동화는 예외적인 현상이었다. 안정적인 토지 재산이 아니라 통치자에 대한 충성과 봉사의 대가를 기반으로 하는 오래된 공로 귀족(프리야이priyayi)이 있었던 자와에서는 귀족이 "영원히 변치 않을 도덕적이고 자율적인 정체성의 새로운 발견"을 위해 얼마나 열심히 노력했는지 분명하게 드러났다.[271] 20세기 중반에 식민지에서 해방된 이래로 귀족은 과거의 식민지 세계 그 어디서나 거의 아무런 역할도 하지 못했다. 이는 식민지 시대에 귀족이 약해진 데다 식민지 체제의 친위병으로서 구체제에는 가까우면서 민족해방운동과는 거리를 두었기 때문에 생긴 결과였다.

귀족은 사회의 다른 집단들보다 더 '세계적인' 성향을 지녔는가? 엘리트 층이 다른 인간들보다 더 많은 통신 자원을 자유롭게 쓸 수 있다는 것은 자명한 사실이다. 장원의 영주는 소작인들보다 더 멀리 돌아다니고 민족문화에 더 깊이 관여한다. 근대 초에(19세기에 이르기까지) 유럽 귀족의 자식들은 그랜드 투어에 나섰다. 이 여행으로 그들은 지중해와 이스탄불로, 때로는 북아프리카로, 심지어 인도까지 갔다. 19세기에 호화로운 여행 상품이 등장해 부유한 중간계급의 마음을 사로잡으면서, 유럽의 귀족은 여행을 통한 교육의 독점을 상실했다. 결혼은 특히 상층 귀족에서 여전히 먼 거리를 오가며 이루어졌지만, 하급 귀족은 당대의 소설이 암시하듯이 상대적으로 작은 지역 세계에서 이동했다. 오스틴과 폰타네, 안톤 체호프Anton Chekhov의 소설에 묘사되는 등장인물의 시골 영지 방문이 적절한 사례다. 따라서 19세기의 여러 유럽 국가에서 전국적으로 동질적인 귀족 사회를 이야기하는 것이 과연 가능하기나 할지 논쟁의 여지가 있다. 라틴아메리카에서는 과두 지배층이 전국적인 수준보다는 지역적인 수준에서 조직되는 경우가 더 잦았다. 브라질의 과두 지배층은 혈연관계와 결혼 동맹, 피보호자와 후원자 관계의 네트워크를 통해 권력을 나누는 가장 중요한 전달자였다.[272] 요컨대 귀족은 세계적인 계급이 아니었다.

그러나 문화적 경계를 넘는 신사의 연대는 있었다. 유럽인과 비유럽인의 접촉에서, 공통의 문화적 세계가 아니라 종종 낭만적으로 윤색된 우월 의식에 입각해 그러한 연대가 형성되었다. 식민 제국의 유럽인들은 이른바 군사적인 종족의 가치를 높게 평가했다. 그들을 일종의 '자연적인' 귀족으로 보았던 것이다. 이들은 인도의 마하라자와 함께 여러 문화에 퍼져 귀족을 즐겁게 했던 행위, 즉 사냥을 즐겼다. 광범위한 유라시아 결혼 시장은 결코 실현되지 않았지만, 귀족적인 식민지 행정관들은 남아시아의 다른 주민들보다 인도의 군주들을 가깝게 느꼈다. 북아메리카에서는 마지막으로 남은 토착민이 우울한 윤색 과정을 통해 소멸해 가는 귀족의 대표자로 미화되었다.[273]

농민

늦어도 1880년이 되면 공업은 세계적으로 가장 중요한 경제적 동력이 되었다. 일정한 크기의 국가는 전부 산업화의 중요성을 인식했고, 국민의 복지에 관심이 있는 모든 정부는 공업을 육성하려고 했다. 그러나 역설적이게도 그 시기는 농업의 황금기였고, 따라서 농민의 황금기이기도 했다. 지난 몇백 년에 비해 빠르게 증가한 세계 인구를 먹일 식량이 필요했다. 동시에 새로운 산업이 등장하면서 원료 수요가 엄청나게 증가했다. 농업이 팽창한 원인은 대체로 면화부터 식물성유지까지 공업에 필요한 환금작물의 시장이 전례 없이 큰 규모로 확대되었다는 사실에 있다. 공업의 성장은 결코 농업의 쇠퇴로 이어지지 않았다. 공업과 농업은 이를테면 운송 기술의 발달 덕분에 농산물 수출 능력이 크게 개선된 것처럼 여러 측면에서 서로 의존했다. 농업 생산이 기계화의 도입을 최소한으로 억제한 채 인간의 신체 노동과 동물에 계속 의존하는 곳에서도 산업화는 운송에서 성과를 냈다.

모든 농업이 다 촌락에 모여 살며 작은 땅을 경작하는 전통적인 농민에 의해 수행되지는 않았다. 그러한 조건은 프랑스와 서부 독일에서, 그리고 중국과 인도의 넓은 영역에서도 지배적이었다. 그러나 토지의 이용 형태와 농업 경영 방식은 엄청나게 많았다.[274] 경영 규모, 토지 소유 형태, 노동자의 자유나 속박의 정도, 남녀 간 노동 분업, 생계 지향성이나 시장 지향성의 수준, 정주 형태, 대출 가능성, 수공업과 가내공업 사이의 거리, 농촌 주민이 농업 지역을 벗어날 수 있는 능력 등에서 차이가 있었다. 신기술이(특히 수확기와 뒤이어 등장한 화학비료와 트랙터, 증기 탈곡기가) 농민의 삶에 가져온 매우 큰 변화는 19세기 초 이래로 나타나 1830년 무렵이면 미국에서 점차 두드러졌지만, 그것이 전 세계적으로 의미 있는 현상이 되는 것은 20세기에 들어선 후의 일이다. 그때에 가서야 빈농이 자영농으로 대체되었다. 19세기 농업의 기본적인 현실은 여전히 밭에서 괭이와 낫을 들고 일하는 육체노동이었다. 전 세계 농업인구 중 소수에 한해 농업이 생활 방식이 아니라 사업이 되었다고 말할 수 있었다.[275]

19세기의 주된 경향은 토지 사유화의 확대였다. 이는 영국 의회의 명령에 따른 '개방' 경작지의 인클로저[7]와 공유지, 목초지, 숲, 연못, 샘의 유사한 잠

_____ 7 잉글랜드에서 일어났던 사회현상으로, 공유지에 울타리를 치고 사유화한 일을 가리킨

식과 더불어 시작되었다. 경작되기는 했지만 누구 것인지 불명료한 토지의 소유권이 배타적으로 확립된 여러 변경에서 토지의 사유화가 계속 확대되었다. 19세기는 시골에서 토지의 배타적 소유권이 확립된 시기이자 동시에 이에 반대한 저항의 시기였다. 이 역사는 성장 친화적인 재산권의 승리로서 '신자유주의적으로' 해석되었지만, 연대와 공동체 의식의 상실이자 호혜주의에 입각한 옛 도덕 경제의 파괴로도 해석될 수 있었다.[276] 20세기에 특히 소련과 중화인민공화국에서 집단화한 사회주의적 농업의 대항 운동이 이에 도전했다. 토지는 19세기에, 그리고 1980년대(중국)와 1990년대(옛 소련 진영)에 사회주의 농업경제가 몰락한 뒤 다시금 논란의 여지없이 개인의 소유였다. 그러한 사유화가 반드시 큰 경영체의 출현과 연결되지는 않았다. 노예노동이 폐지된 이후 대농장과 대영지가 해체된 곳에서 농촌의 풍경은 작은, 아주 작은 경영체들로 분할되었다.

농민은 어디서나 시야가 좁다는 악평을 받았다. 누가 거의 세계적이지 않은 삶을 살았다면, 이는 한 곳에 정착한 토지 경작자일 것이다. 농민은 가장 반세계주의적인 인간이었다. 이러한 이미지는 시골이 도시에 비해 새롭게 등장한 원격 통신과 인쇄 매체의 네트워크에 분명히 확고하고 폭넓게 통합되지 못한 19세기에 한층 더 옳게 보였다. 전신선은 작은 마을에는 좀처럼 도달하지 못했으며, 일간신문이 도시 환경 너머로 확산되는 속도는 매우 느렸다. 우편제도가 잘 작동하는 곳에서만 시골은 대규모 순환 체제 안에 편입되었다. 특히 미국에서는 통신 판매 사업이 도시와 시골을 연결하는 중요한 고리가 되었다. 그러나 20세기에 역사상 가장 근본적인 매체 혁명의 하나였던 라디오와 텔레비전이 세계적으로 확산되면서 시골의 고립은 돌이킬 수 없게 축소되거나 종식되었다.

그런데도 시골의 고립은 상대적이었다. 시골은 자연스럽게 온갖 종류의 네트워크 안에 들어갔지만, 그 과정은 비교적 더뎠고 늦었으며 불완전했다. 그러므로 시골의 후진성은 근대화의 역설적인 부산물이었다. 여러 경향이 이

다. 그 결과 생계를 공유지에 의존했던 사람들은 빈민이 되거나 도시의 하층 노동자로 전락했다.

에 대립된다. 근대 초에 이미 식물과 동물이 대륙 간 이동을 통해 여러 곳에서 완전히 새로운 농업의 기회를 만들어 냈다. 이는 19세기에도 지속되었다. 새로운 경작 기회가 열리고 세계 상업에 새로운 영역이 결합했을 때, 이는 사회구조에 중대한 귀결을 가져왔다. 수출을 위한 생산이 이루어지자마자, 노동의 조직과 남녀 간 노동의 역할 분담이 변화했다. 기업가의 기능이 새롭게 출현했으며, 새로운 기업가들은 자기들만의 경제적·정치적 세력 기반을 만들어 냈다. 수출 지향성이 노동력의 상황에 획일적인 영향력을 미치지는 않았다. 19세기에 이로부터 새로운 종류의 종속이 나타났는데, 전형적인 종속은 강제 노동 체제와 노예제가 아니라 시장의 불확실성에서 나온 것이었다.[277] 낭만적으로 미화된 농민이 계절의 순환에만 의존하는 것처럼 보였다면, 이제 많은 농민은 경제의 호황과 불황에 딸린 치명적인 힘에 종속되었다.

농민은 세계 사회를 바라보았나? 농민은 '세계적으로' 사고했나? 대답하기 어려운 질문이다. 몇몇 대규모 수렴 경향을 지적하는 것이 더 쉽다. 개별 유럽 제국 안에서 생산을 과학적이고 농경학적인 토대 위에 올려놓으려는 시도가 이루어졌다. 초기에는 가장 중요한 생물학 연구 시설이기도 했던 식물원의 설립도 제국의 목적에 봉사했다. 예를 들면 런던의 큐 국립 식물원은 영제국 전체를 위한 식물 연구소가 되었다. 그곳에서 자란 식물이 열대지방에 전래되어 토착 사회에 큰 영향을 미쳤다. 18세기 유럽에 화려하게 장식된 '중국' 정원이 세워진 데 이어, 19세기 후반 유럽인과 북아메리카인은 여러 상이한 생태학적 조건의 정원 풍광을 재현하고자 거듭 노력했다. 식물학자와 임학 전문가, 농학자는 예를 들면 캘리포니아와 오스트레일리아 사이의 체계적인 식물 이전을 계획했다.[278] 농촌 생활은 문화적으로 상이한 조건에 있었지만, 그 매력을 유지했다. 산업화 초기에 낭만파 화가들은 목가적인 전통을 불러냈다. 19세기 말에 이른바 대도시의 폐해에 반대해 오늘날 친환경 도시의 선구자인 전원도시라는 도시 계획가들의 이상이 등장했다.

그러나 농촌 의식의 세계화를 미화해서는 안 된다. 화폐경제가 서서히 농촌에 침투하면서 대규모 순환 체제로 연결이 가능해졌던 것처럼,(심지어는 '고도로 발달한' 미국에서도 19세기의 농민은 여전히 여러 곳에서 물물교환을 하고 있었다.)[279] 더 큰 지식 영역에 관여하려면 일정 수준의 학교 교육이 필요했다. 문자 해독 능력만 갖춰도 시골 주민은 더 많은 활동에 참여할 수 있었다. 19세기 말의 짧은 막간 동안에 글쓰기가 세계적으로 널리 우세했다가 라디오와 텔레비전에 힘입어 말하기의 시대가 돌아왔다. 문자 해독 능력은 언제나 선택적이어서 농촌 사회 내에 새로운 차이를 만들어 냈다. 종교적 차이가 덧붙여지면 그런 차이가 특별히 더 심했다. 예를 들면 초등교육을 오로지 기독교 선교사들이 독점적으로 제공하는 곳에서는 개종자와 비기독교도 사이의 문화적 격차가 벌어졌다. 문화의 전 영역에서 사람들에게 살던 마을에서 가장 고되고 비천한 육체노동을 하는 대신에 밖으로 나가 더 나은 직업을 얻을 수 있게 한 것이 바로 문자 해독 능력이었다. 19세기에 농촌 주민의 문화적 향상은 종종 민족주의적으로, 국력의 결집으로서 조장되었다. 이를테면 군대는 명령서와 교범을 읽을 수 있는 신병이 필요했다. 그러나 문자 해독 능력은 또한 문화적 세계성의 전제 조건이었다.

조용히 한결같은 노동을 수행하는 착실한 농민은 결코 일반적인 법칙이 아니었다. 농민은 공멸의 전쟁과 군대의 폭력에 각별히 취약했다. 이동할 수 없었거나 땅을 버리고 피신해도 다른 방식으로 생계를 꾸릴 수 없었기 때문이다. 그러한 사정은 이를테면 군벌들과 부족들이 거의 상시로 전쟁을 하던 18세기 후반의 이란에서 두드러졌다. 시골 땅에서 사람이 많이 사라졌으며, 남아 있는 농민은 약탈당하고 지극히 가혹한 세금에 시달렸다. 농촌 주민은 기아 직전에 몰렸다.[280] 현재에 이르기까지 볼 수 있는 여러 사례는 일반적인 법칙을 확인해 준다. 다시 말해 촌락민은 적어도 도시민만큼 국가의 괴롭힘을 당하지 않을 정도로 자족적이지는 않았다.

1880년대에 시골에는 어떤 변화가 있었나? 농민 봉기와 농민전쟁은 결코 과거의 일이 아니었다. 1900년을 전후해 한층 더 격렬한 농민 봉기와 농민전쟁이 있었다. 1907년 루마니아에서 대규모 농민 폭동이 발생했으며, 러시아 제국의 유럽 지역은 소요가 끊이지 않기로 악명이 높았고, 1910년에 멕시코에서 발발한 혁명은 강한 농민 정치의 성격을 띠었다. 그러므로 시골의 '사회문제'는 전혀 해결되지 않았다. 그렇지만 그 시기의 전형적인 여러 과정은 '농촌 근대화'라는 제목으로 요약할 수 있다.

첫째, 생산자의 법적 지위가 향상되었다. 유럽에서는 프랑스 혁명이 농민 해방 과정을 촉발했다. 1848~1849년의 혁명들에 뒤이어 유럽의 거의 전역에서 농민은 비경제적인 봉건적 부담에서 벗어났다. 이렇게 농민이 법적으로 제한된 신민에서 적어도 서류상으로는 자율적인 시민으로 변화하는 과정의 마지막 조각은 1861년 러시아 제국에서 농노제가 폐지된 것이었다. 그렇지만 농민의 해방이 언제나 자유로운 근대로의 점진적 이동은 아니었다. 조건이 불리하면 그 과정은 결국 "농민의 빈곤과 권위주의적 농업 자본주의"로 귀결되었다.[281]

둘째, 19세기에는 농업에서 자본주의가 발달했다. 이는 다른 어느 곳보다 서반구에서, 특히 미국과 캐나다의 변경 지역에서 일어난 현상이다. 그 특징적 면모는 노동자를 고용한 보통 규모나 큰 규모의 가족회사가 강화된 것이었다. 농업 노동자라는 역사적 존재는 산업 프롤레타리아에 밀려나지 않았다. 두 종류의 임금노동자 모두 자본주의 발전의 일부였다.

셋째, 노예무역과 노예노동의 종식 이후 새로운 유형의 독립적인 농민이 출현했다. 노예에 의존한 이전의 생산 중심지, 특히 카리브해 지역에서 이행기를 거친 후 대체로 자급하는 소농 공동체가 서서히 나타났다. 대서양의 반대편에서는, 즉 전통적으로 노예의 공급지였고 대서양 건너편으로 보낼 노예의 포획이 가장 중요한 경제활동의 하나였던 서아프리카 지역에서는 이른바 합법적인 상업을 통해 농민이 새로운 기회를 얻었다.

18세기 중엽부터 19세기 말에 이르는 시기는 농민의 가을이었다. 시골의 우위는 산업화와 도시화로 인해 불확실해졌다. 세기말에 세계 여러 지역에서 시작된 농업 생산의 기술화는 육체노동이 기계 노동과 대규모 농장 경영, 세계적인 농업 기업으로 대체되는 새로운 시대가 열렸음을 의미했다. 동시에 시골 생활은 엄청난 활력과 지구력을 보여 주었다. 노예제와 농노제가 폐지된 후에는, 그리고 농업 생산이 중국이나 인도 같은 나라에 자본주의적으로 집중되지 않았을 때는 소농 가구가 지배적이었다. 소농 가구는 여러 상이한 상황에서 가장 효율적인 생산 단위로 입증되었다. 농업에서 규모의 경제가 갖는 이점은 공업보다 훨씬 적었다. 농업 노동자를 고용한 대기업은 독립적 경영이 가능한 가족 사업보다 일반적으로 더 효율적이지 않았다.[282] 여러 곳에서 농촌 지역은 철도를 통해 도시와 더욱 긴밀히 연결되었지만, 완전히 발달한 철도망도 기껏해야 작은 시장 도시에 도달했을 뿐이지 그 너머로는 좀처럼 가지 못했다. 20세기에 들어 도로가 건설되고 자동차가 보급된 후에야 도시와 시골의 차이는 급격하게 소멸한다. 그리고 20세기 후반에 세계 여러 지역에서 거대도시가 건설된 후에야 촌락은 파괴되어 사회적으로나 문화적으로 근대화의 허약한 유물로 바뀐다.

노예

19세기를 부르주아지의 시대라고 생각할 만한 이유는 충분하다. 자유 관념이 점점 더 크게 존중받고 도시 중간계급의 태도가 세계적으로 확산되었으며 시민권 개념, 즉 한 나라의 남성 국민이 법적으로 평등한 지위를 갖는다는 관념이 규범으로 채택되면서, 지나치게 비부르주아지적인 생활 방식은 억압되고 종국에는 소멸했다. 부르주아지의 정반대는 적어도 이론상으로는 노예였다.

실제의 역사는 다소 복잡한 경로를 거쳤다. 노예제가 19세기 중반까지도 도처에서 계속해서 큰 영향력을 지녔고 그 시기의 사회사적 특징이었기 때문이다. 노예제의 종식은 나름의 특별한 동기와 이해관계를 지닌 여러 행위자가 기여한 기나긴 과정이었다. 극단적인 부자유가 돌이킬 수 없는 자유의 행진에 굴복한 것은 분명히 아니었다. 1890년이 되어야 노예제는 본질적으로 패배했다고 볼 수 있다. 이 승리가 오래 가지도 않았다. 1930년대에 공산주의와 파시즘의 전체주의 체제가 한 번 더 감금과 착취, 사회적 원자화의 노예제 성격을 띤 형태를 보여 주었기 때문이다.[283]

18세기 중엽에 노예제는 다양한 형태로 존재했다. 그러나 이를 논하기 전에 노예제가 흔적만 남았거나 전혀 없었던 곳이 어딘지 살펴볼 필요가 있다. 이 점에서 오스트레일리아를 떠올리기는 쉽지 않다. 그곳이 놀랍게도 지구상에서 유일하게 노예제가 없었던 대륙인데도 그렇다. 오스트레일리아 토착민은 확실히 노예의 존재를 몰랐다. 영국 정부가 1788년부터 기결수를 이송했지만, 생활 조건이 매우 가혹했어도 그들은 노예가 아니었고 법이 정한 과도기를 지나면 새로운 영국 식민지의 자유로운 시민으로서 새로운 삶을 시작할 수 있었다. 토착민은 차별을 받았고 억압당했으며 심히 잔인한 대우를 받았지만 노예의 지위로 전락하지는 않았다. 영 제국의 다른 곳에서 노예가 수입되지도 않았다.

아시아에는 여러 시기에 어디에나 노예가 있었다. 1750년 무렵의 일본에서는 노예제가 유럽의 경우만큼이나 드물었다. 중국의 노예제는 크게 축소되어 의미 없는 자취만 남았다. 1644년에 만주족이 중국을 정복한 이후에는 당대의 러시아나 유럽의 식민지에서 전개된 상황과 유사하게 대규모로 노예 체제를 수립하는 것이 이론상으로는 가능했을 것이다. 만주족은 그 근원지인 북쪽 지역에 있을 때부터 노예제에 익숙했다. 게다가 극복할 수 없는 인도주의적 장애도 없었다. 그렇지만 청나라 황제들은 상층계급이 노예를 포함해 너무 많은 자원을 수중에 장악하는 일이 없도록 유의했다. 1730년대에 황제는 특히 상업적으로 크게 번성한 지역에서 소작농을 사실상의 노예로 격하시키는 것을 불법화했다.[284] 18세기와 19세기에 중국 농민은 노예도 농노도 아니었다. 일본도 중국도 노예를 보유할 수 있는 해외 식민지가 없었다. 한국은 동아시아에서 유일하게 10세기에 도입된 세습 노예제가 19세기에 들어선 후까지 지속될 수 있었던 나라였다. 17세기 이래로 세습 노예제를 비판하는 견해들이 있었지만, 효력은 없었다. 세습 노예제는 1886년에 가서야 폐지되지만, 노예제 자체는 1894년에 일본의 영향을 받은 정부가 폐지한다.[285]

노예제는 대서양 세계와 동양 무슬림 사회의 특징이었다. 아프리카에서 중첩되는 두 세계의 영역에서 노예제는 18세기 중엽에 최고조에 달했다. 아프리카에서 신세계로 향하는 노예 수송은 실제로는 1790년 무렵에 절정에 이르렀다. 그때 대서양 세계의 옛 노예 체제는 세 가지 방식으로 토대가 흔들리고 있었다.

첫째, 유럽의 해외 제국을 닫힌 경제 영역으로 구상했던 전통적인 중상주의가 점차 지탱하기 어려워졌다. 초기의 세계무역 질서는 밀수의 증가와 자유무역 관념의 출현뿐만 아니라 (특히 전시에) 국가의 통제력 축소로도 근간이 훼손되고 있었다.

둘째, 유럽과 북아메리카의 영국 식민지에서 출범한 노예제 폐지 운동이 점점 더 중요해졌다. 최초의 의미 있는 성공은 1772년에 영국의 대법관인 맨스필드 백작 윌리엄 머리William Murray가 내린 판결이었다. 생전에 가장 유력한 영국 법률가였던 그는 이 판결로 영국제도의 영토에서 그 누구도 노예 신분으로 살 수 없다고 결정했다. 따라서 영국으로 들어온 노예는 법적으로 부자유한 지위에서 벗어났지만, 자발적으로 식민지로 돌아가면 다시 노예가 될 수 있었다. 1776년에 네덜란드 의회도 비슷한 법령을 발포했다. 그러나 장기적으로 노예무역과 노예제에 반대하는 가장 중요한 동력은 정부가 아니라 정부에 대중적 압력을 가한 인도주의적이고 (모든 경우에 다 그렇지는 않았지만) 흔히 종교적인 시민운동에서 나왔다.

셋째, 아이티 혁명은 노예 스스로 노예제를 폐기할 수 있음을 알리는 횃불이 되었다. 역설적이게도 아이티 혁명은 노예제 반대자의 입장과 노예 소유주의 입장 둘 모두를 확인했다. 노예제 폐지론자들에게 아이티 혁명은 노예제를 유지할 수 없음을 증명했던 반면에, 플랜테이션 농장 소유주들은 한층 더 경계를 강화했고 혼란과 인종 전쟁이 초래될 것임을 한층 더 뜨겁게 경고했다.

노예제 폐지에 앞서 거의 언제나 노예무역이 먼저 중단되었다. 노예무역의 중단은 상대적으로 저항이 덜했기에 이끌어 내기가 더 쉬웠다. 노예는 소유자의 재산으로 여겨졌기에, 어떤 경우에나 위로부터, 즉 식민지 정부에 의해 시작되어야 했던 노예해방은 소유권의 박탈을 의미했다. 그리고 재산을 빼앗긴다는 의식에는 대개 보상의 요구(노예가 아니라 노예 소유주의 요구)가 뒤따랐기에, 노예제 폐지는 교역로의 중단보다 국가 재정에 더 큰 부담이 되었다.

노예제는 사회사만의 주제가 아니다. 노예제를 사적 종속으로만 본다면 이는 너무 협소한 해석이다. 유럽의 고대 이래로, 그때부터 노예제를 옹호하는 논거가 제시된 이래로 노예제는 늘 정치적인 문제였다. 노예는 정치 공동체 밖의 존재였다. 노예는 시민이 아니었으며 그 어떠한 시민권도 누리지 못했고 전혀 법의 보호를 받지 못했다. 예를 들면 노예의 결혼은 법적 효력이 없었다. 노예제는 심히 엄격한 제도여서 노예제로부터 이익을 얻는 자는 누구도 안으로부터 그 제도를 개혁할 생각을 하지 않았다. 조금이라도 양보한다면

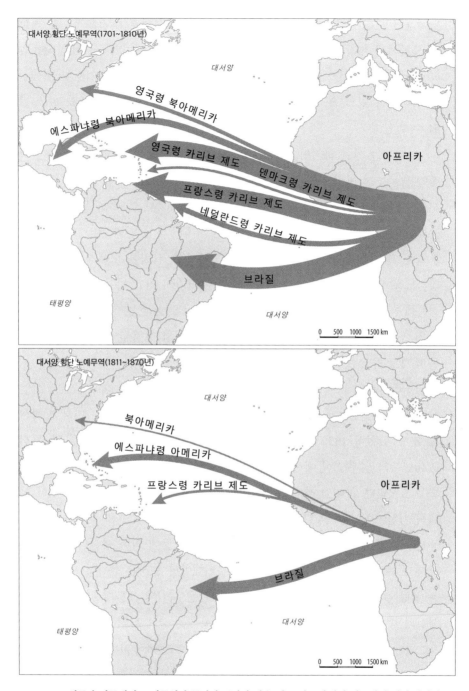

　　　　영국과 미국에서 노예무역이 동시에 금지된 것은 결코 하루아침에 이루어진 일이 아니었
지만, 노예무역의 중단은 1808년 이후에 아프리카에서 나오는 노예의 규모와 이동 방향에 영향
을 미쳤다. 그렇지만 거대한 두 노예시장(에스파냐의 식민지인 쿠바와 1880년대까지도 노예제가 합법이
었던 신생 독립국 브라질)이 유지되는 한, 대서양의 나머지 지역에서 노예무역은 감소하지 않았다.

노예제의 토대가 흔들릴 수 있었다. 자유가 어떤 형태로든 전체적으로 거부된 상황에서 특정 자유의 문제는 제기되지 않았다.[286] 마지막 국면에서(예를 들면 브라질에서) 점진적 해방이 가능한 것으로 드러났지만, 원칙적으로 노예제는 아이티와 영 제국, 미국에서 일어난 것처럼 혁명적 행위를 통해서만 제거될 수 있었다.

노예제는 지난 과거의 낡은 유물이 아니었다. 노예제는 경제적으로 효과적인 노동조직 방식으로서 농업 생산에 적용할 수 있을 뿐만 아니라 광산에서, 운하와 철도의 건설에서, 심지어 직물 공장에서도 쓸 수 있는 것으로 입증되었다. 플랜테이션 농장의 노동은 여러 점에서 훗날 컨베이어 벨트의 노동 분업을 연상시키는 작은 부분들로 조직되었다.[287] 완전한 노예제와 자유로운 임금노동 사이의 중간 형태는 아시아와 아프리카의 기간 시설 건설에 널리 퍼졌는데, 이들은 대개 기결수 노동자였거나 급여를 전혀 받지 못하거나 박하게 받은 '조공' 노동자, 즉 '간접적' 식민 통치 상황에서 현지 군주들이 보호에 대한 대가로 공급한 노동자였다.[288]

미국 남부의 노예 지역은 가장 중요한 원면 공급지로서 대서양 권역 산업 자본주의와 긴밀하게 얽혔다. 노예제와 경제적 근대성의 관계는 미국 밖에서도 볼 수 있었다. 1822년에 브라질이 포르투갈로부터 독립을 선언한 뒤, 특히 1840년부터 남부 지방에서 커피를 기반으로 출현한 경제는 최신의 산업 기술을 요구하는 근대적 사업 방식과 결합했다. 이 경제는 또한 철도와 대양 항해 증기선이 없었다면 그렇게 높은 수준에 도달하지 못했을 것이다. 그러나 동시에 커피 경제는 임금노동과 공존했던 노예노동에 의한 생산의 증가를 낳았다. 노예노동으로 운영된 많은 커피 플랜테이션 농장은 근대 초의 악명 높은 설탕 플랜테이션 농장보다 더 컸다.[289] 같은 시기에 새롭게 떠오르는 설탕 생산의 중심지였던 자와에서는 국가가 통제하는 강제 노역(노동자를 아무런 권리도 없는 '물건'으로 격하시키지 않았기에 노예제와는 구분해야 한다.)이 점차 임금노동으로 대체되었다. 설탕 가공 공정에는 복잡한 산업 기술이 쓰였기 때문에 강제 노역은 의지할 만한 것이 못 되었다.[290]

미국의 노예제는 남북전쟁 때까지는 계속 팽창한 사회제도였다. 아프리카

_____ 브라질로 가는 노예선의 노예들. 요한 모리츠 루겐다스(Johann Moritz Rugendas)의 1830년 무렵 작품. 브라질은 아메리카에서 노예제를 가장 늦게(1888년) 폐지한 나라다. 19세기에 더 익숙한 노예제 이미지는 플랜테이션 농장에서 일하는 노동자 집단과 노예의 강제 이송, 도망 노예의 사냥에 집중되어 있다. 남북전쟁 때까지, 브라질에서 노예제가 폐지될 때까지, 노예제는 유럽과 오스트레일리아를 제외한 모든 대륙에서 합법적인 제도로 존속했다. (Wikimedia Commons)

로부터 직접 공급되는 노예가 사라졌지만, 노예의 수가 줄지는 않았다. 국내의 노예 재생산을 통해 그 인구는 증가했다. 국내에서 노예는 활발하게 거래되었는데, 노예제가 종식될 때까지 노예 가정을 상시로 위협한 가족의 강제 분리를 포함해 온갖 잔혹한 방법이 다 쓰였다. 이러한 노예 매매를 통해 북쪽의 오래된 노예주들로부터 경제적으로 가장 역동적이었던 지역, 특히 미시시피강 하류의 면화 재배 주들Deep South로 새로운 노예가 공급되었다.[291] 많은 노예 소유주는 심지어 쿠바와 중앙아메리카를 포괄하는 거대한 노예제 제국을 건설할 희망도 품었다. 이들의 야심 찬 구상에 따르면, 미국이 개입하면 아이티에서 일어난 것 같은 노예 반란이 쿠바에서 일어나는 것을 예방하고 에스파냐가 지배하는 섬을 영국이 병합해 노예를 해방하는 일도 막을 수 있을 것이었다.[292]

신세계의 노예제는 폭넓은 범위의 개인적 속박에서도 뚜렷이 돋보였다.

우선 신세계의 노예제는 '위로부터'의 의도적인 계획이 두드러졌으며, 유라시아에서처럼 장기간의 우연한 사회적 발전을 통해 등장하지 않았다. 그러므로 그것은 언제나 지역적 특색이 강한 사회적 요소가 아니라 하나의 '체제'였다. 또 다른 특징을 말하자면 플랜테이션 농장 노예제라는 지배적인 형태에서 토지와 농업과 연결되었다는 점이다. 표준적인 노예 소유주는 인간과 땅을 다 보유했다. 노예제는 그 둘을 결합했다.

반면에 옛 세계에서는 인신에 대한 권한과 지배력이 토지에 대한 통제권보다 더 중요했다. 농업 노예와 나란히 군사 노예나 하렘 노예 같은 매우 다양한 형태의 노예가 있었다. 그러나 미국 노예제는 그렇게 독특한 면모를 지녔는데도 고립된 특별 사례로 인식되지는 않았다. 유럽의 보수적 엘리트는 아메리카 대륙에서 한 명의 노예도 소유하지 않았지만 위계질서에 따른 종속을 유지하는 데 관심이 있었기에 미국에서 노예제가 지속되는 것을 호의적으로 보았고, 남북전쟁 동안에 반란을 일으킨 남부 주들에 널리 공감했다. 따라서 남북전쟁에서 아프리카계 미국인 병사와 시민들의 결정적인 기여로 북부가 승리한 것은 미국 국경 너머로 멀리 퍼진 하나의 신호였다. 북부의 승리는 세계사적 반향을 일으켰다. 남부 연합이 승리했거나 전쟁이 교착상태로 끝나 미국이 분할되었다면 거대한 노예 국가가 존속할 수 있었을 것이고, 이는 전 세계적으로 노예해방운동과 개방적 사회의 출현에 부정적 결과를 가져왔을 것이다.

유럽인들은 아프리카에 노예제를 이용한 대규모 플랜테이션 농장을 세우지 않았다. 그곳에는 카리브해 유형의 식민지 노예사회도 없었다. 하지만 19세기 아프리카 대륙의 넓은 영역에서는 노예제가 사회 발전에 그늘을 드리웠다. 대서양 노예무역이 1808년 이래로 일정하지 않은 과정을 거쳐 서서히 줄어들었을 때, 수출할 수 있는 노예의 '생산'이 주된 임무였던 서아프리카 사회들이 영향을 받았다. 아프리카 서해안을 따라 수많은 사회가 무장 습격으로 인간을 사로잡아 유럽인에게 판매하는 일을 전문으로 했다. 이 사회들이 농업 생산에 종사하면 이때 필요한 노동도 노예들이 수행했다. 아마 여성 노동자가 선호되었을 것이다. 그러나 아메리카의 경우와는 대조적으로 이들은 상업과 연안 항해, 어업같이 감독이 쉽지 않은 이동성 작업에도 폭넓게 노예를 이용했다. 번화한 해안 도시들에서는 노예 거래 업무도 대체로 외국인 고객을 위해 일하는 노예들이 담당했다.[293]

이렇게 특별한 사회적 형태들은 대서양 건너편의 노예 수요와 맞물려 쇠퇴했으며 결국 완전히 종식되었다. 영국 해군이 노예 운반을 중단시킬 기술적 능력을 갖추고 정치인들이 그럴 의지를 보이면서 진행된 그 과정은 수십 년을 끌었다. 그 밖의 다른 요인은 해외의 수요 변화였다. 식민지 시대 이전의 서아프리카에서는 기름야자 같은 농산물을 수출할 새로운 경제적 기회가 한편으로는 자유로운 농민의 강화로, 다른 한편으로는 노예가 더는 주된 역할을 하지 않는 새로운 종류의 플랜테이션 농장의 출현으로 이어졌다.[294]

노예제의 존속

그렇지만 19세기에 아프리카에서는 노예무역도 노예제도 사라지지 않았다. 특히 이슬람이 지배한 곳에서는 대서양 노예무역이 폐지된 이후 비록 양적으로 정확히 파악할 수는 없지만 노예제가 사실상 '완전히 전례 없는 수준'에 도달했다.[295] 아프리카의 북동부와 사하라 사막 이남 대초원 지대에서 북아프리카와 아라비아로 노예가 수송된 것은 이슬람이 들어오기 전부터 있었던 일이다. 이는 한참 나중에 시작된 대서양 노예무역의 부산물이 아니었다. 18세기 말과 19세기에 가장 중요한 노예무역 경로는 사하라 사막을 가로질러 모로코에서 이집트에 이르는 지중해 연안으로 이어졌다. 다른 경로는 바다를 건너 아라비아반도와 인도, 동남아시아, 그리고 인도양의 몇몇 섬으로 이어졌다.[296] 이 사업은 압도적으로 아랍 상인이 지배했지만, 유럽인들도 오랫동안 이에 관여했다. 포르투갈 사람들이 식민지 모잠비크에서 중국 남부의 항구 마카오로 노예를 수송한 것은 1800년 이후에야 시작되었다. 18세기 초에는 마카오 인구의 약 3분의 1이 노예였을 것이다.[297]

대서양 노예무역과 동양 노예무역은 여러 가지 방식으로 서로 맞물렸다. 피부색 개념과 종속 개념은 일찍부터 문화의 경계를 넘어 영향을 주고받았다. 교역망도 서로 연결되었다. 18세기 말에 동아프리카의 스와힐리 상인(대체로 무슬림이 아니었다.)이 마다가스카르에서 구매한 자는 최종적으로 리마나 고아, 메카는 말할 것도 없고 맨해튼에서처럼 모리셔스에서도 노예 신세가 될 수 있었다.[298] 동시에 알제리 해적들은 여전히 유럽인 노예를 잡아들였다. 이렇게 비자발적인 국경 횡단의 운명은 수없이 많이 볼 수 있다. 이 운명은 멀리 떨어진 최종 목적지로 가는 동안 많은 중간 단계를 거쳤으며, 단계마다 이전의 사회적 관계는 사라지고 새로운 사회적 관계가 만들어졌다.[299]

아프리카와 아시아의 무슬림 사회에서 노예제는 19세기 내내 형태는 상이했으나 사회의 보편적인 요소였다. 오랫동안 널리 퍼진 상투적인 이야기에는 더는 기댈 수 없다. 비교적 무해한 무슬림 아랍의 가내 노예제와 기독교 유럽의 잔인한 플랜테이션 농장 노예제를 일괄적으로 구분하는 이분법도 타당하지 않다. 사나운 아랍인들이 정령신앙을 지닌 무력한 아프리카 흑인을 닥치는 대로 노예로 삼아 학대했고 이 흑인 노예들이 자기들을 해방한 유럽인 식민주의자들에게 감사했다는 것도 사실이 아니다. 그런데도 이슬람 저술에 담긴 노예제의 정당화가 기독교의 노예제 옹호보다 훨씬 적은 자기비판의 저항에 직면했다는 역사적 사실은 남는다. 기독교의 노예제 옹호는 늦어도 1780년대가 되면 지적으로 수세에 몰렸다. 무슬림의 노예제 폐지론은 더 늦게 발전했으며 단호함이 덜했고 대개 서구 모델을 따라갔다.[300] 이슬람 율법에 따라 전통적으로 노예제가 용인된 것 말고도, 일찍이 사막과 사헬(사하라 사막 주변 초원 지대)의 유목민 사회에서 자기들이 '백인'이며 따라서 '흑인'보다 우월하다고 보는 정체성이 형성되었다. 이들에게 '흑인'은 아랍의 무슬림과 혈연관계를 증명할 수 없는 자들이었다. 이런 식으로 지위의 차이는 종족의 관점에서 재해석되었고, 하나의 주민 집단 전체가 생물학적으로 '불순한', 따라서 노예로 삼을 수 있는 자들로 분류되었다.[301] 근대 초의 노예제가 유럽의 중심부에서는 대체로 사라지고 멀리 떨어진 식민지로 건너갔다면, 북아프리카에서 동남아시아에 이르는 이슬람 사회에서는 노예제가 들어선 지 한참 지난 후에도 19세기에 널리 퍼진 사회제도로 남았다.

그러나 노예제를 오직 이슬람과 동일시하는 것은 치우친 견해일 것이다. 무슬림 군벌의 수많은 성전에서 엄청나게 많은 인간이 노예가 되었고 노예를 기반으로 하는 농업과 상업의 큰 중심지 몇몇(잔지바르섬과 서아프리카의 여러 도시)이 무슬림 통치자의 지배를 받았다고 해도, 기독교도인 에티오피아인과 포르투갈인 중에도 노예 소유주가 있었으며, 특히 보어인 이주자들은 1830년대에 케이프 식민지를 떠날 때 수천 명의 노예를 데리고 갔다. 아프리카의 온갖 통치자와 권력 엘리트들이 노예제를 실행했다. 플랜테이션 농장 같은 기본적인 생산 형태는 종교의 경계를 넘어 서로 닮아 있었다. 매우 상이한 친족 제도를 갖는 사회들처럼 다양한 유형의 사회에서 사람들은 여러 방식으로 노예가 될 수 있었다. 출생으로 노예가 되었거나 전쟁 포로로 잡히거나 범죄자에 의해 납치되거나 친척들에 의해 매매되거나 다양한 범죄로 처벌을 받거나 채무를 이행하지 못해 노예가 되었다. 채무 때문에 노예가 되거나 오랜 기간 인신이 예속되는 것은 여러 문화적 상황에서 발견되는데, 인도양 주변에서 가장 오래 지속된 것으로 드러났다. 이 경우에 가장 큰 고초를 당한 것은 여성과 아이였다.[302]

오늘날의 세계사 연구자들이 대서양 세계의 통일성을 크게 강조하지만, 대서양 노예무역의 점진적 쇠퇴, 그리고 아이티와 영국령 카리브해 지역, 미국의 노예해방이 아프리카 사회사의 발전에는 간접적으로만 영향을 미쳤다는 인식이 매우 중요하다. 19세기에 아프리카는 가장 돋보이는 노예제 대륙이었고, 19세기는 노예 소유가 최고조에 달한 시기였다. 아프리카의 특수한 길 때문에 그 대륙은 점점 더 후진적으로 보였지만, 실제로 그 길은 다른 곳의 역동적인 힘과 긴밀히 결합되었다. 아프리카는 북쪽의 이집트 면화에서 남쪽의 다이아몬드까지 산업화에 필요한 원료를 다양하게 공급했다. 동시에 아프리카는 대량 판매처의 역할도 떠맡았다. 특히 폭력의 수준을 높인 소총과 권총이 대단히 많이 팔렸다.[303]

아프리카 쟁탈전이 시작된 후, 유럽의 식민국들은 열의 없이 주저하며 노예제에 반대하거나 노예제를 유서 깊은 제도로 보고 체념했다. 예를 들면 아프리카에서 가장 큰 영국 식민지였던 나이지리아에서는 가내 노예 금지가 1916년에 가서야 효력을 발했다. 국제연맹은 1926년에 뒤늦게 노예제 협약을 승인할 필요가 있다고 판단했다. 식민지 정부는 예를 들면 병사를 충원할 때처럼 피지배 사회의 극단적인 종속 구조에 자주 의존했다. 식민지 시대 초기에 외부인들은 현지인의 노예 소유를 공격해 그들의 심기를 불편하게 만들고 싶지 않았다. 식민지의 경제적 성공에 반드시 필요하다고 여겨진 환금작물 재배에서 노예노동은 보편적이었고 널리 용인되었다. 선교사와 인도주의 단체들이 끊임없이 선동했지만, 유럽이 장악한 지역에서 노예제는 폐지되지 않았고 기껏해야 제한되었을 뿐이다.[304]

노예제에 주목하느라 다른 종속 계층의 운명에 무관심해져서는 안 된다. 19세기에는 노예제의 정의에서 핵심적인 특징인 비인간화라는 도덕적 우산 밑에 포괄할 수 있는 폭넓은 범위의 예속과 종속이 존재했다.[305] 유럽의 변두리 지역에서도 그러한 상황은 오래 지속되었다. 19세기 중반에 루마니아의 공국 왈라키아와 몰다비아에는 수십 만 명의 롬족(집시)이 군주나 수도원, 개인의 재산으로서 일종의 노예와 유사한 지위에 있었다.[306] 중앙아시아에서는 러시아에 정복된 후에야 노예무역과 노예제가 종식되었다. 그때까지 특히 투르크멘인들은 주된 노예사냥꾼이자 노예 소유주로서 호라산을 습격해 약탈했다. 1873년에 러시아가 히바를 점령할 당시에는 그곳과 부하라, 투르크멘 영토에 10만 명이 넘는 노예가 있었다고 한다.[307] 라틴아메리카의 여러 공화국에서는 식민지 시대에 시작된 토착민 인디오의 노동의무가 지속되었다. 이들은 법적으로 차별을 받았고 국가의 교육에서 배제되었으며 공식 이데올로기에서 열등한 종족으로 여겨졌다. 독립과 더불어 이들은 더는 왕국의 신민이 아니었지만 신생 국민국가의 시민이 되지 못했다. 그러나 19세기가 한참 지날 때까지도 국가기관들은 매우 약했고 많은 지역이 세계경제와 단절되었기에 인디오 사회는 평화롭게 지냈다. 한동안 이들은 훗날 외부인들이 들어와 토지를 강탈할 때보다는 실제로 자기들의 땅을 더 잘 통제했다.[308]

노예무역과 노예제의 역사는 진정으로 세계적인 무대에서 전개되었다. 육지와 바다를 통한 노예 거래는 아프리카와 아메리카의 거의 전역과 아시아의 큰 부분에서 이루어졌다. 노예의 최종 목적지에서는 그들이 가져온 문화적 지식이 현지 문화에 통합되어 새로운 혼성 문화를 이루었다. 대서양 노예무역이 사라질 때까지 일종의 대서양 이동성 하층민 사회가 형성되어 유지되었다. 이는 이후에 (남부) 대서양의 양쪽에서 별개의 사회적 발전이 아니라 '세계주의적'인 사회적 발전이 되었다. 대서양 노예무역의 점진적 축소는 이 지역의 포괄적인 해체 과정에, 나아가 탈세계화 과정에 기여했다. 물론 아프리카의 대서양 연안 지역이 17세기와 18세기에 해외 노예무역뿐만 아니라 광범위한 아프리카 순환 체제를 통해서도 통합되었음을 잊지 말아야 한다.[309]

대서양의 양쪽을 이어 주는 연결이 느슨해지면서 출신 대륙에서 멀리 떨어진 아프리카인 디아스포라가 많이 생겨났다. 바로 이러한 상황으로부터 훗날 아프리카에서 자신들의 깊은 뿌리를 찾는 운동들(1930년대 자메이카의 라스타파리 운동)[8]이 출현했다. 영국의 개혁가들이 해방된 노예들을 서아프리카의 시에라리온에 정착시키려고 노력했던 것처럼 노예 문제의 '해법'은 부분적으로는 멀리 떨어진 대륙들에서 추구되었다. 라이베리아 공화국은 미국에서 촉발된 유사한 송환 계획에 따라 1847년에 탄생했다.[310] 노예제 폐지론자들, 즉 다양한 사회적 배경을 갖는 흑인 활동가는 물론 인류애 개념을 믿는 유럽인과 영국계 미국인들은 최초의 인터내셔널을 세워 활동했다.

노동자

반면에 19세기에 막 등장하기 시작한 프롤레타리아의 국제조직은 더 늦게 나타난다. 국제노동자협회(제1차 인터내셔널)가 런던에 세워진 것은 1864년의 일이다. 망명한 학자이자 기자인 마르크스가 곧 이를 주도했다. 노예는 적어도 법률적 의미에서는 비교적 인식하기가 쉬웠지만, 프롤레타리아라는 범주는 그만큼 분명하지 않았다. 마르크스 자신도 철학자이자 경제학자로서 산업화 시대의 노동의 성격과 변화하는 노동자의 역할에 관해 깊이 생각했다. 그러한 숙고 끝에 마르크스가 내놓은 분석의 토대는 훗날 베버 같은 비마르크스주의 사회학자들과 사회사가들도 의지했다. 이러한 사회과학 창시자들의 공통점은 그들이 프롤레타리아를 생산과정과 사회의 권력 구조 안에서 차

_____ 8 1930년대에 자메이카에서 대두한 신흥 종교인 동시에, 아프리카계 흑인 정체성을 강조하는 사회 변혁 운동이다. 명칭은 에티오피아의 황제 하일레 셀라시에의 본명에서 유래했다. 흡연과 독특한 머리 모양 등이 특징이며, 이 운동에서 파생된 것 중 하나가 레게 음악이다.

지하는 객관적인 위치로 결정될 수 있는 '계급'으로 보았다는 데 있다. 이러한 바탕 위에서 비교적 뚜렷한 구분이 가능했다. 마르크스가 제시한 준거에 의지해, 새로운 사회사 서술은 역사적 행위자들이 자기가 처한 사회적 상황을 의식한다는 사실을 노동계급의 포괄적인 이미지에 포함시켜야 한다고 주장했다. 노동계급은 면밀히 들여다보면 분야별로 지역별로 여러 개별 집단으로 나뉘었다.[311]

덧붙여야 할 질문은 노동자의 의식이 실제로 얼마나 계급의식에 가까웠느냐는 것이다. 노동자의 물질적 상황과 정치적 지향은 오랫동안 반역적이고, 나아가 혁명적이라고 추정되었는데, 노동계급 정체성의 다른 요소들이 이에 결합했다. 종교와 젠더, 실제의 민족성이나 스스로 추정한 민족성이 노동자들의 의식에 얼마나 중요한지 밝혀졌다.[312] 유럽 밖의 몇몇 상황에서는 더 많은 요인이 추가된다. 예를 들면 인도에서는 카스트 귀속성이, 중국에서는 동향 사람이라는 연대 의식이 덧붙여졌다. 중국에서 동향 사람이라는 의식은 사회적 지위라는 장애를 극복하고 상호 지원의 강력한 네트워크를 형성했다. 동일한 물질적 상황은 문화적으로 완전히 다르게 해석되고 변형될 수 있다.

그러므로 세계적 프롤레타리아의 어느 정도 통일된 역사를 그러한 방식으로 말하기에는 사정이 너무 복잡하다. '근대' 프롤레타리아를 수많은 노동자로부터 정확하게 분리할 수 없다. 등록 선박을 통해 대서양 노예무역을 재구성했던 것처럼 통계가 없는 것도 아쉽다. 18세기와 19세기의 노동자에 대한 세계적 통계를 구축할 수 없으므로 약간의 전체적인 개관만 가능하다.

우선 산업화 때문에 전근대의 잡다한 노동관계가 1900년 무렵 중공업의 특징이었던 '순수한' 산업 노동자를 비롯한 몇 가지 기본적 형태로 축소된 것은 전혀 아니다. 오히려 노동 형태의 수와 다양성은 계속 확대되었다. 산업화와 더불어 출현한 새로운 직업의 역할은 산업화 이전부터 존속한 매우 다양한 노동을 보완했다. 수공업은 공업으로 대체되지 않았다. 말하자면 수공업은 성장해 공업 안으로 들어갔으며 비록 형태는 바뀌었지만 공업과 공존했다.[313] 공업의 몇몇 부차적인 분야는 여전히 수공업적 방식으로 조직되었으며 20세기에 들어선 후에야 처음으로 기계화되고 노동 분업이 적용되었다. 시골의 가정에서 이루어진 가내수공업도 짧은 기간 안에 공업에 밀려나지 않았다.(오늘날까지도 자동차 산업에서 좌석에 가죽을 입히는 일은 여전히 수공업의 일이다.) 오랫동안 원면은 공장에서 실로 만들어지는 것이 일반적이었지만, 면사로 직물과 의복을 만드는 공정은 훨씬 더 오래 비공업적 형태의 기업에서 이루어졌다. 서구 경제를 벗어나면 수공 방직은 오래도록 기계화된 공장 방직에 맞서 그 지위를 보존했다. 오늘날에도 (인도의 경우처럼) 낮은 경비와 높은 생산성 때문에 이러한 상황은 다소간 지속되고 있다. 1900년 무렵의 오스만 제국에서는 면사의 4분의 1이 수공 방적 공정을 거쳤으며, 거의 모든 농촌 가구가 직물을 생산했다.[314] 수공업으로부터 초기 산업화를 거쳐 '근대' 공업으로 이어지는 뚜렷한 '진보'는 없었고, 따라서 큰 기업의 육체노동자를 전투적인 계급의식과 결합한 고전적인 산업 프롤레타리아를 향한 자동적인 발전도 없었다. 공업은 양적으로나 질적으로 노동 기회를 창출했지만, 적어도 숙련 육체노동자의 차원에서는 자체적으로 확보할 수 없는 다른 수련 성과의 덕을 보았다. 직인에서 숙련노동자로의 이행은 일반적인 규범은 아니었을지도 모르나, 공업이 효율적인 수공업 문화에 이식된 곳이라면 어디서든 중요한 역할을 했다.

세계적으로 보면 서구 국가들에서 '산업화'라는 개념이 불러 낸 유형의 노동자, 즉 남성 프롤레타리아는 소수에 속했다. 이들은 자기의 노동을 시장에 내다 팔았으며, 안정적인 계약으로 고용되었기에 일당을 받는 직인보다 다소 벌이가 나았고, 공장이나 광산에서 규율에 따라 일했으며, 농업과의 연계를 상실했고, 집단적 항의의 성향을 갖게 한 계급의식을 발전시켰다. 이러한 유형은 특히 제철 분야와 (조선 같은) 건설 분야에서, 그리고 기술을 요하는 지하 채굴 분야에서 큰 기업이 발전한 곳이라면 어디서든 나타났다. 이 표준적인 노동자가 현실에 등장하기까지는 수십 년이 걸렸다. 헌신적인 노동의 본고장인 일본에서도 1900년 전후 산업 노동자들의 '명확한 근면 부족'은 유명했다.[315] 게다가 수백 만 명이 '주요' 부문 밖에서 여러 종류의 육체노동을 수행했다. 세계 곳곳의 급속히 팽창하는 도시에서 주택을 건설했고, 배 위에서 선원과 화부로, 항구에서는 짐꾼으로 일했으며, 특히 아프리카에서는 육상 운송에서 화물을 운반했다. 이러한 종류의 일은 대개 비숙련노동이었거나 지극히 불확실한 조건에서 일을 해 가며 배운 것으로서, 흔히 상시 고용이 아니라 일일 고용과 계절 고용의 중간에 있는 단기 고용이었다.

19세기에 자본주의가 발전하면서 노동조건은 한층 더 다양해졌다. 숙련 노동자는 공업 중심지에서 비교적 안정되고 지속적인 노동 환경을 찾은 반면에, 다른 이들은 근거지인 촌락과 농업 밖의 임시직 기회 사이를 끊임없이 오갔다. 모든 형태의 뜨내기 노동은 작업장의 초라한 생활 조건이 특징이었다. 촌락을 떠난 자들은 그러한 조건을 인내했다. 건축 현장의 고된 비숙련노동일지라도 농업 노동보다 더 높은 소득을 보장했기 때문이다. 큰 사업의 그러한 일자리에는 부가적인 이점도 따라왔다. 시골 청년이 농장 노동자와 하인에게는 일반적이었던 사회적 규제를 피해 탈출할 수 있었던 것이다.[316] 1880년 이전에는 세계 어느 곳에도 현대 복지국가의 징후가 없었으며, 따라서 노동자의 삶은 가장의 실업이나 질병, 사망에 대비되어 있지 않았다. 얻을 수 있는 것이라고는 촌락의 전통적인 지원 구조와 지역 상층계급이 흔히 종교적 동기에서 제공하는 자선이나 빈민 구제가 전부였다.

유럽의 사회사에 일반적이었던, 법적으로 자유로운 임금노동이라는 모델은 다른 점에서도 현실을 설명하기에는 적절하지 않다. 예를 들면 이 모델은 자본가와 노동자 사이에 단 한 가지의 금전적 관계, 즉 개별 노동력과 화폐의 교환만 있다고 가정한다. 그러나 고용인과 고용주는 종종 비경제적 방식으로 연결되었다. 이를테면 혈연을 통해 연결되기도 했고 동일한 교구나 지역 공동체의 구성원으로서 연결되기도 했다. 몇몇 노동 체제에서는 자본가와 노동자가 대면하는 일도 없었다. 도급업자나 고용 대리인이 시골에서 사람들을 모아 일정 시간 동안 제조업자에게 임대하는 일도 빈번했는데, 이러한 도급 관행은 중국의 공업이 시작할 때부터 그 특징이었다. 게다가 무수히 많은 경우에 노동자와 그 가족은 오로지 화폐 임금에만 의존해 살지는 않았다. 가난한 나라에서는 여전히 흔히 있는 일이듯이, 사람들은 동시에 여러 개의 직업을 갖고 소득을 모았다. 토지를 가까이 두고 있다는 사실은 일시적 단일 세대에만 국한되지 않았다. 많은 노동계급 가구가 시장 밖에서 텃밭과 몇 마리의 가축으로 최소한의 자급을 유지하려고 했다.[317]

서발턴 노동자

'자유로운' 임노동과 노예제 사이에 회색 지대가 끼어 있다. 어떤 노예들은 주인이 공상에 임노동자로 빌려주었고, 반대로 공장 관리자로 일하고 임노동자를 고용하고 감독한 노예도 있었다.[318] 선도적인 세계노동사 연구자인 마르설 판데르린던Marcel van der Linden은 이렇게 복잡한 상황을 감안해 '임노동자'라는 개념을 자기의 노동을 팔아야 하는 모든 사람을 뜻하는 '서발턴 노동자subaltern worker'라는 더 넓은 범주 안에 포함시키자고 제안했다.[319] 이렇게 개념을 확장하면 '임노동'이라는 용어는 엄밀성을 잃지만 그에 따른 이점도 있다. 임노동이 기술의 발전과 더불어 불가피하게 더욱 까다로워지고 심리적으로는 만족스러워진다는 인상이 너무 쉽게 생겼다. 결코 그렇지 않다. 실제로는 산업화가 시작된 이후 기술의 발전은 재차 모든 직업 분야와 여러 부류의 노동자의 능력을 축소해 왔고 더불어 이와 연관된 것으로서 임금 축소를 초래했다. 기계의 도입은 많은 경우에 노동자를 기계를 작동하는 훈련받은 소수의 노동자와 권위주의적 지도에 따라 근력만 제공하는 다수의 비숙련노동자로 분리했다.

공장 지대의 노동자가 주로 지역적으로 충원되고 공동의 민족적 배경을 갖는 것은 결코 세계적으로 일반적인 경우가 아니었다. 엥겔스는 영국 초기 산업화의 중심지에서 이미 노동력의 큰 부분이 가톨릭 지역이자 잉글랜드의 시각에서 보면 식민지에 준하는 저임금 지역인 아일랜드 출신인 것에 주목했다. 북아메리카 노동자의 역사에서 가장 중요한 특징은 처음부터 다민족적이고 다인종적인 성격이었다.[320] 미국은 이민자와 노예가 세운 나라다. 따라서 그 나라의 사회적 발전은 매우 복잡했지만, 민족적 이질성 때문에 노동계급의 '수평적' 형성이 방해를 받았다고 주장한다면 틀린 이야기가 될 것이다. 비슷한 상황과 비슷한 착취의 압력에 처한 노동자들은, 비록 유럽 공업국들의 더 동질적인 민족적 프롤레타리아의 경우보다 더 어렵기는 했지만, 다양한 노동자 문화의 특수성을 뛰어넘어 쉽게 연대할 수 있었다. 자기를 스스로 방어하고 생활 조건의 악화에 맞서 싸우는 능력은 문화의 경계를 초월해 모든 노동자가 공유한 속성이다.

19세기에 관해 거의 보편적으로 타당한 다른 관찰은 노동계급의 일원이 거의 자동적으로 신분 상승을 이루어 중간계급이 될 기회는 드물었다는 것이다. 프롤레타리아의 존재는 몇 세대를 거쳐 한 가정에 고착될 수 있었다. 개인의 큰 재능도 차이를 가져오지 못했다. 20세기에 들어선 후에야 수직적 사회 이동의 확대에 기여한 두 가지 메커니즘이 출현했다. 한편으로는 사회주의적·공산주의적 목표를 지닌 정치적 혁명이 최초의 '노동자 농민 국가'(독일민주공화국이 1952년부터 자국을 그렇게 불렀다.)로 이어졌고, 다른 한편으로 비사회주의 국가들에서는 개입주의적인 복지국가가 육체노동자의 교육 기회를 늘리려고 했다. 이는 사회적 신분 상승의 가장 중요한 전제 조건이었다.

육체노동과 이와 연관된 신체의 단련은 기술 발전과 매우 밀접한 관련이 있었고, 기술 발전은 19세기에 서구로부터 나머지 세계로 상당히 일방적으로 퍼져 나갔다. 산업사회 근대성의 상징이 되는 컨베이어 벨트는 1913년까지는 대규모로 쓰이지 않았지만, 이미 많은 제조 기술이 그러한 형태로 표준화되고 수출되었다. 여기에는 타자기를 통한 사무 작업의 기계화도 포함된다. 타자기는 1880년대부터 시작해 세계 전역으로 급속하게 퍼졌다. 반대 방향으로는 수공업적 방식과 공업적 방식보다는 주로 농민과 농업 노동자와 관련된 다양한 농업 노동이 이전되었다. 경작 방식과 인디고 추출 방식은 서아프리카 노동자들이 노예무역을 통해 대서양 지역 곳곳에 전파했다. 영국 식민지 시대의 막바지에 사우스캐롤라이나는 영국 구매자들에게 중요한 공급처가 되었다. 서아프리카에서는 쌀과 면화, 인디고의 재배가 매우 생산적으로 결합해 발달했는데, 이는 비슷한 환경의 다른 지역으로 비교적 쉽게 이식되었다.[321] 18세기와 19세기에 생산기술과 이에 결합된 노동 과정은 채광부터 가축 사육까지 세계 전역에서 사방으로 확산되었다.

부르주아지의 무정형성

장기 19세기의 특징이 된 새로운 사회구성체는 '부르주아지', 즉 '중간계급'이었다. 두 용어는 동족어이지만 같은 말은 아니며 상이한 역사적 경험을 반영한다. '부르주아지'는 마르크스와 엥겔스의 『공산당선언Communist Manifesto』

(1848)에 나오는 감동적인 수사법을 통해 무자비하게 세상을 변화시키는 자본
가계급과 동의어가 되었다. 모든 현대사회에 적용되는 개념인 '중간계급'은 법
률적으로도 경제적으로도 정의되지 않았으며, 평균 소득을 올리며 초등교육
이상의 교육을 받았고 비교적 점잖고 '근대적'인 가치관을 지닌 사람들을 모
호하게 가리켰다. 이렇게 의미에 나타나는 폭넓은 편차는 이 특별한 성분이
무엇인지 확인하고 그것에 이름을 붙여 주는 것이 현실적으로 얼마나 어려운
지를 보여 준다.[322] 그리고 중국이나 일본, 인도, 이슬람 세계 같은 다른 문화
권의 언어적 표현을 덧붙이면 그 문제는 훨씬 더 복잡해진다.[323]

원래 유럽과 북아메리카에만 주목했던 예전의 사회사는 부르주아지를 경
제생활에서 차지하는 그 위치와 관련해 정의했다. 부르주아지는 육체노동을
하지 않으며 높은 소득을 올릴 수 있는 생산수단이나 복잡한 지식을 가진 자
였다. 가장 명료한 역사관은 마르크스주의 역사관이었다. 이 역사관에 따르
면 자본주의적 생산양식은 새로운 형태의 사회, 즉 부르주아지 사회에 부합
한다. 18세기 서유럽에서 그때까지 지배적이었던 귀족에게서 혁명을 통해 자
기를 스스로 해방한 시민들이 계급을 형성했다. 그러나 부르주아지의 지배가
지속된 기간은 짧았다. 자본주의가 발전하면서 부르주아지는 곧 팽창하는 노
동계급의 도전에 직면했다. 부르주아지에 경제적으로 착취당한 노동계급의
지적 대변인들은 부르주아지적 사고의 근본적인 모순을 들추어냈다. 부르주
아지는 민주주의와 인권 같은 보편적 가치를 선포했으나, 자기들의 계급 이익
에 도움이 되는 한에서만 그러한 가치들을 실현했다. 게다가 마르크스주의적
해석에 따르면 중간계급 시민의 개별적 지위는 프롤레타리아혁명의 위험이
없어도 불안정했다. 부르주아지는 늘 사회적으로 몰락할 우려가 있었다. 예를
들면 숙련 수공업이나 소상업, 서비스 부문에서 일하는 소부르주아지의 삶은
언제나 초라한 '룸펜프롤레타리아트'로 추락하기 직전에 있었다. 자본가인 부
르주아지도 경제 위기와 '자본 집중'의 파국적 귀결을 면하지 못했다.

이 해석 자체가 하나의 역사적 사실로서 19세기에 속한다. 이 해석은 마
르크스주의 사회 밖으로 널리 퍼졌다. 따라서 정치적으로 자유주의적인 사회
사 서술은 부르주아지를 시장에 가까운 행위자이자 효율성을 신뢰하는 진보

적이고 개인주의적인 신념의 담지자로 확인할 수 있다고 믿었다. 그동안 그러한 확신은 역사 서술에서 사라졌다. 특히 오늘날에는 거의 아무도 영국에 맞선 북아메리카의 반란부터 1848~1849년에 유럽에서 일어난 봉기에 이르기까지 고전적인 혁명들을 사상사의 관점에서는 아닐지언정 적어도 정치사적이고 사회사적인 의미에서는 '부르주아지' 혁명으로 해석하지 않는다.[324] 그 혁명들은 '자본주의'사회라고는 말할 수 없는 사회에서 발생했으며, 공장주나 은행가만큼이나 진보적인 귀족도 그 혁명들을 이끌었다. 또한 그 어디에서도 순수한 부르주아지 사회를 찾기란 어렵다. 기껏해야 대혁명 이후 19세기의 프랑스 사회를 압도적으로 부르주아지적인 사회라고 할 수 있을 뿐이다. 그에 반해 영국 사회에서는 귀족이 여전히 강력했고 부르주아지는 결코 그 나라의 자본주의적 발전이 암시하는 것만큼 명료하게 승리하지 못했다. 그 시대의 가장 확실한 부르주아지 사회는 미국 사회였다. 미국은 봉건적 귀족 사회가 없었으며, 유럽에서는 비할 데가 없고 마르크스와 엥겔스의 이론에서는 예상되지 않는 방식으로 인종의 갈등과 다문화 이주민들에 의해 지배되었다.

역사 서술의 새로운 경향은 '객관적' 특성에서 벗어나 스스로 부르주아지라고 느끼고 이를 소비와 생활 방식, 가치관에 대한 특정한 행동 방식으로 표현하는 자라면 누구나 부르주아지라고 부르는 것이다. 이 해석의 토대는 주관적 자기 진술이다. 간단하게 말하면 부르주아지는 (이전의 물질주의적 견해에 따른 기준인) 돈을 어떻게 버는지가 아니라 어떻게 쓰는지에 의해 인식된다.[325] 다른 변형은 부르주아지의 특이한 본능과 감정에 초점을 맞추는데, 이는 세기 전환기에 지그문트 프로이트Sigmund Freud의 심리 분석 이론에서 중심이 되었다.[326]

순환 관리자로서의 부르주아지

세계사의 관점에서 보면 부르주아지의 주관적 특성과 객관적 특성을 결합하는 것이 유리하다.[327] 문화적으로 동등한 의미를 염두에 두고 대체적으로 말하면 부르주아지는 계급의 위계질서에서 처음부터 미리 결정된 자리를 갖지 않는 집단들이었다. 이 점에서 기능 분화 이론이 도움이 된다. 이 이론에 따르면 부르주아지는 사회적 맥락의 특별한 성취를 통해 촉진된 사회 발전의 선구자가 되기 때문이다. 이러한 시각에서 보면 부르주아지는 우선 중개자였다. 그들의 주된 활동은 상품과 자본, 지식을 순환시키는 데 있다. 부르주아지는 가깝거나 멀리 다양한 거리로 떨어져 있는 외부인들 간에 서로 접촉하게 하는 특별한 능력을 계발했다.[328] 비단 시장에서만 그렇게 한 것이 아니다. 미국 역사가 제럴드 사이절Jerrold Seigel의 주장에 따르면 '소통 능력'을 통해 만들어지고 유지되는 '정보와 통신의 그물망' 안에서도 그렇게 했다.[329] 이렇게 보면 여러 유형의 부르주아지 중에서도 흔히 유럽 부르주아지의 가장 현저한 대표자로 여겨지는 산업사회의 기업가를 이끄는 상인이 그렇다. 상인은 '상업 자본주의'라는 낡은 국면의 잔재가 아니라 일상의 '보통' 시민을 세계사적으로 구현한다. 그러나 상인의 형태는 매우 다양해 일반화할 수가 없다. 모든 사회 구성원이 다 자기들의 사회를 다층 구조의 케이크로 보지는 않았다. 특히 지주와 교육받은 자들이 공동으로 큰 존경을 받는 저명인사 집단을 이룬 곳에서는 수공업자는 말할 것도 없고 상인도 사회적으로 수용되기에는 한계가 있었다.[330] 상인은 어디서나 불안정한 지위를 안정시키고 개선하려고 애썼다. 이를 위해 그들은 예측 가능한 사업 환경에 필수적인 요소인 은행이나 상업 회의소 같은 기관을 설립했다. 여러 나라에서 그러한 상업 환경이 역사상의 어떤 상이한 시점에 제도적 공고화의 결정적인 문턱을 넘었는지 숙고해 볼 일이다.

부르주아지는 개인의 측면에서나 기능에서나 사회의 다른 집단들보다 지역에 얽매인 '지방적' 성격이 덜했고 더 쉽게 이동했다. 부르주아지는 이전移轉의 제공자였으며, 이 일을 주로 부를 축적할 수 있는 방식으로 실행했다. 그렇지만 모든 행상인과 소상점주가 다 부르주아지가 되지는 않았다. 부르주아지 개념은 어느 정도 팽창적인 위세를 포함한다. 부르주아지는 자기가 속한 지역 세계를 뛰어넘는 포부를 지니며, 소비 습관을 비롯해 여러 방식으로 이를 드러낸다. 부르주아지는 일찍부터 의복처럼 멀리 떨어진 외국의 느낌을 주는 소비재를 구매하려고 함으로써 사회적으로 열등한 취급을 받는 이웃과 자기를 구분했다. 부르주아지는 남의 것을 제 것인 듯 자랑하기를 좋아했다. 부르주아지는 세계주의적 성향을 지녔다. 부르주아지가 아직 존재하지 않는 국민과 국민국가에 대한 비전을 품는다면, 이는 절반의 세계시민주의였으며, 어쨌거나 상상을 통한 지역성의 극복이었다.

부르주아지가 상인이면, 그는 직접 많이 돌아다니거나 아니면 틀림없이 상상 속의 거대한 관계망 속에서 결정을 내릴 것이다. 부유한 도시귀족은 이미 수백 년 전부터 그렇게 해 왔다. 해상에서 그리고 대륙을 넘나들며 활동한 이러한 유형의 상인들은 이미 17세기와 18세기에 세계 여러 지역에 존재했다. 산업화가 시작되면서 경제활동은 여러 점에서 개별 공장에 집중되었고, 작업 반경은 좁아졌다. 그러나 공업은 원료 조달이나 상품 판매처럼 제조업자가 완벽하게 알고 있어야 하는 큰 문제들과 엮일 때가 많았다. 제조업자도 넓은 시각이 필요했다.

마지막으로 이는 흔히 경제적 부르주아지와 대비되는 교양 부르주아지 (지식 부르주아지라고 하는 것이 더 적합할지도 모르겠다.)에게도 동일하게 적용된다. 이 범주에 들어가는 프로페셔널도 폭넓은 시야를 지닌 자들이다. 이들은 예술의 향유와 고상한 종교를 통해 형성된 주관성을 보호하기 위해서는 물론, 직업적 능력을 키우기 위해서도 지식이 필요하다. 의사와 변호사, 대학교수, 기자는 자기의 지식을 문화적 자본의 근간으로 여긴다. 지식은 신조에 속박되어서는 안 되며 계속해서 성장하고 변화해 효율성과 유용성을 지켜야 한다. 상인이 상품의 순환을, 은행가가 자본의 순환을 조종하고 결정하듯이, 교양 부르주아지는 지식의 순환을 조종하고 결정한다. 그러므로 이동성은 다양한 부르주아지의 최소공통분모다.

이 기능상의 유사성 때문에 상인은 일반적으로 문화적 경계를 넘고 접촉의 수단과 방법을 모으는 것이 쉽다고 생각한다. 19세기에 유럽의 상인들은 대체로 식민지적 강압의 도움 없이 서구 경제계 밖 도처의 협력자들과 연계를 구축했다.[331] 반면에 아시아의 여러 항구에서는 예를 들면 1842년 이후 청나라 조약항의 매판 같은 특정한 상인 집단들이 초문화적 거래의 촉진을 전문적으로 담당했다.[332] 문화적 경계의 양쪽에서 상이한 사업 관행과 통화의 불일치 때문에도 거듭 온갖 난관과 오해가 발생할 수 있었다. 그러나 이러한 문제는 원칙적으로 해결될 수 있었다. 사업 상대자들 간에 신뢰의 토대는 상이

_____ 아브라함 멘델스존 바르톨디(1776~1835), 사위인 빌헬름 헨젤(Wilhelm Hensel)이 그린 초상화. 아브라함 멘델스존은 아버지인 철학자 모제스 멘델스존(Moses Mendelssohn, 1729~1786)이나 낭만파의 주요 작곡가이자 부르주아지 음악 생활의 유력한 조직자였던 아들 펠릭스 멘델스존 바르톨디(Felix Mendelssohn Bartholdy, 1809~1847)만큼 유명하지는 않다. 아브라함 멘델스존은 성공한 은행가이자 초기 '교양 부르주아지'의 일원으로서 당시에도 소수였던 유대인 집단의 대표적인 인물이었다. 유대인들은 몇몇 유럽 국가에서 자유주의적 법률의 증가에 힘입어 사회에 통합되었다. 1822년에 아브라함 멘델스존과 그의 아내 레아(Lea)는 프로테스탄트로 개종했다. (Wikimedia Commons)

한 법률제도에서 이루어지는 거래에 필수적인 요소로서 대개 어려움 없이 형성될 수 있었다. 상인은 그 기능으로 보나 능력으로 보나 네트워커networker다.

지식 순환의 전달자가 경계를 넘을 때는 더 큰 어려움에 직면했다. 이들은 화폐 같은 추상적인 교환 수단을 다루지 않았다. 19세기에는 오늘날의 영어처럼 어디서나 쓰일 수 있는 세계어가 없었다. 단순한 형태의 피진 언어로 이해하기에는 충분하지 않았다. 18세기와 19세기의 유럽 교육은 기본적으로 세계주의적이었다. 특히 익숙하지 않고 시간적으로 먼 고대를 돌아봄으로써 다른 세계를 받아들였기에 세계주의적이었다. 그러나 유럽의 교육이 엄밀한 동질성과 모순에서 자유로웠다고 과장해서는 안 된다. 계몽운동 시대 이래로 세 가지 요소가 그 안에 뒤섞여 긴장이 유발되었다. 기독교 전통, 기독교 이전 의 고대, 그리고 외부 대륙에서 유럽으로 들어온 과학과 풍부한 정보를 포함 하는 근대성이다. 달리 말하면 지난 2000년 동안 유럽은 세계의 다른 지역보 다 더 많은 문화적 혁명을 경험했다. 따라서 유럽은 지식을 상대적으로 다루 고 융통성 있게 다루는 훈련이 각별히 잘되어 있었으며, 당대의 새로운 정보 기술 이용에서 앞서 나갔다. 이로써 유럽 국가들의 제국의 힘은 더욱 커졌다.

19세기 말에 산업화가 세계의 일부 지역에서만 진척되고 몇몇 중요한 기 업가를 제외하면 양적으로 의미 있는 산업가 계급은 존재하지 않았음을 고 려할 때, 일정한 지리적 범위에 적용할 수 있는 부르주아지 개념을 자본주의 적 제조업자에게서 이끌어 낼 수는 없다. 오늘날 널리 쓰이는 정반대의 해법 은 그 개념의 내용을 사회학적으로나 사회사적으로 채우기를 포기하고 '중간 층'을 유럽에서 퍼져 나간 '근대성'에 각별히 큰 영향을 받은 사회 성분들로 정 의하는 것이다.[333] 이 해법은 해석의 부담을 '근대'라는 모호한 개념에 떠넘긴 다. 서구의 모델이 의심의 여지없이 중요하기는 하지만, 이는 그 영향을 과대 평가하는 경향이 있다. 한편으로 '중간층'을 인접한 지역 세계를 뛰어넘는 활 동과 사고방식을 지닌 네트워커들의 엄밀하게 정의할 수 없는 느슨한 사회구 성체로 이해한다면, 사회의 상당히 넓은 범위가 시야에 들어온다. 이렇게 되 면 일반화는 한층 더 어려워진다. 그렇지만 몇 가지 일반화는 가능하다.

첫째, 수백 년 동안 상인은 초지역적 네트워크 활동을 선도했다. 그러한 네트워크들의 내부 구조는 근대의 수백 년간 상이한 문명들 간에 크게 다르 지 않았다. 그 네트워크들은 신뢰에, 그리고 외부인들이 들어오지 못하도록 일부러 문을 좁게 만든 폐쇄적인 동아리 내부의 집약적인 의사소통에 의존한 다. 신뢰에 크게 의존하므로 사업 관계는 단순해지고 거래 비용은 낮아진다. 협력 상대자들 사이에 그 어떠한 중개자도 끼어들지 않기 때문이다. 그러나 이 네트워크는 본질적으로 보수적이며, 새로운 주주와 자금원, 협력자의 확보나 새로운 시장의 개척과 관련해 팽창이 어렵다는 단점이 있을 수 있다.[334] 상인들의 네트워크는 다수가 친족의 유대를 중심으로 이루어졌기에(이는 오늘날까지 동아시아 '유교 자본주의'의 특징이다.) 자주 모순을 드러낸다. 네트워크 내부의 관계는 장벽이 낮아 효과적으로 작동하지만, 높은 차원의 네트워크 형성은, 다시 말해 다른 네트워크와 체계적으로 교류하는 것은 더 어렵다. 세계무역은 시간이 흐르면서 꾸준히 견고해진 단일한 이차원 그물이 아니었다. 그것은 네트워크 구조들이 불안정하게 변화하는 복잡한 위계질서였다.

둘째, 어느 사회에서나 상인은 소수다.(실업가는 한층 더 적다.) 이들은 종교적 소수파나 소수민족에 속하지 않아도 사회적으로 취약하며 정치적 보호가 필요하다. 지금도 많은 나라에서 사정이 그러하다. 그러나 이 점에서 (그 이전은 아닐지언정) 19세기 초에 산업화와 직접적인 관련이 없는 유럽의 특수한 길이 열렸다. 부르주아지는 권력을 잡지 못한 곳에서도(부르주아지의 권력 장악은 매우 드물었으며, 에스파냐의 경우처럼 때로 지주 귀족과 긴밀한 과두주의적 동맹을 맺음으로써만 가능했다.)[335] 재산과 사업 활동에 대해서는 폭넓게 법적 보호를 누렸다. 이 보호는 체계적이었으며 개별 통치자가 제공한 개인적 보호와는 무관했다. 세계적 시각에서 보면 이는 결코 자명하지 않았다. 반대편의 극단은 이를테면 아프가니스탄의 경우처럼 허약한 정치적 제도를 갖는 이행 경제에서 볼수 있다. 언제나 장거리 교역에 종사한 아프간 상인들은 19세기에 중개인의 역할을 유지하며 자율성을 지키려고 했지만 외부, 특히 인도의 신용 제도에 의존했다. 이들의 상업 활동은 모든 점에서 지극히 위험했다. 이들은 손실을 막을 법적 보장이나 보험을 누리지 못했다. 상업을 진흥하고 안정시키는 것이 당국에 이익이었을 텐데도 통치자와 군벌이 재산을 강탈하고 임의적인 특별세를 부과하는 것이 일상이었다.[336] 다른 여러 곳에서도 비슷한 상황을 마주할 수 있었다.

아프리카의 넓은 지역에서 상인의 융성은 노예무역의 점진적인 소멸에 따른 결과였다. 따라서 그것은 19세기의 현상이다. 노예시장에 관여한 행위자는 비교적 소수로 대개 통치자와 그의 직접적인 대리인들이었다. 군사 활동에 준하는 노예사냥에 상인은 필요 없었다. 일반적으로 상업은 평화를 요한다. 상품 교역은 점차 노예무역을 대체해 많은 생산품을 포괄하게 되었고, 생산자는 물론 중개인도 큰 규모로 끌어들였다. 노예무역의 약탈 경제에서는 없었던 일이다. 상인 발흥의 다른 전제 조건은 국가의 경제 독점 완화와 자국 상인은 너그러이 봐주면서 외국 상인에게 독점에 가까운 특혜를 부여하지는 않으려는 통치자의 의지였다.[337]

셋째, 상인은 신뢰할 수 있어야 하고 확실해야 한다. 상인의 기본적인 덕목은 정직이다. 그것이 사업에 필요한 최소한의 기능적 전제 조건이다. 그러나 유럽에서든 중국에서든 이슬람 세계에서든 부르주아지 상인은 위엄을 한층 더 강력히 열망했다. 이는 어떤 점에서는 귀족의 명예와 같은 것이다. 위엄은 사업 상대자들 사이에서 위신을 알렸을 뿐만 아니라 공동체에서 그가 존중을 받고 있음도 나타냈다. 상인은 주위 사람들로부터 존경받기를 원했다. 상인이 받는 존경은 그의 출생이나 지혜, 혹은 중국 관료들처럼 과거 시험에서 거둔 성공 때문이 아니었다. 그 존경은 구체적인 성취를 통해 얻어야 하는 것이었다. 동시에 그 성취는 공동체에 이로운 것이어야 했다. 따라서 자선은 겸손한 박애의 행위이든 부호의 우쭐대는 태도이든 부르주아지가 인정을 받는 전형적인 방법이었다.[338] 이기적으로 돈을 긁어모으는 부르주아지는 기존 상층계급과의 경쟁에서 사회적 지위가 약해졌고 공동체 지도자로서 위신 있는 역할을 기대할 수 없었다.

넷째, 중간층 개념을 그 핵심인 상인 밖으로 확장한다면, 자율성 개념이 중심을 차지할 것이다. 중간층은 육체노동자보다 더 오랫동안 자율성 개념에 집착했다. 이 자율성은 견실한 자본 기반을 갖춘 상인이나 실업가의 독립성, 자유직업인이나 수공업 장인의 직업적 자율성, 다른 경우라면 상관의 명령에 복종해야 할 고위 관료나 공무원의 '내부적' 자율성일 수 있다. 이들의 공통점은 사회학자 데이비드 리스먼David Riesman의 개념인 '내부 지향성'의 이상이었다.[339] 따라서 하위 중간층조차도 임노동자와는 달랐다. 그들은 임노동자의 운명이 타인에 의해 결정되는 불가피한 것이라고 보았다. 이는 부르주아지 출신의 급진적 경제학자들도 공유한 태도였다. 그렇지만 19세기 막바지에 큰 기업들과 그 고용인들이 등장하면서 자기 결정의 기회는 사라졌다. 이제 봉급생활자는 자기를 임금 생활자와 구분할 전략을 취해야 했다. 그러나 적어도 미국에서는 새로운 화이트칼라 노동자는 꽤 넓은 창조적 활동 영역을 지녔으며, 이로 인해 미국 근대성의 선구자가 되었다.

다섯째, 부르주아지의 젠더 측면은 다른 대부분의 특성들보다 더 문화적으로 결정되며 쉽게 일반화되지 않는다. 서구 사회에서 부르주아지의 존재는 본질적으로 노동 생활, 공중 사회, 가정에 삼중으로 닻을 내렸다. 마지막 기준은 일부일처제 핵가족을 전제로 했는데, 이는 중국이나 무슬림 국가에서는 규범이 아니었다. 서구 지향적인 케디브 이스마일 파샤(재위 1867~1879)도 부인을 열네 명이나 두었고, 그의 아들이자 후계자인 타우피크Taufiq(재위 1879~1892)가 처음으로 공개적인 자화상에서 일부일처제를 강조했다.[340] 가정은 기독교 선교사들이 들어온 후에야 확고한 기반을 다졌다. 부르주아지의 사생활이라는 서구의 이상은 절반쯤은 공개된 대귀족 집안과는 대조되는 것으로 일하지 않는 안주인이 소수의 하인을 거느리고 꾸리는 작은 가정이었다. 안주인은 가사 영역에 국한되거나 여성만의 특별 구역 안에 갇히지 않았고 '배우자'로서 사회생활에 참여했다. 여성에게 어울린다고 생각되는 일정 수준의 교육(예를 들면 유럽의 상층 부르주아지에서는 외국어와 음악)은 부르주아지 문화의 일부였다. 게다가 여성은 가정 밖에서 다수의 사회 활동이나 공동체 활동(교회, 자선)에 관여했으며, 여러 사회 개혁 운동(금주운동이나 '타락한' 여성의 도덕적 갱생 운동)에서 종종 해당 운동에 관심이 있는 남성들과 함께 활동했다.[341] 19세기 말에는 고용 시장의 최하층에서 여성이 취할 수 있는 직업이 늘어났다. 주부는 가정 밖에서 일하면 안 된다는 부르주아지의 이상은 이제 점차 실현되기 어려워졌다.

여섯째, 부르주아지의 사교 세계는 그물망처럼 연결된 사적 공간들이었다. 부르주아지는 정기적으로 서로 방문해 거실이나 응접실에서 만났지만, 집에 거실을 갖추지 못한 노동자들은 대개 공적 장소나 술집에서 만났다. 19세기 초의 미국에서는 문화적 품위와 예술적 취향을 갈망한 자들과 이를 얻고자 하는 욕망도 달성할 수단도 없는 자들, 규율과 자제, 근면이라는 부르주아지적 가치를 추구하지 않는 자들 사이에 깊은 사회적 균열이 존재했다.[342] 사적 영역과 공중 영역의 개념이 확고하게 형성되어 있다는 것이 아마도 부르주아지의 보편적 특징일 것이다. 사생활은 ('가정' 안에서 가능성이 가장 높겠지만) 필수적이었다. 가족의 친밀한 일상은 외부인은 들어올 수 없는 은밀한 공간 안에서 이루어졌다.[343] 부르주아지 가정의 전형적 공간인 박물관 같은 응접실은 공적 장소에 준하는 곳으로서 극장이나 산책로, 음식점 같은 완전한 공중 영역으로 이어지는 교량 역할을 했다.

오늘날 세계사는 19세기 유럽 사회의 발달을 표준이나 규범으로 그리지 않으려고 애쓴다. 그렇지만 그렇다고 해서 상품과 자본, 지식의 순환에 관여한 세계 곳곳의 여러 중간층 중에서 유럽의 부르주아지가 엄밀한 의미에서 특별하고 유일무이한 현상이었다는 사실은 감출 수 없다. 물론 그 현상은 일시적으로 세계적인 영향력('헤게모니')을 행사했는데도 지리적으로 영국과 유럽 대륙 중심부에 국한되었다. 부르주아지는 에스파냐와 남부 이탈리아, 러시아 제국의 서부 지역에 도달할 때면 약했고 확실히 문화적으로 동질적이지 않았다. 그러한 주변 지역에서 부르주아지의 행동과 생각이 언제나 그 특성이 약화된 형태로 나타나지는 않았다. 때로는 과격하게 극단으로 치닫기도 했다. '가장 부르주아지적인' 부르주아지는 이따금 부르주아지적 정신 구조의 역사적 궤적에서 이탈했다.[344] 세기 전환기에 모든 대륙의 대도시에는 부르주아지 세계가 발견된다. 먼 거리를 뛰어넘어 서로 연결된 이들은 남녀 역할과 아동 교육, 의복, 실내 가구에서 서구의 생활 방식을 채택했으며 세계주의적 견해를 발전시켰다. 그러나 명백한 부르주아지 사회는 지극히 드물었으며, 그 시대는 끝나고 있었다. 자본주의는 계속 전진했지만 더는 부르주아지가 필요하지 않았다.

학자와 지식인, 지식 노동자

사회에서 지식을 모으고 관리하고 보호하고 전파하는 자들은 성직자나 사제 계급이라는 종교적 형태로만 명확하게 구분되는 사회구성체를 이룬다. 근대의 사회사는 이들을 '교양 부르주아지'와 '인텔리겐치아', '기술 인텔리겐치아' 등의 하위 범주에 포함시킨다. 오늘날 사회 성층에 관한 사회학적 분석에서 학자와 교사, 예술가는 독자적인 계급으로 취급되지 않지만, 특별한 주목을 받을 만하다.

자수 논의되는 유형은 18세기 서유럽의 계몽철학자가 선례가 되었으며 1880년 이래로 유럽 전역에서 급증한 '지식인'이다. 이들은 옛 유형의 학자와 현대 대학에서 훈련받은 '전문가expert'(베버)의 경쟁자였다.[345] 지식인은 국가의 검열관과 교회가 이따금만 간섭하는 공적인 토론 공간이 출현했을 때 처음으로 나타날 수 있었고, 자유 기고가의 생계를 유지할 수 있게 한 대중 인쇄 매체가 필요했다. 혁명의 시대에는 이런 식으로 대서양 양쪽에서 정기적으로 발행되는 신문이 특별한 목적으로 제작된 팸플릿 같은 다른 출판물과의 경쟁에서 승리했다. 전형적인 지식인은 기자, 작가, 그리고 고등교육기관의 교사로 자기를 국가의 종복으로 여기지 않았고 폭넓은 대중과 만나려고 했다. 그러한 지식인들의 일은 지도자의 지위에 오르려고 준비할 가능성이 큰 옥스퍼드 대학 졸업생이나 케임브리지 대학 졸업생들의 일과는 달리 비평이었다. 이 지식인에는 법률가와 특별한 지식인 집단, 특정 유형의 비평가들이 포함된다. 이들은 유럽의 법률제도가 도입된 곳이라면 어디든, 서구 밖에서는 일본과 오스만 제국, 이집트, 인도 같은 나라들에서 먼저 필요했다. 예를 들면 이집트에는 영국에 점령되기 이전에 이슬람 율법학자들뿐만 아니라 변호사가 있었다. 그러나 1880년대에 들어선 후에야 이 부문은 전문화를 겪었고 더 높은 위신을 얻었으며 법률 전문학교와 전국적인 변호사 협회 같은 자체의 기관들을 만들어 냈다. 그때부터 법률 교육은 행정부 고위직의 중요한 자격이었다.[346] 그러한 발전으로부터 이른바 "이집트 역사 최초의 자의식적인 근대 세대"가 출현했다.[347]

지식인의 세계사는 반식민주의 운동이 고조되면서, 그리고 작은 집단들이 토착 전통과 대체로 양면적으로 평가된 서구에 맞서 이중 전선의 대결을 벌이면서 시작한다. 근대 지식인이 '탄생'한 시기는 때로 어느 정도 정확하게 설정할 수 있다. 예를 들면 중국에서는 1915년에 '신문화운동'이 출범하면서 지식인이 등장했다. 제2차 세계대전 직전에는 그러한 지식인을 세계 도처에서 볼 수 있었다. 이때쯤이면 지식인은 옛 학문 문화에서 확실히 벗어났다. 여기서는 19세기 '지식 노동자'의 폭넓은 역사에 어떤 종류의 사례들을 포함시켜야 할지를 다소 산만하게 제시하는 것으로 충분할 듯하다.

예를 들면 19세기의 중국에는 중심지 도처에 도교 도사들이 있었다. 이들은 삶의 지배라는 명확한 문제의 전문가였고, 공동체는 이들을 의식의 집전과 사원 관리, 사원을 찾는 자들의 개인적인 상담처럼 전문적인 능력에 포함되는 일에 종사하게 했다. 몇몇 경우에서는 카리스마적 자질이 역할을 했지만, 이들은 자기들을 (유럽의 기독교 교구 사제들처럼) 공동체를 인도하는 안내자라기보다는 노동 분업에 참여한 전문가로 보기를 더 좋아했다. 도사들은 '고객'에게서 봉사의 대가를 받았다. 그들은 '직위'도 정신적인 독점도 없었으며 서로 경쟁했고 때로는 현대의 치열한 종교 시장 같은 것에서 다른 종교 집단과도 경쟁했다. 따라서 19세기의 중국에서 종교 전문가들의 세계는 "고도로 다원주의적이고 경쟁적이었다."[348]

중국에서는 또한 종교 밖의 학문을 통해 문화적 위신을 얻을 가능성이 가장 높았다. 도시와 모든 지역이 학교를 세워 제국 내에서 자기들의 이미지와 위상을 높이려고 했다. 학교들은 대개 시민사회가 '아래로부터' 관여해 진행한 사업이었다. 광주에서는 고전을 연구했을 뿐만 아니라 역사와 골동품, 지리의 연구에도 몰두한 학자들이 그러한 움직임을 주도했다. 그래서 문화적 변두리였던 곳이 제2의 중심으로 인정받았다. 가장 적극적으로 활동한 학자들은 오래된 도시 가문이 아니라 광주의 오지, 즉 주변부의 주변부 출신이었다. 문화적 창의성과 제도적 상상력은 도시 사회 밖의 이 야심 찬 외부인들에게서 비롯했다.[349]

오늘날의 말리에 있는 이슬람 대도시 팀북투는 비교적 늦은 1893년에야 프랑스 식민지군이 도달한 곳인데, 그곳의 이슬람 학자들은 명성이 높아 도시 사회 전체가 그들에게 일체감을 느꼈다. 이것이 가능했던 이유는 글을 읽고 쓸 줄 아는 능력이, 즉 어느 정도의 교육이 사회에 널리 퍼졌기 때문이다. 학자들은 폐쇄적인 카스트를 형성하지 않았다. 학자의 지위는 또한 사회 상층의 아들들에게, 특히 수백 년 동안 존속했으나 학자의 지위를 독점하지 못했던 도시귀족에게는 애써 얻을 만한 것이었다. 중국의 경우와 마찬가지로 학문은 그 자체로 가치 있는 것이었으며 사회적·정치적 영향력을 얻게 해 주었다. 그 토대는 직위가 아니라 개인에 있었다.[350]

아시아와 북아프리카의 대도시에서 근대 지식인이라는 존재가 출현해 서구 근대성에 맞서 싸우기 이전에도 전통적인 학자들이 서구 지식을 이해하려고 노력했다. 이는 매우 다양한 사회적 형태로 나타났다. 중국에서 가장 먼저 서구의 세속 지식을 수용한 것은 관료 기구의 개별적인 아웃사이더들이었고, 항구에 새로 문을 연 어학원과 번역 기관처럼 위계가 낮은 기관이었다. 베트남에서는 고위 관료들이 서구의 지식을 거부하고 외국인 조언자들과 접촉을 피했던 반면에, 고도로 중앙집권화한 시암에서는 국왕이 서구 지식에 적극적으로 관심을 보이고 이를 연구하라고 명령했다. 버마의 학자들도 이웃 나라 베트남의 동료들보다는 경계하는 태도가 훨씬 적었다. 이들은 1789년부터 『브리태니커 백과사전Encyclopaedia Britannica』을 이해하려고 했는데, 쓸 만한 영어-버마어 사전은 1834년이 되어야 출간되었다.[351] 궁정은 격려와 의심 사이에서 망설였다. 서구에 관한 연구는 (일본의 경우) 국사에서 우선시되지 않았고, 학식 있는 개별 군주의 보호에 의존했다.

19세기 말에는 18세기 중엽의 그 어느 곳에도 없던 제도가 오래된 학문 문화의 자리를 빼앗았다. 근대의 대학이었다. 근대 대학은 유럽에서, 특히 독일과 프랑스에서 출현했다. 대학은 중세 시대까지 거슬러 올라가는 전통을 지속했지만, 새로운 시작을 대표했다. 근대 대학은 이제 더는 학식 있는 실무자나 성직자, 의사, 법률가, 기타 국가 관리를 키워 내는 장소가 아니었다. 대학은 '순수한' 연구라는 기풍을 제시했고, 연구는 교육에 통합되어 더욱 성과를 내야 했다. 그러한 원리 연구는 간접적으로만 실용적인 목적에 이바지하고 개인의 품성 도야에 대한 그 기여도 기껏해야 부차적이었지만, 이제 언어학과 철학의 결합에서 새롭게 출현한 인문학에서 기술자들의 실용적인 문제 해결, 한층 더 멀리 벗어난 이론적 자연과학에 이르기까지 모든 분과 학문에 있어야 했다. 근대 대학은 미국에서는 1860년대부터 서서히, 다른 대륙에서는 더 늦게 보편적인 제도가 되었다.[352] 기본적 형태의 근대 대학은 19세기 전반에 출현했다. 이 영역에서만 '학자scientist'는 처음으로 '식자scholar'의 대열에 들어갈 수 있었고, 이후 식자와 중첩되었다가 종국에는 그들을 몰아냈다. 근대 초의 학문은 대체로 노동 과정에서 유리된 부유한 아마추어들의 일이었으나, 이제는 전문 직업이 되었다.

4 이동성과 네트워크

사회 성층을 묘사하기는 비교적 쉽다. 모든 사회에는 꼭대기와 밑바닥이 있고 그 사이에 중간 지위와 이행 지위가 있기 때문에 여러 환경과 가족, 개인은 수직 질서 속에 정렬된다. 최근의 사회사가 특별히 관심을 두는 젠더와 정체성, 관습, 생활 방식 같은 주제에서 상세한 일화의 수준을 넘어서는 것은 이보다 더 어렵다. 이러한 현상들은 정치사나 경제사에서 인지할 수 있는 포괄적인 체계나 구조로 쉽게 융합되지 않는다. 이러한 현상들은 수없이 많은 지역적 변형들로 붕괴하며 종종 서로 대립하는 많은 변화의 힘에 종속된다. 세계사가 단지 산재한 사례들에 머물지 않으려면 특정한 시각에 집중해야 한다. 그 시각은 결코 사회적 삶의 풍부함과 총체성을 파악할 수는 없다. 여기서 선택한 시각은 이중적 의미의 이동성이라는 시각이다. 한편으로는 '낯선 것'을 대면하는 이동하는 삶의 시각이고, 다른 한편으로는 대개 간신히 알아챌 수 있으며 정주 생활조차도 온전히 내버려두지 않는 멀리 떨어진 외부의 영향력이라는 시각이다.

19세기에 대해서도 사회사는 단순히 이동의 역사와 동일시할 수 없다. 수많은 사람의 삶의 특징은 여전히 장거리 네트워크나 세계적 네트워크의 힘들로부터 고립되어 있다는 것이었다. 세계사가 고립보다 이동성에 더 많은 관심을 갖는다면, 그것은 이데올로기적 편견 때문도 아니고 목적론적으로 세계사를 누적된 네트워크 형성의 역사로 이야기하려는 선험적인 결정 때문도 아니다. 그것이 다른 종류의 역사적 고찰과 차별되는 세계사 연구 방법의 특수성이기 때문이다.

따라서 세계적 네트워크 형성의 역사만 다룬다면, 폭넓게 해석된 세계 사회사의 일부여야 할 큰 영역이 무시된다. 그 영역에는 예를 들면 특정한 시기에 상이한 문화적 상황에 널리 퍼진 도덕관념의 변화가 포함된다. 이는 결코 보편적으로 일치해 나타날 수 없는 것이다. 그러므로 제1차 세계대전 이래로 서구 사회에서 관찰된 성도덕의 이완은 무슬림 사회에 동일한 수준으로 확장되지 않았다. 19세기에 그 차이는 결코 작지 않았다. 도덕관념은 언제나 사회의 미소 생활micro-life을 조절하는 강력한 힘이며 세밀한 사회통제를 통해 관철된다. 그러한 관념에 따르지 않는 자들은 추방되거나 불이익을 받고 처벌당한다. 그러나 조직적인 외부인들의 불복종이 이러한 규범을 흔들 수 있다. 종교 당국은 사회적 가치를 보존할 책임을 강하게 느끼기 때문에 종종 사생활에 깊숙이 개입할 수 있었다. 19세기 내내 세계 전역에서 신과 조상을 기쁘게 하는 삶의 기준이 되는 가치관과 규칙을 처방한 것은 교회와 여타 종교의 수호자들이었다.

모든 사회에서 생물학적 삶의 주기는 단계마다 규칙과 의식에 매우 긴밀히 연결된다. 19세기까지 이러한 규칙과 의식은 세계 전역에서 종교가 통제했다. 20세기에 와서야 세속적이고 (볼셰비키 혁명과 더불어) 공공연히 무신론적인 국가가 출현했다. 여행자들은 그러한 의식에 늘 특별한 느낌을 받았다. 예를 들면 결혼식과 장례식은 근대 초에 여행기와 국가의 설명에서 빠지지 않는 주제였다. 사회와 특정 사회 내부의 개별 계층은 의식화의 정도에서, 이를테면 가족 축제가 얼마나 정교하고 비용이 많이 드는지에 따라 서로 차이를 보였다. 의식화의 수준은 유교가 두드러진 사회에서 각별히 높았다. 18세기와 19세기에 유교는 규정된 의식의 정확한 준수(올바른 실천)를 특별히 강조했다. 제사 같은 의식에서 순서를 틀리는 것은 형법의 위반이나 진배없는 심각한 일이었다. 많은 사회적 상황에서 관습과 법률을 구분하기는 어려웠다. 관습법은 결코 '원시적'이지 않고 효율성이 떨어지지도 않는 사회적 통제 형태였고, 그 점에서 법은 정도의 차이는 있을지언정 기본적으로 관습법이었다.

우선시된 가치관과 도덕관념, 일상의 의식, 삶의 주기의 여러 국면에서 남녀에게 기대된 행동은 강한 지속력을 지녔으며, 보편적인 미디어화 시대 이전에는 외부의 충격에 활발하게 반응하지 않았다. 변화를 이끌어 내려면 충격이 강해야만 했다. 따라서 가톨릭과 프로테스탄트의 선교사들은 비유럽인들에게 기독교의 일부일처제 핵가족이 지닌 이점을 납득시킬 때 설교의 힘에 의존하지 않았다. 선교원은 현지인들에게 '문명화하지 않은' 생활 방식을 포기하도록 설득하려고 많은 물질적 유인을 제시했다. 그러나 사람들의 정체성의 뿌리인 관습을 그렇게 크게 바꾸는 것은 개종과 세례라는 공식적 절차를 이행하는 것보다 훨씬 더 어려웠다. 토착민 선교사들은 거의 화해할 수 없는 사회적 세계들 사이의 간극을 매우는 데 지극히 중요한 역할을 했다. 식민지 정부는 법과 질서가 위험에 처하지 않는 한 가족과 결혼, 상속 같은 중요한 사회적 영역에 법과 행정 조치를 통해 간섭하는 일이 일어나지 않도록 늘 조심했다. 그래서 식민지 정부는 선교사들의 사회 개혁적 '문명화' 활동을 복잡한 감정으로 바라보았다. 일반적으로 집단적인 가치 지향과 생활 방식의 경로 의존성은 매우 강하다. 오늘날까지도, 심지어 세계화한 유럽에서도 국민의 대표적인 애호 대상과 행동 방식('정치 문화')은 지속되고 있으며, 유럽 국가들 상호 간의 관계에 영향력을 미치고 있다.

상품과 취향의 이동성으로서의 소비

토착 사회 규범의 변화와 관습과 의식에 나타난 그 표현의 변화보다 설명하기가 더 쉬운 것이 여러 사회의 소비 행태다.[353] 18세기와 19세기에 소비는 상품과 취향의 장거리 이동성에, 따라서 세계화라는 중요한 현상에 연결되었다. 특정 시기에 세계의 부가 증가했는지, 그랬다면 어떻게 증가해 어떻게 분배되었는지가 경제사학자들의 질문이다. 사회사는 소비를 통한 사회적 분화에 관심을 갖는다. 소비가 소득과 밀접한 관계가 있음은 당연하다. 모든 개인과 가구는 객관적으로 쓸 수 있는 자금의 한계를 안다. 욕구와 기대라는 저울의 맨 밑바닥에는 완전한 궁핍이 있다. 즉 '보통의' 빈곤을 삶을 위협하는 궁핍과 분리하는 최저 생존의 가냘픈 선이 있다. 그러나 물건과 서비스의 획득 가능성은 단지 하나의 틀일 뿐으로 그 안에서는 여러 가지 상이한 선택을 할 수 있다. 소비는 원칙적으로 선택지와 선호도가 있는 사회적 영역이다. 소비는 신호를 보내며 사회적 구별을 낳는다. 소비는 자기에 대한 타인의 인상에 영향을 주려는 시도다.

18세기와 19세기에 세계적으로 소비자 사회가 시작되었다. 앞선 몇백 년 동안에도 대륙 간 교역을 통해 이국적인 물품들이 유통되었지만, 동양의 사치품이 일상용품으로 바뀌고 군주나 귀족뿐만 아니라 사회 중간층 가구도 입수할 수 있게 된 것은 18세기에 와서 이루어진 일이다. 이는 17세기에는 부유한 상업 국가 네덜란드에서만, 이른바 황금기 네덜란드에서만 볼 수 있는 예외적인 상황이었지만, 이제는 유럽 대륙 곳곳으로 확산되었다. 한 가지 특별히 두드러진 사례는 상아다. 코끼리의 엄니는 수백 년 동안 동아시아는 물론 유럽에서도 예술 조각품의 재료로 쓰였다. 19세기에 상아는 처음으로 대량생산된 당구공과 피아노 건반의 박판에 쓰였다. 수요의 증대는 상품 사슬의 생산 부문에서 매우 자주 인간이 아닌 존재의 고통(이 경우 코끼리의 대량 살상)을 포함해 더욱 무자비한 착취를 유발했다.

대륙 간 교역으로 거래된 물건은 개인의 생활 방식과 공중 영역에서의 자기표현에서 점차 중요한 역할을 차지했다. 유럽 사회 전역에서 널리 입수할 수 있게 된 최초의 자극성 식품은 커피와 차였다. 이 책에서 다루는 시기의 초기에 차는 주로 중국에서 들어왔고 이후 점차 인도에서 들어왔다. 커피는 남아메리카와 중앙아메리카, 동남아시아, 아프리카에 새로이 재배 지대가 형성되었다. 이 두 자극성 식품에는 '동양적' 취지와 의미가 스며들어 있었다. 커피나 차를(또한 오스만 제국이나 이집트의 담배를) 소비함으로써 넓은 세상과의 관계가 수립되었다. 훗날 광고는 이러한 신화를 이용했다.

면직물도 먼 곳에서 들어온다는 특징을 보여 주었지만 커피와 차만큼 두드러지지는 않았다. 그렇지만 면직물도 세계적으로 인기를 끌었다. 아시아에서 수입된 고급 날염 면직물은 한때 시장을 지배했지만 이제는 쇠퇴했다. 일반적으로 세계 여러 곳에서 방적과 방직의 가공 중심지로 원면이 공급되었다. 영국의 원면 수입은 1780년 700만 파운드에서 1850년 6억 6300만 파운드로 증가했다.[354] 농업의 원면 생산, 공업적 공정을 통한 면사로의 전환, 방직과 날염을 통한 변형, 의상 제작, 최종적인 소비의 전 과정이 여러 대륙에 확산되었다. 상품 사슬은 지리적으로 더 길어졌고, 상품의 흐름은 양적으로 더욱 커졌다. 18세기 초에 면제품은 세계 곳곳에 퍼졌다. 1800년 무렵부터는 생산과 소비에서 공히 진정으로 세계적인 상품이 되었다.

동시에 많은 경우에 상품의 기원과 상품 제작에 들어가는 노동의 성격은 모호해졌다. 유럽의 면제품은 '탈동양화'했고, 이전에 면제품에 담겼던 신비로운 의미는 약해졌다. 실제로 19세기에 면제품은 더는 전형적인 '식민지 상품'이 아니었다. 유럽에서 가공된 원면은 대부분 '동양'이나 '글로벌 사우스'가 아니라 경제적으로 크게 발전한 미국에서 들어왔다.[355] 멀리서 들어온 상품에 익숙해질수록 '외국'의 멋은 더 많이 사라졌다. 또한 이국적 소비의 새로운 영역이 열렸다. 그렇게 변증법적인 운동 속에서 소비의 세계화가 진척되었다.

담배의 세계적 확산은 거대한 초국적 콘체른의 시대 초기에 나타난 세계적 소비 유형의 좋은 사례다. 공업적으로 표준화한 방식으로 생산된 담배는 1880년대 초부터 승리의 행진을 시작했다. 중국에서는 근대 초에 다양한 흡연 관행이 형성되었다. 코담배 이외에 물담배(수연통)가 농촌 지주들과 상층계급 여성들 사이에서 큰 인기를 끌었다. 그러나 1900년 무렵에 이러한 형태는 점차 구식이 되었다. 반면에 수입된 궐련은 근대의 상징성에 어울렸다. 궐련은 광고를 통해 판매를 촉진할 수 있었고 대량 유통망을 통해 보급할 수 있었다. 궐련은 품질과 가격의 등급화를 통해 상징적으로 위계가 표현된 표준화한 브랜드 상품으로 큰 회사들의 공격적인 판매 전략 덕분에 중국 농촌 깊숙이 빠르게 침투했다.[356]

소비 유형 확산의 특징적 형태는 (근대 초의 시작 이후) 19세기에 서구 의상이 획득한 모범의 성격이었다.[357] 원칙적으로 모든 사람이 일본의 기모노나 인도의 전통 의상을 입고 다닐 수 있었을 것이다. 그렇지만 특히 남성복에서는 현재의 서구 옷차림이 보편적인 모범이 되었다. 기후에 맞는 곳이라면 어디서

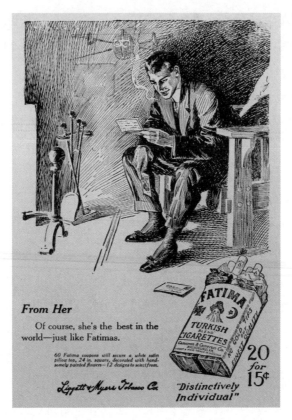

_____ 미국의 담배 회사 리깃 앤드 마이어스(Liggett & Myers)가 1913년에 실은 파티마 브랜드 담배 광고. 1880년에 미국인 존 앨버트 본색(John Albert Bonsack)이 담배를 자동으로 마는 기계를 발명하면서 담배는 빠르게 세계 도처에서 손쉽게 입수할 수 있는 표준화한 상품이 되었다. 그랬는데도 몇몇 브랜드는 오랫동안 광고의 이미지를 특정 국가의 국내 소비자 시장이나 지역 소비자 시장에 맞추었다. '파티마'라는 이름과 '터키 엽초 혼합'이라는 표시는 동양 엽초 함량이 높다는 점을 암시하며, 양복을 입은 남성의 이미지는 '서구적' 특성을 확실하게 보여 준다. 이와 달리 유럽의 비교할 만한 동양적 브랜드들은 포장지와 광고에서 이국적인 시각적 주제와 결합되었다. (Wikimedia Commons)

든 바지와 모자, 단추,(남성복에 특히 널리 보급되었다.) 어두운 색깔의 선호가 우세해졌다. 이는 유럽 밖으로 백화점이 확산되지 않았다면 불가능했을 것이다. 백화점은 어느 곳에 생겼든 축소판 세계 박람회였다. 머물러 구경하고 구매할 수 있는 세계적 회합의 장소였던 것이다.[358]

소비의 세계화는 새로운 구분의 가능성을 만들어 냈고 사회적 분화의 또 다른 수단이 되었다. 부르주아지 사회에서 소비는 새로운 논리에 종속되었다. 미국 사회학자 소스타인 베블런Thorstein Veblen이 『유한계급론Theory of the Leisure Class』(1899)[359]에서 정확하게 분석한 '과시적 소비'로 최고 부자들은 흔히 자제하지 않았던 반면에, 절약의 감각을 지닌 부르주아지는 우선 자본 축적의 필요성을 생각했고 숫자를 적게 말하는 습관을 키웠다. 분수에 넘치게 생활하는 경향보다 더 확실하게 봉건 계급의 시대에 뒤진 성격을 잘 보여 주는 것은 없다. 그 대조는 일본에서 특별히 날카로웠다. 도쿠가와 막부 시대에 수도 에도(도쿄)의 봉건 제후들은 눈에 띄는 사치로 파산할 것 같았다. 1868년 이후로 메이지 유신과 더불어 나타난 새로운 경제 윤리는 그 반대를, 투자의 우위와 검약한 생활을 강조했다.

개인적 소비 외에 공공시설 공급도 고려해야 한다. 이 부문은 19세기에 도시 기반 시설이 발전하면서 증가했다. 한 가지 특별한 혁신은 도시 조명이었다. 여기에는 두 가지 측면이 있다. 가스등 덕분에(나중에는 거리와 광장, 기념물의 전기 조명 덕분에) 도시 주민의 전 계층이 이전에는 알지 못했던 쾌적함을 누리게 되었다. 유럽이나 미국의 모델에 따라 도시가 현대화한 곳이라면 세계 어디서든 이러한 기술이 접목되기까지 오랜 시간이 걸리지 않았다. 1880년에서 1910년 사이에 세계의 큰 도시들은 불을 밝혔다. 동시에 이 신기술은 엄청난 양의 에너지를 소모했다. 도시는 석탄과 가스, 석유 등 전기 생산에 쓰일 수 있는 것이라면 무엇이든 게걸스럽게 먹어치웠다.[360] 큰 도시에 집중된 사회적 에너지는 그 안에서 쓰인 물리적 에너지의 증대와 밀접한 연관이 있었다.

이 시점에서 대도시 주민의 유형은 보편적인 현상이 되었다.[361] 19세기 후반 대도시 발전의 다소간 일반적인 특징은 도시 환경 속의 빨라진 삶의 속도, 도시의 더욱 커진 익명성, 중요한 공급 시설에 대한 의존성 증대, 암흑가 범죄 세계의 성장이었다. 대도시의 공통점은 적어도 그 지속적인 차이점만큼이나 광범위했다. 호화롭게 대륙을 오간 여행자들은 온천 휴양지나 도시의 화려한 호텔같이 고도로 표준화한 서비스가 도처에 편재한 덕에 편안함과 세련됨을 기대할 수 있는 폐쇄적인 사회적 영역으로 이동할 수 있었다. 이들은 지구상 그 어느 곳이든 호텔에 들어가는 순간에 무슨 일이 기다리고 있을지 알았다.

건축은 현지의 미적 감각을 따랐지만, 서비스는 카이로의 셰퍼드 호텔, 싱가 포르의 래플스 호텔, 런던의 사보이 호텔, 봄베이의 타지마할 호텔, 멜버른의 그랜드 호텔 등 어디서든 기본적으로 동일했다.[362]

수입 소비재의 확대도 세계 전역에서 유사한 규칙성을 보여 주었다. 이 중 에서 두 가지가 특히 중요하다. 한편으로 수입품은 익숙한 물건과 결합되었 고 이미 존재하는 의미와 조화를 이루었다. 극단적인 경우에는 금속 주방 용 품이 용해되어 새로운 물건으로 재탄생할 때처럼 원료로 격하되거나 지역의 물품으로 가공되었다. 다른 한편으로 기이한 물건의 채택은 오로지 선호하는 취향이나 사회적 구분의 욕망에 의해서만 지배되지 않았다. 그것은 교환 수 단의 발달과도, 특히 현금의 입수 가능성과 신용의 확대와도 관련이 있었다. 몇몇 물건은 좀 더 용이하게 획득되면서 사회적 의미가 변할 수 있었다. 예를 들면 더 많은 사람이 귀금속과 모피를 습득하게 되자마자 엄격한 복장 규정 은 점점 더 느슨해졌다. 동아프리카에서 좋은 사례가 전한다. 아프리카 해안 의 사회들에서는 그 대륙의 다른 곳과 마찬가지로 의자가 전통적으로 사회적 특권과 정치권력을 드러내는 상징이었다. 1840년대에 의자는 통치권의 기운 을 상실하고 단순한 가구로 바뀌었다. 인도와 미국, 유럽에서 수입되어 부잣 집의 위신을 보여 주는 일상용품이 된 것이다.[363] 정치적 상징물은 나름의 유 행에 종속되는 소비재로 바뀌었다. 이는 일찍이 18세기 말에 독일 철학자 크 리스티안 가르베Christian Garve(1752~1798) 같은 초기 이론가들이 주목한 문화적 현상이었다.[364]

상업화는 장기적으로 유효한 힘으로서 기존 사회적 피라미드의 토대를 흔들고 동시에 새로운 불평등 위계질서를 세웠다. 그러나 이러한 위계는 이전 의 사회 성층에 비해 융통성은 더 컸고 안정성은 더 적었다. 개인과 집단은 지위를 드러내고 지키기 위해서는 물론 미래를 요구하고 예상하기 위해서도 경제적 소비의 기회를 이용했다. 보수적인 평자들이 개탄해 마지않았으나 억 누르기는 어려웠던 이러한 풍조는 19세기가 흐르는 동안 어디서나 볼 수 있 었다. 그것은 사회 상태의 폭발성 증대를, 동시에 사회생활의 경쟁 심화를 반 영했다. 이러한 풍조는 경쟁을 통한 경계 구분과 신속한 평가절하의 메커니즘이다.

먼 곳에서 들어온 상품의 소비가 늘어난 것은 독립변수는 아니었다. 그것은 한편으로는 생산성과 번영이 전반적으로 성장한 결과였으며, 다른 한편으로는 운송이 개선되고 운송비가 감소한 결과였다. 사회 내부에서, 사회들 사이에서 물건이 유통되는 것은 새로운 현상이 아니었다. 새로웠던 것은 상징적 교환 관계의 억제였다. 상징적 교환 관계는 어떤 의미에서는 늘 비대칭적이었으므로 화폐로 표현되는 등가물의 교환을 위해 사회적 상위자가 베푸는 선물이자 관대함이라는 성격을 결코 잃지 않았다. 선물의 교환은 사업으로, 구매와 판매로 변했다. 이러한 현상은 국제 관계에서 한층 더 현저했다. 중국과 그이웃 나라들 사이에 수백 년 동안 지속되었던 조공은 통계상으로 측정할 수있는 대외무역이 되었다. 소비재의 상징성은 더 높은 수준으로 올라갔다. 소비재는 원래 고유의 의미를 지니지 않았고 단순한 물건이었다. 그 사용가치와 교환가치는 달랐다. 사장에서 구매한 것은 부차적인 상징성만 지녔다. 소비사회의 팽창은 상업화와 화폐화의 결과였다.

화폐화가 유럽에서만 시작된 것은 아니다. 화폐와 화폐경제는 세계의 다른 지역에서도 독립적으로 출현했다. 근대 초 유럽의 상업 제도는, 특히 특허회사를 통한 교역의 확대는 이 과정의 속도를 높였다. 다른 원천은 유럽의 국가 통치의 확장이었다. 유럽 식민국의 가장 큰 관심은 세금을 걷는 것이었다. 세금의 이상적인 형태는 화폐였다. 곡식과 가축, 화폐로 주조되지 않은 금속으로 걷는 세금은 식민지 행정부에 아무런 소용이 없었다. 그렇기 때문에 자본주의와 식민주의는 화폐경제를 움직인 두 엔진이 되었고, 화폐경제는 소비사회 시장의 전제 조건을 창출했다.

인간의 수평적 이동

상품 사슬의 끝에서 소비되는 물품은 생산자에게서 소비자에게로 저절로 움직이지 않는다. 인간이 운반하는 것이다. 상품은 일반적으로 그것을 나르는 운송 수단보다 더 멀리 간다. 카카오는 대서양의 섬이나 아프리카에 있는 경작자들이 직접 유럽으로 전달하지 않는다. 인간과 상품의 이동은 긴밀히 얽혀 있지만 공간적 구조가 겹치지는 않는다. 따라서 수평적 이동이라는 주제를 새롭게 풀어야 한다.

이동은 오랫동안 사회생활의 결과물로 이해되었다. 사회구조는 안정된 질서로 여겨졌다. 견고한 균형 상태를 이루었다고 하면 아마 가장 적절한 표현일 것이다. 21세기 초에 나타난 세계적 시각의 역사학은 반대쪽 극단으로 치달아 사회생활을 거의 완전히 이동성에 용해시키는 경향이 있다. 적당한 중간이 필요하며 이는 가능하다. 이동성은 한가한 상황에서 시작하며 역동적인 형태처럼 보이는 구조로 바뀌어 고착될 수 있다. 그러므로 점점 더 많은 사람이 기계적인 운송 수단을 입수할 수 있게 되면 사회는 근본적으로 변한다. 넓은 교외 구역의 성장은 19세기에 정기적으로 순환하는 기차가 출현하면서 가능해졌다. 교외는 이어 20세기에 도로와 자가용의 급증으로 더욱 커졌다. 따라서 도시의 발달과 교통의 역사 사이에는 밀접한 관련이 있다. 도시는 새로운 운송 수단의 수요를 창출했고, 역으로 교통 기술과 교통 사정의 발전을 통해 근본적으로 변화했다. 보행 도시는 오늘날의 보편적인 자동차 도시와는 매우 다른 생활공간이다. 19세기는 양자 간에 이행하는 시기였다. 19세기 후반에는 짧은 기간에 걸쳐 철도가 우위를 차지했다.

정보의 교환을 통한 커뮤니케이션도 이에 못지않게 사회와 그 개별 구성 부분들을 형성했다. 글을 읽고 쓸 줄 아는 사람이 소수인지 주민의 대다수인지에 따라, 미디어를 통해 부재중인 사람들 간의 사회 활동을 조화롭게 조정하는 것이 가능한지 아닌지에 따라, 외국에서 지속적으로 뉴스가 전해지는지 아닌지에 따라 엄청난 차이가 생겼다. 동시에 천박한 진단과 가치 판단을 경계해야 했다. 근대의 삶이 끝없이 빨라진다는 것은 세세한 증거가 필요 없는 진부한 사실이다. 인간의 이동성이 점점 더 커지고 있다는 것도 마찬가지다. 따라서 반대의 흐름, 예외, 차이가 더욱 흥미롭다.

오래된 유형의 이동성: 유목민

이동성은 결코 근대의 명료한 표지가 아니다. 근대 초의 몇백 년 동안에 세계 전역의 인간 집단들은 이동 생활을 했으며 고정된 주거지를 갖지 않았다. 이들은 도시 하층계급의 집 없는 자들이거나 여행자와 부랑자, 이동 상업 중개인일 수 있었다. 서유럽 사회의 변두리에서도 볼 수 있는 자들이다. 유목민도 여기에 포함된다. (가족과 함께) 공동체로 살아가며 떠돌아다니는 목부들로 운반할 수 있는 조립식 오두막을 이용해 계절의 순환에 따라 가축을 몰아 초목을 찾아다니고 이따금 정착민과 교류한다.[365] 18세기 중엽에 이동 생활 방식을 취한 집단들은 세계의 사회사에서 단순한 부차적 역할을 수행하는 데 머물지 않았다. 동시대인들도 그들을 사회라는 무대의 필수적인 요소로 인식했다.

유목민에 대한 중국인의 오랜 관심은 줄어들지 않았지만, 청나라가 제국을 위협하는 외부의 위험인 몽골인들을 제거하고 그 일부를 흡수한 뒤로는 관심의 성격이 변했다. 유럽인들은 오늘날에 와서야 처음으로 북아프리카와 중동의 독특한 유목민 생활 방식을 부분적으로 발견했다. 유목민 편에서 말하자면 그들이 처음 대면한 유럽인은 북쪽에서 온 개별 방문자들이었다. 1760년대 독일인 탐험가 카르스텐 니부어Carsten Niebuhr(1733~1815)는 아라비아의 베두인족 사회에서 지극히 정밀한 민족지학 연구를 수행했다. 몇십 년 뒤에 스위스인 여행자 요한 루트비히 부르크하르트Johann Ludwig Burckhardt(1784~1817)는 아라비아와 북아프리카의 유목민 부족을 여러 권의 책으로 설명했다. 일찍이 조제프 드 기뉴Joseph de Guignes(1721~1800)와 에드워드 기번(1737~1794) 같은 계몽사상의 중요한 역사가들은 고대와 중세에 말 타는 유목민의 역사적 역할을 높이 평가했다. 19세기 내내 수많은 여행자가 중앙아시아의 투르크멘을 방문하고 글로 설명했다. 1865년에 러시아가 타슈켄트를 점령하기 전에 투르크멘은 무슬림 중앙아시아의 진정한 지배자였다.[366]

19세기에 유목민은 매우 다양한 수준에서 권리를 주장할 수 있었다. 1920년대에 아라비아반도의 몇몇 유목민 부족이 국가(오늘날의 사우디아라비아) 창설에 성공했지만, 미국이나 칠레에서는 유목민의 생활 방식이 군사 공격을 받았고 최종적으로 금지되거나 보호구역 안으로 밀려났다. 광대한 영역에 걸쳐 살던 유목민 집단들은 폭넓은 토지이용을 거부당했다. 경작하는 농민과 떠돌아다니는 목축인 사이의 충돌은 이를테면 중국의 아시아 내부 경계 인근에서 흔했다. 일반적으로는 쟁기와 여타 농기구를 갖고, 종종 엄청난 인구 압박과 함께 전진하는 농민이 승리했다. 그 과정에서 농민은 온갖 국가 기관들의 지원을 받았다.

정부는 감시하기 어렵고 세금을 부과하기가 용이하지 않으며 체계적인 군역을 부과할 수 없는 주민들을 점차 의심의 눈초리로 바라보게 되었다. 유목민은 언제나 국민 형성의 근대화 과정을 방해했지만, 프랑스가 1918년에 모로코의 아틀라스산맥에서 깨달았듯이, 때로는 식민지에 반대하는 불굴의 저항 세력이기도 했다.[367] 중동에서는 예를 들면 이란에서 유목민은 완강하고 준準연방적이며 지방분권적인 세력으로서 주목할 만한 정치적 인자였을 뿐만 아니라 특징적인 사회구성체를 형성했다.[368] 오스만 제국에서는 근대화의 필요성을 자각한 관료들이 유목민 부족장과 협상할 때 더는 통치자와 부족장 사이의 봉건적 관계를 토대로 하지 않았다. 그것이 어느 정도 평등을 인정한다는 의미였기 때문이다. 그 대신에 신생 영토 국가의 행정부에 그들을 복종시키려고 했는데, 이는 지역의 상층계급과 어느 정도 타협하지 않고는 불가능했다.[369] 제국 정부와 유목민 간의 간극은 근대성과 문명이라는 이데올로기에 의해 더욱 크게 벌어졌다.[370] 유목민의 생활 방식은 점차 낡은 것으로, 문명국의 국제적 위신에 해로운 것으로 생각되었다. 경제적인 측면에서는 생태학적으로 여러 대안이 있는 땅을 목부들이 사용하는 것이 상대적으로 비효율적이라는 평가를 받았다. 유목민이 토지와 맺는 법률적 관계는 토지와 재산에 관한 민법의 범주 안에 쉽게 포함될 수 없었다.

유목민이 간소한 생계 경제를 꾸리는 일은 드물었지만, 그들이 점점 더 깊이 편입된 상품 사슬은 도시로부터, 유목민보다는 도시 주민에 더 익숙한 화폐경제의 원리에 따라 조직되었다. 중간상인이 더 중요해졌다. 목부는 공업과 금융 같은 근대적 부문에서는 지급 능력이 특별히 좋은 고객이 아니었다. 반면에 이들은 시작 단계에 있는 세계화 과정에서 결코 늘 절연되어 있지도 않았다. 예를 들면 사하라 사막의 투아레그족은 팽창하는 교역망에서 할 수 있는 역할을 찾아냈다. 사하라 사막은 여전히 대상들이 수천 마리 낙타를 이끌고 지나가는 연결의 공간이었다. 북-남의 연결이 사막을 가로지르는 유일한 연결은 아니었다. 이는 동-서 연결로를 통해 아프리카 양쪽의 대양과도 이어졌다. 사하라 사막 이남 아프리카의 물품은 북아프리카의 항구들을 통해 수송되었다.[371]

유목민은 점차 한편으로는 범죄자로 여겨졌고, 다른 한편으로는 유럽의 오리엔탈리즘 문학과 미술에서 고귀한 전사이자 낭만적인 영웅으로 이상적으로 묘사되었다. 이는 패배한 적을 다루는 전형적인 양면적 태도였다. 정착민과 유목민 사이의 오래된 상보성은 평화로운 보상 과정이든 약탈과 방어의 갈등 관계든 19세기에 들어 감소했다. 이는 유목민과 정착민이 더는 동일한 삶의 속도를 공유하지 않는다는 사실과도 연관이 있다. 전통적으로 목부는 가축 방목의 느린 속도와 연결되었지만, 기병으로서는 미군이 대초원 지대의 토착민 부족들과 싸울 때 배워야 했던 것처럼 말의 시대에 가능했던 속도의 극한까지 도달할 수 있었다. 19세기의 기술혁신을 홀로 누렸던 정착민이 먼저 비교할 수 없을 만큼 더 빨라졌다. 그들이 초원 지대 안으로, 초원 지대를 통과해 철도를 건설했기 때문이다. 그리고 군대도 철도를 이용해 똑같이 신속하게 전개 지역으로 이동할 수 있었다. 유목민에게 철도는 쓸모없고 위협적이었다.

증기기관 시대 이전의 운송 수단

19세기 수평적 이동의 증진은 교통 혁명에 힘입었으며, 사회적 욕구 자체가 그 충족 방법을 찾아낸다고 가정하면 이동의 증진이 교통 혁명의 원인이기도 했다. 사회생활은 대체로 지역적 관계망에 의해, 사람들이 지역에 얼마나 큰 애착을 느끼는지, 그들에게 삶의 중심지가 있다면 그곳에서 얼마나 자주, 얼마나 멀리 벗어나는지에 따라 형성된다. 다른 경우라면 문제가 있는 '전근대'라는 용어는 이동성의 영역에서는 구체적인 의미를 지닌다는 점에서 예외적이다. 19세기의 교통 혁명 이전에, 석탄으로부터 에너지를 만들어 내는 원리가 기계적인 운송 수단에 적용되기 이전에 비슷한 속도 체제가 세계 전역에 널리 퍼져 있었다. 모든 운송 수단의 기본적인 속도는 인간의 꾸준한 걸음걸이가, 육상에서의 최고 속도는 가장 빠른 말과 낙타가, 해상에서는 잘 건조된 범선이 규정했다.[372]

이 기술은 널리 확산되었다. 18세기에는 유럽 홀로 대양 항해에서 우위를 차지했다. 유럽은 전 세계적으로 대양 항해 기술을 이용했지만, 좁은 해상 공간에서는 토착 항해술이 그 지위를 유지했다. 1800년 무렵에 유럽의 몇몇 국가는 몇 가지 점에서 월등히 나은 운송 능력을 보유했다. 프랑스는 비록 과도하게 파리에 집중되기는 했지만 루이 14세 시대부터 정교한 간선도로망을 구축했다. 영국도 매우 빠른 역마차와 체계적인 우편 업무, 비교적 잘 조직된 전국 도로망을 갖추었다. 네덜란드는 수많은 운하 덕분에 유일무이한 수상 운송 가능성을 보유했다. 남유럽과 동유럽, 남동부 유럽에는 그러한 이점이 없었고, 이는 명백히 근대화를 이루는 데는 중대한 결함이었다.[373] 그러나 유럽 전체와 나머지 세계 사이에 근본적인 차이는 없었다.

교통 혁명은 다양한 결과를 낳았다. 첫째, 교통 혁명은 인간의 근력과 풍력이 결정한 최대치를 넘어 위치 이동의 속도를 높였다. 둘째, 교통 혁명은 많은 사람의 일상생활에 들어갈 수 있는 여행의 범위를 확대했다. 어떤 사람들은 구체제의 여행 조건에서 엄청난 거리를 주파했다. 자코모 카사노바Giacomo Casanova는 육상과 수상으로 5만 킬로미터를 이동한 것으로 추정된다.[374] 중국의 관료들과 러시아 제국의 지사들은 잡다한 행정 업무를 처리하고자 종종 먼 구역까지 끝없이 이동했다. 그러나 전근대의 조건에서 인간이 이동할 수 있는 보통의 범위는 자기의 마을에서 도보로 이동할 수 있는 15킬로미터 또는 20킬로미터 정도 떨어진 인근으로 제한되었다. 많은 서유럽인이 그 거리를 넘어서지 못했다. 극소수만이 100킬로미터를 넘는 여정을 경험했다. 이 여정은 19세기의 세 번째 삼분기가 되면 서유럽에서 사실상 가능한 일이었다.[375]

교통 혁명은 또한 도로 건설의 혁명이기도 했다. 고대까지 기원을 추적할 수 있는 방어 시설을 갖춘 도로와 간선도로망의 전통은 유럽인들에게 일정 정도의 교통상의 이점을 제공했다. 물론 19세기에 들어선 후 시간이 한참 지날 때까지도 국경을 넘는 연결은 부족했고 유럽 대륙의 모든 나라에서 촌락들과 주요 횡단로의 연결은 여전히 만족스럽지 못했다.[376] 오직 중국만이 비교할 만한 도로망을 갖추었지만, 서구보다 마차의 역할은 더 적었고 가마의 역할이 더 컸다. 19세기가 되면 이 도로망은 앞선 시대에 찬사를 받았던 효율성을 더는 보여 주지 못한 것 같다.[377] 아프리카의 대부분에서 식민지 시대 이전에 구축된 도로는 자연의 제약 탓에 통과할 수 없는 상태가 되었으며, 동물을 이용해 짐을 운반하는 것도 토착 곤충인 체체파리 때문에 어렵거나 불가능했다. 조건이 그러한 곳에서는 도보 이동 이외에 달리 대안이 없었다. 아프리카에서 짐꾼은 19세기 내내 없어서는 안 될 존재였다. 짐꾼은 아프리카 노동자의 기본적인 범주로서, 19세기 후반이 되면 대체로 당당한 임노동자가 노예를 대신해 짐꾼이 되었다.[378]

셋째, 교통 혁명은 새로운 운송 수단들이 자리를 잡자마자 그 이용 비용이 낮아졌다는 사실과 밀접한 관련이 있다. 몇십 년 안에 점점 더 많은 사람에게 기차 여행과 대양 항해 여행, 시가전차를 이용한 이동, 그리고 20세기 초에는 자동차의 이용이 가능해졌다. 이는 오늘날의 저가 항공에 이르기까지 지속된 일반적인 추세다. 과도기에는 여러 속도 체제가 나란히 공존했다. 속도는 돈이 많이 드는 것이었다. 1750년 무렵에 프랑스 국왕은 부유한 신민들보다 더 안락하게 여행했지만, 더 빠르게 이동하지는 못했다. 100년 뒤에 기술적으로 더 효과적인 운송 수단은 처음에는 사회적으로 소수 상류층만 이용할 수 있었다.

증기선

교통 혁명의 가장 중요한 골자가 되는 연대기는 쉽게 개설할 수 있다. 1810년대에 스코틀랜드와 잉글랜드, 프랑스, 미국에서 최초의 증기선이 시험을 거쳤다. 쓸 만한 증기선의 원형들이 개발되었지만, 새로운 선박은 내수면과 연안에서 먼저 쓰였다. 초기 증기선의 항속 거리는 특히 많은 석탄 소비량 때문에 제한되었다. 1819년에 증기기관을 단 범선이 처음으로, 이어 1838년에는 오로지 증기력만으로 움직이는 선박이 대서양을 횡단했다.[379] 19세기 중반에 대양 횡단은 더 빈번해졌지만, 처음에는 높은 비용 때문에 승객의 여행만 가능했다. 1860년대부터 우편물을 싣고 승객을 태운 증기선이 태평양을 횡단했다. 1883년부터 영국과 뉴질랜드 사이의 지극히 긴 항로에서 우편 증기선이 매월 한 차례 운항했다. 동시에 증기선을 타고 미국에 도착하는 이민자의 수가 급증했다.

범선 시대의 마지막에 역사상 기술적으로 가장 뛰어나고 가장 빠른 범선이 건조되어 운행에 들어갔다. 미국에서 만들어진 차 수송용 쾌속 범선(클리퍼clipper)이었던 이 선박들은 중국 항로에 투입되었다. 범선 항해의 전성기는 1840년에서 1870년 사이였다. 증기선은 여전히 돛과 삭구를 갖추고 있었다. 1880년대에 들어서야 범선은 완전히 증기선으로 대체되었다. 1878년에 전 세계적으로 범선의 용적 톤수는 증기선의 두 배였는데, 1889년이면 증기선의 수송량은 범선의 세 배에 달했다.[380] 그러나 1899년에야 처음으로 돛을 달지 않은 정기선이 운항에 들어갔다.[381] 세기 전환기에 영국과 독일에서는 대량 화물 수송을 위한 거대한 철제 범선이 여전히 건조되었으며, 연안 수송에서는 제1차 세계대전이 끝난 후로도 일부 범선이 계속 운항했다.[382] 결정적 요소는 풍력이 증기력으로 매우 점진적으로 대체된 것이 아니라, 전 세계적으로 해운의 수송량이 증가하고 승객과 화물의 운임이 하락한 것이었다.[383]

사회사적으로 보면 이 기술적이고 경제적인 발전은 우선 항구도시의 개선을 의미했다. 많은 항구(멜버른, 요코하마, 싱가포르, 브레머하펜, 홍콩, 발파라이소)는 19세기에 와서야 건설되었거나 중요해졌다. 두 번째 결과는 오직 증기 기술 덕분에 우편물과 소화물, 승객을 세계 곳곳으로 시간표에 따라 수송할 수 있었다는 것이다. 증기선의 운항은 날씨에 덜 좌우되는 규칙성을 획득함으로써 신뢰할 만한 연결 수단이라는 인상을 얻었다. 셋째, 비록 어디서나 가능한 것은 아니었지만 증기선은 내수면도 더 활짝 열어 놓았다. 오스트레일리아에는 배가 들어갈 수 있는 강이 전혀 없었고, 남아메리카에는 (파라나강을 제외하면) 지극히 적었다. 인더스강을 비롯한 여러 강에서는 전통적인 토착 항해술이 더 우수했다.[384] 그러나 중국의 장강은 대동맥이 되어 핵심적인 경제 지역을 세계무역에 연결했다. 증기선은 내륙의 중심지들을 해안의 항구도시들과 더욱 긴밀히, 따라서 국제적인 교통망과 더욱 긴밀히 연결했다.

대양 항해 선박은 범선이든 증기선이든 이동식 가옥처럼 천천히 경관에 침투한 철도에서는 볼 수 없는 극적인 효과를 낼 때가 많았다. 대양 항해 선박은 노아의 방주나 판도라의 상자처럼 근대의 충격적인 새 운송 수단으로 갑자기 등장할 수 있었다. 선박은 선교사와 군인뿐만 아니라 해로운 병원균과 외래 동물도 운반했다. 기요틴은 배에 실려 혁명이 일어난 생도맹그로 건너갔다. 1788년에 오스트레일리아에 처음 발을 내딛은 백인은 선원들과 배에 탄 죄수들이었다. 영국 해군 최초의 대양 항해가 가능한 철제 군함 '네메시스 Nemesis'는 1840년에 아편전쟁이 시작되었을 때 중국인들을 깜짝 놀라게 했다. 1853년에 매슈 페리 제독의 '흑선'들은 일본인들을 아연케 했다. 1800년에서 1896년 사이에 태평양의 큰 섬들에는 어디나 최초의 선박이 자본주의를 태우고 도착했다. 선박은 고립된 섬들을 거대한 상업적 공간과 연결했다.[385] 증기선의 교통망에 닿은 사회는 변화하지 않을 수 없었다.

1900년을 전후로 몇십 년간 승객 수송에서 거대한 대양 항해 선박들이 일시적으로 선상의 사회적 세계를 형성했다. 이는 앞선 시대의 범선에는 없었던 것으로 민간 항공기가 대양 항해 정기선에 승리를 거두면서 사라졌다. 오늘날 크루즈 산업은 그 사교 세계에 남은 약간의 잔재다. 1912년 4월 14일에 북대서양에서 침몰해 1517명의 사망자를 낸 '타이타닉Titanic'호는 세기말에 있었던 그 이동성 상류사회의 상징이다.[386] 쿨리 수송선부터 호화 정기 여객선까지, 공간적으로나 시간적으로나 좁은 범위 안에 있었던 1900년 전후의 사회생활은 오늘날에는 상상할 수 없을 정도로 물 위에서 전개되었다.

철도

영국과 미국의 밖에서 철도망의 구축은 19세기 중엽에 시작되었다.[387] 그 후 약 25년간은 유럽 대륙의 대대적인 철도 건설의 시기이자 미국의 개척 국면이었다. 수에즈 운하가 건설된 1869년에 미국은 바다에서 바다까지 연결되었다.[388] 1880년에 전 세계의 철도 총연장은 35만 7000킬로미터였는데, 그중 38퍼센트가 유럽(러시아 제국 제외)에, 5퍼센트가 러시아의 유럽 지역에, 45퍼센트는 북아메리카에, 12퍼센트는 나머지 지역에 건설되었다. 1913년에 주로 아르헨티나와 인도에 철도가 부설된 결과로 '나머지' 지역의 몫은 대략 28퍼센트(전 세계의 394만 킬로미터 중에서 110만 킬로미터)까지 치솟았다.[389] 이러한 혁신이 사회사에 가져온 귀결은 무엇인가?

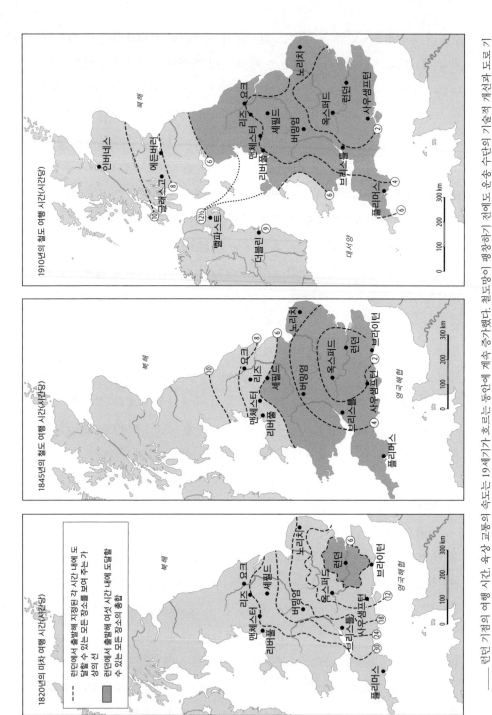

런던 기점의 여행 시간. 육상 교통의 속도는 19세기가 흐르는 동안에 계속 증가했다. 철도망이 팽창하기 전에도 운송 수단의 기술적 개선과 도로 기간 시설의 확충으로 여마차의 속도가 증가했다. 이후 속도는 철도 기술의 지속적인 향상으로 주기적으로 증가했다. 다음의 세 지도는 같은 장소들 사이의 여행 시간이 어떻게 감소했는지를, 동시에 장거리 여행의 가능성과 안락함이 크게 증대했음을 보여 준다.

세계사의 관점에서 보면, 조밀한 철도망과 이따금 철도 여행을 즐길 기회에 의해 일상생활이 결정되는 주민과 이러한 경험을 갖지 못한 자들 사이에 넘을 수 없는 격차가 벌어졌다. 철도는 유럽과 북아메리카 밖에 부설된 경우에도 좀처럼 지역의 운송에 이바지하지 못했고 군대의 수송 요구만, 운임을 낼 수 있는 토착민 상층계급이나 식민지 상층계급 승객의 수송 요구만 충족시켰다. 1880년 무렵이나 1900년 무렵에 인류의 작은 부분만 철도의 시대에 살았고 나머지 대다수는 그러지 못했다. 문명마다 상이한 운송 수단(낙타 대 말, 여러 유형의 인간 짐꾼 등등)을 지녔던 전 세계적인 구체제는 모든 대륙에 퍼진 계급사회로 대체되었고, 그러한 계급사회 안에서 기차와 선박의 차별적 운임을 통해 사회적 한정성의 위계질서가 드러났다. 새로운 운송 수단으로써 창출된 이동성 공간은 엄격하게 조직되고 분리되었다. 기관차와 객차를 생산하고 수출할 수 있는 기술적으로 앞선 경제들과 운항과 보수를 넘어서는 능력을 갖추지 못한 이 기술의 수혜자들은 매우 분명하게 구분되었다. 극소수 국가에서만 철도 여행은 국내의 기술적·산업적 기반에 의지했다.

항해와 철도 여행의 연결 효과를 지적하는 것은 시시한 일이다. 네트워크의 형태가 더 흥미롭다. 어디에 철도를 건설할지는 지리로부터 자동적으로 결정되지 않았다. 대개는 민간 투자자들의 발언권이 가장 컸다. 도시들은 중추를 차지하려고 다투었으며, 어디서나 공공연하든 은밀하든 정치적 책략이 역할을 했다. 항해는 세계 도처를 연결했던 반면에 철도는 대륙에 국한되었다. 그렇지만 아프리카에서도 남아메리카에서도 남북을 단절 없이 연결하는 철도 노선은 구축되지 않았고, 중국에서도 1936년에 가서야 북쪽과 남쪽 사이의 마지막 단절 구간이 연결되었다. 광범위한 교통망은 육상 교통과 수상 교통이 연결된 후에야 등장했다. 증기선보다는 철도가 더 혁명적이었다. 증기선은 기존의 항해 유형 안에서 발전했으며 이 유형은 점진적으로만 변했기 때문이다. 반면에 철도는 완전히 새로운 것이었고 특별히 폭넓은 사회적 변화를 촉발할 수 있었다.

철도 구역은 어디서나 기계화의 선봉에 섰다. 기관차는 견인 동물을 대체했고 장소에 따라서는 인간 짐꾼도 대체해 노동력을 절약했다. 거대한 전국 철도망과 놀라운 장거리 노선이 우선 눈에 들어오지만, 철도 기술이 처음으로 지하에 적용되었고 세계 전역에서 대중교통에 소용되지 않는 작은 산업 철도가 등장했음을 잊지 말아야 한다. 이러한 산업 철도에는 공장 구내나 광산의 철도, 사탕수수를 잘라 가공 장소까지 더 빠르고 쉽게 운반하기 위해 철로를 부설한 설탕 플랜테이션 농장의 철도가 포함된다.[390] (철도 부설과 터널 굴착, 교량 건설의 허리 휘는 고된 노동은 물론) 초기 산업화의 직물 기계와 후기 산업화 국면의 컨베이어 벨트에 의한 대량생산과 달리, 철도의 운영은 정교한 기술적 이해와 필요한 서비스에 대한 인식, 독립적인 문제 해결 능력을 요구했다. 따라서 모든 나라에서 철도 종사자는 기술자에 준하는 자격을 갖춘 노동귀족이었다. 이들은 많은 나라의 노동운동에서 일찍부터 중요한 역할을 수행했다.

철도는 도시 경관에 깊숙이 침투했다. 역사는 눈부신 이정표가 되었고 때로는 성공적인 건축의 기념물이 되었다. 역사와 그 주변은 "규칙적인 삶의 장소이자 문명의 장소"로 계획되고 완성되었다.[391] 도시 내의 교통은 대부분 새로운 역사를 향했다. 역사 구역은 고유의 특징을 갖는 주거 지역이 되었다. '근대적' 역사 구역과 구도심의 나머지 지역 사이에는 자주 새로운 경계가 형성되었다. 특정 지역에서 철도의 도입과 연관된 기술적이고 조직적인 '꾸러미'는 (토지법 문제나 막대한 자본의 조달이나 공급 문제에 이르기까지) 언제나 동일했다. 기차는 기계화 효과뿐만 아니라 표준화 효과도 지녔고, 일반적으로 말해서 문화적으로 중립적이었다. 기관차와 객차, 역사는 모든 대륙에서 비슷했다. 화물 운송이 중요한 경우에 소비자 사회의 발달을 가능하게 한 것도 기차였다. 기차는 소비재를 최종 수령자에게 가져다주었지만, 또한 도시에 이전보다 훨씬 더 넓은 지역에서 생산된 식품을 더 쉽게 공급했다. 철도 부설의 긍정적인 부수 효과 중 하나는 철도로 연결된 지역에서는 기근 구제를 더 쉽게 준비할 수 있다는 것이었다. 역사상 그 어느 때에도 물질적 도구가 사회에 그토록 깊은 영향을, 매우 상이한 문화적 상황들에 유사한 영향을 끼친 적은 없었다. 기차는 교외 열차부터 1883년 이래로 파리와 이스탄불을 연결한 오리엔트 급행에 이르기까지 언제나 세계적 수렴의 강력한 동인이자 폭넓은 범위에서 사회적 이동을 빠르게 한 가속기였다.

이주자

교통 혁명의 전체적인 효과는 일련의 부수적 효과와 연결된 직접적인 운송 개선에서 생겼다. 그러한 부수적 효과의 하나는 철도 역사의 건축에 따른 도시 경관의 개조이며, 다른 하나는 새로운 경제적 공간의 창출이다. 따라서 철도와 해운의 역사는 단순한 교통의 역사를 뛰어넘는다. 가장 중요한 결과의 하나는 이주의 성장과 변화다. 이는 몇몇 지역에서 발흥한 산업자본주의와 새로운 변경의 개척 같은 다른 자극들을 자연스럽게 흡수한 세계사의 한 과정이었다.[392]

이주는 앞선 시기에 이미 어디서나 볼 수 있는 현상이었으며, 그 형태는 매우 다양해 도저히 명료하게 분류할 수 없다.[393] 이주의 여러 유형은 여정의 방향과 거리, 관련된 개인이나 집단의 성격, 이주자의 동기, 성별 분포와 사회적 배경, 제약의 수준이나 자유로운 결정의 수준, 이동 방식, 조직과 자금, 국가의 규제, 역전 가능성(영구적인 이주 대 일시적인 이주), 목적지에서의 생활 방식 등등에서 차이를 보였다. 이주 운동의 전체적인 성장이나 이주 과정의 특정한 사건들에 관한 설명은 반드시 많은 요소를 포함해야 한다.

수닐 암리스Sunil Amrith는 19세기의 아시아를 관찰하면서 다음과 같이 네 가지 유형으로 원인을 구분한다. 전쟁과 정치적 폭력, 지역 간의 불균등한 경제적 발전, 국가의 규제 능력 증대, 생태학적 이유에서 비롯한 생활 조건 악화.[394] 이러한 요인들은 일반화해도 문제가 없다. 특정한 성격의 이주는 다른 거대한 변화 과정과 거의 불가분의 관계에 있다. 이를테면 도시화는 기본적으로 촌락에서 도시로의 인구 이동이다. 언제, 무엇 때문에 사람들이 도시로 몰려들었는지 고찰하지 않고는 도시의 성장에 관해 논의할 수 없다.

이주 연구가 직면한 가장 큰 문제는 아마 이것일지 모른다. 좁은 범위 안의 미소 이주micro-migration와 조기에 되돌아올 가능성이 없는 원거리 이주 사이의 연관 관계를 어떻게 설명할 것인가? 일반적으로 높은 수준의 내부 이동은, 즉 친숙한 환경을 떠나는 널리 퍼진 관습은 외적 조건이 준비되자마자 곧 장거리 이동으로 쉽게 변했다고 말할 수 있을 것이다. 19세기에 각별히 강한 외부 이주 성향을 보였던 유럽 민족인 스코틀랜드인의 이주 습성은 좋은 사례다.[395] 그러나 사람들은 이주에 관한 판단에서 이미 갈렸다. 한편으로 적어도 19세기 후반의 유럽에서 이주는 근대사회의 활력을 보여 주는 징후로 여겨졌다. 다른 한편에서는 과도한 이주를 병리적 현상으로 느낄 수 있었다. 이주자들은 빈곤에 빠져 뿌리가 뽑힐 것이며 이주가 지나치면 심한 인구 손실이 초래되어 시골의 고결한 삶은 사라지고 부정한 도시 소굴만 이득을 보리라는 것이었다.

지구상의 이주 강도가 엄청나게 상승했다는 것은 19세기의 매우 중요한 사회 현상에 속한다. 1870년 무렵부터 식민지 통계는 다소간 신뢰할 만하다. 물론 통계 이전 시대와의 장기적인 비교는 약간의 왜곡된 이미지를 줄 수 있다. 어쨌거나 수치는 정확할 것이다. 1850년대에 세계 인구의 0.36퍼센트가 대양과 대륙을 건너 장거리 여행을 했다. 그 수치는 1880년대에 0.96퍼센트였고, 집단 이주가 사상 최고조에 달했던 20세기 첫 10년에는 1.67퍼센트로 증가했다.[396] 이 수치는 수를 헤아릴 수 있는 정치적 경계 너머로의 이주 운동을 보여 준다. 거대한 통일적 국가 영토(예를 들면 러시아 제국) 안에서의 원거리 이주를 더하면 그 수는 훨씬 더 높을 것이다. 이러한 수치는 너무 일반화한 것이어서 이주 과정의 차별적인 면을 드러내기에는 그다지 소용이 없지만, 한 가지는 분명하게 보여 준다. 19세기 말에 집을 떠나는 것은 장기적으로든 영원히 떠나는 것이든, 이 책에서 다루는 시기의 처음에 비해 대체로 세계 주민의 상당히 큰 부분에 닥친 운명이었다.

실제로 이것은 지구상의 대다수 공동체가 이주를 거의 혹은 전혀 경험하지 않았지만 몇몇 이주의 출발점이나 중추는 더 많은 이주를 경험했다는 뜻이다. 그러나 전체적인 수치는 사회사를 이주의 역사로 바꾸는 것은 지나치다는 점도 보여 준다. 1900년 무렵에도 원거리 이동의 간접적인 결과는 이주자 집단 밖에서도 널리 감지되기는 했지만, 세계 인구의 98퍼센트 이상은 결과가 불확실한 이주에 착수하지 않았다. 대체로 나란히 진행된, 세 가지 가장 중요한 이주의 추세(카리브 제도를 포함한 아메리카, 동남아시아와 오스트레일리아,

북아시아와 중앙아시아를 향한 이주)는 이러한 상황을 보여 주었다. 대서양 횡단 이주는 19세기 중엽부터 1870년대까지 서서히 감소하다가 1870년대 중반에 중단된 뒤 1880년대에 다시 증가했으며 1890년대에 급증했다. 동남아시아 주민의 이동은 더 꾸준히 증가했고 1890년대 초에 일시적으로 대서양 횡단 이주와 규모가 비등했다. 북부 아시아, 특히 러시아 제국 안에서 이주는 1870년 무렵에서 1885년 사이에 처음으로, 20세기에 들어선 후에 두 번째로 고점을 찍었다.[397]

19세기 후반의 거대한 이주의 물결로 인간 이동의 여러 지점에서 상이한 사회학적 사실이 출현했다. 선박 여행 자체는 집단적 경험이었다. 즉 공동 운명과 새롭게 확인한 연대의 경험이자 작별과 잔류, 새로운 시작을 준비하는 경험이었다. 버리고 온 생활 방식과 사고방식은 의식적인 노력이 있어야만 최종 목적지에서 되살릴 수 있었고 좀처럼 쉽게 이식되지 않았다. 사회란 여정을 출발할 때 포장해 여정의 끝에 풀어놓을 수 있는 것이 아니었다. 이주자들이 이주가 빈번히 실현되는 명백한 선택의 대안이었던 곳이나 대안이 된 지역 출신이라면, 그들은 점차 이주민 공동체라는 자의식을 갖게 되었다. 그래서 점점 더 많은 주민이 이주를 고려했다.

인간의 정신적 시야는 해외로 확대되었다. 완전히 분화된 디아스포라를 이야기하는 것이 개별적인 경우에는 언제나 옳지는 않겠지만, 이주의 최종 목적지는 동경과 두려움의 대상이었다. 이주가 순환적일수록, 더 많은 사람이 고향으로 돌아갈수록 더 많은 정보를 얻을 수 있었다. 정보는 서신을 통해서도 확대될 수 있었다. 고향으로 송금된 돈은 개별 가구는 물론 이주민 공동체에도 매우 중요한 의미가 있었다. 그러한 송금은 가족 전체의 삶의 중심이 바뀌지 않고 고향으로 이어진 다리가 끊어지지 않는 전제 조건이 되었다.[398] 이러한 시야의 확장을 선험적으로 긍정적인 것이자 진보로서 여겨서는 안 되지만, 고향으로 중대한 정보의 파고가 흘러들어 갈 때마다 그것은 새로운 비교의 기회를 가져왔다. 인간의 인지 지도는 이제 가장 가까운 시장에서 끝나지 않았다. 독일의 팔츠에서 미국의 펜실베이니아로, 인도의 구자라트에서 트리니다드로, 중국의 복건성(푸젠성)에서 하와이로 연결되었다.

이주민 집단들이 온전한 사회구조의 참 모습을 소규모로 보여 주는 일은 드물거나 전혀 없기 때문에 모든 집단적 이주는 고향 사회의 구조를 왜곡한다. 이주는 (적어도 초기 국면에서는) 여성보다는 남성이, 나이 든 사람보다는 젊은이가 더 많이 선택했으며, 가장 가난하고 능력이 부족한 사람들은 물론이고 사회적으로 아웃사이더인 자들이 유달리 많이 선택했다. 따라서 남겨진 구조는 불완전하다. 주민들이 외부로 많이 이주한 마을은 소수의 주민만 잃은 인접 마을과 확연하게 다르다. 이는 19세기에 더욱 전형적이었던 경험이다. 세계적인 노동력 수요의 구조 속에서, 그리고 교통비의 하락에 힘입어 중국 남부 해안과 인도아대륙의 남서 지방부터 이탈리아와 폴란드, 노르웨이에 이르기까지 세계 여러 곳에 주민들이 타국으로 떠난 지대가 생겨났다. 이러한 지대에서 떠나는 이주민은 먼 곳의 이민을 수용하는 지역을 염두에 두었다. 전통적으로 바다에 가까웠던 어부는 일반적으로 보지는 못했으나 자주 들어 보기는 했던 장소로의 이주를 상상하고 실행했다. 목적지에서는 혈연의 유대가 새로운 종류의 모순으로 방해를 받았다. 예를 들면 외부에서 온 자들과 식민지(이를테면 오스트레일리아)에서 태어난 자들 사이에 깊은 간극이 벌어졌다.[399] 서아프리카의 시에라리온에서는 해방 노예의 후손인 크리오Krio가 이웃의 유럽 출신 아프리카인들과 달리 자기들만의 독자적인 정체성을 유지했다.[400] 원주민과 새로 온 사람들의 관계는 요컨대 이동 시기의 근본적인 사회학적 긴장이다.[401]

증기선은 "근접성에 대한 사람들의 이해를 바꾸어 놓았다."[402] 선구자들이 뒤처진 자들을 목적지로 이끌고 출발점으로 돌아오는 역류도 이루어지는 이주 경로가 확립되자마자, 바다 건너편의 항구는 비경제적이고 생계가 불가능한 본국의 오지보다 더 쉽게 도달할 수 있고 정신적으로 더 가까운 곳으로 인식되었다. 몇몇 마을은 말하자면 먼 거리를 뛰어넘어 정신적으로 특정 장소에 친근함을 느꼈다. 그런 장소는 사람들이 이미 높은 수준의 이동성을 보여서 이주의 의사가 있는 다른 사람이 매우 많은 곳이었다. 동시에 예를 들면 식민지 노동을 통해 새로운 형태의 이동성이 출현할 수 있었다. 이주의 이동성은 흔히 플랜테이션 농장이나 목적지의 거대한 건축 현장에서 새로운 부동성으로 귀결되었다.

　교통 기술의 발달은 상인 네트워크의 반경도 확대했다. 상인 네트워크는 지역 차원과 전체 세계 사이의 중요한 중간층을 이룬다.[403] 그러한 네트워크는 비교적 정확하게 지도에 표시할 수 있다. 각각의 네트워크는 특유의 지형학을 갖는다. 이 네트워크들은 언제나 그렇지는 않지만 대체로 소수 집단이 조직했으며, 큰 국가와 제국의 변두리에 중심을 두었다. 가장 중요한 활동가는 인도 상인이었다. 중국 상인이 나중에 이들에 합류했는데, 이들은 대체로 중국 동부의 조약항과 동남아시아에 둔 근거지를 기반으로 활동했다. 밖에서 보면 네트워크에 접근하는 방법의 문제가 발생했다. 네트워크 내부의 상인들은 상품을 판매하기를 원했으므로 고객을 확보하려고 했다. 거꾸로 관심이 있는 외부인들은 네트워크에 접근할 수 있었는데, 네트워크마다 수용성에 차이가 있었다. 예를 들면 서구의 플랜테이션 농장주들은 저렴한 노동력을 확보하는 것이 늘 쉽지만은 않았다. 이들은 대개 인도인이나 중국인의 네트워크인 토착 네트워크에 의존했다. 토착 네트워크가 매판의 원리에 따라 그들을 노동자들에게 인도했다.

　노동자 이주의 조직은 하나의 산업이 되었다. 모집자와 밀입국 알선업자, 선박 회사, 은행가, 대부업자, 현지 관료가 이 산업에 참여해 이익을 취했다. 인도 남부에서는 오래된 국내 노동시장의 구조가 유럽의 중개인이 제공한 자본, 그리고 식민지의 법에서 유래하고 식민국의 힘으로 뒷받침된 계약의 의무라는 개념과 결합했다. 영 제국 안에서 말라야에서는 쓰였으나 버마와 스리랑카에서는 쓰이지 않은 노동자 모집 방식인 '도제 계약'의 법률적 정의가 하나의 사례가 될 것이다. 모집을 유인하는 과정에는 언제나 강압과 채무가 뒤섞였다.[404]

　이주의 역사는 거대한 이주의 흐름을 재구성하기 위해 불가피하게 총괄적인 통계를 이용해야 한다.[405] 그러나 집을 떠나 명확하게 알지 못하고 돌아올 전망도 없는 낯선 환경으로 간다는 것이 무슨 의미인지는 개인의 삶과 운명을 세세하게 재구성해야 전달할 수 있다.[406] 이주자들은 환경에 희생된 자들이었지만, 지식과 운신의 여지가 허락하는 한 합리적인 결정을 내렸다. 인

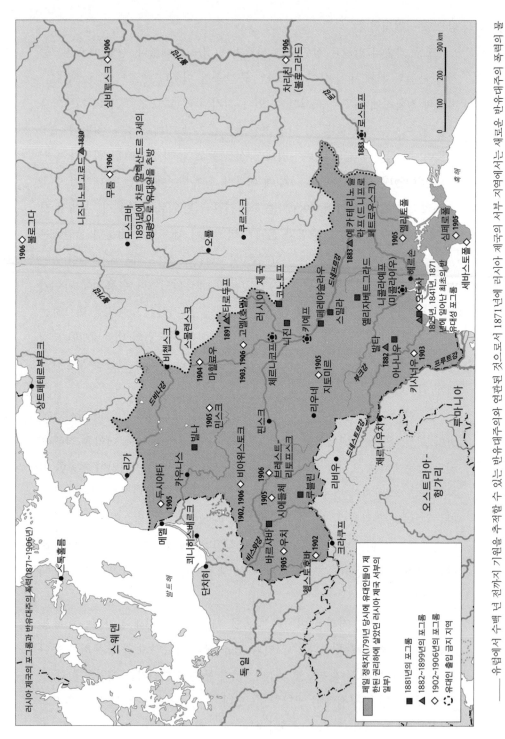

러시아 제국의 포그롬과 반유대주의 폭력(1871~1906년)

유럽에서 수백 년 전까지 기원을 추적할 수 있는 반유대주의와 연관된 것으로서 1871년에 러시아 제국의 서부 지역에서는 새로운 반유대주의 폭력의 물결이 확산되었다. 오래된 반유대주의적 태도가 이데올로기적으로 새롭게 이데올로기적 및 사회의 강화된 반유대주의 조레가 초래한 붕약을 효과와 결합했다. 러시아 제국은 유대인 시민을 보호하기 않았다. 1891년에 차르 알렉산드르 3세는 모스크바와 판내에서 모든 유대인을 추방하라고 명령했다.

구통계의 전체적인 '흐름'은 그와 같은 수많은 결정으로 이루어져 있다. 근대에서 특히 19세기는 흡인 요인이 아주 강력했던 시기로 보인다. 20세기의 선형적인 이주민은 전쟁이나 정치적 탄압, 물질적 결핍을 피해 떠난 난민이다. 즉 지속적으로 힘을 발휘한 배출 요인에 의해 밀려난 자들이다.[407] 그러나 1850년에서 1914년 사이에 특징적인 이주민은 인구가 조밀한 오래된 문명의 핵심 지대 밖의 성장하는 경제에서 더 높은 소득과 더불어 더 나은 생활 조건을 찾아 나선 자들이다. 다시 말해 흡인 요인에 반응한 자들이다. 이러한 흡인 요인 중에서 자율적으로 '텅 빈' 대륙에서 저렴한 경작지를 획득한다는 희망과 자기들이 배운 기술이 적절하게 보상받기를 바라는 기대보다 더 강력한 동인은 없었다. 동시에 이민은 선박 회사와 중개인, 특화된 항구도시에 큰 사업이었다. 이민자의 물결은 '자연스러운' 이주 운동으로서 발달했을 뿐만 아니라 기업과 자치단체가 전략적으로 조종하기도 했다. 브레멘 같은 도시는 육상 교통과 연결 상태가 매우 나빴는데, 일찍이 시장의 빈틈을 인지하고 매력적인 제안을 통해 많은 이주민을 끌어들였다. 대서양의 반대편에서는 도시들이 이민자를 두고 벌인 경쟁에 이러한 전략이 반영되었다. 뉴욕은 이 경쟁에서 선수를 잡고 그 순조로운 출발을 체계적으로 확대해 더욱 융성하게 되었다.[408]

유입 사회

이러한 이주의 결과로 19세기의 전형이 된 몇몇 이주민 사회가 발전했다. 세계 곳곳에서 정치의 개입 없이 몰려온 인간의 흐름을 강조하기 위해 이를 '유입 사회'라고 부를 수 있다. 이에 비해 '유입 이주'는 어의적으로 체계적이고 공식화한 것이라는 의미를 띤다.[409] 그것은 국가의 정치와 밀접한 연관이 있다. 그러나 19세기 중반에서 제1차 세계대전 사이에 인류는 역사상 전무후무한 이동의 자유를 누렸다. 다른 나라에 정착하기를 원하는 사람이 그토록 적은 공식적 장애물에 마주하는 일은 다시 볼 수 없다. 1880년대 이래로 특히 미국과 오스트레일리아가 경제적 동기에서 부분적으로는 인종주의를 토대로 아시아인 이민자를 배제하고 막는 정책을 실행했음을 고려해도, 이는 사실이다.[410]

그 이전에는 주로 막 도착한 사람들로 구성된 사회들이 그렇게 크게 중요한 적이 없었다. 근대 초에 그렇게 새로운 사회구성체의 가장 중요한 사례는 카리브해의 섬들이었다. 어떤 점에서는 브라질도 그러한 경우에 속한다. 19세기에 한 대륙(오스트레일리아) 전체가 거대한 유입 이주 실험장이 되었다. 그 실험은 역사적으로 의미 있는 기준점인 1788년에 시작되었다. 세계사에 갖는 의미를 생각할 때 그 이듬해로 프랑스 혁명이 발발하고 미국의 첫 번째 대통령이 집무를 시작한 1789년과 어깨를 나란히 할 해다.[411] 미국 자체는 오늘날까지도 미국인이 아닌 일부 사람은 이해하기 어려울 정도로 이질적인 유입 사회로서 처음부터 '통합'의 문제에 직면했다. 유럽인은 20세기 말까지도 경험하지 못했고 예를 들면 일본이나 중국에서는 전혀 아무런 역할도 하지 못한 문제다. 바로 그렇기 때문에 다소간의 차이는 있어도 사실상 거의 모두가 '외국인'인 사회에서, 그리고 외부에서 들어온 사람은 즉시 그리고 오래도록 눈에 띄는 사회에서 내국인과 외국인의 위치는 다른 의미를 지닌다. 19세기가 지나면서 이주자의 출신 지역 범위는 확대되었다. 예를 들면 라틴아메리카에서 독립 시대 이후의 이주자는 에스파냐에서 주로 들어온 것이 아니고 유럽의 거의 전 지역에서 들어왔다는 것이 기본적인 인구학적 사실이었다.

사회를 형성하는 이주는 19세기의 특징적 사회 형태였던 식민지 사회에서 그다지 두드러지지는 않았지만 언제나 있었다. 처음부터 이주를 통해 사회적으로 성립한 정착민 식민지가 아니라면, 식민지는 기본적으로 다민족 사회였다. 민족적 복수성은 다양한 방식으로 드러날 수 있었다. 유럽인 식민자들은 종종 이미 다민족적이었던 앞선 제국의 조직 형태를 채택하거나 여러 민족 집단이 공동의 정치적 지붕 아래 함께 사는 새로운 정치적 단위를 만들었다. 근대 초 이래로 메티사주métissage가, 즉 사회적 위계질서에서 특별한 중개자의 지위를 차지하면서 별개의 확연한 집단으로 존재한 혼혈인들이 있었다. 이들은 19세기에 정도의 차이는 있었지만 모든 제국에 존재했다. 그러나 그 이전보다 더 많지는 않았다. 악성 인종주의의 시대에 백인과 비백인 간의 성적 접촉은 법으로 금지되었고 사회적으로 배척되었으며 1900년 무렵에는 100년 전보다 세계적으로 인종차별이 더 심했기 때문이다.

식민지의 이질적인 혼성 사회에서는 현지 주민과 이주민의 조우를 통해 민족화 과정이 빈번히 발생하는 것을 거듭 볼 수 있었다. 집단들의 자기 인식과 타자 인식이 변화했다. 이들은 피부색과 언어, 진짜이거나 가짜인 공동의 혈통을 토대로 자기들의 정체성을 발견하고 구축했다. 그러한 민족화 과정은 종종 종교적 차이의 인식과 결합했는데, 때때로 식민국의 조작이 이를 조장하기도 했다. 동일한 과정이 다른 상황에서는 당국의 그러한 조장 없이도 발생했다. 식민지 시대 이후 독립국들은 20세기에 이러한 문제들을 '소수민족 문제'로 물려받게 된다.

서구 유형의 안정된 국민국가를 정상이자 국민 사회사의 적절한 틀로 보는 역사 서술에서는 이동성에 대한 관심이 일시적으로 퇴조했다. 그러나 19세기에 인간의 이동성은 기존 국민국가들 사이에서만 발생한 것은 아니다. 이동성은 국가와 사회를 형성하는 힘이 되기도 했다. 많은 경우에 사회와 국가는 사실상 이동성으로부터, 이동성을 통해 생성되었다. 유입 사회는 19세기에 전 세계적인 사회적 경관의 주된 요소가 되었다.

원거리 커뮤니케이션과 보편화

전 세계적인 사회적 연결은 이주와 커뮤니케이션의 상호작용을 통해 가장 이르게, 가장 쉽게 발전한다.[412] 이주는 지구상에 사람들을 매우 불균등하게 퍼뜨리며, 대체로 출발 지역과 도착 지역 현지의 경제적 요인들에 의해 결정된다. 이주의 매우 중요한 효과는 작은 디아스포라 사회와 더 큰 유입 사회의 창출이다. 커뮤니케이션의 사회 형성 능력은 훨씬 더 광범위하다. 통신은 서로 알지 못하는 사람들을, 친척이나 이웃, 같은 집단 소속원이 아닌 사람들을 결합한다. 그렇기 때문에 뉴스의 전파, 미디어가 전달할 수 있는 메시지의 전파는 세계적 사회사에 긴밀히 얽혀 있다. 이 점에서 사회사는 문화사와 혼합된다. 양자는 이제 분리할 수 없다.

19세기에 커뮤니케이션의 양은 커뮤니케이션을 수행하는 자들의 수보다 훨씬 더 빠르게 증가했다. 동시에 정보교환의 범위도 확대되었다. 그 이유로는 두 가지가 있다. 더 효과적인 데이터 전송 기술의 발달, 그리고 세계 여러 나라에서 읽기와 쓰기의 확산에 기인한 문자 커뮤니케이션의 엄청난 성장이다. 이러한 문해력 확산 과정은 매우 다양한 속도로 전개되었는데 세계의 몇몇 지역에서 여전히 진행 중이며 단선적인 진보의 역사로 생각해서는 안 된다. 초기 산업화가 정점에 달한 19세기 초의 몇십 년간 크게 발달한 잉글랜드에서도 남자 어린이와 사춘기 소년의 학교 출석은 일시적으로 감소했다.[413]

커뮤니케이션은 여러 상이한 공간에서 실행되었다. 캐나다인 사회과학자 해럴드 이니스Harold Innis가 일찍이 1950년에 고대와 관련해 증명했듯이 제국도 그러한 공간의 하나였다.[414] 안정적인 제도가 없는 상황에서, 근대 초의 포르투갈 왕실의 제국처럼 느슨한 구조의 제국들은 때때로 커뮤니케이션과 교역 관계로만 결합을 유지했다. 베네딕트 앤더슨의 설득력 있는 가정에 따르면, 국민국가는 시민들을 결속시키는 '인쇄 자본주의'에 의해 통합되었다.[415] 제국의 엘리트층으로 범위를 더 좁히면, 이는 제국에도 해당된다. 19세기 말부터 권력 보유자에 새로운 교양층이 합류하면서 엘리트층은 확대되었다.

비록 강도와 속도에서는 차이를 보였지만, 19세기에는 다양한 커뮤니케이션의 전제 조건인 읽기와 쓰기를 가르친 초등교육기관이 도처에서 발달했다. 특히 혁명적 격변과 정치적 참여 가능성의 확대(19세기 내내 미국에서 나타난 현상), 새로운 사회적 기회의 대두(1861년에 농노가 해방된 러시아), 종교적 개혁 운동이 글쓰기 수요를 재촉했다.[416] 그리고 문해력의 성장은 19세기에 과거 그 어느 때보다 더 팽창한 활자 언어의 세계에 참여할 토대를 제공했다.

커뮤니케이션 수단은 서로 가까이 살지 않고 달리 접촉도 없는 공동체들을 생성하고 집단들을 통합하기 마련이다. 이러한 공동체들은 매우 다양한 밀도로 결합되었다. 어쨌거나 19세기가 흐르는 동안에 문자 커뮤니케이션을 통한 가상의 공동체 형성은 꾸준히 증가했다. 거대 종교들은 신도들의 지역을 초월하는 유사하거나 동일한 전례와 의식의 참여를 통해, 그리고 19세기 말에 주로 인쇄물 형태로 유포된 불변의, 때로는 번역할 수도 없는 경전의 독서를 통해 이중적인 의미로 자체의 성격을 규정했다. 사람들이 모든 대륙에서 수백 개의 다른 언어로 성경을 읽음으로써 가상의 세계적인 기독교도 공동체에 귀속된다면, 그것은 일종의 보편화다. 넓은 영역에 퍼진 신도 공동체들을 결속하는 공통의 토대는 전례 없이 강화되었다. 그렇지만 이것이 곧 다양화를 의미하지는 않는다. 오히려 그 반대였다. 성경의 전 세계적 독서에서 그러하듯이, 보편화는 제한하고 표준화하는 효과를 낼 수 있다. 그러한 응집된 보편화는 이를테면 세계문학 개념이 대표하는 다양화하는 보편화와 대립된다. 세계문학이란 다양한 언어에 동등한 가치를 지니며 똑같이 주목받을 만한 복수의 문학적 전통이 있다는 관념이다.

복수 언어 사용에 익숙한 유럽인들에게 이는 철저하게 혁명적인 관념이 아니었다. 그 관념은 고대 그리스와 로마까지 거슬러 올라가는 협소한 전통을 상대화하고 확대하는 비판적인 힘을 늘 지녔다. 그러나 세계문학이 문화적 현실이 되지 않았고 소수의 위대한 정신만이 두 개 이상의 문명의 문학에서 편안함을 느꼈다고 해도, 적어도 그 관념은 유럽과 미국의 훌륭한 도서관들(영국 박물관 도서관, 미국 의회 도서관)이 모든 문명의 가장 중요한 문학을 수집하고 그로써 가상의 세계 공동체를 만들어 내고자 기울인 노력의 배후였다. 아시아 문화의 기본적인 텍스트들이 유럽의 학술 언어로 번역된 시기의 거대한 번역 사업도 유사한 동기에서 비롯했다. 글로 쓰인 모든 것을 보편적으로 이용할 수 있게 하려는 노력은 19세기의 새로운 발상이었다. 유럽의 지식인들이 옹호한 '국민문학'이라는 개념도 정치의 민족주의보다 덜 배타적이고 덜 적대적인 의도를 지녔다. 그 배후에 놓인 생각은 유럽 문학이나 세계문학이라는 더 큰 맥락 속에서 자국의 국민문학에 특별히 명예로운 지위를 부여하는 것이었다. 미술도 자국의 세계적 지위에 이바지하려는 의도를 지녔다. 그러한 경쟁의 지평은 세계 사회적 지평이었다.

이동한 책의 우주

문화사와 사회사 간 접점의 한 가지 사례는 19세기에 드러난 책의 민주화 경향이다. 개개의 독자와 책 수집가는 독서 대중이 되어 자기들만의 동아리를 만들었다. 독일 3월 혁명 이전(1830~1848)의 독서 모임들을 예로 들 수 있다. 도서 출판의 성장과 그로 인한 책값의 하락은 근대 초 유럽 문화의 장기적인 추세에 속한다. 도서의 간행과 판매는 유럽의 모든 나라에서, 특히 프로테스탄트 종교개혁을 겪은 나라에서 중요한 경제 분야가 되었다. 그것은 생산품과 그것에 관여한 사람들의 특별한 이동성이 특징인 경제적 형태였다. 19세기 내내 이동 상인과 '도서 행상'이 인쇄물의 순회 판매를 지속했다. 근대 초에 인쇄 문헌의 대량 제작은 유럽에서만 볼 수 있는 현상이었다. 중국에서는 16세기에 인쇄물이 필사본을 대체했지만, 한자 문헌은 활판인쇄로 제작하기가 훨씬 더 어려웠다. 17세기와 18세기에 중국에서 제작된 책은 네덜란드에서 제작된 것보다 더 적었다.[417] 당시 네덜란드는 유럽에서 문해력이 가장 널리 갖추어진 나라였고, 영국이 그다음이었으며, 독일 서부 지역이 상당한 격차를 두고 뒤를 이었다.[418]

피터 버크Peter Burke는 1800년 전후의 몇 년간이 "세계 여러 지역에서 문자 커뮤니케이션 역사의 분수령"이라고 했다.[419] 1810년 런던에서 일하던 독일인 인쇄업자 프리드리히 쾨니히Friedrich König(1774~1883)는 수동 인쇄기보다 훨씬 더 많은 인쇄물을 찍을 수 있는 증기 인쇄기를 발명했다. 동시에 제지 공정에도 기계화가 도입되었다. 1800년 무렵에는 세계 어디서나 책을 수작업으로 만들었지만, 1900년 무렵에 도서 제작은 선진 공업의 한 분야가 되었다. 라틴아메리카에서는 독립 운동 시기에 인쇄소와 출판사의 수가 현저히 증가했다. 아프리카에서는 선교사들이 인쇄기를 들여왔다. 오스만 제국과 이집트에서 인쇄물의 규모는 1820년대 이래로 계속 증가했다. 일본은 19세기 초에 도서의 출판과 판매에서 효율적인 체계를 구축했다.[420] 1800년 이전에는 사실상 책이 인쇄되지 않았던 인도에서는 열정적인 인도인들이 19세기 중엽에 인도의 여러 상이한 자모를 번각하는 이상적인 방법이었던 새로운 석판인쇄 기술로써 빠르고 솜씨 좋게 책을 제작해 이익을 남겼다. 남아시아에서는 특히 세속 사회의 개혁과 종교적 개혁을 옹호한 자들이 이 새로운 수단을 이용했다.[421] 유럽에서 세계로 전파된 기술은 현지의 다양한 목적에 적합하게 이용되었으나, 이윤 지향적인 출판사와 저작권 보호라는 유럽-아메리카식 모델이 어디서나 채택된 것은 아니다. 그런데도 결과는 본질적으로 도처에서 유사했다. 독서를 통해 새로운 모임을 만들 기회가 열린 것이다. 사람들은 어디서나 같은 텍스트를 읽지는 않았다고 해도 전 세계를 범위로 하는 가상의 인쇄물 우주에 들어갔다.

구두 방식과 문자 방식 간에 급작스러운 전환은 없었다. 읽기와 쓰기는 기존의 문화적 자원에 덧붙여진 새로운 자원이었고 여러 가지 다른 방식으로 쓰였다. 그러나 노래와 이야기는 계속해서 입을 통해 전해졌다. 글을 읽을 줄 아는 자들은 종교적 텍스트와 달력, 책, 신문을 다른 이들에게 읽어 주었다. 수많은 문헌이 여전히 필사되었다. 필사의 전통은 서예를 높이 평가하는 곳이라면 어디서나 인쇄와 나란히 살아남았으며 정치 분야와 종교 분야에서, 그리고 지하세계의 포르노그래피에서 여전히 중요했다. 많은 나라에서 문맹 고객을 위해 보수를 받고 문서를 준비해 주는 직업이 존속했다. 프랑스 혁명, 나폴레옹 전쟁, 세계적으로 거칠게 몰아친 혁명의 시대와 더불어 외국 뉴스에 대한 관심이 증폭했다. 19세기 전반에 요한 프리드리히 코타Johann Friedrich Cotta의 《아우크스부르거 알게마이네 차이퉁Augsburger Allgemeine Zeitung》같은 독일의 지방지조차도 유럽의 주요국 수도에 통신원을 두어 정보를 얻으려고 했다.[422]

글을 읽을 기회가 많아졌다. 책은 교양의 전달자, 기도와 예배의 조력자, 소수 학자의 작업 도구라는 기능 말고도 다른 실제적인 임무를 부여받았다. 새롭게 필요했던 것은 교과서, 산업화 시대에 발명된 온갖 크기의 수많은 도구의 사용 설명서, 철도 시간표, 그리고 새롭게 나타난 여가 시간을 위한, 특히 집중적으로 광고된, 길지만 비교적 편안한 기차 여행을 위한 가벼운 읽을거리였다. 이 모든 이유에서 제작이 늘어났다. 영국에서는 1750년 무렵에 연간 약 100종의 새로운 책이 출판되었고, 1825년에는 약 600종, 1900년 무렵에는 약 6000종이 출판되었다.(100년이 더 지나면 연간 출판되는 새 책은 10만 권에 달하게 되었다.)[423]

문필의 중심지에 자리 잡은 서구 모델의 출판사가 어디서나 규범이 되지는 않았다. 18세기와 19세기에 중국 남동부 복건성의 작은 도시 사보四堡(시바오)에서는 몇몇 가구를 기반으로 도서 출판업이 번성해 중국 남부 도처에서 책방을 열어 도서를 유통했다. 18세기와 19세기의 중국에서는 전체적으로 인쇄물의 놀라운 침투가 목격된다.[424] 근대 초에 유럽에서 발명되어 19세기에 전 세계적으로 전파된 책은 여러 문화의 경계를 뛰어넘어 무한한 적응성을 지닌

물체였음이 입증되었고, 책의 제작은 근대에서 이동성이 가장 뛰어난 기술의 하나로 증명되었다. 책과 신문은 다른 분야에서는 산업화의 영향을 거의 받지 않는 나라들에서도 인쇄되었다.

네트워크의 속도

뉴스가 먼 곳까지 빠른 속도로 전파되는 데는 근대의 기술이 필요하지 않았다. 소문은 하나의 공동체에서 다른 공동체로 퍼졌다. 특히 전쟁이나 다른 재앙을 경고할 때 더 잘 퍼졌다. 두려움은 사회를 변화시킬 수 있었다. 공동체 전체를 도피하게 하거나 새로운 방어를 구축하게 할 수 있었다. 앞서 공격당한 경험은 큰 충격을 남겨 집단의 행동 결정에 깊은 영향을 미칠 수 있었다. 1789년 여름에 통제 불능에 빠진 프랑스에서, 1848년 혁명 시기의 유럽에서, 1857년에 세포이 항쟁이 발발한 인도에서, 1899~1900년에 의화단의 난이 일어난 청나라에서 공포의 이야기는 사태의 폭발성을 더욱 키웠다.[425] 생도맹그(아이티)의 노예 봉기는 1791년에 국왕 루이 16세가 식민지의 노예들에게 일정한 권리를 부여했으나 섬의 백인 지배층이 개혁의 이행을 방해했다는 소문과 더불어 시작된 것으로 보인다.[426]

문자는 여러 차례 반복의 단계를 거치는 구두 전파보다 더 신뢰할 만한 정보 전달자다. 그 속도는 두 가지 방식으로 빨라졌다. 첫째, 철도가 적어도 육상에서는 통신 속도의 증대에 기여했다. 1840년대에 프랑크푸르트암마인에서 만하임까지 편지와 신문을 수송하는 데 걸린 시간은 열여섯 시간에서 세 시간 이하로 감소했다.[427] 그다음에 1844년 이래로 전신이 실용적으로 쓰이면서[428] 결정적인 변화가 생겼다. 전달하는 데 몇 달에서 몇 주, 며칠까지 걸린 종이가 어마어마한 거리를 단 몇 시간 만에 극복한 전기 메시지로 바뀐 것이다.[429] 세계는 (1870년 이후로 런던과 캘커타 사이에) 육상에서 전신선으로 연결되거나 (1876년 이후로 멀리 뉴질랜드와 영 제국 수도 사이에) 해저케이블로 연결되었다. 세기 전환기에 마지막 남은 큰 틈이 메워졌으며, 이따금 기술적으로 곤란한 문제들이 있기는 했지만 원칙적으로 세계 모든 도시에서 모든 도시로 연결할 수 있었다. 1894년에 세계 전역에서 약 8만 개의 전신국이 3억 5000만

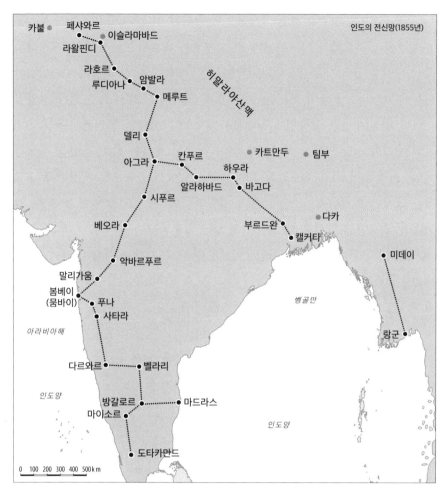

인도의 전신망(1855년)

카불 · 페샤와르 · 이슬라마바드

라왈핀디

라호르

루디아나 · 암발라 · 메루트

히말라야산맥

델리

아그라 · 칸푸르

카트만두 · 팀부

하우라

알라하바드 · 바고다

시푸르

베오라

다카

부르드완 · 캘커타

악바르푸르

미데이

말리가움

봄베이
(뭄바이) · 푸나

사타라

아라비아해

벵골만

랑군

다르와르 · 벨라리

인도양

방갈로르 · 마드라스

마이소르

인도양

도타카만드

0 100 200 300 400 500 km

—— 이 지도의 놀라운 특징은 빠른 연대다. 인도 최초의 전신선은 일찍이 1851년에 개통했다. 처음에는 동인도회사의 공식 업무에만 국한되어 이용되었다. 그러나 일찍이 1855년에 이 지도에 나타난 육상 기반의 전신망이 작동했는데, 이는 1870년에 부설된 런던과 봄베이 사이의 해저케이블보다 이른 것이었다. 전신망의 구축에는 여러 가지 현지의 동인이 작동했다. 따라서 전신망을 서구의 대도시 지역에서 확산된 것으로 보는 것은 과도한 단순화다.

개의 전보를 전송했다.[430]

동시에 전신선은 국민국가의 통신상의 통합을 보증했다. 예를 들면 일본의 모든 주요 도시는 1870년에서 1876년 사이에 서로 연결되었다.[431] 발신자와 수신자가 자기들의 모국어로 계속 통신한 것은 말할 필요도 없다. 1851년부터 점진적으로 표준화하고 국제적으로 합의된 신호 언어였던 모스 부호를 통해 문자의 부호화가 이루어졌다. 모스 부호는 네트워크로 연결된 모든 장치에서 동일한 방식으로 작동했다. 한자의 경우에는 특별한 해법이 고안되어야 했는데, 이는 가장 많이 쓰이는 6000개 글자를 네 자리 수로 표현하는 방법이었다. 전신 기술은 금융업에서 신문사까지 매우 다양한 목적에 이용되었다. 개인 서신의 전달은 그중 하나였을 뿐이다. 주된 효과는 상호 통신을 가능하게 한 전례 없이 빠른 속도였다. 1908년의 런던에서 뉴욕으로 전보를 보내고 짧은 답장을 받기까지는 2분 30초가 걸렸다. 송금된 돈을 당일에 찾을 수 있었다.[432] 편지가 도착했을 때 쓸모없게 되는 일은 급격하게 줄었다. 외교와 군대, 상업의 우두머리들이 대리인들에게 처음으로 지시를 직접 내릴 수 있게 되었다. 1871년에 새로 임명된 독일 총리 오토 폰 비스마르크가 베를린에 앉아 손으로 쓴 문서와 구두 명령, 전보로써 브뤼셀과 프랑크푸르트에서 프랑스와 평화 협상을 벌이는 대표단을 조정한 것은 이를 잘 보여 주는 사례다.[433] 그러나 전신망과 인터넷의 유사함을 과장하지 말아야 한다. 특히 전신은 비용이 많이 들었고 데이터의 대량 전송에는 적합하지 않았다. 또한 전신은 20세기 말의 전화와는 달리 급격한 비용 하락을 겪지 않았다. 따라서 전보는 편지를 대체할 수 없었다. 편지와 나란히 쓰였다. 그렇지만 크기를 불문하고 지구상의 모든 도시가 적어도 이론상으로는 확실하게 연결될 수 있었다. 달리 말하면 전신망에 연결된 곳만이 '도시'를 자처할 수 있었다.

저널리즘에 미친 영향은 공적으로 중요했다. 새롭게 등장한 통신사는 기술적으로 유선 전신망에 의존했다. 여러 나라의 언론기관에서 화제가 되는 외국 뉴스의 비중이 실제로 증가했는지는 사례별로만 답변할 수 있다. 그러나 어쨌든 간에 이전 시대의 기록 보지자인 전서구를 포함해 몸으로 직접 전달하는 방법보다 몇 배에 달하는 속도로 세계 곳곳에 뉴스를 전파하기 위한 선결 조건은 충족되었다. 동시에 뉴스가 완전히 자유롭게 유포될 가능성은 없었다. 큰 통신사들은 세력권을 주장했고 카르텔에 합의했으며 종종 자국 정부와 긴밀한 관계를 유지했다.

전신은 공동체 생성과 이익사회 생성의 효과를 다양하게 지녔다. 가까이

들여다보면 전신은 친교에도 영향을 미쳤다. 필요하면 사랑의 고백도 전신을 통해 전할 수 있었다. 크게 보면 언제나 엘리트층의 수준에서 전신은 국민국가와 대륙을 넘나드는 제국을 통합했다. 전신은 세계 사회 물류의 지주가 되었으며 동시에 오늘날의 정보격차를 예견하게 한 비대칭을 일으켰다. 이 새로운 기술이 서로 결코 편지를 쓰지 않았을 사람들의 접촉을 유인했는지에 관한 문제가 제기된다. 전신은 정말로 세계 공동체에서 연대 의식과 공통의 가치관을 촉진했는가? 확신할 수 없다.

이동하는 예술

원거리 커뮤니케이션이 세계적 사회사의 중요한 측면이라면, 초국적 심미 공동체의 성립에 관한 질문이 제기된다. 예술은 어떻게 움직였는가? 순회 연극단과 오페라단은 당대의 운송 수단을 이용해, 관심이 있어 기꺼이 돈을 낼 대중이 있을 것으로 예상되는 곳이라면 어디든지 찾아갔다. 유럽의 음악가들에게(음악은 말에 의존하는 연극보다 이동이 더욱 쉬웠다.) 이것은 주로 북아메리카와 남아메리카에, 더불어 캘커타나 마닐라, 마카오 같은 먼 식민지에 해당되는 경우였다.[434] 유럽의 음악가들은 증기선의 정기적 운항이 시작된 이래로 미국에서 정중하게 손님 대접을 받았다. 유명한 독일인 피아니스트 한스 폰 뷜로Hans von Bülow가 연주에 참여하기는 했지만 1875년 10월에 표트르 차이콥스키Pyotr Tchaikovsky의 피아노 협주곡 제1번이 상트페테르부르크나 모스크바가 아닌 미국의 도시 보스턴에서 초연되었다는 사실은 이 설명에 잘 부합한다.

예술 분야에서 전신은 무용지물이었다. 인터넷과 달리 전신은 책 한 권 분량의 텍스트도 그림이나 소리도 전송할 수 없었다. 그러한 목적을 위해서는 다른 기술이 필요했다. 19세기에 이미지를 기계적으로 재현할 가능성은 매우 빠르게 향상되었다. 연속적인 재현에 적합한 사진술은 발명되자마자 독특한 매체로서 중요해졌을 뿐만 아니라, 회화와 건축 같은 전통적인 예술을 기록하고 전파할 수 있었다. 이론상 수량에 제한이 없고 때로는 책과 신문 같은 기존 장치에 통합된 재현 덕분에 그림 삽입의 보편화가 원칙적으로 가능해졌다. 예를 들면 인도에서는 석판인쇄 날염 직물의 대중 시장이 발달해 계급과 카스트의 장벽을 뛰어넘어 나라의 도시 주민들을 '시각 사회'로 바꾸어 놓았다.[435] 새롭게 번창한 포토저널리즘은 더 큰 기여를 했다.

소리를 기록하는 기술에 관해서도 동일하게 설명할 수 있다. 녹음 기술은 1877년에 토머스 앨바 에디슨이 축음기를 발명한 이래로 원칙적으로 가능해졌다. 원래의 주석 포일이 밀랍 실린더로 대체되고 1887년에 에밀 베를리너 Emil Berliner가 특허를 낸 그라모폰 음반이 대안으로 추가되자, 소리의 질이 개선되었고 독특한 울림이 더 쉽게 재현되었다. 비스마르크의 목소리, 그리고 1897년의 사망 직전에 녹음된 요하네스 브람스의 피아노 연주 한 소절은 매우 불완전한 형태로 녹음되었다. 그러나 그 분야의 민족학자들은 세계 도처의 '원시 민족들'의 노래를 채록했다. 유럽의 고전음악(가장 크게 성공한 것은 오페라 아리아다.)과 아시아 문화의 '민속' 둘 다 기술적으로 만족스러운 품질로 보존되었고 미래의 세계적인 인기 테너 엔리코 카루소 Enrico Caruso가 처음으로 녹음한 해인 1902년 무렵부터는 상업적으로 이용되었다. 신설된 북아메리카와 유럽의 축음기 회사들은 처음부터 아시아의 신흥 중간계급 출신의 수많은 음반과 축음기 구매자들에게 의지할 수 있었다. 1902년에는 또한 음향 기술자들과 사업가들이 러시아 제국과 아시아의 여러 나라로 여행해 소리를 채록하고 오디오 시장을 열었다.[436]

19세기 말에, 특히 1895년에 영상 촬영 기술이 발명된 이후, 모든 예술의 세계적 기록 보관소를 위한 기술적 토대가 놓였다. 그때 이후로 이론상으로는 인류가 생산한 모든 공예품을 지금과 똑같이 가까이 할 수 있었다. 현실에서는 제1차 세계대전 직전에 미술관과 민속박물관, 음반 보관소가 유럽과 북아메리카에 집중되어 있었다. 19세기의 마지막 몇십 년간 제국이 약탈한 상당히 많은 물품이 식민국의 수집품에 들어갔다. 동시에 세계적인 미술 시장이 발달했다. 그 시장을 움직이는 주된 힘은 미국에 새롭게 축적된 부였다. 미국의 백만장자들은 지식을 갖춘 전문가의 도움을 받아 세계 전역에서 미술품을 수집하는 데 관심을 보였다. 유럽의 예술에 관한 한 이 교역은 본질적으로 대서양 건너편으로 일방적인 경로를 따랐다. 유럽의 수집가들은 늦게까지도 미국의 예술품에 관심을 보이지 않았다. 초국적 심미 공동체와 상상력의 사회적 공간은 바로 이렇게, 당연히 수집하는 자들과 수집당하는 자들 사이에 비대칭적으로 출현했다.

모든 예술 중에서도 가장 이동성이 크고 '세계적'인 것은 건축이었다. 식민지의 건축은 16세기에 최초의 가톨릭 성당이 세워진 이래로, 현지 장인들이 참여함으로써 처음부터 토착 요소들로 보완되기는 했지만 늘 유럽 양식을 유지했다.[437] 19세기에 영국으로부터 제국 너머로 퍼진 고전주의(가장 유명한 기념물은 필시 1819년에 현재의 형태로 건축된 워싱턴 D.C.의 백악관일 것이다.)[438]는 점차 공상적인 혼합 양식으로 바뀌었다. 이러한 양식은 예를 들면 1888년에 완공된 당시 봄베이의 기차역 빅토리아 터미너스Victoria Terminus에서 볼 수 있다. 이 역사는 오늘날 차트라파티 시바지 역이라는 새로운 이름으로 여전히 뭄바이(봄베이)에서 가장 큰 철도 역사로 남아 있다. 모든 대륙에서 영 제국은 요새와 공관, 관청 구역부터 우체국, 호텔, 운동 시설, 종교 건물에 이르기까지 매우 다양한 형태의 건물에서 혼합 형태의 출현을 허용했다. 가장 인상적인 것은 남아시아와 말라야의 '인도-사라센' 양식일 것이다. 1890년 이후에 고대 유럽의 '초시간적인' 열주와 주랑의 부활을 통해 일종의 신고전주의로의 마지막 회귀가 있었다.[439] 반대 방향으로는 유럽의 건축이 인도에서 유래한 주택 형태인 방갈로처럼 단순한 장식을 뛰어넘는 아시아적 요소를 채택했다. 방갈로는 먼저 영국과 북아메리카의 시골집에서 쓰였고, 이후에는 유럽의 상층 중간계급의 재정적 여유 안에 들어왔다. 동시에 오스트레일리아와 아프리카에도 방갈로가 확산되었다. 19세기 후반의 영국과 그 식민지에서는 열대지방에서 유럽인의 욕구를 가장 잘 충족시키는 주택 형태에 관해 체계적으로 정보가 수집되었다.[440]

특히 도시 건물과 도시계획이라는 큰 맥락에서 사람들의 사회적 공존에 물질적 외피를 제공하는 한, 건축은 사회를 형성하는 주된 힘이었다. 건축 관념의 이동성은 도시 경관 전체에 구현되었다. 영국은 '가장 중요한 도시 수출국'이었다.[441] 식민지 도시는 결코 유럽 모델을 충실히 재현한 복제품이 아니었지만, 언제나 상이한 건축 양식들의 다소 이질적인 혼합이었다. 오스만 제국이나 일본처럼 식민지였던 적이 없는 나라에서는 도시 재개발에 외부의 요소들이 뒤섞였다. 1900년 무렵에 전 세계를 지배한 단일 양식은 없었지만, 모든 대륙의 대도시는 100년 전보다 더 비슷해졌다.[442] 이는 부분적으로는 유럽의 식민지가 팽창한 결과였고, 이와 연계되어 생활 방식과 건축적 상상력에 관한 유럽적 관념의 확산이 가져온 직접적인 결과였지만, 부분적으로는 근대 도시성에 관한 관념들의 세계적 수렴을 보여 주는 것이기도 했다.

이동하는 가족 구조와 성 역할?

그렇게 다양한 형태의 이동성이 있는 가운데 사회생활의 좀 더 여유로운 변화 속도를 보여 주는 사례를, 장소에 강하게 결부된 작은 변화들의 사례를 찾는다면 가족과 결혼, 성 역할의 영역에서 볼 수 있다.[443] 이것은 네트워크보다는 일방통행의 상황과 더 많은 관계가 있다. 일본이나 인도, 아프리카, 이슬람권 중동이 유럽 국가들의 기본적인 사회생활 형태들에 영향을 미친 경우는 전혀 없는 것 같다. 유럽 사회는 '동양화'하지 않았다. 아시아의 여러 도시 사회 환경에 일어난 일의 거울 이미지는 없었던 것이다. 유럽인과 토착 주민이 일상적으로 만난 식민지에서 식민지 엘리트와 현지 사회를 가르는 간극은 19세기 말의 몇십 년간 더욱 벌어졌다. 도시는 유럽인과 현지인 사이로 더욱 심하게 분리되었다. 피부색에 따른 행정적 퇴거나 지가의 상승으로 도시 주거지가 분리되었으며, 사회적 조우의 공간은 더욱 협소해졌다.[444] 식민지 엘리트층의 유럽인들은 자녀들이 또래의 현지 아이들로부터 '불순한' 영향을 받을까 봐 심히 걱정해 그러지 않도록 주의했다. 인도의 영국인들은 능력만 된다면 자녀를 아시아에서 키우지 않고 영국이나 스위스의 기숙학교에 보냈다.[445]

반대로 다른 대륙에서는 유럽의 관념과 관행이 유럽인의 이주와 소수 식민지 엘리트의 정주를 통해, 특히 기독교 선교회의 문명화 선전을 통해 확산되었다. 그렇지 않았다면 유럽 모델의 폭넓은 보편화는 없었을 것이다. 20세기 초에, 주로 제1차 세계대전이 끝난 후에야 '해방된 여성'이나 '모던 걸'과 같은 서구의 이상이 아시아의 큰 도시에서도 채택되었다.[446] 그러나 서구의 관념과 매우 유사한 사회적 규범이 외부의 중대한 영향력 없이도, 말하자면 근대화의 내적 논리에 따라 발전할 수 있었다. 메이지 시대 일본에서 영향력이 매우 컸던 '현모양처'라는 일본 가정의 이상이 그 사례가 될 것이다. 이는 그 나라의 다른 많은 문화적 현상과 대조적으로 서구의 모방으로 이해해서는 안 된다.[447]

가족과 가구 같은 사회적 실존의 최소 단위는 여러 문화적 영역에 걸친 대규모 일반화를 허용하지 않는다. '원시 무리Urhorde'로부터 중간계급 핵가족으로의 단선적 발전에 관해 19세기에 만들어진 거대 담론은 신뢰를 잃은 지 오래되었다. 가족사는 최선의 경우에 전기(자서전)를 바탕으로 상당히 정확하게 재구성할 수 있는 수많은 개별 가족의 역사로 분해된다.[448] 세계 사회의 지평 안에 있는 '대표적' 가족의 역사에 관한 새로운 세계적 '거대 담론'은 아직 보이지 않는다.

오직 하나의 경향만 널리 퍼져 그 시대를 대표했다. 국가는 적어도 시험적으로는 가구와 가족의 사사로운 관심사에, 예를 들면 가장의 전능함에 법적 제한을 가함으로써 개입하는 것을 점차 의무로 여기게 되었다. 근대국가는 그 헌법이 얼마나 권위주의적인지 얼마나 민주주의적인지와 상관없이 권력의 간섭을 거부하는 특정한 출입 금지 구역을 용인할 수 없다. 19세기의 국가는 약자(여성, 아이, 하인)의 법적 보호에서 시작해 가족과 가구의 내부 문제를 점차 종교와 교회가 아니라 세속 국가가 관할해야 할 영역으로 보았다. 국가는 이러한 권리 주장을 원칙의 문제로 역설했다. 이를 구체적으로 실천하려는 의지와 실천 가능성은 다른 문제였다. 게다가 사사로운 가족사에 대한 국가의 관여는 새롭게 출현한 여성운동의 중대한 목표였던 여성의 동등한 상속권에 관한 입법부터 강제 결혼 폐지에 이르기까지 수많은 개별 정책으로 분해되었다.

가구와 가족을 구분하는 것은 단순한 현학이 아니다. 여성 노예를 포함하는 가내 하인(미국 남부 주들에서는 1864년까지, 무슬림 사회에서는 훨씬 더 오래 존재했다.)은 친척이 아니었지만, 거의 무제한인 가장의 권위에 여러 문화적 맥락에서 종속되었다. 게다가 중앙의 마당을 중심으로 정리된 넓은 구내에서 여러 가족이 함께 살아가는 큰 가구가 많았다. 이런 가구는 다마스쿠스에서는 1900년 무렵에도 흔했지만, 서구의 근대화 영향을 받고 있던 이스탄불에

서는 단일 가족 가구가 표준이 되고 있었다.[449]

사회는 지배적인 친족 형태와 결혼 형태에 따라 서로 다르다. 그 형태는 매우 다양하다. 그러한 형태들을 포괄적인 범주('유라시아 가족' 따위) 아래에 유형학적으로 정리하고 분류하는 것은 전문가들 사이에서 논쟁의 대상이다.[450] 친족 관계는 혈연관계와 만들어진 관계 둘 다를 의미할 수 있다. 그 두 종류의 관계는 입양 제도에서 가장 뚜렷하게 연결된다.[451] 인류학의 가장 큰 업적 중 하나는 비서구 사회의 친족 관계 형태의 복잡성을, 따라서 사회구조의 복잡성을 증명한 데 있다. 비서구 사회의 친족 관계는 흔히 유럽보다 더 미세하게 분화되어 있으며 명칭도 다양하다. 삶의 다른 영역에 나타난 변화의 양상과는 달리, 근대화는 친족 관계의 형태를 복잡하게 만들기보다는 단순하게 만드는 경향을 보인다. 따라서 오늘날의 서구 사회에서 가족 관계를 묘사하는 데 쓰이는 용어는 전근대사회와 비서구 사회의 친족 관계 의미론보다 일반적으로 크게 빈약하다.

사람들이 살아가는 다양한 사회적 세계는 보통은 러시아의 마트료시카 인형처럼 서로 잘 맞는 경우가 없다. 핵가족과 가문,(대략 씨족과 비슷한 의미이지만 정확히 동일하지는 않다.) 촌락공동체에서는 한 사람이 매우 다양한 역할을 맡을 수 있다. 흔히 비교적 높은 사회적 동질성과 유대의 사례로 언급되는 중국에서는 공산주의 혁명 이전 시대에 두 개의 극단적 상황 사이로 다양한 유형이 분포했다. 한쪽 끝에서는 농민 핵가족이 지배적이었다. 이들은 공동체 자원과 사회적 경관에 좀처럼 다가갈 수 없었다. 반대편 끝에서는 가족보다 가문이 더 강했다. 가문 내에서 내부 엘리트와의 친밀도는 위계적으로 정리되어 있었고, 공동재산은 원칙적으로 도움이 필요한 사람이 이용할 수 있었으며, 종종 매우 먼 곳까지 이어지기도 했던 네트워크를 통해 다른 가문과 자주 연결되었다.[452]

가문은 또한 지배의 단위였다. 본질적으로 가문은 대개(항상 그렇지는 않았다.) 여성을 통제한 씨족의 남성 우두머리가 이끌었다. 그가 여성들이 내놓아야 할 생산량을 조절했고 그들의 혼인 방식을 결정했으며 미혼 여성들을 계속 감시하고 복종시켰다는 뜻이다. 이 마지막 목적에는 여성 주도의 이혼을 막는 장애물을 늘리고 과부의 재혼을 금지하는 등의 조치가 도움이 되었다. 요컨대 중국 등지의 가문도, 다소 덜 엄격한 형태로는 서구의 상층계급 확대 가족도 여성의 관리가 주된 임무의 하나인 제도였다. 이는 또한 19세기에 세계의 많은 여성에게는 반드시 필요했던 남성의 보호를 얻으려면 영원한 종속을 대가로 내야 하고 배우자를 자유롭게 선택할 권리는 엄격히 제한된 오래된 방식이 온존했음을 의미했다. 거의 모든 사회에서 자기 힘으로 살아가는 '독신' 여성이라는 관념은 상상할 수 없었다. 서유럽과 북아메리카에서도 1900년까지 미혼 여성에게 가정 밖에서 홀로 생계를 꾸릴 확실한 기회를 제공한 것은 소수의 '여성 직업'뿐이었다. 가정부로 일하는 것은 결혼 전의 과도기 단계였거나 여성을 그 '주인'의 권위에 의존하게 만드는 방법이었다.

외부의 자극

가족이 일반적으로 조상이 정착한 곳에 매여 움직일 수 없다는 가정은 망상으로 드러났다. 역사가들은 이동성과 이주에 더 많이 주목하면서 초지역적 가족을 수없이 발견했다. 각별히 두드러진 초지역적 가족은 여러 대륙을 넘나들었고 대체로 상업적 성격을 지닌 준準네트워크로 연결되었다.[453] 이는 실로 놀라운 일이 아니며 19세기의 특징도 절대 아니다. 그러한 가족은 흔히 단일한 우두머리의 위계적 지배가 없었고 자산과 기능이 복잡한 형태로 분리되어 있었는데, 그 지역적 분포는 기본적으로 당대의 이주와 무역, 자본의 전반적인 흐름을 따랐다. 새로웠던 것은 이를테면 이제는 지멘스Siemens 같은 몇몇 산업가 가문이 적어도 사업에 분산해 배치할 자녀가 충분하다면 초국적 방식으로 움직였다는 사실이다. 지멘스 일가는 멀리 시대를 거슬러 올라감으로써, 1815년 이후에 유럽 수위의 은행가가 되었던 로스차일드 가문의 형제 다섯 명 사이의 노동 분업을 떠올렸다.[454] 그러나 세계주의적인 커다란 가족 네트워크 안에서 이루어진 거의 영웅적인 초국적 기능 분화를 보면서도, 기록에 잘 남지는 않았지만 무수히 많은 경우에 원거리 이주가 가족 관계의 붕괴를 초래했다는 사실을 잊지 말아야 한다. 역사가들은 이민자들이 본국으로 보낸 많은 편지를 찾아내 연구했다. 쓰이지 않은 편지의 침묵은 그들에게 연구 대상이 아니다.

　세계사적 질문을 대하는 다른 방법은 가족의 조직과 성 역할에서 변화를 향한 자극을 찾는 것이다. 예를 들면 여성의 상황에 나타난 변화는 종종 외부의 자극으로 설명할 수 있다. 사하라 사막 이남의 아프리카에서 1880년대에 식민주의가 시작되기 전의 경향들은 서로 모순적이었다. 19세기 초의 국가와 제국의 발전은 아프리카 내부 노예무역의 가속화와 해외시장을 위한 환금작물 재배의 상업화 확대와 결합해 새로운 위계질서와 종속을 낳았다. 그 결과로 엘리트층에 속하지 않는 여성들의 지위는 나빠졌다. 이들은 대서양 횡단 노예무역이 공식적으로 종결된 후에도 노예 상태에 빠질 위험이 컸다. 동시에 농업이 생계 경제에서 시장경제로 바뀌면서 많은 여성에게 자기의 땅을 획득할 기회는 줄어들었다. 유럽과 북아메리카에서 전개되어 결국 아프리카에도 영향을 준 노예제 폐지 운동으로 여성이 평균 이상의 이득을 본 것은 사실이지만, 그들이 진정한 자유의 가능성을 위해 지급해야 했던 대가는 여성을 남성의 보호를 받아야 하는 약자로 인식한 가부장적 이데올로기의 강화였다.[455]

　여성의 삶의 몇 가지 특징은 국제적 개혁 운동의 표적이 되었다. 중국의 전족은 하나의 사례가 될 것이다. 이는 널리 알려진 중국 사회의 특이한 관습으로 1880년대에서 1930년 사이에 점차 사라졌다.[456] 그것은 '유교'의 전형적인 가부장 이데올로기의 표현으로 해석할 수 없다. 한국과 베트남, 일본처럼 유교의 영향을 받은 다른 나라에서는 여성의 발을 묶지 않았기 때문이다. 중국의 그 관습은 한족의 중간계급과 상층계급에만 국한되었다. 만주족과 다른 소수민족들은 전족을 몰랐다. 전족은 사회적 신분 상승의 열망을 보여 주는 상징으로 이해할 수 있다. 성공한 남자라면 집안일을 하지 않고 의존적이며 심지어 몸도 제한적으로만 움직이는 부인과 첩을 둘 수 있었다.[457] 서양 선교사들은 전족에 반대하는 싸움을 시작했는데, 이는 중국의 초기 페미니즘에서 곧 중요한 강령이 되었다.[458] 이 관습이 사라졌을 때, 그것은 유럽의 가치관을 강요하려는 권위주의적 식민지 통치자들의 노력의 결과물이 아니라 그다지 큰 저항에 직면하지 않은 중국 사회 자체의 개혁의 결과물이었다.

DAS STUFENALTER DER FRAU

──── 그림 전단, '여자의 일생', 1900년 무렵. 19세기에 모든 문명은 한 사람의 일생이 어떻게 전
개되어야 이상적인지, 개별 단계마다 어떤 행동이 적절한지에 관해 분명한 태도를 지녔다. 이 익
명의 전단은 여성의 삶에 관한 부르주아지의 이해를 예시하는 것으로, 1900년에 프랑크푸르트암
마인에서 인쇄되었다. 주로 채색된 한 장짜리 인쇄물의 형태를 띤 그림 전단은 많이 제작되어 살
포되었고 하층 중간계급과 농촌 주민 사이에 특히 인기가 높았다. (Wikimedia Commons)

이 사례는 19세기 초에 인도의 사티(미망인을 남편의 시신과 함께 불태우는
것) 반대 운동과 유사하다. 이 관습은 소수의 인도 여성에게만 영향을 주었지
만, 1829~1830년에 영국이 직접 통치한 지역에서 금지되기 전까지 특별히 주
목을 받고 분노를 일으켰다. 사티 반대 운동은 새로이 출현한 인도주의를 대
표한 서양인들이 주도했지만, 인도의 토착민 개혁가들도 이를 열렬히 지지했
다. 예를 들면 벵골의 학자이자 사회평론가인 라자 람 모한 로이는 1812년 무
렵부터 사티를 반대했다. 이러한 개혁가들은 토착 사회의 전통주의자들과 직
접적으로 충돌했다. 식민국은 변화의 주된 동력 역할을 하지 않았고, 영국에
협력한 보수적인 힌두 엘리트층과 대결하기를 주저한 까닭에 오랫동안 사태
를 관망했다.[459]

이와 같은 운동은 전 세계적으로 영향력을 확대하고 있었고 불의의 교정과 노골적인 불평등의 축소를 진보적인 과제로 치켜세운 자유주의적인 분위기의 여론에 고취되었다. 그러나 자유주의적 정책이 언제 어디서나 이런 효과를 낸 것은 아니고, 예외 없이 여성의 지위 향상으로 이어지지는 않았다. 19세기 중엽에 마초적인 카우디요 시대의 뒤를 이어 유럽에서 수입된 라틴아메리카의 자유주의는 여성과 빈민, 유색인을 능동적 시민에서 배제하는 등 부정적인 영향을 미쳤다. 라틴아메리카의 여러 나라에 진보적인 헌법이 있었는데도, 여성은 자유주의적 개혁이 진행되는 동안에 권리를 더 상실했다. 여성에 대한 권한이 그때까지 지배적이었던 교회로부터 아버지와 남편에게 이전되면서 가부장제가 더욱 강화되었다는 견해가 지지를 받았다. 자유주의적 개혁이 결혼을 성스럽고 상호적인 도덕적 약속에서 법률적 계약으로 격하시킨 것으로 여겨졌다.[460] 이 때문에 남편이 아내를 떠나기가 더욱 쉬워졌다. 그때까지 간통은 일반적으로 교회의 비난을 받았지만, 이제는 남성에게는 범죄가 아니었고 여성에게는 계속 불법이었다. 여성은 간통으로 고발당하고 유죄 선고를 받았다. 라틴아메리카의 여러 나라에서는 20세기 초까지 아내와 아내의 연인을 살해한 남편은 기소되지 않았다.[461]

가족법의 근대화는 거듭 모순의 근원으로 드러났다. 여성의 법률상 지위를 제한하는 온갖 요소가 지속되었는데도, 라틴아메리카에서는 독신 여성이나 미망인이 처음으로 자녀들에 대한 법적 책임을 가질 수 있는 긍정적인 혁신이 일어났다. 같은 시기에 혼외 출생자 수가 눈에 띄게 증가했다. 그러나 이는 정의의 문제였다. 세속 국가는 오직 민사 결혼만 인정했지만, 가톨릭교도인 토착 주민의 상당 부분은 이러한 공식 절차를 거추장스럽게 여겼다.[462] 라틴아메리카의 여러 공화국과 여타 지역에서 이루어진 개혁의 온전한 결과는 판결 관행을 매우 구체적으로 연구해야만 적절하게 판단할 수 있다. 개혁은 종종 여성의 약점과 열등함을 증명하려는 의도를 지닌 '과학적' 이론들을 선호하는 여론의 분위기 속에서 일어났다. 개혁은 유럽뿐만 아니라 라틴아메리카에서도 환영받았다.[463]

모든 문화적 배경에서 가족의 주된 기능은 재산을 모으고 보존하는 것이다. 누가 무엇을 소유했는지, 누가 무엇을 소유할 수 있었는지, 누가 무엇을 어떤 조건에서 물려받을 수 있었는지는 전부 여러 가지 상이한 방식으로 조절되었다. 여성이 보유한 재산이 어떤 방법으로, 얼마나 보장되었는지가 특히 중요했다. 여러 문화를 비교할 때 여성의 운신의 폭과 주체성을 이보다 더 분명하게 드러내 주는 문제는 없다. 한 가지 예를 들어 보자. 이집트에서는 농민 계층의 여성을 포함해 여성이 지참금이든 상속재산이든 노동의 대가든 자기 재산을 가질 권리를 인정받았으며 법정에서 주장할 수 있었다. 남편은 아내에게 빚을 진 것이었으므로 남편이 사망하면 아내는 자기의 상속분을 제외하고 제일 먼저 그의 재산에 대한 권리를 주장할 수 있었다. 일견 '근대적인' 이 조정은 전통적인 권리로서 19세기 말의 개혁적 성향의 법률가들이 강화했다. 결코 유럽의 소유권 개념에 힘입은 것이 아니었다.[464] 유력한 개혁가 라시드 리다(1865~1935)는 아무런 제한도 없이 자기의 재산을 처분할 수 있는 무슬림 여성과 남편의 특별한 권리 때문에 그럴 수 없었던 프랑스 여성 간의 뚜렷한 대조를 자랑스럽다는 듯이 강조했다.[465] 유럽의 새롭고 이상적인 남성성과의 대조도 있었다. 새로운 남성성에 따르면 19세기 중엽의 영국에서 남성은 필요하다면 여성의 경쟁적인 권리 주장을 희생시키면서까지 재산권을 최대한 완전하게 주장할 수 있는 자율적인 시장 행위자였다.[466] 이 사례는 다른 많은 사례를 대표하는 것으로 성 역할에 관한 서구의 관념이 얼마나 모순적인지, 이에 관한 일반적인 진술이 얼마나 위험한지를 보여 준다. 서구로부터 전해진 몇몇 자극은 초기 페미니즘뿐만 아니라 소녀들의 교육 기회를 확대하려는 노력까지 포함해 이따금 비서구 사회 여성의 상황을 개선했을 수도 있지만,[467] 부르주아지의 체면과 검약이라는 이상은 특히 여성의 경제활동 여지를 더욱 제한했기 때문에 그다지 매력적이지 않았고 수출에 적합하지 않았다. 여러 점에서 유럽은 아시아를 향해 움직이고 있었지만, 반대 방향의 뚜렷한 영향은 없었다. 그러므로 19세기 중엽의 유럽 중간계급에서 남편의 가내 권위 상실에 동반된 여성의 가정화는, 그리고 이와 동시적인 현상이었던 도덕적 고양은 멀리 물러나서 보면 중국 여성이 가내의 사적 영역에 엄격히 제한된 것과 유사했다. 그 제한이 시대를 뛰어넘는 '전형적으로 중국적인' 현상이 결코 아

니었고 제국주의 시대 말기의 특징이었음을 덧붙일 필요가 있다.[468]

가족은 언제나 재산을 최대한 훼손하지 않고 다음 세대에 넘겨주어야 할 필요가 있었다. 가족은 자산이 상속법에 따라 쪼개지는 것을 제한하고 당국의 간섭으로 징발되는 것을 막을 전략을 개발해야 했다. 세 가지 전략이 특별히 유망했다. 첫째, 재산을 종교 재단 형태로 종교의 보호를 받게 할 수 있었다. 종교 재단은 일종의 법인이어서 이를 겨냥한 통치자의 탐욕은 관습에 의해 제한을 받았다. 이는 무슬림 세계에서 선호된 해법이었다. 둘째, 법률 규정에 따라, 또는 개별 상속 과정에 대한 개입에 따라 상속자 수가 제한될 수 있었다. 셋째, '가족'의 개념은 융통성 있게 적용될 수 있었다. 하인이나 노예 같은 다른 가구 구성원들이, 그리고 가장과 가족의 핵심 집단이 종종 혈연적으로 먼 친척보다 더 가까운 관계를 유지한 특별한 사업 협력자들이 가족의 생물학적 핵심에 합류했다.[469] 따라서 이들도 상속권을 가질 수 있었다.

서구 밖에는 조문화되었든 아니든 가족의 사회적 존속은 물론 생물학적 존속에도 수반된 법률적 형태들이 폭넓게 존재했다. 세대교체에 따른 재산의 이전은 매우 중요한 사회적 재생산의 메커니즘이었다. 이에 적용된 규칙과 제도는 세계적으로 지역마다 달랐으며, 제국과 국민국가, 문명의 높은 차원에서만 다른 것도 아니었다. 따라서 서쪽에서 프랑스를 지나 동쪽으로, 전통적으로 '게르만' 상속법을 '로마'의 상속법과 구분한 선이 지난다.(이 두 전통도 지역의 관습에 따라 다양했다.) 다른 곳과 마찬가지로 프랑스에서도 1789년부터 오직 정치적 혁명만이 변화를, 그리고 때로는 토착 상황의 단순화와 그것의 새로운 경제적 규칙과 제도에 대한 적용을 이끌어 냈다.[470] 반면에 점진적인 세계적 확산을 통한 정치 외적 변화는 큰 역할을 하지 못했고, 가족과 그 자산의 법률적 구조가 20세기 이전에 세계적으로 수렴하는 현상을 목격할 수 있다. 서구 밖에서 유럽의 가족법과 상속법의 관념이 포괄적인 민법 개념의 일부로 채택된 곳에서는, 그러한 개혁이 대체로 20세기에 들어선 후에 한참이 지날 때까지 퍼졌으며, 유럽 법률과 북아메리카 법률의 변함없는 채택과 더불어 끝나지 않았다. 법률제도, 특히 민법이 외부의 세계화 자극에 맞서 비교적 강한 저항을 보여 준 것은 몹시 놀랍다. 그것은 사회 핵심 제도의 버티는 힘을 보여 주는 증거다.

이동하는 신체의 전형: 스포츠의 사례

교통 통신 기술의 세계화가 진척되었는데도 제도와 법률 체제에 연결된 사회적 관행이 하나의 사회적 상황에서 다른 상황으로 이전되기는 힘들었던 반면에, 깊이 뿌리를 내리지 않은 혁신은 나라의 경계와 문화의 경계를 훨씬 더 쉽게 넘었다. 오늘날 세계적으로 뛰어난 사회적 통합의 사례인 국제적 경쟁 스포츠가 하나의 사례다. 스포츠가 사사로운 여가 활동이자 상업적 경기로서 갖는 자명함은 앞선 시대까지 투영되어서는 안 된다. 상층계급의 유희이자 사냥과 전쟁을 위한 신체적 준비로서의 스포츠는 많은 사회에서 발견된다. 가장 일반적인 스포츠 관념조차도 순수한 놀이의 요소를 포함한다. 바로 그것이 스포츠의 힘든 운동과 고된 노동의 숙명을 구분한다. 전근대사회의 몇몇 신체적 기량은 놀이와 노동 사이의 중간 영역에 속했다. 말이 주된 운송 수단이었던 시절에는 말을 이용할 수 있는 사람이라면 누구든지 신체적으로 말을 다루는 방법을 배워야 했다. 19세기 말까지 지속된 말의 시대에 그 동물을 통제할 능력은 신체적이고 사회적인 두 가지 우월함의 표현이었다.[471] 역시 특정한 신체적 기술이 필요했던 사냥은 사냥꾼의 적법한 기술이었을 뿐만 아니라 때에 따라 '야생적'으로 바뀌는 농촌 주민의 금지된 생존 전략이자 귀족과 사회적으로 야심이 있는 부르주아지, 시골의 변경 개척자가 한가한 시간에 하는 일이었다. 달리 말하면 사냥은 사회적으로 모호한 활동이었다.

19세기에 스포츠는 일상생활의 장식에서 자율적인 영역으로 바뀌었다. 스포츠는 모든 외적 목표를 포기했고 경쟁 개념을 수용했으며 자체의 규칙을 갖추었다.[472] 이는 영국에서 제일 먼저 일어난 일이다. 그곳에서 스포츠는 엘리트 교육의 개혁이라는 관념과 밀접하게 연결되었다. 고대의 새로운 해석을 토대로 신사는 우수한 품성과 신체적 용맹함을 함께 갖추어야 했다. 동시에 단체 스포츠는 한편으로 공동체 정신을 함양하고 다른 한편으로 실행 능력과 연관된 경쟁심을 장려해야 했다. 그렇지만 경쟁심은 공식적인 규칙과 비공식적인 공정성의 요구를 통해 통제해야 했다. 19세기 후반에, 1870년 무렵부터는 새로이 힘을 얻어 다양한 스포츠가 사용하는 장비에 관한 규칙과 규정을 통해 뚜렷하게 정의되었다. 지역의 스포츠 클럽을 토대로 전국적인 리그전이 개최되어 우승자를 가렸다. 최초의 세계 선수권 대회는 1880년대에 체스(신체적 요구가 없는 것으로 생각되었다.)를 필두로 시작되었다. 초기에는 영국의 지배력이 너무 강해 영국 대회의 우승자가 세계 챔피언을 자처했다.[473] 그러나 이 우세는 영 제국의 힘이 정점에 이르렀던 때부터 서서히 흔들렸다.

올림픽 게임은 1896년에 처음으로 거행되었다. 비록 처음에는 유럽인들만 참가했지만, 올림픽이라는 발상은 원칙적으로 세계적인 것이었다. 따라서 초기의 유럽 중심주의는 원칙의 문제라기보다는 실용주의의 문제였다. 올림픽 게임은 피에르 드 쿠베르탱Pierre de Coubertin(1863~1937)의 주도로 시작되었는데, 그는 영국에 대한 칭찬과 고대 그리스에 대한 찬미를 결합했다. 올림픽 운동은 또한 그리스의 애국적 사업으로 처음에는 그리스 사업가들의 세계적 네트워크가 재정을 지원했다.[474] 최초의 조직 체제는 곧 국제화에 적합한 것으로 판명되었다.

스포츠의 인기는 세 가지 차원에서 확산되었다. 첫째, 몇몇 스포츠는 민족주의적 경향에 도용되었다. 프리드리히 루트비히 얀Friedrich Ludwig Jahn(1778~1852)의 독일 체육 운동은 준군사적인 통제된 체육을 독일의 특기로 보았다. 많은 스포츠가 영국에서 생겨났고 유럽 대륙에서는 예를 들면 축구처럼 처음에는 외국에서 수입된 것으로 여겨졌다.[475] 둘째, 체계를 갖춘 스포츠가 엘리트층 너머로 확산되었다. 노동시간의 단축으로 육체노동자들이 시간의 여유를 갖게 되자 조직 노동자의 스포츠라고 할 만한 것들이 발전했다. 셋째, 스포츠는 제국 내부에 퍼졌다. 이는 특히 영 제국에 해당하는데, 영 제국 안의 몇몇 스포츠 시설은 거의 영국의 존재를 드러내는 상징물이 되었다. 어느 식민지에서나 경마장이 건설되기까지는 오랜 시간이 걸리지 않았다. 이어 스포츠는 다양한 제국적 상황에서, 특히 정착민은 물론 식민지 관료 사이에서도 애국적인 엘리트의 정체성을 견고하게 했다. 이란에서 시작된 폴로 같은 몇몇 스포츠는 사냥과 비슷하게 식민국의 수뇌들이 토착 사회의 군주를 만날 때의 관례로서 의식적으로 장려되었다. 스포츠에 따르는 신체 단련은 서구의 문화적 힘의 확산에만 국한되지 않는 높은 수준의 이동성을 보여주었다.

그러한 확산이 발생했어도 그것이 반드시 식민주의 헤게모니의 표현일 필요는 없었다. 따라서 오늘날 세계에서 축구 다음으로 인기가 많은 단체 게임인 농구는 1891년에 발명되고 나서 몇 년이 지나 기독교청년회YMCA가 미국에 보급했으며, 청나라와 일본 같은 아시아의 비식민국에서는 선교사들이 세운 기독교계 학교가 보급했다.[476] 스포츠의 역사가 놀라운 것은 일방적 확산 모델이 적용되지 않기 때문이다. 20세기에는 서구가 동아시아의 무술을 받아들였다. 세계적 맥락에서 스포츠를 통한 사회 형성은 경쟁 관념을 전제했으며, 나아가 경쟁의 규칙이 공식적인 성격을 띠며 언어적인 노력이나 문화적 배경에 대한 지식 없이도 이해될 수 있다는 사실에 입각했다. 운동선수들이 국경을 뛰어넘어 서로 만나고 (스포츠가 언론 기사의 주제가 되자마자) 가상의 관중 공동체가 형성될 때 이해를 가로막는 장벽은 거의 없었다.

비단 유럽에만 해당되는 것도 아닌바 '현기증의 시대'[477]로 지칭되었던 18세기 중엽부터 1900년 무렵까지의 시기를 이동성과 네트워크 연결이라는 관점에서 바라보면, 전체적인 발견이 놀랍지는 않다. 선도적인 세계사학자인 윌리엄 맥닐과 그의 아들 존 로버트 맥닐J. R. McNeill이 '인간 거미줄human web'[478]로 부른 인류의 조직은 성장하고 견고해졌다. 세계 인구가 1750년 무렵의 7억 7100만 명에서 1900년 무렵에는 16억 3400만 명으로 팽창했기 때문이다.[479] 비록 1900년의 세계는 21세기 초의 시점에서 되돌아볼 때에는 여전히 상상할 수 없을 정도로 텅 비어 있는 것처럼 보이겠지만, 사람들은 신체적으로 더욱 가까워졌다. 근접성은 새로운 접촉을 낳았고 특히 크게 성장하는 도시에서는 집중을 의미했다. 19세기 사회사의 주된 흐름 중 하나는 세계적 차원의 도시화였다.

인구 성장을 제쳐 놓으면 원거리 네트워크의 발전에는 두 번째 원인이 있다. 기술 체계가 발달하고 물리적으로 구축되면서 공간을 통제할 수 있게 되었고 원거리 교통 통신이 규칙성을 획득한 것이다. 증기선과 철도, 시가전차의 시간표는 그 시대의 표상이었다. 맥닐 부자가 적절히 언급했듯이 19세기에 세계무역은 틀에 박힌 루틴이 되었다. "상인 모험가들의 시대는 지났다."[480] 이 과정은 삶의 수많은 분야에 영향을 주었으며 평자들이 인류가 좁은 '상자' 안으로 점점 더 갇히게 되었다는 인상을 받게 했다. 간헐적인 연결이 네트워크로 결합하기까지는 일정한 규모와 강도, 규칙성이 필요했다. 그러한 일이 19세기 중반에 단번에 일어났다. 오늘날의 우리는 그것을 세계화로 부른다.

집중과 루틴은 20세기 초의 사회학 이론이 '통합' 개념으로 의미한 것을 강화했다. 여기에는 상호작용이 증가했다는 관념이 포함된다. 점점 더 많은 사물이 연결되고 서로 영향을 주고받았다. 그러나 지구상에서 벌어지는 사회생활의 단일화와 동질화를 뜻하는 통합에는 한계가 있었다. 1900년 무렵이면 새로운 유형의 사회가 세계를 지배했다. 수가 많았기 때문이 아니라 역사를 형성할 힘을 지녔기 때문이다. 그것은 부르주아지-자본주의 사회로 주변부에서는 옛 형태의 사회들과 뒤섞여 혼성 사회를 이루었다. 마르크스에서 조지프 알로이스 슘페터까지 위대한 이론가들이 이해했듯이, 이 역사적 시기의 자본주의는 사실상 순수한 형태로 출현한 적이 없다. 북아메리카 변경의 정착민에서 유럽의 상업 귀족을 거쳐 1868년 이래로 거대한 근대화 정책을 채택한 일본의 사무라이 엘리트에 이르기까지 새로운 부르주아지-자본주의 사회는 앞선 사회 형태들에서 여러 요소를 흡수했다. 그 사회와 양립할 수 없었던 단 하나는 노예제였다. 노예제는 좁은 범위 안에 있는 사람들 간의 관계로서는 어디서나 사라진 것이 아니었지만 하나의 사회 형태로서는 길고 불균등한 과정을 거쳐 소멸했다. 산업 노동자와 금융 부르주아지, 새로이 출현한 공중 영역에서 활동한 지식인 등 새로운 계급과 계층들이 전면에 부상했다. 여기서도 혼성 형태가 일반적이었고 유형학적으로 순수한 형태는 예외적이었다. 종교와 언어, 피부색을 뛰어넘어 서로 뒤섞인 진정한 세계적 계급은 형성되지 않았다. 규모와 안정성이 일정한 수준에 도달한 세계적 사업 엘리트층이나 세계적인 이동 사회는 20세기에 들어선 후에야 출현했다. 영 제국의 매우 적은 권력 엘리트나 최근에야 자기들을 스스로 세계 교회로 인식하게 된 가톨릭 성직자단은 지리적으로 가장 넓은 범위에 퍼진 사회구성체였다.

사회사의 관점에서 볼 때 19세기 세계주의의 여러 두드러진 자취 때문에 우리가 부르주아지와 산업 프롤레타리아가 본질적으로 국민국가의 틀 안에서 움직였으며 국가자본주의가 국가의 법률적 영역 안에서 출현했다는 사실을 보지 못하는 것은 아니다. 그러나 유럽 밖의 그러한 국민국가 중에서 당대인들이 이데올로기적으로 하나의 규범으로, 기존 국가에서 '성장한' 공유국가의 규범으로 높이 치켜세운 서유럽 모델을 복제한 나라는 소수에 지나지 않는다. 장기간에 걸친 유기적 민족 탄생이 아니라 광범위한 문화적·유전적 웅덩이에서 우연히 형성된 새로운 구성체에 기원이 있는 유입 사회의 복합적 구조도 똑같이 그 시대의 특징이었다. 이 점에서 미국의 역사는 19세기의 가장 크고 가장 흥미로운 사회적 실험을, 더 정확히 말하면 여러 가지 상이한 실험이 동시에 진행되는 실험실을 보여 준다. 유입 사회는 이주의 흐름 속에서 기존의 네트워크에서 발전했으며, 이어 이주와 네트워크의 가장 중요한 중추가 되었다. 그러한 유형의 사회에서 피부색은 유럽이나 중국, 일본에서는 볼 수 없는 방식으로 삶의 기회를 분배하는 기준으로서 결정적인 역할을 수행했다. 계급사회 못지않게 그 시대의 특징이었던 것은 계급-종족 사회였다. 종족 차별과 종족의 위계질서를 지지하는 이데올로기와 심리적 경향이 강해짐에 따라 이 사회의 특색은 더욱 분명하게 드러났다. 유입 사회는 사회적 이동으로부터 이득을 보았고 역으로 이를 증진하고 가속화했다. 동시에 유입사회는 이주의 목적지가 되었으며 새로운 사회구조를 구현했다. 세계가 근대에 들어선 뒤 '점점 더 많이 이동하는' 사회가 되었다고 말하는 것은 진부하고 무의미한 말이다. 이주에 관해 훨씬 더 흥미로운 것은 그 미소 활력micro-dynamism이다. 다시 말해 이주가 언제, 어디서, 왜 증가했다가 다시 감소했는지에 관한 문제다.

1900년 무렵에 세계 사회가 있었다면, 그것은 국민 사회들의 총합이 아니었다. 어쨌거나 이는 공상적 관념으로서 다른 대륙은 말할 것도 없고 제2차세계대전 이래로 70년간의 '통합'을 거친 유럽조차도 그로부터 한참 멀었다. 1900년에 수많은 국가 내부에서, 세계의 여러 민족 사이에서 부와 삶의 질의 불평등은 물론 구조적 차이도 그 이전의 그 어느 때보다 더 컸을 것이다. 제국주의와 식민주의는 새로운 수평적 결속과 연결을, 동시에 가파른 수직적 위계질서를 만들어 냈으며, 외국인의 지배라는 이질적인 구조를 출현할 수 있게 했다. 외국인의 지배 체제에는 지배자와 피지배자 사이에 공동의 사회적 토대를 기반으로 한 신뢰가 없었으며, 식민지 엘리트층은 통일적인 사회적 피라미드의 상층에 있는 것이 아니라 평행 우주 속에서 초연하게 살았다.

그러므로 '세계 사회'는 당대의 기술적 조건에서 가능한 최대한의 커뮤니케이션 범위로만 이해할 수 있다. 서로 만날 기회가 없으면서도 서로를 알고 있는 인간들 사이에 사회적 유대가 형성되었으며, 새로운 통신수단과 이로써 가능해진 여러 형태의 구체적인 인식 위에서 '세계'의식이 출현했다. 이 세계의식은 알려진 세계의 통합을 처음으로 생각할 수 있게 되었던 '축의 시대' 이래로 존재한 앞선 여러 보편주의와 달랐다. 따라서 19세기의 세계 사회사는 계층과 제도에 관심을 보인 종래의 사회사보다 더 많이 '사회적 상상력'[481]을 강조해야 한다. 그렇게 함으로써 사회사는 거의 알아차릴 수 없을 정도로 문화사 속으로 자취를 감춘다.

서문

1) 전 지구적인 전기에 관한 연구 현황을 살펴보기 위해서는 Tony Ballantyne and Antoinette Burton, eds., *Moving Subjects: Gender, Mobility and Intimacy in an Age of Global Empire* (Champaign: University of Illinois Press, 2009); Desley Deacon, Penny Russell, and Angela Woollacott, eds., *Transnational Lives: Biographies of Global Modernity, 1700-Present* (Basingstoke, UK: Palgrave Macmillan, 2010); Miles Ogborn, ed., *Global Lives: Britain and the World, 1550-1800* (Cambridge: Cambridge University Press, 2008); Linda Colley, *The Ordeal of Elizabeth Marsh: A Woman in World History* (New York: Pantheon, 2007); David Lambert and Alan Lester, eds., *Colonial Lives across the British Empire: Imperial Careering in the Long Nineteenth Century* (Cambridge: Cambridge University Press, 2006); Bernd Hausberger, ed., *Globale Lebensläufe: Menschen als Akteure im weltgeschichtlichen Geschehen* (Vienna: Mandelbaum, 2006); Tonio Andrade, "A Chinese Farmer, Two African Boys, and a Warlord: Toward a Global Microhistory," *Journal of World History* 21 (2010): 573~591; Sanjay Subrahmanyam, *Three Ways to Be Alien: Travails and Encounters in the Early Modern World* (Waltham, MA: Brandeis University Press, 2011); Emma Rothschild, *The Inner Life of Empires: An Eighteenth-Century History* (Princeton, NJ: Princeton University Press, 2011)를 보라.

2) Linda Colley, *Captives: Britain, Empire, and the World, 1600-1850* (New York: Anchor Books, 2002)를 보라.

3) 볼로뉴에 관해서는 Alain Guédé, *Monsieur de Saint-Georges: Le nègre des Lumières* (Arles: Actes Sudes, 1999); Claude Ribbe, *Le Chevalier de Saint-Georges* (Paris: Perrin, 2004); Gabriel Banat, *The Chevalier de Saint-Georges: Virtuoso of the Sword and the Bow* (Hillsdale, NY: Pendragon Press,

2006)를 보라. 또한 위키백과(https://en.wikipedia.org/wiki/Chevalier_de_Saint-Georges)에 수록된 훌륭한 글을 보라.

4) 당시에 유럽에 거주하던 유명한 아프리카 지식인의 전기로서 세계사를 다룰 때 훨씬 더 빈번하게 다루어져 왔으며, 영국 해체 운동에도 관여한 올라우다 에키아노(Olaudah Equiano, 1745~1797)의 전기도 있다. 그는 노예제 폐지 운동에도 가담했다. 에키아노는 생조르주와 같은 해에 태어나 그보다 2년 전에 죽었다. 관련 내용은 James Walvin, *An African's Life: The Life and Times of Olaudah Equiano, 1745-1797* (London: Cassell, 1998); Vincent Carretta, *Equiano: The African Biography of a Self-Made Man* (Athens: University of Georgia Press, 2005)을 보라.

5) 식민지의 사회적·인종적 계층 구조에 관해서는 Laurent Dubois, *A Colony of Citizens: Revolution and Slave Emancipation in the French Caribbean, 1787-1804* (Chapel Hill: University of North Carolina Press, 2004), 30~84를 보라.

6) Guédé, *Monsieur de Saint-Georges*, 278f를 보라. 생조르주가 함께 했던 제2차 송토나 사절단에 관해서는 Laurent Dubois, *Avengers of the New World: The Story of the Haitian Revolution* (Cambridge, MA: Harvard University Press, 2004), 203~208을 보라.

7) Linda Pomerantz-Zhang, *Wu Tingfang (1842-1922): Reform and Modernization in Modern Chinese History* (Hong Kong: Hong Kong University Press, 1992). 사업 세계에서조차 더 적극적으로 활동했던 이 중국인 관료이자 사업가, 사회 개혁가에 대한 동시대의 전기는 Guo Wu, *Zheng Guanying: Merchant Reformer of Late Qing China and His Influence on Economics, Politics, and Society* (Amherst, NY: Cambria Press, 2010)을 보라.

8) 레게의 일대기도 특별히 전 지구적 성격을 가진 전기다. Norman J. Giradot, *The Victorian Translation of China: James Legge's Oriental Pilgrimage* (Berkeley: University of California Press, 2002)을 보라.

9) 이러한 사회집단에 관해서는 Lun Ngai-Ha Ng, "The Role of Hong Kong Educated Chinese in the Shaping of Modern China," *Modern Asian Studies* 17 (1983): 137~163; Elizabeth Sinn, *Power and Charity: A Chinese Merchant Elite in Colonial Hong Kong* (Hong Kong: Hong Kong University Press, 2003)을 보라.

10) 우팅팡이 집필한 *America through the Spectacles of an Oriental Diplomat* (New York: Stokes, 1914)는 영어로 쓰였으며, 2007년에 'Travel Classics series'로 다시 출간되었다.

11) 학술서들은 이들을 문화적 중재자(cultural broker)의 하위 그룹으로 분류한다.

12) Wolfgang Reinhard, "Alteuropa und neue Welten: Periodisierungsprobleme im Lichte der europäischen Expansion," in *Alteuropa—Vormoderne—Neue Zeit: Epochen und Dynamiken der europäischen Geschichte 1200-1800*, ed. Christian Jaser, Ute Lotz-Heumann, and Matthias Pohlig (Berlin: Duncker und Humblot, 2012), 245~262, at 247.

13) Michael Lang, "Evolution, Rupture, and Periodization," in *The Cambridge World History*, vol. 1, ed. Merry E. Wiesner-Hanks (Cambridge: Cambridge University Press, 2015), 84~109, at 84.

14) Siegfried Kracauer, *History: The Last Things before the Last* (Oxford: Oxford University Press, 1969).

15) Vanessa Ogle, *The Global Transformation of Time, 1870-1950* (Cambridge, MA: Harvard

University Press, 2015)을 보라. 또한 이 책의 3부를 보라.

16) Heinrich August Winkler, *Geschichte des Westens*, vol. 1, *Von den Anfängen in der Antike bis zum 20. Jahrhundert* (Munich: C. H. Beck, 2009), 280.

17) David Armitage, *The Declaration of Independence: A Global History* (Cambridge, MA: Harvard University Press, 2007)를 보라.

18) Wolfgang Reinhard, ed., *Empires and Encounters: 1350-1750*, vol. 3 of *A History of the World* (Cambridge, MA: Belknap Press of Harvard University Press, 2015).

19) Dietrich Gerhard, *Old Europe: A Study of Continuity, 1000-1800* (New York: Academic Press, 1981); Gerhard, *Das Abendland, 800-1800: Ursprung und Gegenbild unserer Zeit* (Freiburg: Ploetz, 1985); Heinz Schilling, *Die neue Zeit: Vom Christenheitseuropa zum Europa der Staaten, 1250 bis 1750* (Berlin: Siedler, 1999).

20) Lynn Hunt, "The Global Financial Origins of 1789," in *The French Revolution in Global Perspective*, ed. Suzanne Desan, Lynn Hunt, and William Max Nelson (Ithaca, NY: Cornell University Press, 2013), 32~43.

21) 차르 제국의 팽창에 관해서는 Ian Barnes, *Restless Empire: A Historical Atlas of Russia* (Cambridge, MA: Harvard University Press, 2015)에 수록된 지도를 보라. 이와 비교할 만한 가치를 가진 역사 지도는 이제 세계 도처에서 찾아볼 수 있는데, 우리는 독자들에게 전문성을 가진 지도가 수록된 책으로 탁월한 단행본인 Jeremy Black, ed., *Atlas of World History* (London: Dorling Kindersley, 2000)를 추천한다.

22) Peter Perdue, *China Marches West: The Qing Conquest of Central Eurasia* (Cambridge, MA: Harvard University Press, 2005).

23) 즉, 이 책의 1부와 3부는 '지역'이라는 개념이 어떻게 전 세계의 역사 기록에 효과적으로 적용되는지를 보여 준다.

24) "The Global 1860s"는 2015년 10월 프린스턴 대학에서 개최된 한 학술 대회의 명칭이었다.

25) Emily S. Rosenberg, ed., *A World Connecting: 1870-1945*, vol. 5 of *A History of the World* (Cambridge, MA: Belknap Press of Harvard University Press, 2012).

26) 이 책의 1부를 보라.

27) Eric J. Hobsbawm, *The Age of Revolution: Europe: 1789-1848* (London: Weidenfeld and Nicolson, 1962).

28) 프레더릭 쿠퍼의 비판은 Frederick Cooper, *Colonialism in Question* (Berkeley: University of California Press, 2005), 113~149를 보라. 또한 Wolfgang Knöbl, *Spielräume der Modernisierung: Das Ende der Eindeutigkeit* (Weilerswist: Velbrück, 2001)를 보라.

29) Christof Dipper, "Geschichtswissenschaft," in *Handbuch Moderneforschung*, ed. Friedrich Jäger, Wolfgang Knöbl, and Ute Schneider (Stuttgart: Metzler, 2015), 94~109; Nikolas Kompridis, "The Idea of a New Beginning: A Romantic Source of Normativity and Freedom," in *Philosophical Romanticism*, ed. Jäger, Knöbl, and Schneider (London: Routledge, 2006), 32~59를 보라.

30) Jürgen Osterhammel, *The Transformation of the World: A Global History of the Nineteenth Century* (Princeton, NJ: Princeton University Press, 2014), 291~293을 보라.

31) Alexa Geisthövel and Habbo Knoch, eds., *Orte der Moderne: Erfahrungswelten des 19. und 20. Jahrhunderts* (Frankfurt am Main: Campus, 2005); Qin Shao, *Culturing Modernity: The Nantong Model, 1890-1930* (Stanford, CA: Stanford University Press, 2003)을 보라. '근대주의의 실험실'로서 식민지에 관해서는 Ann Laura Stoler and Frederick Cooper, "Between Metropole and Colony: Rethinking a Research Agenda," in *Tensions of Empire: Colonial Cultures in a Bourgeois World*, ed. Stoler and Cooper (Berkeley: University of California Press, 1997), 1~56; Dirk van Laak, "Kolonien als 'Laboratorien der Moderne'?," in *Das Kaiserreich transnational: Deutschland in der Welt, 1871-1914*, ed. Sebastian Conrad and Jürgen Osterhammel (Gottingen: Vandenhoeck und Ruprecht, 2004), 257~279를 보라.

32) 마찬가지 사실이 사실상 서로 매우 이질적인 유럽과 북아메리카의 경험에 적용된다. 이에 관해서는 John Jervis, *Exploring the Modern: Patterns of Western Culture and Civilization* (Oxford: Blackwell, 1998); and Vassiliki Kolokotroni, Jane Goldman, and Olga Taxidou, eds., *Modernism: An Anthology of Sources and Documents* (Chicago: University of Chicago Press, 1998)를 보라.

33) Birgit Schäbler, "Civilizing Others: Global Modernity and the Local Boundaries (French, German, Ottoman, Arab) of Savagery," in *Globalization and the Muslim World: Culture, Religion and Modernity*, ed. Birgit Schäbler and Leif Stenberg (Syracuse, NY: Syracuse University Press, 2004), 3~29, at 11에서 인용.

34) Frederic Jameson, *A Singular Modernity: Essays on the Ontology of the Present* (London: Verso, 2002); Arif Dirlik, *Global Modernity: Modernity in the Age of Global Capitalism* (Boulder, CO: Paradigm, 2007); Carol Gluck, "The End of Elsewhere: Writing Modernity Now," *American Historical Review* 116 (2011): 676~687을 보라.

35) 예를 들어 Tang Xiaobing, *Global Space and the Nationalist Discourse of Modernity: The Historical Thinking of Liang Qichao* (Stanford, CA: Stanford University Press, 1996); Rebecca Karl, "Creating Asia: China in the World at the Beginning of the Twentieth Century," *American Historical Review* 103 (1998): 1096~1118을 보라.

36) Carol Gluck, "Meiji for Our Time," in *New Directions in the Study of Meiji Japan*, ed. Helen Hardacre and Adam Kern (Leiden: Brill, 1997), 11~28을 보라.

37) Immanuel Kant, "Beantwortung der Frage: Was ist Aufklärung?," in *Was ist Aufklärung? Ausgewählte kleine Schriften*, ed. Horst D. Brandt (Hamburg: Meiner, 1999), 20~28.

38) Peter Ghosh, *Max Weber and the Protestant Ethic: Twin Histories* (Oxford: Oxford University Press, 2014).

39) Gerrit W. Gong, *The Standard of "Civilization" in International Society* (Oxford: Clarendon Press, 1984); Martti Koskenniemi, *The Gentle Civilizer of Nations: The Rise and Fall of International Law, 1870-1960* (Cambridge: Cambridge University Press, 2001), 127~136; Boris Barth and Jürgen Osterhammel, eds., *Zivilisierungsmissionen: Imperiale Weltverbesserung seit dem 18. Jahrhundert* (Konstanz: UVK, 2005).

40) David Motadel, "Qajar Shahs in Imperial Germany," *Past and Present* 213 (2011): 191~235, at 193. 식민화된 지역의 왕가들의 유럽 방문에 관해서는 David Cannadine, *Ornamentalism: How*

the British Saw Their Empire (London: Allen Lane, 2001), 111~114를 보라.

41) Ian H. Nish, ed., *The Iwakura Mission in America and Europe: A New Assessment* (Richmond: Curzon, 1998)를 보라.

42) Friedrich Max Muller, *India: What Can It Teach Us?* (London: Longmans, Green, 1883), 24.

43) Kakuzô Okakura, *The Book of Tea* (New York: Duffield and Co., 1919), 7.

44) 포스트 식민주의 관점의 초기 역사에 관해서는 Robert J. C. Young, *Postcolonialism: An Historical Introduction* (Oxford: Blackwell, 2001)을 보라.

45) Hans Ulrich Gumbrecht, "Modern, Modernitat, Moderne," in *Geschichtliche Grundbegriffe: Historisches Lexikon zur politisch-sozialen Sprache in Deutschland*, vol. 4, ed. Otto Brunner, Werner Conze, and Reinhart Koselleck (Stuttgart: Klett-Cotta, 1978), 93~132, at 104.

46) Fukuzawa Yukichi, *An Outline of a Theory of Civilization* (Tokyo: Sophia University Press, 1973), 3.

47) 이 책의 3부를 보라.

48) Carol Gluck, *Japan's Modern Myths: Ideology in the Late Meiji Period* (Princeton, NJ: Princeton University Press, 1985), 18.

49) Harvey C. Mansfield, ed., *Selected Letters of Edmund Burke* (Chicago: University of Chicago Press, 1984), 102.

50) Roxanne L. Euben, *Journeys to the Other Shore: Muslim and Western Travelers in Search of Knowledge* (Princeton, NJ: Princeton University Press, 2006), 113.

51) Mary Backus Rankin, "Alarming Crises / Enticing Possibilities: Political and Cultural Changes in Late Nineteenth-Century China," *Late Imperial China* 29, suppl. 1 (2008): 40~63을 보라.

52) Cemil Aydin, *The Politics of Anti-Westernism in Asia: Visions of World Order in Pan-Islamic and Pan-Asian Thought (1882-1945)* (New York: Columbia University Press, 2007), esp. 15~38.

53) Euben, *Journeys*, 123을 보라.

54) 또한 Rifā'a al-Tahtāwi, An Imam in Paris: Al-Tahtawi's Visit to France, 1826-1831, trans. Daniel L. Newman (London: Saqi Books, 2004); Ibrahim Abu-Lughod, Arab Rediscovery of Europe: A Study in Cultural Encounters (Princeton, NJ: Princeton University Press, 1963); Bernard W. Lewis, The Muslim Discovery of Europe (New York: W. W. Norton, 2001)을 보라.

55) Manu Goswami, "Imaginary Futures and Colonial Internationalisms," *American Historical Review* 117 (2012): 1461~1485, at 1473.

56) 또한 Harald Fischer-Tiné, "'Deep Occidentalism?': Europa und 'der Westen' in der Wahrnehmung hinduistischer Intellektueller und Reformer ca. 1890-1930," *Journal of Modern European History* 4 (2006): 171~203; Kris Manjapra, *Age of Entanglement: German and Indian Intellectuals across Empire* (Cambridge, MA: Harvard University Press, 2014)를 보라.

57) Stephen N. Hay, *Asian Ideas of East and West: Tagore and His Critics in Japan, China, and India* (Cambridge, MA: Harvard University Press, 1970), 103.

58) Jamal al-Din al-Afghani, "Lecture on Teaching and Learning," in *Modernist Islam, 1840-1940: A Sourcebook*, ed. Charles Kurzman (Oxford: Oxford University Press, 2002), 104.

59) Max Nordau, *Degeneration*, vol. 1 (London: Heinemann, 1895), 62f.

60) W. E. B. DuBois, "Careers Open to College-Bred Negroes," in *DuBois: Writings*, ed. Nathan Huggins (New York: Library of America, 1986), 831.

61) Hermann Bausinger, "Grenzenlos: Ein Blick auf den modernen Tourismus," in *Reisekultur: Von der Pilgerfahrt zum modernen Tourismus*, ed. Hermann Bausinger, Klaus Beyrer, and Gottfried Korff (Munich: C. H. Beck, 1991), 343~353, 343에서 인용.

62) 역사에 대한 세계사적인 접근법에 관해서는 Sebastian Conrad, *What Is Global History?* (Princeton, NJ: Princeton University Press, 2016)를 보라. 또한 Lynn Hunt, *Writing History in the Global Era* (New York: Norton, 2014); Diego Olstein, *Thinking History Globally* (Basingstoke, UK: Palgrave Macmillan, 2014); Douglas Northrop, ed., *A Companion to World History* (Malden, MA: Wiley-Blackwell, 2012); Jerry H. Bentley, ed., *The Oxford Handbook of World History* (Oxford: Oxford University Press, 2011); Dominic Sachsenmaier, *Global Perspectives on Global History: Theories and Approaches in a Connected World* (Cambridge: Cambridge University Press, 2011)를 보라.

63) 이전에 제기되었던 전체적인 해석에서의 차이점을 살펴보려면 C. A. Bayly, *The Birth of the Modern World, 1780-1914: Global Connections and Comparisons* (Malden, MA: Blackwell, 2004); Osterhammel, *Transformation of the World;* and Merry E. Wiesner-Hanks, ed., *The Cambridge World History*, vol. 7 (Cambridge: Cambridge University Press, 2015)를 보라.

1부 장기 19세기 정치사 속의 지역과 제국들

1) Charles Kupchan, *No One's World: The West, the Rising Rest, and the Coming Global Turn* (New York: Oxford University Press, 2012).

2) Arnold Toynbee, *A Study of History: Abridgement of Vols. I-VI.* (New York, Oxford University Press, 1958) and Samuel Huntington, *The Clash of Civilizations and the Remaking of World Order* (New York: Simon & Schuster, 2014).

3) C. A. Bayly, *The Birth of the Modern World, 1780-1914* (Malden, MA: Blackwell, 2004).

4) Jürgen Osterhammel, *The Transformation of the World: A Global History of the Nineteenth Century* (Princeton, NJ: Princeton University Press, 2014). 이러한 용어를 제시함으로써 오스터함멜은 전 지구적인 사상 교환에서 문화 콘텐츠의 이동이 증가하지만 그 이동이 대단히 불균등하게 진행했음을 지적한다. 유럽에서 기원하는 사상들이 세계 기타 지역에서 기원하는 사상들보다 더 많이 참조되었다는 것이다. 그런 의미에서 이 용어는 세계적으로 확산되고 있던 유럽 중심적인 사상이 오스만 제국, 인도, 중국, 일본 같은 지역에 채택되고 재구성되는 과정을 잘 설명해 준다. 서구의 문화적 제국주의라는 해석 모델에 부합하지 않는 사상의 채택과 응용이 뚜렷하게 드러나기 때문이다.

5) Gerrit W. Gong, *The Standard of "Civilization" in International Society* (Oxford: Clarendon Press, 1984).

6) Sebastian Conrad and Prasenjit Duara, *Viewing Regionalisms from East Asia* (Washington, DC:

American Historical Association, 2013), 1~2. 또한 Duara, "Asia Redux: Conceptualizing a Region for Our Times," *Journal of Asian Studies* 69 (2010): 963~983을 보라.

7) Antony G. Hopkins, "Back to the Future: From National History to Imperial History," *Past and Present* 164 (August 1999): 198~243.

8) Peter Haldén, *Stability without Statehood: Lessons from Europe's History before the Sovereign State* (Basingstoke, UK: Palgrave Macmillan, 2011).

9) 안정적인 헤게모니 체제에 관해서는 John Hall, *International Orders* (Cambridge: Polity Press, 1996)를 보라.

10) Ian Almond, *Two Faiths and One Banner: When Muslims Marched with Christians across Europe's Battlegrounds* (Cambridge, MA: Harvard University Press, 2009).

11) Ian Almond, *Two Faiths and One Banner: When Muslims Marched with Christians across Europe's Battlegrounds* (Cambridge, MA: Harvard University Press, 2009).

12) Nuri Yurdusev, "The Ottoman Attitude toward Diplomacy," in *Ottoman Diplomacy: Conventional or Unconventional?*, ed. Yurdusev (Basingstoke, UK: Palgrave, 2004), 23~24. 반면에 오스만 제국은 맘루크 영토를 정복하기 전에 이교도들과 협력한 것을 맘루크 술탄국 탓으로 돌렸는데, 사실 오스만 제국은 항상 그들만의 기독교 동맹국이 있었다. Halil İnalcık, "A Case Study in Renaissance Diplomacy: The Agreement between Innocent VIII and Bayezid II on Djem Sultan," in Yurdusev, *Ottoman Diplomacy*, 209~233; Christine Isom-Verhaaren, *Allies with the Infidel: The Ottoman and French Alliance in the Sixteenth Century* (New York: Tauris, 2011)를 보라. 나폴레옹이 기독교와 비교해 이슬람에 대해 긍정적인 견해를 가졌다는 사실에 관해서는 John Tolan, Henry Laurens, and Gilles Veinstein, *Europe and the Islamic World: A History* (Princeton, NJ: Princeton University Press, 2012), 277~294를 보라.

13) 19세기의 오스만식 세계 질서에 바탕이 된 가치들을 가장 언급한 연구인 Virginia Aksan, *Ottoman Wars, 1700-1870: An Empire Besieged* (Harlow: Pearson Education, 2007)을 보라.

14) Hamish M. Scott, *The Emergence of the Eastern Powers, 1756-1775* (Cambridge: Cambridge University Press, 2001).

15) Charles Tilly, *Coercion, Capital and European States: ad 990-1990* (Oxford: Basil Blackwell, 1990), 176~178.

16) 근대 초 유럽 국가 체제의 변화에 관해서는 Peter Haldén, "From Empire to Commonwealths(s): Orders in Europe, 1300-1800," in *Universal Empire: A Comparative Approach to Imperial Culture and Representation in Eurasian History*, ed. Peter Fibiger Bang and Dariusz Kolodziejczyk (Cambridge: Cambridge University Press, 2012), 280~303. 그리고 Benno Teschke, *The Myth of 1648: Class, Geopolitics and the Making of Modern International Relations* (London: Verso, 2003)를 보라.

17) 카를로비츠 조약에서 오스만 제국의 외교정책이 갖는 중요성에 관해서는 Rifa'at Ali Abou-El-Haj, "Ottoman Diplomacy in Karlowitz," *Journal of American Oriental Society* 87 (1967): 498~512에 상세히 정리되어 있다.

18) Dariusz Kolodziejczyk, *Ottoman-Polish Diplomatic Relations (15th-18th Centuries)* (Leiden: Brill,

2000), 656~659를 보라. 예를 들어 폴란드와 오스만 제국 사이에 체결된 조약의 문구들은 당시 유럽에서 형성된 세력균형과 주권을 존중한다는 사항을 반영하고 있다. 또한 Kolodziejczyk, *The Crimean Khanate and Poland-Lithuania: International Diplomacy on the European Periphery* (Leiden: Brill, 2011)을 보라.

19) G. R. Berridge, "Diplomatic Integration with Europe before Selim III," in Yurdusev, *Ottoman Diplomacy*, 114~130.

20) 정치 프로젝트가 갖는 상상적 측면과 물리적 측면 사이의 관계에 대해서는 Martin W. Lewis and Karen E. Wigen, *The Myth of Continents: A Critique of Metageography* (Berkeley: University of California Press, 1997)를 보라.

21) Alexander Woodside, *Lost Modernities: China, Vietnam, Korea, and the Hazards of World History* (Cambridge, MA: Harvard University Press, 2006).

22) Hamashita Takeshi, *China, East Asia and the Global Economy: Regional and Historical Perspectives* (New York: Routledge, 2008), 15.

23) Ronald P. Toby, *State and Diplomacy in Early Modern Japan: Asia in the Development of the Tokugawa Bakufu* (Stanford, CA: Stanford University Press, 1991); Kazui Toshiro, "Foreign Relations during the Edo Period: *Sakoku* Reexamined," *Journal of Japanese Studies* 8 (1982): 283~306.

24) Conrad and Duara, *Viewing Regionalisms*, 8.

25) Gregory Smits, *Visions of Ryukyu: Identity and Ideology in Early-Modern Thought and Politics* (Honolulu: University of Hawai'i Press, 1999); Bruce L. Batten, *To the Ends of Japan: Pre-modern Frontiers, Boundaries, and Interactions* (Honolulu: University of Hawai'i Press, 2003).

26) David C. Kang, *East Asia before the West: Five Centuries of Trade and Tribute* (New York: Columbia University Press, 2010). 중국의 서진(西進)에 관해서는 Peter Perdue, *China Marches West: The Qing Conquest of Central Eurasia* (Cambridge, MA: Harvard University Press, 2005)를 보라.

27) Anthony Reid, "Introduction: A Time and a Place," in *Southeast Asia in the Early Modern Era*, ed. Anthony Reid (Ithaca, NY: Cornell University Press, 1993), 1~20; Peter Shapinsky, "Polyvocal Portolans: Nautical Charts and Hybrid Maritime Cultures in Early Modern East Asia," *Early Modern Japan* 14 (2006): 4~26.

28) Yasunori Arano, "The Entrenchment of the Concept of 'National Seclusion,'" *Acta Asiatica* 67 (1994): 83~108.

29) Robert I. Hellyer, *Defining Engagement: Japan and Global Contexts, 1640-1868* (Cambridge, MA: Harvard University Asia Center, 2009).

30) Katô Eiichi, "Research Trends in the Study of the History of Japanese Foreign Relations at the Start of the Early Modern Period: On the Reexamination of 'National Seclusion'—From the 1970s to 1990s," *Acta Asiatica* 67 (1994): 1~29.

31) 중국 제국 내에서 중국인 무슬림이 차지하던 지위, 그리고 그들이 동아시아 외부 지역에 맺고 있던 관계에 관해서는 Zvi Ben-Dor Benite, *The Dao of Muhammad: A Cultural History of Muslims in Late Imperial China* (Cambridge, MA: Harvard University Press, 2005); James L. Hevia, *Cherishing Men from Afar: Qing Guest Ritual and the Macartney Embassy of 1793* (Durham, NC:

Duke University Press, 1995), 30~52를 보라.

32) Mitani Hiroshi, *Escape from Impasse: The Decision to Open Japan* (Tokyo: International House of Japan, 2006).

33) John Obert Voll, "Islam as a Special World-System," *Journal of World History* 5, no. 2 (October 1994): 213~226, 219~220.

34) Azfar Moin, *The Millennial Sovereign: Sacred Kingship and Sainthood in Islam* (New York: Columbia University Press, 2012); Lisa Balabanlilar, *Imperial Identity in the Mughal Empire: Memory and Dynastic Politics in Early Modern South and Central Asia* (New York: Tauris, 2012).

35) 세계사에서 무슬림 사회가 차지하는 지위에 대한 개괄적 전망에 관해서는 Marshall G. S. Hodgson, "The Role of Islam in World History," *International Journal of Middle East Studies* 1, no. 2 (April 1970): 99~123과 Edmund Burke III, "Islamic History as World History: Marshall Hodgson, 'The Venture of Islam,'" *International Journal of Middle East Studies* 10, no. 2 (May 1979): 241~264를 보라.

36) Muzaffar Alam and Sanjay Subrahmanyam, "The Making of a Munshi," *Comparative Studies of South Asia*, Africa and the Middle East 24, no. 2 (2004): 61~72.

37) Ebba Koch, "How the Mughal Padishahs Referenced Iran in Their Visual Construction of Universal Rule," in Bang and Kolodziejczyk, *Universal Empire*, 194~209.

38) Cornell Fleischer, *Bureaucrat and Intellectual in the Ottoman Empire: The Historian Mustafa Ali, 1541-1600* (Princeton, NJ: Princeton University Press, 1986).

39) Gulru Necipoglu, "Suleyman the Magnificent and the Representation of Power in the Context of Ottoman-Hapsburg-Papal Rivalry," *Art Bulletin* (1989): 401~427.

40) Dariusz Kolodziejczyk, "Khan, Caliph, Tzar and Imperator: The Multiple Identities of the Ottoman Sultan," in Bang and Kolodziejczyk, *Universal Empire*, 175~193.

41) 오스만 제국 내 그리스 출신 엘리트에 관해서는 Christine May Philliou, *Biography of an Empire: Governing Ottomans in an Age of Revolution* (Berkeley: University of California Press, 2011)을 보라.

42) Sebouh David Aslanian, *From the Indian Ocean to the Mediterranean: The Global Trade Networks of Armenian Merchants from New Julfa* (Berkeley: University of California Press, 2011).

43) 러시아의 팽창기에 일어난 페르시아의 패배에 대한 오스만 제국의 무관심에 관해서는 Aksan, *Ottoman Wars,* 460~464를 보라.

44) Kate Brittlebank, "Islamic Responses to the Fall of Srirangapattana and the Death of Tipu Sultan (1799)," *South Asia: Journal of South Asian Studies* 22 (1999): 79~86을 보라. 이 논문은 티푸 술탄을 종교를 위한 순교자로 묘사한 훗날 이슬람 작가들의 글에 관해 논하고 있다. 물론 비록 그의 죽음으로 이어진 사건들이 진행되는 동안 하이데라바드의 니잠과 같은 인도의 다른 많은 이슬람 라이벌은 영국의 군사적 노력을 지지했다.

45) Kemal H. Karpat, *The Politicization of Islam: Reconstructing Identity, State, Faith, and Community in the Late Ottoman State* (New York: Oxford University Press, 2001), 48~67.

46) 새로운 정책을 통해 1774년 이후 무슬림 주민들을 통합하려고 했던 러시아의 노력에 관해서는 Alan W. Fisher, "Enlightened Despotism and Islam under Catherine II," *Slavic Review* 27, no.

4 (December 1968): 542~553, 그리고 Alan W. Fisher, "Şahin Girey, the Reformer Khan, and the Russian Annexation of the Crimea," *Jahrbücher fur Geschichte Osteuropas*, new ser., 15, no. 3 (September 1967): 341~364를 보라.

47) 마타람 술탄국과 반튼 술탄국에 관해서는 William Gervase Clarence-Smith, "South East Asia and China to 1910," in *The New Cambridge History of Islam*, vol. 5, *The Islamic World in the Age of Western Dominance*, ed. Francis Robinson (Cambridge: Cambridge University Press, 2012), 240~268을 보라.

48) 사실상 1801~1805년의 제1차 바르바리 전쟁에서 미국에 맞서 싸운 것은 리비아, 튀니지(후세인 왕조), 알제리(독립 모로코)에 있던 오스만 제국의 분권형 왕조였으며, 모로코는 신생 공화국인 미국을 최초로 인정한 나라라고 주장한다.

49) John O. Hunwick, *Timbuktu and the Songhay Empire: Al-Sadi's Tarih al-Sudan down to 1613 and Other Contemporary Documents* (Leiden: Brill, 1999).

50) John Wright, "Turbulent Times: Political Transformations in the North and East, 1760s-1830s," in *The Cambridge History of South Africa*, vol. 1, ed. Carolyn Hamilton, Bernard K. Mbenga, and Robert Ross (Cambridge: Cambridge University Press, 2009), 211~252.

51) Perdue, *China Marches West*.

52) Christopher A. Bayly, "'Archaic' and 'Modern' Globalization in the Eurasian and African Arena, ca. 1750-1850," in *Globalization in World History*, ed. Anthony G. Hopkins (London: Pimlico, 2002), 49~73.

53) Muzaffar Alam and Sanjay Subrahmanyam, *Indo-Persian Travels in the Age of Discoveries, 1400-1800* (Cambridge: Cambridge University Press, 2007); Donald Keene, *The Japanese Discovery of Europe, 1720-1830* (Stanford, CA: Stanford University Press, 1969); Gottfried Hagen and Baki Tezcan, eds., *Other Places: Ottomans Traveling, Seeing, Writing, Drawing the World: Essays in Honor of Thomas D. Goodrich*, special issue, *Osmanlı Araştırmaları—The Journal of Ottoman Studies*, no. 39~40 (2012).

54) Bob Tadashi Wakabayashi, *Anti-foreignism and Western Learning in Early-Modern Japan: The New Theses of 1825* (Cambridge, MA: Harvard University Asia Center, 1986).

55) John Darwin, *After Tamerlane: The Global History of Empire since 1405* (New York: Bloomsbury, 2008).

56) Victor B. Lieberman, *Strange Parallels: Southeast Asia in Global Context, c. 800-1830*, vol. 1, *Integration on the Mainland* (New York: Cambridge University Press, 2003).

57) Jack A. Goldstone, "The Rise of the West—Or Not? A Revision to Socio-Economic History," *Sociological Theory* 18, no. 2 (July 2000): 175~194.

58) M. N. Pearson, "Symposium: Decline of the Mughal Empire," *Journal of Asian Studies* 35, no. 2 (February 1976): 221~235.

59) 나디르 샤의 침략이 미친 장기적인 영향, 그리고 그가 인도에 머물렀을 경우 발생했을 가상의 역사에 관해서는 Sanjay Subrahmanyam, "Un Grand Dérangement: Dreaming an Indo-Persian Empire in South Asia, 1740-1800," *Journal of Early Modern History* 4, nos. 3~4 (2000): 337~378

을 보라.

60) Robert Travers, *Ideology and Empire in Eighteenth Century India: The British in Bengal* (New York: Cambridge University Press, 2007).

61) Alexander Woodside, *Vietnam and the Chinese Model: A Comparative Study of Vietnamese and Chinese Government in the First Half of the Nineteenth Century* (Cambridge, MA: Harvard University Asia Center, 1988).

62) 주요 전쟁들은 다음과 같다. 1710~1711년의 러시아-튀르크 전쟁, 1735~1739년의 러시아-오스트리아-튀르크 전쟁, 1768~1774년의 러시아-튀르크 전쟁, 1787~1791년의 오스트리아-튀르크 전쟁, 1787~1792년의 러시아-튀르크 전쟁. 또한 18세기 동안 오스만 제국과 이란 사이에 다섯 차례에 걸친 전쟁이 있었다.

63) 오스만 제국과 페르시아의 관계에 관해서는 Stanford Shaw, "Iranian Relations with the Ottoman Empire in the Eighteenth and Nineteenth Centuries," in *Cambridge History of Iran*, vol. 7, *From Nadir Shah to the Islamic Republic*, ed. Peter Avery, Gavin R. G. Hambly, and Charles P. Melville (Cambridge: Cambridge University Press, 1991), 297~313을 보라.

64) 오스만 제국이 관련된 다른 전쟁들에 관해서는 Aksan, *Ottoman Wars*를 보라.

65) 큐추크 카이나르지 평화조약의 중요성에 관해서는 Karpat, *The Politicization of Islam*을 보라.

66) 7년 전쟁이 미친 전 지구적 영향에 관한 최근의 연구에 관해서는 Mark H. Danley and Patrick J. Speelman, eds., *The Seven Years' War: Global Views* (Leiden: Brill, 2012), 그리고 Daniel A. Baugh, *The Global Seven Year's War, 1754-1763: Britain and France in a Great Power Contest* (Harlow: Pearson Education, 2011)을 보라.

67) 7년 전쟁이 미친 영향에 관해 심층적으로 분석한 연구인 C. A. Bayly, *Imperial Meridian: The British Empire and the World 1780-1830* (London: Longman, 1989)를 보라. 영국 해군의 우위에 관해서는 N. A. M. Rodger, *The Command of the Ocean: A Naval History of Britain, 1649-1815* (London: Allen Lane, 2004)를 보라.

68) 미국과 프랑스에서의 왕당파 문제에 관해서는 Maya Jasanoff, *Liberty's Exiles: American Loyalists in the Revolutionary World* (New York: Knopf, 2011)을 보라.

69) Armitage, *The Declaration of Independence*.

70) Jane Burbank and Frederick Cooper, *Empires in World History: Power and the Politics of Difference* (Princeton, NJ: Princeton University Press, 2010), 220.

71) Lynn Hunt, *Inventing Human Rights: A History* (New York: W. W. Norton, 2007).

72) 아이티 혁명을 '프랑스 혁명의 와중에 파생된 주변적인 사건'으로 보지 않고, 그 대신 이 혁명이 일어나게 한 복잡한 정치 문화적 측면에서 혁명의 원인을 설명하는 Laurent Dubois, "An Enslaved Enlightenment: Re-Thinking the Intellectual History of the French Atlantic," *Social History* 31 (2006): 1~14를 보라.

73) Lynn Hunt, "The French Revolution in Global Context," in *The Age of Revolutions in Global Context, c. 1760-1840*, ed. David Armitage and Sanjay Subrahmanyam (Basingstoke, UK: Palgrave, 2010), 20~36.

74) Maya Jasanoff, *The Edge of Empire: Lives, Culture and Conquest in the East, 1750-1850* (New York:

Vintage, 2006), 138~147.

75) Suzanne Desan, "The French Revolution and Religion, 1795-1815," in *The Cambridge History of Christianity*, vol. 7, *Enlightenment, Reawakening and Revolution, 1660-1815*, ed. Stewart J. Brown and Timothy Tackett (Cambridge: Cambridge University Press, 2006), 556~574.

76) S. J. Woolf, *Napoleon's Integration of Europe* (New York: Routledge, 1991).

77) 러시아 제국이 나폴레옹을 물리친 사건의 중요성에 관해서는 Dominic Lieven, *Russia against Napoleon: The Battle for Europe, 1807 to 1814* (London: Allen Lane, 2009)를 보라.

78) 빈 회의의 중요성에 관해서는 Tim Chapman, *The Congress of Vienna: Origins, Processes, and Results* (New York: Routledge, 1998)를 보라.

79) Paul W. Schroeder, *The Transformation of European Politics, 1763-1848* (Oxford: Clarendon Press, 1994).

80) Christopher A. Bayly, "The First Age of Global Imperialism, c. 1760-1830," *Journal of Imperial and Commonwealth History* 26, no. 2 (1998): 28~47.

81) Jeremy Adelman, *Sovereignty and Revolution in the Iberian Atlantic* (Princeton, NJ: Princeton University Press, 2007). 또한 이 주장을 간략하게 압축해 정리한 Jeremy Adelman, "An Age of Imperial Revolutions," *American Historical Review* 113, no. 2 (2008): 319~340을 보라.

82) Jeremy Adelman, "Iberian Passages: Continuity and Change in the South Atlantic," in Armitage and Subrahmanyam, *The Age of Revolutions*, 59를 보라.

83) Ibid., 59~82.

84) 페드루 2세(Pedro II, 1831~1889)의 브라질 제국에 관해서는 Emilia Viotti da Costa, *The Brazilian Empire: Myths and Histories* (Chicago: University of Chicago, 1985)를 보라.

85) John C. Chasteen, *Americanos: Latin America's Struggle for Independence* (New York: Oxford University Press 2008), 185.

86) 또한 J. H. Elliott, *Empires of the Atlantic World: Britain and Spain in America, 1492-1830* (New Haven, CT: Yale University Press, 2006)을 보라.

87) Armitage, *The Declaration of Independence*.

88) Christopher A. Bayly, "Rammohan Roy and the Advent of Constitutional Liberalism in India, 1800-30," *Modern Intellectual History* 4, no. 1 (April 2007): 25~41과 Bayly, *Recovering Liberties: Indian Thought in the Age of Liberalism and Empire* (Cambridge: Cambridge University Press, 2012)도 보라.

89) Benedict Anderson, *Imagined Communities* (New York: Verso, 1991), 47~66.

90) Ernest R. May, *The Making of the Monroe Doctrine* (Cambridge MA: Harvard University Press, 1975).

91) 먼로 독트린은 1862년에 프랑스 제국이 멕시코를 정복하려고 시도했을 때 활용도가 높아졌다. 이때 프랑스 황제 나폴레옹 3세는 오스트리아 태생의 멕시코 제국 황제 막시밀리아노 1세 밑에 부속 제국(sub-empire)을 만들려고 했다. 미국 정부는 먼로 독트린을 언급하면서 유럽의 개입을 거부했지만, 남북전쟁이 진행 중이었기 때문에 이에 군사적으로 간섭할 수는 없었다.

92) Chasteen, *Americanos*.

93) Ibid.

94) Walter D. Mignolo, *The Idea of Latin America* (Malden, MA: Blackwell, 2005), 57~72.

95) David Armitage, "The Contagion of Sovereignty: Declarations of Independence since 1776," *South African Historical Journal* 52, no. 1 (2005): 1~18, at 3.

96) Gary B. Nash, "Sparks from the Altar of '76: International Repercussions and Reconsiderations of the American Revolution," in Armitage and Subrahmanyam, *The Age of Revolutions*, 1~10.

97) P. J. Marshall, *The Making and Unmaking of Empires: Britain, India, and America c.1750-1783* (New York: Oxford University Press, 2005).

98) 나폴레옹 전쟁의 중요성과 그 전쟁에 미친 영향에 관해서는 *Napoleon's Atlantic: The Impact of Napoleonic Empire in the Atlantic World*, ed. Christophe Belaubre (Leiden: Brill, 2010)을 보라.

99) Laurent Dubois, *Avengers of the New World: The Story of the Haitian Revolution* (Cambridge, MA: Belknap Press of Harvard University Press, 2004).

100) 미국의 노예제에 관해 라파예트가 제기한 비판의 사례를 보기 위해서는 Lloyd S. Kramer, *Lafayette in Two Worlds: Public Cultures and Personal Identities in an Age of Revolutions* (Chapel Hill: University of North Carolina Press, 1996), 217~221을 보라.

101) Patrick Manning, *The African Diaspora: A History through Culture* (New York: Columbia University Press, 2009), 156~164.

102) 프랑스 혁명이 미친 장기적 영향에 관해서는 Michael H. Haltzel, ed., *The Global Ramifications of the French Revolution* (Cambridge: Cambridge University Press, 1994)를 보라.

103) 국가와 제국이 가진 혼합된 정당성에 대한 베일리의 주장에 관해서는 Bayly, *Birth of the Modern World*, 139~143을 보라.

104) Lauren Benton, *Law and Colonial Cultures: Legal Regimes in World History, 1400-1900* (Cambridge: Cambridge University Press, 2002).

105) Burbank and Cooper, *Empires in World History*, 219.

106) Ibid.

107) 제국 사이의 관계에 관한 폭넓은 토론을 이해하려면 Laura Doyle, Inter-imperiality: Dialectics in a Postcolonial World History," *Interventions: International Journal of Postcolonial Studies* 16, no. 2 (2014): 159~196을 보라.

108) Cemal Kutay, *Avrupa'da Sultan Aziz* [Sultan Aziz in Europe] (Istanbul: Posta Kutusu Yayınları, 1977).

109) Edward W. Blyden, "Mohammedanism and the Negro Race," Fraser's Magazine, November 1875.

110) 오스만의 종교학자이자 여행가였던 아브두라흐만 에펜디는 1866년에 브라질에 도착해서 3년간 머물렀다. 그의 회고록은 이 나라에 살던 이슬람교도의 상황과 경제를 다루면서 브라질의 문화, 사회생활에 대해 전반적으로 기술하고 있다. 나아가 포르투갈계 통치자 페드루 2세(1831~1889) 치하의 브라질 '제국'과 술탄 압뒬라지즈(1861~1876) 치하의 오스만 제국을 비교하기도 한다. 자세한 내용에 관해서는 Bağdatlı Abdurrahman Efendi, *Brezilya'da Ilk Müslümanlar: Brezilya Seyahatnamesi* (First Muslims in Brazil: Travel Accounts in Brazil), (İstanbul: Kitabevi, 2006)

을 보라. 아랍어로 집필된 이 회고록은 메흐메트 셰리프(Mehmet Şerif)와 아흐메트 외잘프(N. Ahmet Özalp)가 오스만어로, 그리고 터키어로 번역했다.

111) Aziz Ahmad, "Sayyid Aḥmad Khān, Jamāl al-dīn al-Afghānī and Muslim India," *Studia Islamica* 13 (1960): 55~78.

112) 여러 유럽 제국에서 무슬림들이 처한 상황을 개관하기 위해서는 David Motadel, "Islam and the European Empires," *Historical Journal* 55, no. 3 (2012): 831~856을 보라.

113) Juan Cole, *Napoleon's Egypt: Invading the Middle East* (Basingstoke, UK: Palgrave Macmillan, 2007).

114) Thomas Naff, "Reform and the Conduct of Ottoman Diplomacy in the Reign of Selim III, 1789-1807," *Journal of the American Oriental Society* 83, no. 3 (August-September 1963): 295~315. 또한 Nihat Karaer, "Fransa'da İlk İkamet Elciliğinin Kurulması Calısmaları Ve İlk İkamet Elçimiz Seyyid Ali Efendi'nin Paris Büyükelçiliği (1797-1802) Sürecinde Osmanlı—Fransız Diplomasi İliskileri" (Formation of the first resident embassy in France and the ambassadorship of Seyyid Ali Efendi in Paris, 1797-1802), *Ankara Üniversitesi Dil ve Tarih-Coğrafya Fakültesi Tarih Bölümü Tarih Araştırmaları Dergisi* 31, no. 51 (2012): 63~92를 보라.

115) Abd al-Raḥmān Jabarti, *Napoleon in Egypt: Al-Jabartī's Chronicle of the French Occupation, 1798* (Princeton, NJ: Markus Wiener, 2004).

116) Ian Coller, *Arab France: Islam and the Making of Modern Europe, 1798-1831* (Berkeley: University of California Press, 2011).

117) Kahraman Sakul, "Ottoman Attempts to Control the Adriatic Frontier in the Napoleonic Wars," in *The Frontiers of the Ottoman World*, ed. Andrew Peacock (Oxford: Oxford University Press, 2009), 253~271.

118) Kate Brittlebank, *Tipu Sultan's Search for Legitimacy: Islam and Kingship in a Hindu Domain* (Delhi: Oxford University Press, 1997).

119) Mohibbul Hasan, *Waqai-i Manazil-i Rum: Tipu Sultan's Mission to Constantinople* (Delhi: Aakar Books, 2005).

120) 인도와 오스만 사이의 서신 교환이 갖는 중요성에 대한 토론에 관해서는 Azmi Özcan, "Attempts to Use the Ottoman Caliphate as the Legitimator of British Rule in India," in *Islamic Legitimacy in a Plural Asia*, ed. Anthony Reid and Michael Gilsenan (Abington, UK: Routledge, 2007), 71~80. Virginia Aksan, "Ottoman Political Writing, 1768-1808," *International Journal of Middle East Studies* 25, no. 1 (1993): 53~69를 보라. 이렇게 새로이 평화를 지향하는 자세를 보여 주는 증거로는 1786년에 오스만 술탄 압뒬하미드 1세(Abdülhamid I)가 티푸 술탄에게 보낸 서신을 들 수 있다. 이 서신에 압뒬하미드 1세는 티푸 술탄에게 항상 평화가 전쟁보다 좋다는 것이 강조하면서, 영국 동인도회사와 평화조약을 맺고 유지하도록 압박했다. Azmi Özcan, *Pan-Islamism: Osmanlı Devleti, Hindistan Müslümanları ve İngiltere, 1877-1924* [Pan-Islamism, the Ottoman State, Indian Muslims, and England] (Istanbul: Isam, 1991), 20을 보라.

121) Yusuf Bayur, "Maysor Sultan Tipu ile Osmanlı Padişahlarından Abdulhamid, III: Selim Arasındaki Mektuplaşma" [Correspondence between Tipu Sultan of Mysore and Ottoman

Sultans Abdulhamid and Selim III], *Belleten* 12, no. 47 (1948): 617~654.

122) 오스만 팔레스타인 지방의 귀족 제자르 아흐메트 파샤(Cezzar Ahmet Paşa)는 외부로부터의 침략에 직면한 오스만 제국 중앙정부에 충성을 보인 분권화된 지방 세력의 좋은 사례다. Thomas Philipp, *Acre: The Rise and Fall of a Palestinian City, 1730-1831* (New York: Columbia University Press, 2001)을 보라.

123) Khaled Fahmy, *Mehmed Ali: From Ottoman Governor to Ruler of Egypt* (Oxford: Oneworld, 2009).

124) P. J. Vatikiotis, *The History of Modern Egypt: From Muhammad Ali to Sadat* (Baltimore: Johns Hopkins University Press, 1980).

125) 수단에 대한 이집트의 통치가 보인 인종적·식민적 측면에 관해서는 Eve M. Troutt Powell, *A Different Shade of Colonialism: Egypt, Great Britain, and the Mastery of the Sudan* (Berkeley: University of California Press, 2003)을 보라.

126) Beatrice Nicolini, *The First Sultan of Zanzibar: Scrambling for Power and Trade in the Nineteenth-Century Indian Ocean* (Princeton, NJ: Markus Wiener, 2012).

127) 오스만이 통치하던 발칸 지역에 거주하던 기독교도들의 상황에 관해서는 Barbara Jelavich, *History of the Balkans: Eighteenth and Nineteenth Centuries* (Cambridge: Cambridge University Press, 1983)을 보라.

128) Harun Küçuk, "Ottoman Enlightenment" (PhD diss., University of California, San Diego, 2012).

129) Christine May Philliou, *Biography of an Empire*. 또한 Christine May Philliou, "Communities on the Verge: Unraveling the Phanariot Ascendancy in Ottoman Governance," *Comparative Studies in Society and History* 51, no. 1 (2009): 151~181을 보라.

130) Stathis Gourgouris, *Dream Nation: Enlightenment, Colonization, and the Institution of Modern Greece* (Stanford, CA: Stanford University Press, 1996).

131) Thomas Hope, *Anastasius; or, Memoirs of a Greek* (New York: Harper, 1831).

132) 제국의 모든 정교회 기독교도들을 포괄하는 그리스 민족주의의 폭넓은 비전을 분석하려면 Victor Roudometfor, "From Rum Millet to Greek Nation: Enlightenment, Secularization, and National Identity in Ottoman Balkan Society, 1453-1821," *Journal of Modern Greek Studies* 16, no. 1 (1998): 11~48을 보라.

133) 그리스 애호주의 혹은 그리스 독립주의(Philhellenism)에 관해서는 Suzanne L. Marchand, *Down from Olympus: Archaeology and Philhellenism in Germany, 1750-1970* (Princeton, NJ: Princeton University Press, 2003)을 보라.

134) 그리스 독립이 유럽의 국제사회 팽창에 미친 영향에 관해서는 Yannis A. Stivachtis, *The Enlargement of International Society: Culture versus Anarchy and Greece's Entry into International Society* (Basingstoke, UK: Palgrave Macmillan, 1998)을 보라.

135) Eric Weitz, "From the Vienna to the Paris System: International Politics and the Entangled Histories of Human Rights, Forced Deportations, and Civilizing Missions," *American Historical Review* 113, no. 5 (2008): 1313~1343, at 1317.

136) Bruce Vandervort, *Wars of Imperial Conquest in Africa, 1830-1914* (Bloomington: Indiana

University Press, 1998).

137) Jennifer Pitts, "Liberalism and Empire in a Nineteenth-Century Algerian Mirror," *Modern Intellectual History* 6, no. 2 (2009): 87~313.

138) Roderic H. Davison, *Nineteenth Century Ottoman Diplomacy and Reforms* (Istanbul: Isis Press, 1999).

139) Sadik Rıfat Paşa, *Müntehabat-i Asar* [Selected writings] (Istanbul: Takvimhane-i Amire, 1858), 1~12.

140) Ilham Khuri-Makdisi, "Ottoman Arabs in Istanbul, 1860-1914: Perceptions of Empire, Experience of the Metropole through the Writings of Ahmad Faris al-Shidyaq, Muhammad Rashid Rida and Jirji Zaydan," in *Imperial Geographies in Byzantine and Ottoman Space*, ed. Sahar Bazzaz, Yota Batsaki, and Dimiter Angelov (Cambridge MA: Harvard University Press, 2013), 159~182.

141) 19세기 이집트의 개혁 과정에 대해서는 Kenneth Cuno, "Egypt to c. 1919," in *The New Cambridge History of Islam*, vol. 5, *The Islamic World in the Age of Western Dominance*, ed. Francis Robinson (Cambridge: Cambridge University Press, 2010), 79~106을 보라.

142) Khayr al-Dīn Tunisi, *The Surest Path: The Political Treatise of a Nineteenth-Century Muslim Statesman* (Cambridge, MA: Harvard University Press, 1967). 또한 Carl Brown, *The Tunisia of Ahmad Bey, 1837-1855* (Princeton, NJ: Princeton University Press, 1974)를 보라.

143) Syed Tanvir Wasti, "A Note on Tunuslu Hayreddin Paşa," *Middle Eastern Studies* 36, no. 1 (January 2000): 1~20.

144) 19세기 이란의 카자르 통치기에 시행된 개혁에 관해서는 Nikki Keddie, "Iran under the Later Qajars, 1848-1922," in Avery, Hambly, and Melville, *From Nader Shah*, 174~212; Abbas Amanat, *Pivot of the Universe: Nasir al-Din Shah Qajar and the Iranian Monarchy, 1831-1896* (Berkeley: University of California Press, 1997)을 보라. 19세기 모로코의 개혁에 관해서는 Amira K. Bennison, "The 'New Order' and Islamic Order: The Introduction of the *Nizami* Army in the Western Maghrib and Its Legitimation, 1830-73," *International Journal of Middle East Studies* 36 (2004): 591~612를 보라.

145) M. E. Yapp, "Europe in the Turkish Mirror," *Past and Present* 137 (November 1992): 155에서 인용.

146) 메테르니히와 오스만 개혁가들 사이의 연결과 비교에 관해서는 Ilber Ortaylı, "Tanzimat Bürokratları ve Metternich" [Metternich and Tanzimat bureaucrats], in *Osmanlı Imparatorluğu'nda İktisadi ve Sosyal Değişim: Makaleler* [Economic and social change in the Ottoman Empire: Articles], vol. 1 (Ankara: Turhan Kitabevi, 2000)을 보라.

147) William Dalrymple, *Return of a King: Shah Shuja and the First Battle for Afghanistan, 1839-42* (London: Bloomsbury, 2012).

148) Candan Badem, *The Ottoman Crimean War, 1853-1856* (Boston: Brill, 2010).

149) William Dalrymple, *The Last Mughal: The Emperor Bahadur Shah Zafar and the Fall of Delhi, 1857* (London: Bloomsbury, 2006).

150) Özcan, Attempts to Use the Ottoman Caliphate as the Legitimator of British Rule in India.

151) Sir William Wilson Hunter, *The Indian Musalmans: Are They Bound in Conscience to Rebel against the Queen?* (London: Trubner, 1871).

152) Aziz Ahmad, "Sayyid Ahmad Khan, Jamal al-Din al-Afghani and Muslim India," *Studia Islamica* 13 (1960): 55~78, at 71~72.

153) Faisal Devji, *Muslim Zion: Pakistan as a Political Idea* (Cambridge, MA: Harvard University Press, 2013).

154) Bayly, *Imperial Meridian*.

155) John King Fairbank, *Trade and Diplomacy on the China Coast: The Opening of the Treaty Ports, 1842-1854* (Stanford, CA: Stanford University Press, 1969). 또한 Arthur Waley, *The Opium War through Chinese Eyes* (Stanford, CA: Stanford University Press, 1968)을 보라.

156) Thomas H. Reilly, *The Taiping Heavenly Kingdom: Rebellion and the Blasphemy of Empire* (Seattle: University of Washington Press, 2004); Jonathan D. Spence, *God's Chinese Son: The Taiping Heavenly Kingdom of Hong Xiuquan* (New York: W. W. Norton, 1996).

157) 쇠퇴와 실패라는 인식을 넘어 중국의 자강 운동에 관한 가장 탁월한 학자적 평가를 하려면 Benjamin Elman, "Naval Warfare and the Refraction of China's Self-Strengthening Reforms into Scientific and Technological Failure, 1865-1895," *Modern Asian Studies* 38, no. 2 (May 2004): 283~326을 보라.

158) 야쿱 벡의 성과에 대한 동시대 영국인의 언급을 살펴보려면 Demetrius Charles de Kavanagh Boulger, *The Life of Yakoob Beg; Athalik Ghazi, and Badaulet; Ameer of Kashgar* (London: W. H. Allen, 1878)을 보라. 또한 Hodong Kim, *Holy War in China: The Muslim Rebellion and State in Chinese Central Asia, 1864-1877* (Stanford, CA: Stanford University Press, 2004), 1~72를 보라.

159) Robert I. Hellyer, *Defining Engagement: Japan and Global Contexts, 1640-1868* (Cambridge, MA: Harvard University Asia Center, 2009).

160) 미국 선박에 항구를 개방하는 문제에 관한 협상에서 일본 측의 토론과 성과에 대한 일본 측 토론에 관해서는 Michael R. Auslin, *Negotiating with Imperialism: The Unequal Treaties and the Culture of Japanese Diplomacy* (Cambridge, MA: Harvard University Press, 2004)를 보라.

161) Andrew Gordon, *A Modern History of Japan: From Tokugawa Times to the Present* (New York: Oxford University Press, 2009), 61~91.

162) Hillary Conroy, *The Japanese Seizure of Korea, 1868-1910: The Study of Realism and Idealism in International Relations* (Philadelphia: University of Pennsylvania Press, 1960).

163) Kim Key-Huik, *The Last Phase of East Asian World Order: Korea, Japan and the Chinese Empire, 1860-1882* (Berkeley: University of California Press, 1980).

164) Takeshi Fujitani, *Splendid Monarchy: Power and Pageantry in Modern Japan* (Berkeley: University of California Press, 1996).

165) 지도적인 일본 관료의 시각에서 바라본 메이지 서구화 과정의 모순에 관해서는 Ivan Parker Hall, *Mori Arinori* (Cambridge, MA: Harvard University Press, 1973)을 보라.

166) Alexander Woodside, *Vietnam and the Chinese Model: A Comparative Study of Nguｅen and Ch'ing Civil Government in the First Half of the Nineteenth Century* (Cambridge, MA: Harvard University

Press, 1971); Jacob Ramsay, *Mandarins and Martyrs: The Church and the Nguyen Dynasty in Early Nineteenth-Century Vietnam* (Stanford, CA: Stanford University Press, 2008).

167) 19세기 자강 운동 시기의 시암에 관해서는 Christopher John Baker, *A History of Thailand*, 2nd ed. (Cambridge: Cambridge University Press, 2009).

168) 버마의 마지막 왕조, 그리고 불교 전통과 그들의 관계에 관해서는 Michael W. Charney, *Powerful Learning: Buddhist Literati and the Throne in Burma's Last Dynasty, 1752-1885* (Ann Arbor: Centers for South and Southeast Asian Studies, University of Michigan, 2006)을 보라.

169) 제국주의 전성기 전야에 한국과 동남아시아 국가에서 자치와 개혁을 달성하려는 노력들에 관한 탁월한 논문들을 수록한 Anthony Reid, ed., *The Last Stand of Asian Autonomies: Responses to Modernity in the Diverse States of Southeast Asia and Korea, 1750-1900* (New York: St. Martin's Press, 1997)을 보라.

170) Hilary M. Carey, *God's Empire: Religion and Colonialism in the British World, c. 1801-1908* (Cambridge: Cambridge University Press, 2011).

171) 제국주의와 계몽사상 문제에 관한 신중한 토론에 관해서는 Jennifer Pitts, *A Turn to Empire: The Rise of Imperial Liberalism in Britain and France* (Princeton, NJ: Princeton University Press, 2005) 를 보라.

172) 아르메니아와 조지아를 포함한 캅카스 지방에 대한 러시아의 지배에 관해서는 Nicholas Breyfogle, *Heretics and Colonizers: Forging Russia's Empire in the South Caucasus* (Ithaca, NY: Cornell University Press, 2005)를 보라.

173) Robin W. Winks and Joan Neuberger, *Europe and the Making of Modernity, 1815-1914* (Oxford: Oxford University Press, 2005), 153~182.

174) Lucy Riall, *Garibaldi: Invention of a Hero* (London: Yale University Press, 2007). 19세기 정치사상에 마치니가 영향을 준 사례에 관해서는 Christopher A. Bayly, "Liberalism at Large: Mazzini and Nineteenth-Century Indian Thought," in *Giuseppe Mazzini and the Globalization of Democratic Nationalism, 1830-1920*, ed. Christopher A. Bayly and Eugenio F. Biagini (Oxford: Oxford University Press, 2008), 355~374를 보라.

175) J. H. Elliott, "A Europe of Composite Monarchies," *Past and Present* 137 (1992): 48~71.

176) John Breuilly, "Nationalism and National Unification in Nineteenth Century Europe," in *The Oxford Handbook of the History of Nationalism*, ed. Breuilly (Oxford: Oxford University Press, 2013), 149~174.

177) 통일 후 독일 민족주의와 제국주의에 관한 세계사적 서술에 관해서는 Sebastian Conrad, *Globalization and Nation in Imperial Germany* (Cambridge: Cambridge University Press, 2010)을 보라.

178) Peter Stearns, *1848: The Revolutionary Tide in Europe* (New York: Norton, 1974).

179) Mary Margaret Amberson, *Maximilian and Carlota: Europe's Last Empire in Mexico* (San Antonio: Trinity University Press, 2014).

180) 이탈리아 통일의 정치사에 관해서는 Lucy Riall, *The Italian Risorgimento: State, Society, and National Unification* (London: Routledge, 1994)를 보라.

181) 민족의 영웅으로 알려진 가리발디의 국제적 이미지에 관해서는 Riall, *Garibaldi*를 보라.

182) David Blackbourn, *The Long Nineteenth Century: A History of Germany, 1780-1918* (New York: Oxford University Press, 1998), 243~269.

183) Don Harrison Doyle, *The Cause of All Nations: An International History of the American Civil War* (New York: Basic Books, 2015).

184) Thomas Bender, *A Nation among Nations: America's Place in World History* (New York: Hill and Wang, 2006), 116~181.

185) Seymour Becker, *Russia's Protectorates in Central Asia: Bukhara and Khiva, 1865-1924* (London: Routledge, 2004).

186) 합스부르크 제국의 전망에 관한 포괄적인 서술은 Alan Sked, *The Decline and Fall of the Habsburg Empire, 1815-1918* (London: Longman, 1989)를 보라.

187) Robin Okey, *Taming Balkan Nationalism: The Habsburg "Civilizing Mission" in Bosnia, 1878-1914* (Oxford: Oxford University Press, 2007).

188) Mark Mazower, *Governing the World: The History of an Idea* (New York: Penguin Books, 2012), 31~38.

189) Lauren Benton, *A Search for Sovereignty: Law and Geography in European Empires, 1400-1900* (Cambridge: Cambridge University Press, 2010).

190) Anthony Anghie, "Finding the Peripheries: Sovereignty and Colonialism in Nineteenth-Century International Law," *Harvard International Law Journal* 40, no. 1 (Winter 1999): 1~80.

191) Turan Kayaoglu, *Legal Imperialism: Sovereignty and Extraterritoriality in Japan, the Ottoman Empire, and China* (Cambridge: Cambridge University Press, 2010).

192) Martti Koskenniemi, *The Gentle Civilizer of Nations: The Rise and Fall of International Law, 1870-1960* (Cambridge: Cambridge University Press, 2002).

193) 마다가스카르는 1865년에, 통가는 1879년에 주권을 상실했다.

194) Kayaoglu, *Legal Imperialism*.

195) 1840년대에 오스만 제국과 그리스 왕국의 관계는 법적 평등에 근거해 더욱 상호적이었다. 그러한 상황은 19세기 후반에 바뀌었는데, 그리스는 문명과 동일시된 반면에, 오스만 제국은 부분적으로만 문명화된 나라로 분류되었다.

196) Selcuk Esenbel, "Japanese Interest in the Ottoman Empire," in *The Japanese and Europe: Images and Perceptions*, ed. Bert Edstrom (Richmond, UK: Curzon, 2000), 95~124.

197) Nakaoka San-eki, "Japanese Research on the Mixed Courts of Egypt in the Earlier Part of the Meiji Period in Connection with the Revision of the 1858 Treaties," *Journal of Sophia Asian Studies* 6 (1988): 11~47.

198) Daniel V. Botsman, "Freedom without Slavery? Coolies, Prostitutes, and Outcastes in Meiji Japan's 'Emancipation Moment,'" *American Historical Review* 116, no. 5 (2011): 1323~1347.

199) Esin Örücü, "The Impact of European Law on the Ottoman Empire and Turkey," in *European Expansion and Law: The Encounter of European and Indigenous Law in 19th-and 20th-Century Africa and Asia*, ed. Wolfgang J. Mommsen and Jaap A. de Moor (Oxford: Berg, 1992), 49.

200) Arnulf Becker Lorca, "Universal International Law: Nineteenth-Century Histories of Imposition and Appropriation," *Harvard International Law Journal* 51, no. 2 (2010): 475~552. Onuma Yasuaki, "When Was the Law of International Society Born? An Inquiry of the History of International Law from an Intercivilizational Perspective," *Journal of the History of International Law* 2 (2000): 64.

201) Arnulf Becker Lorca, "Universal International Law: Nineteenth-Century Histories of Imposition and Appropriation," *Harvard International Law Journal* 51, no. 2 (2010): 475~552.

202) Peter Holquist, *The Russian Empire as a "Civilized State": International Law as Principle and Practice in Imperial Russia, 1874-1878* (Washington, DC: National Council for Eurasian and East European Research, 2004); Lauri Malksoo, "Friedrich Fromhold Von Martens (Fyodor Fyodorovich Martens) (1845-1909)," in *The Oxford Handbook of the History of International Law*, ed. Bardo Fassbender and Anne Peters (Oxford: Oxford University Press, 2012), 1147~1151.

203) Kees van Dijk, "Colonial Fears, 1890-1918: Pan-Islamism and the Germano-Indian Plot," in *Transcending Borders: Arabs, Politics, Trade and Islam in Southeast Asia*, ed. Huub De Jonge and Nico Kaptein (Leiden: KITLV Press, 2002), 53~89.

204) Alexis Dudden, *Japan's Colonization of Korea: Discourse and Power* (Honolulu: University of Hawai'i Press, 2005). Robert Eskildsen, "Of Civilization and Savages: The Mimetic Imperialism of Japan's 1874 Expedition to Taiwan," *American Historical Review* 107, no. 2 (2002): 388~418.

205) Lydia H. Liu, "Henry Wheaton (1785-1848)," in Fassbender and Peters, *History of International Law*, 1132~1136.

206) Lauren Benton, "Abolition and Imperial Law, 1790-1820," *Journal of Imperial and Commonwealth History* 39, no. 3 (2011): 355~374; Lisa Ford, *Settler Sovereignty: Jurisdiction and Indigenous People in America and Australia, 1788-1836* (Cambridge, MA: Harvard University Press, 2010); Siegfried Wiessner, "American Indian Treaties and Modern International Law," *St. Thomas Law Review* 7 (1994-1995): 567~602; Charles Henry Alexandrowicz, *The European-African Confrontation: A Study in Treaty Making* (Leiden: Sijthoff, 1973)을 보라. 또한 Charles H. Wesley, "The Struggle for Recognition of Haiti and Liberia as Independent Republics," *Journal of Negro History* 2, no. 4 (1917): 369~383을 보라.

207) Ziad Fahmy, "Francophone Egyptian Nationalists, Anti-British Discourse, and European Public Opinion, 1885-1910: The Case of Mustafa Kamil and Ya'qub Sannu'," *Comparative Studies of South Asia, Africa and the Middle East* 28, no. 1 (2008): 170~183, at 181~183.

208) Sebastian Conrad, "Enlightenment in Global History: A Historiographical Critique," *American Historical Review* 117, no. 4 (2012): 999~1027.

209) Lajpat Rai, *Young India* (New York: Howard Fertig, 1968), ix.

210) Dietrich Jung, *Orientalists, Islamists and the Global Public Sphere: A Genealogy of the Modern Essentialist Image of Islam* (London: Equinox, 2011).

211) Nile Green, "Spacetime and the Muslim Journey West: Industrial Communications in the Making of the 'Muslim World,'" *American Historical Review* 118, no. 2 (2013): 401~429; Mark

Ravinder Frost, "That Great Ocean of Idealism," in *Indian Ocean Studies: Cultural, Social, and Political Perspectives*, ed. Shanti Moorthy and Ashraf Jamal (New York: Routledge, 2010), 251~279; Hsuan L. Hsu, "Literature and Regional Production," *American Literary History* 17, no. 1 (2005): 36~69.

212) 유라시아주의에 관해서는 Marlène Laruelle, *Russian Eurasianism: An Ideology of Empire* (Washington, DC: Johns Hopkins University Press, 2008)을 보라.

213) Pankaj Mishra, *From the Ruins of Empire: The Intellectuals Who Remade Asia* (New York: Allen Lane, 2012).

214) Timothy Mitchell, *Colonizing Egypt* (Cambridge: Cambridge University Press, 1988); Richard Price, *Making Empire: Colonial Encounters and the Creation of Imperial Rule in Nineteenth-Century Africa* (Cambridge: Cambridge University Press, 2008).

215) 이 주제에 관련된 연구 성과들을 반영한 논문집인 Leigh Boucher, Jane Carey, and Katherine Ellinghous, eds., *Re-Orienting Whiteness* (New York: Palgrave Macmillan, 2008)을 보라.

216) James L. Hevia, *English Lessons: The Pedagogy of Imperialism in Nineteenth-Century China* (Durham, NC: Duke University Press, 2004); Paul A. Kramer, *The Blood of Government: Race, Empire, the United States and the Philippines* (Chapel Hill, NC: University of North Carolina Press, 2006).

217) Cemil Aydin, "Globalizing the Intellectual History of the Idea of the 'Muslim World,'" in *Global Intellectual History*, ed. Samuel Moyn and Andrew Sartori (New York: Columbia University Press, 2013), 159~186.

218) Ethem Eldem, "Ottoman Financial Integration with Europe: Foreign Loans, the Ottoman Bank, and the Ottoman Public Debt," *European Review* 13, no. 3 (2005): 432~445.

219) Peter J. Cain, "Character and Imperialism: The British Financial Administration of Egypt, 1878-1914," *Journal of Imperial and Commonwealth History* 34, no. 2 (2006): 177~200.

220) 오스만 제국의 몰락 원인에 관한 토론에 대해서는 Selim Deringil, "'They Live in a State of Nomadism and Savagery': The Late Ottoman Empire and the Post-Colonial Debate," *Comparative Studies in Society and History* 45 (2003): 311~342; Engin Deniz Akarlı, "The Tangled Ends of an Empire: Ottoman Encounters with the West and Problem of Westernization—An Overview," *Comparative Studies of South Asia, Africa and the Middle East* 21, no. 3 (2006): 353~366 을 보라.

221) Benjamin Elman, "Naval Warfare"; Allen Fung, "Testing the Self-Strengthening: The Chinese Army in the Sino-Japanese War of 1894-1895," *Modern Asian Studies* 30, no. 4 (1996): 1007~1031.

222) Robert A. Huttenback, *Racism and Empire: White Settlers and Colonial Immigrants in the British Self-Governing Colonies, 1830-1910* (Ithaca, NY: Cornell University Press, 1976). 세기 전환기에 있었던 제국적 인종 사상의 사례를 보기 위해서는 James Bryce, *The Relations of the Advanced and Backward Races of Mankind* (Oxford: Clarendon Press, 1902)를 보라. 지식인이자 외교관이었던 한 영국인의 생각 속에서 인종적·제국적·지정학적 사고가 복잡하게 상호작용을 하고 있었다는 사실에 관해서는 Linda B. Fritzinger, *Diplomat without Portfolio: Valentine Chirol, His Life and the Times*

(New York: Tauris, 2006)을 보라.

223) Tony Ballantyne and Antoinette Burton, "Empires and the Reach of the Global," in *A World Connecting, 1870-1945*, ed. Emily S. Rosenberg (Cambridge, MA: Harvard University Press, 2013), 285~431.

224) 제국주의 전성기로 전환하게 되는 우발성에 관한 주장을 파악하려면 John Darwin, "Imperialism and the Victorians: The Dynamics of Territorial Expansion," *English Historical Review* 112, no. 447 (June 1997): 614~642를 보라.

225) Marilyn Lake and Henry Reynolds, *Drawing the Global Colour Line: White Man's Countries and the International Challenge of Racial Equality* (Cambridge: Cambridge University Press, 2008), 4.

226) Jeffrey Belnap and Grant Belman eds., *José Martí's "Our America": From National to Hemispheric Cultural Studies* (Durham, NC: Duke University Press, 1998).

227) Paul Kramer, *Blood of Government. Race, Empire, The United States & the Philippines*, Chapel Hill, NC 2006.

228) Ernest R. May, *Imperial Democracy: The Emergence of America as a Great Power* (New York: Harper and Row, 1973).

229) Lake and Reynolds, *Global Colour Line*, 106~110.

230) Iza Hussin, "Circulations of Law: Cosmopolitan Elites, Global Repertoires, Local Vernaculars," *Law and History Review* 32, no. 4 (November 2014): 773~795, at 785.

231) Christopher Clark and Michael Ledger-Lomas, "The Protestant International," in *Religious Internationals in the Modern World: Globalization and Faith Communities since 1750*, ed. Abigail Green and Vincent Viaene (Basingstoke, UK: Palgrave Macmillan, 2012), 23~52.

232) 에콰도르 공화국의 가브리엘 가르시아 모레노(1821~1875) 대통령은 1869년 가톨릭을 국교로 삼았으며,(유권자와 선출된 대표자는 반드시 가톨릭 신자여야 함을 강조했다.) 교황청과 교황이 세속 권력을 상실하는 데 항의한 유일한 국가원수였다.

233) Vincent Viaene, "Nineteenth-Century Catholic Internationalism and Its Predecessors," in Green and Viaene, *Religious Internationals*, 82~110.

234) Paschalis M. Kitromilides, "A Religious International in Southeastern Europe?," in Green and Viaene, *Religious Internationals*, 252~268.

235) Arnold Toynbee, *The Murderous Tyranny of Turks* (London: Hodder and Stoughton, 1917).

236) 유대교 국제주의에 관해서는 Abigail Green, "Old Networks, New Connections: The Emergence of the Jewish International," in Green and Viaene, *Religious Internationals*, 53~81을 보라.

237) Roberto M. Dainotto, *Europe (in Theory)* (Durham, NC: Duke University Press, 2006); Larry Wolff, *Inventing Eastern Europe: The Map of Civilization on the Mind of the Enlightenment* (Stanford, CA: Stanford University Press, 1994).

238) Gerrit Knaap, "Islamic Resistance in the Dutch Colonial Empire," in *Islam and the European Empires*, ed. David Motadel (Oxford: Oxford University Press, 2014), 213~230.

239) 이븐 바투타와 만사 무사가 이용했던 육로에 관해서는 Ross E. Dunn, *The Adventures of Ibn Battuta: A Muslim Traveler of the 14th Century* (Berkeley: University of California Press, 2005);

Akbarali Thobhani, *Mansa Musa: The Golden King of Ancient Mali* (Dubuque, IA: Kendall / Hunt, 1998)을 보라.

240) Michael Christopher Low, "Empire and the Hajj: Pilgrims, Plagues, and Pan-Islam under British Surveillance, 1865-1908," *International Journal of Middle East Studies* 40, no. 2 (May 2008): 269~290. 또한 Michael F. Laffan, "'A Watchful Eye': The Meccan Plot of 1881 and Changing Dutch Perceptions of Islam in Indonesia," *Archipel* 63, no. 1 (2002): 79~108을 보라.

241) Moulavi Cheragh Ali, *The Proposed Political, Legal and Social Reforms in the Ottoman Empire and Other Mohammadan States* (Bombay: Education Society's Press, Byculla, 1883)을 보라.

242) Faisal Devji, "Islam in British Imperial Thought," in Motadel, *Islam and the European Empires*, 254~268.

243) Iqbal Singh Sevea, *The Political Philosophy of Muhammad Iqbal* (Cambridge: Cambridge University Press, 2012), 206에 인용.

244) Ismail Hakkı Göksoy, "Ottoman Aceh Relations as Documented in Turkish Sources," in *Mapping the Acehnese Past*, ed. Michael Feener, Patrick Daly, and Anthony Reid (Leiden: KITLV Press, 2011), 65~96.

245) 오스만 제국을 향한 아체 통치자의 지원 요청에 관해서는 Anthony Reid, "Nineteenth Century Pan-Islam in Indonesia and Malaysia," *Journal of Asian Studies* 26, no. 2 (February 1967): 275~276을 보라. 식민지 시대 인도네시아-아랍-오스만 제국의 결속이 이루어진 폭넓은 맥락에 관해서는 Engseng Ho, *Graves of Tarim: Genealogy and Mobility in the Indian Ocean* (Berkeley: University of California Press, 2006)을 보라.

246) Hodong Kim, *Holy War in China: The Muslim Rebellion and State in Chinese Central Asia, 1864-1877* (Stanford, CA: Stanford University Press, 2004), 146~150.

247) Amal N. Ghazal, *Islamic Reform and Arab Nationalism* (New York: Routledge, 2010), 51~57.

248) Edmund Burke, "Pan-Islam and Moroccan Resistance to French Colonial Penetration, 1900-1912," *Journal of African History* 13, no. 1 (1972): 97~118.

249) 조호르의 아부 바카르는 압뒬라지즈의 통치기인 1870년에 처음으로, 그리고 술탄 압뒬하미드 2세의 통치기인 1893년에 두 번째로 이스탄불을 방문했다. 오스만 궁전 출신의 첫 번째 첩은 조호르 술탄 아부 바카르의 동생과 (그리고 나중에 이혼한 후에는 두 명의 다른 말레이인 고위 관리와) 결혼했다. 그녀의 손자 가운데 하나는 근대 말레이시아의 총리가 되었다. 두 번째 첩 하디자(Hadija)는 아부 바카르와 결혼했다.

250) Iza Hussin, "Circulations of Law: Cosmopolitan Elites, Global Repertoires, Local Vernaculars," *Law and History Review* 32, no. 4 (November 2014): 773~795.

251) C. Van Dijk, "Colonial Fears, 1890-1918: Pan-Islamism and the Germano-Indian Jonge and Kaptein, *Transcending Borders*, 53~89.

252) Lale Can, "Connecting People: A Central Asian Sufi Network in Turn-of-the-Century Istanbul," *Modern Asian Studies* 46, no. 2 (2012): 373~401.

253) Mustafa Akyol, "A Sultan with Swat," *Weekly Standard* 11, no. 15 (December 26, 2005): 16~18.

254) 남아프리카로 간 오스만 학자의 회고록을 보기 위해서는 Ebubekir Efendi Ebubekir, *Ümitburnu*

Seyahatnâmesi [Travel memoirs of Cape Hope], ed. Hüseyin Yorulmaz (İstanbul: Ses Yayınları, 1994)를 보라.

255) 이란-오스만 관계의 맥락에서 범이슬람주의에 관해서는 Mehrdad Kia, "Pan-Islamism in Late Nineteenth-Century Iran," *Middle Eastern Studies* 32, no. 1 (1996): 30~52를 보라.

256) Ron Geaves, *Islam in Victorian Britain: The Life and Times of Abdullah Quilliam* (Leicester: Islamic Foundation, 2009)를 보라.

257) 디즈레일리와 오스만 제국에 관해서는 Milos Kovic, *Disraeli and the Eastern Question* (Oxford: Oxford University Press, 2011)을 보라.

258) 불가리아에서 오스만의 잔혹행위에 관한 글래드스턴의 영향력 있는 연설에 관해서는 W. E. Gladstone, *Bulgarian Horrors and the Question of the East* (London: John Murray, 1876)을 보라.

259) Eric D. Weitz, "Vienna to the Paris System. International Politics and the Entangled Histories of Human Right, Forced Deportations, Civilizing Missions", *American Historical Review* 113(2008), 1313-1343.

260) Dominic Lieven, *Empire: The Russian Empire and Its Rivals* (New Haven, CT: Yale University Press, 2001).

261) Nikkie Keddie, *An Islamic Response to Imperialism* (Berkeley: University of California Press, 1968).

262) Ernst Renan, *Der Islam und die Wissenschaft. Vortrag gehalten in der Sorbonne am 29. 03. 1883, Kritik dieses Vortrags vom Afghanen Scheik Djemmal Eddin und Ernst Renans Erwiderung, autorisierte Übersetzung* (Basel, 1883)을 보라.

263) Samuel Marinus Zwemer, *Islam, a Challenge to Faith: Studies on the Mohammedan Religion and the Needs and Opportunities of the Mohammedan World from the Standpoint of Christian Missions* (New York: Laymen's Missionary Movement, 1909).

264) M. E. Yapp, "'That Great Mass of Unmixed Mahomedanism': Reflections on the Historical Links between the Middle East and Asia," *British Journal of Middle Eastern Studies* 19, no. 1 (1992): 3~15.

265) Halil Halid, *The Crescent versus the Cross* (London: Luzac and Co., 1907).

266) Jeremy Prestholdt, "From Zanzibar to Beirut: Sayyida Salme bint Said and the Tensions of Cosmopolitanism," in *Global Muslims in the Age of Steam and Print*, ed. James Gelvin and Nile Green (Berkeley: University of California Press, 2014), 204~226. 사이이다 살메의 자서전에 관해서는 Emilie Ruete, *An Arabian Princess between Two Worlds: Memoirs, Letters Home, Sequels to the Memoirs—SyrianCustoms and Usages* (Leiden: Brill, 1993)을 보라.

267) Moulavi Cheragh Ali, *The Proposed Political, Legal and Social Reforms in the Ottoman Empire and Other Mohammadan States* (Bombay: Education Society's Press, Byculla, 1883).

268) 중앙아시아와 남아시아에서 오스만 제국을 예찬한 사람들에 관해서는 Adeeb Khalid, "Pan-Islamism in Practice: The Rhetoric of Muslim Unity and Its Uses," in *Late Ottoman Society: The Intellectual Legacy*, ed. Elisabeth Özdalga (London: RoutledgeCurzon, 2005), 201~224를 보라. 또한 Adeeb Khalid, "Central Asia between the Ottoman and the Soviet Worlds," *Kritika: Explorations in Russian and Eurasian History* 12, no. 2 (2011): 451~476을 보라.

269) Shaikh Mushir Hosain Kidwai, *Pan-Islamism* (London: Luzac and Co., 1908).

270) William Scawen Blunt, *The Future of Islam* (London: Kegan Paul, 1882).

271) 칼리파의 정통성 문제와 관련 토론에 관한 많은 문헌을 보기 위해서는 İsmail Kara, ed., *Hilafet Risaleleri* [Pamphlets on the question of caliphate], 6 vols. (Istanbul: Klasik Yayınları, 2002), 1: 65~67을 보라.

272) Robert Crews, "Empire and the Confessional State: Islam and Religious Politics in Nineteenth-Century Russia," *American Historical Review* 108, no. 1 (2003): 50~83. 또한 Nico J. G Kaptein, "Grateful to the Dutch Government: Sayyid Uthman and Serekat Islam in 1913," in *Islamic Legitimacy in a Plural Asia*, ed. Anthony Reid and Michael Gilsenan (New York: Routledge, 2007), 98~116을 보라.

273) 압둘라 퀼리엄과 알렉산더 러셀 웨브가 미국과 영국의 독자들을 상대로 오스만 제국의 문명화된 본질을 방어한 것에 관해서는 Umar Abdallah, *A Muslim in Victorian America: The Life of Alexander Russell Web* (New York: Oxford University Press, 2006); William Henry Quilliam, *The Troubles in the Balkans: The Turkish Side of the Question—erbatim Report of the Speech Delivered by the Sheikh-ul-Islam of the British Isles* (*W. H. Quilliam*) *on the 22nd October, 1903, at the Town Hall, Liverpool* (Liverpool: Crescent Printing, 1904)을 보라.

274) Nile Green, *Islam and the Army in Colonial India: Sepoy Religion in the Service of Empire* (Cambridge: Cambridge University Press, 2009).

275) Mustafa Özgür Tuna, "Gaspirali v. İl'minskii: Two Identity Projects for the Muslims of the Russian Empire," *Nationalities Papers: The Journal of Nationalism and Ethnicity* 30, no. 2 (2002): 265~289; Gerrit Knaap, "Islamic Resistance in the Dutch Colonial Empire," in Motadel, *Islam and the European Empires*, 213~230.

276) 최근의 인도주의에 관한 대부분의 저작들은 이슬람이나 동아시아 지역 내에서의 인도주의에는 관심을 보이지 않고 기독교의 인도주의적 연대 주장을 유일한 보편적 논거로 제시함으로써 이점을 놓치고 있다. 유일하게 보편적인 것으로 기독교 인도주의를 제시하는 학자의 사례에 관해서는 Gary J. Bass, *Freedom's Battle: The Origins of Humanitarian Intervention* (New York: Random House, 2008*); Davide Rodogno, Against Massacre: Humanitarian Interventions in the Ottoman Empire, 1815-1914: The Emergence of a European Concept and International Practice* (Princeton, NJ: Princeton University Press, 2012)를 보라.

277) 비유럽적 맥락에서 자기를 스스로 문명화하는 개혁의 사례에 관해서는 Chris Baker and Pasuk Phongpaichit, *A History of Thailand* (Cambridge: Cambridge University Press, 2005), 47~80을 보라.

278) Adam Yuet Chau, "Transnational Buddhist Activists in the Era of Empires," in Green and Viaene, *Religious Internationals*, 206~229.

279) Richard Jaffe, "Seeking Sakyamuni: Travel and the Reconstruction of Japanese Buddhism," *Journal of Japanese Studies* 30, no. 1 (Winter 2004): 65~96.

280) Hwansoo Ilmee Kim, *Empire of the Dharma: Korean and Japanese Buddhism, 1877-1912* (Cambridge, MA: Harvard University Press, 2012).

281) Vladimir Tikhonov, "Korea's First Encounters with Pan-Asianism Ideology in the Early 1880s," *Review of Korean Studies* 5, no. 2 (December 2002): 195~232.

282) Kyu Hyun Kim, "Tarui Tokichi's Arguments on Behalf of the Union of the Great East, 1893," in *Pan-Asianism: A Documentary History*, vol. 1, *1850-1920*, ed. Sven Saaler and Christopher W. A. Szpilman (Plymouth, UK: Rowman and Littlefield, 2011), 73~84.

283) 도쿠토미 소호(1863~1957)는 '황인의 짐'이라는 표현을 주창하면서 '백인의 짐(The White Man's Burden)'(러디어드 키플링이 1899년에 발표한 유명한 시에서 나온 표현이다.)에 대한 대안을 제시했다. Hirakawa Sukehiro, "Modernizing Japan in Comparative Perspective," *Comparative Studies of Culture* 26 (1987): 29를 보라.

284) Kodera Kenkichi, *Dai Ajiashugi Ron* [Thesis on greater Pan-Asianism] (Tokyo: Hôbunkan, 1916).

285) Benjamin A. Elman, "Naval Warfare and the Refraction of China's Self-Strengthening Reforms into Scientific and Technological Future, 1865-1895", *Modern Asian Studies* 38(2004): 283~326을 보라.

286) Joseph Esherick, *The Origins of the Boxer Uprising* (Berkeley: University of California Press, 1987).

287) Vipan Chandra, "An Outline Study of the Ilchin-hoe (Advancement Society) of Korea," *Occasional Papers on Korea* 2 (1974): 43~72.

288) 빌헬름 2세에게 기원한다고 주장되는 '황화'에 관해서는 *German Diplomatic Documents, 1871-1914*, Selected and translated by E. T. S. Dugdale, Vol. 3, *The Growing Antagonism, 1898-1910*, New York, 1930, 1-13. 하인츠 골비처(Heinz Gollwitzer)가 집필한 *Die Gelbe Gefahr, Geschichte eines Schlagwortes*, Göttingen, 1962에 따르면 빌헬름 2세는 이 표현을 1900년 이전에는 사용하지 않았는데, 1900년 당시의 사회에서는 이미 널리 회자되었다.

289) 이 글의 제목은 *Dôjinshu Dômei: Shina Mondai Kenkyû no Hitsuyô* (We must ally with those of the same race, and we must study the China problem). Marius Jansen, "Konoe Atsumaro," in *The Chinese and the Japanese: Essays in Political and Cultural Interactions*, ed. Akira Iriye (Princeton, NJ: Princeton University Press, 1980), 107~123, at 113.

290) Jansen, *Konoe Atuumaro*, 113-115.

291) 예를 들어 페낭 출신의 말레이인이자 중국인인 관리 구홍밍(辜鴻銘, 1857~1928)은 싱가포르에서 영 제국을 위해 오랫동안 근무한 후에, 세계시민주의적인 유교 보수주의의 대표로서 청 제국 말기의 중국 정부를 위해 일할 수 있었다. Chunmei Du, "Gu Hongming as a Cultural Amphibian: A Confucian Universalist Critique of Modern Western Civilization," *Journal of World History* 22, no. 4 (2011): 715~746을 보라.

292) Yamamuro Shinichi, "Ajia Ninshiki no Kijiku" [Foundations of the conceptions of Asia], in *Kindai Nihon no Ajia Ninshiki* [Modern Japanese perceptions of Asia], ed. Tetsuo Furuya and Shinichi Yamamuro (Kyoto: Kyoto University Press, 1994), 33~34.

293) Dexter Perkins, *A History of the Monroe Doctrine* (Boston: Little and Brown, 1955).

294) Ulrike Freitag and William Clarence-Smith, eds., *Hadhrami Traders, Scholars and Statesmen in the Indian Ocean, 1750-1960* (Leiden: Brill, 1997).

295) Harald Fischer-Tiné, "Indian Nationalism and the 'World Forces': Transnational and Diasporic Dimensions of the Indian Freedom Movement on the Eve of the First World War," *Journal of Global History* 2, no. 3 (2007): 325~344.

296) Rebecca Karl, "Creating Asia: China in the World at the Beginning of the Twentieth Century," *American Historical Review* 103, no. 4 (October 1998): 1096~1118.

297) '타고르 서클' 안에서 인도에 관한 전 지구적이고 지역적인 상상력에 관해서는 Mark Ravinder Frost, "The Great Ocean of Idealism: Calcutta, the Tagore Circle, and the Idea of Asia, 1900-1920," in *Indian Ocean Studies*, ed. Shanti Moorthy and Ashraf Jamal (New York: Routledge, 2010), 251~279를 보라.

298) Harry Harootunian and Tetsuo Najita, "Japanese Revolt against the West: Political and Cultural Criticism in the Twentieth Century," in *The Cambridge History of Japan*, vol. 6, *The Twentieth Century*, ed. Peter Duus (Cambridge: Cambridge University Press, 1988), 711~774.

299) 오카쿠라의 급진적인 반식민적 수사(修辭)에 관해서는 Okakura Tenshin, "The Awakening of the East," in *Okakura Kakuzô: Collected English Writings* (Tokyo: Heibonsha, 1984), 134~168을 보라.

300) Rustom Bharucha, *Another Asia: Rabindranath Tagore and Okakura Tenshin* (New Delhi: Oxford University Press, 2006).

301) Okakura Tenshin, "Awakening of the East," 134~168.

302) Mervyn Brown, *A History of Madagascar* (Princeton, NJ: Markus Wiener, 2000).

303) Amal N. Ghazal, *Islamic Reform and Arab Nationalism: Expanding the Crescent from the Mediterranean to the Indian Ocean (1880s-1930s)* (London: Routledge, 2010).

304) John Laband, *Kingdom in Crisis: The Zulu Response to the British Invasion of 1879* (Manchester: Manchester University Press, 1992).

305) Dominic Green, *Three Empires on the Nile: The Victorian Jihad, 1869-1899* (New York: Free Press, 2007).

306) 식민지 아프리카에서 기독교의 확산을 보여 주는 사례에 관해서는 Robert J. Houle, *Making African Christianity: Africans Re-imagining Their Faith in Colonial Southern Africa* (Bethlehem, PA: Lehigh University Press, 2011)을 보라.

307) rrell Hall, *The Hall Handbook of the Anglo-Boer Wa*r, *1899-1902* (Pietermaritzburg: University of Natal Press, 1999).

308) 보어 전쟁에서 무슬림이 영국을 지원한 사실에 관해서는 Umar Ryad, "Anti-imperialism and the Pan-Islamic Movement," in Motadel, *Islam and European Empires*, 131~149를 보라. 중국 민족주의자들이 보어인들에게 보인 공감에 관해서는 Rebecca Karl, *Staging the World: Chinese Nationalism at the Turn of the Twentieth Century* (Durham, NC: Duke University Press, 2002), 117~149를 보라.

309) Harold G. Marcus, *A History of Ethiopia* (Berkeley: University of California Press, 2002).

310) Raymond Anthony Jonas, *The Battle of Adwa: African Victory in the Age of Empire* (Cambridge, MA: Harvard University Press, 2011).

311) 라이베리아는 아메리카에서 자유를 얻고 돌아온 과거의 노예들이 세운 나라로, 1847년에 공화

국으로 수립되었다. 수도인 몬로비아(Monrovia)의 이름은 미국 대통령 제임스 먼로의 이름을 딴 것이다. 라이베리아는 유엔과 아프리카 통일기구(Organization of African Unity)의 창립 멤버가 됨으로써 국제 외교사에서 핵심적인 역할을 수행했다.

312) Andreas Eckert, "Bringing the 'Black Atlantic' into Global History: The Project of Pan-Africanism," in *Competing Visions of World Order: Global Moments and Movements, 1880s-1930*, ed. Sebastian Conrad and Dominic Sachsenmaier (New York: Palgrave Macmillan, 2007), 237~257.

313) Kwame Anthony Appiah, "Pan-Africanism," in *Africana: The Encyclopedia of the African and African American Experience*, ed. Kwame Anthony Appiah and Henry Louis Gates Jr. (New York: Basic Civitas Books, 1999), 1485.

314) Edward Blyden, "Mohammedanism and the Negro Race," in Blyden, *Christianity, Islam and the Negro Race* (Edinburgh: Edinburgh University Press, 1967), 1~24 (*Fraser's Magazine*, November 1875에 최초로 출간되었다.)

315) Peter Olisanwuche Esedebe, *Pan-Africanism: The Idea and Movement, 1776-1991* (Washington DC: Howard University, 1994).

316) J. E. Casely Hayford, *Ethiopia Unbound: Studies in Race Emancipation*, 2nd ed. (London: Frank Cass, 1969) (orig. pub. 1911).

317) 헤이퍼드의 『해방된 에티오피아』는 제목 안에 인종 해방을 포함하고 있다.

318) W. E. B. Du Bois, *The Souls of Black Folk* (Chicago: A. C. McClurg and Co., 1903), 1.

319) Karl, "Creating Asia"; Sven Saaler, ed., *Pan-Asianism: A Documentary History* (Lanham, MD: Rowman and Littlefield, 2011).

320) Andrew Zimmerman, *Alabama in Africa: Booker T. Washington, the German Empire, and the Globalization of the New South* (Princeton, NJ: Princeton University Press, 2010).

321) Michael Goebel, "Geopolitics, Transnational Solidarity or Diaspora Nationalism? The Global Career of MN Roy, 1915-1930," *European Review of History: Revue Europeenne d'Histoire* 21, no. 4 (2014): 85~499; Marc S. Gallicchio, *The African American Encounter with Japan and China: Black Internationalism in Asia, 1895-1945* (Chapel Hill: University of North Carolina Press, 2000). 나일 그린(Nile Green)이 지적하듯이 심지어 무슬림 순례자들조차 비무슬림적인 정치, 지식 네트워크에 접촉하는 것이 허용되었는데 이는 세계화된 여행 인프라 덕분이었다. Nile Green, "The Hajj as Its Own Undoing: Infrastructure and Integration on the Muslim Journey to Mecca," *Past and Present* 226, no. 1 (2015): 193~226.

322) Fischer-Tiné, "Indian Nationalism"; Kalyan Kumar Banerjee, *Indian Freedom Movement: Revolutionaries in America* (Calcutta: Sris Kuma Kunda, 1969); Renee Worringer, ed., *The Islamic Middle East and Japan: Perceptions, Aspirations, and the Birth of Intra-Asian Modernity* (Princeton, NJ: Markus Wiener, 2007).

323) Benedict Anderson, *Under Three Flags: Anarchism and the Anti-colonial Imagination* (London: Verso, 2007).

324) 신지론자들과 민족주의자들 사이의 결속에 관해서는 Mark Frost, "'Wider Opportunities': Religious Revival, Nationalist Awakening and the Global Dimension in Colombo, 1870-

1920," *Modern Asian Studies* 36, no. 4 (2002): 937~967을 보라. 실증주의의 영향에 관해서는 Axel Gasquet, "Ernesto Quesada, a Positivist Traveler: Between Cosmopolitism and Scientific Patriarchy," *Culture and History Digital Journal* 1, no. 2 (2012): 1~17을 보라.

325) Carter Vaughn Findley, "An Ottoman Occidentalist in Europe: Ahmed Midhat Meets Madame Gulnar, 1889," *American Historical Review* 103, no. 1 (1998): 15~49.

326) Judith Snodgrass, *Presenting Japanese Buddhism to the West: Orientalism, Occidentalism, and the Columbian Exposition* (Chapel Hill: University of North Carolina Press, 2003).

327) James Edward Ketelaar, *Of Heretics and Martyrs in Meiji Japan* (Princeton, NJ: Princeton University Press, 1990), 136~220. 1911년 제1차 세계 인종 회의에서 나온 인종, 제국, 문명에 관한 다양한 목소리에 관해서는 회의 초록집 *Record of the Proceedings of, Held at the University of London, July 26-29, 1911* (London: P. S. King and Son, 1911)을 보라.

328) Harald Fischer-Tiné, *Shyamji Krishnavarma: Sanskrit, Sociology and Anti-Imperialism* (New Delhi: Routledge India, 2014); Sho Konishi, *Anarchist Modernity: Cooperatism and Japanese-Russian Intellectual Relations in Modern Japan*, Harvard East Asian Monographs (Cambridge, MA: Harvard University Press, 2013).

329) Susan Bayly, "Racial Readings of Empire: Britain, France and Colonial Modernity in the Mediterranean and Asia," in *Modernity and Culture: From the Mediterranean to the Indian Ocean*, ed. Laila T. Fawaz and Christopher A. Bayly (New York: Columbia University Press, 2002), 285~313, at 298.

330) Etienne Dinet and Sliman ben Ibrahim, *The Life of Mohammad the Prophet of Allah* (Paris: Paris Book Club, 1918).

331) Ilham Khuri-Makdisi, *The Eastern Mediterranean and the Making of Global Radicalism, 1860-1914* (Berkeley: University of California Press, 2013).

332) Enes Kabakci, "Sauver l'Empire: Modernisation, positivisme et formation de la culture politique des Jeunes-Turcs, 1895-1908" [Savior of the empire: Modernization, positivism and the formation of the political culture of Young Turks, 1895-1908], PhD diss., Universite Pantheon-Sorbonne, Paris, 2007.

333) 19세기 말과 20세기 초에 비유럽 지역에서 발생한 여성운동의 사례에 관해서는 Serpil Çakır, "Fatma Aliye: 1862-1936," in *Biographical Dictionary of Women's Movements and Feminisms: Central, Eastern, and South Eastern Europe, 19th and 20th Centuries*, ed. Francisca de Haan, Krassimira Daskalova, and Anna Loutfi (Budapest: Central European University Press, 2006), 21~24를 보라.

334) Mustafa Kamil, "Al-Harb al-Hadirah wa'l-Islam" [The Current (Russo-Japanese) War and Islam] *Al-Liwa*, February 18, 1904, 1. 무스타파 카밀의 사상에 관한 토론을 위해서는 Renee Worringer, *Ottomans Imagining Japan: East, Middle East, and Non-Western Modernity at the Turn of the Twentieth Century* (New York: Palgrave, 2014)를 보라.

335) Jawaharlal Nehru, *An Autobiography* (Delhi: Oxford University Press, 1989), 16; Nehru, *Toward Freedom* (Boston: Beacon Press, 1967), 29~30.

336) Hugh Tinker, *Race, Conflict and the International Order* (New York: St. Martin's Press, 1977), 39.

337) Prasenjit Duara, "Transnationalism and the Predicament of Sovereignty: China, 1900-1945," *American Historical Review* 102, no. 4 (1997): 1038.

338) Vuong Tri Nham, ed., *Phan Boi Chau and the Dong-Du Movement* (New Haven, CT: Yale Southeast Asia Studies, 1988).

339) Ba Maw, *Breakthrough in Burma: Memoirs of a Revolution, 1939-1946* (New Haven, CT: Yale University Press, 1968), 47~48.

340) Şükrü Hanioğlu, *The Young Turks in Opposition* (New York: Oxford University Press, 1995), 210.

341) Worringer, *Ottomans Imagining Japan*.

342) Jun Uchida, *Brokers of Empire: Japanese Settler Colonialism in Korea, 1876-1945* (Cambridge, MA: Harvard University Asia Center, 2011).

343) 아랍인들 사이에서 오스만 제국이 가지는 정당성에 관해서는 Rashid Khalidi, ed., *The Origins of Arab Nationalism* (New York: Columbia University Press, 1991)을 보라.

344) Nader Sohrabi, "Historicizing Revolutions: Constitutional Revolutions in the Ottoman Empire, Iran and Russia, 1905-1908," *American Journal of Sociology* 100, no. 6 (1995): 1383~1447.

345) Robert John Holton, "Cosmopolitanism or Cosmopolitanisms? The Universal Races Congress of 1911," *Global Network* 2 (April 2002): 153~170. 1911년에 런던에서 개최된 제1차 세계 인종 회의에 대한 최근의 재평가에 관해서는 *Radical History Review* 92 (Spring 2005): 92~132를 보라.

346) 1907년에 개최된 범이슬람 회의에 관해서는 Hakan Kırımlı and İsmail Türkoğlu, eds., *İsmail Bey Gaspıralı ve Dünya Müslümanları Kongresi* [Ismail Gasprinsky and the Muslim World Congress], Islamic Area Studies Project: Central Asian Research Series 4 (Tokyo: Tokyo University, 2002) 를 보라.

347) Michael D. Biddis, "The Universal Races Congress of 1911," *Race* 13, no. 1 (1971): 37. 비디스는 *Papers on Inter-Racial Problems Communicated to the First Universal Races Congress Held at the University of London, July 26-29, 1911*, ed. G. Spiller (London: World Peace Foundation, 1911), xiii을 인용하고 있다.

348) 유럽의 국가 간 체제와 국제법을 위해 문명 개념이 갖는 중요성에 관한 토론에 대해서는 Edward Keene, *Beyond the Anarchical Society: Grotius, Colonialism and Order in World Politics* (Cambridge: Cambridge University Press, 2002), 145~150을 보라.

349) Kris Manjapra, *M. N. Roy: Marxism and Colonial Cosmopolitanism* (New Delhi: Routledge, 2010).

350) 빌헬름 2세가 1897년의 그리스-터키 전쟁에서 오스만 제국의 편에 서자, 독일 황제의 조모인 빅토리아 여왕은 빌헬름 2세가 여동생인 그리스 왕국의 왕비를 왜 배신하는지 물었다.

351) Holger Afflerbach, ed., *An Improbable War? The Outbreak of World War I and European Political Culture before 1914* (New York: Berghahn Books, 2007).

352) Christopher Clark, *The Sleepwalkers: How Europe Went to War in 1914* (New York: Harper, 2013), 561.

353) James Joll, *The Origins of the First World War* (London: Longman, 1984).

354) Clark, *Sleepwalkers*, 712f.

355) Mustafa Aksakal, "'Holy War Made in Germany'? Ottoman Origins of the 1914 Jihad," *War in History* 18, no. 2 (2011): 184~199; Aydin, *Politics of Anti-Westernism*.

356) Clark, *Sleepwalkers*, 318.

357) Ibid., 242.

358) 제1차 세계대전에 참전하기로 한 것이 영국 정치가들의 '실수'라는 토론에 관해서는 Niall Ferguson, *The Pity of War* (New York: Basic Books, 1999)를 보라.

359) 러시아의 참전에 관해서는 Sean McMeekin, *The Russian Origins of the First World War* (Cambridge, MA: Harvard University Press, 2011)을 보라.

360) 아르메니아 인종 학살의 여러 가지 측면에 관해서는 Ronald Grigor Suny, Fatma Müge Göçek, and Norman M. Naimark, eds., *A Question of Genocide: Armenians and Turks at the End of the Ottoman Empire* (Oxford: Oxford University Press, 2011)을 보라.

361) Robert Gerwarth and John Horne, *War in Peace: Paramilitary Violence in Europe after the Great War* (Oxford: Oxford University Press, 2012). 또한 Robert Gerwarth and Erez Manela, eds., *Empires at War, 1911-1923* (Oxford: Oxford University Press, 2014)를 보라.

362) 초기 범아메리카주의와 그 유산에 관해서는 Joseph Smith, "The First Conference of American States (1889-1890) and the Early Pan American Policy of the United States," in *Beyond the Ideal: Pan-Americanism in Inter-American Affairs*, ed. David Sheinin (Westport, CT: Greenwood Press, 2000), 19~32를 보라.

363) Erez Manela, *The Wilsonian Moment: Self-Determination and the International Origins of Anticolonial Nationalism* (New York: Oxford University Press, 2007).

364) Mark Mazower, *No Enchanted Palace* (Princeton, NJ: Princeton University Press, 2008).

365) Mark Mazower, *Governing the World: The History of an Idea* (New York: Penguin Press, 2012), 28~65.

366) Ibid., 131~132.

367) 사회주의적 보편주의와 제국의 창시자로서 소련에 관한 문헌에 관해서는 Terry Martin, *The Affirmative Action Empire: Nations and Nationalism in the Soviet Union, 1923-1939* (Ithaca, NY: Cornell University Press, 2001)를 보라.

368) "The League of Nations and Colored People," *Asian Review* (Tokyo) 1, no. 4 (May-June 1920): 347~348.

369) Ahmed Riza, *La Faillite morale de la politique Occidentale en Orient* [The moral bankruptcy of the Western policy toward the Orient] (Paris, 1922).

370) Oswald Spengler, *The Decline of the West*, 2 vols., trans. Charles Francis Atkinson (New York: Knopf, 1926-1928).

371) Dominic Sachsenmaier, "Alternative Visions of World Order in the aftermath of WWI: Global Perspectives on Approaches," in *Competing Visions of World Order: Global Moments and Movements, 1880s-1930*, ed. Sebastian Conrad and Dominic Sachsenmaier (New York City: Palgrave, 2007): 151~180.

372) Michael Adas, "Contested Hegemony: The Great War and the Afro-Asian Assault on the

Civilizing Mission Ideology," in *Decolonization: Perspectives from Now and Then*, ed. Prasenjit Duara (New York: Routledge, 2004), 78~100.

373) John Riddell, ed., *To See the Dawn: Baku, 1920: First Congress of the Peoples of the East* (New York: Pathfinder, 1993).

374) "A Manifesto to the Peoples of the East" (December 20, 1920)의 영어 번역본을 보려면 Ivar Spector, *The Soviet Union and the Muslim World, 1917-1958* (Seattle: University of Washington Press, 1959), 288~298을 보라.

375) Yamauchi Masayuki, *The Green Crescent under the Red Star: Enver Pasha in Soviet Russia, 1919-1922* (Tokyo: Institute for the Study of Languages and Cultures of Asia and Africa, 1991).

376) Cemil Aydin, *Idea of the Muslim World: A Global Intellectual History* (Cambridge: Harvard University Press, 2017).

377) Yusuf Akçura, *Üç Tarzı Siyaset* [Three methods of politics] (Ankara: Turk Tarih Kurumu Basımevi, 1987), 39~40.

378) Celal Nuri, *İttihad-i İslam: İslamin Mazisi, Hali, İstikbali* [Pan-Islamism: The past, present, and future of Muslims] (Istanbul: Yeni Osmanli Matbaasi, 1913), 10~11.

379) Kırımlı and Türkoğlu, *İsmail Bey Gaspıralı*.

380) Donald Bloxham, *The Great Game of Genocide: Imperialism, Nationalism and the Destruction of the Ottoman Armenians* (Oxford: Oxford University Press 2005).

381) Aksakal, "'Holy War Made in Germany'?"

382) Kris Manjapra, "The Illusions of Encounter: Muslim 'Minds' and Hindu Revolutionaries in First World War Germany and After," *Journal of Global History* 1 (2006): 363~382.

383) Michael A. Reynolds, *Shattering Empires: The Clash and Collapse of the Ottoman and Russian Empires, 1908-1918* (New York: Cambridge University Press, 2011).

384) Maia Ramnath, *Haj to Utopia: How the Ghadar Movement Chartered Global Radicalism and Attempted to Overthrow the British Empire* (Berkeley: University of California Press, 2011), 189~193.

385) Kees van Dijk, "Religion and the Undermining of British Rule in South and Southeast Asia during the Great War," in *Islamic Connections: Muslim Societies in South and Southeast Asia*, ed. Michael Feener and Terenjit Sevea (Singapore: ISEAS, 2009), 109~133.

386) M. A. Sherif, *Searching for Solace: A Biography of Abdullah Yusuf Ali, Interpreter of the Quran* (Kuala Lumpur: Islamic Book Trust 1994).

387) Michael J. Mortlock, *The Egyptian Expeditionary Force in World War I: A History of the British-Led Campaigns in Egypt, Palestine, and Syria* (Jefferson, NC: McFarland, 2011), 149.

388) Raja Adal, "Constructing Transnational Islam: The East-West Network of Shakib Arslan," in *Intellectuals in the Modern Islamic World*, ed. Stephane A. Dudoignon, Komatsu Hisao, and Kosugi Yasushi (London: Routledge, 2006), 176~210, at 180.

389) Seema Alavi, *Muslim Cosmopolitans in the Age of Empire* (Cambridge, MA: Harvard University Press, 2014).

390) Hasan Kayalı, *Arabs and Young Turks: Ottomanism, Arabism, and Islamism in the Ottoman Empire, 1908-1918* (Berkeley: University of California Press, 1997).

391) Weitz, "Vienna to the Paris System," 1313~1343n87, from "Covenant of the League of Nations," pt. 1, article 22, of the Treaty of Versailles.

392) S. Mushir Hosain Kidwai, *The Future of the Muslim Empire: Turkey* (London: Central Islamic Society, 1919); S. Mushir Hosain Kidwai, *The Sword against Islam; or, a Defence of Islam's Standard-Bearers* (London: Central Islamic Society, 1919).

393) Syed Ameer Ali, "Address by the Right Hon. Syed Ameer Ali on Islam in the League of Nations," *Transactions of the Grotius Society* 5 (1919): 126~144.

394) John Willis, "Debating the Caliphate: Islam and Nation in the Work of Rashid Rida and Abul Kalam Azad," *International History Review* 32, no. 4 (2010): 711~732.

395) Lothrop Stoddard, *The New World of Islam* (New York: Scribner's, 1921).

396) 아랍어 번역은 Lûthrub Stûdard, *Hadir al-Alam al-Islami* [The world of Islam], trans. ʿAjjâj Nuwayhid, ed. al-Amîr Shakîb Arslân (Cairo: Matbaa-i Salafiyah, 1924)를 보라. 같은 작품의 오스만어 번역은 *Yeni Alem-i Islam* [The world of Islam], trans. Ali Riza Seyfi (Istanbul: Ali Şükrü Matbaasi, 1922)를 보라.

397) Allied and Associated Powers (1914-1920), *Treaty of Peace with Turkey: And Other Instruments Signed at Lausanne on July 24, 1923, Together with Agreements between Greece and Turkey Signed on January 30, 1923, and Subsidary Documents Forming Part of the Turkish Peace Settlement* (London: H.M. Stationery Office, 1923).

398) Basil Matthew, *The Clash of Color: A Study in the Problem of Race* (New York: Missionary Education Movement of the United States and Canada, 1924), 23.

399) Nurullah Ardıç, *Islam and the Politics of Secularism: The Caliphate and Middle Eastern Modernization in the Early 20th Century* (London: Routledge, 2012).

400) Mim Kemal Öke, *Mustafa Kemal Paşa Ve İslam Dünyası: Hilafet Hareketi* (İstanbul: Aksoy Yayıncılık, 1999).

401) Mohammad Sadiq, *The Turkish Revolution and the Indian Freedom Movement* (Delhi: Macmillan India, 1983), 104~130.

402) Chiara Formichi, "Mustafa Kemal's Abrogation of the Ottoman Caliphate and Its Impact on the Indonesian National Movement," in *Demystifying the Caliphate: Historical Memory and Contemporary Contexts*, ed. Madawi al-Rasheed, Carool Kersten, and Marat Shterin (New York: Columbia University Press, 2013), 95~115.

403) Mona F. Hassan, "Loss of Caliphate: The Trauma and Aftermath of 1258 and 1924" (PhD diss., Princeton University, 2009). Martin van Bruinessen, "Muslims of the Dutch East Indies and the Caliphate Question," *Studia Islamika*, 2, no. 3 (1995): 115~140; Anthony Milner, "The Impact of the Turkish Revolution on Malaya," *Archipel* 31 (1986): 117~130.

404) William Cleveland, *Islam against the West: Shakib Arslan and the Campaign for Islamic Nationalism* (Austin: University of Texas Press, 1985).

405) Homa Katouzian, *State and Society in Iran: The Eclipse of the Qajars and the Emergence of the Pahlavis* (London: Tauris, 2006).

406) Joshua Teitelbaum, *The Rise and Fall of the Hashemite Kingdom of Arabia* (London: C. Hurst, 2001).

407) Michael Francis Laffan, *Islamic Nationhood and Colonial Indonesia: The Umma below the Winds* (New York: Routledge Curzon, 2003).

408) Hatano Uho, "Asia in Danger," trans. Renee Worringer, in *Pan-Asianism: A Documentary History*, ed. Sven Saaler and Christopher W. A. Szpilman (Lanham, MD: Rowman and Littlefield, 2011), 149~160.

409) Yumi Moon, *Populist Collaborators: The Ilchinhoe and the Japanese Colonization of Korea, 1896-1910* (Ithaca, NY: Cornell University Press, 2013).

410) 1916년에 타고르가 《맨체스터 가디언》과 가진 인터뷰에서 나온 대목은 범아시아주의 출판물에서 자주 인용되었다. 그 사례들은 Taraknath Das, *Is Japan a Menace to Asia?* (Shanghai, 1917), I을 보라.

411) Tran My-Van, *A Vietnamese Royal Exile in Japan: Prince Cuong De (1882-1951)* (New York: Routledge, 2005).

412) Manjapra, *M. N. Roy*.

413) Miwa Kimitada, "Japanese Opinions on Woodrow Wilson in War and Peace," *Monumenta Nipponica* 22, nos. 3~4 (1967): 368~389.

414) 한국의 3·1운동과 중국의 5·4운동에 관해서는 Manela, *The Wilsonian Moment*, 99~117, 119~135를 보라.

415) Toshiro Minohara, *Hainichi Iminho to Nichibei Kankei* [Anti-Japanese immigration law and U.S.-Japanese relations] (Tokyo: Iwanami Shoten, 2003).

416) 이에 관한 좋은 사료집과 쑨원이 1924년에 고베에서 한 연설에 관한 평가에 관해서는 Chin Tokujin and Yasui Sankichi, eds., *Sonbun Kôen Dai Ajia Shugi Shiryôshû* [Sources on Sun Yat-sen's lecture on Greater Asianism] (Kyoto: Horitsu Bunkasha, 1989)를 보라. 이 연설에서 쑨원은 Lothrop Stoddard's *The Rising Tide of Color against the White World Supremacy* (New York: Scribner's, 1920)을 참고했다.

417) Saheed A. Adejumobi, "The Pan-African Congress," in *Organizing Black America: An Encyclopedia of African American Associations*, ed. Nina Mjagkij (New York: Garland, 2001).

418) 아프로-아메리카 지식인들도 이 대회의 비판을 공유했다. Marc Gallicchio, *Black Internationalism in Asia, 1895-1945: The African American Encounter with Japan and China* (Chapel Hill: University of North Carolina Press, 2000), 21~29를 보라.

419) Rupert Lewis, *Marcus Garvey: Anti-colonial Champion* (Trenton, NJ: Africa World Press, 1988).

420) Gary Wilder, *The French Imperial Nation-State: Negritude and Colonial Humanism between the Two World Wars* (Chicago: Chicago University Press, 2005).

421) 공산주의와 범이슬람주의의 관계에 대해서는 Tan Malaka, "Communism and Pan-Islamism," in *What Next: Marxist Discussion Journal* 21 (2001), http://www.whatnextjournal.co.uk/Pages/Back/

Wnext21/Panislam.html을 보라.

422) George Padmore, *Pan-Africanism or Communism: The Coming Struggle for Africa* (London: D. Dobson, 1956). 호찌민의 전기는 우드로 윌슨의 자결주의 원칙과 사회주의 국제주의의 매력을 잘 보여 준다. Mark Bradley, *Imagining Vietnam and America: The Making of Postcolonial Vietnam, 1919-1950* (Chapel Hill: University of North Carolina Press, 2000)을 보라.

423) Reynolds, *Shattering Empires*, 9.

424) John Breuilly, *Nationalism and the State* (Chicago: University of Chicago Press, 1994), 13.

425) Adeeb Khalid, "Pan-Islamism in Practice: The Rhetoric of Muslim Unity and Its Uses," in *Late Ottoman Society: The Intellectual Legacy*, ed. Elisabeth Özdalga (London: Routledge / Curzon, 2005), 201~224; Ahmed Riza, *The Moral Bankruptcy of Western Policy towards the East* (Ankara: Ministry of Culture and Tourism Publications, 1988).

2부 풍요의 가능성과 빈곤의 지속성: 산업화와 국제무역

1) Jan de Vries, "The Industrial Revolution and the Industrious Revolution," *Journal of Economic History* 54, no. 2 (1994): 249~270.

2) "그러므로 만인의 만인에 대한 투쟁의 시대에 일어나는 일은 마찬가지로 인간이 자기의 힘과 발명으로 얻는 것 외에는 그 어떤 안전도 없이 사는 시대에도 일어난다. 그러한 상태에서는 열매가 불확실하므로 결과적으로 지상에는 문화도 없고, 항해도 없고, 바다를 통해 수입되는 상품의 사용도 없고, 넓은 건물도 없고, 움직이는 데 많은 힘이 드는 물건을 옮길 도구도 없고, 지구 표면에 관한 지식도 없다. 시간의 흐름도, 예술도, 편지도, 사회도 없다. 무엇보다도 가장 나쁜 것은 끊임없는 공포와 폭력적인 죽음의 위험 속에서 인간의 삶은 고독하고 가난하며 고약하고 잔인한 데다 짧다는 것이다." Thomas Hobbes, *Leviathan, Reprinted from the Edition of 1651 with an Essay by the Late W. G. Pogson Smith* (Oxford: Clarendon Press, 1909), 87~88.

3) Jean-Laurent Rosenthal and R. Bin Wong, *Before and Beyond Divergence: The Politics of Economic Change in China and Europe* (Cambridge, MA: Harvard University Press, 2011), 67~98.

4) Ibid., 167~207.

5) 이 부분은 다음 자료에 언급된 논제와 사료에 의존하고 있다. Kaoru Sugihara and R. Bin Wong, "Industrious Revolutions in Early Modern World History," in *The Cambridge World History*, vol. 6, *The Construction of a Global World, 1400-1800 ce*, pt. 2, *Patterns of Change*, ed. Jerry Bentley, Sanjay Subrahmanyam, and Merry Weisner-Hanks (Cambridge: Cambridge University Press, 2015), 283~310.

6) Catherine Pagani, *Eastern Magnificence and European Ingenuity: Clocks of Late Imperial China* (Ann Arbor: University of Michigan Press, 2001); Yangwen Zheng, *China on the Sea: How the Maritime World Shaped Modern China* (Leiden: Brill, 2012), 207~242.

7) Adam Smith, *The Wealth of Nations* (1776), bk. 4, chap. 7, http://www.econlib.org/library/Smith/smWN17.html.

8) Philip Hoffman, *Why Did Europe Conquer the World?* (Princeton, NJ: Princeton University Press, 2015).

9) Philip Hoffman and Jean-Laurent Rosenthal, "The Political Economy of Warfare and Taxation in Early Modern Europe: Historical Lessons for Economic Development," in *The Frontiers of the New Institutional Economics*, ed. John N. Drobak and John V. C. Nye (San Diego: Academic Press, 1997), 213~246.

10) James D. Tracy, ed., *The Political Economy of Merchant Empires: State Power and World Trade, 1350-1750* (Cambridge: Cambridge University Press, 1991).

11) Oscar Gelderblom, *Cities of Commerce: The Institutional Foundations of International Trade in the Low Countries, 1250-1650* (Princeton, NJ: Princeton University Press, 2013).

12) 근대 초 유럽의 해양 상업 제국에 관한 폭넓은 에세이집인 Tracy, *The Political Economy of Merchant Empires*를 보라.

13) 이 부분은 R. Bin Wong, *China Transformed: Historical Change and the Limits of European Experience* (Ithaca, NY: Cornell University Press, 1997)을 보라.

14) Paul Arthur Van Dyke, *The Canton Trade: Life and Enterprise on the China Coast, 1700-1845* (Hong Kong: Hong Kong University Press, 2005).

15) 이 단락과 다음 단락에서 중국인과 유럽인들이 'domestic'과 'foreign'이라는 공간을 개념적·제도적으로 어떻게 달리 구분하는지에 관해서는 R. Bin Wong, "Reflections on Qing Institutions of Governance: Chinese Empire in Comparative Perspective," *Crossroads* 5 (2012): 103~114를 보라.

16) William Parker, *Europe, America and the Wider World*, vol. 2, *America and the Wider World* (Cambridge: Cambridge University Press, 1991), 5~6.

17) 네덜란드 동인도회사가 정치적으로 일찍 몰락한 것은 영국인들로 인해 경제적으로 쇠퇴했기 때문이다. 두 동인도회사의 권위와 조직의 성격을 알아보기 위해서는 Julia Adams, "Principals and Agents, Colonialists and Company Men: The Decay of Colonial Control in the Dutch East Indies," *American Sociological Review* 61 (1996): 12~28을 보라.

18) R. M. Hartwell, "The Causes of the Industrial Revolution: An Essay in Methodology," *Economic History Review*, n.s., 18 (1965): 164~182; Paul Mantoux, *The Industrial Revolution in the Eighteenth Century* (London: J. Cape, 1928).

19) N. F. R. Crafts and C. K. Harley, "Output Growth and the British Industrial Revolution: A Restatement of the Crafts-Harley View," *Economic History Review*, n.s., 45, no. 4 (1992): 703~730.

20) Douglass C. North, *Institutions, Institutional Change and Economic Performance* (Cambridge: Cambridge University Press, 1990).

21) Patrick K. O'Brien, "Historical Foundations for a Global Perspective on the Emergence of a Western European Regime for the Discovery, Development, and Diffusion of Useful and Reliable Knowledge," *Journal of Global History* 8 (2013): 1~24.

22) Jan Luiten van Zanden, "Industrialization in the Netherlands," in *The Industrial Revolution in National Context: Europe and the USA*, ed. Mikuláš Teich and Roy Porter (Cambridge: Cambridge University Press, 1996), 78~94, at 80.

23) Stephen Broadberry and Bishnupriya Gupta, "Lancashire, India, and Shifting Competitive Advantage in Cotton Textiles, 1700-1850: The Neglected Role of Factor Prices," *Economic History Review* 62 (2009): 279~305.

24) Margaret Jacobs, *Scientific Culture and the Making of the Industrial West* (Oxford: Oxford University Press, 1997); Deirdre McCloskey, *The Bourgeois Virtues: Ethics for an Age of Commerce* (Chicago: University of Chicago Press, 2006); Deirdre McCloskey, *Bourgeois Dignity: Why Economics Can't Explain the Modern World* (Chicago: University of Chicago Press, 2010); Joel Mokyr, *The Lever of Riches: Technological Creativity and Economic Progress* (Oxford: Oxford University Press, 1990); Joel Mokyr, *The Gifts of Athena: Historical Origins of the Knowledge Economy* (Princeton, NJ: Princeton University Press, 2003).

25) François Crouzet, "France"; van der Wee, "Industrial Revolution in Belgium."

26) Van Zanden, "Industrialization in the Netherlands"; Bruno Fritzsche, "Switzerland," in Teich and Porter, *Industrial Revolution in National Context*, 126~148.

27) Richard Tilly, "Germany," in Teich and Porter, *Industrial Revolution in National Context*, 95~125.

28) Carlo Ponti and Giorgio Mori, "Italy in the *Longue Duree*: The Return of an Old First-Comer," Gabriel Tortella, "A Latecomer: The Modernization of the Spanish Economy, 1800-1990," and Bo Gustafsson, "The Industrial Revolution in Sweden," all in Teich and Porter, *Industrial Revolution in National Context*, 149~183, 184~200, 201~225.

29) Herbert Matis, "Austria: Industrialization in a Multinational Setting," Milan Myšk, "The Industrial Revolution: Bohemia, Moravia, and Silesia," Ivan T. Berend, "Hungary: A Semi-successful Peripheral Industrialization in the Nineteenth and Early Twentieth Centuries," Ljuben Berov, "The Industrial Revolution and the Countries of South-Eastern Europe in the Nineteenth and Early Twentieth Centuries," and Roger Munting, "Industrial Revolution in Russia," all in Teich and Porter, *Industrial Revolution in National Context*, 226~246, 247~264, 265~289, 290~328, 329~349.

30) Nathan Rosenberg and Manuel Trajtenberg, "A General Purpose Technology at Work: The Corliss Steam Engine in the Late 19th Century U.S.," NBER Working Paper no. 8485 (2001), http://www.nber.org/papers/w8485.pdf.

31) Maurice R. Fox, *Dye-Makers of Great Britain, 1856-1976: A History of Chemists, Companies, Products and Changes* (Manchester, UK: Imperial Chemical Industries, 1987), 94~101.

32) Ralph Landau and Nathan Rosenberg, "Successful Commercialization in the Chemical Process Industries," in *Technology and the Wealth of Nations*, ed. Nathan Rosenberg, Ralph Landau, and David C. Mowry (Stanford, CA: Stanford University Press, 1992), 73~120, at 78~79.

33) Tilly, "Germany"; van der Wee, "Industrial Revolution in Belgium."

34) Matthew Gandy, "The Paris Sewers and the Rationalization of Urban Space," *Transactions of the Institute of British Geographers*, n.s., 24 (1999): 23~44; Jürgen Osterhammel, *The Transformation of the World: A Global History of the Nineteenth Century* (Princeton, NJ: Princeton University Press, 2014), 72~74.

35) Osterhammel, *Transformation of the World*, 311, 318; Scott McQuire, "Immaterial Architectures: Urban Space and Electric Light," *Space and Culture* 8 (2005): 126~140.

36) Honoré-Antoine Frégier, *Des classes dangereuses de la population dans les grandes villes: Et des moyens de les rendre meilleures* (Paris: J.-B. Bailliere, 1840).

37) Kevin H. O'Rourke, "Tariffs and Growth in the Late Nineteenth Century," *Economic Journal* 110 (2000): 456~483.

38) Sibylle H. Lehmann and Kevin H. O'Rourke, "The Structure of Protection and Growth in the Nineteenth Century," *Review of Economics and Statistics* 93 (2011): 606~616.

39) Kevin H. O'Rourke and Jeffrey G. Williamson, *Globalization and History: The Evolution of a Nineteenth-Century Atlantic Economy* (Cambridge, MA: MIT Press, 1999), 35.

40) Dale C. Copeland, *Economic Interdependence and War* (Princeton, NJ: Princeton University Press, 2015), 375~427.

41) Frank Trentmann, "Political Culture and Political Economy: Interest, Ideology, and Free Trade," *Review of International Political Economy* 5 (1998): 217~251.

42) Marcello Carmagnani, *The Other West: Latin America from Invasion to Globalization* (Berkeley: University of California Press, 2011).

43) Parker, *America and the Wider World*, 183~214.

44) Alfred D. Chandler, *The Visible Hand: The Managerial Revolution in American Business* (Cambridge, MA: Harvard University Press, 1977), 72~74, 77.

45) Parker, *America and the Wider World*, 12~13, 1991; Chandler, *The Visible Hand*, 44~45.

46) Parker, *America and the Wider World*, 120~121.

47) Ibid., 130~137, 218.

48) Douglass C. North, *The Economic Growth of the United States, 1790-1860* (Englewood Cliffs, NJ: Prentice Hall, 1961); Parker, *America and the Wider World*, 43.

49) John Tutino, *Making a New World: Founding Capitalism in the Bajio and Spanish North America* (Durham, NC: Duke University Press, 2011).

50) Peter Kastor, *The Nation's Crucible: The Louisiana Purchase and the Creation of America* (New Haven, CT: Yale University Press, 2004).

51) Parker, *America and the Wider World*, 12~13.

52) Ricard Sylla, "Experimental Federalism: The Economics of American Government, 1789-1914," in *The Cambridge Economic History of the United States*, vol. 2: *The Long Nineteenth Century*, ed. Stanley L. Engerman and Robert E. Gallman (Cambridge: Cambridge University Press, 2000), 483~542, at 527.

53) Ibid., 532.

54) Parker, *America and the Wider World*, 18.

55) 아메리카의 토지 정책을 개관하기 위해서는 Paul W. Gates, "An Overview of American Land Policy," *Agricultural History* 50 (1976): 213~229를 보라.

56) U.S. Code 304, online: http://www.law.cornell.edu/uscode/text/7/304.

57) Jeremy Atack, Fred Bateman, and William N. Parker, "Northern Agriculture and the Westward Movement," in Engerman and Gallman, *The Long Nineteenth Century*, 285~325, at 301.

58) Chandler, *The Visible Hand*, chaps. 3~5.

59) Ibid., 171.

60) Jeremy Atack, Fred Bateman, and William N. Parker, "Farm, Farmer and Market," in Engerman and Gallman, *The Long Nineteenth Century*, 245~284, at 250. 19세기와 20세기 초의 운송에 관해서는 Albert Fishlow, "Internal Transportation in the Nineteenth and Early Twentieth Centuries," in Engerman and Gallman, *The Long Nineteenth Century*, 543~642, at 589을 보라.

61) Fishlow, "Internal Transportation," 621.

62) Ibid., 624~625.

63) Chandler, *The Visible Hand*, chaps. 7~11.

64) Rosenberg and Trajtenberg, "General Purpose Technology"; Ashish Arora, "Patents, Licensing, and Market Structure in the Chemical Industry," *Research Policy* 26 (1997): 391~403; Naomi Lamoreaux and Kenneth Sokoloff, "Market Trade in Patents and the Rise of a Class of Specialized Inventors in the 19th-Century United States," *American Economic Review* 91 (2001): 39~44.

65) Chandler, *The Visible Hand*, 315~362; Naomi Lamoreaux, *The Great Merger Movement in American History, 1895-1904* (New York: Cambridge University Press, 1988).

66) Parker, *America and the Wider World*, 225.

67) Lance E. Davis and Robert J. Cull, "International Capital Movements, Domestic Capital Markets and American Economic Growth, 1820-1914," in Engerman and Gallman, *The Long Nineteenth Century*, 733~812, at 756.

68) Gavin Wright, *Old South, New South* (New York: Basic Books, 1986), 124~146.

69) Carlos Marichal, "Money, Taxes, and Finance," in *The Cambridge Economic History of Latin America*, vol. 1, *The Colonial Era and the Short Nineteenth Century*, ed. Victor Bulmer-Thomas, John Coatsworth, and Roberto Cortés-Conde (Cambridge: Cambridge University Press, 2005), 423~460.

70) Elinor G. K. Melville, "Land Use and the Transformation of the Environment," in Bulmer-Thomas, Coatsworth, and Cortes-Conde, *The Colonial Era*, 107~142, at 137.

71) John M. Monteiro, "Labor Systems," in Bulmer-Thomas, Coatsworth, and Cortes-Conde, *The Colonial Era*, 185~233.

72) Luis Bértola and Jeffrey G. Williamson, "Globalization in Latin America before 1940," in *The Cambridge Economic History of Latin America*, vol. 2, *The Long Twentieth Century*, ed. Victor Bulmer-Thomas, John Coatsworth, and Roberto Cortes-Conde (Cambridge: Cambridge University Press, 2006), 11~56, at 20.

73) Stanley L. Engerman and Kenneth L. Sokoloff, "Factor Endowments, Institutions, and Differential Paths of Growth among New World Economies: A View from Economic Historians of the United States," in *How Latin America Fell Behind: Essays on the Economic Histories of Brazil*

and Mexico, 1800-1914, ed. Stephen Haber (Stanford, CA: Stanford University Press, 1997), 260~304.

74) Melville, "Land Use," 118~120.

75) Ibid., 137~139.

76) Carmagnani, *The Other West*, 155; Aurora Gómez-Galvarriato, "Premodern Manufacturing," in Bulmer-Thomas, Coatsworth, and Cortes-Conde, *The Colonial Era*, 357~394, at 389.

77) John Coatsworth, "Economic and Institutional Trajectories in Nineteenth-Century Latin America," in *Latin America and the World Economy since 1800*, ed. John Coatsworth and Alan M. Taylor (Cambridge, MA: Harvard University Press, 1999), 23~54.

78) Alan M. Taylor, "Foreign Capital Flows," in Bulmer-Thomas, Coatsworth, and Cortes-Conde, *The Long Twentieth Century*, 57~100, at 63.

79) Ibid., 68; Stephen Haber, "Industrial Concentration and the Capital Markets: A Comparative Study of Brazil, Mexico, and the United States, 1830-1930," *Journal of Economic History* 51 (1991): 559~580.

80) Blanca Sánchez-Alonso, "Labor and Immigration," in Bulmer-Thomas, Coatsworth, and Cortes-Conde, *The Long Twentieth Century*, 377~426, at 379~380.

81) Ibid., 389~393.

82) Carmagnani, *The Other West*, 197.

83) Robert C. Allen, *Global Economic History: A Very Short Introduction* (Oxford: Oxford University Press, 2011), 126~127.

84) Aurora Gómez Galvarriato and Jeffrey G. Williamson, "Was It Prices, Productivity or Policy? The Timing and Pace of Latin American Industrialization after 1870," NBER Working Paper no. 13990 (2008), http://www.nber.org/papers/w13990.pdf. (2015년 11월 26일 검색).

85) Marvin McInnis, "The Economy of Canada in the Nineteenth Century," in Engerman and Gallman, *The Long Nineteenth Century*, 57~107; Richard White, *Railroaded: The Transcontinentals and the Making of Modern America* (New York: Oxford University Press, 2011).

86) McInnis, "Economy of Canada."

87) Hoffman, *Why Did Europe Conquer the World?*

88) Sánchez-Alonso, "Labor and Immigration."

89) White, *Railroaded*.

90) Dina Rizk Khoury, "The Ottoman Centre versus Provincial Power-Holders: An Analysis of the Historiography," in *The Cambridge History of Turkey*, vol. 3, *The Later Ottoman Empire, 1603-1839*, ed. Suraiya N. Faroqhi (Cambridge: Cambridge University Press, 2006), 135~156; Ariel Salzmann, "An Ancien Régime Revisited: Privatization and Political Economy in the Eighteenth-Century Ottoman Empire," *Politics and Society* 21 (1993): 393~423.

91) 나폴레옹의 침략으로 인해 야기된 프랑스인들과 이집트인의 만남을 순서대로 잘 기록한 Juan Cole, *Napoleon's Egypt: Invading the Middle East* (New York: Palgrave Macmillan, 2007)을 보라.

92) 영국의 이집트 점령으로 이끈 영국의 정책이 형성되는 과정에 대해서는 A. G. Hopkins, "The

Victorians and Africa: A Reconsideration of the Occupation of Egypt, 1882," *Journal of African History* 27 (1986): 363~391에 상세히 언급되어 있다.

93) 동방문제에 대한 개관에 관해서는 Alec L. Macfie, *The Eastern Question, 1774-1923* (London: Longman, 1996)을 보라.

94) 오스만의 자료와 시각에 토대로 크림 전쟁을 살펴보려면 Candan Badem, *The Ottoman Crimean War (1853-1856)* (Leiden: Brill, 2010)을 보라.

95) Edhem Eldem, "Capitulations and Western Trade," in Faroqhi, *The Later Ottoman Empire*, 281~335.

96) Şevket Pamuk and Jeffrey G. Williamson, "Ottoman De-industrialization, 1800-1913: Assessing the Shock, Its Impact and the Response," NBER Working Paper no. 14763 (2009), http://www.nber.org/papers/w14763.pdf.

97) Timur Kuran, *The Long Divergence: How Islamic Law Held Back the Middle East* (Princeton, NJ: Princeton University Press, 2010).

98) Carter Findley, "The Tanzimat," in *The Cambridge History of Turkey*, vol. 4, *Turkey in the Modern World*, ed. Reşat Kasaba (Cambridge: Cambridge University Press, 2008), 9~37.

99) John Thornton, *Africa and Africans in the Making of the Atlantic World, 1400-1800* (Cambridge: Cambridge University Press, 1998), 102~107.

100) Ibid., 98~182.

101) 제도가 경제 발전의 수준을 결정했다고 하는 다른 아제모을루(Daron Acemoglu)와 사이먼 존슨(Simon Johnson), 제임스 로빈슨(and James A. Robinson)의 주장에 대한 논평을 살펴보려면 Gareth Austin, "The Reversal of Fortune Thesis and the Compression of History: Perspectives from African and Comparative Economic History," *Journal of International Development* 20 (2008): 996~1027을 보라.

102) Robert I. Rotberg, The Founder: Cecil Rhodes and the Pursuit of Power (Oxford: Oxford University Press, 1988), 103에 인용.

103) 유럽의 아프리카 식민화에 대한 문헌은 방대하다. 유익한 저술인 Thomas Pakenham, *The Scramble for Africa: The White Man's Conquest of the Dark Continent from 1876 to 1912* (New York: Random House, 1991)을 보라.

104) Gareth Austin, "Explaining and Evaluating the Cash Crop Revolution in the 'Peasant' Colonies of Tropical Africa, ca. 1890-ca. 1930: Beyond 'Vent for Surplus,'" in *Africa's Development in Historical Perspective*, ed. Emmanuel Akyeampong, Robert H. Bates, Nathan Nunn, and James Robinson (New York: Cambridge University Press, 2014), 295~320.

105) David Clingingsmith and Jeffrey G. Williamson, "India's De-industrialization under British Rule: New Ideas, New Evidence," NBER Working Paper no. 10586 (2004), http://www.nber.org/papers/w10586.pdf.

106) David Morris, "The Growth of Large-Scale Industry to 1947," in *The Cambridge Economic History of India*, vol. 2, *c. 1757-1970*, ed. Dharma Kumar and Meghnad Desai (Cambridge: Cambridge University Press, 1983), 553~676; Tirthankar Roy, *Rethinking Economic Change in India: Labour*

and Livelihood (London: Routledge, 2005).

107) Elizabeth Whitcombe, "Irrigation," and John M. Hurd, "Railways," both in Kumar and Desai, *Cambridge Economic History of India*, 2:677~737, 737~761.

108) Robert E. Elson, "International Commerce, the State and Society: Economic and Social Change," in *The Cambridge History of Southeast Asia*, vol. 2, *The Nineteenth and Twentieth Centuries*, ed. Nicholas Tarling (Cambridge: Cambridge University Press, 1993), 131~196, at 137~138.

109) Ibid., 147~151.

110) Ibid., 143~147.

111) R. Bin Wong, "China before Capitalism," in *The Rise of Capitalism: From Ancient Origins to 1848*, vol. 1 of *The Cambridge History of Capitalism*, ed. Larry Neal and Jeffrey G. Williamson (Cambridge: Cambridge University Press, 2014), 125~164.

112) Rosenthal and Wong, *Before and Beyond Divergence*, 67~98; Fan Jinmin, *Ming Qing Jiangnan shangye de fazhan* [The growth of Jiangnan commerce in the Ming and Qing dynasties] (Nanjing: Nanjing daxue chubanshe, 1998), 185~206.

113) 중국에 대한 동남아시아의 쌀 수출에 관해서는 Nola Cooke and Li Tana, *Water Frontier: Commerce and the Chinese in the Lower Mekong Region, 1750-1880* (Singapore: Rowman and Littlefield, 2004)를 보라. 해외무역이 강남 지역 농민들에게 수익을 가져다주었다는 주장에 관해서는 Loren Brandt, *Commercialization and Agricultural Development: Central and Eastern China, 1870-1937* (Cambridge: Cambridge University Press, 1989)를 보라.

114) R. Bin Wong, "Self-Strengthening and Other Political Responses to the Expansion of European Economic and Political Power," in *The Cambridge World History*, vol. 7, *Production, Destruction and Connection, 1750-Present*, pt. 1, *Structures, Spaces, and Boundary Making*, ed. John R. McNeill and Kenneth Pomeranz (Cambridge: Cambridge University Press, 2015), 366~394, at 383~384.

115) Wong, "Self-Strengthening," 380~382; Kenneth Pomeranz, *The Making of a Hinterland State, Society, and Economy in Inland North China, 1853-1937* (Berkeley: University of California Press, 1993).

116) Wong, "Self-Strengthening," 383~385.

117) Debin Ma, "Economic Growth in the Lower Yangzi Region of China in 1911-1937: A Quantitative and Historical Analysis," *Journal of Economic History* 68 (2008): 355~392.

118) Wolfgang Keller, Ben Li, and Carol H. Shiue, "China's Foreign Trade: Perspectives from the Past 150 Years," NBER Working Paper no. 16550 (2010), http://www.nber.org/papers/w16550.pdf; Linda Grove, *A Chinese Economic Revolution: Rural Entrepreneurship in the Twentieth Century* (Lanham, MD: Rowman and Littlefield, 2006).

119) Sugihara and Wong, "Industrious Revolutions in enarly modern world history."

120) William Mass and Hideaki Miyajima, "The Organization of the Developmental State: Fostering Private Capabilities and the Roots of the Japanese 'Miracle,'" *Business and Economic History* 22 (1993): 151~168.

121) Geoffrey Jones, *Merchants to Multinationals: British Trading Companies in the Nineteenth and*

Twentieth Centuries (Oxford: Oxford University Press, 2000), 45~83; Kozo Yamamura, "Entrepreneurship, Ownership and Management in Japan," in *The Cambridge Economic History of Europe*, vol. 7, *The Industrial Economies: Capital, Labour and Enterprise*, pt. 2, *The United States, Japan and Russia*, ed. Peter Mathias and M. M. Postan (Cambridge: Cambridge University Press, 1978), 215~264, at 240~250.

122) Mathias and Postan, *The Industrial Economies*, pt. 2.

123) André Schmid, *Korea between Empires, 1895-1919* (New York: Columbia University Press, 2002).

124) Seong Ho Jun, James B. Lewis, and Han-Rog Kan, "Korean Expansion and Decline from the Seventeenth to the Nineteenth Century: A View Suggested by Adam Smith," *Journal of Economic History* 68 (2008): 244~282.

125) Carter Eckert, *Offspring of Empire: The Koch'ang Kims and the Colonial Origins of Korean Capitalism, 1876-1945* (Seattle: University of Washington Press, 1991), 9~14.

126) William G. Beasley, *Japanese Imperialism, 1894-1945* (Oxford: Oxford University Press, 1987), 42~60.

127) 영국과 일본의 관계는 전 지구적인 정치적·경제적 관심이라는 포괄적인 프레임 안에서 각국이 동아시아를 바라본 시각에 의해 영향을 받았다. Ian H. Nish, *The Anglo-Japanese Alliance: The Diplomacy of Two Island Empires, 1894-1907* (London: Dover, 1985), 1~19.

128) Debin Ma, "Between Cottage and Factory: The Evolution of Chinese and Japanese Silk-Reeling Industries in the Latter Half of the Nineteenth Century," *Journal of the Asia Pacific Economy* 10 (2005): 195~213; Chun Wai Tang, "A Global Technological Diffusion: Traditional Chinese Tea Technology and Its Contribution to Modern Tea Production in the 19th Century" (master's diss., Simon Fraser University, Burnaby, 2008), Simon Fraser University Institutional Repository, http://summit.sfu.ca/item/9220.

129) Elisabeth Koll, *From Cotton Mill to Business Empire: The Emergence of Regional Enterprises in Modern China* (Cambridge, MA: Harvard University Press, 2003); Grove, *A Chinese Economic Revolution*.

130) Bértola and Williamson, "Globalization in Latin America"; Nicolas Spulber, *Russia's Economic Transitions: From Late Tsarism to the New Millennium* (Cambridge: Cambridge University Press, 2003).

131) Thomas Rawski, *Economic Growth in Prewar China* (Berkeley: University of California Press 1989; James McClain, *Japan: A Modern History* (New York: W. W. Norton, 2002), 358~364.

132) Robert Wade, *Governing the Market: Economic Theory and the Role of the State in East Asian Industrialization* (Princeton, NJ: Princeton University Press, 1990); Atul Kohli, *State-Directed Development: Political Power and Industrialization in the Global Periphery* (Cambridge: Cambridge University Press, 2004), 27~61; John Knight, "China as a Developmental State," *The World Economy* 37 (2014): 1335~1347.

133) Michael Adas, *Machines as the Measure of Men: Science, Technology, and Ideologies of Western Dominance* (Ithaca, NY: Cornell University Press, 1989).

134) Francis Fukuyama, *The End of History and the Last Man* (New York: Free Press, 1992).

135) Neal and Williamson, *The Rise of Capitalism*; Larry Neal and Jeffrey G. Williamson, *The Cambridge History of Capitalism*, vol. 2, *The Spread of Capitalism: From 1848 to the Present* (Cambridge: Cambridge University Press, 2015).

136) Immanuel Wallerstein, *The Modern World-System*, 4 vols. (New York: Academic Press; Berkeley: University of California Press, 1974-2011).

137) Jones, *Merchants to Multinationals*, 45~82.

138) Ivan Berend, *An Economic History of Nineteenth-Century Europe: Diversity and Industrialization* (Cambridge: Cambridge University Press, 2013), 152~180.

139) Aldo Ferrer, *The Argentine Economy: An Economic History of Argentina* (Berkeley: University of California Press, 1967), 89.

140) Kevin H. O'Rourke and Jeffrey G. Williamson, "Introduction: The Spread of and Resistance to Global Capitalism," in Neal and Williamson, *The Spread of Capitalism*, 1~21, at 11.

141) Ferrer, *The Argentine Economy*, 89.

142) Gerardo della Paolera and Alan M. Taylor, *Straining at the Anchor: The Argentine Currency Board and the Search for Macroeconomic Stability, 1880-1935* (Chicago: University of Chicago Press, 2001).

143) Rudolf Hilferding, *Das Finanzkapital: Eine Studie zur jungsten Entwicklung des Kapitalismus* (Vienna: Volksbuchhandlung, 1910).

144) Robert W. Cherny, *A Righteous Cause: The Life of William Jennings Bryan* (Boston: Little, Brown, 1985); Maurice Obstfeld, Jay C. Shambaugh, and Alan M. Taylor, "The Trilemma in History: Tradeoffs among Exchange Rates, Monetary Policies, and Capital Mobility," NBER Working Paper no. 10396 (2004), http://www.nber.org/papers/w10396.pdf.

145) John K. Fairbank, foreword, in Hsin-pao Chang, *Commissioner Lin and the Opium War* (Cambridge, MA: Harvard University Press, 1964), vii-viii, at vii.

146) Osterhammel, *Transformation of the World*, 630.

147) 국가 주도의 산업화에 관한 알렉산드르 게르셴크론(Alexander Gerschenkron)의 주장을 비판한 Nicholas Crafts and Kevin Hjortshorj O'Rourke, "Twentieth Century Growth," in *Handbook of Economic Growth*, vol. 2A, ed. Philippe Aghion and Steven N. Durlauf (Amsterdam: Elsevier, 2014), 263~346을 보라.

148) Thomas K. McCraw, *Prophet of Innovation: Joseph Schumpeter and Creative Destruction* (Cambridge, MA: Belknap Press of Harvard University Press, 2007).

149) Lars G. Sandberg, "Movements in the Quality of British Cotton Textile Exports, 1815-1913," *Journal of Economic History* 28 (1968): 1~27, at 2.

150) Hoffman, *Why Did Europe Conquer the World?*

151) 또한 Rosenthal and Wong, *Before and Beyond Divergence*를 보라.

152) Joseph Needham et al., *Science and Civilisation in China*, 7 vols. in 27 parts (Cambridge: Cambridge University Press, 1954-2008).

153) Mark Casson, *Multinationals and World Trade: Vertical Integration and the Division of Labour in*

World Industries (1986; Aldershot, UK: Routledge, 2011), 226.

154) Samuel Pao-San Ho, "Colonialism and Development: Korea, Taiwan and Kwantung," in *The Japanese Colonial Empire, 1895-1945*, ed. Ramon H. Myers and Mark R. Peattie (Princeton, NJ: Princeton University Press, 1984), 347~398, at 369~370.

155) 우리는 North, *Institutions, Institutional Change and Economic Performance* 에서 출발하고, 협력자에 관한 후속 연구들을 거쳐서 Douglass C. North, John Joseph Wallis, and Barry R. Weingast, *Violence and Social Orders: A Conceptual Framework for Interpreting Recorded Human History* (Cambridge: Cambridge University Press, 2009)에 도달했다. 이 주장은 책의 부제가 보여 주듯이 개방된 사회와 경제 발전 관계를 기록된 인류 역사라는 프레임으로 포괄하고 있다.

156) David Howell, "The Proto-Industrial Origins of Japanese Capitalism," *Journal of Asian Studies* 51 (1992): 269~286; Kaoru Sugihara, "The East Asian Path of Economic Development: A Long-term Perspective," in *The Resurgence of East Asia: 500, 150 and 50 Year Perspectives*, ed. Giovanni Arrighi, Takeshi Hamashita, and Mark Selden (London: Routledge, 2003), 78~123.

157) R. Bin Wong, "The Political Economy of Chinese Rural Industry and Commerce in Historical Perspective," *Études Rurale*s 161~162 (2002): 153~164.

158) Dani Rodrik, *The Globalization Paradox: Democracy and the Future of the World Economy* (New York: W. W. Norton 2011).

159) John Brooke, *Climate Change and the Course of Global History: A Rough Journey* (New York: Cambridge University Press, 2014).

160) Gerardo Ceballos et al., "Accelerated Modern Human-Induced Species Losses: Entering the Sixth Mass Extinction," *Science Advances* 1, no. 5 (2015), http://advances .sciencemag.org/content/1/5/e1400253.full.

3부 세계적 변화의 문화사

3부는 대한민국 정부(교육부) 산하 기관인 한국학중앙연구원의 자금 지원을 받았다. (AKS-2010-DZZ-3103)

1) Basil Hall Chamberlain, *Things Japanese: Being Notes on Various Subjects Connected with Japan* [1890] (London: John Murray, 1905), 1.

2) Richard Middleton, *The Bells of Victory: The Pitt-Newcastle Ministry and Conduct of the Seven Years's War, 1757-1762* (Cambridge: Cambridge University Press, 1985), 77에서 인용.

3) Marian Füssel, *Der Siebenjährige Krieg: Ein Weltkrieg im 18 Jahrhundert* (Munich: C. H. Beck, 2010); Daniel Baugh, *The Global Seven Years War, 1754-1763* (Harlow: Pearson Education Limited, 2011).

4) 세계사의 문화적 차원에 관한 몇 가지 매력적인 시각은 Christopher A. Bayly, "'Archaic' and 'Modern' Globalization in the Eurasian and African Arena, 1750-1850," in *Globalization in World History*, ed. A. G. Hopkins (London: Pimlico, 2002), 42~73; Sanjay Subrahmanyam, "Connected

Histories: Toward a Reconfiguration of Early Modern Eurasia," in *Beyond Binary Histories: Reimagining Eurasia to c. 1830*, ed. Victor B. Lieberman (Ann Arbor: University of Michigan Pess, 1997), 289~315; Christopher L. Hill, *National History and the World of Nations: Capital, State, and the Rhetoric of History in Japan, France, and the United States* (Durham, NC: Duke University Press, 2008); Carol Gluck and Anna Lowenhaupt Tsing, eds., *Words in Motion: Towards a Global Lexicon* (Durham, NC: Duke University Press, 2009)를 보라.

5) Charles Kurzman, ed., *Modernist Islam: A Sourcebook* (Oxford: Oxford University Press, 2002), 36 에서 인용.

6) Michael Facius, "Transcultural Philology in 19th-Century Japan," *Philological Encounters* 3 (2018)에서 인용. 중국의 비슷한 시각은 Edward q. Wang, "Beyond East and West: Antiquarianism, Evidential Learning, and Global Trends in Historical Study," *Journal of World History* 19 (2008): 489~519를 보라.

7) 예를 들면 Eric Jones, *The European Miracle: Environments, Economies and Geopolitics in the History of Europe and Asia* (Cambridge: Cambridge University Press, 1981); David Landes, *The Wealth and Poverty of Nations: Why Some Are So Rich and Some So Poor* (New York: W. W. Norton, 1998); Michael Mitterauer, *Warum Europa? Mittelalterliche Grundlagen eines Sonderwegs* (Munich: C. H. Beck, 2003); Gertrude Himmelfarb, *The Roads to Modernity: The British, French, and American Enlightenments* (New York: Vintage Books, 2004); Louis Dupré, *The Enlightenment and the Intellectual Foundations of Modern Culture* (New Haven, CT: Yale University Press, 2004); Robert B. Louden, *The World We Want: How and Why the Ideals of the Enlightenment Still Elude Us* (Oxford: Oxford University Press, 2007); John M. Headley, *The Europeanization of the World: On the Origins of Human Rights and Democracy* (Princeton, NJ: Princeton University Press, 2008); Anthony Pagden, *Worlds at War: The 2,500-Year Struggle between East and West* (Oxford: Oxford University Press, 2008); Heinrich August Winkler, *Geschichte des Westens*, 4 vols. (Munich: C. H. Beck, 2009-2015)를 보라.

8) Landes, *The Wealth and Poverty of Nations*, xxi.

9) 이러한 유럽 중심주의적 견해의 극단적 형태는 Ricardo Duchesne, *The Uniqueness of Western Civilization* (Leiden: Brill, 2011)에서 볼 수 있다.

10) Immanuel Kant, "An Answer to the Question: What Is Enlightenment?," in *What Is Enlightenment? Eighteenth-Century Answers and Twentieth-Century Questions*, ed. james Schmidt (Berkeley: University of California Press, 1996), 58~64, at 59.

11) Ashis Nandy, "The Politics of Secularism and the Recovery of Religious Tolerance," in *Mirrors of Violence: Communities, Riots and Survivors in South Asia*, ed. Veena Das (Delhi: Oxford University Press, 1990), 90.

12) Robert Young, *White Mythologies: Writing History and the West* (London: Routledge, 1990). 또 한 Edward Said, *Culture and Imperialism* (New York: Alfred A. Knopf, 1993); Gayatri Spivak, *A Critique of Postcolonial Reason: Toward a History of the Vanishing Present* (Cambridge, MA: Harvard University Press, 1999); Daniel Carey and Lynn Festa, eds., *The Postcolonial Enlightenment:*

Eighteenth-Century Colonialism and Postcolonial Theory (Oxford: Oxford University Press, 2009)를 보라.

13) Dipesh Chakrabarty, "Postcoloniality and the Artifice of History: Who Speaks for 'Indian' Pasts?," *Representations* 37 (1992): 1~26, at 21.

14) Uday Singh Mhta, *Liberalism and Empire: A Study in Nineteenth-Century British Liberal Thought* (Chicago: University of Chicago Press, 1999).

15) 초기 근대성 주제에 관한 특집호인 *Daedalus* 127 (1998)을 보라. 또한 Lynn A. Struve, introduction to *The Qing Formation in World Historical Time*, ed. Lynn A. Struve (Cambridge, MA: Harvard University Press, 2004), 1~54를 보라.

16) Robert N. Bellah, *Tokugawa Religion: The Cultural Roots of Modern Japan* (New York: Free Press, 1957), 2.

17) Peter Gran, *Islamic Roots of Capitalism: Egypt, 1760-1840* (Austin: University of Texas Press, 1979).

18) 이 주제에 관해서는 Reinhard Schulze, "Was ist die islamische Aufklärung?," *Die Welt des Islam* 36 (1996): 276~325, at 308, 309를 보라. 또한 Schulze, "Islam und andere Religionen in der Aufklärung," *Simon Dubnow Institute Yearbook* 7 (2008): 317~340을 보라.

19) J. M. Elvin, "Vale atque ave," in *Science and civilisation in China*, vol. 7, no. 2, ed. Joseph Needham and K. G. Robinson (Cambridge: Cambridge University Press, 2004), xxiv-xliii, at xl.

20) Joel Mokyr, "The Great Synergy: The European Enlightenment as a Factor in Modern Economic Growth," in *Understanding the Dynamics of a Knowledge Economy*, ed. Wilfred Dolfsma and Luc Soete (Cheltenham, UK: Edward Elgar, 2006), 7~41.

21) 복수의 근대성(multiple modernity)이라는 주제에 관한 특집호인 *Daedalus* 129 (2000)을 보라. 그리고 Donimic Sachsenmaier, Shmuel Eisenstadt, and Jens Riedel, eds., *Reflections on Multiple Modernities* (Leiden: Brill, 2002)를 보라. 그러나 이 폭넓은 논의에 관한 모든 기고문이 다 목적론적 시각을 제시하지는 않는다. 훌륭한 개관은 다음에서 볼 수 있다. Struve, *The Qing Formation*.

22) Sheldon Pollock, "Pretextures of Time," *History and Theory* 46 (2007): 365~381, at 380.

23) 이러한 경향은 이를테면 다음에서 분명하다. Jack Goody, *The Theft of History* (Cambridge: Cambridge University Press, 2006), 118~121; Goody, *Renaissances: The One or the Many?* (Cambridge: Cambridge University Press, 2009).

24) 다음의 비판적 성찰을 보라. Arif Dirlik, "Global Modernity? Modernity in an Age of Global Capitalism," *European Journal of Social Theory* 6, no. 3 (2003): 275~292; Timothy Mitchell, introduction to *Questions of Modernity*, ed. Timothy Mitchell (Minneapolis: University of Minnesota Press, 2000), xi~xvii.

25) Sanjay Subrahmanyam, "Hearing Voices: vignettes of Early Modernity in South Asia, 1400-1750," *Daedalus* 127, n0. 3 (1998): 99~100.

26) Arif Dirlik, "Is There History after Eurocentrism? Globalism, Postcolonialism, and the Disavowal of History," in *Postmodernity's Histories: The Past as Legacy and Project*, ed. Arif Dirlik (Lanham, MD: Rowman and Littlefield, 2000), 63~69, at 77.

27) Marshall Sahlins, "Cosmologies of Capitalism: The Trans-Pacific Sector of 'The World System,'" in *Culture/ Power/ History: A Reader in Contemporary Social Theory*, ed. Nicholas B. Dirks, Geoff Eley, and Sherry B. Ortner (Princeton, NJ: Princeton University Press, 1994), 412~458, at 421.

28) J. L. Cranmer-Byng, *An Embassy to China: Being the Journal Kept by Lord Macartney during His Embassy to the Emperor Ch'ien-lung, 1793-1794* (London: Longmans, 1962), 337에서 인용.

29) J. L. Cranmer-Byng, "Lord Macartney's Embassy to Peking in 1793 (from Official Chinese Documents)," *Journal of Oriental Studies* I (1957): 117~186, at 182. 헨리에타 해리슨(Henrietta Harrison)이 다음에서 분명히 밝혔듯이 이 문서의 학문적 수용은 20세기 중국의 편집 정책에 큰 신세를 졌다. "The Qianlong Emperor's letter to George III and the Early-Twentieth-Century Origins of Ideas about Traditional China's Foreign Relations," *American Historical Review* 122 (2017): 680~701.

30) 조지 3세가 쓴 편지의 인용문은 이 사절단에 관한 최고의 연구에서 볼 수 있다. James L. Hevia, *Cherishing Men from Afar: Qing Guest Ritual and the Macartney Embassy of 1793* (Durham, NC: Duke University Press, 1995), 60.

31) Cranmer-Byng, *An Embassy to China*, 340.

32) Sahlins, "Cosmologies of Capitalism," 417.

33) 안타깝게도 매우 설명적이다. Fred W. Drake, *China Charts the World: Hsu Chi-yü and Hist Geography of 1848* (Cambridge, MA: Harvard University Press, 1975).

34) Gagan D. S. Sood, "Circulation and Exchange in Islamicate Eurasia: A Regional Approach to the Early Modern World," *Past and Present* 212 (2011): 113~162를 보라.

35) Muzaffar Alam and Sanjay Subrahmanyam, *Indo-Persian Travels in the Age of Discoveries, 1400-1800* (Cambridge: Cambridge University Press, 2007)

36) Constantine N. Vaporis, *Breaking Barriers: Travel and the State in Early Modern Japan* (Cambridge, MA: Harvard University Press, 1994).

37) Susanna Fessler, *Musashino in Tuscany: Japanese Overseas Travel Literature, 1860-1912* (Ann Arbor: University of Michigan Press, 2004), 95. 또한 Joshua A. Fogel, *The Literature of Travel in the Japanese Rediscovery of China* (Stanford, CA: Stanford University Press, 1996)을 보라.

38) 하지 무스타파의 생애에 관해서는 Miles Ogborn, *Indian Ink: Script and Print in the Making of the English East India Company* (Chicago: University of Chicago Press, 2007), 250~261을 보라.

39) 훌륭한 개관으로는 Jürgen Osterhammel, *Die Entzauberung Asiens: Europa und die asiatischen Reiche im 18. Jahrhundert*, 2nd ed. (Munich: C. H. Beck, 2010), esp. 85~118을 보라. 또한 Stuart B. Schwartz, ed., *Implicit Understandings: Observing, Reporting and Reflecting on the Encounters between Europeans and Other Peoples in the Early Modern Era* (Cambridge: Cambridge University Press, 1994)를 보라.

40) Osterhammel, *Entzauberung Asiens*, 100.

41) Alam and Subrahmanyam, *Indo-Persian Travels;* Nile Green, ed., *Writing Travel in Central Asian History* (Bloomington: University of Indiana Press, 2013)을 보라.

42) Richard E. Strassberg, *Inscribed Landscapes: Travel Writing from Imperial China* (Berkeley:

University of California Press, 1994)를 보라.

43) Daniel Roche, *Humeurs vagabondes: De la circulation des hommes et de l'utilité des voyages* (Paris: Fayard, 2003), 33~35.

44) Barbara E. Mundy, *The Mapping of New Spain: Indigenous Cartography and the Maps of the Relaciones Geográficas* (Chicago: University of Chicago Press, 1996)을 보라.

45) Osterhammel, *Entzauberung Asiens*, 112~118; Tony Ballantyne, ed., *Science, Empire and the European Exploration of the Pacific* (Aldershot, UK: Ashgate, 2004)를 보라.

46) Bruce Lincoln, *The Conquest of a Continent: Siberia and the Russians* (London: Random House, 1993); Laura Hostetler, *Qing Colonial Enterprise: Ethnography and Cartography in Early Modern China* (Chicago: University of Chicago Press, 2005); Hostetler, "Central Asians in the Eighteenth Century Qing 'Illustrations of Tributary Peoples,'" in Green, *Writing Travel*, 89~112; William T. Rowe, Saving the World: Cheng Hongmou and Elite Consciousness in Eighteenth-Century China (Stanford, CA: Stanford University Press, 2001).

47) Ibrahim Abu-Lughod, *Arab Rediscovery of Europe: A Study in Cultural Encounters* (Princeton, NJ: Princeton University Press, 1963); Bernard W. Lewis, *The Muslim Discovery of Europe* (New York: W. W. Norton, 2001).

48) Burchard Brentjes, *Anton Wilhelm Amo: Der schwarze Philosoph in Halle* (Leipzig: Koehler und Amelang, 1976).

49) James Walvin, *An African's Life: The Life and Times of Olaudah Equiano, 1745-1797* (London: Cassell, 1998); David Northrup, *Africa's Discovery of Europe, 1450-1850* (New York: Oxford University Press, 2002)를 보라.

50) 1800년 이전 유럽인의 인식에 관해서는 Dana Leibsohn and Jeanette Favrot Peterson, eds., *Seeing across Cultures in the Early Modern World* (Farnham, UK: Ashgate, 2012); Kumkum Chatterjee and Clement Hawes, eds., *Europe Observed: Multiple Gazes in Early Modern Encounters* (Lewisburg, PA: Bucknell University Press, 2008)을 보라.

51) Sanjay Subrahmanyam, "Taking Stock of the Franks: South Asian Views of Europeans and Europe, 1500-1800," *Indian Economic and Social History Review* 42 (2005): 69~100; Jürgen Osterhammel, "Ex-zentrische Geschichte: Ausenansichten europäischer Modernität," in *Jahrbuch des Wissenschaftskollegs zu Berlin 2000 / 2001*, ed. Wolf Lepenies (Berlin: Wissenschaftskolleg zu Berlin, 2002), 296~318; Fatma Göcek, *East Encounters West: France and the Ottoman Empire in the Eighteenth Century* (New York: Oxford University Press, 1987).

52) Jamal Malik, ed., *Perspectives of Mutual Encounters in South Asian History, 1760-1860* (Leiden: Brill, 2000).

53) Hannes Kastner, "Das Gespräch des Orientreisenden mit dem heidnischen Herrscher," in *Gespräche—Boten—Briefe: Körpergedächtnis und Schriftgedächtnis im Mittelalter*, ed. Horst Wenzel and Peter Göhler (Berlin: Schmidt, 1997), 280~295.

54) Bob Tadashi Wakabayashi, *Anti-foreignism and Western Learning in Early Modern Japan: The New Theses of 1825* (Cambridge, MA: Harvard University Press, 1986), 149에서 인용.

55) Engelbert Kaempfer, *Geschichte und Beschreibung von Japan: Unveränderter Nachdruck der Ausgabe Lemgo, 1777-1779*, vol. 2 (Stuttgart: Brockhaus, 1964), 395~396.

56) Yasunori Arano, "The Entrenchment of the Concept of 'National Seclusion,'" *Acta Asiatica* 67 (1994): 83~108, at 97.

57) Grant K. Goodman, *Japan and the Dutch, 1600-1853* (Richmond, Surrey, UK: Curzon, 2000); Donald Keene, *The Japanese Discovery of Europe* (Stanford, CA: Stanford University Press, 1969); Richard Rubinger, *Private Academies of Tokugawa Japan* (Princeton, NJ: Princeton University Press, 1982); Jacques Proust, *Europe through the Prism of Japan: Sixteenth to Eighteenth Centuries* (Notre Dame, IN: University of Notre Dame Press, 2002); Terrence Jackson, *Network of Knowledge: Western Science and the Tokugawa Information Revolution* (Honolulu: University of Hawai'i Press, 2016).

58) Jürgen Habermas, *The Structural Transformation of the Public Sphere: An Inquiry into a Category of Bourgeois Society* (Cambridge, MA: MIT Press, 1989); Craig Calhoun, ed., *Habermas and the Public Sphere* (Cambridge, MA: MIT Press, 1992).

59) 다음의 중요한 연구를 보라. C. A. Bayly, *Empire and Information: Intelligence Gathering and Social Communication in India, 1780-1870* (Cambridge: Cambridge University Press, 1996).

60) Mary Elizabeth Berry, *Japan in Print: Information and Nation in the Early Modern Period* (Berkeley: University of California Press, 2006). 중국에 관해서는 Frederic Wakeman, "Boundaries of the Public Sphere in Ming and Qing China," *Daedalus* 127 (Summer 1998): 167~190을 보라.

61) Jürgen Osterhammel, *The Transformation of the World: A Global History of the Nineteenth Century* (Princeton, NJ: Princeton University Press, 2014), 784~787을 보라.

62) David Northrup, *How English Became the Global Language* (New York: Palgrave Macmillan, 2013).

63) Bayly, *Empire and Information*; Osterhammel, *Entzauberung Asiens*, 128~134. 유럽에 관해서는 Peter Burke and Ronnie Po-chia Hsia, eds., *Cultural Translation in Early Modern Europe* (Cambridge: Cambridge University Press, 2007)을 보라.

64) Serge Gruzinski, *What Time Is It There? America and Islam at the Dawn of Modern Times* (Cambridge: Polity Press, 2010), 73. 또한 Sanjay Subrahmanyam, "On World Historians in the Sixteenth Century," *Representations* 91 (Summer 2005): 26~57을 보라. 역사 서술의 세계사에 관해서는 George Iggers and Edward Q. Wang, *A Global History of Modern Historiography* (New York: Pearson Longman, 2008); Daniel Woolf, ed., *The Oxford History of Historical Writing*, 5 vols. (Oxford: Oxford University Press, 2011-2012)를 보라.

65) Gruzinski, *What Time Is It There?*, 69.

66) Osterhammel, *Entzauberung Asiens*, 271~348; Guido Abbattista, "The Business of Paternoster Row: Towards a Publishing History of the *Universal History* (1736-65)," *Publishing History* 17 (1985), 5~50. 또한 Geoffrey C. Gunn, *First Globalization: The Eurasian Exchange, 1500-1800* (Lanham, MD: Rowman and Littlefield, 2003), 145~168; John J. Clarke, *Oriental Enlightenment: The Encounter between Asian and Western Thought* (London: Routledge, 1997)을 보라.

67) Johan van der Zande, "August Ludwig Schlözer and the English Universal History," in

Historikerdialoge: Geschichte, Mythos und Gedächtnis im deutsch-britischen kulturellen Austausch, 1750-2000, ed. Stefan Berger, Peter Lambert, and Peter Schumann (Göttingen: Vandenhoeck und Ruprecht, 2003), 135~156, at 135에서 인용. 또한 Karen O'Brien, *Narratives of Enlightenment: Cosmopolitan History from Voltaire to Gibbon* (Cambridge: Cambridge University Press, 1997)을 보라. 기번에 관해서는 John G. A. Pocock, *Barbarism and Religion*, 5 vols. (Cambridge: Cambridge University Press, 1999-2011)을 보라.

68) 예를 들면 Michael Harbsmeier, "World Histories before Domestication: The Writing of Universal Histories, Histories of Mankind and World Histories in Late Eighteenth-Century Germany," *Culture and History* 5 (1989): 93~131을 보라.

69) Wolfgang Seifert and Christian Uhl, eds., *Takeuchi Yoshimi: Japan in Asien: Geschichtsdenken und Kulturkritik nach 1945* (Munich: Iudicium, 2005), 159에서 인용.

70) 최근의 많은 연구는 19세기 중반을 전환점으로 다루었다. 예를 들면 Michael Geyer and Charles Bright, "World History in a Global Age," *American Historical Review* 100 (October 1995): 1034~1060; Charles S. Maier, "Consigning the Twentieth Century to History: Alternative Narratives for the Modern Era," *American Historical Review* 105 (June 2000): 807~831을 보라.

71) John Rule, The Vital Century: England's Developing Economy, 1714-1815 (Harlow, UK: Longman, 1992), 276.

72) C. A. Bayly, *Imperial Meridian: The British Empire and the World, 1780-1830* (Harlow, UK: Longman, 1989); Bayly, "The First Age of Global Imperialism, c. 1760-1830," *Journal of Imperial and Commonwealth History* 26 (May 1998): 28~47; Stefan Rinke, *Revolutionen in Lateinamerika: Wege in die Unabhängigkeit, 1760-1839* (Munich: C. H. Beck, 2010); Baugh, *The Global Seven Years War*; Fussel, *Der Siebenjährige Krieg*; Juan Cole, *Napoleon's Egypt: Invading the Middle East* (New York: Palgrave Macmillan, 2007); George A. Lensen, ed., *Russia's Eastward Expansion* (Englewood Cliffs, NJ: Prentice-Hall, 1964); Patrick G. March, *Eastern Destiny: Russia in Asia and the North Pacific* (Westport, CT: Praeger, 1996); Jane Burbank, Mark van Hagen, and A. V. Remnev, eds., *Russian Empire: Space, People, Power, 1700-1930* (Bloomington: Indiana University Press, 2007); Paul Kennedy, *Aufstieg und Fall der großen Mächte* (Frankfurt am Main: Fischer, 2007); François Furstenberg, "The Significance of the Trans-Appalachian Frontier in Atlantic History, c. 1754-1815," *American Historical Review* 113 (June 2008): 647~677.

73) Kate Brittlebank, *Tipu Sultan's Search for Legitimacy: Islam and Kingship in a Hindu Domain* (Delhi: Oxford University Press, 1997); Khaled Fahmy, *All the Pasha's Men: Mehmed Ali, His Army and the Making of Modern Egypt* (Cambridge: Cambridge University Press, 1997).

74) 철도의 발전에 관해서는 Allan Mitchell, *The Great Train Race: Railways and the Franco-German Rivalry, 1815-1914* (New York: Berghahn Books, 2000); Patrick K. O'Brien, *Railways and the Economic Development of Western Europe* (London: Macmillan, 1983)을 보라.

75) Wolfgang Kaschuba, *Die Überwindung der Distanz: Zeit und Raum in der europäischen Moderne* (Frankfurt am Main: Fischer, 2004), 90에서 인용.

76) Albert Hourani, *Arabic Thought in the Liberal Age, 1798-1939* (Cambridge: Cambridge University

Press, 1983), 81.

77) Clarence B. Davis, Kenneth E. Wilburn, and Ronald E. Robinson, eds., *Railway Imperialism* (New York: Greenwood Press, 1991).

78) Lewis R. Fisher and Helge W. Nordvik, "Maritime Transport and the Integration of the North Atlantic Economy, 1850-1914," in *The Emergence of a World Economy, 1500-1914*, ed. Wolfram Fischer, Marvin McInnis, and Jürgen Schneider (Stuttgart: Franz Steiner Verlag, 1986), 519~546.

79) Daniel R. Headrick, *The Tools of Empire: Technology and European Imperialism in the Nineteenth Century* (Oxford: Oxford University Press, 1981), 155.

80) Peter J. Hugill, *Global Communications since 1844: Geopolitics and Technology* (Baltimore: Johns Hopkins University Press, 1999); Daniel R. Headrick, *When Information Came of Age: Technologies of Knowledge in the Age of Reason and Revolution* (Oxford: Oxford University Press, 2000); Dwayne R. Winseck and Robert M. Pike, *Communication and Empire: Media, Markets, and Globalization, 1860-1930* (Durham, NC: Duke University Press, 2007)을 보라.

81) Kenneth Silverman, *Lightning Man: The Accursed Life of Samuel F. B. Morse* (New York: Knopf, 2003), 240~241에서 인용.

82) Osterhammel, *The Transformation of the World*, 721.

83) 예를 들면 Fatma Müge Göçek, *Rise of the Bourgeoisie, Demise of the Empire: Ottoman Westernization and Social Change* (New York: Oxford University Press, 1996)을 보라.

84) 예를 들면 Joan Judge, *Print and Politics: "Shibao" and the Culture of Reform in Late Imperial China* (Stanford, CA: Stanford University Press, 1996); Dagmar Glass, *Der Muqtataf und seine Öffentlichkeit: Aufklärung, Räsonnement und Meinungsstreit in der frühen arabischen Zeitschriftenkommunikation; Analyse medialer und sozialer Strukturen; Streitgesprächsprotokolle*, 2 vols. (Wurzburg: Ergon, 2004); Natascha Vittinghoff, *Die Anfänge des Journalismus in China (1860-1911)* (Wiesbaden: Harrassowitz, 2002); James L. Huffman, *Creating a Public: People and Press in Meiji Japan* (Honolulu: University of Hawai'i Press, 1997)을 보라.

85) Michael Mitterauer, "Religion und Massenkommunikation: Buchdruck im Kulturvergleich," in *Vom Weltgeist beseelt: Globalgeschichte, 1700-1815*, ed. Margarete Grandner and Andrea Komlosy (Vienna: Promedia, 2004), 243~262; Francis Robinson, "Technology and Religious Change: Islam and the Impact of Print," *Modern Asian Studies* 27 (February 1993): 229~251을 보라.

86) Charles Tilly, "Reflections on the History of European State-Making," in *The Formation of National States in Western Europe*, ed. Charles Tilly (Princeton, NJ: Princeton University Press, 1975), 3~83; Osterhammel, *Die Verwandlung der Welt*, 565~672; Charles S. Maier, *Leviathan 2.0: Inventing Modern Statehood* (Cambridge, MA: Harvard University Press, 2014).

87) Charles Tilly, *Big Structures, Large Processes, Huge Comparisons* (New York: Russell Sage Foundation, 1984), 147.

88) Wolfram Fischer, *Expansion, Integration, Globalisierung: Studien zur Geschichte der Weltwirtschaft* (Gottingen: Vandenhoeck and Ruprecht, 1998); Giovanni Arrighi, *The Long Twentieth Century:*

Money, Power, and the Origins of Our Times (London: Verso, 1994); Kevin H. O'Rourke and Jeffrey G. Williamson, *Globalization and History: The Evolution of a Nineteenth-Century Atlantic Economy* (Cambridge, MA: Harvard University Press, 1999); Michael D. Bordo, Alan M. Taylor, and Jeffrey G. Williamson, eds., *Globalization in Historical Perspective* (Chicago: University of Chicago Press, 2003).

89) Cem Emrence, "Imperial Paths, Big Comparisons: The Late Ottoman Empire," *Journal of Global History* 3 (November 2008): 289~311.

90) Quotation from Guo in Nicola Spakowski, "China in the World: Constructions of a Chinese Identity in the Late Nineteenth and Early Twentieth Century," in *Trans-Pacific Interactions: The United States and China, 1880-1950*, ed. Vanessa Kunnemann and Ruth Mayer (London: Palgrave Macmillan, 2009), 59~81, at 62~63; 글래드스턴의 평가는 다음에서 볼 수 있다. Feng Chen, *Die Entdeckung des Westens: Chinas erste Botschafter in Europa, 1866-1894* (Frankfurt am Main: Fischer, 2001), 24.

91) Andrzej Walicki, *A History of Russian Thought from the Enlightenment to Marxism* (Oxford: Oxford University Press, 1980), 81~151을 보라.

92) Fritz Stern, *The Politics of Cultural Despair: A Study in the Rise of the German Ideology* (Berkeley: University of California Press, 1961); Wolf Lepenies, *Kultur und Politik: Deutsche Geschichten* (Munich: Hanser, 2006)을 보라.

93) Osterhammel, *Die Verwandlung der Welt*, chap. 3.3.

94) Rifa'ah al-Tahtawi, *Ein Muslim entdeckt Europa: Rifa'ah al-Tahtawi; Bericht über seinen Aufenthalt in Paris, 1826-1831*, ed. Karl Stowasser (Munich: C. H. Beck, 1989); Albert Hourani, *Arabic Thought in the Liberal Age, 1798-1939* (Cambridge: Cambridge University Press, 1983), chap. 4; Roxanne L. Euben, *Journeys to the Other Shore: Muslim and Western Travelers in Search of Knowledge* (Princeton, NJ: Princeton University Press, 2006); C. A. Bayly, "Rammohan Roy and the Advent of Constitutional Liberalism in India, 1800-30," *Modern Intellectual History* 4 (April 2007): 25~41; Naghmeh Sohrabi, *Taken for Wonder: Nineteenth-Century Travel Accounts from Iran to Europe* (Oxford: Oxford University Press, 2012); Nile Green, *The Love of Strangers: What Six Muslims Learned in Jane Austen's London* (Princeton, NJ: Princeton University Press, 2016).

95) Masao Miyoshi, *As We Saw Them: The First Japanese Embassy to the United States* (Berkeley: University of California Press, 1979); W. G. Beasley, *Japan Encounters the Barbarian: Japanese Travelers in America and Europe* (New Haven, CT: Yale University Press, 1995); Ian Nish, *The Iwakura-Mission in America and Europe: A New Assessment* (Richmond, Surrey, UK: Curzon, 1998).

96) Euben, *Journeys to the Other Shore*; Heinz Schneppen, *Sansibar und die Deutschen: Ein besonderes Verhältnis* (Münster: LIT, 2003); Jeremy Prestholdt, "From Zanzibar to Beirut: Sayyida Salme bint Said and the Tensions of Cosmopolitanism," in *Global Muslims in the Age of Steam and Print*, ed. James L. Gelvin and Nile Green (Berkeley: University of California Press, 2014), 204~226.

97) Quotations from Niels P. Petersson, "König Chulalongkorns Europareise 1897: Europäischer Imperialismus, symbolische Politik und monarchisch-bürokratische Modernisierung," *Saeculum*

52 (December 2001): 297~328.

98) Michael Benfey, *The Great Wave: Gilded Age Misfits, Japanese Eccentrics, and the Opening of Old Japan* (New York: Random House, 2003), 85.

99) Lydia H. Liu, *The Clash of Empires: The Invention of China in Modern World Making* (Cambridge, MA: Harvard University Press, 2004), 32; Lydia H. Liu, *Translingual Practice: Literature, National Culture, and Translated Modernity: China, 1900-1937* (Stanford, CA: Stanford University Press, 1995)를 보라.

100) Sugata Bose and Kris Manjapra, eds., *Cosmopolitan Thought Zones: South Asia and the Global Circulation of Ideas* (New York: Palgrave Macmillan, 2010). 또한 Carol A. Breckenridge, Sheldon Pollock, Homi K. Bhabha, and Dipesh Chakrabarty, eds., *Cosmopolitanism* (Durham, NC: Duke University Press, 2000); Sugata Bose, *A Hundred Horizons: The Indian Ocean in the Age of Global Empire* (Cambridge, MA: Harvard University Press, 2006); Kai Kress and Edward Simpson, eds., *Struggling with History: Islam and Cosmopolitanism in the Western Indian Ocean* (London: Hurst, 2007); Ulrike Freitag and Nora Lafi, eds., *Urban Governance under the Ottomans: Between Cosmopolitanism and Conflict* (London: Routledge, 2014); Kris Manjapra, *Age of Entanglement: German and Indian Intellectuals across Empire* (Cambridge, MA: Harvard University Press, 2014)를 보라.

101) Jürgen Osterhammel, *Geschichtswissenschaft jenseits des Nationalstaats: Studien zu Beziehungsgeschichte und Zivilisationsvergleich* (Göttingen: Vandenhoeck and Ruprecht, 2001), 84. 또한 Osterhammel, "'Peoples without History' in British and German Historical Thought," in *British and German Historiography, 1750-1950: Traditions, Perceptions, and Transfers*, ed. Benedikt Stuchtey and Peter Wende (Oxford: Oxford University Press, 2000), 265~287; Osterhammel, *Entzauberung Asiens*; John Darwin, *After Tamerlane: The Global History of Empire since 1405* (New York: Bloomsbury, 2008)을 보라.

102) Cemil Aydin, *The Politics of Anti-Westernism in Asia: Visions of World Order in Pan-Islamic and Pan-Asian Thought (1882-1945)* (New York: Columbia University Press, 2007), esp. 15~38.

103) Tapan Raychaudhuri, *Perceptions, Emotions, Sensibilities: Essays on India's Colonial and Post-colonial Experiences* (New Delhi: Oxford University Press, 1999), 19.

104) '서구'의 문화적 전용 과정에 관해서는 다음의 개념사적 연구를 보라. Douglas R. Howland, *Translating the West: Language and Political Reason in Nineteenth-Century Japan* (Honolulu: University of Hawai'i Press, 2002). 이란의 '유럽학'에 관해서는 Mohamad Tavakoli-Targhi, *Refashioning Iran: Orientalism, Occidentalism, and Historiography* (New York: Palgrave Macmillan, 2001), 35~53을 보라.

105) '문명화 사명'의 자기 이미지와 현실에 관한 훌륭한 개관은 Boris Barth and Jürgen Osterhammel, eds., *Zivilisierungsmissionen: Imperiale Weltverbesserung seit dem 18. Jahrhundert* (Konstanz: Universitatsverlag, 2005)에서 볼 수 있다.

106) 그러나 종족의 관점에서 이루어진 사고도 창조적으로 전용되었다. 예를 들면 Frank Dikötter, "Racial Discourse in China: Continuities and Permutations," in *The Construction of Racial*

Identities in China and Japan, ed. Frank Dikötter (Honolulu: University of Hawai'i Press, 1997), 12~33; Eiji Oguma, *A Genealogy of "Japanese" Self-Images* (Melbourne: Transpacific Press, 2002) 을 보라. 라틴아메리카에 관해서는 Nancy S. Stepan, *The Hour of Eugenics: Race, Gender, and Nation in Latin America* (Ithaca, NY: Cornell University Press, 1991)을 보라.

107) 범- 운동에 관해서는 Louis L. Snyder, *Macro-Nationalisms: A History of the Pan-Movements* (Westport, CT: Greenwood Press, 1984); Prasenjit Duara, "The Discourse of Civilization and Pan-Asianism," *Journal of World History* 12 (2001): 99~130을 보라.

108) 다음은 Raychaudhuri, *Perceptions*.를 보라. '서구' 사상 전용의 다양한 양태에 관해서는 Bhikhu Parekh, *Colonialism, Tradition and Reform: An Analysis of Gandhi's Political Discourse* (Newbury Park, CA: Sage, 1991), 34~70의 유익한 장도 보라. 또한 Sukehiro Hirakawa, "Japan's Turn to the West," in *Modern Japanese Thought*, ed. Bob Tadashi Wakabayashi (Cambridge: Cambridge University Press, 1998), 30~97을 보라.

109) James N. Pankratz, "Rammohun Roy," in *Religion in Modern India*, ed. Robert D. Baird (New Delhi: Manohar, 1991), 275~289를 보라.

110) Stephen N. Hay, *Asian Ideas of East and West: Tagore and His Critics in Japan, China, and India* (Cambridge, MA: Harvard University Press, 1970)을 보라.

111) 중국의 지적 흐름에 관한 훌륭한 개관은 Charlotte Furth, "Intellectual Change: From the Reform Movement to the May Fourth Movement, 1895-1920," in *An Intellectual History of Modern China*, ed. Merle Goldman and Leo Ou-Fan Lee (Cambridge: Cambridge University Press, 2002), 13~96 을 보라.

112) Fukuzawa Yukichi, *An Outline of a Theory of Civilization* [1875] (New York: Columbia University Press, 2009), 20.

113) Dipesh Chakrabarty, *Provincializing Europe: Postcolonial Thought and Historical Difference* (Princeton, NJ: Princeton University Press, 2000); James Carrier, *Occidentalism: Images of the West* (Oxford: Oxford University Press, 1995).

114) Nile Green, "Spacetime and the Muslim Journey West: Industrial Communications in the Making of the 'Muslim World,'" *American Historical Review* 118 (June 2013): 401~429, at 406.

115) Mark Bassin, "Asia," in *The Cambridge Companion to Modern Russian Culture*, ed. Nicholas Rzhevsky (Cambridge: Cambridge University Press, 1998), 65~93, at 79, 83에서 인용.

116) Urs Matthias Zachmann, "Blowing Up a Double Portrait in Black and White: The Concept of Asia in the Writings of Fukuzawa Yukichi and Okakura Tenshin," *Positions: East Asia Cultures Critique* 15 (Fall 2007): 345~368, at 347에서 인용.

117) Osterhammel, *The Transformation of the World*, 911~912.

118) André Schmid, *Korea between Empires, 1895-1919* (New York: Columbia University Press, 2002), 57에서 인용.

119) Arthur P. Whitaker, *The United States and the Independence of Latin America, 1800-1830* (New York: W. W. Norton, 1964).

120) Sujit Sivasundaram, *Islanded: Britain, Sri Lanka, and the Bounds of an Indian Ocean Colony*

(Chicago: University of Chicago Press, 2013).

121) Nile Green, "The Hajj as Its Own Undoing: Infrastructure and Integration on the Muslim Journey to Mecca," *Past and Present* 226 (February 2015): 193~226.

122) Valeska Huber, *Channelling Mobilities: Migration and Globalisation in the Suez Canal Region and Beyond* (Cambridge: Cambridge University Press, 2013).

123) Theodor Fontane, *The Stechlin*, trans. William L. Zwiebel (Columbia, SC: Camden House, 1995), 1.

124) David Harvey, *The Condition of Postmodernity: An Enquiry into the Origins of Cultural Change* (Oxford: Blackwell, 1989)를 보라.

125) Charles Richet, "Dans cent ans," *Revue scientifique* 48 (December 1891): 737~785, at 780.

126) Peter Costello, *Jules Verne: Inventor of Science Fiction* (London: Hodder and Stoughton, 1978), esp. 118~121을 보라.

127) Mark Mazower, *Governing the World: The History of an Idea* (London: Allen Lane, 2012)를 보라.

128) Duncan Bell, *The Idea of Greater Britain: Empire and the Future of World Order, 1860-1900* (Princeton, NJ: Princeton University Press, 2007).

129) Dennis Cosgrove, *Apollo's Eye: A Cartographic Genealogy of the Earth in the Western Imagination* (Baltimore: Johns Hopkins University Press, 2001); Iris Schröder and Sabine Höhler, eds., *Welt-Räume: Geschichte, Geographie und Globalisierung seit 1900* (Frankfurt am Main: Campus, 2005). 20세기의 추가적인 발전에 관해서는 Jenifer L. Van Vleck, "'The Logic of the Air': Aviation and the Globalism of the 'American Century,'" *New Global Studies* 1 (October 2007): 1~37; Benjamin Lazier, "Earthrise; or, the Globalization of the World Picture," *American Historical Review* 116 (June 2011): 602~630을 보라.

130) T. N. Harper, "Empire, Diaspora and the Languages of Globalism, 1850-1914," in *Globalization in World History*, ed. Anthony G. Hopkins (London: Pimlico, 2002), 141~166, at 143에서 인용.

131) Cemil Aydin, "A Global Anti-Western Moment? The Russo-Japanese War, Decolonization, and Asian Modernity," in *Competing Visions of World Order: Global Moments and Movements, 1880s-1930s*, ed. Sebastian Conrad and Dominic Sachsenmaier (New York: Palgrave Macmillan, 2007), 213~236을 보라.(216쪽과 218쪽은 각각 치메른과 리자에게서 인용했다.)

132) T. N., "Harper, Empire, Diaspora and the Languages of Globalism, 1850-1914," in *Globalization in World History*, ed. Anthony G. Hopkins (London: Pimlico, 2002), 141~166, at 155에서 인용. 또한 Peter G. Forster, *The Esperanto Movement* (The Hague: Mouton, 1982)를 보라.

133) Sho Konishi, "Translingual World Order: Language without Culture in Post-Russo-Japanese War Japan," *Journal of Asian Studies* 72 (2013): 91~114.

134) Jürgen Osterhammel and Niels P. Petersson, "Ostasiens Jahrhundertwende: Unterwerfung und Erneuerung in west-östlichen Sichtweisen," in *Das Neue Jahrhundert: Europäische Zeitdiagnosen und Zukunftsentwürfe um 1900*, ed. Ute Frevert (Göttingen: Vandenhoeck und Ruprecht, 2000), 265~306을 보라. 에스페란토의 무정부주의적 수용에 관해서는 Gotelind Müller, *China, Kropotkin und der Anarchismus: Eine Kulturbewegung im China des frühen 20. Jahrhunderts unter dem Einfluss des Westens und japanischer Vorbilder* (Wiesbaden: Harrassowitz, 2001), 198~204를 보라.

135) Martin H. Geyer and Johannes Paulmann, eds., *The Mechanics of Internationalism: Culture, Society, and Politics from the 1840s to the First World War* (Oxford: Oxford University Press, 2001).

136) Duara, "The Discourse of Civilization"; Barth and Osterhammel, *Zivilisierungsmissionen;* Gerrit W. Gong, ed., *The Standard of "Civilization" in International Society* (Oxford: Clarendon Press, 1984); Thongchai Winichakul, "The Quest for 'Siwilai': A Geographical Discourse of Civilizational Thinking in the Late Nineteenth and Early Twentieth-Century Siam," *Journal of Asian Studies* 59 (2000): 528~549; Mark B. Salter, *Barbarians and Civilization in International Relations* (London: Pluto Press, 2002); Bruce Mazlish, *Civilization and Its Contents* (Stanford, CA: Stanford University Press, 2004)를 보라.

137) Martti Koskenniemi, *The Gentle Civilizer of Nations: The Rise and Fall of International Law, 1870-1960* (Cambridge: Cambridge University Press, 2001); Antony Anghie, *Imperialism, Sovereignty and the Making of International Law* (Cambridge: Cambridge University Press, 2007).

138) 자극적인 분석으로는 Christopher L. Hill, "Nana in the World: Novel, Gender, and Transnational Form," *Modern Language Quarterly* 72 (2011): 75~105를 보라.

139) 19세기의 마지막 10년에 진행된 지역화에 관한 논거는 이 책의 1부를 보라.

140) Engseng Ho, *The Graves of Tarim: Genealogy and Mobility across the Indian Ocean* (Berkeley: University of California Press, 2006).

141) Leo Ching, "Globalizing the Regional, Regionalizing the Global: Mass Culture and Asianism in the Age of Late Capital," *Public Culture* 12 (2000): 233~257; Martin W. Lewis and Karen E. Wigen, *The Myth of Continents: A Critique of Metageography* (Berkeley: University of California Press, 1997); Arif Dirlik, *Global Modernity: Modernity in the Age of Global Capitalism* (Boulder, CO: Paradigm, 2007)을 보라.

142) Sebastian Conrad and Prasenjit Duara, *Viewing Regionalisms from East Asia* (Washington, DC: American Historical Association, 2013). 또한 Rebecca Karl, "Creating Asia: China in the World at the Beginning of the Twentieth Century," *American Historical Review* 103 (1998): 1096~1118; Prasenjit Duara, "Asia Redux: Conceptualizing a Region for Our Times," *Journal of Asian Studies* 69 (2010): 963~983을 보라.

143) Rebecca Karl, *Staging the World: Chinese Nationalism at the Turn of the Twentieth Century* (Durham, NC: Duke University Press, 2002), 53~82, at 58~59.

144) Ibid.

145) Zachmann, "Blowing Up," 347에서 인용.

146) Stefan Tanaka, *Japan's Orient: Rendering Pasts into History* (Berkeley: University of California Press, 1993)을 보라.

147) 일본의 범아시아주의에 관해서는 Sven Saaler and J. Victor Koschmann, eds., *Pan-Asianism in Modern Japanese History: Colonialism, Regionalism and Borders* (London: Routledge, 2007); Duara, "Discourse of Civilization."을 보라. 일진회에 관해서는 Yumi Moon, *Populist Collaborators: The Ilchinhoe and the Japanese Colonization of Korea, 1896-1910* (Ithaca, NY: Cornell University Press, 2013)을 보라.

148) Quotations from Mahatma Gandhi, *Autobiography: The Story of my Experiments with Truth* (North Chelmsford, MA: Courier Corporation, 1948), 36. 또한 Susmita Arp, "Controversies about Sea Journeys to England in Nineteenth-Century Bengal," in *Looking at the Coloniser: Cross-Cultural Perceptions in Central Asia and the Caucasus, Bengal, and Related Areas*, ed. Beate Eschment and Hans Harder (Wurzburg: Ergon, 2004), 119~130을 보라.

149) Quotation from Tsuda in William Reynolds Braisted, ed., *Meiroku Zasshi: Journal of the Japanese Enlightenment* (Tokyo: Tokyo University Press, 1976), 298.

150) Eric Tagliacozzo, "The Dutch Empire and the Hajj," in *Islam and the European Empires*, ed. David Motadel (Oxford: Oxford University Press, 2014), 73~89를 보라.

151) Klaus Bade, *Europa in Bewegung: Migration vom späten 18. Jahrhundert bis zur Gegenwart* (Munich: C. H. Beck, 2000); Walter Nugent, *Crossings: The Great Transatlantic Migrations, 1870-1914* (Bloomington: Indiana University Press, 1992).

152) Wang Gungwu, *China and the Chinese Overseas* (Singapore: Times Academic Press, 1991); Carl A. Trocki, *Opium and Empire: Chinese Society in Colonial Singapore, 1800-1910* (Ithaca, NY: Cornell University Press, 1990); Anthony Reid, ed., *Sojourners and Settlers: Histories of Southeast Asia and the Chinese* (St. Leonards, UK: Allen and Unwin, 1996).

153) Sunil S. Amrith, *Crossing the Bay of Bengal: The Furies of Nature and the Fortune of Migrants* (Cambridge, MA: Harvard University Press, 2013)을 보라.

154) Nile Green, "Forgotten Futures: Indian Muslims in the Trans-Islamic Turn to Japan," *Journal of Asian Studies* 72 (2013): 611~631을 보라.

155) Conrad and Duara, *Viewing Regionalisms*. 또한 Snyder, *Macro-Nationalisms*를 보라.

156) Arturo Ardao, *Génesis de la idea y el nombre de América Latina* (Caracas: Centro de Estudios Latinoamericanos Romulo Gallegos, 1980); Walter D. Mignolo, *The Idea of Latin America* (Oxford: Blackwell, 2005); Michel Gobat, "The Invention of Latin America: A Transnational History of Anti-Imperialism, Democracy, and Race," *American Historical Review* 118 (2013): 1345~1375를 보라.

157) Aydin, *Politics of Anti-Westernism*.

158) Gelvin and Green, *Global Muslims*; Nile Green, *Terrains of Exchange: Religious Economies of Global Islam* (Oxford: Oxford University Press, 2015); Cemil Aydin, *The Idea of the Muslim World: A Global Intellectual Community* (Cambridge, MA: Harvard University Press, 2017)을 보라. 이 책의 1부도 보라.

159) Selcuk Esenbel, "Japan's Global Claim to Asia and the World of Islam: Transnational Nationalism and World Power, 1900-1945," *American Historical Review* 109 (2004): 1140~1170.

160) Andreas Eckert, "Bringing the 'Black Atlantic' into Global History: The Project of Pan-Africanism," in Conrad and Sachsenmaier, *Competing Visions*, 237~257; Immanuel Geiss, *Panafrikanismus: Zur Geschichte der Dekolonisation* (Frankfurt am Main: Europäische Verlagsanstalt, 1968); J. Ayodele Langley, *Pan-Africanism and Nationalism in West Africa, 1900-1945* (Oxford: Clarendon Press, 1973).

161) 이 장의 앞선 판본은 다음과 같이 발표되었다. "Enlightenment in Global History: A Historiographical Critique," *American Historical Review* 117 (2012): 999~1027.

162) 오늘날 역사가들은 계몽사상과 종교적 세계관들이 반드시 상충하는 것은 아니라는 데 동의한 다. David Sorkin, *The Religious Enlightenment: Protestants, Jews, and Catholics from London to Vienna* (Princeton, NJ: Princeton University Press, 2008)을 보라.

163) Toby E. Huff, *Intellectual Curiosity and the Scientific Revolution: A Global Perspective* (Cambridge: Cambridge University Press, 2010), 4.

164) William H. McNeill, *The Rise of the West: A History of the Human Community* (Chicago: University of Chicago Press, 1963), 599. 유럽의 문화적 특이성의 산물로서의 계몽운동에 관해서는 Dupre, *Enlightenment;* and Toby E. Huff, *The Rise of Early Modern Science: Islam, China, and the West* (Cambridge: Cambridge University Press, 1993)을 보라.

165) Paul Hazard, *La crise de la conscience européenne, 1680-1715* (Paris: Boivin, 1935); Max Horkheimer and Theodor W. Adorno, *Dialektik der Aufklärung* (Amsterdam: Querido, 1947). 또 한 Schmidt, ed., *What Is Enlightenment? Eighteenth-Century Answers and Twentieth-Century Questions* (Berkeley: University of California Press, 1996)을 보라.

166) Schmidt, *What Is Enlightenment?*를 보라. 또한 Alan Charles Kors, ed., *Encyclopedia of the Enlightenment* (Oxford: Oxford University Press, 2002)를 보라.

167) Howland, *Translating the West*, 40-42.

168) Kant, "An Answer," 58~59.

169) Chakrabarty, *Provincializing Europe*, 44.

170) Frederick Cooper, "Modernity," in *Colonialism in Question: Theory, Knowledge, History*, ed. Frederick Cooper (Berkeley: University of California Press, 2005), 115.

171) Fania Oz-Salzberger, "New Approaches towards a History of the Enlightenment: Can Disparate Perspectives Make a General Picture?," *Tel Aviver Jahrbuch für deutsche Geschichte* 29 (2000): 171~182.

172) 좋은 개관으로 Peter Gay, *The Enlightenment: An Interpretation*, 2 vols. (New York: W. W. Norton, 1966-1969); Dorinda Outram, *The Enlightenment* (Cambridge: Cambridge University Press, 1995); Hugh Trevor-Roper, *History and the Enlightenment* (New Haven, CT: Yale University Press, 2010); John W. Yolton, Pat Rogers, Roy Porter, and Barbara Stafford, eds., *The Blackwell Companion to the Enlightenment* (Oxford: Wiley-Blackwell, 1992)를 보라.

173) Pocock, *Barbarism and Religion;* Roy Porter and Mikulas Teich, eds., *The Enlightenment in National Context* (Cambridge: Cambridge University Press, 1982); Franco Venturi, *Settecento Riformatore*, 5 vols. (Turin: Einaudi, 1966-1990)을 보라.

174) Robert Darnton, "The High Enlightenment and the Low-Life of Literature in Pre-Revolutionary France," *Past and Present* 51 (1971): 81~115.

175) Robert Darnton, *The Literary Underground of the Old Regime* (Cambridge, MA: Harvard University Press, 1982); Dena Goodman, *Becoming a Woman in the Age of Letters* (Ithaca, NY: Cornell University Press, 2009); Goodman, *The Republic of Letters: A Cultural History of the French*

Enlightenment (Ithaca, NY: Cornell University Press, 1996); Outram, *The Enlightenment;* Barbara Taylor and Sarah Knott, eds., *Women, Gender and Enlightenment* (New York: Palgrave Macmillan, 2005).

176) Jonathan Sheehan, "Enlightenment, Religion, and the Enigma of Secularization: A Review Essay," *American Historical Review* 108 (2003): 1061~1080; Sorkin, *The Religious Enlightenment*.

177) Michael Saler, "Modernity and Enchantment: A Historiographic Review," *American Historical Review* 111 (2006): 692~716. 또한 Karen O'Brien, "The Return of the Enlightenment," *American Historical Review* 115 (2010): 1426~1435를 보라.

178) Isaiah Berlin, *Die Wurzeln der Romantik* (Berlin: Berlin Verlag, 2004).

179) Robert E. Norton, "The Myth of the Counter-Enlightenment," *Journal of the History of Ideas* 68 (2007): 635~658; John G. A. Pocock, "The Re-description of the Enlightenment," *Proceedings of the British Academy* 125 (2004): 101~117.

180) 주로 Jonathan I. Israel, in *Radical Enlightenment: Philosophy and the Making of Modernity* (Oxford: Oxford University Press, 2001)을 보라. 또한 John Robertson, *The Case for the Enlightenment: Scotland and Naples, 1680-1760* (Cambridge: Cambridge University Press, 2005)를 보라. 그러나 종합적인 계몽운동 개념을 옹호하는 자들 중에서도 완전한 일치는 없다. 이즈리얼은 '진정한' 계몽운동이 1740년대에 끝난다고 보는 반면에, 로버트슨은 그것이 그때서야 시작한다고 본다.

181) Darrin M. McMahon, *Enemies of the Enlightenment: The French Counter-Enlightenment and the Making of Modernity* (Oxford: Oxford University Press, 2001), 11.

182) Judith N. Shklar, "Politics and the Intellect," in *Political Thought and Political Thinkers*, ed. Stanley Hoffmann (Chicago: University of Chicago Press, 1998), 94.

183) Suraiya Faroqhi, *The Ottoman Empire and the World Around It* (London: Tauris, 2004); Osterhammel, *Entzauberung;* Emma Rothschild, *The Inner Life of Empires: An Eighteenth-Century History* (Princeton, NJ: Princeton University Press, 2011); James E. Vance Jr., *Capturing the Horizon: The Historical Geography of Transportation since the Sixteenth Century* (Baltimore: Johns Hopkins University Press, 1990)을 보라.

184) C. A. Bayly, *Imperial Meridian: The British Empire and the World, 1760-1830* (London: Longman, 1989); Bayly, *The Birth of the Modern World, 1780-1914: Global Connections and Comparisons* (Oxford: Blackwell, 2004); David Armitage and Sanjay Subrahmanyam, eds., *The Age of Revolutions in Global Context, c. 1760-1840* (New York: Palgrave Macmillan, 2009); Jürgen Osterhammel, *The Transformation of the World: A Global History of the Nineteenth Century* (Princeton, NJ: Princeton University Press, 2014)를 보라.

185) Anthony Pagden, *European Encounters with the New World: From Renaissance to Romanticism* (New Haven, CT: Yale University Press, 1994); Joan-Pau Rubiés, *Travellers and Cosmographers: Studies in the History of Early Modern Travel and Ethnology* (Farnham, UK: Ashgate, 2007).

186) Johann Heinrich Gottlob von Justi, *Vergleichungen der europäischen mit den asiatischen und andern vermeintlich barbarischen Regierungen* (Berlin: Verlag Johann Heinrich Rüdigers, 1762), 178.

187) Julia Ching and Willard Gurdon Oxtoby, eds., *Discovering China: European Interpretations in the*

Enlightenment (Rochester, NY: University of Rochester Press, 1992); John J. Clarke, *Oriental Enlightenment: The Encounter between Asian and Western Thought* (London: Routledge, 1997); David E. Mungello, *The Great Encounter of China and the West, 1500-1800* (Lanham: Rowman and Littlefield, 1999); Osterhammel, *Entzauberung*, 271~348; Jonathan Spence, *The Chan's Great Continent: China in Western Minds* (New York: W. W. Norton, 1999); Thijs Weststeijn, "Spinoza sinicus: An Asian Paragraph in the History of the Radical Enlightenment," *Journal of the History of Ideas* 68 (2007): 537~561. 또한 Humberto Garcia, *Islam and the English Enlightenment, 1670-1840* (Baltimore: Johns Hopkins University Press, 2012)를 보라.

188) 이 점에 관한 더 상세한 논의는 3장을 보라.

189) Osterhammel, *Entzauberung*, 271~348, at 274를 보라. 또한 Clarke, *Oriental Enlightenment*; Geoffrey C. Gunn, *First Globalization: The Eurasian Exchange, 1500-1800* (Lanham, MD: Rowman and Littlefield, 2003), 145~168을 보라.

190) 이 논지는 다음에서 가져왔다. Reinhard Schulze, "'Neuzeit' in 'Ausereuropa,'" *Periplus* 9 (1999): 117~126.

191) 예를 들면 Lauren Benton, *A Search for Sovereignty: Law and Geography in European Empires, 1400-1900* (Cambridge: Cambridge University Press, 2009); Hans Erich Bödeker, Clorinda Donato, and Peter Hanns Reill, eds., *Discourses of Tolerance and Intolerance in the European Enlightenment* (Toronto: University of Toronto Press, 2009); Franz Leander Fillafer and Jürgen Osterhammel, "Cosmopolitanism and the German Enlightenment," in *The Oxford Handbook of Modern German History*, ed. Helmut Walser Smith (Oxford: Oxford University Press, 2011), 119~143; Christopher Fox, Roy Porter, and Robert Wokler, eds., *Inventing Human Science: Eighteenth-Century Domains* (Berkeley: University of California Press, 1995); István Hont, *Jealousy of Trade: International Competition and the Nation-State in Historical Perspective* (Cambridge, MA: Harvard University Press, 2005); Lynn Hunt, Margaret C. Jacob, and Wijnand Mijnhardt, eds., *The Book That Changed Europe: Picart and Bernard's Religious Ceremonies of the World* (Cambridge, MA: Harvard University Press, 2010); William Max Nelson, "Making Men: Enlightenment Ideas of Racial Engineering," *American Historical Review* 115 (2010): 1364~1394; Karen O'Brien, *Narratives of Enlightenment: Cosmopolitan History from Voltaire to Gibbon* (Cambridge: Cambridge University Press, 1997); Larry Wolff and Marco Cipolloni, eds., *The Anthropology of the Enlightenmen*t (Stanford, CA: Stanford University Press, 2007)을 보라.

192) Larry Wolff, *Inventing Eastern Europe: The Map of Civilization on the Mind of the Enlightenment* (Stanford, CA: Stanford University Press, 1994); Maria Todorova, *Imagining the Balkans* (Oxford: Oxford University Press, 1997).

193) Susan Buck-Morss, "Hegel and Haiti," *Critical Inquiry* 26 (2000): 821~865.

194) Jorge Cañizares-Esguerra, *How to Write the History of the New World: Histories, Epistemologies, and Identities in the Eighteenth-Century Atlantic World* (Stanford, CA: Stanford University Press, 2001), 266.

195) Daniela Bleichmar, Paula De Vos, Kristin Huffine, and Kevin Sheehan, *Science in the Spanish*

and Portuguese Empires, 1500-1800 (Stanford, CA: Stanford University Press, 2009); Richard Drayton, Nature's Government: Science, Imperial Britain, and the "Improvement" of the World (New Haven, CT: Yale University Press, 2000); John Gascoigne, Joseph Banks and the English Enlightenment: Useful Knowledge and Polite Culture (Cambridge: Cambridge University Press, 1994); Richard H. Grove, Green Imperialism: Colonial Expansion, Tropical Island Edens and the Origins of Environmentalism, 1600-1860 (Cambridge: Cambridge University Press, 1995); David N. Livingstone and Charles W. J. Withers, eds., Geography and Enlightenment (Chicago: University of Chicago Press, 1999)를 보라.

196) John Gascoigne, The Enlightenment and the Origins of European Australia (Cambridge: Cambridge University Press, 2005); Grant K. Goodman, Japan and the Dutch (Richmond, Surrey, UK: Curzon Press, 2000); Gordon T. Stewart, Journey to Empire: Enlightenment, Imperialism, and the British Encounter with Tibet, 1774-1904 (Cambridge: Cambridge University Press, 2009)를 보라.

197) Kapil Raj, Relocating Modern Science: Circulation and the Construction of Knowledge in South Asia and Europe, 1650-1900 (New Delhi: Permanent Black, 2006), 223. 또한 Dhruv Raina and S. Irfan Habib, Domesticating Modern Science: A Social History of Science and Culture in Colonial India (New Delhi: Tulika Books, 2004); Thomas R. Trautmann, Languages and Nations: The Dravidian Proof in Colonial Madras (Berkeley: University of California Press, 2006)을 보라.

198) Paschalis M. Kitromilides, The Enlightenment as Social Criticism: Iosipos Moisiodax and Greek Culture in the Eighteenth Century (Princeton, NJ: Princeton University Press, 1992); Charles W. J. Withers, Placing the Enlightenment: Thinking Geographically about the Age of Reason (Chicago: University of Chicago Press, 2007)을 보라.

199) Andrzej Walicki, A History of Russian Thought from the Enlightenment to Marxism (Stanford, CA: Stanford University Press, 1979), 3.

200) Paul Dukes, "The Russian Enlightenment," in The Enlightenment in National Context, ed. Roy Porter and Mikulas Teich (Cambridge: Cambridge University Press, 1982), 176~191.

201) David Armitage, The Declaration of Independence: A Global History (Cambridge, MA: Harvard University Press, 2007), 10, 제퍼슨은 1에서 인용. 또한 Susan Manning and Francis D. Cogliano, eds., The Atlantic Enlightenment (Farnham, UK: Ashgate, 2008)을 보라.

202) 북아메리카의 계몽운동에 관해서는 Robert A. Ferguson, The American Enlightenment, 1750-1820 (Cambridge, MA: Harvard University Press, 1997); Henry F. May, The Enlightenment in America (Oxford: Oxford University Press, 1976); Withers, Placing the Enlightenment; Gordon Wood, The Radicalism of the American Revolution (New York: Vintage Books, 1992)를 보라.

203) Thomas Paine, Political Writings, ed. Bruce Kuklick (Cambridge: Cambridge University Press, 1989), 23.

204) A. Owen Aldridge, ed., The Ibero-American Enlightenment (Urbana: University of Illinois Press, 1971); Jose Murilo de Carvalho, "Political Elites and State Building: The Case of Nineteenth-Century Brazil," Comparative Studies in Society and History 24 (1982): 378~399.

205) Michael Zeuske, Francisco de Miranda und die Entdeckung Europas: Eine Biographie (Hamburg:

LIT, 1995).

206) Canizares-Esguerra, *History of the New World*. 또한 Edmundo O'Gorman, *El proceso de la invención de América* (Mexico City: Fondo de Cultura Economica, 1958); Neil Safier, *Measuring the New World: Enlightenment Science and South America* (Chicago: University of Chicago Press, 2008) 을 보라. 제국주의적 배경과 대서양의 상황에 관해서는 Jeremy Adelman, "An Age of Imperial Revolutions," *American Historical Review* 113 (2008): 319~340; J. H. Elliott, *Empires of the Atlantic World: Britain and Spain in America, 1492-1830* (New Haven, CT: Yale University Press, 2006); Renán José Silva, *Los Ilustrados de Nueva Granada, 1760-1808: Genealogía de una comunidad de interpretación* (Medellín: Fondo Editorial Universidad EAFIT, 2002)를 보라.

207) Peter Linebaugh and Marcus Rediker, eds., *The Many-Headed Hydra: Sailors, Slaves, Commoners, and the Hidden History of the Revolutionary Atlantic* (Boston: Beacon Press, 2001)을 보라.

208) John Lynch, *Simón Bolívar: A Life* (New Haven, CT: Yale University Press, 2006), 31~38.

209) 투팍 아마루의 반란에 관해서는 Steve J. Stern, ed., *Resistance, Rebellion and Consciousness in the Andean Peasant World, 18th to 20th Centuries* (Madison: University of Wisconsin Press, 1987)을 보라.

210) Kate Brittlebank, *Tipu Sultan's Search for Legitimacy: Islam and Kingship in a Hindu Domain* (New Delhi: Oxford University Press, 1997), esp. chap. 5.

211) Jan Assmann, *Erinnertes Ägypten* (Berlin: Kulturverlag Kadmos, 2006), 75~108.

212) Dror Ze'evi, "Back to Napoleon? Thoughts on the Beginning of the Modern Era in the Middle East," *Mediterranean Historical Review* 19 (2004): 73~94.

213) Irene A. Bierman, ed., *Napoleon in Egypt* (Reading, UK: Ithaca Press, 2003); Juan Cole, *Napoleon's Egypt: Invading the Middle East* (New York: Palgrave Macmillan, 2007); Afaf Lutfi al-Sayyid Marsot, *Egypt in the Reign of Muhammad Ali* (Cambridge: Cambridge University Press, 1984); Donald Malcolm Reid, *Whose Pharaohs? Archaeology, Museums and Egyptian National Identity from Napoleon to World War I* (Berkeley: University of California Press, 2002).

214) Laurent Dubois, *Avengers of the New World: The Story of the Haitian Revolution* (Cambridge, MA: Harvard University Press, 2004); Carolyn Fick, *The Making of Haiti: The Saint Domingue Revolution from Below* (Knoxville: University of Tennessee Press, 1990).

215) Laurent Dubois and Julius S. Scott, eds., *Origins of the Black Atlantic* (New York: Routledge, 2009); Linebaugh and Rediker, *The Many-Headed Hydra*.

216) Michel-Rolph Trouillot, "An Unthinkable History: The Haitian Revolution as a Non-Event," in *Silencing the Past: Power and the Production of History*, ed. Michel-Rolph Trouillot (Boston: Beacon Press, 1995), 70~107, at 82, 미라보의 발언은 79에서 인용.

217) 이것은 다음에서 특별히 분명하게 제시되었다. Nick Nesbitt, *Universal Emancipation: The Haitian Revolution and the Radical Enlightenment* (Charlottesville: University of Virginia Press, 2008).

218) C. L. R. James, *The Black Jacobins: Toussaint Louverture and the San Domingo Revolution* (1938; repr., New York: Random House, 1963), 25. 또한 Srinivas Aravamudan, *Tropicopolitans: Colonialism and Agency, 1688-1804* (Durham, NC: Duke University Press, 1999); Laurent Dubois, "An Enslaved Enlightenment: Rethinking the Intellectual History of the French Atlantic," *Social History* 31

(2006): 1~14; Nesbitt, *Universal Emancipation*을 보라.

219) Bernard Camier and Laurent Dubois, "Voltaire et Zaire, ou le théâtre des Lumières dans l'aire atlantique française," *Revue d'histoire moderne et contemporaine* 54 (2007): 39~69; David Barry Gaspar and David Patrick Geggus, eds., *A Turbulent Time: The French Revolution and the Greater Caribbean* (Bloomington: Indiana University Press, 1997); John K. Thornton, "'I Am the Subject of the King of Kongo': African Political Ideology and the Haitian Revolution," *Journal of World History* 4 (1993): 181~204를 보라.

220) 대서양 횡단의 영향력에 관해서는 Gaspar and Geggus, *A Turbulent Time;* Thornton, "'King of Kongo.'"를 보라.

221) Sybille Fischer, *Modernity Disavowed: Haiti and the Cultures of Slavery in the Age of Revolution* (Durham, NC: Duke University Press, 2004); Doris Garraway, ed., *The Tree of Liberty: Cultural Legacies of the Haitian Revolution in the Atlantic World* (Charlottesville: University of Virginia Press, 2008); David P. Geggus, ed., *The Impact of the Haitian Revolution in the Atlantic World* (Columbia: University of South Carolina Press, 2001).

222) Chin-Oh Chu, "The Independence Club's Conceptions of Nationalism and the Modern State," in *Landlords, Peasants and Intellectuals in Modern Korea*, ed. Pang Kie-chung and Michael D. Shin (Ithaca, NY: Cornell University Press, 2005), 53~90, at 64에서 인용.

223) Albert Craig, *Civilization and Enlightenment: The Early Thought of Fukuzawa Yukichi* (Cambridge, MA: Harvard University Press, 2009), 147에서 인용.

224) Fukuzawa Yukichi, "An Encouragement of Learning," in *Sources of Japanese Tradition*, ed. Carol Gluck, Arthur E. Tiedemann, and William Theodore de Bary, vol. 2.2 (New York: Columbia University Press, 2005), 42.

225) William Reynolds Braisted, ed., *Meiroku Zasshi: Journal of the Japanese Enlightenment* (Cambridge, MA: Harvard University Press, 1976), 39에서 인용.

226) 내적 위기와 외적 위기의 융합에 관해서는 Michael Geyer and Charles Bright, "World History in a Global Age," *American Historical Review* 100, no. 4 (1995): 1034~1060을 보라.

227) David Kopf, *British Orientalism and the Bengal Renaissance: The Dynamics of Indian Modernization, 1773-1835* (Berkeley: University of California Press, 1969); Bruce Carlisle Robertson and Raja Rammohan Ray, eds., *The Father of Modern India* (New Delhi: Oxford University Press, 1995); Lynn Zastoupil, *Rammohun Roy and the Making of Victorian Britain* (Basingstoke, UK: Palgrave Macmillan, 2010). 이후의 발전에 관해서는 Brian Hatcher, *Idioms of Improvement: Vidyāsāgar and Cultural Encounter in Bengal* (Calcutta: Routledge India, 1996)을 보라.

228) Wilhelm Halbfass, *India and Europe: An Essay in Philosophical Understanding* (New Delhi: Motilal Banarsidass, 1990), 203~204.

229) ibid., 207, 517에서 인용.

230) Fatma Müge Göcek, *Rise of the Bourgeoisie, Demise of the Empire: Ottoman Westernization and Social Change* (New York: Routledge, 1996), 120에서 인용.

231) Şerif Mardin, *The Genesis of Young Ottoman Thought: A Study in the Modernization of Turkish*

Political Ideas (Syracuse, NY: Syracuse University Press, 2000).

232) Christoph Herzog, "Aufklärung und Osmanisches Reich: Annäherung an ein historiographisches Problem," in *Die Aufklärung und ihre Weltwirkung*, ed. Wolfgang Hardtwig (Göttingen: Vandenhoeck und Ruprecht, 2010), 291~321; Dagmar Glass, *Der Muqtataf und seine Öffentlichkeit: Aufklärung, Räsonnement und Meinungsstreit in der frühen arabischen Zeitschriftenkommunikation*, 2 vols. (Würzburg: Ergon Verlag, 2004); Ibrahim Abu-Lughod, *Arab Rediscovery of Europe: A Study in Cultural Encounters* (Princeton, NJ: Princeton University Press, 1963).

233) Carmen Blacker, *The Japanese Enlightenment: A Study of the Writings of Fukuzawa Yukichi* (Cambridge: Cambridge University Press, 1964).

234) Howland, *Translating the West.*

235) Young Ick Lew, "Yüan Shih-k'ai's Residency and the Korean Enlightenment Movement (1884-1895)," *Journal of Korean Studies* 5 (1984): 63~107; Michael E. Robinson, *Korea's Twentieth-Century Odyssey: A Short History* (Honolulu: University of Hawai'i Press, 2007), 23~32를 보라.

236) Petersson, "König Chulalongkorns Europareise."

237) Barbara N. Ramusack, "Women and Gender in South and Southeast Asia," in *Women's History in Global Perspective*, ed. Bonnie G. Smith, vol. 1 (Chicago: University of Illinois Press, 2005), 101~138.

238) 중국의 지적 사조에 관한 개관은 Furth, "Intellectual Change."를 보라. 관례적으로 5·4운동이 '중국 계몽운동'으로 불리는 최초의 운동이다. Vera Schwarcz, *The Chinese Enlightenment: Intellectuals and the Legacy of the May Fourth Movement of 1919* (Berkeley: University of California Press, 1986)을 보라.

239) 필자는 '극현실주의적'이라는 용어를 쓰면서 차크라바르티를 따른다. Chakrabarty, *Provincializing Europe.*

240) Alistair Swale, *The Political Thought of Mori Arinori: A Study in Meiji Conservatism* (Richmond, Surrey, UK, 2000); Howland, *Translating the West*, 40~42.

241) 이 분쟁의 유럽적 차원에 관해서는 다음의 뛰어난 연구를 보라. Christopher Clark and Wolfram Kaiser, eds., *Culture Wars: Secular-Catholic Conflict in Nineteenth-Century Europe* (Cambridge: Cambridge University Press, 2003).

242) Barth and Osterhammel, *Zivilisierungsmissionen* Koskenniemi, *The Gentle Civilizer of Nations* Mazlish, *Civilization and Its Contents*를 보라.

243) Schmid, *Korea between Empires*, 83에서 인용.

244) Fukuzawa Yukichi, "On De-Asianization," in *Meiji Japan through Contemporary Sources*, ed. Yunesuko Higashi Ajia Bunka Kenkyū Sentā, vol. 3, *1869-1894* (Tokyo: Hinode, 1972), 133.

245) Quoted from Kenneth Pyle, *The New Generation of Meiji Japan: Problems of Cultural Identity, 1885-1895* (Stanford, CA: Stanford University Press, 1969), 181.

246) Reinhart Koselleck, "A Response to Comments on the *Geschichtliche Grundbegriffe*," in *The Meaning of Historical Terms and Concepts: New Studies on Begriffsgeschichte*, ed. Hartmut Lehmann

and Melvin Richter (Washington, DC: German Historical Institute, 1996), 59~70, at 62.

247) Bayly, "Rammohan Roy," 29.

248) Marius B. Jansen, *The Making of Modern Japan* (Cambridge, MA: Harvard University Press, 2002), 460~461.

249) Tessa Morris-Suzuki, *A History of Japanese Economic Thought* (London: Routledge, 1989), 51.

250) Hao Chang, *Chinese Intellectuals in Crisis: Search for Order and Meaning, 1890-1911* (Berkeley: University of California Press, 1987); Xiaoling Wang, "Liu Shipei et son concept de contrat social chinois," *Études chinoises* 27 (1998): 155~190.

251) 또한 Viren Murthy, "Modernity against Modernity: Wang Hui's Critical History of Chinese Thought," *Modern Intellectual History* 3 (2006): 137~165; Ban Wang, "Discovering Enlightenment in Chinese History: The Rise of Modern Chinese Thought by Wang Hui," *Boundary* 2, no. 34 (2007): 217~238을 보라.

252) Aydin, *Politics of Anti-Westernism*.

253) Schmid, *Korea between Empires*, 90에서 인용.

254) ibid., 110~111을 보라. 또한 Sang-Ik Lee, "On the Concepts of 'New Korea' Envisioned by Enlightenment Reformers," *Korea Journal* 40 (2000): 34~64; Yong-ha Shin, "The Thought of the Enlightenment Movement," *Korea Journal* 24 (1984): 4~21을 보라.

255) Quoted from Douglas R. Reynolds, "A Golden Decade Forgotten: Japan-China Relations, 1898-1907," *Transactions of the Asiatic Society of Japan* 4, no. 2 (1987): 93~153, at 116. 또한 Paula Harrell, *Sowing the Seeds of Change: Chinese Students, Japanese Teachers, 1895-1905* (Stanford, CA: Stanford University Press, 1992); Douglas R. Reynolds, *China, 1898-1912: The Xinzheng Revolution and Japan* (Cambridge, MA: Harvard University Press, 1993)을 보라. 량치차오의 초국적 의제에 관해서는 Xiaobing Tang, *Global Space and the Nationalist Discourse of Modernity: The Historical Thinking of Liang Qichao* (Stanford, CA: Stanford University Press, 1996); Joshua A. Fogel, ed., *The Role of Japan in Liang Qichao's Introduction of Modern Western Civilization to China* (Berkeley: University of California Press, 2004)를 보라.

256) Liu, *Translingual Practice*를 보라.

257) Reynolds, "A Golden Decade Forgotten," 113. 이러한 전략들에 관한 흥미로운 사례 연구는 다음에서 볼 수 있다. Joan Judge, "The Ideology of 'Good Wives and Wise Mothers': Meiji Japan and Feminine Modernity in Late-Qing China," in *Sagacious Monks and Bloodthirsty Warriors*, ed. Joshua A. Fogel (Norwalk, CT: East Bridge Books, 2002), 218~248.

258) Pierre Saint-Armand, "Hostile Enlightenment," in *Terror and Consensus: Vicissitudes of French Thought*, ed. Jean-Joseph Goux and Philip R. Wood (Stanford, CA: Stanford University Press, 1998), 145~158, at 145.

259) 모방한 담론이라는 개념에 관해서는 Partha Chatterjee, *Nationalist Thought and the Colonial World: A Derivative Discourse* (Minneapolis: University of Minnesota Press, 1986)을 보라. 유럽사를 내재론적 관점에서 보는 시각은 널리 퍼져 있다. 예를 들면 Landes, *Wealth and Poverty of Nations*을 보라.

260) 이 장의 축약된 형태는 처음에 "'Nothing Is the Way It Should Be': Global Transformations

of the Time Regime in the Nineteenth Century," *Modern Intellectual History* (February 2017), https://doi.org/10.1017/S1479244316000391로 발표되었다.

261) Tsunoyama Sakai, *Tokei no shakaishi* (Tokyo: Chū kōshinsho, 1984); Sawada Taira, *Wadokei: Edo no haiteku gijutsu* (Tokyo: Dankōsha, 1996). 도쿠가와 시대의 시간 측정술에 관해서는 Yulia Frumer, "Translating Time: Habits of Western-Style Timekeeping in Late Edo Japan," *Technology and Culture* 55 (2014): 785~820을 보라. 도쿠가와 시대 일본의 서양 기술 수용에 관해서는 Timon Screech, *The Western Scientific Gaze and Popular Imagery in Later Edo Japan* (Cambridge: Cambridge University Press, 1996)을 보라.

262) Stefan Tanaka, *New Times in Modern Japan* (Princeton, NJ: Princeton University Press, 2004); Nishimoto Ikuko, "The 'Civilization' of Time: Japan and the Adoption of the Western Time System," *Time and Society* 6 (1997): 237~259; Tsunoyama Sakae, *Jikan kakumei* (Tokyo: Shinshokan, 1998).

263) Florian Coulmas, *Japanische Zeiten: Eine Ethnographie der Vergänglichkeit* (Reinbek bei Hamburg: Kindler, 2000), 121~150; Tanaka, *New Times*, 8.

264) 이 용어는 다음에서 왔다. Michael Young, *The Metronomic Society: Natural Rhythms and Human Timetables* (Cambridge, MA: Harvard University Press, 1988).

265) Michael O'Malley, *Keeping Watch: A History of American Time* (New York: Viking, 1990), 4에서 인용. 이 에피소드를 알려 준 노르베르트 핀츠슈(Norbert Finzsch)에게 감사한다.

266) Coulmas, *Japanische Zeiten*, 321~323.

267) Erwin Bälz, *Das Leben eines deutschen Arztes im erwachenden Japan: Tagebücher, Briefe, Berichte*, ed. Toku Bälz (Stuttgart: Engelhorns, 1930), 25.

268) Anthony Aveni, *Empires of Time: Calendar, Clocks, and Cultures* (New York: Basic Books, 1989); William Gallois, *Time, Religion and History* (London: Routledge, 2007).

269) Stephen P. Blake, *Time in Early Modern Islam: Calendar, Ceremony, and Chronology in the Safavid, Mughal, and Ottoman Empires* (Cambridge: Cambridge University Press, 2013).

270) *Sir Isaac Newton's Mathematical Principles of Natural Philosophy and His System of the World* [1687], trans. Andrew Motte, ed. R. T. Crawford (Berkeley: University of California Press, 1934), 6.

271) Joseph Needham, *Time and Eastern Man* (London: Royal Anthropological Institute of Great Britain and Ireland, 1965); Julius T. Fraser, ed., *The Voices of Time* (New York: G. Braziller, 1966); John B. Henderson, *The Development and Decline of Chinese Cosmology* (New York: Columbia University Press, 1984); David Wilcox, *The Measure of Times Past: Pre-Newtonian Chronologies and the Rhetoric of Relative Time* (Chicago: University of Chicago Press, 1987); Chun-chieh Huang and Erik Zürcher, eds., *Time and Space in Chinese Culture* (Leiden: Brill, 1995); Blake, *Time in Early Modern Islam*. 이후 내용에 관해서는 Aleida Assmann, *Ist die Zeit aus den Fugen? Aufstieg und Fall des Zeitregimes der Moderne* (Munich: Hanser, 2013)을 보라.

272) Reinhart Koselleck, "The Eighteenth Century as the Beginning of Modernity," in *The Practice of Conceptual History: Timing History, Spacing Concepts* (Stanford, CA: Stanford University Press, 2002), 154~169, at 162.

273) Chris Lorenz and Berber Bevernage, eds., *Breaking Up Time: Negotiating the Borders between Present, Past and Future* (Göttingen: Vandenhoeck and Ruprecht, 2013).

274) Assmann, *Ist die Zeit aus den Fugen?*, 151에서 인용.

275) Ibid., 155.

276) Reinhart Koselleck, *Vergangene Zukunft: Zur Semantik geschichtlicher Zeiten* (Frankfurt am Main: Suhrkamp, 1979); Koselleck, *Zeitschichten: Studien zur Historik* (Frankfurt am Main: Suhrkamp, 2000); Lucian Hölscher, *Die Entdeckung der Zukunft* (Frankfurt am Main: Suhrkamp, 1999).

277) Assmann, *Ist die Zeit aus den Fugen?*, 281~307; François Hartog, *Régimes d'historicité: Présentisme et expériences du temps* (Paris: Seuil, 2003).

278) Oswald Spengler, *The Decline of the West*, vol. 1, *Form and Actuality*, trans. Charles Francis Atkinson (New York: Knopf, 1926), 15, 134.

279) Raychaudhuri, *Perceptions, Emotions, Sensibilities*, 26.

280) Schmid, *Korea between Empires*, 57에서 인용.

281) Johann Wolfgang von Goethe, *Die Wahlverwandtschaften* [1809], in *Werke*, vol. 6, ed. Erich Trunz (Munich: dtv, 1982), 270. 영어판은 Goethe, *Elective Affinities* (Boston, 1872), 37을 보라.

282) Göran Blix, "Charting the 'Transitional Period': The Emergence of Modern Time in the Nineteenth Century," *History and Theory* 45 (2006): 51~71, at 58~59에서 인용.

283) Ralph Waldo Emerson, "Circles [1841]," in *Selected Writings*, ed. William H. Gilman (New York: Signet, 1965), 296, 304.

284) Osterhammel and Petersson, "Ostasiens Jahrhundertwende."

285) Heinrich Heine, *Briefe aus Berlin* [1822], in *Historisch-kritische Gesamtausgabe der Werke*, vol. 6, ed. Manfred Windfuhr (Hamburg: Hoffmann and Kampe, 1973), 14.

286) Anthony Giddens, *The Consequences of Modernity* (Cambridge: Polity Press, 1990), 17~21; David Landes, *Revolution in Time: Clocks and the Making of the Modern World* (Cambridge, MA: Harvard University Press, 1983); Gerhard Dohrn van Rossum, *Die Geschichte der Stunde: Uhren und die moderne Zeitordnung* (Munich: Hanser, 1992); Aveni, *Empires of Time*. 시간과 노동규율에 관해서는 다음의 혁신적인 논문을 보라. Edward P. Thompson, "Time, Work-Discipline, and Industrial Capitalism," *Past and Present* 38 (1967): 56~97.

287) Avner Wishnitzer, "With the Precision of a Watch? Time Organization in the Ottoman Army, 1826-1918," in *Les Ottomans et le temps*, ed. François Georgeon and Frédéric Hitzel (Leiden: Brill, 2012), 281~316, at 290에서 인용.

288) On Barak, *On Time: Technology and Temporality in Modern Egypt* (Berkeley: University of California Press, 2013), 13.

289) Michel Foucault, *Überwachen und Strafen: Die Geburt des Gefängnisses* (Frankfurt am Main: Suhrkamp, 1976), 195.

290) Stephen Kern, *The Culture of Time and Space, 1880-1918* (Cambridge, MA: Harvard University Press, 1983), 12~14.

291) Ottmar Ette, *Alexander von Humboldt und die Globalisierung* (Frankfurt am Main: Insel Verlag,

2009), 87에서 인용.

292) Kern, *The Culture of Time and Space*, 113~114; Wolfgang Schivelbusch, *Die Geschichte der Eisenbahnreise: Zur Industrialisierung von Raum und Zeit im 19. Jahrhundert* (Frankfurt am Main: Ullstein, 1984).

293) Kern, *Culture of Time and Space*, 109~130; Paul Virilio, *Revolutionen der Geschwindigkeit* (Berlin: Merve Verlag, 1993). 독일에서 신경쇠약에 관한 연구의 발전에 관해서는 Joachim Radkau, *Das Zeitalter der Nervositat: Deutschland zwischen Bismarck und Hitler* (Munich: Hanser, 1998), esp. 190~214, at 201을 보라.

294) Kern, *Culture of Time and Space*, 68, 70에서 인용.

295) Coulmas, *Japanische Zeiten*.

296) Vanessa Ogle, "Whose Time Is It? The Pluralization of Time and the Global Condition, 1870s-1940s," *American Historical Review* 118 (2013): 1376~1402, at 1390.

297) Kern, *Culture of Time and Space*, 10~14. 보편적 시간의 도입에 관한 최고의 연구는 현재 이것 이다. Vanessa Ogle, *The Global Transformation of Time, 1870-1950* (Cambridge, MA: Harvard University Press, 2015); Derek Howse, *Greenwich Time and the Discovery of the Longitude* (Oxford: Oxford University Press, 1980).

298) Albert Hourani, *Arabic Thought in the Liberal Age, 1798-1939* (Cambridge: Cambridge University Press, 1983), 79.

299) Elliott Colla, *Conflicted Antiquities: Egyptology, Egyptomania, Egyptian Modernity* (Durham, NC: Duke University Press, 2007), 148에서 인용.

300) Abu al-Su'du, ibid., 129에서 인용. 고고학적 발견이 무슬림 세계에 미친 영향은 Wendy M. K. Shaw, *Possessors and Possessed: Objects, Museums, and the Visualization of History in the Late Ottoman Empire* (Berkeley: University of California Press, 2003)을 보라.

301) Paolo Rossi, *The Dark Abyss of Time: The History of the Earth and the History of Nations from Hooke to Vico* (Chicago: University of Chicago Press, 1984); Daniel Lord Smail, "In the Grip of Sacred History," *American Historical Review* 110 (2005): 1336~1361; Jan Assmann and Martin Mulsow, eds., *Sintflut und Gedächtnis: Erinnern und Vergessen des Ursprungs* (Munich: Wilhelm Fink, 2006).

302) Thomas R. Trautmann, *The Clash of Chronologies: Ancient India in the Modern World* (New Delhi: Yoda Press, 2009), 32에서 인용.

303) ibid., 32에서 인용.

304) Edwin Van Kley, "Europe's 'Discovery' of China and the Writing of World History," *American Historical Review* 76 (1971): 358~385.

305) Trautmann, *The Clash of Chronologies*, 39에서 인용.

306) Henry Lewis Morgan, *Ancient Society, or Researches in the Lines of Human Progress from Savagery through Barbarism to Civilization* (New York: Henry Holt, 1878), xxix.

307) Stephen Jay Gould, *Time's Arrow, Time's Cycle: Myth and Metaphor in the Discovery of Geological Time* (Cambridge, MA: Harvard University Press, 1987), l; Peter Rowley-Conwy, *From Genesis to Prehistory: The Three Age System and Its Contested Reception in Denmark, Britain, and Ireland* (Oxford:

Oxford University Press, 2007).

308) Michel Foucault, *Die Ordnung der Dinge: Eine Archäologie der Humanwissenschaften* (Frankfurt am Main: Suhrkamp, 1971), 308.

309) Wolf Lepenies, *Das Ende der Naturgeschichte: Wandel kultureller Selbstverständlichkeiten in den Wissenschaften des 18. und 19. Jahrhunderts* (Munich: Hanser, 1976).

310) Arthur Rimbaud, *Une saison en enfer* (Paris: Gallimard, 1999), 204.

311) Georg Wilhelm Friedrich Hegel, *Vorlesungen über die Philosophie der Geschichte* [1840], in *Werke in zwanzig Bänden*, vol. 12, ed. Eva Moldenhauer and Karl Markus Michel (Frankfurt am Main: Suhrkamp, 1986), 134.

312) Karl Marx, *Das Kapital: Kritik der politischen Oekonomie*, vol. 1, *Der Produktionsprozess des Kapitals* [1867], in *Marx-Engels-Werke*, vol. 23 (Berlin: Dietz, 1962), 12.

313) Eugène-Melchior de Vogüé, "A travers l'exposition, IV: Les arts libéraux, l'histoire du travail," *Revue des deux mondes* 94 (1889): 929~944, at 929. 만국박람회에 관해서는 Paul Greenhalgh, *Ephemeral Vistas: The Expositions universelles, Great Exhibitions and World's Fairs, 1851-1939* (Manchester: Manchester University Press, 1988); Robert W. Rydell, *All the World's a Fair: Visions of Empire at American International Expositions, 1876-1916* (Chicago: University of Chicago Press, 1984)를 보라.

314) R. Virchow, "Eskimos von Labrador," *Zeitschrift für Ethnologie* 12 (1880): 253~284, at 270.

315) Friedrich Schiller, "Was heist und zu welchem Ende studiert man Universalgeschichte?" [1789], in *Sämtliche Werke*, vol. 4, ed. Gerhard Fricke and Herbert G. Göpfert (Munich: Hanser, 1958-1959), 754.

316) Johannes Fabian, *Time and the Other: How Anthropology Makes Its Object* (New York: Columbia University Press, 1983).

317) Peter Laslett, *Locke's Two Treatises of Government: A Critical Edition with Introduction and Notes*, 2nd ed. (Cambridge: Cambridge University Press, 1970), 319.

318) John Darwin, *After Tamerlane: The Global History of Empire since 1405* (New York: Bloomsbury, 2008), 209.

319) Albert Hourani, *Arabic Thought in the Liberal Age, 1798-1939* (Cambridge: Cambridge University Press, 1983); Luke S. K. Kwong, "The Rise of the Linear Perspective on History and Time in Late Qing China, c. 1860-1911," *Past and Present* 173 (2001): 157~190.

320) Moishe Postone, *Time, Labor, and Social Domination: A Reinterpretation of Marx's Critical Theory* (Cambridge: Cambridge University Press, 1996), 186~260.

321) Karl Marx, *Das Elend der Philosophie* [1847], in *Marx-Engels-Werke*, vol. 4 (Berlin: Dietz, 1972), 85.

322) T. R. Birks, *Memoir of the Rev. Edward Bickersteth*, vol. 1 (London: Seeleys, 1851), 9~10; Thomas S. Kidd, *The Great Awakening: The Roots of Evangelical Christianity in Colonial America* (New Haven, CT: Yale University Press, 2007); Jonathan Strom, Hartmut Lehmann, and James Van Horn Melton, eds., *Pietism in Germany and North America, 1680-1820* (Farnham, UK: Ashgate, 2009).

323) Thompson, "Time, Work-Discipline," 95.

324) Keletso E. Atkins, *The Moon Is Dead! Give Us Our Money! The Cultural Origins of an African Work Ethic, Natal, South Africa, 1843-1900* (London: James Currey, 1993); Atkins, "'Kafir Time': Preindustrial Temporal Concepts and Labour Discipline in Nineteenth-Century Colonial Natal," *Journal of African History* 29 (1988): 229~244에서 인용.

325) Frederick Cooper, "Colonizing Time: Work Rhythms and Labor Conflict in Colonial Mombasa," in *Colonialism and Culture*, ed. Nicholas B. Dirks (Ann Arbor: University of Michigan Press, 1992), 209~246; Andreas Eckert, "Zeit, Arbeit und die Konstruktion von Differenz: Über die koloniale Ordnung in Afrika," *Comparativ* 10, no. 3 (2000): 61~73.

326) Rudolf G. Wagner, "The Concept of Work / Labor / Arbeit in the Chinese World," in *Die Rolle der Arbeit in verschiedenen Epochen und Kulturen*, ed. Manfred Bierwisch (Berlin: Akademie Verlag, 2003), 103~136, at 125에서 인용.

327) 탈식민주의의 해석에 관해서는 Tanaka, *New Times*; Prasenjit Duara, *Rescuing History from the Nation: Questioning Narratives of Modern China* (Chicago: University of Chicago Press, 1995); Vinay Lal, *The History of History: Politics and Scholarship in Modern India* (New Delhi: Oxford University Press, 2003)을 보라.

328) Joseph K. Adjaye, *Time in the Black Experience* (Westport, CT: Greenwood Press, 1994), 3에서 인용.

329) Stuart Macintyre, *A Concise History of Australia* (Cambridge: Cambridge University Press, 1999), 11에서 인용. 또한 P. Brantlinger, *Dark Vanishings: Discourse on the Extinction of Primitive Races, 1800-1930* (Ithaca, NY: Cornell University Press, 2003)을 보라.

330) Thomas R. Metcalf, *Ideologies of the Raj* (New Delhi: Cambridge University Press, 1998), 71, 72에서 인용.

331) Chakrabarty, *Provincializing Europe: Postcolonial Thought and Historical Difference* (Princeton, NJ: Princeton University Press, 2000), 9.

332) Mark Peattie, "Attitudes toward Colonialism," in *The Japanese Colonial Empire, 1895-1945*, ed. Mark Peattie and Ramon Myers (Princeton, NJ: Princeton University Press, 1987), 80~127, at 95.

333) Fabian, *Time and the Other*.

334) Giordano Nanni, *The Colonisation of Time: Ritual, Routine and Resistance in the British Empire* (Manchester: Manchester University Press, 2012), 25; Jean Comaroff, "Missionaries and Mechanical Clocks: An Essay on Religion and History in South Africa," *Journal of Religion* 71 (1991): 1~17에서 인용.

335) Landes, *Revolution in Time*, 289; Barak, *On Time*, 241.

336) 다음 내용은 다음의 글을 토대로 했다. Ogle, "Whose Time Is It?," 1396~1400.

337) Samuel Smiles, *Self-Help: With Illustrations of Character and Conduct* (London: John Murray, 1859), 199~200.

338) Nanni, *The Colonisation of Time*; Fabian, *Time and the Other*.

339) Frantz Fanon, *The Wretched of the Earth* (New York: Grove Press, 1963), 239.

340) 그러한 문화주의적 관점의 해석은 William Gallois, "The War for Time in Early Colonial

Algeria," in Lorenz and Bevernage, *Breaking Up Time*, 252~273을 보라.

341) 사회 투쟁에 대한 그러한 강조는 Cooper, "Colonizing Time"; Andreas Eckert, "Zeit, Arbeit und die Konstruktion von Differenz: Über die koloniale Ordnung in Afrika," *Comparativ* 10, no. 3 (2000), 61~73을 보라.

342) 제국주의의 영향에 대한 그러한 이해는 Christopher L. Hill, "Conceptual Universalization in the Transnational Nineteenth Century," and Samuel Moyn and Andrew Sartori, "Approaches to Global Intellectual History," both in *Global Intellectual History*, ed. Samuel Moyn and Andrew Sartori (New York: Columbia University Press, 2013), 134~158, 3~30; Andrew Sartori, *Liberalism in Empire: An Alternative History* (Berkeley: University of California Press, 2014)를 따랐다.

343) Green, "Spacetime"; Green, "The Hajj"; Michael Adas, *Machines as the Measure of Men: Science, Technology, and Ideologies of Western Dominance* (Ithaca, NY: Cornell University Press, 1989); Huber, *Channelling Mobilities*; Eric Tagliacozzo, *The Longest Journey: Southeast Asians and the Pilgrimage to Mecca* (Oxford: Oxford University Press, 2013).

344) Nanni, *The Colonisation of Time*, 194에서 인용.

345) Ogle, "Whose Time Is It?," 1398~1399.

346) Barak, *On Time*, 11.

347) Qin Shao, *Culturing Modernity: The Nantong Model, 1890-1930* (Stanford, CA: Stanford University Press, 2003). 시계와 단선적 시간 개념의 채택에 관해서는 Luke S. K. Kwong, "The Rise of the Linear Perspective on History and Time in Late Qing China, c. 1860-1911," *Past and Present* 173 (2001): 157~190을 보라. 신생활운동의 맥락에서 나중에 일어난 캠페인에 관해서는 Federica Ferlanti, "The New Life Movement in Jiangxi Province, 1934-1938," *Modern Asian Studies* 44 (2010): 961~1000을 보라. 소련에 관해서는 Stephen Hanson, *Time and Revolution: Marxism and the Design of Soviet Institutions* (Chapel Hill: University of North Carolina Press, 1997)을 보라.

348) Katja Schmidtpott, "Die Propagierung moderner Zeitdisziplin in Japan, 1906-1931," *Geschichte und Gesellschaft* 25 (2015): 123~155; Hirade Yūko, "'Toki no kinenbi' no setsuritsu," *Nihon rekishi* 725 (2008): 69~84; Ōba Nobutaka, "Kindai Nihon no jikan chitsujo to shakai kyōiku," in *Shakai kyōiku no kindai*, ed. Uesugi Takamichi and Ōba Nobutaka (Kyoto: Shōraisha, 1996), 80~113에서 인용. 정부의 캠페인에 관해서는 Sheldon Garon, *Molding Japanese Minds: The State in Everyday Life* (Princeton, NJ: Princeton University Press, 1997); Narita Ryūichi, "Kindai Nihon no 'toki' ishiki," in *Toki no chiikishi*, ed. Satō Tsugitaka and Fukui Norihiko (Tokyo: Yamakawa Shuppansha, 1999), 352~385; Simon Partner, "Taming the Wilderness: The Lifestyle Improvement Movement in Rural Japan, 1925-1965," *Monumenta Nipponica* 56 (2001): 487~520 을 보라.

349) Ussama Makdisi, "Ottoman Orientalism," *American Historical Review* 107 (2002): 768~796, at 792에서 인용.

350) Lal, *The History of History*, 28, 30에서 인용. Ranajit Guha, *An Indian Historiography of India: A*

Nineteenth-Century Agenda and Its Implications (Kolkata: K. P. Bagchi, 1987)을 보라.

351) 특히 Chakrabarty, *Provincializing Europe; and* Duara, *Rescuing History*를 보라

352) Michael Gottlob, "Indische Geschichtswissenschaft und Kolonialismus," in *Geschichtsdiskurs*, vol. 4, *Krisenbewustsein, Katastrophenerfahrungen und Innovationen, 1880-1945*, ed. Wolfgang Küttler, Jörn Rüsen, and Ernst Schulin (Frankfurt am Main: Suhrkamp, 1997), 314~338, at 332에서 인용.

353) Ashis Nandy, "History's Forgotten Doubles," *History and Theory* 34, no. 2 (1995): 44~66; Vinay Lal, ed., *Dissenting Knowledges, Open Futures: The Multiple Selves and Strange Destinations of Ashis Nandy* (Oxford: Oxford University Press, 2000).

354) Vinay Lal, "Subaltern Studies and Its Critics: Debates over Indian History," *History and Theory* 40 (2001): 135~148, at 148; Lal, "Provincializing the West: World History from the Perspective of Indian History," in *Writing World History, 1800-2000*, ed. Benedikt Stuchtey and Eckhardt Fuchs (Oxford: Oxford University Press, 2003), 271~289, at 288~289.

355) Velcheru Narayana Rao, David Shulman, and Sanjay Subrahmanyam, *Textures of Time: Writing History in South India, 1600-1800* (New Delhi: Permanent Black, 2001). 또한 자세한 논의는 *History and Theory* 46, no. 4 (2007). Sumit Guha, "Speaking Historically: The Changing Voices of Historical Narration in Western India, 1400-1900," *American Historical Review* 109 (2004): 1084~1103을 보라.

356) Wolfgang Ernst, "Antiquarianismus und Modernität: Eine historiographische Verlustbilanz," in *Geschichtsdiskurs*, vol. 2, *Anfänge modernen historischen Denkens*, ed. Wolfgang Küttler et al. (Frankfurt am Main: Fischer, 1994), 136~147.

357) 일본 근대 역사학의 성립에 관해서는 Tanaka, *Japan's Orient* Margaret Mehl, *Eine Vergangenheit für die japanische Nation: Die Entstehung des historischen Forschungsinstituts Tōkyō daigaku Shiryō hensanjo, 1869-1895* (Frankfurt am Main: Peter Lang, 1992)를 보라. 전근대 전통에 관해서는 Victor J. Koschmann, *The Mito Ideology: Discourse, Reform and Insurrection in Late Tokugawa Japan, 1790-1864* (Berkeley: University of California Press, 1987); Harry D. Harootunian, *Things Seen and Unseen: Discourse and Ideology in Tokugawa Nativism* (Chicago: University of Chicago Press, 1988); Susan Burns, *Before the Nation: Kokugaku and the Imagining of Community in Early Modern Japan* (Durham, NC: Duke University Press, 2003)을 보라.

358) Masayuki Sato, "A Social History of Japanese Historiography, 1400-1800," in *The Oxford History of Historical Writing*, vol. 3, *1400-1800*, ed. Jose Rabasa, Masayuki Sato, Edoardo Tortarolo, and Daniel Woolf (Oxford: Oxford University Press, 2012), 80~102.

359) Ulrich Goch, "Die Entstehung einer modernen Geschichtswissenschaft in Japan," *Bochumer Jahrbuch zur Ostasienforschung* 1 (1978): 238~271, at 238에서 인용.

360) 다른 사회들에 관한 개관은 *The Oxford History of Historical Writing* (Oxford: Oxford University Press, 2010-2012)의 다섯 권과 Eckhardt Fuchs and Benedikt Stuchtey, eds., *Across Cultural Borders: Historiography in Global Perspective* (Lanham, MD: Rowman and Littlefield, 2002)을 보라.

361) Eric Hobsbawm and Terence Ranger, eds., *The Invention of Tradition* (Cambridge: Cambridge University Press, 1992); Assmann, *Ist die Zeit aus den Fugen?*

362) Annette von Droste-Hülshoff, *Bilder aus Westfalen* [1840], in *Werke in einem Band*, ed. Clemens Heselhaus (Munich: Hanser, 1984), 724~725. 이 해석에 관해서는 Assmann, *Ist die Zeit aus den Fugen?*, 188~189를 보라.

363) Stephane Van Damme, *Métropoles de papier: Naissance de l'archeologie urbaine à Paris et à Londres, XVIIe-Xe siècle* (Paris: Les Belles Lettres, 2012).

364) Peter H. Ditchfield, *The Story of Our English Towns* (London: George Redway, 1897), 34.

365) Tanaka, *New Times*, 31에서 인용.

366) David Lowenthal, *The Past Is a Foreign Country* (Cambridge: Cambridge University Press, 1985).

367) Andrew McClellan, *Inventing the Louvre: Art, Politics, and the Origins of the Modern Art Museum in Eighteenth-Century Paris* (Berkeley: University of California Press, 1994).

368) Assmann, *Ist die Zeit aus den Fugen?*, 181.

369) Gábor Klaniczay, Michael Werner, and Otto Gécser, eds., *Multiple Antiquities—Multiple Modernities: Ancient Histories in Nineteenth-Century European Cultures* (Frankfurt am Main: Campus, 2010).

370) James J. Sheehan, *Museums in the German Art World from the End of the Old Regime to the Rise of Modernism* (New York: Oxford University Press, 2000); Susan A. Crane, *Collecting and Historical Consciousness in Early Nineteenth-Century Germany* (Ithaca, NY: Cornell University Press, 2000). 국립박물관의 출현에 관한 훌륭한 고찰은 Alma S. Wittlin, *Museums: In Search of a Usable Future* (Cambridge, MA: Harvard University Press, 1970), 81~101을 보라.

371) Suzanne L. Marchand, *Down from Olympus: Archaeology and Philhellenism in Germany, 1750-1970* (Princeton, NJ: Princeton University Press, 1996); Klaniczay et al., *Multiple Antiquities*.

372) Megan Aldrich, *Gothic Revival* (London: Phaidon, 1994).

373) Anthony Molho, "The Italian Renaissance, Made in the USA," in *Imagined Histories: American Historians Interpret the Past*, ed. Anthony Molho and Gordon S. Wood (Princeton, NJ: Princeton University Press, 1998), 263~294, at 267에서 인용. 또한 J. B. Bullen, *The Myth of the Renaissance in Nineteenth-Century Writing* (Oxford: Clarendon Press, 1994)를 보라.

374) Orlando Figes, *Natasha's Dance: A Cultural History of Russia* (New York: Metropolitan Books, 2002), 392에서 인용, 레르몬토프에 관해서는 387에서 인용.

375) Duara, *Rescuing History*; Kathleen Davis, *Periodization and Sovereignty: How Ideas of Feudalism and Secularization Govern the Politics of Time* (*Middle Ages*) (Philadelphia: University of Pennsylvania Press, 2008); Koselleck, *Zeitschichten*.

376) Thomas Keirstead, "Inventing Medieval Japan: The History and Politics of National Identity," *Medieval History Journal* 1 (1998): 47~71.

377) Reid, *Whose Pharaohs?*; Albert Hourani, *Arabic Thought in the Liberal Age, 1798-1939* (Cambridge: Cambridge University Press, 1983), chap. 4.

378) Filomeno V. Aguilar Jr., "Tracing Origins: *Ilustrado* Nationalism and the Racial Science of Migration Waves," *Journal of Asian Studies* 64 (2005): 605~637.

379) Andrew Sartori, "Beyond Culture-Contact and Colonial Discourse: 'Germanism' in Colonial

Bengal," *Modern Intellectual History* 4 (2007): 77~93, at 81.

380) Rebecca Earle, *The Return of the Native: Indians and Myth-Making in Spanish America, 1810-1930* (Durham, NC: Duke University Press, 2007), 24에서 인용. 또한 Tim Brading, *The Origins of Mexican Nationalism* (Cambridge: Cambridge University Press, 1985)를 보라.

381) Kern, *Culture of Time and Space*, 43에서 인용.

382) Peter Osborne, *The Politics of Time: Modernity and Avant-Garde* (London: Verso, 1995).

383) Raychaudhuri, *Perceptions, Emotions, Sensibilities*, 111~127.

384) Paul A. Cohen, Between Tradition and Modernity: Wang T'ao and Reform in Late Ch'ing China (Cambridge, MA: Harvard University Press, 1987), 93에서 인용.

385) David L. McMahan, "Modernity and the Early Discourse of Scientific Buddhism," *Journal of the American Academy of Religion* 72 (2004): 897~933, at 901에서 인용.

386) Françcis Georgeon, "Changes of Time: An Aspect of Ottoman Modernization," *New Perspectives on Turkey* 44 (2011): 181~195. 또한 François Georgeon and Frédéric Hitzel, ed., *Les Ottomans et le temp*s (Leiden: Brill, 2012); Avner Wishnitzer, *Reading Clocks, alla Turca: Time and Society in the Late Ottoman Empire* (Chicago: University of Chicago Press, 2015)를 보라.

387) Qin Shao, *Culturing Modernity*.

388) Chakrabarty, *Provincializing Europe*, 27~46.

389) Peter Galison, *Einstein's Clocks, Poincare's Maps: Empires of Time* (New York: W. W. Norton, 2003); Assmann, *Ist die Zeit aus den Fugen?*

390) 이 설명은 다음을 따랐다. Ogle, *Global Transformation of Time*, 99~119.

391) Ogle, "Whose Time Is It?," 1387.

392) Barak, *On Time*, 5, 78.

393) Sumit Sarkar, "Renaissance and Kaliyuga: Time, Myth and History in Colonial Bengal," in *Writing Social History*, ed. Sumit Sarkar (New Delhi: Oxford University Press, 1997), 186~215.

394) Ogle, "Whose Time Is It?," 1402.

395) Henry Steel Olcott, *Old Diary Leaves: The History of the Theosophical Society; Second Series, 1878-1883* (Adyar, Chennai: Theosophical Publishing House, 2002), 168~169.

396) Mark Bevir, "The West Turns Eastward: Madame Blavatsky and the Transformation of the Occult Tradition," *Journal of the American Academy of Religion* 62 (1994): 747~767.

397) Maria Moritz, "Globalizing 'Sacred Knowledge': South Asians and the Theosophical Society, 1879-1930" (doctoral diss., Jacobs University Bremen, 2012), 41을 보라.

398) Tomoko Masuzawa, *The Invention of World Religions: Or, How European Universalism Was Preserved in the Language of Pluralism* (Chicago: University of Chicago Press, 2005), 134.

399) Gananath Obeyesekere, "Religious Symbolism and Political Change in Ceylon," *Modern Ceylon Studies* 1 (1970): 43~49. 또한 Stephen R. Prothero, "Henry Steel Olcott and Protestant Buddhism," *Journal of the American Academy of Religion* 63 (1995): 281~302; Stanley J. Tambiah, *Buddhism Betrayed? Religion, Politics and Violence in Sri Lanka* (Chicago: University of Chicago Press, 1992)를 보라.

400) Donald S. Lopez, ed., *Curators of the Buddha: The Study of Buddhism under Colonialism* (Chicago: University of Chicago Press, 1995).

401) Moritz, *Globalizing "Sacred Knowledge."*를 보라.

402) Richard Jaffe, "Seeking Sākyamuni: Travel and the Reconstruction of Japanese Buddhism," *Journal of Japanese Studies* 30 (2004): 65~98; Moritz, *Globalizing "Sacred Knowledge."*

403) Quoted from Moritz, *Globalizing "Sacred Knowledge,"* 177.

404) Ibid., 179.

405) Duara, "The Discourse of Civilization."

406) Martin Petzke, *Weltbekehrungen: Zur Konstruktion globaler Religion im pfingstlich-evangelikalen Christentum* (Bielefeld: Transcript, 2013), 40에서 인용.

407) 종교에 관한 포괄적인 세계사적 해석은 C. A. Bayly, *The Birth of the Modern World, 1780-1914: Global Connections and Comparisons* (Oxford: Blackwell, 2004), 325~365; Osterhammel, *The Transformation of the World*, 873~901; Zvi Ben-Dor Benite, "Religions and World History," in *The Oxford Handbook of World History*, ed. Jerry H. Bentley (Oxford: Oxford University Press, 2011), 210~228; Karin Velez, Sebastian R. Prange, and Luke Clossey, "Religious Ideas in Motion," in *A Companion to World History*, ed. Douglas Northrop (Oxford: Blackwell, 2012), 352~364에서 볼 수 있다. 또한 Peter Beyer, *Religion and Globalization* (London: Sage, 1994)를 보라.

408) 이 유형학의 토대는 David Papp, *Okzidentalismus: Wissen und Macht des Westens in Südostasien* (master's thesis, Free University Berlin, 2008)이다. 대안적인 조직의 원리는 Catherine Bell, "Paradigms Behind (and Before) the Modern Concept of Religion," *History and Theory* 45 (2006): 27~46을 보라.

409) 부흥 패러다임의 옹호자로는 Martin Riesebrodt, *Die Rückkehr der Religionen: Fundamentalismus und der "Kampf der Kulturen"* (Munich: C. H. Beck, 2001); and Friedrich Wilhelm Graf, *Die Wiederkehr der Götter: Religion in der modernen Kultur* (Munich: C. H. Beck, 2004)가 있다.

410) Ronald B. Inden, *Imagining India* (Bloomington: Indiana University Press, 1990); Richard King, *Orientalism and Religion: Postcolonial Theory, India and "The Mystic East"* (London: Routledge, 1999).

411) Peter Beyer, *Religions in Global Society* (London: Routledge, 2006), 74.

412) Thomas S. Kidd, *The Great Awakening: The Roots of Evangelical Christianity in Colonial America* (New Haven, CT: Yale University Press, 2007); Barry Hankins, *The Second Great Awakening and the Transcendentalists* (Westport, CT: Greenwood Press, 2004); Nathan O. Hatch, *The Democratization of American Christianity* (New Haven, CT: Yale University Press, 1991)을 보라.

413) Peter van Rooden, "The Concept of an International Revival Movement around 1800," *Pietismus und Neuzeit* 16 (1990): 155~172.

414) Wolfgang Schieder, "Kirche und Revolution: Sozialgeschichtliche Aspekte der Trierer Wallfahrt von 1844," *Archiv für Sozialgeschichte* 14 (1974): 419~454; David Blackbourn, *Wenn ihr sie seht, fragt, wer sie sei: Marienerscheinungen in Marpingen—Aufstieg und Niedergang des deutschen Lourdes* (Reinbek bei Hamburg: Rowohlt, 1997)을 보라. 롱게의 인용은 Manuel Borutta,

Antikatholizismus: Deutschland und Italien im Zeitalter der europäischen Kulturkämpfe (Göttingen: Vandenhoeck und Ruprecht, 2010), 82를 보라.

415) Nehemia Levtzion and John O. Voll, eds., *Eighteenth-Century Renewal and Reform in Islam* (Syracuse, NY: Syracuse University Press, 1987); John O. Voll, *Islam: Continuity and Change in the Modern World* (Boulder, CO: Westview Press, 1982); Ahmad Dallal, "The Origins and Objectives of Islamic Revivalist Thought, 1750-1850," *Journal of the American Oriental Society* 113 (1993): 341~359를 보라.

416) Bayly, *Imperial Meridian*.

417) 내적 위기와 외적 위기의 연결에 관해서는 Michael Geyer and Charles Bright, "World History in a Global Age," *American Historical Review* 100 (1995): 1034~1060을 보라.

418) John O. Voll, "Linking Groups in the Networks of Eighteenth-Century Revivalist Scholars: The Mizjaji Family in Yemen," in Levtzion and Voll, *Eighteenth-Century Renewal*, 69~92.

419) Francis Robinson, "The Islamic World: World System to 'Religious International,'" in *Religious Internationals in the Modern World: Globalization and Faith Communities since 1750*, ed. Abigail Green and Vincent Viaene (London: Palgrave Macmillan, 2012), 111~135를 보라.

420) Kenneth W. Jones, *Socio-Religious Reform Movements in British India* (Cambridge: Cambridge University Press, 1994), 65에서 인용.

421) Shyam Krishna Bhatnagar, *History of the M.A.O. College* (London: Asia Publishing House, 1969), 38에서 인용.

422) 또한 Aziz Ahmad, *Islamic Modernism in India and Pakistan, 1857-1964* (New Delhi: Oxford University Press, 1967)을 보라.

423) 이 주제에 관해서는 다음의 뛰어난 연구를 보라. B. D. Metcalf, *Islamic Revival in British India: Deoband, 1860-1900* (New Delhi: Oxford University Press, 1982); and David Lelyveld, *Aligarh's First Generation: Muslim Solidarity in British India* (Princeton, NJ: Princeton University Press, 1978).

424) Christine Dobbin, *Islamic Revivalism in a Changing Peasant Economy: Central Sumatra, 1784-1847* (London: Curzon Press, 1983).

425) 다음 내용에 관해서는 이 흥미로운 책을 보라. Green and Viaene, *Religious Internationals*, esp. the introduction.

426) Tagliacozzo, *The Longest Journey;* Green, "Spacetime."을 보라.

427) Huber, *Channelling Mobilities*를 보라.

428) Christopher Clark and Michael Ledger-Lomas, "The Protestant International," in Green and Viaene, *Religious Internationals*, 23~52, at 30.

429) Abigail Green, "Old Networks, New Connections: The Emergence of the Jewish International," in Green and Viaene, *Religious Internationals*, 53~81, at 59에서 인용.

430) Clark and Ledger-Lomas, "The Protestant International."

431) Adam Yuet Chau, "Transnational Buddhist Activities in the Era of Empires," in Green and Viaene, *Religious Internationals*, 206~232.

432) Clark and Ledger-Lomas, "The Protestant International."

433) Amira K. Bennison, "Muslim Internationalism between Empire and Nation-State," in Green and Viaene, *Religious Internationals*, 163~185, at 174에서 인용.

434) Francis Robinson, "The Islamic World: World System to 'Religious International,'" in Green and Viaene, *Religious Internationals*, 111~135.

435) Abigail Green, "Old Networks, New Connections," 54.

436) Simon Dixon, "Nationalism versus Internationalism: Russian Orthodoxy in Nineteenth-Century Palestine," in Green and Viaene, *Religious Internationals*, 139~162, at 139. 또한 Simon Sebag Montefiore, *Jerusalem: The Biography* (London: Weidenfeld and Nicolson, 2011)을 보라.

437) Abigail Green and Vincent Viaene, "Introduction: Rethinking Religion and Globalization," in Green and Viaene, *Religious Internationals*, 1~22, at 8.

438) 제국주의의 맥락에도 불구하고 식민주의가 유일한 배경이 되어서는 안 된다. 이 점은 다음의 책이 지적했다. Hwansoo Ilmee Kim, *Empire of the Dharma: Korean and Japanese Buddhism, 1877-1912* (Cambridge, MA: Harvard University Asia Center, 2012)

439) Nehemia Levtzion and Randall L. Pouwels, eds., *The History of Islam in Africa* (Athens, OH: Ohio University Press, 2000); David Robinson, *Muslim Societies in African History* (Cambridge: Cambridge University Press, 2004)를 보라.

440) Nile Green, "Saints, Rebels and Booksellers: Sufis in the Cosmopolitan Western Indian Ocean, c. 1850-1920," in Kresse and Simpson, *Struggling with History*, 125~166.

441) 다음의 흥미로운 논문들을 보라. David Motadel, ed., *Islam and the European Empires* (Oxford: Oxford University Press, 2014).

442) 다음은 독자들에게 해외 선교가 원래 이교도의 개종이 아니라 기독교도 정착민에 초점을 맞추었음을 알려 준다. Rebekka Habermas, "Wissenstransfer und Mission: Sklavenhandler, Missionare und Religionswissenschaftler," *Geschichte und Gesellschaft* 36 (2010): 257~284. Hilary M. Carey, *God's Empire: Religion and Colonialism in the British World, c. 1801-1908* (Cambridge: Cambridge University Press, 2011).

443) David Lindenfeld, "Varieties of Sioux Christianity, 1860-1980," *Journal of Global History* 3 (2007): 281~302.

444) Terence O. Ranger, "Missionary Adaptation of African Religious Institutions: The Masasi Case," in *The Historical Study of African Religion, with Special Reference to East and Central Africa*, ed. Terence O. Ranger and I. N. Kimambo (London: Heinemann, 1972), 221~251.

445) Patrick Harries, *Butterflies and Barbarians: Swiss Missionaries and Systems of Knowledge in South-East Africa* (Oxford: James Currey, 2007), 51에서 인용.

446) Harries, *Butterflies and Barbarians*, 67~95를 보라.

447) Dipesh Chakrabarty, *Habitations of Modernity: Essays in the Wake of Subaltern Studies* (Chicago: University of Chicago Press, 2002), 24에서 인용.

448) Penelope Carson, *The East India Company and Religion, 1698-1858* (Woodbridge, UK: Boydell Press, 2012), 196에서 인용.

449) Gauri Viswanathan, "Currying Favor: The Politics of British Educational and Cultural Policy in India, 1813-54," in *Dangerous Liaisons: Gender, Nation, and Postcolonial Perspectives*, ed. Anne McClintock, Aamir Mufti, and Ella Shohat (Minneapolis: University of Minnesota Press, 1997), 113~129, at 122~123을 보라.

450) 예를 들면 Catherine Hall, *Civilizing Subjects: Metropole and Colony in the English Imagination, 1830-1867* (Chicago: University of Chicago Press, 2002)를 보라.

451) Harald Fischer-Tiné, "Global Civil Society and the Forces of Empire: The Salvation Army, British Imperialism and the 'Pre-History' of NGOs (ca. 1880-1920)," in Conrad and Sachsenmaier, *Competing Visions*, 29~68을 보라.

452) John Marriott, *The Other Empire: Metropolis, India and Progress in the Colonial Imagination* (Manchester: Manchester University Press, 2004), esp. 176~181.

453) 선교 활동과 제국주의 사이의 관계는 오랫동안 논의의 주제였다. 약한 관계나 모순된 관계만 보는 역사가로는 Andrew Porter, *Religion versus Empire? British Protestant Missionaries and Overseas Expansion, 1700-1914* (Manchester: Manchester University Press, 2004); and Norman Etherington, ed., *Missions and Empire* (Oxford: Oxford University Press, 2005)을 보라. 반대의 견해는 Jean Comaroff and John L. Comaroff, *Of Revelation and Revolution: Christianity, Colonialism and Consciousness in South Africa*, 2 vols. (Chicago: University of Chicago Press, 1991, 1997)이 강하게 제시한다.

454) Joseph Schmidlin, *Die katholischen Missionen in den deutschen Schutzgebieten* (Münster: Aschendorff, 1913), 278.

455) Sergei Kan, *Memory Eternal: Tlingit Culture and Russian Orthodox Christianity through Two Centuries* (Seattle: University of Washington Press, 1999).

456) Donald N. Clark, *Christianity in Modern Korea* (Lanham, MD: University Press of America, 1986); Robert E. Buswell and Timothy P. Lee, eds., *Christianity in Korea* (Honolulu: University of Hawai'i Press, 2007).

457) David Chidester, *Savage Systems: Colonialism and Comparative Religion in Southern Africa* (Charlottesville: University of Virginia Press, 1996).

458) Otto von Corvin, *Pfaffenspiegel: Historische Denkmale des Fanatismus in der römisch-katholischen Kirche*, 7th ed. (Rudolstadt: A. Bock, 1927).

459) Jason Ananda Josephson, *The Invention of Religion in Japan* (Chicago: University of Chicago Press, 2012), 204에서 인용.

460) 유교를 중국의 공식 종교로 전환하려는 실패한 계획에 관해서는 Anna Sun, *Confucianism as a World Religion: Contested Histories and Contemporary Realities* (Princeton, NJ: Princeton University Press, 2013); Ya-pei Kuo, "'Christian Civilization' and the Confucian Church: The Origin of Secularist Politics in Modern China," *Past and Present* 218 (2013): 235~264를 보라.

461) Gyanendra Pandey, *The Construction of Communalism in Colonial North India* (Delhi: Oxford University Press, 2006); Ussama Makdisi, *The Culture of Sectarianism: Community, History, and Violence in Nineteenth-Century Ottoman Lebanon* (Berkeley: University of California Press, 2000).

462) Masuzawa, *Invention of World Religions*.

463) Lorraine Daston, "Enlightenment Fears, Fears of Enlightenment," in *What's Left of Enlightenment? A Postmodern Question*, ed. Keith Michael Baker (Stanford, CA: Stanford University Press, 2001), 115~128.

464) Raychaudhuri, *Perceptions, Emotions, Sensibilities*, chap. 3 그중 55에서 인용.

465) 세속화의 여러 다양한 차원에 관해서는 José Casanova, *Public Religions in the Modern World* (Chicago: University of Chicago Press, 1994); Hugh McLeod, *Secularisation in Western Europe, 1848-1914* (New York: Palgrave Macmillan, 2000)을 보라.

466) 인도의 상황에 관해서는 Raychaudhuri, *Perceptions, Emotions, Sensibilities*, chap. 5를 보라.

467) Robert W. Hefner, "Multiple Modernities: Christianity, Islam, and Hinduism in a Globalizing Age," *Annual Review of Anthropology* 27 (1998): 83~104.

468) Grace Davie, "Europe: The Exception That Proves the Rule?," in *The Desecularization of the World: Resurgent Religion and World Politics*, ed. Peter L. Berger (Washington, DC: Ethics and Public Policy Center, 1999), 65~84.

469) Michela de Giorgiò, "Die Glaubige," in *Der Mensch im 19. Jahrhundert*, ed. Ute Frevert and Heinz-Gerhard Haupt (Frankfurt am Main: Campus, 1999), 120~147. 또한 Chakrabarty, *Habitations*를 보라.

470) Todd Weir, *Secularism and Religion in Nineteenth-Century Germany: The Rise of the Fourth Confession* (New York: Cambridge University Press, 2014).

471) Russell T. McCutcheon, *Manufacturing Religion: The Discourse on Sui Generis Religion and the Politics of Nostalgia* (Oxford: Oxford University Press, 1997); Talal Asad, *Formations of the Secular: Christianity, Islam, Modernity* (Stanford, CA: Stanford University Press, 2003).

472) Brent Nongbri, *Before Religion: A History of a Modern Concept* (New Haven, CT: Yale University Press, 2013)을 보라.

473) Vincent Goossaert, "The Concept of Religion in China and the West," *Diogenes* 52 (2005): 13~20; somae Junichi, "State Shinto, Westernization, and the Concept of Religion in Japan," in *Religion and the Secular: Historical and Colonial Formation*, ed. Timothy Fitzgerald (London: Equinox, 2007), 93~101; Wilfred C. Smith, "The Historical Development in Islam of the Concept of Islam as an Historical Development," in *Historians of the Middle East*, ed. Bernard Lewis and Peter Holt (London: Oxford University Press, 1962), 484~502; Marion Eggert and Lucian Hölscher, eds., *Religion and Secularity: Transformations and Transfers of Religious Discourses in Europe and Asia* (Leiden: Brill, 2013).

474) Masuzawa, *Invention of World Religions*, 112에서 인용.

475) Jose Casanova, "Cosmopolitanism, the Clash of Civilizations and Multiple Modernities," *Current Sociology* 59 (2011): 252~267.

476) 유럽의 문화 전쟁에 관해서는 Clark and Kaiser, *Culture Wars*를 보라. 또한 Borutta, *Antikatholizismus*; Michael B. Gross, *The War against Catholicism: Liberalism and the Anti-Catholic Imagination in Nineteenth-Century Germany* (Ann Arbor: University of Michigan Press, 2004);

D. G. Paz, *Popular Anti-Catholicism in Mid-Victorian England* (Stanford, CA: Stanford University Press, 1992); Lisa Dittrich, *Antiklerikalismus in Europa: Öffentlichkeit und Säkularisierung in Frankreich, Spanien und Deutschland (1848-1914)* (Göttingen: Vandenhoeck und Ruprecht, 2014)를 보라.

477) C. A. Bayly and E. F. Biagini, eds., *Giuseppe Mazzini and the Globalization of Democratic Nationalism, 1830-1920* (Oxford: Oxford University Press, 2008)을 보라.

478) Eugenio F. Biagini, *Retrenchment and Reform: Popular Liberalism in the Age of Gladstone, 1860-1880* (Cambridge: Cambridge University Press, 1992), 217에서 인용.

479) E. Lamberts, ed., *The Black International: The Holy See and Militant Catholicism in Europe (L'Internationale noire (1870-1878): Le Saint-Siège et le Catholicisme militant en Europe)* (Leuven: Leuven University Press, 2002).

480) David Blackbourn, "The Catholic Church in Europe since the French Revolution," *Comparative Studies in Society and History* 33 (1991): 778~790.

481) Marriott, *The Other Empire*.

482) Peter Van der Veer, *Imperial Encounters: Religion and Modernity in India and Britain* (Princeton, NJ: Princeton University Press, 2001).

483) 북대서양 세계에 관해서는 Timothy Verhoeven, *Transatlantic Anti-Catholicism: France and the United States in the Nineteenth Century* (New York: Palgrave Macmillan, 2010)을 보라.

484) Brian Connaughton, "The Enemies Within: Catholics and Liberalism in Independent Mexico, 1821-1860," in *The Divine Charter: Constitutionalism and Liberalism in Nineteenth-Century Mexico*, ed. Jaime E. Rodríguez (Lanham, MD: Rowman and Littlefield, 2005), 183~204; John Frederick Schwaller, *The History of the Catholic Church in Latin America: From Conquest to Revolution and Beyond* (New York: NYU Press, 2011).

485) 블룬칠리의 생애에 관해서는 Borutta, *Antikatholismus*, 276~282를 보라.

486) 일본의 '문화 전쟁'에 관해서는 James E. Ketelaar, *Of Heretics and Martyrs in Meiji Japan: Buddhism and its Persecution* (Princeton, NJ: Princeton University Press, 1993)을 보라. 또한 Peter Kleinen, "Politics, Religion, and National Integration in Wilhelmine Germany and Meiji Japan: A Comparative View on the Kulturkampf and the 'Persecution of Buddhism,'" in *Japanese Civilization in the Modern World*, vol. 16, *Nation-State and Empire*, ed. Umesao Tadao, Takashi Fujitani, and Kurimoto Eisei (Osaka: National Museum of Ethnology, 2000), 61~94를 보라.

487) Manuel Borutta, "Genealogie der Säkularisierungstheorie: Zur Historisierung einer grosen Erzählung der Moderne," *Geschichte und Gesellschaft* 36 (2010): 347~376; Ian Hunter, "Secularization: The Birth of a Modern Combat Concept," *Modern Intellectual History* 12 (2015): 1~32를 보라.

488) Sanjay Joshi, "Republicizing Religiosity: Modernity, Religion, and the Middle Class," in *The Invention of Religion: Rethinking Belief in Politics and History*, ed. Derek R. Peterson and Darren R. Walhof (New Brunswick, NJ: Rutgers University Press, 2002), 79~99를 보라.

489) Vasudha Dalmia, *The Nationalization of Hindu Traditions: Bhamtendu and Nineteenth-Century*

Banaras (New Delhi: Oxford University Press, 1997); Günther Dietz-Sontheimer and Hermann Kulke, eds., *Hinduism Reconsidered* (Delhi: Manohar, 1998); David Kopf, *The Brahmo Samaj and the Shaping of the Modern Indian Mind* (Princeton, NJ: Princeton University Press, 1979). 힌두교의 종교적 자기 이미지의 전근대적 기원을 강조하는 반대의 견해에 관해서는 David N. Lorenzen, "Who Invented Hinduism?," *Comparative Studies in Society and History* 41 (1999): 630~659를 보라.

490) 루터와의 비교는 Pankaj Mishra, *From the Ruins of Empire: The Intellectuals Who Remade Asia* (London: Allen Lane, 2012), 102, 147을 따랐다.

491) 세계의 여러 종교를 동등한 기준에서 비교한 초기 연구는 1723년에 네덜란드에서 간행된 연구다. *The Religious Ceremonies and Customs of All the Peoples of the World.* 이에 관해서는 Hunt, Jacob, and Mijnhardt, *Book That Changed Europe*을 보라

492) Quoted from Birgit Schäbler, "Religion, Rasse und Wissenschaft: Ernest Renan im Disput mit Jamal al-Din al-Afghani," *Clio online*, http://www.europa.clioonline.de/site/lang_en/ ItemID_274/mid_11428/40208214/default.aspx《_ftnref11.

493) Ibid. 또한 Nikki Keddie, *An Islamic Response to Imperialism: Political and Religious Writings of Sayyid Jamal-al-Din 'al-Afghani'* (Berkeley: University of California Press, 1983); Keddie, *Sayyid Jamal al-Din 'al-Afghani': A Political Biography* (Berkeley: University of California Press, 1972)를 보라. 그리고 York A. Norman, "Disputing the 'Iron Circle': Renan, Afghani, and Kemal on Islam, Science, and Modernity," *Journal of World History* 22 (2011): 693~714를 보라.

494) Dorothea Lüddeckens, *Das Weltparlament der Religionen von 1893: Strukturen interreligiöser Begegnung im 19. Jahrhundert* (Berlin: De Gruyter, 2002); Eric J. Ziolkowski, ed., *A Museum of Faiths: Histories and Legacies of the 1893 World's Parliament of Religions* (Atlanta: Scholars Press, 1993); Richard Hughes Seager, *The World's Parliament of Religions* (Bloomington: Indiana University Press, 1995).

495) Pocock, *Barbarism and Religion*, chap. 7을 보라.

496) Immanuel Kant, *Werke in zwölf Bänden*, vol. 11 (Frankfurt am Main: Suhrkamp, 1977), 224.

497) Friedrich Max Müller, *India—What Can It Teach Us?* (London: Longmans, Green, 1883), 24.

498) Quoted from Hans G. Kippenberg, *Discovering Religious History in the Modern Age* (Princeton, NJ: Princeton University Press, 2002), 43.

499) Paul Carus, *The Gospel of Buddhism, Compiled from Ancient Records* (Chicago: Open Court, 1915), xiii.

500) 바하이 신앙의 역사에 관한 최고의 개관은 다음에서 볼 수 있다. Peter Smith, *An Introduction to the Baha'i Faith* (Cambridge: Cambridge University Press, 2008); and Juan Cole, *Modernity and the Millennium: The Genesis of the Baha'i Faith in the Nineteenth-Century Middle East* (New York: Columbia University Press, 1998).

501) Margit Warburg, *Citizens of the World: A History and Sociology of the Baha'is from a Globalisation Perspective* (Leiden: Brill, 2006), 100에서 인용.

502) Cole, *Modernity*, 150에서 인용.

503) John Henry Barrows, ed., *The World's Parliament of Religions: An Illustrated and Popular Story of the*

World's First Parliament of Religions, Held in Chicago in Connection with the Columbian Exposition of 1893 (Chicago: Parliament, 1893), 123.

504) David McMahan, "Modernity and the Early Discourse of Scientific Buddhism," Journal of the American Academy of Religion 72 (2004): 897~933, at 919에서 인용.

505) Pankratz, "Rammohun Roy."

506) Josephson, Invention of Religion, 204에서 인용.

507) Barrows, World's Parliament of Religions, 124. 또한 Allan Wallace, Buddhism and Science (New York: Columbia University Press, 2003); David McMahan, "Modernity and the Early Discourse of Scientific Buddhism," Journal of the American Academy of Religion 72 (2004): 897~933; Donald Lopez, Buddhism and Science: A Guide for the Perplexed (Chicago: University of Chicago Press, 2010)을 보라.

508) Mishra, From the Ruins, 120에서 인용.

509) van der Veer, Imperial Encounters, 43~52를 보라.

510) Lüddeckens, Weltparlament, 175에서 인용.

511) Barrows, World's Parliament of Religions, 1:3.

512) Harald Fischer-Tiné, "'Deep Occidentalism'? Europa und 'der Westen' in der Wahrnehmung hinduistischer Intellektueller und Reformer ca. 1890-1930," Journal of Modern European History 4 (2006): 171~203에서 인용.

513) Brian Hatcher, Eclecticism and Modern Hindu Discourse (New York: Oxford University Press, 1999), 66에서 인용.

514) Fischer-Tiné, "Deep Occidentalism"에서 인용. 또한 A. P. Sen, Swami Vivekananda: A Biography (New Delhi: Oxford University Press, 2000); Shamita Basu, Religious Revivalism as Nationalist Discourse: Swami Vivekananda and New Hinduism in Nineteenth-Century Bengal (New Delhi: Oxford University Press, 2002); Brian A. Hatcher, Eclecticism and Modern Hindu Discourse (New Delhi: Oxford University Press, 1999), 47~70; Indira Chowdhury-Sengupta, "Reconstructing Hinduism on a World Platform: The World's First Parliament of Religions," [Chicago, 1893], in Swami Vivekananda and the Modernisation of Hinduism, ed. William Radice (New Delhi: Oxford University Press, 1998), 17~35를 보라.

515) Hans G. Kippenberg, Die Entdeckung der Religionsgeschichte: Religionswissenschaft und Moderne (Munich: C. H. Beck, 1997).

516) 세계화와 국가적 차이의 출현 사이의 관계에 관해서는 Sebastian Conrad, Globalisation and the Nation in Imperial Germany (Cambridge: Cambridge University Press, 2010); Dirlik, Global Modernity를 보라.

517) Carl Schmitt, Politische Theologie: Vier Kapitel zur Lehre von der Souveränität (Munich: Duncker und Humblot, 1934), 49; Jan Assmann, Herrschaft und Heil: Politische Theologie in Altägypten, Israel und Europa (Munich: Hanser, 2000), 20.

518) Peter van der Veer and Hartmut Lehmann, eds., Nation and Religion: Perspectives on Europe and Asia (Princeton, NJ: Princeton University Press, 1999); Martin Schulze Wessel, ed., Nationalisierung

der Religion und Sakralisierung der Nation im östlichen Europa (Stuttgart: Steiner, 2006); Heinz-Gerhard Haupt and Dieter Langewiesche, eds., *Nation und Religion in Europa: Mehrkonfessionelle Gesellschaften im 19. und 20. Jahrhundert* (Frankfurt am Main: Campus, 2004).

519) Partha Chatterjee, *The Nation and Its Fragments: Colonial and Post-colonial Histories* (Princeton, NJ: Princeton University Press, 1993).

520) James L. Gelvin, "Secularism and Religion in the Arab Middle East: Reinventing Islam in a World of Nation States," in Peterson and Walhof, *The Invention of Religion*, 122에서 인용.

521) Roderic H. Davison, *Reform in the Ottoman Empire, 1856-1876* (New York: Gordian Press, 1973); Carter Findley, *Turkey, Islam, Nationalism, and Modernity: A History, 1789-2007* (New Haven, CT: Yale University Press, 2010), 133~191.

522) Selim Deringil, *The Well-Protected Domains: Ideology and the Legitimation of Power in the Ottoman Empire, 1876-1909* (London: Tauris, 1998). 또한 Ussama Makdisi, "Ottoman Orientalism," *American Historical Review* 107 (2002): 768~796을 보라.

523) Andrew Sartori, *Bengal in Global Concept History: Culturalism in the Age of Capital* (Chicago: University of Chicago Press, 2008)을 보라. 종교 영역에 관해서는 예를 들어 David L. McMahan, *The Making of Buddhist Modernism* (Oxford: Oxford University Press, 2008), chap. 5를 보라.

524) 지역화의 메커니즘에 관해서는 Conrad und Duara, *Viewing Regionalisms*를 보라.

525) Birgit Meyer, *Mediation and the Genesis of Presence: Towards a Material Approach to Religion* (Utrecht: University of Utrecht, 2012).

526) 첫 번째 해석에 관해서는 Melville J. Herskovits, *The New World Negro: Selected Papers in Afroamerican Studies* (Bloomington: Indiana University Press, 1966)을 보라. 반대의 입장에 관해서는 Paul Gilroy, *The Black Atlantic: Modernity and Double Consciousness* (Cambridge, MA: Harvard University Press, 1993)을 보라.

527) J. Lorand Matory, *Black Atlantic Religion: Tradition, Transnationalism, and Matriarchy in the Afro-Brazilian Candomblé* (Princeton, NJ: Princeton University Press, 2005); J. D. Y. Peel, *Religious Encounter and the Making of the Yoruba* (Bloomington: Indiana University Press, 2000).

528) Frederic Wakeman, *Strangers at the Gate: Social Disorder in South China, 1839-1861* (Berkeley: University of California Press, 1966).

529) Rudolf G. Wagner, *Reenacting the Heavenly Vision: The Role of Religion in the Taiping Rebellion* (Berkeley, CA: Institute of East Asian Studies, 1982); Vincent Shih, *The Taiping Ideology* (Seattle: University of Washington Press, 1967)을 보라.

530) 태평천국의 역사에 관해서는 Jonathan D. Spence, *God's Chinese Son: The Taiping Heavenly Kingdom of Hong Xiuquan* (New York: W. W. Norton, 1996); Thomas H. Reilly, *The Taiping Heavenly Kingdom: Rebellion and the Blasphemy of Empire* (Seattle: University of Washington Press, 2004)를 보라.

531) Helen Hardacre, *Shinto and the State, 1868-1988* (Princeton, NJ: Princeton University Press, 1989)를 보라.

532) Josephson, *Invention of Religion*, esp. 94~131.

533) Sun, *Confucianism;* Thomas Jansen, Thoralf Klein, and Christian Meyer, eds., *Religions in China in the Age of Globalisation, 1800-Present* (Leiden: Brill, 2014)를 보라.

534) 예를 들면 Prasenjit Duara, *The Crisis of Global Modernity: Asian Traditions and a Sustainable Future* (Cambridge: Cambridge University Press, 2014)를 보라.

535) Friedrich Wilhelm Graf, *Die Wiederkehr der Götter: Religion in der modernen Kultur* (Munich: C. H. Beck, 2004); Mark Juergensmeyer, *Global Rebellion: Religious Challenges to the Secular State, from Christian Militias to al Qaeda* (Berkeley: University of California Press, 2008); Enda McCaffrey, *The Return of Religion in France: From Democratization to Postmetaphysics* (Basingstoke, UK: Palgrave Macmillan, 2009).

4부 위계와 연결: 세계적 사회사의 양상

1) Anthony Giddens and Philip W. Sutton, *Sociology*, 7th ed. (Cambridge: Polity Press, 2013), 4.

2) 정치와 군사, 경제, 사회, 문화와 이데올로기로의 말끔한 분류는 1900년 무렵의 사회학 고전에서 아직 발견되지 않는다. 그렇게 되기까지는 미국인 사회학자 탤컷 파슨스(Talcott Parsons, 1902~1979)를 기다려야 한다. 물론 그의 연구에서 네 가지 측면은 별개의 주제 영역을 가리키지 않는다. 그것은 포괄적인 보편적 행동 체제 안에서 상호작용하는 기능들이다. 역사가들은 자신들의 목적을 위해 이 이론을 단순화했다. 유사한 분류는 다음에서 볼 수 있다. Michael Mann, *The Sources of Social Power*, 4 vols. (Cambridge: Cambridge University Press, 1986-2013).

3) M. Rainer Lepsius, "Parteiensystem und Sozialstruktur: Zum Problem der Demokratisierung der deutschen Gesellschaft," in *Demokratie in Deutschland: Soziologisch-historische Konstellationsanalysen: Ausgewählte Aufsätze* (Göttingen: Vandenhoeck und Ruprecht, 1993), 25~51.

4) 사회사가들에게 유용한 이론을 담은 것으로는 Dietrich Rueschemeyer, *Usable Theory: Analytic Tools for Social and Political Research* (Princeton, NJ: Princeton University Press, 2009)를 보라. Raymond Boudon and Francois Bourricaud, *Dictionnaire critique de la sociologie*, 2nd ed. (Paris: Presses Universitaires de France, 2000)도 빼놓을 수 없다.

5) Anthony D. Smith, *The Antiquity of Nations* (Cambridge, MA: Polity Press, 2004). 민족과 민족주의의 이론가들 중에서 많은 연구로 민족의 다양한 '형성의 특징'과 '언제나' 존재했다는 그 주장 사이의 긴장을 매우 명료하게 증명한 사람은 앤서니 D. 스미스다.

6) 이 책의 3부를 보라.

7) Armin Nassehi, "Gesellschaft," in *Lexikon Soziologie und Sozialtheorie: Hundert Grundbegriffe*, ed. Sina Farzin and Stefan Jordan (Stuttgart: Reclam, 2008), 85~89.

8) Eric J. Hobsbawm, *The Age of Revolution: Europe, 1789-1848* (London: Cardinal, 1962); Hobsbawm, *The Age of Capital, 1848-1875*, rev. ed. (London: Abacus, 1977); Hobsbawm, *The Age of Empire, 1875-1914* (London: Weidenfeld and Nicholson, 1988).

9) C. A. Bayly, *The Birth of the Modern World, 1780-1914: Global Connections and Comparisons* (Oxford: Blackwell, 2004); Fernand Braudel, *Civilization and Capitalism: 15th-18th Century*,

trans. Sian Reynolds, 3 vols. (London: Collins, 1981-1984). 다음 책에서는 매우 다양한 주제들이 풍부한 자료와 함께 펼쳐진다.(종종 20세기가 특별히 강조되고 있다.) Reinhard Sieder and Ernst Langthaler, eds., *Globalgeschichte, 1800-2010* (Vienna: Böhlau, 2010).

10) 예를 들면 다음에 나타난 일련의 도시 묘사를 보라. Charles Emmerson, *1913: In Search of the World before the Great War* (New York: Public Affairs, 2013).

11) 이것은 외르크 피슈가 19세기 후반을 다룬 중요한 유럽사에서 제시한 주된 주제다. Jörg Fisch, *Europa zwischen Wachstum und Gleichheit, 1850-1914* (Stuttgart: Ulmer, 2002).

12) 세계적 사회사의 단면을 설명한 것으로는 John E. Wills Jr., *1688: A Global History* (New York: W. W. Norton, 2001); Olivier Bernier, *The World in 1800* (New York: Wiley, 2000)을 보라. 또한 실질적인 문헌 검토로는 Wills, "What's New? Studies of Revolutions and Divergences, 1770-1840," *Journal of World History* 25 (2014): 127~186을 보라.

13) 이 주제에 관해서는 Malcolm Waters, ed., *Modernity: Critical Concepts*, 4 vols. (New York: Routledge, 1999); Stuart Hall et al., eds., *Modernity: An Introduction to Modern Societies* (Malden, MA: Blackwell, 2006); Krishan Kumar, *From Post-Industrial to Post-Modern Society: New Theories of the Contemporary World* (Oxford: Blackwell, 1995), 66~100; Kumar, "The Rise of Modern Society," in *The Rise of Modern Society: Aspects of the Social and Political Development of the West* (Oxford: Blackwell, 1988), 1~35를 보라. '세계적 근대성(global modernity)'에 관한 많은 문헌 중에서 특히 Jose Mauricio Domingues, "Global Modernity: Levels of Analysis and Conceptual Strategies," *Social Science Information* 53 (2014): 180~196; Saurabh Dube, ed., *Enchantments of Modernity: Empire, Nation, Globalization* (London: Routledge, 2009)를 보라. 유럽에 관한 문헌도 풍부하다. 특히 Gerard Delanty, *Formations of European Modernity: A Historical and Political Sociology of Europe* (Basingstoke, UK: Palgrave Macmillan, 2013)을 보라.

14) Jürgen Osterhammel, *The Transformation of the World: A Global History of the Nineteenth Century*, trans. Patrick Camiller (Princeton, NJ: Princeton University Press, 2014). 이 장은 이 책과 최대한 겹치지 않게 했으며, 그 시대에 대한 설명의 보완을 시도한 것으로 보면 된다.

15) Geoff Eley, *A Crooked Line: From Cultural History to the History of Society* (Ann Arbor: University of Michigan Press, 2005); Heinz-Gerhard Haupt and Jürgen Kocka, eds., *Comparative and Transnational History: Central European Approaches and New Perspectives* (New York: Berghahn Books, 2009)를 보라.

16) 고대 말기 사회에 관한 피터 브라운(Peter Brown)의 여러 연구와 근대 초 유럽에 관한 내털리 제먼 데이비스(Natalie Zemon Davis)의 연구를 보라.

17) 이 책의 2부를 보라.

18) 세계 사회 이론을 세계화나 세계성에 관한 이론과 혼동하지 말아야 한다. 그것은 규범적인 접근법이나 세계주의적 접근법과 동일하지 않다. 좋은 소개는 다음에서 볼 수 있다. Bettina Heintz, Richard Munch, and Hartmann Tyrell, eds., *Weltgesellschaft: Theoretische Zugänge und empirische Problemlagen* (Stuttgart: Lucius und Lucius, 2005). 또한 Boris Holzer, Fatima Kastner, and Tobias Werron, eds., *From Globalization to World Society: Neo-Institutional and Systems-Theoretical Perspectives* (London: Routledge, 2015)를 보라.

19) 유럽에 관해서는 예를 들면 다음의 중요한 논문집을 보라. Hartmut Kaelble, ed., *The European Way: European Societies during the Nineteenth and Twentieth Centuries* (New York: Berghahn Books, 2004).

20) 여러 이론적 개요에서 이 개념은 '사회적인 것'의 여러 측면 중 하나로 다루어진다. 특히 Peter Hedstrom, *Dissecting the Social: On the Principles of Analytical Sociology* (Cambridge: Cambridge University Press, 2005), 5; David Easley and Jon Kleinberg, *Networks, Crowds and Markets: Reasoning about a Highly Connected World* (Cambridge: Cambridge University Press, 2010)을 보라.

21) '연결성'은 Emily S. Rosenberg, ed., *A World Connecting, 1870-1945* (Cambridge, MA: Belknap Press of Harvard University Press, 2012)의 글들을 관통하는 기본적인 범주다. 또한 Diego Olstein, *Thinking History Globally* (Basingstoke, UK: Palgrave Macmillan, 2015), 59~68을 보라.

22) 루만의 '거대 이론(supertheory)'의 전체적인 구조는 여기서는 중요하지 않다. Christian Borch, *Niklas Luhmann* (London: Routledge, 2011)을 보라.

23) Niklas Luhmann, *Theory of Society*, trans. Rhodes Barrett (Stanford, CA: Stanford University Press, 2012), 1:87.

24) Ibid., 85.

25) Ibid., 86.

26) 최고의 입문서는 여전히 월러스틴의 기본적인 텍스트다. Immanuel Wallerstein, *The Modern World-System*, vol. 1, *Capitalist Agriculture and the Origins of the European World-Economy in the Sixteenth Century* (New York: Academic Press, 1974); 비판적인 견해로는 여럿 중에서도 특히 William I. Robinson, "Globalization and the Sociology of Immanuel Wallerstein: A Critical Appraisal," *International Sociology* 26 (2011): 723~745를 보라.

27) Luhmann, *Theory of Society*, 1:95.

28) Ibid., 97.

29) Rudolf Stichweh, *Die Weltgesellschaft. Soziologische Analysen* (Frankfurt am Main: Suhrkamp, 2000), 17. 이를 보완하는 글로는 Stichweh, *Inklusion und Exklusion: Studien zur Gesellschaftstheorie* (Bielefeld: Transcript, 2005)를 보라.

30) Stichweh, *Weltgesellschaft*, 41. 또한 John W. Meyer, *World Society: The Writings of John W. Meyer*, ed. Georg Krucken (Oxford: Oxford University Press, 2010); Meyer, "World Society, Institutional Theories, and the Actor," *Annual Review of Sociology* 36 (2010): 1~20을 보라.

31) Stichweh, *Weltgesellschaft*, 55.

32) Ibid., 254~255.

33) Ibid., 254~259.

34) 물론 '합리화'는 베버의 역사 사회학이 지닌 일면일 뿐이다. 베버 이론을 포괄적으로 재구성한 것으로는 Peter Ghosh, *Max Weber and the Protestant Ethic: Twin Histories* (Oxford: Oxford University Press, 2014)를 보라.

35) 이 이론에 관한 훌륭한 설명은 Johann Pall Arnason, "Historicizing Axial Civilizations," in *Social Theory and Regional Studies in the Global Age*, ed. Said Amir Arjomand (Albany: State University of New York Press, 2014), 179~201에서 볼 수 있다.

36) Luhmann, *Theory of Society*, 2:10. 이하 내용은 다음에 의거했다. 상세한 주는 달지 않는다. ibid., 10~86. 유럽의 근대 이행에 관한 루만의 해석은 지금까지 별다른 주목을 받지 못했지만 근대화 이론보다 뛰어나다.

37) 근대 초의 사회적 의무에 나타난 변화를 분석한 노르베르트 엘리아스의 고전적 연구와 연결하기에 적절한 지점이다. Elias, *The Civilizing Process: Sociogenetic and Psychogenetic Investigations*, 9th rev. ed. (Malden, MA: Blackwell, 2007)을 보라.

38) Luhmann, *Theory of Society*, 2:71.

39) Ibid., 65.

40) Ibid., 75.

41) Ibid., 80.

42) Ibid., 81.

43) Ibid., 83.

44) Noriko O. Tsuya et al., *Prudence and Pressure: Reproduction and Human Agency in Europe and Asia, 1700-1900* (Cambridge, MA: Harvard University Press, 2010), 322~323; 정치 문화에 관한 비교 연구의 고전으로는 Lucian W. Pye and Mary W. Pye, *Asian Power and Politics: The Cultural Dimensions of Authority* (Cambridge, MA: Harvard University Press, 1985); and Lucian W. Pye, "Civility, Social Capital, and Civil Society: Three Powerful Concepts for Explaining Asia," *Journal of Interdisciplinary History* 29 (1999): 763~782를 보라.

45) Jon E. Wilson, *The Domination of Strangers: Modern Governance in Eastern India, 1780-1835* (Basingstoke, UK: Palgrave Macmillan, 2008), 77.

46) Crawford B. Macpherson, *The Political Theory of Possessive Individualism: Hobbes to Locke* (Oxford: Clarendon Press, 1962). 나는 맥퍼슨의 논의의 여지가 있는 논지를 전체적으로 다 받아들이지 않지만 '소유 개인주의'라는 용어를 쓰겠다.

47) Martha Mundy and Richard Saumarez Smith, *Governing Property, Making the Modern State: Law, Administration and Production in Ottoman Syria* (London: Tauris, 2007), 40~44.

48) 환경사에 관한 개설은 John R. McNeill, "Environmental History," in *A Concise Companion to History*, ed. Ulinka Rublack (Oxford: Oxford University Press, 2011), 299~315; John R. McNeill, "Energy, Population, and Environmental Change since 1750: Entering the Anthropocene," in *The Cambridge World History*, ed. Merry Wiesner-Hanks, vol. 7, pt. 1 (Cambridge: Cambridge University Press, 2015), 51~82를 보라.

49) Rosenberg, *A World Connecting*

50) 이러한 주제는 Osterhammel, *Transformation of the World*에서 다루지 않았다.

51) 몽테스키외에 관한 레몽 아롱(Raymond Aron)의 뛰어난 글은 *Main Currents in Sociological Thought*, vol. 1 (London: Weidenfeld and Nicolson, 1965), 17~62를 보라.

52) Dorothy Ross, "Changing Contours of the Social Science Disciplines," in *The Modern Social Sciences*, ed. Theodore M. Porter and Dorothy Ross (Cambridge: Cambridge University Press, 2003), 205~237, esp. 208~218.

53) 새로운 연구가 수없이 많지만 Anthony Pagden, *The Fall of Natural Man: The American Indian and*

the Origins of Comparative Ethnology (Cambridge: Cambridge University Press, 1982)는 여전히 필수적이다. 이후의 시기에 관해서는 Jürgen Osterhammel, *Unfabling the East: The Enlightenment's Encounter with Asia*, trans. Robert Savage (Princeton, NJ: Princeton University Press, 2018)을 보라.

54) 민족학의 역사에 관해서는 Henrika Kuklick, ed., *A New History of Anthropology* (Malden, MA: Blackwell, 2008)을 보라.

55) 이후 내용에 관해서는 Francine Markovits and Johannes Rohbeck, "Francois Quesnay," in *Die Philosophie des 18. Jahrhunderts*, ed. Johannes Rohbeck and Helmut Holzhey, vol. 2, pt. 2, Frankreich (Basel: Schwabe, 2008), 806~812를 보라.

56) Thomas Wright, *Circulation: William Harvey's Revolutionary Idea* (London: Chatto and Windus, 2012).

57) '단계 이론'에 관해서는 Ronald L. Meek, *Social Science and the Ignoble Savage* (Cambridge: Cambridge University Press, 1976)을 보라. 1860년부터 일본에서 이 이론이 수용되는 과정은 Albert M. Craig, *Civilization and Enlightenment: The Early Thought of Fukuzawa Yukichi* (Cambridge, MA: Harvard University Press, 2009), esp. chaps. 1, 3을 보라. 18세기 말 역사와 사회에 관한 이론에서 미국이 갖는 중요성에 관해서는 J. G. A. Pocock, *Barbarism and Religion*, vol. 4, *Barbarians, Savages and Empires* (Cambridge: Cambridge University Press, 2005), 157~226을 보라.

58) Adam Ferguson, *Essay on the History of Civil Society*, ed. Duncan Forbes (Edinburgh: Edinburgh University Press, 1966) (orig. pub. 1767); John Millar, *The Origins of the Distinction of Ranks: Or, An Inquiry into the Circumstances Which Give Rise to Influence and Authority, in the Different Members of Society*, ed. Aaron Garrett (Indianapolis: Liberty Fund, 2006) (orig. pub. 1771).

59) 스코틀랜드 계몽운동에 관한 훌륭한 개관은 Alexander Broadie, *The Scottish Enlightenment: The Historical Age of the Historical Nation* (Edinburgh: Birlinn, 2007)을 보라. 또한 Broadie, ed., *The Scottish Enlightenment: An Anthology* (Edinburgh: Canongate Classics, 1997); and Broadie, ed., *The Cambridge Companion to the Scottish Enlightenment* (Cambridge: Cambridge University Press, 2003)을 보라.

60) Adam Smith, *An Inquiry into the Nature and Causes of the Wealth of Nations*, ed. R. H. Campbell and A. S. Skinner, 2 vols. (Oxford: Clarendon Press, 1976) (orig. pub. 1776). 이 걸작은 그의 더 많은 저작을 배경으로 보아야 한다. Nicholas Phillipson, *Adam Smith: An Enlightened Life* (New Haven, CT: Yale University Press, 2010)을 보라. 세계적 영향력에 관해서는 Cheung-chung Lai, ed., *Adam Smith across Nations: Translations and Receptions of the Wealth of Nations* (Oxford: Clarendon Press, 1999)를 보라.

61) 애덤 스미스의 앞선 주요 저작을 보라. *The Theory of Moral Sentiments*, ed. D. D. Raphael (Oxford: Clarendon Press, 1976) (orig. pub. 1759).

62) 역사철학에 관한 튀르고의 저술은 일부만 영역되었다. Ronald L. Meek, ed. and trans., *Turgot on Progress, Sociology and Economics* (Cambridge: Cambridge University Press, 1973). 표준 판본은 다음이다. Gustave Schelle, ed., *OEuvres de Turgot et documents les concernant*, vol. 1 (Paris: Alcan, 1913).

63) 헤겔의 정치 이론을 가장 훌륭하게 제시한 것으로는 Shlomo Avineri, *Hegel's Theory of the Modern State* (Cambridge: Cambridge University Press, 1972)를 보라.

64) Manfred Riedel, "Gesellschaft, Gemeinschaft," in *Geschichtliche Grundbegriffe: Historisches Lexikon zur politisch-sozialen Sprache in Deutschland*, ed. Otto Brunner, Werner Conze, and Reinhart Koselleck, vol. 2 (Stuttgart: Klett-Cotta, 1975), 801~862, esp. 836.

65) Georg Wilhelm Friedrich Hegel, *Grundlinien der Philosophie des Rechts* (Frankfurt am Main: Suhrkamp, 1970), §183 (p. 340).

66) Niklas Luhmann, "Die Unterscheidung von Staat und Gesellschaft," in id., *Soziologische Aufklärung*, vol. 4, *Beiträge zur funktionalen Differenzierung der Gesellschaft* (Opladen: Leske, 1987), 67~73, esp. 68.

67) Johannes Rohbeck, *Die Fortschrittstheorie der Aufklärung: Französische und englische Geschichtsphilosophie in der zweiten Hälfte des 18. Jahrhunderts* (Frankfurt am Main: Campus, 1986), chaps. 3~4를 보라.

68) 오늘날 세계적 개념사는 각광받는 연구 분야다. 개념사의 가장 중요한 결과물은 매우 다양한 의미로 읽히기에 요약하기가 지극히 어렵다. 예를 들면 20세기를 강조한 Carol Gluck and Anna Lowenhaupt Tsing, eds., *Words in Motion: Towards a Global Lexicon* (Durham, NC: Duke University Press, 2009)를 보라. 개념의 이전에 관한 의견이 놀랍도록 적다는 사실은 *A Companion to Global Historical Thought*, ed. Prasenjit Duara, Viren Murthy, and Andrew Sartori (Malden, MA: Wiley-Blackwell, 2014)에서 볼 수 있다. 일반적인 성격의 중요한 고찰은 Christopher L. Hill, "Conceptual Universalization in the Transnational Nineteenth Century," in *Global Intellectual History*, ed. Samuel Moyn and Andrew Sartori (New York: Columbia University Press, 2013), 134~158을 보라.

69) Hsiao Kung-chuan, *Rural China: Imperial Control in the Nineteenth Century* (Seattle: University of Washington Press, 1960).

70) 파벌주의 개념은 효과를 낼 가능성이 있지만 세계사에서는 많이 쓰이지 않은 도구다. 유럽에 관한 역사적 사례 연구는 Simona Piattoni, ed., *Clientelism, Interests, and Democratic Representation: The European Experience in Historical and Comparative Perspective* (Cambridge: Cambridge University Press, 2001)을 보라.

71) Herbert Spencer, *Structure, Function and Evolution*, ed. Stanislav Andreski (London: Michael Joseph, 1971)을 보라. 사회적·과학적 진화론의 등장을 개괄적으로 설명한 것으로는 John W. Burrow, *The Crisis of Reason: European Thought, 1848-1914* (New Haven, CT: Yale University Press, 2000), 72~77을 보라. 스펜서가 멀리 일본에 미친 영향력에 관해서는 Douglas R. Howland, "Society Reified: Herbert Spencer and Political Theory in Early Meiji Japan," *Comparative Studies in Society and History* 42 (2000): 67~86을 보라.

72) 마르크스(그리고 프리드리히 엥겔스)의 이론을 체계적으로 설명한 것으로는 Shlomo Avineri, *The Social and Political Thought of Karl Marx* (Cambridge: Cambridge University Press, 1968;) Leszek Kolakowski, *Main Currents of Marxism: Its Rise, Growth and Dissolution*, 3 vols. (Oxford: Clarendon Press, 1978), vol. 1을 보라. 표준적인 전기는 Jonathan Sperber, *Karl Marx: A*

Nineteenth-Century Life (New York: W. W. Norton, 2013)을 보라. 생애보다 연구에 집중한 것으로는 Gareth Stedman Jones, *Karl Marx: Greatness and Illusion* (London: Allen Lane, 2016)을 보라.

73) Klaus Karttunen, "Sabhāb-Samāaj Society: Some Linguistic Considerations," in *A Global Conceptual History of Asia, 1860-1940*, ed. Hagen Schulz-Forberg (London: Pickering and Chatto, 2014), 75~89, at 83; Andrew Sartori, *Bengal in Global Concept History: Culturalism in the Age of Capital* (Chicago: University of Chicago Press, 2008), 152.

74) 아랍 세계에서 수입된 사회 개념과 근대화 개혁 간의 가까운 관계를 특별히 강조한 것으로는 Ilham Khuri-Makdisi, "The Conceptualizing of the Social in Late Nineteenth-and Early Twentieth-Century Arabic Thought and Language," in Schulz-Forberg, *A Global Conceptual History*, 91~110, at 93을 보라.

75) Louis Dumont, *Homo aequalis*, vol. 1, *Genèse et épanouissement de l'idéologie économique* (Paris: Gallimard, 1997)을 보라.

76) Myoung-Kyu Park, "How Concepts Met History in Korea's Complex Modernization: New Concepts of Economy and Society and Their Impact," in Schulz-Forberg, *A Global Conceptual History*, 25~41, at 29를 보라.

77) 쿡의 항해에 관한 문헌은 매우 많은데, 특히 John Gascoigne, *Encountering the Pacific in the Age of the Enlightenment* (Cambridge: Cambridge University Press, 2014); Gascoigne, *Captain Cook: Voyager between Worlds* (London: Hambledon Continuum, 2007); Anne Salmond, *The Trial of the Cannibal Dog: The Remarkable Story of Captain Cook's Encounters in the South Seas* (New Haven, CT: Yale University Press, 2003)을 보라. 또한 Margarette Lincoln, ed., *Science and Exploration in the Pacific: European Voyages to the Southern Oceans in the Eighteenth Century* (Woodbridge, UK: Bydell Press, 1998)을 보라.

78) 최고의 전기로는 Michael E. Hoare, *The Tactless Philosopher: Johann Reinhold Forster (1729-1798)* (Melbourne: Hawthorne Press, 1976); Jürgen Goldstein, *Georg Forster: Zwischen Freiheit und Naturgewalt* (Berlin: Matthes und Seitz, 2015)와 같은 것이 있다.

79) 훔볼트를 소개한 것으로는 Andrea Wulf, *The Invention of Nature: How Alexander von Humboldt Revolutionized Our World* (London: John Murray, 2015); Ottmar Ette, *Alexander von Humboldt und die Globalisierung: Das Mobile des Wissens* (Frankfurt am Main: Insel, 2009)를 보라.

80) Alexander von Humboldt, *Essai politique sur le Royaume de la Nouvelle-Espagne*, 2nd ed., 3 vols. (Paris: Renouard, 1825-1827); 일부를 발췌한 영역본은 *Political Essay on the Kingdom of New Spain*, trans. Hensley C. Woodbridge, vol. 1 (Lexington: University of Kentucky Library, 1957)을 보라. 쿠바에 관해서는 *Alexander von Humboldt, Political Essay on the Island of Cuba: A Critical Edition*, ed. Vera M. Kutzinski and Ottmar Ette (Chicago: University of Chicago Press, 2011)을 보라.

81) Thomas Stamford Raffles, *The History of Java*, 2 vols. (London: Black, Parbury and Allen, 1817; repr., Cambridge: Cambridge University Press, 2010), 일본에 관한 분석은 1: 55~105, 244~245를 보라. 비슷한 구조를 갖춘 앞선 연구로는 William Marsden, *The History of Sumatra, Containing an Account of the Government, Laws, Customs, and Manners of the Native Inhabitants*, 3rd ed.

(London: Longman, Hurst, Rees, Orme and Brown, 1811) (orig. pub. 1783)을 보라.

82) Peter Carey, *Destiny: The Life of Prince Diponegoro of Yogyakarta, 1785-1855* (Oxford: Peter Lang, 2014), 141.

83) 다음에 사례들이 잘 제시되어 있다. Frank Bergon, ed., *The Journals of Lewis and Clark* (London: Penguin, 1995).

84) Alexis de Tocqueville, *Democracy in America: And Two Essays on America*, trans. Gerald E. Bedvan, introduction and notes by Isaac Kramnick, new ed. (London: Penguin, 2003). 책을 소개한 것으로는 James T. Schleifer, *The Chicago Companion to Tocqueville's Democracy in America* (Chicago: University of Chicago Press, 2012)을 보라. Arthur Kaledin, *Tocqueville and His America: A Darker Horizon* (New Haven, CT: Yale University Press, 2011), esp. 151~276의 해석은 부담스럽다.

85) 프랑스에 관해 엘리트 문화에 대한 성직자의 영향력 축소를 강조하며 이야기한 것으로는 Johan Heilbron, *The Rise of Social Theory* (Oxford: Polity Press, 1995), 26~64; also Steven Kale, *French Salons: High Society and Political Sociability from the Old Regime to the Revolution of 1848* (Baltimore: Johns Hopkins University Press, 2004); Antoine Lilti, *Le monde des salons: Sociabilité et mondanité à Paris au XVIIIe siècle* (Paris: Fayard, 2005)를 보라.

86) Friedrich Daniel Schleiermacher, "Versuch einer Theorie des geselligen Betragens" (1799), in *Schriften*, ed. Andreas Arndt (Frankfurt am Main: Deutscher Klassiker-Verlag, 1996), 61~91.

87) Jürgen Habermas, *The Structural Transformation of the Public Sphere: An Inquiry into a Category of Bourgeois Society* (Cambridge, MA: MIT Press, 1989)를 보라.

88) An appealing description of such a place is the chapter about the baths (*hamam*) of Istanbul, a "microcosm of the world outside," in Ebru Boyar and Kate Fleet, *A Social History of Ottoman Istanbul* (Cambridge: Cambridge University Press, 2010), 249~270, at 258.

89) 이 책의 3장을 보라.

90) Michael H. Fisher, *Counterflows to Colonialism: Indian Travellers and Settlers in Britain, 1600-1857* (Delhi: Oxford University Press, 2004), 1~3. 유익한 소개는 Omar Khalidi, ed., *An Indian Passage to Europe: The Travels of Fath Nawaz Jang* (Karachi: Oxford University Press, 2006), xi-xxii을 보라.

91) 셰이크 딘 무함마드를 예로 들 수 있다. 그가 남긴 가장 중요한 텍스트는 1794년에 간행된 것으로 영국의 인도 정복을 직접 목격하고 쓴 증언이다. Michael H. Fisher, *The First Indian Author in English: Dean Mahomed (1759-1851) in India, Ireland, and England* (Delhi: Oxford University Press, 1996)을 보라.

92) Mirza Sheikh I'tesamuddin, *The Wonders of the Vilayet: Being the Memoir, Originally in Persian, of a Visit to France and Britain* (Leeds: Peepal Tree Press, 2002), 107.

93) Mirza Abu Taleb, *Westward Bound: Travels of Mirza Abu Taleb*, ed. Mushirul Hasan (New Delhi: Oxford University Press, 2005), xxiv (editor's introduction). 아부 탈레브를 비롯해 유럽을 방문한 인도인들에 관해서는 Gulfishan Khan, *Indian Muslim Perceptions of the West during the Eighteenth Century* (Karachi: Oxford University Press, 1998)과 그 안의 많은 자료를 보라. 영국의 사회생활에 관한 관찰에 대해서는 특히 177~240을 보라. 19세기에 관한 것, 인도인의 반응에 특별히 주목한 것으로는 Tapan Raychaudhuri, *Europe Reconsidered: Perceptions of the West in*

Nineteenth-Century Bengal (Oxford: Oxford University Press, 1988)을 보라.

94) Abu Taleb, *Westward Bound*, 45, 147.

95) Ibid., 103, 156.

96) Ibid., 113.

97) Ibid., 115, 155~156.

98) Muzaffar Alam and Sanjay Subrahmanyam, *Indo-Persian Travels in the Age of Discoveries, 1400-1800* (Cambridge: Cambridge University Press, 2007), 245~246.

99) Khalidi, *Indian Passage to Europe*.

100) Charles Desnoyers, trans. and ed., *A Journey to the East: Li Gui's "A New Account of a Trip Around the Globe"* (Ann Arbor: University of Michigan Press, 2004).

101) J. D. Frodsham, trans., *The First Chinese Embassy to the West: The Journals of Kuo Sung-t'ao, Liu Hsi-hung and Chang Te-yi* (Oxford: Oxford University Press, 1974). Richard E. Strassberg, trans. and ed., *Inscribed Landscapes: Travel Writing from Imperial China* (Berkeley: University of California Press, 1994)에 나온 자료를 보라. 이 책은 18세기에서 끝난다.

102) 예를 들면 Xu Guoqi, *Chinese and Americans: A Shared History* (Cambridge, MA: Harvard University Press, 2014), 74~104를 보라.

103) Desnoyers, *Journey to the East*, 8.

104) Ibid., 197~198, 211.

105) Ibid., 241~242.

106) Ian Coller, *Arab France: Islam and the Making of Modern Europe, 1798-1831* (Berkeley: University of California Press, 2011), 173. 또한 Coller, "East of Enlightenment: Regulating Cosmopolitanism between Istanbul and Paris in the Eighteenth Century," *Journal of World History* 21 (2010): 447~470을 보라.

107) Rifāf'a al-Tahtāwi, *Ein Muslim entdeckt Europa: Bericht über seinen Aufenthalt in Paris 1826-1831*, trans. and ed. Karl Stowasser (Munich: C. H. Beck, 1989). 아래 내용은 이 독일어 번역본을 토대로 했다. 영어판은 Daniel L. Newman, trans. and ed., *An Imam in Paris: Al-Tahtawi's Visit to France, 1826-1831* (London: Saqi Books, 2004)를 보라. Anouar Louca, *Voyageurs et ecrivains égyptiens en France au XIXe siècle* (Paris: Didier, 1970)은 프랑스를 방문한 이집트 사절단의 활발한 활동을 잘 개관했다.

108) Rifāf'a al-Tahtāwi, *Ein Muslim entdeckt Europa*, 266.

109) Ibid., 74.

110) Ibid., 96.

111) Desnoyers, *Journey to the East*, 201.

112) Ibid., 136.

113) Ibid., 137.

114) Ibid., 138~139.

115) Ibid., 150.

116) Susan Gilson Miller, ed., *Disorienting Encounters: Travels of a Moroccan Scholar in France in 1845-*

1846: *The Voyage of Muhammad As-Saffā* (Berkeley: University of California Press, 1992), 54~57.

117) Ibid., 93, 95.

118) Ibid., 121.

119) Ibid., 99~100.

120) Ibid., 157, 205, 209, 219.

121) Pak Chiwoon, *The Jehol Diary: Yŏha ilgi of Pak Chiwŏ (1737-1805)*, trans. and ed. Yang Hi Choe-Wall (Folkestone, Kent, UK: Global Oriental, 2010). 이슬람 문화권의 여행에 관해 필수적으로 읽어야 할 책으로는 Alam and Subrahmanyam, *Indo-Persian Travels*를 보라.

122) Nora Lafi, "Mediterranean Connections: The Circulation of Municipal Knowledge and Practices during the Ottoman Reforms, c. 1830-1910," in *Another Global City: Historical Explorations into the Transnational Municipal Moment, 1850-2000*, ed. Pierre-Yves Saunier and Shane Ewen (Basingstoke, UK: Palgrave Macmillan, 2008), 35~50, at 42~44.

123) For example, Alain Roussillon, *Identité et modernité: Les voyageurs égyptiens au Japon (XIXe-XXe siècle)* (Arles: Actes Sud, 2005).

124) William G. Beasley, *Japan Encounters the Barbarian: Japanese Travellers in America and Europe* (New Haven, CT: Yale University Press, 1995), 216. 또한 Andrew Cobbing, *The Japanese Discovery of Victorian Britain: Early Travel Encounters in the Far East* (Richmond, Surrey, UK: Curzon Press, 1998)을 보라. Peter Duus, ed., *The Japanese Discovery of America: A Brief History with Documents* (Boston: Bedford Books, 1997)의 자료도 보라.

125) 이 책의 3부를 보라.

126) Hamdan Khodja, *Le Miroir: Aperçu historique et statistique sur la regence d'Alger*, ed. Abdelkader Djeghloul, 2nd ed. (Paris: Sindbad, 2003).

127) 저자와 그의 연구에 관해서는 Julia A. Clancy-Smith, *Mediterraneans: North Africa and Europe in an Age of Migration, c. 1800-1900* (Berkeley: University of California Press, 2011), 315~341을 보라.

128) Pankaj Mishra, *From the Ruins of Empire: The Revolt against the West and the Remaking of Asia* (London: Allen Lane, 2012).

129) Wm. Theodore de Bary and Richard Lufrano, eds., *Sources of Chinese Tradition*, vol. 2, *From 1600 through the Twentieth Century* (New York: Columbia University Press, 2000), 172~179.

130) 모범적인 것으로는 Schwentker, *Max Weber in Japan: Eine Untersuchung zur Wirkungsgeschichte, 1905-1995* (Tübingen: Mohr Siebeck, 1998), 57~78을 보라.

131) Georg G. Iggers, Q. Edward Wang, and Supriya Mukherjee, *A Global History of Modern Historiography* (Harlow: Pearson Longman, 2008), 137~138.

132) 일본에 관해서는 Douglas R. Howland, *Translating the West: Language and Political Reason in Nineteenth-Century Japan* (Honolulu: University of Hawai'i Press, 2002), chap. 6을 보라.

133) 미슐레에 관해서는 Arthur Mitzman, *Michelet, Historian: Rebirth and Romanticism in Nineteenth-Century France* (New Haven, CT: Yale University Press, 1990)을 보라.

134) Jürgen Osterhammel, "Nation und Zivilisation in der britischen Historiographie von Hume bis Macaulay," *Historische Zeitschrift* 254 (1992): 281~340.

135) Mary Poovey, *A History of the Modern Fact: Problems of Knowledge in the Sciences of Wealth and Society* (Chicago: University of Chicago Press, 1998), chap. 5를 보라.

136) C. A. Bayly, *Empire and Information: Intelligence Gathering and Social Communication in India, 1780-1870* (Cambridge: Cambridge University Press, 1996); Bayly, "Knowing the Country: Empire and Information in India," *Modern Asian Studies* 27 (1993): 3~43.

137) (영국) 민족학 초기의 진화론적 국면에 관해서는 George W. Stocking Jr., *Victorian Anthropology* (New York: Free Press, 1987)을 보라.

138) Tong Lam, *A Passion for Facts: Social Surveys and the Construction of the Chinese Nation-State, 1900-1949* (Berkeley: University of California Press, 2011), 3.

139) Ibid., 4, 7.

140) Ibid., 8~9.

141) 다음 책에 많은 증거가 있다. Brett Bowden, *The Empire of Civilization: The Evolution of an Imperial Idea* (Chicago: University of Chicago Press, 2009); 간명한 분석은 Bruce Mazlish, *Civilization and Its Contents* (Stanford, CA: Stanford University Press, 2004)를 보라.

142) 오늘날까지도 John W. Burrow, *Evolution and Society: A Study in Victorian Social Theory* (Cambridge: Cambridge University Press, 1966)은 중요하다.

143) Boris Barth and Jürgen Osterhammel, eds., *Zivilisierungsmissionen: Imperiale Weltverbesserung seit dem 18. Jahrhundert* (Konstanz: UVK Verlagsgesellschaft, 2005); Jürgen Osterhammel, *Europe, the "West" and the Civilizing Mission* (London: German Historical Institute, 2006).

144) Lawrence G. Thompson, trans. and ed., *The One-World Philosophy of K'ang Yu-wei* (London: Allen and Unwin, 1958). Hsiao Kung-chuan, *A Modern China and a New World: K'ang Yu-wei, Reformer and Utopian, 1858-1927* (Seattle: University of Washington Press, 1975), 435~513을 보라.

145) Peter Gossens, *Weltliteratur: Modelle transnationaler Literaturwahrnehmung im 19. Jahrhundert* (Stuttgart: Metzler, 2011).

146) Lutz Raphael, "Die Verwissenschaftlichung des Sozialen als methodische und konzeptionelle Herausforderung für eine Sozialgeschichte des 20. Jahrhunderts," *Geschichte und Gesellschaft* 22 (1996): 165~193.

147) Charles S. Maier, *Leviathan 2.0: Inventing Modern Statehood* (Cambridge, MA: Harvard University Press, 2012)를 보라.

148) 온갖 종류의 경계에 관한 문헌은 매우 많은데, 그중에서도 역사가에게 특히 유익한 연구로는 Thomas M. Wilson and Hastings Donnan, eds., *Border Identities: Nation and State at International Frontiers* (Cambridge: Cambridge University Press, 1998); Wilson and Donnan, eds., *A Companion to Border Studies* (Chichester, UK: Wiley-Blackwell, 2012); Michiel Baud and Willem van Schendel, "Toward a Comparative History of Borderlands," *Journal of World History* 8 (1997): 211~242; Richard White, *The Middle Ground: Indians, Empires, and Republics in the Great Lakes Region, 1650-1815* (Cambridge: Cambridge University Press, 1991); Dirk Hoerder, "Transculturalism(s): From Nation-State to Human Agency in Social Spaces and Cultural Regions," *Zeitschrift für Kanada-Studien* 45 (2004): 7~20; Vladimir Kolossov, "Border Studies:

Changing Perspectives and Theoretical Approaches," *Geopolitics* 10 (2005): 606~632; David Newman, "Boundaries," in *A Companion to Political Geography*, ed. John A. Agnew, Katharyne Mitchell, and Gerard Toal (Malden, MA: Blackwell, 2003), 123~137을 들 수 있다.

149) 민족학자 조지 피터 머독은 "그 어떤 사람보다도 여러 배 많은 민족지학 문헌을 읽었다."라고 주장한 사람인데, 지구상의 '사회'를 분류하면서 민족지학적 관점에서 503개의 사례를 포함시켰다. George Peter Murdock, *Atlas of World Cultures* (Pittsburgh: University of Pittsburgh Press, 1981), 5~6. 다른 목록들은 네 자리 수에 이르기도 한다. 또 다른 민족학 자료에 따르면 서부 멜라네시아와 뉴기니에서만 257개의 '문화'가 구분된다. David H. Price, *Atlas of World Cultures: A Geographical Guide to Ethnographic Literature* (Newbury Park, CA: Sage, 1989), 76.

150) Susan Naquin and Evelyn S. Rawski, *Chinese Society in the Eighteenth Century* (New Haven, CT: Yale University Press, 1987), chap. 5.

151) James C. Mitchell, "Race, Class, and Status in South Central Africa," in *Social Stratification in Africa*, ed. Arthur Tuden and Leonard Plotnicov (New York: Free Press, 1970), 303~343, at 305.

152) Philip D. Curtin, *The Atlantic Slave Trade: A Census* (Madison: University of Wisconsin Press, 1969), 271. '사하라 사막 이남 아프리카'라는 공간 지칭 용어의 해체에 관해서는 Ghislaine Lydon, "Saharan Oceans and Bridges, Barriers and Divides in Africa's Historiographical Landscape," *Journal of African History* 56 (2015): 3~22를 보라.

153) Martin A. Klein, *Islam and Imperialism in Senegal: Sine-Saloum, 1847-1914* (Edinburgh: Edinburgh University Press, 1968), 7. 서아프리카의 이슬람화에 관해서는 Nehemia Levtzion, "The Eighteenth Century: Background to the Islamic Revolutions in West Africa," in *Eighteenth-Century Renewal and Reform in Islam*, ed. Nehemia Levtzion and John O. Voll (Syracuse, NY: Syracuse University Press, 1987), 21~38을 보라. 상세한 내용은 Nehemia Levtzion and Randall L. Pouwels, eds., *The History of Islam in Africa* (Athens: Ohio University Press, 2000)을 보라.

154) 권위 있는 Germanist Robert Minder, "Das Bild des Pfarrhauses in der deutschen Literatur von Jean Paul bis Gottfried Benn" (1959), in *Kultur und Literatur in Deutschland und Frankreich: Fünf Essays* (Frankfurt am Main: Insel Verlag, 1962), 44~72를 보라.

155) 그러한 차이는 Ira M. Lapidus, *Islamic Societies to the Nineteenth Century: A Global History* (Cambridge: Cambridge University Press, 2012)에서 거듭 논의된다.

156) William Falconer, *Remarks on the influence of climate, situation, nature of country, population, nature of food, and way of life, on the disposition and temper, manners and behaviour, intellects, laws and customs, form of government, and religion, of mankind* (London: Dilly, 1781). Clarence J. Glacken, *Traces on the Rhodian Shore: Nature and Culture in Western Thought from Ancient Times to the End of the Eighteenth Century* (Berkeley: University of California Press, 1967), 601~605를 보라.

157) Jon Mathieu, *Geschichte der Alpen 1500-1900: Umwelt, Entwicklung und Gesellschaft* (Vienna: Böhlau, 1998); James C. Scott, *The Art of Not Being Governed: An Anarchist History of Upland Southeast Asia* (New Haven, CT: Yale University Press, 2009).

158) 섬 주민의 의미론에 관한 폭넓은 시각의 접근은 Marc Shell, *Islandology: Geography, Rhetoric, Politics* (Stanford, CA: Stanford University Press, 2014)를 보라.

159) John R. Gillis, *The Human Shore: Seacoasts in History* (Chicago: University of Chicago Press, 2012) 이 책은 '바다의 두 번째 발견'에 관해 이야기한다.(128)

160) Saïd Amir Arjomand, *The Turban for the Crown: The Islamic Revolution in Iran* (New York: Oxford University Press, 1988), 23~26 (베버의 '가부장제' 개념을 이용했다.)

161) Alexander B. Woodside, *Lost Modernities: China, Vietnam, Korea, and the Hazards of World History* (Cambridge, MA: Harvard University Press, 2006), 3; 이 제도의 작동에 관해서는 Benjamin A. Elman, *A Cultural History of Civil Examinations in Late Imperial China* (Berkeley: University of California Press, 2000)을 보라. 간략한 개요는 Elman, "Political, Social and Cultural Reproduction via Civil Service Examinations in Late Imperial China," *Journal of Asian Studies* 50, no. 1 (1991): 7~28을 보라.

162) David Eltis and David Richardson, *Atlas of the Transatlantic Slave Trade* (New Haven, CT: Yale University Press, 2010), 23 (table 2), 비율은 필자가 계산했다.

163) 라셀에스-헤어우드(Lascelles-Harewood) 가문의 사례를 풍부한 자료를 바탕으로 연구한 S. D. Smith, *Slavery, Family, and Gentry Capitalism in the British Atlantic: The World of the Lascelles, 1648-1834* (Cambridge: Cambridge University Press, 2006)을 보라.

164) 이는 다음 책에서 인도를 충분히 논의한 결과다. R. J. Barendse, *Arabian Seas, 1700-1763*, vol. 1, *The Western Indian Ocean in the Eighteenth Century* (Leiden: Brill, 2009), 659~734.

165) Cheong Weng Eang, *The Hong Merchants of Canton: Chinese Merchants in Sino-Western Trade* (Richmond, Surrey, UK: Curzon Press, 1997); Paul A. Van Dyke, *Merchants of Canton and Macao: Politics and Strategies in Eighteenth-Century Chinese Trade* (Hong Kong: Hong Kong University Press, 2011).

166) Peter Clark, *European Cities and Towns, 400-2000* (Oxford: Oxford University Press, 2009), 123.

167) A. J. R. Russell-Wood, "Patterns of Settlement in the Portuguese Empire, 1400-1800," in *Portuguese Oceanic Expansion, 1400-1800*, ed. Francisco Bethencourt and Diogo Ramada Curto (Cambridge: Cambridge University Press, 2007), 161~196, at 186.

168) 이 책은 1770년부터 나왔다. 이름이 언급되지 않은 공동 저자는 드니 디드로였다. 현대에 나온 결정판으로는 Guillaume Thomas Raynal, *Histoire philosophique et politique des établissement et du Commerce des Européens dans les deux Indes*, 10 vols. (Geneva: Pellet, 1782)를 보라. 2010년 이후 스위스의 제네바에서 Anthony Strugnell et al.의 교정판이 나왔다. 영어로 된 발췌본은 Peter Jimack, ed., *A History of the Two Indies: A Translated Selection of Writings from Raynal's "Histoire philosophique et politique des etablissements des Europeens dans Les Deux Indes"* (Aldershot, UK: Ashgate, 2006)을 보라.

169) '외부 충격'의 소멸은 E. L. Jones, *The European Miracle: Environments, Economies and Geopolitics in the History of Europe and Asia*, 2nd ed. (Cambridge: Cambridge University Press, 1987), 51에서 크게 강조된다.

170) C. A. Bayly, *Imperial Meridian: The British Empire and the World, 1780-1830* (London: Longman, 1989).

171) 배경에 관해서는 Victor Lieberman, *Strange Parallels: Southeast Asia in Global Context, c. 800-1830*,

vol. 1, *Integration on the Mainland* (Cambridge: Cambridge University Press, 2003) 299~302를 보라.

172) Jacob Burckhardt, *Geschichte des Revolutionszeitalters*, ed. Wolfgang Hardtwig et al. (Munich: Beck; Basel: Schwabe, 2009).

173) 프랑스 혁명에 대한 현재의 해석에 관해서는 Peter McPhee, ed., *A Companion to the French Revolution* (Chichester, UK: Wiley-Blackwell, 2013)을 보라. 특히 Peter Campbell, "Rethinking the Origins of the French Revolution," 3~23을 보라. 많은 포괄적 연구 중에서도 특별히 흥미로운 것으로는 Colin Jones, *The Great Nation: France from Louis XV to Napoleon* (London: Allen Lane, 2002); David Andress, *French Society in Revolution, 1789-1799* (Manchester: Manchester University Press, 2009); Andress, ed., *The Oxford Handbook of the French Revolution* (Oxford: Oxford University Press, 2015); Peter McPhee, *Liberty or Death: The French Revolution* (New Haven, CT: Yale University Press, 2016)을 보라.

174) 이러한 사건들의 연관 관계는 Jack A. Goldstone, *Revolution and Rebellion in the Early Modern World* (Berkeley: University of California Press, 1991); Geoffrey Parker, *Global Crisis: War, Climate Change and Catastrophe in the Seventeenth Century* (New Haven, CT: Yale University Press, 2013)에서 논의된다.

175) David A. Bell, *The First Total War: Napoleon's Europe and the Birth of Modern Warfare* (New York: Houghton Mifflin, 2007).

176) Timothy Tackett, *The Coming of the Terror in the French Revolution* (Cambridge, MA: Harvard University Press, 2015).

177) Edward Bartlett Rugemer, *The Problem of Emancipation: The Caribbean Roots of the American Civil War* (Baton Rouge: Louisiana State University Press, 2009).

178) 1789년 8월 봉건제 법령에 관해서는 Philip G. Dwyer and Peter McPhee, eds., *The French Revolution and Napoleon: A Sourcebook* (London: Routledge, 2002), 24~26을 보라.

179) Isser Woloch, *Napoleon and His Collaborators: The Making of a Dictatorship* (New York: Norton, 2001); 다음 연구를 능가하는 것은 없다. Jean Tulard, *Napoléon et la noblesse de l'Empire*, new ed. (Paris: Tallandier, 2003).

180) Laurent Dubois, *Avengers of the New World: The Story of the Haitian Revolution* (Cambridge, MA: Harvard University Press, 2004); Jeremy D. Popkin, *You Are All Free: The Haitian Revolution and the Abolition of Slavery* (Cambridge: Cambridge University Press, 2010); Popkin, *A Concise History of the Haitian Revolution* (Chichester, UK: Wiley-Blackwell, 2012); 다음의 훌륭한 서평을 보라. Robert D. Taber, "Navigating Haiti's History: Saint-Domingue and the Haitian Revolution," *History Compass* 13, no. 5 (2015): 235~250.

181) Carey, Destiny, 85, 93.

182) 프랑스 제국 너머를 가리키는 다른 사례는 David Armitage and Sanjay Subrahmanyam, eds., *The Age of Revolutions in Global Context, c. 1760-1840* (Basingstoke, UK: Palgrave Macmillan, 2010)을 보라.

183) Ute Planert, ed., *Krieg und Umbruch in Mitteleuropa um 1800: Erfahrungsgeschichte(n) auf dem Weg*

in eine neue Zeit (Paderborn: Schöningh, 2009); Alan I. Forrest, Karen Hagemann, and Jane Rendall, eds., *Soldiers, Citizens and Civilians: Experiences and Perceptions of the Revolutionary and Napoleonic Wars, 1790-1820* (Basingstoke, UK: Palgrave Macmillan, 2009)를 보라.

184) Nelly Hanna, *In Praise of Books: A Cultural History of Cairo's Middle Class, Sixteenth to the Eighteenth Century* (Syracuse, NY: Syracuse University Press, 2004), 139~140.

185) 식민지 북아메리카의 다양한 사회 상황에 관해서는 다음의 표준적인 설명을 보라. Alan Taylor, *American Colonies: The Settling of North America* (New York: Viking Penguin, 2001); Peter Charles Hoffer, *The Brave New World: A History of Early America* (Baltimore: Johns Hopkins University Press, 2006); 이 책은 고전이다. D. W. Meinig, *The Shaping of America: A Geographical Perspective on 500 Years of History*, vol. 1, Atlantic America, 1492-1800 (New Haven, CT: Yale University Press, 1986).

186) 산업화의 확대와 확산 유형을 설명하는 다양한 모델에 관한 소개는 Robert C. Allen, "The Spread of Manufacturing," in *The Cambridge History of Capitalism*, vol. 2, *The Spread of Capitalism: From 1848 to the Present*, ed. Larry Neal and Jeffrey G. Williamson (Cambridge: Cambridge University Press, 2014), 22~46을 보라. 또한 이 책의 2부를 보라.

187) David E. Nye, *Consuming Power: A Social History of American Energies* (Cambridge, MA: Harvard University Press, 1998), 40.

188) Michael Adas, *Machines as the Measure of Men: Science, Technology, and Ideologies of Western Dominance* (Ithaca, NY: Cornell University Press, 1989).

189) Jeffrey A. Auerbach, *The Great Exhibition of 1851: A Nation on Display* (New Haven, CT: Yale University Press, 1999); Paul Greenhalgh, *Ephemeral Vistas: The "Expositions universelles," Great Exhibitions and World's Fairs, 1851-1939* (Manchester: Manchester University Press, 1988); Paul Young, *Globalization and the Great Exhibition: The Victorian New World Order* (Basingstoke, UK: Palgrave Macmillan, 2009); 이후의 만국박람회에 관해서는 Alexander C. T. Geppert, *Fleeting Cities: Imperial Expositions in "Fin-de-Siècle" Europe* (Basingstoke, UK: Palgrave Macmillan, 2010) 을 보라.

190) Teresa Miriam Van Hoy, *A Social History of Mexico's Railroads: Peons, Prisoners, and Priests* (Lanham, MD: Rowman and Littlefield, 2008).

191) Sven Beckert, *Empire of Cotton: A Global History* (New York: Knopf, 2014).

192) Eric Foner, *The Fiery Trial: Abraham Lincoln and American Slavery* (New York: Norton, 2010); James Oakes, *Freedom National: The Destruction of Slavery in the United States, 1861-1865* (New York: Norton, 2013).

193) 러시아에 관해서는 다음의 결론을 보라. Tracy Dennison, *The Institutional Framework of Russian Serfdom* (Cambridge: Cambridge University Press, 2011), 231~233.

194) James Walvin, *Crossings: Africa, the Americas and the Atlantic Slave Trade* (London: Reaktion Books, 2013), 176, 189.

195) Rebecca J. Scott, *Degrees of Freedom: Louisiana and Cuba after Slavery* (Cambridge, MA: Harvard University Press, 2005); 카리브해 지역에 관한 개요는 Gad Heuman, "Peasants, Immigrants, and

Workers: The British and French Caribbean after Emancipation," in *The Caribbean: A History of the Region and Its Peoples*, ed. Stephan Palmie and Francisco A. Scarano (Chicago: University of Chicago Press, 2011), 347~360을 보라.

196) Eric Foner, *Reconstruction: America's Unfinished Revolution, 1863-1877* (New York: Harper and Row, 1988).

197) '공식적' 노예제의 이 마지막 국면에 관한 개략적인 설명은 Thomas Benjamin, *The Atlantic World: Europeans, Africans, Indians and Their Shared History, 1400-1900* (Cambridge: Cambridge University Press, 2009), 646~654를 보라.

198) James Belich, *Replenishing the Earth: The Settler Revolution and the Rise of the Anglo-World, 1780-1930* (Oxford: Oxford University Press, 2009); 벨리치의 접근법에 관한 간단한 개요는 Belich, "The Rise of the Angloworld: Settlement in North America and Australasia, 1784-1918," in *Rediscovering the British World*, ed. Phillip Buckner and R. Douglas Francis (Calgary: University of Calgary Press, 2005), 39~57을 보라. 토지 획득과 토지법과 관련해서는 John C. Weaver, *The Great Land Rush and the Making of the Modern World, 1650-1900* (Montreal: McGill-Queen's University Press, 2003)을 보라. 보완적인 자료는 Andro Linklater, *Owning the Earth: The Transforming History of Land Ownership* (New York: Bloomsbury, 2013)을 보라.

199) Osterhammel, *Transformation of the World*, 322~391을 보라.

200) Sujit Sivasundaram, *Islanded: Britain, Sri Lanka, and the Bounds of an Indian Ocean Colony* (Chicago: University of Chicago Press, 2013), chap. 8.

201) Osama W. *Abi-Mershed,* Apostles of Modernity: Saint-Simonians and the Civilizing Mission in Algeria (Stanford, CA: Stanford University Press, 2010).

202) Tobie Meyer-Fong, *What Remains: Coming to Terms with Civil War in 19th-Century China* (Stanford, CA: Stanford University Press, 2013).

203) 예를 들면 Laurel Thatcher Ulrich, *The Age of Homespun: Objects and Stories in the Creation of an American Myth* (New York: Vintage Books, 2001); Michael Zakim, *Ready-Made Democracy: A History of Men's Dress in the American Republic, 1760-1860* (Chicago: University of Chicago Press, 2003), 69~70을 보라.

204) John Gallagher and Ronald Robinson, "The Imperialism of Free Trade," *Economic History Review*, n.s., 6 (1953): 1~15.

205) Ivor Roberts, ed., *Satow's Diplomatic Practice*, 6th ed. (Oxford: Oxford University Press, 2009)를 보라. 1917년에 처음 출간된 이 모범적인 연구의 초기 판본도 보라.

206) Gerrit W. Gong, *The Standard of "Civilization" in International Society* (Oxford: Clarendon Press, 1984); Antony Anghie, *Imperialism, Sovereignty and the Making of International Law* (Cambridge: Cambridge University Press, 2005), 32~114; Shogo Suzuki, *Civilization and Empire: China and Japan's Encounter with European International Society* (London: Routledge, 2009); Ayşe Zarakol, *After Defeat: How the East Learned to Live with the West* (Cambridge: Cambridge University Press, 2011); Davide Rodogno, *Against Massacre: Humanitarian Interventions in the Ottoman Empire, 1815-1914: The Emergence of a European Concept and International Practice* (Princeton, NJ:

Princeton University Press, 2012).

207) Hobsbawm, *The Age of Capital*.

208) 19세기 중반 이후 세계적인 불안정과 재건에 관해서는 Michael Geyer and Charles Bright, "Global Violence and Nationalizing Wars in Eurasia and America: The Geopolitics of War in the Mid-Nineteenth Century," *Comparative Studies in Society and History* 38 (1996): 619~657을 보라.

209) Dane Kennedy, *The Last Blank Spaces: Exploring Africa and Australia* (Cambridge, MA: Harvard University Press, 2013); 중국 내륙의 개방에 관해서는 Shellen Xiao Wu, *Empires of Coal: Fueling China's Entry into the Modern World Order, 1860-1920* (Stanford, CA: Stanford University Press, 2015)를 보라.

210) Olivier Zunz, *Making America Corporate, 1870-1920* (Chicago: University of Chicago Press, 1990), 126을 보라. 유럽에 관해서는 Jürgen Kocka, ed., *Angestellte im europäischen Vergleich: Die Herausbildung angestellter Mittelschichten seit dem späten 19. Jahrhundert* (Göttingen: Vandenhoeck und Ruprecht, 1981)을 보라.

211) 주로 Alfred D. Chandler Jr., *Scale and Scope: The Dynamics of Industrial Capitalism* (Cambridge: Cambridge University Press, 1990), esp. chaps. 3~6; Jürgen Kocka, *Capitalism: A Short History* (Princeton, NJ: Princeton University Press, 2016)을 보라. 기업가 정신의 세계사의 출발에 관해서는 David S. Landes, Joel Mokyr, and William J. Baumol, eds., *The Invention of Enterprise: Entrepreneurship from Ancient Mesopotamia to Modern Times* (Princeton, NJ: Princeton University Press, 2010)을 보라.

212) 이러한 태도를 분명히 표현한 것으로는 1884년 인도 바라나시(베나레스)의 하리슈찬드라 (Harishchandra, 1850~1885)가 한 연설 "인도는 어떻게 개혁될 수 있는가"를 들 수 있다. 다음에 발췌된 내용이 있다. Michael Gottlob, ed., *Historical Thinking in South Asia: A Handbook of Sources from Colonial Times to the Present* (New Delhi: Oxford University Press, 2003), 173~175.

213) Jürgen Osterhammel, *Colonialism: A Theoretical Overview*, trans. S. L. Frisch, 2nd ed. (Princeton, NJ: Markus Wiener, 2005), 81~91.

214) K. W. Taylor, *A History of the Vietnamese* (Cambridge: Cambridge University Press, 2013), 466.

215) Siegfried Giedion, *Mechanization Takes Command: A Contribution to Anonymous History* (New York: Oxford University Press, 1948). 전기 공급에 관해서는 Ernest Freeberg, *The Age of Edison: Electric Light and the Invention of Modern America* (New York: Penguin, 2014)를 보라.

216) Vaclav Smil, *Two Prime Movers of Globalization: The History and Impact of Diesel Engines and Gas Turbines* (Cambridge, MA: MIT Press, 2010).

217) David Arnold, *Everyday Technology: Machines and the Making of India's Modernity* (Chicago: University of Chicago Press, 2013); Arnold, "Global Goods and Local Usages: The Small World of the Indian Sewing Machine, 1875-1952," *Journal of Global History* 6 (2012): 407~429; David Arnold and Erich DeWald, "Cycles of Empowerment? The Bicycle and Everyday Technology in Colonial India and Vietnam," *Comparative Studies in Society and History* 53 (2011): 971~996.

218) Robert Millward, *Private and Public Enterprise in Europe: Energy, Telecommunications and Transport, 1830-1990* (Cambridge: Cambridge University Press, 2005), 36~37.

219) 유럽 여러 지역에서 식민지 상품이 소비되는 정도에 관해서는 Jan de Vries, *The Industrious Revolution: Consumer Behavior and the Household Economy, 1650 to the Present* (Cambridge: Cambridge University Press, 2008), 154~164를 보라.

220) 개괄적인 설명은 Peter Gay, *Modernism: The Lure of Heresy: From Baudelaire to Beckett and Beyond* (New York: Norton, 2008)을 보라.

221) 스코틀랜드의 기자가 이 주제에 관해 쓴 초기의 글이 있다. Charles Mackay, *Memoirs of Extraordinary Popular Delusions and the Madness of Crowds* (London: Richard Bentley, 1841).

222) Stefan Berger and Alexei Miller, eds., *Nationalizing Empires* (Budapest: Central European University Press, 2015).

223) Reşat Kasaba, *A Moveable Empire: Ottoman Nomads, Migrants, and Refugees* (Seattle: University of Washington Press, 2009), 94.

224) Carole Fink, *Defending the Rights of Others: The Great Powers, the Jews, and International Minority Protection, 1878-1938* (Cambridge: Cambridge University Press, 2004), 37~38, 44~49; Eric D. Weitz, "From the Vienna to the Paris System: International Politics and the Entangled Histories of Human Rights, Forced Deportations, and Civilizing Missions," *American Historical Review* 113, no. 5 (2008): 1313~1343.

225) 도덕적이고 사회적인 '순수성'의 역사에 관한 중요한 성찰에 관해서는 Barrington Moore, *Moral Purity and Persecution in History* (Princeton, NJ: Princeton University Press, 2000)을 보라. 이 책은 이러한 관념이 (적어도) 유럽과 아시아에 있음을 보여 준다.

226) Dudley L. Poston and Leon F. Bouvier, *Population and Society: An Introduction to Demography* (Cambridge: Cambridge University Press, 2010), 329~330.

227) Hilary Jones, *The Métis of Senegal: Urban Life and Politics in French West Africa* (Bloomington: Indiana University Press, 2013).

228) A. Adu Boahen, "New Trends and Processes in Africa in the Nineteenth Century," in *Africa in the Nineteenth Century until the 1880s*, ed. J. F. Ade Ajayi (Oxford: Heinemann, 1989), 40~63, at 49~50.

229) 1897년 12월 6일의 제국 의회 토론에서 한 발언. Bernhard von Bulow, "Deutschlands Platz an der Sonne," in *Fürst Bülows Reden nebst urkundlichen Beiträgen zu seiner Politik*, vol. 1, *1897-1903*, ed. Johannes Penzler (Berlin: Reimer, 1907), 6~8을 보라.

230) Richard R. John, "Projecting Power Overseas: U.S. Postal Policy and International Standard Setting at the 1863 Paris Postal Conference," *Journal of Policy History* 27 (2015): 416~438.

231) 매력적인 사례 연구로는 Felix Konrad, "'Fickle Fate Has Exhausted My Burning Heart': An Egyptian Engineer of the 19th Century between Belief in Progress and Existential Anxiety," *Die Welt des Islams* 51 (2011): 145~187을 보라.

232) Kurt Flasch, *Die geistige Mobilmachung: Die deutschen Intellektuellen und der Erste Weltkrieg* (Berlin: Fest, 2000).

233) Martyn Lyons, "Writing Upwards: How the Weak Wrote to the Powerful," *Journal of Social History* 49 (2015): 317~330을 보라.

234) 이는 토지법의 사례를 통해 증명된다. Melissa Macauley, "A World Made Simple: Law and Property in the Ottoman and Qing Empires," *Journal of Early Modern History* 5 (2001): 331~352 를 보라.

235) Helmut Janssen, *Die Übertragung von Rechtsvorstellungen auf fremde Kulturen am Beispiel des englischen Kolonialrechts: Ein Beitrag zur Rechtsvergleichung* (Tübingen: Mohr Siebeck, 2000), 189. 또한 Bonny Ibhawoh, *Imperial Justice: Africans in Empire's Court* (Oxford: Oxford University Press, 2013)을 보라. 이 책은 아프리카인들이 체제의 모순을 자신들의 목적에 맞게 이용할 기회가 있음을 증명한다.

236) David G. Atwill, *The Chinese Sultanate: Islam, Ethnicity, and the Panthay Rebellion in Southwest China, 1856-1873* (Stanford, CA: Stanford University Press, 2005), 12~13.

237) 아래 내용은 다음을 토대로 했다. R. S. O'Fahey, *The Darfur Sultanate* (London: Hurst, 2008), esp. 90~151.

238) Norbert Elias, *The Court Society* (Dublin: University College Dublin Press, 2006), esp. chap. 6.

239) O'Fahey, *The Darfur Sultanate*, 112.

240) 가장 중요한 연구는 Susan Bayly, *Caste, Society and Politics in India from the Eighteenth Century to the Modern Age* (Cambridge: Cambridge University Press, 1999), esp. chaps. 1, 5를 보라.

241) Christian Koller, *Fremdherrschaft: Ein politischer Kampfbegriff im Zeitalter des Nationalismus* (Frankfurt am Main: Campus, 2005)를 보라.

242) Edward J. M. Rhoads, *Manchus and Han: Ethnic Relations and Political Power in Late Qing and Early Republican China, 1861-1928* (Seattle: University of Washington Press, 2000), chap. 4.

243) 1805년 헌법 제1조 제14절. 원문은 Louis Joseph Janvier, *Les Constitutions d'Haiti (1801-1885)* (Paris: C. Marpon and E. Flammarion, 1886), 30~41, at 32를 보라.

244) Edward E. Telles, *Pigmentocracies: Ethnicity, Race, and Color in Latin America* (Chapel Hill: University of North Carolina Press, 2014).

245) B. W. Higman, *A Concise History of the Caribbean* (Cambridge: Cambridge University Press, 2011), 181~184. 19세기 카리브해 지역 사회사의 좀 더 상세한 개요는 K. O. Laurence and Jorge Ibarra Cuesta, eds., *General History of the Caribbean*, vol. 4, *The Long Nineteenth Century: Nineteenth Century Transformations* (Paris: UNESCO / Macmillan, 2011), esp. chap. 9를 보라.

246) '복합사회'를 '다원주의 사회', 즉 이해관계자들이 조직적으로 경쟁하는 민주주의 체제와 혼동하지 말아야 한다.

247) Higman, *Concise History*, 184.

248) Ulbe Bosma and Remco Raben, *Being "Dutch" in the Indies: A History of Creolisation and Empire, 1500-1920* (Singapore: NUS Press; Athens, OH: Ohio University Press, 2008), 218.

249) 다음에서 많은 사례를 볼 수 있다. Richard J. Reid, *War in Pre-colonial Eastern Africa: The Patterns and Meanings of State-Level Conflict in the Nineteenth Century* (London: British Institute in Eastern Africa, 2007).

250) Richard J. Evans, *Rituals of Retribution: Capital Punishment in Germany, 1600-1987* (Oxford: Oxford University Press, 1996).

251) 이는 19세기에 해당한다. 현재에 이르기까지 보편적인 문명사에 관한 논지로 바꾸어서는 안 된
다. Steven Pinker, *The Better Angels of Our Nature: The Decline of Violence in History and Its Causes*
(London: Penguin, 2011)을 보라. 좀 더 미묘한 차이를 지닌 시각은 Robert Muchembled, *A
History of Violence: From the End of Middle Ages to the Present* (Cambridge: Polity Press, 2012), esp.
chaps. 6~8을 보라.

252) Ute Frevert, *Men of Honour: Social History of the Duel* (Cambridge: Polity Press, 1995).

253) 카이저 시대 독일 사회의 군대와 군국주의에 관해서는 David Blackbourn, *History of Germany
1780-1918: The Long Nineteenth Century*, 2nd ed. (Malden, MA: Blackwell, 2003), 282~293을
보라.

254) 그 잠재력에 관해서는 Jorn Leonhard, *Bellizismus und Nation: Kriegsdeutung und
Nationsbestimmung in Europa und den Vereinigten Staaten, 1750-1914* (Munich: Oldenbourg,
2008)을 보라.

255) 제정 러시아의 사례 연구는 Daniel R. Brower, *Turkestan and the Fate of the Russian Empire*
(London: Routledge Curzon, 2003)을 보라. 프랑스에서 나온 두 논문집 Isabelle Surun, ed., *Les
sociétés coloniales à l'âge des Empires, 1850-1960* (Paris: Atlande, 2012); Dominique Barjot and
Jacques Fremeaux, eds., *Les sociétés coloniales à l'âge des empires, des années 1850 aux années 1950*
(Paris: CNED-Sedes, 2012)는 유럽 식민지의 사회사에 대한 최고의 식견을 제공한다.

256) Spencer, *Structure, Function and Evolution*, 143~165.

257) Ervand Abrahamian, *A History of Modern Iran* (Cambridge: Cambridge University Press, 2008),
23; 다른 무슬림 국가들에 보이는 변형태들에 관해서는 Philip S. Khoury and Joseph Kostiner,
eds., *Tribes and State Formation in the Middle East* (London: Tauris, 1991)을 보라.

258) 이에 관한 폭넓은 자료는 Peter Clark, ed., *The Oxford Handbook of Cities in World History* (Oxford:
Oxford University Press, 2013)을 보라. 또한 Osterhammel, *Transformation of the World*, chap. 6
을 보라. 1800년 무렵 이후의 아시아 도시사를 길게 소개한 것으로는 Daniel Brook, *A History
of Future Cities* (New York: Norton, 2013)을 보라. 아프리카에 관해서는 Catherine Coquery-
Vidrovitch, *The History of African Cities South of the Sahara: From the Origins to Colonization*
(Princeton, NJ: Princeton University Press, 2008)을 보라. 유럽에 관해서는 Friedrich Lenger,
European Cities in the Modern Era, 1850-1914 (Leiden: Brill, 2012)를 보라.

259) Paul Bairoch, *De Jéricho à Mexico: Villes et économie dans l'histoire*, 2nd ed. (Paris: Gallimard,
1985), 634 (table CG1).

260) Myron L. Cohen, "Cultural and Political Inventions in Modern China: The Case of the Chinese
'Peasant,'" in *Kinship, Contract, Community, and State: Anthropological Perspectives on China*
(Stanford, CA: Stanford University Press, 2005), 60~74, at 64~65.

261) 수단 중부의 투아레그족에 관한 사례 연구는 Paul E. Lovejoy, *Ecology and Ethnography of Muslim
Trade in West Africa* (Trenton, NJ: Africa World Press, 2006), 197~198을 보라.

262) Adna Ferrin Weber, *The Growth of Cities in the Nineteenth Century: A Study in Statistics* (New York:
Columbia University Press, 1899), 21 (뉴욕 카운티); Jerry White, *London in the Nineteenth Century:
A Human Awful Wonder of God* (London: Cape, 2007), 17 (훗날 그레이터런던이 되는 지역).

263) Weber, *Growth of Cities*, 450 (table 163).

264) Anthony J. Francis, *The Cement Industry, 1796-1914: A History* (Newton Abbott, UK: David and Charles, 1978), 79.

265) 이 주제에 관한 훌륭한 소개는 Ellis A. Wasson, *Aristocracy and the Modern World* (Basingstoke, UK: Palgrave Macmillan, 2006)을 보라.

266) Peter McPhee, *Living the French Revolution 1789-1799* (Basingstoke, UK: Palgrave Macmillan, 2006), 14~16.

267) William Doyle, *Aristocracy: A Very Short Introduction* (Oxford: Oxford University Press, 2010), 74.

268) 1830년 무렵까지의 시기에 관해서는 Paul Janssens and Bartolome Yun-Casalilla, eds., *European Aristocracies and Colonial Elites: Patrimonial Management Strategies and Economic Development, 15th to 18th Centuries* (Aldershot, UK: Ashgate, 2005)를 보라.

269) Fritz Stern, "Prussia," in *European Landed Elites in the Nineteenth Century*, ed. David Spring (Baltimore: Johns Hopkins University Press, 1977), 45~67, at 57.

270) Chitta Panda, *The Decline of the Bengal Zamindars: Midnapore, 1870-1920* (Delhi: Oxford University Press, 1996).

271) Romain Bertrand, *État colonial, noblesse et nationalisme à Java: La tradition parfaite* (Paris: Karthala, 2005), 258.

272) Linda Lewin, *Politics and Parentela in Paraiba: A Case Study of Family-Based Oligarchy in Brazil* (Princeton, NJ: Princeton University Press, 1987).

273) David Cannadine, *Ornamentalism: How the British Saw Their Empire* (London: Penguin, 2001); Harry Liebersohn, *Aristocratic Encounters: European Travelers and North American Indians* (Cambridge: Cambridge University Press, 1998).

274) 현재의 상황을 역사적 근거로써 분석한 것으로는 B. L. Turner II and Stephen B. Brush, eds., *Comparative Farming Systems* (New York: Guilford Press, 1987)을 보라. 근대 초 전 세계적인 토지이용을 훌륭히 개관한 것으로는 Norbert Ortmayr, "Bevolkerung und Landnutzung," in *Entdeckungen und neue Ordnungen*, 1200 bis 1800, ed. Walter Demel (Darmstadt: Wissenschaftliche Buchgesellschaft, 2010), 11~28을 보라.

275) Jeremy Attack, Fred Bateman, and William N. Parker, "The Farm, the Farmer, and the Market," in *The Cambridge Economic History of the United States*, vol. 2, The Long Nineteenth Century, ed. Stanley L. Engerman and Robert E. Gallman (Cambridge: Cambridge University Press, 2000), 245~284, at 248. 산업화한 농업에 관해서는 Deborah Kay Fitzgerald, *Every Farm a Factory: The Industrial Ideal in American Agriculture* (New Haven, CT: Yale University Press, 2003)을 보라.

276) Giovanni Federico, "Growth, Specialization, and Organization of World Agriculture," in Neal and Williamson, *Cambridge History of Capitalism*, 2:47~81, at 60~64의 논의를 보라.

277) 그러한 종속의 증대에 관해서는 Christopher Clark, *The Roots of Rural Capitalism: Western Massachusetts, 1780-1860* (Ithaca, NY: Cornell University Press, 1990), 309를 보라.

278) Ian Tyrrell, *True Gardens of the Gods: Californian-Australian Environmental Reform, 1860-1930* (Berkeley: University of California Press, 1999)를 보라. 러시아 스텝 지역의 조림 노력을 대체

로 유사한 것으로 볼 수 있다. David Moon, *The Plough That Broke the Steppes: Agriculture and Environment on Russia's Grasslands, 1700-1914* (Oxford: Oxford University Press, 2013), 173~205 를 보라.

279) David S. Heidler and Jeanne T. Heidler, *Daily Life in the Early American Republic, 1790-1820: Creating a New Nation* (Westport, CT: Greenwood Press, 2004), 70.

280) Kamran Scot Aghaie, "The Afghan Interlude and the Zand and Afshar Dynasties (1722-95)," in *The Oxford Handbook of Iranian History*, ed. Touraj Daryaee (Oxford: Oxford University Press, 2012), 306~318, at 313.

281) Christof Dipper, *Die Bauernbefreiung in Deutschland, 1790-1850* (Stuttgart: Kohlhammer, 1980), 183; 기준이 되는 연구는 여전히 이것이다. Jerome Blum, *The End of the Old Order in Rural Europe* (Princeton, NJ: Princeton University Press, 1978).

282) 다음의 공정한 논의를 보라. Giovanni Federico, *Feeding the World: An Economic History of Agriculture, 1800-2000* (Princeton, NJ: Princeton University Press, 2005), 136~142.

283) 노예해방의 영웅적 국면에 관해서는 Robin Blackburn, *The Overthrow of Colonial Slavery, 1776-1848* (London: Verso, 1988); Seymour Drescher, *Abolition: A History of Slavery and Antislavery* (Cambridge: Cambridge University Press, 2009)를 보라. 폭넓은 개관은 Alessandro Stanziani, "Abolitions," in Wiesner-Hanks, *Cambridge World History*, vol. 7, pt. 2, 112~133을 보라.

284) Pamela Kyle Crossley, *The Wobbling Pivot: China since 1800* (Chichester, UK: Wiley, 2010), 30.

285) Yŏng-ho Ch'oe, Peter H. Lee, and Wm. Theodore de Bary, eds., *Sources of Korean Tradition*, vol. 2, *From the Sixteenth to the Twentieth Centuries* (New York: Columbia University Press, 2000), 158~159.

286) Oakes, *Freedom National*, 491~492.

287) 신뢰할 만한 연구 개요는 David Brion Davis, *The Problem of Slavery in the Age of Emancipation* (New York: Knopf, 2014), 325를 보라. 미국 남북전쟁 이전 남부 주들의 사회 상태를 간략히 기술한 것으로는 Davis, *Inhuman Bondage: The Rise and Fall of Slavery in the New World* (Oxford: Oxford University Press, 2006), 193~204; also Peter Kolchin, *American Slavery, 1619-1877* (London: Penguin, 1993), chaps. 4~6을 보라.

288) Chitra Joshi, "Public Works and the Question of Unfree Labour," in *Labour, Coercion, and Economic Growth in Eurasia, 17th-20th Centuries*, ed. Alessandro Stanziani (Leiden: Brill, 2013), 273~287, at 275~280.

289) 이 분야의 고전적인 연구로는 Stanley J. Stein, *Vassouras: A Brazilian Coffee County, 1850-1900* (Cambridge, MA: Harvard University Press, 1970)을 보라.

290) Ulbe Bosma, *The Sugar Plantation in India and Indonesia: Industrial Production, 1770-2010* (Cambridge: Cambridge University Press, 2013), 108~109.

291) Michael Tadman, *Speculators and Slaves: Masters, Traders, and Slaves in the Old South* (Madison: University of Wisconsin Press, 1989); 전기 자료를 토대로 한 설명은 Steven Deyle, *Carry Me Back: The Domestic Slave Trade in American Life* (Oxford: Oxford University Press, 2005)를 보라.

292) Walter Johnson, *River of Dark Dreams: Slavery and Empire in the Cotton Kingdom* (Cambridge, MA:

Harvard University Press, 2013), 306~314; and Johnson, *Soul by Soul: Life in the Antebellum Slave Market* (Cambridge, MA: Harvard University Press, 2000).

293) G. Ugo Nwokeji, "Slavery in Non-Islamic West Africa, 1420-1820," in *The Cambridge World History of Slavery*, vol. 3, *AD 1420-AD 1804*, ed. David Eltis and Stanley L. Engerman (Cambridge: Cambridge University Press, 2011), 81~110, at 96.

294) 그러한 이행의 지역적 사례 연구는 Robin Law, *Ouidah: The Social History of a West African Slaving "Port," 1727-1892* (Athens, OH: Ohio University Press, 2004), 189~230을 보라.

295) Rudolph T. Ware III, "Slavery in Islamic Africa, 1400-1800," in: Eltis and Engerman, *Cambridge World History of Slavery*, 3: 47~80, at 47.

296) 훌륭한 개관으로는 Richard B. Allen, "Slave Trading, Abolitionism, and 'New Systems of Slavery' in the Nineteenth-Century Indian Ocean World," in *Indian Ocean Slavery in the Age of Abolition*, ed. Robert Harms, Bernard K. Freamon, and David W. Blight (New Haven, CT: Yale University Press, 2013), 183~199를 보라.

297) Michael Mann, *Sahibs, Sklaven und Soldaten: Geschichte des Menschenhandels rund um den Indischen Ozean* (Darmstadt: Wissenschaftliche Buchgesellschaft, 2012), 128.

298) 다음에 기술된 사례를 보라. Ware, "Slavery in Islamic Africa," 54.

299) 예를 들어 Emma Christopher, Cassandra Pybus, and Marcus Rediker, eds., *Many Middle Passages: Forced Migration and the Making of the Modern World* (Berkeley: University of California Press, 2007)을 보라. 전기적으로 접근한 연구로는 Kwasi Konadu, *Transatlantic Africa, 1440-1888* (New York: Oxford University Press, 2015)를 보라.

300) William Gervase Clarence-Smith, *Islam and the Abolition of Slavery* (London: Hurst, 2006).

301) Bruce S. Hall, *A History of Race in Muslim West Africa, 1600-1969* (Cambridge: Cambridge University Press, 2011), 67~68, 74. 세네감비아에 관해서는 Rudolph T. Ware III, *The Walking Qur'an: Islamic Education, Embodied Knowledge, and History in West Africa* (Chapel Hill: University of North Carolina Press, 2014), 166~171을 보라.

302) Gwyn Campbell and Alessandro Stanziani, eds., *Indian Ocean Debt Slavery: Bonded Labour and Debt in the Indian Ocean World* (London: Pickering and Chatto, 2013)을 보라.

303) 풍부한 자료를 바탕으로 고찰한 것으로는 Catherine Coquery-Vidrovitch, *Africa and the Africans in the Nineteenth Century: A Turbulent History* (Armonk, NY: Sharpe, 2009), 185~207을 보라. 여성 노예에 관해서는 Coquery-Vidrovitch, *Les Africaines: Histoire des femmes d'Afrique subsaharienne du XIXe au XXe siècle* (Paris: La Découverte, 2013), 42~56을 보라. Paul E. Lovejoy, *Transformations in Slavery: A History of Slavery in Africa*, 3rd ed. (Cambridge: Cambridge University Press, 2012), 160~280은 필수적이다.

304) Sean Stilwell, *Slavery and Slaving in African History* (Cambridge: Cambridge University Press, 2014), 184~185. 사례 연구는 Paul E. Lovejoy and J. S. Hogendorn, *Slow Death for Slavery: The Course of Abolition in Northern Nigeria, 1897-1936* (Cambridge: Cambridge University Press, 1993)을 보라.

305) Davis, *Problem of Slavery*, 7.

306) Michael Zeuske, *Handbuch Geschichte der Sklaverei: Eine Globalgeschichte von den Anfängen bis zur Gegenwart* (Berlin: De Gruyter, 2013), 519~520.

307) Jürgen Paul, *Zentralasien* (Frankfurt am Main: S. Fischer, 2013), 431~432.

308) Peter Flindell Klarén, *Peru: Society and Nationhood in the Andes* (New York: Oxford University Press, 2000), 147~148.

309) 감비아에 관해서는 Donald R. Wright, *The World and a Very Small Place in Africa: A History of Globalization in Niumi, The Gambia*, 3rd ed. (Armonk, NY: Sharpe, 2010)을 보라. 장기적인 해석에 관해서는 Nicholas P. Canny and Philip Morgan, "Introduction: The Making and Unmaking of an Atlantic World," in *The Oxford Handbook of the Atlantic World, c.1450-c.1850*, ed. Nicholas P. Canny and Philip Morgan (Oxford: Oxford University Press, 2011), 1~17, at 16을 보라.

310) Richard J. Reid, *History of Modern Africa: 1800 to the Present* (Oxford: Wiley-Blackwell, 2009), 117~119. 미국에서 서아프리카로 이송하려는 이후의 계획에 관해서는 Andrew Zimmerman, *Alabama in Africa: Booker T. Washington, the German Empire, and the Globalization of the New South* (Princeton, NJ: Princeton University Press, 2010)을 보라.

311) 이러한 점에서 E. P. Thompson, *The Making of the English Working Class* (London: Gollancz, 1963)은 획기적인 연구다. 이 책의 지속적인 타당성에 관해서는 Rudi Batzell and E. P. Thompson, "Politics and History: Writing Social History Fifty Years after 'The Making of the English Working Class,'" *Journal of Social History* 48, no. 4 (2015): 753~758을 보라. 더불어 이 특별호의 다른 논문들도 보라.

312) Lex Heerma van Voss and Marcel van der Linden, eds., *Class and Other Identities: Gender, Religion and Ethnicity in the Writing of European Labour History* (New York: Berghahn Books, 2002).

313) 이 점은 다음의 고전적인 사례 연구가 증명한다. Joan W. Scott, *The Glassworkers of Carmaux: French Craftsmen and Political Action in a Nineteenth-Century City* (Cambridge, MA: Harvard University Press, 1974); 19세기 노동자 역사에 관한 Jürgen Kocka, *Arbeiterleben und Arbeiterkultur: Die Entstehung einer sozialen Klasse* (Bonn: Dietz, 2015); also Kocka, *Arbeitsverhältnisse und Arbeiterexistenzen: Grundlagen der Klassenbildung im 19. Jahrhundert* (Bonn: Dietz, 1990), esp. chap. 5의 체계적인 연구도 보라.

314) Elise van Nederveen Meerkerk, Lex Heerma van Voss, and Els Hiemstra-Kuperus, "Covering the World: Some Conclusions to the Project," in *The Ashgate Companion to the History of Textile Workers, 1650-2000*, ed. Elise van Nederveen Meerkerk, Lex Heerma van Voss, and Els Hiemstra-Kuperus (Farnham, UK: Ashgate, 2010), 773~792, at 775.

315) Andrew Gordon, *The Evolution of Labor Relations in Japan: Heavy Industry, 1853-1955* (Cambridge, MA: Harvard University Press, 1985), 27.

316) Emma Griffin, *Liberty's Dawn: A People's History of the Industrial Revolution* (New Haven, CT: Yale University Press, 2013), 45.

317) Marcel van der Linden, *Workers of the World: Essays toward a Global Labor History* (Leiden: Brill, 2008), 29~30.

318) Ibid., 26~27, 32.

319) Ibid., 32, 34.

320) 다음 글을 따랐다. Kevin Kenny, "The Development of the Working Classes," in *A Companion to 19th-Century America*, ed. William L. Barney (Malden, MA: Wiley-Blackwell, 2001), 164~177.

321) Frederick C. Knight, *Working the Diaspora: The Impact of African Labor on the Anglo-American World, 1650-1850* (New York: NYU Press, 2010), chap. 4.

322) 세계적 시각에서 보면 협소하기는 하지만 서유럽 사회를 통찰력 있게 논의한 것으로는 Mann, *Sources of Social Power*, vol. 2 (1993), 546~571을 보라. 초국적 시각이나 세계적 시각을 갖춘 새로운 사회학적 접근법과 인류학적 접근법은 Rachel Heiman, Carla Freeman, and Mark Liechty, eds., *The Global Middle Classes: Theorizing through Ethnography* (Santa Fe, NM: School for Advanced Research Press, 2012); A. Ricardo Lopez and Barbara Weinstein, eds., *The Making of the Middle Class: Toward a Transnational History* (Durham, NC: Duke University Press, 2012)에서 볼 수 있다.

323) Manfred Hettling and Tino Schölz, eds., *Bürger und "shimin": Wortfelder, Begriffstraditionen und Übersetzungsprozesse im Deutschen und Japanischen* (Munich: Iudicium, 2015)를 보라.

324) Neil Davidson, *How Revolutionary Were the Bourgeois Revolutions?* (Chicago: Haymarket, 2012).

325) 소비를 기반으로 하는 부르주아지 개념으로의 전환에 관해서는 예를 들어 Sarah Maza, "Bourgeoisie," in *The Oxford Handbook of the Ancien Régime*, ed. William Doyle (Oxford: Oxford University Press, 2012), 127~140, at 131~133을 보라. 또한 Sarah Maza, *The Myth of the French Bourgeoisie: An Essay on the Social Imaginary, 1750-1850* (Cambridge, MA: Harvard University Press, 2003)을 보라. 이러한 점에서 Michael Wildt, "Konsumbürger: Das Politische als Optionsfreiheit und Distinktion," in *Bürgertum nach 1945*, ed. Manfred Hettling and Bernd Ulrich (Hamburg: Hamburger Edition, 2005), 255~283의 성찰도 매우 흥미롭다.

326) 훌륭한 개론으로 Peter Gay, *Schnitzler's Century: The Making of Middle-Class Culture, 1815-1914* (New York: Norton, 2002)가 있다.

327) 18세기와 19세기의 부르주아지에 관한 세계사에서 선행 연구는 많지 않다. 문헌 자료에 관한 훌륭한 연구로 Christof Dejung, "Auf dem Weg zu einer globalen Sozialgeschichte? Neuere Studien zur Globalgeschichte des Bürgertums," *Neue Politische Literatur* 59 (2014): 229~253이 있다. 지금까지 연구가 집중된 분야인 유럽 부르주아지에 관해서는 Jürgen Kocka, ed., *Bürger und Bürgerlichkeit im 19. Jahrhundert* (Göttingen: Vandenhoeck und Ruprecht, 1987); Jürgen Kocka and Ute Frevert, eds., *Bürgertum im 19. Jahrhundert: Deutschland im europäischen Vergleich*, 3 vols. (Munich: Deutscher Taschenbuch-Verlag, 1988); Pamela M. Pilbeam, *The Middle Classes in Europe 1789-1914: France, Germany, Italy and Russia* (Basingstoke, UK: Macmillan, 1990). For the United States: Sven Beckert and Julia B. Rosenbaum, eds., *The American Bourgeoisie: Distinction and Identity in the Nineteenth Century* (Basingstoke, UK: Palgrave Macmillan, 2010)과 같은 오래된 연구들이 여전히 필수적이다.

328) Anand A. Yang, *Bazaar India: Markets, Society, and the Colonial State in Gangetic Bihar* (Berkeley: University of California Press, 1998), esp. chaps. 2~4를 보라.

329) Jerrold Seigel, *Modernity and Bourgeois Life: Society, Politics, and Culture in England, France, and*

Germany since 1750 (Cambridge: Cambridge University Press, 2012), 8, 14.

330) 북부 인도에 관한 뛰어난 사례 연구는 Margrit Pernau, *Ashraf into Middle Classes: Muslims in Nineteenth-Century Delhi* (Delhi: Oxford University Press, 2013)을 보라.

331) 사례 연구는 Christof Dejung, *Die Fäden des globalen Marktes: Eine Sozial- und Kulturgeschichte des Welthandels am Beispiel der Handelsfirma Gebrüder Volkart, 1851-1999* (Cologne: Böhlau, 2013)을 보라.

332) 특징을 간결하게 설명한 것으로는 Marie-Claire Bergère, *Capitalisme et capitalistes en Chine: XIXe-XXIe siècle* (Paris: Perrin, 2007), 63~67을 보라.

333) 그러한 경향에 관해서는 López and Weinstein, *Making of the Middle Class;* or Sanjay Joshi, *Fractured Modernity: Making of a Middle Class in Colonial North India* (New Delhi: Oxford University Press, 2001)을 보라.

334) 이는 예를 들면 Sebouh David Aslanian, *From the Indian Ocean to the Mediterranean: The Global Trade Networks of Armenian Merchants from New Julfa* (Berkeley: University of California Press, 2011), esp. 202~214와 같은 책에서 볼 수 있다.

335) Walther L. Bernecker, *Spanische Geschichte: Von der Reconquista bis heute*, 2nd ed. (Darmstadt: Wissenschaftliche Buchgesellschaft, 2012), 132~134.

336) B. D. Hopkins, *The Making of Modern Afghanistan* (Basingstoke, UK: Palgrave Macmillan, 2012), 113~123.

337) Leonhard Harding, *Geschichte Afrikas im 19. und 20. Jahrhundert*, 3rd ed. (Munich: Oldenbourg, 2013), 21~24.

338) Olivier Zunz, *Philanthropy in America: A History* (Princeton, NJ: Princeton University Press, 2012), 8~43; 중국에 관해서는 William T. Rowe, *China's Last Empire: The Great Qing* (Cambridge, MA: Harvard University Press, 2009), 119~121을 보라. 두 나라에서 자선의 출현은 1870년대에 거의 동시에 시작되었다.

339) David Riesman, *The Lonely Crowd: A Study of the Changing American Character* (New Haven, CT: Yale University Press, 1950).

340) Mona L. Russell, *Creating the New Egyptian Women: Consumerism, Education, and National Identity, 1863-1922* (New York: Palgrave Macmillan, 2004), 27~28.

341) 유럽에 관해서는 Michelle Perrot, ed., *A History of Private Life*, vol. 4, *From the Fires of the Revolution to the Great War*, rev. ed. (Cambridge, MA: Harvard University Press, 1994)를 보라. 미국에 관한 선구적인 연구로는 Stuart M. Blumin, *The Emergence of the Middle Class: Social Experience in the American City, 1760-1900* (Cambridge: Cambridge University Press, 1989), 192~206을 보라.

342) 고전적인 연구로는 Richard L. Bushman, *The Refinement of America: Persons, Houses, Cities* (New York: Knopf, 1992)를 보라.

343) 피터 게이를 비롯한 몇몇 역사가가 밝혔다. Peter Gay, *The Bourgeois Experience: Victoria to Freud,* 5 vols. (New York: Oxford University Press, 1984-1998).

344) 이 견해는 당대 유럽의 소설을 토대로 제시된다. Franco Moretti, *The Bourgeois: Between History*

and Literature (London: Verso, 2013), 168.

345) 다음의 중요한 두 연구를 보라. Christophe Charle, *Birth of the Intellectuals, 1880-1900* (Cambridge: Polity Press, 2015); and Denis Sdvižkov, *Das Zeitalter der Intelligenz: Zur vergleichenden Geschichte der Gebildeten in Europa bis zum Ersten Weltkrieg* (Göttingen: Vandenhoeck und Ruprecht, 2006). 뛰어난 개설로는 Gangolf Hübinger, *Gelehrte, Politik und Öffentlichkeit: Eine Intellektuellengeschichte* (Göttingen: Vandenhoeck und Ruprecht, 2006), 227~247을 보라.

346) Donald M. Reid, *Lawyers and Politics in the Arab World, 1880-1960* (Minneapolis: Bibliotheca Islamica, 1981), 40~42.

347) Lucie Ryzova, *The Age of the Efendiyya: Passages to Modernity in National-Colonial Egypt* (Oxford: Oxford University Press, 2014), 4.

348) Vincent Gossaert, *The Taoists of Peking, 1800-1949: A Social History of Urban Clerics* (Cambridge, MA: Harvard University Press, 2007), 329를 보라.

349) Steven B. Miles, *The Sea of Learning: Mobility and Identity in Nineteenth-Century Guangzhou* (Cambridge, MA: Harvard University Press, 2006).

350) Elias N. Saad, *Social History of Timbuktu: The Role of Muslim Scholars and Notables, 1400-1900* (Cambridge: Cambridge University Press, 1983).

351) Michael W. Charney, *Powerful Learning: Buddhist Literati and the Throne in Burma's Last Dynasty, 1752-1885* (Ann Arbor: University of Michigan Press, 2006), 162~165.

352) Roger L. Geiger, *The History of American Higher Education: Learning and Culture from the Founding to World War II* (Princeton, NJ: Princeton University Press, 2015), 315~363; Robert D. Anderson, *European Universities from the Enlightenment to 1914* (Oxford: Oxford University Press, 2004); Walter Ruegg, ed., *A History of the University in Europe*, vol. 3, *Universities in the Nineteenth and Early Twentieth Centuries* (Cambridge: Cambridge University Press, 2004).

353) Frank Trentmann, ed., *The Oxford Handbook of the History of Consumption* (Oxford: Oxford University Press, 2012)는 반드시 참조해야 한다. 또한 Trentmann, *Empire of Things: How We Became a World of Consumers: From the Fifteenth Century to the Twenty-First* (London: Allen Lane, 2016)을 보라.

354) Giorgio Riello, *Cotton: The Fabric That Made the Modern World* (Cambridge: Cambridge University Press, 2013), 241 (table 11.1).

355) Ibid., 267.

356) Carol Benedict, *Golden-Silk Smoke: A History of Tobacco in China, 1550-2010* (Berkeley: University of California Press, 2011), 129~132.

357) Robert Ross, *Clothing: A Global History or, the Imperialists New Clothes* (Cambridge: Polity Press, 2008); John K. Thornton, *A Cultural History of the Atlantic World, 1250-1820* (Cambridge: Cambridge University Press, 2012), 352~365; Antonia Finnane, *Changing Clothes in China: Fashion, History, Nation* (New York: Columbia University Press, 2008), chap. 3; Kristin L. Hoganson, *Consumers' Imperium: The Global Production of American Domesticity, 1865-1920* (Chapel Hill: University of North Carolina Press, 2007), chap. 2; Selcuk Esenbel, "The Anguish

of Civilized Behavior: The Use of Western Cultural Forms in the Everyday Lives of the Meiji Japanese and the Ottoman Turks during the Nineteenth Century," *Japan Review* 5 (1994): 145~185.

358) 예를 들어 Geoffrey Crossick and Serge Jaumain, eds., *Cathedrals of Consumption: The European Department Store, 1850-1939* (Aldershot, UK: Ashgate, 1999); Uri M. Kupferschmidt, "Who Needed Department Stores in Egypt? From Orosdi-Back to Omar Effendi," *Middle Eastern Studies* 43 (2007): 175~192를 보라.

359) Thorstein Veblen, *The Theory of the Leisure Class* (London: Allen and Unwin, 1899; Oxford: Oxford University Press, 2009).

360) David E. Nye, "Consumption of Energy," i: Trentmann, *History of Consumption*, 307~325; Nye, *Consuming Power. A Social History of American Energies* (Cambridge, MA: MIT Press, 1998).

361) Friedrich Lenger, *European Cities in the Modern Era, 1850-1914*, trans. Joel Golb (Leiden: Brill, 2012).

362) Maurizio Peleggi, "The Social and Material Life of Colonial Hotels: Comfort Zones as Contact Zones in British Colombo and Singapore, ca. 1870-1930," *Journal of Social History* 46, suppl. (2013): 124~153; Habbo Knoch, "Das Grandhotel," in *Orte der Moderne: Erfahrungswelten des 19. und 20. Jahrhunderts*, ed. Alexa Geisthövel and Habbo Knoch (Frankfurt am Main: Campus, 2005), 131~140.

363) Jeremy Prestholdt, *Domesticating the World: African Consumerism and the Genealogies of Globalization* (Berkeley: University of California Press, 2006), 36~37. 또한 Prestholdt, "On the Global Repercussions of East African Consumerism," *American Historical Review* 109 (2004): 755~781을 보라.

364) Christian Garve, *Über die Moden* [1792], ed. Thomas Pittrof (Frankfurt am Main: Insel, 1987).

365) 개념들의 정의에 관해서는 Günther Schlee, "Forms of Pastoralism," in *Shifts and Drifts in Nomad-Sedentary Relations*, ed. Stefan Leder and Bernhard Streck (Wiesbaden: Reichert, 2005), 17~53, at 18을 보라.

366) Katrin Staudinger, *Freie Nomaden, edle Räuber, skrupellose Sklavenjäger: Zur Darstellung von Turkmenen in Reiseberichten aus dem 19. Jahrhundert* (Vienna: Verlag der Österreichischen Akademie der Wissenschaften, 2012).

367) Susan Gilson Miller, *A History of Modern Morocco* (Cambridge: Cambridge University Press, 2013), 96.

368) 역사적이고 인류학적인 재구성의 사례는 Richard Tapper, *Frontier Nomads of Iran: A Political and Social History of the Shahsevan* (Cambridge: Cambridge University Press, 1997), 169~189를 보라. 또한 Arash Khazeni, *Tribes and Empire on the Margins of Nineteenth-Century Iran* (Seattle: University of Washington Press, 2009)를 보라. 이 책은 중요한 부족 영토에 처음으로 도달할 수 있게 한 것은 1980년대의 도로 건설이었음을 보여 준다(75~111).

369) Bruce Masters, *The Arabs of the Ottoman Empire, 1516-1918: A Social and Cultural History* (Cambridge: Cambridge University Press, 2013), 190. 또한 Maurus Reinkowski, *Die Dinge der*

Ordnung: Eine vergleichende Untersuchung über die osmanische Reformpolitik im 19. Jahrhundert (Munich: Oldenbourg, 2005), 103~110을 보라.

370) 혈족 관계를 토대로 '부족'으로 조직된, '국가 없는' 사회로 추정되는 유목민 사회와 국가를 대립 시키는 것은 더는 받아들여지지 않는다. 유목민 사회가 선택한 국가의 대안은 매우 귀족적인, 따 라서 분권적인 구조다. 이에 관해서는 David Sneath, *The Headless State: Aristocratic Orders, Kinship Society, and Misrepresentations of Nomadic Inner Asia* (New York: Columbia University Press, 2007) 을 보라.

371) Roman Loimeier, *Muslim Societies in Africa: A Historical Anthropology* (Bloomington: Indiana University Press, 2012), 54~76; Ghislaine Lydon, *On Trans-Saharan Trails: Islamic Law, Trade Networks, and Cross-Cultural Exchange in Nineteenth-Century Western Africa* (Cambridge: Cambridge University Press, 2009), 130~146.

372) 다음이 기본적인 연구다. Daniel Roche, *Les circulations dans l'Europe moderne, XVIIe–XVIIIe siècle* (Paris: Fayard, 2011).

373) 훌륭한 개관은 Tim Blanning, *The Pursuit of Glory: Europe, 1648-1815* (London: Allen Lane, 2007), 3~39를 보라.

374) Hartmut Günther, *Casanova's Reisen: Reisewagen und Poststrasen im 18. Jahrhundert* (Heidelberg: Author, 1994), 31.

375) Roche, *Les circulations*, 925.

376) Georges Livet, *Histoire des routes et des transports en Europe: Des chemins de Saint-Jacques à l'âge d'or des diligences* (Strasbourg: Presses Universitaires de Strasbourg, 2003), 유럽의 도로망이 지닌 특징 에 관해서는 373~375쪽을 보라.

377) 다음 책의 자료를 보라. Nanny Kim, "Transport im China der späten Kaiserzeit, 1500-1900: Taking Stock," in *Transportgeschichte im internationalen Vergleich: Europa-China-Naher Osten*, ed. Rolf Peter Sieferle and Helga Breuninger (Stuttgart: Breuninger Stiftung, 2004), 155~237, esp. 190~198.

378) 다음에 제시된 것을 보라. Stephen J. Rockel, *Carriers of Culture: Labor on the Road in Nineteenth-Century East Africa* (Portsmouth, NH: Heinemann, 2006).

379) Fritz Voigt, *Verkehr*, 2 vols. (Berlin: Duncker und Humblot, 1965-1973), vol. 2, pt. 1, 84.

380) Christoph Maria Merki, *Verkehrsgeschichte und Mobilität* (Stuttgart: Ulmer, 2008), 37.

381) Voigt, *Verkehr*, vol. 2, pt. 1, 87.

382) August Sartorius von Waltershausen, *Die Entstehung der Weltwirtschaft: Geschichte des zwischenstaatlichen Wirtschaftslebens vom letzten Viertel des achtzehnten Jahrhunderts bis 1914* (Jena: Gustav Fischer, 1931), 441.

383) Kevin H. O'Rourke and Jeffrey G. Williamson, *Globalization and History: The Evolution of a Nineteenth-Century Atlantic Economy* (Cambridge, MA: MIT Press, 1999), 29~36.

384) Clive Dewey, *Steamboats on the Indus: The Limits of Western Technological Superiority in South Asia* (New Delhi: Oxford University Press, 2014).

385) Alastair D. Couper, *Sailors and Traders: A Maritime History of the Pacific Peoples* (Honolulu:

University of Hawai'i Press, 2009), 97.

386) 포괄적인 문헌 중에서도 특히 Richard Davenport-Hines, *Titanic Lives: Migrants and Millionaires, Conmen and Crew* (London: HarperPress, 2012)를 보라.

387) 훌륭한 개론으로 Ralf Roth, *Das Jahrhundert der Eisenbah:. Die Herrschaft über Raum und Zeit, 1800-1914* (Ostfildern: Thorbecke, 2005)를 보라. 영국에 관해서는 Simon Bradley, *The Railways: Nation, Network and People* (London: Profile Books, 2015)를 보라. 문화사와 공간 이론을 강조하는 모범적인 사례 연구로는 Frithjof Benjamin Schenk, *Russlands Fahrt in die Moderne: Mobilität und sozialer Raum im Eisenbahnzeitalter* (Stuttgart: Steiner, 2014)를 보라. 철도의 역사에는 역사(驛舍)의 역사가 포함되어야 한다. 세계적인 시각의 연구로는 Jeffrey Richards and John M. MacKenzie, *The Railway Station: A Social History* (Oxford: Oxford University Press, 1986)을 보라. Kurt C. Schlichting, *Grand Central Terminal: Railroads, Engineering, and Architecture in New York City* (Baltimore: Johns Hopkins University Press, 2001)과 같은 사례 연구도 보라.

388) David Haward Bain, *Empire Express: Building the First Transcontinental Railroad* (New York: Viking Press, 1999); Richard White, *Railroaded: The Transcontinentals and the Making of Modern America* (New York: Norton, 2011).

389) Hans Pohl, *Aufbruch zur Weltwirtschaft, 1840-1914: Geschichte der Weltwirtschaft von der Mitte des 19. Jahrhunderts bis zum Ersten Weltkrieg* (Stuttgart: Steiner, 1989), 230 (table 10.4).

390) 이에 관해서는 Oscar Zanetti and Alejandro Garcia, *Sugar and Railroads: A Cuban History, 1837-1959* (Chapel Hill: University of North Carolina Press, 1998). esp. chaps. 3~7의 중요한 연구를 보라.

391) Schenk, *Russlands Fahrt in die Moderne*, 191.

392) 이 부분은 최대한 짧게 서술했다. 18세기 말 이후 이주의 세계사는 『하버드-C.H.베크 세계사』 제5권에서 더 상세히 제시되기 때문이다. Dirk Hoerder, "Migrations and Belongings," in Rosenberg, *A World Connecting*, 435~589를 보라. 또한 Christiane Harzig and Dirk Hoerder, with Donna Gabaccia, *What Is Migration History?* (Cambridge: Polity Press, 2009); Dirk Hoerder, *Cultures in Contact: World Migration in the Second Millenium* (Durham, NC: Duke University Press, 2002); Donna R. Gabaccia and Dirk Hoerder, eds., *Connecting Seas and Connected Ocean Rims: Indian, Atlantic, and Pacific Oceans and China Seas Migrations from the 1830s to the 1930s* (Leiden: Brill, 2011)을 보라. 세계적 연결망 속의 유럽에 관해서는 Klaus J. Bade et al., eds., *The Encyclopedia of Migration and Minorities in Europe: From the Seventeenth Century to the Present* (Cambridge: Cambridge University Press, 2011); Klaus J. Bade, *Migration in European History* (Oxford: Blackwell, 2003)을 보라.

393) 다음의 멋진 설명을 보라. in Hoerder, "Migrations and Belongings," 473~476.

394) Sunil S. Amrith, *Migration and Diaspora in Modern Asia* (Cambridge: Cambridge University Press, 2011), 5~6.

395) T. M. Devine, *To the Ends of the Earth: Scotland's Global Diaspora, 1750-2010* (London: Allen Lane, 2011), 85~106, esp. 104.

396) Adam McKeown, "A World Made Many: Integration and Segregation in Global Migration,

1840-1940," in Gabaccia and Hoerder, *Connecting Seas*, 42~64, at 44.

397) Adam McKeown, "Global Migration, 1846-1940," *Journal of World History* 15 (2004): 155~189, at 165, illustration 2.

398) Dirk Hoerder, "Transcultural Approaches to Gendered Labour Migration: From the Nineteenth-Century Proletarian to Twenty-First Century Caregiver Mass Migrations," in *Proletarian and Gendered Mass Migrations: A Global Perspective on Continuities and Discontinuities from the 19th to the 21st Centuries*, ed. Dirk Hoerder and Amarjit Kaur (Leiden: Brill, 2013), 19~64, at 41. 또한 51쪽을 보라.

399) 인구 비율에 따라 가치 판단이 변했다. 오스트레일리아에서는 우선 신입자들이 원주민을 경시했다. 그러다가 1880년부터는 반대의 상황이 전개되었다. Jenny Russell, "Gender and Colonial Society," in *The Cambridge History of Australia*, ed. Alison Bashford and Stuart Macintyre, vol. 1: *Indigenous and Colonial Australia* (Cambridge: Cambridge University Press, 2013), 462~486, at 479를 보라.

400) Gibril R. Cole, *The Krio of West Africa: Islam, Culture, Creolization, and Colonialism in the Nineteenth Century* (Athens: Ohio University Press, 2013).

401) Bruce G. Trigger, *Natives and Newcomers: Canada's "Heroic Age" Reconsidered* (Kingston: McGill-Queen's University Press, 1985)를 보라.

402) Sunil S. Amrith, *Crossing the Bay of Bengal: The Furies of Nature and the Fortunes of Migrants* (Cambridge, MA: Harvard University Press, 2013), 109.

403) Rajat Kanta Ray, "Asian Capital in the Age of European Domination: The Rise of the Bazaar, 1800-1914," *Modern Asian Studies* 29 (1995): 449~554를 보라.

404) Amrith, *Crossing the Bay of Bengal*, 115.

405) 정량분석과 정성분석을 통합한 최신 방법은 Jan Lucassen and Leo Lucassen, eds., *Globalising Migration History: The Eurasian Experience (16th to 21st Centuries)* (Leiden: Brill, 2014)에서 볼 수 있다.

406) 두 개의 새로운 사례에 관해서는 Gaiutra Bahadur, *Coolie Woman: The Odyssey of Indenture* (London: Hurst, 2013); Padma Desai, *Breaking Out: An Indian Woman's American Journey* (New Delhi: Viking, 2013)을 보라.

407) 다음의 개관을 보라. Peter Gatrell, *The Making of the Modern Refugee* (Oxford: Oxford University Press, 2013).

408) Torsten Feys, *The Battle for the Migrants: The Introduction of Steamshipping on the North Atlantic and Its Impact on the European Exodus* (St. John's, Newfoundland: International Maritime Economic History Association, 2013), 20, 34~38.

409) 그러한 유입의 역사는 특정 이주민 집단의 관점에서 각별히 잘 이야기할 수 있다. 그러한 문헌은 많은데, James R. Barrett, *The Irish Way: Becoming American in the Multiethnic City* (London: Penguin, 2012); Chen Yong, *Chinese San Francisco, 1850-1943: A Trans-Pacific Community* (Stanford, CA: Stanford University Press, 2000); Ling Huping, *Chinese Chicago: Race, Transnational Migration, and Community since 1870* (Stanford, CA: Stanford University Press,

2012)가 모범적이다. 개설적인 연구사는 Mae M. Ngai, "Immigration and Ethnic History," in *American History Now*, ed. Eric Foner and Lisa McGirr (Philadelphia: Temple University Press, 2011), 358~375를 보라.

410) Andrew Gyory, *Closing the Gate: Race, Politics, and the Chinese Exclusion Act* (Chapel Hill: University of North Carolina Press, 1998); Erika Lee, *At America's Gates: Chinese Immigration during the Exclusion Era, 1882-1943* (Chapel Hill: University of North Carolina Press, 2003); Adam McKeown, "Ritualization of Regulation: The Enforcement of Chinese Exclusion in the United States and China," *American Historical Review* 108 (2003): 377~403; Rudi Batzell, "Free Labour, Capitalism and the Anti-slavery Origins of Chinese Exclusion in California in the 1870s," *Past and Present* 225 (2014): 144~186을 보라.

411) 이 역사적 중추에 관한 분석은 David Andress, *1789: The Revolution That Shook the World* (New York: Little, Brown, 2008)을 보라. 오스트레일리아 사회의 발전에 관해서는 Alan Atkinson, *The Europeans in Australia*, 3 vols. (Melbourne: Oxford University Press, 1997-2014). The systematic standard work is Bashford and Macintyre, *Cambridge History of Australia*, vol. 1의 포괄적인 집단 전기적 연구를 보라.

412) 이 주제에 관한 소개는 Jane Chapman, *Comparative Media History: An Introduction, 1789 to the Present* (Cambridge: Polity Press, 2005)를 보라.

413) Jane Humphries, *Childhood and Child Labour in the British Industrial Revolution* (Cambridge: Cambridge University Press, 2010), 315.

414) Harold A. Innis, *Empire and Communication* (Oxford: Clarendon Press, 1950).

415) Benedict Anderson, *Imagined Communities: Reflections on the Origin and Spread of Nationalism* (London: Verso, 1983), 40.

416) 다음 책들은 반드시 읽어야 한다. Harvey J. Graff, *The Legacies of Literacy: Continuities and Contradictions in Western Culture and Society* (Bloomington: Indiana University Press, 1987); Robert F. Arnove and Harvey J. Graff, eds., *National Literacy Campaigns: Historical and Comparative Perspectives* (New York: Plenum Press, 1987); David Vincent, *The Rise of Mass Literacy: Reading and Writing in Modern Europe* (Cambridge: Polity Press, 2000); Benjamin C. Fortna, *Learning to Read in the Late Ottoman Empire and the Early Turkish Republic* (Basingstoke, UK: Palgrave Macmillan, 2011).

417) Jan Luiten van Zanden, *The Long Road to the Industrial Revolution: The European Economy in a Global Perspective, 1000-1800* (Boston: Brill, 2009), 189.

418) Ibid., 193.

419) Peter Burke, "Communication," in Rublack, *Concise Companion to History*, 157~176, at 168. 1800 년 이전 시기에 관한 폭넓은 개관은 Michael Mitterauer, "Religion und Massenkommunikation: Buchdruck im Kulturvergleich," in *Vom Weltgeist beseelt: Globalgeschichte, 1700-1815*, ed. Margarete Grandner and Andrea Komlosy (Vienna: Promedia, 2004), 243~262를 보라.

420) Peter Kornicki, "Japan, Korea, and Vietnam," in *A Companion to the History of the Book*, ed. Simon Eliot and Jonathan Rose (Oxford: Blackwell, 2007), 111~125, at 114.

421) Nile Green, *Bombay Islam: The Religious Economy of the West Indian Ocean, 1840-1915* (Cambridge: Cambridge University Press, 2011), 92~99.

422) Jörg Requate, *Journalismus als Beruf: Entstehung und Entwicklung des Journalistenberufs im 19. Jahrhundert: Deutschland im internationalen Vergleich* (Gottingen: Vandenhoeck und Ruprecht, 1995), 273.

423) David Finkelstein and Alistair McCleery, *An Introduction to Book History* (London: Routledge, 2005), 61. 또한 Finkelstein and McCleery, eds., *The Book History Reader*, 2nd ed. (London: Routledge, 2006); Sydney Shep, "Books in Global Perspectives," in *The Cambridge Companion to the History of the Book*, ed. Leslie Howsam (Cambridge: Cambridge University Press, 2015), 53~70을 보라.

424) Cynthia J. Brokaw, *Commerce in Culture: The Sibao Book Trade in the Qing and Republican Periods* (Cambridge, MA: Harvard University Press, 2007); Christopher A. Reed, *Gutenberg in Shanghai: Chinese Print Capitalism, 1876-1937* (Honolulu: University of Hawai'i Press, 2004), chaps. 1~2.

425) Kim A. Wagner, *The Great Fear of 1857: Rumours, Conspiracies and the Making of the Indian Uprising* (Oxford: Peter Lang, 2010); Paul A. Cohen, *History in Three Keys: The Boxers as Event, Experience, and Myth* (New York: Columbia University Press, 1997), 146~172; 아프리카의 사례에 관해서는 Richard J. Reid, *War in Pre-Colonial Eastern Africa: The Patterns and Meanings of State-Level Conflict in the Nineteenth Century* (London: British Institute in Eastern Africa, 2007), 217~220을 보라.

426) Popkin, *You Are All Free*, 40.

427) Roth, *Jahrhundert der Eisenbahn*, 67.

428) 전신의 초기 역사는 Anton A. Huurdeman, *The Worldwide History of Telecommunications* (New York: Wiley, 2003), 65~84를 보라.

429) Roland Wenzlhuemer, *Connecting the Nineteenth-Century World: The Telegraph and Globalization* (Cambridge: Cambridge University Press, 2013); Christian Holtorf, *Der erste Draht zur Neuen Welt: Die Verlegung des transatlantischen Telegraphenkabels* (Göttingen: Wallstein, 2013); M. Michaela Hampf and Simone Müller-Pohl, eds., *Global Communication Electric: Business, News and Politics in the World of Telegraphy* (Frankfurt am Main: Campus, 2013); Simone Müller, *Wiring the World: The Social and Cultural Creation of Global Telegraph Networks* (New York: Columbia University Press, 2016).

430) Huurdeman, *Worldwide History of Telecommunications*, 140.

431) Yang Daqing, *Technology of Empire: Telecommunications and Japanese Expansion in Asia, 1883-1945* (Cambridge, MA: Harvard University Press, 2010), 20~22.

432) Markus A. Denzel, *Das System des bargeldlosen Zahlungsverkehrs europäischer Prägung vom Mittelalter bis 1914* (Stuttgart: Steiner, 2008), 85~86.

433) 다음 책의 자료를 보라. Hans Goldschmidt, ed., *Bismarck und die Friedensunterhändler 1871: Die deutsch-französischen Friedensverhandlungen zu Brüssel und Frankfurt, März—Dezember 1871* (Berlin: De Gruyter, 1929).

434) Jürgen Osterhammel, "Globale Horizonte europäischer Kunstmusik," *Geschichte und Gesellschaft*

38 (2012): 86~132. 라틴아메리카의 이탈리아 오페라 예술가에 관한 매력적인 사례 연구는 John Rosselli, "The Opera Business and the Italian Immigrant Community in Latin America, 1820-1939: The Example of Buenos Aires," *Past and Present* 127 (May 1990): 155~182를 보라.

435) Partha Mitter, *Art and Nationalism in Colonial India, 1850-1922* (Cambridge: Cambridge University Press, 1994), 120.

436) Gerry Farrell, *Indian Music and the West* (Oxford: Oxford University Press, 1997), 114~119; 중국에서 이루어진 축음기 녹음의 동시 시작에 관해서는 China, see Andreas Steen, *Zwischen Unterhaltung und Revolution: Grammophone, Schallplatten und die Anfänge der Musikindustrie in Shanghai, 1878-1937* (Wiesbaden: Harrassowitz, 2006)을 보라.

437) 예를 들면 Samuel Y. Edgerton, *Theaters of Conversion: Religious Architecture and Indian Artisans in Colonial Mexico* (Albuquerque: University of New Mexico Press, 2001)을 보라.

438) 미국에서 '그리스적인 것'이 끈 엄청난 인기에 관해서는 Spiro Kostof, *A History of Architecture: Settings and Rituals,* revisions by Greg Castillo (New York: Oxford University Press, 1995), 617~633을 보라.

439) Thomas R. Metcalf, *An Imperial Vision: Indian Architecture and Britain's Raj* (Berkeley: University of California Press, 1989), chap. 6; Metcalf, *Imperial Connections: India in the Indian Ocean Arena, 1860-1920* (Berkeley: University of California Press, 2007), 56~67; Ashley Jackson, *Buildings of Empire* (Oxford: Oxford University Press, 2013).

440) Anthony D. King, *The Bungalow: The Production of a Global Culture* (London: Routledge and Kegan Paul, 1984), 197. 건축의 오리엔탈리즘에 관해서는 Patrick Conner, *Oriental Architecture in the West* (London: Thames and Hudson, 1979)를 보라. 역으로, 중동의 영국 건축에 관해서는 Mark Crinson, *Empire Building: Orientalism and Victorian Architecture* (London: Routledge, 1996)을 보라.

441) Robert Home, *Of Planting and Planning: The Making of British Colonial Cities* (London: Spon, 1997), 1.

442) Z. B. Zeynep Celik, *The Remaking of Istanbul: Portrait of an Ottoman City in the Nineteenth Century* (Seattle: University of Washington Press, 1986).

443) 많은 연구가 있지만 개관한 것은 드물다. 가족사에 관해서는 Mary Jo Maynes and Ann Waltner, *The Family: A World History* (Oxford: Oxford University Press, 2012); Maynes and Waltner, "Family History and World History: From Domestication to Biopolitics," in Wiesner-Hanks, *Cambridge World History,* 1: 208~233을 보라.(19세기는 매우 간략하게 서술했다.) 성 역할에 관해서는 Teresa A. Meade and Merry E. Wiesner-Hanks, *A Companion to Gender History* (Malden, MA: Blackwell, 2004), esp. chaps. 21~27을 보라.

444) Odile Goerg and Xavier Huetz de Lemps, *La ville coloniale XVe-XXe siècle* (Paris: Seuil, 2012), 317~318.

445) David M. Pomfret, "World Contexts," in *A Cultural History of Childhood and Family in the Age of Empire,* ed. Colin Heywood (Oxford: Berg, 2010), 189~211, at 199~201. 개괄적인 내용은 Hugh Cunningham, *Children and Childhood in Western Society since 1500,* 2nd ed. (New York:

Routledge, 2014); Colin Heywood, *A History of Childhood: Children and Childhood in the West from Medieval to Modern Times* (Cambridge: Polity Press, 2001)을 보라.

446) Alys Eve Weinbaum, ed., *The Modern Girl around the World: Consumption, Modernity, and Globalization* (Durham, NC: Duke University Press, 2008); 다음 책은 긴 시기를 다루고 있다. Jennifer Helgren and Colleen A. Vasconcellos, eds., *Girlhood: A Global History* (New Brunswick, NJ: Rutgers University Press, 2012).

447) Koyama Shizuko, *Ryōsai Kenbo: The Educational Ideal of "Good Wife, Wise Mother" in Modern Japan* (Leiden: Brill, 2013).

448) 18세기 말의 각별히 인상적인 두 가지 사례만 언급하자. 네덜란드 소년이 1791년부터 1797년까지 쓴 일기는 Arianne Baggerman and Rudolf Dekker, *Child of the Enlightenment: Revolutionary Europe Reflected in a Boyhood Diary* (Leiden: Brill, 2009)를 보라. 아프리카 노예 상인이 1785년에서 1788년까지 쓴 일기는 Stephen D. Behrendt, A. J. H. Latham, and David Northrup, eds., *The Diary of Antera Duke, an Eighteenth-Century African Slave Trader* (Oxford: Oxford University Press, 2010)을 보라.

449) Tomoki Okawara, "Size and Structure of Damascus Households in the Late Ottoman Period as Compared with Istanbul Households," in *Family History in the Middle East: Household, Property, and Gender*, ed. Beshara Doumani (Albany: SUNY Press, 2003), 51~75.

450) 유명한 인류학자 잭 구디가 유럽형 가족과 아시아형 가족의 폐쇄성을, 그리고 이 두 유형과 아프리카형 가족 간의 큰 차이를 강조할 때 바로 이 방법을 썼다. Jack Goody, *The Oriental, the Ancient and the Primitive: Systems of Marriage and the Family in the Pre-industrial Societies of Eurasia* (Cambridge: Cambridge University Press, 1990). 이에 대해 이론이 없지 않았다.

451) 입양이 특별히 중요하고 널리 퍼진 사회에 관해서는 Ann Waltner, *Getting an Heir: Adoption and the Construction of Kinship in Late Imperial China* (Honolulu: University of Hawai'i Press, 1990)을 보라.

452) 개관은 Myron L. Cohen, "Lineage Development and the Family in China," in *Kinship, Contract, Community, and State: Anthropological Perspectives on China* (Stanford, CA: Stanford University Press, 2005), 153~164를 보라.

453) 18세기의 스코틀랜드 가족에 관한 선구적인 연구로는 Emma Rothschild, *The Inner Life of Empires: An Eighteenth-Century History* (Princeton, NJ: Princeton University Press, 2011)을 보라. 좀 더 일반적인 견해는 Christopher H. Johnson et al., eds., *Transregional and Transnational Families in Europe and Beyond: Experiences since the Middle Ages* (New York: Berghahn Books, 2011)을 보라.

454) David Warren Sabean, "German International Families in the Nineteenth Century: The Siemens Family as a Thought Experiment," in Johnson et al., *Transregional and Transnational Families*, 29~252; Niall Ferguson, *The House of Rothschild: Money's Prophets, 1798-1848* (New York: Penguin Books, 1998); Ferguson, *The House of Rothschild: The World's Banker, 1849-1998* (New York: Penguin Books, 1998).

455) Barbara M. Cooper, "Women and Gender," in *The Oxford Handbook of Modern African History*, ed. John Parker and Richard J. Reid (Oxford: Oxford University Press, 2013), 338~358, at

343~344.

456) Dorothy Ko, *Cinderella's Sisters: A Revisionist History of Footbinding* (Berkeley: University of California Press, 2005), 11~14. Patricia Ebrey, "Gender and Sinology: Shifting Western Interpretations of Footbinding, 1300-1890," *Late Imperial China* 20 (1999): 1~34를 보라.

457) Crossley, *The Wobbling Pivot*, 32~33.

458) Lydia H. Liu, Rebecca E. Karl, and Dorothy Ko, eds., *The Birth of Chinese Feminism: Essential Texts in Transnational Theory* (New York: Columbia University Press, 2013), 221~223.

459) Jörg Fisch, *Burning Women: A Global History of Widow Sacrifice from Ancient Times to the Present* (London: Seagull Books, 2006); Lata Mani, *Contentious Traditions: The Debate on Sati in Colonial India* (Berkeley: University of California Press, 1998).

460) 이 과정은 18세기 말 프로테스탄트 유럽에서 이미 발생했다. Andreas Gestrich, Jens-Uwe Krause, and Michael Mitterauer, *Geschichte der Familie* (Stuttgart: Kröner, 2003), 366~386을 보라.

461) Teresa A Meade, *A History of Modern Latin America: 1800 to the Present* (Chichester, UK: Wiley-Blackwell, 2010), 98.

462) Reinhard Sieder, "Haus und Familie: Regime der Reproduktion in Lateinamerika, China und Europa," in Sieder and Langthaler, *Globalgeschichte*, 285~342, at 288.

463) 유럽에 관해서는 Bonnie S. Anderson and Judith Zinsser, *A History of Their Own: Women in Europe from Prehistory through the Present*, vol. 2. (New York: Harper and Row, 1988), 152~154를 보라.

464) Judith E. Tucker, *Women in Nineteenth-Century Egypt* (Cambridge: Cambridge University Press, 1985), 44~45.

465) Judith E. Tucker, *Women, Family, and Gender in Islamic Law* (Cambridge: Cambridge University Press, 2008), 160.

466) Leonore Davidoff and Catherine Hall, *Family Fortunes: Men and Women of the English Middle Class, 1780-1850* (London: Hutchinson, 1987), 198~215. 식민지 상황에서 유럽인의 남성성 개념을 대조적으로 평가한 것에 관해서는 많은 연구가 출간되었는데, 선구적인 연구의 하나(1880년대와 1890년대 인도에 관한 연구다.)로는 Mrinalini Sinha, *Colonial Masculinity: The "Manly Englishman" and the "Effeminate Bengali" in the Late Nineteenth Century* (Manchester: Manchester University Press, 1995)를 보라.

467) 초기 페미니즘의 세계사를 개설한 것으로는 Susan Kent, "Worlds of Feminism," in *Women's History in Global Perspective*, ed. Bonnie G. Smith, vol. 1 (Urbana: University of Illinois Press, 2004), 275~312를 보라.

468) Susan L. Mann, *Gender and Sexuality in Modern Chinese History* (Cambridge: Cambridge University Press, 2011), 45. 유럽이(그리고 영국이) 갖고 있는 남성성의 이상에 관해서는 John Tosh, *A Man's Place: Masculinity and the Middle-Class Home in Victorian England* (New Haven, CT: Yale University Press, 1999)를 보라.

469) 예를 들어 Pascale Ghazaleh, "Heirs and Debtors: Blood Relatives, Qur'anic Heirs, and Business Associates in Cairo, 1800-50," in *Society and Economy in Egypt and the Eastern Mediterranean, 1600-1900: Essays in Honor of André Raymond*, ed. Nelly Hanna and Raouf Abbas (Cairo:

American University of Cairo Press, 2005), 143~158을 보라.

470) 프랑스에 관해서는 Lloyd Bonfield, "European Family Law," in *Family Life in the Long Nineteenth Century, 1789-1913*, ed. David I. Kertzer and Marzio Barbagli (New Haven, CT: Yale University Press, 2001), 109~154, at 135~137을 보라.

471) Ulrich Raulff, *Farewell to the Horse: The Final Century of Our Relationship*, trans. Ruth Ahmedzai Kemp (New York: Penguin, 2017).

472) 기본적인 스포츠의 역사는 Allen Guttmann, *Sports: The First Five Millennia* (Amherst: University of Massachusetts Press, 2004)를 보라.

473) Maarten van Bottenburg, *Global Games* (Urbana: University of Illinois Press, 2001), 7.

474) Susan Brownell, "The View from Greece: Questioning Eurocentrism in the History of the Olympic Games," *Journal of Sport History* 32 (2005): 203~226.

475) David Goldblatt, *The Ball Is Round: A Global History of Football* (London: Viking, 2006), chaps. 4~5.

476) Andrew D. Morris, *Marrow of the Nation: A History of Sport and Physical Culture in Republican China* (Berkeley: University of California Press, 2004); 기독교 선교사들에 의한 스포츠 수출에 관해서는 J. A. Mangan, *The Games Ethnic and Imperialism: Aspects of the Diffusion of an Ideal*, new ed. (London: Frank Cass, 2003), 168~192를 보라.

477) Philipp Blom, *The Vertigo Years: Change and Culture in the West, 1900-1914* (London: Weidenfeld and Nicolson, 2008).

478) 1750~1914년의 시기에 관해서는 John R. McNeill and William H. McNeill, *The Human Web: A Bird's-Eye View of World History* (New York: Norton, 2003), 213~267.

479) Massimo Livi-Bacci, "Demography and Population," in Wiesner-Hanks, *Cambridge World History*, vol. 7, pt. 1, 187~211, at 189 (table 7.1).

480) McNeill and McNeill, *The Human Web*, 221.

481) 찰스 테일러의 개념이다. Charles Taylor, *Modern Social Imaginaries* (Durham, NC: Duke University Press, 2004).

서문

Amin, Camron Michael, Benjamin C. Fortna, and Elizabeth Frierson, eds. *The Modern Middle East: A Sourcebook for History.* Oxford: Oxford University Press, 2006.

Amrith, Sunil S. *Crossing the Bay of Bengal: The Furies of Nature and the Fortunes of Migrants.* Cambridge, MA: Harvard University Press, 2013.

————. *Migration and Diaspora in Modern Asia.* Cambridge: Cambridge University Press, 2011.

Armitage, David, and Alison Bashford, eds. *Pacific Histories: Ocean, Land, People.* Basingstoke, UK: Palgrave Macmillan, 2014.

Armitage, David, and Sanjay Subrahmanyam, eds. *The Age of Revolutions in Global Context, c. 1760-1840.* New York: Palgrave Macmillan, 2010.

Arrighi, Giovanni. *The Long Twentieth Century: Money, Power, and the Origins of Our Times.* London: Verso, 1994.

Atkinson, Alan. *The Europeans in Australia.* 3 vols. Melbourne: Oxford University Press, 1997-2014.

Aust, Martin, ed. *Globalisierung imperial und sozialistisch: Russland und die Sowjetunion in der Globalgeschichte, 1851-1991.* Frankfurt am Main: Campus, 2013.

Bary, Wm. M. Theodore de, Carol Gluck, and Arthur E. Tiedemann, eds. *Sources of Japanese Tradition.* Vol. 2, *1600-2000.* New York: Columbia University Press, 2005.

Bary, Wm. Theodore de, and Richard Lufrano, eds. *Sources of Chinese Tradition.* Vol. 2, *From 1600 through the Twentieth Century.* New York: Columbia University Press, 1999.

Bashford, Alison, and Stuart Macintyre, eds. *The Cambridge History of Australia.* Vol. 1, *Indigenous and Colonial Australia.* Cambridge: Cambridge University Press, 2013.

Bayly, C. A. *The Birth of the Modern World, 1780-1914: Global Connections and Comparisons.* Oxford:

Blackwell, 2004.

_____. *Empire and Information: Intelligence Gathering and Social Communication in India, 1780–1870.* Cambridge: Cambridge University Press, 1996.

Belich, James. *Making Peoples: A History of the New Zealanders from Polynesian Settlement to the End of the Nineteenth Century.* Honolulu: University of Hawai'i Press, 1996.

_____. *Replenishing the Earth: The Settler Revolution and the Rise of the Anglo-World, 1780–1930.* Oxford: Oxford University Press, 2009.

Bender, Thomas, ed. *Rethinking American History in a Global Age.* Berkeley: University of California Press, 2002.

Berger, Stefan, ed. *A Companion to Nineteenth-Century Europe, 1789–1914.* Malden, MA: Blackwell, 2006.

Berger, Stefan, and Christoph Conrad, eds. *The Past as History: National Identity and Historical Consciousness in Modern Europe.* London: Palgrave Macmillan, 2015.

Bickers, Robert. *The Scramble for China: Foreign Devils in the Qing Empire, 1832–1914.* London: Penguin Books, 2011.

Blanning, Tim. *The Pursuit of Glory: Europe, 1648–1815.* London: Allen Lane, 2007.

Blusse, Leonard, and Femme Gaastra, eds. *On the Eighteenth Century as a Category of Asian History.* Aldershot, UK: Ashgate, 1998.

Bordo, Michael D., Alan M. Taylor, and Jeffrey G. Williamson, eds. *Globalization in Historical Perspective.* Chicago: University of Chicago Press, 2003.

Burbank, Jane, and Frederick Cooper. *Empires in World History: Power and the Politics of Difference.* Princeton, NJ: Princeton University Press, 2010.

Burrow, John W. *The Crisis of Reason: European Thought, 1848–1914.* New Haven, CT: Yale University Press, 2000.

Buve, Raymond Th., and John R. Fisher, eds. *Handbuch der Geschichte Lateinamerikas.* Vol. 2, *Lateinamerika von 1760 bis 1900.* Stuttgart: Klett-Cotta, 1992.

Carmagnani, Marcello. *The Other West: Latin America from Invasion to Globalization.* Translated by Rosanna M. Giammanco Frongia. Berkeley: University of California Press, 2011.

Charle, Christophe. *Discordance des temps: Une brève histoire de la modernité.* Paris: Armand Colin, 2012.

Cheng Pei-kai, Michael Lestz, and Jonathan D. Spence, eds. *The Search for Modern China: A Documentary Collection.* New York: Norton, 1999.

Ch'oe, Yŏng-ho, Peter H. Lee, and Wm. Theodore de Bary, eds. *Sources of Korean Tradition.* Vol. 2, *From the Sixteenth to the Twentieth Centuries.* New York: Columbia University Press, 2000.

Clark, Peter, ed. *The Oxford Handbook of Cities in World History.* Oxford: Oxford University Press, 2013.

Cooper, Frederick. *Colonialism in Question: Theory, Knowledge, History.* Berkeley: University of California Press, 2005.

Crossley, Pamela Kyle. *The Wobbling Pivot: China since 1800*. Chichester, UK: Wiley-Blackwell, 2010.

Dabringhaus, Sabine. *Geschichte Chinas, 1279–1949*. Munich: Oldenbourg, 2015.

Daly, M. W., ed. *The Cambridge History of Egypt*. Vol. 2, *Modern Egypt, from 1517 to the End of the Twentieth Century*. Cambridge: Cambridge University Press, 1998.

Darwin, John. *After Tamerlane: The Global History of Empire since 1405*. New York: Bloomsbury, 2008.

———. *The Empire Project: The Rise and Fall of the British World-System, 1830–1970*. Cambridge: Cambridge University Press, 2009.

Daunton, Martin J. *Progress and Poverty: An Economic and Social History of Britain, 1700–1850*. Oxford: Oxford University Press, 1995.

———. *Wealth and Welfare: An Economic and Social History of Britain, 1851–1951*. Oxford: Oxford University Press, 2007.

Denoon, Donald, and Philippa Mein-Smith. *A History of Australia, New Zealand and the Pacific*. Oxford: Blackwell, 2000.

Desan, Suzanne, Lynn Hunt, and William Max Nelson, eds. *The French Revolution in Global Perspective*. Ithaca, NY: Cornell University Press, 2013.

Dirlik, Arif. *Global Modernity: Modernity in the Age of Global Capitalism*. Boulder, CO: Paradigm, 2007.

Doyle, William, ed. *The Oxford Handbook of the Ancien Régime*. Oxford: Oxford University Press, 2012.

———. *The Oxford History of the French Revolution*. Oxford: Oxford University Press, 2002.

Duara, Prasenjit, Viren Murthy, and Andrew Sartori, eds. *A Companion to Global Historical Thought*. Malden, MA: Wiley-Blackwell, 2014.

Dutton, George E., Jayne S. Werner, and John K. Whitmore, eds. *Sources of Vietnamese Tradition*. New York: Columbia University Press, 2012.

Elliott, J. H. *Empires of the Atlantic World: Britain and Spain in America, 1492–1830*. New Haven, CT: Yale University Press, 2006.

Eltis, David, and Stanley L. Engerman, eds. *The Cambridge World History of Slavery*. Vol. 3, *AD 1420—AD 1804*. Cambridge: Cambridge University Press, 2011.

Fahrmeir, Andreas. *Europa zwischen Restauration, Reform und Revolution, 1815–1850*, Munich: Oldenbourg, 2012.

Faroqhi, Suraiya, ed. *The Cambridge History of Turkey*. Vol. 3, *The Later Ottoman Empire, 1603–1839*. Cambridge: Cambridge University Press, 2006.

Fernandez-Armesto, Felipe. *Millennium: A History of the Last Thousand Years*. New York: Touchstone, 1995.

Findlay, Ronald, and Kevin H. O'Rourke. *Power and Plenty: Trade, War, and the World Economy in the Second Millennium*. Princeton, NJ: Princeton University Press, 2007.

Findley, Carter Vaughn. *Turkey, Islam, Nationalism, and Modernity: A History, 1789–2007*. New Haven, CT: Yale University Press, 2010.

Fisch, Jorg. *Europa zwischen Wachstum und Gleichheit, 1850-1914*. Stuttgart: Ulmer, 2002.

_____. *Geschichte Südafrikas*. Munich: Deutscher Taschenbuch-Verlag, 1990.

Gabaccia, Donna R., and Dirk Hoerder, eds. *Connecting Seas and Connected Ocean Rims: Indian, Atlantic, and Pacific Oceans and China Seas Migrations from the 1830s to the 1930s*. Leiden: Brill, 2011.

Gelvin, James L., and Nile Green, eds. *Global Muslims in the Age of Steam and Print*. Berkeley: University of California Press, 2014.

Gildea, Robert. *Barricades and Borders: Europe, 1800-1914*. 3rd ed. Oxford: Oxford University Press, 2003.

Gilley, Sheridan, and Brian Stanley, eds. *The Cambridge History of Christianity*. Vol. 8, *World Christianities, c. 1815-c. 1914*. Cambridge: Cambridge University Press, 2006.

Goody, Jack. *The Theft of History*. Cambridge: Cambridge University Press, 2006.

Gordon, Andrew. *A Modern History of Japan: From Tokugawa Times to the Present*. Oxford: Oxford University Press, 2013.

Greene, Jack P., and Jack R. Pole, eds. *A Companion to the American Revolution*. New ed. Malden, MA: Blackwell, 2003.

Gunn, Geoffrey C. *First Globalization: The Eurasian Exchange, 1500-1800*. Lanham, MD: Rowman and Littlefield, 2003.

Hamilton, Carolyn, Bernard K. Mbenga, and Robert Ross, eds. *The Cambridge History of South Africa*. Vol. 1, *From Early Times to 1885*. Cambridge: Cambridge University Press, 2010.

Hampf, M. Michaela, and Simone Muller-Pohl, eds. *Global Communication Electric: Business, News and Politics in the World of Telegraphy*. Frankfurt am Main: Campus, 2013.

Harper, Tim, and Sunil Amrith, eds. *Sites of Asian Interaction: Ideas, Networks and Mobility*. Cambridge: Cambridge University Press, 2014.

Hausberger, Bernd, and Jean-Paul Lehners, eds. *Die Welt im 18. Jahrhundert*. Vienna: Mandelbaum, 2011.

Hefner, Robert W., ed. *The New Cambridge History of Islam*. Vol. 6, *Muslims and Modernity: Culture and Society since 1800*. Cambridge: Cambridge University Press, 2010.

Heuman, Gad, and Trevor Burnard, eds. *The Routledge History of Slavery*. London: Routledge, 2011.

Higman, B. W. *A Concise History of the Caribbean*. Cambridge: Cambridge University Press, 2011.

Hildermeier, Manfred. *Geschichte Russlands: Vom Mittelalter bis zur Oktoberrevolution*. Munich: C. H. Beck, 2013.

Hippel, Wolfgang von, and Bernhard Stier. *Europa zwischen Reform und Revolution, 1800-1850*. Stuttgart: Ulmer, 2012.

Hobsbawm, Eric J. *The Age of Capital, 1848-1875*. Rev. ed. London: Abacus, 1977.

_____. *The Age of Empire, 1875-1914*. London: Weidenfeld and Nicholson, 1988.

_____. *The Age of Revolution: Europe, 1789-1848*. London: Cardinal, 1962.

Hoerder, Dirk. *Cultures in Contact: World Migration in the Second Millennium*. Durham, NC: Duke

University Press, 2002.

Hopkins, A. G., ed. *Global History: Interactions between the Universal and the Local*. Basingstoke, UK: Palgrave Macmillan, 2006.

———, ed. *Globalization in World History*. London: Pimlico, 2002.

Howe, Daniel Walker. *What Hath God Wrought: The Transformation of America, 1815–1848*. Oxford: Oxford University Press, 2007.

Iliffe, John. *Africans: The History of a Continent*. Cambridge: Cambridge University Press, 2007.

Islamoğlu, Huri, and Peter C. Perdue, eds. *Shared Histories of Modernity: China, India and the Ottoman Empire*. London: Routledge, 2009.

Jansen, Marius B., ed. *The Cambridge History of Japan*. Vol. 5, *The Nineteenth Century*. Cambridge: Cambridge University Press, 1989.

———. *The Making of Modern Japan*. Cambridge, MA: Harvard University Press, 2000.

Kasaba, Reşat, ed. *The Cambridge History of Turkey*. Vol. 4, *Turkey in the Modern World*. Cambridge: Cambridge University Press, 2008.

Kennedy, Paul M. *The Rise and Fall of the Great Powers: Economic Change and Military Conflict from 1500 to 2000*. New York: Random House, 1987.

Lapidus, Ira M. *Islamic Societies to the Nineteenth Century: A Global History*. Cambridge: Cambridge University Press, 2012.

Laurence, K. O., and Jorge Ibarra Cuesta, eds. *General History of the Caribbean*. Vol. 4, *The Long Nineteenth Century: Nineteenth-Century Transformations*. Paris: UNESCO / Macmillan, 2012.

Lieberman, Victor, ed. *Beyond Binary Histories: Reimagining Eurasia to c. 1830*. Ann Arbor: University of Michigan Press, 1997.

———. *Strange Parallels: Southeast Asia in Global Context, c. 800–1830*. 2 vols. Cambridge: Cambridge University Press, 2003, 2009.

Lieven, Dominic, ed. *The Cambridge History of Russia*. Vol. 2, *Imperial Russia, 1689–1917*. Cambridge: Cambridge University Press, 2006.

Linden, Marcel van der, and Jürgen Rojahn, eds. *The Formation of Labour Movements, 1870–1914: An International Perspective*. 2 vols. Leiden: Brill, 1990.

Livi-Bacci, Massimo. *A Concise History of World Population*. Chichester, UK: Wiley, 2012.

Mann, Michael, ed. *Globalgeschichte: Die Welt, 1000–2000*. Vol. 6, *Die Welt im 19. Jahrhundert*. Vienna: Mandelbaum, 2009.

Mann, Michael. *The Sources of Social Power*. Vol. 2, *The Rise of Classes and Nation-States, 1760–1914*. Cambridge: Cambridge University Press, 1993.

Markovits, Claude, et al. *A History of Modern India, 1480–1950*. London: Anthem Press, 2002.

Matsuda, Matt K. *Pacific Worlds: A History of Seas, Peoples, and Cultures*. Cambridge: Cambridge University Press, 2012.

McKeown, Adam. "Global Migration, 1846–1940." *Journal of World History* 15, no. 2 (2004): 155~189.

_____. *Melancholy Order: Asian Migration and the Globalization of Borders*. New York: Columbia University Press, 2008.

McPhee, Peter, ed. *A Companion to the French Revolution*. Malden, MA: Wiley-Blackwell, 2013.

Meade, Teresa A. *A History of Modern Latin America: 1800 to the Present*.
Malden, MA: Wiley-Blackwell, 2010.

Metcalf, Barbara, and Thomas Metcalf. *A Concise History of India*. Cambridge: Cambridge University Press, 2012.

Mishra, Pankaj. *From the Ruins of Empire: The Revolt against the West and the Remaking of Asia*. London: Allen Lane, 2012.

Miyoshi, Masao, and Harry D. Harootunian, eds. *Japan in the World*. Durham, NC: Duke University Press, 1993.

Muller, Simone. *Wiring the World: The Social and Cultural Creation of Global Telegraph Networks*. New York: Columbia University Press, 2016.

Naquin, Susan, and Evelyn S. Rawski. *Chinese Society in the Eighteenth Century*. New Haven, CT: Yale University Press, 1987.

Nolte, Hans-Heinrich. *Weltgeschichte: Imperien, Religionen und Systeme. 15.-19.* Jahrhundert. Vienna: Böhlau, 2005.

Nussbaum, Felicity A., ed. *The Global Eighteenth Century*. Baltimore: Johns Hopkins University Press, 2003.

Oltmer, Jochen. *Globale Migration: Geschichte und Gegenwart*. Munich: C. H. Beck, 2012.

Osterhammel, Jürgen. *China und die Weltgesellschaft: Vom 18. Jahrhundert bis in unsere Zeit*. Munich: C. H. Beck, 1989.

_____. *The Transformation of the World: A Global History of the Nineteenth Century*. Translated by Patrick Camiller. Princeton, NJ: Princeton University Press, 2014.

Osterhammel, Jürgen, and Niels P. Petersson. *Globalization: A Short History*. Translated by Dona Geyer. Princeton, NJ: Princeton University Press, 2005.

Owen, Norman G., ed. *The Emergence of Modern Southeast Asia: A New History*. Honolulu: University of Hawaiʻi Press, 2005.

Palmie, Stephan, and Francisco Scarano, eds. *The Caribbean: A History of the Region and Its Peoples*. Chicago: University of Chicago Press, 2011.

Paquette, Robert Louis, and Mark W. Smith, eds. *The Oxford Handbook of Slavery in the Americas*. Oxford: Oxford University Press, 2010.

Paul, Jürgen. *Zentralasien*. Frankfurt am Main: Fischer, 2012.

Popkin, Jeremy D. *A Concise History of the Haitian Revolution*. Chichester, UK: Wiley-Blackwell, 2012.

Porter, Theodore M., and Dorothy Ross, eds. *The Cambridge History of Science*. Vol. 7, *The Modern Social Sciences*. Cambridge: Cambridge University Press, 2003.

Quataert, Donald: *The Ottoman Empire, 1700-1922*. Cambridge: Cambridge University Press, 2005.

Reid, Richard J. *History of Modern Africa: 1800 to the Present*. Oxford: Wiley-Blackwell, 2009.

Reinhard, Wolfgang, ed. *Empires and Encounters, 1350–1750*. Cambridge, MA: Belknap Press of Harvard University Press, 2015.

———. *Geschichte der Staatsgewalt: Eine vergleichende Verfassungsgeschichte Europas von den Anfängen bis zur Gegenwart*. Munich: C. H. Beck, 1999.

———. *A Short History of Colonialism*. Translated by Kate Sturge. Manchester: Manchester University Press, 2011.

———. *Die Unterwerfung der Welt: Eine Globalgeschichte der europäischen Expansion, 1415–2015*. Munich: C. H. Beck, 2016.

Rich, Norman. *Great Power Diplomacy, 1814–1914*. Boston: McGraw-Hill, 1992.

Rinke, Stefan. *Revolutionen in Lateinamerika: Wege in die Unabhängigkeit, 1760–1830*. Munich: C. H. Beck, 2010.

Rosenberg, Emily S., ed. *A World Connecting, 1870–1945*. Cambridge, MA: Belknap Press of Harvard University Press, 2012.

Rowe, William T. *China's Last Empire: The Great Qing*. Cambridge, MA: Belknap Press of Harvard University Press, 2009.

Schroeder, Paul W. *The Transformation of European Politics, 1763–1848*. Oxford: Oxford University Press, 1994.

Sieder, Reinhard, and Ernst Langthaler, eds. *Globalgeschichte, 1800–2010*. Vienna: Böhlau, 2010.

Smil, Vaclav. *Creating the Twentieth Century: Technical Innovations of 1867–1914 and Their Lasting Impact*. Oxford: Oxford University Press, 2005.

Smith, Helmut Walser, ed. *The Oxford Handbook of Modern German History*. Oxford: Oxford University Press, 2011.

Spence, Jonathan D. *The Search for Modern China*. New York: Norton, 1990.

Sperber, Jonathan. *Europe, 1850–1914: Progress, Participation and Apprehension*. Harlow, UK: Longman, 2009.

———. *Revolutionary Europe, 1780–1850*. Harlow, UK: Longman, 2006.

Stedman Jones, Gareth, and Gregory Claeys, eds. *The Cambridge History of Nineteenth-Century Political Thought*. Cambridge: Cambridge University Press, 2011.

Steger, Manfred B. *The Rise of the Global Imaginary: Political Ideologies from the French Revolution to the Global War on Terror*. Oxford: Oxford University Press, 2008.

Tarling, Nicholas, ed. *The Cambridge History of South-East Asia*. Vol. 2, *The 19th and 20th Centuries*. Cambridge: Cambridge University Press, 1992.

Taylor, Alan. *American Colonies*. New York: Viking Penguin, 2001.

———. *American Revolutions: A Continental History, 1750–1804*. New York: W. W. Norton 2016.

Taylor, K. W. *A History of the Vietnamese*. Cambridge: Cambridge University Press, 2013.

Thomas, Nicholas. *Islanders: The Pacific in the Age of Empire*. New Haven, CT: Yale University Press, 2010.

Totman, Conrad. *A History of Japan*. Malden, MA: Blackwell, 2005.

Trentmann, Frank. *Empire of Things: How We Became a World of Consumers. From the Fifteenth Century to the Twenty-First*. London: Allen Lane, 2016.

——, ed. *The Oxford Handbook of the History of Consumption*. Oxford: Oxford University Press, 2012.

Tsutsui, William M., ed. *A Companion to Japanese History*. Malden, MA: Wiley-Blackwell, 2009.

Wenzlhuemer, Roland. *Connecting the Nineteenth-Century World: The Telegraph and Globalization*. Cambridge: Cambridge University Press, 2012.

Wiesner-Hanks, Merry E., ed. *The Cambridge World History*. 7 vols. in 9 parts. Cambridge: Cambridge University Press, 2015.

——. *Early Modern Europe, 1450-1789*. Cambridge: Cambridge University Press, 2006.

Williamson, Edwin. *The Penguin History of Latin America*. Rev. ed. London: Penguin, 2009.

Winkler, Heinrich August. *Geschichte des Westens*. Vol. 1, *Von den Anfängen in der Antike bis zum 20. Jahrhundert*. Munich: C. H. Beck, 2015.

Wood, Gordon S. *Empire of Liberty: A History of the Early Republic, 1789-1815*. Oxford: Oxford University Press, 2009.

Worger, William H., Nancy L. Clark, and Edward A. Alpers, eds. *Africa and the West: A Documentary History*. 2 vols. Oxford: Oxford University Press, 2010.

Zeuske, Michael. *Handbuch Geschichte der Sklaverei: Eine Globalgeschichte von den Anfängen bis zur Gegenwart*. Berlin: De Gruyter, 2013.

1부 장기 19세기 정치사 속의 지역과 제국들

Adelman, Jeremy. *Sovereignty and Revolution in the Iberian Atlantic*. Princeton, NJ: Princeton University Press, 2007.

Aksan, Virginia H. *Ottoman Wars, 1700-1870: An Empire Besieged*. Harlow, UK: Pearson Education, 2007.

Alam, Muzaffar, and Sanjay Subrahmanyam. *Indo-Persian Travels in the Age of Discoveries, 1400-1800*. Cambridge: Cambridge University Press, 2007.

Alavi, Seema. *Muslim Cosmopolitans in the Age of Empire*. Cambridge, MA: Harvard University Press, 2014.

Almond, Ian. *Two Faiths and One Banner: When Muslims Marched with Christians across Europe's Battlegrounds*. Cambridge, MA: Harvard University Press, 2009.

Amberson, Mary Margaret. *Maximilian and Carlota: Europe's Last Empire in Mexico*. San Antonio, TX: Trinity University Press, 2014.

Anderson, Benedict. *Imagined Communities: Reflections on the Origins and Spread of Nationalism*. Revised edition. London: Verso, 1991.

——. *Under Three Flags: Anarchism and the Anti-Colonial Imagination*. London: Verso, 2007.

Ardıç, Nurullah. *Islam and the Politics of Secularism: The Caliphate and Middle Eastern Modernization in the Early 20th Century*. London: Routledge, 2012.

Armitage, David. *The Declaration of Independence: A Global History*. Cambridge, MA: Harvard University Press, 2007.

Armitage, David, and Sanjay Subrahmanyam, eds. *The Age of Revolutions in Global Context, c. 1760–1840*. Basingstoke, UK: Palgrave, 2010.

Aslanian, Sebouh David. *From the Indian Ocean to the Mediterranean: The Global Trade Networks of Armenian Merchants from New Julfa*. Berkeley: University of California Press, 2011.

Auslin, Michael R. *Negotiating with Imperialism: The Unequal Treaties and the Culture of Japanese Diplomacy*. Cambridge, MA: Harvard University Press, 2004.

Aydin, Cemil. *The Politics of Anti-Westernism in Asia: Visions of World Order in Pan-Islamic and Pan-Asian Thought*. New York: Columbia University Press, 2007.

Badem, Candan. *The Ottoman Crimean War, 1853–1856*. Boston: Brill, 2010.

Baker, Chris, and Pasuk Phongpaichit. *A History of Thailand*. 3rd ed. Cambridge: Cambridge University Press, 2014.

Balabanlılar, Lisa. *Imperial Identity in the Mughal Empire: Memory and Dynastic Politics in Early Modern South and Central Asia*. New York: Tauris, 2012.

Batten, Bruce L. *To the Ends of Japan: Pre-modern Frontiers, Boundaries, and Interactions*. Honolulu: University of Hawai'i Press, 2003.

Baugh, Daniel A. *The Global Seven Year's War, 1754–1763: Britain and France in a Great Power Contest*. Harlow, UK: Pearson Education, 2011.

Bayly, C. A. *The Birth of the Modern World, 1780–1914: Global Connections and Comparisons*. Oxford: Blackwell, 2004.

———. *Imperial Meridian: The British Empire and the World, 1780–1830*. London: Longman, 1989.

———. *Recovering Liberties: Indian Thought in the Age of Liberalism and Empire*. Cambridge: Cambridge University Press, 2012.

Bayly, C. A., and Laila T. Fawaz, eds. *Modernity and Culture: From the Mediterranean to the Indian Ocean*. New York: Columbia University Press, 2002.

Bazzaz, Sahar, Yota Batsaki, and Dimiter Angelov, eds. *Imperial Geographies in Byzantine and Ottoman Space*. Cambridge MA: Harvard University Press, 2013.

Bharucha, Rustom. *Another Asia: Rabindranath Tagore and Okakura Tenshin*. New Delhi: Oxford University Press, 2006.

Becker, Seymour. *Russia's Protectorates in Central Asia: Bukhara and Khiva, 1865–1924*. London: Routledge, 2004.

Belaubre, Christophe, ed. *Napoleon's Atlantic: The Impact of Napoleonic Empire in the Atlantic World*. Leiden: Brill, 2010.

Bender, Thomas. *A Nation among Nations: America's Place in World History*. New York: Hill and Wang, 2006.

Benite, Zvi Ben-Dor. *The Dao of Muhammad: A Cultural History of Muslims in Late Imperial China.* Cambridge, MA: Harvard University Press, 2005.

Benton, Lauren. *Law and Colonial Cultures: Legal Regimes in World History, 1400-1900.* Cambridge: Cambridge University Press, 2002.

Blackbourn, David. *The Long Nineteenth Century: A History of Germany, 1780-1918.* New York: Oxford University Press, 1998.

Bradley, Mark. *Imagining Vietnam and America: The Making of Postcolonial Vietnam, 1919-1950.* Chapel Hill: University of North Carolina Press, 2000.

Breyfogle, Nicholas B. *Heretics and Colonizers: Forging Russia's Empire in the South Caucasus.* Ithaca, NY: Cornell University Press, 2005.

Brittlebank, Kate. *Tipu Sultan's Search for Legitimacy: Islam and Kingship in a Hindu Domain.* Delhi: Oxford University Press, 1997.

Brown, Mervyn. *A History of Madagascar.* Princeton, NJ: Markus Wiener, 2000.

Burbank, Jane, and Frederick Cooper. *Empires in World History: Power and the Politics of Difference.* Princeton, NJ: Princeton University Press, 2010.

Carey, Hilary M. *God's Empire: Religion and Colonialism in the British World, c. 1801-1908.* Cambridge: Cambridge University Press, 2011.

Chapman, Tim. *The Congress of Vienna: Origins, Processes, and Results.* New York: Routledge, 1998.

Chasteen, John C. *Americanos: Latin America's Struggle for Independence.* New York: Oxford University Press, 2008.

Clark, Christopher. *The Sleepwalkers: How Europe Went to War in 1914.* London: Allen Lane, 2012.

Cole, Juan. *Napoleon's Egypt: Invading the Middle East.* Basingstoke, UK: Palgrave Macmillan, 2007.

Coller, Ian. *Arab France: Islam and the Making of Modern Europe, 1798-1831.* Berkeley: University of California Press, 2011.

Conrad, Sebastian. *Globalisation and the Nation in Imperial Germany.* Cambridge: Cambridge University Press, 2010.

Conrad, Sebastian, and Dominic Sachsenmaier, eds. *Competing Visions of World Order: Global Moments and Movements, 1880s-1930.* New York: Palgrave Macmillan, 2007.

Conrad, Sebastian, and Prasenjit Duara. *Viewing Regionalisms from East Asia: Regions and Regionalisms in the Modern World.* Washington, DC: American Historical Association, 2013.

Dalrymple, William. *The Last Mughal: The Emperor Bahadur Shah Zafar and the Fall of Delhi, 1857.* London: Bloomsbury, 2006.

———. *Return of a King: Shah Shuja and the First Battle for Afghanistan, 1839-42.* London: Bloomsbury, 2012.

Danley, Mark. H., and Patrick J. Speelman, eds. *The Seven Years' War: Global Views.* Leiden: Brill, 2012.

Darwin, John. *After Tamerlane: The Global History of Empire since 1405.* New York: Bloomsbury, 2008.

Devji, Faisal. *Muslim Zion: Pakistan as a Political Idea.* Cambridge, MA: Harvard University Press,

2013.

Doyle, Don Harrison. *The Cause of All Nations: An International History of the American Civil War*. New York: Basic Books, 2015.

Dubois, Laurent. *Avengers of the New World: The Story of the Haitian Revolution*. Cambridge, MA: Belknap Press of Harvard University Press, 2004.

Dudden, Alexis. *Japan's Colonization of Korea: Discourse and Power*. Honolulu: University of Hawai'i Press, 2005.

Dunn, Ross E. *The Adventures of Ibn Battuta: A Muslim Traveler of the 14th Century*. Berkeley: University of California Press, 2005.

Elliott, J. H. *Empires of the Atlantic World: Britain and Spain in America, 1492–1830*. New Haven, CT: Yale University Press, 2006.

Fibiger Bang, Peter, and Dariusz Kolodziejczyk, eds. *Universal Empire: A Comparative Approach to Imperial Culture and Representation in Eurasian History*. Cambridge: Cambridge University Press, 2012.

Fischer-Tiné, Harald. *Shyamji Krishnavarma: Sanskrit, Sociology and Anti-Imperialism*. New Delhi: Routledge India, 2014.

Fleischer, Cornell. *Bureaucrat and Intellectual in the Ottoman Empire: The Historian Mustafa Ali, 1541–1600*. Princeton, NJ: Princeton University Press, 1986.

Ford, Lisa. *Settler Sovereignty: Jurisdiction and Indigenous People in America and Australia, 1788–1836*. Cambridge, MA: Harvard University Press, 2010.

Freitag, Ulrike, and William Clarence-Smith, eds. *Hadhrami Traders, Scholars and Statesmen in the Indian Ocean, 1750–1960*. Leiden: Brill, 1997.

Gallicchio, Marc. S. *The African American Encounter with Japan and China: Black Internationalism in Asia, 1895–1945*. Chapel Hill: University of North Carolina Press, 2000.

Ghazal, Amal N. *Islamic Reform and Arab Nationalism: Expanding the Crescent from the Mediterranean to the Indian Ocean (1880s–1930s)*. London: Routledge, 2010.

Gong, Gerrit W. *The Standard of "Civilization" in International Society*. Oxford: Clarendon Press, 1984.

Gordon, Andrew. *A Modern History of Japan: From Tokugawa Times to the Present*. New York: Oxford University Press, 2009.

Gourgouris, Stathis. *Dream Nation: Enlightenment, Colonization, and the Institution of Modern Greece*. Stanford, CA: Stanford University Press, 1996.

Green, Dominic. *Three Empires on the Nile: The Victorian Jihad, 1869–1899*. New York: Free Press, 2007.

Green, Nile. *Islam and the Army in Colonial India: Sepoy Religion in the Service of Empire*. Cambridge: Cambridge University Press, 2009.

Haldén, Peter. *Stability without Statehood: Lessons from Europe's History before the Sovereign State*. Basingstoke, UK: Palgrave Macmillan, 2011.

Haltzel, Michael H., ed. *The Global Ramifications of the French Revolution*. Cambridge: Cambridge

University Press, 1994.

Hamashita, Takeshi. *China, East Asia and the Global Economy: Regional and Historical Perspectives*. New York: Routledge, 2008.

Hellyer, Robert I. Defining Engagement: Japan and Global Contexts, *1640-1868*. Cambridge, MA: Harvard University Asia Center, 2009.

Hevia, James L. *English Lessons: The Pedagogy of Imperialism in Nineteenth-Century China*. Durham, NC: Duke University Press, 2004.

Ho, Engseng. *Graves of Tarim: Genealogy and Mobility in the Indian Ocean*. Berkeley: University of California Press, 2006.

Hoffmann, Stefan Ludwig. *Geselligkeit und Demokratie: Vereine und zivile Gesellschaft im transnationalen Vergleich, 1750-1914*. Gottingen: Vandenhoeck und Ruprecht, 2003.

Holquist, Peter. *The Russian Empire as a "Civilized State": International Law as Principle and Practice in Imperial Russia, 1874-1878*. Washington, DC: National Council for Eurasian and East European Research, 2004.

Hopkins, Anthony G., ed. *Globalization in World History*. London: Pimlico, 2002.

Hunt, Lynn. *Inventing Human Rights: A History*. New York: W. W. Norton, 2007.

Isom-Verhaaren, Christine. *Allies with the Infidel: The Ottoman and French Alliance in the Sixteenth Century*. New York: Tauris, 2011.

Jasanoff, Maya. *The Edge of Empire: Lives, Culture and Conquest in the East, 1750-1850*. New York: Vintage, 2006.

———. *Liberty's Exiles: American Loyalists in the Revolutionary World*. New York: Alfred A. Knopf, 2011.

Jelavich, Barbara. *History of the Balkans: Eighteenth and Nineteenth Centuries*. Cambridge: Cambridge University Press, 1983.

Jung, Dietrich. *Orientalists, Islamists and the Global Public Sphere: A Genealogy of the Modern Essentialist Image of Islam*. London: Equinox, 2011.

Kang, David C. *East Asia before the West: Five Centuries of Trade and Tribute*. New York: Columbia University Press, 2010.

Karl, Rebecca. *Staging the World: Chinese Nationalism at the Turn of the Twentieth Century*. Durham, NC: Duke University Press, 2002.

Karpat, Kemal H. *The Politicization of Islam: Reconstructing Identity, State, Faith, and Community in the Late Ottoman State*. New York: Oxford University Press, 2001.

Kayaoglu, Turan. *Legal Imperialism: Sovereignty and Extraterritoriality in Japan, the Ottoman Empire, and China*. Cambridge: Cambridge University Press, 2010.

Keene, Donald. *The Japanese Discovery of Europe, 1720-1830*. Stanford, CA: Stanford University Press, 1969.

Keene, Edward. *Beyond the Anarchical Society: Grotius, Colonialism and Order in World Politics*. Cambridge: Cambridge University Press, 2002.

Khuri-Makdisi, Ilham. *The Eastern Mediterranean and the Making of Global Radicalism, 1860-1914*. Berkeley: University of California Press, 2013.

Kim, Hodong. *Holy War in China: The Muslim Rebellion and State in Chinese Central Asia, 1864-1877*. Stanford, CA: Stanford University Press, 2004.

Kim, Hwansoo Ilmee. *Empire of the Dharma: Korean and Japanese Buddhism, 1877-1912*. Cambridge, MA: Harvard University Press, 2012.

Kim, Key-Huik. *The Last Phase of East Asian World Order: Korea, Japan and the Chinese Empire, 1860-1882*. Berkeley: University of California Press, 1980.

Konishi, Sho. *Anarchist Modernity: Cooperatism and Japanese-Russian Intellectual Relations in Modern Japan*. Cambridge, MA: Harvard University Asia Center, 2013.

Koskenniemi, Martti. *The Gentle Civilizer of Nations: The Rise and Fall of International Law 1870-1960*. Cambridge: Cambridge University Press, 2002.

Kramer, Lloyd S. *Lafayette in Two Worlds: Public Cultures and Personal Identities in an Age of Revolutions*. Chapel Hill: University of North Carolina Press, 1996.

Kramer, Paul A. *The Blood of Government: Race, Empire, the United States, and the Philippines*. Chapel Hill: University of North Carolina Press, 2006.

Kupchan, Charles. *No One's World: The West, the Rising Rest, and the Coming Global Turn*. New York: Oxford University Press, 2012.

Lake, Marilyn, and Henry Reynolds. *Drawing the Global Colour Line: White Man's Countries and the International Challenge of Racial Equality*. Cambridge: Cambridge University Press, 2008.

Laruelle, Marlène. *Russian Eurasianism: An Ideology of Empire*. Baltimore: Johns Hopkins University Press, 2008.

Lewis, Martin W., and Karen E. Wigen. *The Myth of Continents: A Critique of Metageography*. Berkeley: University of California Press, 1997.

Lieberman, Victor B. *Strange Parallels: Southeast Asia in Global Context, c. 800-1830*. 2 vols. Cambridge: Cambridge University Press, 2003, 2009.

Lieven, Dominic. *Russia against Napoleon: The Battle for Europe, 1807 to 1814*. London: Allen Lane, 2009.

Manela, Erez. *The Wilsonian Moment: Self-Determination and the International Origins of Anticolonial Nationalism*. New York: Oxford University Press, 2007.

Manjapra, Kris. *M. N. Roy: Marxism and Colonial Cosmopolitanism*. New Delhi: Routledge, 2010.

Manning, Patrick. *The African Diaspora: A History through Culture*. New York: Columbia University Press, 2009.

Marchand, Suzanne L. *Down from Olympus: Archaeology and Philhellenism in Germany, 1750-1970*. Princeton, NJ: Princeton University Press, 2003.

Marcus, Harold G. *A History of Ethiopia*. Berkeley: University of California Press, 2002.

Marshall, P. J. *The Making and Unmaking of Empires: Britain, India, and America, c. 1750-1783*. New York: Oxford University Press, 2005.

May, Ernest R. *The Making of the Monroe Doctrine*. Cambridge, MA: Harvard University Press, 1975.

Mazower, Mark. *Governing the World: The History of an Idea*. New York: Penguin Books, 2012.

McMeekin, Sean. *The Russian Origins of the First World War*. Cambridge, MA: Harvard University Press, 2011.

Mignolo, Walter D. *The Idea of Latin America*. Malden, MA: Blackwell, 2005.

Mishra, Pankaj. *From the Ruins of Empire: The Revolt against the West and the Remaking of Asia*. London: Allen Lane, 2012.

Mitani, Hiroshi. *Escape from Impasse: The Decision to Open Japan*. Tokyo: International House of Japan, 2006.

Mitchell, Timothy. *Colonizing Egypt*. Cambridge: Cambridge University Press, 1988.

Moin, Azfar. *The Millennial Sovereign: Sacred Kingship and Sainthood in Islam*. New York: Columbia University Press, 2012.

Motadel, David, ed. *Islam and the European Empires*. Oxford: Oxford University Press, 2014.

Moyn, Samuel, and Andrew Sartori, eds. *Global Intellectual History*. New York: Columbia University Press, 2013.

Muthu, Sankar, ed. *Empire and Modern Political Thought*. Cambridge: Cambridge University Press, 2012.

Neuberger, Joan, and Robin W. Winks. *Europe and the Making of Modernity, 1815–1914*. Oxford: Oxford University Press, 2005.

Okey, Robin. *Taming Balkan Nationalism: The Habsburg "Civilizing Mission" in Bosnia, 1878–1914*. Oxford: Oxford University Press, 2007.

Osterhammel, Jürgen. *The Transformation of the World: A Global History of the Nineteenth Century*. Princeton, NJ: Princeton University Press, 2014.

Perdue, Peter. *China Marches West: The Qing Conquest of Central Eurasia*. Cambridge, MA: Harvard University Press, 2005.

Philipp, Thomas. *Acre: The Rise and Fall of a Palestinian City, 1730–1831*. New York: Columbia University Press, 2001.

Philliou, Christine May. *Biography of an Empire: Governing Ottomans in an Age of Revolution*. Berkeley: University of California Press, 2011.

Pitts, Jennifer. *A Turn to Empire: The Rise of Imperial Liberalism in Britain and France*. Princeton, NJ: Princeton University Press, 2005.

Price, Richard. *Making Empire: Colonial Encounters and the Creation of Imperial Rule in Nineteenth-Century Africa*. Cambridge: Cambridge University Press, 2008.

Ramnath, Maia. *Haj to Utopia: How the Ghadar Movement Charted Global Radicalism and Attempted to Overthrow the British Empire*. Berkeley: University of California Press, 2011.

Reid, Anthony, ed. *The Last Stand of Asian Autonomies: Responses to Modernity in the Diverse States of Southeast Asia and Korea, 1750–1900*. New York: St. Martin's Press, 1997.

Reilly, Thomas H. *The Taiping Heavenly Kingdom: Rebellion and the Blasphemy of Empire*. Seattle:

University of Washington Press, 2004.

Reynolds, Michael A. *Shattering Empires: The Clash and Collapse of the Ottoman and Russian Empires, 1908–1918*. New York: Cambridge University Press, 2011.

Rodger, N. *The Command of the Ocean: A Naval History of Britain, 1649–1815*. London: Allen Lane, 2004.

Schroeder, Paul W. *The Transformation of European Politics, 1763–1848*. Oxford: Clarendon Press, 1994.

Scott, Hamish M. *The Emergence of the Eastern Powers, 1756–1775*. Cambridge: Cambridge University Press, 2001.

Snodgrass, Judith. *Presenting Japanese Buddhism to the West: Orientalism, Occidentalism, and the Columbian Exposition*. Chapel Hill: University of North Carolina Press, 2003.

Teschke, Benno. *The Myth of 1648: Class, Geopolitics and the Making of Modern International Relations*. London: Verso, 2003.

Tilly, Charles. *Coercion, Capital and European States: ad 990–1990*. Oxford: Basil Blackwell, 1990.

Toby, Ronald P. *State and Diplomacy in Early Modern Japan: Asia in the Development of the Tokugawa Bakufu*. Stanford, CA: Stanford University Press, 1991.

Tolan, John, Henry Laurens, und Gilles Veinstein. *Europe and the Islamic World: A History*. Princeton, NJ: Princeton University Press, 2012.

Travers, Robert. *Ideology and Empire in Eighteenth Century India: The British in Bengal*. New York: Cambridge University Press, 2007.

Troutt Powell, Eve M. *A Different Shade of Colonialism: Egypt, Great Britain, and the Mastery of the Sudan*. Berkeley: University of California Press, 2003.

Uchida, Jun. *Brokers of Empire: Japanese Settler Colonialism in Korea, 1876–1945*. Cambridge, MA: Harvard University Asia Center, 2011.

Vandervort, Bruce. *Wars of Imperial Conquest in Africa, 1830–1914*. Bloomington: Indiana University Press, 1998.

Vatikiotis, P. J. *The History of Modern Egypt: From Muhammad Ali to Sadat*. Baltimore: Johns Hopkins University Press, 1980.

Viotti da Costa, Emilia. *The Brazilian Empire: Myths and Histories*. Chicago: University of Chicago Press, 1985.

Wilder, Gary. *The French Imperial Nation-State: Negritude and Colonial Humanism between the Two World Wars*. Chicago: University of Chicago Press, 2005.

Wolff, Larry. *Inventing Eastern Europe: The Map of Civilization on the Mind of the Enlightenment*. Stanford, CA: Stanford University Press, 1994.

Woodside, Alexander. *Lost Modernities: China, Vietnam, Korea, and the Hazards of World History*. Cambridge, MA: Harvard University Press, 2006.

Worringer, Renee, ed. *The Islamic Middle East and Japan: Perceptions, Aspirations, and the Birth of Intra-Asian Modernity*. Princeton, NJ: Markus Wiener, 2007.

Zimmerman, Andrew. *Alabama in Africa: Booker T. Washington, the German Empire, and the Globalization of the New South.* Princeton, NJ: Princeton University Press, 2010.

2부 풍요의 가능성과 빈곤의 지속성: 산업화와 국제무역

Adams, Julia. "Principals and Agents, Colonialists and Company Men: The Decay of Colonial Control in the Dutch East Indies." *American Sociological Review* 61, no. 1 (1996): 12~28.

Adas, Michael. *Machines as the Measure of Men: Science, Technology, and Ideologies of Western Dominance.* Ithaca, NY: Cornell University Press, 1989.

Allen, Robert C. *Global Economic History: A Very Short Introduction.* New York: Oxford University Press, 2011.

Arora, Ashish. "Patents, Licensing, and Market Structure in the Chemical Industry." *Research Policy* 26 (1997): 391~403.

Atack, Jeremy, Fred Bateman, and William N. Parker. "Farm, Farmer and Market." In *The Cambridge Economic History of the United States.* Vol. 2, *The Long Nineteenth Century,* edited by Stanley L. Engerman and Robert E. Gallman, 245~284. New York: Cambridge University Press, 2000.

_____. "Northern Agriculture and the Westward Movement." In *The Cambridge Economic History of the United States.* Vol. 2, *The Long Nineteenth Century,* edited by Stanley L. Engerman and Robert E. Gallman, 285~328. New York: Cambridge University Press, 2000.

Austin, Gareth. "Explaining and Evaluating the Cash Crop Revolution in the 'Peasant' Colonies of Tropical Africa, ca. 1890-ca. 1930: Beyond 'Vent for Surplus,'" in *Africa's Development in Historical Perspective,* edited by Emmanuel Akyeampong, Robert H. Bates, Nathan Nunn, and James Robinson, 295~320. New York: Cambridge University Press, 2014.

_____. "The 'Reversal of Fortune' Thesis and the Compression of History: Perspectives from African and Comparative Economic History." *Journal of International Development* 20 (2008): 996~1027.

_____. "Vent for Surplus or Productivity Breakthrough? The Ghanaian Cocoa Take-Off, ca. 1890-1936." *African Economic History Working Papers,* series 8 (2012).

Bandem, Candan. *The Ottoman Crimean War (1853-1856).* Leiden: Brill, 2010.

Beasley, W. G. *Japanese Imperialism, 1894-1945.* Oxford: Oxford University Press, 1987.

Berend, Ivan. *An Economic History of Nineteenth-Century Europe: Diversity and Industrialization.* Cambridge: Cambridge University Press, 2013.

_____. "Hungary: A Semi-successful Peripheral Industrialization in the Nineteenth and Early Twentieth Centuries." In *The Industrial Revolution in National Context: Europe and the USA,* edited by Mikulaš Teich and Roy Porter, 265~289. Cambridge: Cambridge University Press, 1996.

Berov, Ljuben. "The Industrial Revolution and the Countries of South-Eastern Europe in the Nineteenth and Early Twentieth Centuries." In *The Industrial Revolution in National Context:*

Europe and the USA, edited by Mikulaš Teich and Roy Porter, 290~328. Cambridge: Cambridge University Press, 1996.

Bértola, Luis and Jeffrey G. Williamson. "Globalization in Latin America before1940." In *The Cambridge Economic History of Latin America*. Vol. 2, *The Long Twentieth Century*, edited by Victor Bulmer-Thomas, John Coatsworth, and Roberto Cortes-Conde, 11~56. Cambridge: Cambridge University Press, 2006.

Brandt, Loren. *Commercialization and Agricultural Development: Central and Eastern China, 1870-1937*. Cambridge: Cambridge University Press, 1989.

Broadberry, Stephen, and Bishnupriya Gupta. "Lancashire, India, and Shifting Competitive Advantage in Cotton Textiles, 1700-1850: The Neglected Role of Factor Prices." *Economic History Review* 62, no. 2 (2009): 279~305.

Brooke, John. *Climate Change and the Course of Global History: A Rough Journey*. Cambridge: Cambridge University Press, 2014.

Carmagnani, Marcello. *The Other West: Latin America from Invasion to Globalization*. Berkeley: University of California Press, 2011.

Casson, Mark. *Multinationals and World Trade: Vertical Integration and the Division of Labour in World Industries*. London: Routledge, 2011.

Ceballos, Gerardo, Paul R. Ehrlich, Anthony D. Bamosky, Andres Garcia, Robert M. Pringle, and Todd M. Palmer. "Accelerated Modern Human-Induced Species Losses: Entering the Sixth Mass Extinction." *Science Advances* 1, no. 5 (2015), http://advances.sciencemag.org/content/1/5/e1400253.full.

Chandler, Alfred D. Jr. *The Visible Hand: The Managerial Revolution in American Business*. Cambridge, MA: Harvard University Press, 1977.

Clinglingsmith, David, and Jeffrey G. Williamson. "India's De-industrialization under British Rule: New Ideas, New Evidence." NBER Working Paper No. 10586 (2004). Doi:10.3386 / w10586.

Coatsworth, John. "Economic and Institutional Trajectories in Nineteenth-Century Latin America." In *Latin America and the World Economy since 1800*, edited by John H. Coatsworth and Alan M. Taylor, 23~54. Cambridge, MA: Harvard University Press, 1999.

Cole, Juan. *Napoleon's Egypt: Invading the Middle East*. New York: Palgrave Macmillan, 2007.

Copeland, Dale C. *Economic Interdependence and War*. Princeton, NJ: Princeton University Press, 2015.

Cooke, Nola, and Li Tana, eds. *Water Frontier: Commerce and the Chinese in the Lower Mekong Region, 1750-1880*. Lanham, MD: Rowman and Littlefield, 2004.

Crafts, Nicholas, and Kevin H. O'Rourke. "Twentieth Century Growth." In *Handbook of Economic Growth*, vol. 2A, edited by Philippe Aghion and Steven N. Durlauf, 263~346. Philadelphia: Elsevier, 2014.

Crouzet, François. "France." In *The Industrial Revolution in National Context: Europe and the USA*, edited by Mikulaš Teich and Roy Porter, 36~63. Cambridge: Cambridge University Press, 1996.

Davis, Lance E., and Robert J. Cull. "International Capital Movements, Domestic Capital Markets and American Economic Growth, 1820-1914." In *The Cambridge Economic History of the United States*. Vol. 2, *The Long Nineteenth Century*, edited by Stanley L. Engerman and Robert E. Gallman, 733~812. New York: Cambridge University Press, 2000.

Dejung, Christof, and Niels P. Petersson, eds. *The Foundations of Worldwide Economic Integration: Power, Institutions, and Global Markets, 1850-1930*. Cambridge: Cambridge University Press, 2013.

Eckert, Carter. *Offspring of Empire: The Koch'ang Kims and the Colonial Origins of Korean Capitalism, 1876-1945*. Seattle: University of Washington Press, 1991.

Eldem, Edhem. "Capitulations and Western Trade." In *The Cambridge History of Turkey*. Vol. 3, *The Later Ottoman Empire, 1603-1839*, edited by Faroqhi Suraiya, 281~335. Cambridge: Cambridge University Press, 2006.

Elson, Robert E. "International Commerce, the State and Society: Economic and Social Change." In *The Cambridge History of Southeast Asia*. Vol. 2, *The Nineteenth and Twentieth Centuries*, edited by Nicholas Tarling, 131~196. Cambridge: Cambridge University Press, 1993.

Engerman, Stanley L., and Kenneth L. Sokoloff. "Factor Endowments, Institutions, and Differential Paths of Growth among New World Economies: A View from Economic Historians of the United States." In *How Latin America Fell Behind: Essays on the Economic Histories of Brazil and Mexico, 1800-1914*, edited by Stephen Haber, 260~304. Stanford, CA: Stanford University Press, 1997.

Ferrer, Aldo. *The Argentine Economy: An Economic History of Argentina*. Berkeley: University of California Press, 1967.

Findley, Carter. "The Tanzimat." In *The Cambridge History of Turkey*. Vol. 4, *Turkey in the Modern World*, edited by Reşat Kasaba, 9~37. Cambridge: Cambridge University Press, 2008.

Fischer, Wolfram, R., Marvin McInnis, and Jürgen Schneider, eds. *The Emergence of a World Economy*. Vol. 2, *1850-1914*. Wiesbaden: Steiner, 1986.

Fishlow, Albert. "Internal Transportation in the Nineteenth and Early Twentieth Centuries." In *The Cambridge Economic History of the United States*. Vol. 2, The Long Nineteenth Century, *edited by Stanley L. Engerman and Robert E. Gallman, 543~642. New York: Cambridge University Press*, 2000.

Flandreau, Marc, and Frederic Zumer. *The Making of Global Finance, 1880-1913*. Paris: OECD, 2004.

Ford, A. G. *The Gold Standard, 1880-1914: Britain and Argentina*. Oxford: Clarendon Press, 1962.

Fox, Maurice R. *Dye-Makers of Great Britain, 1856-1976: A History of Chemists, Companies, Products and Changes*. Manchester, UK: Imperial Chemical Industries, 1987.

Fritzsche, Bruno. "Switzerland." In *The Industrial Revolution in National Context: Europe and the USA*, edited by Mikuláš Teich and Roy Porter, 126~148. Cambridge: Cambridge University Press, 1996.

Fukuyama, Francis. *The End of History and the Last Man*. New York: Free Press, 1992.

Gandy, Matthew. "The Paris Sewers and the Rationalization of Urban Space." *Transactions of the Institute of British Geographers*, n.s., 24 (1999): 23~44.

Gelderblom, Oscar. *Cities of Commerce: The Institutional Foundations of International Trade in the Low Countries, 1250-1650*. Princeton, NJ: Princeton University Press, 2013.

Gómez-Galvarriato, Aurora. "Premodern Manufacturing." In *The Cambridge Economic History of Latin America*. Vol. 1, *The Colonial Era and the Short Nineteenth Century*, edited by Victor Bulmer-Thomas, John Coatsworth, and Roberto Cortes-Conde, 357~394. Cambridge: Cambridge University Press, 2006.

Gómez-Galvarriato, Aurora, and Jeffrey G. Williamson. "Was It Prices, Productivity or Policy? The Timing and Pace of Latin American Industrialization after 1870." NBER Working Paper No. 13990 (2008). Doi: 10.3386 / w13990.

Grove, Linda. *A Chinese Economic Revolution: Rural Entrepreneurship in the Twentieth Century*. Lanham, MD: Rowman and Littlefield, 2006.

Gustafsson, Bo. "The Industrial Revolution in Sweden." In *The Industrial Revolution in National Context: Europe and the USA*, edited by Mikuláš Teich and Roy Porter, 201~225. Cambridge: Cambridge University Press, 1996.

Haber, Stephen, ed. *How Latin America Fell Behind: Essays on the Economic Histories of Brazil and Mexico, 1800-1914*. Stanford, CA: Stanford University Press, 1997.

———. "Industrial Concentration and the Capital Markets: A Comparative Study of Brazil, Mexico, and the United States, 1830-1930." *Journal of Economic History* 51, no. 3 (1991): 559~580.

Hartwell, R. M. "The Causes of the Industrial Revolution: An Essay in Methodology." *Economic History Review*, n.s., 18, no. 1 (1965): 164~182.

Hilferding, Rudolf. *Finance Capital*. London: Routledge, 2006. (Orig. pub., *Das Finanzkapital*, 1910.)

Hoffman, Philip. *Why Did Europe Conquer the World?* Princeton, NJ: Princeton University Press, 2015.

Hoffman, Philip, and Jean-Laurent Rosenthal. "The Political Economy of Warfare and Taxation in Early Modern Europe: Historical Lessons for Economic Development." In *The Frontiers of the New Institutional Economics*, edited by John N. Drobak and John V. C. Nye, 213~246. San Diego: Academic Press, 1997.

Hopkins, A. G. "The Victorians and Africa: A Reconsideration of the Occupation of Egypt, 1882." *Journal of African History* 27, no. 2 (1986): 363~391.

Horel, Catherine. *Cette Europe qu'on dit central: Des Habsbourg à l'intégration européenne, 1815-2004*. Paris: Beauchesne, 2009.

Howell, David. "The Proto-industrial Origins of Japanese Capitalism." *Journal of Asian Studies* 51, no. 2 (1992): 269~286.

Hurd, John M. "Railways." In *The Cambridge Economic History of India*. Vol. 2, c. 1757-1970, edited by Dharma Kumar and Meghnad Desai, 737~761. Cambridge: Cambridge University Press, 1983.

Jacobs, Margaret. *Scientific Culture and the Making of the Industrial West*. Oxford: Oxford University Press, 1997.

Jones, Geoffrey. *Merchants to Multinationals: British Trading Companies in the Nineteenth and Twentieth Centuries*. Oxford: Oxford University Press, 2000.

_____ . *Multinationals and Global Capitalism: From the Nineteenth to the Twenty-First Century*. Oxford: Oxford University Press, 2005.

Jun Seong Ho, James B. Lewis, and Kan Han-Rog. "Korean Expansion and Decline from the Seventeenth to the Nineteenth Century: A View Suggested by Adam Smith." *Journal of Economic History* 68, no. 1 (2008): 244~282.

Kastor, Peter. *The Nation's Crucible: The Louisiana Purchase and the Creation of America*. New Haven, CT: Yale University Press, 2004.

Keller, Wolfgang, Ben Li, and Carol H. Shiue. "China's Foreign Trade: Perspectives from the Past 150 Years." NBER Working Paper No. 16550 (2010). Doi: 10.3386 / w16550.

Khoury, Dina Rizk. "The Ottoman Centre versus Provincial Power-Holders: An Analysis of the Historiography." In *The Cambridge History of Turkey*. Vol. 3, *The Later Ottoman Empire, 1603–1839*, edited by Suraiya N. Faroqhi, 135~156. Cambridge: Cambridge University Press, 2006.

Knight, John. "China as a Developmental State." *World Economy* 37 (2014): 1335~1347.

Kohli, Atul. *State-Directed Development: Political Power and Industrialization in the Global Periphery*. Cambridge: Cambridge University Press, 2004.

Koll, Elisabeth. *From Cotton Mill to Business Empire: The Emergence of Regional Enterprises in Modern China*. Cambridge, MA: Harvard University Press, 2003.

Kuran, Timur. *The Long Divergence: How Islamic Law Held Back the Middle East*. Princeton, NJ: Princeton University Press, 2010.

Lamoreaux, Naomi. *The Great Merger Movement in American History, 1895-1904*. Cambridge: Cambridge University Press, 1988.

Lamoreaux, Naomi, and Kenneth Sokoloff. "Market Trade in Patents and the Rise of a Class of Specialized Inventors in the 19th-Century United States." *American Economic Review* 91 no. 2 (2001): 39~44.

Landau, Ralph, and Nathan Rosenberg. "Successful Commercialization in the Chemical Process Industries." In *Technology and the Wealth of Nations*, edited by Nathan Rosenberg, Ralph Landau, and David C. Mowry, 73~120. Stanford, CA: Stanford University Press, 1992.

Lehmann, Sibylle H., and Kevin H. O'Rourke. "The Structure of Protection and Growth in the Nineteenth Century." *Review of Economics and Statistics* 93, no. 2 (2011): 606~616.

Ma, Debin. "Between Cottage and Factory: The Evolution of Chinese and Japanese Silk-Reeling Industries in the Latter Half of the Nineteenth Century." *Journal of the Asia Pacific Economy* 10, no. 2 (2005): 195~213.

_____ . "Economic Growth in the Lower Yangzi Region of China in 1911-1937: A Quantitative and Historical Analysis." *Journal of Economic History* 68, no. 2 (2008): 355~392.

Macfie, A. L. *The Eastern Question, 1774-1923*. London: Longman, 1996.

Mantoux, Paul. *The Industrial Revolution in the Eighteenth Century*. London: Jonathan Cape, 1928.

Marichal, Carlos. *A Century of Debt Crises in Latin America: From Independence to the Great Depression, 1820–1930*. Princeton, NJ: Princeton University Press, 1989.

———. "Money, Taxes, and Finance." In *The Cambridge Economic History of Latin America*. Vol. 1, *The Colonial Era and the Short Nineteenth Century*, edited by Victor Bulmer-Thomas, John Coatsworth, and Roberto Cortes-Conde, 423~460. Cambridge: Cambridge University Press, 2006.

Mass, William, and Hideaki Miyajima. "The Organization of the Developmental State: Fostering Private Capabilities and the Roots of the Japanese 'Miracle.'" *Business and Economic History* 22, no. 1 (1993): 151~168.

Mathias, Peter, and M. M. Postan, eds. The Cambridge Economic History of Europe. Vol. 7, *The Industrial Economies: Capital, Labour, and Enterprise*, pt. 2: *The United States, Japan and Russia*. Cambridge: Cambridge University Press, 1978.

Matis, Herbert. "Austria: Industrialization in a Multinational Setting." In *The Industrial Revolution in National Context: Europe and the USA*, edited by Mikuláš Teich and Roy Porter. Cambridge: Cambridge University Press, 1996.

McClain, James. *Japan, a Modern History*. New York: Norton, 2001.

McCloskey, Deirdre. *Bourgeois Dignity: Why Economics Can't Explain the Modern World*. Chicago: University of Chicago Press, 2010.

———. *The Bourgeois Virtues: Ethics for an Age of Commerce*. Chicago: University of Chicago Press, 2006.

McCraw, Thomas K. *Prophet of Innovation: Joseph Schumpeter and Creative Destruction*. Cambridge, MA: Harvard University Press, 2007.

McInnis, Marvin. "The Economy of Canada in the Nineteenth Century." In *The Cambridge Economic History of the United States*. Vol. 2, *The Long Nineteenth Century*, edited by Stanley Engerman and Robert Gallman, 57~208. Cambridge: Cambridge University Press, 2000.

McQuire, Scott. "Immaterial Architectures: Urban Space and Electric Light." *Space and Culture* 8, no. 2 (2005): 126~140.

Melville, Elinor G. K. "Land Use and the Transformation of the Environment." In *The Cambridge Economic History of Latin America*. Vol. 1, *The Colonial Era and the Short Nineteenth Century*, edited by Victor Bulmer-Thomas, John Coatsworth, and Roberto Cortes-Conde, 107~142. Cambridge: Cambridge University Press, 2006.

Merriman, John M. *The Margins of City Life: Explorations on the French Urban Frontier, 1815–1851*. Oxford: Oxford University Press, 1991.

Mitchener, Kris James, and Marc Weidenmier. "Trade and Empire." *Economic Journal* 118 (2008): 1805~1834.

Mokyr, Joel. *The Gifts of Athena: Historical Origins of the Knowledge Economy*. Princeton, NJ: Princeton University Press, 2003.

———. *The Lever of Riches: Technological Creativity and Economic Progress*. Oxford: Oxford University

Press, 1990.

Monteiro, John M. "Labor Systems." In *The Cambridge Economic History of Latin America*. Vol. 1, *The Colonial Era and the Short Nineteenth Century*, edited by Victor Bulmer-Thomas, John Coatsworth, and Roberto Cortes-Conde, 185~233. Cambridge: Cambridge University Press, 2006.

Morris, Morris David. "The Growth of Large-Scale Industry to 1947." In *The Cambridge Economic History of India. Vol. 2*, c. 1757-1970, edited by Dharma Kumar and Meghnad Desai, 553~676. Cambridge: Cambridge University Press, 1983.

Munting, Roger. "Industrial Revolution in Russia." In *The Industrial Revolution in National Context: Europe and the USA*, edited by Mikulaš Teich and Roy Porter, 329~349. Cambridge: Cambridge University Press, 1996.

Myška, Milan. "The Industrial Revolution: Bohemia, Moravia, and Silesia." In *The Industrial Revolution in National Context: Europe and the USA*, edited by Mikulaš Teich and Roy Porter, 247~264. Cambridge: Cambridge University Press, 1996.

Neal, Larry, and Jeffrey G. Williamson, eds. *The Cambridge History of Capitalism*. Vol. 1, *The Rise of Capitalism: From Ancient Origins to 1848*. Vol. 2, *The Spread of Capitalism from 1848 to the Present*. Cambridge: Cambridge University Press, 2014.

Needham, Joseph, et al. *Science and Civilisation in China*. 7 vols. in 27 parts. Cambridge: Cambridge University Press, 1954-2008.

North, Douglass C. *The Economic Growth of the United States, 1790-1860*. New York: Prentice Hall, 1961.

_____. *Institutions, Institutional Change, and Economic Performance*. Cambridge: Cambridge University Press, 1990.

North, Douglass C., John Joseph Wallis, and Barry R. Weingast. *Violence and Social Orders: A Conceptual Framework for Interpreting Recorded Human History*. Cambridge: Cambridge University Press, 2009.

O'Brien, Patrick K. "Historical Foundations for a Global Perspective on the Emergence of a Western European Regime for the Discovery, Development, and Diffusion of Useful and Reliable Knowledge." *Journal of Global History* 8, no. 1 (2013): 1~24.

_____, ed. *Industrialisation: Critical Perspectives on the World Economy*. 4 vols. London: Routledge, 1998.

Obstfeld, Maurice, Jay C. Shambaugh, and Alan M. Taylor. "The Trilemma in History: Tradeoffs among Exchange Rates, Monetary Policies, and Capital Mobility." NBER Working Paper No. 10396 (2004). Doi: 10.3386 / w10396.

O'Rourke, Kevin H. "Tariffs and Growth in the Late Nineteenth Century." *Economic Journal* 110 (2000): 456~483.

O'Rourke Kevin H., and Jeffrey G. Williamson. *Globalization and History: The Evolution of a Nineteenth-Century Atlantic Economy*. Cambridge, MA: MIT Press, 1999.

Pagani, Catherine. *Eastern Magnificence and European Ingenuity: Clocks of Late Imperial China*. Ann Arbor: University of Michigan Press, 2001.

Pakenham, Thomas. *The Scramble for Africa: The White Man's Conquest of the Dark Continent from 1876 to 1912*. New York: Random House, 1991.

Pamuk, Şevket, and Jeffrey G. Williamson. "Ottoman De-industrialization 1800-1913: Assessing the Shock, Its Impact and the Response." NBER Working Paper No. 14763 (2009). Doi: 10.3386 / w14763.

Parker, William. *Europe, America and the Wider World*. Vol. 2, *America and the Wider World*. Cambridge: Cambridge University Press, 1991.

Pollard, Sidney. "The Europeanization of the International Economy, 1800-1870." In *Europe in the International Economy, 1500-2000*, edited by Derek H. Aldcroft and Anthony Sutcliffe, 50~101. Cheltenham, UK: Elgar, 1999.

Pomeranz, Kenneth. *The Making of a Hinterland State, Society, and Economy in Inland North China, 1853-1937*. Berkeley: University of California Press, 1993.

Ponti, Carlo, and Giorgio Mori. "Italy in the *Longue Durée:* The Return of an Old First-Comer." In *The Industrial Revolution in National Context: Europe and the USA*, edited by Mikuláš Teich and Roy Porter. Cambridge: Cambridge University Press, 1996.

Rawksi, Thomas. *Economic Growth in Prewar China*. Berkeley: University of California Press, 1989.

Rodrik, Dani. *The Globalization Paradox: Democracy and the Future of the World Economy*. New York: W. W. Norton, 2011.

Rosenberg, Nathan, and Manuel Trajtenberg. "A General Purpose Technology at Work: The Corliss Steam Engine in the Late 19th Century U.S." NBER Working Paper No. 8485 (2001). Doi: 10.3386 / w8485.

Rosenthal, Jean-Laurent, and R. Bin Wong. *Before and Beyond Divergence: The Politics of Economic Change in China and Europe*. Cambridge, MA: Harvard University Press, 2011.

Rotberg, Robert I. *The Founder: Cecil Rhodes and the Pursuit of Power*. Oxford: Oxford University Press, 1988.

Roy, Tirthankar. *The Economic History of India, 1857-1947*. New Delhi: Oxford University Press, 2000.

⸻. *Rethinking Economic Change in India: Labour and Livelihood*. London: Routledge, 2005.

Salzmann, Ariel. "An Ancien Régime Revisited: 'Privatization' and Political Economy in the Eighteenth-Century Ottoman Empire." *Politics and Society* 21, no. 4 (1993): 393~423.

Sánchez-Alonso, Blanca. "Labor and Immigration." In *The Cambridge Economic History of Latin America*. Vol. 2, *The Long Twentieth Century*, edited by Victor Bulmer-Thomas, John Coatsworth, and Roberto Cortes-Conde, 377~426. Cambridge: Cambridge University Press, 2006.

Sandberg, Lars. G. "Movements in the Quality of British Cotton Textile Exports, 1815-1913." *Journal of Economic History* 28, no. 1 (1968): 1~27.

Schmid, André. *Korea between Empires, 1895-1919*. New York: Columbia University Press, 2002.

Schulte-Beerbuhl, Margrit, and Jorg Vogele, eds. *Spinning the Commercial Web: International Trade, Merchants, and Commercial Cities, c. 1640-1939*. Frankfurt am Main: Lang, 2004.

Spulber, Nicolas. *Russia's Economic Transitions: From Late Tsarism to the New Millennium*. Cambridge: Cambridge University Press, 2003.

Sugihara, Kaoru. "The East Asian Path of Economic Development: A Long-Term Perspective." In *The Resurgence of East Asia: 500, 150 and 50 Year Perspectives*, edited by Giovanni Arrighi, Takeshi Hamashita, and Mark Selden, 78~123. London: Routledge, 2003.

Sugihara, Kaoru, and R. Bin Wong. "Industrious Revolutions in Early Modern World History." In *The Cambridge World History*. Vol. 6, *The Construction of a Global World, 1400-1800 ce*, pt. 2: *Patterns of Change*, edited by Jerry Bentley, Sanjay Subrahmanyam, and Merry Wiesner-Hanks, 283~310. Cambridge: Cambridge University Press, 2015.

Sylla, Richard. "Experimental Federalism: The Economics of American Government, 1789-1914." In *The Cambridge Economic History of the United States*. Vol. 2, *The Long Nineteenth Century*, edited by Stanley L. Engerman and Robert E. Gallman, 483~542. Cambridge: Cambridge University Press, 2000.

Tang, Chun Wai. "A Global Technological Diffusion—Traditional Chinese Tea Technology and Its Contribution to Modern Tea Production in the 19th Century." MA diss., Simon Fraser University, 2008. Simon Fraser University Institutional Repository, http://summit.sfu.ca/item/9220.

Taylor, Alan M. "Foreign Capital Flows." In *The Cambridge Economic History of Latin America*. Vol. 2, *The Long Twentieth Century*, edited by Victor Bulmer-Thomas, John Coatsworth, and Roberto Cortes-Conde, 57~100. Cambridge: Cambridge University Press, 2006.

Teich, Mikuláš and Roy Porter, eds. *The Industrial Revolution in National Context: Europe and the USA*. Cambridge: Cambridge University Press, 1996.

Thornton, John. *Africa and Africans in the Making of the Atlantic World, 1400-1800. Cambridge: Cambridge University Press*, 1998.

Tilly, Richard. "German Industrialization." In *The Industrial Revolution in National Context: Europe and the USA*, edited by Mikuláš Teich and Roy Porter, 95-125. Cambridge: Cambridge University Press, 1996.

Tortella, Gabriel. "A Latecomer: The Modernization of the Spanish Economy, 1800-1990." In *The Industrial Revolution in National Context: Europe and the USA*, edited by Mikuláš Teich and Roy Porter, 184~200. Cambridge: Cambridge University Press, 1996.

Tracy, James D. ed. *The Political Economy of Merchant Empires: State Power and World Trade, 1350-1750*. Cambridge: Cambridge University Press, 1991.

Trentmann, Frank. "Political Culture and Political Economy: Interest, Ideology, and Free Trade." *Review of International Political Economy* 5, no. 2 (1998): 217~251.

Tutino, John. *Making a New World: Founding Capitalism in the Bajío and Spanish North America*. Durham, NC: Duke University Press, 2011.

Van der Wee, Herman. "The Industrial Revolution in Belgium." In *The Industrial Revolution in National Context: Europe and the USA*, edited by Mikuláš Teich and Roy Porter, 64~77. Cambridge: Cambridge University Press, 1996.

Van Zanden, Jan Luiten. "Industrialization in the Netherlands." In *The Industrial Revolution in National Context: Europe and the USA*, edited by Mikuláš Teich and Roy Porter, 78~94. Cambridge: Cambridge University Press, 1996.

Vries, Peer. *State, Economy and the Great Divergence: Great Britain and China, 1680s–1850s*. London: Bloomsbury, 2015.

Wade, Robert. *Governing the Market: Economic Theory and the Role of the State in East Asian Industrialization*. Princeton, NJ: Princeton University Press, 1990.

Wallerstein, Immanuel. *The Modern World-System*. Vol. 1, *Capitalist Agriculture and the Origins of the European World-Economy in the Sixteenth Century*. New York: Academic Press, 1974.

―――. *The Modern World-System*. Vol. 2, *Mercantilism and the Consolidation of the European World-Economy, 1600–1750*. New York: Academic Press, 1980.

―――. The Modern World–System. Vol. 3, The Second Era of Great Expansion of the Capitalist World–Economy, 1730–1840s. San Diego: Academic Press, 1989.

―――. *The Modern World-System*. Vol. 4, *Centrist Liberalism Triumphant, 1789–1914*. Berkeley: University of California Press, 2011.

Whitcombe, Elizabeth. "Irrigation." In *The Cambridge Economic History of India*. Vol. 2, *c. 1757–1970*, edited by Dharma Kumar and Meghnad Desai, 677~737. Cambridge: Cambridge University Press, 1983.

White, Richard. *Railroaded: The Transcontinentals and the Making of Modern America*. New York: W. W. Norton, 2011.

Wintle, Michael. *An Economic and Social History of the Netherlands, 1800–1920: Demographic, Economic and Social Transition*. Cambridge: Cambridge University Press, 2000.

Wong, R. Bin. "China before Capitalism." In *The Cambridge History of Capitalism*. Vol. 1, *The Rise of Capitalism: From Ancient Origins to 1848*, edited by Larry Neal and Jeffrey G. Williamson, 125~164. Cambridge: Cambridge University Press, 2014.

―――. *China Transformed: Historical Change and the Limits of European Experience*. Ithaca, NY: Cornell University Press, 1997.

―――. "The Political Economy of Chinese Rural Industry and Commerce in Historical Perspective." *Études Rurales*, nos. 161~162 (2002): 153~164.

―――. "Reflections on Qing Institutions of Governance: Chinese Empire in Comparative Perspective." *Crossroads* 5 (2012): 103~114.

―――. "Self-Strengthening and Other Political Responses to the Expansion of European Economic and Political Power." In *The Cambridge World History*. Vol. 7, *Production, Destruction and Connection, 1750–Present*, pt. 1, *Structures, Spaces, and Boundary Making*, edited by John R. McNeill and Kenneth Pomeranz, 366~394. Cambridge: Cambridge University Press, 2015.

Wright, Gavin. *Old South, New South: Revolutions in the Southern Economy since the Civil War.* Baton Rouge: Louisiana State University Press, 1996.

Yamamura, Kozo. "Entrepreneurship, Ownership and Management in Japan." In *The Cambridge Economic History of Europe.* Vol. 7, *The Industrial Economies: Capital, Labour and Enterprise,* pt. 2, *The United States, Japan and Russia,* edited by Peter Mathias and M. M. Postan, 215~264. Cambridge: Cambridge University Press, 1977.

Zheng, Yangwen. *China on the Sea: How the Maritime World Shaped Modern China.* Leiden: Brill, 2012.

3부 세계적 변화의 문화사

Alam, Muzaffar, and Sanjay Subrahmanyam. *Indo-Persian Travels in the Age of Discoveries, 1400-1800.* Cambridge: Cambridge University Press, 2007.

Amrith, Sunil S. *Crossing the Bay of Bengal: The Furies of Nature and the Fortunes of Migrants.* Cambridge, MA: Harvard University Press, 2013.

Anghie, Antony. *Imperialism, Sovereignty and the Making of International Law.* Cambridge: Cambridge University Press, 2007.

Armitage, David. *The Declaration of Independence: A Global History.* Cambridge, MA: Harvard University Press, 2007.

Asad, Talal. *Formations of the Secular: Christianity, Islam, Modernity.* Stanford, CA: Stanford University Press, 2003.

Aveni, Anthony. *Empires of Time: Calendars, Clocks, and Cultures.* London: Tauris, 1990.

Aydin, Cemil. *The Politics of Anti-Westernism in Asia: Visions of World Order in Pan-Islamic and Pan-Asian Thought (1882-1945).* New York: Columbia University Press, 2007.

Baker, Keith Michael, ed. *What's Left of Enlightenment? A Postmodern Question.* Stanford, CA: Stanford University Press, 2001.

Barth, Boris, and Jürgen Osterhammel, eds. *Zivilisierungsmissionen: Imperiale Weltverbesserung seit dem 18. Jahrhundert.* Konstanz: Universitatsverlag, 2005.

Baugh, Daniel. *The Global Seven Years War, 1754-1763.* London: Longman, 2011.

Bayly, C. A. *Empire and Information: Intelligence Gathering and Social Communication in India, 1780-1870.* Cambridge: Cambridge University Press, 1996.

———. *Imperial Meridian: The British Empire and the World 1780-1830.* Harlow, UK: Longman, 1989.

Bayly, C. A., and E. F. Biagini, eds. *Giuseppe Mazzini and the Globalization of Democratic Nationalism, 1830-1920.* Oxford: Oxford University Press, 2008.

Beasley, W. G. *Japan Encounters the Barbarian: Japanese Travelers in America and Europe.* New Haven, CT: Yale University Press, 1995.

Bell, Duncan. *The Idea of Greater Britain: Empire and the Future of World Order, 1860-1900.* Princeton, NJ: Princeton University Press, 2007.

Benton, Lauren. *A Search for Sovereignty: Law and Geography in European Empires, 1400-1900.* Cambridge: Cambridge University Press, 2009.

Berry, Mary Elizabeth. *Japan in Print: Information and Nation in the Early Modern Period.* Berkeley: University of California Press, 2006.

Beyer, Peter. *Religion and Globalization.* London: Sage, 1994.

Blake, Stephen P. *Time in Early Modern Islam: Calendar, Ceremony, and Chronology in the Safavid, Mughal, and Ottoman Empires.* Cambridge: Cambridge University Press, 2013.

Bleichmar, Daniela, et al., eds. *Science in the Spanish and Portuguese Empires, 1500-1800.* Stanford, CA: Stanford University Press, 2009.

Bose, Sugata. *A Hundred Horizons: The Indian Ocean in the Age of Global Empire.* Cambridge, MA: Harvard University Press, 2006.

Bose, Sugata, and Kris Manjapra, eds. *Cosmopolitan Thought Zones: South Asia and the Global Circulation of Ideas.* New York: Palgrave Macmillan, 2010.

Breckenridge, Carol A., et al., eds. *Cosmopolitanism.* Durham, NC: Duke University Press, 2000.

Burke, Peter, and Ronnie Po-chia Hsia, eds. *Cultural Translation in Early Modern Europe.* Cambridge: Cambridge University Press, 2007.

Burbank, Jane, Mark van Hagen, and A. V. Remnev, eds. *Russian Empire: Space, People, Power, 1700-1930.* Bloomington: Indiana University Press, 2007.

Canizares-Esguerra, Jorge. *How to Write the History of the New World: Histories, Epistemologies, and Identities in the Eighteenth-Century Atlantic World.* Stanford, CA: Stanford University Press, 2001.

Carey, Daniel, and Lynn Festa, eds. *The Postcolonial Enlightenment: Eighteenth-Century Colonialism and Postcolonial Theory.* Oxford: Oxford University Press, 2009.

Carey, Hilary M. *God's Empire: Religion and Colonialism in the British World, c. 1801-1908.* Cambridge: Cambridge University Press, 2011.

Carrier, James. *Occidentalism: Images of the West.* Oxford: Oxford University Press, 1995.

Chakrabarty, Dipesh. *Provincializing Europe: Postcolonial Thought and Historical Difference.* Princeton, NJ: Princeton University Press, 2000.

Chatterjee, Partha. *The Nation and Its Fragments: Colonial and Post-colonial Histories.* Princeton, NJ: Princeton University Press, 1993.

———. *Nationalist Thought and the Colonial World: A Derivative Discourse.* Minneapolis: University of Minnesota, 1986.

Clarke, John J. *Oriental Enlightenment: The Encounter between Asian and Western Thought.* London: Routledge, 1997.

Cole, Juan. *Napoleon's Egypt: Invading the Middle East.* New York: Palgrave Macmillan, 2007.

Comaroff, Jean, and John L. Comaroff. *Of Revelation and Revolution: Christianity, Colonialism and Consciousness in South Africa.* 2 vols. Chicago: University of Chicago Press, 1991, 1997.

Conrad, Sebastian. *Globalisation and the Nation in Imperial Germany*. Cambridge: Cambridge University Press, 2010.

Conrad, Sebastian, and Dominic Sachsenmaier, eds. *Competing Visions of World Order: Global Moments and Movements, 1880-1930*. New York: Palgrave Macmillan, 2007.

Cosgrove, Dennis. *Apollo's Eye: A Cartographic Genealogy of the Earth in the Western Imagination*. Baltimore: Johns Hopkins University Press, 2001.

Craig, Albert. *Civilization and Enlightenment: The Early Thought of Fukuzawa Yukichi*. Cambridge, MA: Harvard University Press, 2009.

Davis, Kathleen. *Periodization and Sovereignty: How Ideas of Feudalism and Secularization Govern the Politics of Time*. Philadelphia: University of Pennsylvania Press, 2008.

Dirks, Nicholas B., ed. *Colonialism and Culture*. Ann Arbor: University of Michigan Press, 1992.

Drayton, Richard. *Nature's Government: Science, Imperial Britain, and the "Improvement" of the World*. New Haven, CT: Yale University Press, 2000.

Duara, Prasenjit. *The Crisis of Global Modernity: Asian Traditions and a Sustainable Future*. Cambridge: Cambridge University Press, 2014.

_____. *Rescuing History from the Nation: Questioning Narratives of Modern China*. Chicago: University of Chicago Press, 1995.

Dubois, Laurent. *Avengers of the New World: The Story of the Haitian Revolution*. Cambridge, MA: Harvard University Press, 2004.

Dubois, Laurent, and Julius S. Scott, eds. *Origins of the Black Atlantic*. New York: Routledge, 2009.

Dupre, Louis. *The Enlightenment and the Intellectual Foundations of Modern Culture*. New Haven, CT: Yale University Press, 2004.

Euben, Roxanne L. *Journeys to the Other Shore: Muslim and Western Travelers in Search of Knowledge*. Princeton, NJ: Princeton University Press, 2006.

Ferguson, Robert A. *The American Enlightenment, 1750-1820*. Cambridge, MA: Harvard University Press, 1997.

Findley, Carter. *Turkey, Islam, Nationalism, and Modernity: A History, 1789-2007*. New Haven, CT: Yale University Press, 2010.

Fussel, Marian. *Der Siebenjährige Krieg: Ein Weltkrieg im 18. Jahrhundert*. Munich: C. H. Beck, 2010.

Galison, Peter. *Einstein's Clocks, Poincaré's Maps: Empires of Time*. New York: Norton, 2004.

Garcia, Humberto. *Islam and the English Enlightenment, 1670-1840*. Baltimore: Johns Hopkins University Press, 2012.

Gascoigne, John. *The Enlightenment and the Origins of European Australia*. Cambridge: Cambridge University Press, 2005.

Gaspar, David Barry, and David Patrick Geggus, eds. *A Turbulent Time: The French Revolution and the Greater Caribbean*. Bloomington: Indiana University Press, 1997.

Geggus, David Patrick, ed. *The Impact of the Haitian Revolution in the Atlantic World*. Columbia: University of South Carolina Press, 2001.

Gelvin, James L., and Nile Green, eds. *Global Muslims in the Age of Steam and Print.* Berkeley: University of California Press, 2014.

Geyer, Martin H., and Johannes Paulmann, eds. *The Mechanics of Internationalism: Culture, Society, and Politics from the 1840s to the First World War.* Oxford: Oxford University Press, 2001.

Gluck, Carol, and Anna Lowenhaupt Tsing, eds. *Words in Motion: Towards a Global Lexicon.* Durham, NC: Duke University Press, 2009.

Göçek, Fatma Müge. *East Encounters West: France and the Ottoman Empire in the Eighteenth Century.* New York: Oxford University Press, 1987.

———. *Rise of the Bourgeoisie, Demise of the Empire: Ottoman Westernization and Social Change.* New York: Oxford University Press, 1996.

Goldman, Merle, and Leo Ou-Fan Lee, eds. *An Intellectual History of Modern China.* Cambridge: Cambridge University Press, 2002.

Gould, Stephen Jay. *Time's Arrow, Time's Cycle: Myth and Metaphor in the Discovery of Geological Time.* Cambridge, MA: Harvard University Press, 1987.

Green, Abigail, and Vincent Viaene, eds. *Religious Internationals in the Modern World: Globalization and Faith Communities since 1750.* London: Palgrave Macmillan, 2012.

Green, Nile. *Terrains of Exchange: Religious Economies of Global Islam.* Oxford: Oxford University Press, 2015.

———, ed. *Writing Travel in Central Asian History.* Bloomington: Indiana University Press, 2013.

Grove, Richard H. *Green Imperialism: Colonial Expansion, Tropical Island Edens and the Origins of Environmentalism, 1600–1860.* Cambridge: Cambridge University Press, 1995.

Gruzinski, Serge. *What Time Is It There? America and Islam at the Dawn of Modern Times.* Cambridge: Polity Press, 2010.

Guha, Ranajit. *An Indian Historiography of India: A Nineteenth-Century Agenda and Its Implications.* Kolkata: K. P. Bagchi, 1987.

Hall, Catherine. *Civilizing Subjects: Metropole and Colony in the English Imagination, 1830–1867.* Chicago: University of Chicago Press, 2002.

Harvey, David. *The Condition of Postmodernity: An Enquiry into the Origins of Cultural Change.* Oxford: Blackwell, 1989.

Hay, Stephen N. *Asian Ideas of East and West: Tagore and His Critics in Japan, China, and India.* Cambridge, MA: Harvard University Press, 1970.

Headley, John M. *The Europeanization of the World: On the Origins of Human Rights and Democracy.* Princeton, NJ: Princeton University Press, 2008.

Headrick, Daniel R. *When Information Came of Age: Technologies of Knowledge in the Age of Reason and Revolution.* Oxford: Oxford University Press, 2000.

Hill, Christopher L. *National History and the World of Nations: Capital, State, and the Rhetoric of History in Japan, France, and the United States.* Durham, NC: Duke University Press, 2008.

Himmelfarb, Gertrude. *The Roads to Modernity: The British, French, and American Enlightenments.* New

York: Vintage Books, 2004.

Ho, Engseng. *The Graves of Tarim: Genealogy and Mobility across the Indian Ocean*. Berkeley: University of California Press, 2006.

Holscher, Lucian, ed. *Religion and Secularity: Transformations and Transfers of Religious Discourses in Europe and Asia*. Leiden: Brill, 2013.

Hont, Istvan. *Jealousy of Trade: International Competition and the Nation-State in Historical Perspective*. Cambridge, MA: Harvard University Press, 2005.

Hostetler, Laura. *Qing Colonial Enterprise: Ethnography and Cartography in Early Modern China*. Chicago: University of Chicago Press, 2005.

Hourani, Albert. *Arabic Thought in the Liberal Age, 1798-1939*. Cambridge: Cambridge University Press, 1983.

Howland, Douglas R. *Translating the West: Language and Political Reason in Nineteenth-Century Japan*. Honolulu: University of Hawai'i Press, 2002.

Huber, Valeska. *Channelling Mobilities: Migration and Globalisation in the Suez Canal Region and Beyond*. Cambridge: Cambridge University Press, 2013.

Huff, Toby E. *Intellectual Curiosity and the Scientific Revolution: A Global Perspective*. Cambridge: Cambridge University Press, 2010.

Iggers, George, and Edward Q. Wang. *A Global History of Modern Historiography*. New York: Pearson Longman, 2008.

Israel, Jonathan I. *Radical Enlightenment: Philosophy and the Making of Modernity*. Oxford: Oxford University Press, 2001.

Jansen, Thomas, Thoralf Klein, and Christian Meyer, eds. *Religions in China in the Age of Globalisation, 1800-Present*. Leiden: Brill, 2014.

Jones, Eric. *The European Miracle: Environments, Economies and Geopolitics in the History of Europe and Asia*. Cambridge: Cambridge University Press, 1981.

Josephson, Jason Ãanda. *The Invention of Religion in Japan*. Chicago: University of Chicago Press, 2012.

Karl, Rebecca. *Staging the World: Chinese Nationalism at the Turn of the Twentieth Century*. Durham, NC: Duke University Press, 2002.

Kidd, Thomas S. *The Great Awakening: The Roots of Evangelical Christianity in Colonial America*. New Haven, CT: Yale University Press, 2007.

King, Richard. *Orientalism and Religion: Postcolonial Theory, India and "The Mystic East."* London: Routledge, 1999.

Koskenniemi, Martti. *The Gentle Civilizer of Nations: The Rise and Fall of International Law, 1870-1960*. Cambridge: Cambridge University Press, 2001.

Kresse, Kai, and Edward Simpson, eds. *Struggling with History: Islam and Cosmopolitanism in the Western Indian Ocean*. London: Hurst, 2007.

Kunnemann, Vanessa, and Ruth Mayer, eds. *Trans-Pacific Interactions: The United States and China,*

1880–1950. London: Palgrave Macmillan, 2009.

Lal, Vinay. *The History of History: Politics and Scholarship in Modern India*. New Delhi: Oxford University Press, 2003.

Landes, David. *Revolution in Time: Clocks and the Making of the Modern World*. Cambridge, MA: Belknap Press of Harvard University Press, 1983.

Lewis, Bernard W. *The Muslim Discovery of Europe*. New York: Norton, 2001.

Lewis, Martin W., and Karen E. Wigen. *The Myth of Continents: A Critique of Metageography*. Berkeley: University of California Press, 1997.

Linebaugh, Peter, and Marcus Rediker. *The Many-Headed Hydra: Sailors, Slaves, Commoners, and the Hidden History of the Revolutionary Atlantic*. Boston: Beacon Press, 2001.

Liu, Lydia H. *The Clash of Empires: The Invention of China in Modern World Making*. Cambridge, MA: Harvard University Press, 2004.

———, ed. *Tokens of Exchange: The Problem of Translation in Global Circulation*. Durham, NC: Duke University Press, 2000.

———. *Translingual Practice: Literature, National Culture, and Translated Modernity; China, 1900–1937*. Stanford, CA: Stanford University Press, 1995.

Livingstone, David N., and Charles W. J. Withers, eds. *Geography and Enlightenment*. Chicago: University of Chicago Press, 1999.

Lopez, Donald S., ed. *Curators of the Buddha: The Study of Buddhism under Colonialism*. Chicago: University of Chicago Press, 1995.

Maier, Charles S. *Leviathan 2.0: Inventing Modern Statehood*. Cambridge, MA: Harvard University Press, 2014.

Malik, Jamal, ed. *Perspectives of Mutual Encounters in South Asian History 1760–1860*. Leiden: Brill, 2000.

Manjapra, Kris. *Age of Entanglement: German and Indian Intellectuals across Empire*. Cambridge, MA: Harvard University Press, 2014.

Manning, Susan, and Francis D. Cogliano, eds. *The Atlantic Enlightenment*. Farnham, UK: Ashgate, 2008.

Masuzawa, Tomoko. *The Invention of World Religions: Or, How European Universalism Was Preserved in the Language of Pluralism*. Chicago: University of Chicago Press, 2005.

Matory, J. Lorand. *Black Atlantic Religion: Tradition, Transnationalism, and Matriarchy in the Afro-Brazilien Candomblé*. Princeton, NJ: Princeton University Press, 2005.

Mazlish, Bruce. *Civilization and Its Contents*. Stanford, CA: Stanford University Press, 2004.

McMahon, Darrin M. *Enemies of the Enlightenment: The French Counter-Enlightenment and the Making of Modernity*. Oxford: Oxford University Press, 2001.

Mehta, Uday Singh. *Liberalism and Empire: A Study in Nineteenth-Century British Liberal Thought*. Chicago: University of Chicago Press, 1999.

Metcalf, Thomas R. *Ideologies of the Raj*. New Delhi: Cambridge University Press, 1998.

Mignolo, Walter D. *The Idea of Latin America*. Oxford: Blackwell, 2005.

Motadel, David, ed. *Islam and the European Empires*. Oxford: Oxford University Press, 2014.

Moyn, Samuel, and Andrew Sartori, eds. *Global Intellectual History*. New York: Columbia University Press, 2013.

Mungello, David E. *The Great Encounter of China and the West, 1500–1800*. Lanham, MD: Rowman and Littlefield, 1999.

Nanni, Giordano. *The Colonisation of Time: Ritual, Routine and Resistance in the British Empire*. Manchester: Manchester University Press, 2012.

Needham, Joseph, and K. G. Robinson, eds. *Science and Civilisation in China*. Vol. 7, pt. 2. Cambridge: Cambridge University Press, 2004.

Nesbitt, Nick. *Universal Emancipation: The Haitian Revolution and the Radical Enlightenment*. Charlottesville: University of Virginia Press, 2008.

Nongbri, Brent. *Before Religion: A History of a Modern Concept*. New Haven, CT: Yale University Press, 2013.

Northrup, David. *Africa's Discovery of Europe*, 1450–1850. New York: Oxford University Press, 2002.

———. *How English Became the Global Language*. New York: Palgrave Macmillan, 2013.

O'Brien, Karen. *Narratives of Enlightenment: Cosmopolitan History from Voltaire to Gibbon*. Cambridge: Cambridge University Press, 1997.

Ogle, Vanessa. *The Global Transformation of Time, 1870–1950*. Cambridge, MA: Harvard University Press, 2015.

Osterhammel, Jürgen. *Unfabling the East: The Enlightenment's Encounter with Asia*. Princeton, NJ: Princeton University Press, 2018.

Pagden, Anthony. *European Encounters with the New World: From Renaissance to Romanticism*. New Haven, CT: Yale University Press, 1994.

———. *Worlds at War: The 2,500-Year Struggle between East and West*. Oxford: Oxford University Press, 2008.

Porter, Andrew. *Religion versus Empire? British Protestant Missionaries and Overseas Expansion, 1700–1914*. Manchester: Manchester University Press, 2004.

Rao, Velcheru Narayana, David Shulman, and Sanjay Subrahmanyam. *Textures of Time: Writing History in South India, 1600–1800*. New Delhi: Permanent Black, 2001.

Robinson, David. *Muslim Societies in African History*. Cambridge: Cambridge University Press, 2004.

Rothschild, Emma. *The Inner Life of Empires: An Eighteenth-Century History*. Princeton, NJ: Princeton University Press, 2011.

Saaler, Sven, and J. Victor Koschmann, eds. *Pan-Asianism in Modern Japanese History: Colonialism, Regionalism and Borders*. London: Routledge, 2007.

Said, Edward. *Culture and Imperialism*. New York: Vintage Books, 1993.

Sartori, Andrew. *Bengal in Global Concept History: Culturalism in the Age of Capital*. Chicago: University of Chicago Press, 2008.

_____. *Liberalism in Empire: An Alternative History.* Berkeley: University of California Press, 2014.

Schmid, André. *Korea between Empires, 1895–1919.* New York: Columbia University Press, 2002.

Schroder, Iris, and Sabine Hohler, eds. *Welt-Räume: Geschichte, Geographie und Globalisierung seit 1900.* Frankfurt am Main: Campus, 2005.

Schwartz, Stuart B., ed. *Implicit Understandings: Observing, Reporting and Reflecting on the Encounters between Europeans and Other Peoples in the Early Modern Era.* Cambridge: Cambridge University Press, 1994.

Sivasundaram, Sujit. *Islanded: Britain, Sri Lanka, and the Bounds of an Indian Ocean Colony.* Chicago: University of Chicago Press, 2013.

Sohrabi, Naghmeh. *Taken for Wonder: Nineteenth-Century Travel Accounts from Iran to Europe.* Oxford: Oxford University Press, 2012.

Sorkin, David. *The Religious Enlightenment: Protestants, Jews, and Catholics from London to Vienna.* Princeton, NJ: Princeton University Press, 2008.

Spivak, Gayatri. *A Critique of Postcolonial Reason: Toward a History of the Vanishing Present.* Cambridge, MA: Harvard University Press, 1999.

Stepan, Nancy L. *The Hour of Eugenics: Race, Gender, and Nation in Latin America.* Ithaca, NY: Cornell University Press, 1991.

Stewart, Gordon T. *Journey to Empire: Enlightenment, Imperialism, and the British Encounter with Tibet, 1774–1904.* Cambridge: Cambridge University Press, 2009.

Struve, Lynn A., ed. *The Qing Formation in World-Historical Time.* Cambridge, MA: Harvard University Asia Center, 2004.

Stuchtey, Benedikt, and Eckhardt Fuchs, eds. *Across Cultural Borders: Historiography in Global Perspective.* Lanham, MD: Rowman and Littlefield, 2002.

_____, eds. *Writing World History, 1800–2000.* Oxford: Oxford University Press, 2003.

Sun, Anna. *Confucianism as a World Religion: Contested Histories and Contemporary Realities.* Princeton, NJ: Princeton University Press, 2013.

Tagliacozzo, Eric. *The Longest Journey: Southeast Asians and the Pilgrimage to Mecca.* Oxford: Oxford University Press, 2013.

Tavakoli-Targhi, Mohamad. *Refashioning Iran: Orientalism, Occidentalism, and Historiography.* New York: Palgrave Macmillan, 2001.

Van der Veer, Peter. *Imperial Encounters: Religion and Modernity in India and Britain.* Princeton, NJ: Princeton University Press, 2001.

Verhoeven, Timothy. *Transatlantic Anti-Catholicism: France and the United States in the Nineteenth Century.* New York: Palgrave Macmillan, 2010.

Wakabayashi, Bob Tadashi, ed. *Modern Japanese Thought.* Cambridge: Cambridge University Press, 1998.

Walicki, Andrzej. *A History of Russian Thought from the Enlightenment to Marxism.* Oxford: Oxford University Press, 1980.

Winseck, Dwayne R., and Robert M. Pike. *Communication and Empire: Media, Markets, and Globalization, 1860-1930*. Durham, NC: Duke University Press, 2007.

Wishnitzer, Avner. *Reading Clocks, alla Turca: Time and Society in the Late Ottoman Empire*. Chicago: University of Chicago Press, 2015.

Withers, Charles W. J. *Placing the Enlightenment: Thinking Geographically about the Age of Reason*. Chicago: University of Chicago Press, 2007.

Wolff, Larry. *Inventing Eastern Europe: The Map of Civilization on the Mind of the Enlightenment*. Stanford, CA: Stanford University Press, 1994.

4부 위계와 연결: 세계적 사회사의 양상

Aksan, Virginia H., and Daniel Goffman, eds. *The Early Modern Ottomans: Remapping the Empire*. Cambridge: Cambridge University Press, 2007.

Amrith, Sunil S. *Crossing the Bay of Bengal: The Furies of Nature and the Fortunes of Migrants*. Cambridge, MA: Harvard University Press, 2013.

Arnold, David. *Everyday Technology: Machines and the Making of India's Modernity*. Chicago: University of Chicago Press, 2013.

Bade, Klaus J. *Migration in European History*. Oxford: Blackwell, 2003.

Barth, Boris, Stefanie Ganger, and Niels P. Petersson, eds. *Globalgeschichten. Bestandsaufnahme und Perspektiven*. Frankfurt am Main: Campus, 2014.

Bayly, C. A. *Indian Society and the Making of the British Empire*. Cambridge: Cambridge University Press, 1988.

_____. *Rulers, Townsmen and Bazaars: North Indian Society in the Age of British Expansion, 1770-1870*. Cambridge: Cambridge University Press, 1983.

Bayly, Susan. *Caste, Society and Politics in India from the Eighteenth Century to the Modern Age*. Cambridge: Cambridge University Press, 1999.

Bayor, Ronald H., ed. *The Columbia Documentary History of Race and Ethnicity in America*. New York: Columbia University Press, 2004.

Beckert, Sven. *The Monied Metropolis: New York City and the Consolidation of the American Bourgeoisie, 1850-1896*. Cambridge: Cambridge University Press, 2001.

Beckert, Sven, and Julia B. Rosenbaum, eds. *The American Bourgeoisie: Distinction and Identity in the Nineteenth Century*. Basingstoke, UK: Palgrave Macmillan, 2010.

Bergére, Marie-Claire. *Capitalisme et capitalistes en Chine. XIXe-XXIe siècle*. Paris: Perrin, 2007.

_____. *Shanghai: China's Gateway to Modernity*. Stanford, CA: Stanford University Press, 2009.

Berlin, Ira. *Generations of Captivity: A History of African-American Slaves*. Cambridge, MA: Belknap Press of Harvard University Press, 2003.

Bertrand, Romain. *État colonial, noblesse et nationalisme à Java: La tradition parfaite*. Paris: Karthala,

2005.

Blackbourn, David. *History of Germany, 1780–1918: The Long Nineteenth Century*. Malden, MA: Blackwell, 2003.

Blum, Jerome. *The End of the Old Order in Rural Europe*. Princeton, NJ: Princeton University Press, 1978.

Blumin, Stuart M. *The Emergence of the Middle Class: Social Experience in the American City, 1760–1900*. Cambridge: Cambridge University Press, 1989.

Bosma, Ulbe, Gijs Kessler, and Leo Lucassen, eds. *Migration and Membership Regimes in Global and Historical Perspective: An Introduction*. Leiden: Brill, 2013.

Boyar, Ebru, and Kate Fleet. *A Social History of Ottoman Istanbul*. Cambridge: Cambridge University Press, 2010.

Calloway, Colin G. *One Vast Winter Count: The Native American West before Lewis and Clark*. Lincoln: University of Nebraska Press, 2003.

Cannadine, David. *The Decline and Fall of the British Aristocracy*. New Haven, CT: Yale University Press, 1990.

————. *The Rise and Fall of Class in Britain*. New York: Columbia University Press, 1999.

Cayton, Mary Kupiec, Elliott J. Gorn, and Peter W. Williams, eds. *Encyclopedia of American Social History*. 3 vols. New York: Scribner's, 1993.

Chang, Chung-li. *The Chinese Gentry: Studies on Their Role in Nineteenth-Century Chinese Society*. Seattle: University of Washington Press, 1955.

Charle, Christophe. *Birth of the Intellectuals, 1880–1900*. Cambridge: Polity Press, 2015.

————. *Histoire sociale de la France au XIXe siècle*. Paris: Seuil, 1991.

————. *Le siècle de la presse (1830–1939)*. Paris: Seuil, 2004.

Clancy-Smith, Julia A. *Mediterraneans: North Africa and Europe in an Age of Migration, c. 1800–1900*. Berkeley: University of California Press, 2011.

Clancy-Smith, Julia A., and Frances Gouda, ed. *Domesticating the Empire: Race, Gender, and Family Life in French and Dutch Colonialism*. Charlottesville: University of Virginia Press, 1998.

Clark, Peter. *European Cities and Towns: 400–2000*. Oxford: Oxford University Press, 2009.

Coquery-Vidrovitch, Catherine. *Africa and the Africans in the Nineteenth Century: A Turbulent History*. Armonk, NY: Sharpe, 2009.

————. *African Woman: A Modern History*. Boulder, CO: Westview Press, 1994.

————. *The History of African Cities South of the Sahara: From the Origins to Colonization*. Princeton, NJ: Markus Wiener, 2008.

Cott, Nancy F. *Public Vows: A History of Marriage and the Nation*. Cambridge, MA: Harvard University Press, 2000.

Crossick, Geoffrey, and Heinz-Gerhard Haupt. *The Petite Bourgeoisie in Europe 1780–1914: Enterprise, Family and Independence*. London: Routledge, 1995.

Crossick, Geoffrey, and Serge Jaumain, eds. *Cathedrals of Consumption: The European Department*

Store, 1850-1939. Aldershot, UK: Ashgate, 1999.

Cunningham, Hugh. *Children and Childhood in Western Society since 1500.* New York: Routledge, 2014.

Deacon, Desley, Penny Russell, and Angela Woollacott, eds. *Transnational Lives: Biographies of Global Modernity, 1700-Present.* Basingstoke, UK: Palgrave Macmillan, 2010.

Demel, Walter. *Europäische Geschichte des 18. Jahrhunderts: Ständische Gesellschaft und europäisches Mächtesystem im beschleunigten Wandel (1689, 1700-1789, 1800).* Stuttgart: Kohlhammer, 2000.

Dipper, Christof. "Orders and Classes: Eighteenth-Century Society under Pressure." In *The Eighteenth Century: Europe, 1688-1815,* edited by Timothy C. W. Blanning, 52~90. Oxford: Oxford University Press, 2000.

Doyle, William, ed. *The Oxford Handbook of the Ancien Régime.* Oxford: Oxford University Press, 2012.

Eliot, Simon, and Jonathan Rose, eds. *A Companion to the History of the Book.* Oxford: Blackwell, 2007.

Elman, Benjamin A. *A Cultural History of Civil Examinations in Late Imperial China.* Berkeley: University of California Press, 2000.

Elson, Robert E. *The End of the Peasantry in Southeast Asia: A Social and Economic History of Peasant Livelihood, 1800-1990s.* Basingstoke, UK: Macmillan, 1997.

_____. *Village Java under the Cultivation System, 1830-1870.* Sydney: Allen and Unwin, 1994.

Eltis, David, and David Richardson. *Atlas of the Transatlantic Slave Trade.* New Haven, CT: Yale University Press, 2010.

Elvin, Mark, and G. William Skinner, eds. *The Chinese City between Two Worlds.* Stanford, CA: Stanford University Press, 1974.

Esherick, Joseph. *Ancestral Leaves: A Family Journey through Chinese History.* Berkeley: University of California Press, 2011.

Esherick, Joseph W., and Mary Backus Rankin, eds. *Chinese Local Elites and Patterns of Dominance.* Berkeley: University of California Press, 1990.

Falola, Toyin, and Kevin D. Roberts, eds. *The Atlantic World, 1450-2000.* Bloomington: Indiana University Press, 2008.

Finnane, Antonia. *Changing Clothes in China: Fashion, History, Nation.* New York: Columbia University Press, 2008.

Fisher, Andrew B., and Matthew D. O'Hara, eds. *Imperial Subjects: Race and Identity in Colonial Latin America.* Durham, NC: Duke University Press, 2009.

Fliegelman, Jay. *Prodigals and Pilgrims: The American Revolution against Patriarchal Authority, 1750-1800.* Cambridge: Cambridge University Press, 1982.

Foner, Eric, and Lisa McGirr, eds. *American History Now.* Philadelphia: Temple University Press, 2011.

Foyster, Elizabeth A., and James Marten, eds. *A Cultural History of Childhood and Family in the Age of Enlightenment.* Oxford: Berg, 2010.

Fraisse, Genevieve, and Michelle Perrot, eds. *History of Women in the West.* Vol. 4, *Emerging Feminism from Revolution to World War.* Cambridge, MA: Harvard University Press, 1995.

Freitag, Ulrike. *Indian Ocean Migrants and State Formation in Hadhramaut: Reforming the Homeland.* Leiden: Brill, 2003.

Freund, Bill. *The African City: A History.* Cambridge: Cambridge University Press, 2007.

———. *The Making of Contemporary Africa: The Development of African Society since 1800.* Boulder, CO: Rienner, 1998.

Geiger, Roger L. *The History of American Higher Education: Learning and Culture from the Founding to World War II.* Princeton, NJ: Princeton University Press, 2015.

Gestrich, Andreas, Jens-Uwe Krause, and Michael Mitterauer. *Geschichte der Familie.* Stuttgart: Kroner, 2003.

Giliomee, Hermann. *The Afrikaners: Biography of a People.* London: Hurst, 2003.

Gillis, John R. *The Development of European Society, 1770-1870.* Boston: Houghton Mifflin, 1997.

Göçek, Fatma Müge. *Rise of the Bourgeoisie, Demise of Empire: Ottoman Westernization and Social Change.* Oxford: Oxford University Press, 1996.

Hahn, Steven. *The Political Worlds of Slavery and Freedom.* Cambridge, MA: Harvard University Press, 2009.

Hanssen, Jens, Thomas Philipp, and Stefan Weber, eds. *The Empire in the City: Arab Provincial Capitals in the Late Ottoman Empire.* Wurzburg: Ergon, 2002..

Hao, Yen-p'ing. *The Commercial Revolution in Nineteenth-Century China: The Rise of Sino-Western Mercantile Capitalism.* Berkeley: University of California Press, 1986.

———. *The Comprador in Nineteenth-Century China: Bridge between East and West.* Cambridge, MA: Harvard University Press, 1970.

Hartley, Janet M. *A Social History of the Russian Empire, 1650-1825.* London: Longman, 1999.

Hayami, Akira, Osamu Saito, and Ronald P. Toby, eds. *The Economic History of Japan: 1600-1990.* Vol. 1, *Emergence of Economic Society in Japan, 1600-1859.* Oxford: Oxford University Press, 2009.

Heywood, Colin, ed. *A Cultural History of Childhood and Family in the Age of Empire.* Oxford: Berg, 2010.

———. "Society." In *The Nineteenth Century: Europe, 1789-1914,* edited by Timothy C. W. Blanning, 47~77. Oxford: Oxford University Press, 2000.

Hoerder, Dirk, and Amarjit Kaur, eds. *Proletarian and Gendered Mass Migrations: A Global Perspective on Continuities and Discontinuities from the 19th to the 21st Centuries.* Leiden: Brill, 2013.

Hoganson, Kristin L. *Consumers' Imperium: The Global Production of American Domesticity, 1865-1920.* Chapel Hill: University of North Carolina Press, 2007.

Huurdeman, Anton A. *The Worldwide History of Telecommunications.* New York: Wiley, 2003.

İalcı, Halil, and Donald Quataert, eds. *Economic and Social History of the Ottoman Empire.* 2 vols. Cambridge: Cambridge University Press, 1994.

Irokawa, Daikichi. *The Culture of the Meiji Period.* Princeton, NJ: Princeton University Press, 1985.

Isichei, Elizabeth. *A History of African Societies to 1870.* Cambridge: Cambridge University Press, 1997.

Jansen, Marius B., and Gilbert Rozman, eds. *Japan in Transition: From Tokugawa to Meiji.* Princeton, NJ: Princeton University Press, 1986.

Johnson, Christopher H. et al., eds. *Transregional and Transnational Families in Europe and Beyond: Experiences since the Middle Ages.* New York: Berghahn, 2011.

Johnson, Walter. *River of Dark Dreams: Slavery and Empire in the Cotton Kingdom.* Cambridge, MA: Belknap Press of Harvard University Press, 2013.

_____. *Soul by Soul: Life in the Antebellum Slave Market.* Cambridge, MA: Harvard University Press, 2000.

Kaelble, Hartmut, ed. *The European Way: European Societies during the Nineteenth and Twentieth Centuries.* New York: Berghahn, 2004.

Kasaba, Reşat. *A Moveable Empire: Ottoman Nomads, Migrants, and Refugees.* Seattle: University of Washington Press, 2009.

Kilbride, Daniel. *Being American in Europe, 1750-1860.* Baltimore: Johns Hopkins University Press, 2013.

Klarén, Peter Flindell. *Peru: Society and Nationhood in the Andes.* Oxford: Oxford University Press, 2000.

Knight, Franklin W., ed. *General History of the Caribbean.* Vol. 3, *The Slave Societies of the Caribbean.* London: Macmillan, 1997.

Knight, Frederick C. *Working the Diaspora: The Impact of African Labor on the Anglo-American World, 1650-1850.* New York: NYU Press, 2010.

Kocka, Jürgen. *Arbeiten an der Geschichte: Gesellschaftlicher Wandel im 19. und 20. Jahrhundert.* Gottingen: Vandenhoeck und Ruprecht, 2011.

_____. *Arbeiterleben und Arbeiterkultur: Die Entstehung einer sozialen Klasse.* Bonn: Dietz, 2015.

_____. *Arbeitsverhältnisse und Arbeiterexistenzen. Grundlagen der Klassenbildung im 19. Jahrhundert.* Bonn: Dietz, 1990.

_____. *Capitalism: A Short History.* Princeton, NJ: Princeton University Press, 2016.

_____. *Les bourgeoisies européennes au XIXe siècle.* Paris: Bellin, 2000.

_____. *Weder Stand noch Klasse: Unterschichten um 1800.* Bonn: Dietz, 1990.

Kocka, Jürgen, and Ute Frevert, eds. *Bürgertum im 19. Jahrhundert: Deutschland im europäischen Vergleich.* 3 vols. Munich: Deutscher Taschenbuch-Verlag, 1988.

Kolchin, Peter. *Unfree Labor: American Slavery and Russian Serfdom.* Cambridge, MA: Harvard University Press, 1987.

Lenger, Friedrich. *European Cities in the Modern Era, 1850-1914.* Leiden: Brill, 2012.

Lieven, Dominic. *The Aristocracy in Europe, 1815-1914.* Basingstoke, UK: Macmillan, 1992.

Linden, Marcel van der. *Workers of the World: Essays toward a Global Labor History.* Leiden: Brill, 2008.

Loimeier, Roman. *Muslim Societies in Africa: A Historical Anthropology.* Bloomington: Indiana University Press, 2012.

Lombard, Denys, and Jean Aubin, eds. *Asian Merchants and Businessmen in the Indian Ocean and the China Sea*. New Delhi: Oxford University Press, 2000.

Lydon, Ghislaine. *On Trans-Saharan Trails: Islamic Law, Trade Networks, and Cross-Cultural Exchange in Nineteenth-Century Western Africa*. Cambridge: Cambridge University Press, 2009.

Malanima, Paolo. "Urbanization." In *The Cambridge Economic History of Modern Europe*. Vol. 1, *1700–1870*, edited by Stephen Broadberry and Kevin H. O'Rourke, 235~263. Cambridge: Cambridge University Press, 2010.

Mann, Michael. *Sahibs, Sklaven und Soldaten: Geschichte des Menschenhandels rund um den Indischen Ozean*. Darmstadt: Wissenschaftliche Buchgesellschaft, 2012.

Maza, Sarah C. *The Myth of the French Bourgeoisie: An Essay on the Social Imaginary, 1750–1850*. Cambridge, MA: Harvard University Press, 2003.

McPhee, Peter, ed. *A Companion to the French Revolution*. Malden, MA: Wiley–Blackwell, 2013.

Meade, Teresa A., and Merry E. Wiesner–Hanks, eds. *Companion to Gender History*. Malden, MA: Blackwell, 2004.

Moon, David. *The Russian Peasantry, 1600–1930: The World the Peasants Made*. London: Longman, 1999.

Naquin, Susan, and Evelyn S. Rawski. *Chinese Society in the Eighteenth Century*. New Haven, CT: Yale University Press, 1987.

Oberg, Michael Leroy. *Native America: A History*. Chichester, UK: Wiley–Blackwell, 2010.

O'Fahey, R. S. *The Darfur Sultanate*. London: Hurst, 2008.

Özdalga, Elisabeth, ed. *Late Ottoman Society: The Intellectual Legacy*. London: Routledge, 2005.

Pamuk, Şevket, and Jan–Luiten van Zanden. "Standards of Living." In *The Cambridge Economic History of Modern Europe*. Vol. 1, *1700–1870*, edited by Stephen Broadberry and Kevin H. O'Rourke, 217~234. Cambridge: Cambridge University Press, 2010.

Paquette, Robert Louis, and Mark W. Smith, eds. *The Oxford Handbook of Slavery in the Americas*. Oxford: Oxford University Press, 2010.

Pernau, Margrit. *Ashraf into Middle Classes: Muslims in Nineteenth-Century Delhi*. New Delhi: Oxford University Press, 2013.

Perrot, Michelle, ed. *History of Private Life*. Vol. 4, *From the Fires of Revolution to the Great War*. Cambridge, MA: Harvard University Press, 1990.

Pilbeam, Pamela M. *The Middle Classes in Europe, 1789–1914: France, Germany, Italy and Russia*. Basingstoke, UK: Macmillan, 1990.

Pinol, Jean–Luc, and Francois Walter. *Histoire de l'Europe urbaine*. Vol. 4, *La ville contemporaine jusqu'à la Seconde Guerre mondiale*. Paris: Seuil, 2003.

Prestholdt, Jeremy. *Domesticating the World: African Consumerism and the Genealogies of Globalization*. Berkeley: California University Press, 2006.

―――. "Similitude and Empire: On Comorian Strategies of Englishness." *Journal of World History* 18 (2007): 113~138.

Price, Richard: *British Society, 1680-1880: Dynamism, Containment and Change*. Cambridge: Cambridge University Press, 1999.

Price, Roger: *A Social History of Nineteenth-Century France*. London: Hutchinson, 1987.

Purdy, Daniel L. *The Tyranny of Elegance: Consumer Cosmopolitanism in the Era of Goethe*. Baltimore: Johns Hopkins University Press, 1998.

Rahikainen, Marjatta. *Centuries of Child Labour: European Experiences from the Seventeenth to the Twentieth Century*. Aldershot, UK: Ashgate, 2004.

Roediger, David R. *Working toward Whiteness: How America's Immigrants Became White: The Strange Journey from Ellis Island to the Suburbs*. New York: Basic Books, 2005.

Schenk, Frithjof Benjamin. *Russlands Fahrt in die Moderne: Mobilität und sozialer Raum im Eisenbahnzeitalter*. Stuttgart: Steiner, 2014.

Schivelbusch, Wolfgang. *Illumination: Electric Light and the Shaping of Modern Society: Industrialization of Light in the Nineteenth Century*. Oxford: Berg, 1989.

_____ . *The Railway Journey: The Industrialization of Time and Space*. Berkeley: University of California Press, 1987.

Schwentker, Wolfgang. *Die Samurai*. Munich: C. H. Beck, 2003.

Scott, Tom, ed. *The Peasantries of Europe from the Fourteenth to the Eighteenth Centuries*. London: Longman, 1998.

Seigel, Jerrold E. *Modernity and Bourgeois Life: Society, Politics, and Culture in England, France, and Germany since 1750*. Cambridge: Cambridge University Press, 2012.

Simonton, Deborah. *A History of European Women's Work, 1700 to the Present*. London: Routledge, 1998.

_____ , ed. *The Routledge History of Women in Europe since 1700*. London: Routledge, 2006.

Smith, Bonnie G. *Ladies of the Leisure Class: The Bourgeoises of Northern France in the Nineteenth Century*. Princeton, NJ: Princeton University Press, 1981.

_____ , ed. *Women's History in Global Perspective*. 3 vols. Urbana: University of Illinois Press, 2004-2005.

Smith, Vanessa. *Intimate Strangers: Friendship, Exchange and Pacific Encounters*. Cambridge: Cambridge University Press, 2010.

Stanziani, Alessandro. *Bondage: Labor and Rights in Eurasia from the Sixteenth to the Early Twentieth Centuries*. New York: Berghahn, 2014.

Tagliacozzo, Eric. *The Longest Journey: Southeast Asians and the Pilgrimage to Mecca*. Oxford: Oxford University Press, 2013.

Taylor, Barbara. *Eve and the New Jerusalem: Socialism and Feminism in the Nineteenth Century*. London: Virago Press, 1983.

Thompson, E. P. *The Making of the English Working Class*. London: Gollancz, 1963.

Van Zanden, Jan Luiten. *The Long Road to the Industrial Revolution: The European Economy in a Global Perspective, 1000-1800*. Boston: Brill, 2009.

Vital, David. *A People Apart: The Jews in Europe, 1789–1939*. Oxford: Oxford University Press, 1999.

Voss, Stuart F. *Latin America in the Middle Period, 1750–1929*. Wilmington, DE: Scholarly Resources, 2002.

Warner, Michael. *The Letters of the Republic: Publication and the Public Sphere in Eighteenth-Century America*. Cambridge, MA: Harvard University Press, 1990.

Wehler, Hans–Ulrich. *Deutsche Gesellschaftsgeschichte*. 5 vols. Munich: C. H. Beck, 1987–2008.

Wittner, David G. *Technology and the Culture of Progress in Meiji Japan*. London: Routledge, 2008.

Woolf, Stuart. *Napoleon's Integration of Europe*. London: Routledge, 1991.

Zakim, Michael, and Gary J. Kornblith, eds. *Capitalism Takes Command: The Social Transformation of Nineteenth-Century America*. Chicago: University of Chicago Press, 2012.

저자 소개

제밀 아이든 Cemil Aydin은 노스캐롤라이나 대학교 채플힐의 역사학과 교수다. 그의 연구 관심 영역은 특히 일본과 오스만 제국의 초국적 역사에 중점을 둔 아시아 근대사에 있다. 주요 저서로는 『아시아의 반서구주의 정치: 범이슬람 사상과 범아시아 사상 속 세계 질서의 비전』(2007)이 있고, 가장 최근의 저서로는 『무슬림 세계의 이데아: 세계적 정신사』(2017)가 있다.

제바스티안 콘라트 Sebastian Conrad는 베를린 자유 대학의 근대사 및 세계사 교수다. 저서로는 『잃어버린 국가를 위한 탐구: 미국의 세기에 독일과 일본의 역사 쓰기』(2010)와 『독일제국의 세계화와 국가』(2010), 『독일 식민주의의 간략한 역사』(2012)가 있다. 가장 최근의 저서로는 『지구사란 무엇인가?』(2016)가 있다.

위르겐 오스터함멜Jürgen Osterhammel은 독일 콘스탄츠 대학의 명예교수이며, 라이프니츠상의 2010년 수상자다. 세계사 연구에 기여한 공로로 2017년에는 토인비상을, 2018년에는 발찬상을 받았다. 그는 『대변혁: 19세기사』(2009)의 저자이기도 하다. 영어로 번역되어 나온 가장 최근의 저서로는 『탈식민지화의 간략한 역사』(얀 안선Jan C. Jansen과 공저, 2017)와 『동양이라는 신화가 무너지다: 아시아에서의 계몽주의적 만남』(2018)이 있다.

로이 빈 윙R. Bin Wong은 캘리포니아 대학교 로스앤젤레스의 저명한 역사학 교수이며 UCLA 아시아 연구소의 소장이다. 그의 연구 관심사는 유라시아 역사의 맥락에서 중국의 정치적·경제적·사회적 변화에 초점을 맞춘다. 윙은 표준적 저작으로 평가되는 『중국의 혁신: 역사적 변화와 유럽 경험의 한계』(1997)의 저자다. 단독 저자 또는 공동 저자로서 그는 90편이 넘는 논문을 발표했다. 가장 최근의 저서로는 『분기 이전과 이후: 중국과 유럽의 경제적 변화의 정치』(장로랑 로즌솔Jean-Laurent Rosenthal과 공저, 2011)가 있다.

ㄱ

가리발디, 주세페 Garibaldi, Giuseppe 101, 147, 150~151, 186, 985

가비, 마커스 Garvey, Marcus 227, 291~292

가스프린스키, 이스마일 Gaspirali, Ismail 240, 266

가토 히로유키 加藤弘之 707

간디, 모한다스 카람찬드 "마하트마" Gandhi, Mohandas Karamchand "Mahatma" 38, 253, 261, 274, 292, 294, 303, 556, 639, 661

강희제 康熙帝 505, 570

건륭제 乾隆帝 78, 85, 505~506, 518, 570, 646, 792

고노에 아쓰마로 近衛篤麿 213~214

고데라 겐키치 小寺健吉 211

고든, 찰스 Gordon, Charles 122, 219

고마쓰노미야 아키히토 小松宮彰仁 36

고바트, 자무엘 Gobat, Samuel 680

고세크, 프랑수아조제프 Gossec, François-Joseph 16

고시, 아우로빈도 Ghosh, Aurobindo 216

고틀로프, 요한 하인리히 Gottlob, Johann Heinrich 569

골드지헤르 이그나츠 Goldziher Ignác 231

곽숭도 郭嵩燾 531

괴칼프, 지야 Gökalp, Ziya 718

괴테, 요한 볼프강 폰 Goethe, Johann Wolfgang von 592, 614, 618, 800, 845~846

구디, 잭 Goody, Jack 1085

구메 구니타케 久米邦武 695, 717

구홍밍 辜鴻銘 992

굴드, 스티븐 제이 Gould, Stephen Jay 457, 623

그랜, 피터 Gran, Peter 498

그로티우스, 휘호 Grotius, Hugo 571

그루진스키, 세르주 Gruzinski, Serge 523

그리피스, 윌리엄 엘리엇 Griffis, William Elliot 519

글래드스턴, 윌리엄 이워트 Gladstone, William Ewart 192, 199, 206, 254, 531, 990, 1019

기번, 에드워드 Gibbon, Edward 523, 923, 1017

끄엉데 彊柢 285

ㄴ

나디르 샤 Nader Shah 78~79, 83~85, 821, 976
나리뇨, 안토니오 Nariño, Antonio 576
나오로지, 다다바이 Naoroji, Dadabhai 38
나폴레옹 3세 Napoléon III 127, 149~150, 715, 869, 978
나폴레옹 보나파르트 Napoléon Bonaparte 18, 93~94, 96, 98~100, 105, 108~109, 117~118, 205, 405, 498, 515, 578, 580~581, 588, 600, 826~827, 834, 973, 978, 1006
난디, 아시스 Nandy, Ashis 640
내시, 게리 Nash, Gary 104
네루, 자와할랄 Nehru, Jawaharlal 234, 545
노르다우, 막스 Nordau, Max 43, 619
노블, 마거릿 엘리자베스 Noble, Margaret Elizabeth 217, 228
노비코프, 니콜라이 Novikov, Nikolay 575
노스, 더글러스 North, Douglass C. 341
뉴먼, 존 헨리 Newman, John Henry 131
뉴턴, 아이작 Newton, Isaac 611
니덤, 조지프 Needham, Joseph 473
니시카와 조켄 西川如見 519
니콜라이 1세 (러시아의 황제) Nicholas I (tsar) 123
닐, 래리 Neal, Larry 450

ㄷ

다루이 도키치 樽井藤吉 210
다르마팔라, 아나가리카 Dharmapala, Anagarika 216, 660~664
다마스, 레옹공트랑 Damas, Leon-Gontran 292
다야난다 (스와미) Dayananda (Swami) 718
다윈, 찰스 Darwin, Charles 231, 239, 623, 624, 717
다타, 아크샤이 쿠마르 Datta, Akshay Kumar

697
단 포디오, 우스만 Dan Fodio, Usman 76, 672~673, 684
더트, 라메시 찬드라 Dutt, Romesh Chunder 38, 845
더프, 알렉산더 Duff, Alexander 688
데로지오, 헨리 Derozio, Henry 491, 539
도쿠토미 소호 德富蘇峰 595, 992
두라니, 아흐마드 샤 Durrani, Ahmad Shah 72
뒤 알드, 장바티스트 Du Halde, Jean-Baptiste 514
뒤르켐, 에밀 Durkheim, Émile 665, 708, 763, 772, 783, 796
듀보이스, 윌리엄 에드워드 버가트 Du Bois, W. E. B. 44, 223~224, 289~290
듀세 무함마드 알리 Dusé Mohamed Ali 227, 291
드로스테휠스호프, 아네테 폰 Droste-Hülshoff, Annette von 644
디드로, 드니 Diderot, Denis 574, 586, 1063
디즈레일리, 벤저민 Disraeli, Benjamin 199, 990
디치필드, 피터 헴프슨 Ditchfield, Peter H. 645
딜레이니, 마틴 로빈슨 Delany, Martin R. 222
딜리크, 아리프 Dirlik, Arif 500
딜립 싱 Duleep Singh 227

ㄹ

라나데, 마하데브 고빈드 Ranade, Mahadev Govind 38
라디셰프, 알렉산드르 Radishchev, Alexander 575
라마 5세 (태국의 왕) Rama V (king), of Thailand 142, 533, 590
라마바이, 판디타 Ramabai, Pandita 597
라스 카사스, 바르톨로메 데 Las Casas, Bartolomé de 571
라이엘, 앨프리드 Lyall, Alfred 631

라이초두리, 타판 Raychaudhuri, Tapan 537, 538

라즈파트 파이, 라라 Lajpat Rai, Lala 171

라지, 카필 Raj, Kapil 574

라파예트 후작 Lafayette, Marquis de 107, 979

랄, 비나이 Lal, Vinay 640

랑케, 레오폴드 폰 Ranke, Leopold von 641~644, 652

래플스, 스탬퍼드 Raffles, Stamford 779, 826, 834, 920

랜디스, 데이비드 술 Landes, David S. 494

랭보, 아르튀르 Rimbaud, Arthur 624

량치차오 梁啓超 210, 261, 554, 586, 598, 1032

러셀, 버트런드 Russell, Bertrand 506, 661, 991

레게, 제임스 Legge, James 22, 534, 968

레날, 기욤 토마 프랑수아 Raynal, Guillaume Thomas François 584, 821

레르몬토프, 미하일 Lermontov, Mikhail 648, 1040

레비브륄, 뤼시앵 Lévy-Bruhl, Lucien 630

레셉스, 페르디낭 드 Lesseps, Ferdinand de 405

레시드 파샤, 무스타파 Resit Pasha, Mustafa 588

레오 13세 (교황) Leo XIII (pope) 186

레오폴 2세 (벨기에의 왕) Leopold II (king) 186, 219, 238, 412~413, 631

레이놀즈, 마이클 Reynolds, Michael 268

레프지우스, 마리오 라이너 Lepsius, M. Rainer 739

로드릭, 대니 Rodrik, Dani 485

로버트슨, 윌리엄 Robertson, William 40, 1026

로언솔, 데이비드 Lowenthal, David 645

로이, 람 모한 Roy, Rammohan 33, 101, 532, 539, 587~588, 596, 709~711, 713, 717~718

로이, 마나벤드라 나트 Roy, M. N. 286

로이드 조지, 데이비드 Lloyd George, David 270

로즈, 세실 Rhodes, Cecil 413

로크, 존 Locke, John 32, 588~590, 626, 765, 767, 781

로트피 알사예드, 아흐메드 Lutfi el-Sayyid, Ahmed 621

로페스, 프란시스코 솔라노 Lopez, Francisco Solano 181

루만, 니클라스 Luhmann, Niklas 752~760, 764, 1053, 1054

루베르튀르, 투생 Louverture, Toussaint 583

루브루아, 루이 드 Rouvroy, Louis de 781

루이 14세 (프랑스의 왕) Louis XIV (king) 781, 859, 926

루이 16세 (프랑스의 왕) Louis XVI (king) 23, 946

루이 18세 (프랑스의 왕) Louis XVIII (king) 95

루이스, 메리웨더 Lewis, Meriwether 779

루터, 마르틴 Luther, Martin 25, 518, 660, 669, 710, 1048

룰, 존 Rule, John 525

류스페이 劉師培 596

르봉, 귀스타브 Le Bon, Gustave 231, 235, 846

르 샤틀리에, 알프레드 Le Chatelier, Alfred 231

르낭, 에르네스트 Renan, Ernest 202, 589, 711, 717, 743

르자, 아흐메드 Rıza, Ahmed 232, 261, 546

리고드, 앙드레 Rigaud, Andre 17

리다, 라시드 Rida, Rashid 173, 221, 266, 279, 959

리버먼, 빅터 Lieberman, Victor 80

리븐, 도미닉 Lieven, Dominic 201

리살, 호세 Rizal, José 600, 649

리셰, 샤를 Richet, Charles 544, 642

리스, 루트비히 Riess, Ludwig 642

리치, 마테오 Ricci, Matteo 553, 694

린네, 칼 폰 Linné, Carl von 623~624

ㅁ

마르크스, 칼 Marx, Karl 154, 455, 615, 625,

627, 697, 738, 747~748, 754, 759, 767, 769, 772~774, 783, 795, 803, 822, 835, 841, 844, 893~894, 898~900, 964, 1056

마르텐스, 표도르 표도로비치 Martens, Fedor Fedorvich 161

마르틴, 하인리히 Martin, Heinrich 523

마리 앙투아네트 (왕비) Marie Antoinette (queen) 16~17

마브로코르다토스, 알렉산드로스 Mavrocordatos, Alexandros 66

마비니, 아폴리나리오 Mabini, Apolinario 590

마시뇽, 루이 Massignon, Louis 231

마오쩌둥 毛澤東 288, 292, 867

마이어, 존 윌프레드 Meyer, John W. 753

마조워, 마크 Mazower, Mark 257, 296

마치니, 주세페 Mazzini, Giuseppe 130, 147, 150, 153~154, 659, 703, 984

마흐무드 2세 (오스만의 술탄) Mahmud II (sultan) 123, 141, 405, 535

막디시, 일함 Makdisi, Ilham 232

막시밀리아노 1세 (멕시코의 황제) Maximiliano I (emperor of Mexico) 150, 978

만자프라, 크리스 Manjapra, Kris 286

매슈스, 배질 Mathews, Basil 276

맥닐, 윌리엄 하디 McNeill, William H. 494, 562, 963

맥닐, 존 로버트 McNeill, John R. 963

먼로, 제임스 Monroe, James 102, 994

메넬리크 2세 (에티오피아의 황제) Menelik II (emperor) 221~222

메이지 천황 明治天皇 141, 211

메인, 헨리 Maine, Henry 631

모건, 루이스 헨리 Morgan, Lewis Henry 623, 763

모레노, 가브리엘 가르시아 Moreno, Gabriel Garcí 186, 988

모스, 새뮤얼 Morse, Samuel 526

모차르트, 볼프강 아마데우스 Mozart, Wolfgang Amadeus 15~16, 19, 875

모키르, 조엘 Mokyr, Joel 498

모트, 존 Mott, John 681

모펏, 에밀리 Moffat, Emily 632

몰트케, 헬무트 폰 Moltke, Helmuth von 620

몽테뉴, 미셸 드 Montaigne, Michel de 499, 777

무수루스, 코스타키 (콘스탄디노스 무수로스) Musurus, Kostaki (Konstantinos Mousouros) 124

무스타파, 하지 Mustapha, Haji 513, 1014

뮈세, 알프레드 드 Musset, Alfred de 615

뮈테페리카, 이브라힘 Müteferrika, İbrahim 80

뮐러, 프리드리히 막스 Müller, Friedrich Max 680, 713

미그놀로, 왈테르 Mignolo, Walter 103

미란다, 프란시스코 데 Miranda, Francisco de 576

미슐레, 쥘 Michelet, Jules 641, 698, 794, 1060

미에로스와프스키, 루드비크 Mierosławski, Ludwik 147

미타니 히로시 三谷博 70

미트라, 젠드라 랄 Mitra, Rajendra Lal 649~650

민망 황제 明命帝 142

밀, 제임스 Mill, James 622, 639

밀, 존 스튜어트 Mill, John Stuart 130, 591, 776

밀러, 존 Millar, John 766

브

바 모 Ba Maw 235

바네르지, 수렌드라나트 Banerjee, Surendranath 639

바레, 잔 Baré, Jeanne 514

바스티아, 프레데리크 Bastiat, Frédéric 591

바이런, 조지 고든 Byron, George Gordon 122~123, 147

바하두르 샤 Bahadur Shah 133

바하올라 Baha'ullah 714~716

박은식 朴殷植 590

발자크, 오노레 드 Balzac, Honoré de 782~783

밸런타인, 토니 Ballantyne, Tony 56

버니, 찰스 Burney, Charles 777

버뱅크, 제인 Burbank, Jane 91, 110

버크, 에드먼드 Burke, Edmund 40

버크, 피터 Burke, Peter 944

버턴, 앤트와넷 Burton, Antoinette 56, 180

법현 法顯 14

베굼, 카이쿠스라우 자한 (보팔의 군주) Begum,
    Kaikhusrau Jahan (sultana) 271~272

베르그송, 앙리 Bergson, Henri 651

베른, 쥘 Verne, Jules 491, 544, 851

베를리너, 에밀 Berliner, Emil 950

베버, 막스 Weber, Max 36, 494, 497, 562, 567,
    697, 708, 747, 754, 763, 783, 796, 845,
    893, 909, 1053, 1063

베일리, 크리스토퍼 Bayly, C. A. 79, 109, 596,
    742, 748, 979

베커, 아르눌프 Becker, Arnulf 161

벤담, 제러미 Bentham, Jeremy 588

벤턴, 로런 Benton, Lauren 155

벨라, 로버트 Bellah, Robert 497

벨츠, 에르빈 Bälz, Erwin 608

보글, 조지 Bogle, George 515

보닉, 제임스 Bonwick, James 631

보댕, 펠릭스 Bodin, Félix 544

보들레르, 샤를 Baudelaire, Charles 32

보른, 이그나즈 폰 Born, Ignaz von 579

볼, 존 Voll, John 71

볼로뉴, 조제프 Bologne, Joseph → 생조르주, 슈
    발리에 드 Saint-Georges, Chevalier de

볼리바르, 시몬 Bolíar, Simón 100, 102~103,
    577

부갱빌, 루이앙투안 드 Bougainville, Louis-
    Antoine de 514, 571, 809

부르크하르트, 야코프 Burckhardt, Jacob 648,
    822, 923

부스, 윌리엄 Booth, William 690~691

브누아, 미셸 Benoît, Michel 518

브라이스, 제임스 Bryce, James 545

브라이언, 윌리엄 제닝스 Bryan, William Je-
    nnings 390

브로델, 페르낭 Braudel, Fernand 743, 817

블라바츠키, 헬레나 페트로브나 Blavatsky, He-
    lena Petrovna 658~659, 664

블라이, 넬리 Bly, Nellie 544

블라이든, 에드워드 Blyden, Edward 115, 223~
    224, 561

블런트, 윌리엄 Blunt, William 205

블레인, 제임스 Blaine, James 256

블룬칠리, 요한 카스파어 Bluntschli, Johann
    Caspar 535, 705~707, 1047

비베카난다 (스와미) Vivekananda (Swami)
    217, 651, 661, 719~720

비스마르크, 오토 폰 Bismarck, Otto von 149,
    151, 356, 396, 466, 948, 950

비아네, 뱅상 Viaene, Vincent 186

비오 9세 (교황) Pius IX (pope) 185~186, 592

빅토리아 (영국의 왕) Victoria (queen) 134,
    143, 169, 171, 173, 190~191, 222~223,
    653, 655, 716, 771, 773, 786, 871, 951, 996

빈 사이드, 바르가시 bin Said, Barghash 128,
    194

빈 하무드, 알리 bin Hamud, Ali 194~195

빈트 사이드, 사이이다 살메 (잔지바르의 공주)
    bint Said, Sayyida Salme (princess)
    202~203

빌헬름 2세 (독일의 황제) Wilhelm II (emperor)
    197, 213, 244, 992, 996

빙켈만, 요한 요아힘 Winckelmann, Johann
    Joachim 39, 600

ㅅ

사르샤르, 라탄 나트 다르 Sarshar, Ratan Nath

Dhar 200

사이드, 에드워드 Said, Edward 784

사카르, 비노이 쿠마르 Sarkar, Benoy Kumar 42

사토 마사유키 佐藤正幸 643

상고르, 레오폴 세다르 Senghor, Léopold Sédar 261, 292

생조르주, 슈발리에 드 Saint-Georges, Chevalier de 15~20, 23, 967~968

생타망, 피에르 Saint-Amand, Pierre 599

샤리프 후세인 Sherif Hussein 270~271, 278~280

샤밀 (이맘) Shamil, Imam 125, 146, 206

샤카 Shaka 77

샤토브리앙, 프랑수아르네 드 Chateaubriand, François-René de 614~615

샹폴리옹, 장프랑수아 Champollion, Jean-François 600, 621

섬너, 윌리엄 그레이엄 Sumner, William Graham 763

세제르, 에메 Césaire, Aimé 261, 292

센가 쓰루타로 千賀鶴太郎 161

셸링, 프리드리히 빌헬름 요제프 Schelling, Friedrich Wilhelm Joseph 588

소스로네고로 (왕자) Sosronegoro (prince) 196

소콜로프, 케네스 Sokoloff, Kenneth 375

솔란데르, 다니엘 Solander, Daniel 624

송토나, 레제펠리시테 Sonthonax, Léger-Félicité 17, 968

쇼사이 잇케이 昇斎一景 564

수브라마니암, 산자이 Subrahmanyam, Sanjay 79, 499, 640

쉬드르, 프랑수아 Sudre, François 546

쉴레이만 1세, 대제 (오스만의 술탄) Süleyman the Magnificent (sultan) 169

슈미트, 카를 Schmitt, Carl 721

슈미틀린, 요제프 Schmidlin, Joseph 692

슈클라, 주디스 Shklar, Judith 568

슈트루엔제, 요한 프리드리히 Struensee, Johann Friedrich 574

슈티히베, 루돌프 Stichweh, Rudolf 752~754

슈펭글러, 오스발트 Spengler, Oswald 510, 613

슐라이어, 요한 마르틴 Schleyer, Johann Martin 547, 783

슐라이어마허, 프리드리히 다니엘 Sch-leiermacher, Friedrich Daniel 783

슐체, 라인하르트 Schulze, Reinhard 498

슘페터, 조지프 알로이스 Schumpeter, Joseph Alois 471, 964

스기타 겐파쿠 杉田玄白 520

스나우크 휘르흐론여, 크리스티안 Snouck Hurgronje, Christiaan 196

스마일스, 새뮤얼 Smiles, Samuel 591, 632~633, 636

스뮈츠, 얀 Smuts, Jan 256~257, 273

스미스, 애덤 Smith, Adam 317, 326, 331, 529, 586, 591, 766~767, 769~770, 783, 785, 1055

스미스, 앤서니 데이비드 Smith, Anthony D. 1051

스콧, 월터 Scott, Walter 645, 782

스타소프, 블라디미르 Stasov, Vladimir 648

스탠리, 헨리 모건 Stanley, Henry Morton 690

스토더드, 로스롭 Stoddard, Lothrop 276, 288, 293

스톤, 찰스 포메로이 Stone, Charles Pomeroy 128

스퇴커, 아돌프 Stoecker, Adolf 705

스트라우스, 오스카 Strauss, Oscar 197

스펜서, 허버트 Spencer, Herbert 231, 239, 589, 591, 773, 776, 783, 795, 864, 1056

스피노자, 바뤼흐 Spinoza, Baruch 566, 712

시게노 야스쓰구 重野安繹 491~492

실러, 프리드리히 Schiller, Friedrich 600, 626, 864

싱, 마하라자 란지트 Singh, Maharajah Ranjit 83~84, 132

쑨원 孫文 234, 277, 283, 287~288, 545, 1000

쓰다 마미치 津田真道 556, 585

ㅇ

아널드, 토머스 Arnold, Thomas 231

아르슬란, 샤키브 Arslan, Shakib 270, 276, 279

아마눌라 칸 (아프가니스탄의 왕) Amanullah Khan (king) 280

아마드 베이 (아마드 1세) Ahmad Bey (Ahmad I) 36

아민, 카심 Amin, Qasim 33

아부 바카르 (조호르의 술탄) Abu Bakar of Johor (sultan) 114, 196, 989

아부 탈레브, 미르자 Abu Taleb, Mirza 785~786, 1058

아브두라흐만 에펜디 Abdurrahman Efendi 115, 979

아스만, 얀 Assmann, Jan 721

아이든, 제밀 Aydin, Cemil 5, 49, 537, 1129

아이자와 세이시사이 会沢正志斎 518

아이젠슈타트, 슈무엘 노아 Eisenstadt, Shmuel Noah 754

아타튀르크, 무스타파 케말 Atatürk, Mustafa Kemal 270, 292

아흐메트 파샤, 제자르 Ahmad Pasha, Cezzar 981

악추라, 유수프 Akçura, Yusuf 265~266

알딘, 나시르 al-Din, Naser 36, 533

알렉산드르 1세 (러시아의 황제) Alexander I (tsar) 95

알렉산드르 3세 (러시아의 황제) Alexander III (tsar) 715, 938

알리 무바라크 Ali Mubarak 621

알리 칸, 나와브 하미드 Ali Khan, Nawwab Hamid 192, 559

알리 파샤, 무함마드 Ali Pasha, Muhammad 55, 120~121, 123, 125, 295, 532, 581, 671, 788~789

알리, 사이이드 아미르 Ali, Syed Ameer 275

알리, 압둘라 유수프 Ali, Abdullah Yusuf 270

알리, 체라그 Ali, Cheragh 203

알아프가니, 자말 알딘 Al-Afghani, Jamal ad-Din 42, 101, 201~202, 227, 681, 710~712, 714, 717

알자히르, 압두라만 al-Zahir, Abdurrahman 193

알치디아크, 아흐메드 파리스 al-Shidyaq, Ahmad Faris 127

알타흐타위, 리파 al-Tahtawi, Rifaʼa 33, 40~41, 491, 526, 532, 535, 621, 649, 788~791

압델카데르 알자자이리 (에미르) Abdelkader al-Jazairi (Emir) 125, 127

압두, 무함마드 Abduh, Muhammad 201, 227

압둘 바하 Abdul Baha 714, 716

압둘 카림 Abdul Karim 171

압뒬라지즈 (오스만의 술탄) Abdülaziz (sultan) 114, 190, 193~194, 533, 979, 989

압뒬메지드 2세 Abdülmecid II 277~278

압뒬하미드 2세 (칼리파, 오스만의 술탄) Abdülhamid II (caliph) 197~198, 237, 251, 266, 722, 837, 989

애더스, 마이클 Adas, Michael 446, 478

애덜먼, 제러미 Adelman, Jeremy 99

앤더슨, 베네딕트 Anderson, Benedict 102, 942

앨런비, 에드먼드 Allenby, Edmund 270

야쿱 벡 Yakub Beg 138, 193~194, 983

얀, 프리드리히 루트비히 Jahn, Friedrich Ludwig 962

얄친, 자히트 Yalçin, Cahit 638

어쿠하트, 데이비드 Urquhart, David 131

에디슨, 토머스 앨바 Edison, Thomas Alva 354, 950

에머슨, 랠프 월도 Emerson, Ralph Waldo 615

에비나 단조 海老名弾正 42

에인절, 노먼 Angell, Norman 260

에키아노, 올라우다 Equiano, Olaudah 517, 968

엔베르 파샤, 이스마일 Enver Pasha, Ismail 262

엘리아스, 노르베르트 Elias, Norbert 781, 859, 1054

엘리자베타 (러시아의 황제) Elizabeth (tsarina) 88

엘빈, 마크 Elvin, Mark 498

엥거먼, 스탠리 Engerman, Stanley 375

영, 아서 Young, Arthur 777

예카테리나 2세, 대제 (러시아의 황제) Catherine II, the Great (tsarina) 64, 574~575

옌푸 嚴復 591

오브라이언, 패트릭 칼 O'Brien, Patrick K. 342

오스만, 조르주외젠 Haussmann, Georges-Eugène 353, 869

오카쿠라 덴신 岡倉天心 38, 217, 533, 555

오톤 (그리스의 왕) Otto (king) 124

올컷, 헨리 스틸 Olcott, Henry Steel 228, 658~660, 664

옹정제 雍正帝 505

와트, 제임스 Watt, James 347

왕도 王韜 534, 652

우팅팡 伍廷芳 18~23, 968

워싱턴, 부커 Washington, Booker T. 226

워싱턴, 조지 Washington, George 28, 576

월러스틴, 이매뉴얼 Wallerstein, Immanuel 451, 749, 752, 1053

웨스트, 벤저민 West, Benjamin 575

웰즐리, 리처드 Wellesley, Richard 785

윌버포스, 윌리엄 Wilberforce, William 17

윌슨, 우드로 Wilson, Woodrow 245~246, 255~257, 263, 274~275, 287, 294, 631, 852, 1001

유길준 兪吉濬 33, 597~598

이니스, 해럴드 Innis, Harold 942

이브라힘 파샤 Ibrahim Pasha 123

이브라힘, 압둘라시드 Ibrahim, Abdurreshid 561

이븐 바투타 Ibn Battuta 14, 191, 988

이사벨 2세 (에스파냐의 왕) Isabel II (queen) 702

이스마일 파샤 (케디브) İsmail Paşa (Khedive) 114~115, 128, 168, 406, 541, 871, 907

이시다 바이간 石田梅岩 497

이홍장 李鴻章 553

임칙서 林則徐 136

ㅈ

자멘호프, 루드비크 레이제르 Zamenhof, Ludwik L. 547

자바부, 존 텡고 Jabavu, John Tengo 635

자브스, 제임스 잭슨 Jarves, James Jackson 648

장젠 張謇 32, 429, 636

장지동 張之洞 599

제브데트, 아브둘라흐 Cevdet, Abdullah 235

제퍼슨, 토머스 Jefferson, Thomas 107, 575, 779, 1028

조설근 曹雪芹 781

조지 3세 (영국의 왕) George III (king) 505~506, 517, 532, 1014

존스, 윌리엄 Jones, William 600, 631, 709

졸, 제임스 Joll, James 246

졸라, 에밀 Zola, Émile 550, 782

쥐노, 앙리 알렉산드르 Junod, Henri-Alexandre 686

즈웨이머, 새뮤얼 Zwemer, Samuel M. 204, 231

지멜, 게오르크 Simmel, Georg 763, 785, 796

쭐랄롱꼰 (태국의 왕) Chulalongkorn (king) → 라마 5세 (태국의 왕) Rama V (king), of Thailand

ㅊ

차크라바르티, 디페시 Chakrabarty, Dipesh 540, 564, 1031

차터지, 반킴 찬드라 Chatterjee, Bankim Chandra 614

채스틴, 존 Chasteen, John 103

체임벌린, 배질 홀 Chamberlain, Basil Hall 489

치메른, 앨프리드 Zimmern, Alfred 234, 545, 1022

칭기즈 칸 Genghis Khan 72, 80, 169

ㅋ

카라테오도리, 에티엔 Caratheodory, Etienne 161

카루스, 파울 Carus, Paul 714, 717

카르마냐니, 마르첼로 Carmagnani, Marcello 360

카르티니, 라든 아중 Kartini, Raden Ajeng 590, 597

카마 3세 (바망와토족의 왕) Khama III (king) 533

카멜, 무스타파 Kamil, Mustafa 234

카보우르, 카밀로 벤소 디 Cavour, Camillo Benso di 150~151, 706

카시러, 에른스트 Cassirer, Ernst 599

카이라나비, 라마툴라 Kairanwi, Rahmatullah 190

칸, 마흐디 하산 Khan, Mahdi Hasan 786

칸, 미르자 압둘 하산 Khan, Mirza Abdul Hasan 532

칸, 사이이드 아흐마드 Khan, Syed Ahmad 83, 115, 134~135, 203, 674~675

칸, 자파르 알리 Khan, Zafar Ali 192

칸테미르, 디미트리에 Cantemir, Demetrius 73

칸트, 이마누엘 Kant, Immanuel 36, 75, 495, 519, 563~564, 592, 601, 713

칼 12세 (스웨덴의 왕) Karl XII (king) 66

칼라카우아 (하와이의 왕) Kalakaua, of Hawaii (king) 183~184, 553~554

칼보, 카를로스 Calvo, Carlos 161

캉유웨이 康有為 548, 615, 710, 732, 800

컵천, 찰스 Kupchan, Charles 51

케네, 프랑수아 Quesnay, François 375, 765~766

케말, 나므크 Kemal, Namik 588~589

케이슬리 헤이퍼드, 조지프 에프라힘 Casely Hayford, J. E. 224

케플러, 요하네스 Kepler, Johannes 610

켐퍼, 엥겔베르트 Kaempfer, Engelbert 519

코르테스, 에르난 Cortés, Hernán 567

코슈트 러요시 Kossuth Lajos 130

코자, 함단 Khodja, Hamdan 125, 793

코젤레크, 라인하르트 Koselleck, Reinhart 595, 611, 824

콜럼버스, 크리스토퍼 Columbus, Christopher 316, 650, 712

콩트, 오귀스트 Comte, Auguste 232, 537, 551, 591, 697, 708, 762, 773, 783, 795

쾨니히, 프리드리히 König, Friedrich 944

쿠퍼, 프레더릭 Cooper, Frederick 91, 110, 565, 969

쿡, 제임스 Cook, James 79, 515, 517, 571, 581, 624, 764, 777~778, 828, 1057

퀼리엄, 압둘라 Quilliam, Abdullah 227, 991

크로더, 새뮤얼 아자이 Crowther, Samuel Ajayi 686~687

크룸멜, 알렉산더 Crummell, Alexander 223

클라이브, 로버트 Clive, Robert 513

클라크, 윌리엄 Clark, William 779

클라크슨, 토머스 Clarkson, Thomas 17

키치너, 허버트 Kitchener, Herbert 219

키플링, 러디어드 Kipling, Rudyard 183, 992

ㅌ

타고르, 라빈드라나트 Tagore, Rabindranath 37, 42, 216~217, 261, 284~285, 538~539, 993, 1000

탈, 하즈 우마르 Tal, Hajj Umar 684

테오도로스 2세 (에티오피아의 황제) Tewodros II (emperor) 221

토인비, 아널드 조지프 Toynbee, Arnold Joseph 51, 187, 270, 298, 510, 1130

토크빌, 알렉시스 드 Tocqueville, Alexis de 779~780, 788, 793, 838

톰슨, 에드워드 파머 Thompson, E. P. 628~629

퇴니스, 페르디난트 Tönnies, Ferdinand 763

투레, 사모리 Toure, Samory 219

투팍 아마루 2세 Túac Amaru II 577

툰베리, 칼 페테르 Thunberg, Carl Peter 624

튀르고, 안 로베르 자크 Turgot, Anne Robert Jacques 767, 1055

트레이시, 조지프 Tracy, Joseph 669

티푸 술탄 Tipu Sultan 119~120, 578~580, 975, 980

틸라크, 발 강가다르 Tilak, Bal Gangadhar 293

틸러, 코르넬리스 페트뤼스 Tiele, Cornelius Petrus 700

ㅍ

파슨스, 탤컷 Parsons, Talcott 1051

파이살 1세 (시리아의 왕) Faisal I (king) 255, 279

판더, 카를 고틀리프 Pfander, Carl Gottlieb 190

판보이쩌우 潘佩珠 235, 546

판잔던, 얀 라위턴 van Zanden, Jan Luiten 342

패드모어, 조지 Padmore, George 292

팽광예 彭光譽 731~732

퍼거슨, 애덤 Ferguson, Adam 766

퍼킨, 윌리엄 헨리 Perkin, William Henry 351

페드루 2세 Pedro II 978~979

페르난도 7세 (에스파냐의 왕) Ferdinand VII (king) 96

페리, 매슈 Perry, Matthew C. 139, 519, 929

페어뱅크, 존 킹 Fairbank, John K. 461~462

페인, 토머스 Paine, Thomas 576, 810

페트라솁스키, 미하일 Petrachevsky, Mikhail 541

포르스터, 게오르크 Forster, Georg 778

포르스터, 요한 라인홀트 Forster, Johann Reinhold 778

포이어바흐, 루트비히 Feuerbach, Ludwig 697

폰타네, 테오도어 Fontane, Theodor 543, 782, 845, 876

폴로, 마르코 Polo, Marco 14, 962

표트르 1세, 대제 (러시아의 황제) Peter I, the Great (tsar) 81, 516, 532

표트르 3세 (러시아의 황제) Peter III (tsar) 88~89

푸가초프, 예멜리얀 Pugachev, Emelian 88~89

푸르타두, 세우수 Furtado, Celso 375

푸아드 1세 (이집트의 왕) Fuad I (king) 279

푸코, 미셸 Foucault, Michel 623

퓰리처, 조지프 Pulitzer, Joseph 544

프란츠 페르디난트 (대공) Franz Ferdinand (archduke) 248

프랭클린, 벤저민 Franklin, Benjamin 575, 586, 591

프레지에, 오노레앙투안 Frégier, Honoré-Antoine 354

프리드리히 2세, 대왕 (프로이센의 왕) Friedrich II, the Great (king) 88

프리드리히 빌헬름 4세 (프로이센의 왕) Friedrich Wilhelm IV (king) 148

피프스, 새뮤얼 Pepys, Samuel 781

필리프존, 루트비히 Philippson, Ludwig 681

ㅎ

하비, 데이비드 Harvey, David 543

하비, 윌리엄 Harvey, William 765

하산, 압둘라 Hassan, Abdullah 219

하이네, 하인리히 Heine, Heinrich 525, 616

하이든, 요제프 Haydn, Joseph 16, 875

하이레딘 파샤 Hayreddin Pasha 128

하일레 셀라시에 (에티오피아의 황제) Haile
    Selassie (emperor) 221, 893

할리드, 할릴 Halid, Halil 230

핼헤드, 너새니얼 브라시 Halhed, Nathaniel
    Brassey 623

헉슬리, 토머스 헨리 Huxley, Thomas. H. 591

헌터, 윌리엄 윌슨 Hunter, William Wilson 134

헌팅턴, 새뮤얼 Huntington, Samuel 51, 298

헤겔, 게오르크 빌헬름 프리드리히 Hegel,
    Georg Wilhelm Friedrich 573, 624~625,
    768~769, 794, 1056

헤로도토스 Herodotus 14, 553

헤르더, 요한 고트프리트 Herder, Johann
    Gottfried 492, 559, 567, 724

호소카와 요리나오 細川頼直 604

호찌민 胡志明 292, 1001

호프, 토머스 Hope, Thomas 122

호프먼, 필립 Hoffman, Philip 382, 472~473

홉스, 토머스 Hobbes, Thomas 310

홉스봄, 에릭 존 Hobsbawm, Eric J. 742, 836,
    839~840

홍수전 洪秀全 137, 727~728, 730, 834

화이트, 리처드 White, Richard 381

화이트필드, 조지 Whitefield, George 668

후아레스, 베니토 Juárez, Benito 704

후치베 도쿠조 淵辺徳蔵 513

후쿠야마, 프랜시스 Fukuyama, Francis 449

후쿠자와 유키치 福澤諭吉 33, 39, 438, 524,
    540~541, 585~586, 589, 593, 595~597

훔볼트, 알렉산더 폰 Humboldt, Alexander von
    76, 593, 778~779, 788, 1057

휘턴, 헨리 Wheaton, Henry 164, 535, 591

히노하라 쇼조 日原昌造 541, 554

힐퍼딩, 루돌프 Hilferding, Rudolf 459~460,
    845

옮긴이 이진모   고려대학교 사학과를 졸업하고 동 대학원에서 석사 학위를 받았으며, 독일 보훔 루르 대학에서 박사 학위를 받았다. 베를린 대학 유럽 비교사 연구소 및 포츠담 현대사 연구 센터 방문 교수, 한국독일사학회 회장 등을 역임했고, 한남대학교 사학과 교수로 재직 중이다. 주요 논문으로 「나치의 유태인 대학살과 '평범한' 독일인들의 역할」과 「독일의 과거와 한국의 현재 사이의 진지한 대화」, 「두 개의 전후(戰後): 서독과 일본의 과거사 극복 재조명」 등이 있고, 주요 저서로는 『개혁을 위한 연대』(2001) 등이 있으며, 옮긴 책으로는 『아주 평범한 사람들』(2010)과 『독일 사회민주당 150년의 역사』(2017) 등이 있다.

옮긴이 조행복   서울대학교 대학원 서양사학과에서 박사과정을 수료했다. 옮긴 책으로 『독재자들』(2008)과 『백두산으로 가는 길』(2008), 『20세기를 생각한다』(2015), 『나폴레옹』(2016), 『폭정』(2017), 『블랙 어스』(2018), 『전쟁의 재발견』(2018), 『전후 유럽 1945~2005』(2019), 『토인비의 전쟁과 문명』(2020), 『대격변』(2020), 『전쟁의 미래』(2020), 『베르됭 전투』(2020) 등이 있다.

하버드-C.H.베크 세계사

1750~1870

근대 세계로 가는 길

1판 1쇄 찍음   2021년 5월 24일
1판 1쇄 펴냄   2021년 6월 4일

엮은이   제바스티안 콘라트, 위르겐 오스터함멜
옮긴이   이진모, 조행복
펴낸이   박근섭, 박상준
펴낸곳   (주)민음사

출판등록   1966. 5. 19. (제16-490호)
주소   서울특별시 강남구 도산대로1길 62 강남출판문화센터 5층 (06027)
   대표전화 02-515-2000 팩시밀리 02-515-2007

www.minumsa.com